ATLAS MUNDIAL DEL *STREET ART*

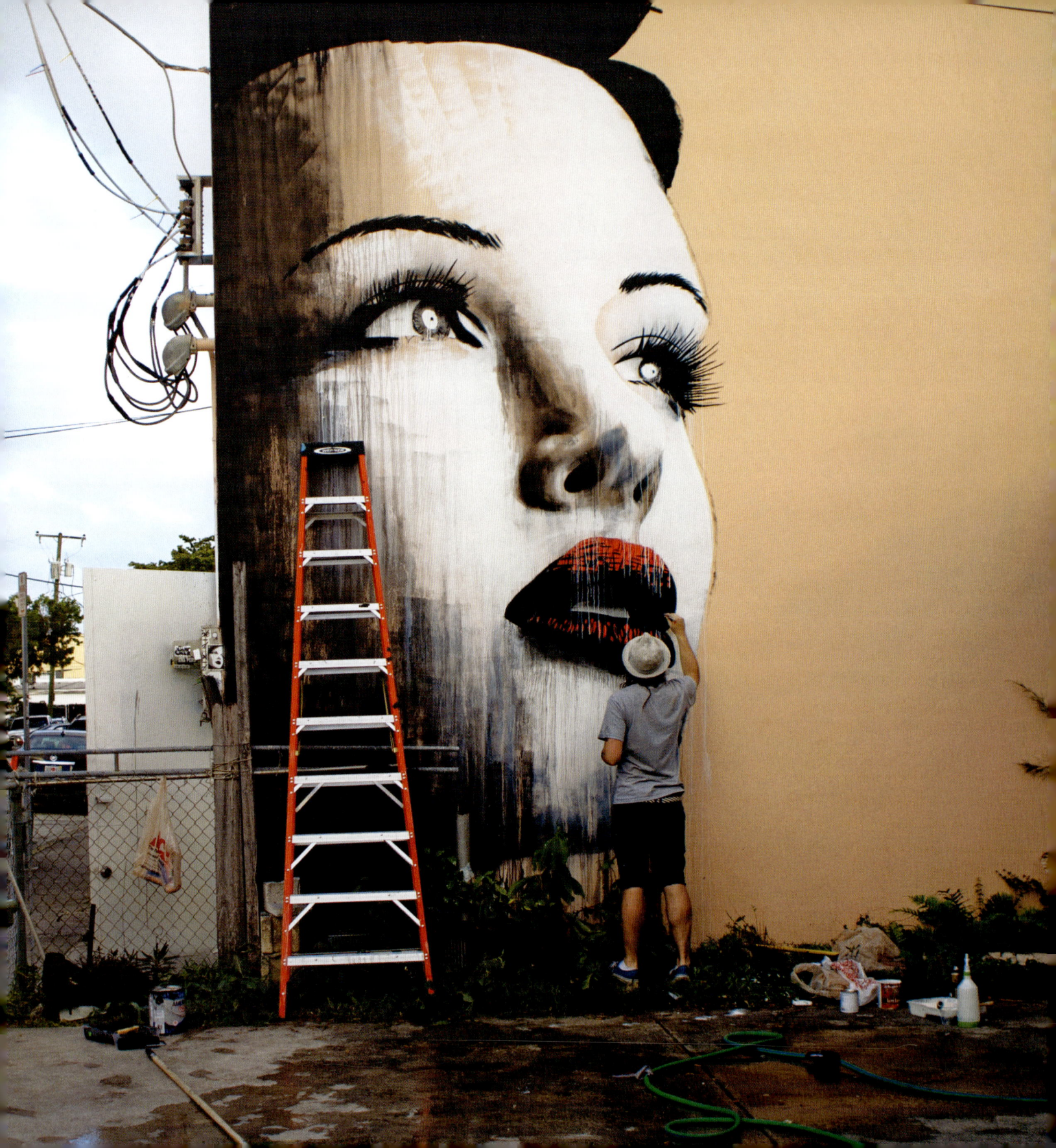

ATLAS MUNDIAL DEL *STREET ART*

LACHLAN MACDOWALL
Y RAFAEL SCHACTER

BLUME

CONTENIDO

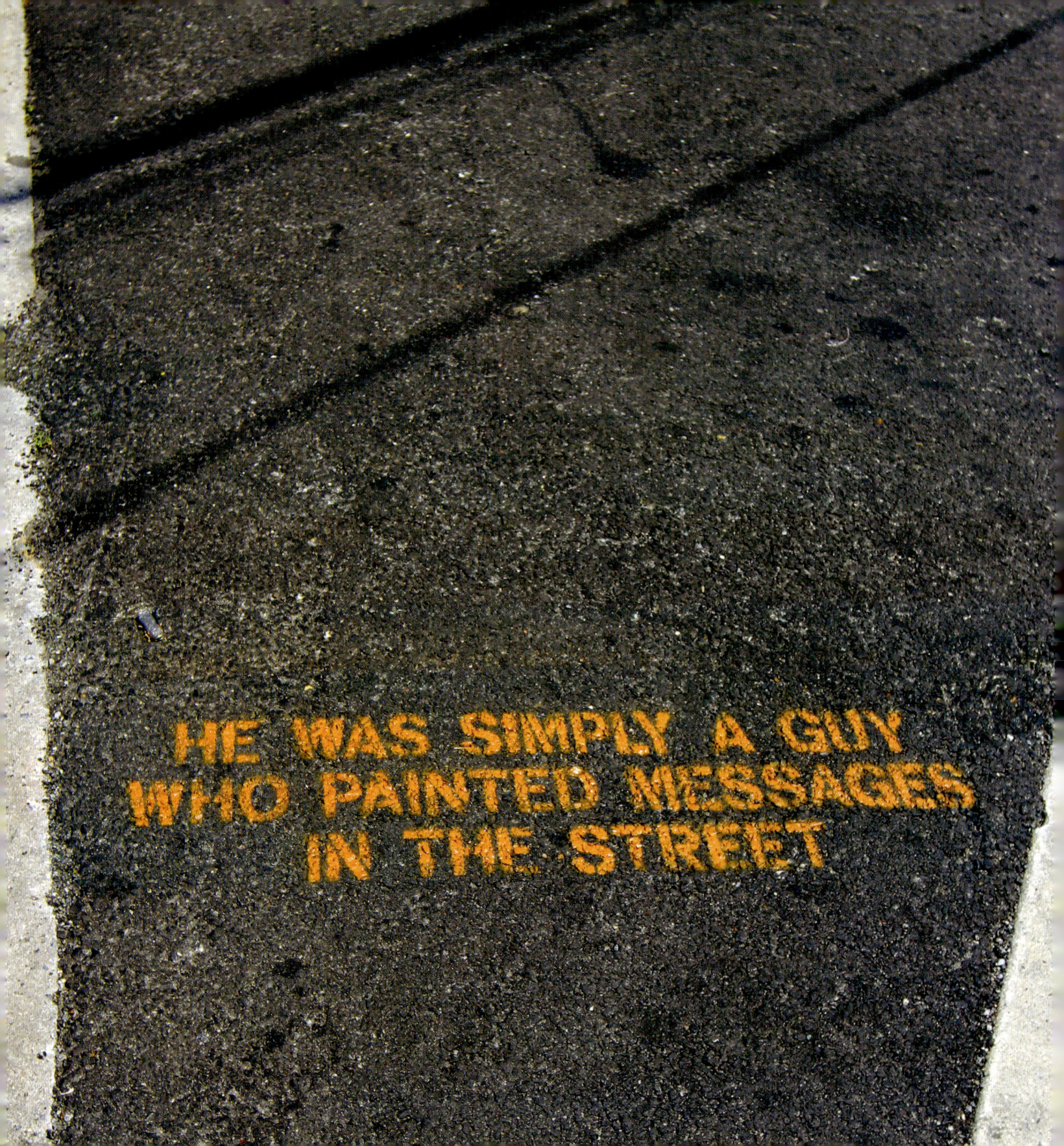

1

PREFACIO
POR JOHN FEKNER

Corría el año 1968. Eran alrededor de las once de la noche. El neoyorquino Gorman Park, conocido como «parque de la 85th Street», estaba cerrado a cal y canto. Era allí donde jugaba al balonmano durante el día, pero, sobre todo, donde merodeaba por la noche. Mientras trepaba por la valla metálica del parque infantil con unos cuantos conspiradores armados con pinceles, rodillos y unos ocho litros de pintura blanca, ni se me pasó por la cabeza que lo que estaba a punto de hacer algún día se consideraría arte. Era una invasión de la propiedad privada y una ilegalidad, además de un subidón. Era mucho más divertido que estar en una clase de arte pintando un bodegón. El corazón me latía con fuerza al pensar en el día siguiente; dos grandes palabras pintadas toscamente, *Itchycoo* y *Park*, figuraban en lo alto de la pared de la casa del parque.

Es un honor formar parte de *Atlas mundial del street art*, un libro centrado en el arte público independiente creado por artistas actuales de todo el mundo. Las creaciones de los 107 artistas que aquí se abordan son obras monumentales de una desafiante alegría que inspiran, atraen y, a veces, provocan al espectador. Los artistas de los que se habla en estas páginas demuestran tener una visión firme. Existe una fuerte conexión con el movimiento muralista comunitario de finales de las décadas de 1960 y 1970 en Chicago, Nueva York, Los Ángeles y San Francisco, así como con el muralismo de, entre otros países, México y Portugal. En la portada del libro *Street Art* (1975), de Robert Sommer, hay una maravillosa imagen de un mural en el que aparecen personas de todas las culturas y razas, y, sobre ellas, el texto *Free Territory Revolution* («Revolución del territorio libre»). Son estos conceptos los que siguen acogiendo y manifestando las obras producidas por los artistas de este libro.

¿Por qué hay artistas que eligen trabajar directamente en el entorno? Tal vez sea porque esforzarse por estar en el centro ya no sea sostenible. ¿Qué sentido tiene buscar el centro si este está muerto? La diana se ha desplazado al exterior, como dan testimonio las actividades de grupos como el movimiento Occupy, Change.org y otras organizaciones de base. Algunas de las obras de estos artistas evocan el imaginario que floreció en las calles de Nueva York durante las décadas de 1970 y 1980. Y lo que es más importante, estos nuevos artistas han desarrollado una ideología opuesta tanto a la comercialización del grafiti y el *street art* de mediados de la década de 1980 como al *post-street art* producido en masa y expuesto en la actualidad en algunas galerías.

Durante casi medio siglo, los adolescentes más curtidos en las calles han proclamado con audacia su identidad a base de hacer marcas territoriales en las paredes utilizando lápices de colores, tizas, rotuladores o pintura en aerosol. Al haber crecido en los barrios, conocen cada atajo, escondite y callejón como la palma de su mano. Una vez hecha la marca y esta es visible, forman parte del barrio. La historia ha demostrado que los jóvenes siempre aportan novedades poco convencionales a las artes. El trabajo al aire libre permite a esta nueva generación una libertad ilimitada para experimentar con la forma, el color y el gesto a gran escala. En unas cuantas noches, le infunden a los sitios energía personal, historias frescas y «sentido del lugar». El ingenio de sus obras refleja un *zeitgeist* nuevo y único. No se trata de obras hechas solo para un público sensible al arte, sino para el público en general.

Todos los artistas de este libro proceden de un lugar al que consideran su hogar: ya sea una gran urbe, una pequeña ciudad o un pueblo rural. Con independencia del camino que estén siguiendo estos artistas en pos de su musa, se adaptan con facilidad a la naturaleza cambiante y efímera del trabajo al aire libre. Es la primera vez en la historia en la que los artistas que crean lejos de los grandes centros artísticos y culturales no están en desventaja. Internet ha aumentado la accesibilidad gracias a la proliferación de blogs y redes sociales, lo que ha dado pie al surgimiento de hordas de entusiastas que utilizan teléfonos móviles y cámaras para grabar, documentar y publicar al instante sus interpretaciones de la vida, la cultura y el arte. Hay artistas que recurren a cámaras para grabar instalaciones. La movilidad que implica el uso de ordenadores portátiles les permite elaborar obras combinando cualquier técnica y efectos especiales para generar vídeos de animación mediante *time-lapse*, rotoscopia y *stop-motion* que llegan sin coste al ámbito digital.

Cuando el artista está subido a lo alto de un elevador de pluma, tiene una perspectiva excepcional que le permite observar, reflexionar y cuestionar el *statu quo*. El hecho es que estos individuos, cuando se cuelgan de los lados de los edificios o se balancean debajo de un puente, no lo hacen por mero capricho. Al crear sus fascinantes obras de intervención experimental, estos artistas están redefiniendo el concepto de arte público en el siglo XXI.

Se trata de arte en lugares insospechados: en cualquier sitio, en cualquier momento y para todo el mundo. Todo gira en torno a lo que se puede hacer en exteriores. No habrá diálogo si ignoramos sin más los nuevos retos. Ahora, como lector, es su turno.

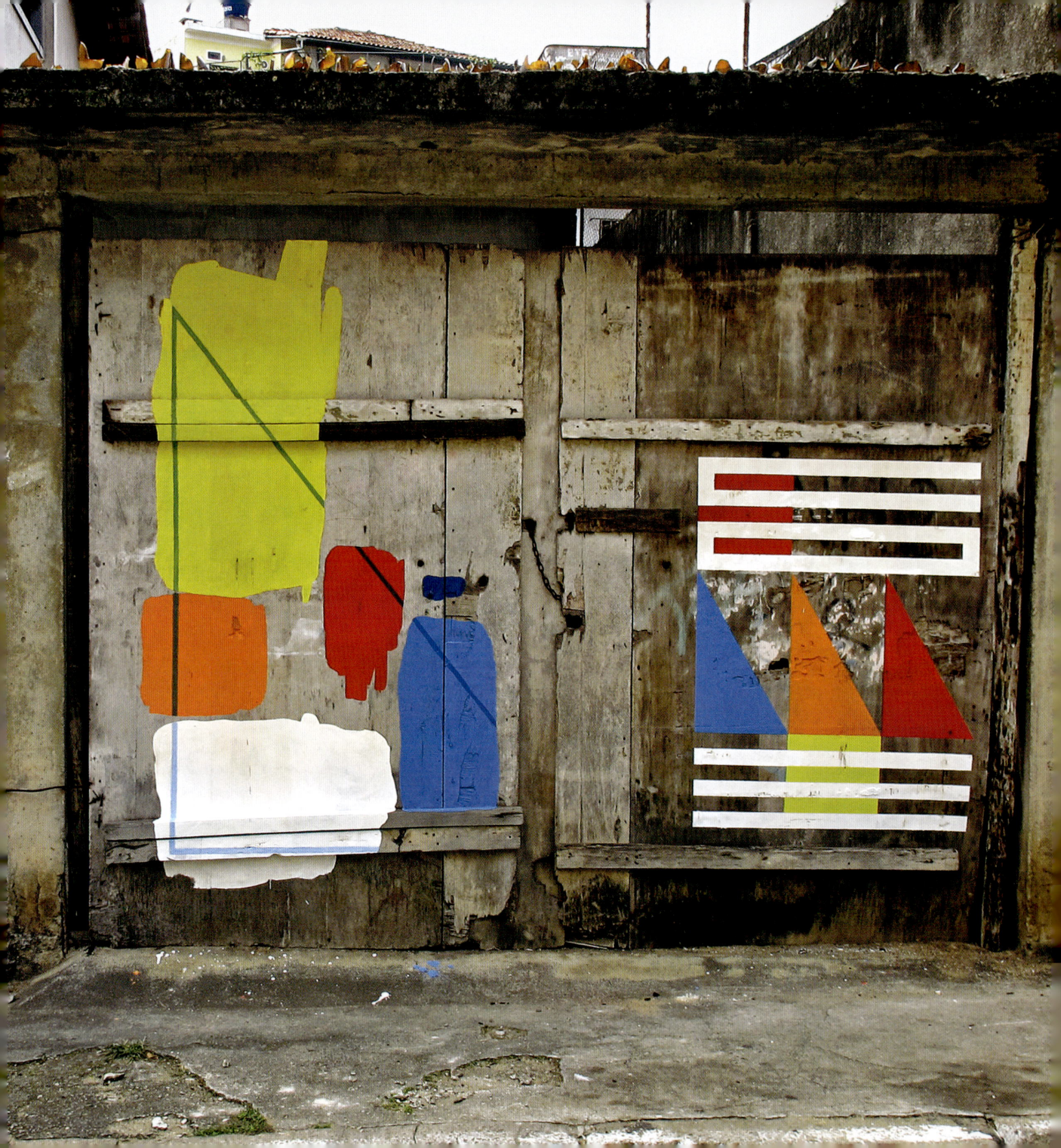

1

INTRODUCCIÓN

Atlas mundial del street art presenta una colección de más de cien destacados creadores de *street art* y escritores de grafiti que, desde en paredes centelleantes hasta en trenes en marcha, muestran su arte en el contexto de las ciudades en las que viven y trabajan. Vistas en conjunto, sus obras resultan deslumbrantes, abarcan todos los continentes del planeta y están presentes en todos los rincones de las ciudades y a todas las escalas, desde en forma de esculturas de guerrilla del tamaño de un dedo metidas en cañerías hasta como imponentes pinturas en laterales de rascacielos.

Como señala Rafael Schacter en la introducción a la primera edición de esta obra, el *street art* y el grafiti atraviesan tanto el espacio, por su alcance mundial, como el tiempo, ya que son prácticas arraigadas en un impulso de decorar tan antiguo como la humanidad. Schacter también señala que estas prácticas contemporáneas adoptan distintas formas, desde gestos de *tagging* aparentemente «vandálicos» hasta el llamado «refinamiento» de detallados murales. En estas páginas se examinan las diferentes motivaciones y planteamientos que existen en este ámbito, ya que, como dice Schacter, cada artista reinventa las tradiciones por completo: existe un «*street art*» para cada artista urbano, un «grafiti» para cada escritor de grafiti.

Tanto el *street art* como el grafiti implican pintura en aerosol y paredes, y, aunque ambas prácticas están unidas en el imaginario público, pueden presentar diferencias significativas. Así, por ejemplo, surgen de contextos diferentes, se basan en tradiciones estéticas distintas y, por lo general, mantienen relaciones diferentes con la legalidad, la originalidad, la política y el mercado del arte. Sin embargo, como se muestra este libro, pese los momentos de fuerte diferenciación y choque, existen también muchas conexiones. Muchos artistas llevan a cabo prácticas paralelas o híbridas y, por lo general, crecieron en el grafiti y evolucionaron hacia el *street art*. En este volumen se utiliza el término *arte público independiente*, acuñado por el teórico Javier Abarca, para referirse a este amplio campo en el que las tradiciones del grafiti y el *street art* se entreveran con otras formas de activismo y creación.

La primera edición de este libro se publicó hace diez años, en un momento aparentemente álgido del *street art*, y captó la evolución del grafiti y el auge mundial del *street art* a partir de principios de la década de 2000. Sin embargo, el ámbito del arte público independiente ha cambiado mucho desde entonces. En la década siguiente, tanto el grafiti como el *street art* alcanzaron nuevas cotas de popularidad y visibilidad, lo que benefició a algunos artistas y llevó a otros a buscar nuevos modos de expresión. Junto a los creadores ya consagrados, existe una nueva generación de artistas que responden a una serie de nuevas condiciones sociales, tecnologías y oportunidades.

En la última década, el *street art* y, en mucha menor medida, el grafiti han tenido una visibilidad cada vez mayor en los espacios expositivos y se han visto a caballo entre las instituciones públicas, las galerías comerciales y las ventas privadas de arte, impulsadas por un público global surgido a través de las redes sociales. Ejemplo de este cambio son las omnipresentes obras con influencias pop de KAWS, que en la actualidad tiene una gran presencia en los museos y es autor de pinturas y esculturas que atraen a multitudes y alcanzan precios desorbitados. Las ventas récord de Banksy en subastas de

1 *Medicinal Flowers of Lebanon*, Faith47, Beirut, Líbano, 2021

arte han impulsado también la popularidad del *street art* como género. Entre sus primeras acciones llevó a cabo una serie de ingeniosas bromas en las que instalaba a escondidas sus propias obras en museos, lo que al final le llevó a realizar colaboraciones formales con el Bristol Museum en 2009.

Además, durante la última década se han inaugurado instituciones especializadas en *street art* y grafiti, como Urban Nation, en Berlín, y el Museum of Graffiti, en Miami, y se ha ampliado el circuito de festivales regulares de *street art*, como el Nuart, en Stavanger, y el Festigraff, en Dakar (*véase* página 309), a lo que hay que sumarle que se han reservado distritos para *street art* en ciudades como Pekín (*véanse* páginas 332-333) y Kuala Lumpur (*véanse* páginas 342-343). Pese a todo, los museos oficiales siguen dando muestra de su reticencia histórica, ya que suelen ubicar el grafiti y el *street art* en patios y jardines y lo exponen de forma temporal en lugar de incorporarlo a sus colecciones. Entre las excepciones se incluyen exposiciones de gran éxito como la innovadora «Art in the Streets», celebrada por el MOCA de Los Ángeles en 2011 y, más recientemente, el comisariado de Roger Gastman de las exposiciones «Beyond the Streets» de 2019, que presentan un nuevo marco más amplio del grafiti y el *street art* con relación a las galerías.

Tanto el grafiti como el *street art* suelen considerarse barómetros del sentimiento público y de la protesta, y es que su capacidad para representar el sentir de la gente forma parte de su perdurable atractivo. La elección de gobiernos autoritarios y figuras populistas en todo el mundo durante la última década ha generado muchas formas de protesta visual a través del arte, desde eslóganes contundentes y actos de sabotaje hasta acciones colectivas creativas y la mofa hacia quienes ostentan el poder. Durante la Primavera Árabe, por ejemplo, aparecieron en muchas ciudades murales como una forma de afirmar la nueva libertad en el espacio público, pero también como una forma de comunicación alternativa, ya que representaban de forma directa los levantamientos de un modo que no era visible en los medios controlados por el Estado. Los ataques contra monumentos coloniales o las acciones para llamar la atención sobre la emergencia climática realizados en fechas recientes han recurrido tanto a la mofa como a la desfiguración, y en estos casos la elección del lugar suele ser un elemento tan crucial de la obra como el contenido de cualquier gesto pintado. En este volumen, Pablo Allison (*véanse* páginas 90-91) realiza murales de grafiti en apoyo a los valerosos esfuerzos de los refugiados, para lo cual pinta de forma ilegal los mismos trenes que los emigrantes forzosos utilizan para emprender sus viajes.

El *street art* tuvo su auge a principios de la década de 2000, relacionado con causas progresistas, como los movimientos antibelicistas, anticapitalistas y proambientales, siguiendo la misma tradición que las protestas de Mayo de 1968 en Francia. Sin embargo, los motivos y las afiliaciones políticas del grafiti y el *street art* no siempre están claros. Debido a la cambiante política contemporánea, ahora también hay ejemplos tanto de grafiti como de *street art* que se utilizan para promover mensajes conservadores o reaccionarios e intentan reivindicar el terreno de las minorías oprimidas o de circular como memes y mensajes codificados dentro de la *alt-right*.

En los últimos años y basándose en la larga tradición de los fanzines, los álbumes personales y los cuadernos de bocetos (como los numerosos libros publicados por The Grifters, por ejemplo), se ha disparado la publicación independiente de libros y revistas sobre grafiti, a lo que hay que añadir que la producción audiovisual sobre el tema ha alcanzado nuevas cotas (como la videocolaboración de Selina Miles con el artista Sofles). Por otra parte, durante la última década también han llegado la era Instagram, la realidad aumentada y los NFT basados en *blockchain*. La tecnología digital permite nuevas velocidades y escalas y un *feedback* casi instantáneo: son poderosas fuerzas que influyen en los artistas y en sus prácticas de muchas maneras. Aparte de expertos, aficionados y otros artistas, la tecnología digital produce un nuevo tipo de público que se encuentra disperso por otras ciudades y que quizá nunca llegue a tener delante la obra original. ¿Qué significa para el público local que las paredes se conviertan en pantallas y ahora sean un telón de fondo para la producción de contenidos digitales? Artistas tan diversos como Lady K (*véanse* páginas 154-155), Bond Truluv (*véanse* páginas 192-195), Imon Boy (*véanse* páginas 264-265), Lush (*véanse* páginas 368-371) y Kezam (*véanse* páginas 392-393) han respondido de diferentes maneras a esta cuestión cultural. Tal vez, como ha señalado Lush, las actuales *apps* sean el nuevo sistema de metro. En un giro futurista, los drones sobrevuelan las ciudades para vigilar a los ciudadanos, pero también documentan y crean arte, y, en un inesperado retroceso a las décadas de 1970 y 1980, tras décadas de vagones limpios, los trenes pintados ilegalmente vuelven a circular por el metro de Nueva York, cuna del grafiti moderno.

A pesar de su alcance mundial y su atractivo universal, la información sobre el *street art* y el grafiti suele centrarse en Angloamérica y Europa, así como en la actividad de artistas masculinos. En esta edición actualizada se intenta corregir esta percepción, para lo cual se abordan ciudades como Dakar, Túnez, Kuala Lumpur, Yogyakarta y Pekín, y se ha realizado una selección más diversa de artistas. Además, se incluyen doce mapas urbanos realizados por un selecto grupo de los artistas perfilados además de más diagramas psicogeográficos que mapas tradicionales para, de este modo, reflejar la naturaleza profundamente personal y efímera del arte analizado.

La naturaleza del arte público independiente (disperso en lo geográfico, a menudo anónimo y por lo general efímero) supone un reto para la propia idea de elaborar un atlas estable. Además de que los propios artistas destacan por su movilidad, internet trafica con estilos e ideas, con lo que socava la idea de experiencias urbanas distintivas y de tendencias regionales al tiempo que endulza el placer de los descubrimientos y encuentros de primera mano de las obras. La noción del *flow* es esencial en todo el mundo: el *street art* y el grafiti contemporáneos giran en torno a la movilidad de las imágenes, de los artistas y del público. Dentro de estas limitaciones, este volumen aglutina el *street art* y el grafiti contemporáneos en todo su caos y esplendor, con imágenes que saltan de la página; tan vívidas que casi se pueden oler los vapores de la pintura, a veces mezclados con el tufillo del comercio y el rancio hedor de la gentrificación, pero, sobre todo, el dulce aroma de la reinvención.

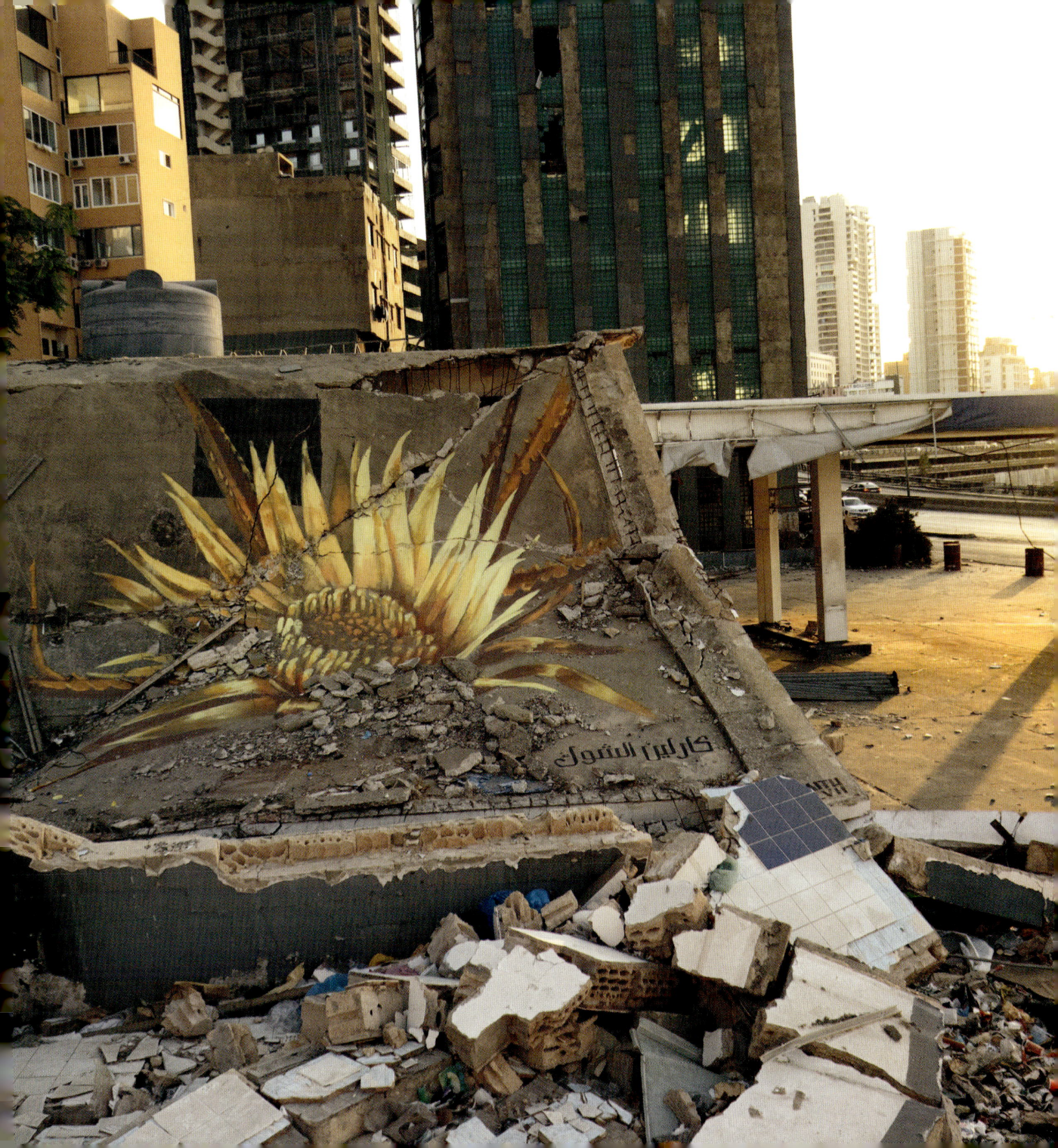

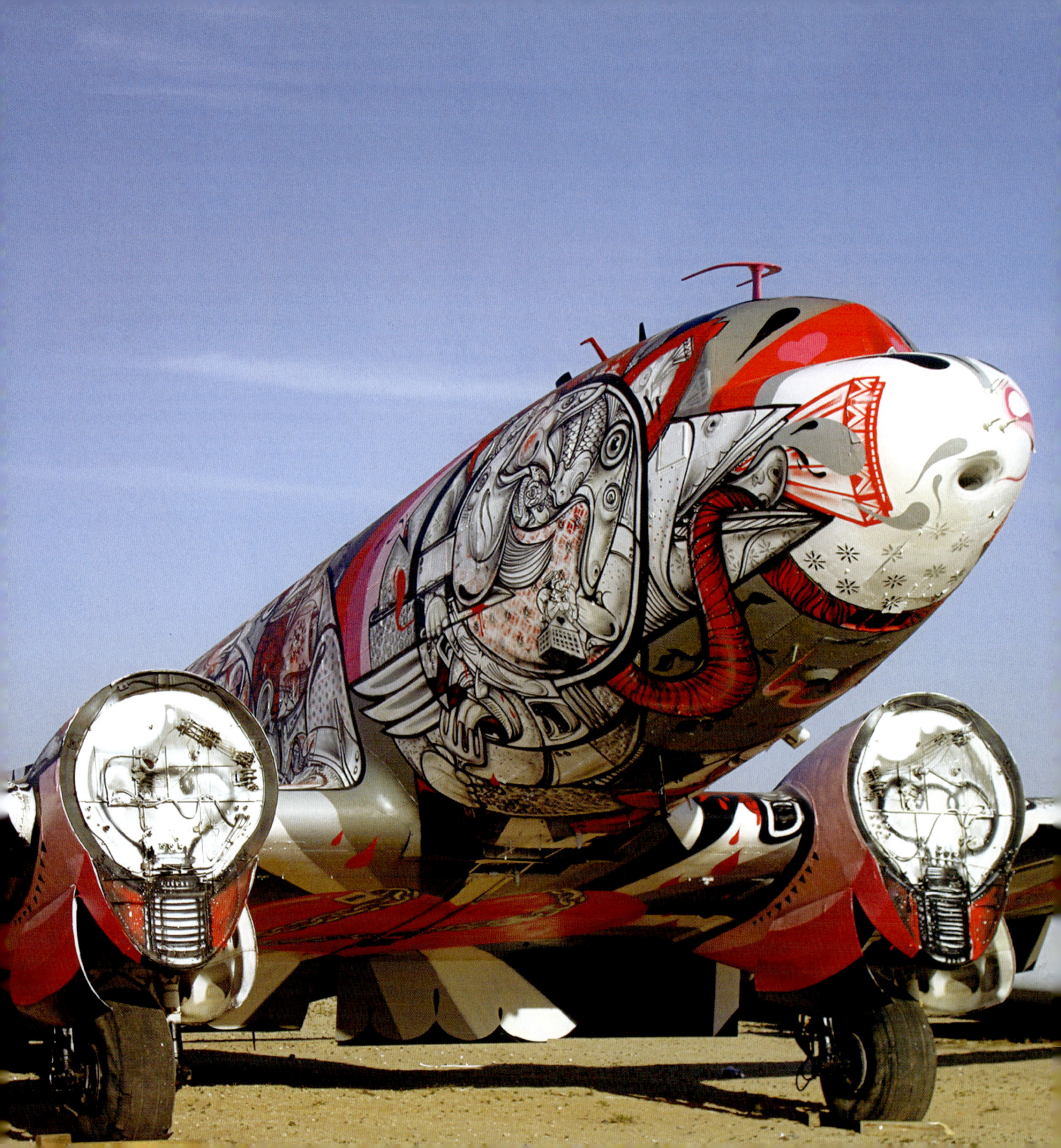

ANGLO AMÉRICA

NUEVA YORK SAN FRANCISCO LOS ÁNGELES

SWOON REYES AUGUSTINE KOFIE KATSU REVOK SEVER REMIO
SHEPARD FAIREY MERLOT EVAN ROTH MOMO HOW & NOSM KR
EL MAC JIEM MARK JENKINS ESPO FAUST CALEB NEELON BNE

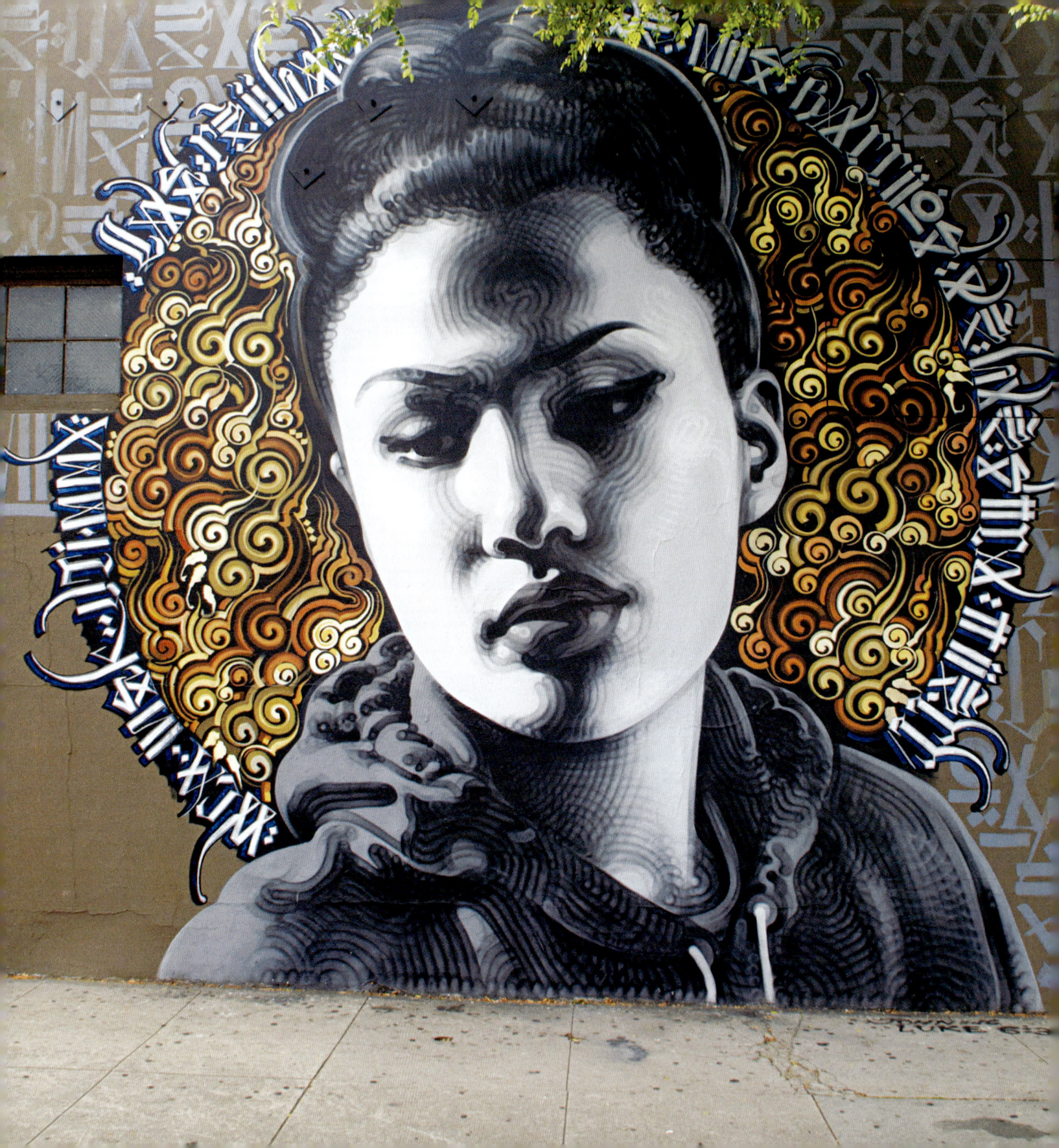

Angloamérica, cuna del grafiti moderno, ha ejercido una influencia crucial y duradera en el arte público independiente. Hoy en día sigue siendo un lugar de peregrinaje clave para los seguidores del arte ilícito, y los artistas del grafiti en particular se sienten atraídos por Nueva York, lugar que deben visitar y donde, si es posible, pintar. La región no ha dejado de traspasar los límites del grafiti desde sus inicios, a finales de la década de 1960; y es que su «ventaja de quince años sobre el resto del mundo», como la define Caleb Neelon (*véanse* páginas 16-17), ha propiciado que muchas innovaciones estéticas en el arte público independiente hayan surgido dentro de sus confines. Angloamérica también ha estado a la vanguardia de los coqueteos un tanto precarios del grafiti con el mercado del arte (se adelantó en unos veinte años al auge de principios de la década de 2000) y a la vanguardia de la metamorfosis del grafiti clásico en lo que ahora se conoce por lo general como *street art*. Además, la región ha producido una gran cantidad de artistas cuya evolución formal y conceptual aún está siendo asimilada por muchos hoy en día.

De las tres ciudades que aquí se analizan, Nueva York tiene un nexo con lo que a menudo se ha denominado *spray can art* («arte de los botes de aerosol») tan fuerte como el que tiene con lugares emblemáticos como la Estatua de la Libertad y el Empire State Building. Desde la génesis del arte público independiente, la ciudad ha producido y apoyado sin cesar a varios de sus principales exponentes, y los avances estilísticos contemporáneos vistos en esta gran metrópolis están a la altura de los históricos que en ella se han producido. Aunque la obra de artistas tan diversos como Blade, Cost y Revs, Dondi y Reas se convirtió en objeto de idolatría y constante estudio desde el principio, los practicantes actuales, como Espo (*véanse* páginas 18-21), Katsu (*véanse* páginas 26-27), Swoon (*véanse* páginas 34-37) y Faust (*véanse* páginas 22-23) han continuado produciendo una forma de trabajo igualmente heterogénea y pionera y que no ha perdido la garra, el garbo y la autenticidad que caracterizan a los neoyorquinos. Nueva York, donde a menudo se entreveran la tosquedad y la elegancia, la hostilidad física y el refinamiento cultural, sigue siendo uno de los lugares más importantes del mundo para el arte público independiente.

San Francisco (el Área de la Bahía en general, para ser más exactos) ha seguido una trayectoria bastante diferente a la de Nueva York. Como localidad más tranquila y típica de la Costa Oeste que es, ha producido su propia forma de arte público independiente. Su exponente más famoso, Barry McGee (o Twist) probablemente sea el artista más consumado y respetado del grafiti *underground* en toda Norteamérica (cuando no en el mundo). También es uno de los primeros artistas de la región que pasaron de una práctica textual del grafiti a una esfera más icónica o figurativa. Muy influido por lo que se ha dado en llamar Mission School —un movimiento artístico de San Francisco con estética folk clásica estadounidense (incluidas las culturas *hobo* y *surf*) del que el propio artista formó parte—, McGee ha influido a su vez en la siguiente generación de artistas en cuanto al enorme potencial del grafiti. Al igual que Nueva York, San Francisco y el Área de la

Bahía también han actuado como un punto de encuentro para artistas de todo el país, sobre todo en la década de 1990, cuando la escena del grafiti de la ciudad prosperó gracias a la afluencia e influencia de nuevos residentes. Con todo, lo que siempre ha caracterizado a la ciudad ha sido su espíritu innovador. Tanto con los goteos de KR (*véanse* páginas 54-55) como las pegatinas de BNE (*véanse* páginas 52-53), los iconos figurativos de McGee y la figuración textual del artista visual Jurne, se trata de una ciudad que ha ampliado el alcance y los horizontes de las artes urbanas.

La última de las tres ciudades que se analizan en las siguientes páginas, Los Ángeles, también ha desarrollado su propia personalidad. Aunque quien domina la escena en la actualidad es el colectivo MSK / AWR, con miembros como Revok (*véanse* páginas 68-69), Rime y Retna, todos ellos superestrellas mundiales del grafiti, el estilo de escritura de grafiti de las pandillas de cholos de la ciudad debe considerarse una parte crucial de su contexto histórico. Con una estética genuinamente local cuya caligrafía gótica es ya legendaria, esta influencia hispana ha repercutido en los artistas de la ciudad tanto como lo ha hecho su constante luz solar, un factor ambiental cuyo impacto puede apreciarse en los vivos colores que han empleado muchos de los artistas de la zona. Aunque la ciudad ha sido escenario de numerosos momentos pioneros del *street art* (quizá el más legendario sea la célebre obra de Saber a orillas del río Los Ángeles en 1997), su condición de capital mundial del entretenimiento también ha atraído a muchos profesionales a su órbita hasta convertirla en un lugar de importancia clave tanto en términos de mercado como de la estética en sí.

Aunque las tres ciudades han desarrollado sus propios rasgos estilísticos (que, teniendo presente el peligro de generalizar, son la crudeza de Nueva York, los colores profundos de Los Ángeles y el carácter folk e innovador del Área de la Bahía), varios de los artistas incluidos en este capítulo han surgido al margen de estos tres lugares: entre ellos figuran, desde la Costa Este, los artistas Caleb Neelon (*véanse* páginas 44-47) y Mark Jenkins (Cambridge y Washington, D. C., respectivamente; *véanse* páginas 38-39); desde la Costa Oeste, la tipografía de pintura de trenes de Merlot (afincada en Seattle; *véanse* páginas 48-49), y desde Canadá, Remio y Jiem (aunque ninguno de los dos artistas nació realmente dentro de sus fronteras; *véanse* páginas 78-79 y páginas 76-77). Hay, claro está, otros miles de artistas de otros miles de lugares de toda Angloamérica (desde Chicago y Miami hasta Seattle y Detroit) cuya obra y cuyos esfuerzos también conforman el cuerpo y el alma de este ámbito estético. Sin embargo, lo que queda claro sobre los artistas que figuran en este capítulo es la forma en que han absorbido la esencia angloamericana y han asumido su condición tanto de fuente como de caldo de cultivo creativo del arte público independiente. Desde el «hacktivismo» de Evan Roth (*véanse* páginas 40-43) hasta el vandalismo de BNE, desde las composiciones abstractas de MOMO (*véanse* páginas 28-31) hasta los grafitis satíricos y sardónicos de Sever, estos artistas ilustran la enorme heterogeneidad y creatividad del arte público independiente contemporáneo.

NU VA YORK

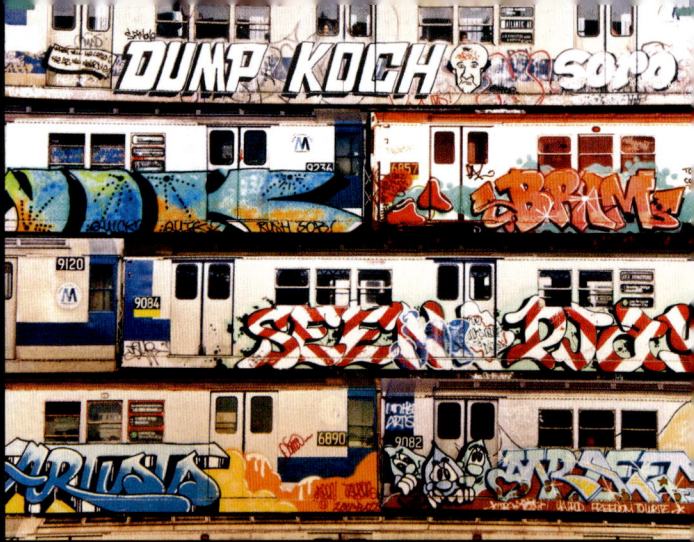

A finales de la tumultuosa década de 1960, pocos neoyorquinos pensaban en escribir sus nombres (reales o inventados y junto con un número de calle) como forma de protesta social o como arte, pero sin duda era algo muy divertido. Para cuando *The New York Times* supo de un muchacho de origen griego de Washington Heights que escribía «TAKI 183» por todas partes durante su jornada como repartidor por el centro de Manhattan, la fiesta ya había empezado. La siguiente tanda de jóvenes escritores de grafiti descubrió que podían colarse en los patios de maniobras ferroviarios de la red de metro, escribir en decenas de vagones de una sola vez y dejar que el sistema de transporte se encargara de difundir sus nombres por toda la ciudad. A partir de ahí, escritores como Stay High 149, Phase 2, SUPER KOOL 223 y decenas más convirtieron el nombre en arte, y fue entonces cuando comenzó la verdadera prueba: hacer que el propio nombre destacase sobre los demás a base de colores, diseños y estilo.

Nueva York, gracias a los escritores de grafiti de la década de 1970, llevaba quince años de ventaja al resto del mundo en cuanto al arte en las calles.

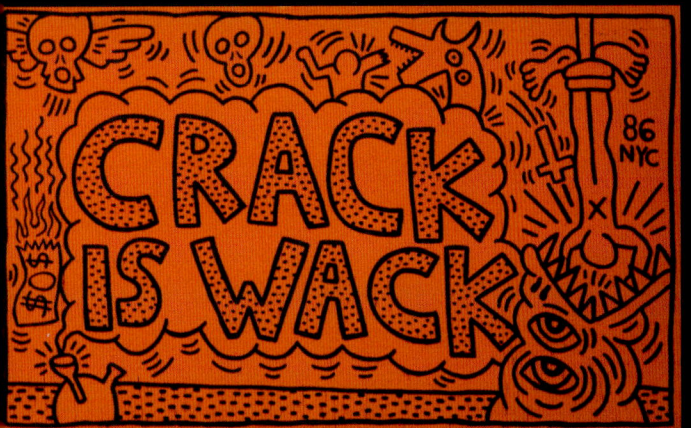

Ninguna otra ciudad del mundo tenía semejante cantidad de obras de arte rebeldes, y, como su centro era la red de metro, no se limitaba a uno o dos barrios. Los artistas del *street art* de la década de 1970 que trabajaban en barrios concretos, como, por ejemplo, Gordon Matta-Clark y sus edificios recortados del sur del Bronx, tuvieron que recurrir a su propia documentación fotográfica para dar a conocer sus efímeras obras. Los que hicieron gratifis en el metro en la década 1970, como Blade y Lee, autores de obras igualmente efímeras, al menos lograron hacer que sus pinturas circularan por las vías elevadas del Bronx y Brooklyn unas cuantas veces para que las viera toda la ciudad.

En 1979, cuando Lee celebró en una galería italiana su primera exposición individual, ya había indicios de que el mundo del arte, el comercio y la inversión estaban interesándose en el grafiti. A principios de la década de 1980, Keith Haring (*véase* imagen 2) y Jean-Michel Basquiat (*véase* imagen 3), dos artistas que operaban en la periferia del grafiti pero que no eran escritores de grafiti salvo en el sentido más laxo, se habían ganado la aprobación del mundo del arte. Algunos escritores de grafiti, entre ellos Crash, DAZE, Dondi, Futura, que pintaban tanto metros como lienzos, iniciaron carreras como artistas de galería, lo que les llevó a exponer en ciudades de todo el mundo y a acercar el movimiento del grafiti a nuevas urbes.

Sin embargo, lo que más dio a conocer el grafiti al mundo fue la publicación en 1984 de dos obras sobre el tema: el libro *Subway Art*, de los fotógrafos Henry Chalfant (*véase* imagen 1) y Martha Cooper, que capturó las obras maestras del grafiti en el metro en todo su esplendor, y el filme *Style Wars*, de Chalfant y Tony Silver, que añadió movimiento y abordó la personalidad de los artistas, entre ellos Seen, Case 2, CAP, Dondi e Iz the Wiz, mientras hablaban de lo que hacían. A finales de 1984, el movimiento ya se había extendido por todo el mundo.

Sin embargo, a finales de la década de 1980, Nueva York casi había ganado su guerra contra él. El crac bursátil de 1987, junto con las epidemias de sida y *crack*, pasaron factura desde varios frentes a la escena artística neoyorquina

El sistema de metro, que había combatido los grafitis con mayor o menor fuerte desde sus inicios, contó por fin con un sistema que funcionaba. En 1989, los metros estaban oficialmente limpios, y, a pesar de los esfuerzos de escritores como VEN, Reas y SENTO por mantenerlos pintados, a partir de entonces los grafitis solo llegaron al público mediante las fotografías de los artistas.

Sin embargo, los grafitis de la época del TAKI 183, incluso antes de que emigraran a los trenes, se habían desarrollado en las calles. Cuando los trenes se convirtieron en una opción menos atractiva, el grafiti volvió a las calles, esta vez con una planificación táctica por parte de escritores como JA (*véase* imagen 4), VFR, JOZ y EASY para saturar la ciudad. A principios de la década de 1990 surgió un dúo de escritores que redujeron el grafiti a sus elementos más eficaces y añadieron nuevos medios (folletos, esculturas y murales) cuando lo consideraron oportuno. En 1994, la asociación de Cost y Revs (*véase* imagen 5) en Nueva York había reavivado el interés del mundo artístico del centro de la ciudad por la calle y le había dado al movimiento que más adelante se conocería como *street art* las alas que necesitaba para despegar.

Espo (*véanse* páginas 18-21), procedente de Filadelfia y colaborador habitual de Revs a finales de la década de 1990, había empezado en 1999 a pintar su nombre en las omnipresentes persianas de los comercios de Nueva York con

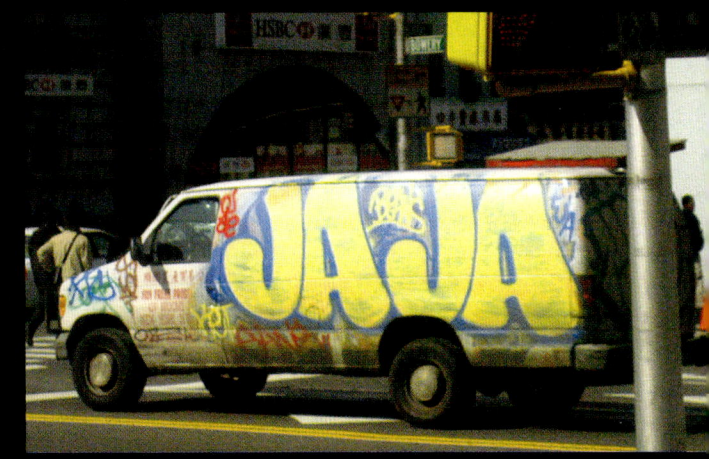

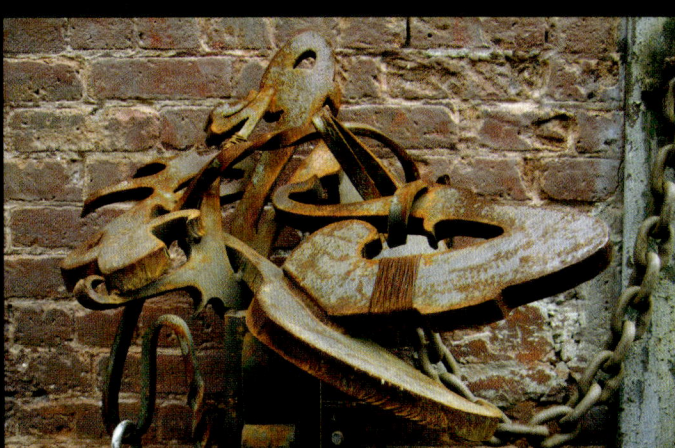

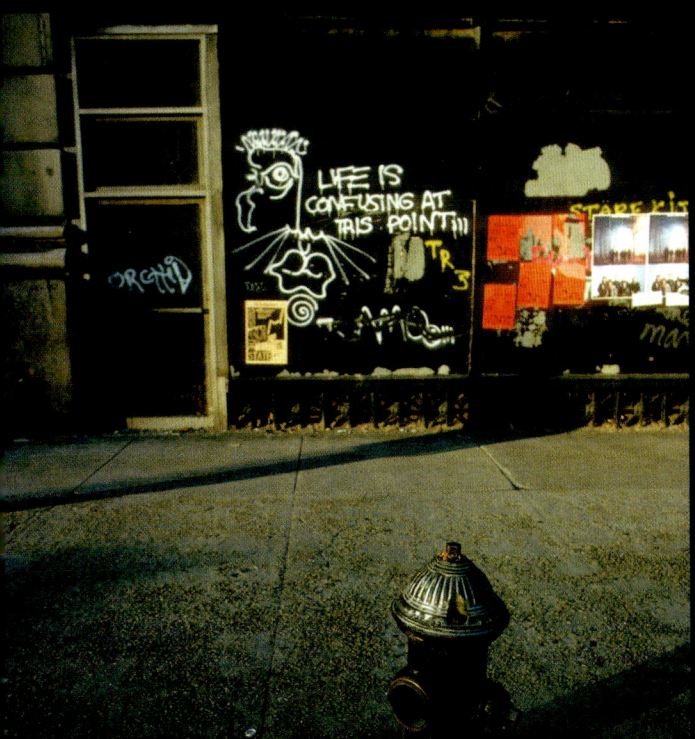

unas gigantescas letras de imprenta. Utilizando pinturas al óleo y su labia para acometer mejoras no autorizadas a plena luz del día, Espo no tardó en sentirse atraído por los tradicionales carteles de la ciudad y empezó a integrarlos en sus obras. Shepard Fairey (*véanse* páginas 72-75), antiguo alumno de la Rhode Island School of Design, visitó decenas de veces el centro de Manhattan e, inspirado por Cost y Revs, llevó su propio estilo de cartelería a todo el mundo. Ron English, veterano artista de Nueva York y Nueva Jersey, continuó con sus cientos y cientos de apropiaciones de vallas publicitarias.

En 2001, tras los atentados del 11-S, despegó el atractivo popular del *street art* en Nueva York y en todo el mundo. Sobre todo en esta ciudad, las obras de artistas procedentes de otras, entre ellos Swoon (*véanse* páginas 34-37), Faile, MOMO (*véanse* páginas 28-31) y cientos de otros, tanto si practicaban el grafiti como el *street art*, parecían transmitir un sencillo mensaje de supervivencia y una cultura floreciente que no se dejaría amedrentar. **CN**

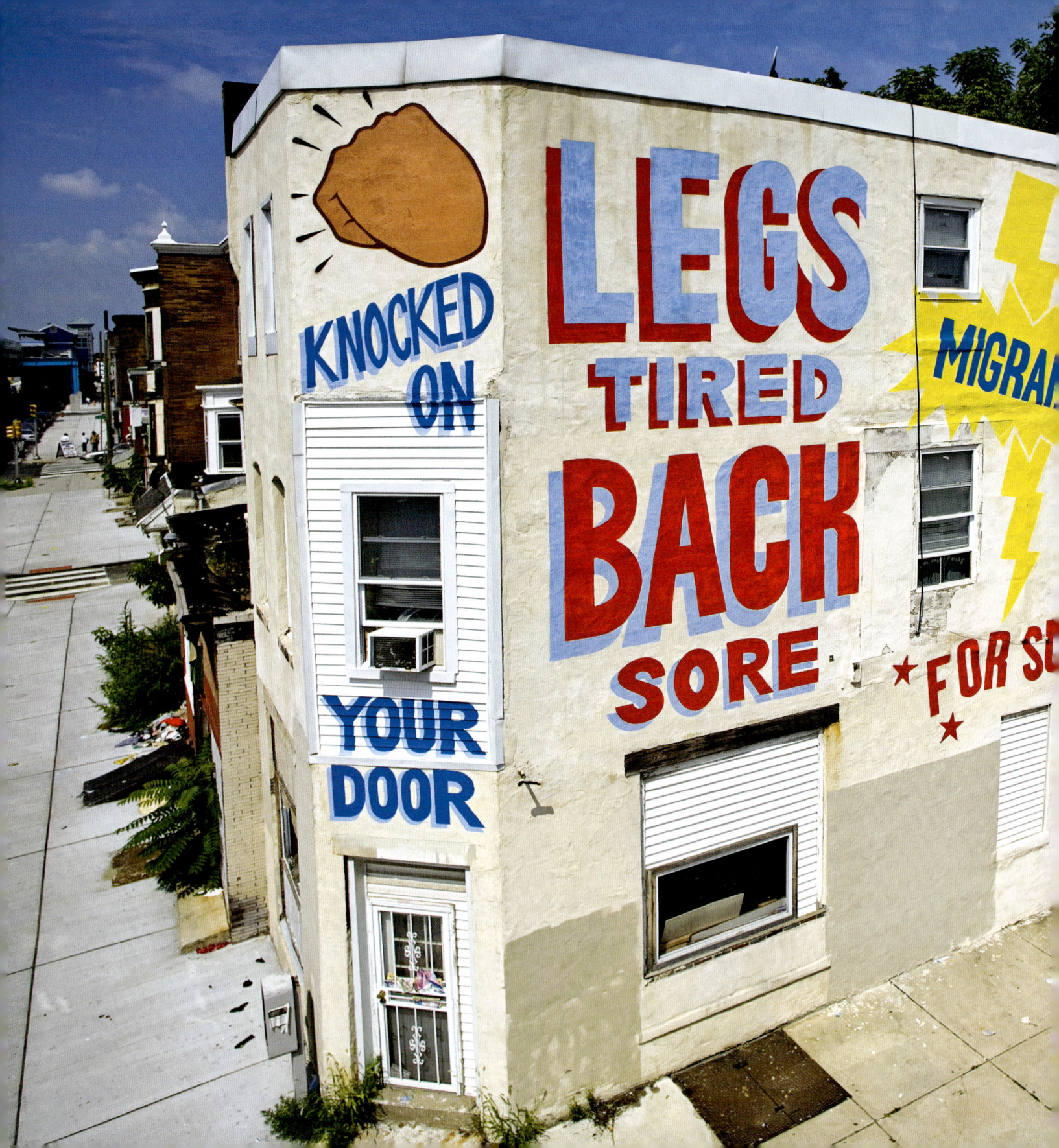

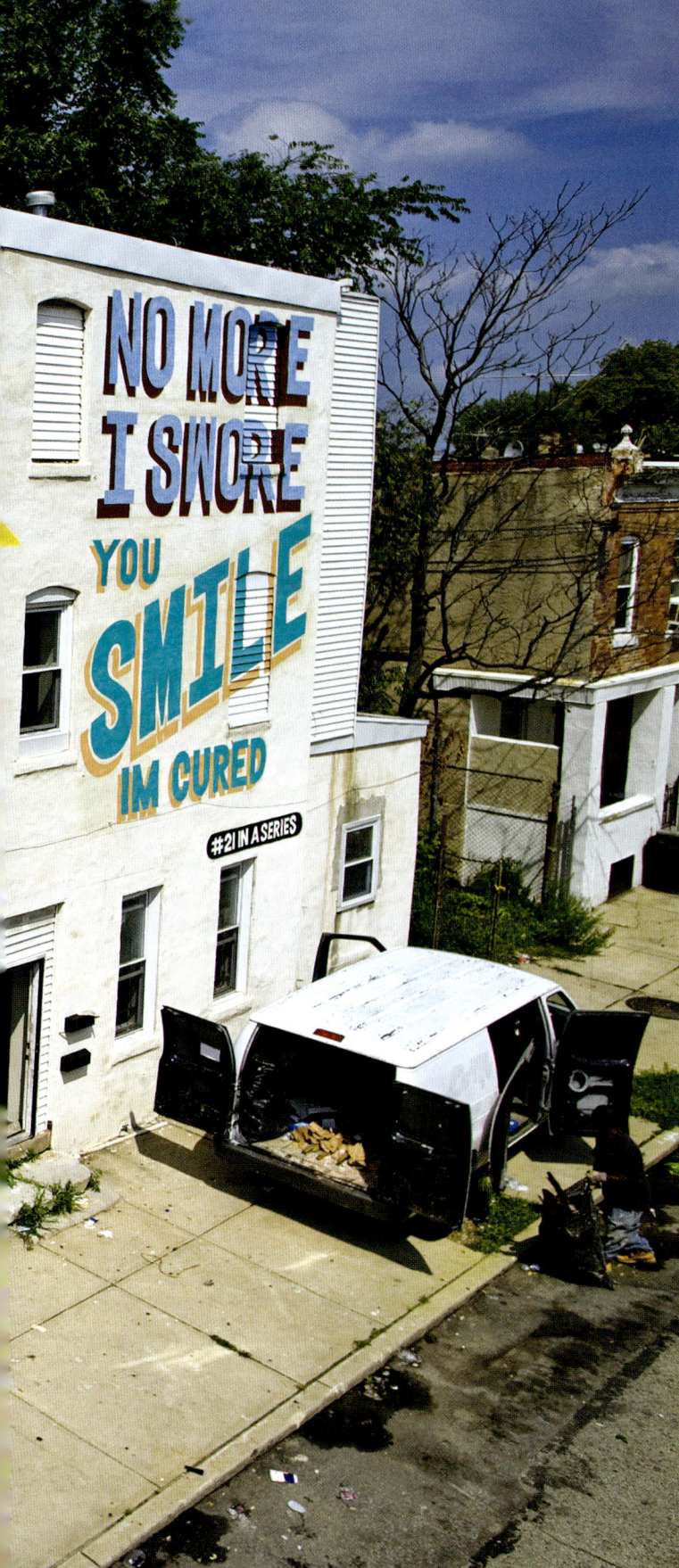

NACIMIENTO 1968, Filadelfia, Estados Unidos TÉCNICAS / MATERIALES Pintura en aerosol, instalación ESTILO Publicidad emocional TEMAS Comunidad, amor, vitalidad INFLUENCIAS Arte vernáculo, cartelería, tipografía, publicidad

ESPO
STEVE POWERS

Espo, tal vez más conocido como Steve Powers, es un artista, pintor de rótulos y confeso embaucador afincado en Nueva York. Tras pasar de ser escritor de grafiti a tener una beca Fulbright, Powers ha cambiado la obra ilícita tradicional por unas instalaciones muy conceptuales, y la clásica pintura de rótulos por visionarios proyectos comunitarios, todo ello con un estilo entrañablemente insolente e ingenioso. Maestro de los juegos de palabras y de la tipografía, elementos que se entrelazan en su búsqueda de la tríada perfecta de franqueza, claridad y creatividad, Powers practica una estética que altera la delgada línea entre artista y artesano y entre arte y publicidad, y ensalza la belleza y la sinceridad de lo vernáculo en cada proyecto que emprende.

Nacido y criado en el Oeste de Filadelfia, Powers recuerda haber pintado por primera vez con tres o cuatro años, cuando, según cuenta, machacaba lápices de colores por todas las paredes de casa «desde un metro de altura». Aunque los instintos artísticos se le despertaron a una edad temprana, lo cierto es que su entrada en el grafiti fue tardía. Empezó a hacer *tagging* en su barrio cuando tenía dieciséis años para satisfacer, como dice, su necesidad de «línea, color [y] aventura». Powers comprendió al instante que el grafiti implicaba delito, que era una práctica que contenía el encanto de lo ilícito y que, sin embargo, podía dar lugar a una estética muy refinada y muy alejada de los rígidos bodegones que le enseñaban en las clases de arte. Mientras su creciente afición por el grafiti le empujaba hacia la University of the Arts de Filadelfia, al mismo tiempo Powers fundaba, escribía y editaba la legendaria revista *On the Go*, una publicación pionera de grafiti y hiphop que dirigió entre 1988 y 1996. Además, siguió experimentando con sus grafitis y, en 1997, tras decidir centrarse en su obra artística, Powers inició el innovador proyecto *Exterior Surface Painting Outreach* (de cuyo acrónimo nacería su nombre de escritor de grafiti), que representó un nuevo enfoque radical tanto en términos formales como conceptuales. Trabajando sobre las superficies ya grafiteadas de persianas de comercios y adoptando la apariencia de un empleado público (lo que le permitía actuar sin problemas a la luz del día y le llevaba a facilitar su acrónimo burocrático si alguien le preguntaba), Powers pintó enormes bloques de color blanco o plateado sobre los grafitis existentes para después marcar su nombre en el espacio negativo mediante un uso austero y delicado del negro (en una clásica inversión de figura y fondo).

1 *Knocked On Your Door*, 5027 Market Street, Filadelfia, Estados Unidos, 2009

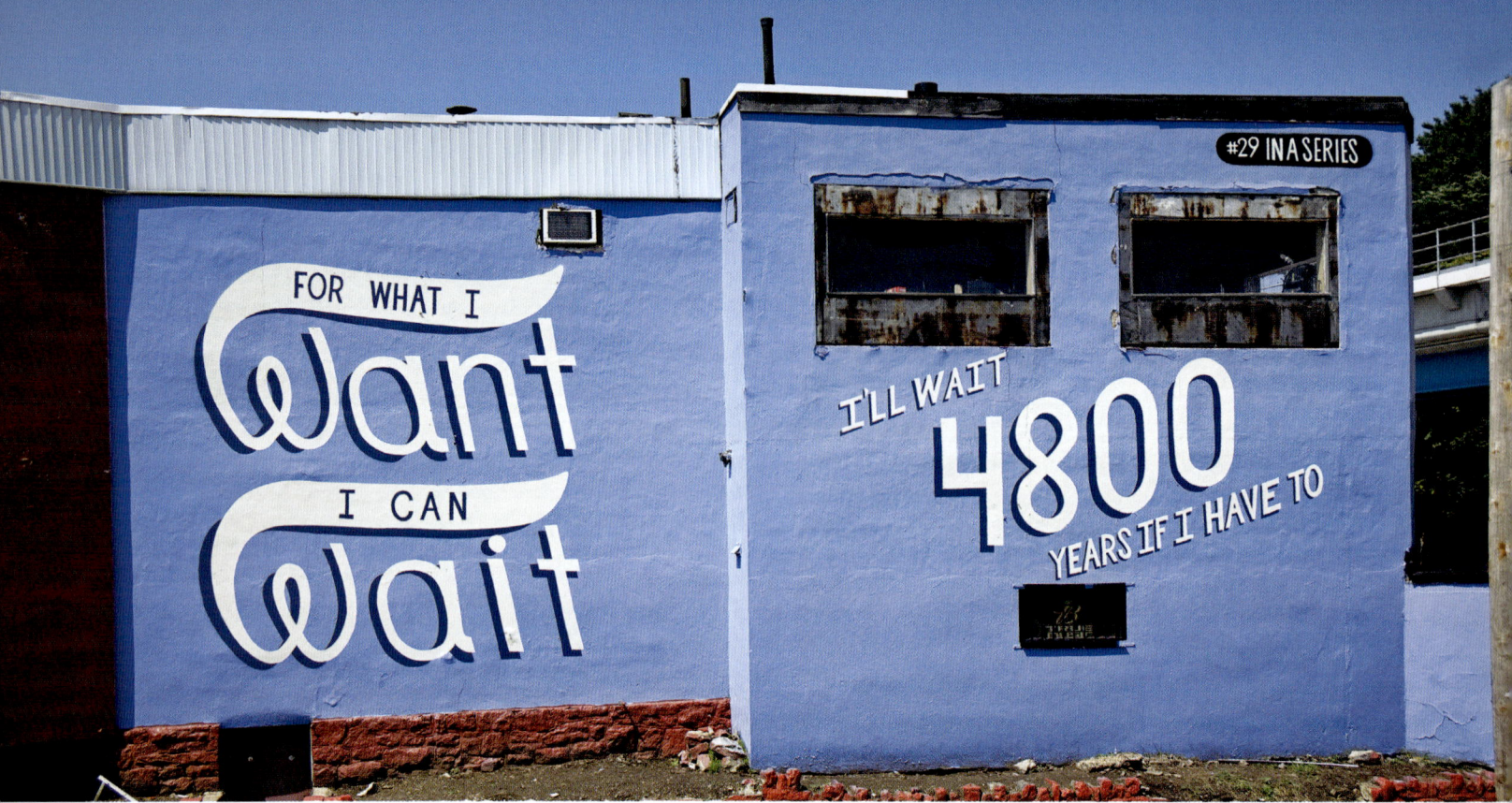

1 *Want and Wait*, 4800 Market Street, Filadelfia, Estados Unidos, 2009
2 *Your Everafter*, 6100 Market Street, Filadelfia, Estados Unidos, 2009
3 *Hold Tight*, 16 N. 51st Street (izquierda) y *Home Now*, 5101 Market Street (derecha),
Filadelfia, Estados Unidos, 2009 4 *Saboteur*, Filadelfia, Estados Unidos, 2010

Tras haber acumulado más de setenta de estos diseños en Nueva York, lo acabaron arrestando en 1999 por ellos. Sin embargo, el proyecto marcó el inicio de la búsqueda de Powers de una forma de recanalizar sus habilidades como escritor de grafiti y de dejarse llevar por su impulso de comunicar de una forma distintiva e inventiva a medida que se alejaba de la práctica estrictamente ilegal.

A principios del nuevo siglo, con la publicación de su libro *The Art of Getting Over* (1999), en el que figuraron algunos de los escritores de grafitis más célebres de la década de 1990, así como con su exposición «Indelible Market» y la instalación *Street Market* (2000), producida con Barry McGee y Todd James, Powers dejó clara su capacidad para utilizar las habilidades y conocimientos adquiridos en las calles y crear proyectos de lo más revolucionario que, tal vez, sean la muestra más clara del movimiento estadounidense del grafiti en la última década del siglo xx. Sin embargo, fue su proyecto de 2004, *The Dreamland Artist Club*, donde amalgamó todas sus inspiraciones y llevó su trabajo en la dirección por la que ahora es famoso. Inspirándose en el trabajo de rotulación de Margaret Kilgallen en la zona de Tenderloin, en San Francisco, y tras haber observado el ruinoso estado de muchos de los rótulos de los comercios de Coney Island, al sur de Brooklyn, Powers se propuso reformar estos rótulos

otrora ilustres. Incluso repintó el Coney Island Cyclone (emblemática montaña rusa de Nueva York) e invitó a varios artistas y amigos para que le ayudaran a consumar el proyecto. Conocedor de la conexión integral que hay entre la publicidad tradicional pintada a mano y el grafiti (una claridad iconográfica similar y una obsesión equivalente por las fuentes, los colores y los lugares públicos), Powers utilizó dicha conexión para crear una obra en torno a lo que denomina «publicidad emocional», una forma de publicidad centrada en «el negocio real de vivir» y, por ello, ajena a los efectos mendaces del capitalismo salvaje. Además de seguir produciendo obras relacionadas como parte de su beca Fulbright en Dublín y Belfast, creó la serie *A Love Letter For You*, la cual completó de vuelta al Oeste de Filadelfia (*véanse* imágenes 1-4 e imagen 1, páginas 18-19) y conmovió por su intimidad y pureza. Inspirándose tanto en los orígenes como en el creador de la práctica moderna del grafiti, es decir, en los mensajes de amor que el artista Cornbread garabateó en los muros de su Filadelfia natal, Powers desea reinstaurar este mensaje original en sus proyectos: actuando con «clase, estilo y garbo» para publicitar «fuerza, vida y vitalidad», ha creado una forma de grafiti elegante, conmovedora y afectiva, una estética del amor que sintetiza a la perfección palabra e imagen.

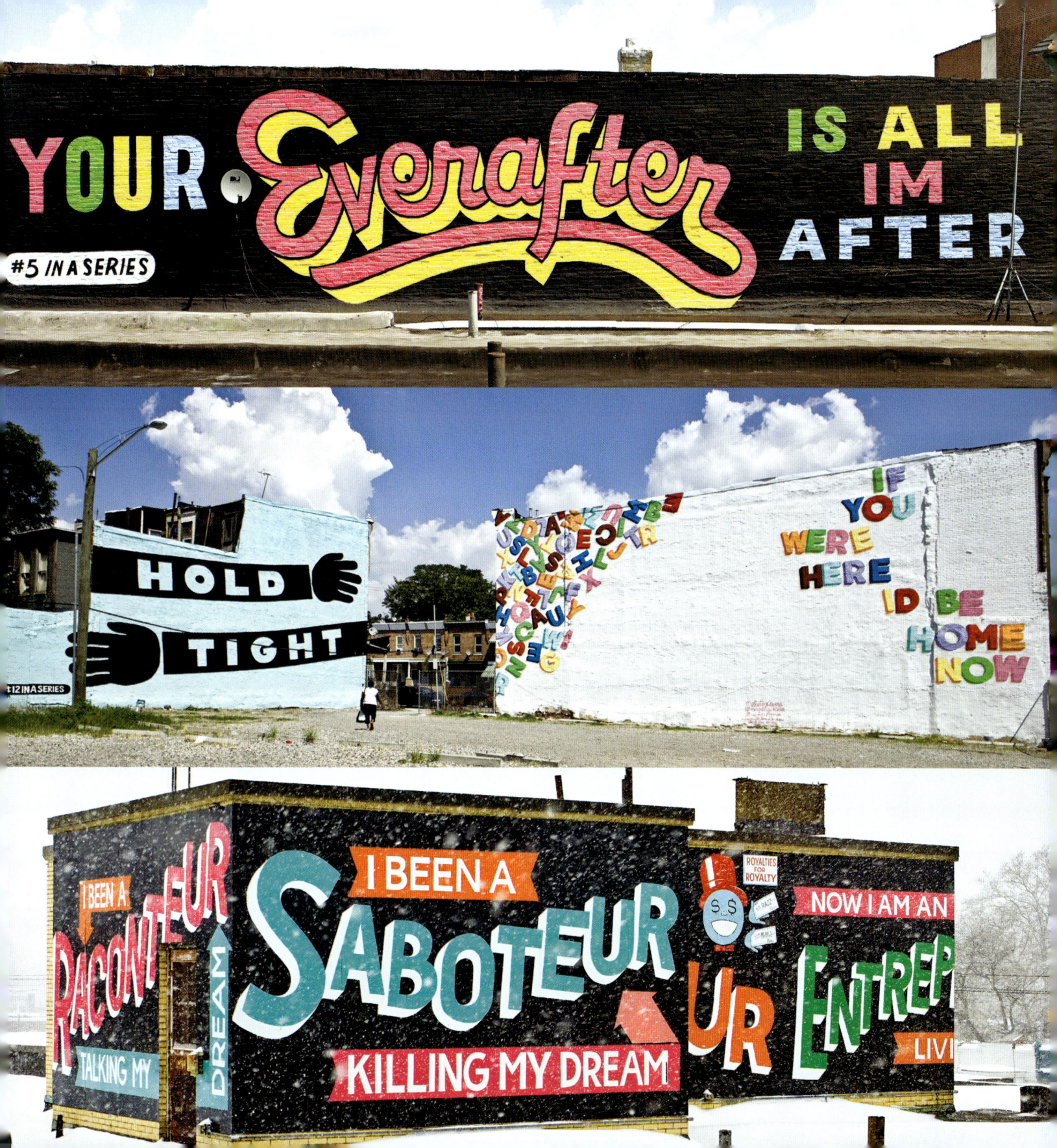

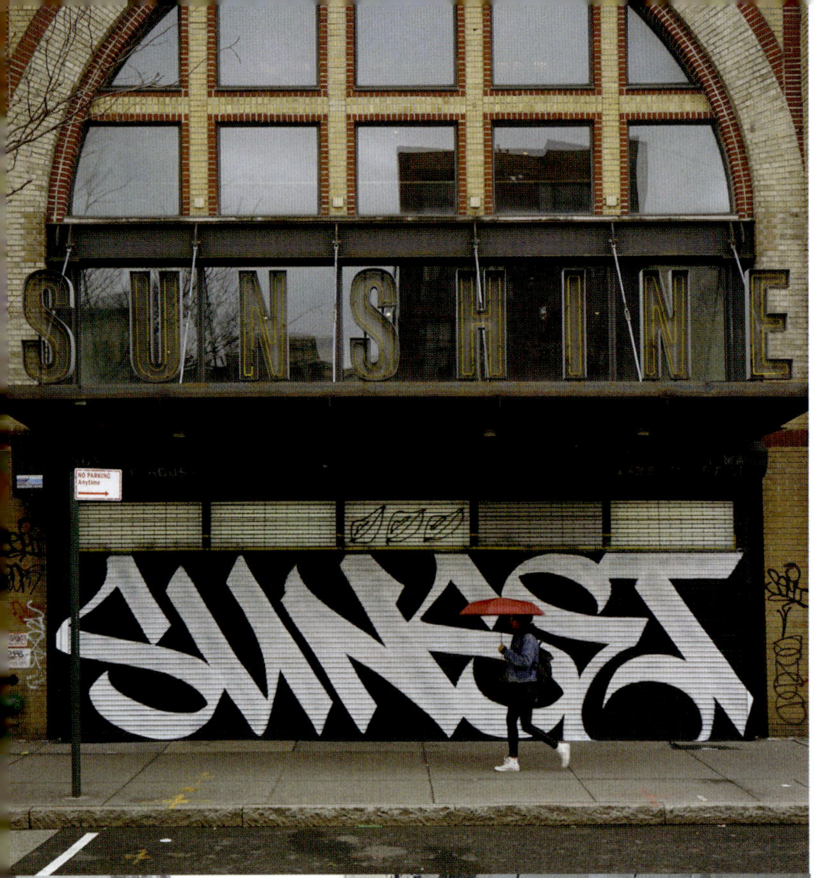

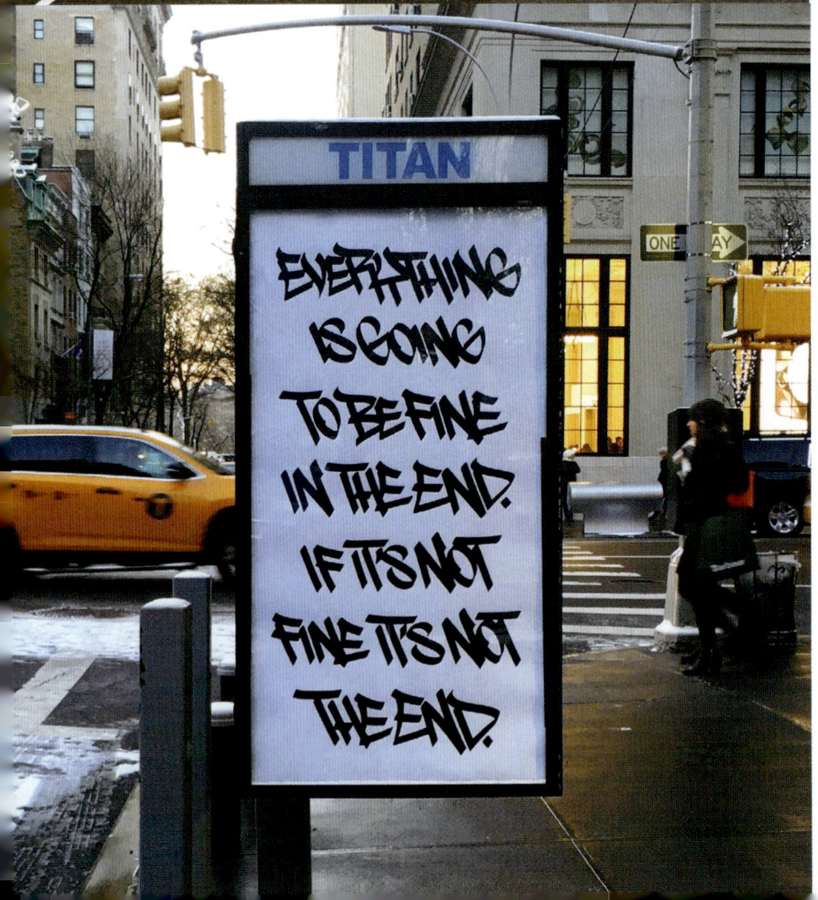

NUEVA YORK

NACIMIENTO Desconocido   TÉCNICAS / MATERIALES Pintura en aerosol, rotuladores
ESTILO *Tagging* neoyorquino, tipografía   TEMAS *Handstyles*, filosofía cotidiana,
Nueva York   CREW All That Matters

FAUST

Faust, artista surgido de la escena neoyorquina, ha transformado su práctica
del *tagging* en una ingeniosa estética basada en la caligrafía a mano alzada a
todas las escalas, desde pequeñas pegatinas hasta eslóganes monumentales.
La obra de Faust renuncia al atractivo visual de los elementos tradicionales
del grafiti, como los colores complejos, la ornamentación detallada y la
perspectiva tridimensional, y se reduce a las formas básicas de las letras, que
han de valerse por sí mismas. El grafiti desnudo de Faust es limpio, claro y
carente de contexto y contenido. El propio anonimato del artista contribuye
a esta pronunciada sensación de vacío: no hay rostro ni una historia detallada
que perfile el significado de la obra.

En el siglo XIX, la letra de las personas se consideraba una señal de su
carácter moral: así, una caligrafía refinada sugería una buena educación
y una personalidad culta. En aquella época, el objetivo de caligrafía
era hacer un alarde de elegancia, aspecto que en el siglo XX dio paso a una
preocupación por la eficacia hasta la práctica desaparición de la escritura
manuscrita a causa de la tecnología digital. En este contexto, las letras de
Faust son una vuelta a una época anterior. Para los aficionados al grafiti, el
pedigrí del *tagging* es obvio, mientras que las marcas comerciales y el público
en general ven una pluma hábil con una inclinación elegante y clásica.

La obra de Faust hunde sus raíces con fuerza en la tradición del
grafiti neoyorquino en cuanto al uso de tintas de un negro muy intenso
y rotuladores anchos de punta cincelada. Las letras, más que variedad, tienen
coherencia. En lugar de ornamentación, hay velocidad. Las formas de las
letras se han perfeccionado a base de un sinfín de repeticiones, muchas de
ellas en entornos ilegales. Aunque estas se amontonan y se superponen, el
espacio de la calle, a diferencia de las obras de estudio, no es infinito, por lo
que las letras deben encajar dentro de las limitaciones de la ciudad. Los *tags*
son un archivo moldeado por las superficies y texturas que brindan las calles,
por la sensación del cuerpo al ejecutar ciertos movimientos y letras (por
el *flow*) y por la creatividad colectiva de una escena, donde ciertos estilos
y gestos se elevan y otros se vilipendian.

La obra de Fausto habla de la imagen de Nueva York, de su relación con
el grafiti, pero también de la forma en que otras fuentes clásicas, desde las
insignias del béisbol hasta los logotipos corporativos, transmiten la idea de la
Gran Manzana a un público mundial. Incluso cuando las obras se encuentran
en otros lugares, hablan del atractivo de Estados Unidos. Nueva York es un
lugar, pero también una idea, una idea que ha dado la vuelta al mundo. **LM**

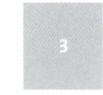

1 *Sunset*, Nueva York, Estados Unidos, 2018
2 *Untitled (Art in Ad Places)*, Nueva York, Estados Unidos, 2017
3 *Untitled (Snow Script)*, Nueva York, Estados Unidos, 2015

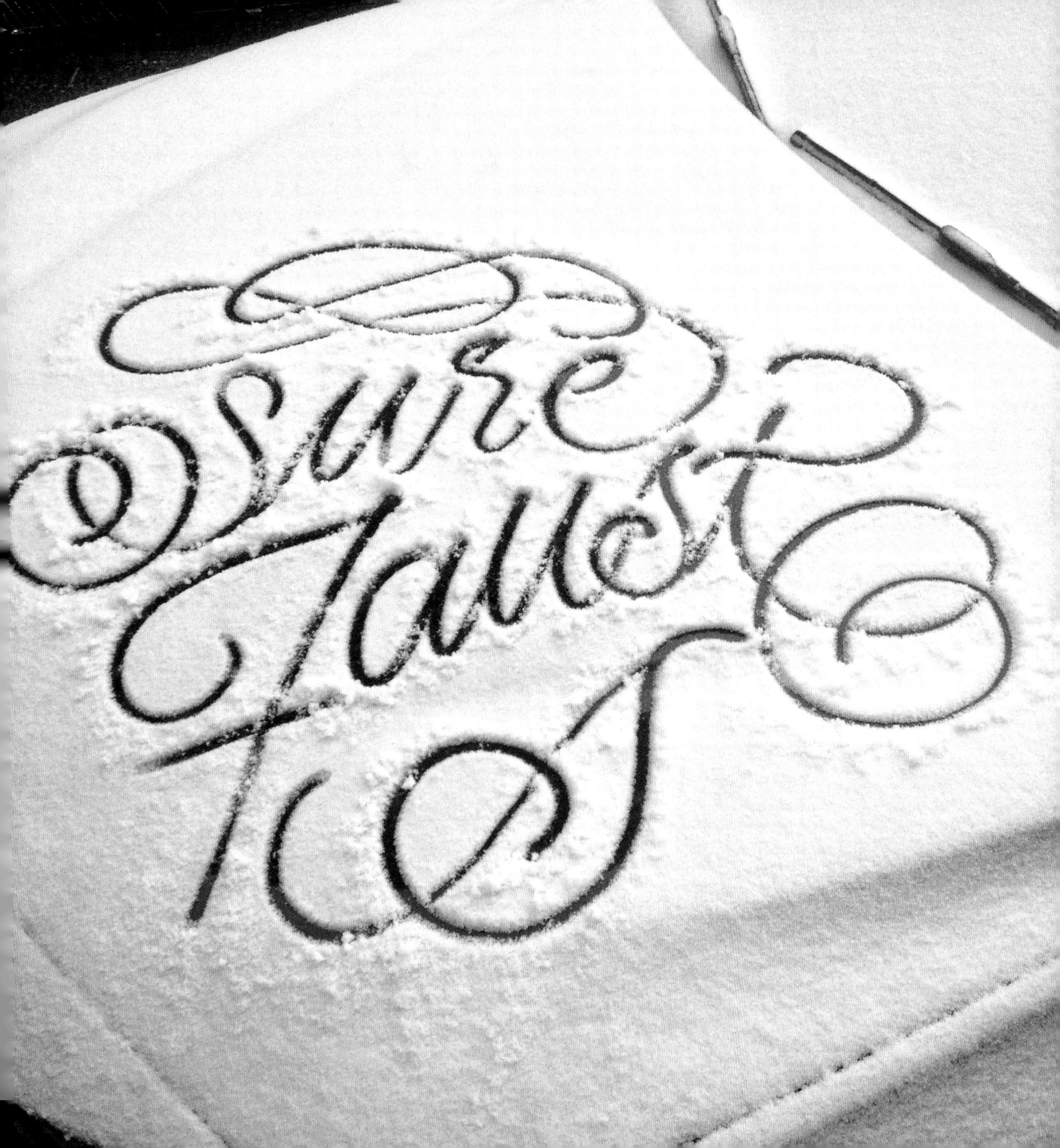

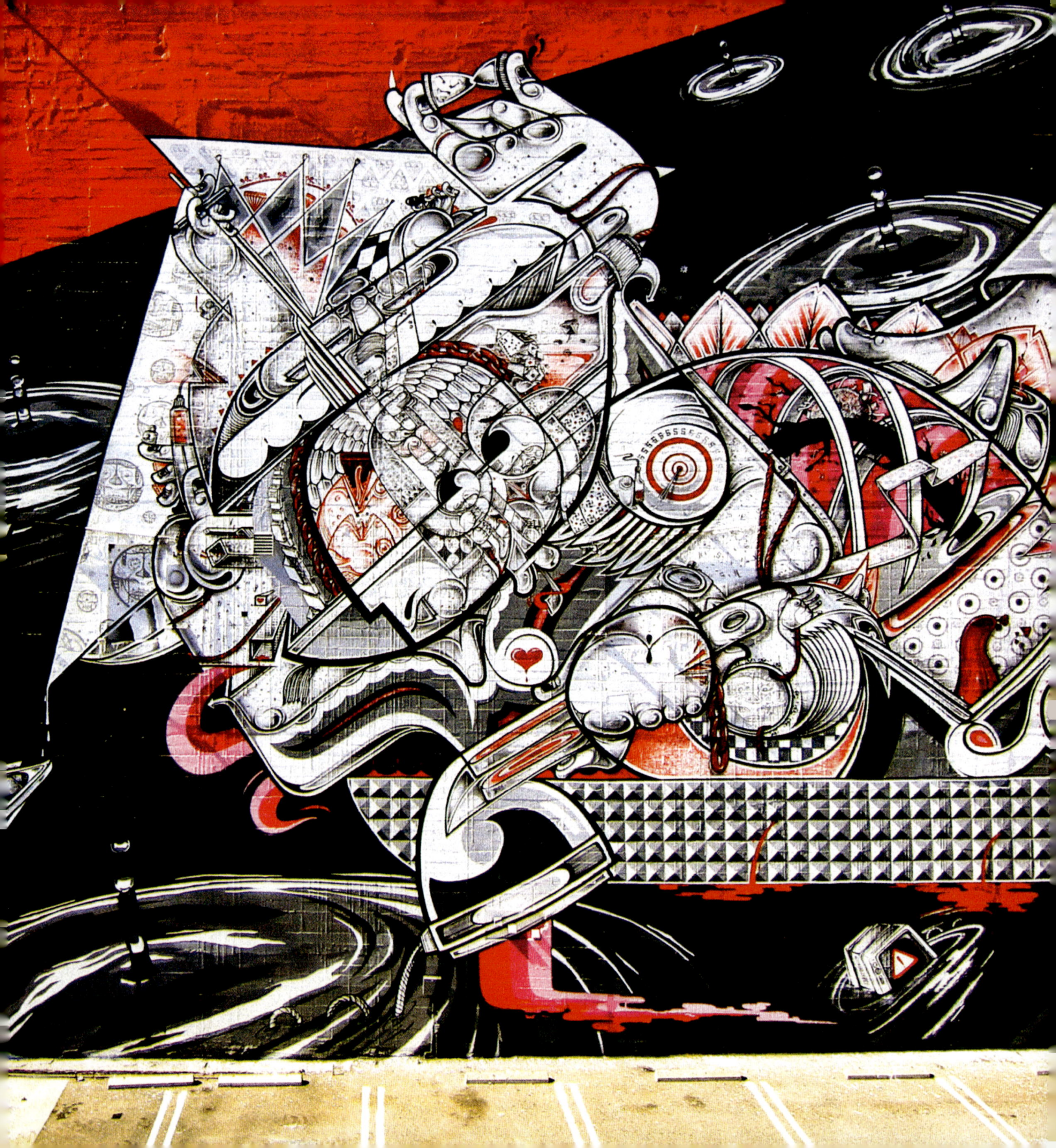

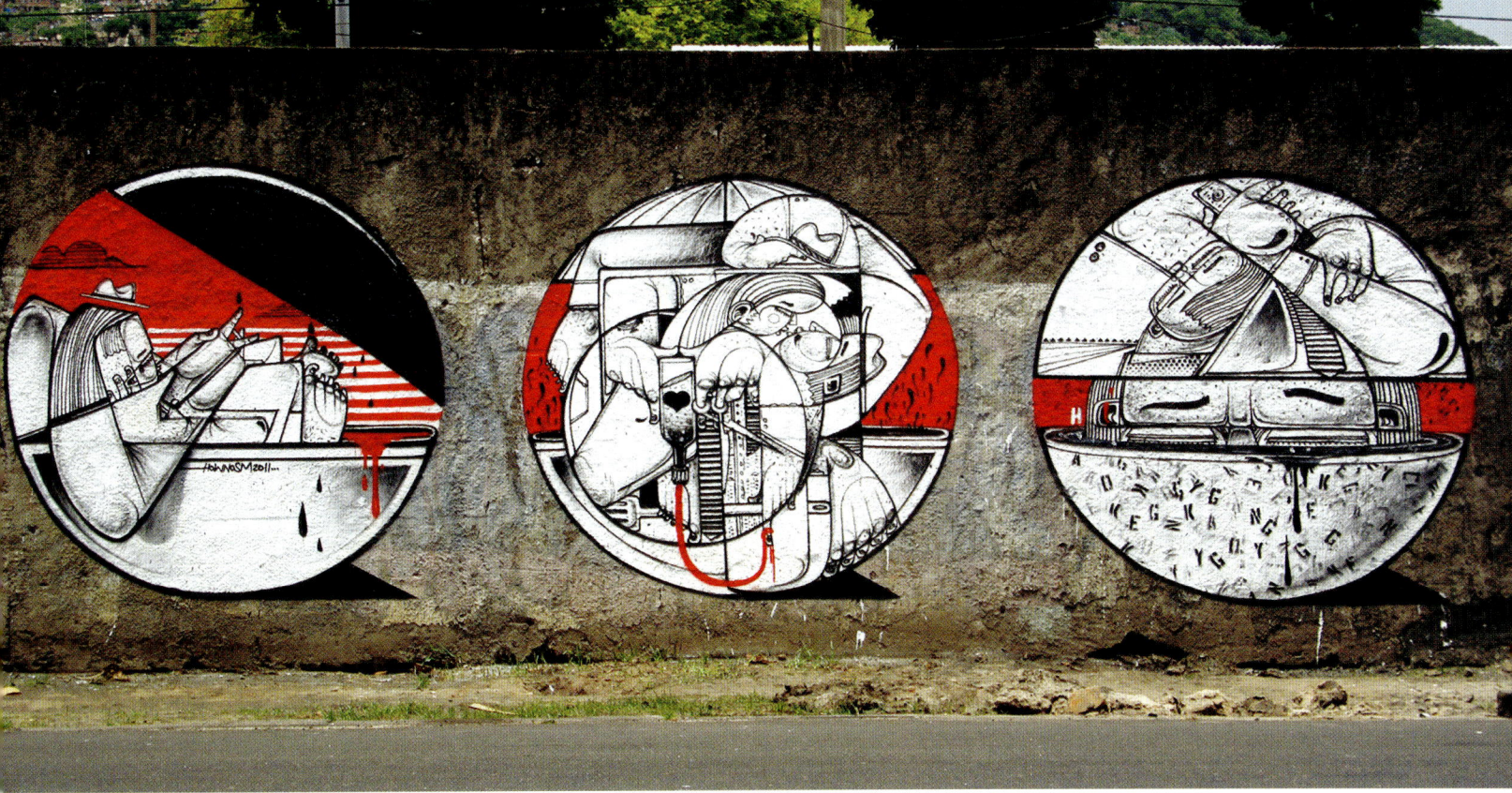

NUEVA YORK

NACIMIENTO San Sebastián, España **TÉCNICAS / MATERIALES** Pintura en aerosol
ESTILO Grafiti figurativo simbólico, paleta mínima (negro, blanco y rojo)
TEMAS Alegoría **INFLUENCIAS** TATS Cru *CREW* TATS Cru

1 *Heartship*, Los Ángeles, Estados Unidos, 2012
2 *Dot, Dot, Dot*, Río de Janeiro, Brasil, 2011

HOW & NOSM

Nacidos en San Sebastián, criados en Düsseldorf y residentes en Nueva York desde hace más de quince años, los gemelos Raoul y Davide Perre (más conocidos como How & Nosm) llevan en la sangre el movimiento y un espíritu viajero que ha llevado su obra a más de sesenta países de todo el mundo. Aunque al principio el dúo se centró en la tradición clásica del grafiti, su obra más reciente ha marcado una evolución hacia una técnica figurativa y simbólica con una estética delicada y muy refinada que incorpora multitud de mensajes. Valiéndose de una paleta mínima (blanco, negro y rojo), han creado un excepcional estilo personal que sigue en proceso de expansión, tanto literalmente, ya que adopta una escala cada vez más impresionante, como figuradamente, puesto que adquiere un tono cada vez más alegórico y un alcance narrativo más amplio.

Crecieron en un pequeño barrio de Düsseldorf, una ciudad «sin más entretenimiento que la delincuencia», y ambos entraron en contacto con el grafiti a una edad temprana. Se criaron gracias a las ayudas sociales, y el *tagging* fue una de las pocas actividades gratuitas a las que tuvieron acceso, así como una forma de salir de la pobreza y la drogadicción que les rodeaban. El dúo continuó aprendiendo y desarrollándose durante la adolescencia. Pasaron un tiempo pintando por toda Europa entre 1990 y 1997, año en el que llegaron al Bronx, donde un amigo los alojó de forma gratuita. Allí conocieron a la legendaria TATS Cru, colectivo al que se incorporaron al poco tiempo.

El traslado a Nueva York se hizo permanente en 1999. Con todo, el estilo por el que ahora son conocidos llegaría más adelante gracias a una reinvención que ahora ven como una forma de mantener su motivación y seguir inspirándose tras más de veinte años trabajando con letras. Este cambio de enfoque les brindó a How & Nosm un espacio que podían considerar suyo y, además, les ayudó a reavivar su pasión y a perfeccionar su nuevo estilo. El rechazo de la policromía en favor de un imaginario caracterizado por elaborados patrones y colores mínimos los llevó a crear una plataforma en la que sus habilidades combinadas pudieron brillar con todo su esplendor. Se trató de una estética muy deudora pero radicalmente divergente de sus raíces grafiteras, una estética que les ha permitido llevar la forma a espacios hasta entonces inexplorados.

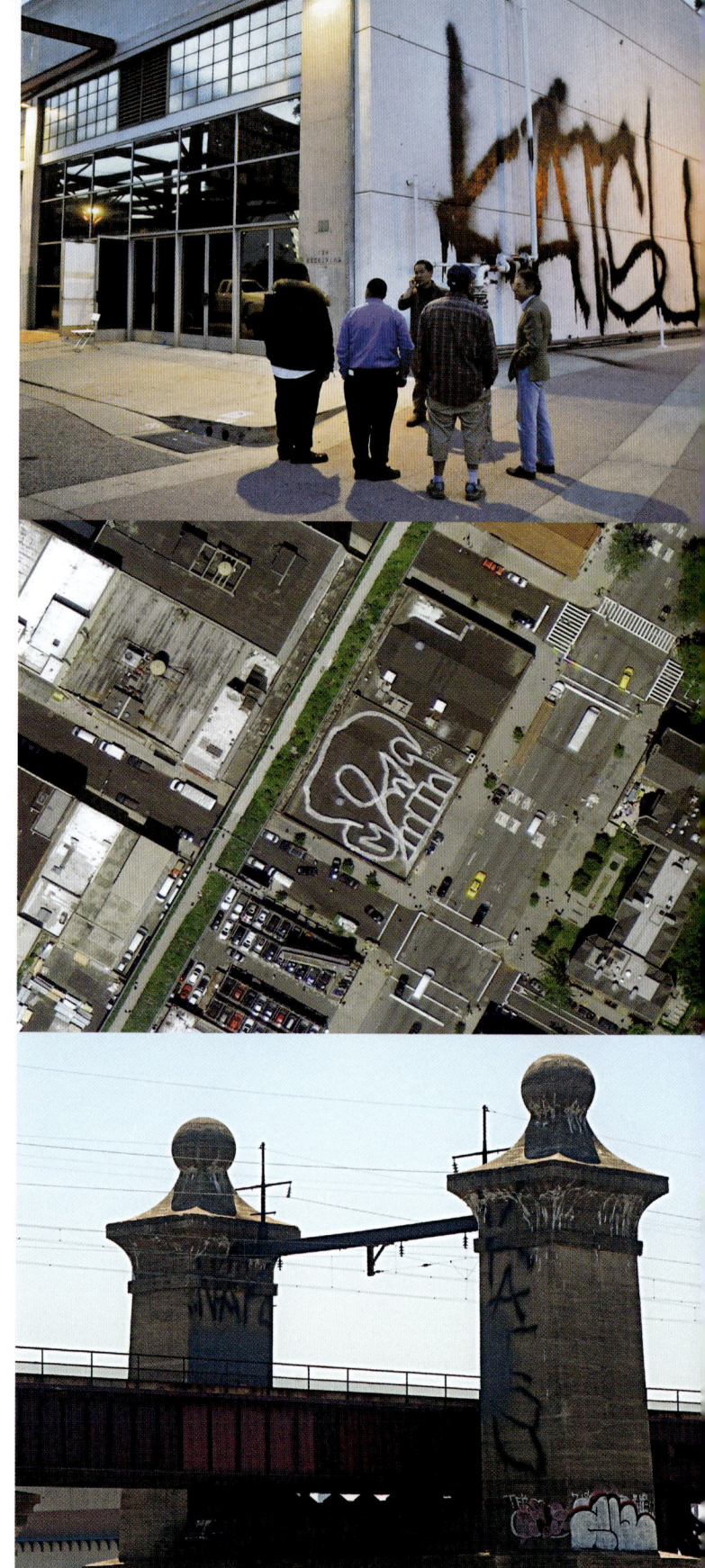

NACIMIENTO Desconocido   TÉCNICAS / MATERIALES Pintura en aerosol, pegatinas, vídeo, extintores   ESTILO Vandalismo conceptual   TEMAS Destrucción, pseudoanuncios, vandalismo digital   CREW Big Time Mafia (BTM)

KATSU

Katsu es un vándalo, un vándalo conceptual. No es artista, ilustrador ni diseñador. Es, según sus propias palabras, un escritor de grafiti que busca «ejecutar estratégicamente un vandalismo sistemático», destruir, hackear y subvertir el entorno urbano. La obra de Katsu, miembro de la célebre *crew* Big Time Mafia (BTM), no tiene que ver con la apropiación, la adaptación, el *détournement* ni la decoración; su estética se centra por completo en la destrucción y el daño: es una estética formada para «promover delitos y alterar el aspecto de la ciudad».

Es probable que la acción más célebre de Katsu sea su adopción de la herramienta vandálica definitiva: el extintor personalizado. Ajeno al mundo del grafiti hasta hace solo unos años, el extintor (debido tanto a su descarga a alta presión como a su innata portabilidad) le ha permitido a Katsu crear descomunales piezas de hasta unos 9 m de altura que pueden adueñarse de un edificio entero. Además de producir cientos de estos enormes *tags* por toda Nueva York y más allá, lo más destacable es que Katsu utilizó este método de producción justo a la entrada del Museum of Contemporary Art de Los Ángeles (MOCA) la noche previa a la inauguración de la enormemente influyente exposición «Art in the Streets» en 2011 (*véase* imagen 1). La pieza fue, según él, un intento de «poner a prueba el propósito de Jeffrey Deitch», comisario de la exposición, y su cuestionamiento sobre la validez y autenticidad de la exposición recibió una respuesta directa e inequívoca cuando el museo retiró de inmediato el *tag*. Por respeto, muchos artistas, entre ellos los brasileños Os Gêmeos (*véanse* páginas 106-109), se negaron a pintar sobre el lugar donde lo había hecho Katsu, lo que supuso una validación implícita de la acción de este.

Además de utilizar la destructiva técnica del extintor para crear su emblema grafitero, Katsu también la emplea para elaborar su icono figurativo: la calavera hecha con un solo trazo. Producido con un movimiento fluido e ininterrumpido (y que parece contener la propia palabra *tag* oculta en su interior), el símbolo del cráneo también figura en las miles de pegatinas impresas que Katsu emplea en su práctica (*véase* imagen 4). Se trata de una técnica que, como la del extintor, sigue su principio de producir obras que «requieran el mínimo esfuerzo y [tengan] el máximo impacto». Las pegatinas de Katsu (*véase* imagen 5), que están por todo Manhattan y más allá, junto con su reciente gama de pseudoanuncios para Nike y el neoyorquino Museum of Modern Art (MoMA) —en los que aparecen personajes famosos como Steve Jobs, Bill Murray, Jay-Z, Morrissey, Damien Hirst y Kurt Cobain—, intentan llegar al mayor número de personas en el menor tiempo posible y promocionar su destructiva marca tanto como le sea posible.

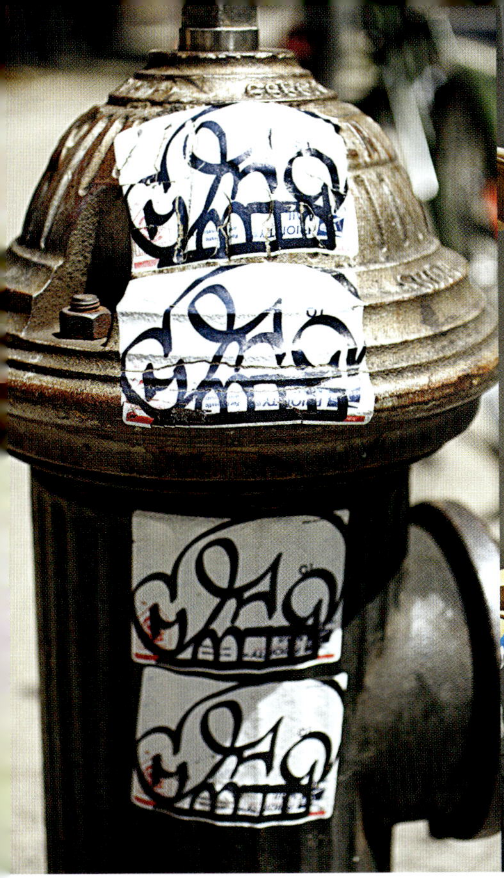

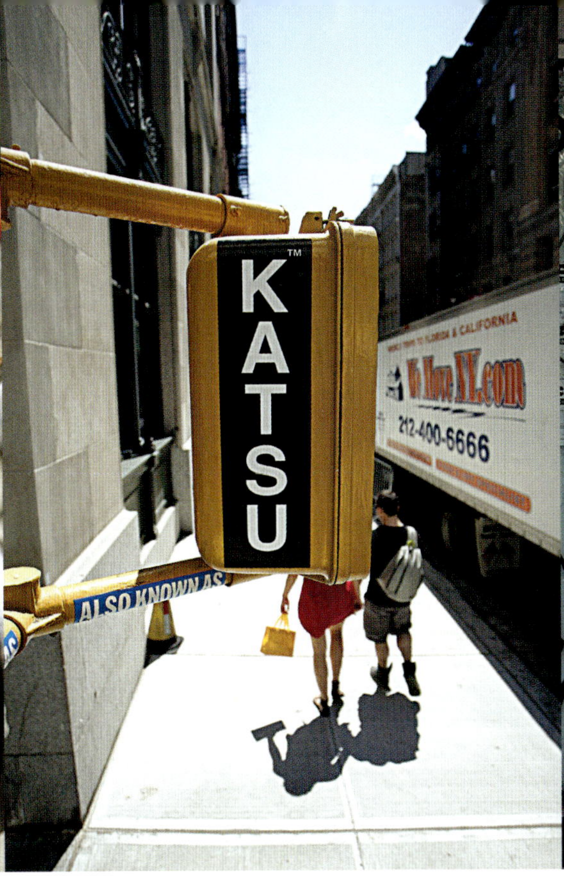

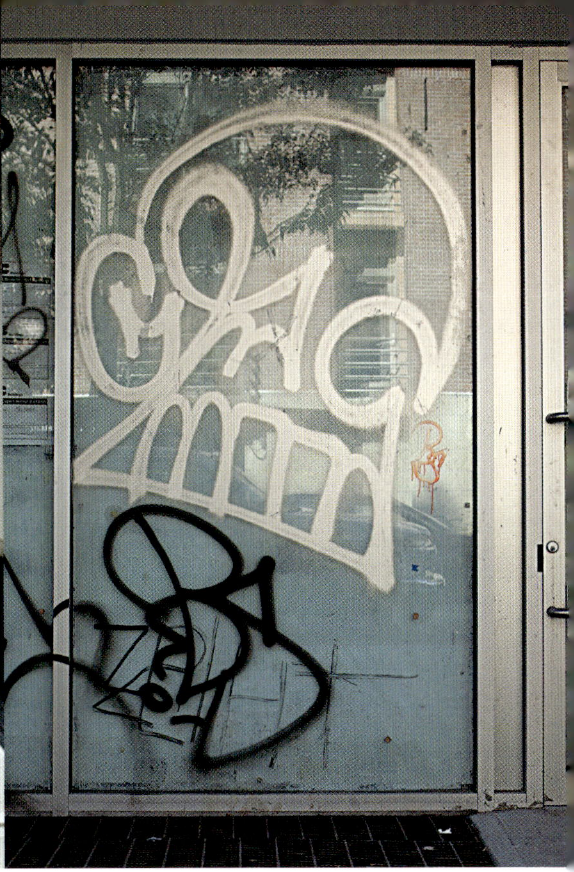

Ciñéndose a este enfoque, Katsu también ha recurrido a diversas herramientas digitales para acentuar su obra: así, ha publicado vídeos en internet (en los que Katsu parece estar escribiendo *tags* en la Casa Blanca o una obra de Picasso), ha lanzado *apps* para *smartphone* (como FatTag y FatTag Deluxe) y ha realizado esculturas de termoplástico (producidas con el decano del *geek graffiti*, Evan Roth; *véanse* páginas 40-43); además, está llevando a cabo experimentos con drones. Esta práctica, que denomina «grafiti conceptual» (una combinación «letal» de grafiti y tecnología digital), debe coexistir siempre con el «auténtico vandalismo» para seguir siendo auténtica. Su filme *The Powers of Katsu* (cuyo título hace referencia al clásico de Charles y Ray Eames de 1977 titulado *Powers of Ten*, o *Potencias de diez*) sigue exactamente este ideal como proyecto en el que fusiona sus prácticas ilícitas y conceptuales: al reproducir su *tag* con forma de cráneo a partir de una escala de $1/20$ de pulgada (una aguja en un grano de arroz) aumentada a 36,5 m utilizando un extintor en un tejado de Nueva York y una imagen visible desde Google Earth (*véase* imagen 2), la legalidad de la práctica sigue siendo irrelevante para su condición de tarea realizada, de experimento sobre la escala que tenía que realizarse. Además, la reciente creación por parte de Katsu del «grafiti con drones», cuyo primer y más famoso ejemplo supuso la vandalización de una gigantesca valla publicitaria de Calvin Klein situada en la neoyorquina Houston Street en la que aparecía Kendall Jenner, subraya aún más la adopción por parte de Katsu de las fantásticas posibilidades tecnológicas del grafiti.

Para él, por tanto, el grafiti es una cuestión de reputación y reconocimiento, de autopromoción de su *tag* y de su icono como medios y fines de su práctica. Aunque su obra sea conscientemente conceptual y adopte múltiples formas cada vez más innovadoras, la hipótesis de base es sencilla: hacerse ver y llevar su nombre y su imagen lo más lejos posible. En lugar de fantasear con pintar trenes que solo se verán en fotografías, Katsu está en la calle produciendo obras en las que prima el tamaño y en las que la calidad se mide por la cantidad.

Abrazando de todo corazón la fama (y yendo directamente en contra del rechazo de la celebridad que adoptan muchos artistas), hace del grafiti «un juego en el que el objetivo es ganar "FT", o "FameTokens" [*tokens* de fama], de la forma más eficaz posible». Para él es un juego en el que «hacer llegar [su] nombre a la vida de la gente, y de formas únicas, es el principal objetivo». Katsu desea activamente que el público odie y desprecie su obra, pero al mismo tiempo quiere que los auténticos escritores de grafiti la aprecien: quiere conquistar el espacio a golpe de tinta, invadir y ocupar la ciudad por todos los medios posibles.

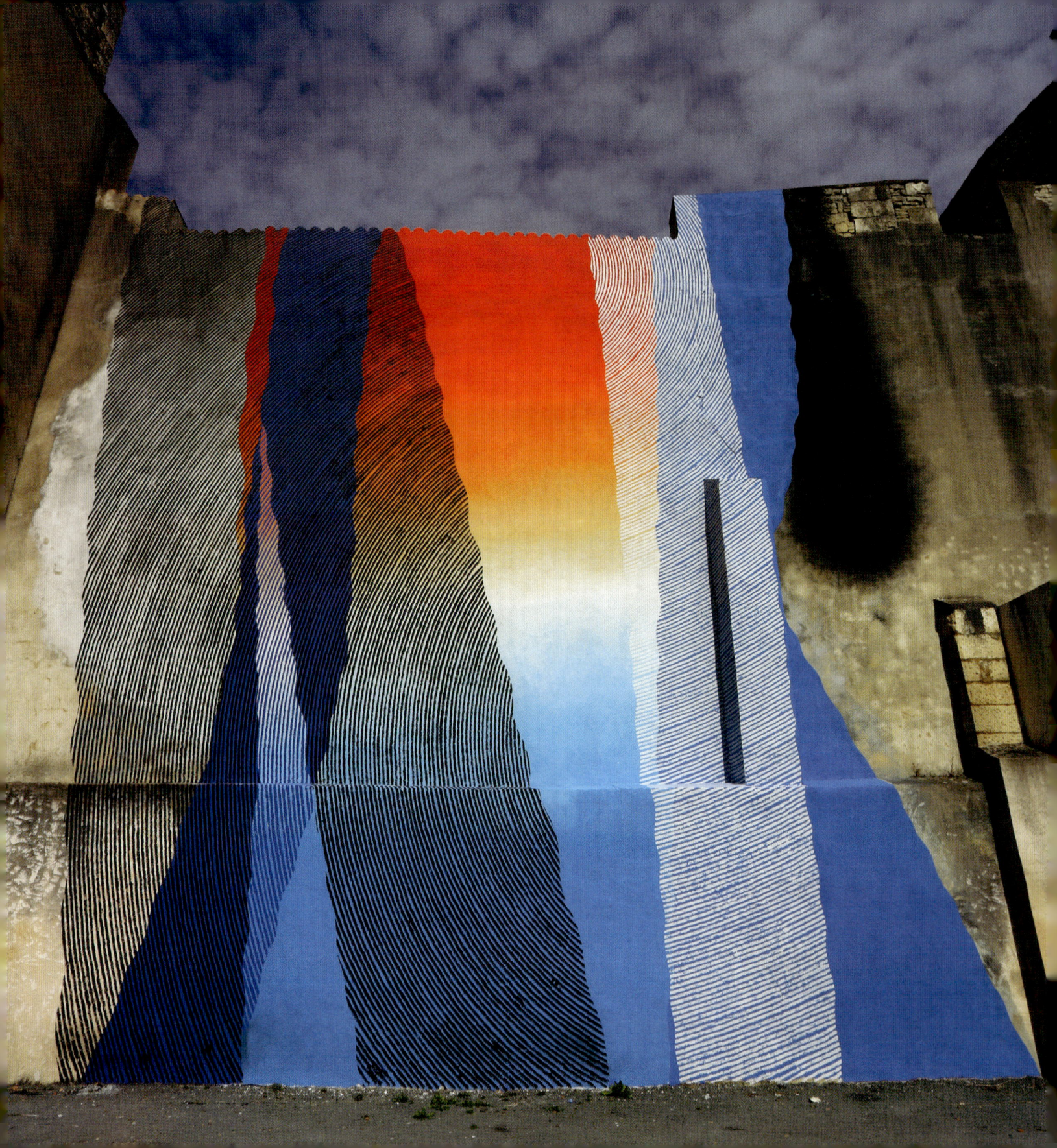

NUEVA YORK

NACIMIENTO San Francisco, Estados Unidos   **TÉCNICAS / MATERIALES** Pintura en aerosol, pintura acrílica, papel, madera   **ESTILO** Grafiti no figurativo, *collage*, escultura, instalaciones   **TEMAS** Aleatoriedad, incertidumbre, formas, kinesis

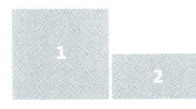

1 *Sin título*, Niort, Francia, 2014
2 *PLAF – Autonomous Mechanisms*, East River State Park, Nueva York, Estados Unidos, 2008

MOMO

La estética de MOMO, reconocible al instante, dinámica y no representativa, supone un contrapunto a los grafitis no figurativos del artista italiano conocido como 108 (*véanse* páginas 278-281). En contraste con la forma instintiva con la que 108 aborda la abstracción, las obras de MOMO están muy manipuladas: utiliza las infinitas posibilidades del *collage* en su búsqueda constante de formas novedosas, aunque no necesariamente perfectas desde el punto de vista visual. Tanto cuando trabaja con esculturas cinéticas como con carteles serigrafiados, espándex o pintura en aerosol, los experimentos de MOMO con las formas y el color abordan los espacios bi- y tridimensionales, la destrucción y la construcción, el movimiento y la quietud.

MOMO, tras haber pasado varios años en Nueva York y residir hoy en día en Jacksonville, Florida, puede considerarse el arquetipo del nómada estadounidense, ya que encarna la profunda pasión por los viajes propia de los habitantes de San Francisco (ha viajado por todo Estados Unidos y vivido en Jamaica, España y otros muchos lugares). MOMO puede considerarse un *outside artist* en el sentido más literal del término («artista de exteriores»), ya que su obra está en profunda deuda con la vida al aire libre. Tras una primera etapa en la que trabajó de una forma muy figurativa, su primer contacto con el grafiti tuvo lugar en los trenes de mercancías en Montana (siguiendo la clásica tradición *hobo*). Durante su estancia en Andalucía pintó imágenes de hombres de la región inspiradas en El Greco, y a su regreso a Estados Unidos puso fin a su período naturalista a base de pegar retratos de tamaño natural (o mayor) por toda Nueva Orleans.

Tras trasladarse a Nueva York en 2004, la abstracción empezó a primar en la obra de MOMO, en la cual pudo percibirse también la influencia de artistas europeos contemporáneos como Eltono (*véanse* páginas 244-247) y Filippo Minelli (*véanse* páginas 282-285). Aunque es famoso por haber creado el *tag* más grande del mundo (un rastro de pintura de 13 km de longitud que recorre las calles de Manhattan; *véanse* páginas 32-33), fue su paso al *collage* lo que dio pie a lo que hoy conocemos como «estética MOMO». A la hora de elaborar estas nuevas obras, *in situ* y armado solo con un cuchillo y hojas de papel de colores, MOMO coloca de distintas maneras sus materiales con la intención de

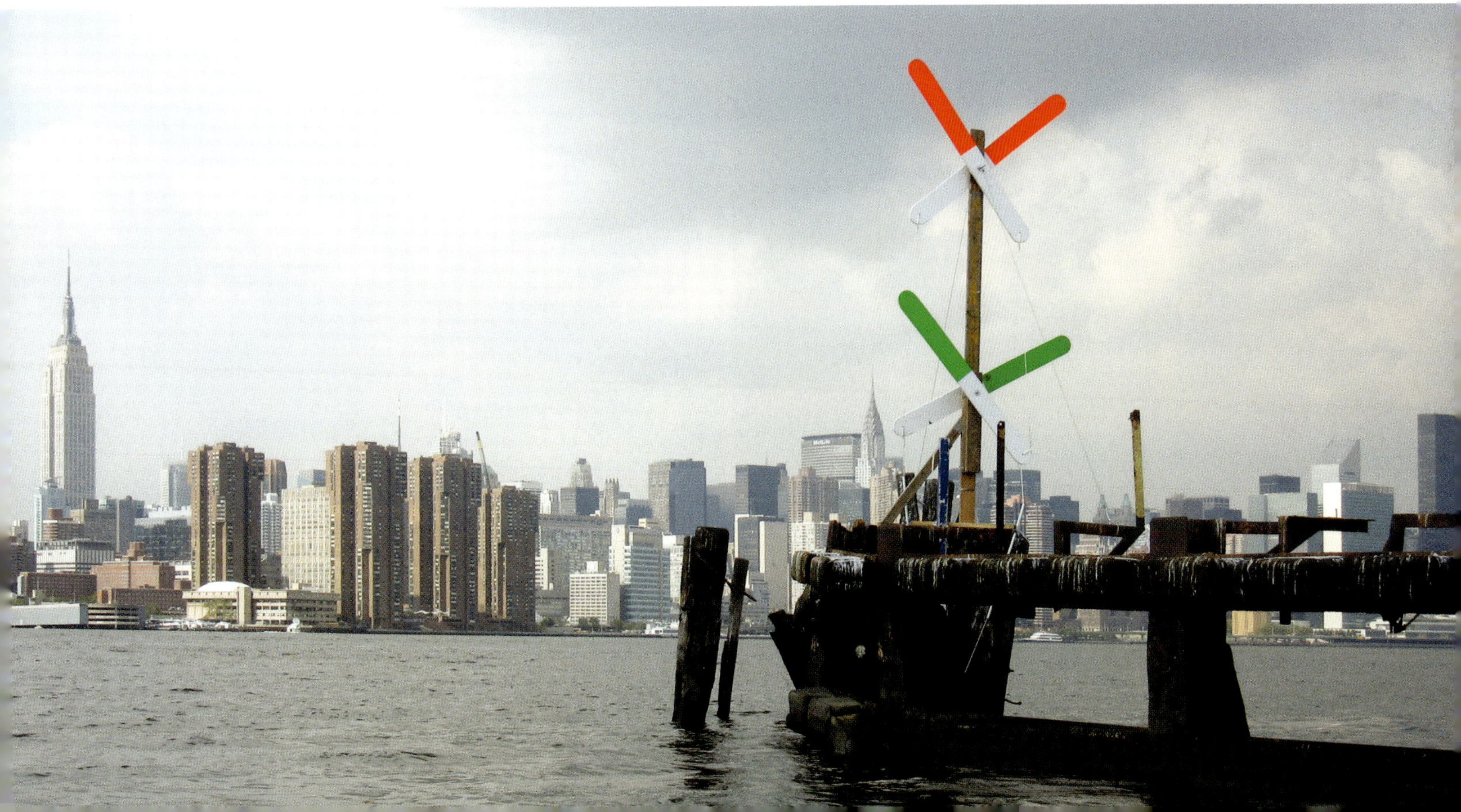

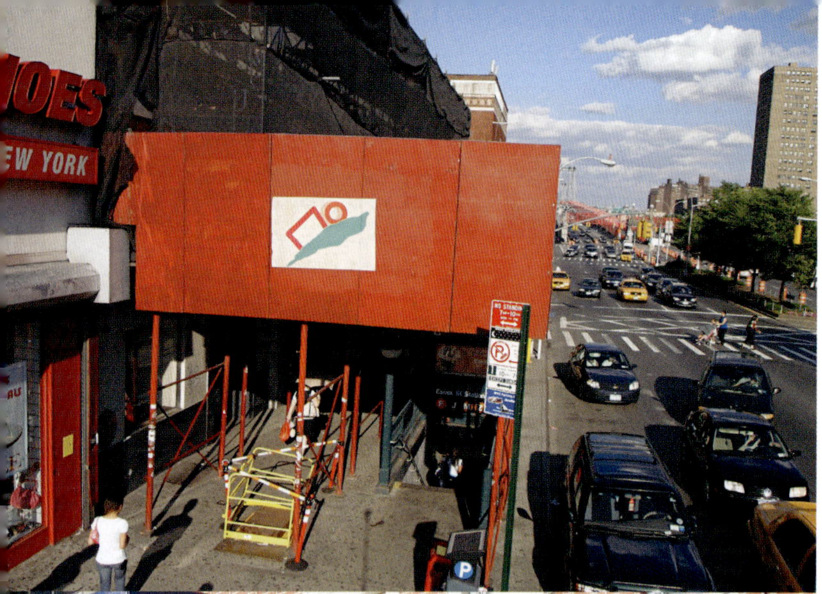

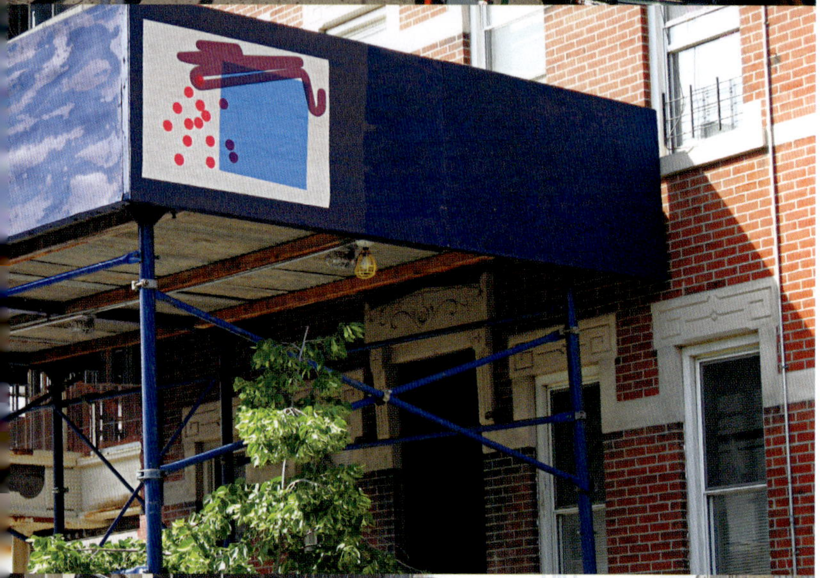

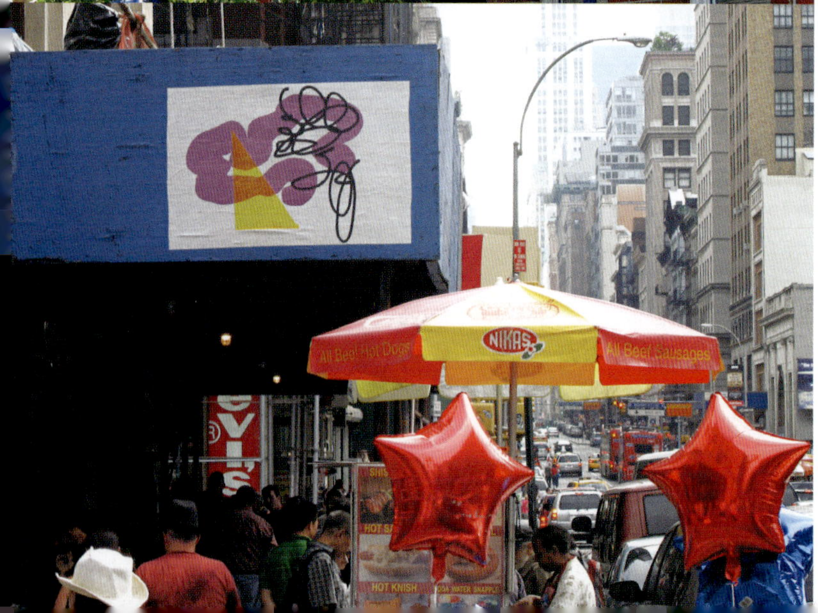

1 Manhattan, Nueva York, Estados Unidos, 2009
2 Brooklyn, Nueva York, Estados Unidos, 2009
3 Manhattan, Nueva York, Estados Unidos, 2009
4 *Sin título*, Jamaica, 2013   5 *Sin título*, Jamaica, 2013

descubrir todo el potencial de los mismos. Desde entonces, se refiere a sus *collages* como un «experimento para el deleite intelectual», a lo que añade lo siguiente: «Intento establecer composiciones inciertas que rompan con el entorno [y] transmitan inestabilidad». Estos *collages*, compuestos por una paleta predeterminada de figuras, interactuaban con las formas y estructuras que los rodeaban, y su estado físico se veía alterado a medida que competían con su entorno o lo imitaban.

Su siguiente gran proyecto, el MOMO Maker, llevó el concepto de *collage* a otro nivel. Tras crear un programa informático mediante *gifs* y código libre, MOMO desarrolló una forma de generar patrones en los que el propio ordenador reorganizaba y reestructuraba las diferentes formas y colores que se le daban para crear (literalmente) millones de variaciones a partir de una pequeña cantidad de elementos originales en una modularidad compositiva interminable. A continuación, transfería una selección de los resultados (tanto los positivos como los negativos) a un formato físico. MOMO contó que, al emplear «el ordenador como inspiración y guía», acabó con «el mismo caos de sorpresas» que había producido de forma manual. Al margen de las esculturas, pinturas y murales a gran escala creados a partir de los patrones generados, fue su serie de carteles serigrafiados lo que resultó ser el producto final más atractivo visualmente del MOMO Maker, y no solo por los diseños en sí, sino también por la innovadora elección del emplazamiento. Con una bicicleta y un rodillo personalizados, MOMO diseñó carteles para la parte superior de los andamios de las calles, tan frecuentes en la ciudad de Nueva York —un espacio ignorado tanto por los artistas del grafiti como por las empresas de publicidad—, carteles de los que pegó más de cuatrocientos de los miles de diseños producidos (*véanse* imágenes 1-3).

Desde el Maker, el trabajo de MOMO ha seguido intensificándose y mutando. En el proyecto *PLAF*, realizado con Eltono en 2008, el dúo instaló de forma ilegal siete esculturas cinéticas en el neoyorquino East River (*véase* imagen 2, página 29). El eje fue de proyecto, como otros que han realizado de forma conjunta en Besançon, Lovaina y Río de Janeiro, la materialidad y la incertidumbre, ya que el viento y las mareas influyeron en el movimiento de estas obras de arte sobre el agua. Más significativa aún es la adopción por parte de MOMO de lo que denomina «geometría práctica», la cual le ha dado un nuevo rumbo a su práctica. Concebidas en un principio como una forma de plasmar de manera sencilla y eficaz en exteriores (en los que las herramientas más sencillas eran siempre las mejores) sus diseños matemáticos (cada vez más elaborados), las «toscas rayas regulares» de sus murales a gran escala (*véanse* imágenes 4 y 5) se han convertido en una «intrincada técnica de medios tonos» dentro del estudio del artista. La práctica geometría de MOMO también pone de relieve el amor del artista tanto por lo maravillosamente sencillo como por lo intrincadamente complejo, por el enfoque DIY como por la última tecnología. Subraya su búsqueda perpetua de otro modo de experimentar con la forma movido por su curiosidad infinita y su deseo de llevar cada combinación a su estado definitivo.

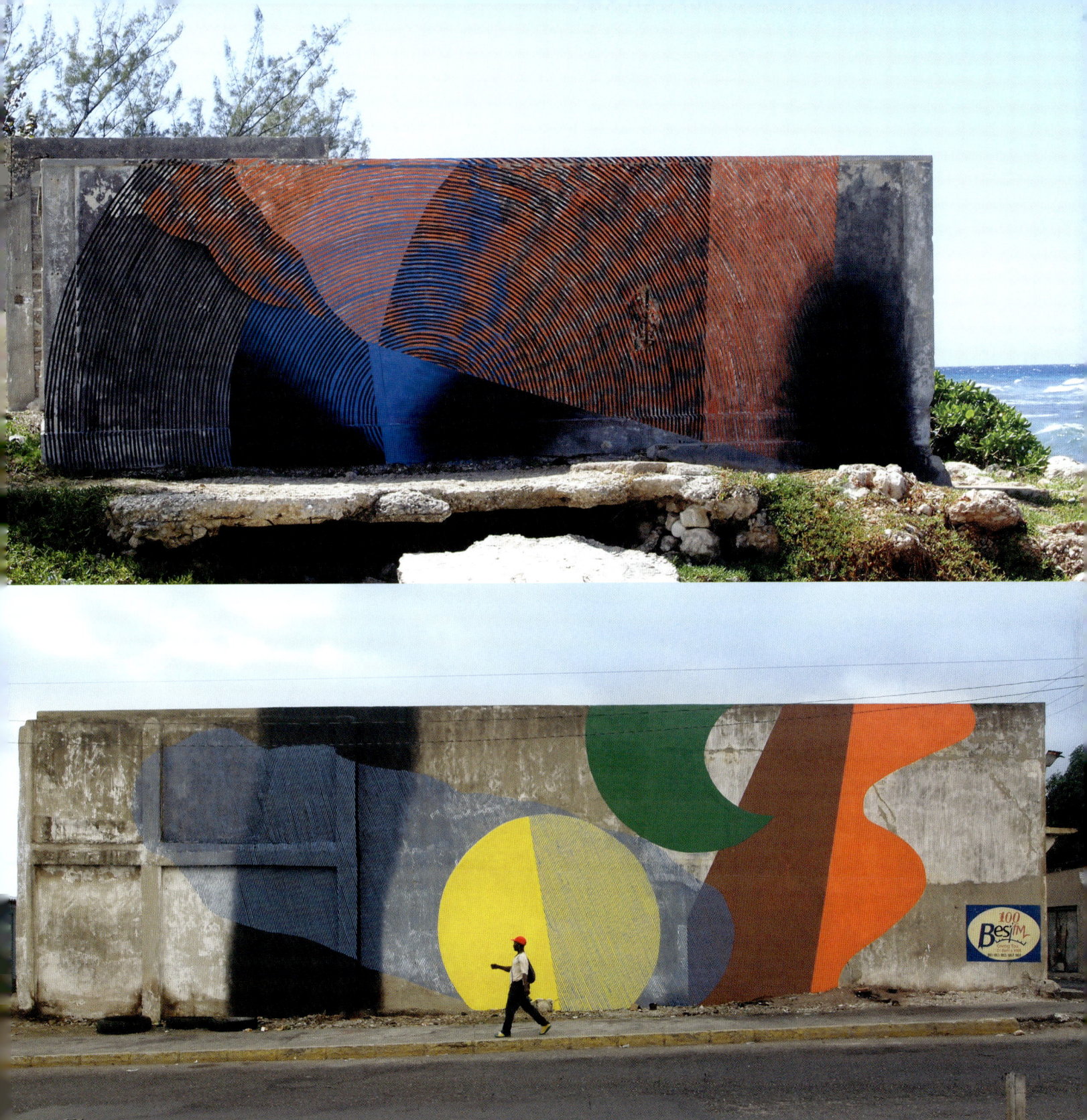

NUEVA YORK Y MOMO

El mapa casi imperceptible de MOMO es tan diáfano y discreto que miles, si no cientos de miles, de personas lo han pisado sin ser conscientes de su existencia. Se trata de un estudio topográfico que solo puede trazarse a través de un fino, pero especialmente largo, goteo de pintura, un riachuelo naranja y rosa hoy en día descolorido que fluye a lo largo de más de 13 km a través de Manhattan. Se trata de uno de los *tags* más largos del mundo, tan largo que ni siquiera es visible en su conjunto para el ojo humano: solo se puede acceder a él a través del resto físico de todo su complejo y tortuoso recorrido.

Es un recorrido en el que, gracias al trazado reticular del callejero de Manhattan, el artista pudo escribir cada letra de su nombre con un único movimiento continuo (o *one-liner*).

El mapa lo elaboró a mediados de 2006, durante dos largas noches en bicicleta por la ciudad. Para ello, MOMO, que es el rey del DIY de Nueva York (*véanse* páginas 28-31), fijó un cubo de pintura de unos 19 litros a la parte trasera de su bicicleta, la cual llevaba un mecanismo construido por él que dejaba caer pintura poco a poco mientras esta se movía, con lo que pintaba el recorrido que él iba haciendo. Así, el mapa puede entenderse, al igual que cada *tag* que vemos en la calle, como un residuo físico de un movimiento complejo que denota una acción pasada, un gesto pasado. El mapa de MOMO es una respuesta experimental e innovadora al mundo del grafiti, una creación artística que opera tanto a escala microscópica como monumental. Puede verse como el depósito material de una expedición, un mapa que representa dos noches vividas por el artista. Es una forma de autorrepresentación cartográfica, un mapa del paso de MOMO de los ríos East a Hudson, un *tag* clandestino pero inmenso.

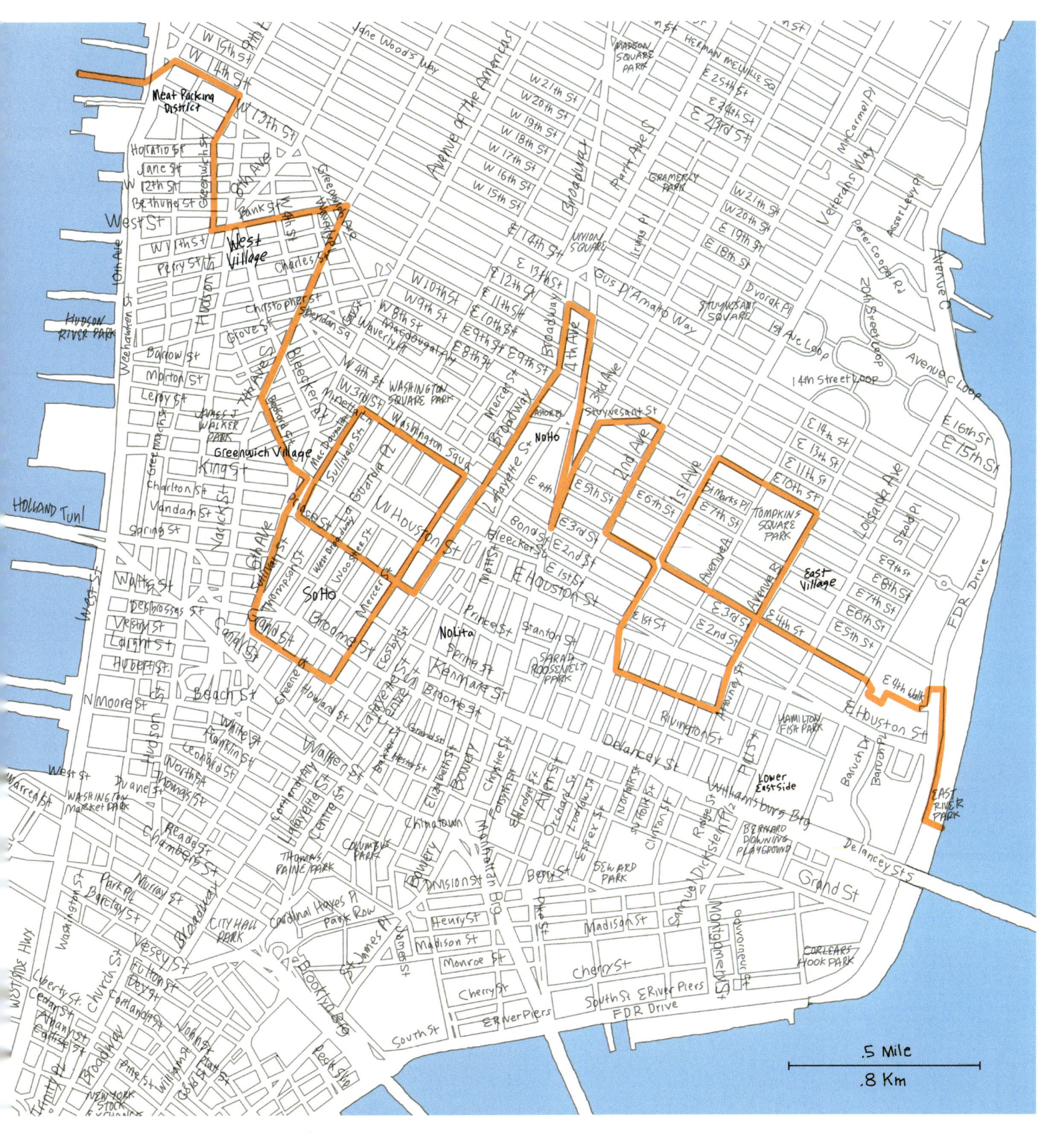

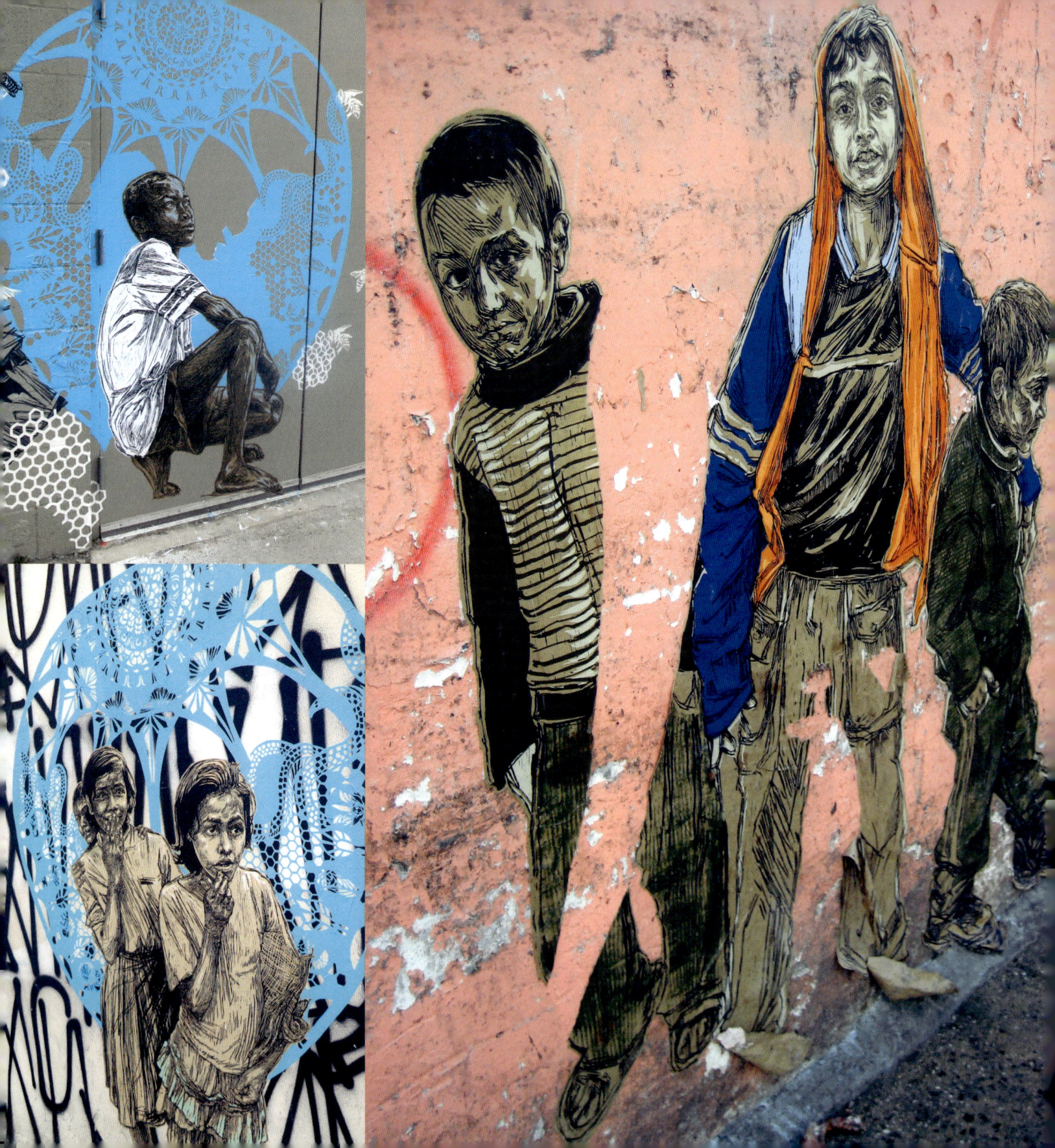

NUEVA YORK

NACIMIENTO 1978, Connecticut, Estados Unidos   TÉCNICAS / MATERIALES Engrudo,
instalación   ESTILO *Street art, performance*   TEMAS Retrato, fragilidad, comunidad
INFLUENCIAS Gordon Matta-Clark

SWOON

Aunque se la conoce sobre todo por sus diáfanos retratos a tamaño natural,
la práctica artística de Swoon es muy diversa y abarca una serie heterogénea
de obras unidas por su amor a la comunidad y su deseo de examinar
al detalle la «relación de las personas con su entorno construido». Grabadora
de formación clásica, desde que decidió llevar su práctica del estudio
a la calle, su obra se ha vuelto cada vez más experimental y elaborada.
Su deseo de intervenir en el paisaje urbano ha hecho que su obra evolucione
hacia proyectos que ella misma jamás se habría imaginado. Tanto si hace
xilografías e instalaciones inmersivas como con sus flotillas y construcciones
con bolsas de superadobe, Swoon consigue mantener interconectados
los hilos de su viaje artístico siguiendo el ideal artístico que persiste desde
que empezó a pegar carteles en la calle. Sintió el impulso de crear una forma
de arte que, como ella misma dice, «participara del mundo, que buscara un
contexto en la vida cotidiana y que no dependiera solo de las instituciones
artísticas», ideales que, sin duda, ha materializado en su práctica hasta
la fecha.

Swoon se crio en Daytona Beach, Florida, pero se trasladó a Nueva York
para estudiar en el Pratt Institute y fue en Brooklyn donde produjo sus
primeras piezas pegadas con engrudo. Sus imágenes, en las que suele
representar a familiares y amigos, están pegadas en los recovecos
y grietas de edificios abandonados y buscan entablar un estrecho
diálogo con la ciudad, tanto con sus paredes como con sus habitantes.
La llegada a la escena aportó a las calles de Nueva York una combinación
poco habitual de intensidad y ternura. Sus delicadas plantillas llevaban
el tiempo grabado en la superficie: cada una necesitaba una semana
para su elaboración y, además, el fino papel reciclado con el que estaban
hechas amarilleaba y se agrietaba, por lo que cada imagen se iba
estropeando de forma intencional y tenía un inconfundible ciclo vital
propio. Aparte de disfrutar de la «experiencia de formar parte del tejido
de la ciudad», una de las principales razones que hicieron que Swoon
siguiera trabajando en la calle fueron las «historias que surgen» gracias
a las interacciones que tiene con la gente que vive allí.

Aunque ha pasado de sus originales imágenes pegadas con engrudo
a exponer instalaciones con gran éxito en galerías (como «Submerged
Motherlands», la exposición individual que acogió el Brooklyn Museum of
Art en 2014), son sus flotillas, sus «*performances* artísticas flotantes», lo que
expresa con más claridad la siguiente fase de su obra, en la que destacan

1	3	4
2		

1 *Walkie*, Denver, Estados Unidos, 2014   2 *Sambhavna Girls*,
Oaxaca, México, 2013 (con Retna)   3 *Bethlehem Boys*, Brooklyn,
Nueva York, Estados Unidos, 2012   4 *Alixa and Naima*,
Brooklyn, Nueva York, Estados Unidos, 2008

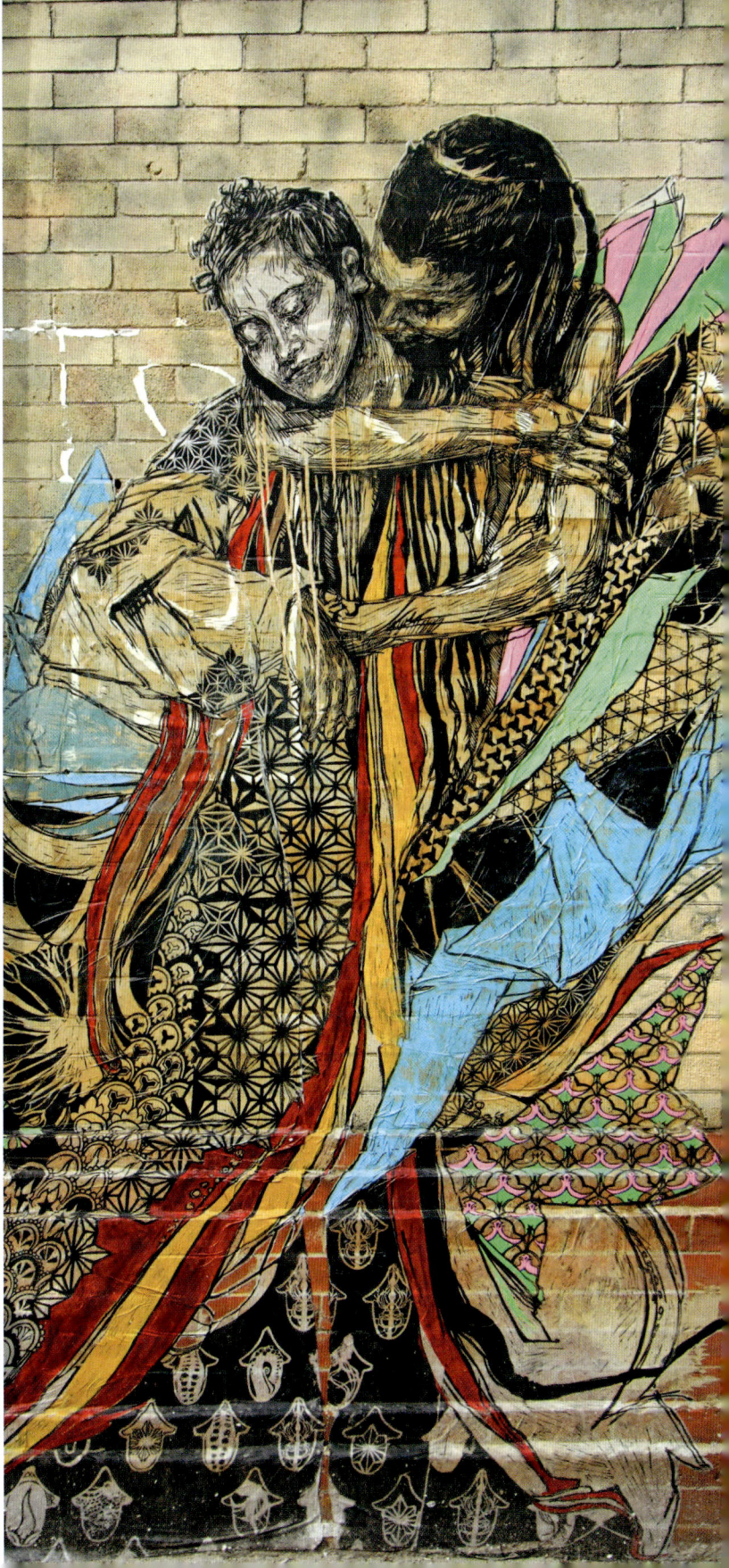

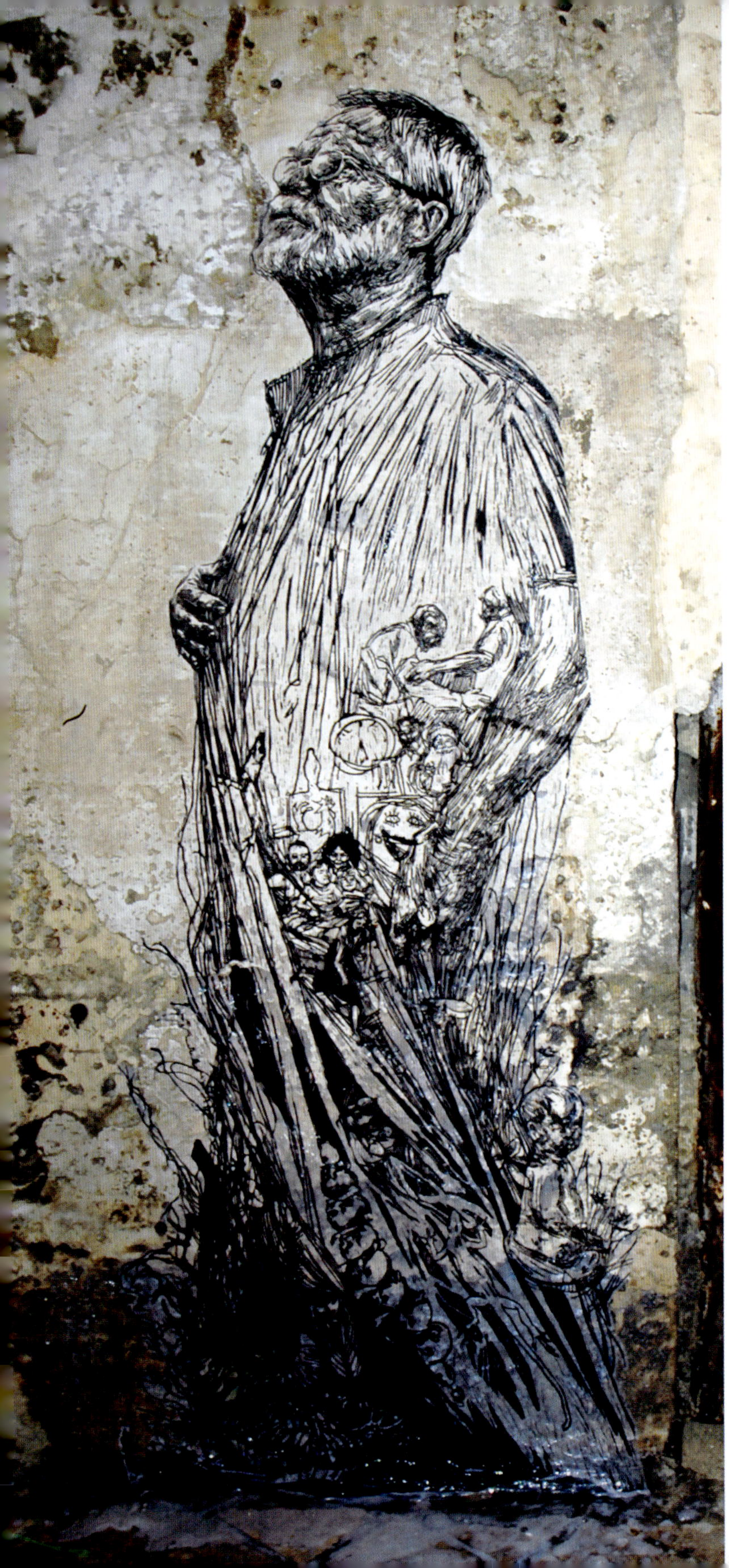

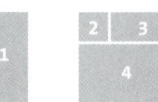

1 *Milton*, Italia, 2010
2-4 *Swimming Cities of Switchback Sea*, río Hudson,
Nueva York, Estados Unidos, 2008

Swimming Cities of Switchback Sea (2008; *véanse* imágenes 2-4) y *Swimming Cities of Serenissima* (2009). Desde 2006, con *Armada Miss Rockaway*, Swoon y su tripulación llevan haciendo navegar estas flotillas, construidas en su totalidad con materiales reciclados y recuperados, por el río Misisipi, a través del río Hudson y, en su proyecto más ambicioso hasta la fecha, desde Eslovenia hasta Venecia por el mar Adriático, recorrido que les llevó a atracar en la isla de La Certosa durante la Bienal de Venecia de 2009, donde representaron cada noche su espectáculo «The Clutchess of Cuckoo» de un modo por completo informal.

Aunque las balsas, con su estética primitiva-futurista y posapocalíptica, aunque con un extraño componente orgánico, eran objetos increíbles ya de por sí, para la propia Swoon lo fundamental era el hecho de que se trataba de «comunidades intencionales» totalmente «construidas y gestionadas de forma colectiva» por un grupo de artistas. Estos proyectos desdibujaban adrede la frontera entre arte y vida y actuaban como un experimento de vida sostenible y comunitarismo a la vez que como una exhibición visual y performativa para el público: «Una vez que aprendí a soñar a lo grande con grupos de personas de ideas afines, descubrí que, cuando un grupo se reúne y decide hacer algo realidad, lo que surge es más que la suma de sus partes. Aquello [que] parece imposible empieza a convertirse en una cuestión de creer en ello lo suficiente como para averiguar, pieza a pieza, lo que hace falta para hacerlo realidad. Es como magia lo que se genera, y aquello en lo que seas capaz de creer crece, porque lo que eres capaz de hacer ha crecido».

Del mismo modo que los carteles dieron paso a las flotillas, estas progresaron de forma natural hacia los proyectos más recientes de Swoon, de entre los cuales destaca el *Knobit Project*. Para el proyecto, que se llevó a cabo en Haití tras la devastación que provocó el terremoto, un amplio grupo de artistas, constructores, arquitectos e ingenieros trabajó de forma colaborativa y utilizó la inspiradora obra del arquitecto iraní-estadounidense Nader Khalili para realizar con superadobe un edificio curvilíneo y abovedado (parecido a una colmena gigante), para el cual solo hicieron falta tierra, arcilla y agua. El proyecto de superadobe, centro comunitario a la vez que refugio contra huracanes, siguió el imperativo ético que Swoon se plantea a lo largo de toda su obra: el intento de encontrar una nueva forma de interactuar con el entorno y una nueva relación con los recursos de los que disponemos. Esta área de la práctica de Swoon culminó en 2015 con la inauguración de la Heliotrope Foundation, un espacio del que pueden surgir sus numerosos proyectos de raigambre comunitaria. Así las cosas, Swoon ha seguido desarrollando su experimentación con el entorno, lo que le ha permitido que la energía creativa que surgió con sus imágenes pegadas haya seguido fluyendo. Entrelazando su obra con el entorno humano y el físico, Swoon sigue inspirándose en la gente, la naturaleza y la ciudad a medida que su exploración artística se expande hacia territorios cada vez más nuevos y emocionantes.

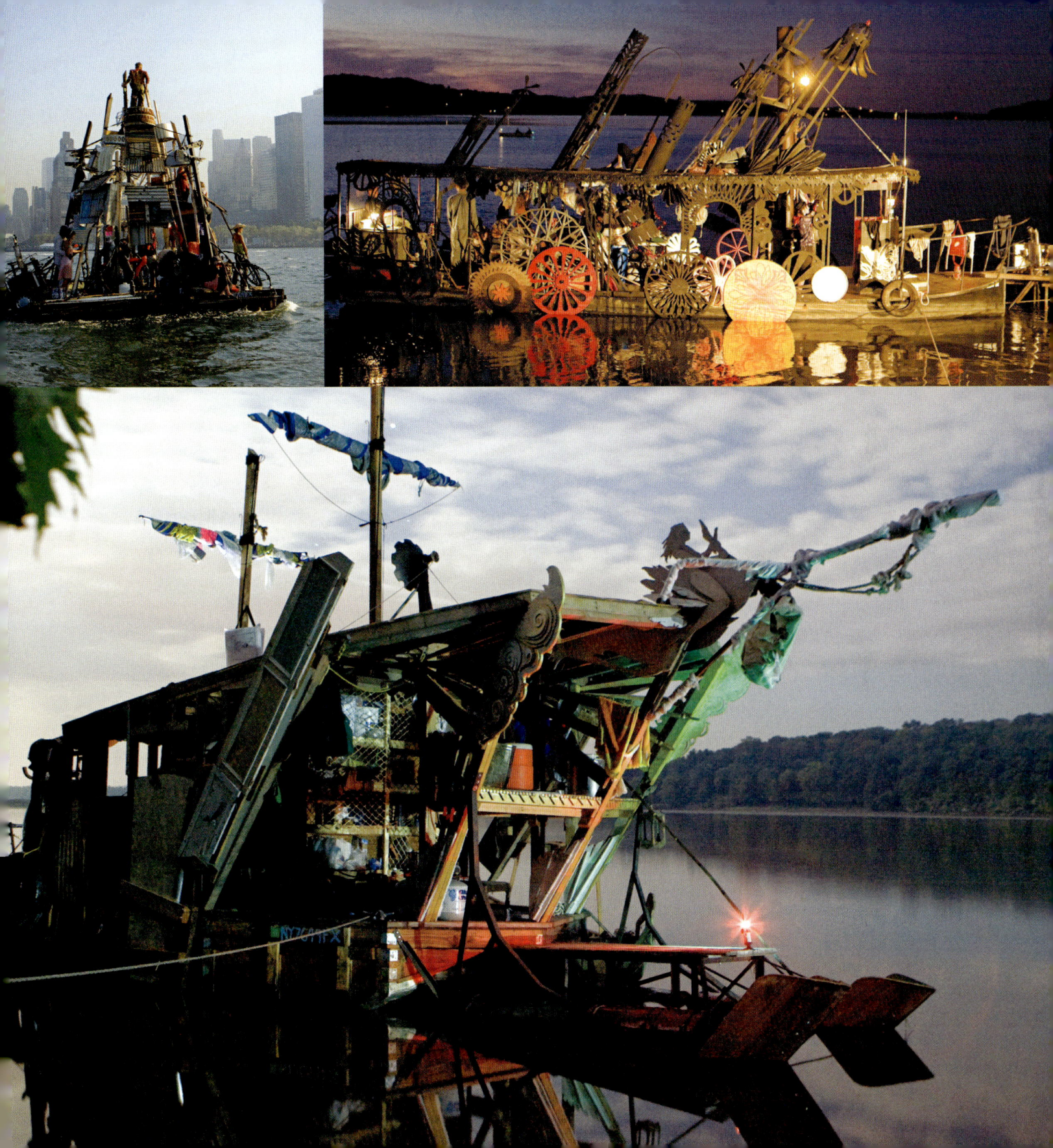

MARK JENKINS

Las hiperrealistas esculturas humanoides de Mark Jenkins son una reacción al arte público inerte de la ciudad (los monumentos conmemorativos y las estatuas ecuestres de bronce) y al mobiliario urbano que tan a menudo nos rodea. Su obra, que funciona a través de la sorpresa y el impacto, rezuma un sentido del humor absurdo que obliga al espectador a reaccionar. El artista busca generar momentos de pura teatralidad en la calle y convertir espacios cotidianos en lugares para el arte y el drama. Influido por la obra del artista pop estadounidense George Segal y por la del escultor español Juan Muñoz, Jenkins quiere que sus obras participen en la vida de la calle y que formen, según su memorable expresión, un «latido visual en la ciudad». En cierta ocasión describió su enfoque como un intento de «ampliar la conversación que Muñoz mantenía dentro de la institución artística y llevarla a un lienzo más grande y abierto» para, así, crear una obra que tenga tanto de arte como de experimento social.

Fue el puro aburrimiento lo que despertó el interés de Jenkins por la escultura. Cuando ejerció como profesor de inglés en Río de Janeiro, a veces tenía mucho tiempo libre entre clase y clase, y en una ocasión decidió llenarlo fabricando una bola de papel de aluminio para jugar a la pelota. Tras recordar una vez en la que, mientras estaba en la escuela primaria, hizo un molde de un lápiz con cinta adhesiva, decidió crear una segunda bola utilizando la esfera original de papel de aluminio como prototipo y cubriéndola con cinta de embalar que luego cortó con un cuchillo y volvió a suturar. Impresionado con los resultados, hizo un molde de su cafetera, y, en cuestión de meses, ya había gastado «varios cientos de rollos de cinta» para hacer moldes de todo lo que había en su apartamento, incluido él mismo.

Como su apartamento estaba cada vez más lleno de esculturas y estas eran cada vez más grandes, Jenkins decidió sacar su obra a la calle. En 2003 realizó su primera obra al aire libre: para ello, empujó una escultura de un espermatozoide gigante hacia las olas de la playa de Copacabana para ver cómo volvía a la orilla. La experiencia de situar de esta manera su obra en la esfera pública hizo que Jenkins comprendiera el auténtico potencial de sus esculturas, y a las pocas semanas ya había instalado el primero de sus *tape*

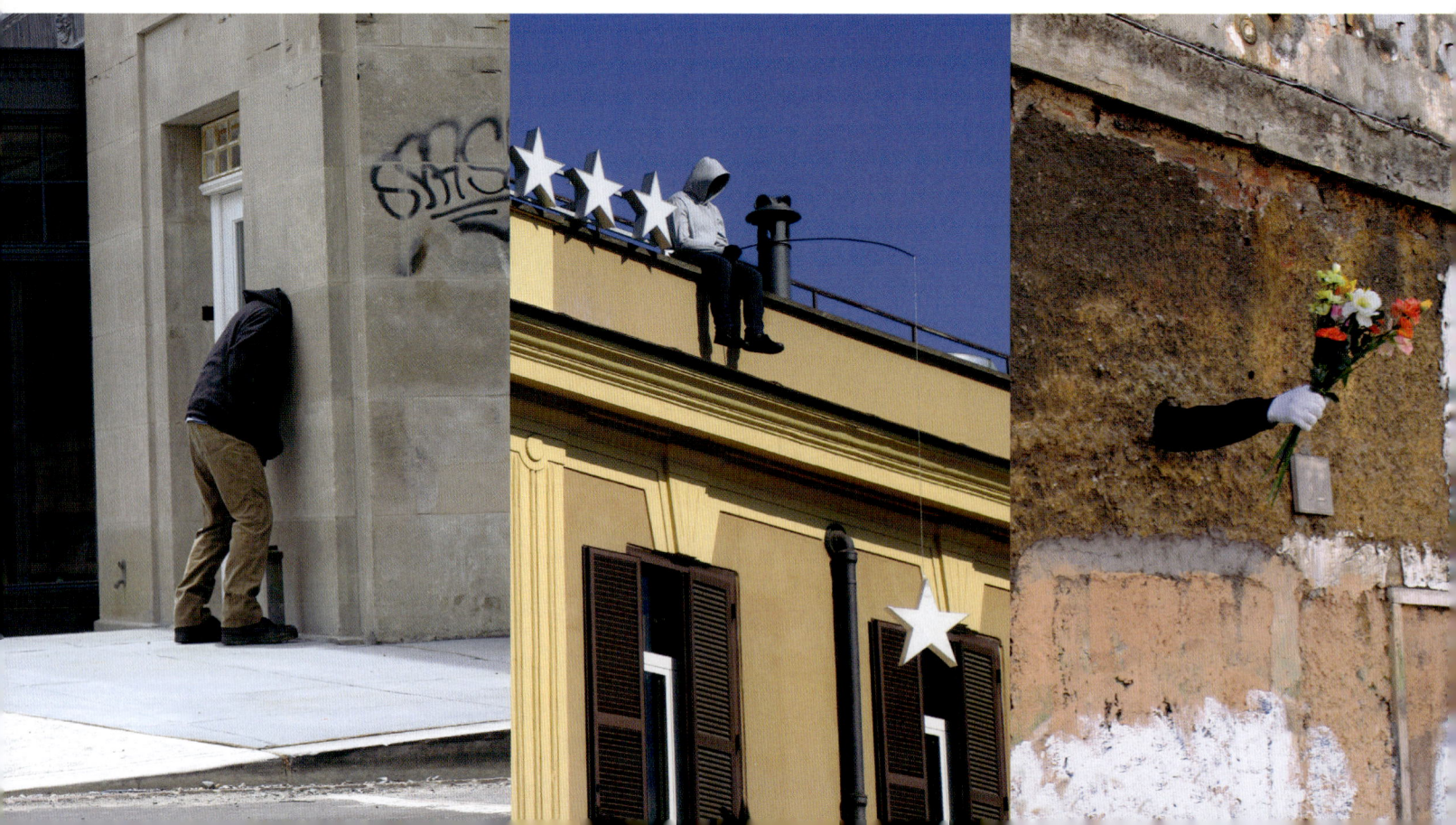

men («hombres de cinta») en un contenedor junto a su apartamento. Pasó de ver cómo los transeúntes quedaban cautivados por la escultura para, después, sentirse angustiado cuando el camión de la basura se llevaba su figura por la noche. Jenkins quedó encantado con la capacidad de estas figuras humanoides para despertar sentimientos en los espectadores y se basó en la curiosa relación antropomórfica que los humanos desarrollan con tantos objetos inanimados, incluso con los que carecen de apariencia a todas luces humana.

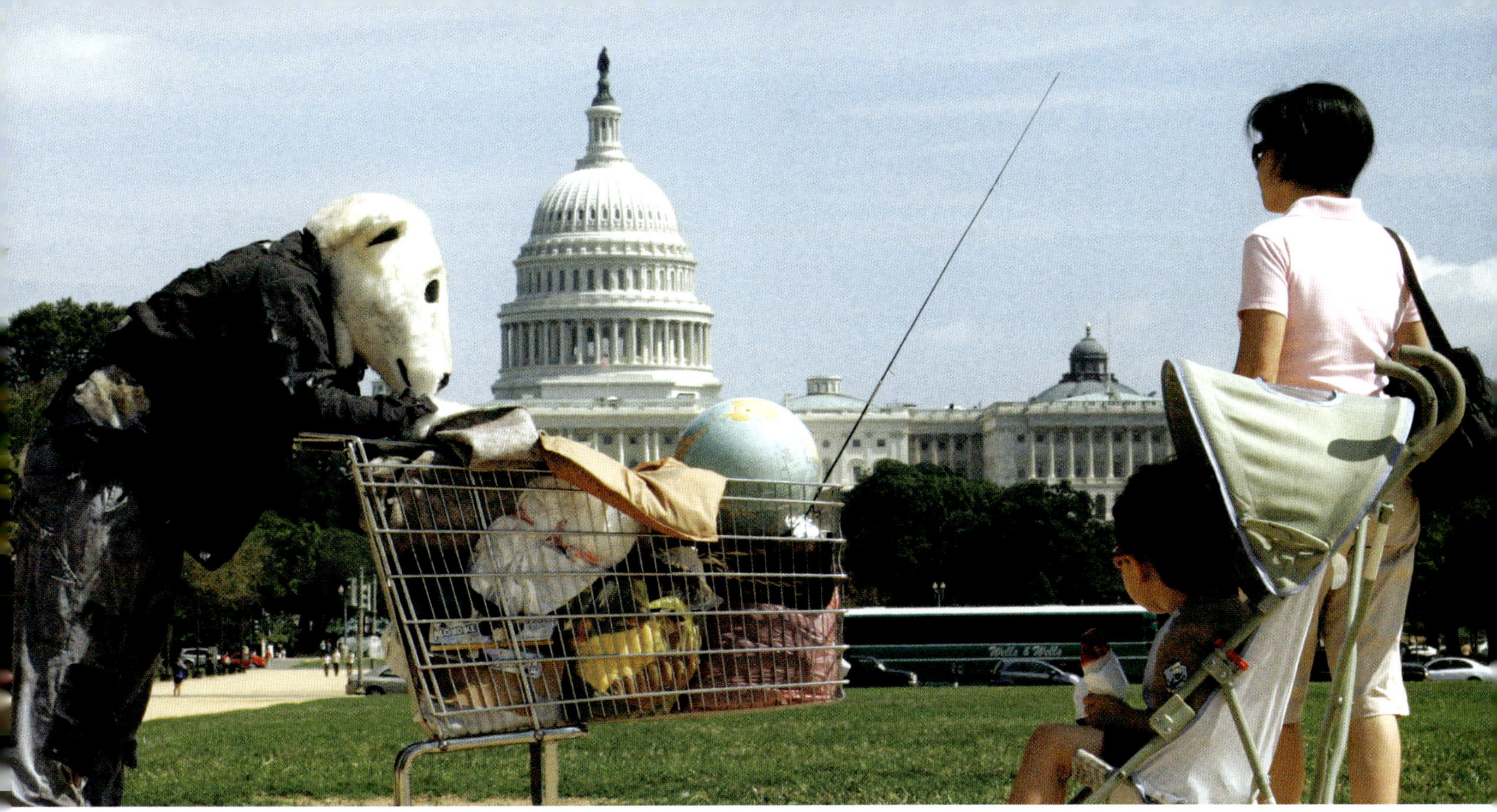

En 2005, Jenkins se trasladó a Washington, D. C. y empezó a trabajar en el «Storker Project», para el que instaló esculturas de tamaño natural de bebés en extrañas posturas y en lugares insólitos de la ciudad. Más adelante observó que la visión de estas figuras infantiles gigantes al aire libre parecía perturbar a muchos espectadores, y llegó a la conclusión de que reflejaban tanto la «belleza como la vulnerabilidad» de la vida. Con todo, fue «Embed Series», las esculturas hiperrealistas vestidas que empezó a realizar en 2006, lo que de veras llevó su obra hacia una nueva dimensión.

Medio metidas en bolsas o cubos de basura, asomándose nerviosas por paredes (o trepando por ellas), postradas en vallas publicitarias o medio atrapadas en diversas barreras arquitectónicas, sus instalaciones se convirtieron, en palabras del propio Jenkins, en «seres absurdos que habitan una especie de zona transdimensional». Era como si el espectador se tropezase con parte de una historia, una historia que, como dijo Jenkins, «sale de la nada cuando vas caminando por la calle». Esta postura vincula la obra de Jenkins con la de Juan Muñoz, no solo por el uso de esculturas humanoides, sino por el hecho de que Muñoz se considera a sí mismo como un narrador. Las esculturas de Jenkins, como actores en un escenario, tienen un efecto dramático (tanto en el sentido de que son impactantes como en el de que guardan relación con lo teatral) sobre el entorno en el que las coloca. «Embed Series» hace que el espectador no se pregunte si sus obras son arte, sino si son reales y establece un discurso con la calle, que, aunque es Jenkins quien lo instiga, es el público, al reccionar a las figuras, quien lo desarrolla.

A medida que su obra va aumentando tanto en escala como en imaginación, explora cuestiones sociales urbanas como la falta de vivienda y la degradación medioambiental y adopta aspectos más inquietantes y más humorísticos a partes iguales, Jenkins pretende seguir produciendo lo que llama «valores visuales atípicos» con objeto de animar el entorno circundante y seguir jugando con las calles. Sus esculturas sorprenden, asustan y fascinan al dar lugar a perturbaciones momentáneas y efímeras en la rutina de la vida cotidiana, a espectáculos poco convencionales que despiertan a la ciudad de su letargo.

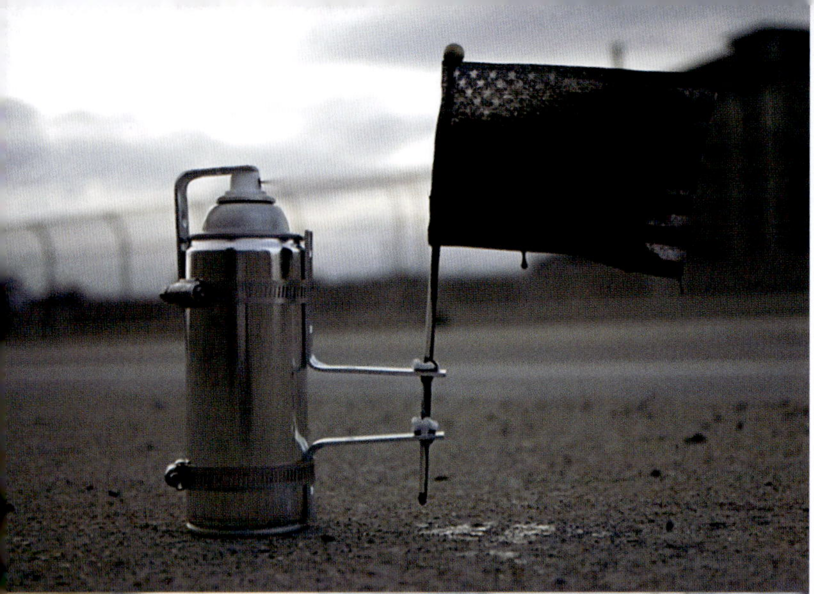

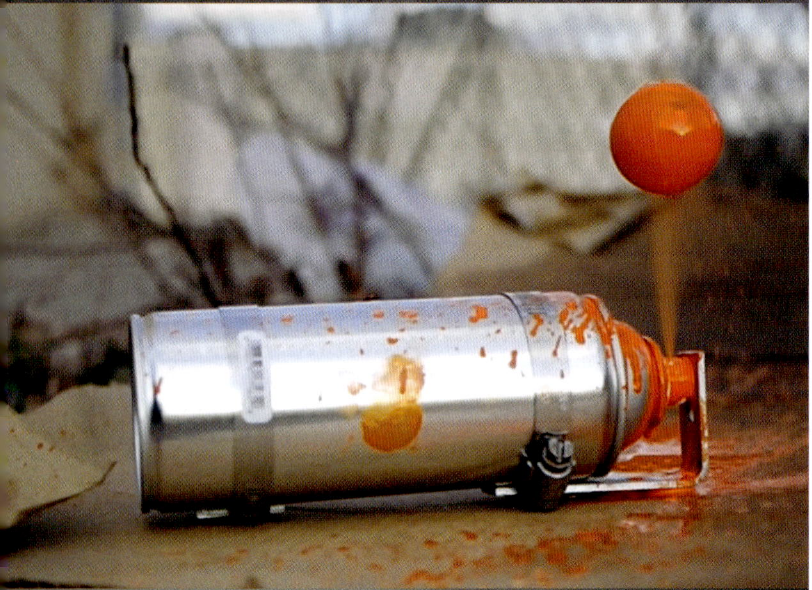

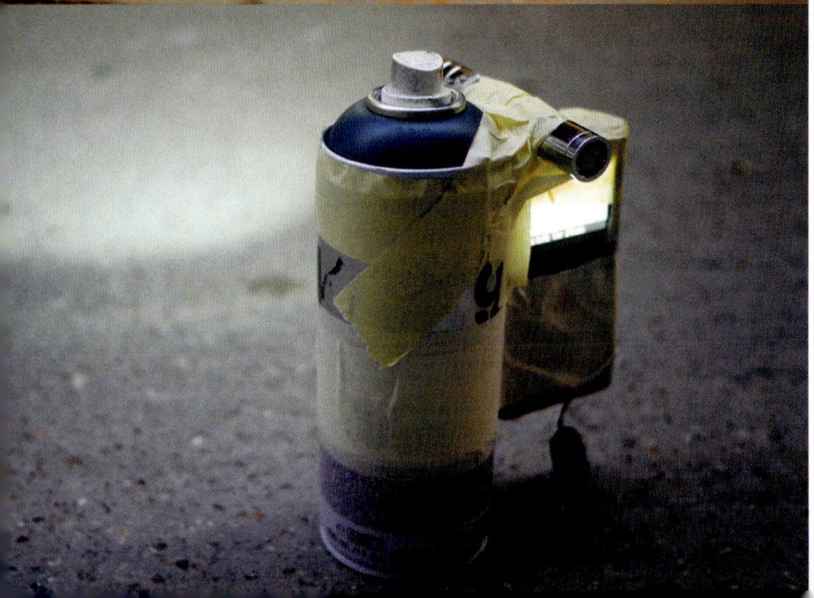

DETROIT
NACIMIENTO 1978, Míchigan, Estados Unidos TÉCNICAS / MATERIALES Varios
ESTILO Intervención urbana, arte digital, hacktivismo TEMAS Censura, libertad
de expresión COLECTIVOS Graffiti Research Lab (GRL), Free Art and Technology Lab (FAT)
INFLUENCIAS Tecnología de código abierto

EVAN ROTH

Evan Roth (o *bad ass motherfucker*, como se le suele conocer en la red) es un artista que habita los mundos del grafiti, del activismo, del arte en internet y de los nuevos medios y cuyo principal objetivo es hackear su entorno, tanto el físico como el virtual. La censura y la libertad de expresión son temas que ocupan un lugar central en su prolífica y a menudo provocadora obra. El conocimiento y el uso irreverente que Roth hace de la cultura popular contemporánea es otro elemento crucial de su práctica, en la que mezcla arte y tecnología (así como lo popular y lo culto) y que ha dado como resultado una serie de proyectos muy eficaces, a menudo humorísticos y siempre llamativos.

Roth, como miembro fundador del Graffiti Research Lab (GRL) y del Free Art and Technology Lab (FAT), además de haber desarrollado su propia producción individual, también ha contribuido a la de un grupo extraordinariamente creativo de profesionales internacionales, entre ellos Aram Bartholl (*véanse* páginas 182-183) y Katsu (*véanse* páginas 26-27). El *modus operandi* de este grupo consiste en generar herramientas emancipadoras (en forma de *software* digital y *hardware* analógico) que liberen a los practicantes del grafiti del control cada vez más negativo que se da tanto en los espacios cibernéticos como en los urbanos.

Tras crecer en Míchigan, ir a la universidad en Maryland y trabajar en un estudio de arquitectura de Los Ángeles, Roth se trasladó a Nueva York (para estudiar en la Parsons School of Design), y fue entonces cuando empezó a tomarse en serio el mundo del grafiti: «Lo cierto es que surgió al renunciar al automóvil, convertirme en peatón e ir a pie al trabajo a diario desde Brooklyn hasta Manhattan. Creo que, en cierto modo, fue una introducción bastante buena, ya que, en lugar de iniciarme en el grafiti a través de los medios de comunicación, me fascinaron sin más los nombres que veía repetidos a mi alrededor». Los grafitis que encontró en las calles neoyorquinas transformaron lo que había sido una conciencia pasiva en una pasión; mientras tanto, lo que estaba aprendiendo en Parsons (programación informática y, en concreto, escritura de código) ejercía sobre él una atracción de igual intensidad. Roth no tardó en darse cuenta de que el hilo conductor entre estos dos mundos aparentemente tan distintos era el *hacking*: «Para mí, los escritores de grafiti son como *hackers*. Personas que explotan sistemas en beneficio propio. Hacen exactamente lo mismo que la gente en el mundo de la programación informática [en cuanto a que] crean pequeños y enrevesados interruptores que, al pulsarlos, alteran todo lo que hubiera antes».

1-2 *Propulsion Painting: USA* y *Ping Pong*, Detroit, Estados Unidos, 2012   3 *Can POV*, Viena, Austria, 2010   4 L.A.S.E.R. Tag de GRL, Nueva York, Estados Unidos, 2007   5 L.A.S.E.R. Tag de GRL, Nueva York, Estados Unidos, 2007 (con HELL)

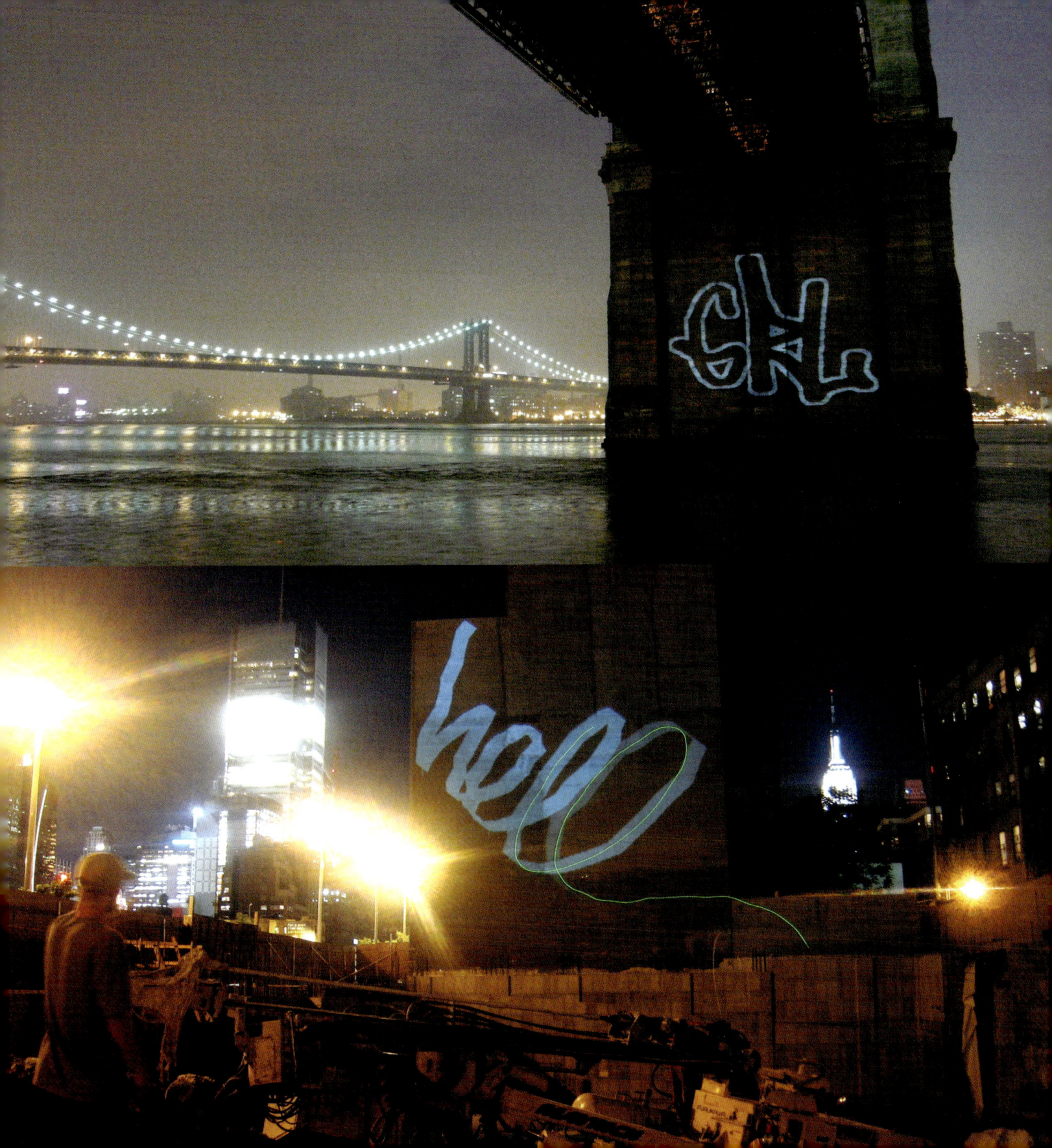

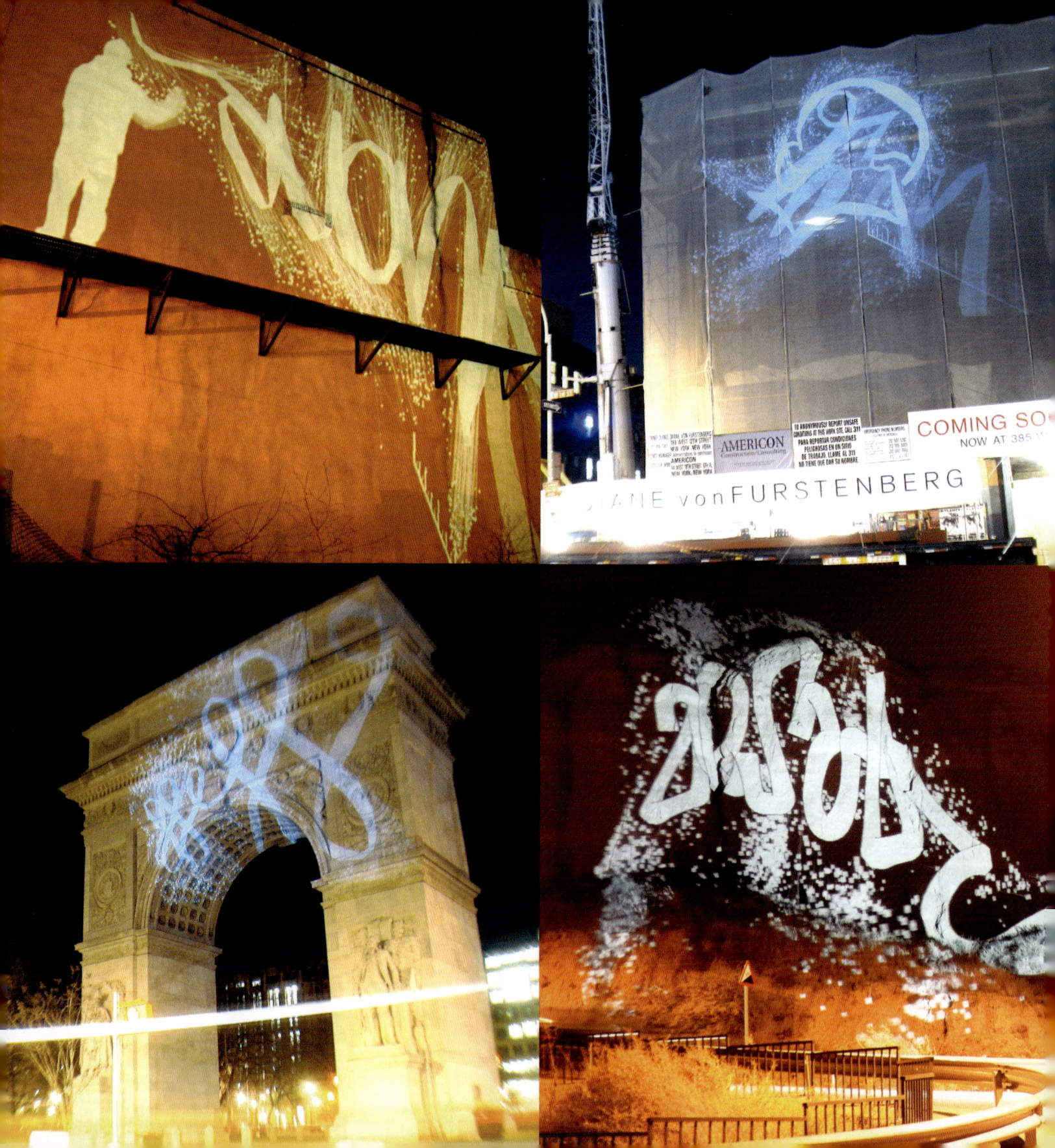

1-2 Graffiti Analysis (AVONE) y Graffiti Analysis (Katsu), Nueva York, Estados Unidos, 2007   3 Graffiti Analysis: HELL, Nueva York, Estados Unidos, 2009   4 Graffiti Analysis: 2ESAE, Tudela, España, 2010   5 L.A.S.E.R. Tag de GRL, Hong Kong, 2007

Para su tesis final en Parsons, Roth presentó «Graffiti Analysis», un proyecto polifacético cuyo objetivo era documentar de forma digital la caligrafía y los gestos, a menudo invisibles, que intervienen en la escritura de los *tags*. Aunque cada vez tenía más clara su futura dirección artística, no fue hasta que, en 2005, recibió una beca de dos años en el Fyebeam OpenLab y conoció al artista y tecnólogo James Powderly cuando tuvo la idea de crear el GRL. Aunque Powderly procedía de un entorno más basado en el *hardware* que Roth, el interés común de crear herramientas pioneras para la comunidad del grafiti mediante tecnologías de código abierto los llevó a sumar fuerzas y a intentar desarrollar productos que resultaran asequibles. Así, diseñaron un sinfín de herramientas ingeniosas, como estas: LED Throwies (LED magnéticos que pueden lanzarse y adherirse a las paredes), Night-Writer (una herramienta para escribir palabras pixeladas en lugares de difícil acceso), L.A.S.E.R. Tag (un proyector y un sistema de visión por ordenador que permite a los *taggers* escribir de forma no permanente en las paredes utilizando un puntero láser de gran potencia) y EyeWriter (un sistema de seguimiento ocular de bajo coste que permite dibujar con los ojos y que se concibió para

un escritor de grafiti paralizado por una esclerosis lateral amiotrófica). El GRL desarrolló un singular sistema de aplicaciones gratuitas que transformó la metodología característica del grafiti. Con el deseo de mantenerse fiel a las raíces y los entresijos de la práctica, las herramientas del GRL se concibieron como un añadido más que como un intento de avanzar hacia una proyección digital del grafiti.

Roth siguió desarrollando una gran variedad de nuevos proyectos, entre ellos sus magníficas pinturas a propulsión (como *USA* y *Ping Pong*; *véanse* imágenes 1 y 2, página 40); además, mantuvo y siguió desarrollando muchas de sus anteriores iniciativas. Graffiti Analysis 3.0, por ejemplo, se actualizó para incluir entradas de audio y láser que añadieron conciencia arquitectónica y la capacidad de transformar *tags* escritas en formas escultóricas tridimensionales. Desde su actual residencia en París, Roth sigue fascinado por el solapamiento entre la cultura popular y el código abierto y busca oportunidades para hackear tanto la calle como el *mainframe*. Siguiendo el dictado *hacker* del código abierto del *release early, release often* («publicar temprano, publicar a menudo»), busca la creatividad más que la belleza y pone en primer plano el enfoque hacktivista.

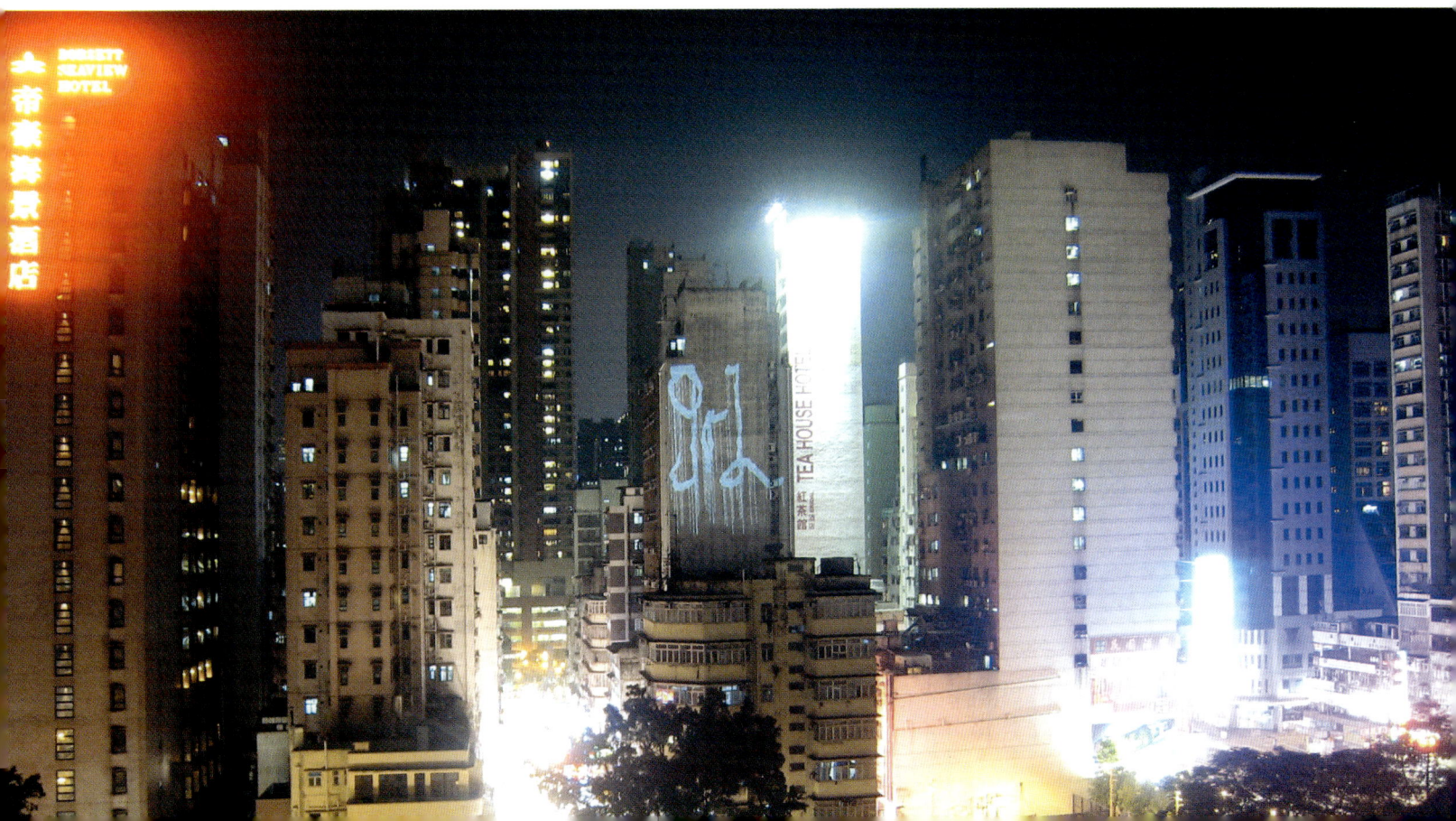

CAMBRIDGE

NACIMIENTO 1976, Boston, Estados Unidos **TÉCNICAS / MATERIALES** Pintura acrílica, madera contrachapada **ESTILO** Grafiti clásico, muralismo abstracto, estética decorativa **TEMAS** Arte popular, arte indígena, arte marginal **INFLUENCIAS** Cost, Revs

CALEB NEELON
SONIK

Escritor consumado en ambos sentidos del término (tan experto en aplicar pintura en aerosol en paredes como en reunir palabras en páginas), Caleb Neelon es un reputado muralista, artista plástico y pedagogo. A través de sus publicaciones y sus pinturas, ha aportado a la cultura del grafiti la voz genuina de un auténtico conocedor. Neelon (o Sonik, como es más conocido en los círculos del grafiti), que ha conseguido traspasar la línea entre artista y autor sin dejar de ser activo en ambos ámbitos, ha utilizado su doble perspectiva y su pasión por el movimiento para influir en una nueva generación de practicantes. Desde sus influyentes artículos sobre Barry McGee y Os Gêmeos (*véanse páginas 106-109*) hasta sus libros *Caleb Neelon's Book of Awesome* (2008) y *The History of American Graffiti* (2010), pasando por sus filmes y sus murales de inspiración folclórica, las múltiples contribuciones de Neelon al grafiti han ampliado los límites de la práctica.

1 *PushMePullYou*, Cambridge, Estados Unidos, 2012
2 Queens, Nueva York, Estados Unidos, 2012 (con Katie Yamasaki)
3 Connecticut, Estados Unidos, 2012

Un viaje que hizo a Alemania en 1990 supuso el primer punto de inflexión clave en el desarrollo artístico de Neelon. En una visita que hizo a unos amigos de la familia con su madre, aprovechó para ver el infame «muro de la vergüenza» de Berlín, lo cual resultó ser una experiencia reveladora. Los grafitis y murales que cubrían aquel lugar histórico no se parecían a nada que hubiera visto antes. A su regreso a Cambridge, Massachusetts, se despertó su interés por la escena local del grafiti, y artistas como Ryze, Alert y Sp.One se convirtieron en inspiración para él. El arte de Neelon se vio espoleado por el año que pasó estudiando en la New York University, en 1994. La radicalidad de la cultura urbana neoyorquina de aquella época, en particular la obra de Cost y Revs, le abrió los ojos al potencial del arte público de una forma muy parecida a la visita que había hecho a Berlín. Era una época en la que los escritores de grafiti estaban experimentando como nunca antes con distintas técnicas y materiales y se mantenían firmes en las tradiciones clásicas y subculturales de la práctica al tiempo que adaptaban sus técnicas y las llevaban hacia nuevas direcciones. Neelon supo ver el potencial de estas prácticas comunicativas más abiertas para llegar a más gente de la que lo hacía la limitada comunidad

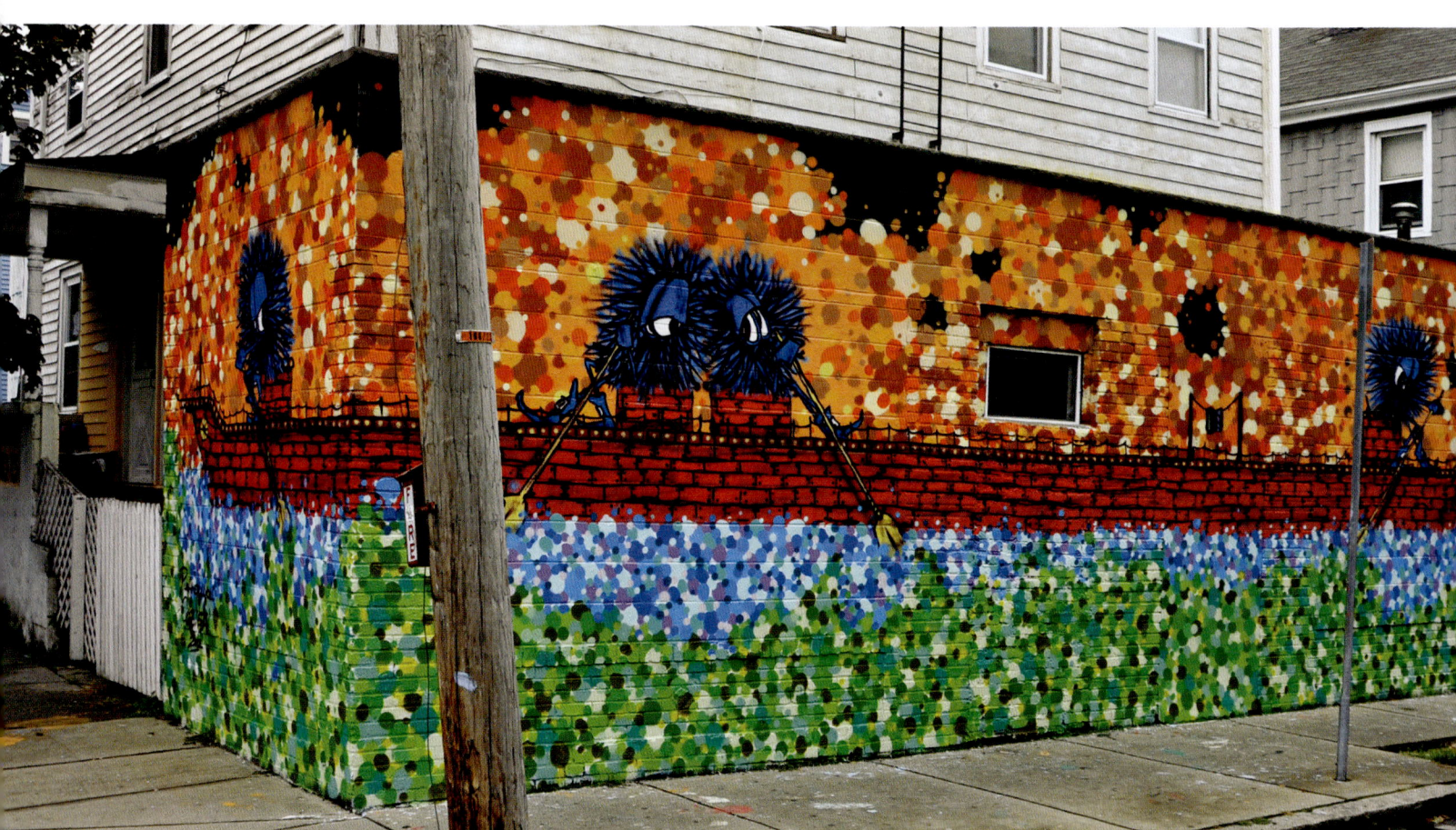

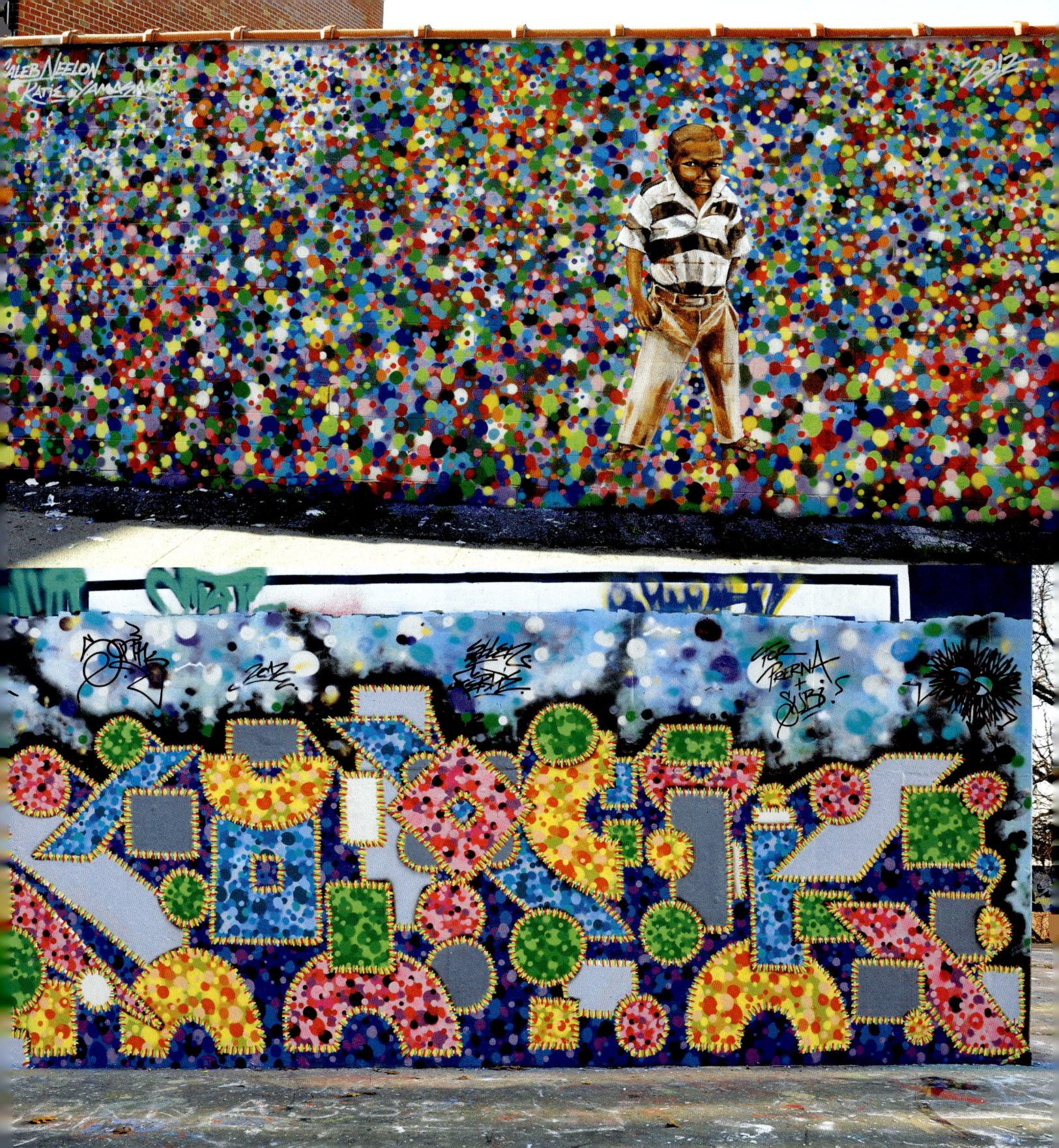

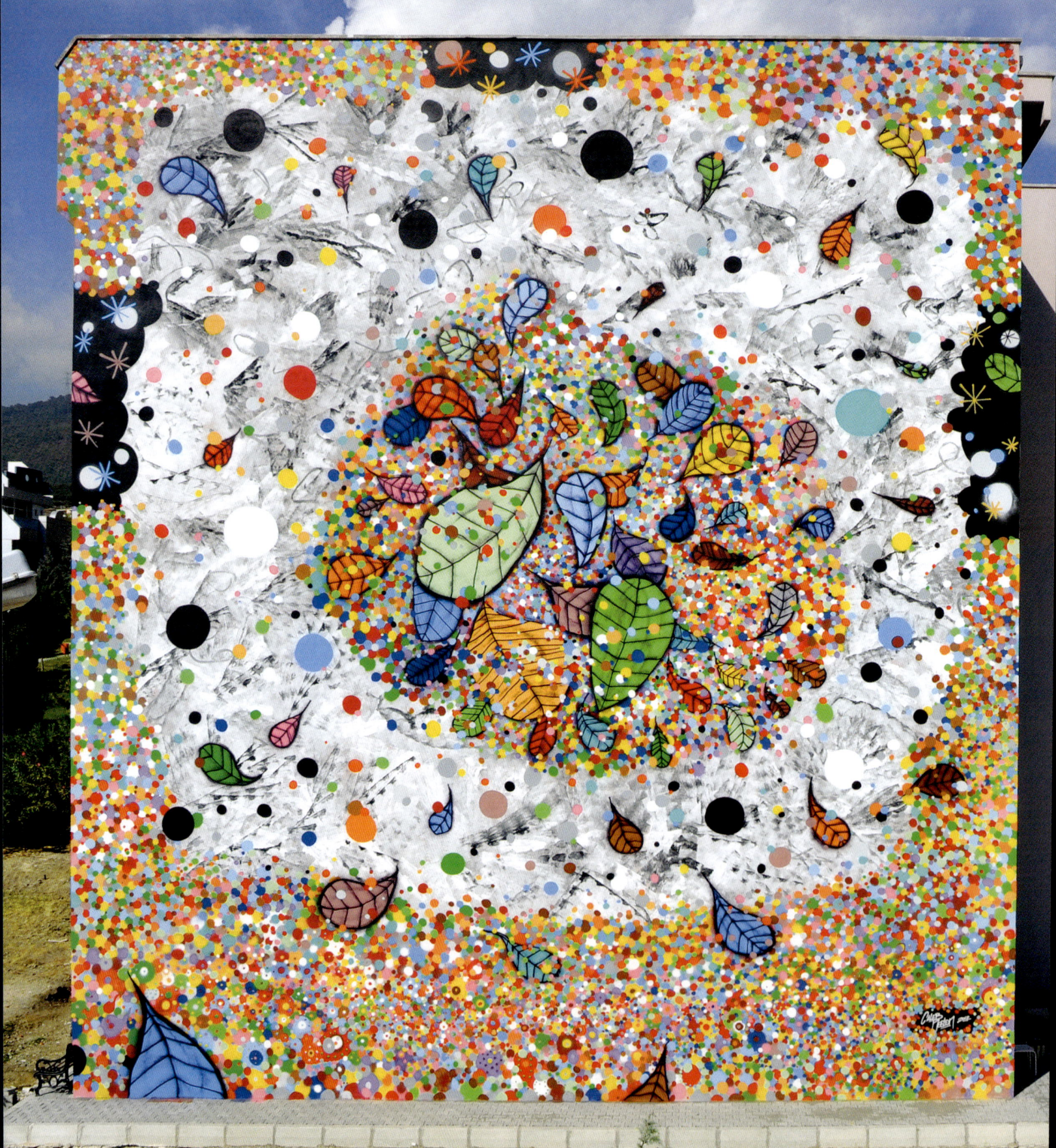

1 Antioquía, Turquía, 2012
2 Tobin School, Boston, Estados Unidos, 2009

de los propios escritores de grafiti. Cuando regresó a Nueva Inglaterra al año siguiente para estudiar en la Brown University, la producción de Neelon comenzó a verse influida por estos enfoques más vanguardistas. Aunque siguió escribiendo grafitis, hizo sus primeras obras con tablones de madera pintados a mano, de las cuales instaló más de setecientas en el área metropolitana de Boston entre 1996 y 2002. Tras observar que la mayoría de las señales de tráfico del área de Boston tenían un agujero extra bajo la propia señal, Neelon atornilló en ellos sus coloridos pastiches. En ellos había frases como «Mujeres que no puedo permitirme / y cosas que no necesito» e imágenes de, entre otras cosas, aves con forma de bomba y hamburguesas antropomórficas. Estas «señales de vida», como Neelon las ha llamado, suponían un pronunciado contraste con otros objetos de su entorno, lo que las distinguía como una forma singular de arte apasionado, personal y relacional. La obra de Neelon, a menudo hecha con materiales convencionales y fáciles de conseguir, como madera contrachapada y pintura acrílica, tiene una estética espontánea y decididamente *art brut*. Este estilo supuso una reflexión sobre su grafiti más clásico y el desarrollo de una forma de delicada escritura cada vez

con más patrones y que funcionaba con la misma dinámica simpática que sus instalaciones.

Con todo, al tiempo que Neelon impulsaba su arte individual hacia una nueva esfera, una estética que culminaría en la práctica ornamental y de aires populares por la que hoy en día es famoso, también se implicó a fondo en la difusión de la forma colectiva como uno de los principales artífices de *12ozProphet*, una influyente revista y página web de grafiti. Escribir para esta publicación, así como para muchas otras, como *Blitzkrieg*, *Brain Damage* y *On the Go* (de Espo), abrió otro canal para su creatividad y le ayudó a que su visión artística personal evolucionara aún más. Durante, por ejemplo, la numerosas visitas a Brasil que hizo Neelon, sus habilidades iconográficas y narrativas se enriquecieron a través de encuentros, entrevistas, sesiones de pintura y sólidas amistades con innovadores como Os Gêmeos y Nunca (*véanse* páginas 104-105). Junto con los viajes a Nepal, que supusieron otra influencia clave, la práctica de Neelon se convirtió en una rica fusión de arte marginal de todo el mundo, una mezcla perfecta de grafiti, folclore y arte indígena. Sus escritos y obras de arte siguen interactuando de forma creativa en su singular obra multidisciplinar.

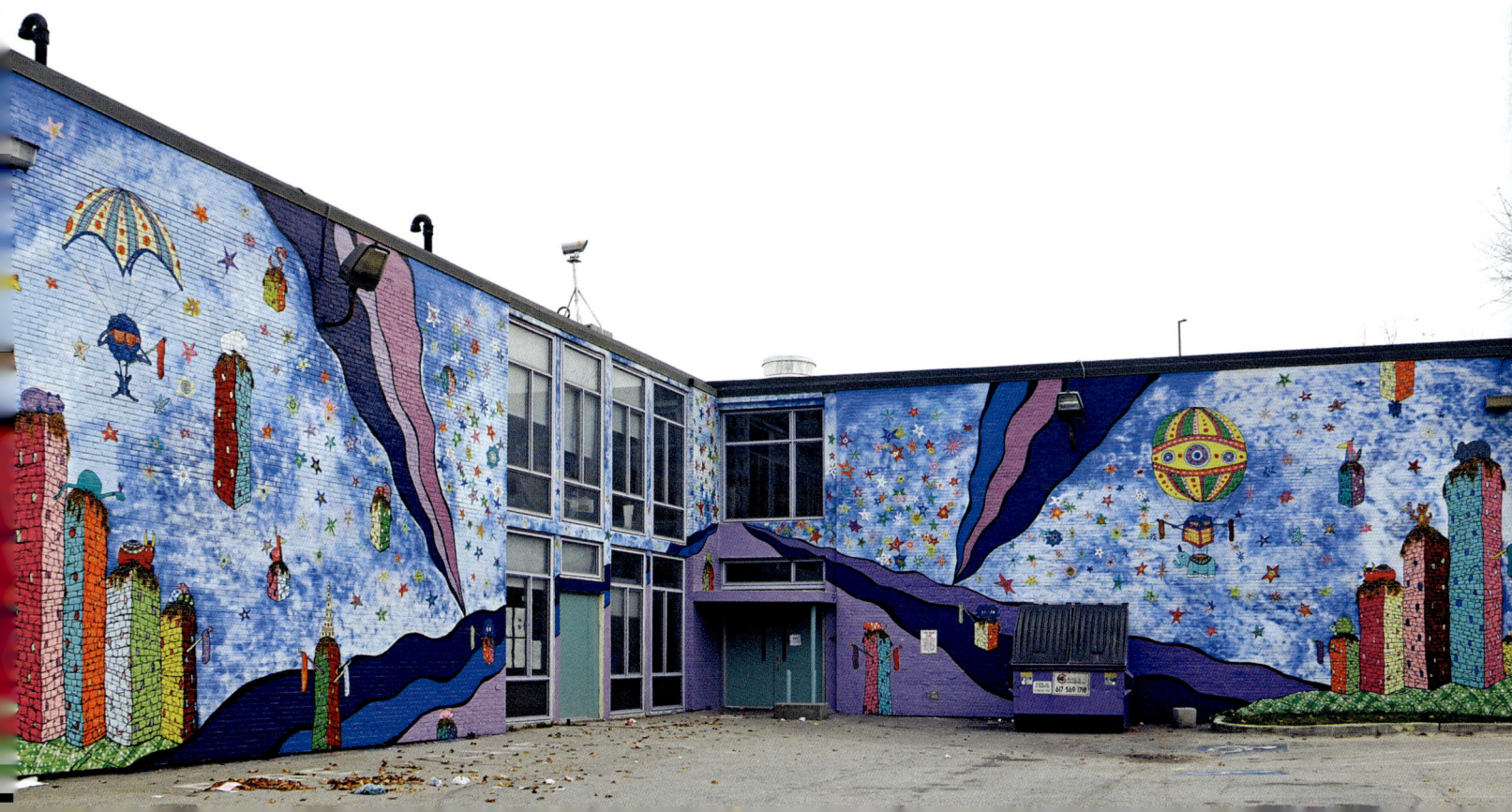

SEATTLE

NACIMIENTO Seattle, Estados Unidos **TÉCNICAS / MATERIALES** Pintura en aerosol, rotuladores **ESTILO** Grafiti tipográfico, grafiti contemporáneo **TEMAS** Letras y estilos, la historia del grafiti

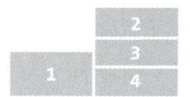

MERLOT

Merlot es una escritora de grafiti de Seattle en cuyas precisas letras se mezclan estilos grafiteros y tipográficos, desde *tags* estilo *hobo* hasta gruesas letras de imprenta. Maestra del grafiti contemporáneo, en el que cada letra se dobla y entrelaza con la siguiente, también es conocida por el sobrio estilo de sus letras biseladas, el cual tiene influencias de la escritura de signos.

La práctica de Merlot se caracteriza por una gran variedad de formas y estilos. Lo más característico es su trabajo sobre vagones de trenes de mercancías (*véanse* imágenes 1-4), donde la obra se adapta a las formas del material rodante y a las condiciones en las que se puede pintar. Entre estos vagones los había de plataforma, que son bajos y estrechos y transportan contenedores así como mercancías con identificaciones que deben ser legibles para que puedan circular por la red ferroviaria.

Para Merlot, el acto de pintar crea momentos de paz y fluidez. Ya sea al pintar un tren, una pared, un lienzo o una señal, parece llegar al mismo estado de concentración que también le permite disfrutar del mundo que la rodea. La densidad urbana de Seattle contrasta con la espectacular belleza natural de las zonas circundantes, y es en estos márgenes de la ciudad, donde, en contraste con el contexto urbano habitual del grafiti, Merlot crea sus obras.

Además de numerosos paneles en trenes de mercancías, Merlot ha realizado elaborados diseños con rotuladores de pintura sólida, que son lápices al óleo que usan los trabajadores para marcar los vagones de mercancías. En los grafitis de trenes de mercancías existe una larga tradición de los llamados *monikers*, con su propia cultura e historia, muy distinta de los grafitis escritos. De hecho, la pequeña escala de estos *monikers* y sus gestos mínimos difieren mucho de los típicos grafitis, que erradican el espacio negativo mediante la ornamentación. Para Merlot, usar los rotuladores al óleo Mean Streak es «como si estuviera dibujando en un cuaderno de bocetos», a lo que añade lo siguiente: «No tenía un icono *cool* e ingenioso por el que se me conociera, sino que era una traducción directa de mis grafitis con pintura en aerosol. Habrá a quien le haya parecido raro ver una diminuta pieza completa dibujada en un tren en lugar de pintada, pero no era algo que me importase en absoluto; me divertía y me permitía experimentar». **LM**

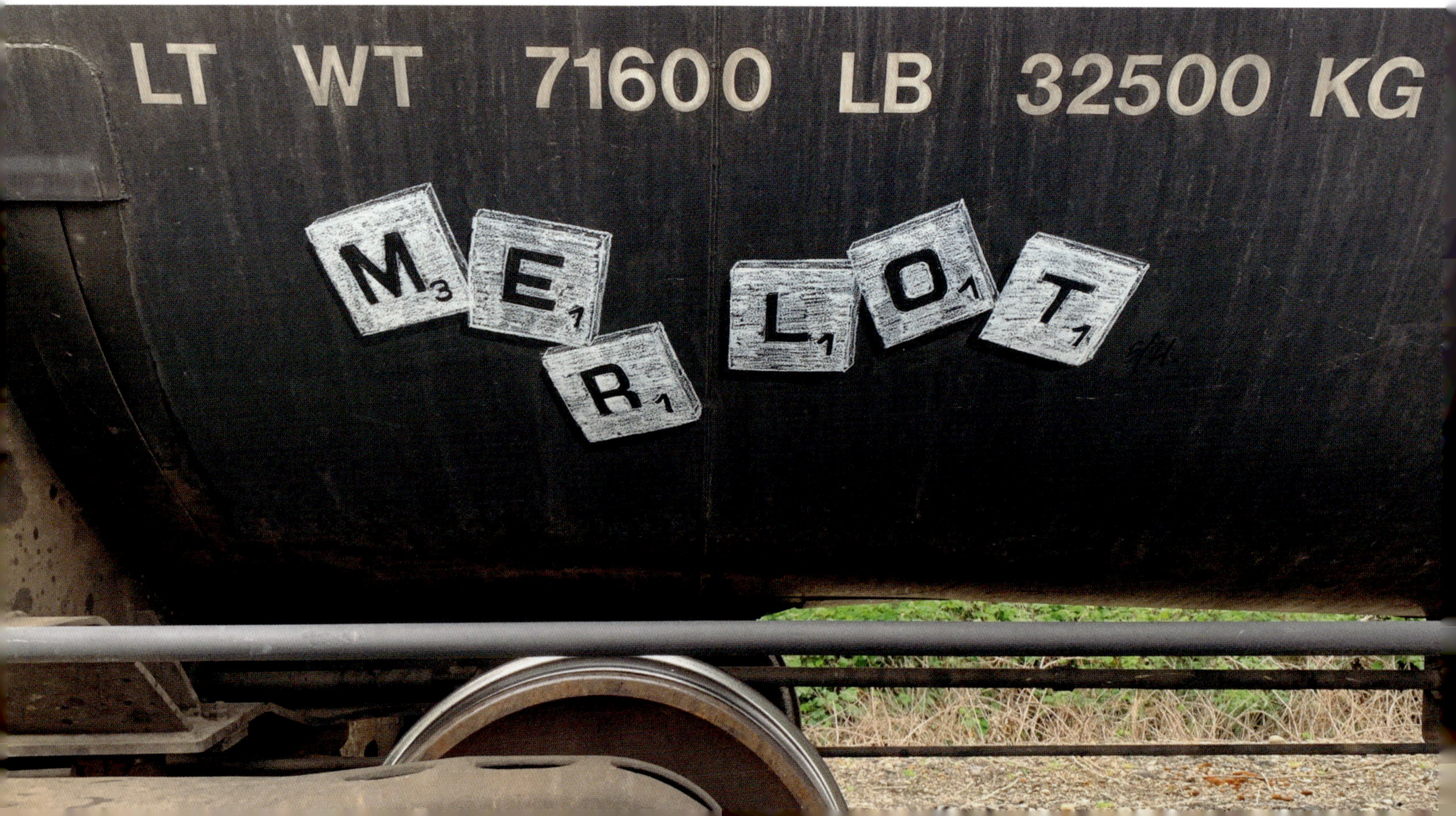

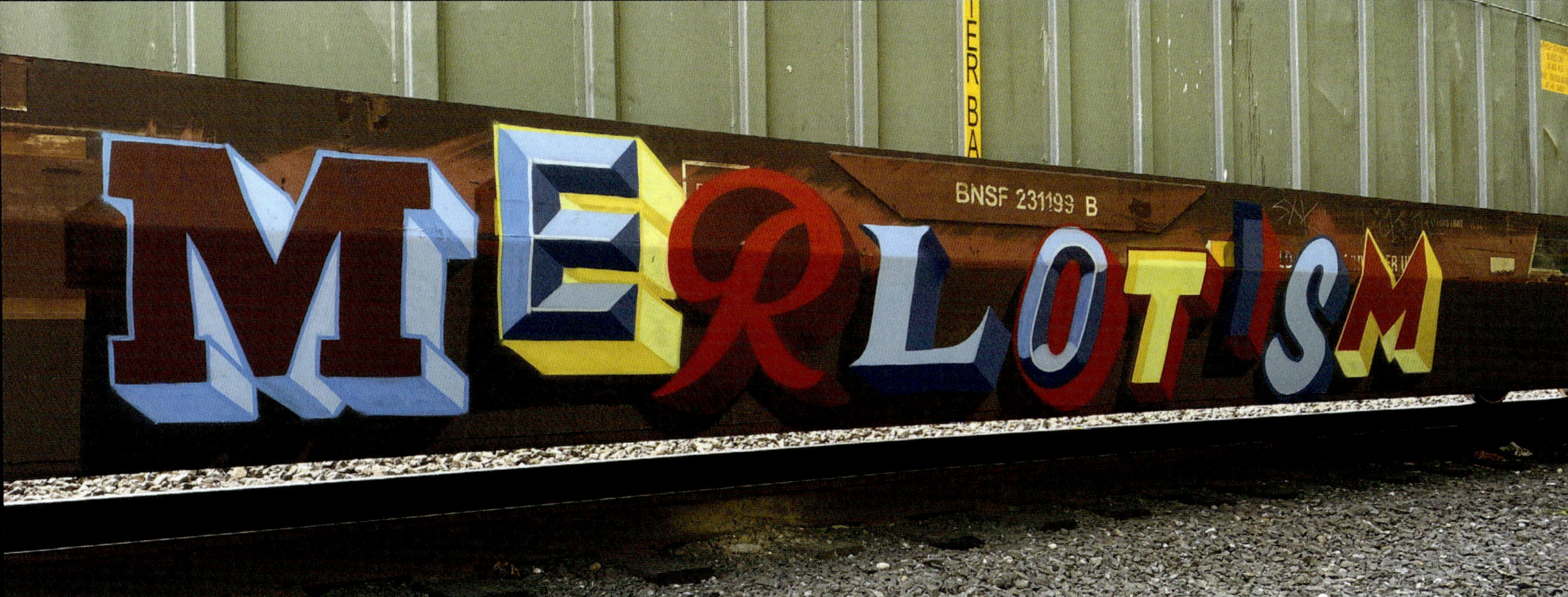

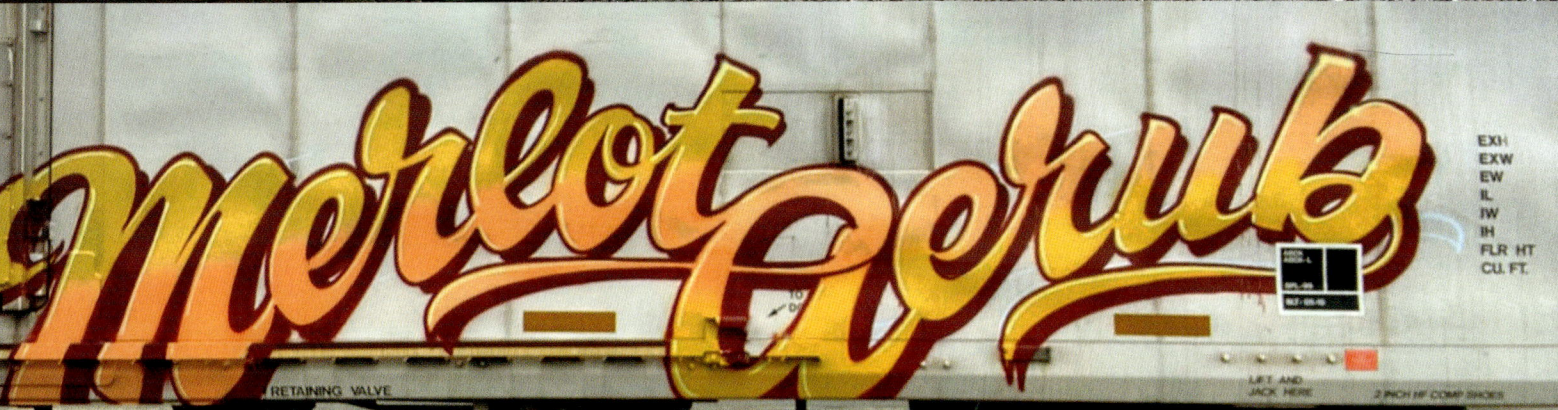

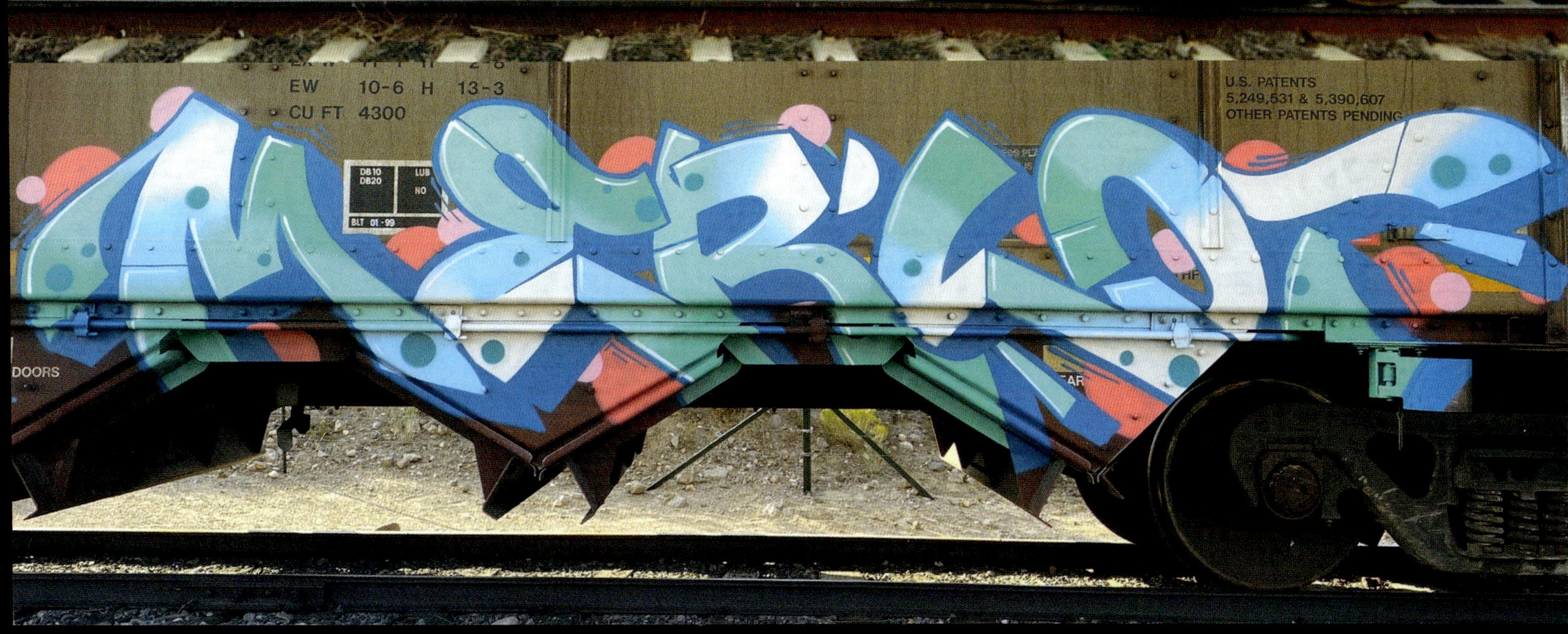

SAN FRANCISCO

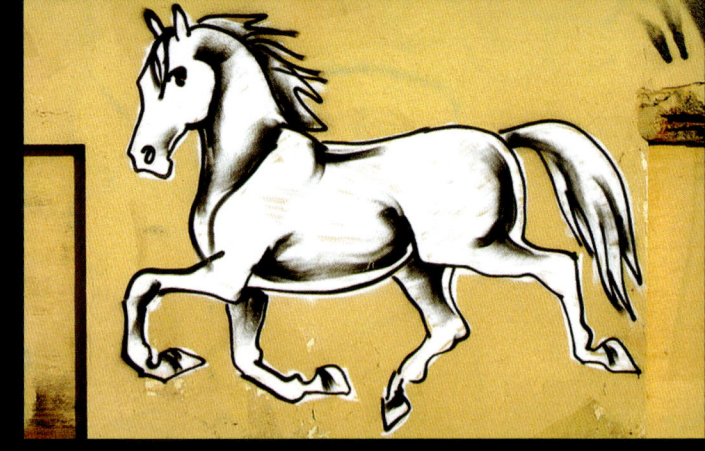

Como capital mundial de la contracultura del siglo XX, pocos lugares adoptaron de una forma tan natural el grafiti y el *street art* como el Área de la Bahía de San Francisco, que incluye Oakland, Berkeley y San José. Mucho antes de que el grafiti de inspiración neoyorquina llegara a sus calles, a principios la década de 1980, las ciudades del Área de la Bahía habían sido escenario de *happenings*, teatro callejero, arte político de protesta y un floreciente movimiento muralista, tanto chicano como de otros orígenes. Cuando llegaron a la zona los primeros grafitis de inspiración neoyorquina, con autores como RIF, Cuba, Ham2, STYLEZ, Dug y muchos otros, lo hicieron junto a grupos como el Billboard Liberation Front y los Survival Research Laboratories (estos últimos especialistas en combates a muerte entre robots), ninguno de los cuales sintió el imperativo moral de contar con el apoyo oficial para sus proyectos.

Barry McGee, nativo de San Francisco, surfista y fan de los Survival Research Laboratories, se inició en el grafiti de raigambre neoyorquina en 1984. McGee adoptó el nombre de Twist y en 1988 empezó a especializarse en *tags* muy refinadas, gracias en parte a la influencia del escritor SR.ONE, afincado en Cambridge, Massachusetts, el cual le dio a Twist lecciones sobre los *handstyles* de *tags* de Brooklyn, así como de la *crew* THR (The Human Race),

que Twist haría famosa más adelante. Dibujante figurativo por naturaleza, Twist también siguió el ejemplo del neoyorquino Freedom y empezó a pintar figuras, rostros y objetos (tornillos, agujas hipodérmicas, y demás) con delicados sombreados en plata y negro (*véase* imagen 3). A principios de la década de 1990, McGee conjugaba su trabajo en las calles con su obra en galerías y museos, lo que le llevó a convertirse en la primera estrella de las bellas artes del grafiti estadounidense fuera de la ciudad de Nueva York.

La época de comienzos a mediados de la década de 1990 fue crucial en San Francisco. Su escena del grafiti era tan productiva como cualquier otra del país, ya que escritores que trabajaban asentados en la tradición neoyorquina de las letras, como DREAM, Dug y Krash (*véase* imagen 2), se encontraron compartiendo las calles con artistas cuya obra abandonó en buena parte el uso de letras. Reminisce pintó caballos plateados y negros por toda la ciudad (*véase* imagen 1), a menudo junto a los tradicionales *throw-ups* de sus compañeros de la *crew* de TMF. Los primeros años de la década de 1990 fueron un período de especial intensidad para el Área de la Bahía. Visitantes como GIANT, JASE, BLES, FELON, SOPE, CYCLE y otros ayudaron a impulsar la competición creativa junto con *crews* locales, como, entre muchas otras, TMF, TWS, TDK e ICP. En la década de 1980, un aparcamiento de Market Street al que, en referencia a una de las primeras obras del pionero del grafiti Dug, los escritores llamaban Psycho City, se convirtió en el centro neurálgico de la escena de la ciudad. Tras la clausura de Psycho City, en 1993, en lugar de desaparecer en silencio, los grafitis se propagaron por toda la ciudad.

La llegada del neoyorquino KR (*véanse* páginas 54-55) aportó un enfoque renovado sobre el *bombing* callejero con sencillos *tags* y *throw-ups*, además de contribuir con su característico recurso (hoy en día comercializado en masa): Krink (KR + *ink*), un preparado en pequeños lotes con una base de pintura plateada. Entraron en escena jóvenes y feroces escritores de grafiti como Geso y AMAZE, y una floreciente escena artística (conocida como Urban Folk o como Mission School y con artistas como, entre muchos otros,

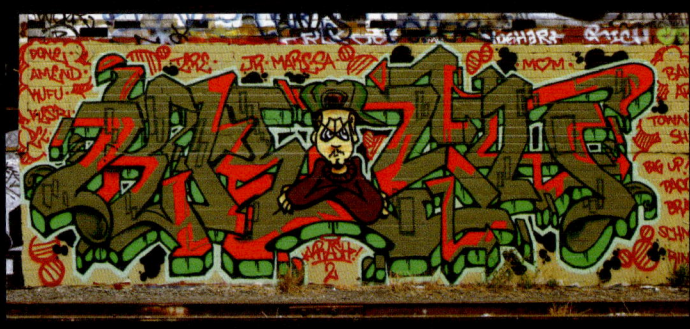

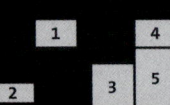

1 Reminisce, 2010 2 Krash, 2007 3 Twist, mediados de la década de 1990 4 Apex, h. 2009 5 *Generator*, Mission District, Andrew Schoultz y Aaron Noble, 2002-2003

Margaret Kilgallen, Chris Johanson y Alicia McCarthy) mantuvo un libre intercambio social, estético y temático con practicantes del grafiti y del *street art*, aunque se centró sobre todo en interiores.

En marzo de 1998, cuando intentaba escapar por una escalera de incendios desde una azotea que acababa de pintar, un prolífico escritor de grafiti de dieciocho años llamado TIE fue asesinado a tiros por un residente del edificio. El suceso conmocionó a la escena grafitera de la ciudad y a los amigos que TIE había hecho allí, entre ellos Saber y Revok (*véanse* páginas 68-69), los cuales se habían trasladado de forma temporal desde Los Ángeles, MQUE y BENET. Estos dos últimos compartían la estética de TIE en cuanto a la práctica simplificada de *bombing*, *tags*, *throw-ups* y enormes letras de imprenta plateadas y negras.

Tanto el grafiti como el *street art* prosperan de forma natural cuando hay competencia: las dos *crews* más famosas del Área de la Bahía en la década de 1980, TWS y TMF, no se soportaban la una a la otra. La llegada de Saber y Revok en 1997 formó parte de una pequeña migración de sus compañeros de *crew* de AWR / MSK al Área de la Bahía. Al ser una *crew* de Los Ángeles, la presencia de AWR añadió un nuevo elemento a la competición.

En la década de 2000 surgieron artistas de AWR como STEEL, NORM y REYES que realizaron letras floridas y arremolinadas. Artistas como Andrew Schoultz y Aaron Noble (*véase* imagen 5), Apex (*véase* imagen 4) y el veterano Vulcan, procedente de Nueva York, revitalizaron el movimiento muralista de la ciudad. El noruego Remio (*véanse* páginas 78-79) irrumpió en las calles de San Francisco, mientras que Jurne, procedente de la Costa Este, esparcía su magia tipográfica por Oakland, al otro lado del Área de la Bahía. **CN**

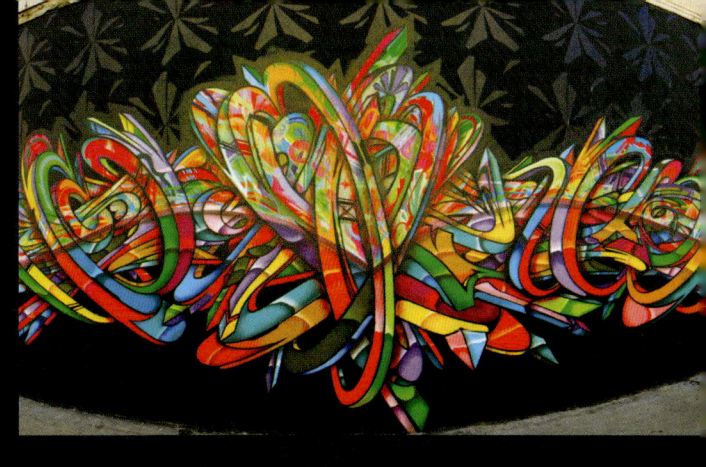

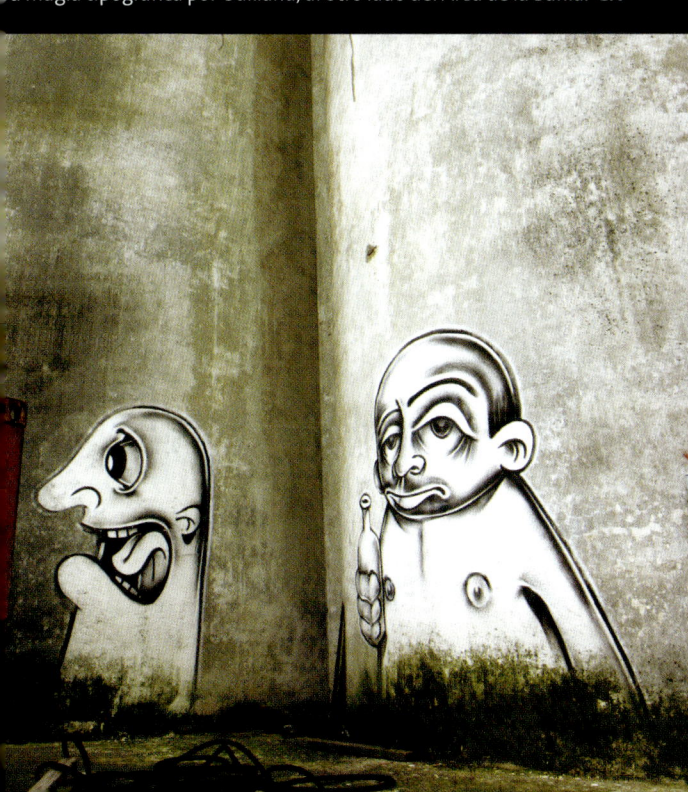

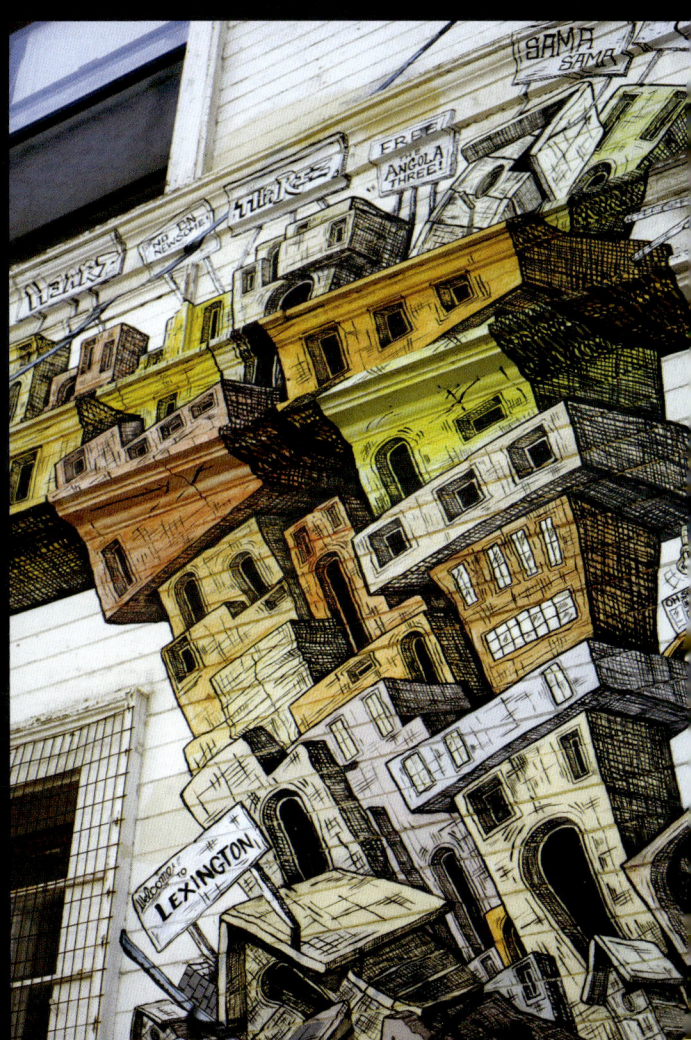

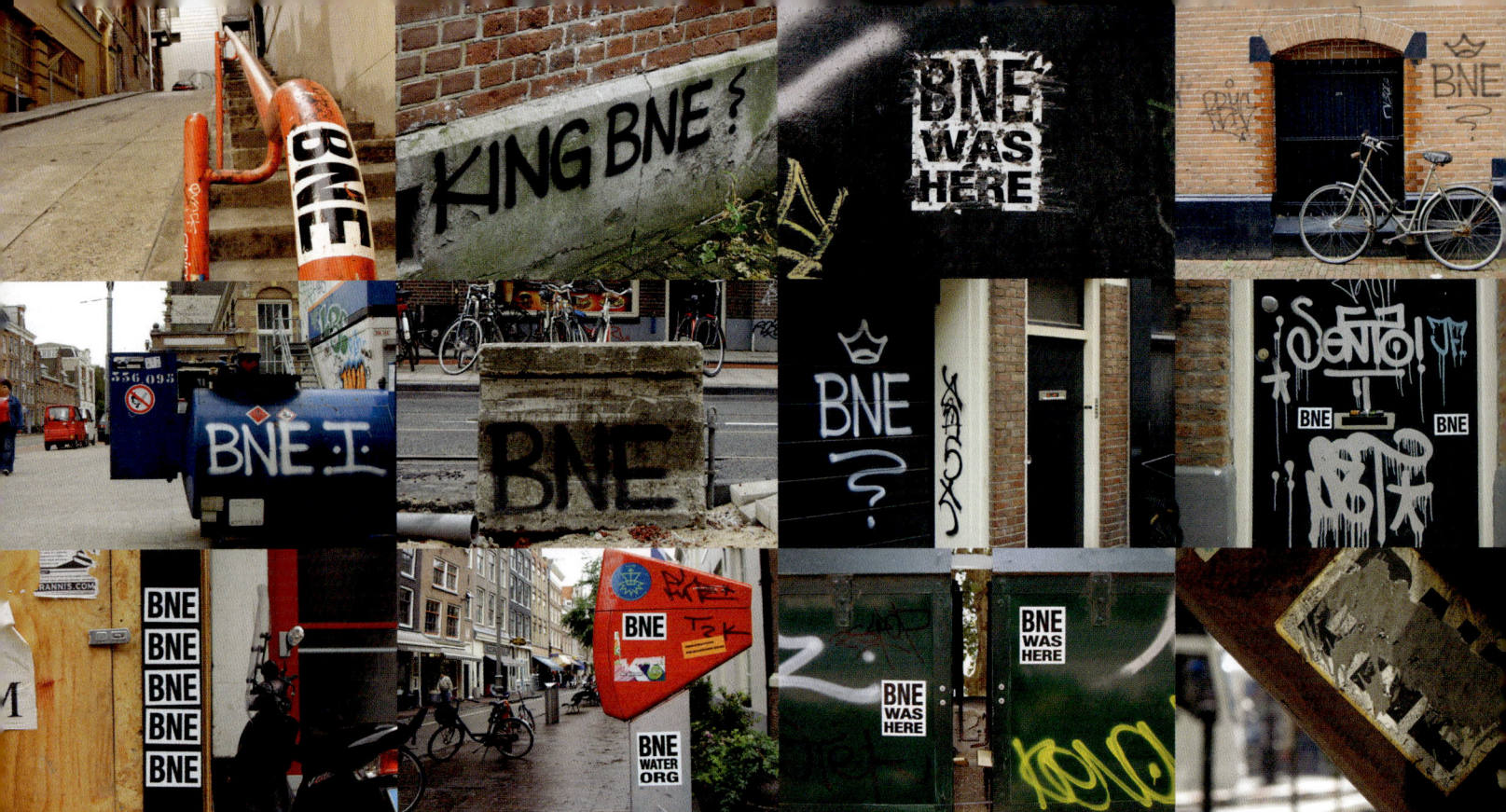

SAN FRANCISCO

NACIMIENTO Desconocido   **TÉCNICAS / MATERIALES** Pintura en aerosol, pegatinas
ESTILO Arte conceptual, vandalismo, *bombing*   **TEMAS** Antimarcas, anticorporativo,
crisis mundial del agua   **INFLUENCIAS** Cost, Revs

BNE

BNE es el primer, y quizás el único, artista del grafiti que ha hecho un
All-World. Aunque el estatus de *All-City King* se había considerado el mayor
reconocimiento que se podía recibir en el mundo del grafiti, BNE rompió
las fronteras a base de pegar sus célebres pegatinas de tres letras en miles
de barrios de cientos de ciudades de todo el mundo. De Nueva York a Kuala
Lumpur, de Tokio a Madrid, de San Francisco a Praga, amplió de forma radical
las posibilidades cuantitativas del grafiti al trabajar a una escala hasta
entonces inconcebible.

Como en el caso de tantos otros, la trayectoria artística de BNE comenzó
con el grafiti tradicional. En su adolescencia firmó con su *tag* la ciudad en la
que se crio, y, antes de viajar por todo el mundo, acabó llevando su obra por
todo Estados Unidos. Sin embargo, mientras trabajaba en Tokio a principios
de 2001, sintió la necesidad de cambiar el lenguaje con el que se expresaba
y encontrar un mensaje que pudiera llegar a mucha más gente. Aunque ya
había reconocido la eficacia potencial de las pegatinas como herramienta,
cuenta que hasta aquel momento no había tenido tiempo ni paciencia para
producir miles de ellas a mano. Atraído por las sencillas letras de imprenta
de iconos del *tagging* como Cost y Revs, BNE decidió simplificar su trabajo
mediante el diseño de una mínima y atrevida pegatina de vinilo que atrajera
la máxima atención pero que pudiera adherirse de forma sencilla y rápida
a las paredes de las ciudades y al mobiliario urbano.

Sin embargo, el pegado no tardó en convertise en una adicción casi
maníaca para BNE, que dijo de la colocación de cuatrocientas pegatinas
que era algo tan fácil como «pasear al perro o hacer yoga». En el proceso
de producir este ingente número de pegatinas y pegarlas en cualquier
superficie en todo el mundo, BNE estableció sin buscarlo lo que equivalía a
una marca de renombre mundial, aunque sin producto ni servicio asociados.
Al artista le sorprendió el enfado que generaron sus pegatinas y la
animadversión que suscitó su práctica, aparentemente no dañina, y que
no sucediera lo mismo con las empresas corporativas y multinacionales
que inundan las ciudades del mundo con sus anuncios: «Creo que el enfado
se debe a que la mente de la gente se ve penetrada por un logotipo que no
entienden. No creo que se trate siempre de una cuestión de "vandalismo".
La gente está expuesta a tanta publicidad corporativa que se ha vuelto
insensible a ella. Pero los logotipos corporativos siguen siendo muy efectivos,
ya que se abren paso a nuestro subconsciente pero no se quedan en la mente

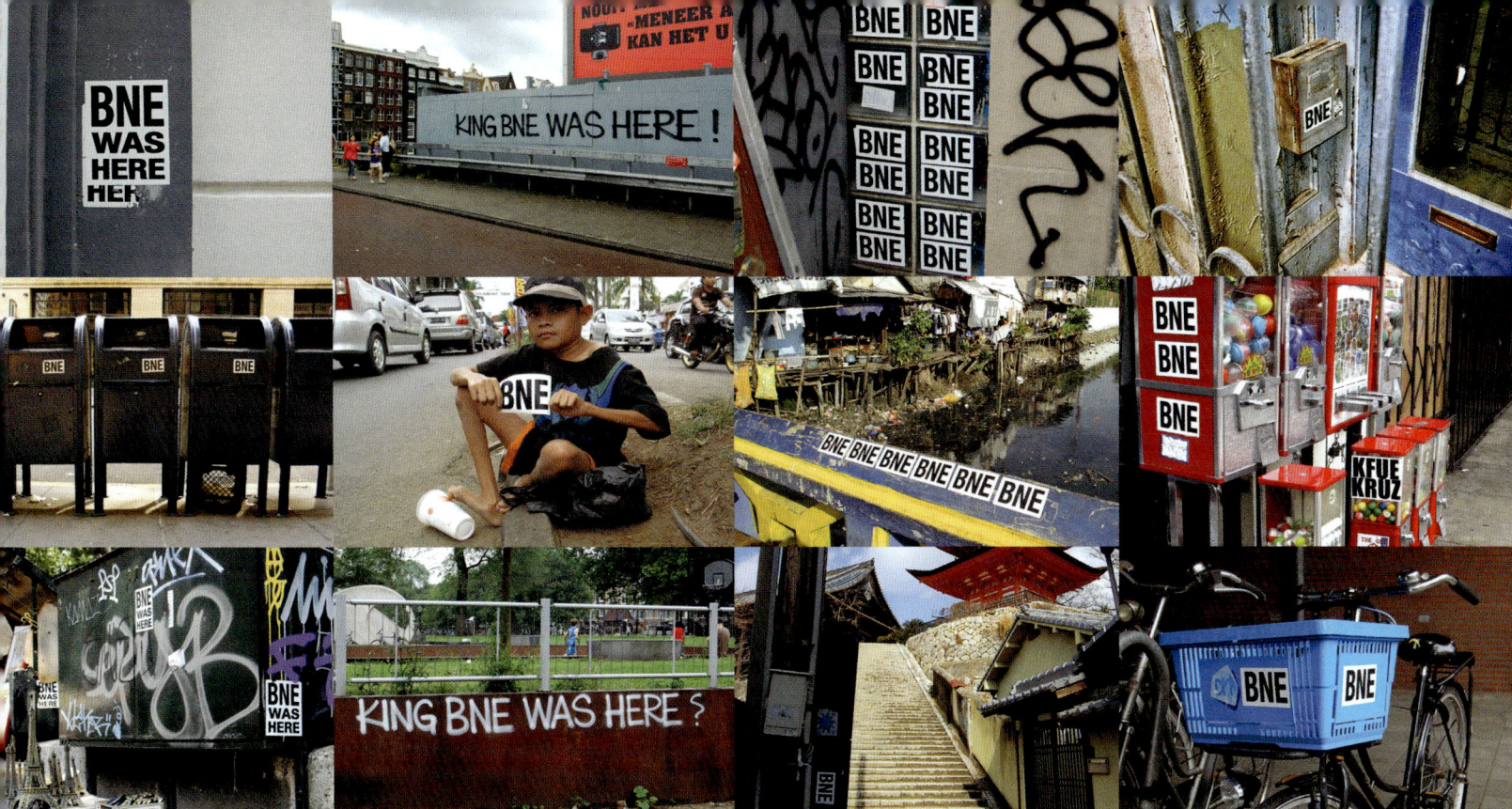

ni nos enfadan». Para BNE, es una cuestión sencilla: si Starbucks y Pepsi pueden obligarle a mirar sus logotipos, él tiene el mismo derecho a exponer el suyo.

Tras haber producido el equivalente de una campaña publicitaria internacional multimillonaria que hubiera llegado a un número incalculable de personas de todo el mundo, BNE no tardó en recibir ofertas de empresas que pretendían utilizar su trabajo con fines lucrativos: «[Eran] particulares y empresas que querían utilizar la obra de mi vida para hacer publicidad de lo que fuera que tuvieran que vender». A través de su campaña de pegatinas se dio cuenta de que había dado forma a una voz global que podía «significar lo que [...] quisiera que significara». Así, se percató de que podía usar la marca BNE para comunicarse con millones de personas y generar un cambio social positivo mediante la defensa de causas importantes, lo que le llevó a ver qué podía hacer para tener el mayor impacto posible en la pobreza mundial. Durante sus viajes a Yakarta, Indonesia, BNE fue testigo directo de los devastadores efectos de la crisis mundial del agua. Con el tiempo, creó la BNE Water Foundation, destinada a proporcionar agua potable y saneamiento a la población de países en desarrollo. BNE hace hincapié en que su fundación busca defender la verdad: «La mayoría de las marcas se dedican a vender sueños y fantasías. Como estamos en el negocio de la realidad, que nuestra estrategia de *marketing* consiste en decir la verdad sobre todo. Es algo que va a cabrear a mucha gente, pero hay que hacerlo. No me he pasado miles de horas en la calle creando un nombre para que ahora se utilice como una "obra benéfica" de mierda».

La BNE Water Foundation, en su cruzada contra lo que BNE considera la «dilución» y la «comercialización» del grafiti, se financia de forma exclusiva a través de la venta de obras de arte donadas y productos de BNE, y el 100 % de los ingresos generados se destina al coste de proyectos de agua en lugar de a salarios o gastos generales (incluso las comisiones de PayPal y de las tarjetas de crédito se cubren por separado). El proyecto pretende que el grafiti deje de ser una mera retórica contra el *establishment* y se convierta en un intento real de cambiar el sistema. El BNE, que ya ha puesto en marcha proyectos de éxito en el centro de Uganda, espera cambiar no solo lo que significa ser escritor de grafiti, sino «animar a todo el mundo a dar un paso adelante». Cree que su obra (su marca, su *tag*) ya no es una mera cuestión de un individuo, sino de dar «voz a las víctimas de las injusticias sociales que no la tienen». Para BNE, se trata de ofrecer una plataforma a quienes la sociedad ha excluido o dejado desamparados, al igual que los propios escritores de grafiti, marginados a lo largo de su corta historia.

SAN FRANCISCO

NACIMIENTO Nueva York, Estados Unidos   TÉCNICAS / MATERIALES Krink
ESTILO Grafiti minimalista, grafiti conceptual   TEMAS *Do-it-yourself*
INFLUENCIAS Impresionismo abstracto, entorno urbano

KR

KRINK · CRAIG COSTELLO

KR (o Craig Costello), célebre artista del grafiti por derecho propio, ha levantado un imperio de tinta basado en la ética del *do-it-yourself*, a la cual sigue manteniéndose fiel. Es conocido por su marca de pintura de elaboración casera, Krink (KR + *ink*), que se ha convertido en una herramienta artística omnipresente tanto en el mundo del grafiti como fuera de él. Este producto le ha proporcionado a KR un estilo singular de producción visual que pretende estimular, más que evitar, la fuga y el goteo de la tinta. Tanto por su producción como por su marca, KR y Krink se han vuelto indivisibles: la tinta y su inventor se han fundido en uno. Ambos representan el color, la materialidad, la sencillez y la innovación a todos los niveles.

Tras mudarse a San Francisco a principios de la década de 1990 desde Queens, en su Nueva York natal, en su nuevo lugar de residencia KR buscó una voz artística propia, descubrir una forma de destacar y separarse de los demás escritores de la ciudad. Comenzó a producir tinta para su uso propio en una época en la que era una práctica común dentro de la comunidad grafitera. Los artistas fabricaban diversos instrumentos caseros, así como tintas y pinturas, tanto porque eran difíciles de adquirir como para diferenciarse de los demás escritores. La primera innovación de KR consistió en adoptar lo que por lo general se consideraba el principal peligro de la tinta de producción casera: la falta de control y precisión debido a su naturaleza intrínsecamente rudimentaria. Sin embargo, los goteos resultantes en la obra de KR (que como norma serían síntoma de falta de habilidad y de condición de novato) sugerían algo por completo distinto. Enfatizaban el hecho de que la tinta era casera y establecieron un estilo que rompía con las restricciones y reglas de la escena del grafiti. Lo que en un principio se eligió por el mero hecho de ser económico y de provenir de las raíces del *do-it-yourself* del grafiti se convirtió así en una solución a través de la cual KR pudo impulsar su estética y crear un estilo propio que al poco acabó siendo muy copiado. El siguiente paso de KR, sin embargo, consistió en eliminar

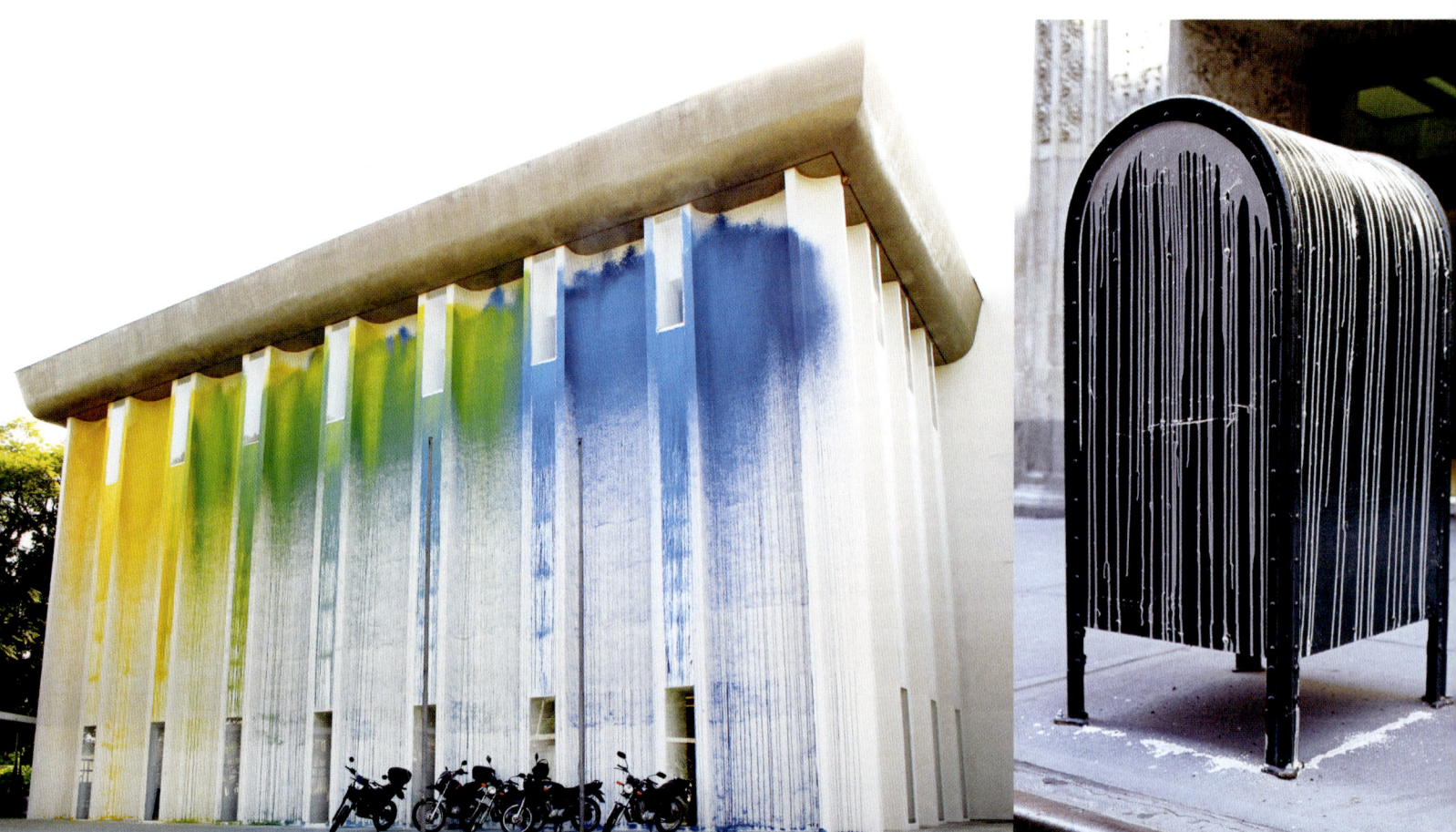

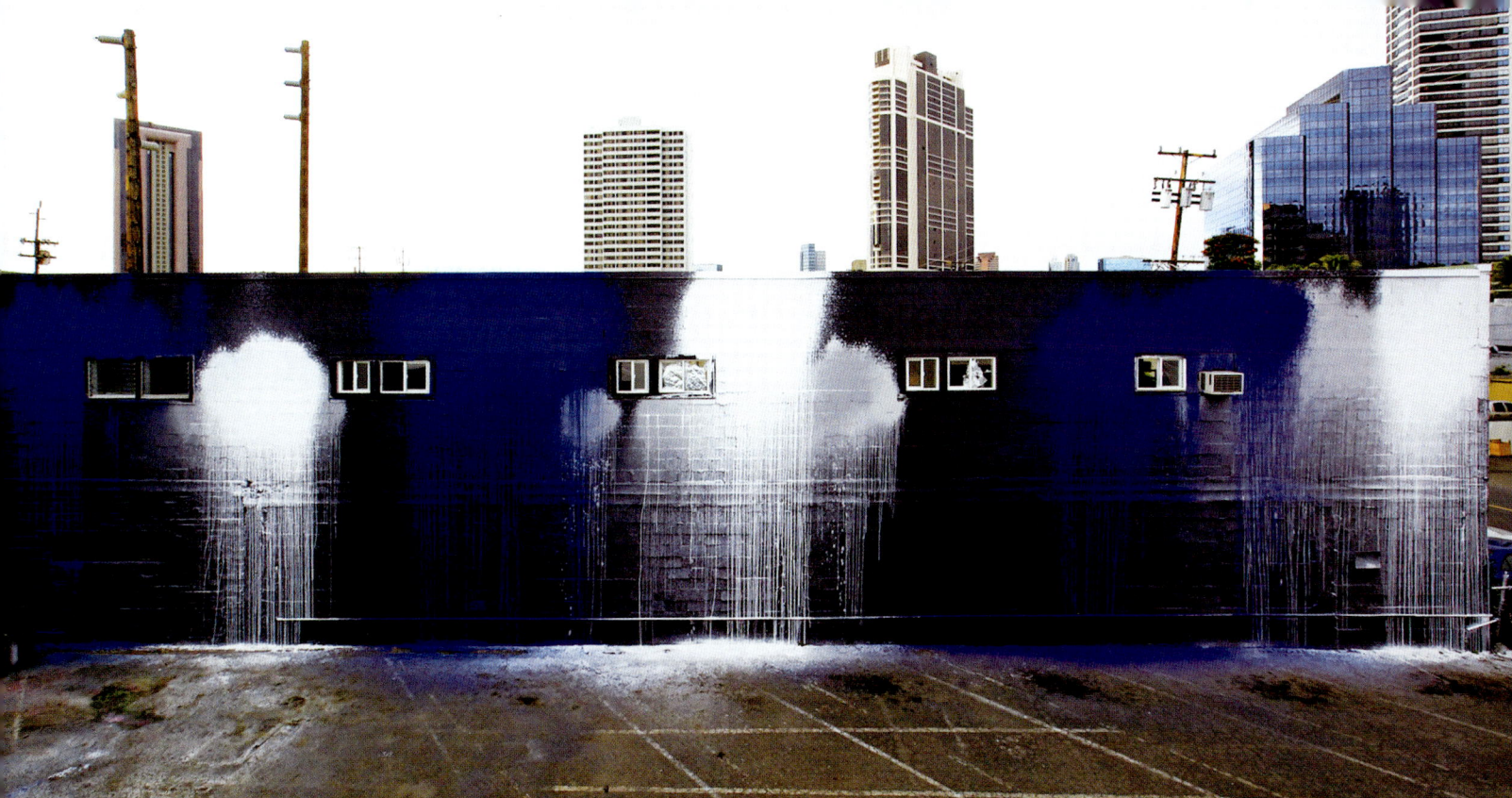

1 Museu da Imagem e do Som, São Paulo, Brasil, 2010
2 Bleecker Street, Nueva York, Estados Unidos, 2005
3 Honolulú, Hawái, Estados Unidos, 2011

por completo el nombre en sus producciones, una técnica hasta entonces desconocida en el grafiti: si bien «los métodos y la actitud seguían siendo muy similares», el estilo metálico y goteante de KR, con un diseño limpio y una sencillez identificable al instante como propio del artista, era tan inimitable que se convirtió en una firma en sí mismo. Para KR, el uso del nombre escrito a veces «estorbaba» en el diseño, mientras que sin él este «se volvía abstracto, más abierto», una marca o icono que abrazaba la fluidez, la textura y la viscosidad del pigmento.

Por aquel entonces, la idea de convertir Krink en una marca aún estaba lejos de la mente de KR. Aunque la preparaba para su propio uso, no tardó en empezar a regalar tinta a sus amigos, para lo cual les ponía una «pegatina en la botella [por lo general de refresco] o escribía un *tag*». Entre que empezó a fabricar Krink y la venta de la primera botella transcurrieron ocho años. Tras volver a Nueva York, KR se asoció con el legendario colectivo Alife, que le convenció para que empezara a vender Krink en la tienda que tenían. «La verdad es que me sorprendió mucho la acogida. Lo empaquetamos, lo pusimos en las estanterías y se agotó enseguida», explica el artista. Sin embargo, fue la presencia de Krink en las calles lo que llevó a la marca de pintura al siguiente nivel. La *crew* Irak, en particular, adoptó la pintura de inmediato para «matar calles en el centro de Nueva York». Además, KR dejó

abiertos el etiquetado y el *branding* del producto: «Quería que Krink fuera multidimensional, que no se limitara a una única cosa. Quería que fuera algo limpio y sencillo. El envase no te dirige; eres tú quien debe utilizarlo para crear algo». Sin inversión ni estrategia de *marketing*, fueron las cualidades genuinas de la marca Krink las que la llevaron al éxito gracias a la «investigación y desarrollo» que se realizaba de forma visible cada día en las calles. Krink se ha convertido en una marca mundial que es sinónimo de la cultura del grafiti.

KR ha pintado por todo el mundo, ha desarrollado un característico estilo impresionista abstracto (a menudo utilizando extintores de la marca Krink) y ha elaborado más productos y tintas. Ha seguido impulsando su creatividad, pero no como algo «singular», sino como parte de su determinación de seguir estando «abierto a nuevos materiales e ideas» y a las infinitas posibilidades y sutilezas del estilo. Aunque ha trabajado con marcas asentadas y multinacionales, pugna por mantenerse en la delgada línea que separa la apropiación de la independencia y ha llevado su famosa estética metálica y goteante por todo el mundo.

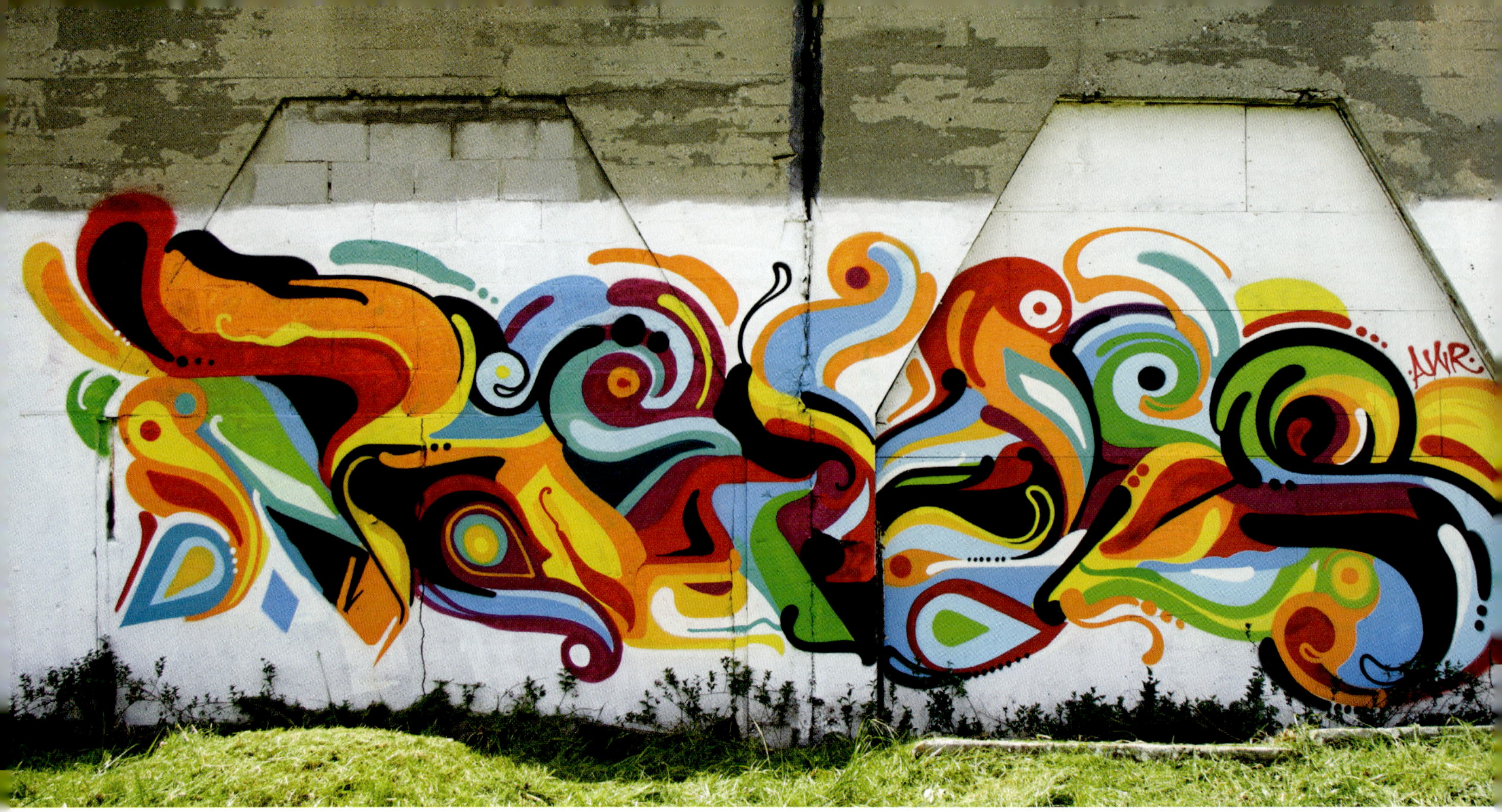

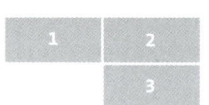

SAN FRANCISCO

NACIMIENTO 1978   **TÉCNICAS / MATERIALES** Pintura en aerosol   **ESTILO** Grafiti popular, grafiti contemporáneo   **TEMAS** Letras sueltas, estética *wave*   **INFLUENCIAS** Grafiti de la Costa Oeste, arte popular   *CREWS* MSK (Mad Society Kings), AWR (Angels Will Rise), The Seventh Letter

1 Detroit, Estados Unidos, 2012
2-3 San Francisco, Estados Unidos, 2011

REYES

La estética muy ornamentada, muy vívida y arremolinada que ha desarrollado Victor Reyes está impregnada de la quintaesencia californiana. Sus imágenes, de tonos suaves y con una circulación orgánica y ondulante de los colores, parecen fluir con naturalidad por las superficies con un ritmo de marcado carácter caligráfico y una fuerte influencia del arte popular clásico de la Costa Oeste. Al haber desarrollado toda su técnica en las calles, su producción está libre de toda afectación institucional. Reyes ha amalgamado sus habilidades tipográficas, gráficas e ilustrativas para desarrollar un estilo de ornamentación urbana en el que priman las comunidades sobre las corporaciones y que, aunque está arraigado en la subcultura del grafiti, aspira a conectar con un público más amplio e inclusivo.

Reyes empezó a grafitear a los catorce años, tras ver en su barrio una pintura de Tyke, miembro del legendario colectivo AWR / MSK (del que ahora forma parte el propio Reyes). Sin embargo, fue con la serie *Misspelled*, más reciente, con lo que Reyes atrajo la atención del gran público.

En lo que denominó «un ejercicio personal de tipografía con aerosol», se dispuso a pintar todas las letras del alfabeto inglés en el Mission District de la ciudad, zona en la que reside desde 1998. El proyecto, que le ha llevado más de dos años y ha superado con creces su objetivo inicial, ha supuesto para Reyes un enfoque radicalmente nuevo del grafiti. Pese a la transformación estilística que llevó a cabo de los desmembrados y singulares grafemas del alfabeto a través de su personal estética ondulante, resultaba evidente que todas las letras eran obra suya. Trabajó sobre todo en lugares que quedaron abandonados a raíz de la crisis financiera de 2008. Sin embargo, lo que también es crucial en el proyecto (así como en buena parte de su obra más reciente) es el intento de Reyes de acercarse más a la historia del arte mural a través del claro enfoque social de sus intenciones, ya que el artista experimenta con la forma al tiempo que fomenta la rehabilitación de la ciudad. En su participación en un proyecto de embellecimiento de zonas en las que el arte suele ser un lujo, Reyes emplea sus habilidades para el grafiti y su comprensión del lugar, la escala y el carácter local para crear un «arte para el pueblo». Su producción es una forma muy refinada de grafiti en la línea del fértil arte popular clásico y estadounidense.

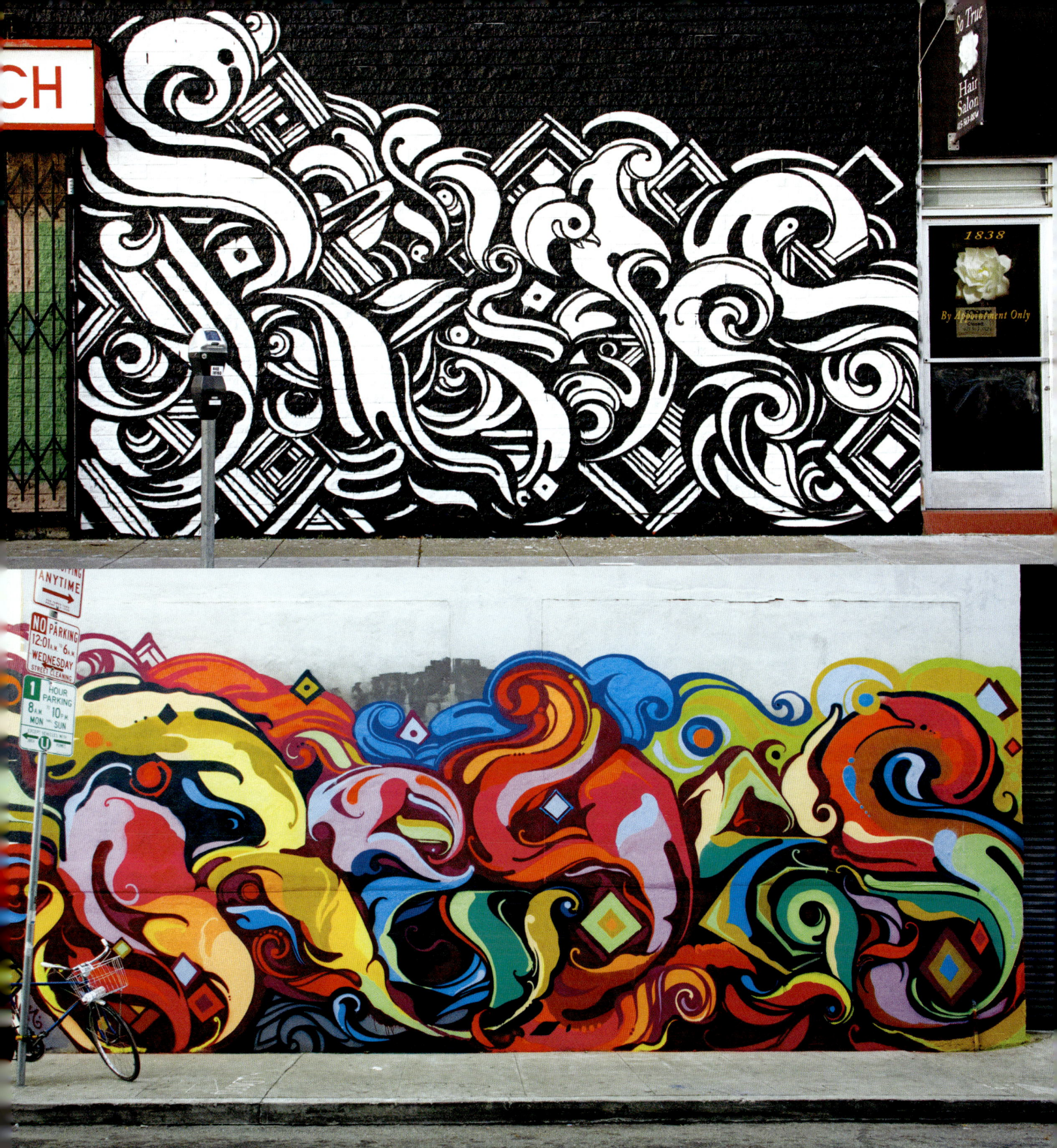

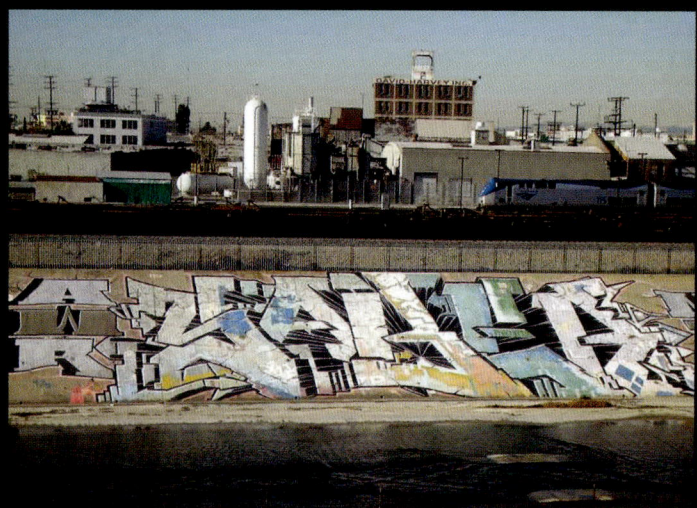

LOS ÁNGELES

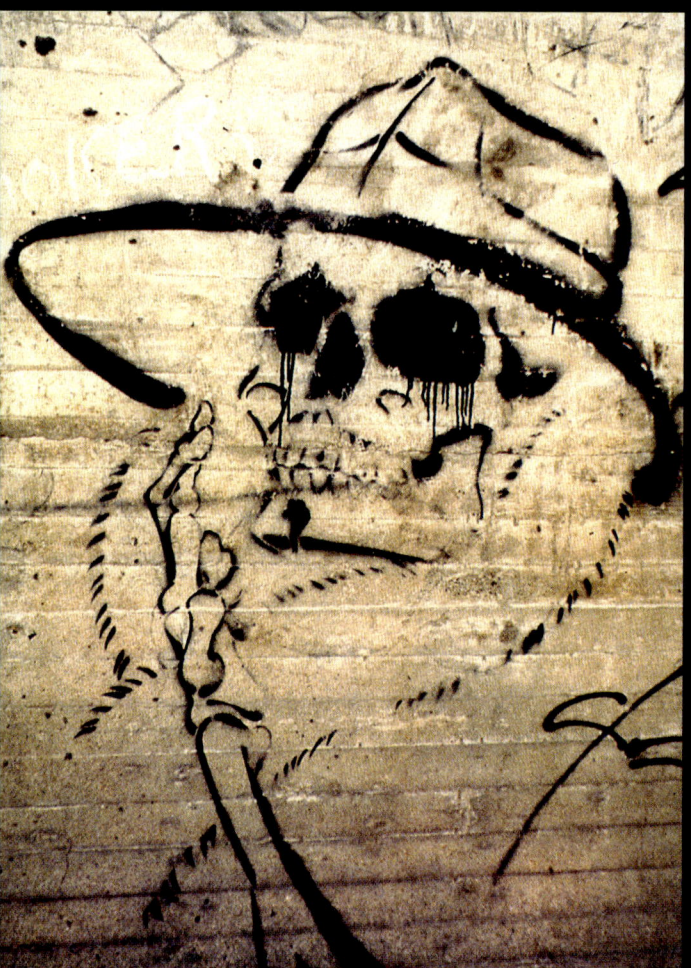

Los Ángeles es una ciudad del siglo xx con una historia de barrios diseñados al milímetro por los todopoderosos barones de los medios de comunicación y el sector inmobiliario. A principios del siglo xx, la zona este se convirtió en un destino popular entre los inmigrantes, de los cuales llegaron en grandes cantidades del cercano México justo cuando estallaba la competencia de la ciudad con su rival más antiguo al norte, San Francisco. Las pandillas callejeras empezaron a crecer y tomaron la insólita medida de adoptar un tipo de letra de estilo gótico para escribir sus nombres en los territorios clave.

Cuando el grafiti neoyorquino llegó a Los Ángeles, a principios de la década de 1980, el estilo de las pandillas de cholos (basado en trazos caligráficos que se ahusan y en líneas de base de una horizontalidad perfecta) ya tenía décadas de antigüedad en la ciudad. Por lo general practicado por artistas anónimos que anteponían el nombre de la *crew* y del barrio (y listas de amigos) a la individualidad, artistas como Chaz Bojórquez fueron más la excepción que la regla. Su personaje del Señor Suerte, una calavera con sombrero de fieltro, se convirtió en un emblema de la zona este de Los Ángeles (*véase* imagen 2).

La expansión de Los Ángeles fue tal que el grafiti se desarrolló en varias zonas de forma simultánea y por separado. En la zona oeste de la ciudad, RISK, nacido en Nueva Orleans, comenzó una larga carrera que le llevó a pintar en el abandonado túnel de Belmont, donde él y su *crew* WCA pudieron trabajar con artistas de la zona este tales como Prime y su *crew*, K2S. No tardaron en surgir otros puntos calientes del grafiti, como el enorme Pan-Pacific Auditorium de Fairfax, ya en desuso. Hubo quienes adoptaron nombres informales entre los escritores, entre ellos Motor Yard, Pico Yard y semejantes, en alusión a los patios (*yards*) de maniobras del metro de Nueva York.

El grafiti angelino se desarrolló bajo el sol y sus practicantes no tardaron en encontrar espacios donde trabajar en grandes murales durante varios días. Surgió un estilo muy colorido y detallado que a menudo contó con personajes que asumieron el protagonismo de los escritores, como Hex, Slick y Revs. La gran publicidad que se le dio a las batallas entre Hex y Slick hizo mucho por abrir los ojos de los neoyorquinos al grafiti de Los Ángeles. Sin embargo, el grafiti de esta ciudad no era, ni mucho menos, todo relajación. En 1987, escritores de todo Los Ángeles escribían sobre el equivalente al metro de Nueva York, que es su enorme red de autopistas, e incluso pintaban los «cielos», término que los escritores utilizaban para referirse a las señales de las autopistas que colgaban sobre el tráfico.

A finales de la década de 1990, una nueva generación de escritores de grafiti estaba llevando a las calles y autopistas de Los Ángeles tanto el enfoque monumental como las tácticas temerarias. A fin de eludir la activa industria de la eliminación de grafitis, los escritores de la *crew* LTS, como Ayer y Retna, escalaban para pintar en lugares que parecían inalcanzables. La obra que hizo el escritor Saber, de la *crew* AWR, en el río Los Ángeles en 1997, del tamaño de un campo de fútbol y realizada gracias a un reto de su amigo GKAE durante decenas de noches de trabajo con casi 370 litros de pintura doméstica en una zona peligrosa, fue el grafiti más importante de la década a nivel mundial (*véase* imagen 1). En los viajes que hizo Revok (*véanse* páginas 68-69), compañero de Saber en AWR, por todo Estados Unidos en su adolescencia y antes de cumplir los treinta, destaca la parada que hizo en Nashville, Tennessee, pues allí conoció a Sever (*véanse* páginas 70-71), que se trasladaría a Atlanta, Nueva York y más adelante a Los Ángeles.

Los murales, ya fueran chicanos o de la Works Progress Administration en la Gran Depresión durante la década de 1930, formaban parte de la cultura angelina desde hacía mucho tiempo. La constante necesidad de Hollywood de pintar decorados contribuyó a que los pintores monumentales siguieran teniendo trabajo. A medida que el auge que tuvieron el grafiti y el *street art* en la década de 2000 se extendió por Los Ángeles, muralistas como Retna, Kofie (*véanse* páginas 60-63) y El Mac (todos ellos colaboradores frecuentes; *véanse* páginas 64-67 e imagen 4), así como RISK, originario de la ciudad, crearon híbridos personales de grafiti con técnicas murales propias.

Cuando el *street art* explotó en todo el mundo, Los Ángeles se convirtió en uno de los centros de su floreciente mercado en la década de 2000. Alcanzó su apogeo con la exposición de 2006 titulada «Barely Legal», del artista británico Banksy (*véase* imagen 3), con el filme de este *Exit Through the Gift Shop* (2010), el cual fue nominado a un Óscar, y con la imagen *Hope*, de Shepard Fairey (*véanse* páginas 72-75), en la que figura Barack Obama en 2008. **CN**

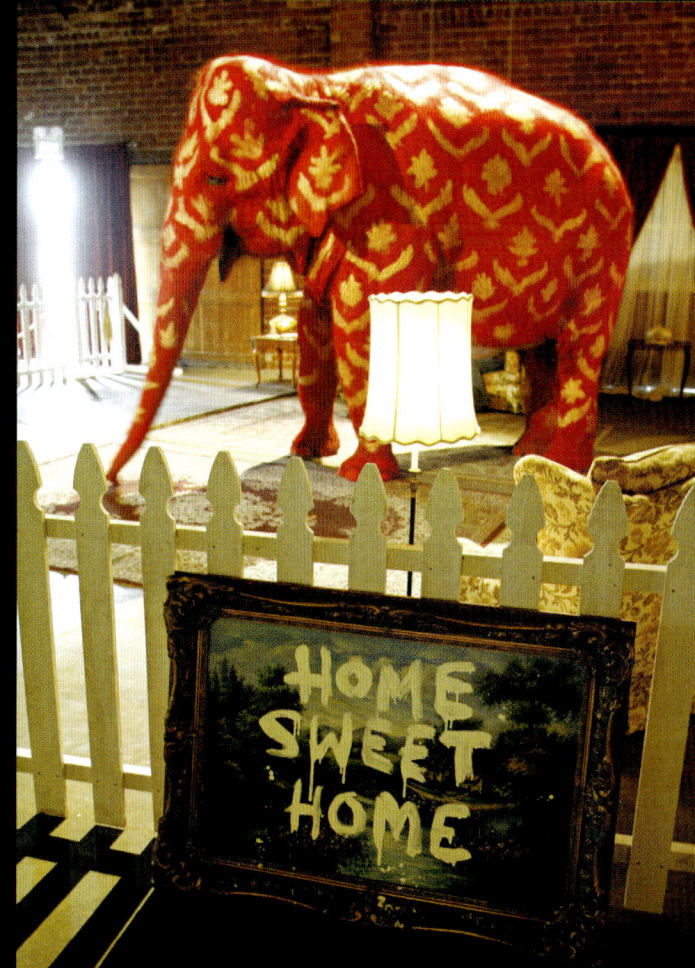

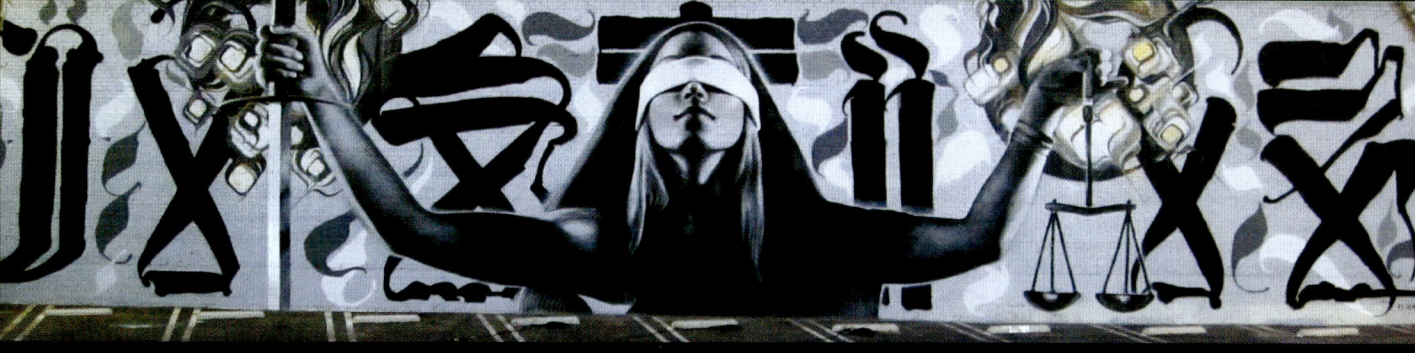

1 Saber, 1997   2 Chaz Bojórquez, década de 1970   3 Banksy, 2006   4 Kofie, El Mac y Retna, 2010

LOS ÁNGELES

NACIMIENTO 1973, Los Ángeles, Estados Unidos   TÉCNICAS / MATERIALES Pintura en aerosol, *collage*   ESTILO Muralismo geométrico contemporáneo TEMAS Retrofuturismo   INFLUENCIAS Ilustración, dibujos arquitectónicos

AUGUSTINE KOFIE

KOFIE'ONE

Inspirándose en los componentes fundamentales del mundo geométrico, Augustine Kofie ha desarrollado una estética retrofuturista que hace de estas formas y ángulos una abstracción enternecedora, orgánica y, a la vez, muy matemática. Fusionando su educación tradicional en el grafiti (su inclinación por «ciertas formas de color y ciertas técnicas de aplicación») con su profundo amor por la ilustración y el diseño preliminar (su afición por «los bocetos, los *renders* arquitectónicos y los conceptos de preproducción»), Kofie juega con la forma, la línea, el equilibrio y la profundidad retorciendo y manipulando sus murales, ilustraciones y demás piezas hasta obtener composiciones siempre nuevas y espectaculares.

Kofie, nacido y criado en Los Ángeles, desarrolló su instinto para el dibujo gracias a su madre. Mientras ella estudiaba Bellas Artes en la UCLA (University of California Los Ángeles), Kofie utilizaba los materiales que había por su casa para experimentar. Si bien su educación artística nunca fue más allá del instituto, la verdadera formación de Kofie llegó a base de pintar grafitis, y a mediados de la década de 1990 ya había adquirido relevancia en la escena angelina. Además de proporcionarle una base técnica, una amplia comprensión del «color y la estratificación, los puntos de perspectiva y la composición», el grafiti también cimentó su amor por la construcción y la forma. A base de esbozar y dibujar piezas de *wildstyle* («estirando las letras y reconstruyéndolas»), Kofie empezó a comprender la base arquitectónica de la escritura, lo que le empujó a centrarse en los aspectos lineales más que alfabéticos de su obra. El impulso evolutivo de Kofie le llevó a avanzar y empezó a «distorsionar y manipular» llevado por la intención de «volver a aportar y redistribuir algo nuevo». Al llevar su estética hacia una abstracción casi pura dominada por los sencillos cuadrados, triángulos y círculos que conforman el universo estructural, el perpetuo afán de Kofie por experimentar y explorar su entorno visual le obligó a poner a prueba una y otra vez su propia mentalidad y sus ideas preconcebidas: así, cada obra fue un intento de encontrar una solución geométrica a un problema gráfico. Kofie ha puesto toda su alma en el oficio para desarrollar un estilo de muralismo contemporáneo intensamente estratificado, sencillo y dinámico.

1   *Futurino*, Turín, Italia, 2012
2   Mural del Design District, Miami, Estados Unidos, 2010
3   *Graffuturiste*, Wynwood Walls, Miami, Estados Unidos, 2011

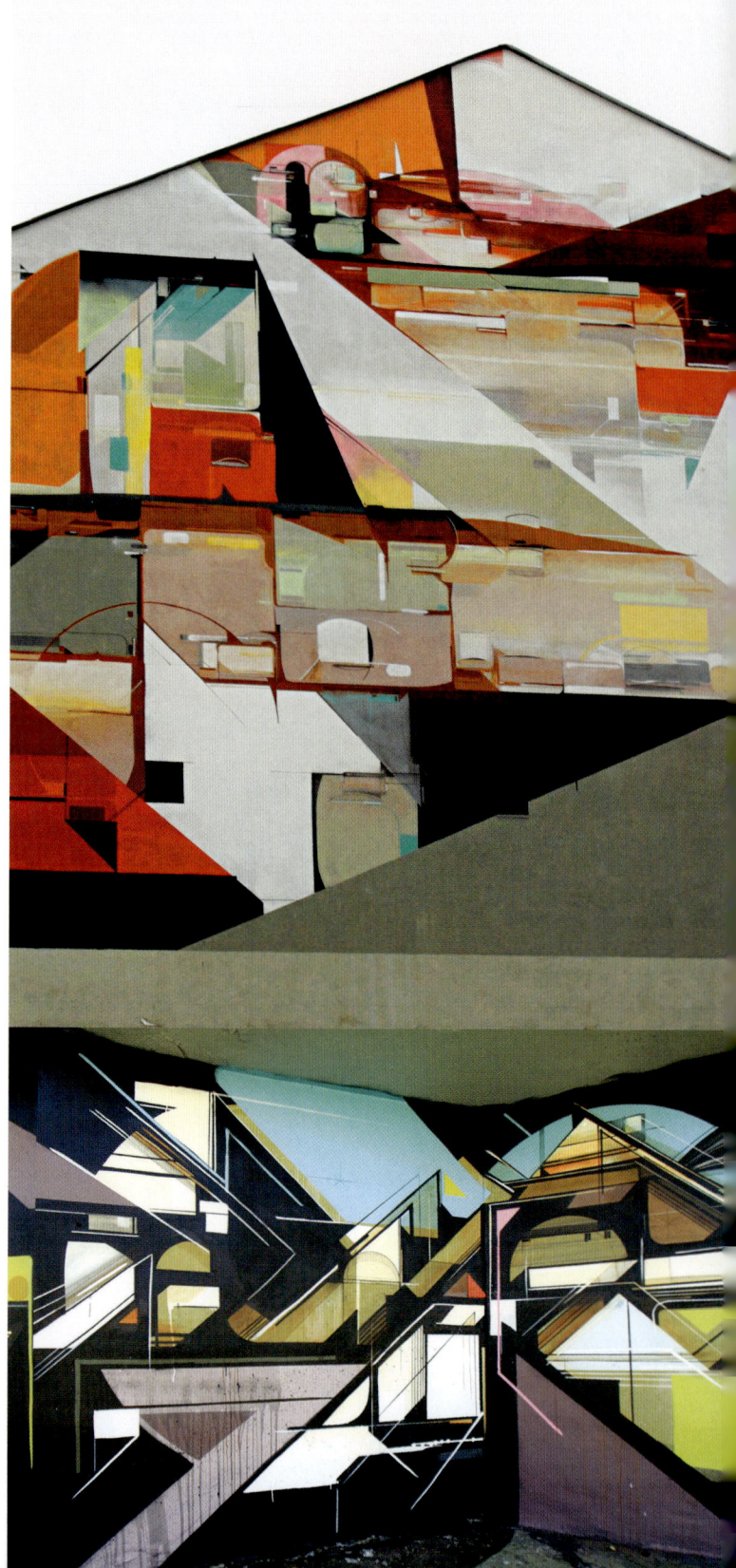

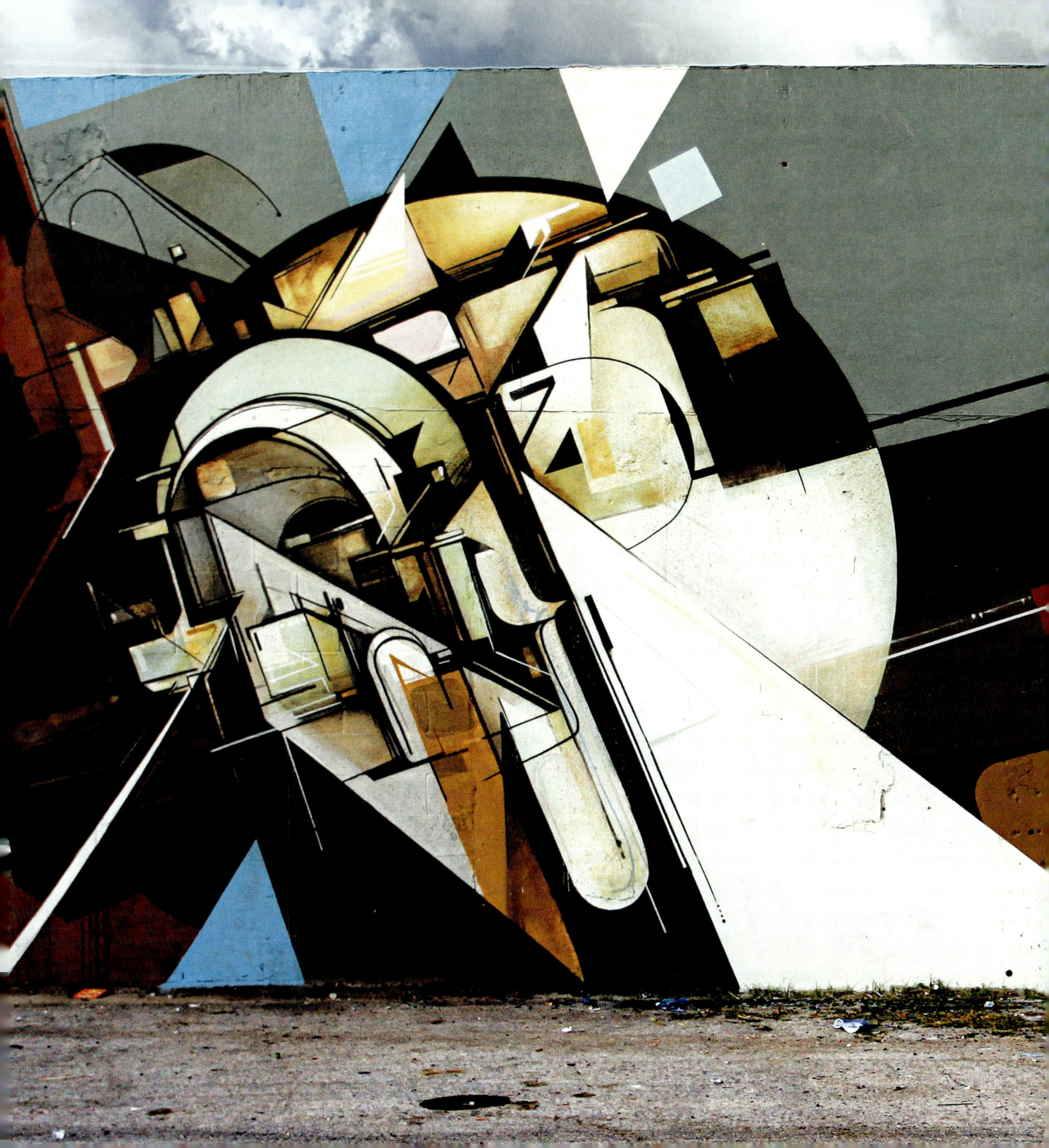

LOS ÁNGELES Y AUGUSTINE KOFIE

En el mapa de Los Ángeles realizado por Augustine Kofie se combinan los tres principales elementos de su obra artística: abstracción geométrica, estética retrofuturista y su amor por los dibujos y los *renderings* arquitectónicos. Con sus suaves tonos tierra y su paleta *vintage*, su aplicación a modo de *collage* de objetos efímeros y gráficos encontrados (lo que ha descrito como una «diseminación de segmentos desechados del pasado reexaminados a través de la integración»), la obra de Kofie, rítmica y técnica, funciona casi como un mapa mental, una colección de pensamientos e ideales que fusiona en un todo. A la representación visual, en la que explora los suburbios angelinos, Kofie le adjuntó la siguiente descripción textual:

«Somos las muchas y variadas personas que habitan los muchos y variados paisajes de este mundo. Somos muchos. Juntos, creamos un sistema. Funcionamos como uno, pero vivimos como muchos. Para vernos tal y como somos, debemos mirar de cerca, y luego de lejos.

»El paisaje humano se compone de errores humanos, y, mientras intentamos mejorarnos a nosotros mismos, debemos ver dónde están nuestros fallos. No nos merecemos tener un trozo de tierra que podamos considerar nuestro. La felicidad no está en la escritura de una casa. La felicidad es de cada uno. Juntos vivimos separados y creamos una red de supervivencia humana. Física y espiritualmente. Urbano, suburbano, rural. Funcionan juntos. Por separado. Cada uno es tan importante como lo somos todos. De forma individual, se convierten en una unidad que respira el mismo aire, que mira al mismo cielo. Tan importante es la densidad para ahorrar recursos como lo es el espacio para cultivar los alimentos que comemos. Los barrios periféricos no deberían ser solo asequibles, sino accesibles. ¿Tenemos acceso a lo que necesitamos?».

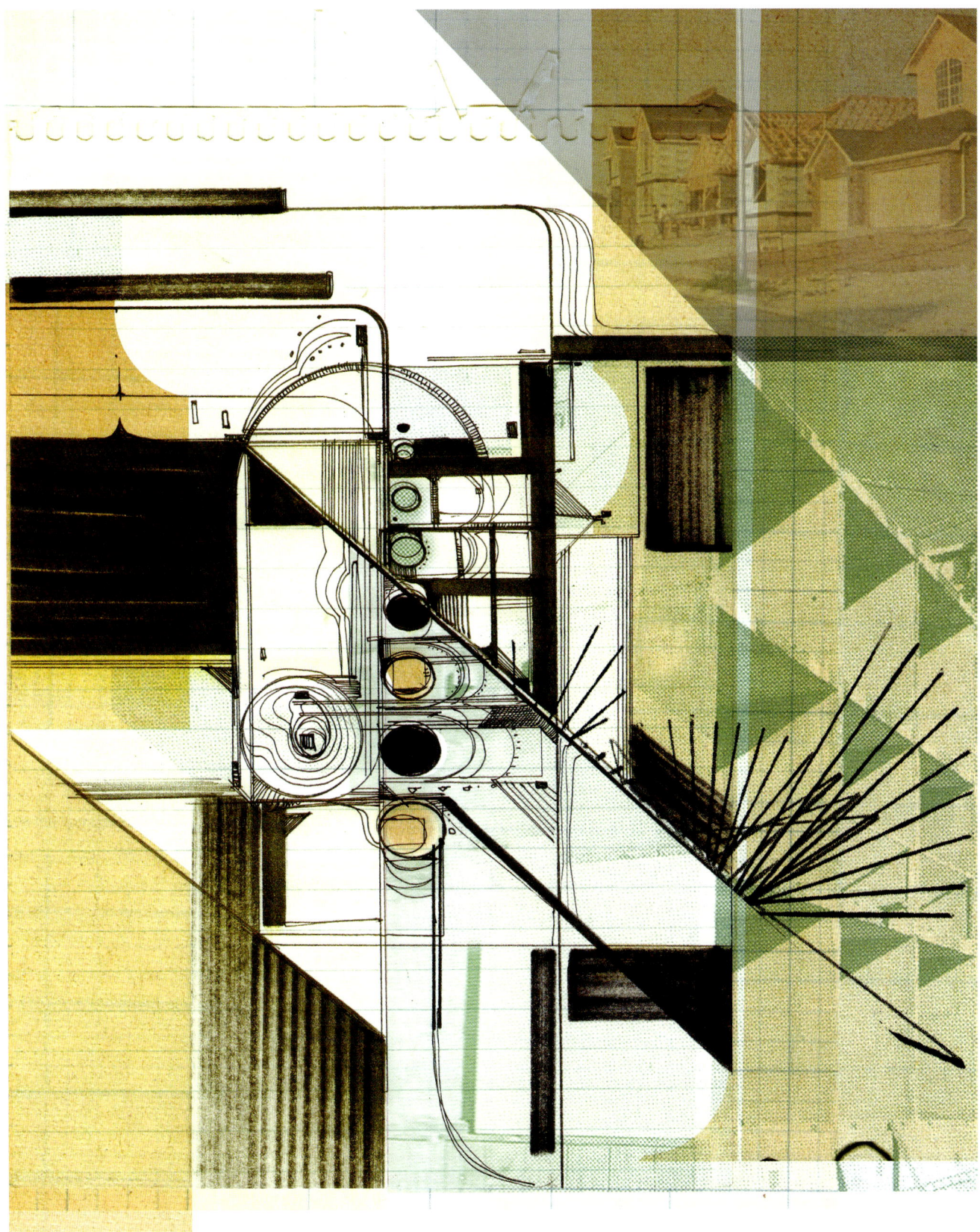

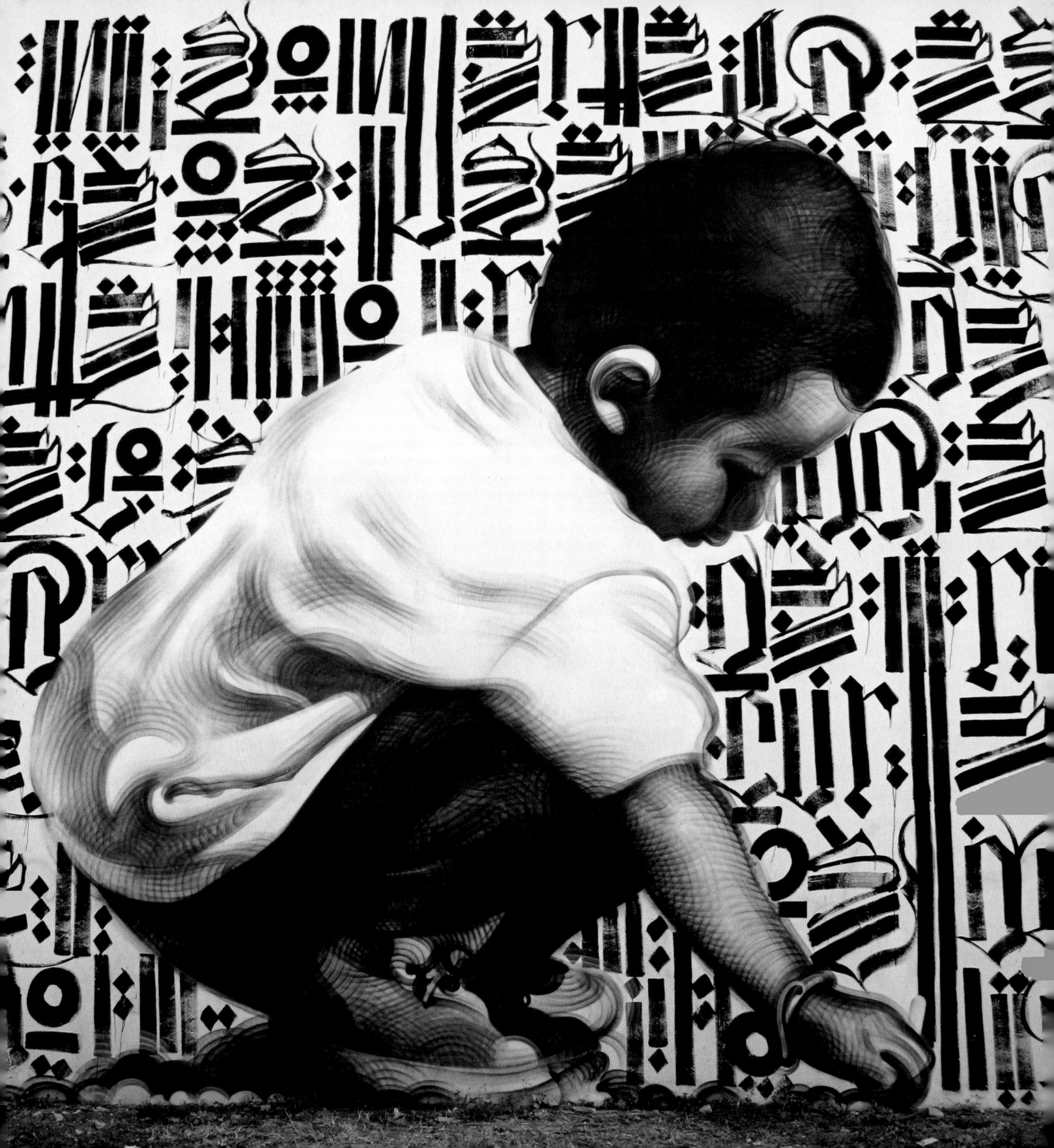

LOS ÁNGELES

NACIMIENTO 1980 TÉCNICAS / MATERIALES Pintura en aerosol ESTILO Retrato fotorrealista contemporáneo, luz, patrones TEMAS Héroes cotidianos INFLUENCIAS Muralistas mexicanos, *art nouveau*, maestros renacentistas, sistemas de reacción-difusión

EL MAC

La estética fotorrealista de El Mac, de una característica presencia resplandeciente y palpitante, nos brinda un singular ejemplo de arte público independiente, una forma de creación de imágenes inscrita en la tradición clásica del retrato occidental. La obra de El Mac desbarata la percepción demasiado extendida del grafiti como vandalismo, como una forma de práctica cultural más destructiva que constructiva. Si bien se inspira en el fértil canon de la historia del arte (su obra tiene más vínculos con los iconos religiosos y los maestros del Renacimiento que con el *wildstyle* clásico o los «reyes» del arte del metro), rinde homenaje al movimiento del grafiti a través de sus técnicas y su actitud. El Mac combina una observación detallada de la condición humana (tanto en sus aspectos físicos como emocionales) con un uso espectacular de la iluminación y los patrones. En sus imágenes suele representar a personas que viven en la zona donde pinta, sobre todo a miembros de la comunidad chicana y mexicana con los que creció. Este doble enfoque (su fe en la emotividad y lo local) impregna sus obras murales de una visión conscientemente idealista y tierna que tiene la capacidad de levantar el ánimo de quienes las contemplan.

El Mac, nacido Miles MacGregor en 1980, empezó a interesarse por la pintura a través de su madre, también artista. Tras aprender por sí mismo las técnicas básicas a base de estudiar los numerosos libros de arte que tenía en casa, comenzó a dibujar a una edad muy temprana. Aunque cuando se puso a pintar en serio lo hizo con acrílicos, el grafiti empezó a interesar a El Mac hacia 1994, cuando, como tantos otros, se topó con el influyente libro *Subway Art* (1984), de Martha Cooper y Henry Chalfant. Empezó a pintar en la calle con sus amigos Venk y Stoec en lo que fueron acciones de su primera *crew*, DSC. Sin embargo, El Mac, que trabajaba tanto en paredes como en trenes de mercancías, se decantó casi de inmediato por la obra representativa en lugar de por la textual. A pesar de la desaprobación de sus amigos del mundo del grafiti, descubrió que prefería pintar caras a letras. Aunque supo ver las diferencias entre grafiti y muralismo, como, según su concepción, ambos discursos tenían las mismas raíces, se propuso resolver las diferencias a través de su práctica. En 1999, cuando vivía en Phoenix, Arizona, El Mac empezó a pintar retratos a gran escala de sus amigos por todo el sudoeste de Estados Unidos, imágenes que fue alternando con las de campesinos mexicanos de la zona y con sus reinterpretaciones de los antiguos maestros de la pintura. Como si de una forma muy pública de educación se tratase, experimentó con la forma, el sombreado y el contorno, para lo cual aplicó una

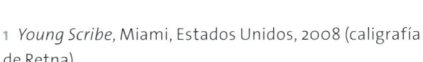

1 *Young Scribe*, Miami, Estados Unidos, 2008 (caligrafía de Retna)

2 *María de la Reforma*, Ciudad de México, México, 2012

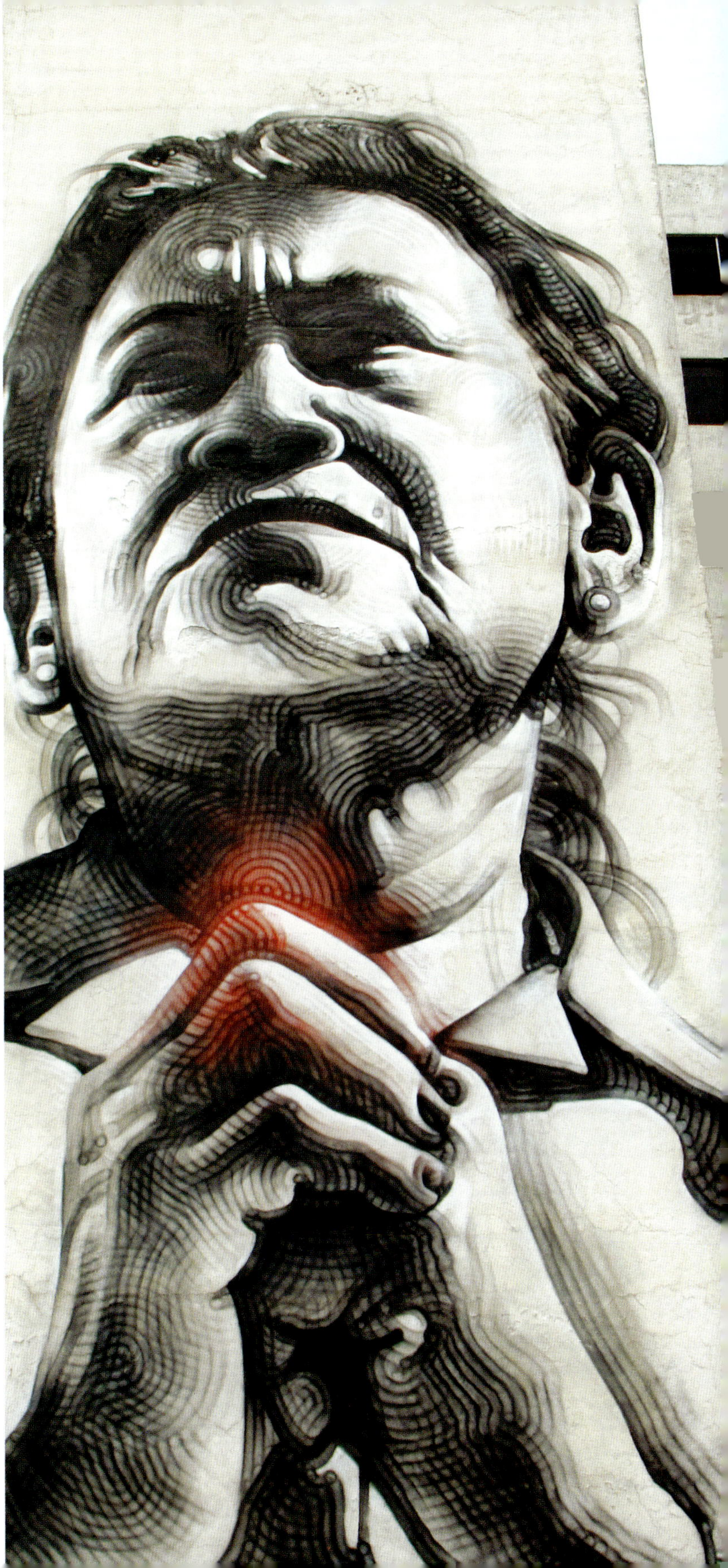

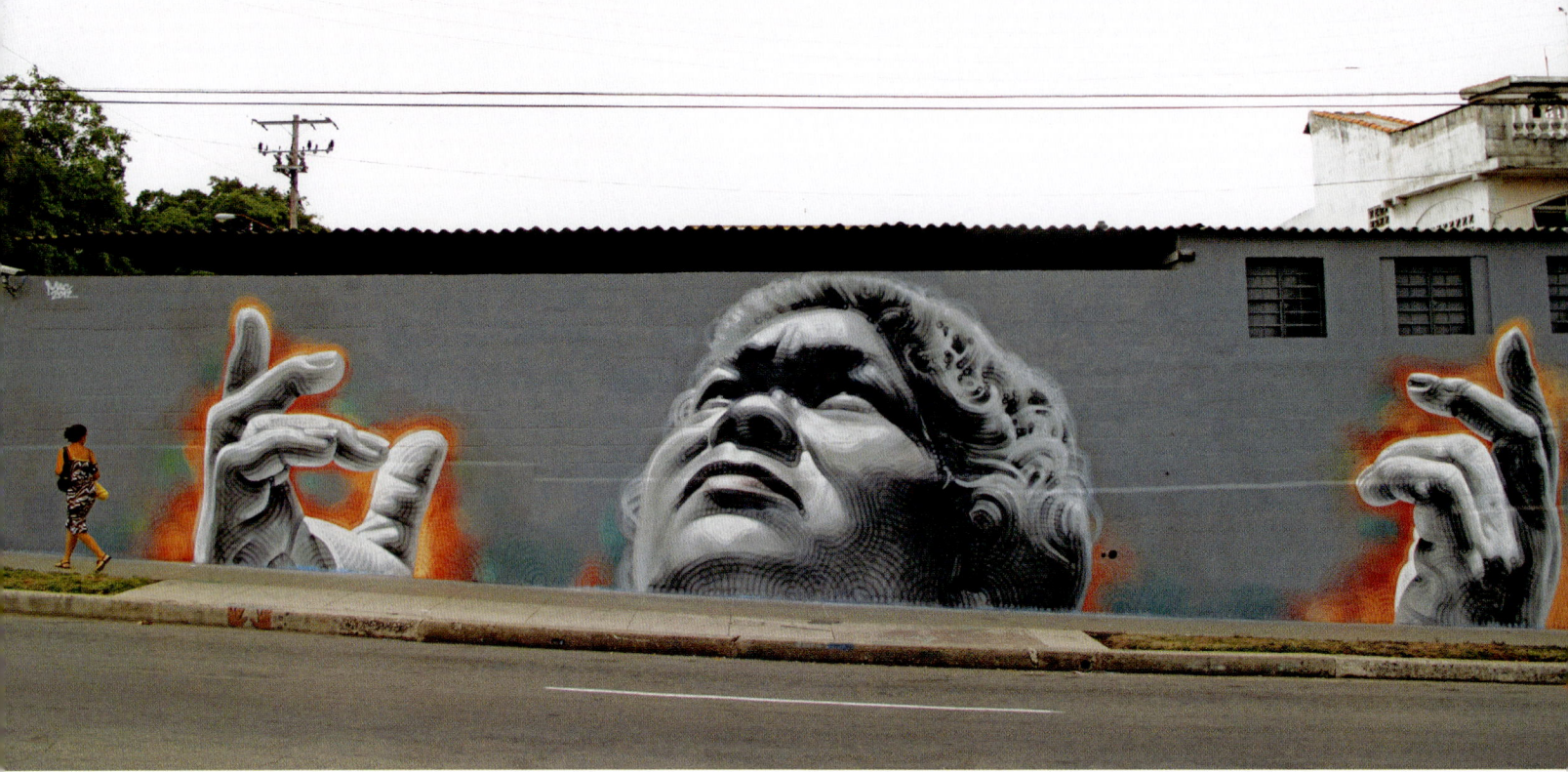

técnica suave, casi aerográfica. Tras ampliar sus habilidades durante los años en los que se vio obligado a pintar deprisa y en la oscuridad, El Mac había desarrollado en 2006 un estilo basado en unas pinceladas y unos patrones más refinados mediante unas líneas amplias y contorneadas que acentuaban las líneas anchas resultantes del uso de *fat caps*. Además de alejarse de sus primeros diseños monocromáticos para adoptar unos muy coloreados y detallados, empezó a emplear motivos abstractos. Explorando las posibilidades derivadas de la fusión de figuración e imágenes no figurativas (en obras a menudo completadas con su entonces compañero Retna), El Mac construyó retratos a base de patrones ondulantes de intensas curvas que tenían una presencia oscilante que casi parecía hacerlos vibrar desde las paredes. El impactante uso que hace El Mac de los patrones se basa en una técnica que funciona mediante un proceso conocido como «reacción-difusión», inspirado en un sistema que desarrolló el matemático Alan Turing en la década de 1950. Dicho sistema, utilizado como modelo para la formación de patrones, se propone explicar aquellos que se dan en el mundo natural, entre los que destacan los del pelaje de animales tales como el leopardo. Al aplicar la marcas aparentemente abstractas pero orgánicas de este sistema, El Mac produjo imágenes que parecen estar basadas en una suerte de energía natural.

Sin embargo, su obra también tiene influencia de un ecléctico abanico de artistas y estilos artísticos de toda la historia: entre ellos, los muralistas mexicanos, como Rivera, Siqueiros y González Camarena; los antiguos maestros, como Caravaggio y Vermeer, y los simbolistas del *art nouveau*, como Klimt y Alphonse Mucha. El Mac logra plasmar la cualidad fundamental que puede suscitar el retrato: su capacidad no solo para revelar lo que el teórico literario Roland Barthes denominó *studium* (los diversos significados culturales asociados a una imagen), sino también el *punctum*, el elemento de la obra que nos llega a través de su belleza y que establece una relación directa entre la imagen y nosotros.

El inconfundible estilo retratístico de El Mac ha revitalizado el género sin dejar de ser fiel a sus orígenes: crea imágenes que tienen el poder de definir la esencia espiritual y física de los individuos. Ya sea con pintura en aerosol, con acrílico o a lápiz, El Mac trabaja para que sus obras ocupen con el tiempo su propio lugar en la historia del arte e inspiren a otros de la misma manera que otras obras le han inspirado a él. Ve el arte como una búsqueda espiritual más que académica y pugna por crear murales que provoquen cambios reales en las comunidades en las que los ejecuta, que nos conmuevan en lo físico con sus dedicatorias icónicas a los héroes anónimos de la vida cotidiana.

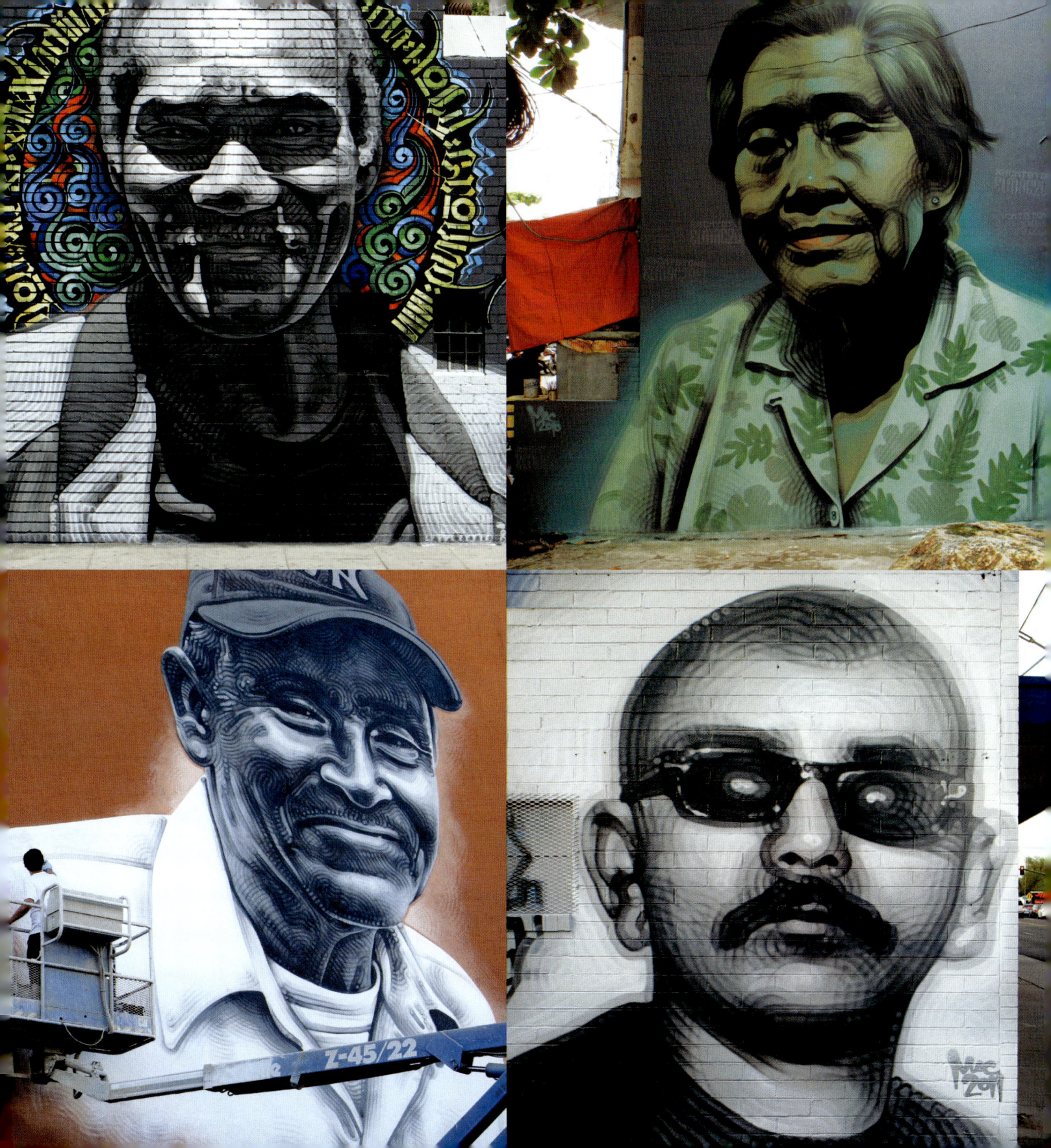

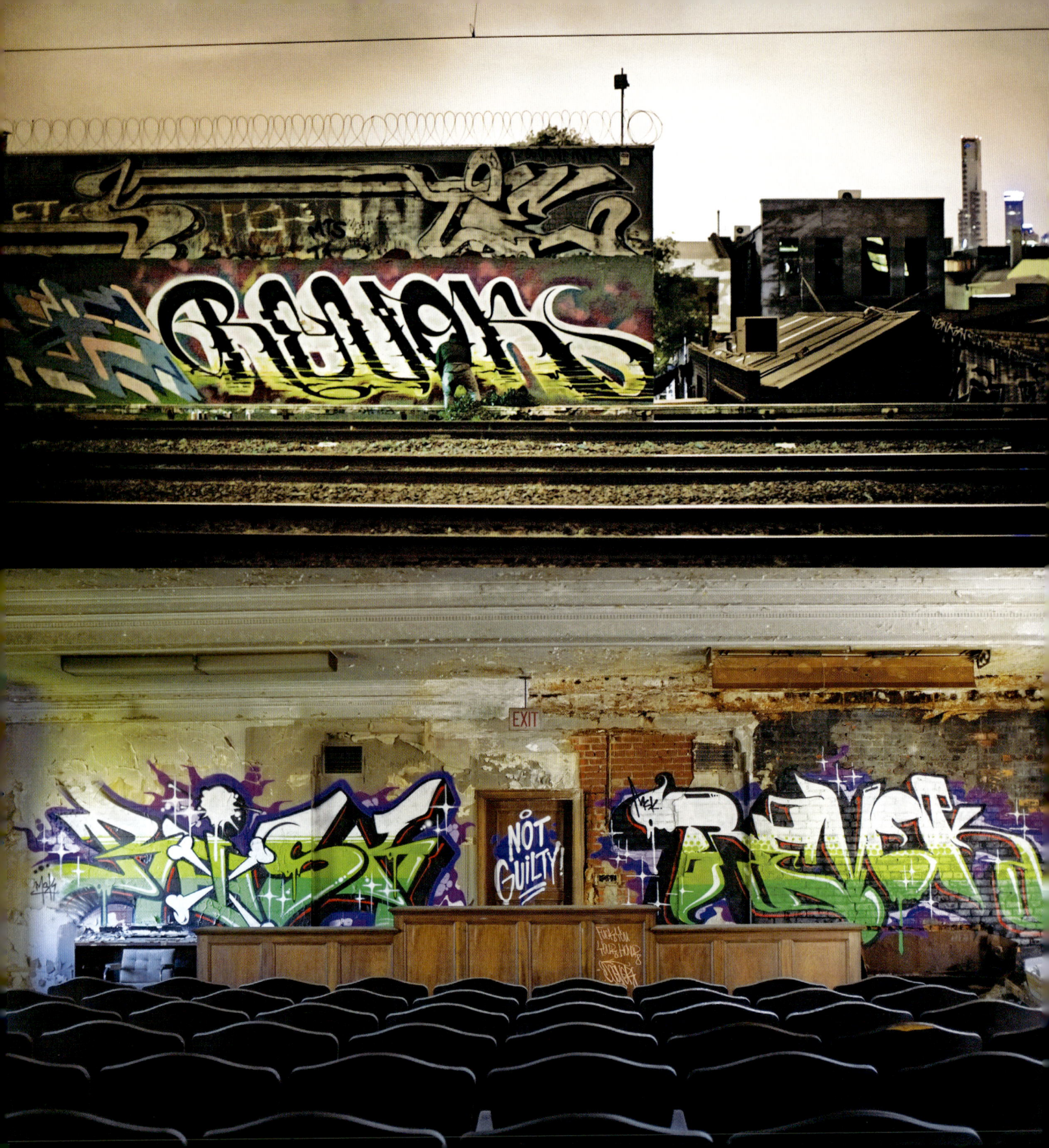

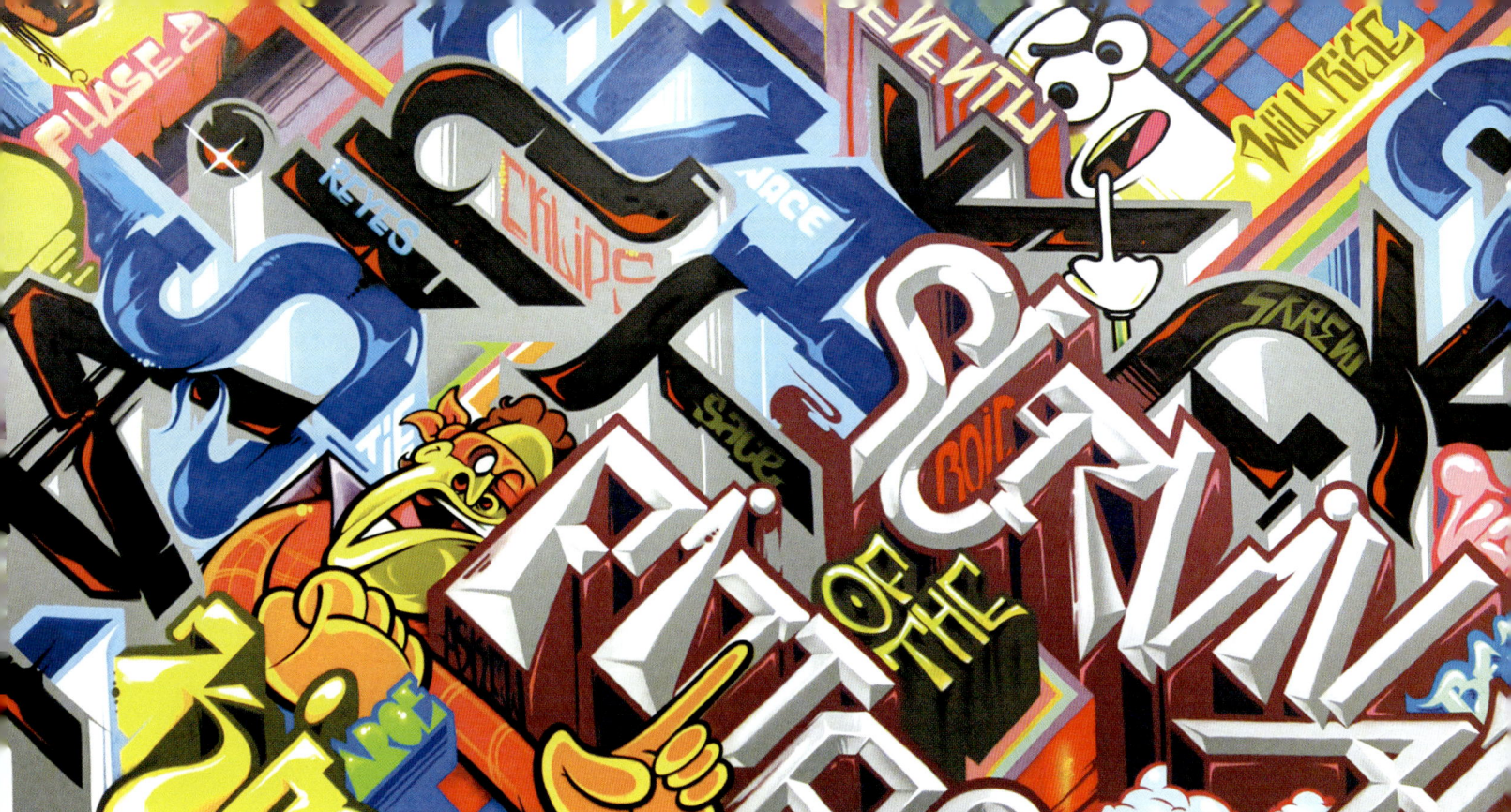

LOS ÁNGELES

NACIMIENTO 1977 **TÉCNICAS / MATERIALES** Pintura en aerosol **ESTILO** Grafiti contemporáneo, escritura estilística **INFLUENCIAS** Risk, Charlie, Green, Oiler, Gkae, Ayer *CREWS* MSK (Mad Society Kings), AWR (Angels Will Rise), The Seventh Letter

1 Melbourne, Australia, 2009 (con Ruedione)
2 Detroit, Estados Unidos, 2010 (con Risk)
3 «Art in the Streets», Los Ángeles, Estados Unidos, 2010 (con Rime)

REVOK

Revok, además de ser uno de los exponentes más influyentes del grafiti contemporáneo y un escritor con estilo que goza de un aprecio inédito en la comunidad, es también uno de los críticos más preeminentes y elocuentes contra el movimiento antigrafiti estadounidense. Tras vivir en primera persona la llamada «guerra contra los grafitis», Revok se convirtió en un imán para el Departamento de Policía de Los Ángeles (LAPD, por sus siglas en inglés): sus contundentes y coherentes reproches a las acciones policiales desembocaron en una disputa en la que Revok fue acosado, encarcelado y obligado a abandonar Los Ángeles. Sin embargo, al negarse a doblegarse, ha provocado una positividad aún más comprometida en su estética.

En el momento del encuentro con el LAPD, Revok llevaba varios años sin pintar de forma ilegal en Los Ángeles. Tras haber hecho un *all-city* a mediados de la década de 1990, a finales de la siguiente Revok se concentró en la producción de murales por encargo en lugar de hacer *bombings* por la ciudad. Sin embargo, la entrada en vigor de nuevas leyes que prohibían la publicidad en vallas en la mayoría de las zonas de la ciudad provocó una represión de los murales legales (fue la llamada «moratoria de los murales»). Revok fue acusado por la policía de pintar un mural en el lateral de un negocio (con permiso del propietario del edificio) y acabó condenado a seis meses de cárcel por retrasarse cinco días en el pago de la multa de 3000 dólares. Según el artista, el ataque se debió en parte a su participación en la exposición «Art in the Streets» del Museum of Contemporary Art de Los Ángeles, que había enfurecido a las autoridades antigrafiti. También sostuvo que se vilipendiaba a los escritores de grafiti para justificar el incesante aumento de los presupuestos policiales. Revok emplea su arte para poner de manifiesto las profundas aporías del discurso contra esta manifestación. El artista ha desarrollado su propia práctica en una serie de esculturas a base de *collages* realizadas con objetos encontrados y pinturas abstractas elaboradas con utensilios grafiteros que llevan varios botes. Durante un período que pasó en Detroit, produjo el Detroit Beautification Project, una iniciativa de raigambre comunitaria que alcanzó fama nacional. Para Revok, la guerra contra el grafiti es en realidad una guerra contra el pensamiento: es un intento de impedir que la gente «piense que el grafiti es algo valioso o que los responsables de hacerlo son artistas legítimos». La obra de Revok se ha convertido en un símbolo del poder y la belleza del grafiti en sí, símbolo de su potencial y de su espíritu indómito.

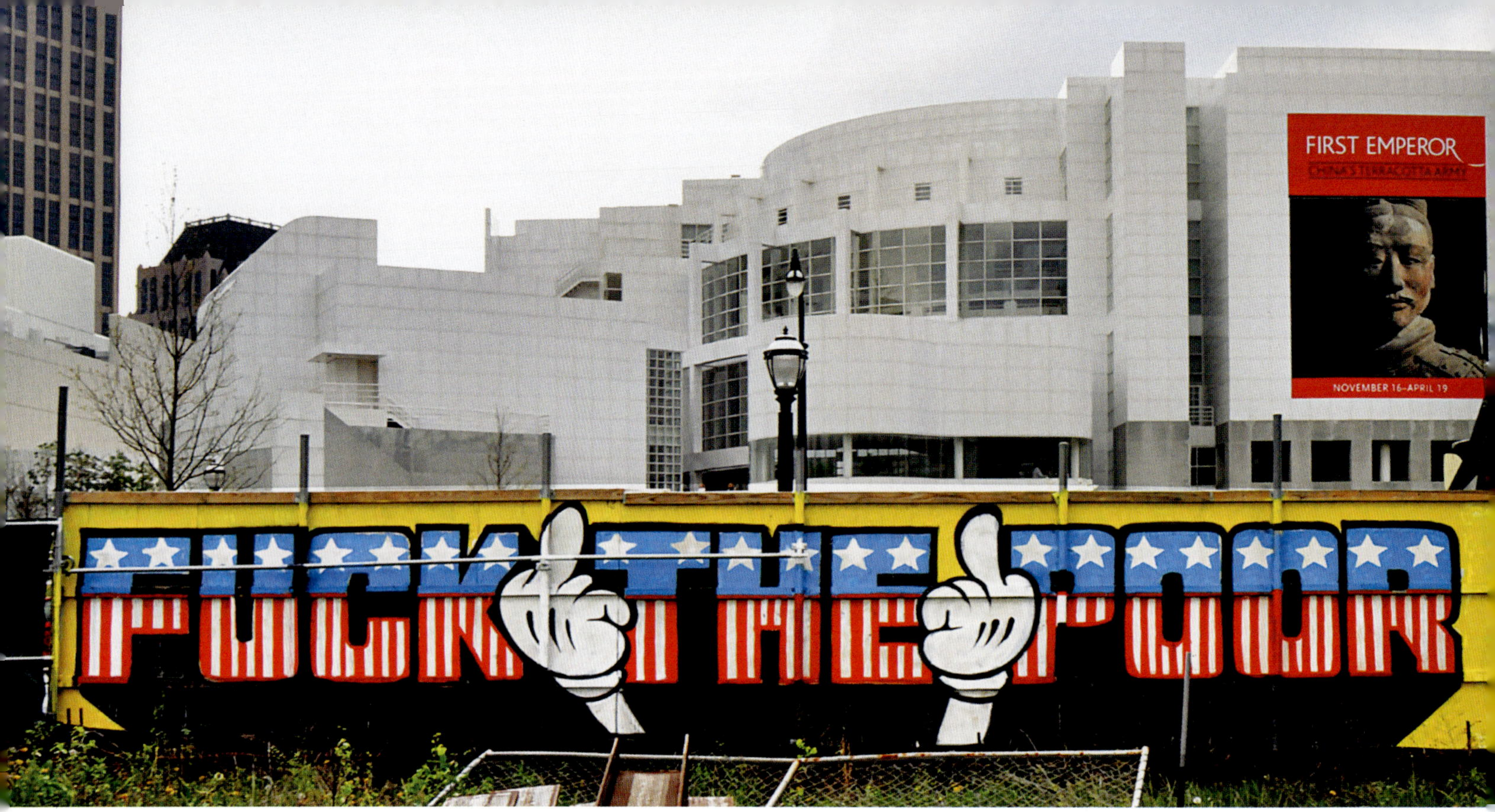

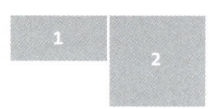

LOS ÁNGELES

NACIMIENTO Desconocido   **TÉCNICAS / MATERIALES** Pintura en aerosol
ESTILO Grafiti contemporáneo, muralismo   **TEMAS** Absurdo, sátira, iconoclastia
INFLUENCIAS Revok, Tackz, Crome, Dax, Ease   *CREWS* MSK (Mad Society Kings),
AWR (Angels Will Rise), The Seventh Letter

SEVER

Miembro de las célebres *crews* MSK / AWR, Sever es un artista ambulante que ha pintado por todo el mundo. Llevando su grafiti cada vez más absurdo a territorios físicos y conceptuales nuevos, Sever ha empleado años en perfeccionar su estilo clásico, lo que le ha permitido modificar su enfoque tradicional y mantenerse fiel a sus raíces. En lugar de dedicarse a promover su apodo grafitero, Sever ha creado una estética de gran dinamismo visual que está basada en lo sardónico y lo satírico y que lleva el componente de la conciencia política y social de la cultura del grafiti al gran público.

Aunque Sever creció en el sudeste de Estados Unidos y pasó temporadas en San Francisco y Manhattan, fue cuando residió en Atlanta cuando se dio a conocer. El encuentro fortuito que tuvo con Revok (*véanse* páginas 68-69) en Nashville influyó en su desarrollo inicial (y dio lugar a una amistad para toda la vida); sin embargo, Sever se inspiró al principio en el movimiento artístico *underground* del grafiti en su conjunto. Libros como el legendario *Bomb the Suburbs* (1994), de William Wimsatt, y la revista *Life Sucks Die* le brindaron un

conocimiento más amplio de los diferentes movimientos y métodos de la práctica. Con todo, a medida que fue desarrollando su obra, Sever se dio cuenta tanto de lo absurdo de la marca narcisista que había creado como de lo absurdo del «estado del mundo» en general: al desarrollar un estilo capaz de lidiar con estas dos incongruencias y sin salirse de los regímenes visuales del grafiti, Sever se sirvió de sus habilidades para abordar temas como la pobreza en Estados Unidos (*véase* imagen 1, realizada de forma ilegal frente al High Museum of Art en Atlanta), así como la inminente extinción del *street art*, como en *Death of Street Art* (*véase* imagen 2), obra en la que los portadores del féretro lucen unos emblemáticos rostros que recuerdan a obras de Barry McGee, Os Gêmeos (*véanse* páginas 106-109), Shepard Fairey (*véanse* páginas 72-75), Banksy, Futura y Kaws. Sever, que también trata temas como la implicación de Estados Unidos en Palestina y el supuesto tráfico de drogas por parte de la CIA en el centro de las ciudades, ha creado una estética en la que fusiona la base ilustrativa y tipográfica del grafiti con una forma de crítica social que suele atribuírsele de forma errónea solo a su hermano, el *street art*: al difuminar los límites, a menudo ilusorios, entre estas dos prácticas, ha iniciado un estilo de grafiti basado en el humor negro y se ha convertido en un ejemplo iconoclasta y agitador del arte público independiente.

1 *Fuck the Poor*, Atlanta, Estados Unidos, 2009
2 *Death of Street Art*, Detroit, Estados Unidos, 2012

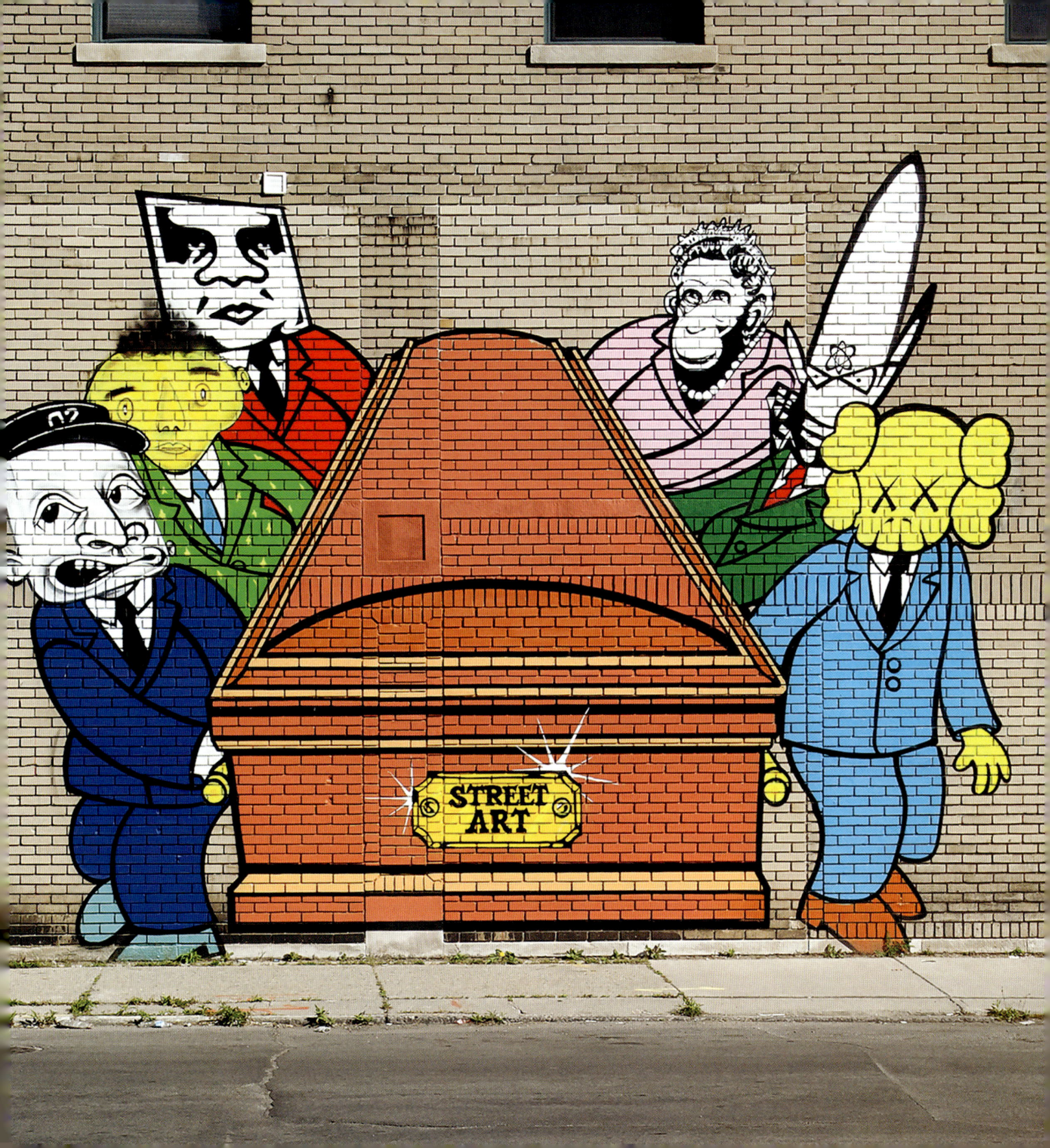

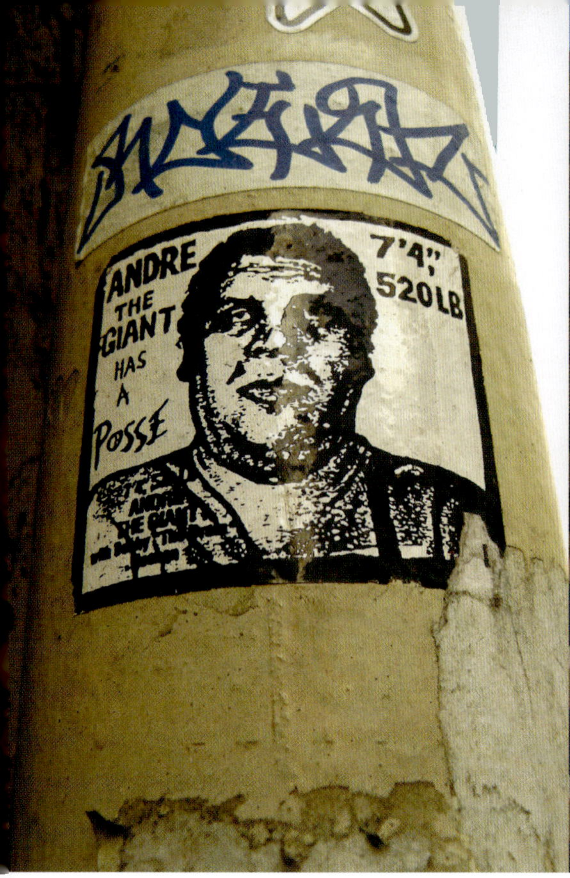

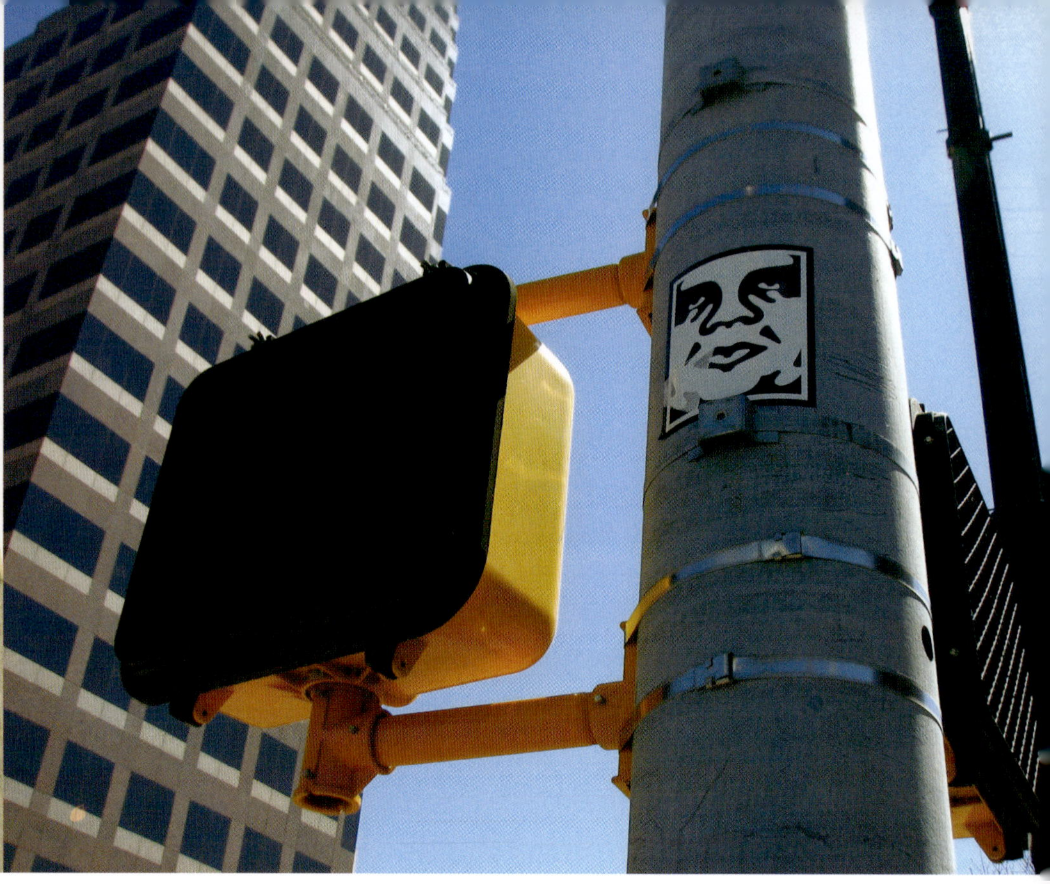

LOS ÁNGELES

NACIMIENTO 1970, Charleston, Estados Unidos TÉCNICAS / MATERIALES Pegatinas, carteles, engrudo ESTILO *Street art, poster art* TEMAS Política, libertad de expresión, propaganda INFLUENCIAS Twist, Andy Warhol, Barbara Kruger, constructivismo ruso

SHEPARD FAIREY

OBEY

Shepard Fairey, el exponente de *street art* más famoso del mundo, ha transformado el arte de pegar carteles con engrudo, que ha pasado del ámbito contracultural *lowbrow* del *punk* y el *skate* a las más altas esferas de la atención y la estima nacionales. Con su emblemática imagen del presidente estadounidense Barack Obama, titulada *Obama Hope* (*véase* imagen 3) y producida de forma independiente en el período previo a las elecciones presidenciales de 2008, pero adoptada después por la propia campaña de Obama, Fairey y su obra llegaron al público de una forma que no tenía precedentes. Esta pieza tuvo un impacto mucho mayor que cualquier otra obra de arte individual anterior (o, al menos, está a la altura de otras imágenes emblemáticas, como las del Che Guevera o Mao Zedong, los cuales Fairey

1 Campaña *André the Giant Has a Posse*, 1989
2 Campaña *OBEY*, 1990
3 *Obama Hope*, Denver, Estados Unidos, 2008

también ha utilizado en su práctica). Aunque el cartel *Obama Hope* hizo llegar su obra a millones de personas que no la conocían, Fairey ya llevaba siendo un miembro muy activo y reputado de la escena del arte público independiente más de veinte años. Si bien ha sido tan aclamado como denostado por el marcado componente político de su estética (por sus éxitos en el mundo del arte institucional como por sus conexiones con los poderes que se propone cuestionar), Fairey se ha convertido en una figura divisoria, un «hombre de paja» entre quienes sienten malestar ante cualquier cruce entre los discursos subculturales y los del *mainstream*. Pese a todo, Fairey sigue abrazando el potencial comunicativo de la esfera pública incluso cuando su obra goza de una creciente aceptación entre instituciones más convencionales. La creencia en el poder de la «libertad de expresión sin burocracia» y en la calle como espacio para la «crítica política y social» hace que, al margen de su éxito, Fairey siga teniendo un deseo insaciable de continuar produciendo obras en la ciudad.

Fue el *skate* lo que alimentó la imaginación del joven Fairey al principio. Cuando, con catorce años de edad, adquirió su primer patinete, la combinación del patinaje en sí y la banda sonora *punk* que la acompañaba se convirtió en una influencia que sigue siendo crucial para el artista hasta el día de hoy. Cuando se trasladó en 1989 a Providence para estudiar en la Rhode Island School of Design, Fairey ya tenía un estilo bastante integrado y anclado en

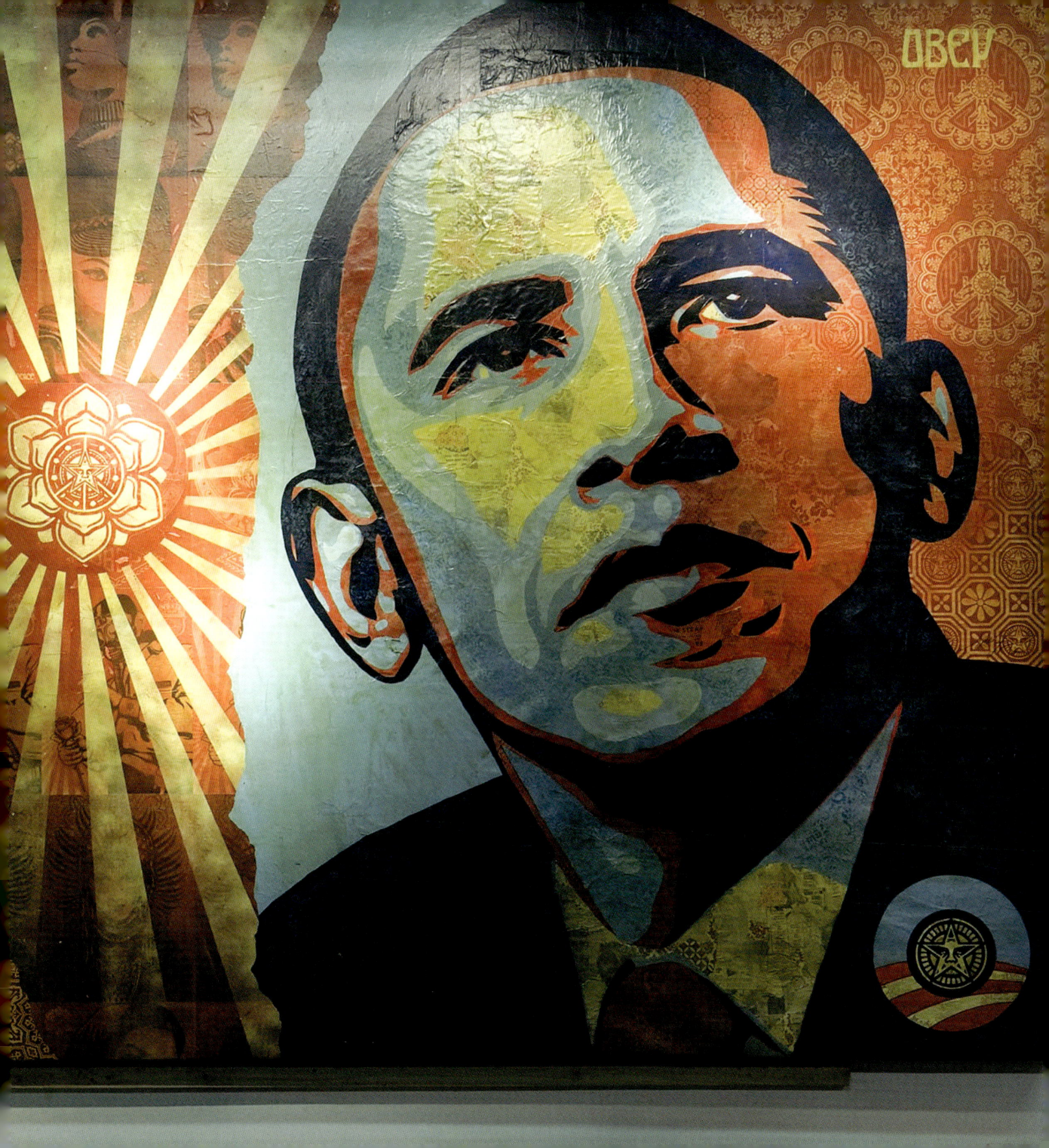

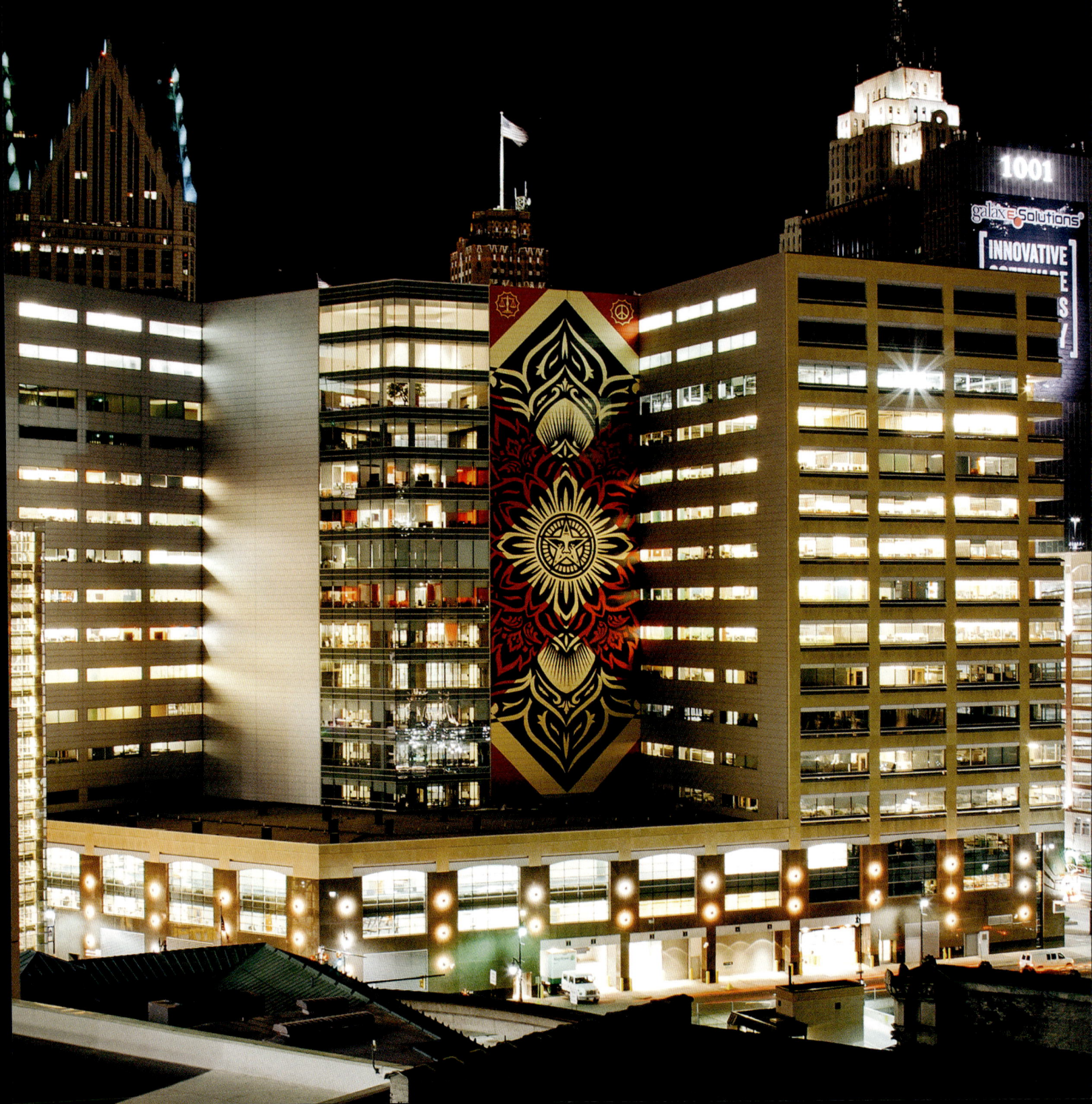

1 *Pattern of Destruction*, Detroit, Estados Unidos, 2015
2 *Peace Tree*, Los Ángeles, Estados Unidos, 2014

una estética subcultural que se fue ampliando con su educación formal.
En 1989, en su primer año de universidad, inició la campaña de pegatinas
André the Giant Has a Posse (*véase* imagen 1, página 72), de la que creyó que
solo serían «unas cuantas semanas de travesuras», un proyecto que como
mucho obtendría respuesta de su «camarilla de amigos de la escuela de
arte y del mundo del *skate*». Combinando una imagen del luchador francés
André René Roussimoff (una imagen que descubrió por casualidad mientras
enseñaba a un amigo a hacer plantillas) con el misterioso título debajo
(«André el Gigante tiene un montón de amigos»), procedió a difundir de forma
obsesiva las imágenes, aunque con pocas expectativas de que alguien fuera
de su círculo cercano se percatara siquiera de su existencia. Sin embargo,
cinco años después, la campaña clandestina creada por Fairey ya se había
extendido a ciudades de todo Estados Unidos, y, cuando los medios de
comunicación nacionales se fijaron en ella, llegó la amenaza de demandas
judiciales. Fue el primero de los muchos roces de Fairey con la ley, encuentros
que giraron en torno a la mera acusación de vandalismo o a la ley del «uso
justo», que implica una mayor complejidad. La experiencia sirvió de catalizador
para que Fairey creara su célebre campaña *OBEY* (*véase* imagen 2, página 72)
con una imagen más simplificada, pero quizá aún más emblemática, de
André. Rindiendo homenaje a los carteles que figuran en el filme de culto
They Live (*Están vivos*), de John Carpenter, la campaña *OBEY* pretendía «hacer
reflexionar a la gente sobre los mecanismos de control» de su entorno
y actuar tanto como de propaganda como de parodia de la propaganda.
Así las cosas, la ambigüedad inherente y la combinación de audacia
y opacidad fueron parte del éxito de la campaña: con su búsqueda
de un equilibrio entre lo «tontorrón y lo espeluznante, lo humorístico
y lo monolítico», la obra promovió un debate sobre su propia naturaleza
que habría sido imposible de no haber sido tan inclasificable.

Fue un debate que Fairey esperaba que desembocara en una reevaluación
del estado de la esfera pública en sí. Como ciudadano que paga sus
impuestos, Fairey creía tener un derecho innato a trabajar en el espacio
público y a poner de manifiesto la mendaz cultura publicitaria a la que
los residentes de la ciudad estaban sometidos a diario. Para él era crucial
«formar parte del diálogo cultural» y cuestionar «la obediencia, el control del
espacio público y la naturaleza de la propaganda». Aunque las obras de Fairey
han pasado a formar parte del *mainstream* y cada vez se han expuesto más
en contextos institucionales, sigue resultando evidente su compromiso
permanente con la esfera pública. Su serie de 2017 titulada *We the People*,
y en particular la emblemática imagen de Munira Ahmed (una obra que
pretende transmitir un mensaje de inclusión en Estados Unidos durante
una época de divisiones), es un excelente ejemplo de esta postura. Nada
se ha suavizado en los años transcurridos para Fairey: el ardor y la indignación
de su adolescencia siguen estando omnipresentes. Aunque esto le expone
a las críticas, tanto positivas como negativas, la genuina creencia del artista
en su causa y su deseo de reclamar la esfera pública al precio que sea siguen
siendo primordiales.

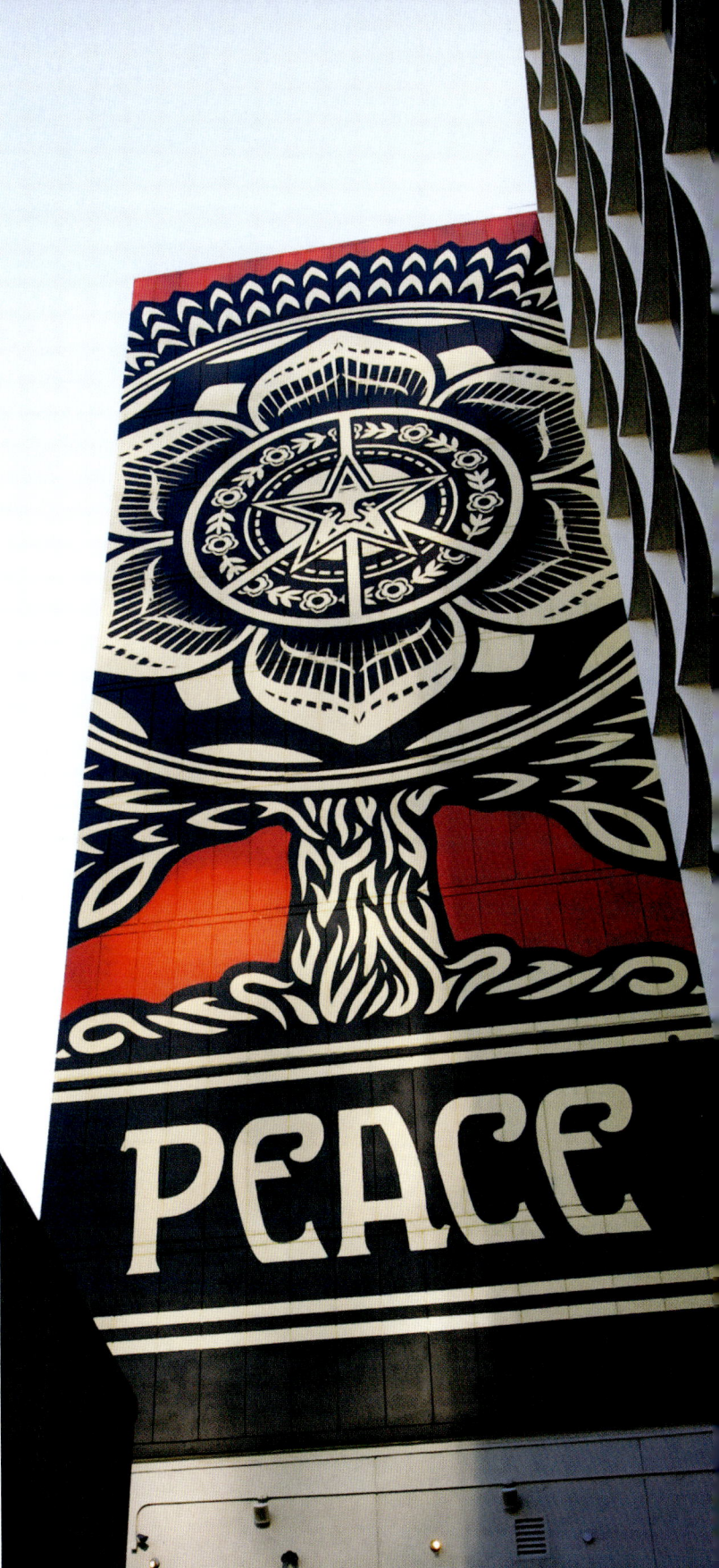

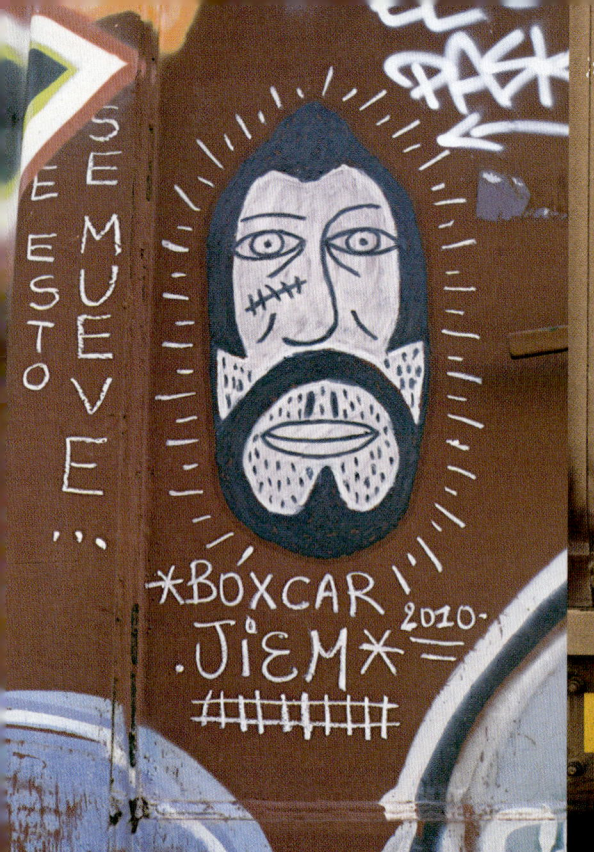
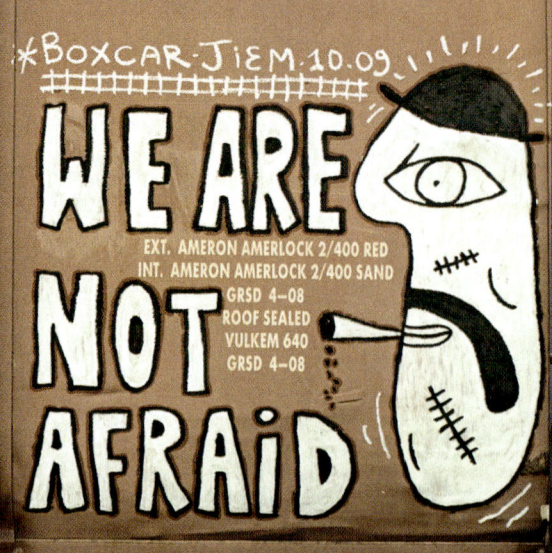
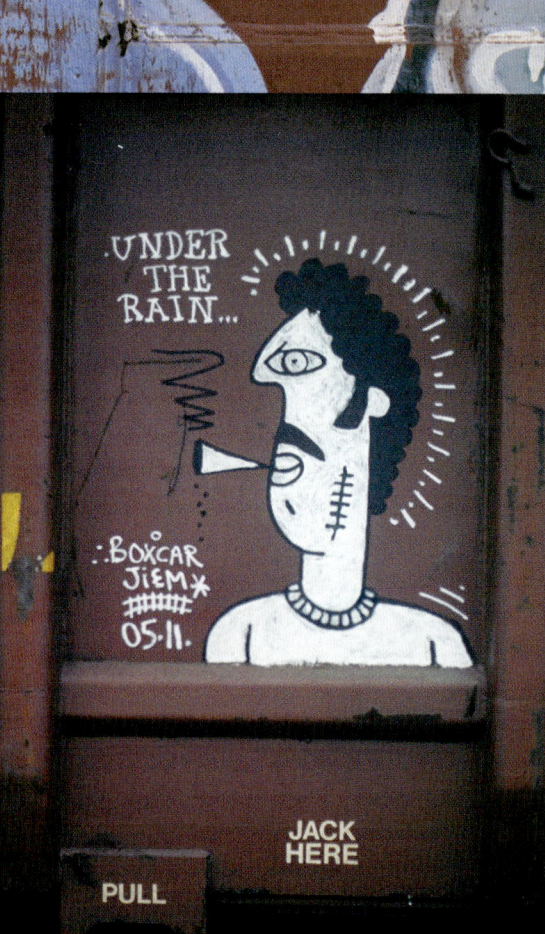
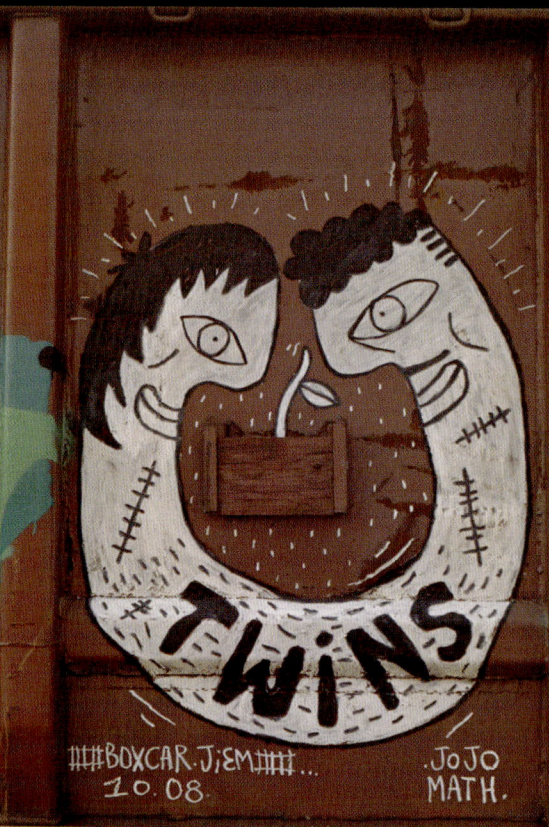
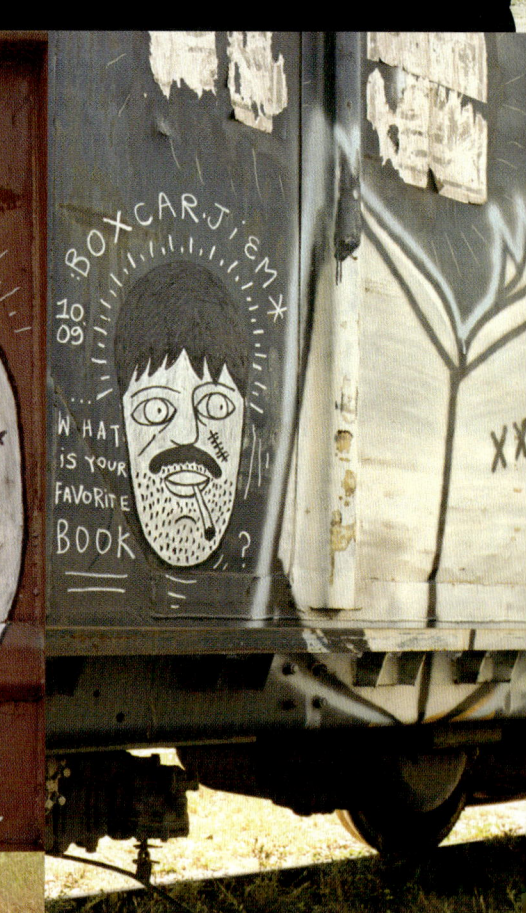

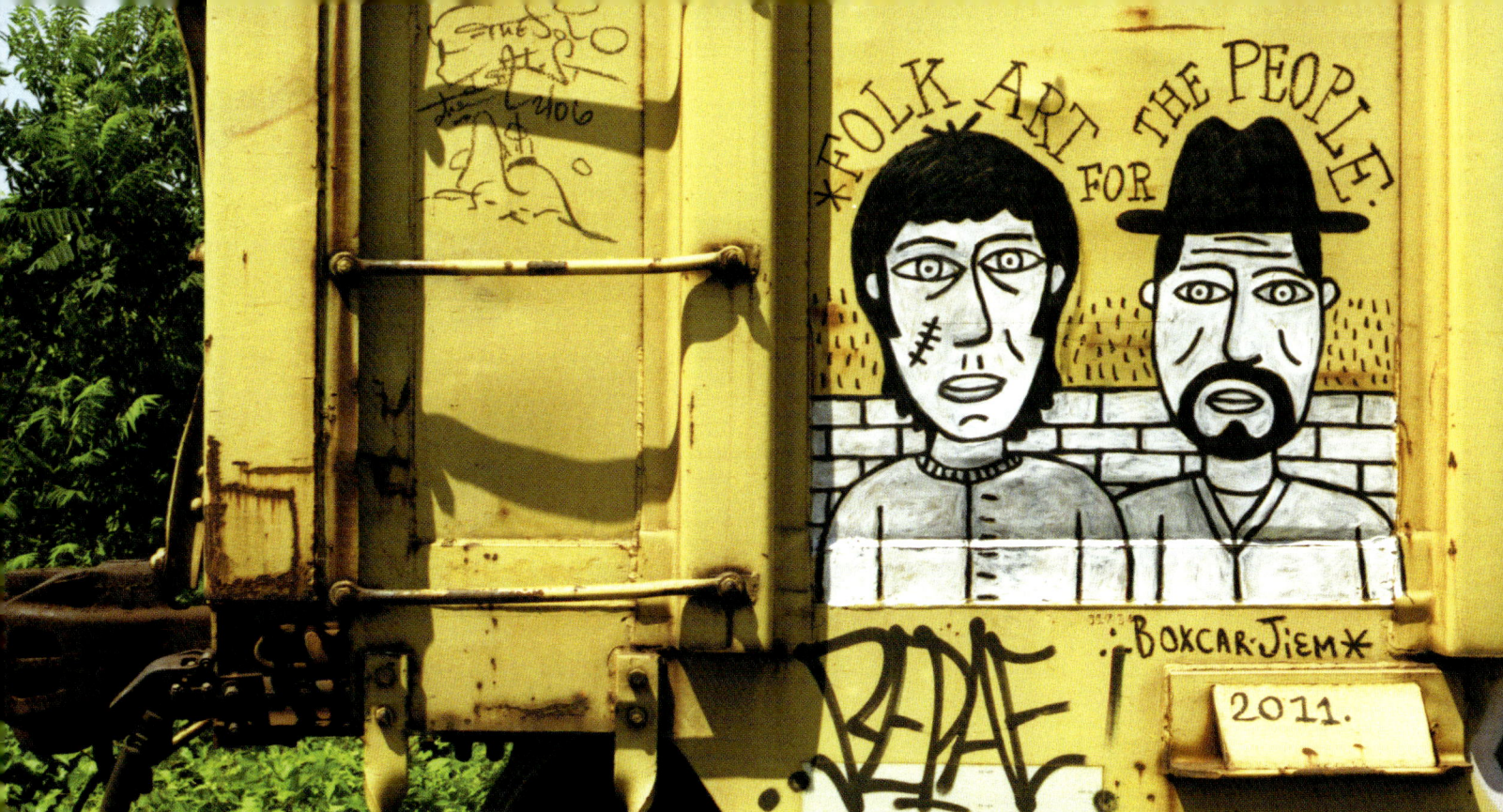

MONTREAL

NACIMIENTO 1981, Nantes, Francia   TÉCNICAS / MATERIALES Pinturas en aerosol,
óleos en barra, tizas   ESTILO Grafiti naíf, arte marginal, *streaking*
TEMAS Arte popular, escritura en trenes   INFLUENCIAS *Boxcar graffiti*

1, 2, 5, 6 Montreal, Canadá, 2010
3, 4, 7 Montreal, Canadá, 2011

JIEM
BOXCAR JIEM

Jiem ilustrador, pintor y fotógrafo nacido en Francia pero residente en
Montreal, ha dedicado su vida a escribir y documentar grafitis. Su obra posee
un estilo excéntrico y reconocible al instante y tiene un enfoque basado en
los personajes que resulta sencillo y accesible. Jiem rechaza todo impulso de
ser vanguardista y prefiere utilizar un método que, pese a su estética tosca
e imperfecta, tiene un estilo mágico y cautivador. Ha pintado multitud de
grafitis y murales de aires ingenuos por todo el mundo, pero fue su obsesión
de toda la vida por el movimiento ferroviario norteamericano lo que provocó
su migración intercontinental.

Jiem creció en una pequeña ciudad cerca de Nantes y sus primeras
experiencias con el grafiti llegaron de la mano del ferrocarril. Como vivía
a pocos minutos de una línea de mercancías y en su barrio no había arte
público independiente, el *boxcar graffiti* que a principios de la década de 1990
empezó a transportar los trenes se convirtió en una gran inspiración para
él. Jiem empezó a pintar con unos cuantos amigos íntimos y no tardó en
enamorarse de la compleja historia y la cultura asociadas a la escritura en los
trenes (más que en metro), una tradición de dibujos con tiza realizados por
hobos y ferroviarios que se remonta a hace más de cien años. Aunque sus
frecuentes viajes a París le instruyeron en las técnicas clásicas del grafiti,
la pintura de *monikers* (o *streaking*, como se conoce tradicionalmente a esta
práctica realizada en el transporte de mercancías) siguió ocupando un lugar
importante en el corazón de Jiem.

Jiem se acabó yendo a vivir a Montreal en 2010 con la intención de
cumplir por fin su sueño de «ver, tocar y pintar» esos trenes. Allí tomó
numerosas fotografías de esta protocultura del grafiti y entrevistó a algunos
de sus más célebres practicantes (tanto las imágenes como las entrevistas
están recogidas en su libro autopublicado *Outside the Box*). Con la idea de
hacer como otros y mantener viva la cultura de la pintura de *monikers*, Jiem
también hizo cientos de sus propias marcas al óleo y con tiza en los vagones
de mercancías (*véanse* imágenes 1-7). Al abrazar la aventura y la libertad,
tan propias de esta cultura (el olor a óxido, el encanto de los vagones de
mercancías), Jiem se ha convertido en parte de la historia del movimiento.
Lleva a cabo una práctica que busca la pureza, la espontaneidad y la
autenticidad: se trata, pues, de una estética marginal que intenta revivir
el espíritu original del grafiti.

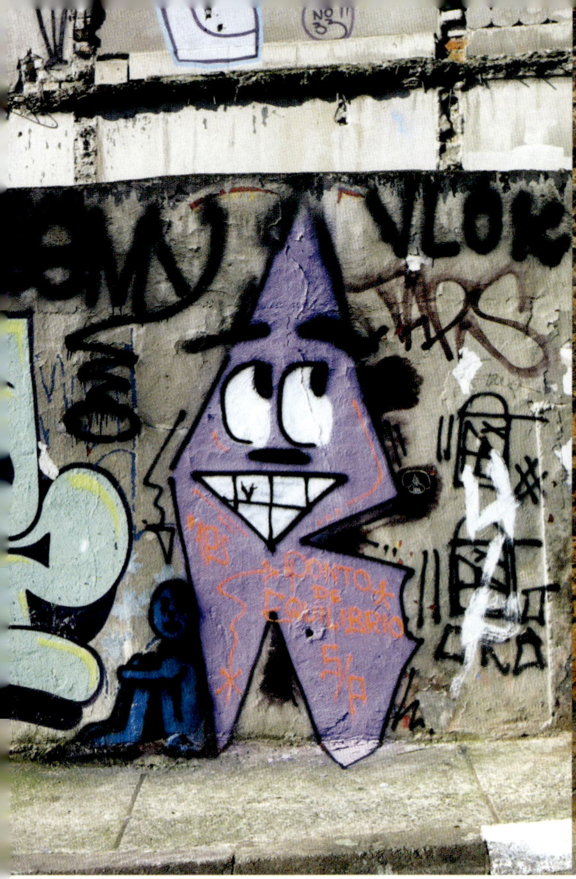

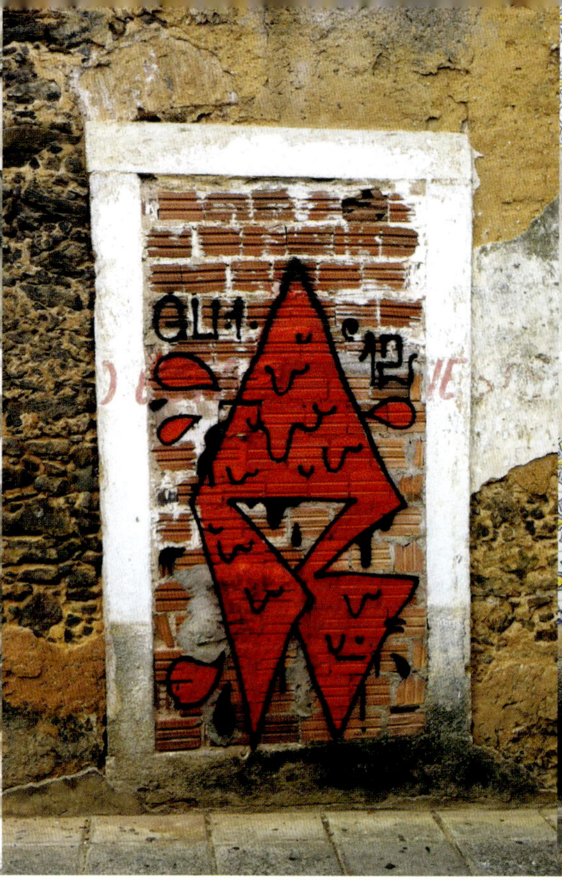

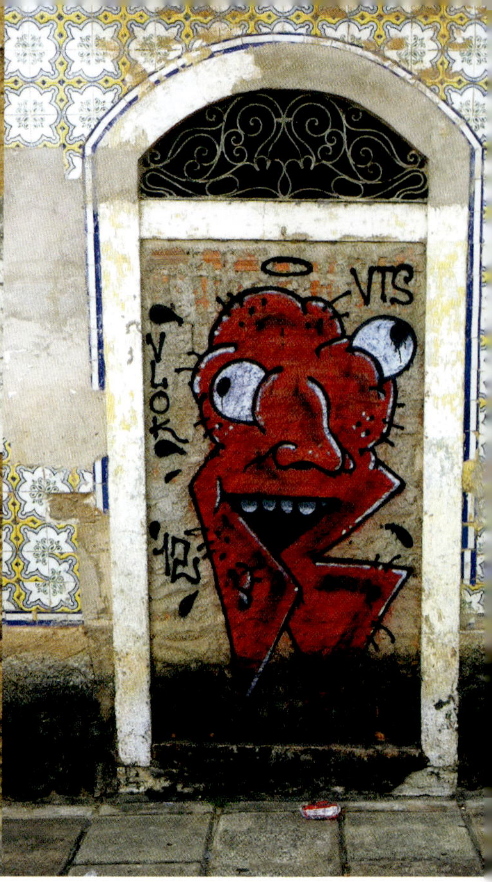

VANCOUVER

NACIMIENTO Noruega **TÉCNICAS / MATERIALES** Pintura en aerosol **ESTILO** Grafiti clásico, *bombing* **TEMAS** Personajes, *do-it-yourself*, lo lúdico, arte no consentido *CREWS* VTS (Vandal Team Supreme), DFW (Down For Whatever), VLOK

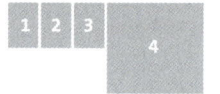

1 *Point of Equilibrium*, São Paulo, Brasil, 2012
2 *For Gusto*, São Luís, Brasil, 2012
3 *Jungle Chud*, São Luís, Brasil, 2012
4 San Francisco, Estados Unidos, 2012

REMIO

Las imágenes de Remio están por doquier: hay miles y miles de sus *tags* y *throw-ups* (su famosa letra *r* inclinada, antropomórfica y de pronunciados bordes) en todo el planeta. Con todo, Remio protege con celo su anonimato, reacio a sacrificar su identidad personal en aras de una concepción más convencional de la fama. Su notoriedad es, por tanto, la enigmática y furtiva reputación de un insurrecto estético, una figura con una enorme deuda con el poder del grafiti y fascinada por él.

Aunque nació y creció en una pequeña isla de Noruega, Remio ha llevado durante muchos años un estilo de vida nómada y ha viajado por el mundo en busca de nuevos lugares que pintar y nuevas personas con las que hacerlo. Descubrió el grafiti a mediados de la década de 1990, cuando empezó a hacer *tags* con los nombres de sus ídolos musicales, como Nirvana o Zap40 (en referencia al año de nacimiento de Frank Zappa). Remio ideó su nombre actual en 1998, cuando invirtió el alias que usaba por aquel entonces, Imer, y, en homenaje al legendario escritor canadiense Fatso, le añadió la *o*. En el año 2000, Remio se trasladó de forma definitiva a Vancouver, donde, junto

con Kaput y Acter, fundó en 2002 la *crew* VTS (Vandal Team Supreme, Vandal Travel System, Vandalize Till Sunrise, Very Top Secret). Si bien en un principio el colectivo estuvo formado de forma exclusiva por miembros de Vancouver, desde entonces se ha extendido por todo el mundo. La exuberancia, el dinamismo y la evidente devoción de Remio por la forma también le han llevado a unirse a otros dos colectivos legendarios: DFW / THR, de Twist, y VLOK (*véanse* páginas 110-111), de Os Gêmeos. En la reciente visita que hizo a Brasil invitado por Os Gêmeos (*véanse* páginas 106-109) para hacer un *whole train*, Remio aportó su característica estética movido por el afán de conocer lugares nuevos, estar siempre aprendiendo y transmitiéndole su perspectiva visual al mundo. Además de su actual estatus como rey del grafiti DIY (su producción incluye el célebre fanzine *Sleepner*, así como camisetas, gorras, pegatinas y chapas caseras), Remio es uno de los principales partidarios contemporáneos del *bombing* a toda costa. No en vano, él representa la esencia cruda y sin adulterar de esta práctica. Enamorado del arte público no consentido, del arte sin filtros ni aprobación de las calles, ha desarrollado una forma inimitable del grafiti: en una fusión de pureza estilística, iteración incesante (con todas sus sutiles aunque cruciales diferencias) y la genuina virtud de un vándalo, la suya es una estética sucia a la vez que extrañamente grácil.

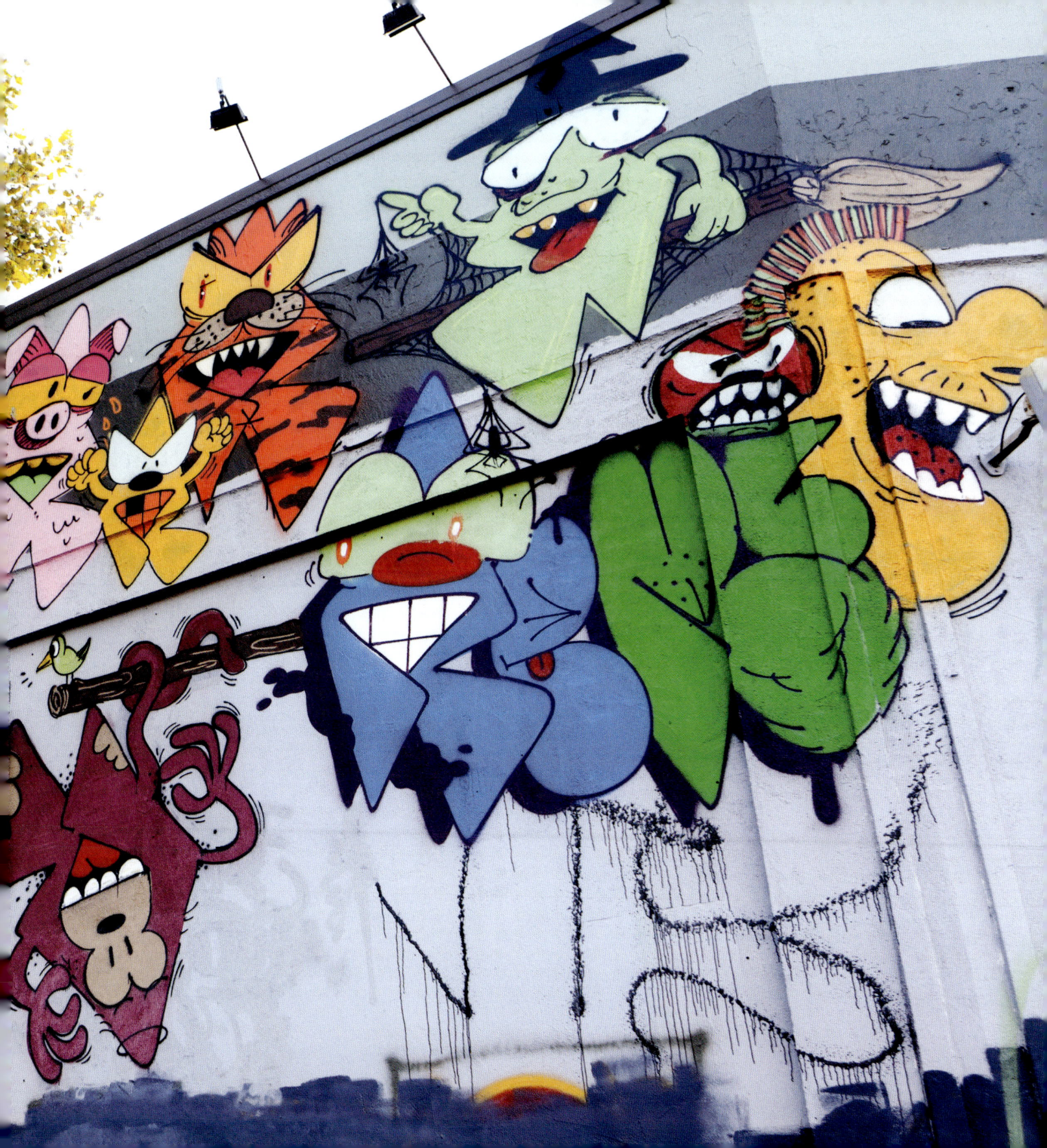

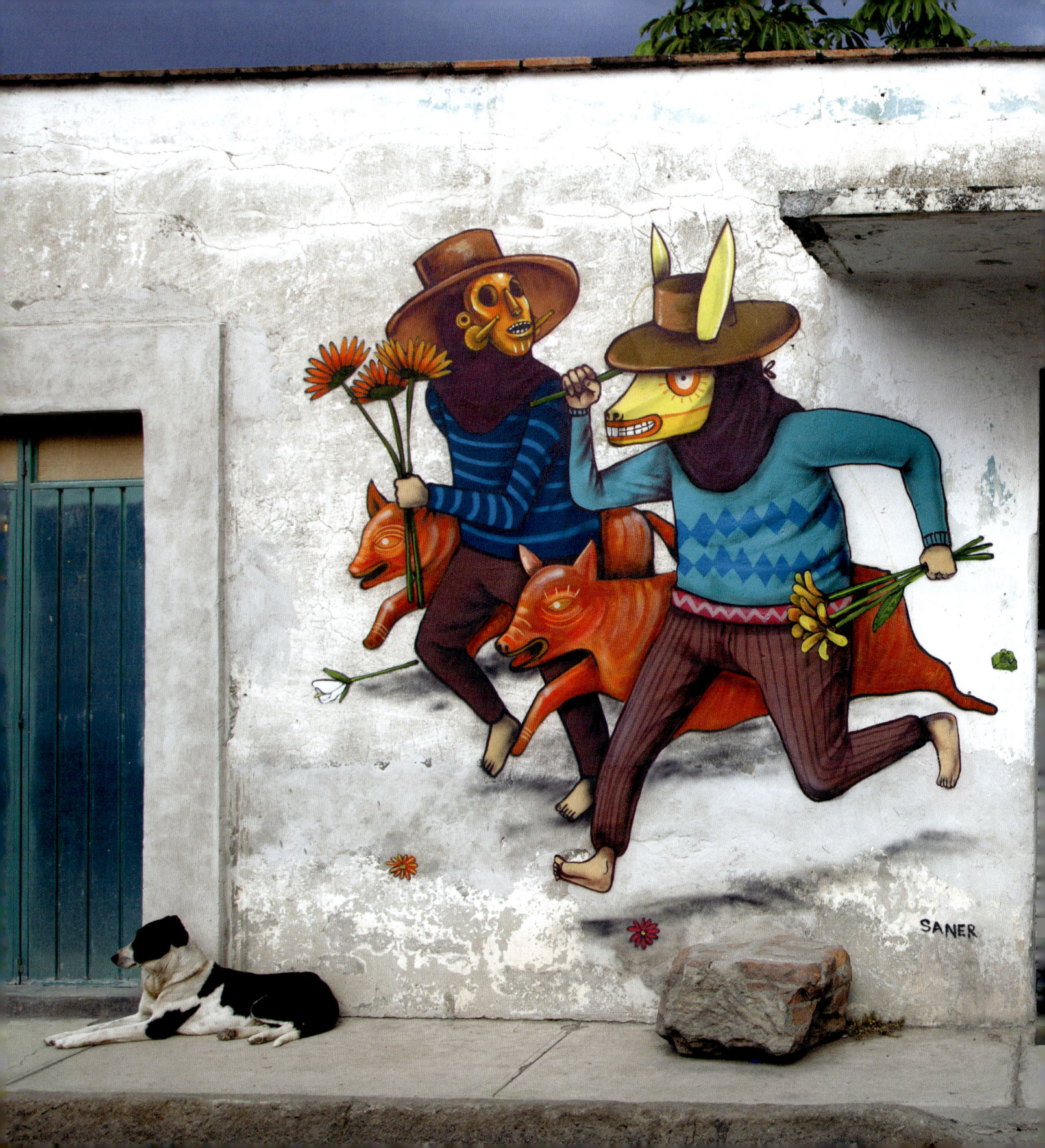

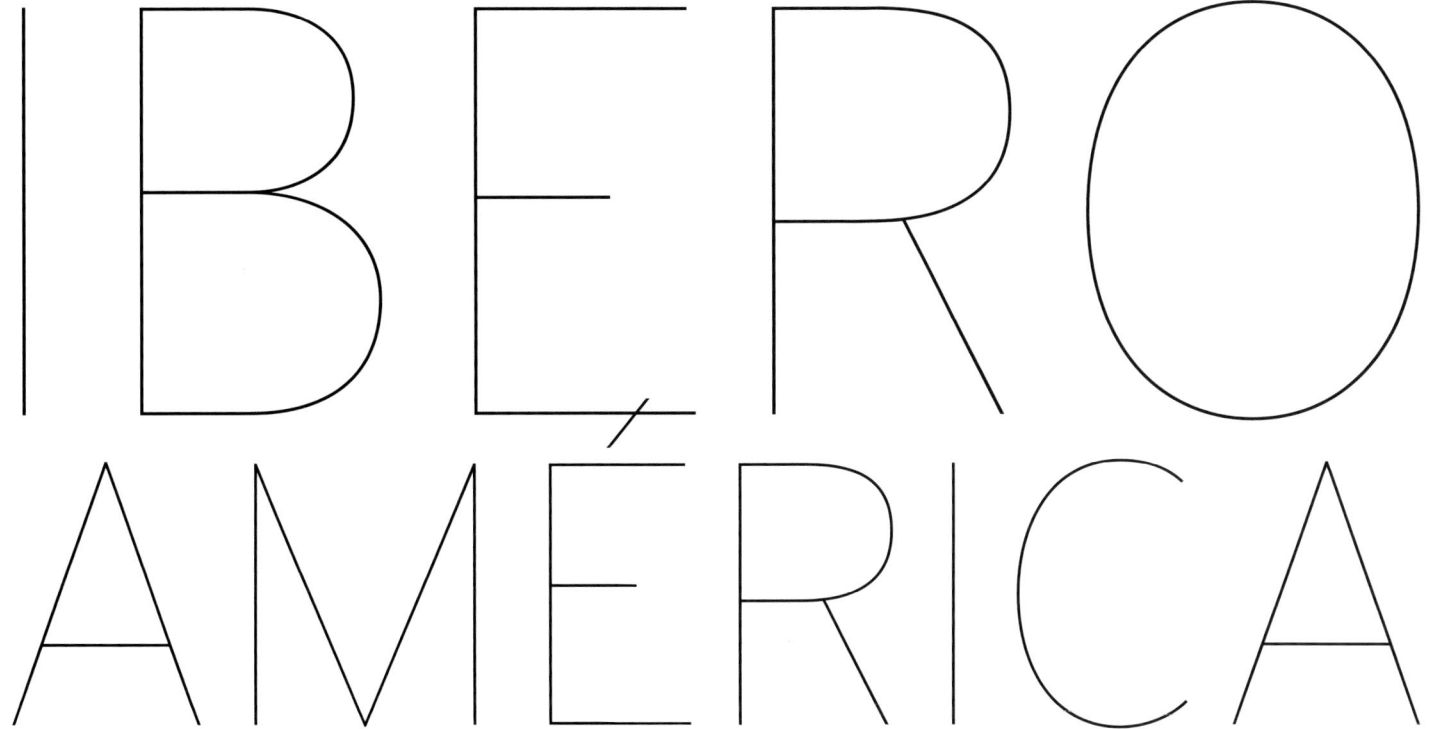

IBERO AMÉRICA

CIUDAD DE MÉXICO SÃO PAULO BUENOS AIRES

OS GÊMEOS HERBERT BAGLIONE SEGO Y OVBAL DOMA CHU
NEUZZ PABLO ALLISON FASE INTI CASTRO CRIPTA DJAN
DHEAR SANER BASCO VAZKO NUNCA VLOK MILU CORRECH

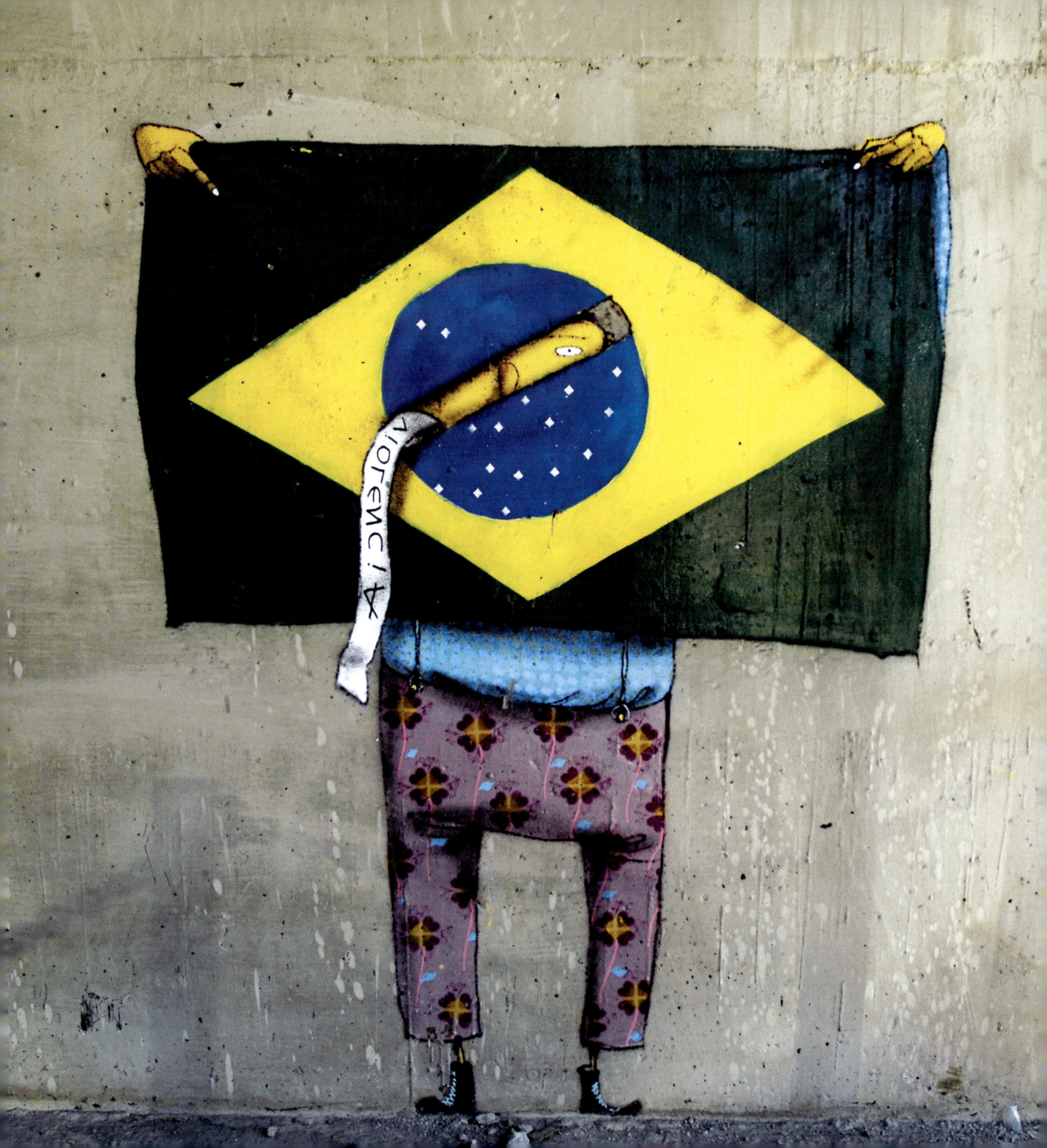

1

La cultura iberoamericana se ha visto a menudo como un mero derivado de sus homólogas «occidentales», un reflejo mutado y secundario de sus primas occidentales. Sin embargo, al igual que sucede con su arte clásico, que incluye desde sus tesoros precolombinos hasta sus maestros del siglo xx, el arte público independiente iberoamericano no se ha dedicado a imitar, sino que ha instigado varios movimientos dentro del género en su conjunto hasta convertirse en una expresión muy significativa en la escena mundial. Mientras que artistas de todo el mundo han viajado hasta allí para inspirarse (como hicieran algunos artistas europeos, como André Breton, en la década de 1920), los artistas locales han explorado las tradiciones autóctonas del continente y las han vinculado a la práctica global hasta desarrollar una variedad de estilos sincrética y distintiva. Los estilos estéticos que han surgido en la región (el muralismo primitivista y surrealista de México, la *pichação* y el grafiti figurativo de São Paulo, el salvajismo y el estarcido político de Buenos Aires) se han convertido en enfoques destacados del arte público independiente por derecho propio y han desafiado la hegemonía de sus equivalentes del norte por su calidad abiertamente iberoamericana y por sus posturas igualmente innovadoras y autóctonas.

Es probable que sea Ciudad de México (*véanse* páginas 84-85) la metrópolis iberoamericana con una historia más fértil de arte público. La legendaria tradición del muralismo mexicano de principios del siglo xx, encabezado por el apreciado triunvirato de Diego Rivera, José Clemente Orozco y David Alfaro Siqueiros, sentó las bases para los futuros artistas iberoamericanos al actuar como una influencia a través de sus principios conceptuales y su clara misión de hacer arte para el pueblo. Aunque artistas como Dhear (*véanse* páginas 86-87) y Sego (*véanse* páginas 94-97) han iniciado un estilo más surrealista y ecologista que parece oponerse a la conciencia social del movimiento muralista (aunque es difícil pasar por alto las inclinaciones ecologistas de Sego), otros, como Saner (*véanse* páginas 92-93), Neuzz (*véanse* páginas 88-89) y Los Contratistas de Nuevo León, en el norte de México, han desarrollado una estética más explícitamente folclórica y espiritual que adopta muchos de los iconos tradicionales de la cultura autóctona mexicana. Sin embargo, como grupo y al margen del estilo que practiquen, todos se motivan entre sí para progresar en su trabajo y para desarrollarse sin límites.

En São Paulo (*véanse* páginas 98-99) el punto de partida visual emblemático es la tradición local de la *pichação*, una forma local de escritura en paredes que, desde su reintroducción en la ciudad en la década de 1980, se ha hecho famosa en todo el mundo. La *pichação*, procedente de un linaje taxonómico ajeno al del grafiti moderno (surgido en la Costa Este de Estados Unidos a finales de las décadas de 1960 y 1970), tiene una característica letra y un enfoque militante (tanto por los lugares en los que se practica como por sus fundamentos sociales) que le han conferido un aura de autenticidad que practicantes como Cripta Djan (*véanse* páginas 100-101) se esfuerzan por mantener. Además, junto a la influencia de la *pichação*,

São Paulo ha desarrollado una forma de muralismo figurativo que expresa un enfoque más espiritual y existencial. Con artistas como Herbert Baglione (*véanse* páginas 102-103) y Vitché, esta estética de gran carga simbólica y alegórica ha puesto en primer plano temas como la vida, la muerte, la magia y lo ritual. En un terreno intermedio entre ambos enfoques, el célebre colectivo VLOK (*véanse* páginas 110-111), del que forman parte, entre muchos otros, Nunca (*véanse* páginas 104-105) y Os Gêmeos (*véanse* páginas 106-109), ha combinado la ética combativa de los *pichadores* (y el propio estilo tipográfico) con el toque trascendental que desarrollaron Baglione y Vitché. Os Gêmeos, en particular, se han convertido en los líderes mundiales de este estilo, aunque a medida que sus enormes y espectaculares murales y sus complejas instalaciones han ido evolucionando, han seguido impulsando sus grafitis a un ritmo asombroso, lo que da cuenta de su compromiso con las calles al margen de sus éxitos en el mundo del arte institucional.

La última de las tres ciudades iberoamericanas clave, Buenos Aires (*véanse* páginas 112-113), tiene su propio estilo, bastante característico, de arte público independiente. Aunque a menudo se la llama «el París de Latinoamérica», es Barcelona la ciudad que más ha influido en el desarrollo estético de la región. La visita que hizo Tec en 1992 ejerció una gran influencia en el posterior desarrollo global de la escena. Junto con la *crew* de Tec, FASE (*véanse* páginas 120-121), y otros artistas (y amigos íntimos) como Chu (*véanse* páginas 114-115) y su colectivo DOMA (*véanse* páginas 118-119), estos artistas combatieron el gris urbano e iniciaron un estilo de arte colorido y absurdista que pretendía repudiar el estancamiento político que percibían a su alrededor: así surgió el llamado «salvajismo», un estilo emblemático y reconocible al instante que puso a la ciudad en el mapa del arte público independiente, y, también como en Barcelona, hizo de Buenos Aires un lugar al que viajaron artistas de todo el mundo para congregarse y pintar. Aunque la plena madurez de la escena llegó durante y después de la crisis financiera de finales de la década de 1990 y principios de la de 2000, la historia del *street art* ilícito se remonta al gobierno de la Junta Militar (1976-1983), cuando el uso de plantillas y eslóganes tuvo una enorme importancia en la zona. Artistas como Nazza Stencil han continuado en esta línea política y han usado su obra para explorar temas de un evidente carácter social e histórico.

Hay, claro está, otros artistas influyentes en todo el continente; de entre ellos destacan los chilenos Basco Vazko (*véanse* páginas 126-127) e Inti Castro (*véanse* páginas 128-129). Con todo, a través de su trabajo pionero y transformador como grupo, los artistas iberoamericanos han desarrollado un relato propio. Acaso más preocupados por las cuestiones sociales que sus vecinos del norte, también le confieren mayor importancia al color (comparación que también puede hacerse entre las artes urbanas del norte y el sur de Europa). Iberoamérica nos presenta una colorida, estimulante y floreciente forma de arte público independiente, un régimen visual que sigue ampliando los límites del mundo del arte en su totalidad.

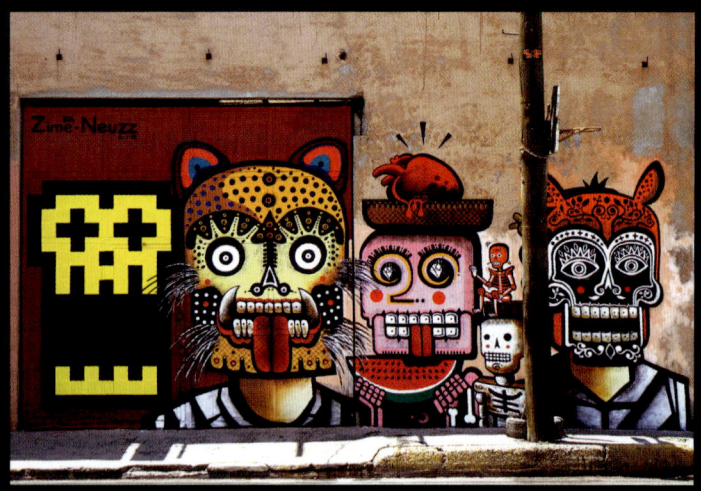

CIUDAD DE MÉXICO

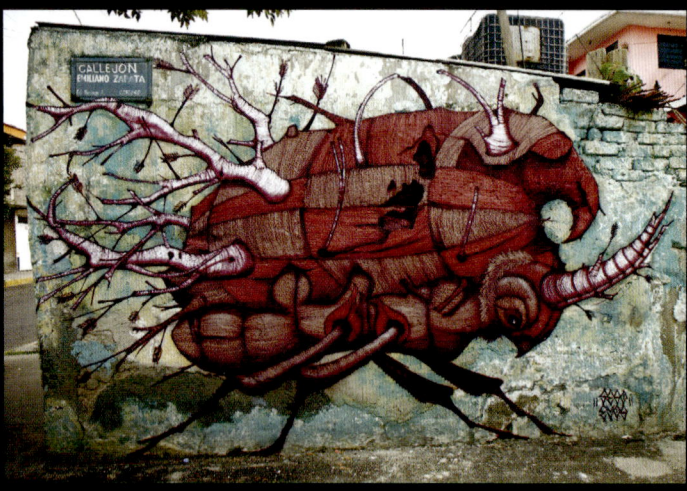

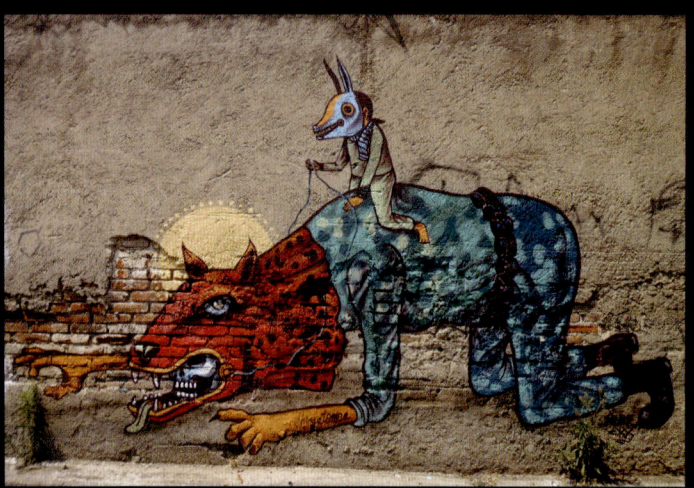

Si bien hay parte del *street art* mexicano que remite a sus raíces precolombinas, es el movimiento muralista mexicano, iniciado por los pintores Diego Rivera, José Clemente Orozco y David Siqueiros en la década de 1920, el que marca sus inicios modernos. Estos murales, encargados y promovidos por el Gobierno mexicano a causa de sus mensajes nacionalistas, políticos y sociales, aún pueden verse tanto en el interior como en el exterior de edificios públicos de Ciudad de México. Entre los murales mexicanos al aire libre más influyentes están los de John Gorman de 1950, que cubren los cuatro laterales de la Biblioteca Central de la Universidad Nacional Autónoma, obra que supuso un estímulo para Sego (*véanse* páginas 94-97) y otros de la nueva escuela de muralismo mexicano. Menos feliz es la conexión entre la actividad estudiantil y el *street art* que se estableció en 1968, cuando la matanza de estudiantes en Tlatelolco provocó una oleada de murales, grafitis y carteles a modo de protesta en la capital. El grafiti mexicano vivió una fase *punk* durante la década de 1970, pero la práctica no se generalizó hasta la siguiente, con la llegada de la cultura *hip-hop*.

La nueva escuela de muralismo mexicano es la excepción a la regla: en consonancia con la lógica rebelde del grafiti, muchos escritores mexicanos contemporáneos rechazan los precedentes precolombinos y del movimiento muralista. Dhear (*véanse* páginas 86-87) huye de cualquier «discurso arraigado en una visión prehispánica del mundo», prefiere «retratar fenómenos relacionados con la naturaleza» y se considera un «fantaseador nato». Los personajes y los animales de sus murales tienen la capacidad de transformarse en otra cosa. Las referencias culturales de Dhear incluyen la ilustración, el cómic y la ciencia ficción, y en fechas recientes han evolucionado hasta la perspectiva filosófica más centrada en las transformaciones potenciales de los seres y del yo: el *dharma* budista.

Las raíces artísticas de Sego (*véanse* imagen 2 y páginas 94-97), que en la actualidad desarrolla su actividad en Ciudad de México, se hunden en la vida salvaje de la costa oaxaqueña, mientras que Seher One (*véase* imagen 5) recurre al surrealismo internacional, que a su vez tuvo mucho éxito en Ciudad de México, y, al igual que el también surrealista Dhear, al mundo del manga. Las originales y espontáneas obras de Saner (*véanse* imagen 3 y páginas

1		4
2		
3		5

1 Neuzz y Zime, 2009   2 Simbionte, Sego, 2009   3 Saner, 2011   4 En América Latina seguimos pintando a cielo abierto, KidGhe y Bisy, 2010

5 Sea Snake, Seher One, 2010

92-93) eluden las referencias a influencias, mexicanas o no, y «constituyen su propio laboratorio, en el que todo está permitido». La extrañeza fantasmagórica es el terreno común de Dhear, Seher One, Saner y muchos otros colectivos mexicanos de *street art*, como Mugre Crew. Más que a influencias artísticas, el componente alucinatorio de buena parte del grafiti mexicano puede atribuirse a la naturaleza psicodélica del lugar, sustentada en el mezcal y el peyote. México, país fronterizo con Estados Unidos, disfruta (según los estándares iberoamericanos) de fácil acceso a la pintura en aerosol norteamericana de calidad, y Dhear, en particular, le saca todo el jugo a este material en su obra, en la que aplica capas de esta pintura con texturas orgánicas.

Neuzz (*véanse* páginas 88-89) trabaja en Ciudad de México pero se crio en Oaxaca, al sur del país. Su obra refleja las historias que le contaban de niño sobre los nahuales, personajes del folclore que pueden transformarse en pumas, jaguares y otros animales. Las figuras enmascaradas de los grafitis murales de Saner también aluden a estos seres. Aunque las prácticas chamánicas de los nahuales proceden de la cultura olmeca preclásica (1500-400 a. C.), Saner las moderniza y Neuzz les da un estilo contemporáneo que resulta tan accesible a los residentes de más edad de Ciudad de México como a las generaciones más jóvenes, criadas con videojuegos. Las calaveras, un motivo popular en la cultura popular mexicana, son recurrentes en los grafitis de Neuzz (*véase* imagen 1), Buytronik y otros.

El proyecto *Intersticios urbanos*, de Said Dokins y Laura García, ha llevado a Ciudad de México a destacados artistas sudamericanos, como la colombiana

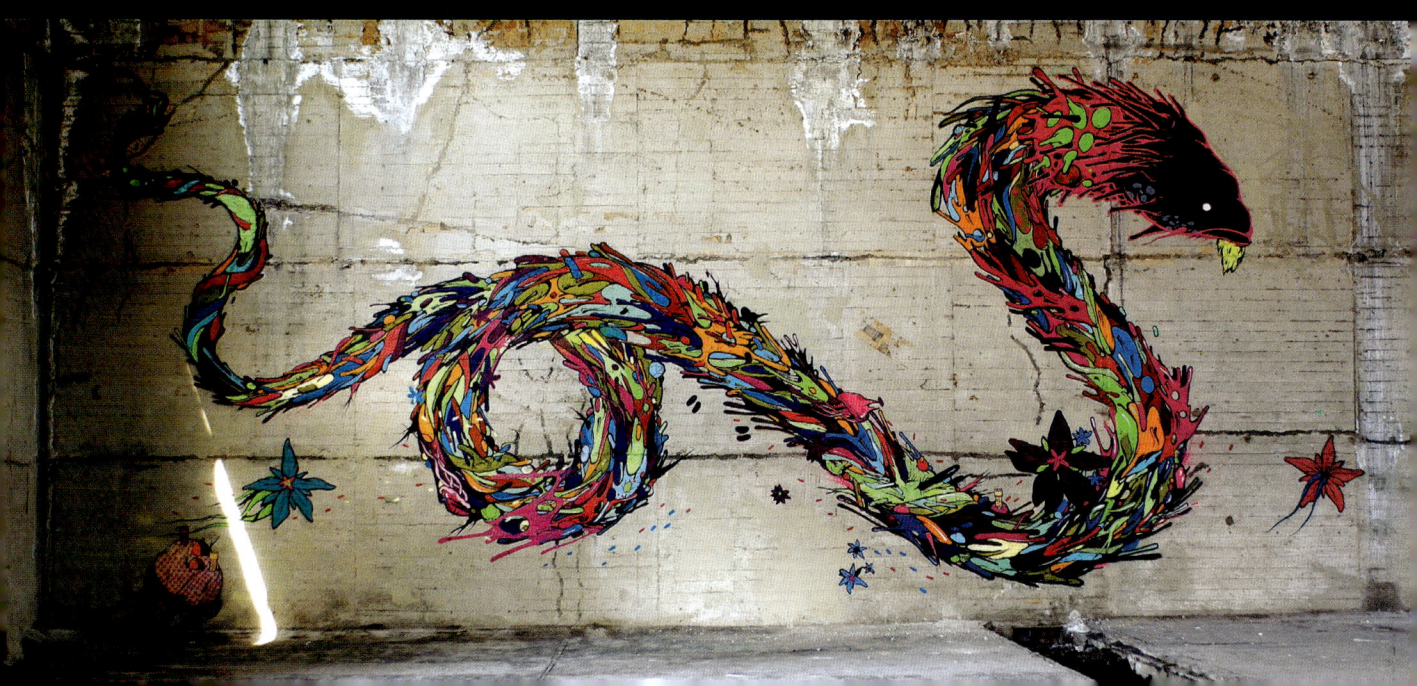

Bastardilla, la argentina Nazza Stencil y los chilenos Bisy, Inti (*véanse* páginas 128-129) y la Brigada Ramona Parra, los cuales han realizado fructíferas colaboraciones con artistas locales. La importancia de *En América Latina seguimos pintando a cielo abierto* (*véase* imagen 4), de KidGhe y Bisy, radica en que esta región es en la que lleva practicándose *street art* más tiempo. La obra de los distintos artistas de Ciudad de México que figuran en estas páginas tiene en común el hábil uso de la pintura en aerosol, que, junto con sus originales exploraciones del imaginario mexicano, el mundial y el natural, les permite lograr una surrealidad de un carácter metamórfico orgánico. **RP**

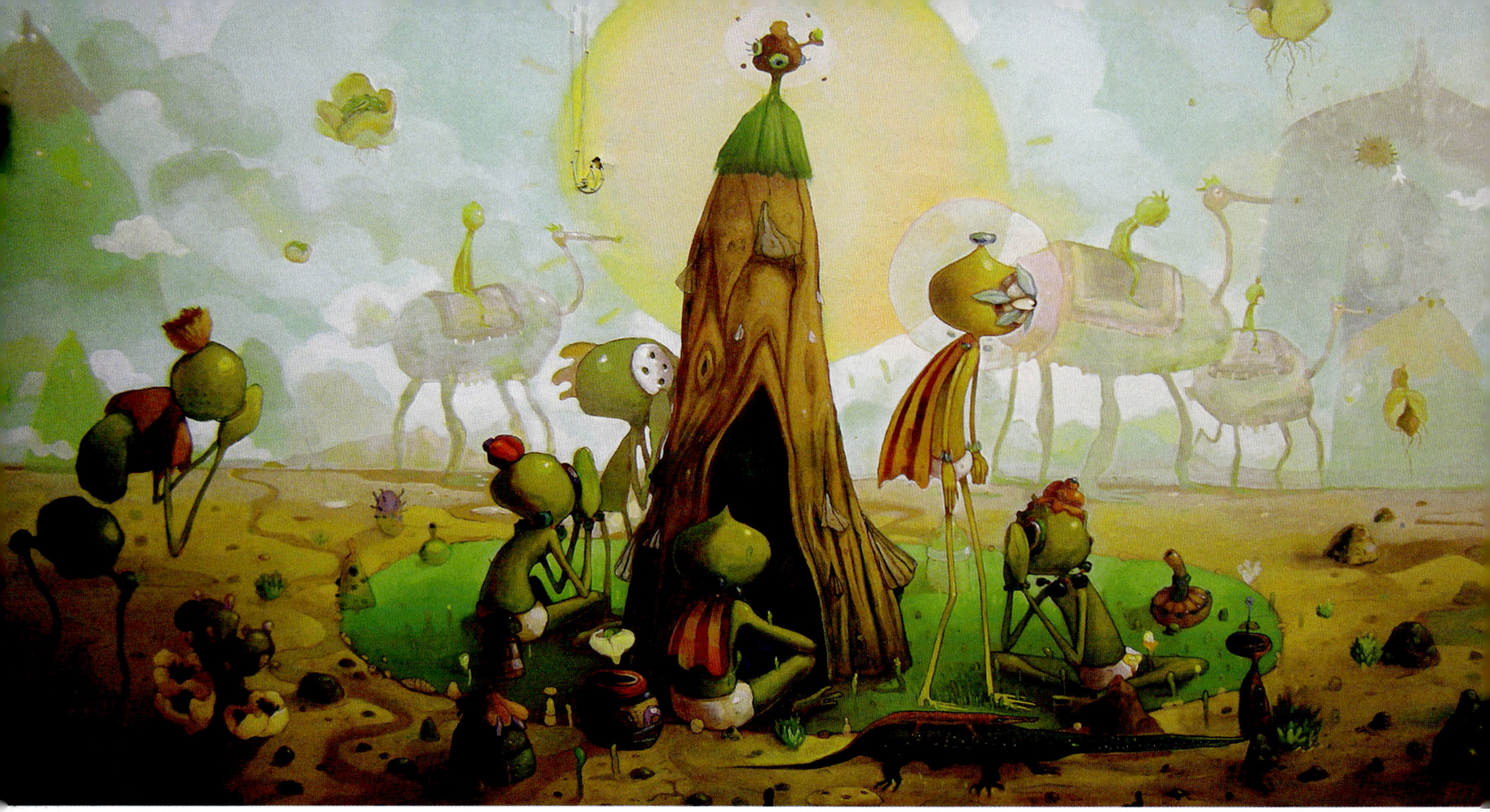

CIUDAD DE MÉXICO

NACIMIENTO 1985, Ciudad de México, México **TÉCNICAS / MATERIALES** Pintura en aerosol
ESTILO Surrealista, fantasía abstracta **TEMAS** Naturaleza, mitos, realismo mágico, cuentos
populares, animación **INFLUENCIAS** Möebius, Roger Dean, Hayao Miyazaki

1-2 *Siddharthas*, Cholula, Puebla, México, 2011
3 *Leaving Things Behind*, Valparaíso, Chile, 2012

DHEAR

Dhear, que conjuga a la perfección naturaleza, mito y fantasía, es un surrealista moderno del grafiti cuya experimentación técnica y narrativa ha supuesto una contribución muy peculiar al arte público independiente. Pinta con un estilo delicado e intrincado y crea panoramas surrealistas de múltiples estratos en los que elementos de la naturaleza, como bacterias y hongos, adoptan rasgos antropomórficos. Su obra evoca un mundo futurista a la vez que prehistórico, familiar a la par que etéreo.

La pasión de Dhear por el dibujo guarda una relación directa con el conocimiento que tuvo del grafiti a los trece años, cuando fue testigo del trabajo de los pioneros del grafiti mexicano en las calles de la capital (gracias a escritores como Mosco, Cose y Mero, y a *crews* como CHK, HS y SF). Empezó a dibujar casi de inmediato y, como él mismo dice, a intentar comprender esos «códigos en las paredes que no podía entender». Cuando fue al Tianguis Cultural del Chopo (el bazar central de Ciudad de México) para comprar rotuladores y tintas, conoció a otros aficionados al grafiti y empezó a pintar con ellos, tanto legal como ilegalmente,

sobre todo en el interior de fábricas abandonadas y en sitios «clandestinos». Su estilo tiene mucha influencia de ilustradores como Möebius, Roger Dean y Hayao Miyazaki, a los cuales llegó gracias a su afición a los cómics, el cine de ciencia ficción y la animación japonesa. Con el tiempo, Dhear empezó a centrarse más en personajes que en letras y se dedicó a desarrollar una técnica más abstracta. Estudió animación tradicional a fin de reforzar sus conocimientos de dibujo. Sin embargo, tras dislocarse el brazo a causa de una caída mientras hacía grafitis, empezó a centrarse más en la faceta no ilícita de su práctica. En 2006, Dhear ya creaba ilustraciones digitales, lienzos, instalaciones y esculturas, sin por ello dejar de pintar de forma ilegal casi a diario. Fue esta combinación de lo lícito y lo ilícito, y la consiguiente confluencia de las habilidades relacionadas con ambos aspectos, lo que refinó su estilo hasta llegar a su actual forma.

Desde entonces, Dhear ha trabajado en proyectos más variados, incluida una serie en la que reinterpreta *Siddhartha* (*véanse* imágenes 1 y 2), la clásica novela de Herman Hesse. Dhear explora tanto la belleza como el horror en los reinos surrealistas y fantásticos que crea, da rienda suelta a su imaginación y arrastra al espectador a su colorista y personalísimo universo.

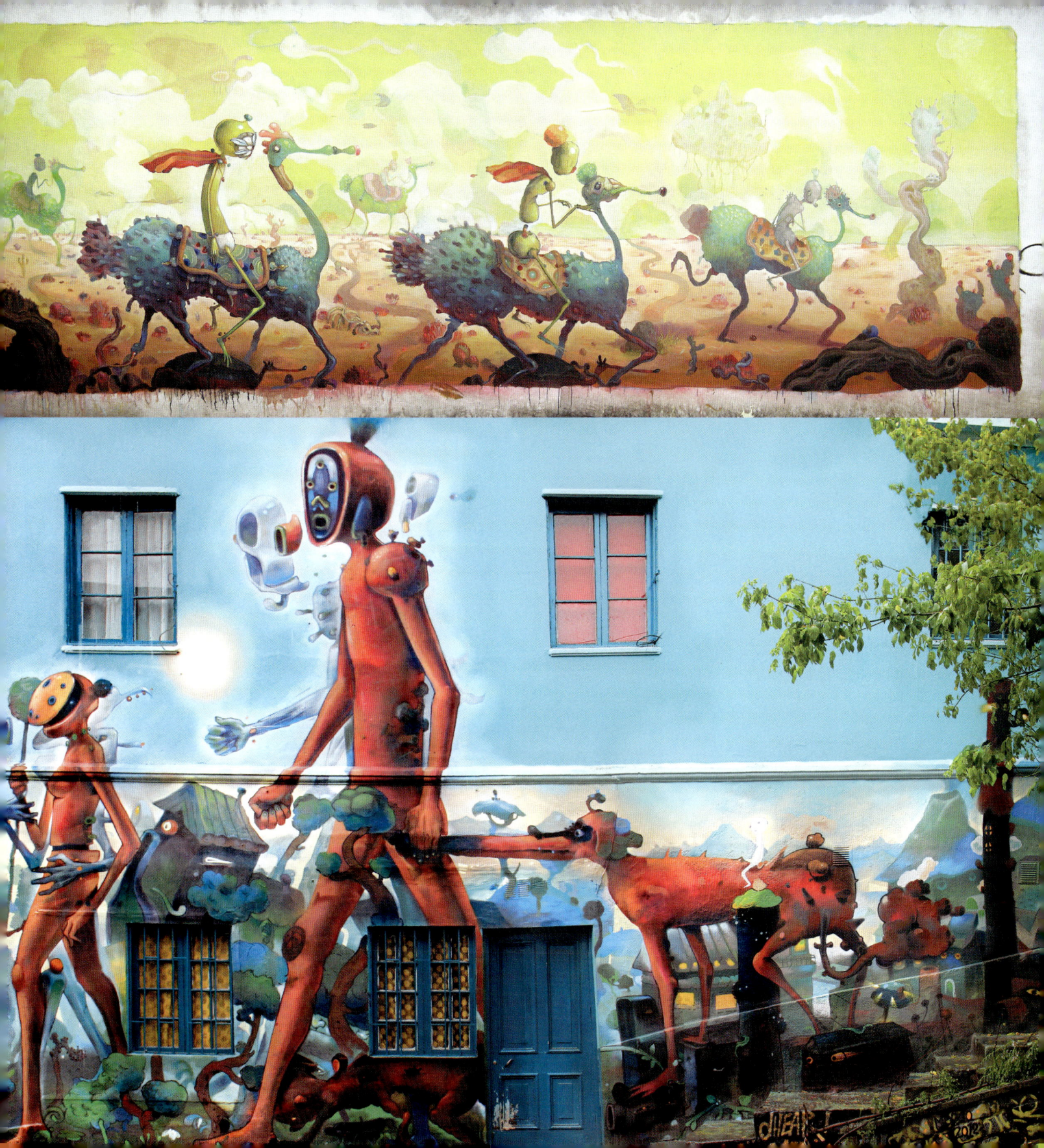

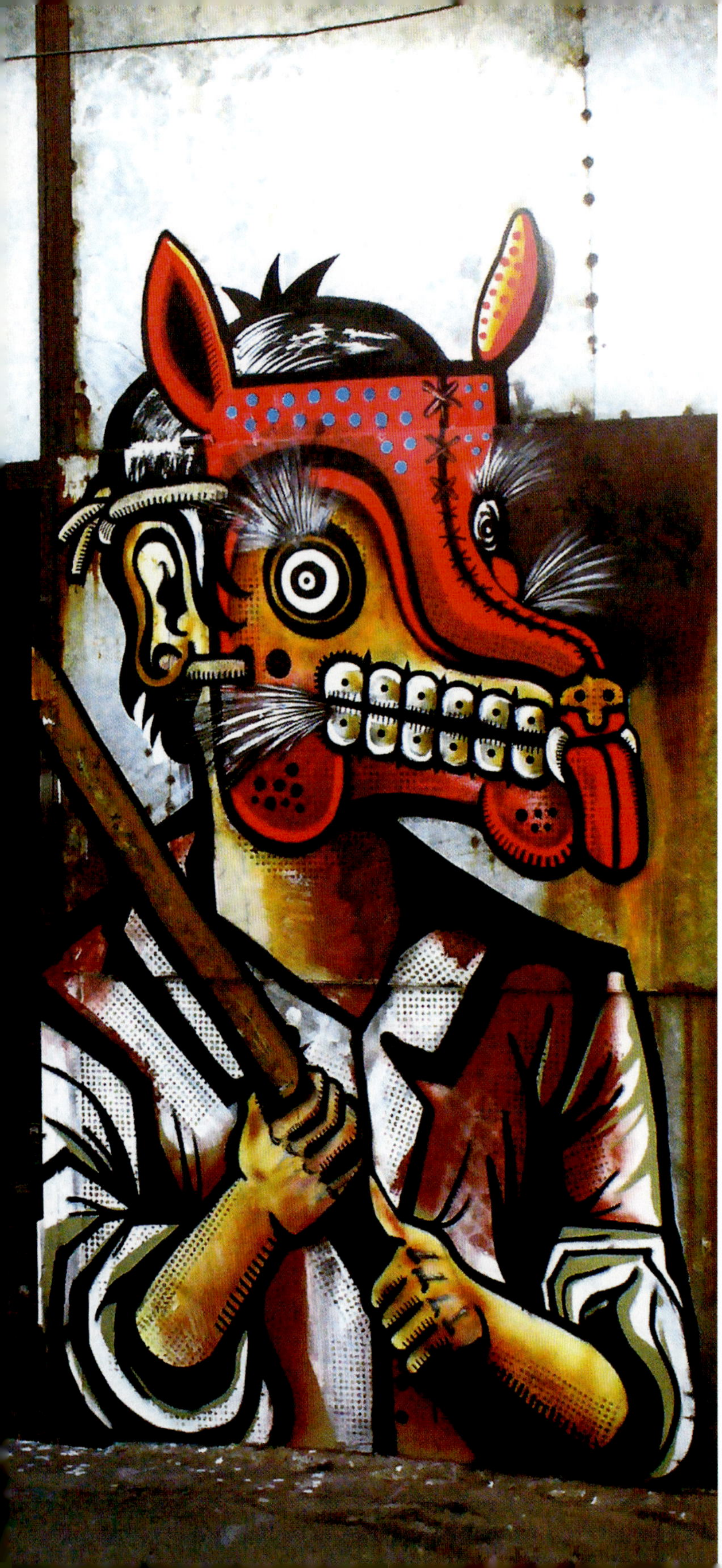

CIUDAD DE MÉXICO
NACIMIENTO Desconocido   **TÉCNICAS / MATERIALES** Pintura en aerosol, pintura acrílica   **ESTILO** Grafiti popular, muralismo sin pretensiones   **TEMAS** Máscaras, cultura indígena, mitos   **INFLUENCIAS** Rufino Tamayo, Rodolfo Morales, José Guadalupe Posada

NEUZZ
MIGUEL MEJÍA

Neuzz, ilustrador y artista visual cuya raigambre indígena y originaria de la corriente estética literaria del imagismo resulta primordial en su práctica, fusiona el imaginario precolombino y el arte popular mexicano con una técnica naíf pero con un fuerte componente simbólico. Como forma de rechazar la superficialidad que suele asociarse a la iconografía mexicana (los omnipresentes mariachis, luchadores y zapatistas), Neuzz combina tradición e innovación. Así, entrelaza las historias y los mitos que le transmitieron sus padres y abuelos (un mundo lleno de «fantasmas, brujas y nahuales, pero también de celebraciones y festividades») con una estética contemporánea y desenfadada.

Mientras estudiaba ilustración y diseño gráfico en la universidad, Neuzz recibió la influencia de artistas de todo el mundo, entre ellos Charles Burns, Gary Taxali y Roy Lichtenstein. Aunque adopta un estilo muy moderno en sus diseños, el mundo visual de Neuzz siempre ha girado en torno al lenguaje estético que descubrió de joven. Su conocimiento del arte autóctono mexicano proviene del tiempo que pasó con su abuelo Goyo, gracias al que conoció a maestros mexicanos como el surrealista Rufino Tamayo, el pintor Rodolfo Morales y el legendario grabador José Guadalupe Posada. El abuelo de Neuzz también le puso en contacto con la tradición popular de las máscaras, una forma cultural mesoamericana que se remonta a antes del año 3000 a. C. Neuzz quedó fascinado por estos objetos sagrados que, según se cree, encarnan una magia y un poder indefinibles. El artista explica que comprendió la condición de «herramienta de comunicación e interacción espiritual» de estos objetos, su estatus de instrumento metafísico mucho más allá de la estética y la expresión visual.

Cuando Neuzz incorpora estas influencias y tradiciones en sus imágenes, sigue de forma explícita los relatos de sus antepasados, como, por ejemplo, en el asesino enmascarado de coyote (*véase* imagen 1) o en los huesos «resplandecientes» de su abuelo (*véase* imagen 2). Con claras muestras de afecto tanto por el arte indígena como por el estilo gráfico geométrico, Neuzz mantiene esta forma mística de comunicación en el primer plano de la vida pública mexicana, aunque de una forma visual muy contemporánea. Al fusionar el arte popular del siglo XXI (el grafiti) con su equivalente más tradicional, Neuzz reviste sus valores autóctonos de una estética de absoluta modernidad y conforma una práctica con un marcado componente ritual.

1 *Cazador ihuiteco disfrazado de coyote*, Ciudad de México, México, 2008
2 *Retrato de mi abuelo Gregorio, aka Goyo*, Ciudad de México, México, 2010

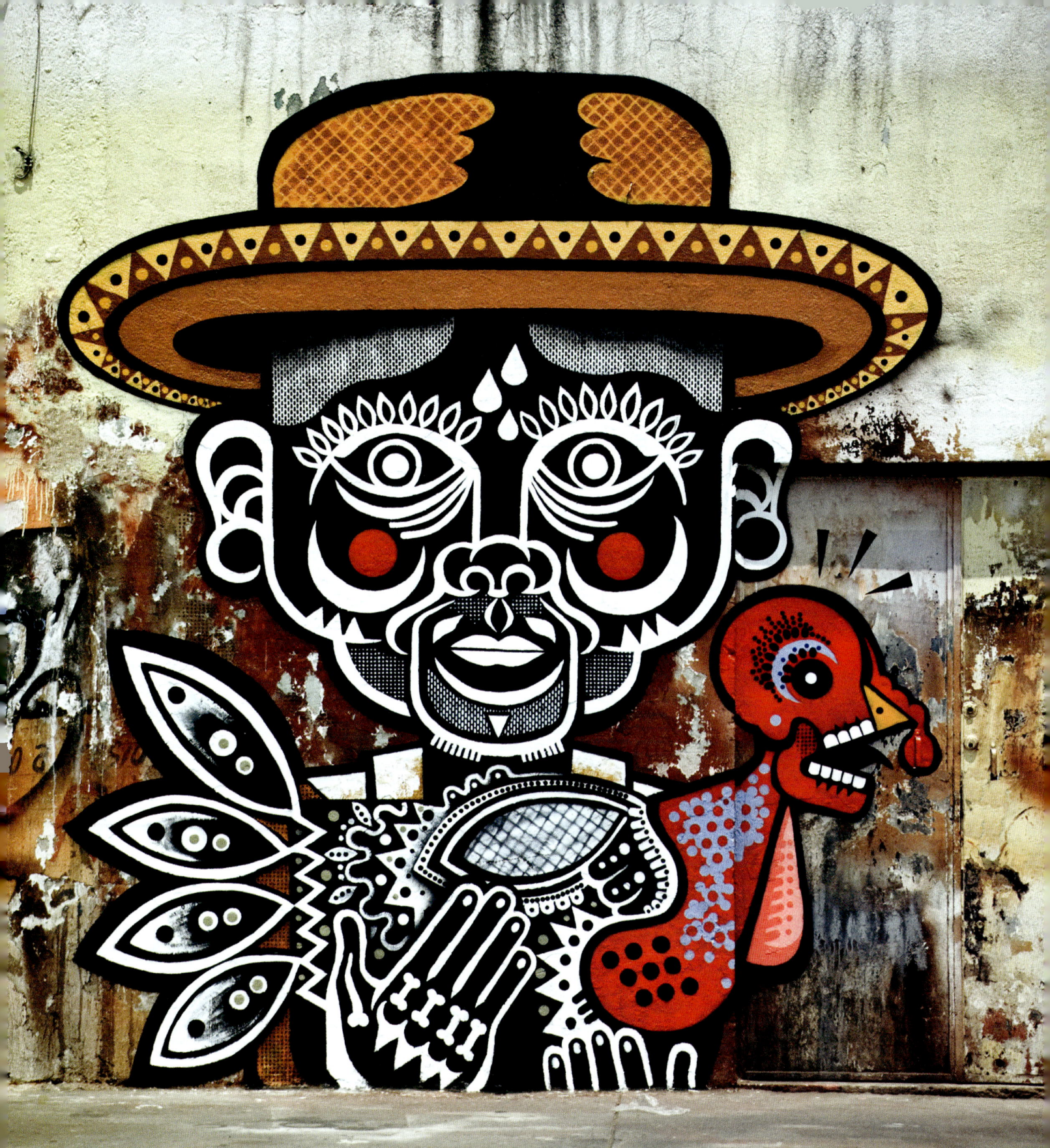

CIUDAD DE MÉXICO

NACIMIENTO 1981 **TÉCNICAS / MATERIALES** Pintura en aerosol, fotografía **ESTILO** Grafiti clásico, letras de burbuja **TEMAS** Fronteras, ciudadanía, justicia, inmigración, aventura **INFLUENCIAS** Lee Quiñones, Revs, Azyle, Joseph Rodriguez, Chris Killip, Paul Graham

PABLO ALLISON

En el siglo XXI, millones de personas de todo el mundo han cruzado fronteras para escapar de la violencia y la degradación. Además de soportar las penurias físicas de la migración forzosa y no legalizada, los refugiados también han sufrido agresiones psicológicas a verse demonizados y, por ende, más deshumanizados.

Pablo Allison se dedica a la escritura de grafitis y a la fotografía y ha estudiado la experiencia de la migración forzada, sobre todo en Centroamérica. Su experiencia de viajar con emigrantes haciendo autostop en trenes de mercancías hacia el norte en un intento de entrar en Estados Unidos es el tema de un amplio conjunto de fotografías que ha publicado con el título de *The Light of the Beast* (2020). En esta obra se muestran los numerosos peligros a los que se exponen los emigrantes, pero también el estoicismo y el ingenio con los que hacen frente al agotamiento y la violencia. Durante esta investigación sobre los trenes de mercancías, el propio Allison fue detenido por funcionarios de inmigración.

Además de esta obra fotográfica, Pablo ha llevado a cabo una prolífica producción de grafitis que apoyan el espíritu de los inmigrantes y combaten las percepciones negativas. Aunque adopta muchas formas, desde la publicación, los murales, los grafitis en trenes y el *tagging* ornamental, toda esta práctica gira en torno a la idea de los «migrantes valientes».

Desde el punto de vista retórico, los refugiados han sido objeto de un ataque ideológico que primero los ha convertido en ilegales y, luego, en invisibles. Además de recurrir a las fuerzas de seguridad y a la arquitectura de la frontera, los gobiernos en la guerra contra los refugiados también han echado mano del lenguaje. Los murales de Pablo figuran en trenes y vías férreas de todo el mundo, incluso en las rutas ferroviarias que utilizan los emigrantes. En lugar de un *tag* complejo, Pablo practica un grafiti muy legible y lúdico con el que reaplica y socava el lenguaje oficial de la migración («extranjero», «refugiado», «mentiras») y, además, exalta los países de origen

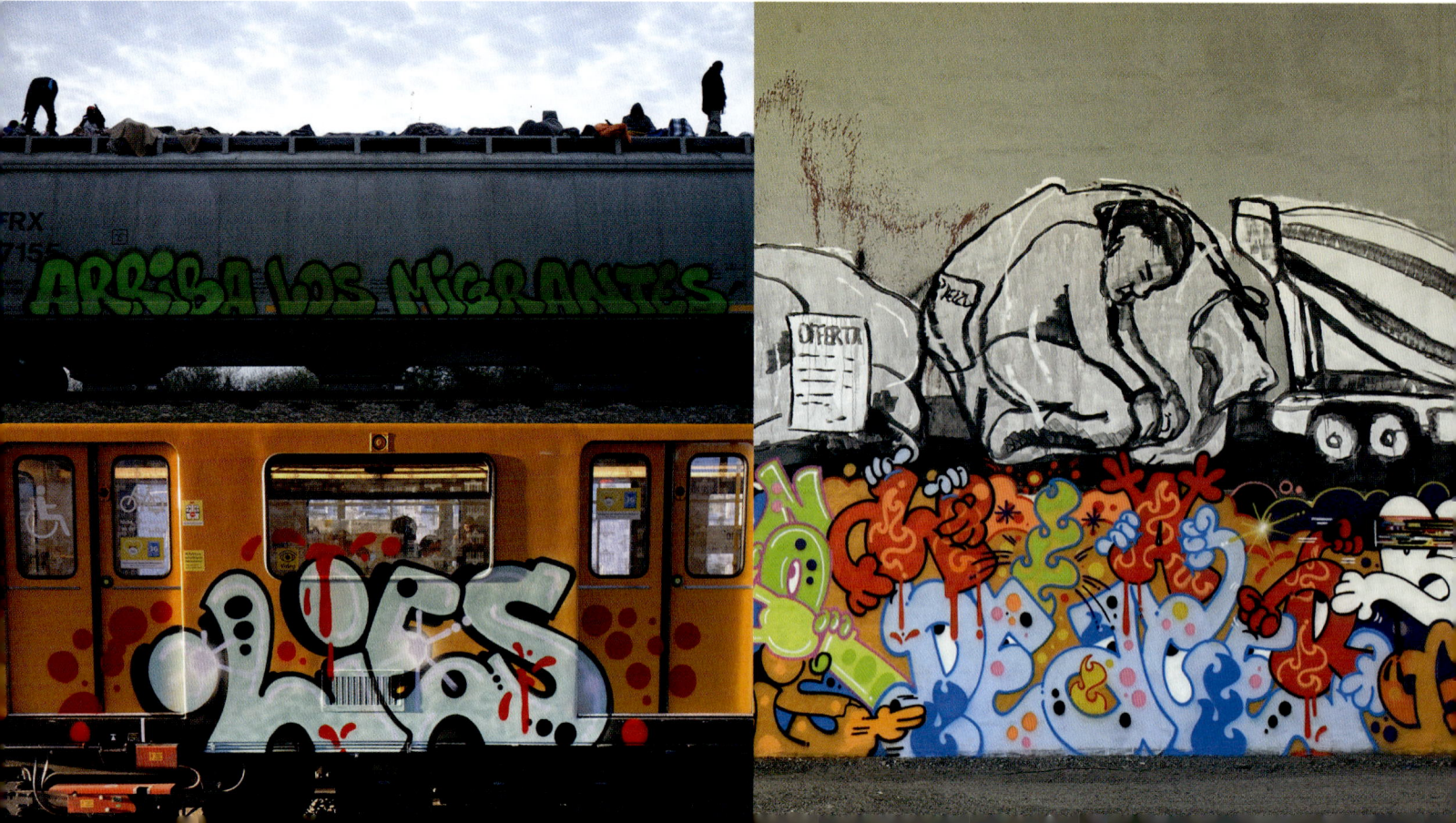

de muchos migrantes. Sus grafitis están ejecutados con destreza, y sus letras rezuman vida. El espectador, que espera ver un *tag*, se encuentra frente a un mensaje abstracto.

Pablo empezó a conocer el grafiti durante su juventud en Ciudad de México, donde las calles contenían sobre todo eslóganes políticos o anuncios pintados a mano y carecían de *tagging*. Fascinado por los logotipos y tatuajes de la música *black metal* (de bandas como Slayer, Sepultura y Metallica), poco a poco se fue dando cuenta de las pequeñas firmas que había en las calles, aunque siguió sin conocer la escena neoyorquina hasta que vio el filme *Style Wars* (1983).

Tras un período pintando grafitis, en el que incluso estuvo en prisión por cargos relacionados con ello, Pablo se planteó un nuevo estilo inspirado en pioneros neoyorquinos, entre ellos George Lee Quiñones. Aunque Lee comenzó su carrera con *tags* con su nombre, amplió su pintura a grandes murales temáticos en vagones del metro de Nueva York en los que incluyó mensajes contra la guerra. «En los sueños que tenía mientras estaba en la cárcel se me ocurrió que, si pintaba palabras como *amor*, *sueños* o *perspectiva*, por nombrar algunas, me acercaría a los transeúntes normales y corrientes,

como el que vende periódicos en la calle o la señora que vende comida callejera, y que les haría pensar. Quería utilizar letras grandes, llamativas y legibles para atraer la atención de la gente. La intención era o es utilizar estas palabras para interactuar con la gente más allá del grafiti», explicó el artista.

Aunque Pablo sigue pintando en estas dos modalidades (*tagging* y comunicación política), las considera muy distintas: «Huelga decir que hago una distinción drástica entre mi propio nombre individual y las palabras que pinto relacionadas con la humanidad en general. Como mezclar estos enfoques distorsionaría la intención, los mantengo por completo separados. Supongo que es como si tuviera dos identidades».

Además, la obra de Pablo invita a considerar la coincidencia de habilidades e intereses de inmigrantes y escritores de grafiti en cuanto a que ambos intentan utilizar los sistemas ferroviarios para sus propios fines. El grafiti, ya vinculado a los trenes, la actividad criminalizada y la movilidad, se reformula en la obra de Allison como una actividad con un carácter político y humano explícito. En el viaje que hizo en 2018 se puso de manifiesto esta conexión: «Los grafitis, los trenes y las personas coexisten». **LM**

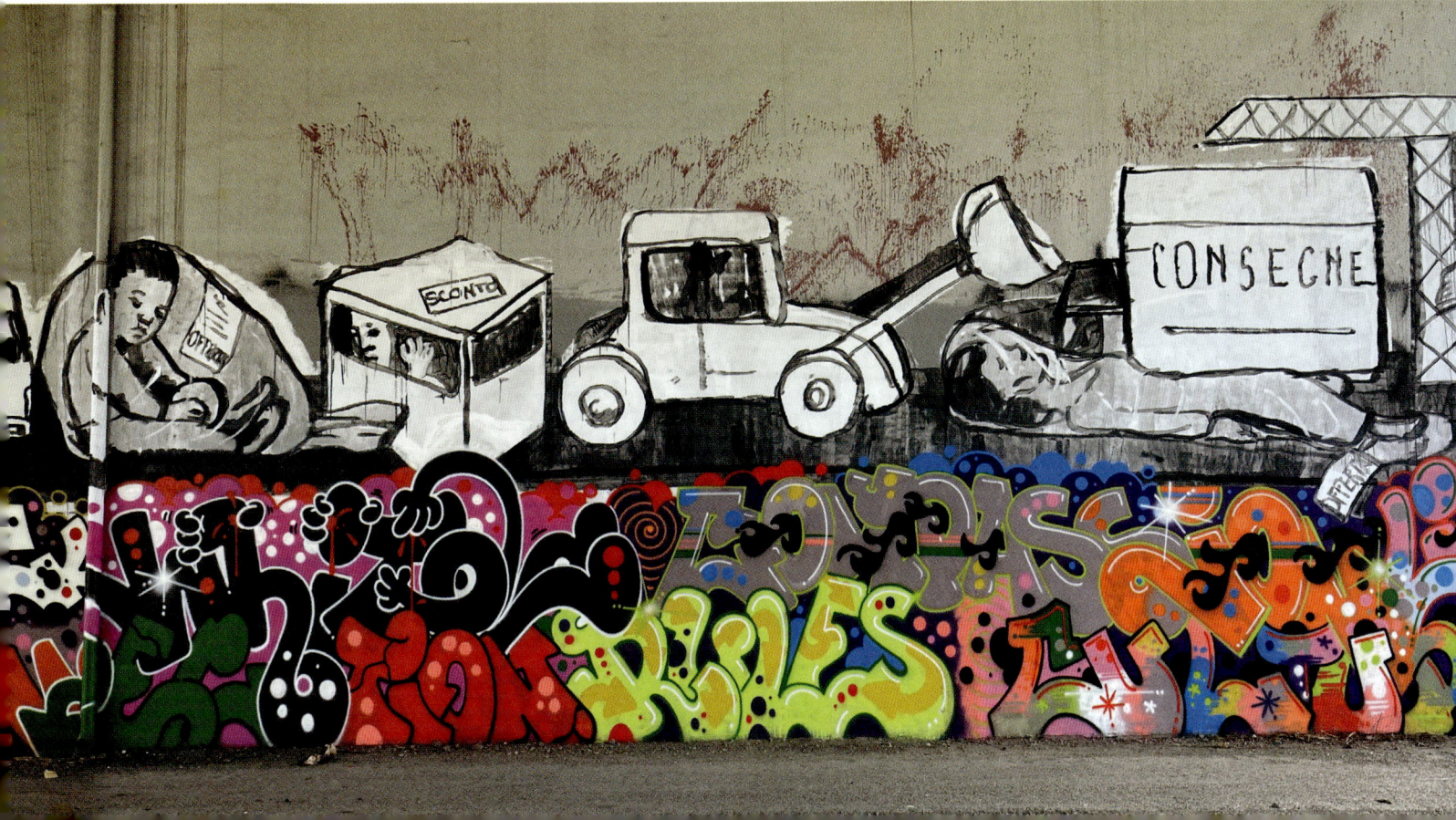

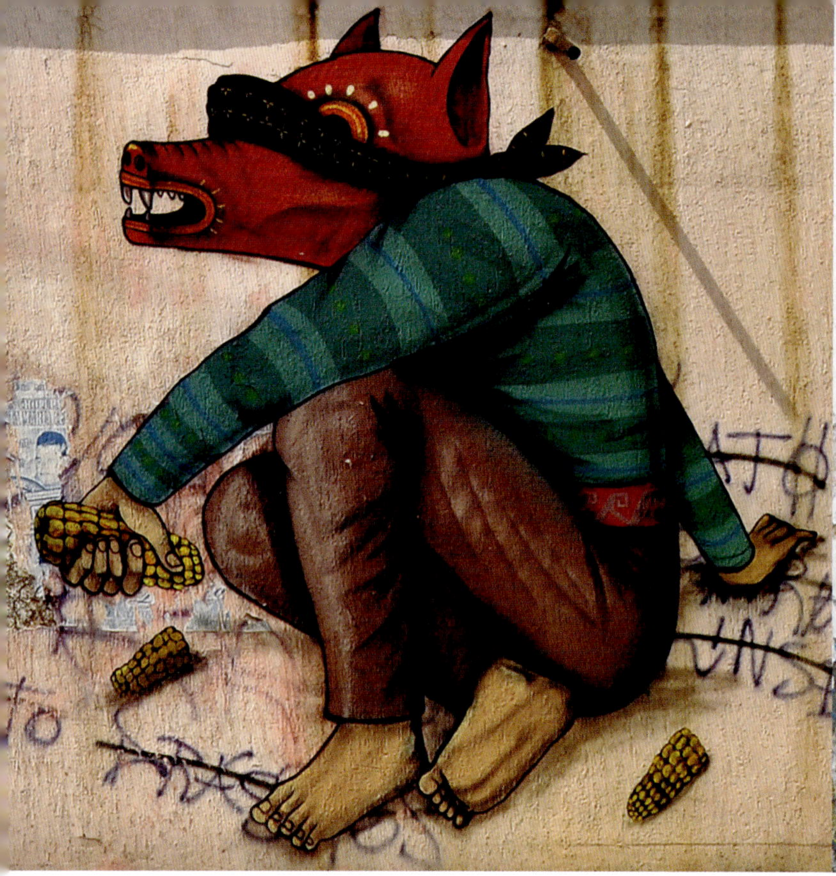

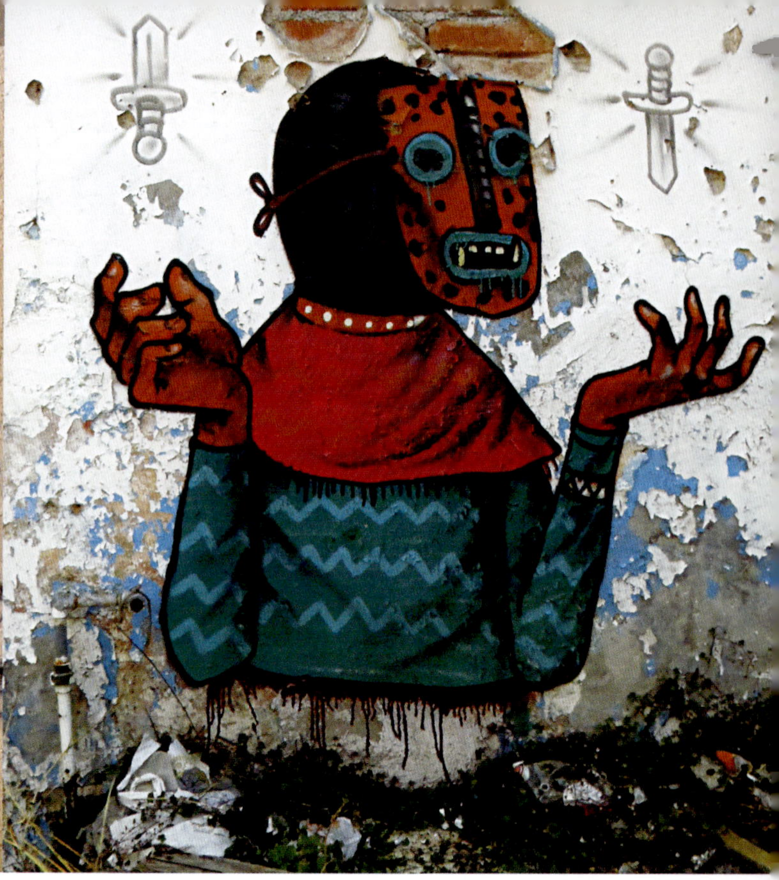

CIUDAD DE MÉXICO

NACIMIENTO 1981   TÉCNICAS / MATERIALES Pintura en aerosol   ESTILO Grafiti folclórico   TEMAS Historia indígena, política contemporánea, folclore mexicano, máscaras, cazarrecompensas   INFLUENCIAS Muralismo mexicano   CREWS DSR, EYOS

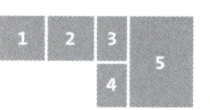

1 *El secuestrado*, Cholula, Puebla, México, 2012   2 *El santo en el rincón*, Ciudad de México, México, 2012   3 *Los danzantes*, Ciudad de México, México, 2011   4-5 *Xolos y un puerco*, Cholula, Puebla, México, 2012

SANER
EDGAR FLORES

Al exponer su personalísima visión de la vida y la cultura mexicanas en muros y calles de todo el mundo, Saner se ha convertido en un artista que aborda temas sociales y políticos contemporáneos a través de una óptica clásica en la que integra antiguos temas folclóricos y un estilo de un pronunciado carácter posmoderno. Saner, cuyo nombre toma su significado del literal en inglés («cuerdo», «sensato», aunque de forma irónica), se propone representar en su obra la locura del mundo actual, y en concreto la agitación imperante en la sociedad mexicana contemporánea.

Saner se inició en el grafiti por influencia de sus hermanos mayores, tras lo que pasó a pintar en las calles como parte de las célebres *crews* DSR y EYOS y a estudiar diseño gráfico en la Universidad Nacional Autónoma de México (UNAM). A medida que la vertiente ilícita y la institucional de su formación fueron confluyendo, la inspiración del movimiento muralista mexicano (del que se pueden encontrar ejemplos emblemáticos en el campus de la UNAM en Ciudad de México) enriqueció aún más estos dos caminos, y no solo al

subrayar la importancia del arte en el espacio público, sino también por su potencial para tener un impacto social y político. Como pasó una temporada de niño en Oaxaca, al sur de México, donde nació su madre, Saner también estaba familiarizado con las tradiciones más místicas de su país. Así, reinterpretó e integró estas influencias iconográficas divergentes en su folclore personal y en su obra para, además, incorporarlas a las realidades que veía a su alrededor con un enfoque autorreferencial consciente. En el que se ha convertido en su estilo distintivo, los personajes de Saner, de aspecto muy moderno, llevan máscaras mesoamericanas pero carecen de ojos: según la concepción de Saner, la vida moderna los ha cegado y su obra representa un intento de volver a despertar a sus espectadores y a la ciudad que le rodea. Junto con otro motivo habitual de su obra, los cazarrecompensas, estos personajes acechan la ciudad en busca de almas vacías. Aunque los tonos cálidos, los bellos estampados y la riqueza gráfica de las imágenes de Saner hacen que al principio resulten estéticamente atractivas, en realidad abordan un lado mucho más oscuro de la existencia. Al intentar transmitir su mensaje de oposición desde el centro de la esfera pública, sus obras de arte pueden verse como cuentos con moraleja míticos de nuestros días, como advertencias y profecías a las que sus espectadores deben prestar atención.

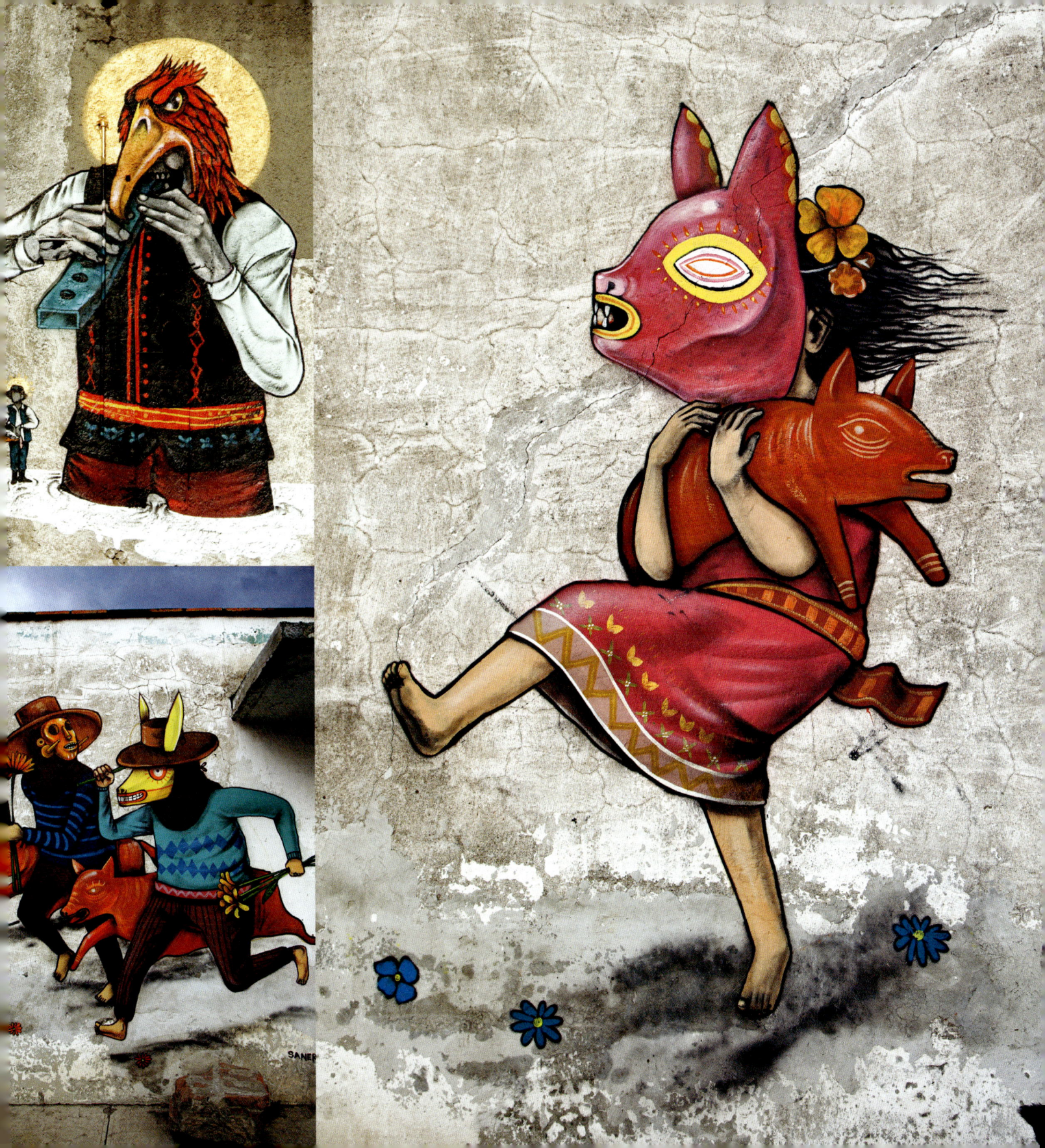

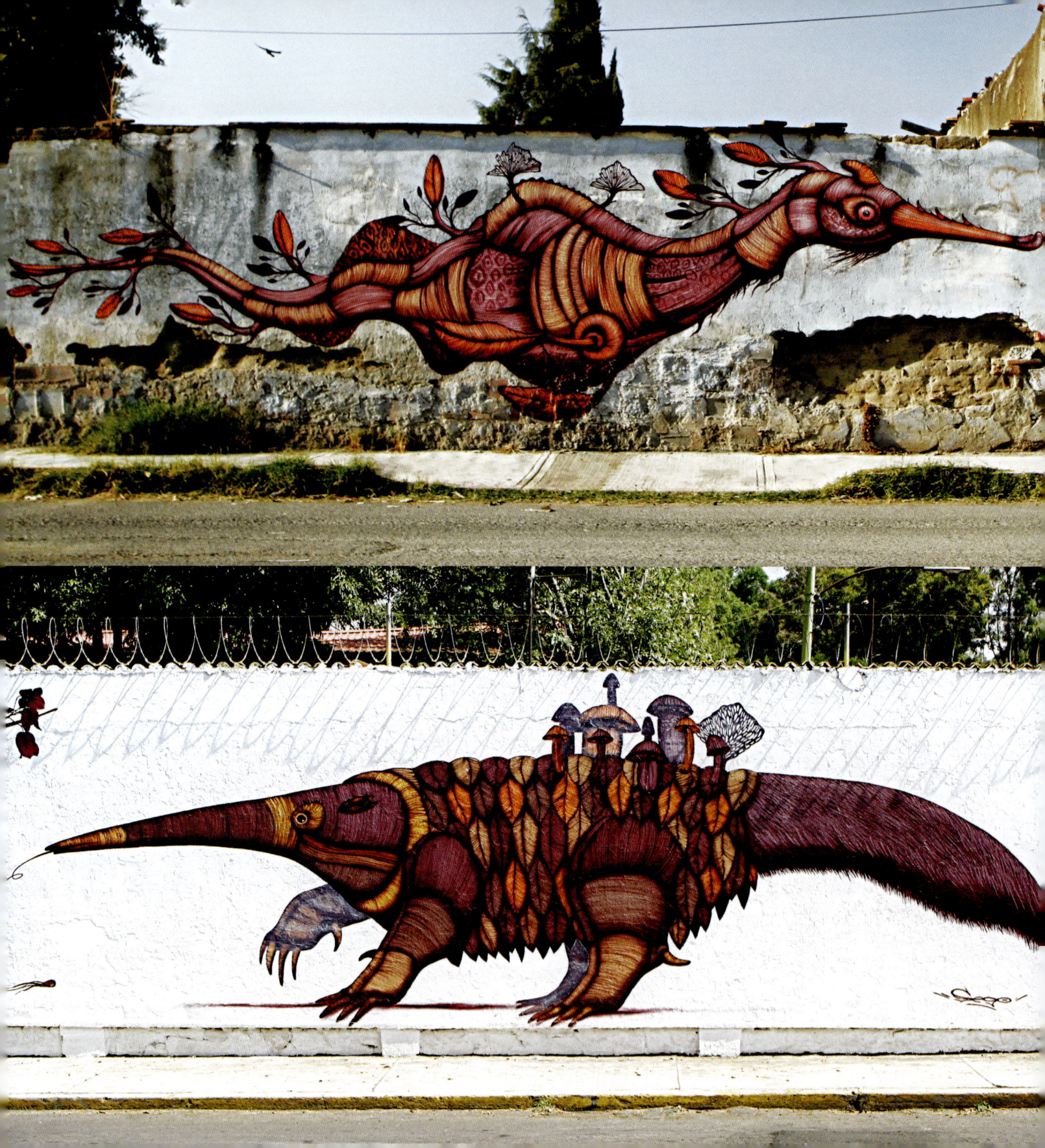

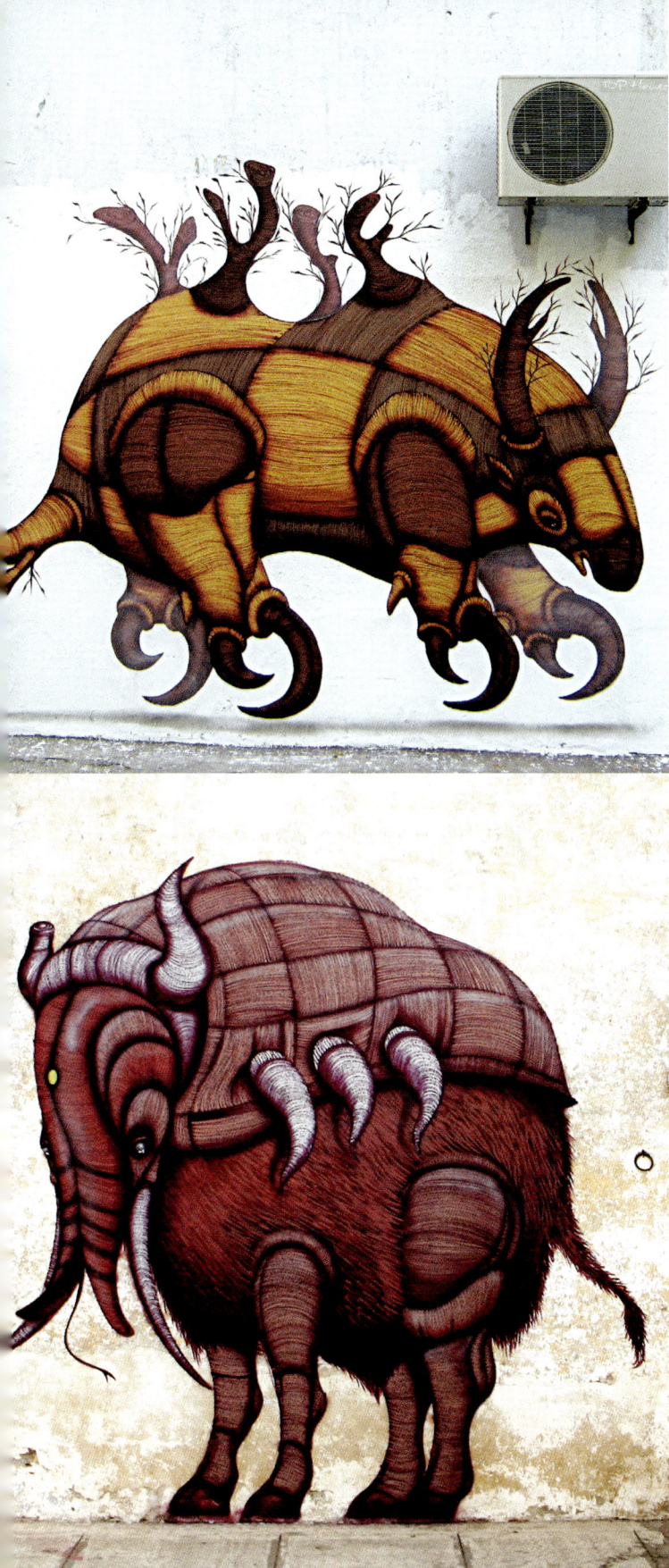

CIUDAD DE MÉXICO

NACIMIENTO Ciudad de México, México   **TÉCNICAS / MATERIALES** Pintura en aerosol
ESTILO Figuración surrealista orgánica, grafiti geométrico abstracto   **TEMAS** Naturaleza
frente a cultura, ecología, misticismo

SEGO Y OVBAL

Como artista que sostiene no tener un estilo establecido, Sego y Ovbal
ha desarrollado en su obra dos enfoques distintos a una edad todavía
considerablemente corta. El primer enfoque abarca una producción de gran
detalle y riqueza orgánica que firma con el nombre de Sego; el segundo
gira en torno a una técnica más abstracta y geométrica que pone en
práctica en su obra como Ovbal. Aquí nos centraremos en Sego, el elemento
predominante de su producción más reciente, ya que la que desarrolla como
Ovbal, más basada en el diseño, tiene más presencia en su faceta consagrada
a la arquitectura de interiores. Lo que sigue siendo primordial para Sego
es la necesidad de explorar y progresar sin las limitaciones que suelen
ir de la mano del término *estilo*; lo más importante para él y sus compañeros
de la nueva escuela del muralismo mexicano es simplemente seguir
adentrándose en territorios desconocidos y desarrollarse sin límites de
naturaleza conceptual o material.

Aunque, al igual que sus compatriotas Neuzz (*véanse* páginas 88-89) y
Saner (*véanse* páginas 92-93), creció en Ciudad de México, fue el tiempo que
vivió en las provincias mexicanas lo que más ha influido en la actual obra de
Sego. Sin embargo, a diferencia de lo que les sucedió a sus colegas, no fueron
las historias y los mitos tradicionales de estas regiones los que inspiraron a
Sego, sino la riqueza de la flora y la fauna autóctonas. A causa del trabajo del
padre, la familia se trasladó al Istmo de Tehuantepec, Oaxaca, una zona de
México excepcional desde el punto de vista medioambiental con una enorme
biodiversidad terrestre y la última zona de selva tropical que queda. Este
contacto directo con la naturaleza virgen y con sus «exóticos reptiles,
insectos, aves y peces» ejerció una gran influencia en el joven urbanita Sego
y cambió por completo su perspectiva. Cuando regresó a la capital, comenzó
a escribir grafitis en serio, y el pronunciado componente ecológico asimilado a
través de sus experiencias en el Istmo en Oaxaca se hizo notar en la superficie
material de sus obras.

Por otra parte, Sego tuvo otras dos experiencias vitales que determinarían
su futura trayectoria artística. La primera, la trágica pérdida de su madre
cuando Sego solo tenía dieciocho años, marcó el momento en que decidió
consagrar su vida al arte; la segunda, una caída en la que se fracturó el cráneo
(necesitó más de cuarenta puntos de sutura), dio lugar a un sorprendente
cambio en su modo de producción: un desarrollo y una relajación de la
técnica que sigue siendo un resultado inexplicable de este accidente. Así,
lo que el espectador puede ver en la actual obra de Sego es una asombrosa

1	3
2	4

1 *Simbionte*, Cholula, Puebla, México, 2012
2 *Simbionte*, Morelia, Michoacán, México, 2010
3 *Simbionte*, Buenos Aires, Argentina, 2010
4 *Simbionte*, Cholula, Puebla, México, 2009

fusión del mundo biológico (insectos, animales, hongos, corales, vida humana y vegetal) que explota de una forma surrealista, a menudo aberrante. En una mezcla oximorónica de lo bello y lo monstruoso, Sego se las arregla para conjugar estos elementos divergentes en un todo cohesionado.

En particular, en la serie titulada *Simbiontes* (*véanse* imágenes 1-4, páginas 94-95) —los simbiontes son dos especies que mantienen una relación «forzosa», es decir, que dependen por completo la una de la otra para su supervivencia)—, Sego representa un mundo que, aunque natural, sigue siendo imperfecto; un mundo en el que juega, como dice, con la «estética de lo amorfo, de lo monstruoso». Sus imágenes, que buscan el esplendor en lo que a primera vista puede parecer un caos, guardan relación con los alebrijes, una forma de arte popular creada por Pedro Linares López, artista marginal que vivió en la Ciudad de México. Este arte consiste en esculturas de papel maché o madera de vivos colores en las que el reino animal se transforma y se funde en una serie interminable de criaturas místicas, a menudo de aspecto feroz. Las imágenes de Sego presentan un estilo grotesco semejante, pero también remiten a un ámbito visual más

impregnado de misticismo, como atestigua la adopción en su práctica de iconos universales como el tercer ojo y el árbol de la vida, elementos que representan, como dice el propio Sego, tanto «una forma diferente de percibir el entorno que nos rodea, casi como si fuera un estado de conciencia diferente» como el delicado «equilibrio que deberíamos tener con la naturaleza».

A través de las materializaciones fantásticas de su práctica, Sego se propone, por tanto, reintegrar la espiritualidad ecológica y una conciencia más contundente respecto al precioso, aunque precario, entorno en el que habitamos. En su intento de cambiar nuestra visión de la ciudad, aborda cuestiones políticas a través de una postura conscientemente apolítica. Sego ha usado arte público como arma para desarrollar una estética ecológicamente mutante que resulta abominable a la vez que elegante, una estética que pretende dar lugar a una nueva forma de comprender la fecundidad del mundo orgánico.

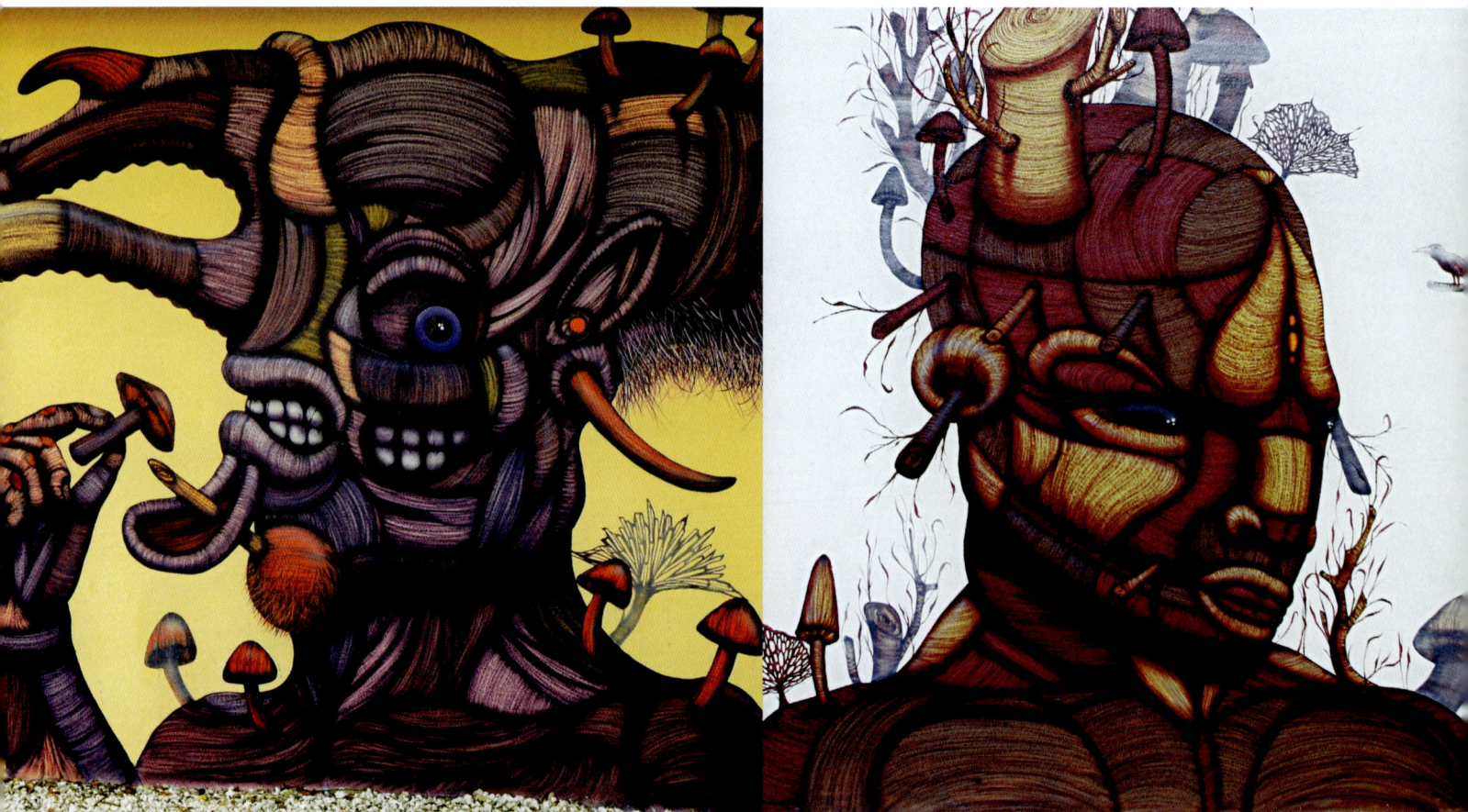

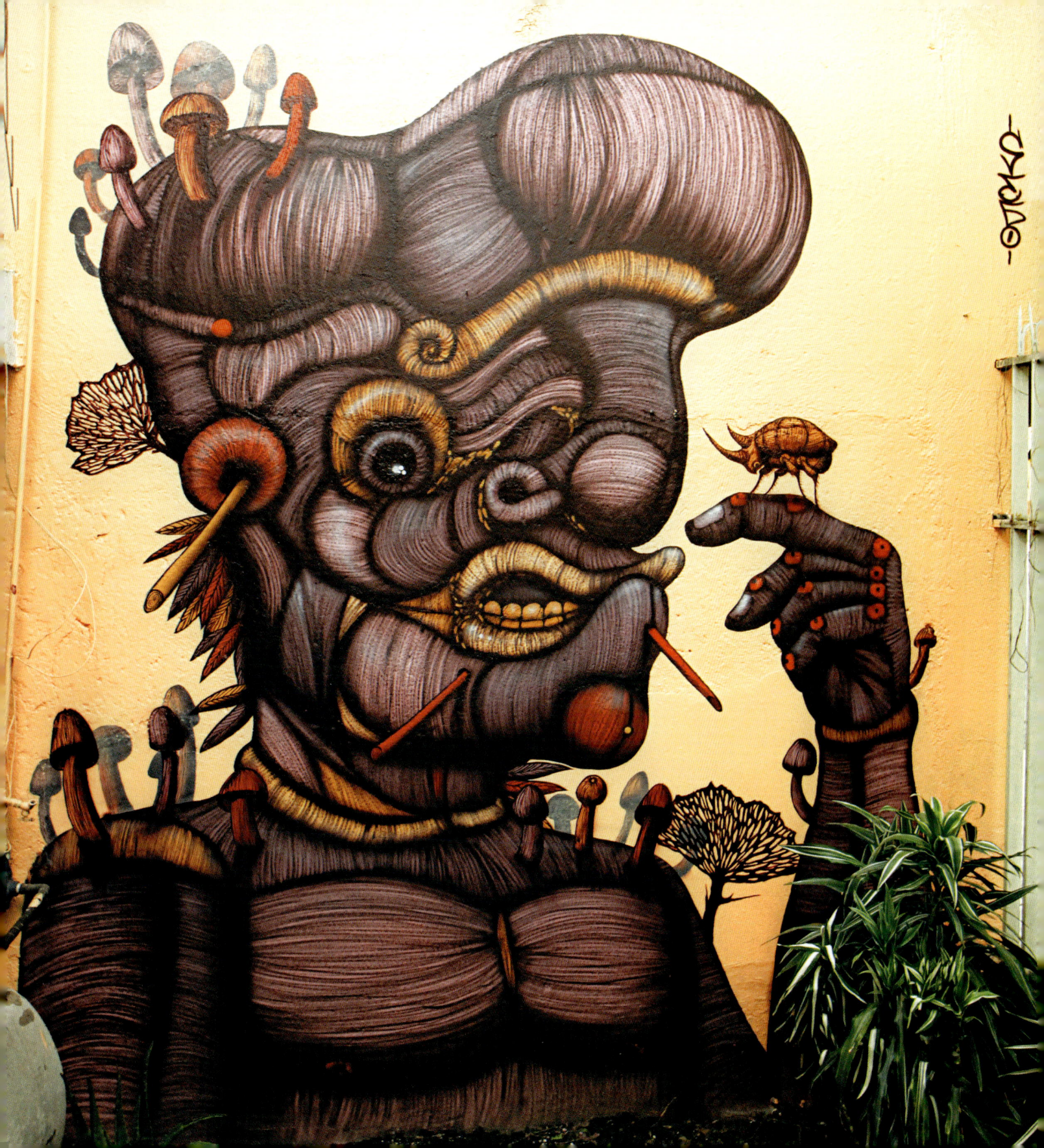

SÃO PAULO

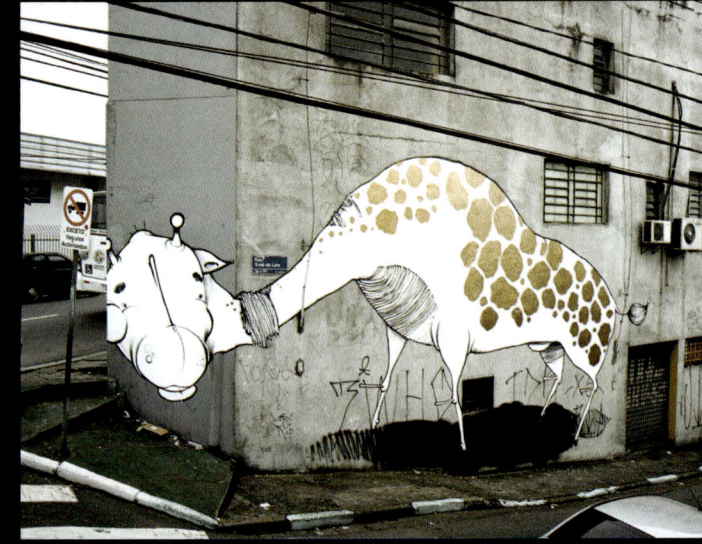

La pintura ilegal de São Paulo comenzó durante la dictadura militar (1964-1985). En primer lugar, se hizo visible a través de la *pichação*, un movimiento de protesta que consistía en escribir eslóganes políticos y nombres de *crews* con un característico alfabeto críptico en edificios altos utilizando técnicas temerarias, como el rápel y la escalada libre. Aunque la *pichação* se originó en la década de 1950, no despegó hasta el final de la dictadura brasileña. Os Gêmeos (los gemelos Pandolfo; *véanse* páginas 106-109) evocan su deuda con la *pichação* y con John Howard y Alex Vallauri, los escritores de grafiti pioneros de la década de 1970. La generación de escritores de grafiti *hip-hop* por la que el grafiti brasileño es más famoso (Os Gêmeos, Vitché, Binho, Onesto y Zezao, entre otros) surgió a mediados de la década de 1980, y empezó a pintar a la luz del día a partir de 1986. Vitché, en particular, fue pionero en técnicas que hoy están muy extendidas en Brasil y el resto de Iberoamérica, como la que consiste en cubrir con látex grandes muros sobre los que resaltan con fuerza unos toques de pintura en aerosol. Los grafitis de Onesto están diseñados para lugares concretos y son accesibles: sus piezas resultan divertidas a la vez que compasivas, como es el caso de su jirafa, que baja el cuello para no enredarse más en los cables que la rodean (*véase* imagen 1). Zezao pinta arabescos de una cruda belleza en las calles y el alcantarillado de São Paulo. La generación de escritores *hip-hop* ha evolucionado más allá de sus raíces: así, el estilo descarnado y sanguinolento de Vitché se ha suavizado desde que vive y trabaja con Jana Joana.

De los que surgieron en las calles de São Paulo en la década de 1990, Herbert Baglione (*véanse* páginas 102-103) destaca por sus exploraciones de formas alargadas, contorsionadas y a menudo de aspecto alienígena, realizadas con un estilo monocromo con toques dorados. Nunca empezó como *pichador* en un barrio desfavorecido del este de São Paulo, tras lo que su familia se trasladó en la década de 1990 al centro de la ciudad, donde se dedicó al grafiti. Los personajes afroindígenas brasileños de Nunca se valen de los accidentes de sus contextos urbanos. A principios de la década de 2000, Nunca pintó con Os Gêmeos en São Paulo y en el extranjero, como, por ejemplo, en la fachada ribereña de la londinense Tate Modern y, con Nina (esposa de Octavio Pandolfi), además de con Os Gêmeos, en el castillo de Kelburn, Escocia. En 2010, Nike le encargó a Nunca el diseño de la equipación de la selección brasileña de fútbol, toda una muestra del reconocimiento que Nunca y el grafiti paulista habían alcanzado. El trabajo de Nunca con la selección brasileña de fútbol es el ejemplo más destacado en Iberoamérica de artistas del grafiti que aceptan encargos de empresas dedicadas a la ropa

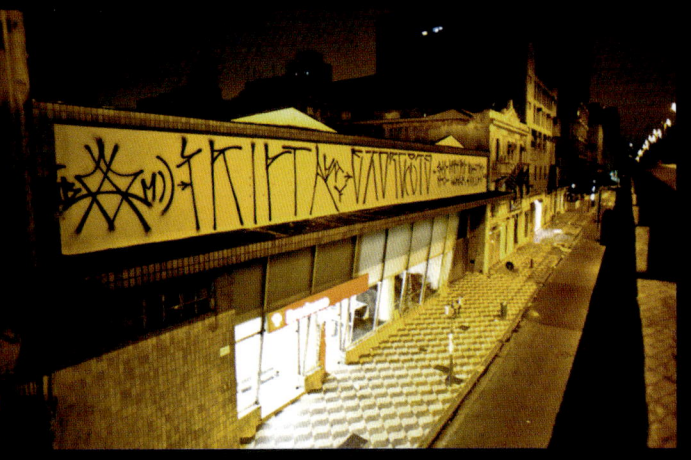

1 *Giraffe*, Onesto, 2010   2 Cripta Djan   3 Jana Joana, 2012   4 Caleb Neelon, Os Gêmeos, Herbert Baglione y Vitché, 1998

1

2

3

4

eportiva. Sin embargo, hay escritores de grafiti brasileños que se oponen a esa comercialización y a que los patrocinen.

Aunque São Paulo es una de las ciudades más peligrosas a la hora de pintar calles, las mujeres artistas también han dejado su impronta en ella. Entre ellas se encuentran Jana Joana, que dibuja figuras femeninas y motivos de encaje (*véase* imagen 3); Nina, cuyos personajes de grandes ojos y aspecto de muñeca han sido adoptados en todo el continente, y la mexicano-brasileña Fefe Talavera, que pega sus monstruos, metáforas de estados de ánimo humanos, por las calles de São Paulo. Anarkia, artista de Río de Janeiro, habla en nombre de sus compañeras paulistas y en el suyo propio, sobre el «acto político» de ganarse espacios en los muros brasileños y «el proceso feminista de ganarse el respeto en la escena».

De todos los artistas urbanos que surgieron en la década de 1980, ninguno tiene más ganas que Os Gêmeos de volver a sus raíces subversivas a base de salir a pintar con las *crews* grafiteras de São Paulo: Os Gêmeos y VLOK (*véanse* páginas 110-111), liderados por FINOK, que se mueve con soltura entre las letras estilo cómic y los grandes murales a base de látex, se han apropiado de muchas paredes paulistas con sus personajes y letras derivadas de la *pichação*. La *pichação*, como la de la *crew* Cripta (*véanse* imagen 2 y páginas 100-101), activa desde la década de 1980, sigue adornando el paisaje de São Paulo y cada vez está ganando más peso en Río. La adopción de la *pichação* ha sido tan generalizada que se ha convertido para el grafiti iberoamericano en lo que el *wildstyle* es para el angloamericano. Así, en el norte de México, la *pichação* sirve como frontera subcultural entre Iberoamérica y Angloamérica. **RP**

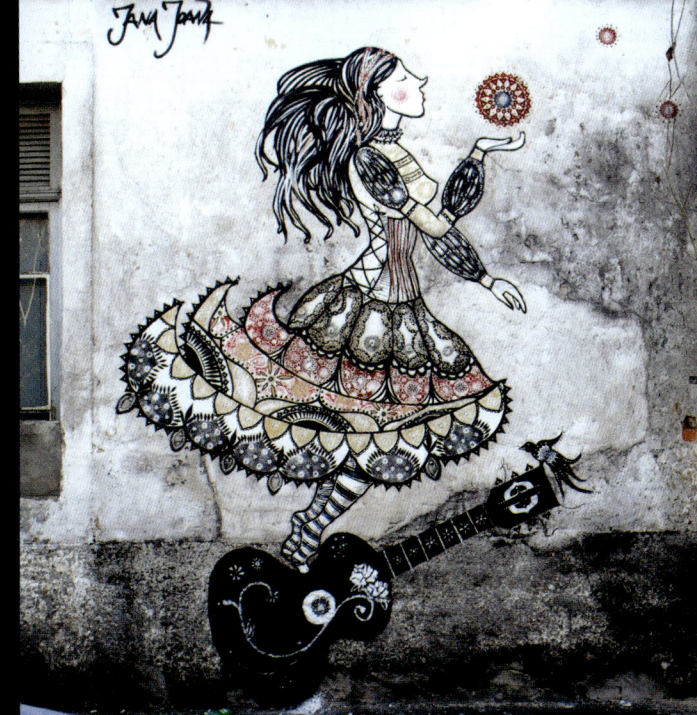

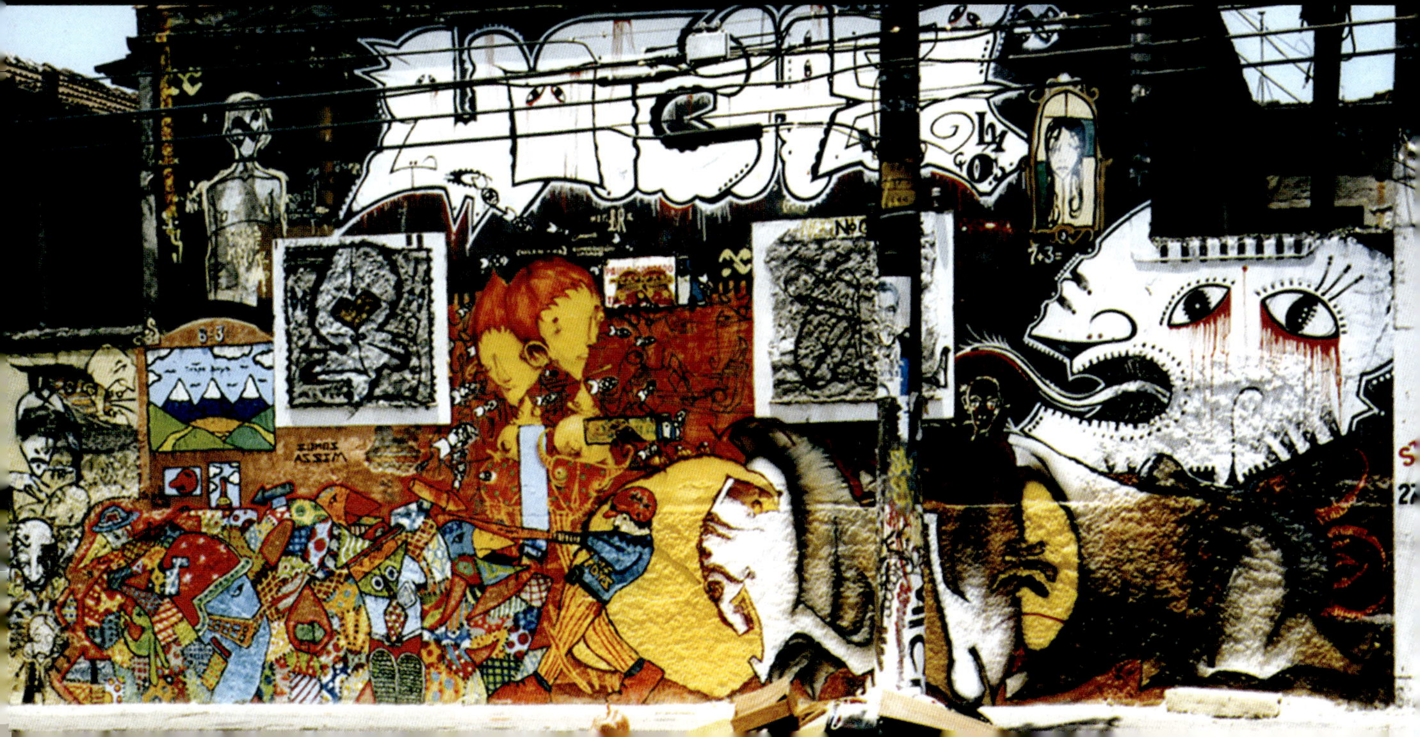

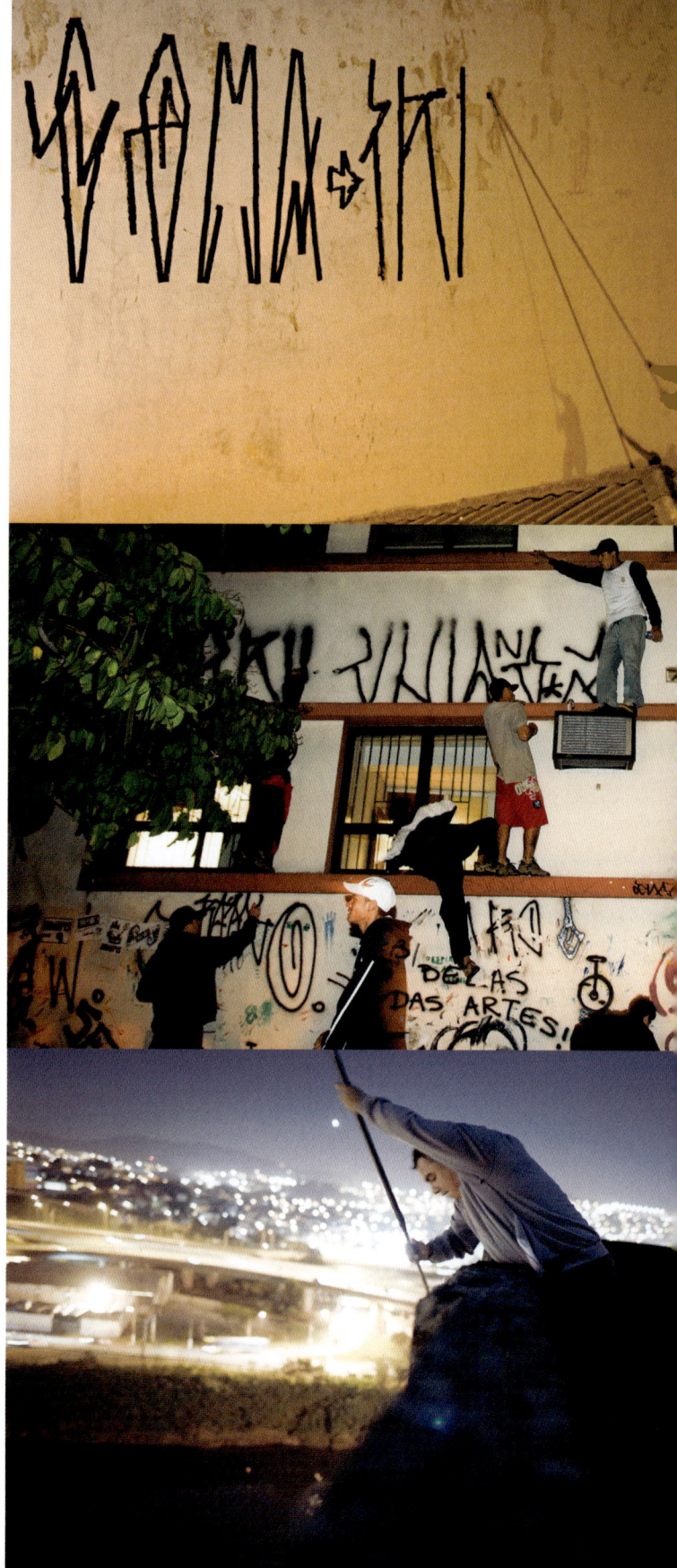

SÃO PAULO

NACIMIENTO 1984, São Paulo, Brasil   TÉCNICAS / MATERIALES Látex
ESTILO *Pichação*, invasiones, estética subversiva   TEMAS Anticapitalismo,
antisistema   *CREW* Cripta

CRIPTA DJAN

Djan Ivson Silva (o Cripta Djan, como se le conoce), que posiblemente sea
el más famoso practicante de *pichação* (*véase* «São Paulo», páginas 98-99)
del mundo, lleva sobre sus hombros el peso de todo un movimiento artístico.
Como portavoz de esta forma inequívocamente brasileña de arte público
independiente, Djan articula el discurso de la *pichação* a través de sus escritos,
filmes y su propia práctica, ya legendaria (el término *pichação* significa «trazo»
o «mancha»). Djan ha sido pionero en los cambios estilísticos tanto en cuanto
a la forma en sí como en las técnicas para su difusión. Como representante
muy elocuente y apreciado practicante de esta subcultura, ha estado
a la vanguardia de la transición de la *pichação* en su paso de lo local a lo
internacional.

Aunque tanto él como el movimiento han ganado popularidad en los
últimos años, Djan sigue practicando y predicando el carácter innato
antisistema y anticapitalista de la *pichação*. Así, ensalza la pureza y la
subversión de la forma al tiempo que promueve su potencial revolucionario:
«Hoy en día vivimos en una sociedad capitalista en la que "vales" tanto como
tienes. Todo gira en torno al dinero y los bienes materiales. Pero en la *pichação*
estos valores están invertidos; no hace falta dinero para que se te reconozca.
Lo único que hace falta es escribir tu nombre y tener el deseo de cubrir
toda la ciudad con él».

Nacido en 1984, Djan creció en varios hogares de la Región
Metropolitana de São Paulo, en los barrios de Barueri, Santana e Itapevi,
antes de establecerse de forma definitiva en Osasco, uno de los municipios
más grandes de São Paulo. Aunque de joven fue un gran futbolista, la
pichação empezó a consumir la vida de Djan cuando tenía unos doce
años. Se unió a la *crew* Cripta un año después e imprimió su marca visual
en las calles a un ritmo increíble hasta conquistar su distrito, la región
y, después, el centro de São Paulo, el lugar por excelencia de los *pichadores*
de la ciudad.

Aunque a principios de la década de 2000 Djan ya era en uno de los
profesionales más importantes de la escena, consideraba que la *pichação*
se estaba estancando debido a la falta de una exposición sistemática del
movimiento al margen de las calles de la ciudad: «Sentía la necesidad
de ver algo centrado solo en la *pichação*, algo producido por y para nosotros
mismos; estaba cansado de tener que conformarme con una fotografía en
una revista sobre grafitis o un recorte de prensa». Esto le llevó a realizar dos
series de filmes, *100Comédia* y *EscritaUrbana*, que grabó y editó él mismo.
Con estos filmes, Djan amplió la imagen de la *pichação* más allá de su
representación tradicional en los medios de comunicación, construyó
un retrato genuino de la cultura y lo vinculó a los temas políticos y estéticos
de los que había surgido.

Sin embargo, las «invasiones» que Djan, junto con su compañero Rafael Guedes Augustaitiz (más conocido como Rafael Pixobomb), comenzó a instigar en 2008 proyectaron la *pichação* a un nivel inédito. La primera invasión, organizada sobre todo por Pixobomb como parte de su proyecto de graduación en el Centro Universitário Belas Artes de São Paulo, tuvo lugar en junio de ese año. En protesta por la falta de conciencia social en la facultad de arte y por la vacuidad, en su opinión, de buena parte del arte contemporáneo, Djan, Pixobomb y otros cincuenta *pichadores* invadieron el edificio durante una exposición de fin de curso y lo pintaron por dentro y por fuera. Aunque a raíz de esto Pixobomb fue expulsado de la universidad, a partir de ese momento la pareja continuó organizando invasiones y grabando la *pichação* en la conciencia nacional brasileña.

Solo unos meses después, en septiembre de 2008, llevaron a cabo una invasión en el Choque Cultural (una galería independiente de arte contemporáneo especializada en arte urbano y marginal) para protestar por «la comercialización, institucionalización y domesticación de la cultura urbana». Al mes siguiente, en la Bienal de São Paulo, se embarcaron en la que es probable que sea su incursión más polémica al marcar la segunda planta vacía del pabellón, un espacio en el que la bienal había invitado a los artistas a realizar «manifestaciones». Ambas invasiones le dieron al movimiento mucha más visibilidad y llevaron a los marginados de São Paulo al propio centro de la ciudad. Dejaron claro que la *pichação* no era mero vandalismo, sino que también está vinculada a temas sociales como la desigualdad y la invisibilidad.

Aunque Djan no es tan activo como en sus inicios, la *pichação* sigue siendo un elemento crucial en su vida y una forma de desafiarse a sí mismo y al mundo. Según sus propias palabras, sigue asumiendo «riesgos para recordarle a la sociedad que la ciudad es hostil a todo aquel que no sea rico» y reaccionando «con indignación contra la elite». Para Djan, la *pichação* no es ni más ni menos que la forma más pura de arte que se puede producir, una forma que abarca no solo la tipografía y el objeto, sino también la ejecución y la acción. Representa una práctica estética subversiva y radical en la ciudad, una forma exclusivamente paulista de arte público independiente.

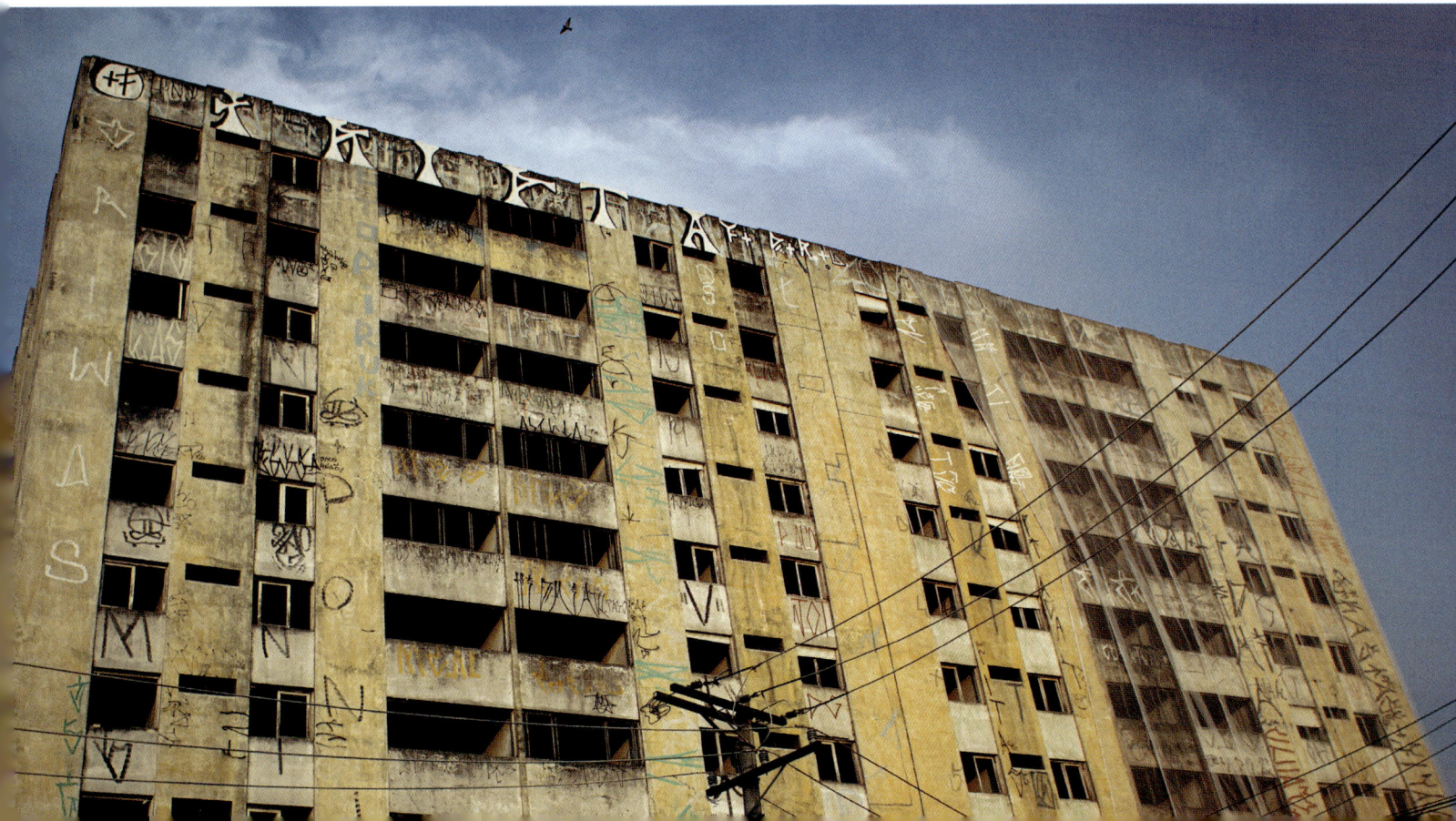

SÃO PAULO

NACIMIENTO 1977 TÉCNICAS / MATERIALES Pintura en aerosol
ESTILO Grafiti existencialista, monocromías TEMAS Muerte, sexualidad,
fe, caos, aislamiento, absurdo

HERBERT BAGLIONE

La belleza onírica, melancólica y a menudo agridulce presente en la obra de
Herbert Baglione actúa de forma directa contra las modas y frivolidades del
mundo del arte y en favor de una representación más provocadora de la vida
moderna. El turbador y a menudo desolador imaginario de Baglione evoca
temas como la muerte, el caos, la sexualidad y la fe y posee unas hondas
raíces existencialistas: con sus creaciones fantasmagóricas realiza una
exploración visual de su propia conciencia y busca un modo genuino de estar
en el mundo.

Conocido por su uso casi exclusivo del blanco y negro (una paleta
reducida que se desmarca de la naturaleza a menudo sensacionalista y
chillona de la cultura popular), Baglione rechazó muy pronto todo deseo de
usar su obra solo para buscar la belleza estética. Buena parte de sus obras
anteriores, que giraban en torno a la obesidad y la anorexia, daban un
conmovedor testimonio público de los efectos del cuerpo «ideal» que
promulga la publicidad en la sociedad contemporánea. En su producción
posterior pasó a criticar la velocidad del progreso tecnológico y cómo este
debilita los lazos sociales en lugar de reforzarlos. En una sociedad que,
según Baglione, está obsesionada con el «culto al universo creativo», y en
la que la tecnología, la moda y el arte son instrumentales para ese «nuevo
credo», la obra de Baglione se propone subrayar el aislamiento que conlleva
la modernidad.

Imágenes como las de las solitarias figuras de *Campo de concentraçao*
y *Vela de 30 dias* (*véase* imagen 3) son manifestaciones visuales perfectas
de la célebre e intraducible palabra portuguesa *saudade*, la cual alude
a un estado emocional de añoranza de lo perdido y que abarca tanto el
pasado como el futuro. La obra de Baglione transmite poderosamente esta
quintaesencia de la angustia existencial. Cada una de sus imágenes, una
potente mezcla de desesperación nihilista y libertad emocional, se expone
a la necesidad de enfrentarse a lo absurdo del universo. En su afán de validar
la existencia del individuo en la sociedad y la de su propio yo, Baglione sigue
aprendiendo y evolucionando, intentando producir obras que lo «distingan
de los demás». Baglione trabaja en la calle no solo para que el público sepa
cómo se siente, sino para cambiar la forma en que se siente, y para ello
trabaja para resucitarse a sí mismo, para mantenerse vivo.

1	
2	3

1 *08*, Miajadas, España, 2010
2 *Invidia*, Luneburgo, Alemania, 2009
3 *Vela de 30 dias*, São Paulo, Brasil, 2010

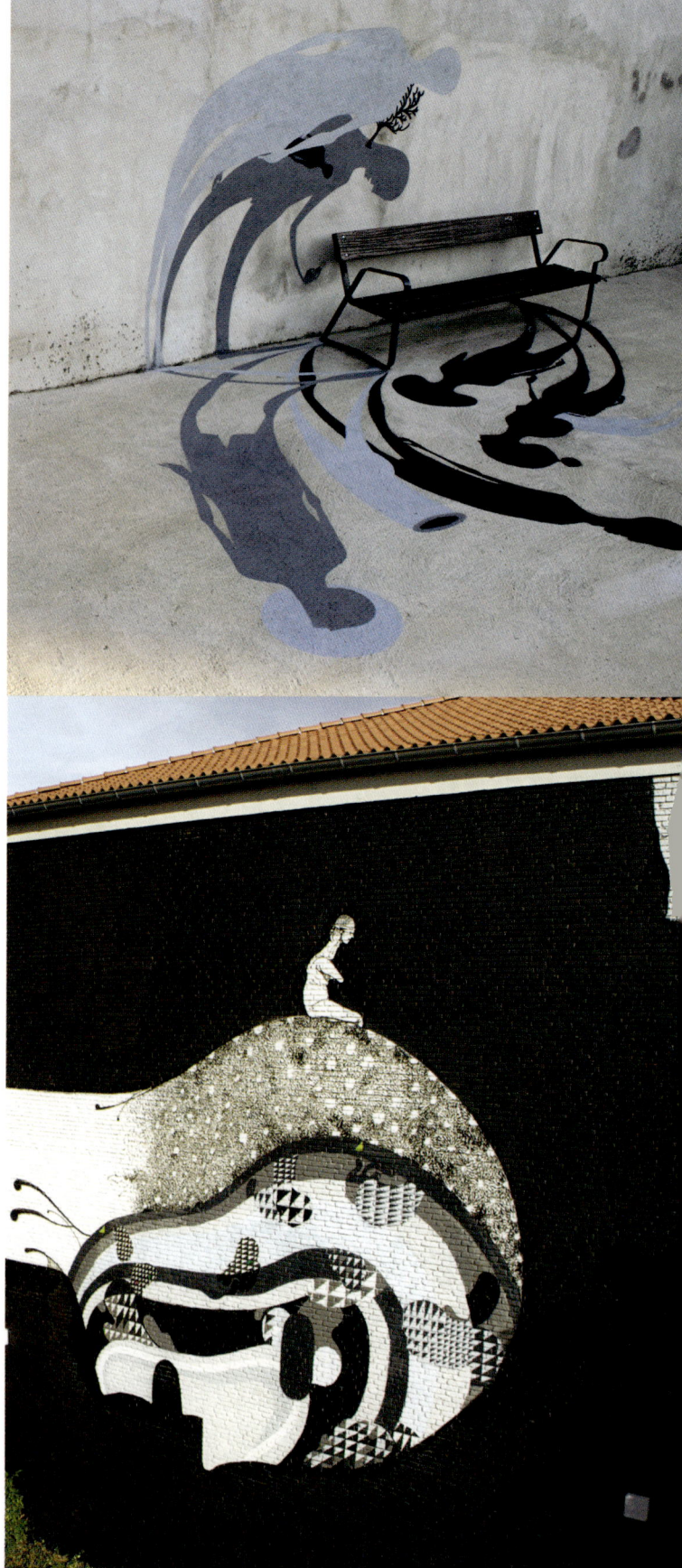

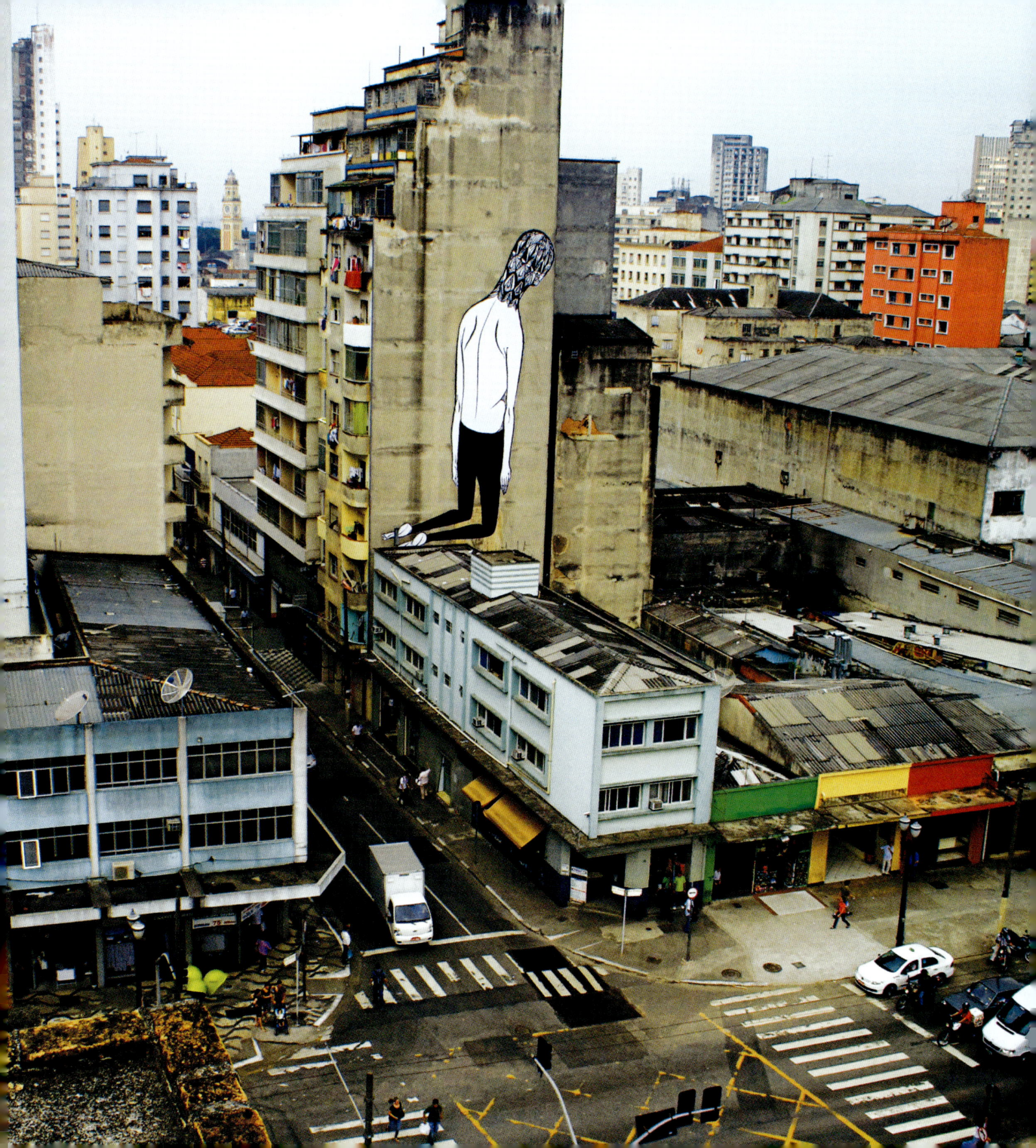

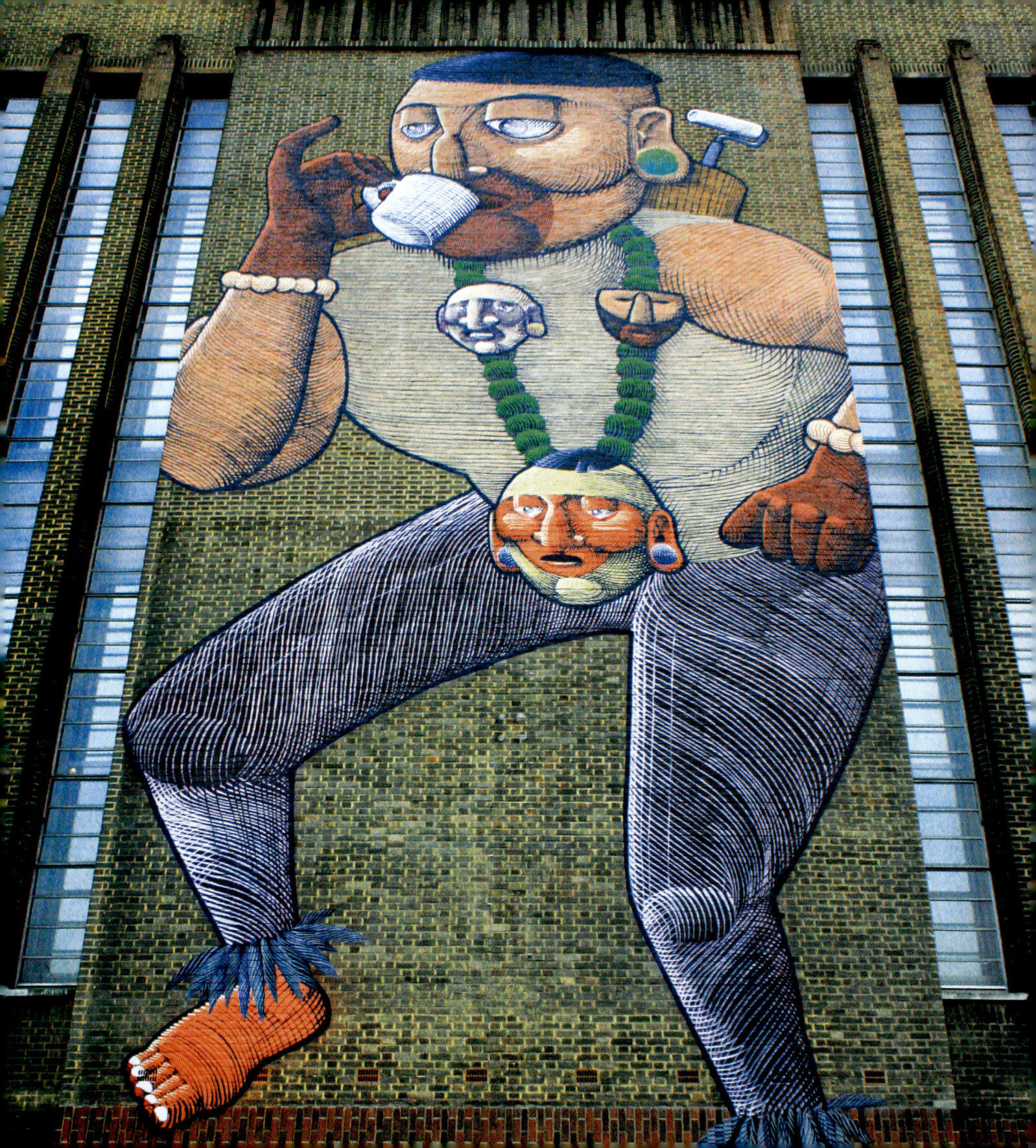

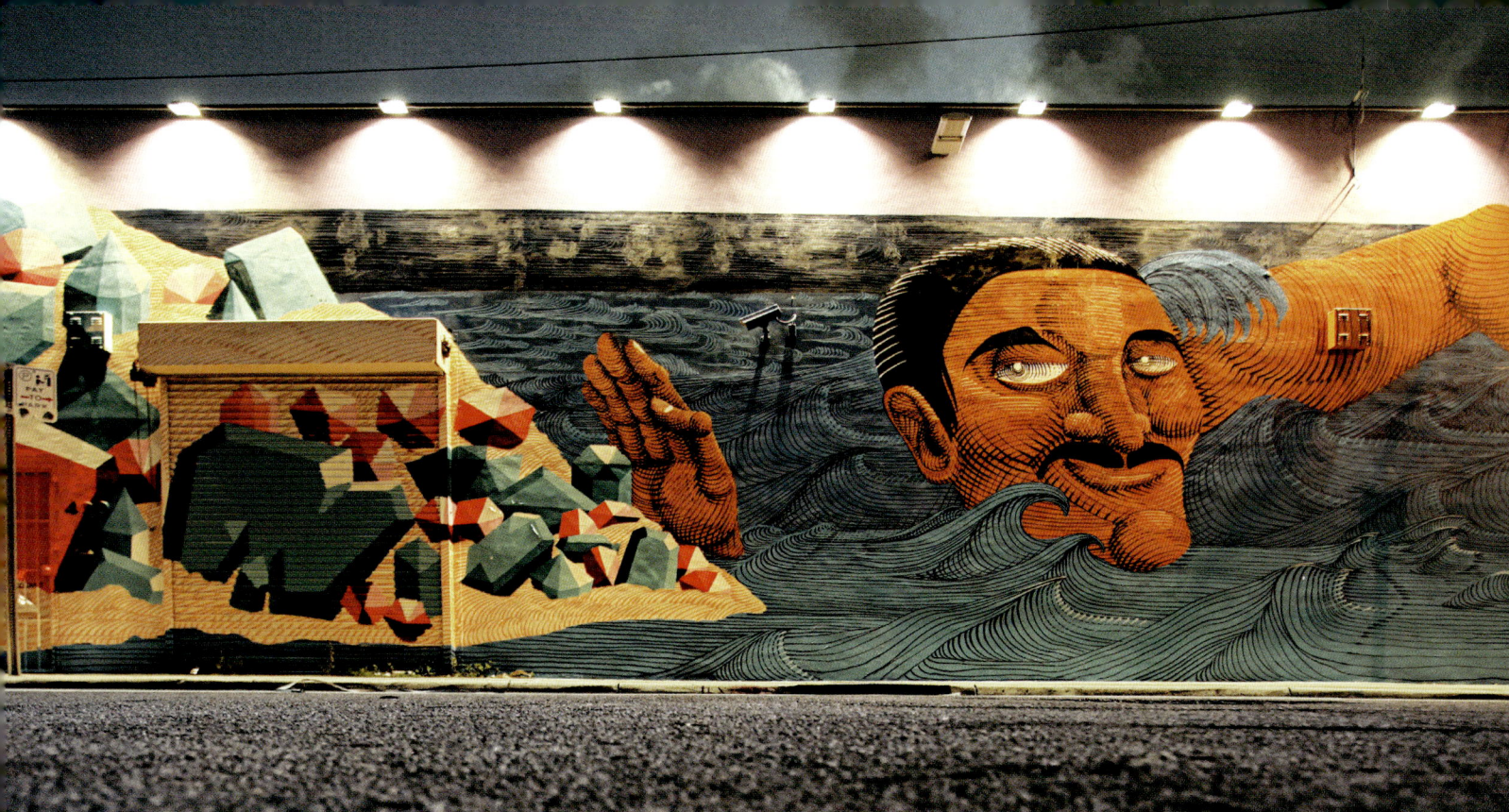

SÃO PAULO

NACIMIENTO 1983, São Paulo, Brasil   **TÉCNICAS / MATERIALES** Pintura en aerosol
ESTILO Muralismo contemporáneo, grafiti xilográfico   **TEMAS** Indigenismo, canibalismo,
globalización, consumo de masas   **INFLUENCIAS** *Pichação*, Glauber Rocha, Darcy Ribeiro
CREW VLOK

1 Tate Modern, Londres, Reino Unido, 2008
2 Wynwood Walls, Miami, Estados Unidos, 2011

NUNCA

Al poner de relieve en su obra cuestiones históricas, raciales y étnicas, el artista brasileño Nunca ha dado forma a una estética distintiva tan rica en ornamentos como política. Este artista combina temas autóctonos y oficios artísticos tradicionales con temas y técnicas materiales de una absoluta modernidad. Utiliza una técnica de sombreado con trama cruzada única en el mundo del grafiti, un estilo muy personal de grabado en madera o al aguafuerte que, aunque pueda parecer anacrónico, refleja el deseo de Nunca de reevaluar la representación historiográfica del pueblo brasileño y reinstaurar su legado indígena. Su práctica intenta poner de manifiesto los «orígenes de la cultura brasileña» y comprender «qué significa ser brasileño».

Nunca, nacido como Francisco Rodrigues da Silva, creció en el barrio de Itaquera, al este de São Paulo. Comenzó a pintar *pichação* (*véase* Cripta Djan, páginas 100-101) a los doce años, época en la que nació su seudónimo, el cual es una proclama a no dejarse constreñir nunca por límites culturales ni psicológicos. Tras mudarse al barrio de Aclimação, más céntrico, Nunca desarrolló una estética más colorista y compleja que se modificó aún más bajo la creciente influencia de un grupo de intelectuales y artistas con marcados rasgos brasileños, entre los que se encontraban el cineasta Glauber Rocha, el antropólogo Darcy Ribeiro y los artistas Ligia Clark y Luiz Sacilotto. En su afán por producir algo que tuviera un inconfundible aire local, el instinto le llevó a seguir el «Manifesto antropófago», del poeta brasileño Oswald de Andrade. Como consecuencia, Nunca desarrolló una forma personal de «canibalismo cultural», una mezcla de temas modernos y tradicionales que se regocijaba en la herencia mestiza de la propia cultura brasileña. Al proceder él mismo de un entorno en esencia mestizo, la exploración de sus propias raíces fue como si estuviera explorando las raíces de Brasil en su conjunto. En su trabajo con temas tales como el omnipresente canibalismo, la explotación indígena, la globalización y el consumismo, el complejo imaginario de Nunca promueve una concepción del indigenismo con una perspectiva contemporánea en lugar de mítica, lo que da lugar a un relato cultural, político y ético que es tan denso y rico como el pigmento ocre que utiliza para pintar sus numerosos personajes.

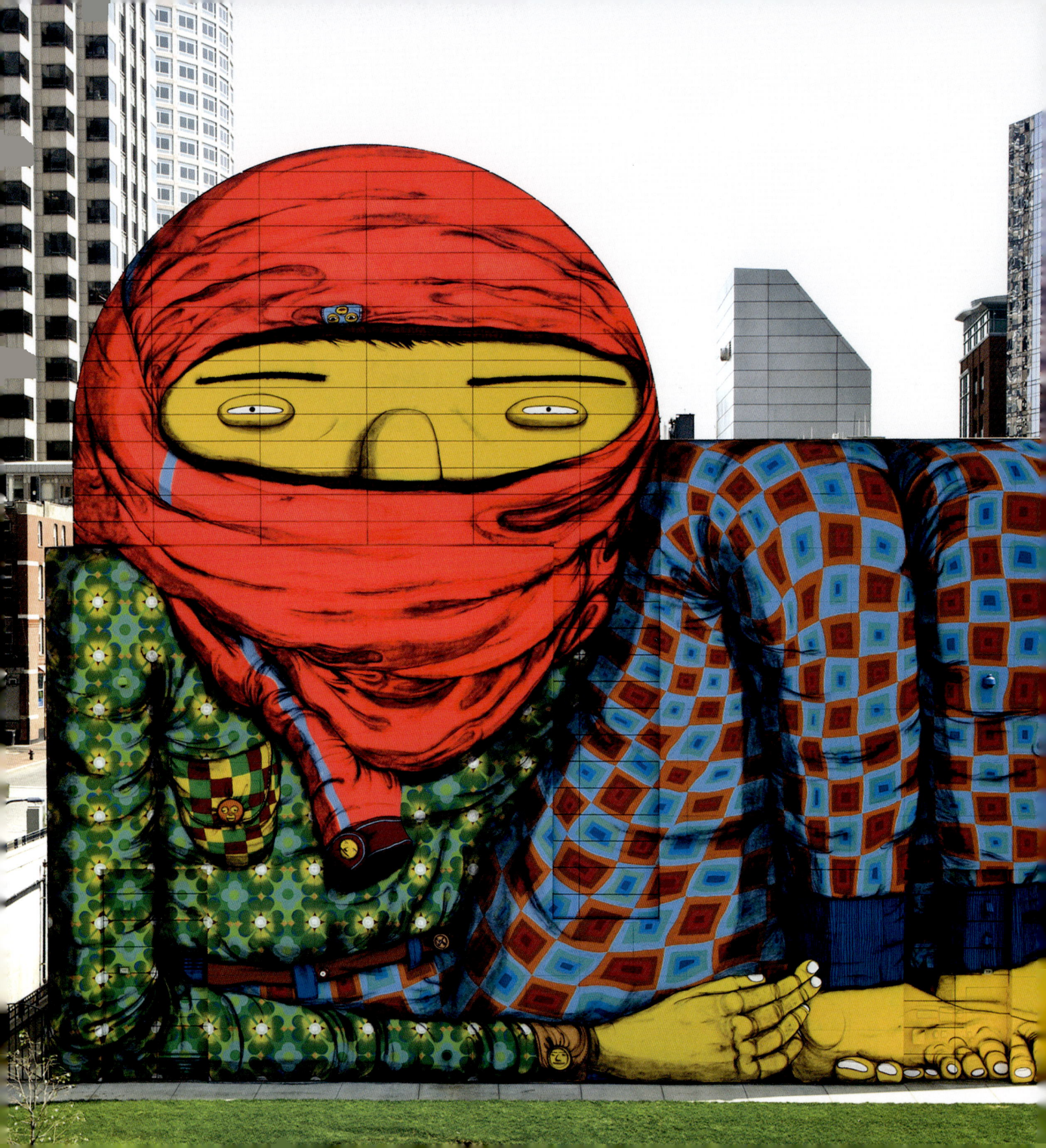

SÃO PAULO

NACIMIENTO 1974, São Paulo, Brasil   **TÉCNICAS / MATERIALES** Pintura en aerosol, instalación   **ESTILO** Muralismo basado en personajes, grafiti clásico   **TEMAS** Identidad brasileña, violencia, carnaval, conciencia social, mundo de fantasía TRITREZ   **INFLUENCIAS** Twist, *pichação*   **CREW** VLOK

OS GÊMEOS

Os Gêmeos se encuentran entre los practicantes más apreciados del movimiento mundial de arte público independiente. A pesar de sus rompedoras exposiciones en museos y galerías, se mantienen fieles a su producción en las calles, tanto en lo que se refiere a murales a gran escala como a sus personalísimos *tags*, personajes y piezas. Creadores de una prolificidad extraordinaria, gozan de un gran respeto en la escena del grafiti, de la que surgieron. Famosos por la inclusión en sus diseños de diversos individuos de piel amarilla, personajes que fusionan la realidad cotidiana que encuentran los gemelos con el mundo de fantasía que han creado juntos, Os Gêmeos ahondan en las raíces de la cultura brasileña, a menudo a través de una crítica política y social radical. El dúo ha sentado las bases de las posibilidades del arte público independiente al tiempo que sigue forjando su propio camino dentro de él. Su forma de abordar con curiosidad y perspicacia infantiles toda suerte de ámbitos estéticos ha inspirado a numerosos artistas de todo el mundo.

Nacidos en 1974 y criados en Cambuci, por aquel entonces un barrio bastante peligroso de São Paulo, los gemelos Pandolfo (Gustavo y Otavio) fueron unos jóvenes caprichosos y desobedientes, «dos niños a los que les gustaba intentar destruirlo todo», como ellos mismos explican. Sin embargo, desde muy jóvenes se apasionaron por el dibujo gracias a su hermano mayor, Arnaldo, que les animó y enseñó a expresarse a través del arte. Con el auge del grafiti en su barrio, los gemelos encontraron una salida natural en la pintura callejera y empezaron a experimentar a mediados de la década de 1980. Fue una época en la que había muy poca información sobre otras escenas grafiteras en el mundo, y la producción de los gemelos adoptó un enfoque muy distinto al estilo más dominante, y muy copiado, del movimiento neoyorquino. Trabajar sin ayuda ni influencias externas les permitió desarrollar sus propios métodos de producción, caracterizados por ser innovadores y distintivos.

Los hermanos siguieron pintando casi sin tregua a finales de la década de 1980 y principios de la de 1990, hasta que un encuentro fortuito en 1994 con Twist, el legendario artista de San Francisco más conocido en la actualidad como Barry McGee, supuso un avance significativo en su estilo y les abrió aún más los ojos a las posibilidades del grafiti. El encuentro fue enormemente fructífero para ambos artistas, ya que les puso en contacto con nuevas técnicas, herramientas y estilos y, además, les llevó a conocer la mentalidad

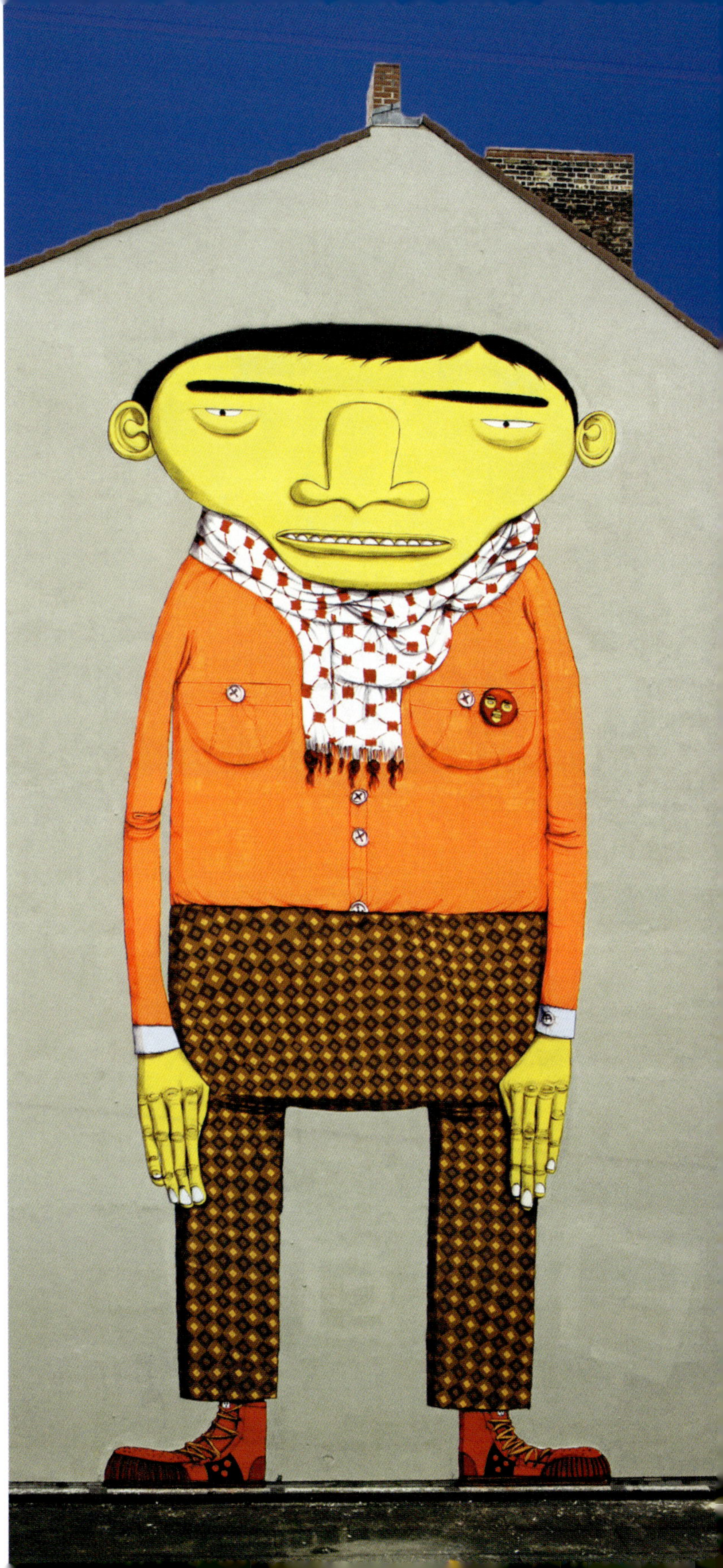

1 Boston, Estados Unidos, 2012
2 Berlín, Alemania, 2005

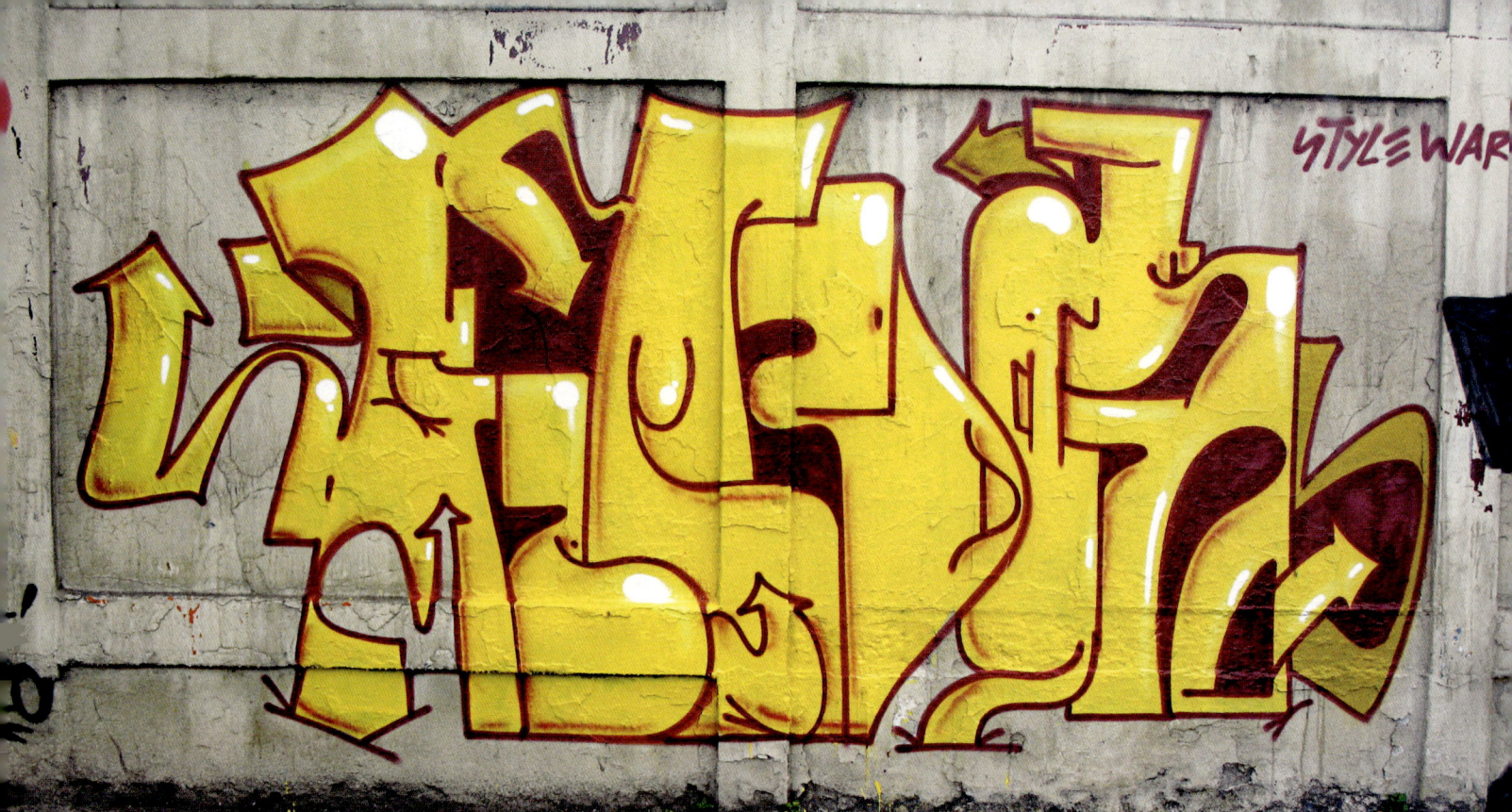

1 São Paulo, Brasil, 2009
2 Río de Janeiro, Brasil, 2012

de *bombing* en el grafiti. Al conocer a McGee, Os Gêmeos se dieron cuenta de que no necesitaban utilizar muchos colores para producir buenas piezas y de que la sencillez les otorgaba poder. Más importante aún fue que McGee les hizo creer a los gemelos que podían ganarse la vida con el arte y luego les presentó a influyentes figuras en Estados Unidos que ayudaron a que la obra del dúo llegara a un público mundial. Para 1998, tras haber viajado a Europa por invitación del legendario artista alemán Loomit, Os Gêmeos ya se habían convertido en los primeros artistas brasileños en llevar este estilo de grafiti paulista claramente local fuera de Iberoamérica, donde con el tiempo se convirtió en una escuela líder dentro de la cultura global del grafiti.

La estética que Os Gêmeos acabaron configurando se situó a caballo entre la realidad y la fantasía. Aunque, como ellos mismos dijeron, pretendían presentar un «universo paralelo» en el que los espectadores pudieran «soñar y vivir la experiencia», sus raíces seguían firmemente arraigadas en el mundo social brasileño. Inspirándose en un lugar al que llaman TRITREZ (neologismo que significa «tres vidas» y que alude a su vida antes de nacer, a la actual y a la infinita tras la muerte), un país de las maravillas místico del que surgen todas sus ideas y del que no les gusta hablar con claridad, los gemelos utilizan este reino mágico para formar una representación alegórica de lo cotidiano, un reino sobrenatural que se refleja de forma directa en la tierra en la que viven. Si bien Os Gêmeos nos presentan bellos ensueños y escenas mágicas, se trata de un realismo mágico que siempre está envuelto en lo cotidiano, de ensoñaciones que forman parte del mundo real en el que ellos mismos residen. Lo que pretenden revelar es tanto la belleza como el terror de la vida cotidiana en Brasil; utilizan su arte, como dicen, para «volar en la niebla» y «hacer flotar barquitos de papel bajo la lluvia». Aunque pasan buena parte de su vida alejados de la ciudad, concentrados en sus creaciones imaginarias y más bien ajenos a la realidad de fuera, los hermanos Pandolfo sostienen que están creando una forma de abrir una «puerta» o «entrada» para descubrir los sueños, obstáculos, maravillas y calvarios a los que se enfrentan tanto ellos como su país. Con una estética que se mueve con igual soltura en la crudeza de la calle como con la poesía del más allá, Os Gêmeos vuelven a presentar el diálogo de las calles al tiempo que representan los sueños de quienes viven en ellas. Su obra conforma una fusión perfecta entre lo real y lo surrealista, entre lo cotidiano y lo etéreo, y amalgama estas dualidades en una sola realidad.

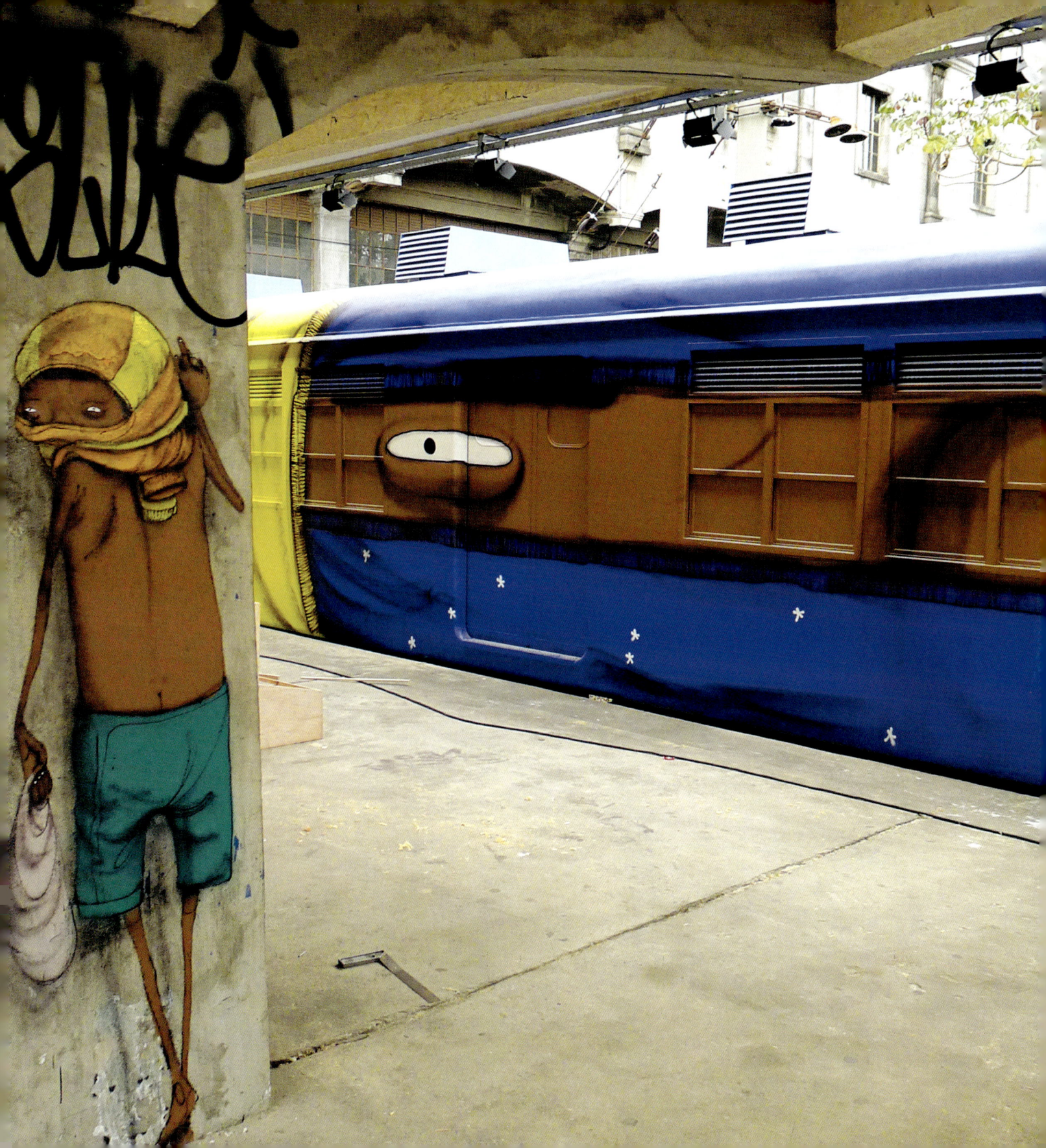

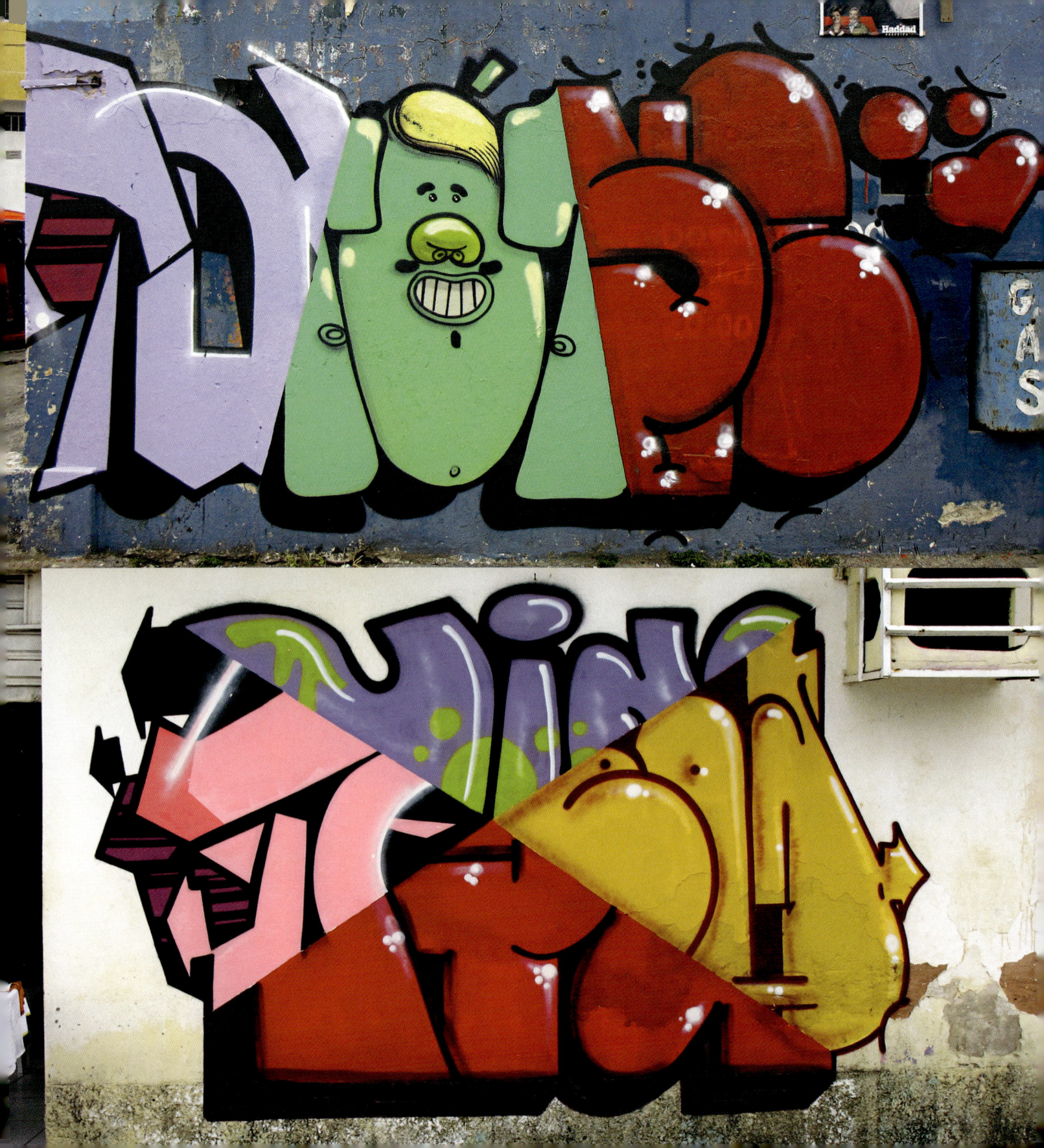

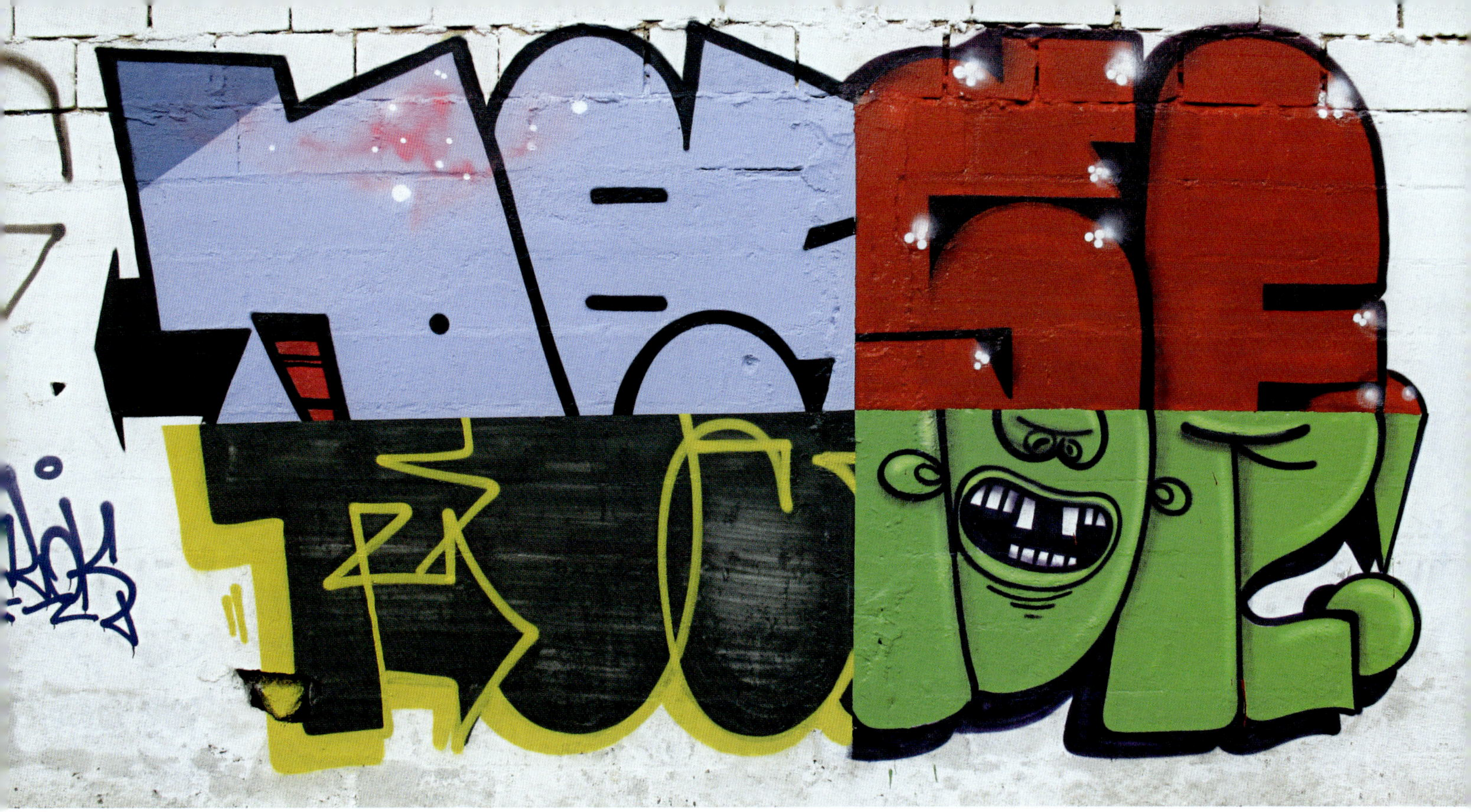

SÃO PAULO

NACIMIENTO Varios   **TÉCNICAS / MATERIALES** Pintura en aerosol
ESTILO Grafiti clásico   **TEMAS** *Whole trains, cortadinho throw-ups*
INFLUENCIAS Grafiti neoyorquino

1-3 São Paulo, Brasil, 2012

VLOK

VLOK, un grupo de superestrellas que aún conservan el empuje de un colectivo emergente, es la *crew* grafitera más ilustre de São Paulo. Fundado por los gemelos Gustavo y Otavio Pandolfo, más conocidos como Os Gêmeos (*véanse* páginas 106-109), VLOK incluye a miembros como Nunca (*véanse* páginas 104-105), Finok, Toes, Koyo, Ise, Frs, Cekis, Blue, Agit, Peter, Mind, Kaur y Xabu; además, cuenta con afiliados internacionales, como Barry McGee (DFW), Remio (VTS; *véanse* páginas 78-79) y Vino (TSK). Activos en São Paulo desde principios de la década de 1990, en la actualidad siguen dominando la ciudad con producciones que abarcan toda la gama de actividades del grafiti: desde sencillos *tags* hasta *throw-ups* de gran colorido, sus obras abarcan prácticas que van desde lo más artístico a lo más vandálico.

Aunque, como colectivo, VLOK ha conquistado por completo São Paulo, le deben su reputación a dos proyectos en concreto. El primero, el Whole Train Project, iniciado por Os Gêmeos e Ise, convirtió en realidad una quimera del grafiti. Tras convencer a las empresas ferroviarias locales de que les permitieran pintar su material rodante, VLOK (junto con un grupo de artistas internacionales invitados) ha pintado más de quince trenes por todo Brasil (en São Paulo, Río de Janeiro y São Luís do Maranhão). En lugar de disponer de un máximo de treinta minutos para pintar a toda prisa, utilizando solo unos pocos colores y con la amenaza constante de la policía u otras fuerzas de seguridad, los participantes pudieron pintar trenes enteros de principio a fin a su antojo y sin que fuera necesario ningún proceso de aprobación de lo que creaban. El segundo proyecto, titulado Cortadinho (que significa «pequeños cortes»), lo promovieron Koyo y Finok. Con la idea de congregar a tres o cuatro participantes en el mismo lugar, estas series de *throw-ups* (una técnica en la que cada uno forma sus diseños únicos en una pieza cohesionada y cortada de forma simétrica) demuestran el intento de VLOK tanto de innovar como de proliferar e impulsar su grafiti tanto en cantidad como en originalidad.

Aunque cada miembro practica un estilo muy distintivo y logra lo que pretende (la característica geometría futurista de Toes, el amor obsesivo por el verde de Finok y el surrealismo naíf de Xabu, por ejemplo), VLOK, en su conjunto, presenta una estética que se ha convertido en sinónimo de su país natal. Su obra representa ya una versión deformada, retorcida y marcadamente brasileña del modelo clásico que presentó el libro *Subway Art* en la década de 1980.

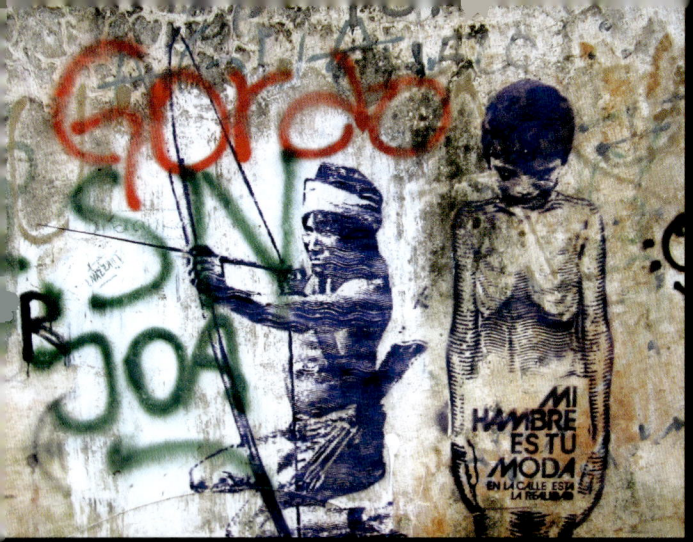

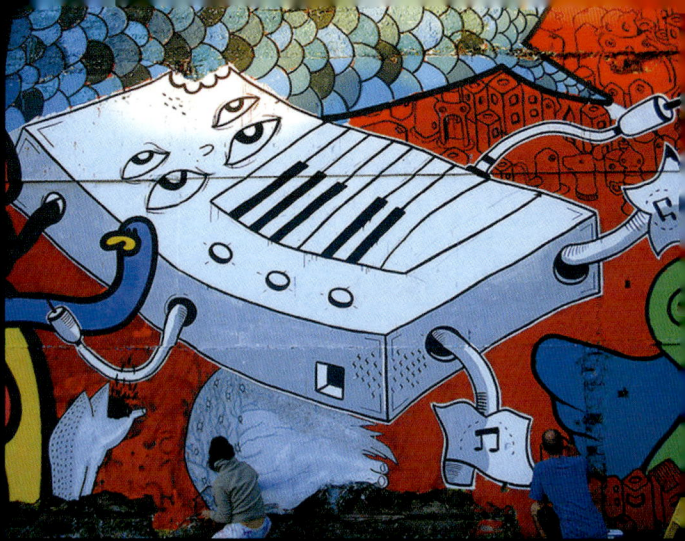

BUENOS AIRES

y pintar el metro de Buenos Aires. Tales encuentros estimularon a los grafiteros *hip-hop* de la ciudad, entre ellos NERF. El colectivo DOMA, formado en 1998, ha trabajado con diversas técnicas y materiales (plantillas, pintura, maquetas y personajes hinchables) y cada vez a mayor escala. Chu (*véanse* páginas 114-117), miembro de DOMA, también realiza sus propias pinturas de grandes dimensiones utilizando el material típicamente sudamericano de la pintura de látex con rodillo. Existe un núcleo fuerte de artistas urbanos bonaerenses, entre ellos BsAs Stencil, Run Don't Walk, DOMA y Chu, NERF, Nazza Stencil, Gualicho, Jaz y PumPum. Al igual que Chu, Gualicho (*véase* imagen 3) pinta grandes personajes en látex; los filetes (líneas estilizadas típicas de la arquitectura *art déco* y los autobuses pintados a mano de Buenos Aires) de Jaz están directamente relacionados con las calles que pinta; PumPum, que también prefiere el látex, fusiona sus autorretratos con la obra de otros, en particular con las letras de NERF. Los integrantes del núcleo duro de los

El eje del *street art* de Buenos Aires son las plantillas. Utilizadas al principio como forma rápida y eficaz de protesta contra la Junta Militar (1976-1983), las plantillas artísticas volvieron a cubrir las calles de la ciudad durante la crisis económica argentina de 2001: BsAs Stencil y Run Don't Walk empezaron a trabajar en 2002 y siguen haciéndolo en la actualidad, como también el caso de Nazza Stencil (o Nazza Plantilla), que empezó a pintar en la década de 1990. Se pueden ver estarcidos por toda Argentina, incluida la famosa serie de 350 bicicletas estarcidas «abandonadas» en 350 puntos de Rosario como símbolo de los 350 rosarinos «desaparecidos» allí durante la dictadura. Nazza Stencil (*véase* imagen 1), natural de Buenos Aires, ha dejado su impronta en Puerto Iguazú, en el extremo noreste de Argentina, donde ha realizado imágenes de guaraníes autóctonos de la región.

Antes del enorme auge de las plantillas en la década de 2000, Buenos Aires ya era una ciudad fértil en grafiti, sobre todo porque es un lugar que invita a visitar, en especial si se quieren pintar trenes. En la década de 1990, Os Gêmeos viajaron desde São Paulo para reunirse con la *crew* chilena DVE

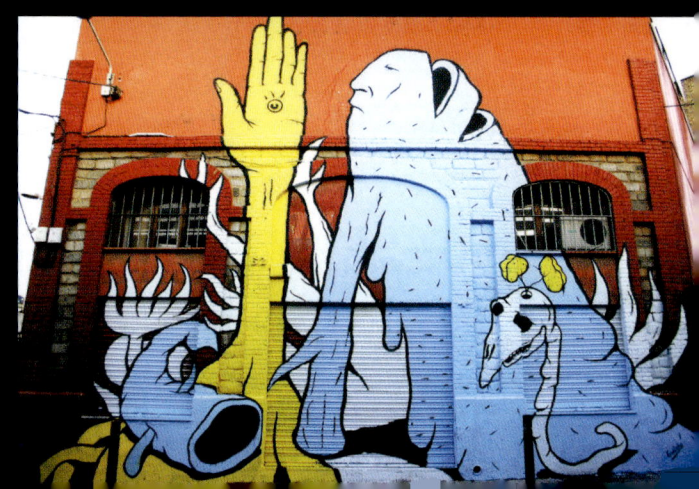

1	2		5
			6
3	4	

1 Nazza Stencil, 2010　2 *Vaquero flota*, Pedro Perelman, 2011　3 Gualicho, 2011　4 Ice e Itu, Charquipunk & LRM, 2010　5 Chu, Tec y Run Don't Walk, 2010　6 Tec, Defi, Chu y Pedro Perelman, 2011

artistas de Buenos Aires han crecido juntos: BsAs Stencil, Run Don't Walk y Stencil Land fundaron el «colectivo de colectivos», HIC Crüe. Tec, originario de la segunda ciudad más grande de Argentina, Córdoba, forma parte ahora de esta escena y, junto con Defi, Martin Tibabuzo y Pedro Perelman (alias PMP / Bleep; *véase* imagen 2), del colectivo FASE (*véanse* páginas 120-121). Tec empezó a pintar paredes por su cuenta en Córdoba y, sorprendentemente, en la calzada de las autopistas urbanas. Hoy en día emplea su habilidad autodidacta para llevar a cabo grandes producciones multimedia con FASE y HIC Crüe. Aunque las plantillas siguen desempeñando un importante papel en las producciones grafiteras de Buenos Aires, se emplean en muchas de las obras contemporáneas más ambiciosas como figuras principales en escenarios construidos sobre todo con látex.

Los principales rasgos del *street art* bonaerense son su espíritu colectivo y la acogida que se les dispensa a los artistas visitantes: el artista italiano Blu ha pintado allí algunas de sus mayores y mejores obras, a lo que hay que sumar que por toda la ciudad hay escritores de otros países iberoamericanos. La hegemonía de los artistas urbanos de la escena de Buenos Aires surgidos en torno al año 2000 está viéndose cuestionada por artistas de la talla de Ice e Itu (*véase* imagen 4), Lean Frizzera y Amor, los cuales comparten con la generación anterior su disposición a pintar con creadores extranjeros que visitan la ciudad. En 2011, en el primer festival Meeting of Styles de Buenos Aires, el mejor dúo de Perú, Entes y Pésimo, pintó junto a sus homólogos chilenos, AISLAP, y el mago paraguayo, Oz. Lälin, artista del otro lado del Río de la Plata, en Montevideo, pinta lugares que se ajustan a los criterios de arte público que el muralista mexicano David Siqueiros enunció por primera vez en «Un llamamiento a los plásticos argentinos» en 1933. Buenos Aires es una ciudad con un orgullo justificado por su propio estilo de grafiti y *street art*, un estilo en constante evolución que se desarrolla en lo que sigue siendo un hervidero de las incesantes innovaciones del *street art* iberoamericano. **RP**

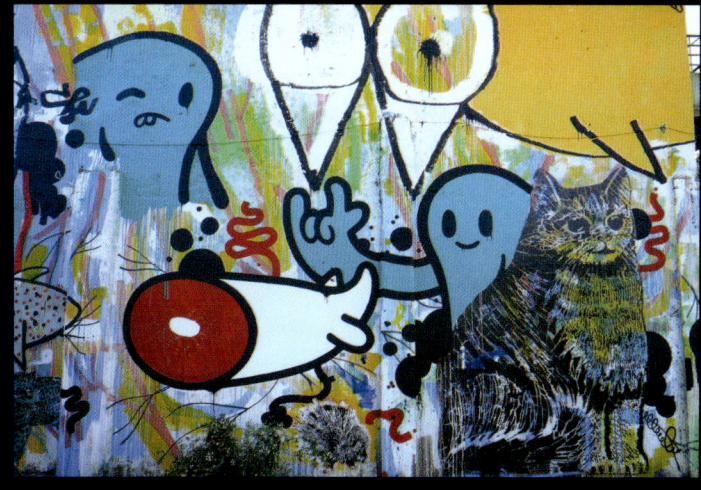

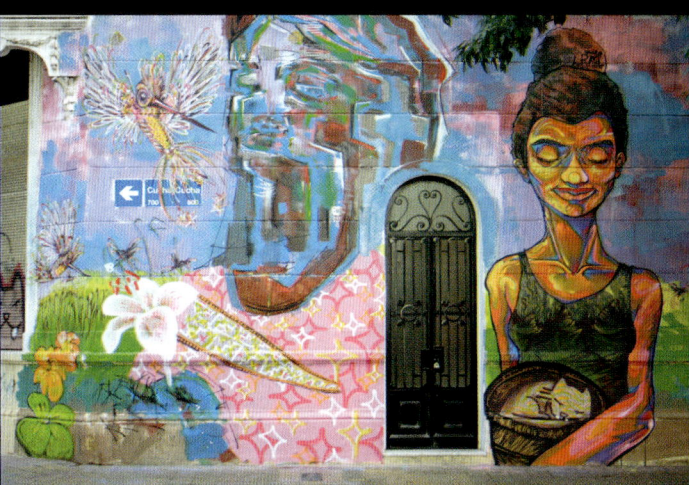

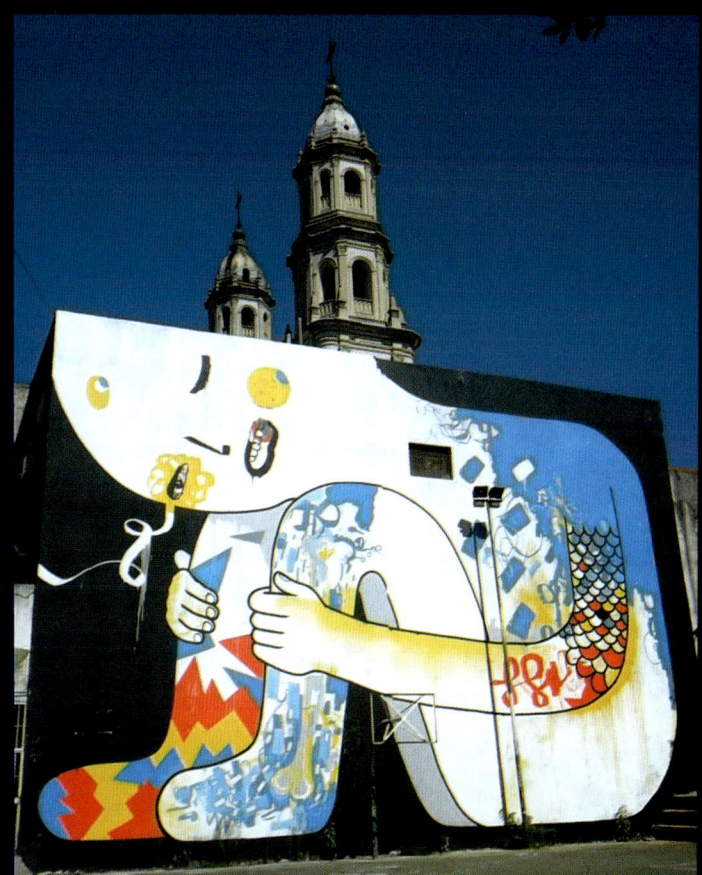

BUENOS AIRES

NACIMIENTO 1974, Buenos Aires, Argentina TÉCNICAS / MATERIALES Pintura en aerosol, látex, arte digital ESTILO Abstracción, animación TEMAS Personajes desenfadados, motivos geométricos INFLUENCIAS Salvajismo, cultura *skate* COLECTIVO DOMA

CHU

Julian Pablo Manzelli, también conocido como Chu, es artista, diseñador gráfico e instigador fundamental del movimiento argentino conocido como «salvajismo», grupo bautizado así a causa de su estética tosca y primitiva por Tec, amigo suyo y compatriota. Creador multidisciplinar, Chu se siente tan cómodo con un rodillo y un cubo de pintura como con un portátil y una *tablet*. Aunque ha trabajado en diversos medios creativos —de entre los que destaca el canal de televisión de animación infantil iberoamericano de culto, Locomotion (1996-2005)—, Chu sigue reconociendo que las calles son el lugar idóneo para su obra.

Sus diseños, que van desde alegres personajes hasta motivos geométricos abstractos, buscan inyectar nueva vida y color a la realidad concreta y a menudo brutal de la ciudad contemporánea. Su estética, en la que se combinan la sencillez formal y un colorido exagerado, funciona bien tanto a pequeña como a gran escala. Su filosofía artística abraza la sencillez y exhibe una efervescencia visual destinada a alterar de forma radical nuestro mundo urbano.

Chu fue uno de los fundadores del colectivo multidisciplinar de arte y diseño DOMA (*véanse* páginas 118-119), creado en 1998. Él y sus compañeros se conocieron mientras estudiaban en la Universidad de Buenos Aires, donde más adelante ejercería la docencia. La calle fue siempre una opción obvia para Chu, ya que, al sentirse atraído tanto por la animación como por el poder de la estética DIY, era un contexto en el que podía experimentar y desarrollar ambas pasiones en simbiosis. Aunque su participación en el colectivo DOMA ha dado lugar a una gran cantidad de proyectos de animación, instalaciones artísticas, diseños de personajes y trabajos de comisariado, la personal obra en solitario de Chu, que incluye intervenciones urbanas y murales, sigue siendo fundamental en su práctica. El artista es consciente de que debe aprovechar las oportunidades y ventajas que ofrece el mundo del arte comercial y, al mismo tiempo, negarse a encasillarse en un único medio.

Chu, hijo de un ingeniero y una filósofa, intenta desarrollar una estética dinámica que siga la lógica en su composición pero que transmita una sensación de caos y aleatoriedad. Mediante la creación de lo que llama un «universo deconstruido de gente y movimiento», ofrece imágenes que giran en torno a la alegría y el consenso, tanto en cuanto a la intención como en la forma. La suya es una estética salvaje, audaz y vivaz.

1		4
2		
3	5	6

1 Rosario, Argentina, 2008 2 Córdoba, Argentina, 2010
3 Buenos Aires, Argentina, 2007 (con Tec, Defi y P3dro)
4 São Paulo, Brasil, 2011 5 Buenos Aires, Argentina, 2010
(con Tec y Pepi) 6 Buenos Aires, Argentina, 2006

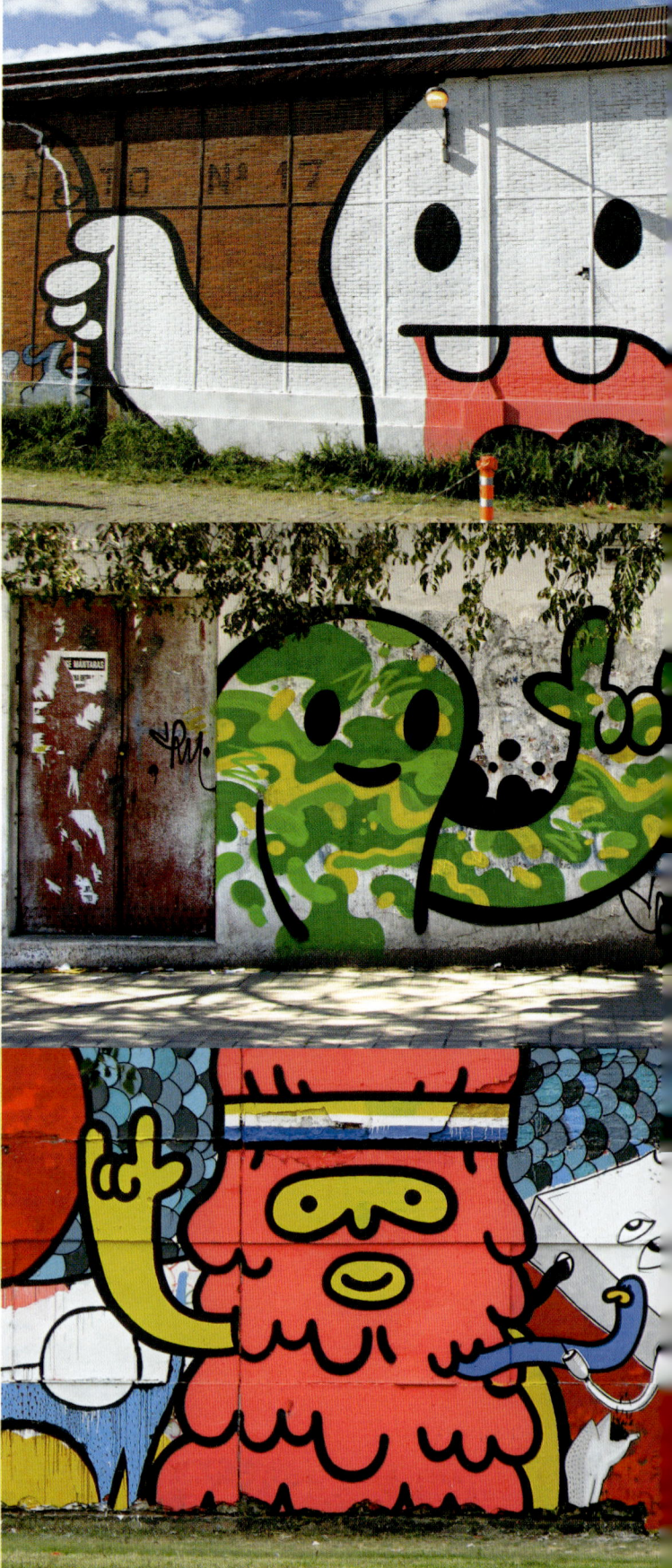

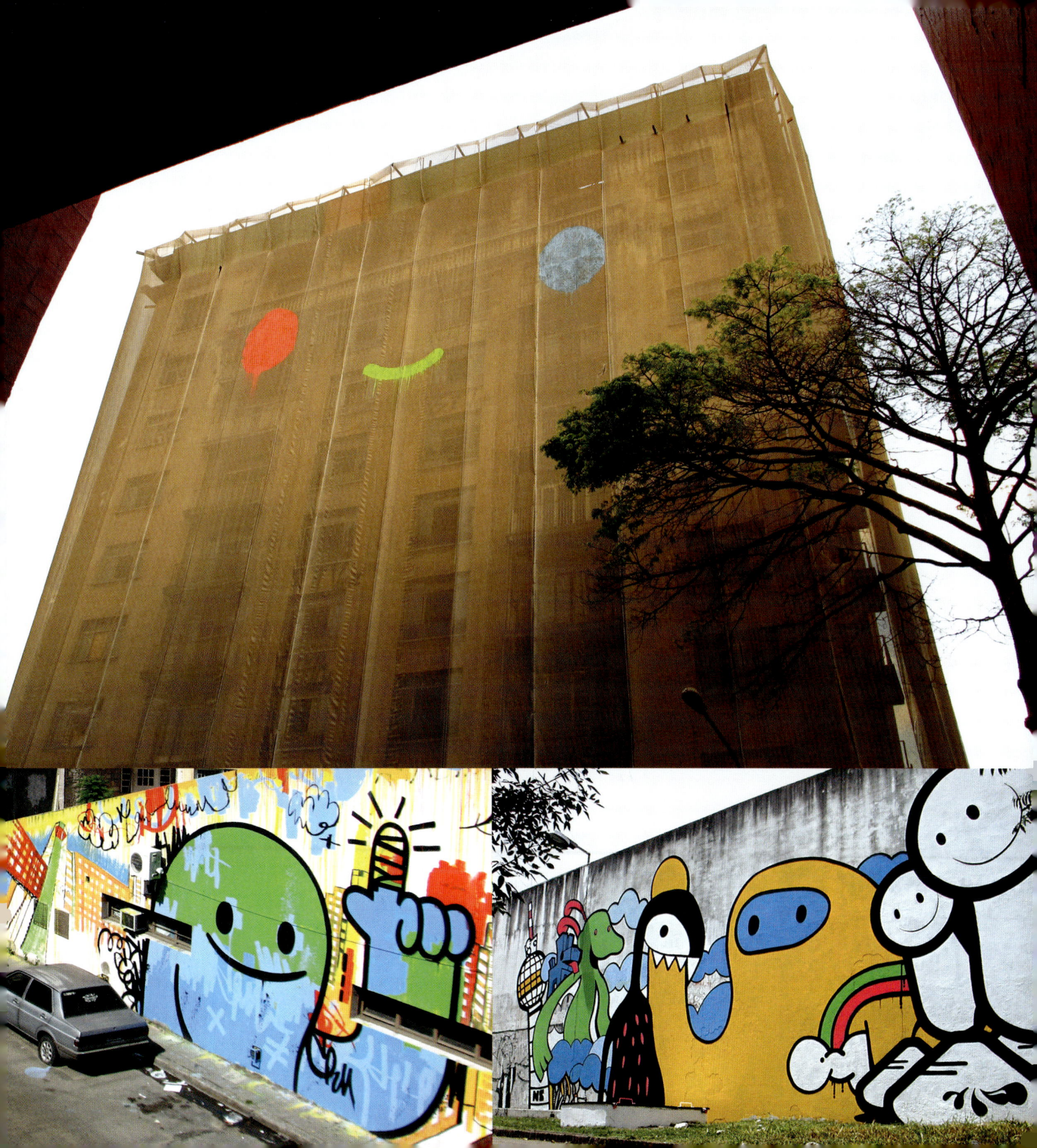

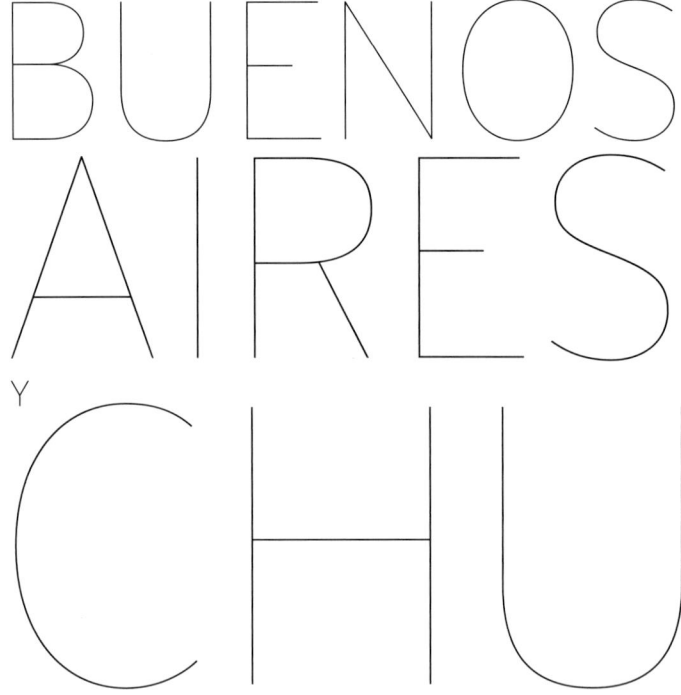

BUENOS AIRES Y CHU

Chu, uno de los miembros fundadores del colectivo argentino DOMA (*véanse* páginas 118-119), ha realizado una interpretación conceptual y diagramática de su ciudad natal, Buenos Aires. El mapa, realizado con cuatro piezas individuales de madera de 30 × 30 cm, traza y conceptualiza sus movimientos por las distintas partes de la ciudad, desde los suburbios y la playa hasta el

barrio obrero de La Boca y el centro, y mezcla los distintos estilos de Chu, que funciona tanto desde una perspectiva abstracta como desde una ilustrativa. Aunque se basa en la topografía de Buenos Aires, el mapa de Chu invierte la comprensión racional de la ciudad mediante la incorporación gráfica de sus peregrinajes (las líneas blancas gruesas), así como al señalar los lugares con una especial importancia para él (los puntos de color). Este enfoque hace del mapa un análisis muy personal y subjetivo de Buenos Aires. Varios de los elementos que cabría esperar ver en un mapa más tradicional de la ciudad siguen siendo evidentes; así, el río de la Plata, por ejemplo, se percibe con claridad en la esquina superior derecha del mapa, lo cual se ve reforzado por los característicos muelles de tres puntas que se adentran en él.

En una lectura subjetiva del mapa, la casa de Chu se encuentra en el punto central de la línea blanca superior (la que contiene tres puntos), entre su pista de *skate*, a la izquierda, y el parque, a la derecha; el estudio del artista lo indica el punto rojo en el extremo izquierdo del mapa, justo encima de la marca azul que representa el barrio Piedrabuena. En el centro de la imagen (un poco a la izquierda) se encuentra HIC, un bar y galería que fue punto de encuentro de muchos de los artistas públicos independientes de la ciudad, mientras que a su derecha está la Universidad de Buenos Aires, donde Chu estudió y hoy en día ejerce la docencia. Por último, en el extremo derecho del mapa se encuentra el punto de encuentro central de DOMA, un almacén en el que vive Orilo Blandini, también miembro del colectivo. Aunque estos «caminos» blancos que recorren la ciudad reflejan los movimientos de Chu (la línea blanca que se sale del mapa por abajo, por ejemplo, significa su viaje a la playa), también indican los lugares donde Chu pinta con más frecuencia. Así las cosas, el mapa puede entenderse en términos psicogeográficos: representa las andanzas de Chu por la ciudad a la vez que ilustra su relación subjetiva y emocional con su territorio.

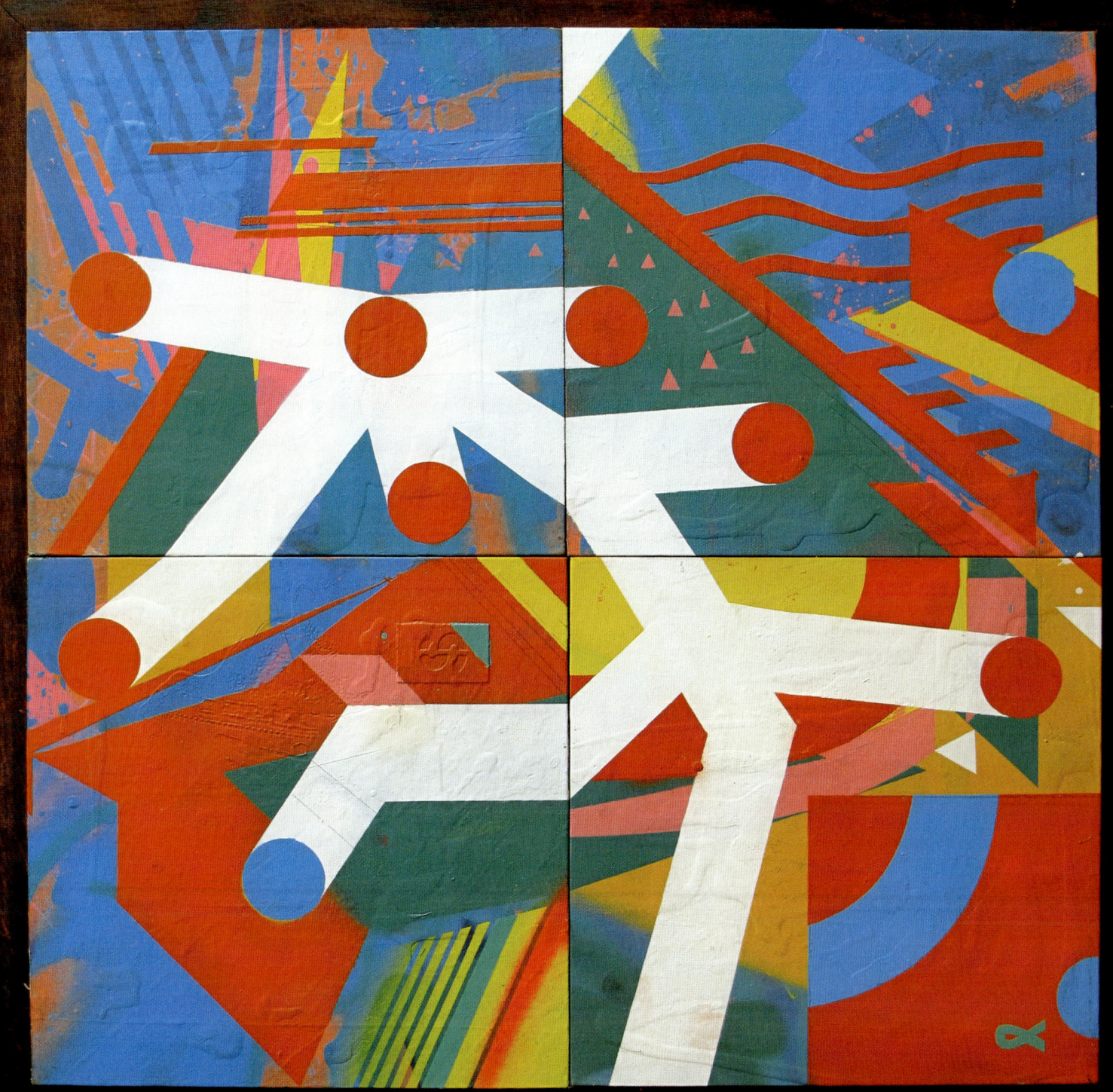

BUENOS AIRES

NACIMIENTO Varios **TÉCNICAS / MATERIALES** Instalaciones urbanas, estarcidos, peluches, proyecciones urbanas **ESTILO** Intervenciones urbanas absurdistas **TEMAS** Política, carnaval **INFLUENCIAS** Mariano Barbieri, Orilo Blandini, Julian Pablo Manzelli, Matías Vigliano

DOMA

A través de imágenes, instalaciones, animaciones, esculturas, filmes y juguetes, el colectivo argentino DOMA interviene en nuestro mundo visual con la producción de una enorme cantidad de proyectos que exploran la naturaleza contemporánea de la urbanidad. Procedentes de distintos entornos y perspectivas, los miembros del grupo —Mariano Barbieri, Orilo Blandini, Julian Pablo Manzelli (alias Chu; *véanse* páginas 114-117) y Matías Vigliano (conocido como Parquerama)— encarnan en su conjunto una visión absurdista, a menudo surrealista, de su entorno. La suya es una práctica desenfadada pero penetrante que se empeña en provocar un cambio en la percepción pública.

DOMA, que empezó a funcionar en 1998 y cuyo nombre alude a la acción de domar, surgió en un momento dramático de la historia argentina. Tras el colapso tanto de la economía como del sistema político, se generó un vacío en el que no parecía que hubiera esperanza para la generación más joven. Sin embargo, en la anarquía que se instauró, DOMA supo ver una relajación concomitante de los límites y un nuevo tipo de libertad. En lugar de limitarse a actuar en lo político y sumarse a la sobreabundancia de propaganda y pesimismo que ya se respiraba en la calle, DOMA adoptó la táctica contraria y se propuso devolver el optimismo a la ciudad a base de contrarrestar el cinismo y la depresión mediante la risa y el carnaval. Con proyectos como la campaña *MundoRONI* —creación paródica de un candidato presidencial con página web, apariciones en televisión, folletos, estarcidos y *performances*— el muñeco *Víctima* (*véase* imagen 1) —un muñeco gigante medio borracho (¿o medio muerto?) instalado por el centro de Buenos Aires— o su *Stupid Elephant Tank* (*véase* imagen 2) —una instalación descomunal que pasearon por Berlín—, DOMA combatió la crisis política rechazándola por completo y burlándose de su solemnidad: «Si la situación social y política es un circo, ¿por qué no formar parte de él?».

Otros proyectos de DOMA, como el *Templo Criptométrico* de São Paulo y su impresionante instalación *Coloso* (*véase* imagen 3) en Buenos Aires (una figura animada de neón de 45 m de altura realizada a partir de una torre eléctrica) han ampliado los límites del arte urbano y su capacidad para emocionar al público. Como su nombre indica, en DOMA intentan domar su entorno y reinventarlo como un lugar para el juego y la alegría: pretenden superar la modalidad visual dominante de la ciudad contemporánea mediante el uso de lo farsesco y lo absurdo como herramientas con una clara intención política.

<table>
<tr><td>1</td><td></td></tr>
<tr><td>2</td><td>3</td></tr>
</table>

1 *Víctima*, Buenos Aires, Argentina, 2001
2 *Stupid Elephant Tank*, Berlín, Alemania, 2007
3 *Coloso*, Buenos Aires, Argentina, 2012

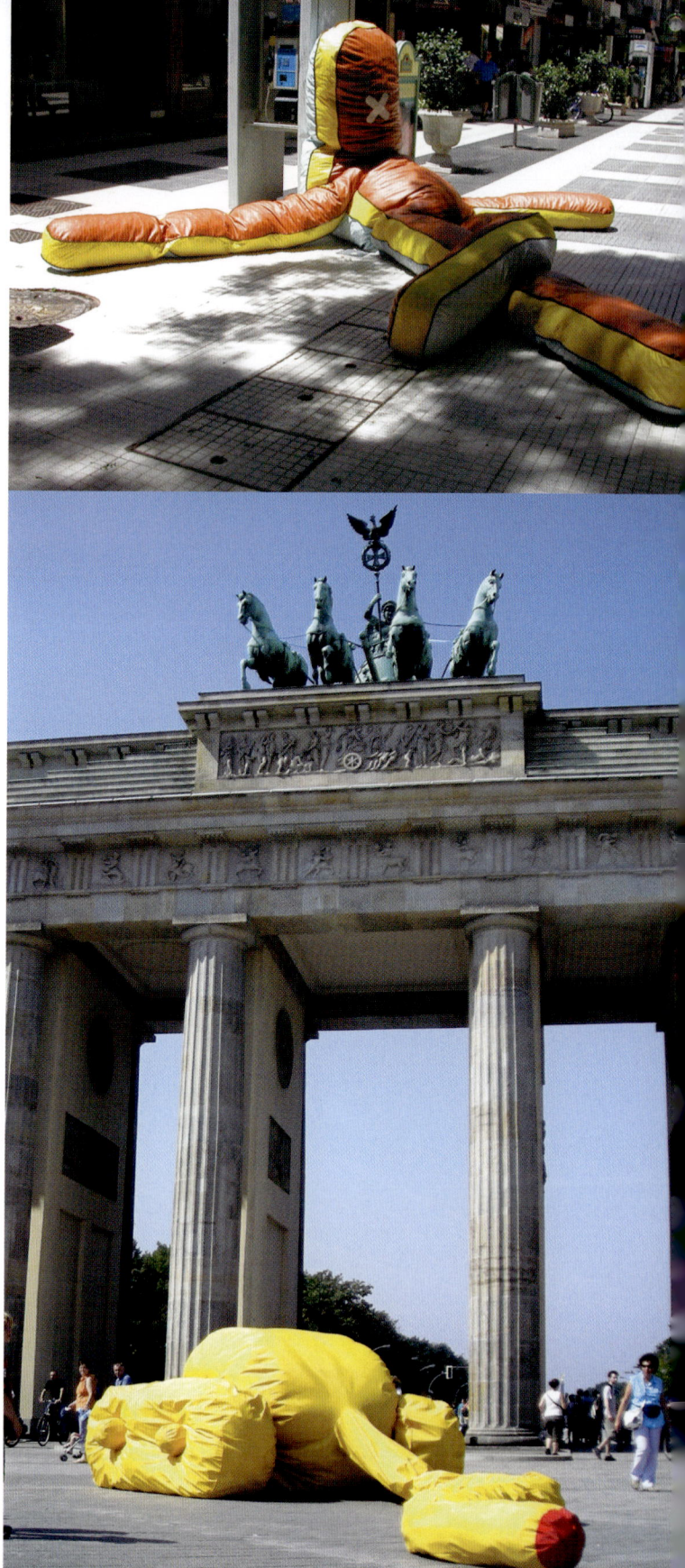

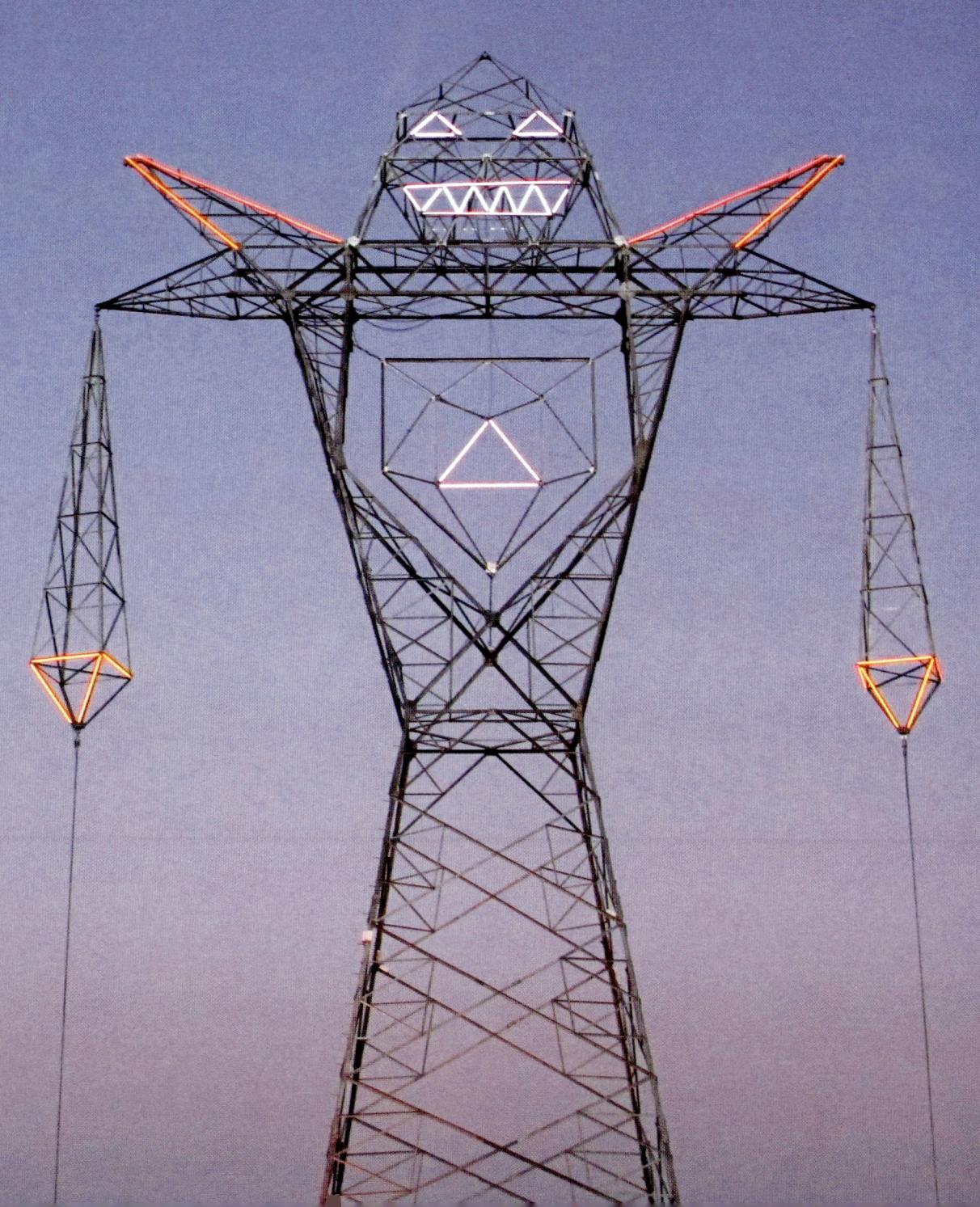

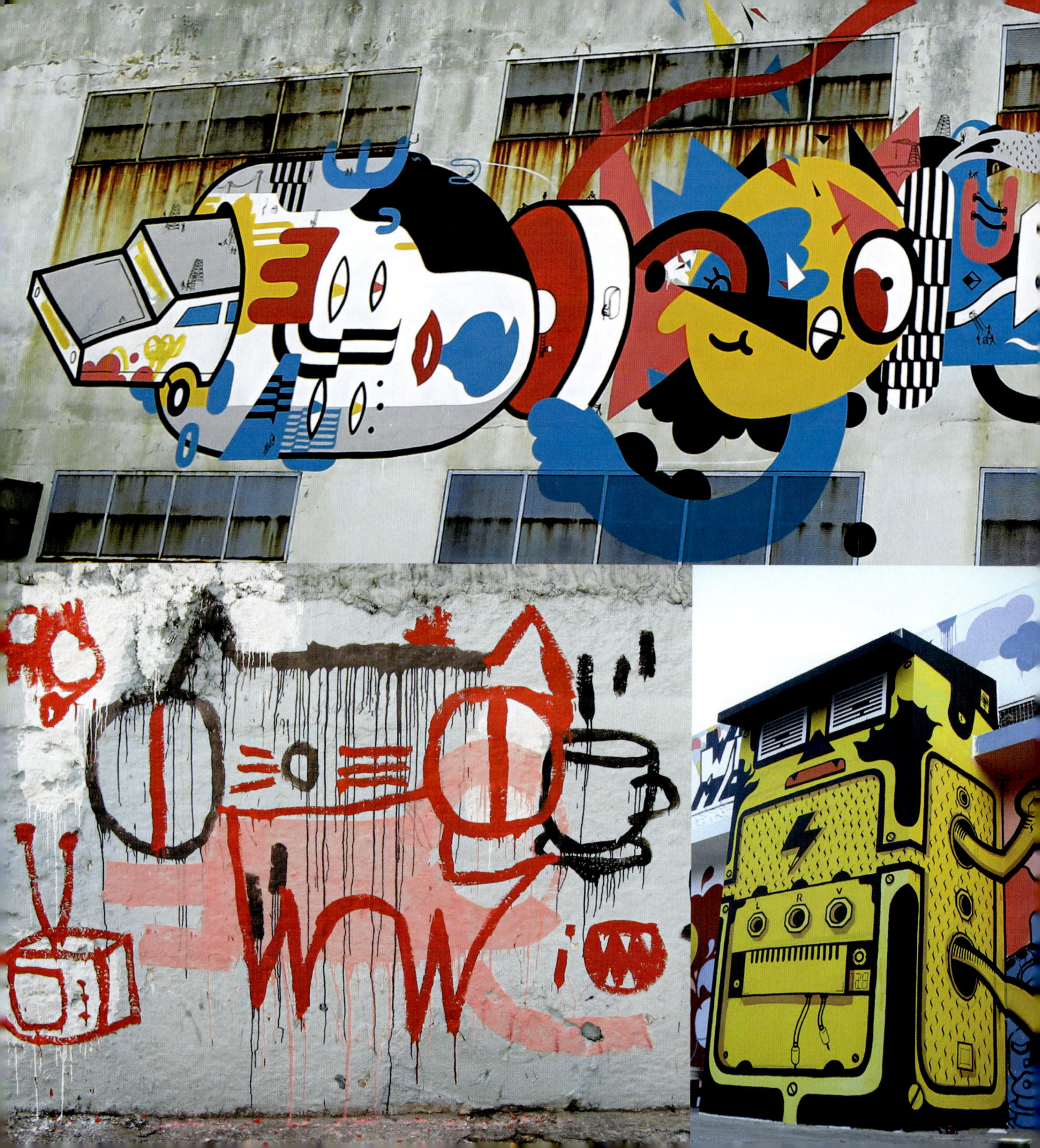

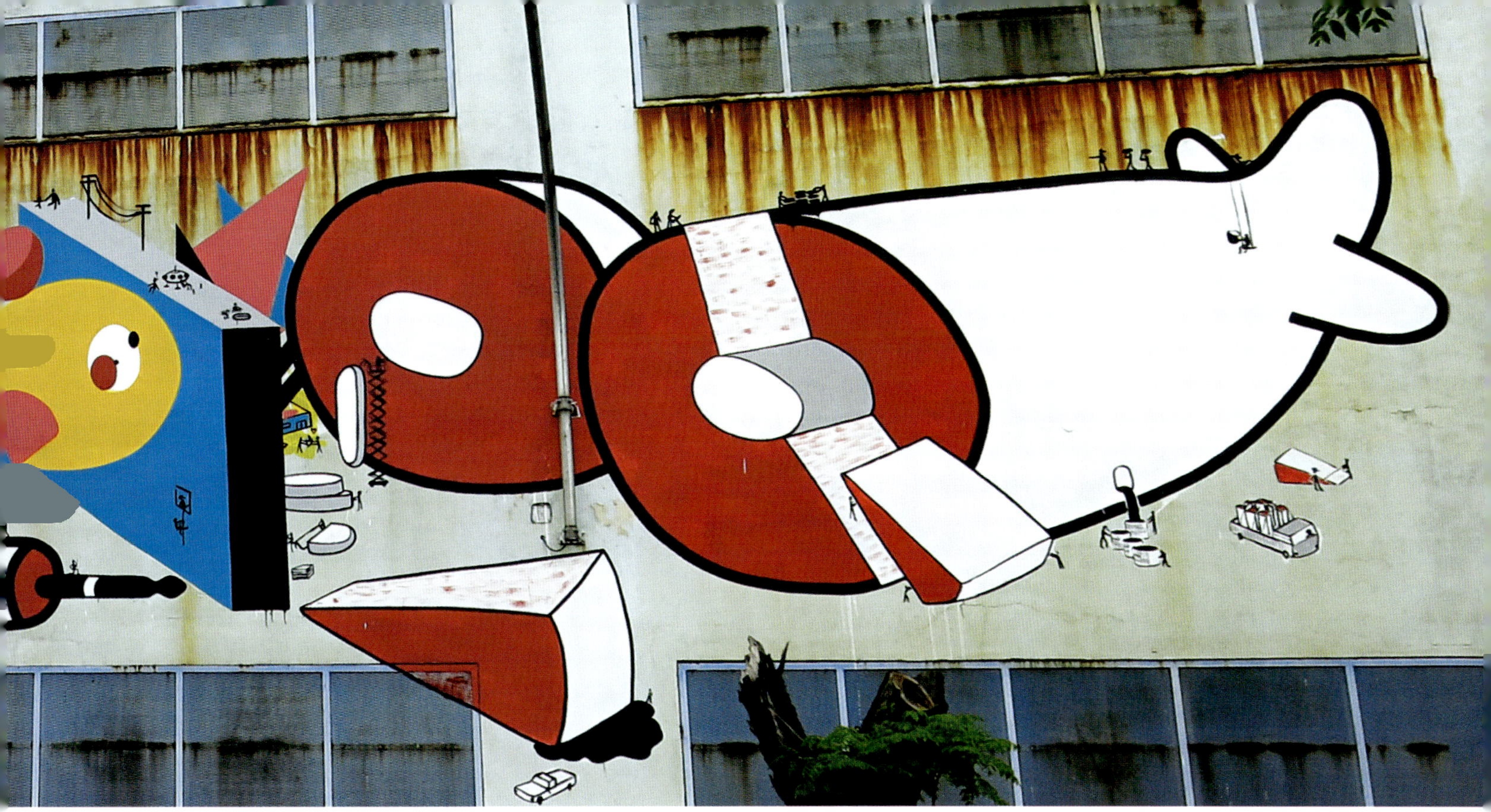

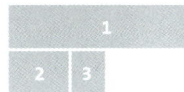

BUENOS AIRES

NACIMIENTO Buenos Aires, Argentina **TÉCNICAS / MATERIALES** Animación, instalaciones, murales, multimedia, música **ESTILO** Salvajismo **TEMAS** Futurismo, arte popular, libre expresión **INFLUENCIAS** Varias

FASE

Parte integrante del movimiento argentino de arte público independiente, FASE es una plataforma multimedia para un grupo de artistas en constante mutación que, de forma colectiva, producen animaciones, instalaciones, murales y música. Con un núcleo de cuatro miembros —Gustavo Gagliardo (también conocido como Defi), Pedro Perelman, Tec y Martin Tibabuzo (*véanse* páginas 190-191)—, FASE representa una visión estética que recurre a todo el espectro de lo audiovisual. El trabajo de FASE es, de hecho, tan diverso que es más fácil definirlo mediante aquello con lo que no guarda relación. Y no la guarda con la estabilidad ni con la inmutabilidad, con nada que vaya en contra de la evolución y el crecimiento. Al considerar el «presente como confusión y el futuro [como] desconocido», FASE puede crear una revista un día y una obra de teatro al siguiente. Como diseñadores, productores, músicos y artistas plásticos, utilizan la dinámica de grupo como forma de llevar sus obras personales a territorios a los que no podrían llegar por sí solos, con lo que aprovechan el poder inherente del colectivo para crear obras siempre innovadoras.

La obra de Defi y la de Perelman han sido cruciales para el desarrollo de FASE, pero también para la escena del arte público independiente de Buenos Aires en general. Si bien la experiencia musical de Perelman hizo de él la influencia clave en la experimentación sonora de FASE, también crea murales que se centran en una combinación de lo futurista (robots y sintetizadores mutantes; *véase* imagen 3) y las imágenes argentinas más tradicionales (pescadores y personajes campesinos). Al igual sucede con su música, que es una fusión de electrónica futurista y música popular tradicional, su lenguaje artístico visual se basa en la exploración de recursos, en la consideración estratificada de su entorno contemporáneo. En el caso de Defi, en cambio, lo que se percibe más en sus imágenes es una mezcla de humor negro de sus mascotas de la infancia (un grupo de gatos con ojos de insecto en particular) y un uso explosivo del color. Las suyas son imágenes violentas y controvertidas que aparecen en paredes, puertas y prendas (tiene su propia línea de ropa, Lindo Killer, en la que utiliza la tela como si fuera un lienzo). Sus pinturas (*véase* imagen 2) giran en torno a la acción pura y el momento, no tanto sobre el pensamiento. Al igual que sucede con las Expression Sessions (animados festivales urbanos en los que se invitaba a toda la comunidad a participar en la producción de murales), que FASE inició en Buenos Aires, lo que en última instancia es clave para el grupo es la diversidad y heterogeneidad.

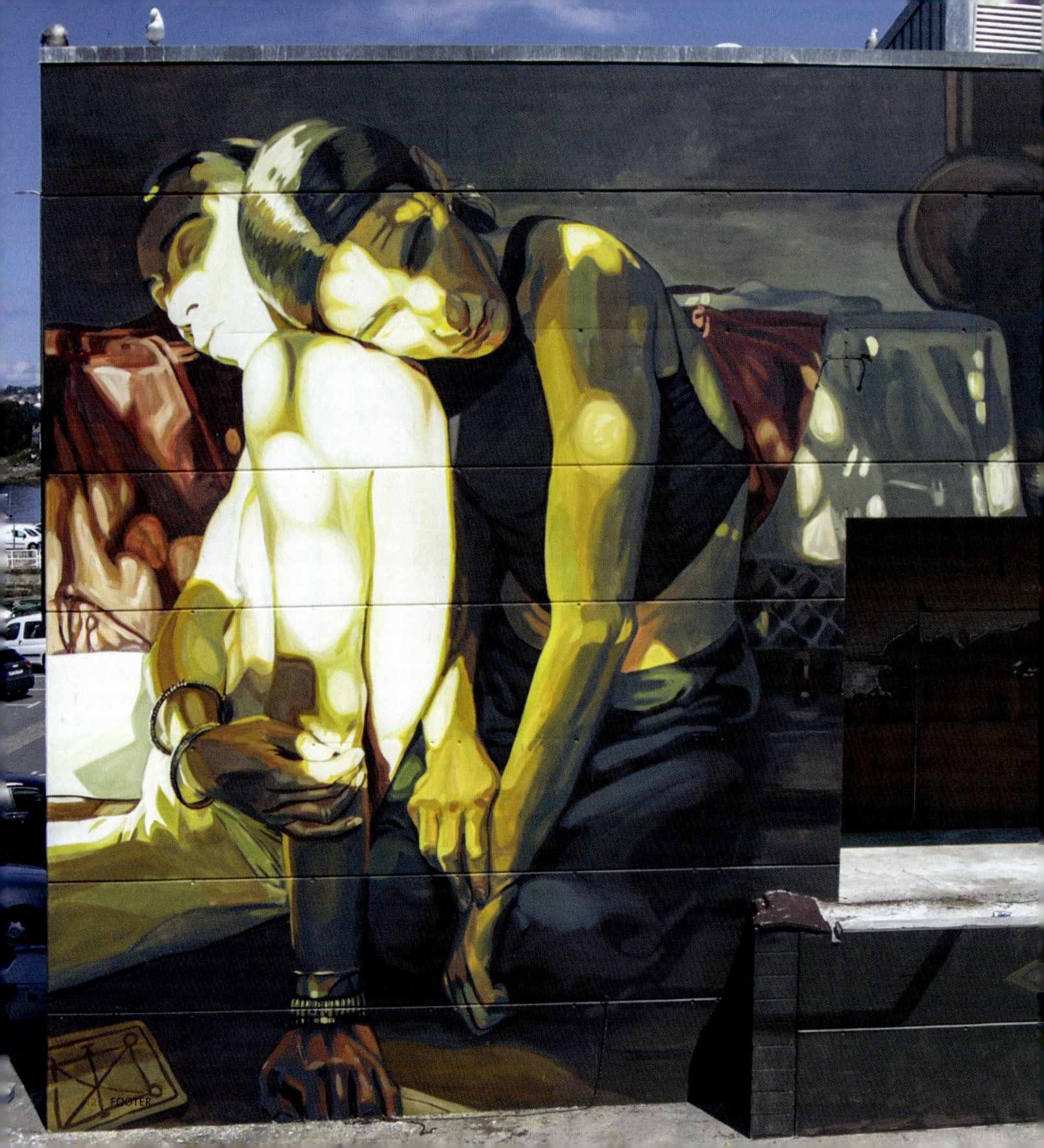

BUENOS AIRES

NACIMIENTO 1991, Buenos Aires, Argentina   TÉCNICAS / MATERIALES Pintura
ESTILO Realismo, pintura histórica   TEMAS Mitología y literatura, feminismo,
espacio público

MILU CORRECH

Milu Correch es una muralista argentina cuya práctica artística comenzó en
las calles bonaerenses. En ellas pintó diseños improvisados con amigos antes
de pasar a una pintura más formal y a mayor escala, para la cual, a fin de
transponer sus diseños, recurrió a la mágica herramienta de la cuadrícula.
Aunque ha pintado por todo el mundo, lleva en la sangre Buenos Aires, ciudad
que ha moldeado en lo más íntimo su práctica artística. Para Correch, las
calles de su ciudad natal no son equivalentes a las de otras ciudades: el *street
art* no se desarrolla en un espacio genérico, sino en lo más profundo de las
culturas de ciudades concretas.

De las calles de Buenos Aires emana una energía caótica. Correch dice
de ellas que son impetuosas y agresivamente sociales. Pese a ello, también se
da una atmósfera permisiva. Pintar grandes paredes en las calles de Buenos
Aires no se considera ilegal, y, a diferencia de lo que ocurre en ciudades más
controladas, se puede hacer todo el día con pintura acrílica, palos, rodillos y
pinceles. Fue esta experiencia de pintar de un modo informal con amigos y un
taller impartido por otros artistas urbanos lo que supuso el punto de entrada
de Correch a la producción de grandes murales. De haberse movido en un
entorno más restrictivo, su obra podría haber evolucionado en otra dirección.

A lo largo de la última década, se han desarrollado en Buenos Aires
distritos de *street art* en barrios del centro de la ciudad, entre ellos Coghlan
y Villa Urquiza, donde nació la propia Correch. El *street art* bonaerense hunde
sus raíces en la larga tradición del muralismo americano, y, por darse en
una ciudad con una historia de represión política, también en la necesidad
previa de adaptar grandes pinturas públicas a obras a pequeña escala, como
estarcidos y gráficos callejeros que pudieran instalarse de forma encubierta.
La crisis financiera mundial de 2008 golpeó con dureza a países de todo el
mundo. El desastre económico y la lenta recuperación crearon las condiciones
para que los artistas pudieran dedicarse al *street art* como forma de embellecer
y de brindarles a las comunidades un medio para volver a implicarse con la
vida pública. Así, los murales de *street art* de vivos colores realizados durante
la última década pueden considerarse un antídoto explícito contra los
sombríos efectos de la austeridad económica y el deterioro de los servicios
públicos.

Sin embargo, la propia obra de Correch no se asimila sin más a esta
tradición del embellecimiento instantáneo. De hecho, en su paleta, que es
apagada, predominan los tonos terrosos, lo que permite una meticulosa
representación de la piel, la tela y la tierra. Se podría considerar que sus

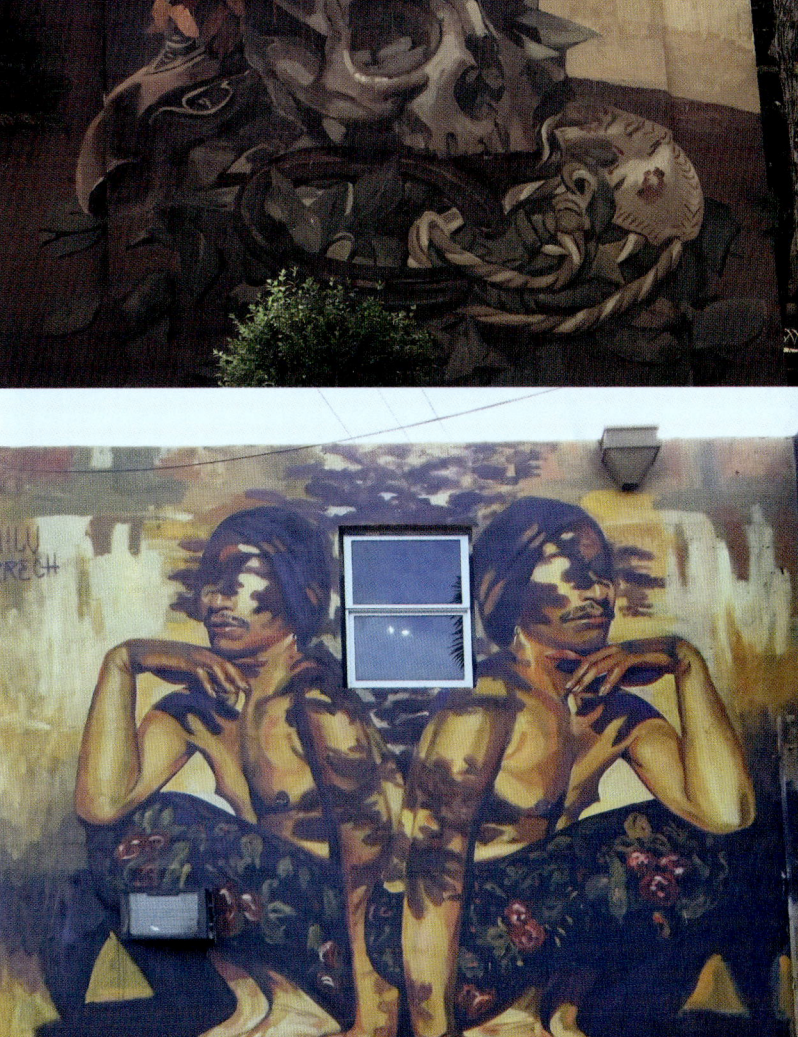

1 *Que solo quede el verbo en medio de la jungla*, Bueu, España,
2021   2 *Una ñatita para Bartolina*, La Paz, Bolivia, 2019
3 *Refugiándose en las mareas de la sombra*, Miami,
Estados Unidos, 2021

técnicas pictóricas son propias de una época anterior, del siglo XIX, cuando los estilos a menudo pomposos y ceremoniales de la pintura histórica formal estaban dando paso a la representación de la realidad social. ¿Y cuál es la realidad social que figura en la obra de Correch? No se trata de campesinos idealizados, sino de mujeres que no suelen tener peso en la vida pública. En las pinturas de Correch, vemos a estas mujeres en poses poco idealizadas y atípicas (con pasamontañas, peleando, comiendo, etc.).

Correch comenzó su obra mural en 2013 con un gran retrato de Dulcinea del Toboso, la personificación de la perfección femenina inventada por el personaje de don Quijote en la novela de Miguel de Cervantes para justificar los actos caballerescos del protagonista. Este mural, realizado en una aldea española de la región en la que se ambienta parte de *El Quijote*, cambia la perspectiva de la novela, de la que Dulcinea es un personaje secundario. En manos de Correch, Dulcinea se convierte en el centro de la obra, que, con sus varios pisos de altura, es la representación más grande de Dulcinea que hay en el mundo.

En sus murales posteriores, Correch sigue abordando el papel de la mujer en la historia, en particular la figura de la bruja, conocida como custodia de técnicas curativas y protectora de la autonomía corporal y reproductiva y que también fue perseguida por ser considerada una amenaza para el sistema patriarcal y capitalista. La obra de Correch retrocede y avanza en el tiempo y recurre a técnicas pictóricas pretéritas para atravesar la historia.

¿Cómo produce Correch imágenes tan potentes en un mundo abarrotado de símbolos del poder masculino y entre una cacofonía de anuncios? Su obra es congruente y está seleccionada con meticulosidad. Si la política es un sistema muy estructurado de significado, en sus palabras, «una red de relaciones de poder», la artista intenta encontrar «algunas grietas en la razón, algunas fisuras y algunos hilos que se desvanecen para crear algo que transmute los valores a la manera nietzscheana». Si hay imágenes que pueden escapar a la lógica del capitalismo patriarcal es porque tienen, en términos del filósofo francés Georges Didi-Huberman, un «reverso» que desafía el significado racional. Y es a ese reverso al que se dirige la la obra de Milu Correch aunque pinte a escala monumental y en público. La artista cree en «el potencial poético de las imágenes». **LM**

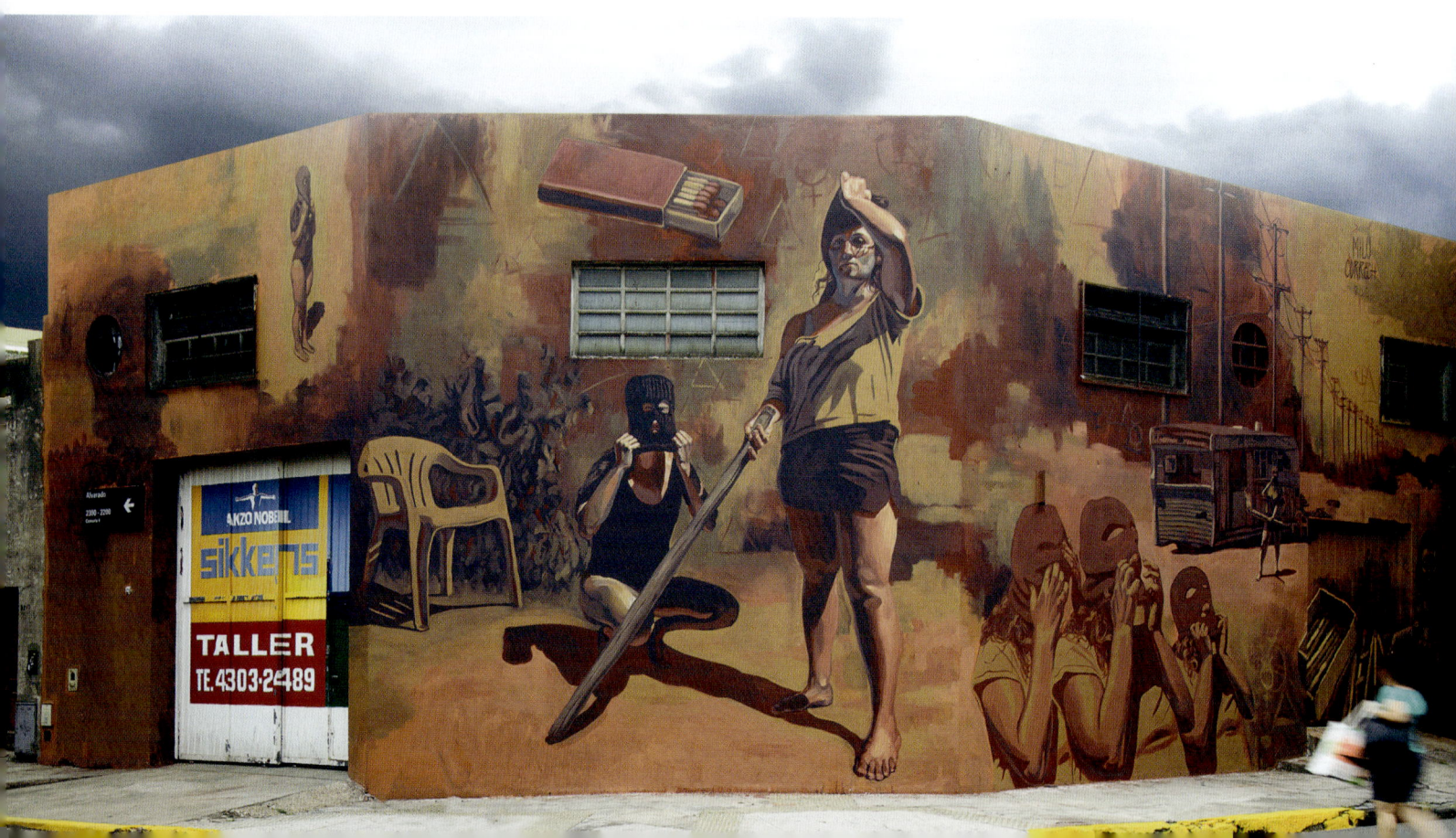

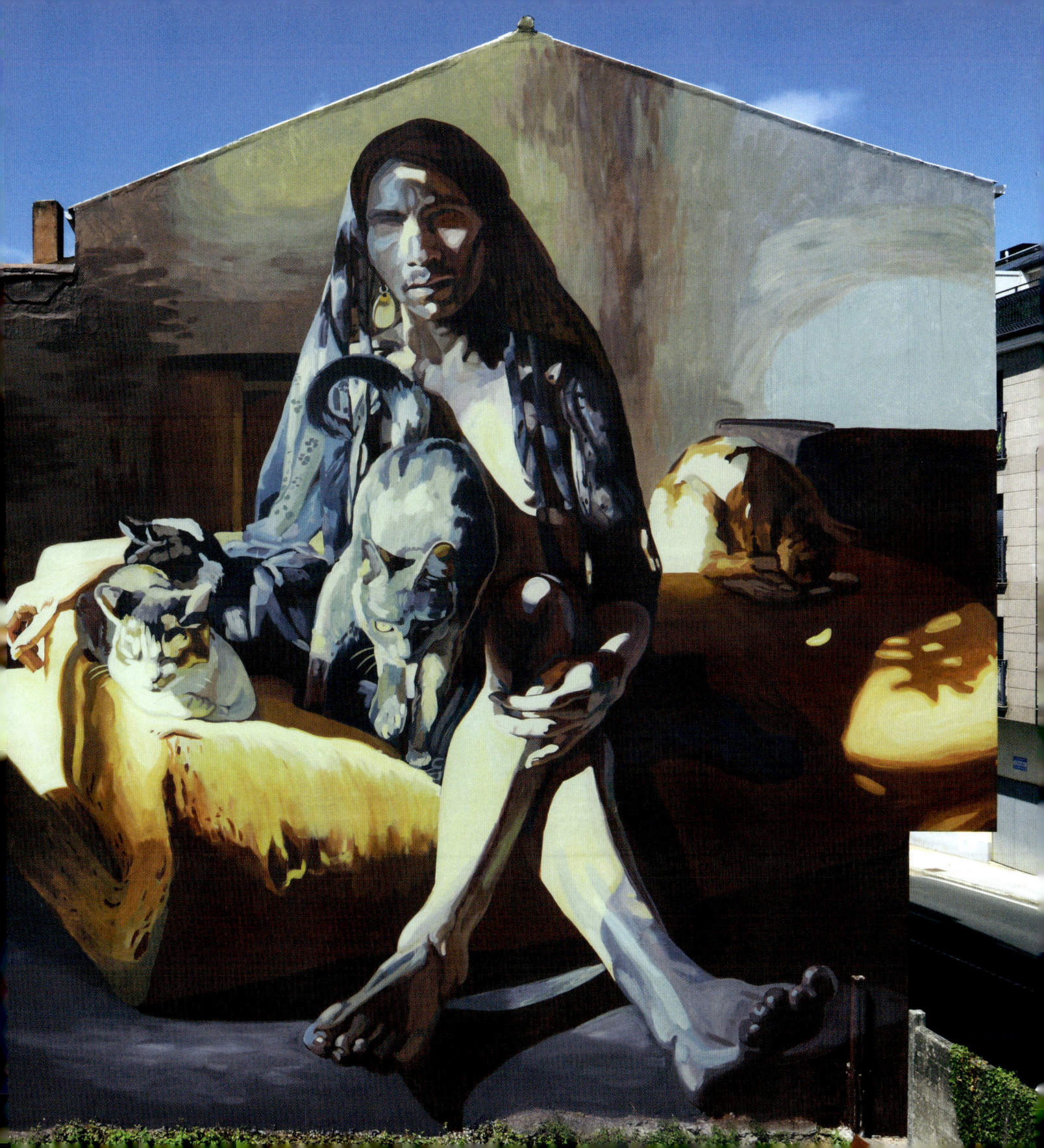

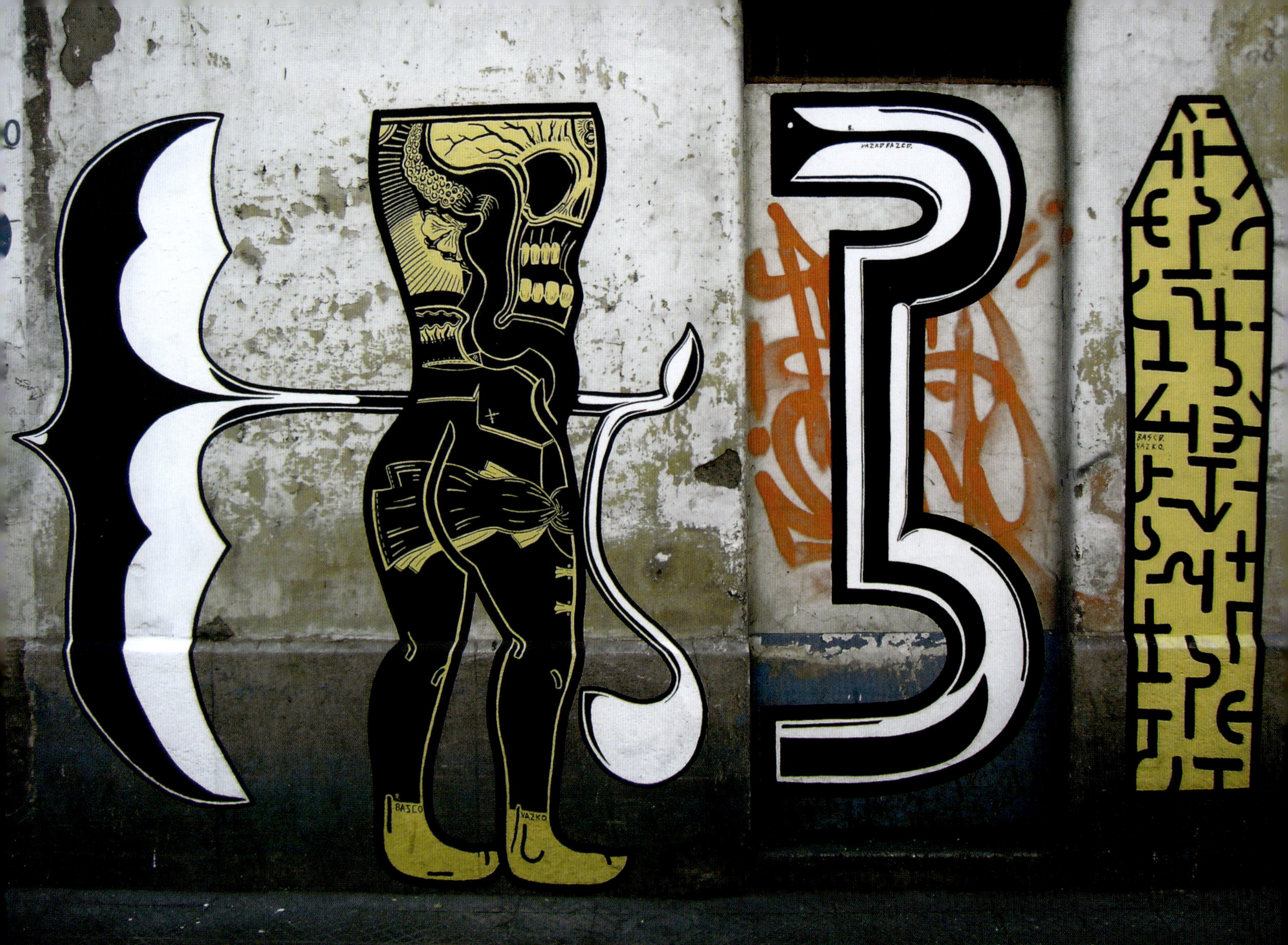

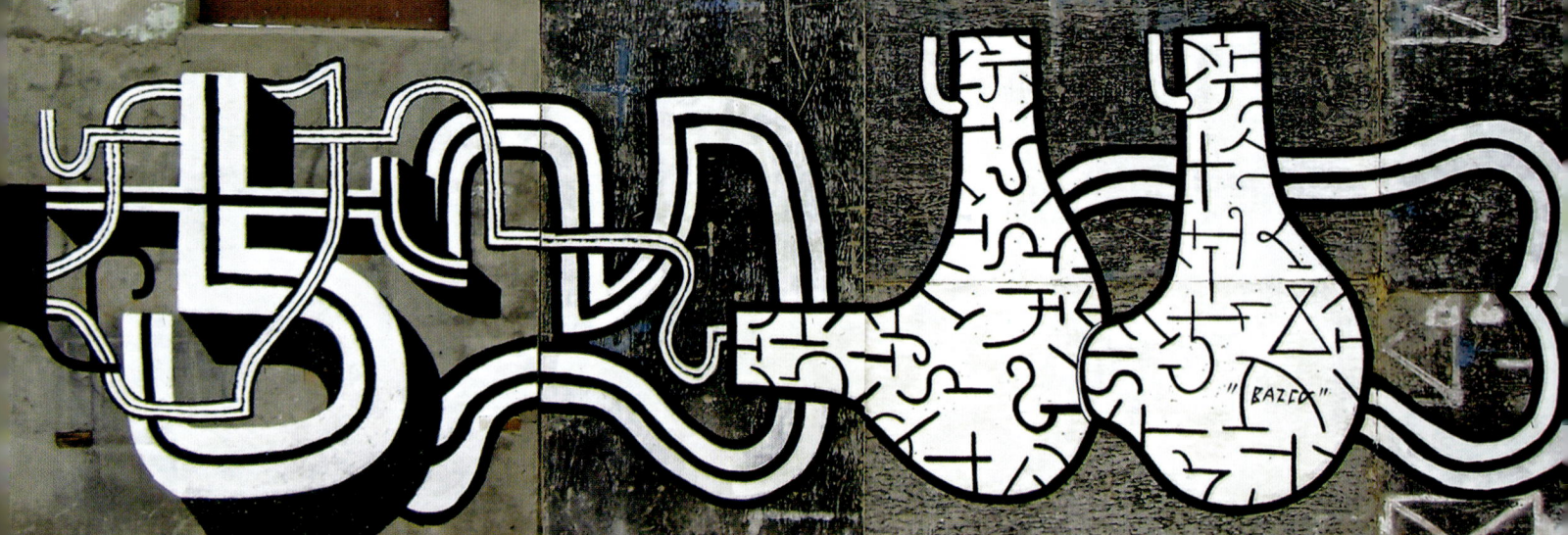

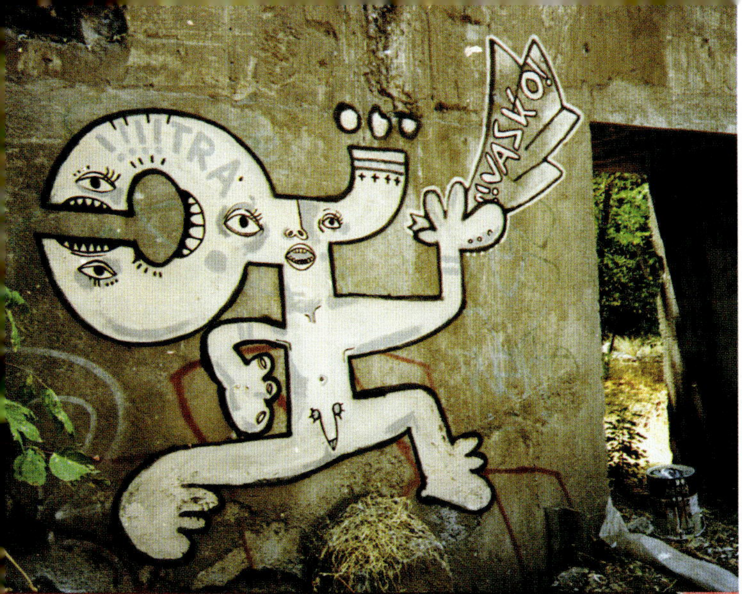

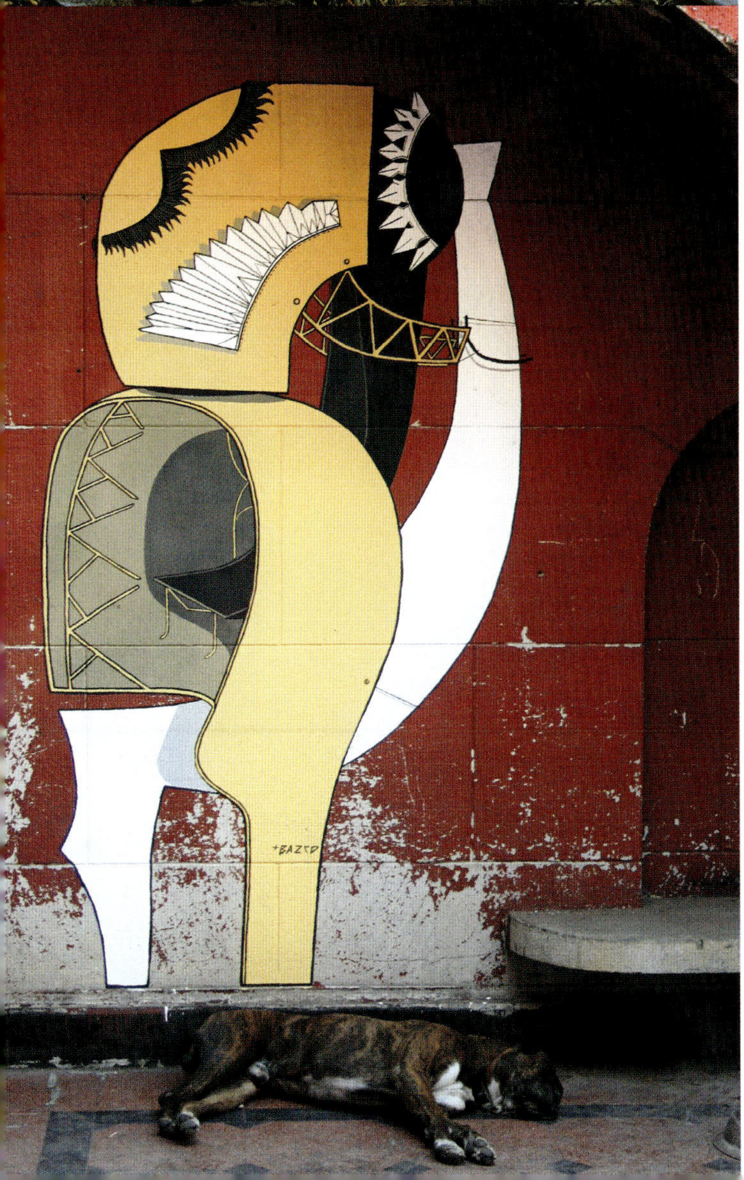

SANTIAGO DE CHILE

NACIMIENTO 1983, Santiago, Chile   TÉCNICAS / MATERIALES Pintura en aerosol, montaje, *collage*, fotografía   ESTILO Grafiti abstracto, grafiti surrealista   TEMAS Realismo mágico   INFLUENCIAS Expresionismo abstracto, Herbert Baglione, Os Gêmeos, Nunca

BASCO VAZKO

La obra de Basco Vazko, artista nacido en Santiago de Chile, está influida tanto por la escuela neoyorquina de expresionistas abstractos —De Kooning, Rothko y Pollock— como por el arte público independiente brasileño —Os Gêmeos (*véanse* páginas 106-109), Herbert Baglione (*véanse* páginas 102-103), Nunca (*véanse* páginas 104-105) y, sobre todo, Vitché—. La combinación de ambos enfoques ha dado lugar a una obra singular: una esencia abstracta y expresionista fundamentada en la determinación y la energía del trabajo en las calles.

La carrera artística de Basco despegó de verdad en 1998, año en el que empezó a pintar en la esfera pública y comenzó a trabajar en un exquisito cuaderno de dibujos con una recreación del *Decamerón*, de Giovanni Boccaccio, obra que terminó en 2011. Si bien sus primeras obras de *street art* eran a todas luces figurativas (con un aire onírico, a menudo fantástico, similar al realismo mágico), su producción más reciente ha seguido centrándose en el cuerpo pero de una manera más abstracta y contorsionada. Tanto cuando están pintadas en blanco y negro como con colores tenues y apagados, las surrealistas y deslumbrantes figuras escultóricas de Basco se entrelazan con diversas formas y estructuras para generar unas imágenes que están a caballo entre las letras y los objetos. Además, mientras que antes trabajó en los muros exteriores de la ciudad, las obras posteriores se han realizado en los interiores de casas vacías y abandonadas. Lo que Basco intenta crear, en sus propias palabras, son obras que «parezcan más accidentales, casi como si pertenecieran al lugar», obras sencillas más que espectaculares que atraigan al espectador de una manera más discreta, contenida y naturalmente eficaz.

Con la creación de imágenes en su propio ADN (tanto su padre como una de sus abuelas son artistas) y no tanto surgida de una educación sistemática, el autodidacta Basco nunca eligió dedicarse de forma consciente a la pintura, sino que es algo que ha estado haciendo toda la vida. Al tiempo que se dedica a otros muchos proyectos (reelaboración de portadas de revistas con su inconfundible estilo y producción de un sinfín de *collages*, fotografías y dibujos), sigue activo en las calles, donde su obra, desenfrenada y poco ortodoxa, impregna los espacios públicos. Con su estética urgente, a veces primitiva, Basco ha desarrollado un singular enfoque con el que produce un *street art* de una cruda pureza, una obra que podría describirse como «grafiti surrealista contemporáneo».

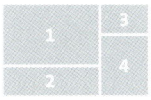

1 *Cuatro Le Madass 31*, Santiago, Chile, 2009
2 *Le Pene Wild*, Santiago, Chile, 2008
3 Santiago, Chile, 2008
4 Santiago, Chile, 2007

VALPARAÍSO

NACIMIENTO Valparaíso, Chile   **TÉCNICAS / MATERIALES** Pintura en aerosol
ESTILO Grafiti popular, muralismo contemporáneo   **TEMAS** Cono Sur, Altiplano,
arte precolombino, cultura amerindia

INTI CASTRO

Aunque se crio en la ciudad chilena de Valparaíso y ha pintado por todo el
mundo, Inti Castro es un artista iberoamericano en el más amplio sentido
de la palabra y bebe de influencias de la cultura amerindia precolombina
y contemporánea. Influida sobre todo por la iconografía del Cono Sur —que
abarca su Chile natal, Argentina, Paraguay y Brasil, así como el Altiplano (la
meseta elevada andina en la que se asientan Chile, el oeste de Bolivia y el sur
de Perú)—, su obra, de gran riqueza ilustrativa, busca fusionar estos diversos
estilos visuales y desarrollar un muralismo contemporáneo panamericano
que trascienda las fronteras políticas.

Si bien Inti adopta un enfoque a todas luces continental en su obra, no
cabe duda de que su ciudad natal, Valparaíso, ha ejercido una gran influencia
en su desarrollo artístico. Esta ciudad, conocida tanto como «la pequeña
San Francisco» y «la joya del Pacífico», además de tener un gran peso cultural
y artístico, destaca sobre todo por carecer de normativas que prohíban de
forma explícita los grafitis. Aunque técnicamente es ilegal en el resto del país,
en Valparaíso existe un acuerdo informal por el que se autoriza esta forma
de arte público siempre y cuando sea, como declaró el director de desarrollo
cultural de la ciudad, de «naturaleza creativa» (lo cual, claro está, es un
parámetro muy subjetivo). Esta permisividad ha dado pie a que prosperen
artistas como Inti, ya que les da tiempo y espacio para desarrollar su estilo
sin temor a verse detenidos ni encarcelados. Como dice Inti, esta situación
le ha dado la oportunidad de «seguir probando y experimentando otras cosas
[...] elegir lugares para [las] intervenciones en los que realmente [poder]
investigar» y amalgamarse.

Aunque su original obra surgió más bien de un impulso, a medida que
Inti se fue desarrollando como artista empezó a percibir el rico potencial
del espacio público y el poder que podía derivarse de intervenir en él
«por el bien común». Al combinar sus murales con una iconografía de un
pronunciado carácter indígena (usa artefactos como los sombreros chilenos
conocidos como «chupallas», los cinturones quechuas llamados «chumpis»,
las muñecas de los chancay y los tejidos con muchos estampados del
Altiplano), Inti abraza la cultura visual autóctona de su país. Como ya indica
el propio nombre del artista (un término quechua que significa «sol»),
su objetivo es arrojar luz sobre las raíces indígenas de su país, a menudo
ocultas, y utilizar su obra para ensalzar, apoyar y exhibir las tradiciones
autóctonas de Iberoamérica.

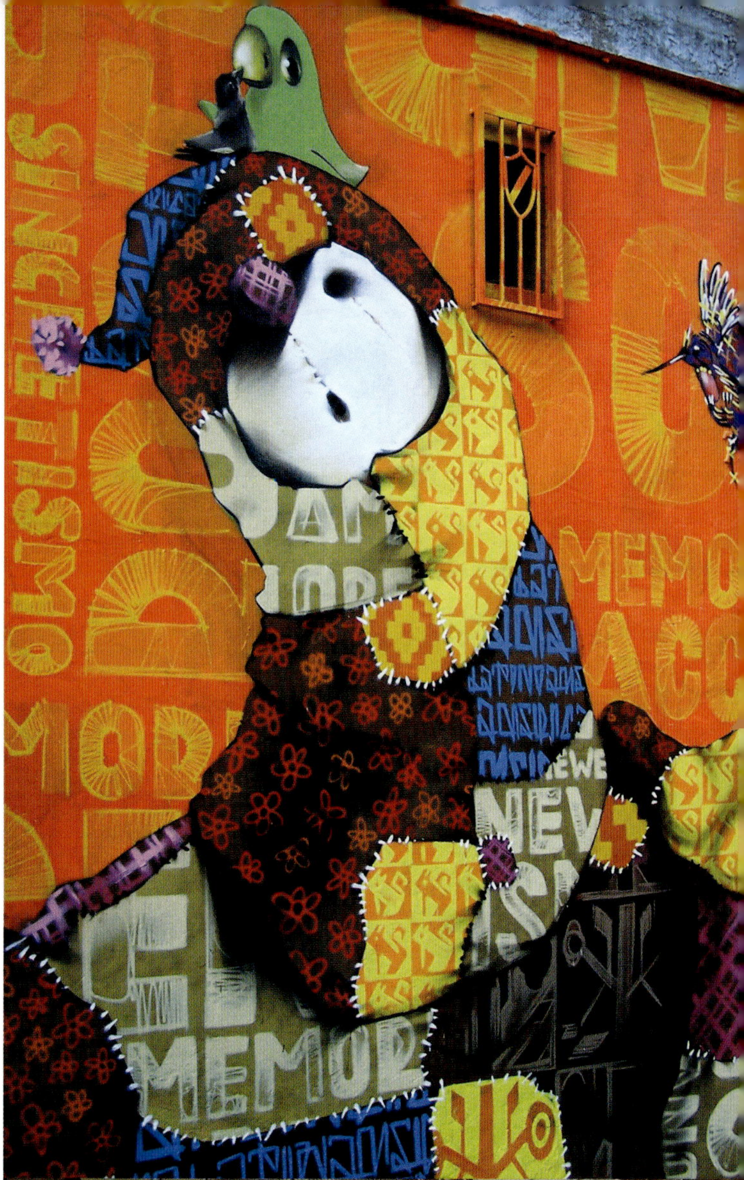

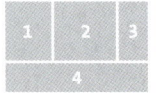

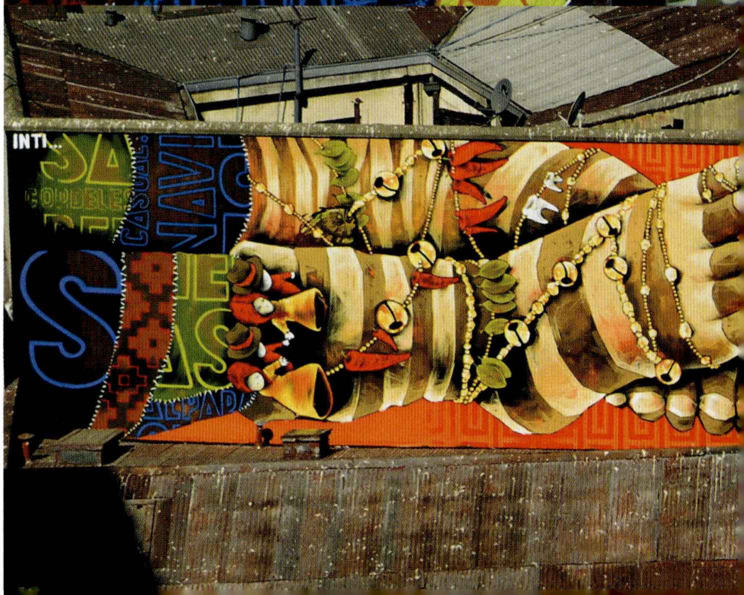

1 Valparaíso, Chile, 2011
2 Colonia, Alemania, 2011
3 *Our Utopia is their Future*, París, Francia, 2012
4 Valparaíso, Chile, 2012

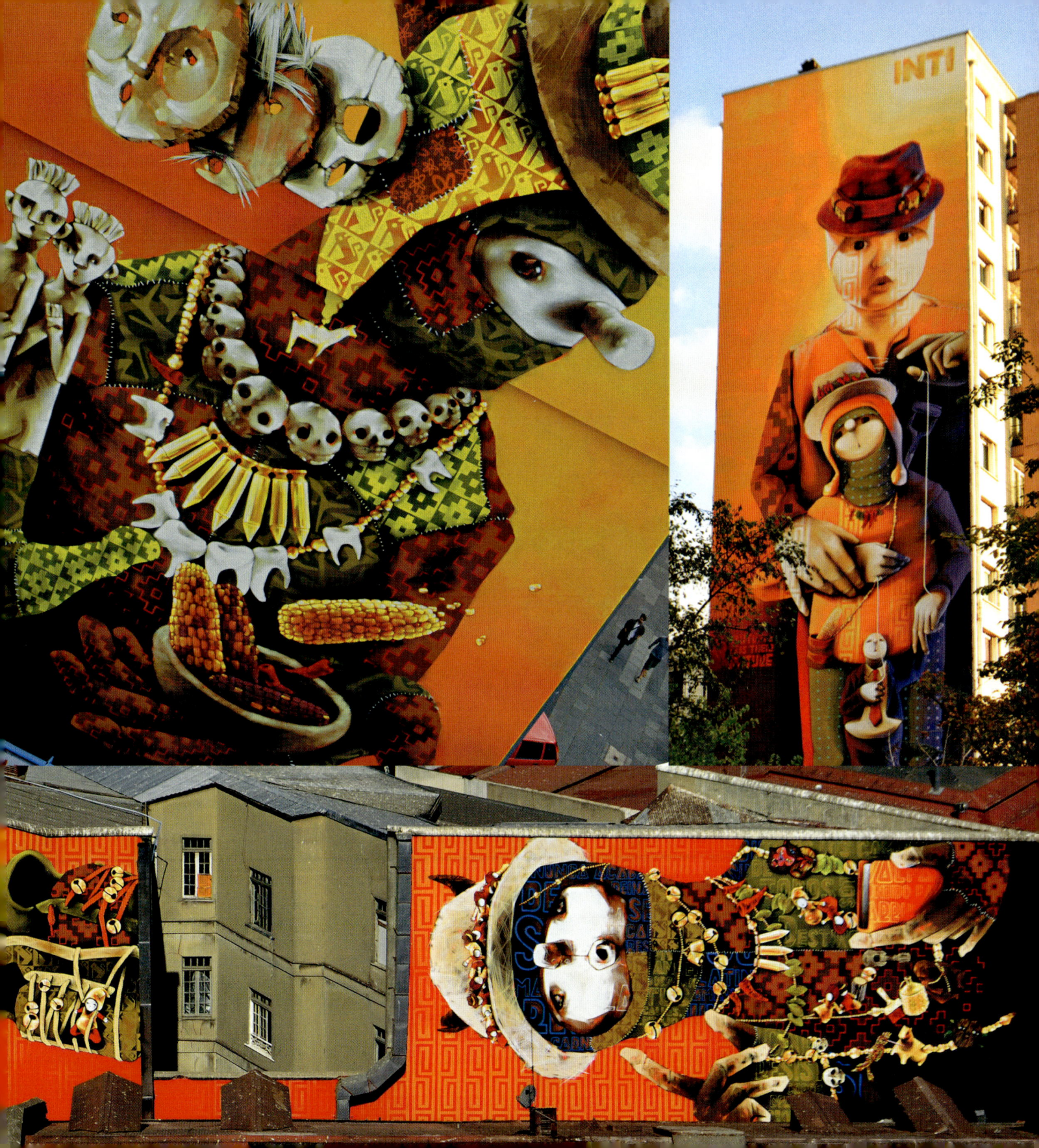

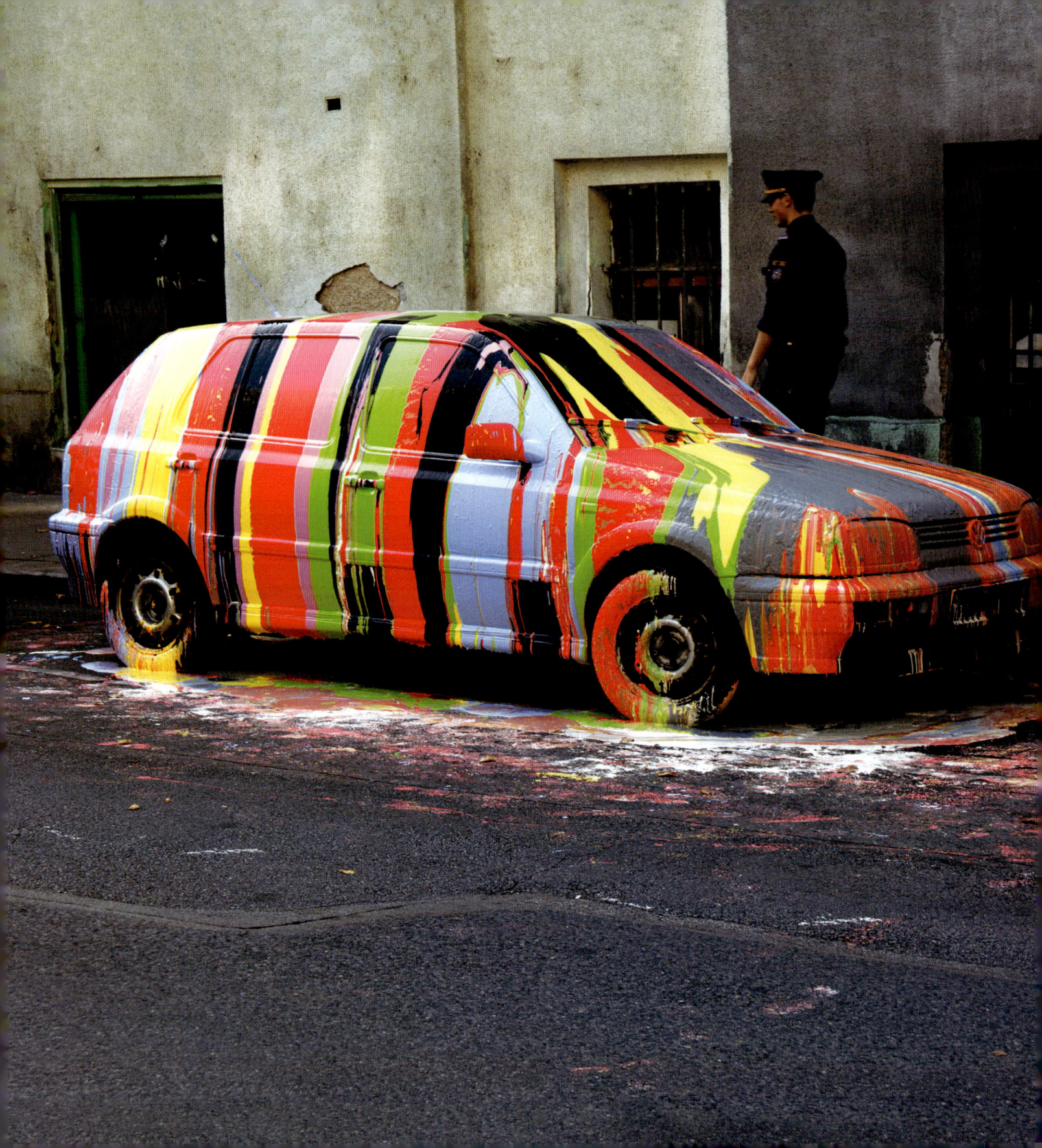

1 *The Mess*, Akay y Brad Downey, Viena, Austria, 2011

EUROPA
SEPTENTRIONAL

LONDRES PARÍS BERLÍN ESTOCOLMO

RADYA LES FRÈRES RIPOULAIN VOINA EGS EROSIE EPOS 257 BEN WILSON
BRAD DOWNEY LADY K INTERESNI KAZKI ZEVS INVADER ZBIOK NUG EKTA
ZEDZ ARAM BARTHOLL EINE OX GOLD PEG CLEMENS BEHR INFLUENZA
AKAY AFFEX VENTURA PETRO PRIEST BOND TRULUV MARTIN TIBABUZO

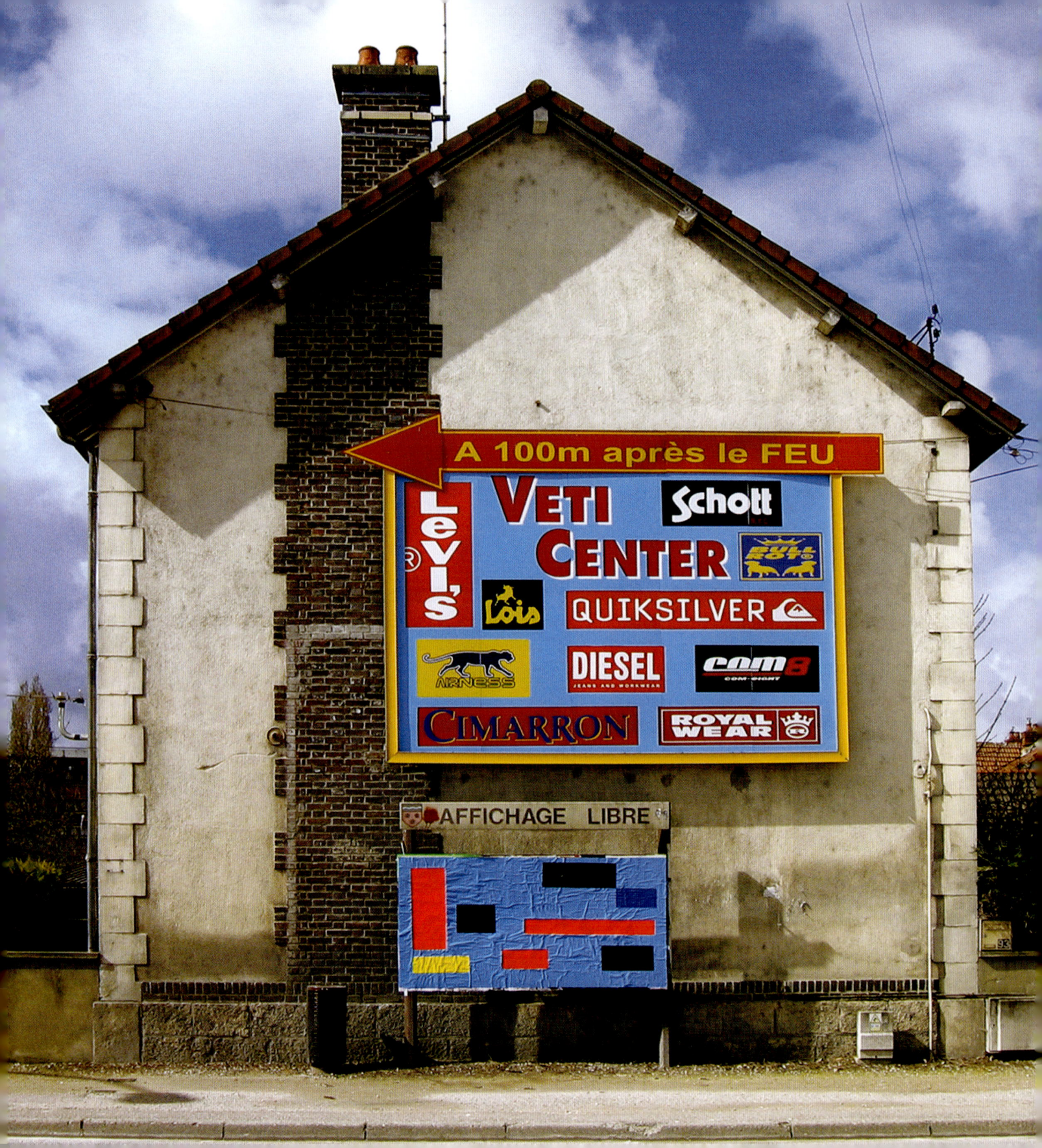

En este capítulo, que no se rige por una definición geográfica estricta, se abordan artistas de las zonas septentrional, occidental y oriental de Europa, una división que separa a este grupo de sus vecinos meridionales, que se agrupan de forma aproximada por el acceso de estos últimos al Mediterráneo. Por ello, este capítulo es el que incluye el mayor número de países y ciudades de todo el libro: desde las ciudades de Londres, París, Berlín y Estocolmo hasta lugares consolidados como los Países Bajos y las florecientes escenas de la República Checa, Polonia, Rusia y Ucrania. Aunque el arte de estos lugares resulta, como es lógico, diverso, podría decirse que sus estilos los une un cierto hilo conceptual.

En Londres (*véanse* páginas 134-135) se percibe en general un estilo de producción bastante brutal, una estética contumaz tal vez determinada por la condición de la ciudad como capital mundial de la videovigilancia. Artistas como Gold Peg (*véanse* páginas 140-143) han trabajado tanto para eludir como para minimizar los poderes de esta sociedad de la vigilancia, para lo cual han adoptado un estilo rudo y vandálico que exalta la anarquía por encima del arte. Otros, sin embargo, como Cept, afiliado a Burning Candy, de Gold Peg, y Petro, miembro de TFW (*véanse* páginas 144-147), han practicado un grafiti más despreocupado y se han mantenido fieles a su esencia a través de su constante deseo de encontrar soluciones tipográficas al tiempo que producen emocionantes e innovadoras obras lejos de las calles. Sin embargo, se da la paradoja de que Londres se ha convertido en el líder mundial del mercado de lo que se ha dado en llamar *street art*, y la sardónica obra de Banksy se ha visto desplazada por la de una legión de imitadores. Artistas como Eine (*véanse* páginas 138-139), que ha trabajado codo con codo con Cept y Petro durante muchos años, han intentado encontrar un término medio entre estos dos discursos tratando de preservar la obsesión por las letras pero desarrollando una práctica más orientada hacia el exterior y dirigida a un público más amplio. Ben Wilson (*véanse* páginas 136-137) ha producido miles de micropiezas tumbado en las calles de Londres y bajo la mirada del público, una estrategia también desplegada por Priest (*véanse* páginas 148-149) en Glasgow.

En París (*véanse* páginas 150-151), por el contrario, se percibe una preocupación más clara por la elegancia formal; así, artistas como Lady K (*véanse* páginas 154-155) y Honet trabajan con un ímpetu incesante y una sofisticación de aires espontáneos. Mientras que para Lady K y Honet la cultura del grafiti sigue siendo crucial, artistas como Zevs (*véanse* páginas 160-163) han surgido de esta subcultura aunque trabajan tanto con temas como con letras: este artista, que suele trabajar en las vallas publicitarias de la ciudad, sigue la línea trazada por OX (*véanse* imagen 1 y páginas 156-159) a principios de la década de 1980. OX dota a su obra de una intensa especificidad del lugar y practica una delicada interacción con el paisaje circundante. Al igual que Invader (*véanse* páginas 152-153), utiliza cada lugar casi como si fuera un patio de recreo, aunque la producción de Invader se basa en las baldosas y no en la pintura. Sin embargo, al igual que sucede con sus paisanos parisinos, la obra se caracteriza por una fusión muy sofisticada de forma y concepto que da lugar a un modelo experimental y urbano de arte público independiente.

En una dirección mucho más teórica, los artistas seleccionados para Berlín (*véanse* páginas 180-181) han llevado las artes urbanas a un nuevo territorio de autorreflexión. Aunque la ciudad se ha convertido casi en sinónimo de *street art*, son los artistas surgidos del grafiti los que más están traspasando las fronteras del discurso: Akim, por ejemplo, no solo ha transformado sus grafitis clásicos en ámbitos tridimensionales, sino que ha emprendido intervenciones que podrían considerarse experimentos científico-sociales. Del mismo modo, el dúo Wermke & Leinkauf produce proyectos y filmes que intentan recrear la comprensión íntima de la ciudad que facilita el grafiti en lugar de producir una estética grafitera en sí. Con artistas como Aram Bartholl (*véanse* páginas 182-183) trabajando en el ámbito entre lo digital y el arte público, Clemens Behr (*véanse* páginas 188-189) fusionando el espacio bidimensional y el tridimensional y Brad Downey (*véase* imagen 1, página 130 y páginas 184-185) desafiando la propia idea de lo que es el arte público independiente, Berlín presenta un abanico de artistas claramente conceptual, un grupo para el que la idea abstracta tiene la misma importancia (o más) que la forma concreta resultante.

En Estocolmo (*véanse* páginas 196-197), es el legendario Akay (*véanse* imagen 1, página 130 y páginas 198-201) quien ha estado a la vanguardia de las artes urbanas, pues formó parte de la primera oleada grafitera de Escandinavia, fue uno de los líderes de los movimientos de carteles y pegatinas y es pionero en la intervención urbana. Nug (*véanse* páginas 202-205), que formó parte de la VIM Crew, ha pasado de la estética militante del grafiti al videoarte y la *performance*, lo que le ha llevado a emprender acciones salvajes y febriles que se recrean en la emoción que desata la práctica del grafiti. Ambos adoptan un enfoque más abiertamente conceptual del grafiti que sus homólogos escandinavos, como HuskMitNavn, de Copenhague, Ekta (*véanse* páginas 210-213), de Gotemburgo, y Egs (*véanse* páginas 214-217), de Helsinki, creadores cuya obra se centra en un estilo más gráfico y compositivo. Aunque hay otros artistas europeos para los que la forma es crucial, como Zedz (*véanse* páginas 172-175), de Ámsterdam, Zbiok (*véanse* páginas 220-223), de Breslavia, e Interesni Kazki (*véase* páginas 224-227), de Kiev, el estilo conceptual de Akay y Nug también puede reconocerse en la obra de otros profesionales, como Les Frères Ripoulain (*véanse* páginas 164-167), de Rennes, Influenza, (*véanse* páginas 168-171), de Róterdam, Erosie (*véanse* páginas 176-179), de Eindhoven, Epos 257 (*véanse* páginas 218-219), de Praga, Vova Vorotniov y Homer, de Kiev, y Radya (*véanse* páginas 228-231) y Voina (*véanse* páginas 232-233), de Rusia. Todos estos artistas y grupos han producido obras que se alejan del esquema original del grafiti y del *street art* y conforman un estilo de arte público independiente que va más allá de cualquier discurso visual establecido. La zona septentrional de Europa destaca en un estilo que podría denominarse «grafiti conceptual», ejemplificado por experimentadores como Bond Truluv (*véanse* páginas 192-195), que es de Leipzig y rechaza la creciente mercantilización de las artes urbanas y considera que buena parte de la belleza de estas prácticas procede del proceso de creación, no solo de su efímero producto final.

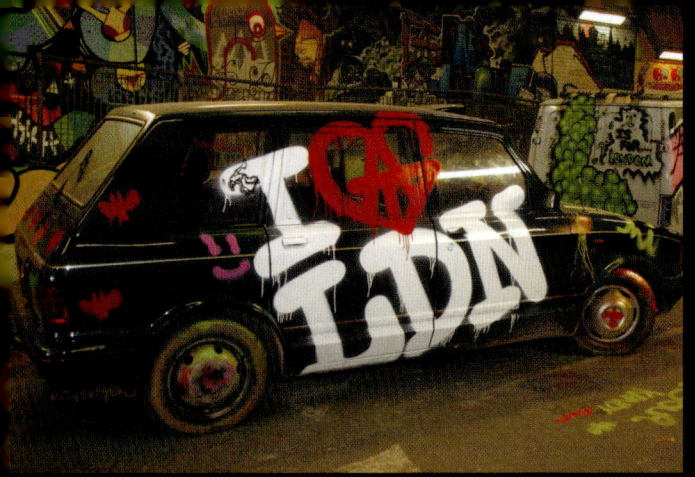

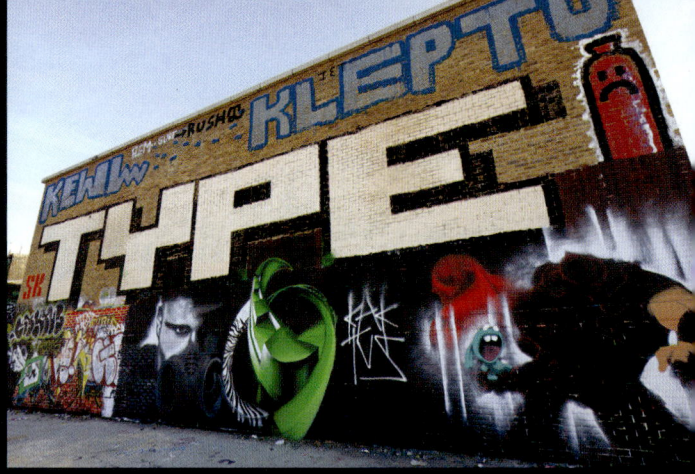

LONDRES

Como cualquier historia, la del grafiti y el *street art* londinenses tiene muchas versiones diferentes, y con estas líneas apenas puede esbozarse. El especial carácter de Londres ha dado lugar a que la ciudad desarrolle su propia forma de grafiti. Londres es enorme y tiene una fuerte presencia policial, por lo que sus grafitis son duros y están cargados de intención. Aunque es una ciudad de extremos, las calles también han sido testigo de un tipo de obras menos hostiles y más aptas para las galerías, a menudo catalogadas como *street art*. Entre esos dos enfoques no ha habido siempre una relación cordial; de hecho, en la escena londinense se han producido muchas tensiones y dramas.

Londres es enorme y cada zona tiene su propio carácter y estética con relación al grafiti; así, por ejemplo, algunos distritos tuvieron en la década de 1990 un toque genuinamente malvado. Eran grafitis crudos los que se hacían letras separadas, ultralegible y con doble contorno para que destacaran aún más. No se trataba de quién se hacía ver más, sino de quién era más agresivo, como SKAN BOSH SKATA. Algunos de los mejores *throw-ups* llegaron de la mano de GSD y de DELS (los mejores, más militantes y con una sólida presencia desde la estación de East Croydon hasta la de Norwood Junction). Shogi y Oker, de la misma *crew*, arrasaron también al introducir en las letras rasgos que mucha gente copió pero que nunca llegó a dominar como ellos. Zonk se pasó al *all-city* a finales de la década de 1990, y, como cualquier escritor que haya pintado sus letras miles de veces, su estilo emana una fluidez que no puede impostarse.

Sin embargo, las cosas se pusieron realmente intensas con la introducción del decapante. DDS fueron los primeros que descubrieron esta combinación de utensilio y arma y la utilizaron para tomarle la

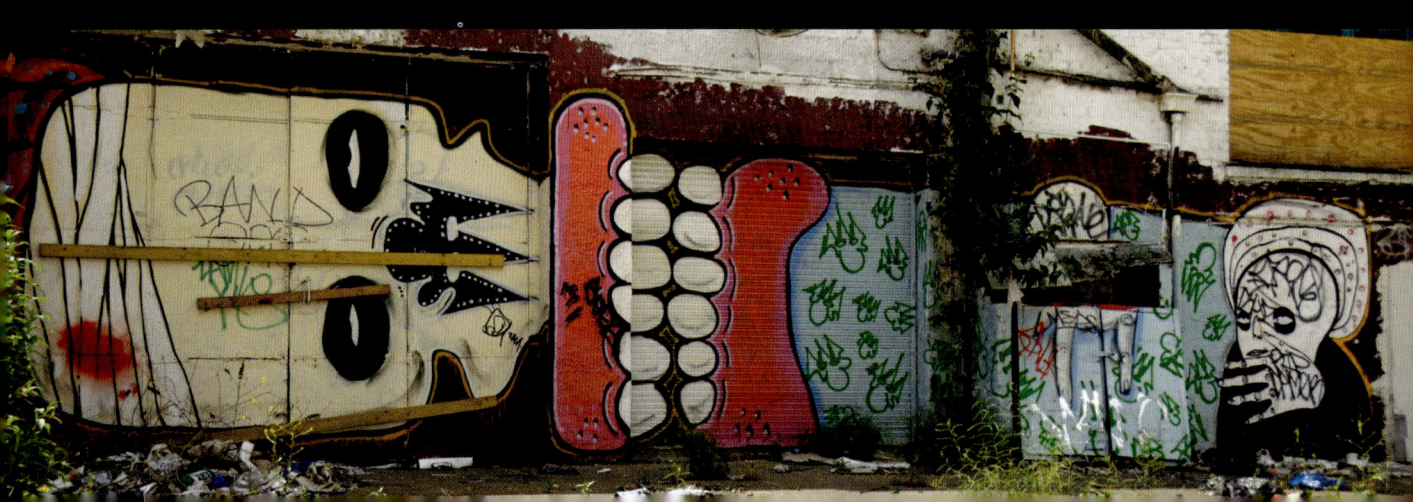

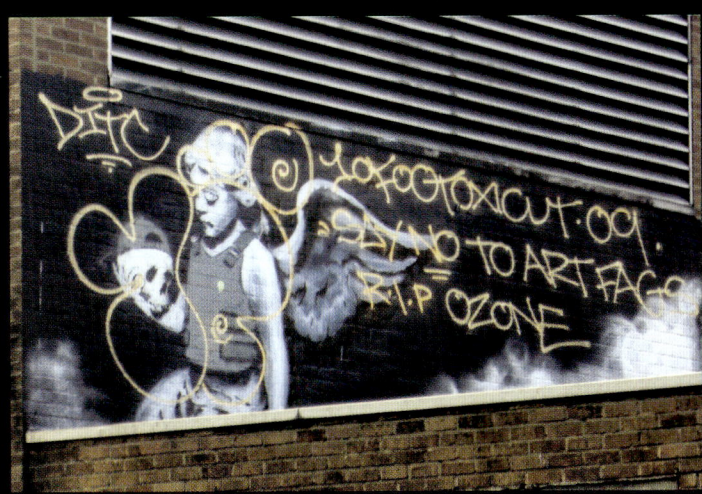

delantera a los equipos de limpieza de grafitis: el decapante les permitió quemar literalmente sus *tags* en los laterales de los trenes, de modo que cualquier intento de retirarlos por parte de las autoridades solo servía para que brillaran más. Estos *tags* llevan diez años en marcha: así, los Little Mets (los trenes de metro de la línea metropolitana) han circulado con todos los *tags* que hay entre «Tox02» y «Tox09». Aunque también se vieron en las calles, estos *tags* se diseñaron para los trenes, y sin duda resumen la actitud beligerante que articuló el grafiti por aquel entonces.

A la vez que el grafiti evolucionaba hasta el punto de utilizar decapante, surgía un escenario que no tenía nada que ver. Banksy (*véase* imagen 5) empezó a inventar nuevas formas de lo que el argot grafitero es *getting up* («hacerse ver»), entre ellas colarse en el Zoológico de Regent's Park y pintar cebras. Cuando sus ratas estarcidas surgieron por todas partes, la gente empezó a prestarle atención. Pisándole los talones a y espoleada por un boyante mercado de arte, surgió una oleada de supuesto *street art* muy poco creativo que inundó el este de Londres. Los escritores de grafiti Ozone y 10Foot inventaron el poco sutil término *art fag* («maricón del arte») para insultar a quienes practicaban el *street art* (*véase* imagen 4), y se instauró una división binaria muy estricta entre ética y estética a causa de la guerra que estalló: hacerse ver de forma ilegal por el placer de hacerse ver *vs.* hacerse ver para llamar la atención sobre una exposición que se tiene en una galería; estética tradicional de grafiti con letras *vs.* estética basada en la imagen del *pop art*, a menudo como estarcido o cartel pegado. Aunque Banksy se vio envuelto en esta guerra porque era el que se había hecho más famoso, en esencia se trataba (y se trata) del triángulo amoroso formado por el dinero, el arte y la credibilidad. Las obras son más creíbles cuando no se crean para ganar dinero, pero cuanto más creíble sea una obra, más dinero puede generar...

Y es ahí donde reside el dilema, pero como la posición que se podía mantener se reducía a dos frentes, en muchos sentidos implicaba una

parálisis de la creatividad. Los escritores de grafiti tenían miedo de romper los moldes por temor a que los tacharan de *art fags*, y quienes practicaban el *street art* seguían haciendo un arte que no iba más allá de los límites de la imaginación de los consumidores. Esto no quiere decir que todo fuera mal. Desde una posición intermedia y a principios de la década de 2000, ATG (*véase* imagen 1) utilizaron emulsiones y algunas técnicas «poco tradicionales» que inspiraron e irritaron a partes iguales, aunque luego quizá cayeran en la autopromoción. Burning Candy (*véase* imagen 3) rompieron muchas reglas con las monstruosas colaboraciones de rodillos telescópicos de triple extensión, con las que que, de alguna manera, se salieron con la suya ilegalmente. Type (*véase* imagen 2) y Arx se lanzaron en solitario con la técnica del rodillo telescópico, y el primero la llevó a unos niveles tan enormes e inesperados que, a finales de 2010, tenía a todo el mundo desconcertado.

Desde que el mercado del arte tocó fondo, buena parte del *street art* que inundaba Shoreditch, al este de Londres, ha caído en picado. Aunque esto significa que parte de la guerra del grafiti y *street art* ha terminado, todavía no está claro que alguien sepa qué hacer a continuación. Tras la «limpieza» de los Juegos Olímpicos y una serie de condenas a prisión para escritores de grafiti, la situación no es nada fácil, pero la enormidad y la locura de la ciudad hacen que siempre haya espacio para nuevas posibilidades. Quien se atreve, gana. **MS / DB**

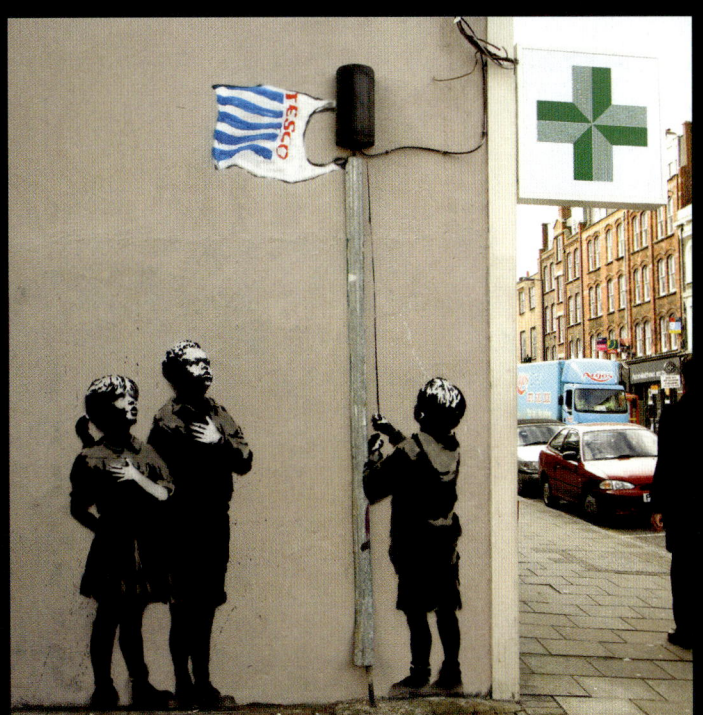

| 1 | 2 | 4 |
| 3 | | 5 |

1 ATG, Leake Street, 2008   2 Type, 2011   3 Burning Candy y Sweet Toof, 2008   4 10Foot y Tox sobre Banksy, Shoreditch, 2009   5 Banksy, Islington, 2008

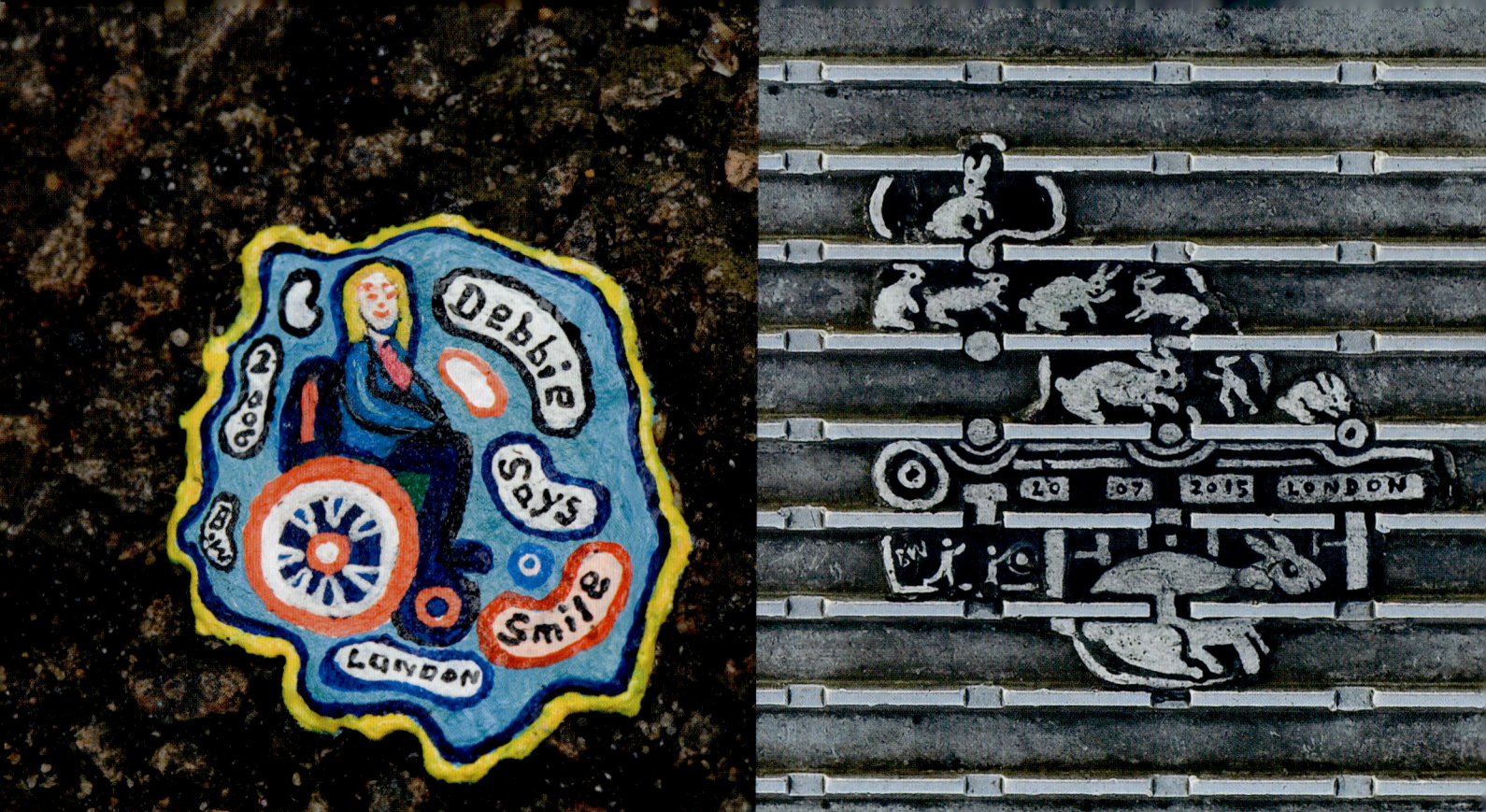

LONDRES

NACIMIENTO 1963, Cambridge, Reino Unido TÉCNICAS / MATERIALES Pintura sobre chicle ESTILO Arte popular TEMAS Amistad, ciudadanía, seres humanos, animales, naturaleza

BEN WILSON

Ben Wilson, toda una anomalía en cuanto a la monumentalidad del *street art*, pinta obras diminutas sobre chicles usados en las calles de Londres. Si bien practica muchas formas de arte a diversas escalas, Wilson lleva pintando sobre chicle desde 2004, y sus pequeñas obras en las calles londinenses se cuentan por miles.

Las pinturas de Wilson hacen pensar en minúsculos iconos religiosos: suelen estar dedicadas a amigos y conocidos, e incluyen figuras humanas, animales y banderas nacionales representadas con minuciosidad y colores sencillos. Estas obras son la antítesis de los grandes murales urbanos, que pueden tener tendencia a elevarse sobre la calle en lugar de a relacionarse con ella. En cambio, para poder apreciar las diminutas obras de Wilson, el espectador debe cernirse sobre ellas y ajustar la perspectiva.

Las calles no son solo la galería de Wilson, sino también su estudio: los transeúntes suelen quedarse absortos al ver el proceso de creación artística y los materiales que emplea. A diferencia de otros artistas urbanos cuya práctica implica trabajar de noche o instalar sus obras de forma subrepticia, Wilson lo hace durante el día, cuando se le puede ver tumbado en la calle con una caja de pinceles y pintura. Para ablandar los chicles emplea un pequeño quemador de gas portátil, como el que usan los chefs para chamuscar la parte superior de la *crème brûlée*. Tras este paso, y antes de dar unas capas de laca, Wilson aplica la llama de un mechero para acelerar el secado de la pintura. Esto hace que las obras sean robustas y permite que la pintura conserve su color a pesar del constante pisoteo y de las inclemencias del tiempo. En cada una de sus piezas, es la forma del chicle aplastado lo que determina el tamaño y la forma del «lienzo».

En otros libros en los que se menciona la obra de Wilson y se la quiere distinguir del *mainstream*, la califican como arte marginal: no en vano, tiene una estética «naíf» informal y la naturaleza de una obsesión personal. Con todo, esta categoría resulta problemática, incluso irrelevante, en el ámbito del *street art*, ya que en él muchos artistas comparten estos mismos métodos informales, propios de aficionados y basados en la repetición. Lejos de ser arte marginal, la obra de Wilson encaja con el espíritu tanto del grafiti como del *street art*: puede interpretarse como una forma de minigrafiti que se ha extendido por toda la ciudad y también como una forma inteligente de *street art* conceptual construido en torno a un elemento omnipresente pero ignorado de la ciudad.

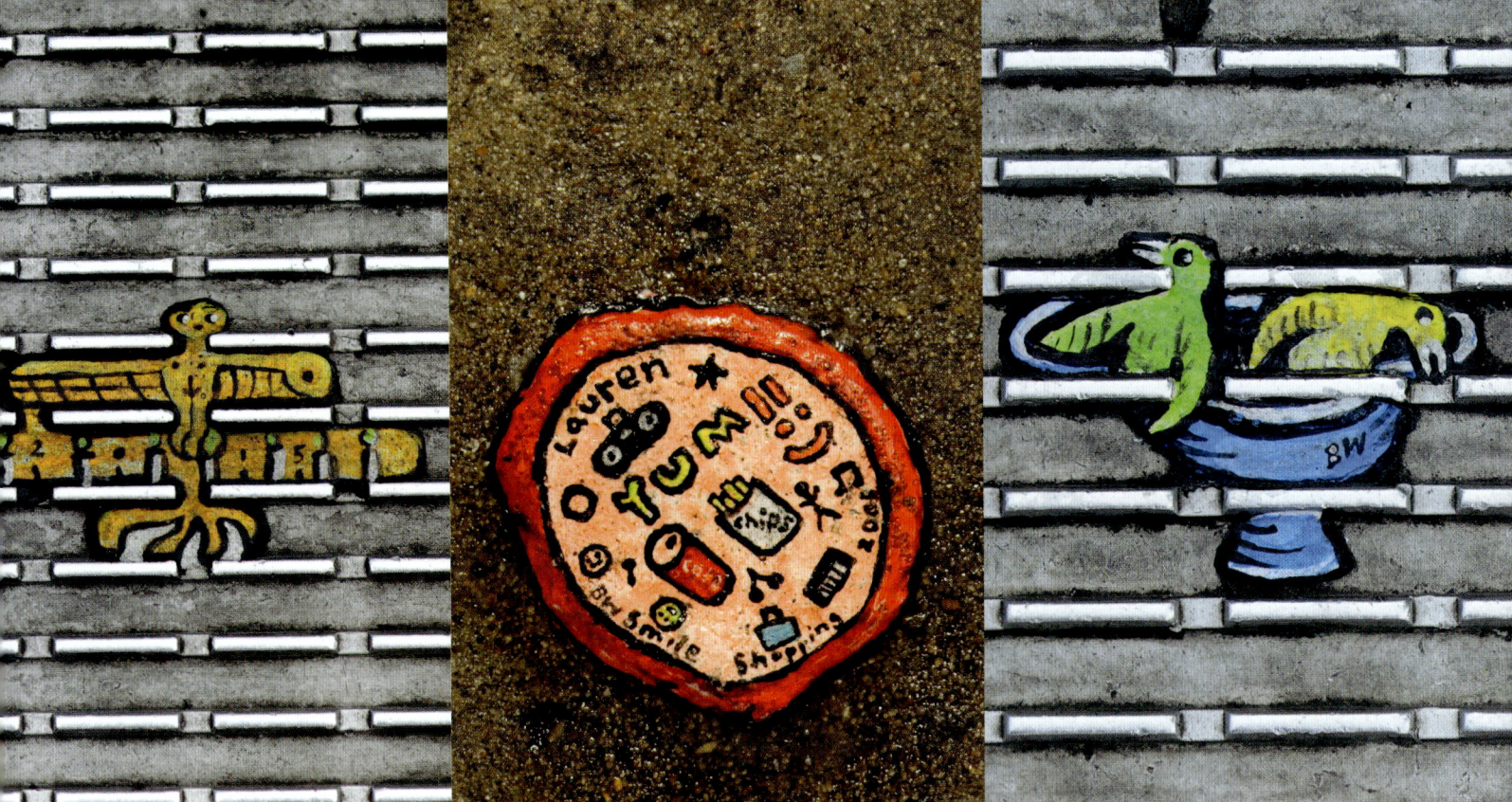

1 2 3 4 5 1, 4 Londres, Reino Unido, 2006
2, 3, 5 Londres, Reino Unido, 2015

Aunque la policía ha intentado encausar a Wilson en el pasado por hacer sus obras, los cargos acabaron desestimados. Al fin y al cabo, su obra no produce daños en el entorno urbano, sino que está creada sobre daños ya existentes. Como hacen otros artistas del *street art*, su práctica explota las lagunas que hay en el tejido urbano y en el legal. Para las autoridades, los chicles son una plaga y están prohibidos en muchos edificios y en algunos países (como Singapur), ya que tienen unas propiedades físicas que hacen que su eliminación resulte muy laboriosa. Sin embargo, hay varias ciudades que albergan muros informales de chicles, como es el caso del Gum Wall, situado bajo el mercado de Pike Place, en el centro de Seattle. Al principio, las paredes del Market Theater estaban cubiertas de chicles usados de los clientes en los que se habían metido monedas de un centavo. Aunque más adelante se retiraron las monedas, los chicles permanecieron a pesar de varias limpiezas, y los transeúntes siguen añadiendo los suyos a lo que es ya una escultura colectiva. En un mundo en el que se fetichizan las superficies limpias y el espacio personal, los chicles usados pueden resultar algo grotesco, incluso perverso. En el caso de Wilson, el artista considera que el chicle es una monstruosidad, y por eso lo reutiliza en su obra como forma de embellecer la ciudad.

Muchas mañanas se puede ver a Wilson en el londinense Millennium Bridge, apoyado en una almohada y junto a su caja de pinturas y materiales. Multitudes pasan junto a él mientras trabaja sin descanso sobre un pequeño chicle. Hay decenas de obras suyas en el puente, ya que el chicle se encaja con facilidad en las ranuras metálicas que cubren la superficie de la zona de paso. Delimitada por la imponente fachada de la Tate Modern al sur y por la cúpula de la catedral de San Pablo al norte, la obra de Wilson sorprende y deleita al público. Se trata de una reacción habitual al entrar en contacto con el *street art*: sorpresa al vislumbrar algo que no forma parte de la calle, y luego un estallido de emoción al descubrir más obras de arte.

En las últimas décadas se ha producido un considerable cambio en el carácter de Londres. Como se prefigura en las novelas de J. G. Ballard, buena parte de la City ha acabado por parecer una concentración de riqueza y control, lo cual expresan las nuevas arquitecturas de hormigón, acero y cristal. A medida que Londres se va convirtiendo en una ciudad de espacios espectaculares pero anónimos y salpicados de actividades muy coreografiadas, las obras de Wilson adquieren un significado diferente. En un mundo en el que priman la rapidez y el comercio, la labor pública de Wilson no solo parece anticuada, sino absurda. Sin embargo, al elaborar y personalizar con tanta intensidad estos diminutos elementos de la ciudad de una forma tan monocorde, las pinturas de Wilson ponen de manifiesto que existe otro Londres más pausado y centrado en las relaciones con las personas y el lugar. **LM**

EUROPA SEPTENTRIONAL **137**

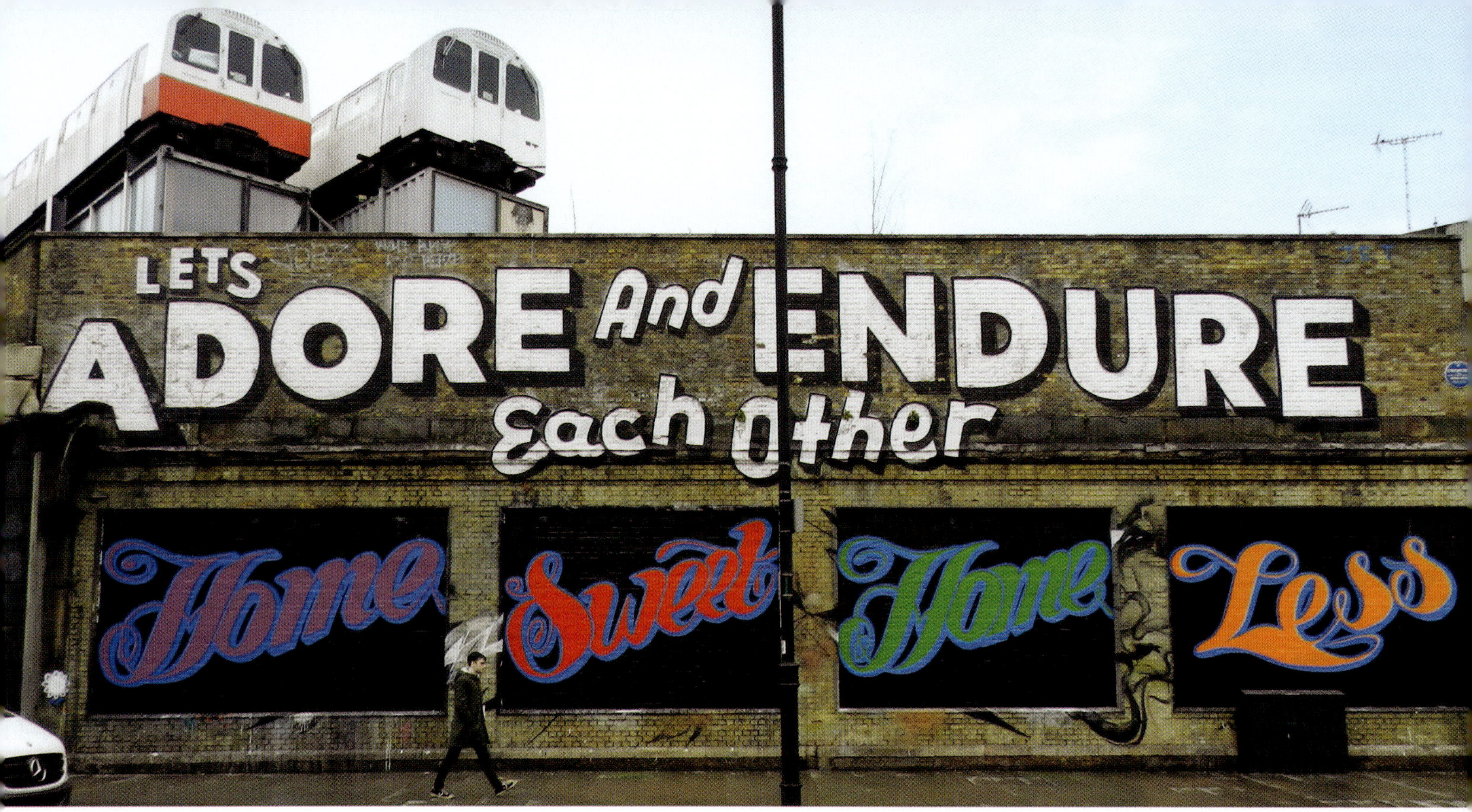

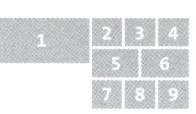

LONDRES

NACIMIENTO 1970 **TÉCNICAS / MATERIALES** Pintura en aerosol, pegatinas, carteles
ESTILO Caligrafía contemporánea, persianas alfabéticas **TEMAS** Letras sueltas,
frases poéticas **INFLUENCIAS** Cartelería pintada a mano, publicidad pintada a mano

1 *Home Sweet Home Less*, Shoreditch, Londres, Reino Unido, 2011 (sobre *Adore and Endure*, de Espo)
2-9 Osaka, Kobe y Tokio, Japón, 2010

EINE

La metamorfosis de Eine, incondicional de la escena grafitera londinense durante más de treinta años, hacia una producción tipográfica más austera y visualmente comprensible le valió un enorme reconocimiento mundial. Este cambio llevó su obra de las paredes del este de Londres a las de la Casa Blanca, lo que llevó su peculiar forma de inscripción textual a un público totalmente nuevo. Aunque ha conservado la obsesión de los escritores de grafiti por las letras, Eine tomó la decisión de alejarse de las intenciones a menudo introvertidas del movimiento y forjar una estética que pudiera conectar con públicos ajenos a esta subcultura. Con sus persianas alfabéticas y frases yuxtapuestas, ha forjado un estilo de engañosa sencillez y una audaz técnica caligráfica con un estilo inconfundible.

Nacido en 1970, Eine se pasó años haciendo *tags* por todo Londres, su ciudad natal. Eine, reputado practicante del *bombing* con un distintivo *throw-up* con la S de Saba, así como destacado pintor de trenes que trabajó con leyendas londinenses como Nema, Oker y Elk, trabajó con constancia en la escena *underground* hasta más o menos el año 2000, cuando estuvo a punto de

cumplir una pena de prisión y decidió abandonar su producción tradicional. Tras tomar nota del *street art* que estaba surgiendo por aquel entonces en Londres, decidió modificar su estética y establecer un punto de encuentro entre su obra anterior y este nuevo estilo de producción. Esta postura le llevó a cambiar la tipografía compleja y muy estilizada que había desarrollado por un método menos estilizado; así, Eine empezó a utilizar carteles, pegatinas y plantillas en los que mantuvo la forma de la letra en el centro con la idea de devolverla a sus raíces tipográficas. Al centrarse en sus ya famosas letras sueltas a gran escala, acabó pintando todo el alfabeto en las persianas de las fachadas de las tiendas de la zona de Dalston, al este de Londres. Al negarse a firmar sus obras, abrazó la ambigüedad resultante al tiempo que ponía de relieve que, por su naturaleza, no eran grafitis. Eine también empezó a incorporar palabras enteras a sus obras, como en sus célebres piezas *Vandalism* y *Scary* de 2007, que aludían al debate entre arte y vandalismo que por aquel entonces hacía furor en los medios de comunicación británicos. Eine ha seguido incorporando cientos de nuevas fuentes tipográficas a sus obras y formando composiciones cada vez más complejas con múltiples tipos y fondos. Con todo, su amor eterno por el alfabeto sigue siendo una constante en su práctica. Se trata de una fijación que ha persistido a lo largo de su vida y que siempre está mutando, evolucionándose y refinándose.

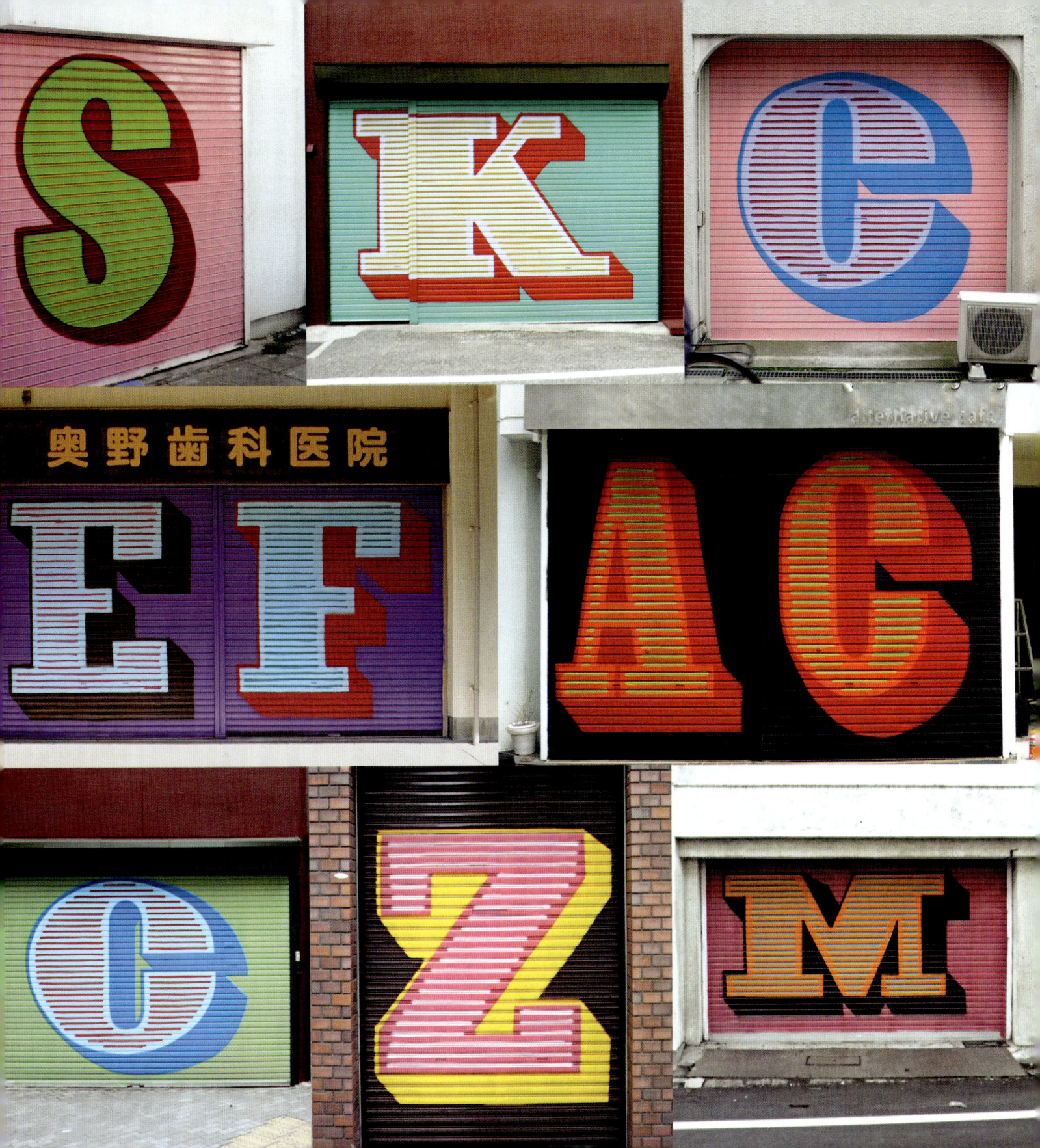

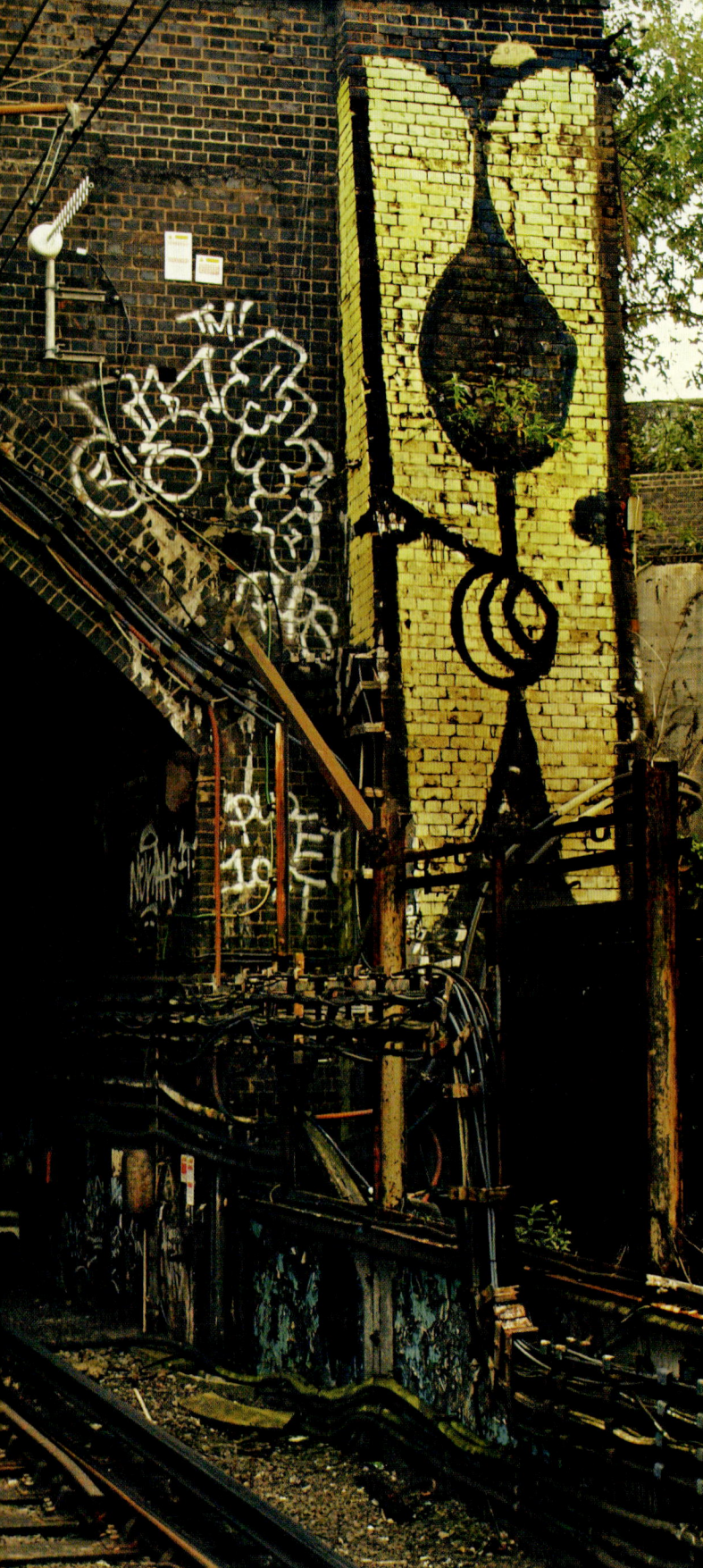

LONDRES

NACIMIENTO Londres, Reino Unido   TÉCNICAS / MATERIALES Pintura en aerosol
ESTILO Estética ruda y vandálica   TEMAS Anarquía, educación errónea
CREW Burning Candy

GOLD PEG

La estética ruda y vandálica de Gold Peg domina el paisaje londinense desde finales de la década de 2000 y ha aportado una nueva dimensión al estilo de la ciudad, sobre todo cromado y negro e intencionadamente feo. Con sus vibrantes y chillones colores, su obsesión por el helado y las pinzas de ropa a las que alude su nombre de escritora de grafiti y su acceso a lugares por lo general inalcanzables, se ha hecho un hueco que rechaza los límites restrictivos de las escenas tradicionales del grafiti y *street art* de la ciudad. Adoptando la ética inflexible del *bombing* y el deseo de experimentar e innovar, Peg empareja la «educación errónea» recibida en la escuela con el deseo de remodelar desde la estética este comportamiento de apariencia antisocial para conformar un modelo de práctica anarquista, absurdista y profundamente indignado.

Peg formó parte de la legendaria *crew* Burning Candy y fue una pieza clave en el renacimiento del grafiti en la capital. De este modo, pasó de una práctica muy hermética a una forma de trabajo más abierta, colorista, icónica y repleta de humor. Las colaboraciones de Peg con su compinche Malarko, artista con quien comparte una estética divertida y despreocupada, son un ejemplo perfecto de esta postura (*véase* imagen 2). Sin embargo, aunque para Peg el grafiti es ante todo diversión, tras su práctica existe una ideología bastante autoconsciente. Aunque habrá quienes consideren que su obra es mera barbarie, para la artista se trata de un «acto destructivo sin sentido que tiene todo el sentido del mundo», un acto que pretende carecer de significado y que cobra sentido a través de su insensatez. En lugar de ceñir su comprensión del entorno a una deferencia primaria hacia la ley, Peg considera su «vandalismo» como una forma de criar una «mente desordenada que ve muchas más opciones de acción de las que la educación formal jamás enseñará». Para ella, se trata de un proceso en el que se determina la forma correcta de actuar «en función de una serie de criterios que te afectan más directamente», que son si va morir durante la acción, si alguien va a ir corriendo a gritar a la policía, si va a estar muy excitada cuando esté arriba y si puede salirse con la suya. Peg utiliza así la educación informal que ha adquirido en los tejados y las vías de tren de la ciudad para reelaborar su desafiante discurso en nuevos terrenos. Ya sea haciendo helados (con ingredientes inconfesables) para inauguraciones artísticas o karts para jóvenes aburridos, parques de juegos informales o cañones de patatas, lo que quiere Peg es mantener todo lo que es inapropiado e irregular cerca de su corazón, ya que sabe que es a través de estos actos de apariencia inmoral como se puede acabar encontrando la propia moralidad.

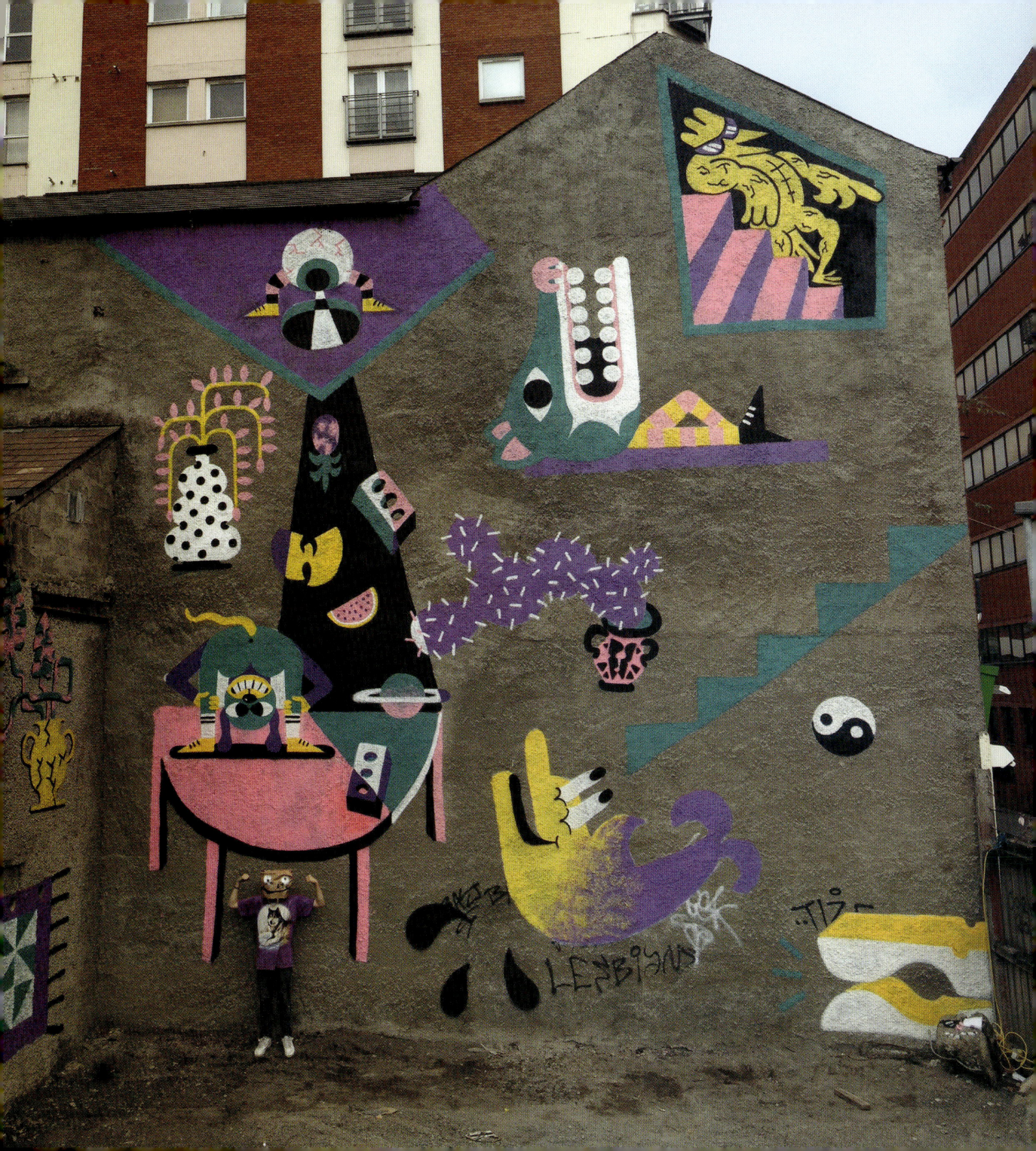

LONDRES
Y
GOLD PEG

El mapa de Londres de Gold Peg, intrincado y oscuramente cómico, evoca de una forma inconsciente tanto a las pobladas pinturas de género del maestro renacentista flamenco Pieter Bruegel el Viejo como a las alborotadas y enredadas imágenes del escritor e ilustrador infantil Martin Handford (en concreto a su serie *¿Dónde está Wally?*). Es un estilo que puede considerarse exponente del *Wimmelbilderbuch* (traducible como «libro repleto de ilustraciones»); el mapa de Gold Peg, con sus elaborados cuentos morales barrocos, muestra todas las técnicas narrativas y gráficas de este enfoque. La artista asegura que intenta representar «solo el uno por ciento de todos los acontecimientos, ocasiones o incidentes que han sucedido» a lo largo de su vida y de su carrera grafitera. Aunque no es exacto en cuanto a la escala ni preciso en cuanto a la técnica (el Regent's Canal se convierte en el Támesis y el Westway en la North Circular), el mapa reproduce la vitalidad, el absurdo y la anarquía de la obra de Gold Peg y ofrece una presentación cartográfica de la existencia cotidiana de la artista.

Empezando por Hackney Wick, en el este de Londres (que está ardiendo debido a los Juegos Olímpicos), nos encontramos con el distrito infestado de vómitos de Shoreditch, con el ya demolido Heygate Estate (el lugar donde Gold Peg produjo *Release the Wolves*) situado un poco más abajo. Además del elefante (de Elephant and Castle) junto al Heygate, más al oeste se encuentran el New Covent Garden Market y la Battersea Power Station (tomada por los residentes del Battersea Dogs and Cats Home), con el centro de Londres representado arriba a través de su descenso a los infiernos (con bolsas de Selfridges y Topshop pegadas). En la esquina superior derecha del mapa hay una imagen de Gold Peg, Monkey y Sweet Toof recorriendo un cementerio de Limehouse bañados por la luz de la luna con sus rodillos telescópicos y cubos de pintura a cuestas (en una recreación de una de las macabras pinturas de Sweet Toof). Junto con una imagen de la antigua casa okupa de Gold Peg en St. George's Circus, hay un retrato de un atónito juez John Clarke (que condenó a la leyenda del grafiti londinense 10Foot entre otros muchos escritores) que contempla un mensaje grafiteado en el que se le acusa de fumar porros; junto a esto, se encuentra una plétora de zorros y furgonetas de helados, imágenes muy queridas por Gold Peg. Su Londres es una alocada pero delicada amalgama de sátira, ornamentación y extravagancia: es una ciudad transformada por el apego físico a un paisaje engendrado por el grafiti, una ciudad en la que la aventura, la exploración y la emoción están entrelazadas por completo con su topografía.

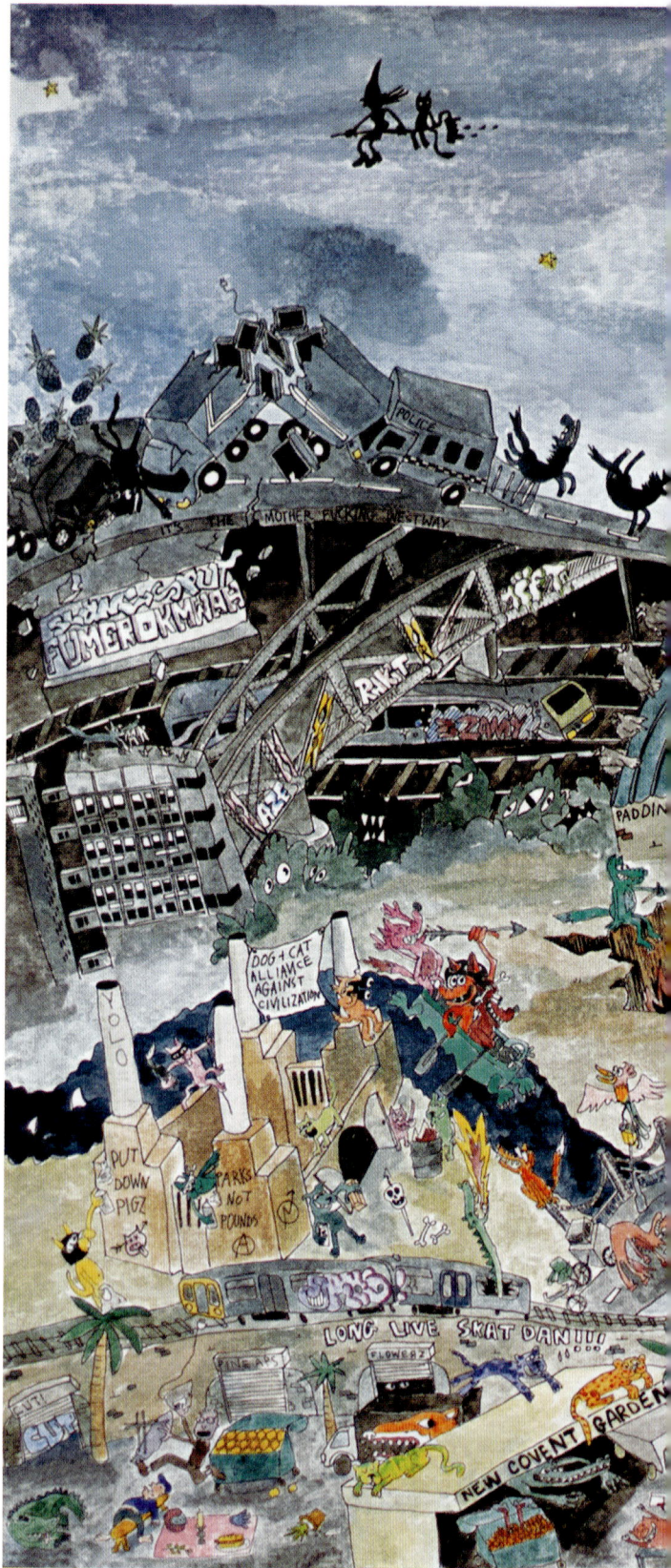

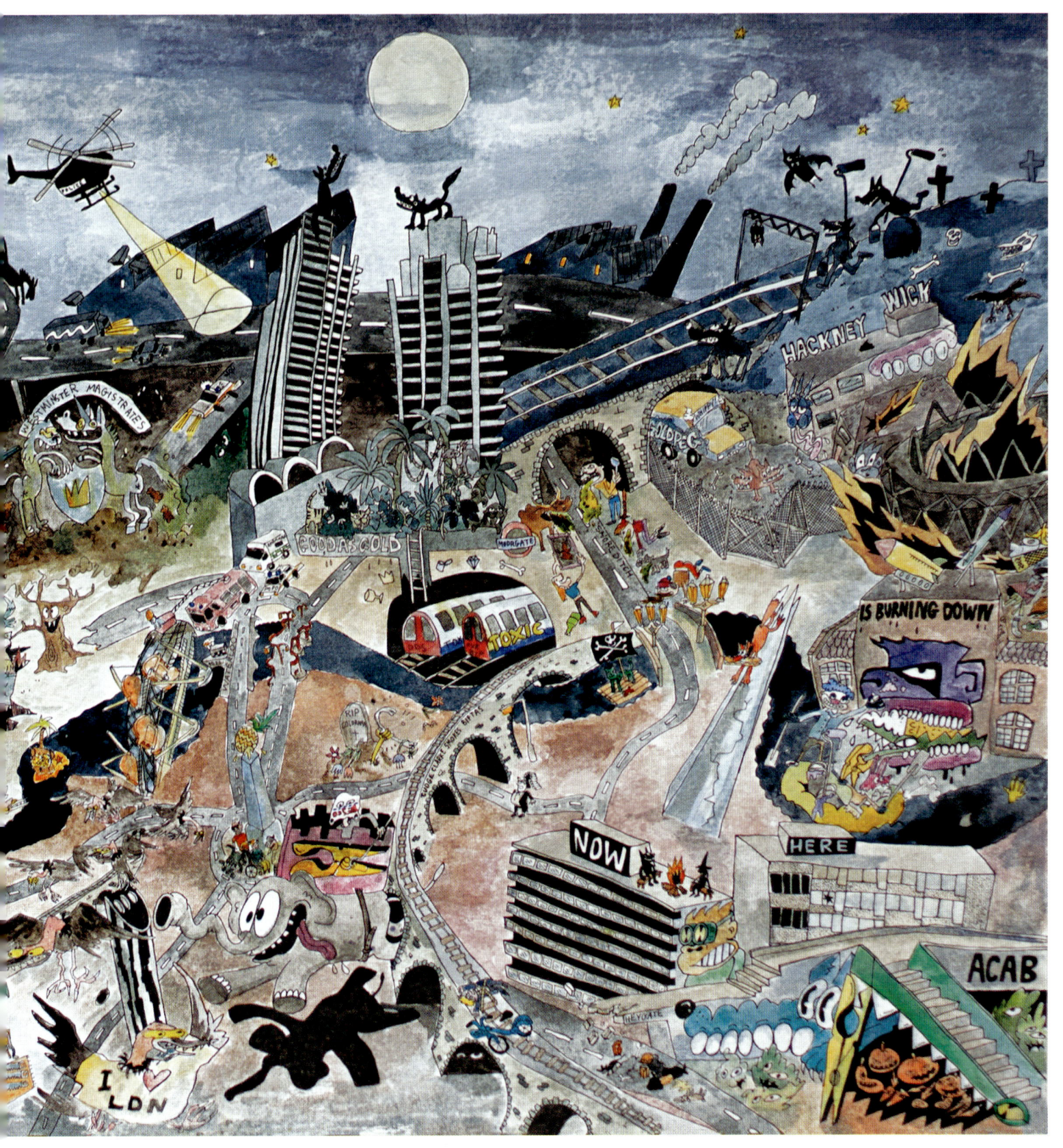

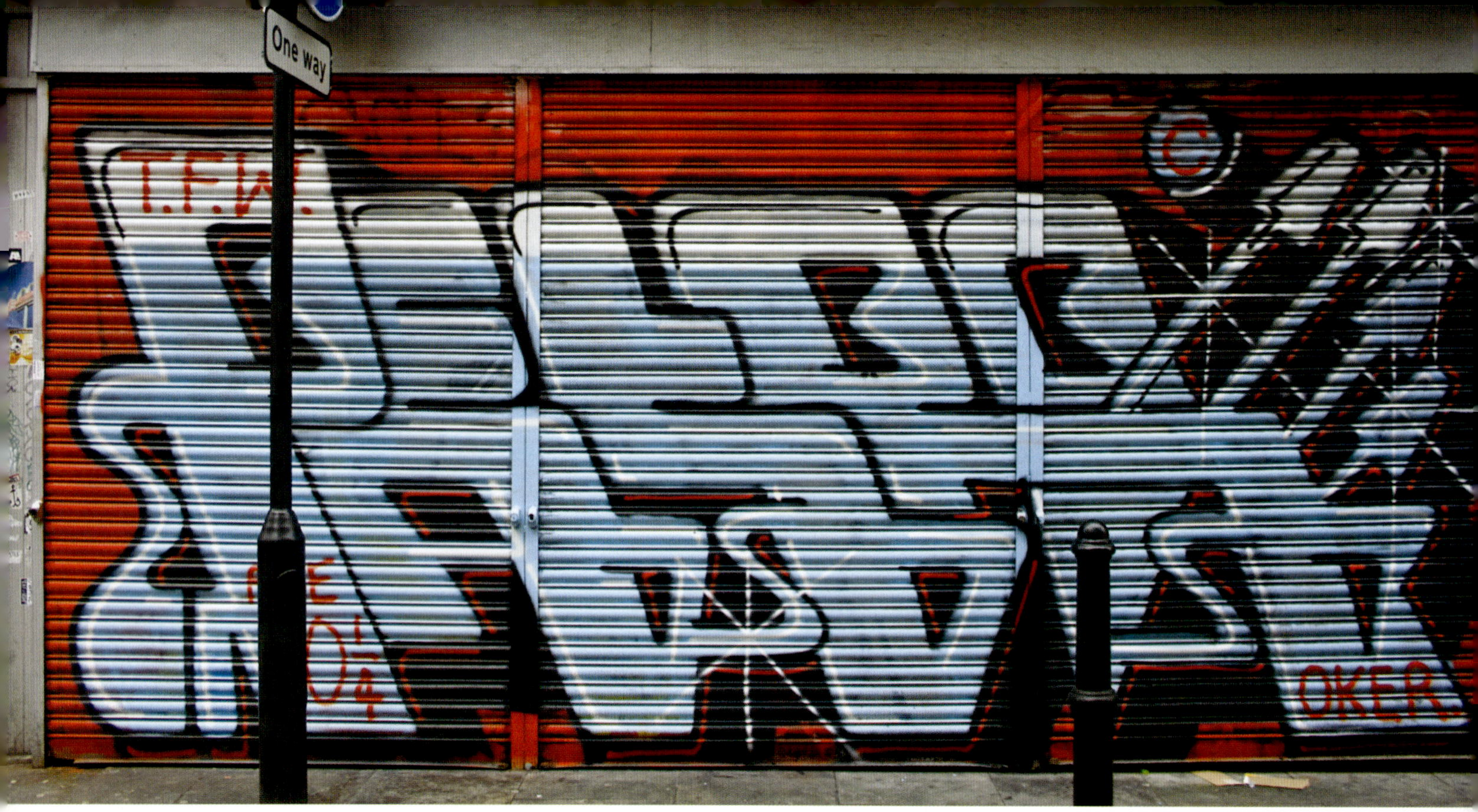

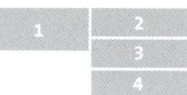

LONDRES

NACIMIENTO 1972 **TÉCNICAS / MATERIALES** Pintura en aerosol, instalación **ESTILO** Grafiti *bugged-out*, estética naíf **TEMAS** Tipografía, formas de letras, juego, espontaneidad **INFLUENCIAS** Ralph Lauren *CREWS* TFW (The Fresh Worms), WMD, PVC, DHR, FMK

1-2 Londres, Reino Unido, 2013
3-4 Newcastle, Reino Unido, 2012

PETRO

Petro es un artista afincado en Londres que lleva desde 1984 intentando «encontrar soluciones» a las letras y las fuentes tipográficas. Obsesionado con Ralph Lauren y el arte marginal, es un infatigable trotamundos que pertenece a la elite mundial de los puristas del grafiti. A finales de la década de 1990 se convirtió en pionero de un estilo de escritura de grafiti informal y *bugged-out* («asustada»), una estética naíf que desde entonces se ha copiado con frecuencia. Sin embargo, nunca satisfecho del todo con sus logros, Petro no ha dejado de experimentar y alterar su obra en una búsqueda incesante de una nueva respuesta al mismo problema. Ha llevado sus letras a un sinfín de terrenos diferentes en los que las ha retorcido y se ha negado a repetirse y estancarse mientras siga existiendo la oportunidad de improvisar e innovar. Esta compulsión por investigar la forma llevó a Petro al espacio de la galería, ámbito en el que siguió adoptando la mentalidad del *bombing* (más que estética). A un ritmo de una exposición casi cada dos meses durante tres años y acometiendo cada proyecto con un presupuesto ínfimo pero negándose a limitarse a replicar el anterior,

la obra institucional de Petro conservó un enfoque por completo ajeno a lo institucional. Petro dice de su obra (que es de un profundo carácter vanguardista en su producción a la vez que muy arraigada en las tradiciones y costumbres del mundo del grafiti) que se la toma «muy poco en serio» y que nunca pierde de vista que su trabajo debe ser divertido y que ha de hacerse con pasión, sinceridad y risa, o sencillamente no hacerse.

Petro necesitó quince años de escritura de grafitis para poder regresar a su infancia y empezar a pintar como si volviera a tener once años. Una vez que alcanzó una cierta perfección con su trabajo y dominó sus herramientas, tomó la decisión consciente de devolverle su cruda pureza y de adoptar un enfoque «libre y raro»: «Tuve que cerrar el círculo para entender de dónde venía, para comprender todos mis errores y poder ver que al principio, cuando no sabía lo que hacía, cuando lo hacía solo para reírme y divertirme, aquello era mi esencia, así como uno de los mejores momentos que he vivido». A pesar de que muchos de sus compañeros no entendieron la dirección que estaba tomando, Petro sentía que la estética del grafiti formado a la perfección que se había hecho tan prominente no era algo con lo que pudiera comprometerse, ya que no sentía que tuviera la autenticidad que él buscaba. La confusión que provocó le hizo

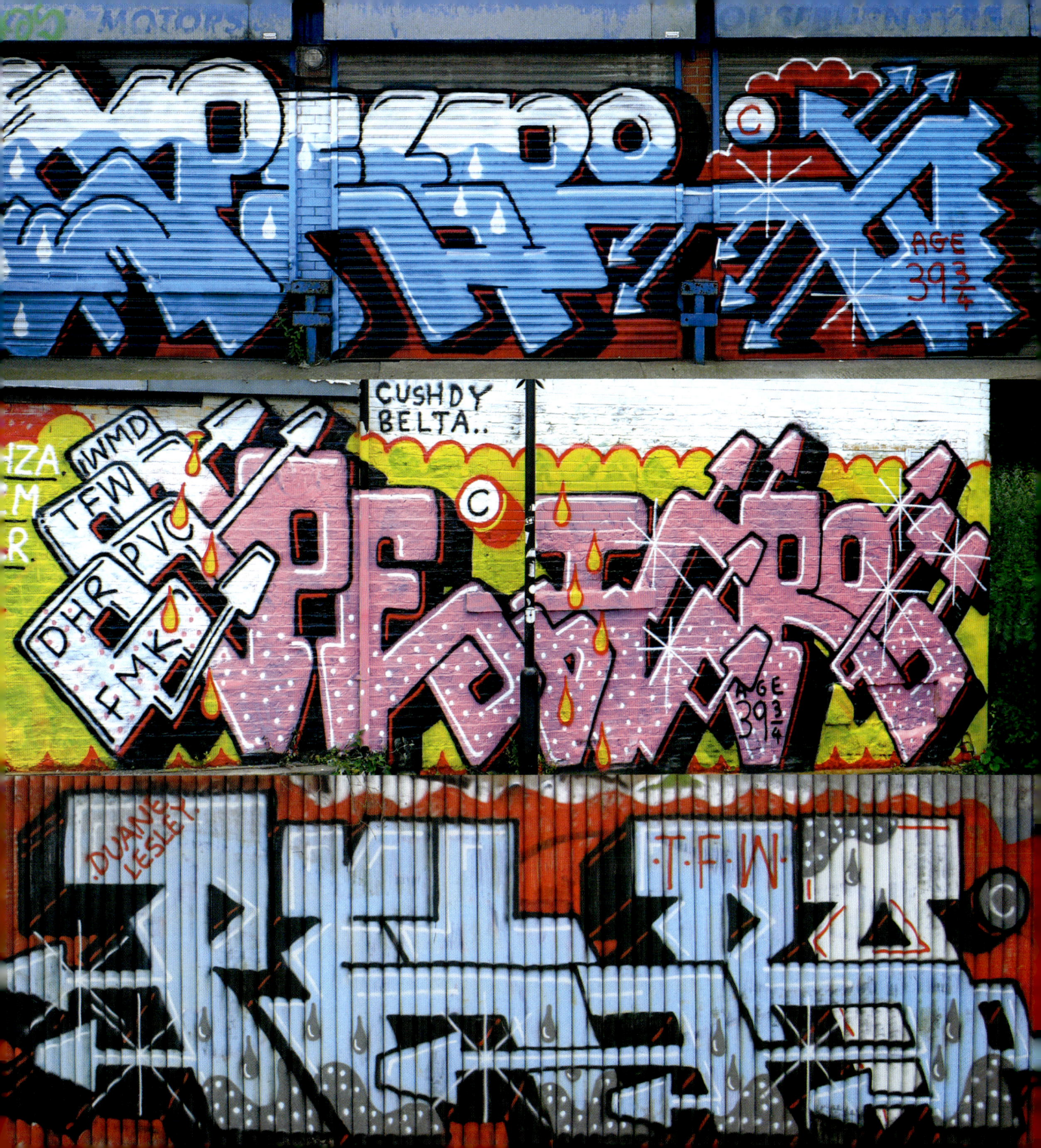

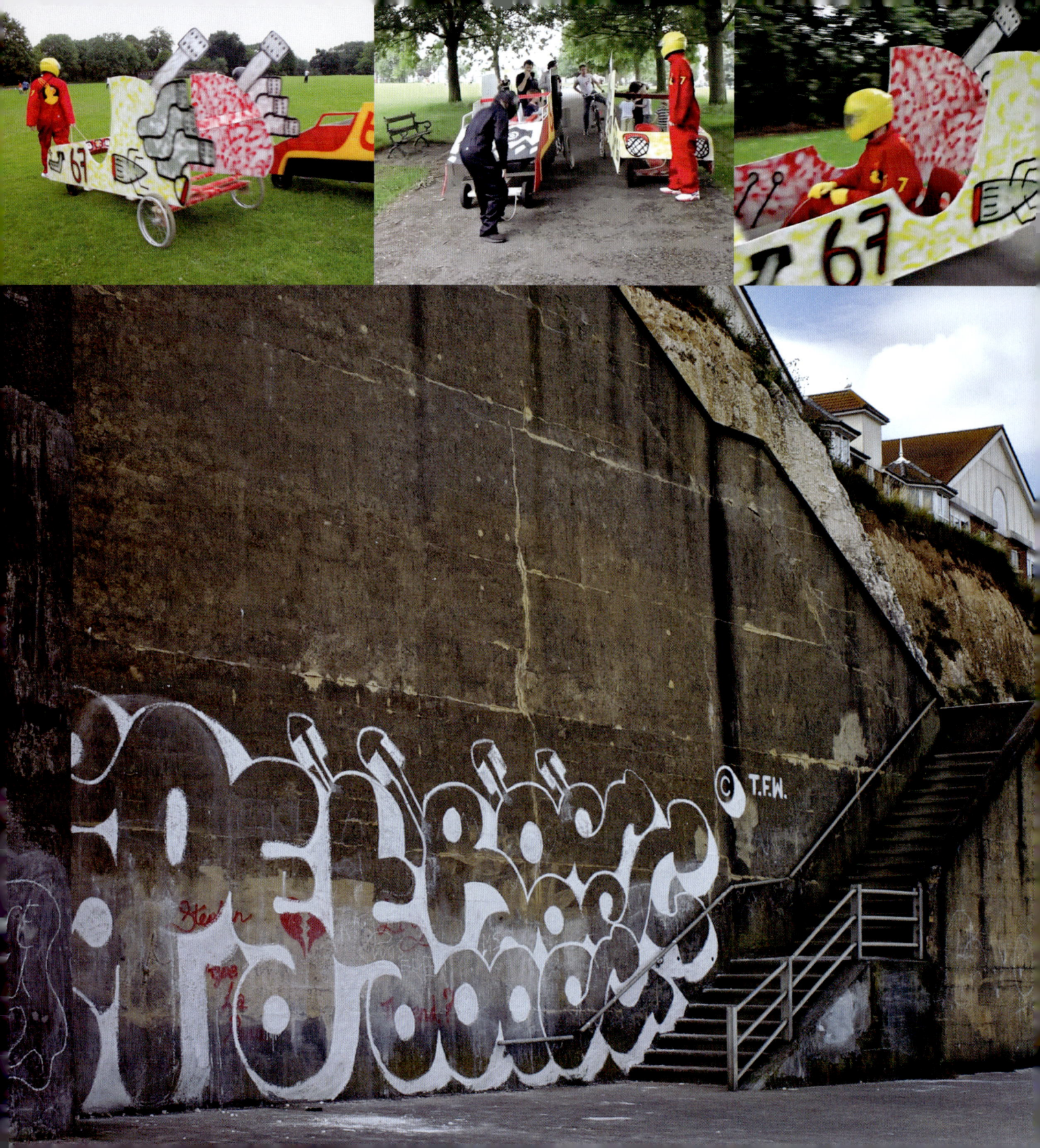

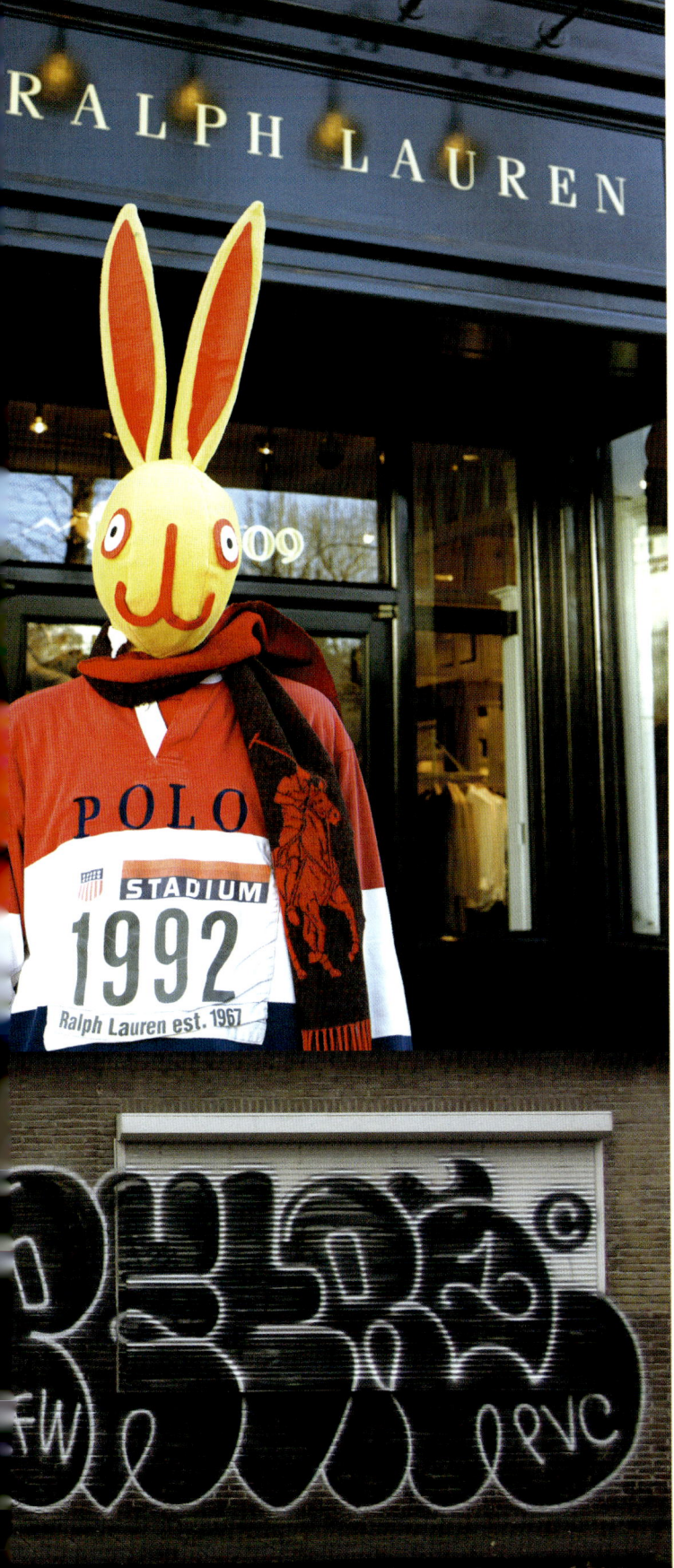

experimentar una cierta esperanza: «Lo que más me alegraba era que me dijeran: "Me gustaba lo que hacías antes"; cuando pasaba eso, sabía que iba en la dirección correcta». Sin embargo, la obra de Petro no tardó en encontrar partidarios entre otros artistas que, con la misma actitud espontánea y desenfadada, apreciaban el trabajo caótico pero que contuviera algo novedoso y que mostrara humor a la par que sinceridad. Al conferirles a sus fuentes tipográficas una pronunciada sensación de personalidad y animación, Petro se propuso que su obra demostrara la «vida de la pintura» y fuera un «caos de texturas», que quedara deconstruida casi hasta el punto de no retorno en lugar de tener la bidimensionalidad de las pegatinas. Al tratar de usar sus grafitis para vivir su juventud, y no simplemente revivirla, Petro contempló el mundo con una mirada sincera, que no nostálgica; su enfoque lúdico de la forma y el color fue una manera de mantener viva la juventud que llevaba dentro.

Así como su característica estética grafitera nació de un deseo de juventud perenne, Petro ha adoptado el mismo enfoque a todas luces despreocupado en su producción galerística. Tanto con la construcción de karts, campos de minigolf y de miles de aviones de papel como con la impresión de imágenes de las delicias locales de comida callejera (incluidas patatas fritas, donuts y una gama de «galletas internacionales»), Petro recupera la esencia de su adolescencia desde una perspectiva contemporánea para «agarrar» al niño que siempre será por dentro y llevarlo «del pescuezo a través de la edad adulta». Aunque su trabajo artístico se perfecciona y evoluciona a un ritmo asombroso (su fijación por Ralph Lauren, en particular, genera una enorme variedad de fascinantes proyectos), Petro se niega a seguir el camino sencillo hacia el éxito. El artista asume la lucha que hay que emprender para encontrar la solución perfecta empleando el razonamiento y la racionalidad infatigables de un escritor de grafiti cuyo ser está impregnado en su totalidad por la subcultura: «El grafiti es todo mi ser, siempre seré escritor y siempre veré el mundo como un escritor. Desde dónde miras, hasta cómo percibes el espacio y dónde te llevará ese espacio. De todas las maravillosas oportunidades que te da de ir a distintos países, de tener al instante una red totalmente nueva de amigos en esos lugares y de ver su ciudad a través de sus ojos, de ver la ciudad de verdad».

Petro, que sigue considerándose un practicante activo del grafiti y se enorgullece de representar las excentricidades de la escena inglesa en sus numerosos viajes por todo el mundo, sigue adelante gracias a su perenne deseo de «vaciar botes de aerosol» y a su permanente búsqueda de la fórmula, la resolución y el remedio para su obsesión. Como no quiere ni puede adoptar otro enfoque, pone toda su alma, su tiempo, su dinero y su esfuerzo en su estética: crea un arte que, aunque conceptualmente carece de arte, trasciende la mera técnica y evoluciona a partir de un interminable proceso de experimentación, entretenimiento y excesos.

GLASGOW

NACIMIENTO 1992, Nueva Zelanda   TÉCNICAS / MATERIALES Pintura en aerosol   ESTILO
Grafiti clásico, grafiti figurativo, grafiti conceptual   TEMAS Cultura corporativa y marcas,
dibujos animados clásicos   INFLUENCIAS Rone, Kaws, Nathan Fielder   *CREWS* RCA, SATG

PRIEST

Tradicionalmente, el grafiti se ha contrapuesto a los espacios en blanco
que deja el Estado, por lo que las limpias superficies de las infraestructuras
públicas, como muros, puentes y trenes, siguen siendo uno de los lienzos
predilectos para la pintura ilegal. Sin embargo, en un entorno urbano
atestado de carteles publicitarios de empresas, el grafiti también se opone
de forma directa a los eslóganes publicitarios, marcas y logotipos y al
ámbito de la señalización comercial. Además de enfrentarse al Estado, los
escritores de grafiti y los practicantes de *street art* de hoy deben competir,
tanto en lo práctico como en lo conceptual, con el poder empresarial.

A través de su propia empresa, el artista Priest ha llevado esta batalla a
un nuevo nivel. Al igual que Lush (*véanse* páginas 368-371) e Imon Boy (*véanse*
páginas 264-265), Priest practica un grafiti irónico y conceptual con el que le
hace un guiño a la cultura tradicional del grafiti, aunque se niega a aceptar
los límites de esta. Al trasladar el lenguaje del grafiti al paisaje empresarial, la

obra de Priest, comercializada bajo su propia entidad, Priestcorp, nos hace
pensar tanto en los *tags* como marcas como en el modo en que las empresas
buscan la supremacía visual con la misma desesperación que los escritores
entre los que hay un *beef*. En la obra de Priest, elementos de la cultura
tradicional del grafiti, como el conflicto real o ritualizado entre escritores, se
reimagina como una competición bajo el capitalismo. Personificadas en sus
mascotas, las marcas se disputan el espacio. Ronald McDonald acuchilla la
fachada de un Burger King, mientras que Mario, de Nintendo, se encarama a
una pieza de Priest para firmar con un enrevesado *tag* al estilo clásico (*véase*
imagen 3). Al fusionar religión y comercio en su nombre, Priestcorp (*priest*
significa «sacerdote» y *corp* es diminutivo de *corporation*) se convierte en
el estandarte perfecto para la batalla de las corporaciones sin rostro. Nacido
en Nueva Zelanda y trasladado después a Melbourne, Australia, Priest reside
ahora en Glasgow. En la era posterior al Brexit y el COVID-19, las tiendas
y marcas minoristas tradicionales se han visto debilitadas y están en
crisis. Tiendas clausuradas, paneles publicitarios que se eternizan en las
calles comerciales, cadenas de suministro interrumpidas y un vulgar
nacionalismo conforman el telón de fondo de las obras más recientes de Priest.

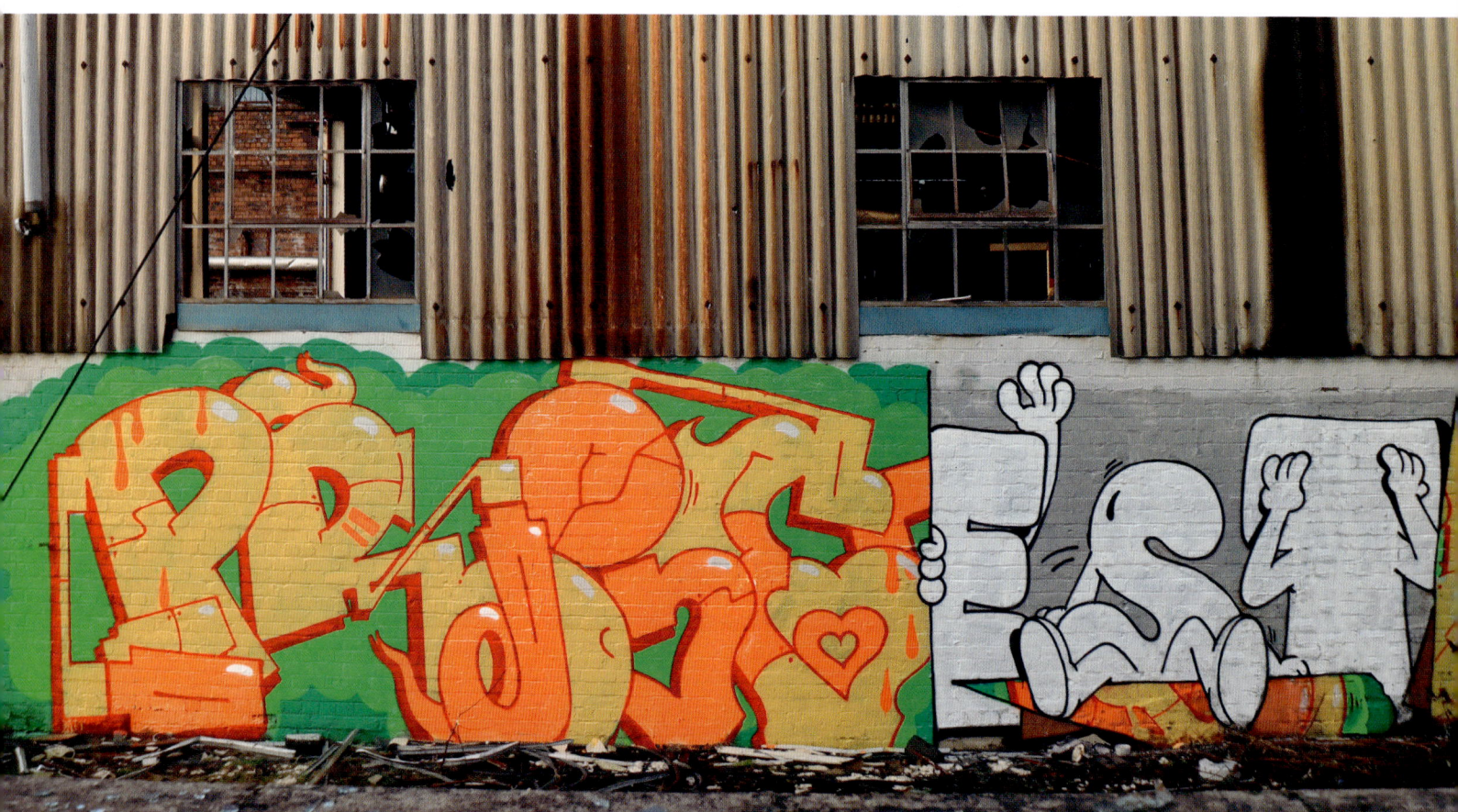

En sus propios grafitis, Priest ha respondido a los elementos más grises y sucios de la ciudad, de la cual se llevó esta primera impresión: «Glasgow carecía de color, así que quise producir piezas brillantes y coloridas para romper con el gris. Las paredes que quería pintar eran viejas y rugosas, y, como era fácil conseguir pintura doméstica, fue la que utilicé para casi todo. Utilizar un cubo de pintura y un rodillo es una forma segura de pintar grandes espacios públicos durante el día, [espacios a los que] volvía por la noche para perfilar la obra. ¡Nunca me atraparon usando esa técnica!». Para Priest, Glasgow es un lugar estupendo para pintar, ya que «puedes salirte con la tuya con todo siempre y cuando sonrías y saludes».

En el grafiti tradicional, la inclinación y la torsión de las letras generan un dinamismo y una tensión internos. Tanto en los *tags* como en las piezas, este rasgo anima la experiencia visual de leer, o intentar descifrar, la palabra. Los elementos de las letras, como las serifas, las flechas y las conexiones, guían o repelen la mirada y dan lugar a una especie de montaña rusa óptica.

Estos elementos tradicionales del grafiti están presentes en las piezas de Priest. Sin embargo, la tensión entre las letras se convierte en un elemento literal, ya que las letras de su *tag* se personalizan hasta dar lugar a una caricatura temática. A cada letra se le concede una vida y un instinto propios. En los grafitis de Priest, las letras se vuelven especialmente díscolas y violentas: en lugar de conformar una fuente unificada, las letras descargan sus frustraciones unas contra otras. En una pieza muy conocida, la letra I yace tendida apuñalada y la pieza está rodeada de cinta policial. En otra, las letras blanden armas o trepan unas sobre otras. Muchos escritores de grafiti neoyorquinos de las décadas de 1970 y 1980 se inspiraron en los dibujos animados de la televisión y, a menudo, en el mundo de los superhéroes, quizá como sustituto de las heroicas hazañas de los adolescentes grafiteros en los patios de maniobras ferroviarios. En el caso de Priest, sus influencias son más bien los violentos y bufonescos dibujos animados de las décadas de 1950 y 1960, en los que los personajes protagonizaban venganzas compulsivas y cinéticas entre sí. Para el espectador, el placer de estas imágenes emana de la futilidad y la repetición del conflicto, como en la pieza de Priest titulada *Cat and Dog* (*véase* imagen 2), donde los cuerpos de los dos animales están unidos, y cada ataque que uno le lanza al otro también le inflige una herida a sí mismo. En este caso, la cursiva se materializa en partes reales del cuerpo, con lo que la línea plana de un *tag* se convierte en un objeto tridimensional.

Al igual que el nuevo metaverso digital abre un mundo paralelo para la exploración, Priest hace del mundo de los dibujos animados un territorio virgen para el *tagging*. Las limpias paredes de ciudades ficticias pero familiares se ven invadidas por letras y personajes de dibujos animados que albergan vidas secretas como escritores de grafiti. «Los grafitis existen en nuestro mundo, ¿por qué no iban a hacerlo también en el suyo?», sostiene Priest. Dado que las batallas por los abarrotados muros son encarnizadas, quizá la retirada al mundo de los dibujos animados fuera un paso lógico. Como sostiene Priest, aunque el mundo real se está llenando de grafitis, aún quedan muchos buenos sitios por pintar en las localizaciones ficticias. **LM**

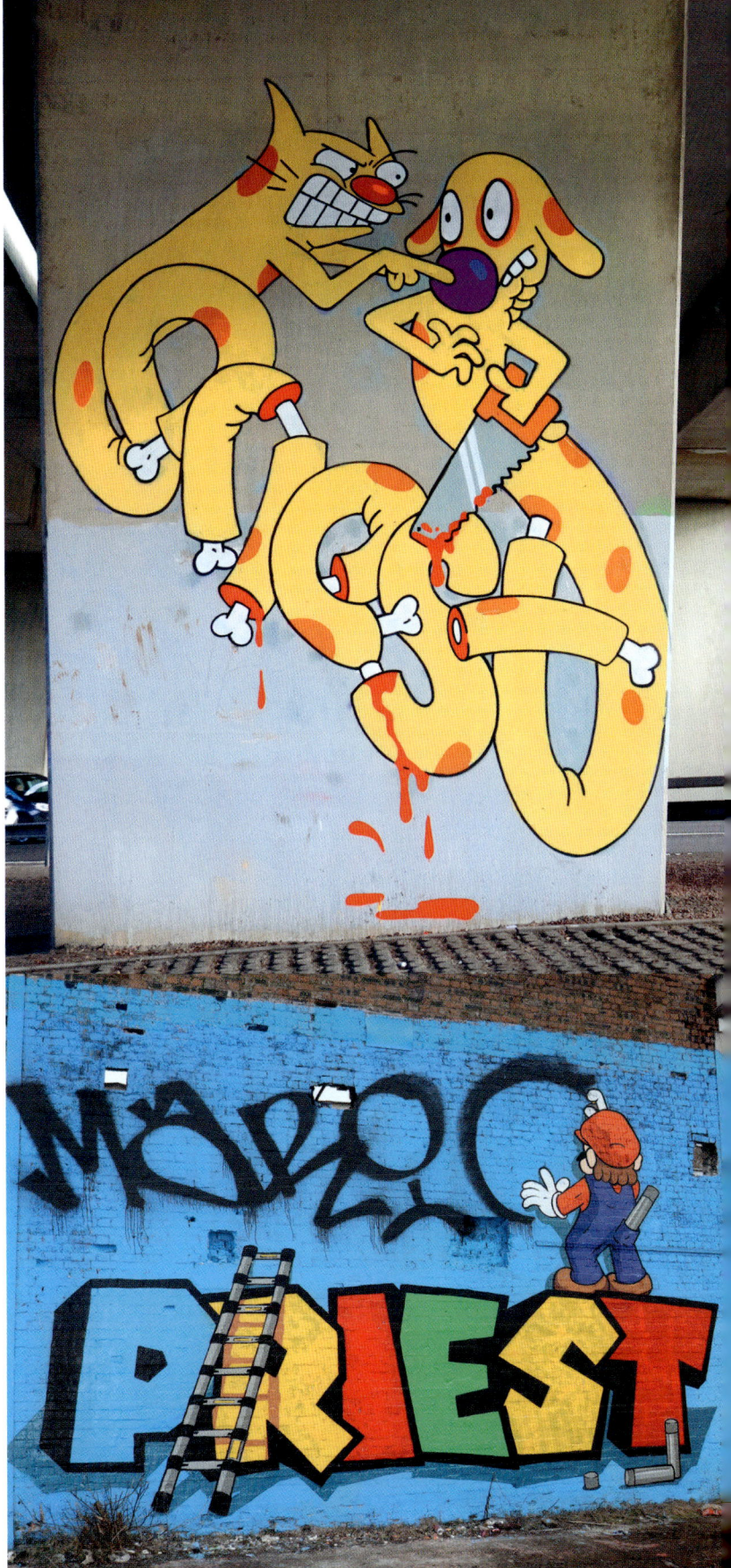

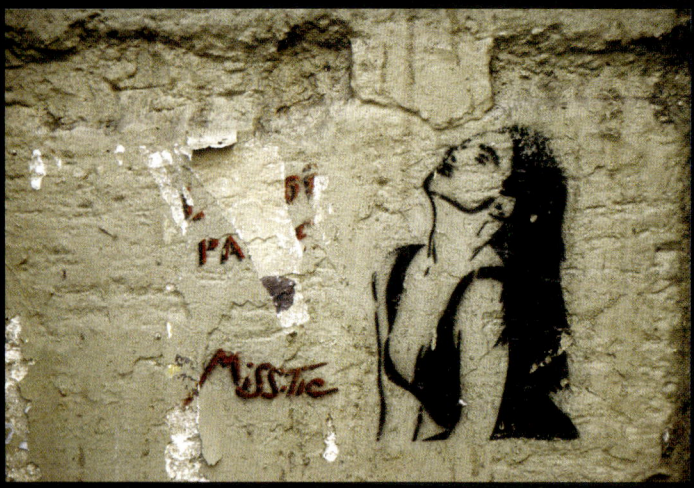

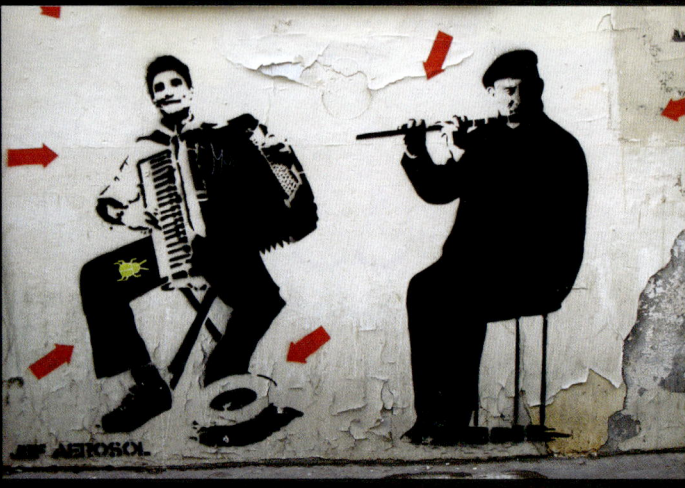

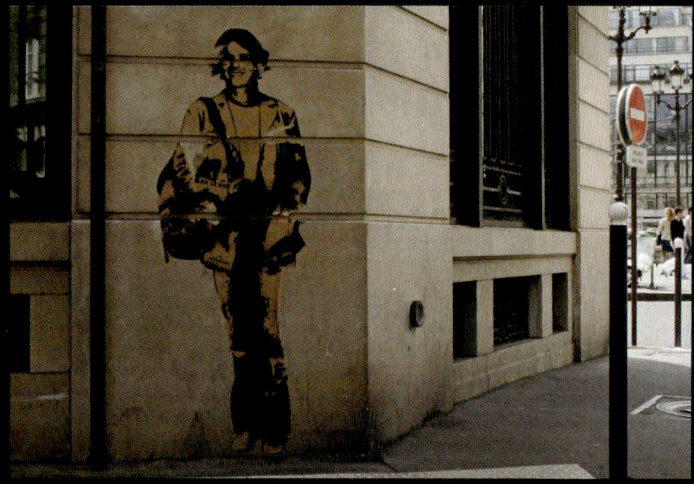

PARÍS

La escena grafitera parisina nació mucho antes de que el grafiti de estilo neoyorquino cruzara el océano Atlántico desde Estados Unidos. El novelista francés Victor Hugo dio un ejemplo en su libro *Notre-Dame de París* (1831), en el que señala que la palabra *fatalité* está escrita en la pared de la iglesia. Un siglo más tarde, a principios de la década de 1930, Brassaï tomó muchas fotografías de los grafitis murales que vio por todo París de noche. Estas imágenes aparecieron publicadas en 1933 en la revista surrealista *Minotaure* junto a su artículo «Du mur des cavernes au mur d'usine» («De la pared de las cavernas a la pared de las fábricas»). Cuando, tras treinta años documentando los grafiti murales, Brassaï publicó un libro titulado *Graffiti* (1960), en el cual se incluía un ensayo de Picasso, tal vez fuera aquella la primera vez que estos escritos urbanos se percibían como una forma de arte.

En la década de 1960, Gérard Zlotykamien pintó sus fantasmagóricas «Ephémères» en las vallas que rodean el Louvre y Les Halles, lo que supuso el inicio de un ritual de arte reciclado en el centro de París. Le siguió una potente generación de artistas del estarcido que aportaron un toque lúdico y colorista a la capital francesa, entre ellos Blek le Rat (*véase* imagen 3), cuyas intrigantes ratas negras aparecieron por toda la ciudad. Miss.Tic (*véase* imagen 1), Jef Aérosol (*véase* imagen 2), Jérôme Mesnager (*véase* imagen 6) y muchos otros artistas formaron parte de la misma vanguardia de lo que más adelante se conocería como *street art*.

El grafiti vinculado al *hip-hop* llegó a París en la década de 1980. Bando, Psyckoze, Nasty y Boxer solían reunirse con otros escritores de la *old school* en el patio de grafitis del metro de Stalingrad. Durante este período, los grafitis se extendieron por toda la ciudad hasta alcanzar el estatus de práctica ilegal. Algunos escritores estadounidenses, como Jonone, de la *crew* 156 All Starz, fijaron su residencia en París e influyeron en el incipiente estilo del grafiti francés.

Hoy en día, los parisinos están más que acostumbrados a la creciente diversidad del arte y las acciones urbanas en el territorio de la ciudad. En toda la ciudad hay obras relacionadas con el grafiti y producidas mediante diversas técnicas. Así, las pinturas de Honet y Monsieur le Chat conviven sin problemas con los mosaicos de Space Invader (*véanse* imagen 4 y páginas 152-153), los estarcidos de C215 y Mosko (*véase* imagen 5), los *throw-ups* de O'Clock y Trane y los *tags* grabados al ácido de MPV y NBK.

Una buena forma de hacerse una idea del ambiente grafitero parisino es tomar las líneas dos y seis del metro de la ciudad. Estas líneas pasan sobre la ciudad, lo que permite ver varias intervenciones en tejados (Horfe, Conie, Rizot, Chiot), como por debajo, donde hay túneles repletos de letras negras y cromadas (Flask, Soack, Dexa, Hermes) que se iluminan con la luz de los trenes. Además de puntos calientes del grafiti como la Rue Dénoyez, otros lugares interesantes para conocer la escritura francesa son los muros de

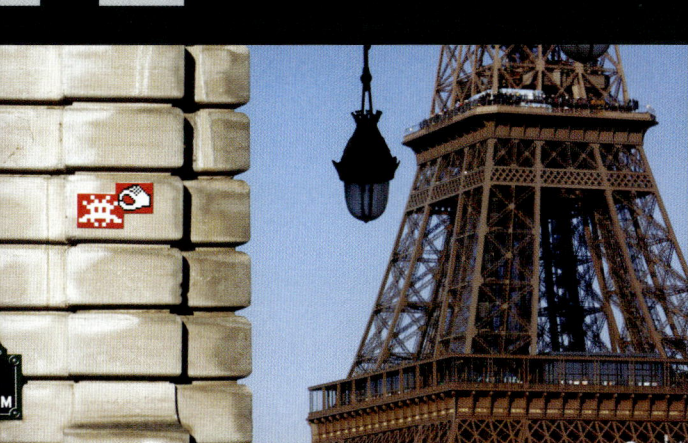

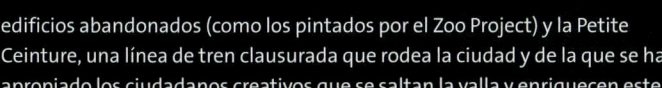

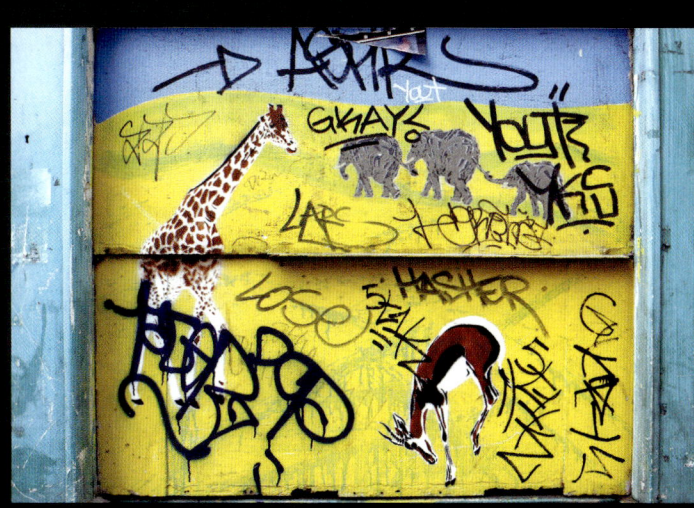

edificios abandonados (como los pintados por el Zoo Project) y la Petite Ceinture, una línea de tren clausurada que rodea la ciudad y de la que se han apropiado los ciudadanos creativos que se saltan la valla y enriquecen este espacio autónomo de libre expresión.

Aunque el grafiti ha cautivado la imaginación de los parisinos, muchos de ellos, influidos por los medios de comunicación y las autoridades locales, preferirían verlo en una galería de arte que en un túnel de metro. Esta actitud ambivalente ante el arte urbano en Francia se puso de manifiesto cuando

ferroviaria (la Brigade des Réseaux Ferrés) encarceló a Azyle y Vices por pintar trenes subterráneos en París.

Este doble rasero en cuanto al grafiti y al *street art* puede verse en todo el mundo. El artista urbano francés Zevs (*véanse* páginas 160-163), que ya había realizado sus logotipos chorreantes en la Art Statements Gallery de Hong Kong, decidió pintar uno de Chanel sobre una tienda de Armani la víspera de su inauguración. Una vez que lo hizo, las autoridades locales lo atraparon y acabó en prisión. La respuesta a esta ambivalencia podría estar en

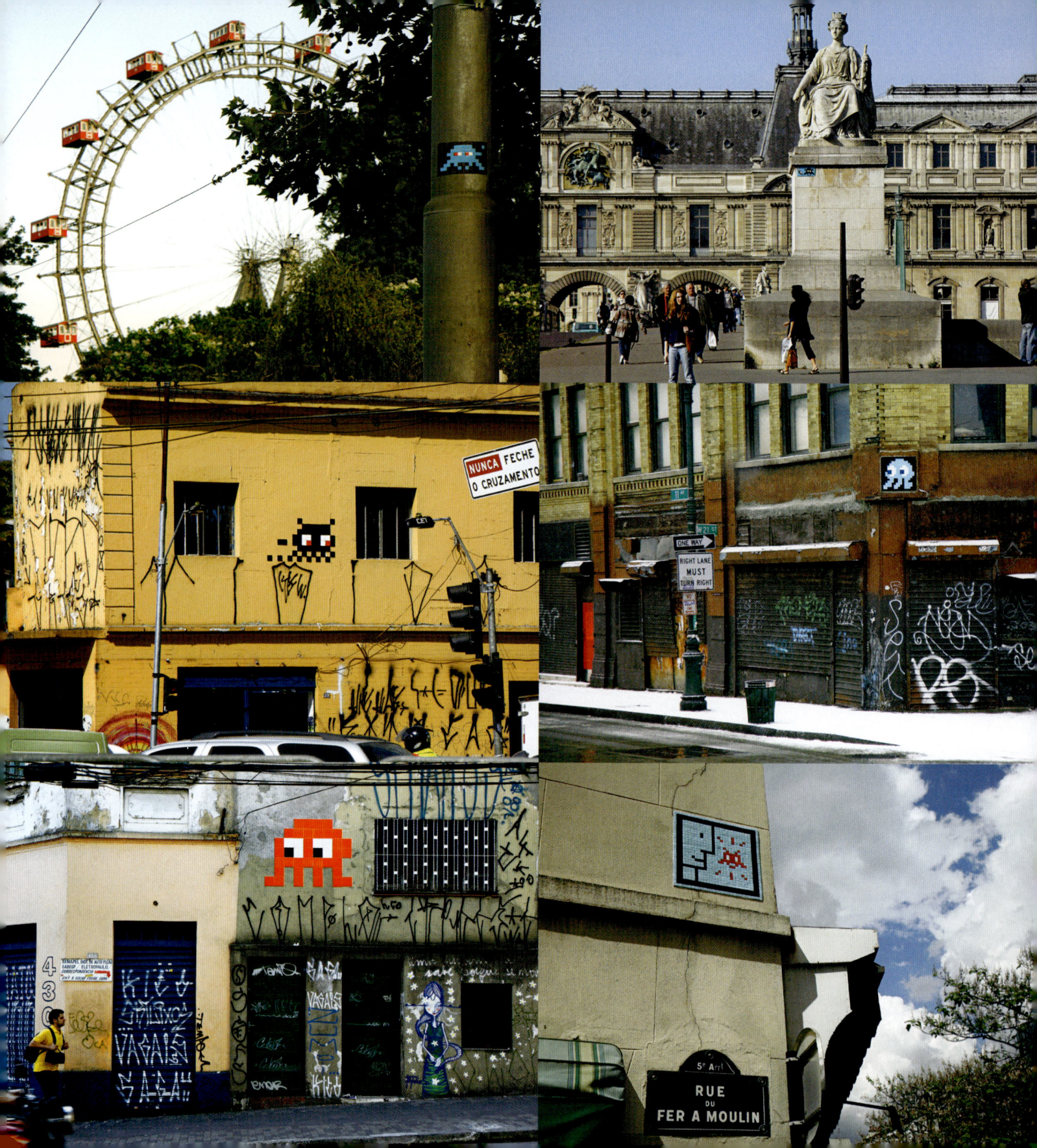

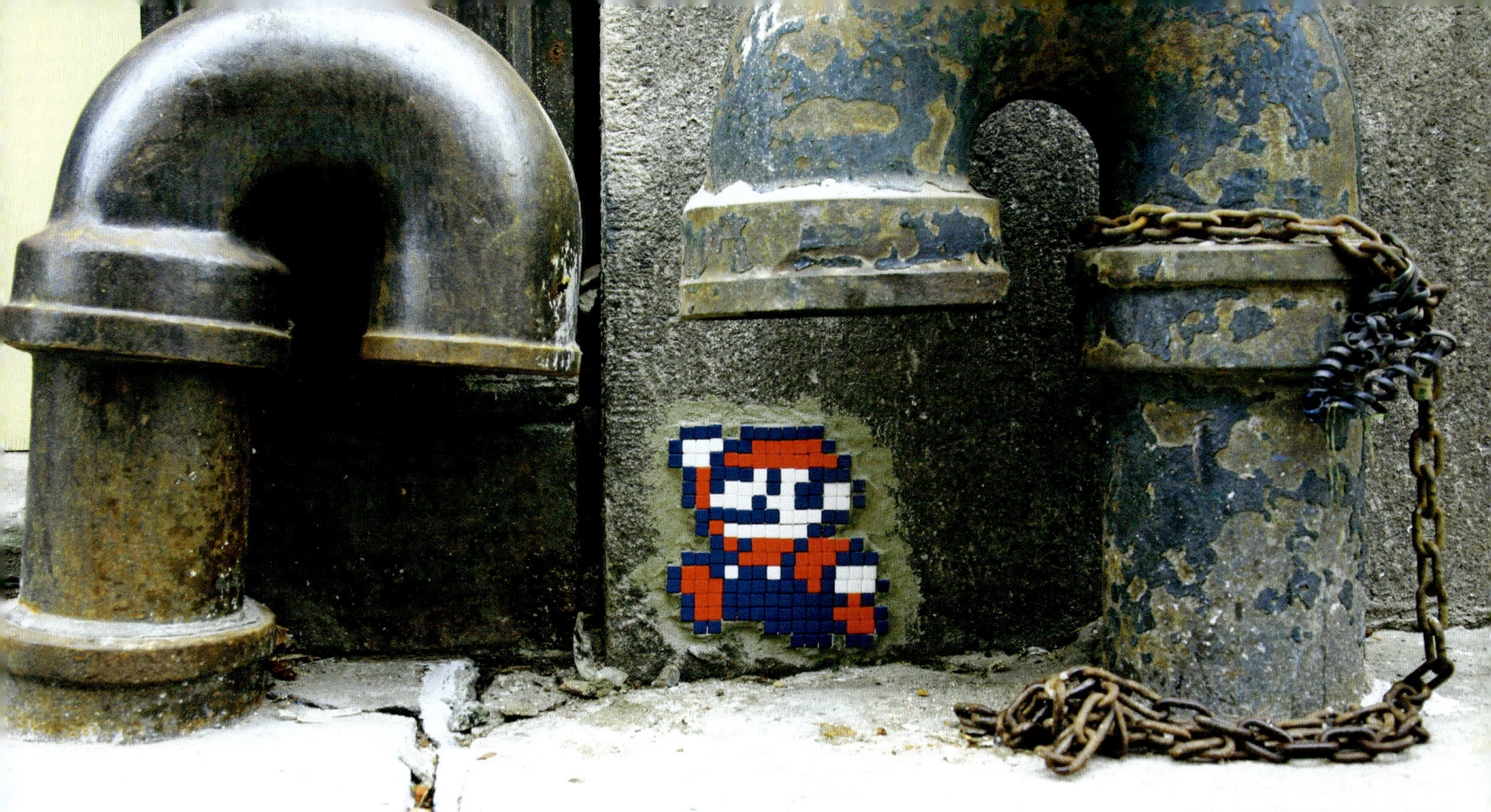

PARÍS

NACIMIENTO 1969, París, Francia   **TÉCNICAS / MATERIALES** Escultura, mosaico
ESTILO Instalación urbana   **TEMAS** *Space Invaders*, videojuegos arcade estilo 8 bits,
década de 1980

1	2		7
3	4		
5	6		

1 Viena, Austria, 2006   **2, 6** París, Francia, 2011   **3** São Paulo,
Brasil, 2011   **4** Nueva York, Estados Unidos, 2007   **5** São
Paulo, Brasil, 2011   **7** Nueva York, Estados Unidos, 2007

INVADER

Practicante del *street art* «por accidente», Invader ha producido sus emblemáticos mosaicos en sesenta y cinco ciudades de cincos continentes. Inspirado por el antiguo videojuego arcade *Space Invaders*, ha cimentado miles de sus figuras teseladas durante más de una década de trabajo casi constante. Desde 1998, el proyecto *Space Invader* no solo ha cubierto las calles de todo el mundo con sus diseños, sino que los mosaicos de cada ciudad también cuentan con un complejo sistema de puntuación que los califica de forma individual en función de su tamaño, composición y ubicación (en una escala móvil de entre diez y cincuenta puntos). Invader ha introducido este muy adictivo juego por todo el planeta que le ha llevado a colocar sus famosos emblemas en lugares tan diversos como París, Katmandú, Londres, Bangkok, Los Ángeles y Mombasa. Así las cosas, el proyecto *Space Invader* constituye una obra de arte monumental que resulta audaz por la amplitud y escala de su realización.

A diferencia de la mayoría de los creadores de *street art* en activo, la primera interacción estética de Invader con la calle se produjo con el primer mosaico que instaló. Había empezado produciendo arte con materiales más ortodoxos, y no fue hasta que empezó a elaborar mosaicos (usados para plasmar la estética de estilo digital que tanto le cautivaba) cuando se dio cuenta de que eran el material perfecto para crear la forma pixelada que tanto quería reproducir. El diseño de *Space Invader*, tomado del clásico juego junto con otras imágenes de máquinas arcade de estilo 8 bits y elegido por Invader como «símbolo de nuestra era y del nacimiento de la tecnología moderna», acabó por definir figurativa y literalmente su práctica.

Aunque también ha vuelto a trabajar en galerías, donde a menudo ha usado cubos de Rubik para crear pinturas y esculturas, Invader sigue viajando por el mundo y cimentando sus diseños «con el único objetivo de obtener la máxima puntuación». Tras haberse sumergido en las profundidades del océano y haber alcanzado la estratosfera —«invadió» un arrecife submarino en México y llevó uno de sus invasores a 35 km por encima de la Tierra en un globo de helio en Miami, Florida—, Invader se ha convertido en fechas recientes en uno de los primeros artistas en salir de nuestro propio mundo cuando la astronauta Samantha Cristoforetti instaló uno de sus famosos mosaicos en la Estación Espacial Internacional. Cada vez es más difícil, si no imposible, batir su puntuación.

NACIMIENTO 1978, Blanc-Mesnil, Francia   TÉCNICAS / MATERIALES Pintura en aerosol, rotuladores, vídeo, *performance*   ESTILO Grafiti clásico, *tagging, handstyles*   TEMAS Moda, feminismo, transgresión, paradigmas científicos   INFLUENCIAS Arte moderno   *CREW* 156

LADY K

RUMBA

Lady K, enigmática escritora de grafiti afincada en París, es autora de una obra que es una mezcla de pintura exuberante y *performance*. Se la ha visto vestida de sirena y blandiendo un kaláshnikov en un tanque abandonado, pintando un lienzo empapado de vodka y prendiéndole fuego frente a una tienda de Dolce & Gabbana poco antes de que abriera sus puertas, abriendo un bote de pintura morada clavándolo en una barandilla y arrodillada en un viejo raíl de tren para hacerle un *tag* con un rotulador a una chica en el muslo.

En el centro de París, zona histórica por antonomasia de la ciudad, el *tagging* suele hacerse de noche en las persianas de las tiendas y los tejados, pero para Lady K, toda la ciudad es un escenario para esta práctica, tanto de noche como de día. Creadas para la era de Instagram, sus piezas más bellas son los vídeos en los que se la ve haciendo *tagging* por las calles de París y practicando el *bombing* por el distrito de la moda a plena luz del día mientras lleva ropa de alta costura y de su bolso Christian Dior le gotea la pintura de unos botes gigantes de aerosoles de la serie Mad Maxxx de Montana. Existe un linaje tanto de mujeres practicantes del *bombing* (de Lady Pink a Utah) como de una perenne conexión entre el grafiti y la moda, tanto en Nueva York (la galería Fashion Moda en la década de 1980) como en París (donde destaca la figura de la galerista Agnes B).

¿Quién es Lady K? A diferencia de lo que sucede con la mayoría de sus homólogas, hay fotografías de Lady K en la que se le ve el rostro mientras practica el *bombing*… ¿o no? Incluso en los momentos en los que es visible, va meticulosamente ataviada con pelucas, gafas reflectantes, velos, pañuelos y sombreros, y, cuando se quiere precisar su identidad, el rostro se le disuelve en la feminidad mítica de la alta costura.

Los diseños minimalistas por los que se inclinan las casas de moda contemporáneas, con amplios bloques de color y letras pequeñas y clásicas, son el lienzo perfecto para los *tags* de un único trazo de Lady K. Aunque sus toscos *tags* diurnos pueden acabar en la fachada de una tienda, se ajustan en cierto modo a las texturas y líneas habituales de la moda contemporánea. Aunque las tiendas de ropa han sido objeto de actos vandálicos, hay casos en

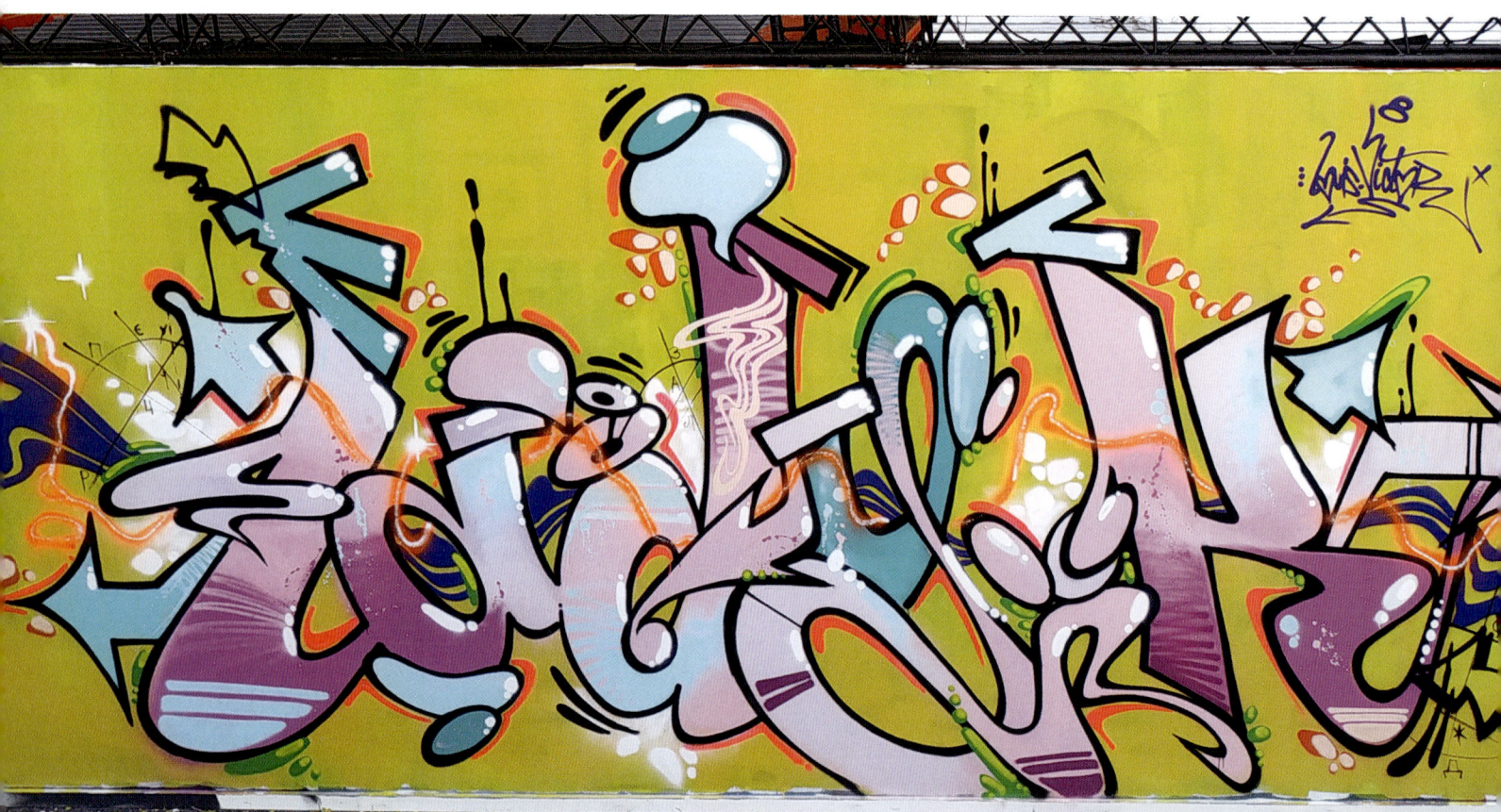

los que ellas mismas han encargado este tipo de tratamiento. Asimismo, los propios diseñadores de moda se han visto atraídos tanto por los grafitis como por los efectos tipo aerosol, ejemplo de ello es que los diseños de pintura en aerosol texturizada del pintor estadounidense Sterling Ruby figuran en la línea de alta costura de Christian Dior. Lady K ha admitido en entrevistas que en el pasado la han detenido muchas veces por hacer *tags* a la luz del día; hoy en día es madre de familia y tiene más cuidado que antaño, aunque sigue siendo peligroso cuando se sube a una escalera de mano en tacones y vestido de noche para añadir un *tag* granate a una lona negra.

Como ocurre con los mejores grafitis, la energía del *tagging* es visible incluso en las piezas más elaboradas de Lady K: la estructura de sus piezas tiene el mismo *flow* que sus *tags*. Es habitual entre quienes desconocen la cultura del grafiti alabar los grafitis coloristas y despreciar o criticar los *tags* sin adornos. Sin embargo, para quienes escriben grafitis, como Lady K, los *tags* son la auténtica forma primaria del grafiti, una forma de arte en sí misma, con su propia energía y vida y comparables a los *riffs de jazz*. El *tag* codifica los movimientos corporales habituales de quien lo ejecuta, y cada uno de ellos presenta pequeñas variaciones que muestran emociones, innovaciones o las condiciones en las que se realizó. En el caso de Lady K, el *tag* nos brinda además el esquema directo de sus piezas.

Lady K tiene una visión inusual de la creatividad y de la ciudad. Aunque vive inmersa en la cultura del grafiti, también está influida por la dilatada historia tanto del arte como de la ciencia, en particular por el papel histórico de París como centro del *art noveau* a principios del siglo xx. En aquella época, la innovación estética iba unida a la política, y el desarrollo de nuevos sistemas visuales estaba vinculado a nuevos paradigmas científicos; en ambos casos se trataba de nuevas formas de ver el mundo. Del mismo modo que Lady K se dedica a la pintura, la moda y la *performance*, también se inspira en las revoluciones paralelas del arte y la ciencia iniciadas por, entre otros, Picasso, Breton, Planck y Einstein, así como en las complejidades de la cultura contemporánea. En las piezas de la artista figuran ecuaciones matemáticas y símbolos de la química orgánica, y, en la línea de los filósofos franceses Deleuze y Guattari, considera que la creatividad es «un proceso bioquímico» que puede inducir cambios a nivel molecular. He aquí el núcleo de la exuberancia de la pintura de Lady K: la idea de que crear arte es hacer diagramas concretos del mundo y también desplazar e inclinar los flujos de energía.

Entre sus muchas afiliaciones grafiteras, Lady K forma parte de la *crew* internacional 156 All Starz, vinculada a los inicios del grafiti en la 156th Street de Nueva York. En el archivo de imágenes de Lady K, podemos ver que se ha forjado una vida en torno al grafiti y la creatividad. En las imágenes seleccionadas por ella misma vemos numerosas colaboraciones y regalos, así como una pintura feroz y contundente en la que se combinan la creatividad y los estallidos de destrucción. Sus grafitis, exuberantes y repletos de vida, están conectados con los placeres sensuales. Antes de salir por la puerta, Lady K prepara sus tacones, un sombrero, el bolso.... y botes de pintura. En lugar de acechar por una estación de tren, se esconde a plena vista. **LM**

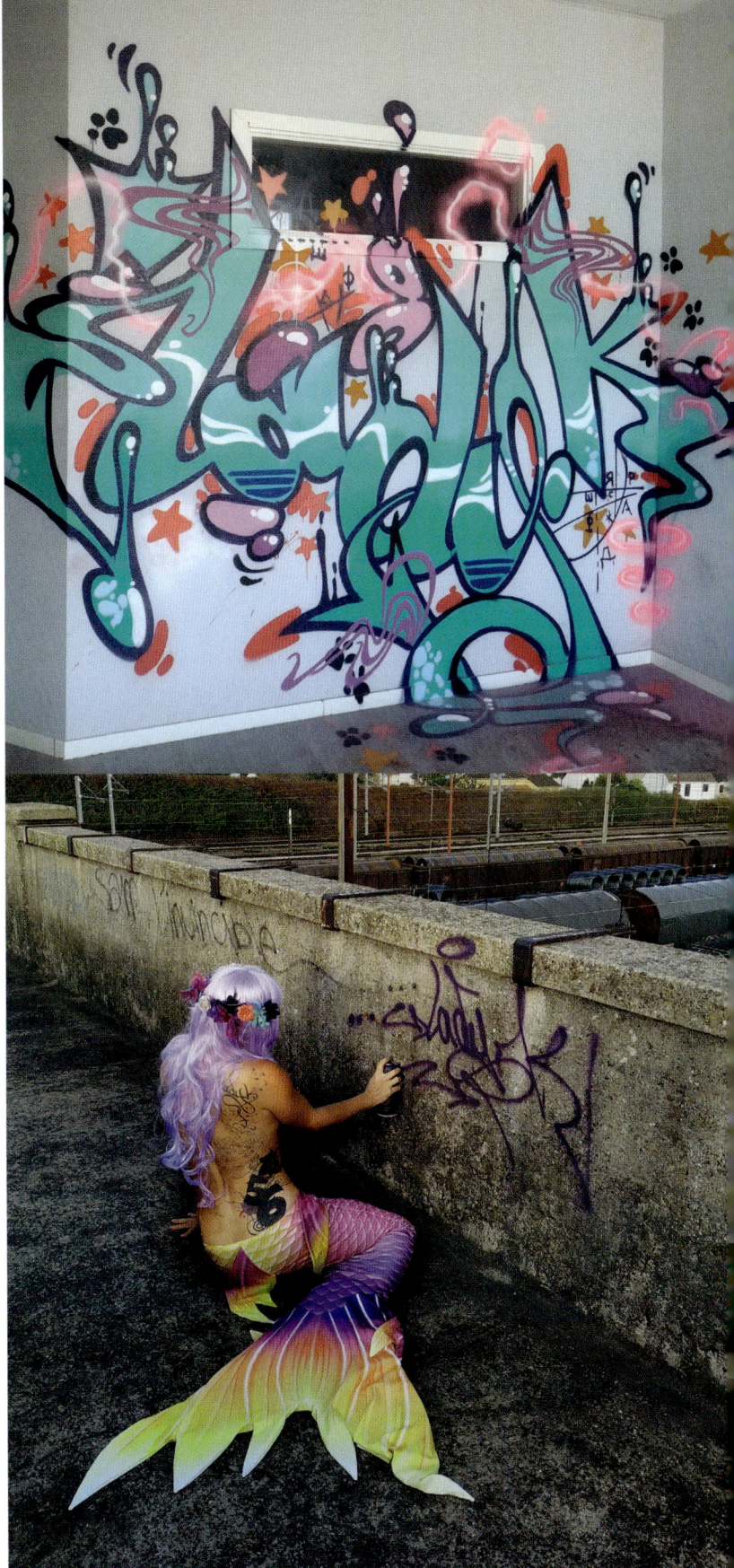

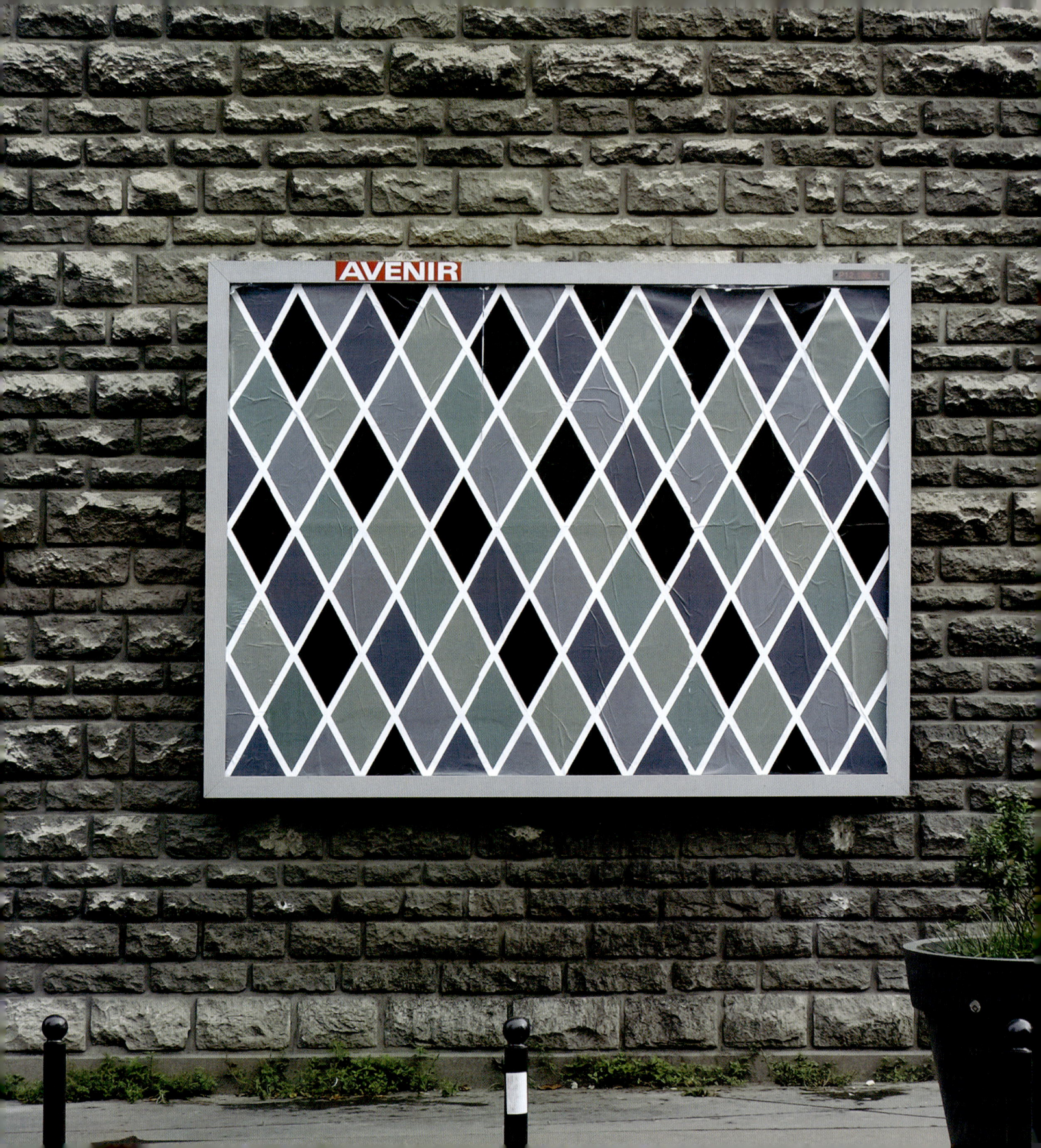

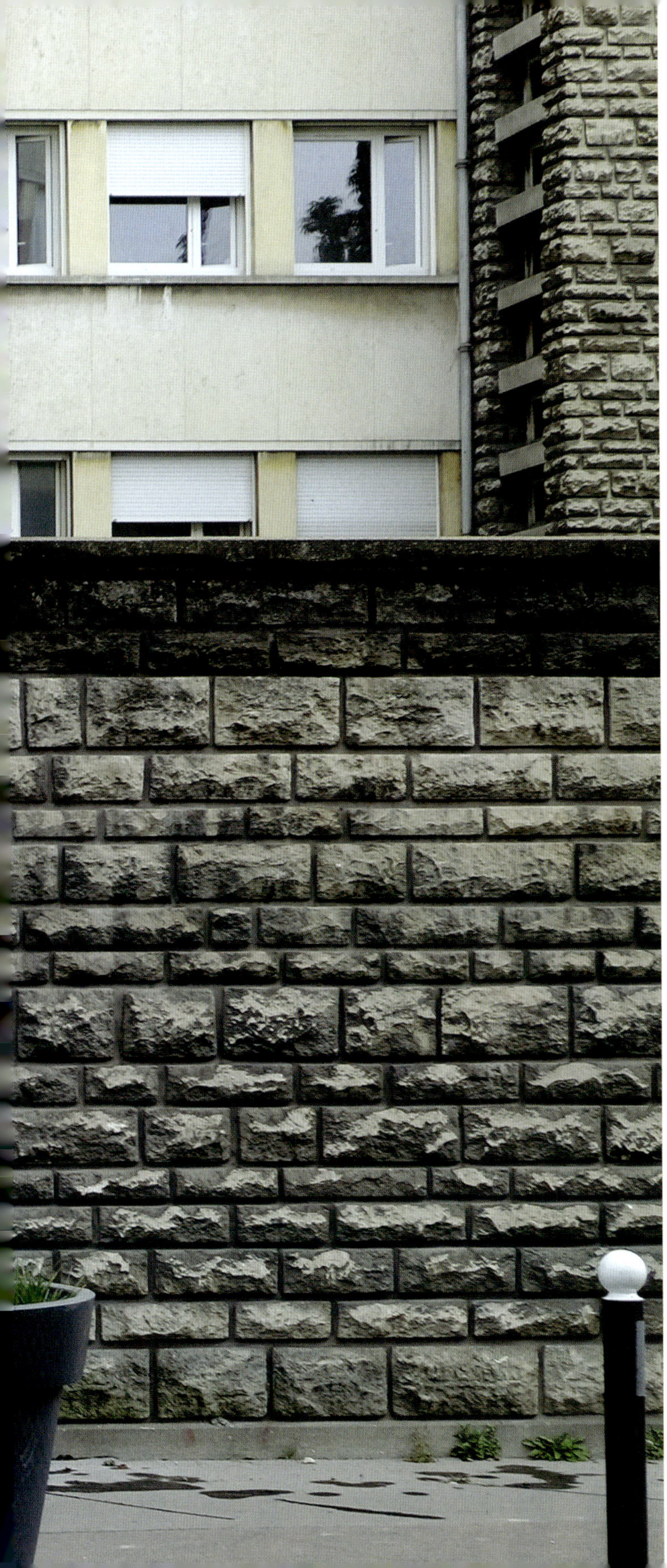

PARÍS

NACIMIENTO 1963, Troyes, Francia **TÉCNICAS / MATERIALES** Pintura en aerosol
ESTILO Modificación de vallas **TEMAS** Minimalismo, especificidad del lugar
INFLUENCIAS Figuración libre, arte conceptual **COLECTIVO** Les Frères Ripoulin

OX

OX, con sus más de tres décadas de trabajo en las calles, es uno
de los artistas públicos independientes más veteranos de cuantos
figuran en este libro. Como parte del colectivo parisino Les Frères Ripoulin
(no confundir con Les Frères Ripoulain; *véanse* páginas 164-167, que son
una pareja de artistas cuyo nombre rinde homenaje a este grupo anterior),
se le puede considerar uno de los padres fundadores de lo que ahora
suele llamarse *street art* o «posgrafiti». Su práctica no solo conforma una
estética abstracta muy refinada e imitada con frecuencia en la actualidad,
sino también una obra que se ocupa de uno de los lugares centrales de
producción del arte urbano: la valla publicitaria.

Como estudiante de artes ornamentales en París a principios
de la década de 1980, OX se vio muy influido por la llamada «figuración
libre», el equivalente francés del neoexpresionismo o de la *bad painting*
y una reacción directa al minimalismo, al arte conceptual y al *establishment*
artístico intelectual en general. OX, que se considera a sí mismo como
parte de lo que el pintor francés Hervé Di Rosa denominó *art modeste*,
trabajó sobre todo a través del diseño gráfico y la impresión y se vio
muy influido por el colectivo de diseño gráfico Bazooka, compuesto
por los directores artísticos del periódico de izquierdas *Liberation*.
OX desarrolló un estilo impulsivo, a menudo crudo, que distorsionaba y
subvertía la cultura pop de la que estaba rodeado y que era la predominante.
En 1984 cofundó Les Frères Ripoulin. Este nombre se eligió tanto como
referencia a la famosa marca de pintura Ripolin, que aparecía en enormes
anuncios murales sin regulación por toda Francia, como a la palabra
ripou (o *pourri* en el argot francés *verlan*), que significa «sucio» o «cutre»
y alude a la figuración libre de quienes conformaban el grupo. Los primeros
pasos notables que dio el colectivo en la esfera pública fueron en 1984,
cuando transformaron vallas publicitarias por todo París. Para OX,
estos espacios fueron el lienzo perfecto de sus «enormes pinturas
colgadas en el paisaje» y le proporcionaron al grupo un «soporte
extraordinario» en el que exponer sus obras. Junto con los otros miembros
de Les Frères Ripoulin, Nina Childress, Closky (ahora conocido como
Claude Closky), Piro Kao (Pierre Huyghe), Jean Faucheur, Bla Bla Bla,
Trois Carrés y Manhu (todos ellos alumnos de la École Nationale Supérieure
des Arts Décoratifs o de la École rue Madame), el grupo no pintaba
directamente sobre las vallas publicitarias, sino que pegaba en ellas obras
previamente realizadas. En su competición con los anuncios por lo que

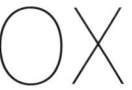

1 *Sin título*, París, Francia, 2016

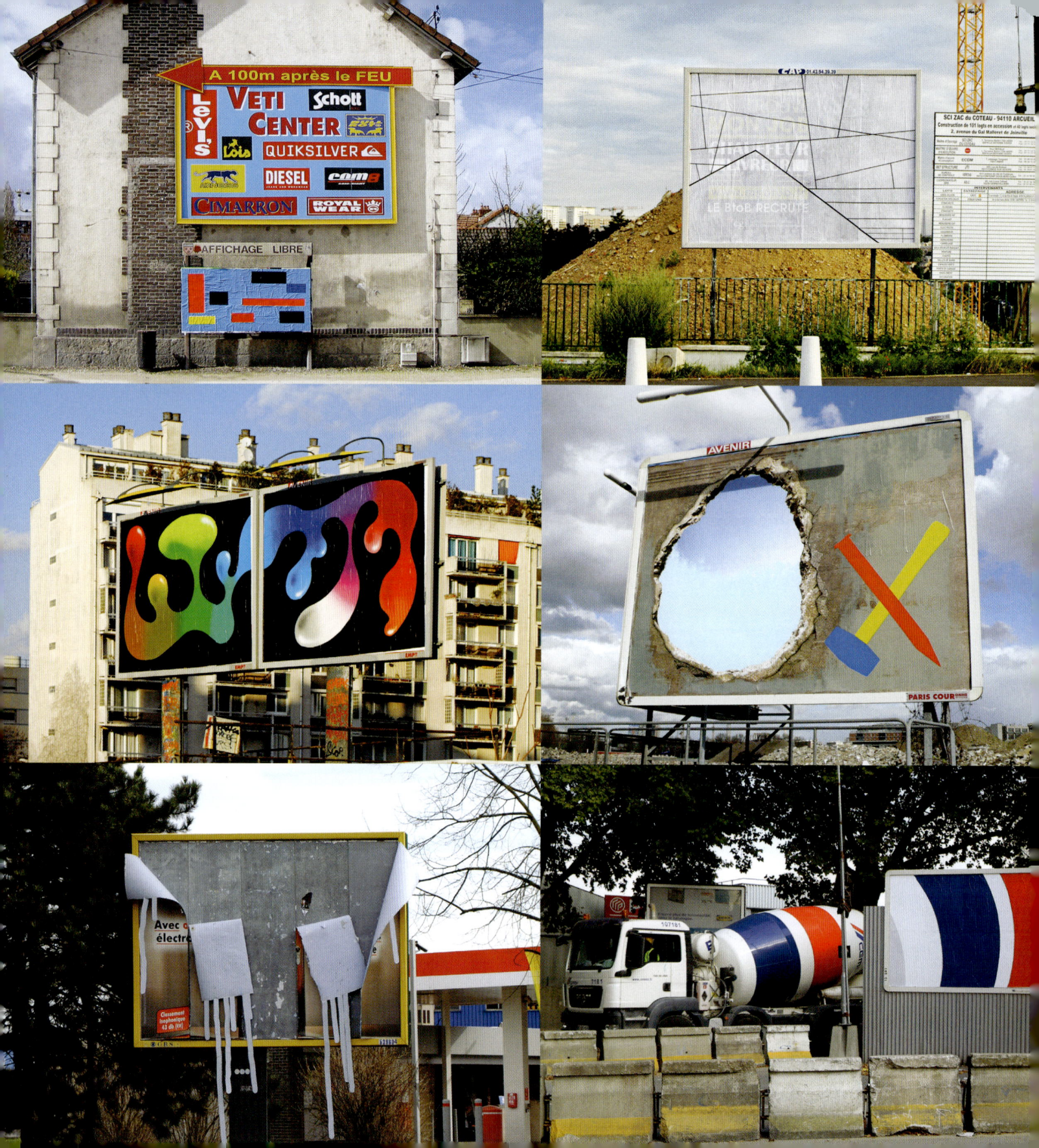

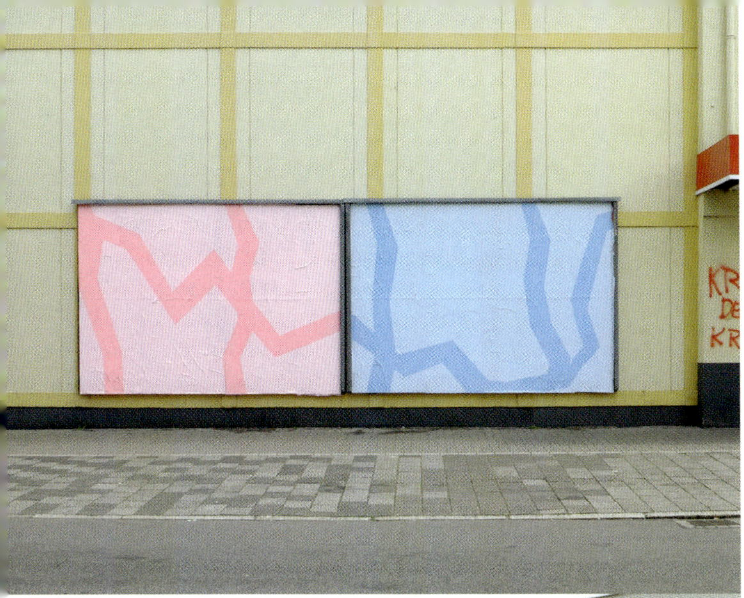

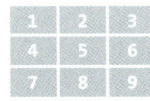
OX llamó «impacto visual», el grupo intentó abordar el enorme tamaño de las vallas publicitarias mediante una mezcla de figuración libre y una estética a todas luces *punk*, para lo cual usaron «grandes líneas negras» y «grandes sólidos de llamativos colores» a fin de reorientar y reclamar la autoridad de las obras. El colectivo obtuvo un éxito casi inmediato y causó sensación en el *establishment* parisino. Además de contar con el apoyo de la entonces emergente diseñadora Agnès b, el hoy en día legendario galerista Tony Shafrazi los invitó a Nueva York, donde pintaron con Keith Haring y conocieron a Andy Warhol. El colectivo traspasó los límites del arte público independiente durante aquel período y le infundió una estudiada creatividad que reflejaba un profundo conocimiento tanto del mundo del arte como de las calles.

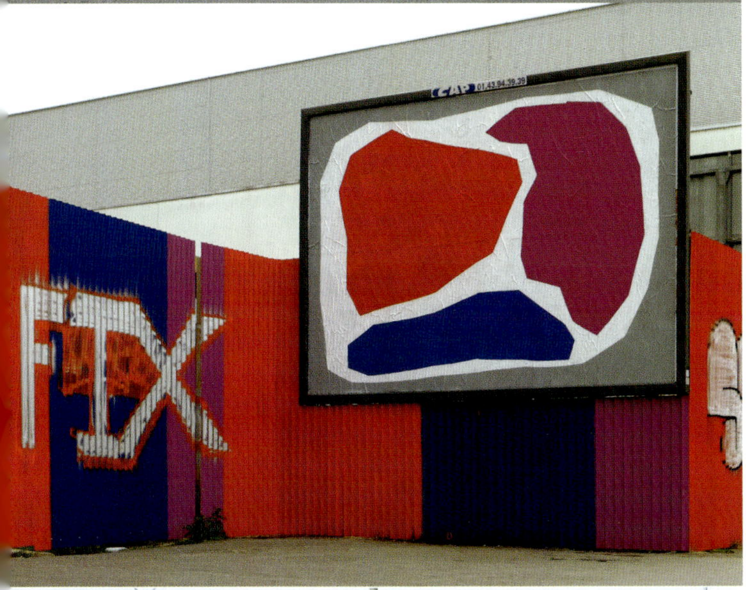

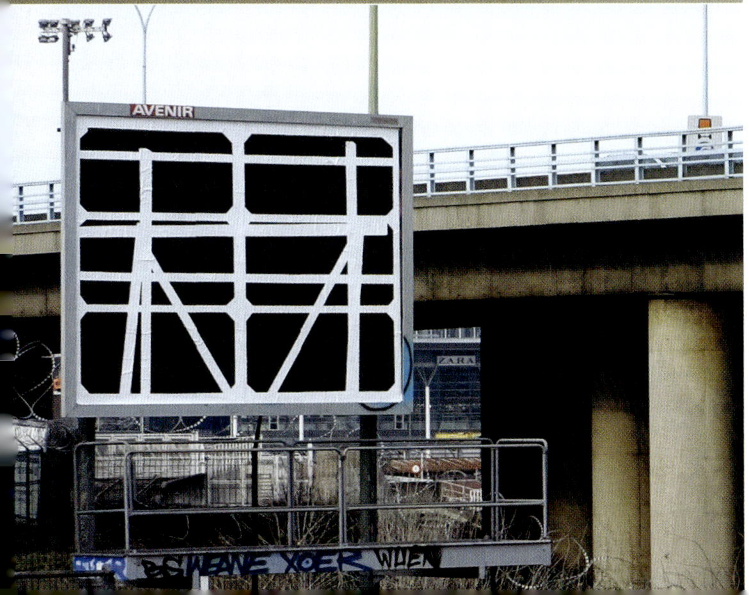

Aunque Les Frères Ripoulin se disolvieron en 1990, Huyghe y Closky en particular habían triunfado en el mundo del arte institucional y OX siguió pintando. La euforia inicial de los primeros años dio paso a una metodología con la que cuestionó el propio acto de pintar y examinó el formato y el contexto de los diseños que producía. Tras una época en la que intervino de forma ocasional en las calles pero se centró sobre todo en el trabajo de galería, en 2004 OX revigorizó por completo su producción urbana y llegó a pegar más de 130 imágenes en Bagnolet, su ciudad natal. Aunque con sus primeras obras en vallas publicitarias se sirvió de la esfera pública como lugar de difusión pura, o, como él mismo dice, como forma de dar a conocer su trabajo y «publicitarlo de forma rápida y eficaz», durante el período posterior la obra de OX se volvió más autoconsciente de la especificidad de los lugares, y el espacio urbano circundante determinó muchos de los principios de su producción. A través de una estética ornamental e irónica que intentaba tanto desestabilizar como redirigir la visualidad circundante, este planteamiento creaba un «diálogo lúdico con la ciudad» y una «discrepancia» con la que atraer la atención del espectador. Al parodiar las formas y colores que rodean sus obras, OX convierte lo comercial en estético y desvirtúa el poder visual en lugar de destruirlo por completo: «La publicidad es omnipresente en nuestras vidas, alimenta nuestra adicción al consumo, explota y recicla la creación artística y la financia. Forma parte de mi imaginación, recurro a sus imágenes para crear y utilizo sus medios para comunicar. Aunque, claro está, a veces desvío su sentido, no tengo la pretensión de combatirla». Al igual que sucede con la pureza y el poder logográfico de su propio *moniker*, simétrico y reversible, la clave de la obra de OX reside en que «no es necesaria ninguna explicación previa a su aprehensión». Sus imágenes funcionan de forma concreta más que figurativa, a través de un «choque estético» en sí mismas: se limitan a intentar producir una tensión con el entorno, un momento de sorpresa, una ruptura lúdica con su espacio particular.

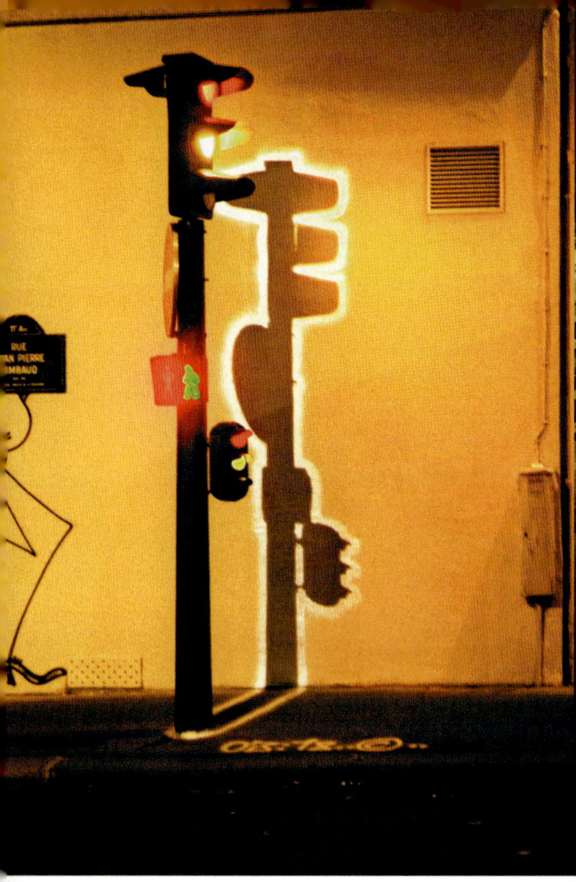

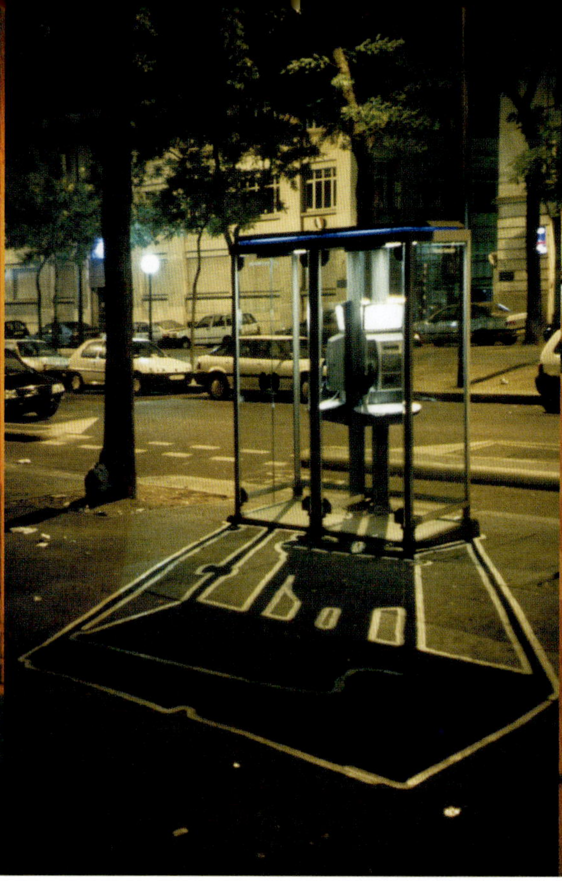

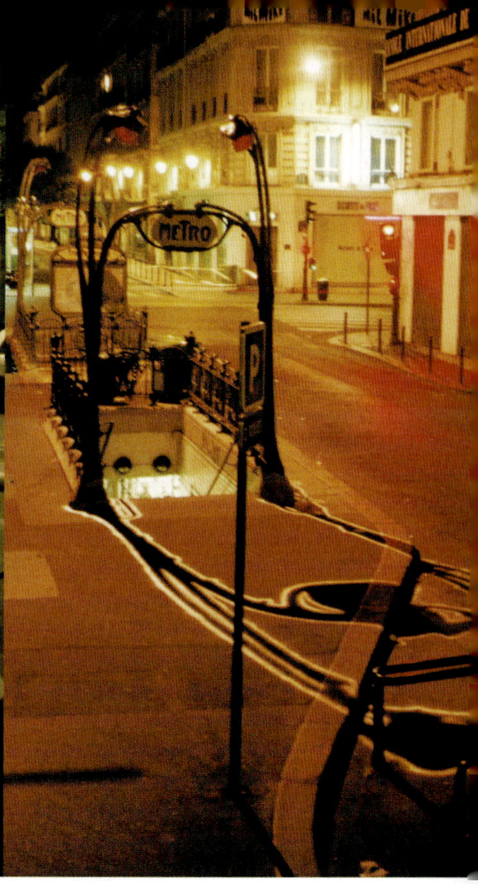

PARÍS

NACIMIENTO 1977, París, Francia TÉCNICAS / MATERIALES Pintura en aerosol, instalación, *performance*, grafiti inverso ESTILO Grafiti conceptual TEMAS Visibilidad / invisibilidad, concepciones de la suciedad, impregnación corporativa del entorno urbano, liquidación

1-2 *Electric Shadows*, París, Francia, 2000
3 *Electric Shadows*, París, Francia, 2001
4-5 *Proper Graffiti*, Wuppertal, Alemania, 2006

ZEVS

Superhéroe de cómic, o, desde una perspectiva institucional, tal vez supervillano, Zevs (pronunciado Zeus, la uve es una ípsilon griega minúscula) es uno de los principales pioneros del *street art* francés. Se trata de un artista cuya capacidad para descubrir nuevos terrenos e idear nuevas formas de interactuar con el entorno urbano parece crecer sin cesar.

Zevs posee muchos de los atributos del arquetipo del superhéroe: poderes extraordinarios (visibles sobre todo en los relámpagos que surgen en sus *Invisible Graffiti*), un sólido código moral (que aflora en su cruzada contra la violencia de la publicidad contemporánea), disposición a arriesgar su propio bienestar sin esperar recompensa (el verdadero compromiso del artista con la ciudad por encima de cualquier «prestigio» superficial) y la identidad secreta propia de un justiciero enmascarado (su atuendo característico, formado por una chaqueta y unos pantalones de obrero impermeables color amarillo chillón, un pañuelo con estampado de leopardo que le cubre el rostro

y un sombrero de fieltro, paradójicamente, como si fuera un camaleón, le hace muy perceptible a la vez que invisible). Además, su propio nombre, elegido en honor del tren RER que estuvo a punto de arrollarle mientras pintaba en un túnel del metro parisino (el nombre oficial del servicio es ZEUS), apunta hacia una historia de fondo fundamental para el carácter de todo superhéroe: su *moniker* no solo se presenta como un *tag* perfecto, una combinación idónea de letras y sonido, sino que también alude a un momento de génesis en el que Zevs renació como el dios griego del cielo y el trueno, una conexión perfecta con el mundo del grafiti, en el que ya hay muchos «reyes».

Zevs comenzó a buscar diferentes formas de entablar un contacto estético con la ciudad a finales de la década de 1990, y las numerosas acciones que emprendió más adelante conforman dos categorías principales. En primer lugar hubo un grupo de proyectos creados con la metodología del grafiti clásico pero de una forma más sutil y consciente del contexto, proyectos que jugaban con el binomio visibilidad / invisibilidad. El segundo grupo de proyectos englobaba una serie de obras centradas en atacar la invasión e impregnación corporativas de nuestro entorno urbano contemporáneo, así como en volver contra sí mismo el enorme poder de esta fuerza visual.

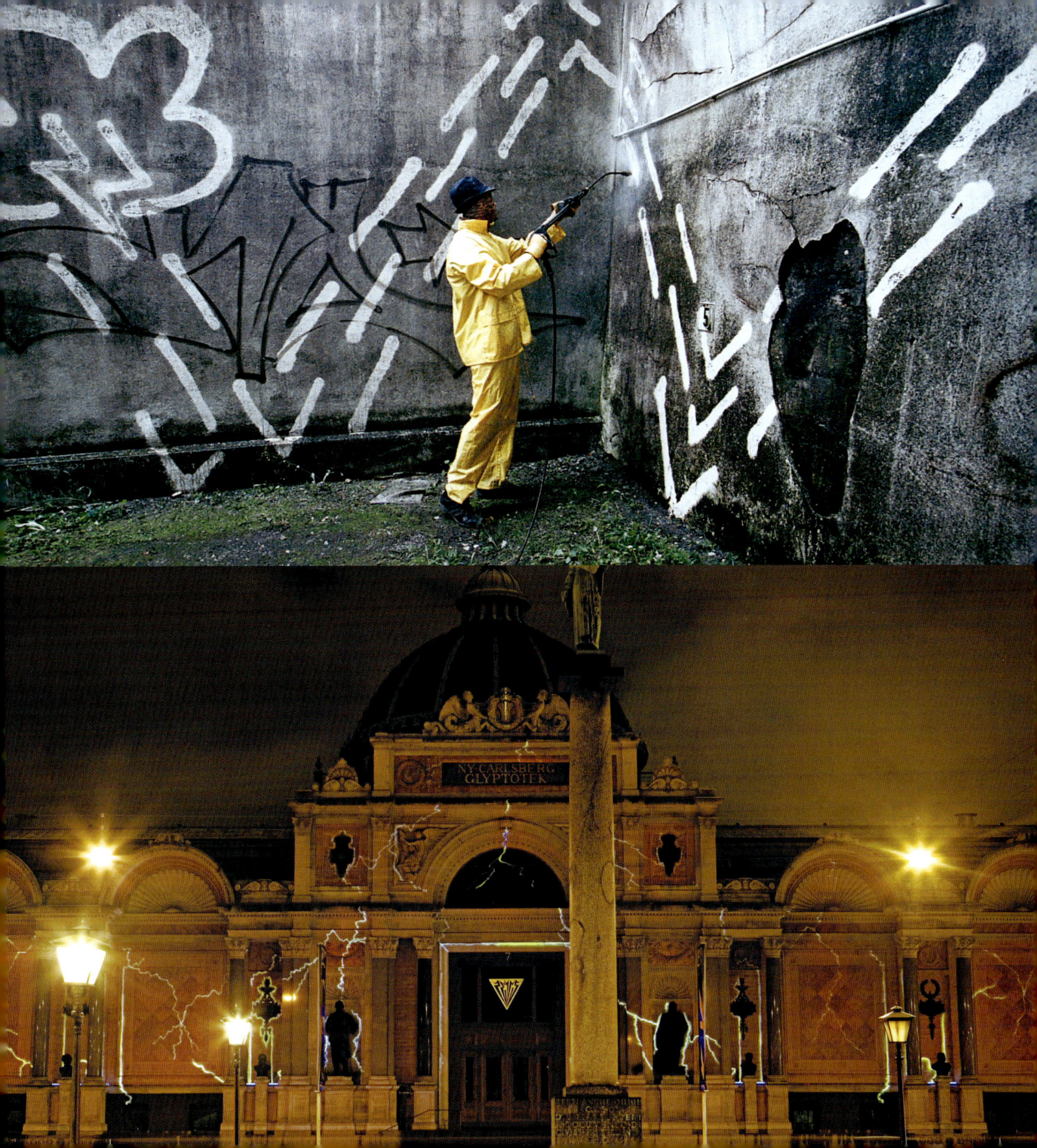

Dentro del primer grupo, el punto de partida fue *Electric Shadows* (*véanse* imágenes 1-3 y página 160). Para este proyecto, Zevs contorneó con pintura blanca brillante las sombras que proyecta por la noche el mobiliario urbano al verse iluminado por las farolas eléctricas. Estos sencillos contornos no solo hacían que las sombras fueran «más visibles durante la noche», sino que mantenían «el rastro de [estas] durante el día» y generaban lo que Zevs denominó una «escena del crimen» (un «crimen artístico»), como las que se ven en el cine dibujadas alrededor de las víctimas asesinadas. Estos contornos ponían de relieve literal y metafóricamente la presencia efímera de la luminiscencia y la sombra en la ciudad y daban lugar a un efecto surrealista y caricaturesco con el mínimo esfuerzo posible. *Electric Shadows* jugaba con lo visto y lo no visto de una forma que, en cierto sentido, presagiaba otro de sus proyectos, *Proper Graffiti*. En este caso, Zevs invirtió por completo la concepción popular del grafiti como «suciedad» o vandalismo al producir una obra con la que eliminó superficie en lugar de añadirle nada a esta, ya que, de hecho, limpiaba la pared que aparentemente «marcaba» en lugar de estropearla. En su grafiti con una nube (*véase imagen* 4, página 161), parte de la serie *Proper Graffiti*,

en la que utilizó el *throw-up* de nube habitual de Zevs (con las cuatro letras de su nombre formando la nube con el rayo, la Z en el centro, la E directamente a su izquierda, la ípsilon en la parte superior y la S a la derecha: una metonimia visual perfecta), la (des)figura y el fondo se invierten por completo, ya que las imágenes se forman mediante un chorro de agua de alta potencia (técnica que suele eliminar los grafitis en lugar de producirlos) que, al aplicarse, devuelve la superficie de la pared a su estado original. Al poner de relieve la suciedad de la propia pared, Zevs juega una vez más con nuestras percepciones sociales; en este caso literalmente con nuestras percepciones sobre la suciedad (la famosa «materia fuera de lugar» de la que hablaba la antropóloga Mary Douglas) y sumando a través de la sustracción, dando forma a un vandalismo mediante la virtud. Al igual que el proyecto final del primer grupo, *Invisible Graffiti*, en el que Zevs utilizó una pintura fluorescente especial que solo se veía de noche, cuando se iluminaban las farolas (gracias a un filtro UV especial que colocó sobre estas), y que, por tanto, jamás limpiarían los equipos de eliminación de grafiti, que solo trabajan de día, estas distintas series jugaban con los binomios luz / sombra, revelación / ocultación e iluminación / eclipse

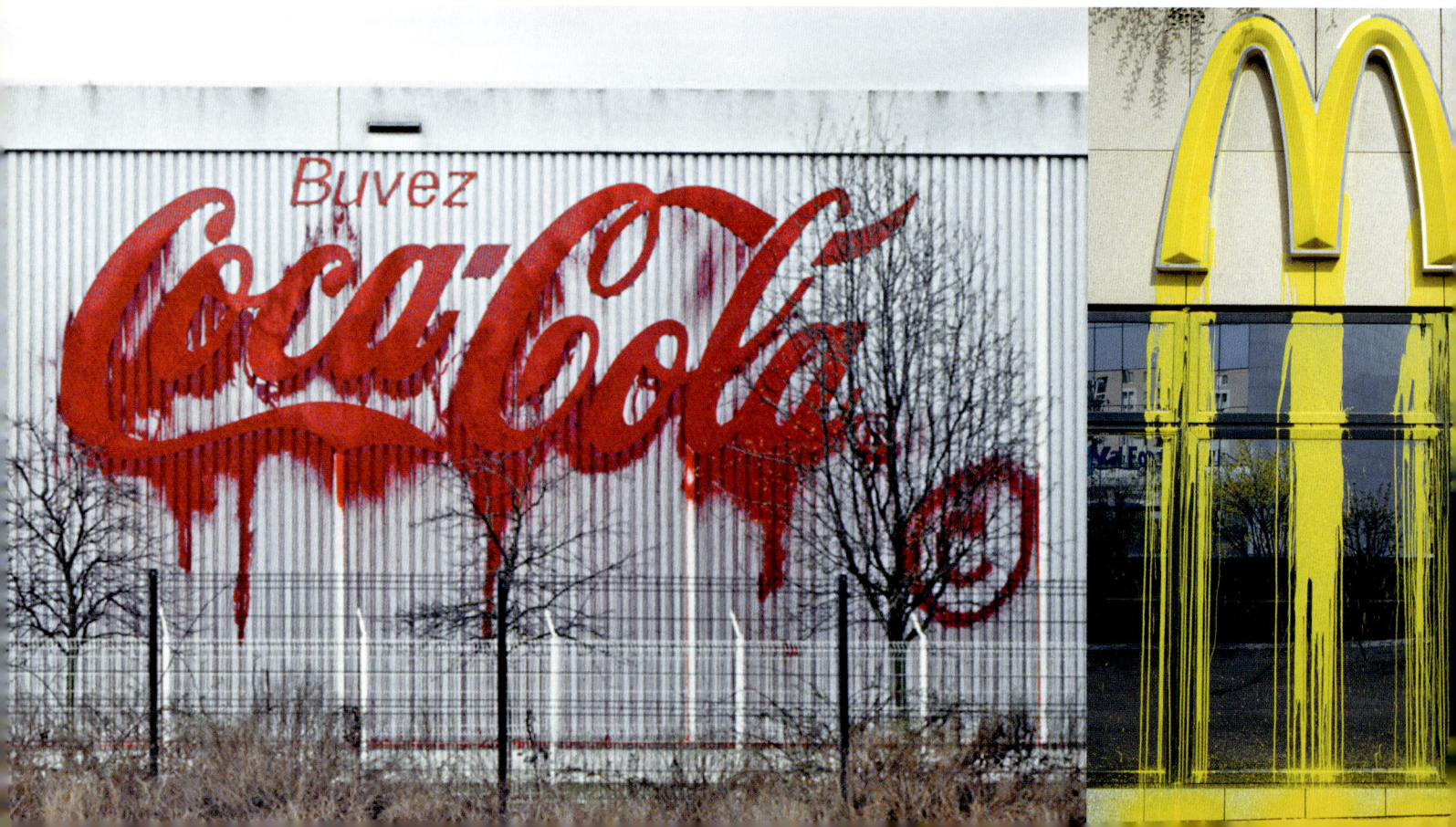

mediante el uso de técnicas clásicas del grafiti aplicadas de formas radicalmente innovadoras.

En su segundo grupo de proyectos, sin embargo, la sutileza dio paso a una práctica visual muy abierta e insurgente que supuso una reacción a la violencia de la cultura visual contemporánea. La primera serie, *Visual Attacks* (*véase* imagen 3), fue una intervención directa sobre las omnipresentes vallas publicitarias. Con ella intentó «matar esas imágenes corporativas» mediante el goteo de un torrente de pintura roja que brotaba de los ojos o la frente de los modelos que figuraban en los anuncios, pintura roja que parecía gotear como sangre de los propios modelos. Creando un efecto visual muy impactante mediante (una vez más) una técnica de una sencillez asombrosa, *Visual Attacks* desbarató por completo el mensaje que las empresas publicitarias querían proyectar y convirtió el poder de estas imágenes en una ventaja para Zevs («como en el arte marcial japonés del aikido») al crear imágenes con las que el espectador sería incapaz de identificarse y que solo servían para socavar la autoridad de los anunciantes.

Con *Visual Kidnapping*, una de sus acciones más famosas, Zevs llevó en 2002 el proyecto un paso más allá al recortar y retirar la figura de 8 m de una modelo de una valla publicitaria de Lavazza en Berlín, con lo que dejó solo un hueco en dicha valla. Zevs exigió un rescate de medio millón de euros a Lavazza y llevó a su «cautiva» por toda Europa movido por la idea de que había secuestrado a la modelo como la marca «secuestra la atención del público con el propósito de captar consumidores». Tras numerosas amenazas de ejecución (Zevs llegó a enviar por correo el dedo de la víctima a la sede de la empresa), Lavazza acabó abonando el rescate exigido en forma de donación al parisino Palais de Tokyo. Al igual que con su proyecto final en este grupo, el célebre *Liquidated Logos* (*véanse* imágenes 1 y 2), un proyecto homónimo en el que Zevs aparecía disolviendo marcas registradas de varias organizaciones mundiales célebres, todas estas intervenciones intentaban usurpar el poder de estas marcas multinacionales dominantes mediante un ataque a su poder simbólico, su talón de Aquiles, que es la propia vulnerabilidad de su «identidad» de marca. Al erosionar y disolver ante nuestros ojos estos signos con un ataque letal a la vez que bello, Zevs convierte la solidez de las marcas en un líquido viscoso y hace que su poder se escape literalmente de su interior.

Zevs se quitó la máscara en 2011 y reveló el Clark Kent que llevaba dentro al anunciar que su verdadera identidad es la de Aguirre Schwarz. Sin embargo, movido por el deseo de proteger al público del poder de las corporaciones globales y de alterar la percepción pública habitual del grafiti, continúa siguiendo el código moral de su *alter ego* superheroico. Al recuperar nuestro entorno y alterar el estatus establecido del grafiti como suciedad, Zevs juega con la capacidad de la cultura visual para revelar y ocultar y hace que desciendan del cielo unos rayos que transforman de forma radical el entorno urbano.

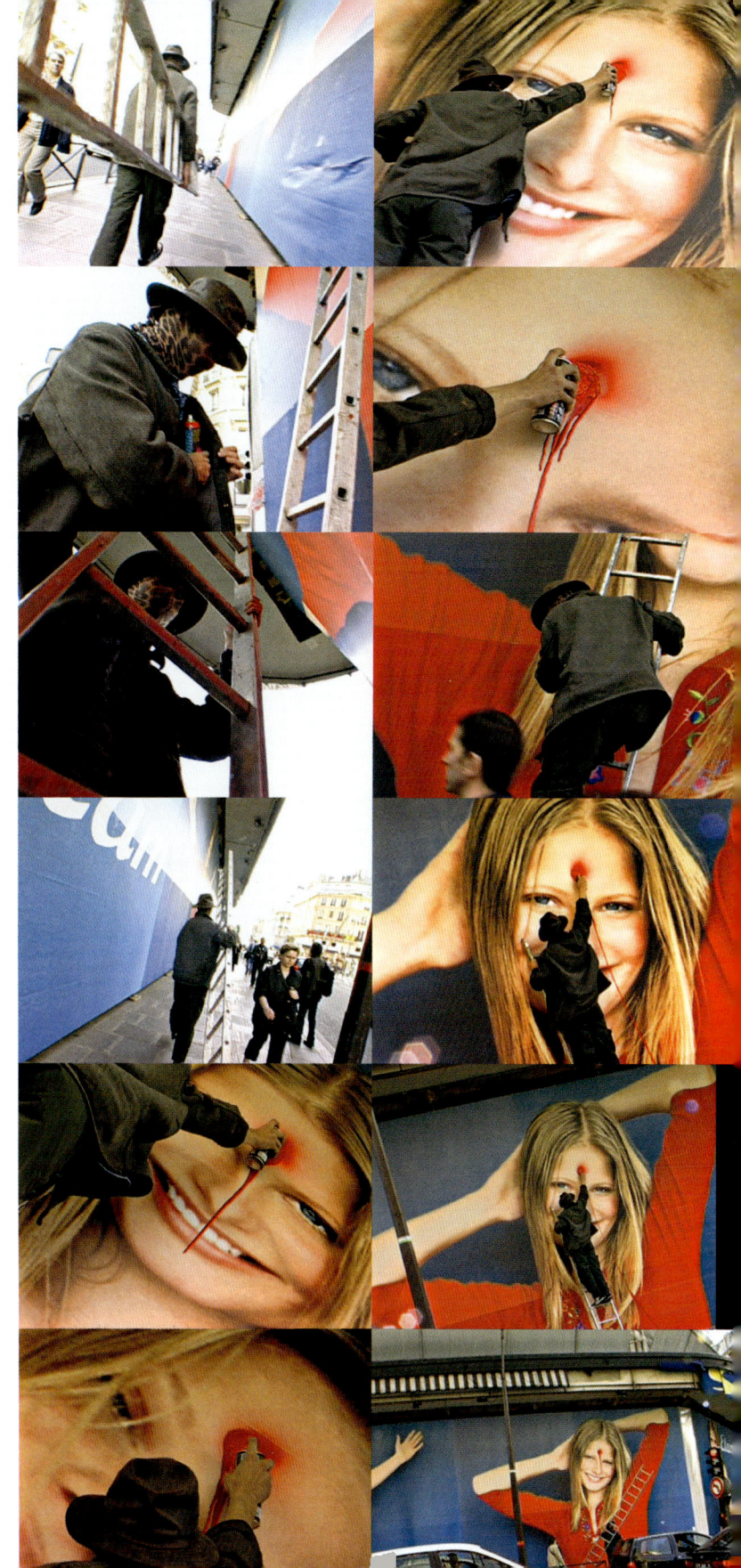

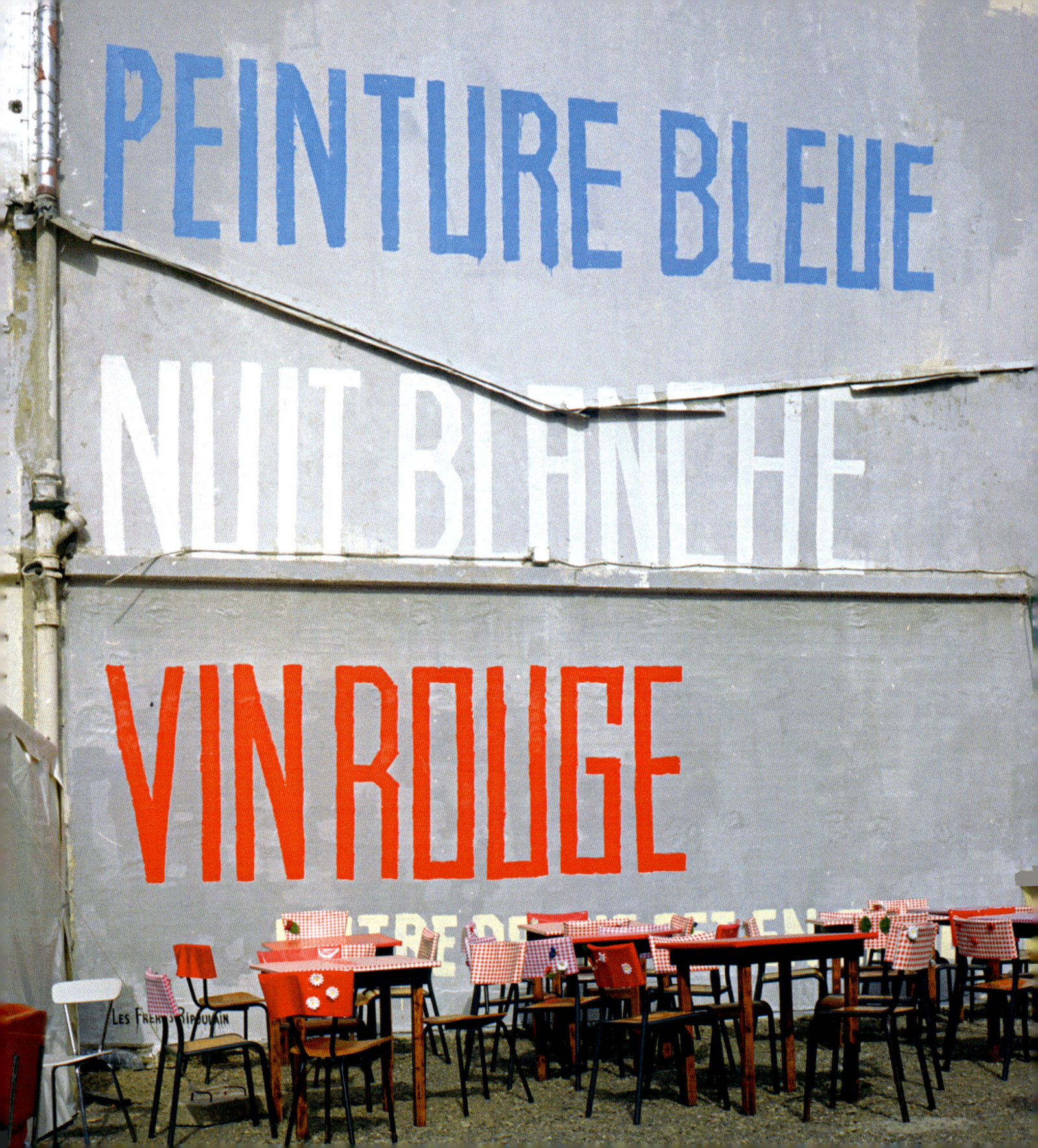

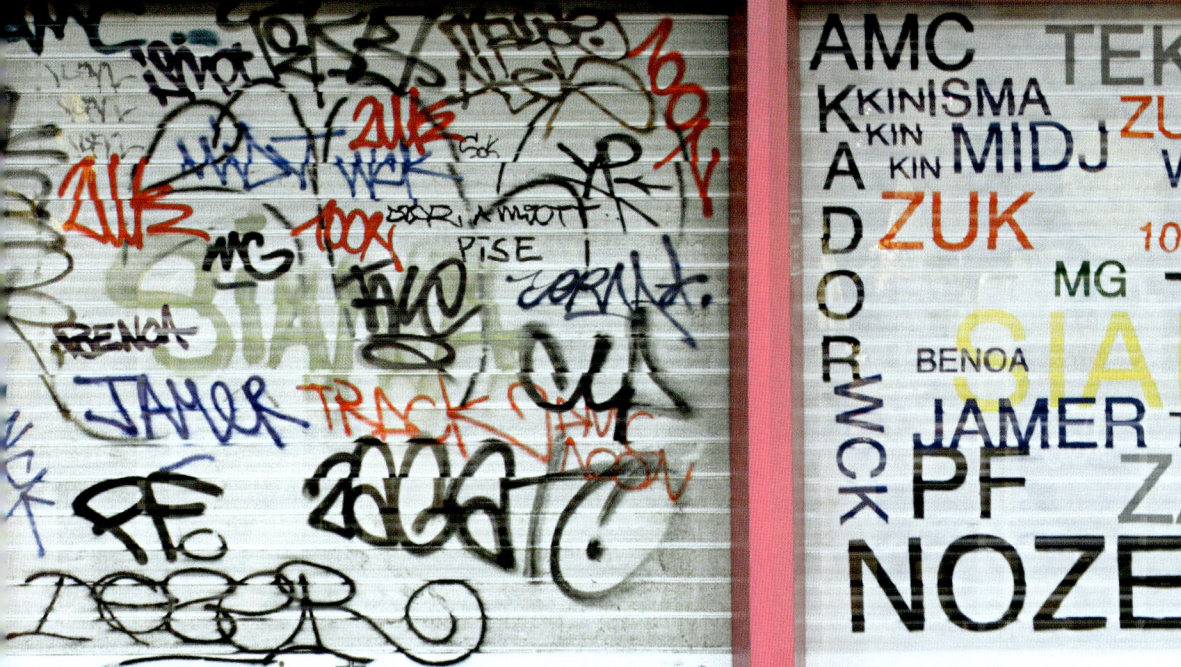
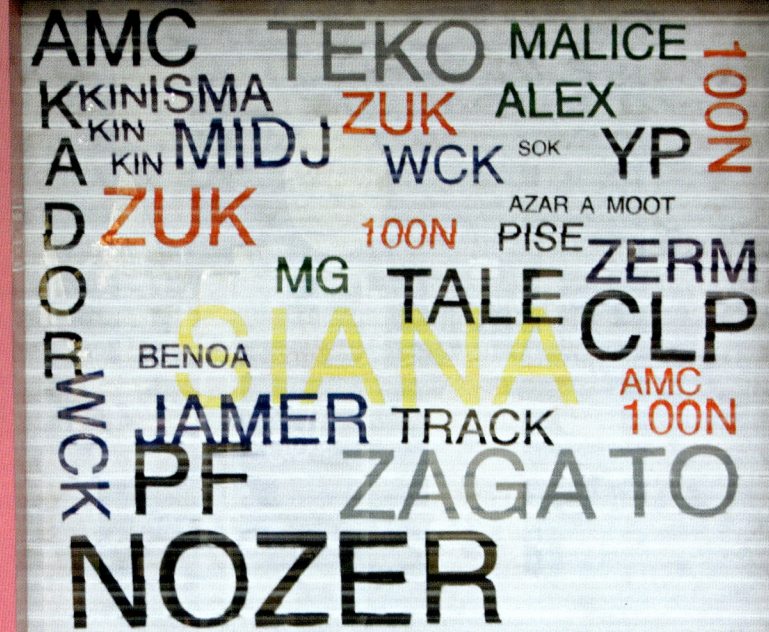

RENNES

NACIMIENTO Desconocido   **TÉCNICAS / MATERIALES** Pintura en aerosol, escultura, cuerpo
ESTILO Instalación urbana, modificación urbana   **TEMAS** Vandalismo, espacio público
INFLUENCIAS Les Frères Ripoulin, arte vernáculo

LES FRÈRES RIPOULAIN
DAVID RENAULT Y MATHIEU TREMBLIN

Aunque David Renault y Mathieu Tremblin tienen sus propias carreras artísticas, también trabajan juntos como Les Frères Ripoulain. Con su asociación pretenden abordar cuestiones que, según ellos, emanan «vandalismo y anonimato, espacio y soledad, silencio e invisibilidad, extrañeza y secretismo». En sus instalaciones y *performances* intentan poner de relieve el sentido de la urbanidad a través del grafiti como medio, y no como fin concreto. Así, aunque hay parte de su trabajo que guarda relación con el vandalismo, la mayor parte consiste en practicar y experimentar en la ciudad y en no hacer arte. Adoptando y modificando la célebre máxima «el arte es lo que hace que la vida sea más interesante que el arte», acuñada por Robert Filliou, artista francés del Fluxus, afirman que «el grafiti es lo que hace

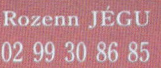

1 *Notre patrie est un marge*, Rennes, Francia, 2008
2-3 *Tag Clouds*, Colombier Optique, Rennes, Francia, 2010

que la ciudad sea más interesante que el grafiti». Para ellos, el grafiti es un «filtro para la vida y la ciudad», una forma de ser que se encuentra «más allá del mapa».

Se conocieron en 1998 mientras estudiaban bellas artes en la Université de Rennes. Sus primeros experimentos conjuntos surgieron de una dinámica clásica del grafiti: el *tag*. Sin embargo, lo que les interesaba por aquel entonces no era el estatus del *tag* como ornamento, sino su relación con el territorio, su papel en la adquisición y la apropiación del espacio (los *tags* pueden considerarse las antípodas de la publicidad comercial, en la que se compra espacio para publicitar el producto que se quiere vender). Con todo, no fue hasta 2006 cuando abandonaron de forma definitiva la pintura en aerosol y empezaron a colaborar en distintos proyectos. Durante el día trabajaban en las paredes de Rennes disfrazados de «pintores de casas». Así, vestidos con monos de obrero, usaban rodillos para escribir eslóganes y crear mensajes que guardaban relación con el lugar concreto. La compenetración con la que pintaban Renault y Tremblin y el hecho de que llevaran mono de trabajo les conferían legitimidad y autoridad. Al mismo tiempo, su acción evocaba los anuncios impresos originales creados para la pintura Ripolin, en los que figuraban personajes vestidos con monos pintando eslóganes en miles de paredes de toda Francia durante los primeros años del siglo XX.

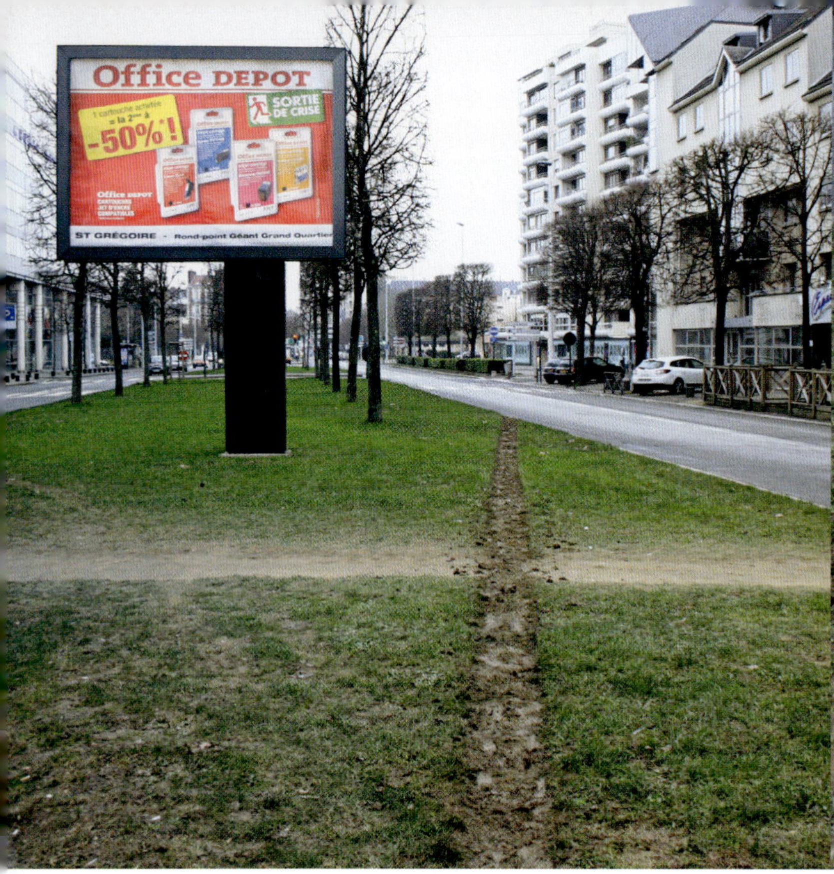

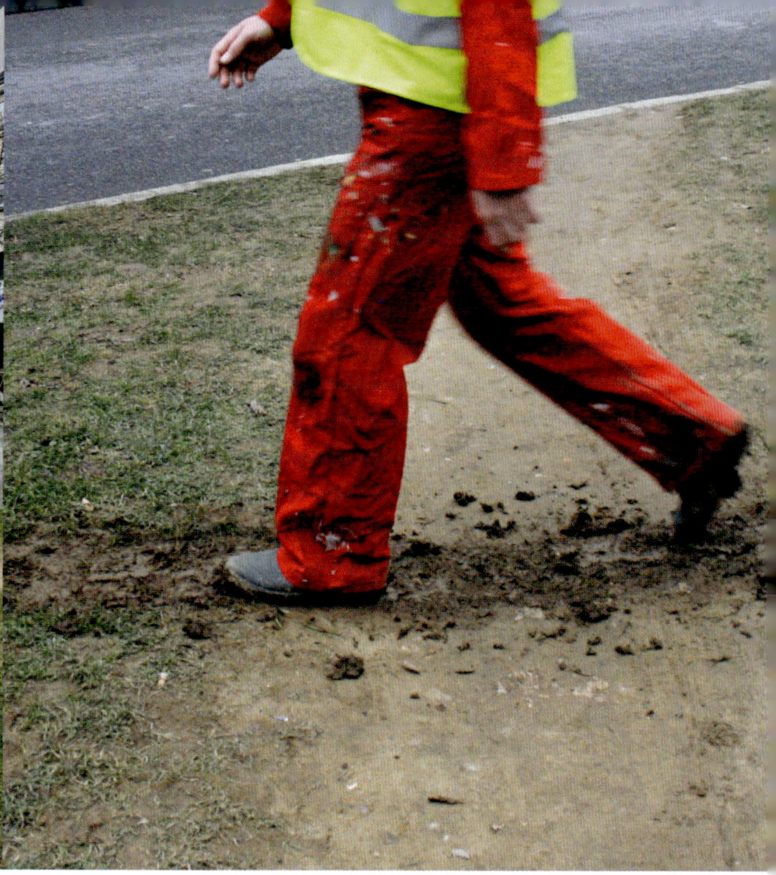

1-2 *Chemin du désir*, Rennes, Francia, 2009
3 *Enluminures*, Niza, Francia, 2011
4 *Human Hall of Fame*, Nantes, Francia, 2010
5 *Taquin*, Rennes, Francia, 2010

En un guiño tanto a la marca Ripolin como al protografiti ilícito que realizó esta y al célebre colectivo de arte urbano francés de la década de 1980 llamado Les Frères Ripoulin (fundado por, entre otros, OX; *véanse* páginas 156-159), Renault y Tremblin optaron por un juego de palabras posmoderno para bautizar su colectivo. Al añadirle la letra *a* a la palabra *Ripoulin* (*poulain* significa «potro»), señalaron que su obra era hija de ambas tendencias históricas. Como Les Frères Ripoulain, el dúo creó murales de un peculiar estilo *vintage*, una forma de publicidad lírica y no comercial que trastocaba el ideal original de Ripolin (aunque al mismo tiempo se adhería a su práctica y a su técnica) a la vez que intentaba seguir las tácticas de Ripoulin al apropiarse del «aura cultural» de estos iconoclastas artísticos, como OX y sus correligionarios habían hecho antes que ellos con la marca de pintura. Esta estrategia estableció un vínculo entre «los murales vandálico-políticos y los poético-decorativos», pero también reforzó la autonomía de los grafitis franceses al incorporar el rico legado de estos y desvincularlos de los grafitis estadounidenses, tan frecuentes en la escena francesa autóctona. Recordando las fotografías que había hecho Brassaï de los grafitis de la década de 1950 y el hecho de que las herramientas clave del grafiti (pintura en aerosol, plantillas, carteles) fueron una parte crucial en la cultura política radical francesa de la década de 1950 (con los situacionistas como ejemplo clave), Renault y Tremblin reivindicaron un terreno a todas luces francófono para el grafiti, un terreno que encarna en toda su plenitud la compleja historia política y estética de la que ha surgido.

En el primer proyecto tipográfico de «ripoulainización» que emprendieron recurrieron a una forma de lenguaje muy expresiva y cargada de insinuaciones, con piezas como *Notre patrie est un marge* (*véase* imagen 1, página 164), *Lieu noir* (que, además de significar «lugar negro», es una referencia al pez carbonero), *Sauvons les pots rouges* y *Fer ailleurs* (que encierra un complejo juego de palabras, puesto que significa «hierro en otra parte», por lo que alude a los trenes de mercancías y las compañías de transporte, pero también suena como *faire ailleurs*, o «hacer en otra parte»). Con sus trabajos posteriores, sin embargo, han buscado conjugar con una mayor claridad ideas del mundo del arte y del grafiti y formular proyectos que considerasen tanto la estética como la urbanidad (el artefacto y el entorno) de un modo más reflexivo. Con una filosofía semejante a la que sustenta la obra de Jongeleen / Influenza (*véanse* páginas 168-171), Renault y Tremblin han buscado perturbar los fundamentos tradicionalistas de cada disciplina, así como la «tradición conservadora de ambos campos que se oponía a su combinación», y encontrar los puntos de tensión y las intersecciones entre ambas.

En *Chemin du désir* (*véanse* imágenes 1 y 2), una *performance* realizada en Rennes en 2009, Renault y Tremblin se propusieron crear un nuevo camino en la ciudad que funcionara a modo de círculo de cultivo urbano o de sendero social (y que fuera visible desde el espacio) que animara a otros usuarios a participar en su *performance* y volver a realizarla. La pieza, realizada a base de recorrer el suelo una y otra vez hasta erosionarlo, representa tanto la ruta más corta o navegable entre dos lugares como un movimiento por completo orgánico, no mediado, que se opone a la planificación de la ciudad y es contrario a su construcción técnica con un enfoque *top-down*. Estos «caminos del deseo», de los que habló en profundidad el filósofo y poeta francés Gaston Bachelard tiempo antes, muestran una racionalidad etérea, casi mágica, y funcionan como las arrugas o líneas de la sonrisa de las ciudades. Como una versión urbana del clásico *A Line Made by Walking* (*Una línea hecha andando*), de Richard Long (un vínculo que también puede verse en *Line*, de Filippo Minelli), *Chemin du désir* ha venido a poner de relieve lo que Michel de Certeau ha denominado «creatividad cotidiana»: no la creatividad supuestamente innovadora de los supuestos artistas, sino la creatividad improvisada que estas rutas indexan, la poesía oculta y cotidiana que exhiben la ciudad y sus habitantes.

Mientras que este proyecto hacía hincapié en el poder de las prácticas urbanas populares, en *Human Hall of Fame* (2010; *véase* imagen 4), se adoptó un enfoque diferente al centrarse en la materialidad del grafiti frente a su ilegalidad, su condición de escritura y no de vandalismo. Ataviados de «hombres anuncio», Renault y Tremblin se convirtieron en paneles publicitarios andantes en las que no había anuncio alguno: así, hicieron las veces de lo que denominaron «imanes de *tags*» (como los camiones de reparto blancos utilizados a menudo como superficie para los grafitis en Francia) para atraer a sus presas. Sin embargo, la *performance* deambulante del dúo no solo dio lugar a una manifestación totalmente legal de grafiti, sino que también criticó de un modo furtivo la naturaleza de su ilegalidad, una forma de escritura calificada de vandalismo por el mero hecho de no ser remunerable.

Aunque estos dos proyectos puedan parecer diferentes (*Chemin du désir* se centra en la ciudad mientras que *Human Wall of Fame* aborda de forma concreta el mundo del grafiti), lo cierto es que ambos pueden considerarse vinculados de dos maneras cruciales que definen la práctica de Les Frères en su conjunto. En primer lugar, los dos adoptan un arte que no es arte, sino formas populares de creatividad; en segundo lugar, los une la búsqueda constante de visibilidad o presencia a través de una obsesión, como la de los propios artistas del grafiti, por las «huellas y rutas de sus contemporáneos». Así pues, el dúo pretende sumergir su obra en lo cotidiano y hacer que le resulte familiar al espectador al tiempo que genera un espacio en el que se cuestionan y generan significados. Su obra puede verse tanto como un descubrimiento de la diversidad y los márgenes de la ciudad como una iluminación del arte espontáneo, enigmático y autónomo de esta.

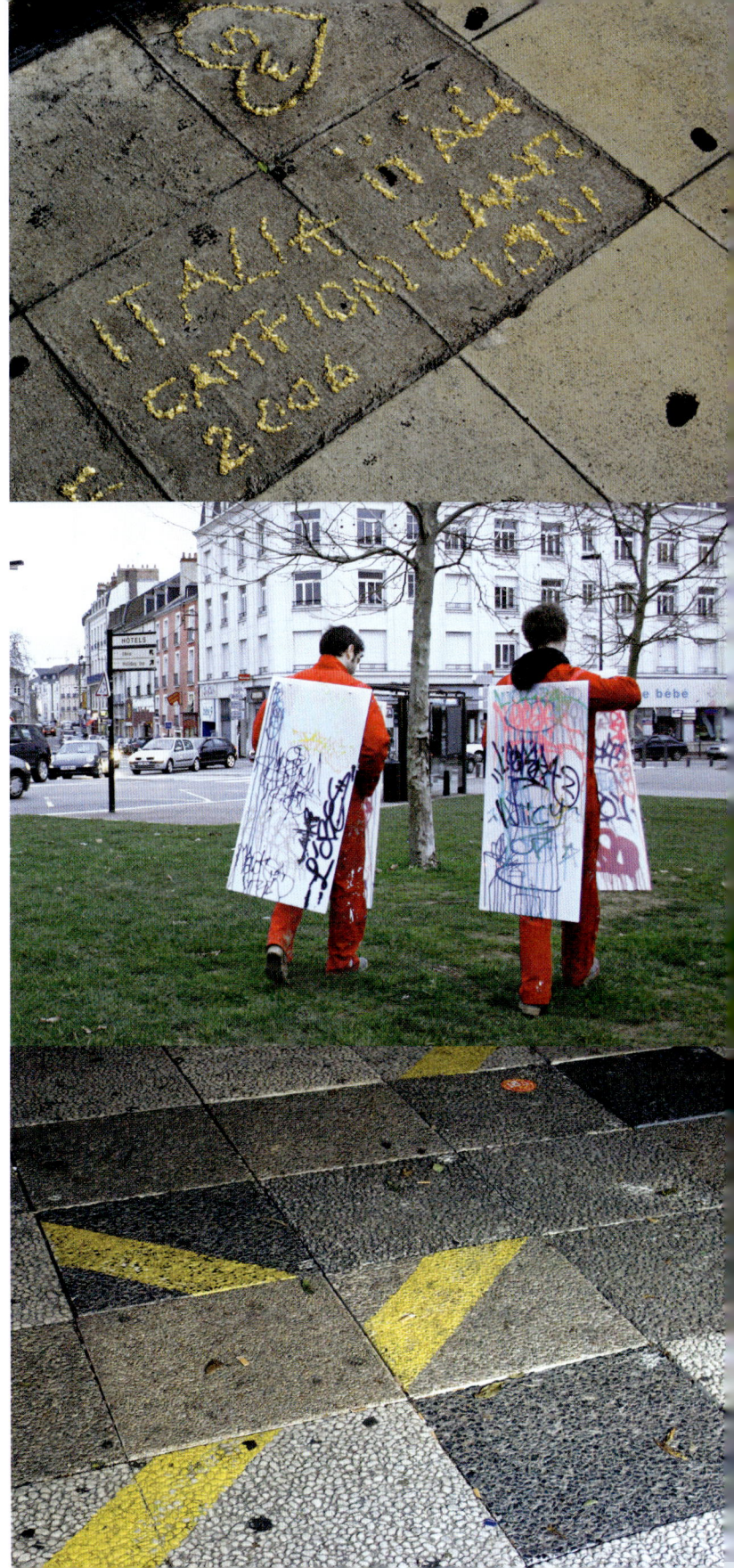

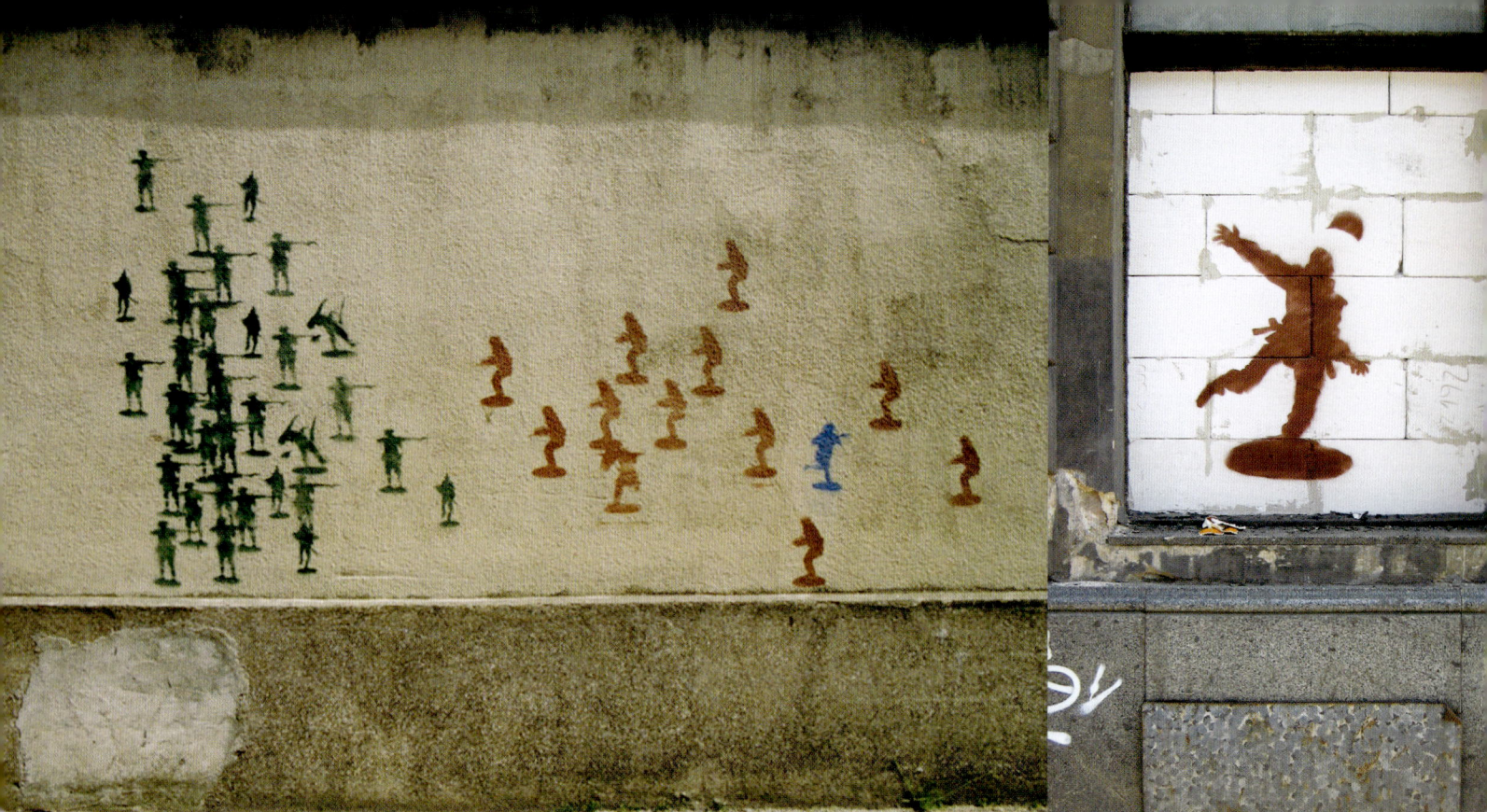

RÓTERDAM

NACIMIENTO 1967, Apeldoorn, Países Bajos   **TÉCNICAS / MATERIALES** Pegatinas, plantillas, bolsas de plástico, pintura en aerosol   **ESTILO** Intervención urbana, grafiti conceptual
TEMAS Colonización urbana, normas y reglamentos, libertad de expresión
INFLUENCIAS Fluxus, dadaísmo, *arte povera*

INFLUENZA
JEROEN JONGELEEN

La obra del artista neerlandés Jeroen Jongeleen, también conocido como Influenza, se caracteriza por una marcada postura de discrepancia que se opone tanto a la superficialidad del diseño urbano como a la creciente colonización de las calles. Se trata de una práctica que se relaciona con las imágenes y el espacio público con una actitud militante y que recurre a numerosas técnicas y materiales (incluidas pegatinas, bolsas de plástico, pinturas en aerosol e incluso el propio cuerpo humano) en un esfuerzo por remediar la banalidad y esterilidad de la ciudad moderna. Defensor de una esfera pública más liberada y crítico con el exceso de regulación tanto de la ciudad como del arte, Jongeleen es autor de discretas pero siempre ingeniosas intervenciones urbanas que están muy influidas por movimientos artísticos como el Fluxus (un grupo multidisciplinar de artistas de vanguardia de la década de 1960), a quienes considera los genuinos descendientes del espíritu dadaísta. Según él, lo que le motiva para crear arte no es «la

decoración ni hacer feliz a la gente, sino la libertad de expresión y movimiento, la oposición como esencia de una sociedad auténticamente democrática». Así pues, su obra, de inspiración política, pretende ilustrar el poder y la dinámica de las calles al tiempo que ofrece una visión utópica del futuro.

Jongeleen creció en Surinam, Sudamérica, y a su regreso a los Países Bajos, en la década de 1980, las enormes diferencias del entorno urbano le provocaron una fuerte impresión al niño de once años que era por aquel entonces. Las huellas del Fluxus y de la era *punk* aún eran visibles en las calles de su ciudad natal, Apeldoorn, donde quedó fascinado por los estarcidos y los enormes eslóganes pintados de sus calles. Inspirado por estas piezas, hacia 1984 Jongeleen realizó sus primeras marcas viales, compuestas de personajes y variaciones de marcas comerciales. No tardó en engancharse a lo que denomina el «virus estadounidense de los botes de aerosol», hábito que había abandonado casi por completo cuando se matriculó en la escuela de arte, a principios de la década de 1990. Aunque estudió diseño gráfico en la ArtEZ Academie voor Art & Design (antigua AKI Academy of Art & Design), una vez allí le inspiró el arte contemporáneo en general. No fue hasta después de graduarse, en 1994, cuando Jongeleen redescubrió las calles. Tras trasladarse a Róterdam en 1997, llevó a cabo una de sus primeras intervenciones públicas. Aunque en aquella época eran pocos los que cambiaban de discurso estético («los escritores de grafiti [hacían] grafitis, los vándalos hacían sus cosas de vándalos, los artistas hacían sus cosas de arte»), estaba determinado a sacudir la naturaleza paradójicamente tradicional tanto del arte contemporáneo como del graffiti. Esperaba comunicar las apasionantes ideas y motivaciones que surgen del grafiti al tiempo que producía uno inspirado en las técnicas clásicas del arte. Jongeleen quería demostrar así que ambas disciplinas podían aprender la una de la otra y establecer puntos de encuentro entre sus distintos mundos. Para él, el arte de la intervención urbana no es más que otra forma de utilizar y entender la imagen. El grafiti fue solo uno de los puntos de partida cruciales del arte urbano, ya que también recurrió a la cultura *skate*, el *land art*, el Fluxus, el *punk*, el dadaísmo, el deconstructivismo, el arte conceptual y el *arte povera*. Para Jongeleen, todas estas manifestaciones artísticas forman parte de la misma familia.

Aunque al principio Jongeleen solo usó el nombre de Influenza para sus obras en galerías o museos, este no tardó en convertirse en la etiqueta general de la mayoría de sus proyectos públicos, con los que se posicionó en contra de la creciente comercialización de la esfera pública. Para *The Art of Urban Warfare* (*AOUW*, 2002-actualidad; *véanse* imágenes 1 y 2), ideó un juego para las calles de todo el mundo. Para este proyecto, Jongeleen creó una página web en la que esbozó las reglas del juego junto con instrucciones sobre cómo los jugadores podían crear sus propias piezas mediante el empleo de un conjunto estándar de herramientas. En él aparecían figuras estarcidas de soldados procedentes de fuentes que iban desde imágenes de prensa de Abu Ghraib hasta pinturas de Goya. Estas podían aplicarse sobre las paredes de la ciudad en tres colores diferentes (verde, azul y marrón) y representaban a tres «ejércitos» rivales que debían intentar tomar el poder a base de, literalmente, ocupar las calles de la «zona de guerra». Al tiempo que apoyaba el derecho de los artistas activistas a hacer uso del espacio público urbano, el proyecto servía también como reacción abierta a las guerras de Afganistán e Irak y como intento de crear conciencia social. Inspirado en las intervenciones artísticas ludocéntricas y en las redes sociales de la vida real del grafiti y de otros movimientos de *street art*, el proyecto *AOUW* representó una incursión lúdica en la grisura de la ciudad al tiempo que sacó a la luz la existencia de una red de activistas internacionales ocultos. Jugado en ciudades de todo el mundo, *AOUW* recuperó el espacio de las calles al tiempo que llevó a ellas temas de importancia pública. Al final, Jongeleen acabó detenido en Alemania durante los preparativos de una exposición que habría de documentar el proyecto; esto provocó la retirada de la página web del mismo y que Europol y el FBI emprendieran investigaciones antiterroristas en torno al artista.

De forma por completo distinta, *Information Blackout* (2009; *véase* imagen 3) se propuso reducir la cantidad de conocimiento y datos que se encuentran en las calles de las ciudades. Para ello, usó pintura negra en aerosol con la que borró la información textual de los omnipresentes carteles publicitarios ilegales que pueblan los paisajes de nuestras ciudades. Sin

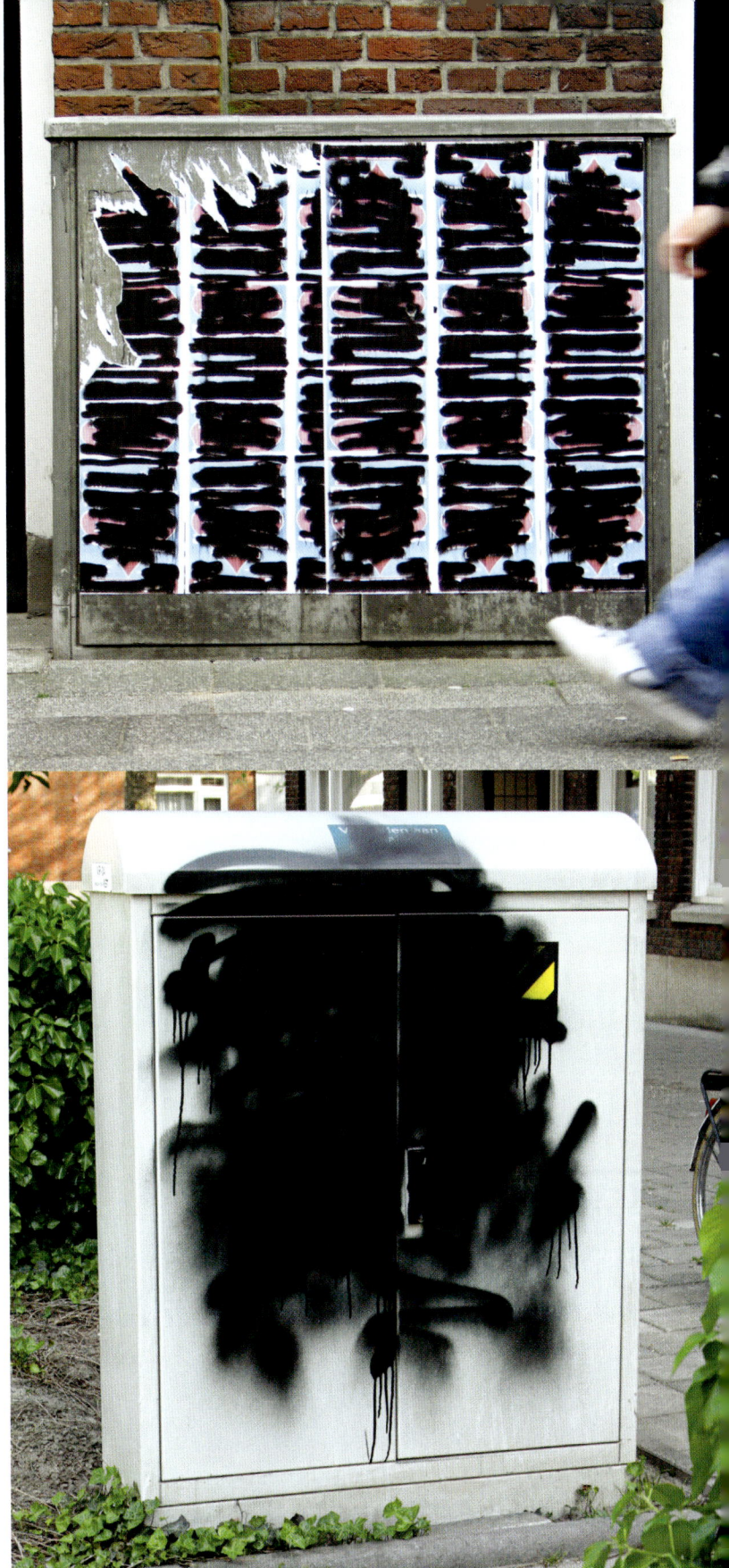

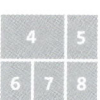

embargo, en lugar de realizar un *détournement* de estas obras a la manera de Ron English o de GPO (*véanse* páginas 292-295), Jongeleen se limitó a borrar la información, como si los carteles fueran documentos clasificados, para lo cual tachó con meticulosidad los textos línea a línea e incluso palabra por palabra. El resultado fue similar al de su proyecto *Elementals* (*véase* imagen 4, página 169), en el que creó oscuras «manchas» y «agujeros negros» de información por toda la ciudad. Con *Information Blackout* se propuso neutralizar la violencia de esos carteles mediante el empleo del primitivo poder del blanco y negro frente al color, la «herramienta de los profesionales». Además, quiso dejar espacio para que la mente pudiera «divagar», un espacio de tranquilidad y alejado del aluvión de información que nos asalta.

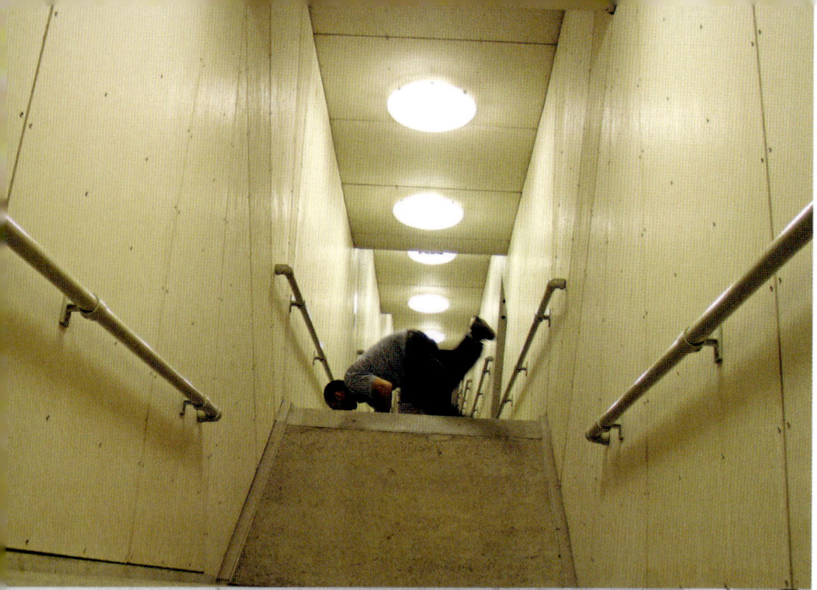

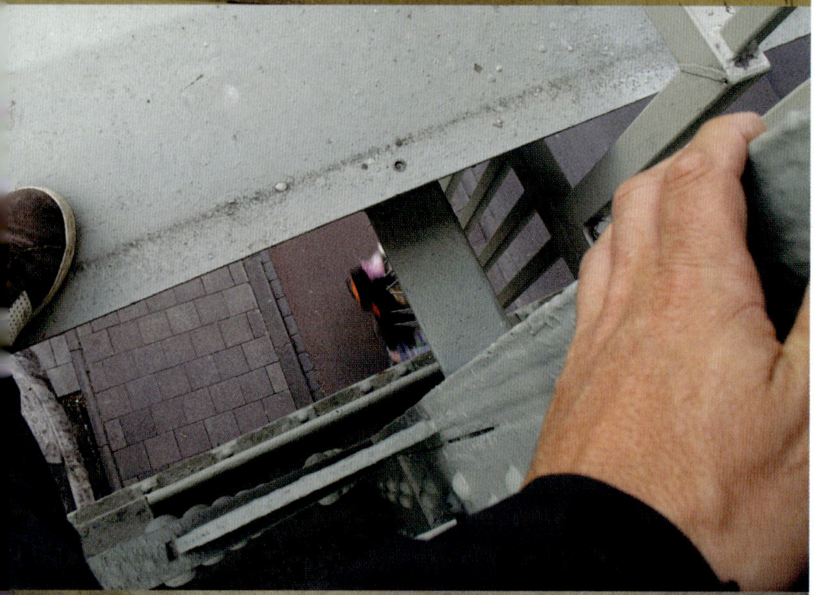

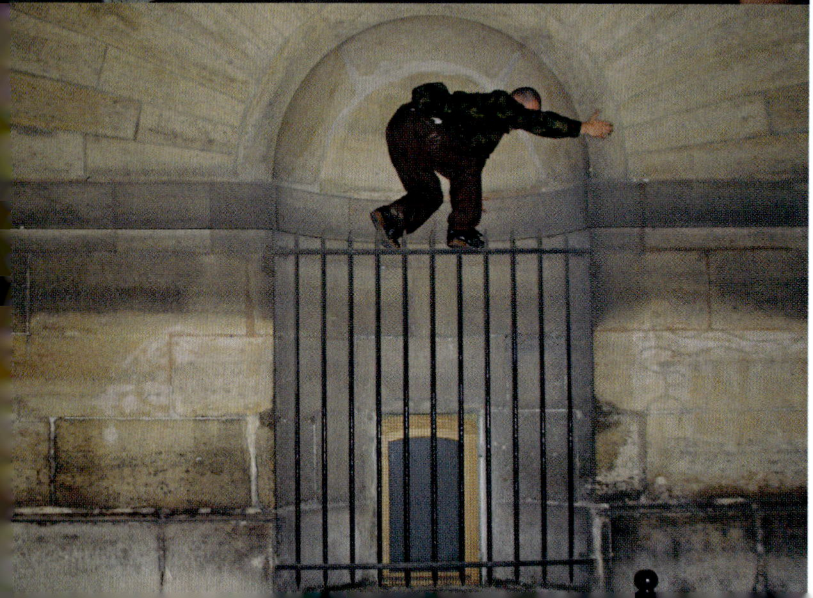

En su constante búsqueda de nuevas formas de interacción con el paisaje urbano, con *Plastic Bag as a Jolly Roger* (*véanse* imágenes 5-8) reconfiguró la ciudad como un «patio de recreo vertical»: para ello, usó bolsas de plástico de la compra encontradas y las transformó en orgullosas guirnaldas de colores, banderas que celebraban lo que había sido hasta entonces basura de la ciudad. Tras repintar las bolsas con su insignia, Jongeleen trepó a ciertas partes de la ciudad que consideraba que necesitaban una mejora, e izó su bandera en ellas. Con su combinación de abstracción, *performance* y vandalismo, el proyecto no solo puso en juego cuestiones relacionadas con la intención y el significado (incitaba a los espectadores se preguntasen por qué y cómo se hizo), sino que también buscó generar una nueva perspectiva de la ciudad. En él se instaba a los ciudadanos a fijarse en los detalles que por lo general habrían pasado desapercibidos y a prestar atención a «las imposiciones de la arquitectura».

El proyecto *Plastic Bag as a Jolly Roger* estuvo muy conectado con *The Climbing of Buildings, Fences, and Other Opportunities* (*véanse* imágenes 1-3): ambas obras ponían de relieve, como señaló, las «huellas del uso y los signos que hablan en nuestro nombre». Al considerar el mundo de la exploración urbana como un arte en sí mismo (al igual que el artista francés Honet), Jongeleen se adentró en lugares en los que no se debía entrar y escaló estructuras que no se debían escalar, proceso en el que dejó la huella de su cuerpo y de su incursión en estas zonas restringidas. Al documentar estas *performances*, a las que se refirió como *buildering*, o «escalada urbana», subrayó el potencial oculto en las propias restricciones y normas de nuestras ciudades.

En última instancia, lo que conecta todos estos proyectos, junto con los muchos otros que Jongeleen ha emprendido, es la actitud estrictamente «antidiseño» con la que los aborda. Siente una profunda desconfianza hacia la esfera «creativa», que considera carente de sustancia y de una relación comprometida con el mundo. Para él, el arte debe alejarse del «comportamiento parasitario» del mundo empresarial. Así pues, tanto en su obra institucional como en la que no lo es, Jongeleen pugna por promover una forma de ciudadanía activa e insta a la gente a decorar sus ciudades y a reintegrarse en el cuerpo político. Su objetivo es reiniciar una suerte de creatividad improvisada con la que dar el pistoletazo de salida hacia una intensa reintegración política de nuestro entorno vivido y construido.

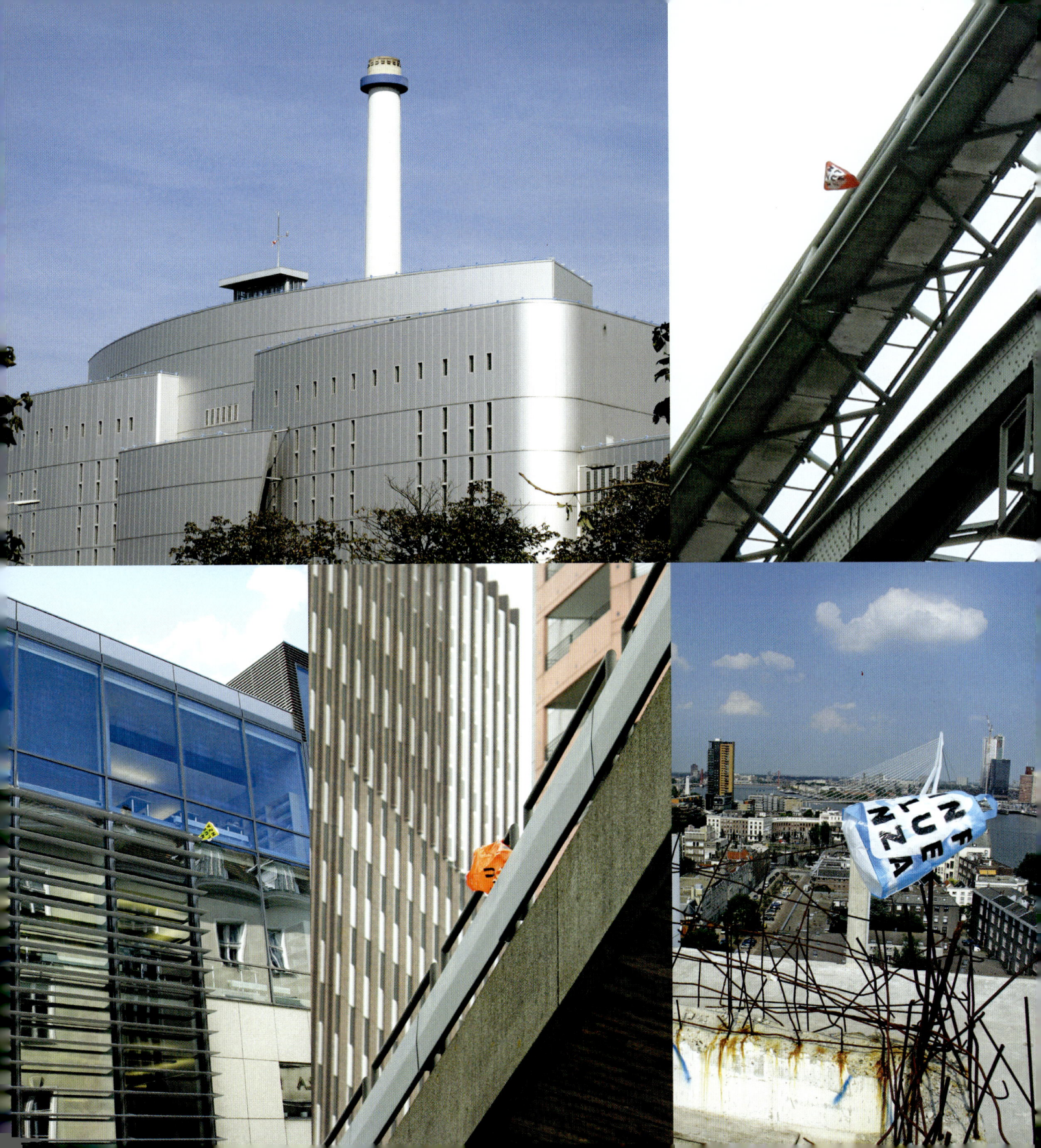

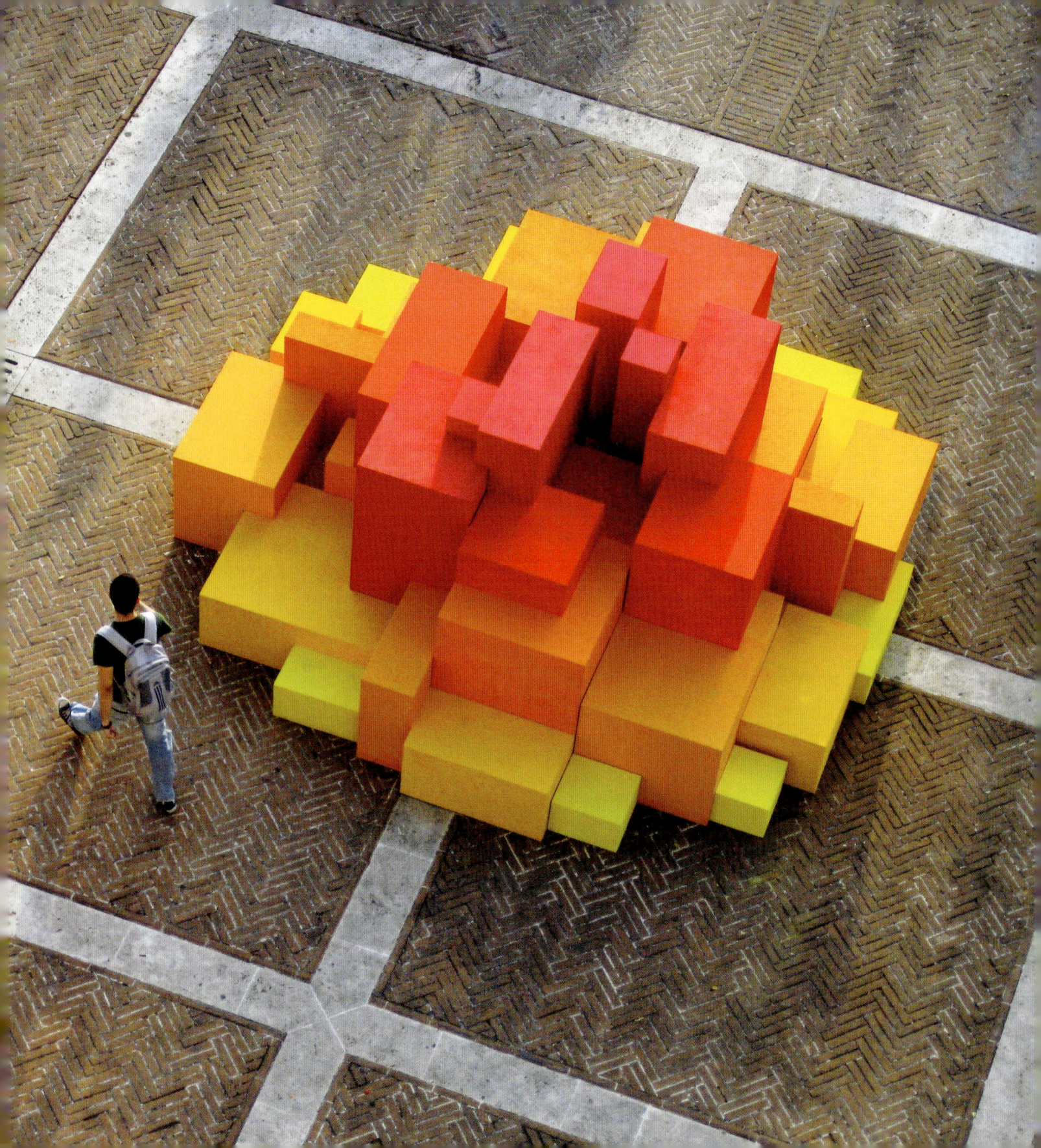

NACIMIENTO 1971, Leiden, Países Bajos   TÉCNICAS / MATERIALES Escultura, pintura en aerosol   ESTILO Grafiti 3D, escultura 3D, muralismo geométrico   TEMAS Planos horizontales / verticales, colores primarios, asimetría   INFLUENCIAS De Stijl, Gerrit Rietveld   *CREW* INC

1 Perugia, Italia, 2011
2 Túnez, Túnez, 2010

ZEDZ

Zedz, artista que estuvo en la vanguardia del movimiento original del grafiti 3D, está considerado uno de los pioneros del arte público independiente en Europa. Junto con su colega y colaborador habitual Delta (hoy en día más conocido como Boris Tellegen), fue miembro fundador de la legendaria *crew* INC; ambos artistas son famosos por un estilo de producción muy complejo y con un inconfundible toque neerlandés.

En sus primeras obras, estos artistas emplearon formas cúbicas e incorporaron sombras o contornos atrevidos (técnica que ya habían utilizado muchos artistas urbanos antes que ellos), pero también adoptaron una innovación más radical: Zedz y Delta retorcieron y cambiaron las formas de las letras hasta quebrarlas o doblarlas sobre sí mismas, y, al hacerlo, consiguieron crear una estética futurista, casi utópica, una tipografía situada dentro de un espacio topológico distinto.

Con todo, la naturaleza tridimensional inherente a la obra de Zedz no podía permanecer restringida a la frontera física de las paredes durante mucho tiempo, por lo que no tardó en empezar a trabajar con el espacio virtual y el arquitectónico. Junto con Delta, inició una colaboración con el arquitecto Marc Maurer (de MUA, Maurer United Architects) y formaron el equipo de diseño DELTA-MAURER-ZEDZ. Los tres se dispusieron a transformar sus imágenes en diseños arquitectónicos funcionales (aunque virtuales). A partir de imágenes de grafiti desarrollaron una arquitectura del grafiti; en lugar de limitarse a hacer *tags* en un edificio, el propio edificio se convertía en un *tag*. Ni la arquitectura ni el grafiti dominaban en esta innovadora forma híbrida: ambas prácticas estaban en igualdad de condiciones.

A raíz de esta nueva dirección, Zedz pasó a producir numerosos modelos físicos de su obra y a elaborar complejas esculturas públicas tridimensionales (todas ellas con su nombre oculto) por todo el mundo. Estas enormes instalaciones interactivas reflejaban la incipiente influencia del movimiento artístico neerlandés De Stijl (El Estilo) en la obra de Zedz, caracterizado

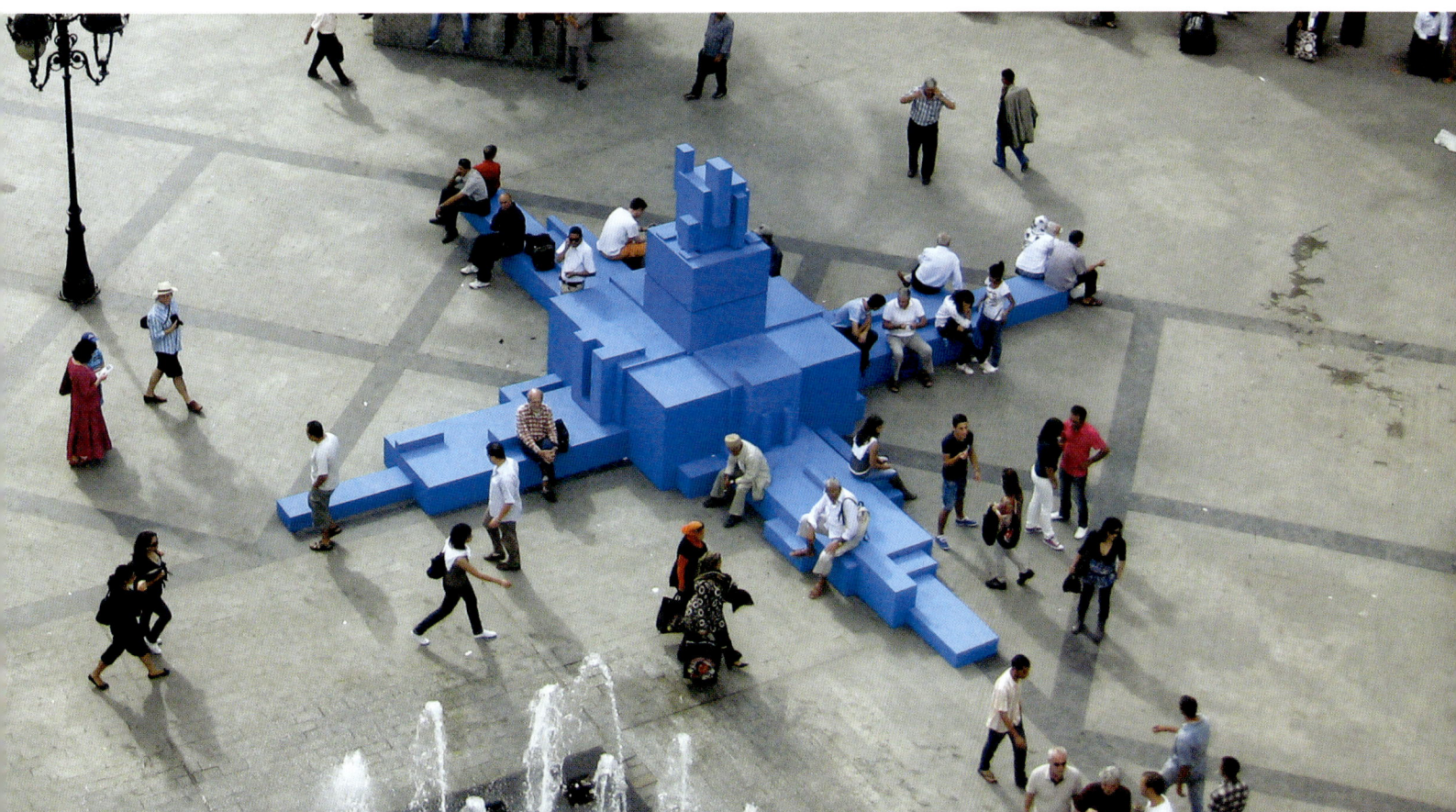

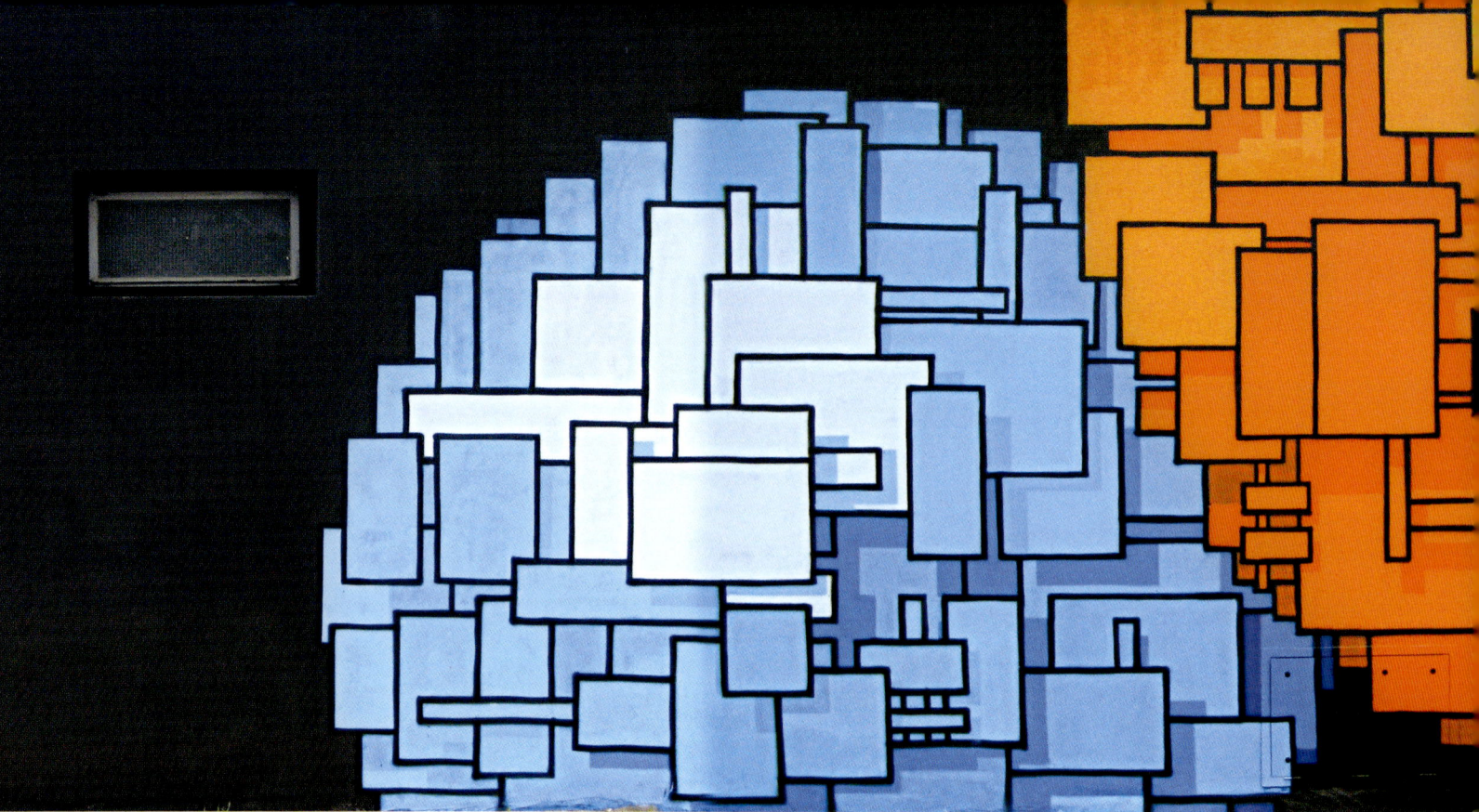

1 Téramo, Italia, 2011
2 Bérgamo, Italia, 2010

por el énfasis en los planos horizontales y verticales (en contraposición a las formas curvilíneas) y el empleo de los colores primarios y la asimetría. Si bien Zedz reconoce abiertamente su deuda con Piet Mondrian en estas piezas, son las obras escultóricas del célebre diseñador y arquitecto Gerrit Rietveld, y del muy infravalorado artista Georges Vantongerloo, los referentes que tienen más pertinencia. La exploración del espacio por parte de Rietveld, patente en la llamada «junta Rietveld», compuesta por tres listones superpuestos y usada en su célebre Silla Roja y Azul, y la exploración del volumen por parte de Vantongerloo, ejemplificada en las esculturas Composición a partir del ovoide (1918) e Interrelación de volúmenes (1919), son claras influencias en las esculturas de Zedz. Sus obras se inscriben en la tradición del estilo neoplástico característico de De Stijl y reflejan la búsqueda de la relación perfecta entre el espacio positivo y el negativo, del equilibrio a través de la oposición.

Aunque buena parte de la anterior obra escultórica y arquitectónica de Zedz se basaba mucho en la tipografía (aunque permaneciera camuflada dentro de los diseños), en sus piezas más recientes el artista ha tomado un nuevo camino. Aunque Zedz se refiere a las letras como «la columna vertebral y la carga» de su obra, se ha interesado más por expresarse de forma no verbal que por entablar una «conversación directa» con el espectador y comunicarse a través de una paleta de colores y diseños más personal en lugar de usar letras convencionales. «Lo que quiero es que, cuando se vea un cierto ensamblaje de bloques, líneas y cuadrados, un cierto uso del color, se reconozca como obra de Zedz —explicó en 2010—. Así que, de repente, la capa tipográfica desaparece y pasa a un segundo plano, y lo que pasa a un primer plano es un lenguaje visual, que puede sustituir a un sonido». Esta técnica, lúdica y conceptual, hace hincapié en el ritmo y el equilibrio por encima de la forma fija e intenta eclipsar por completo nuestro sistema de escritura tradicional. «Las letras no son más que símbolos. Nos hacen pronunciar algo. Y quiero ir más allá, llegar a un nivel en el que mi texto se parezca más a la música, a una música para la vista», explicó Zedz.

A lo largo de los años, este artista, siempre fiel a sus orígenes grafiteros, ha seguido perfeccionando y remodelando su estética. Sin embargo, en lugar de trabajar con la idea de un resultado final concreto, aborda el proceso de creación como un fin en sí mismo, lo que sin duda es la razón por la que nunca se ha estancado. Para Zedz se trata de la pureza del viaje, de los «puntos de partida» y los «puntos de fuga»: el objetivo no consiste en nada más que en seguir investigando y experimentando con la imagen.

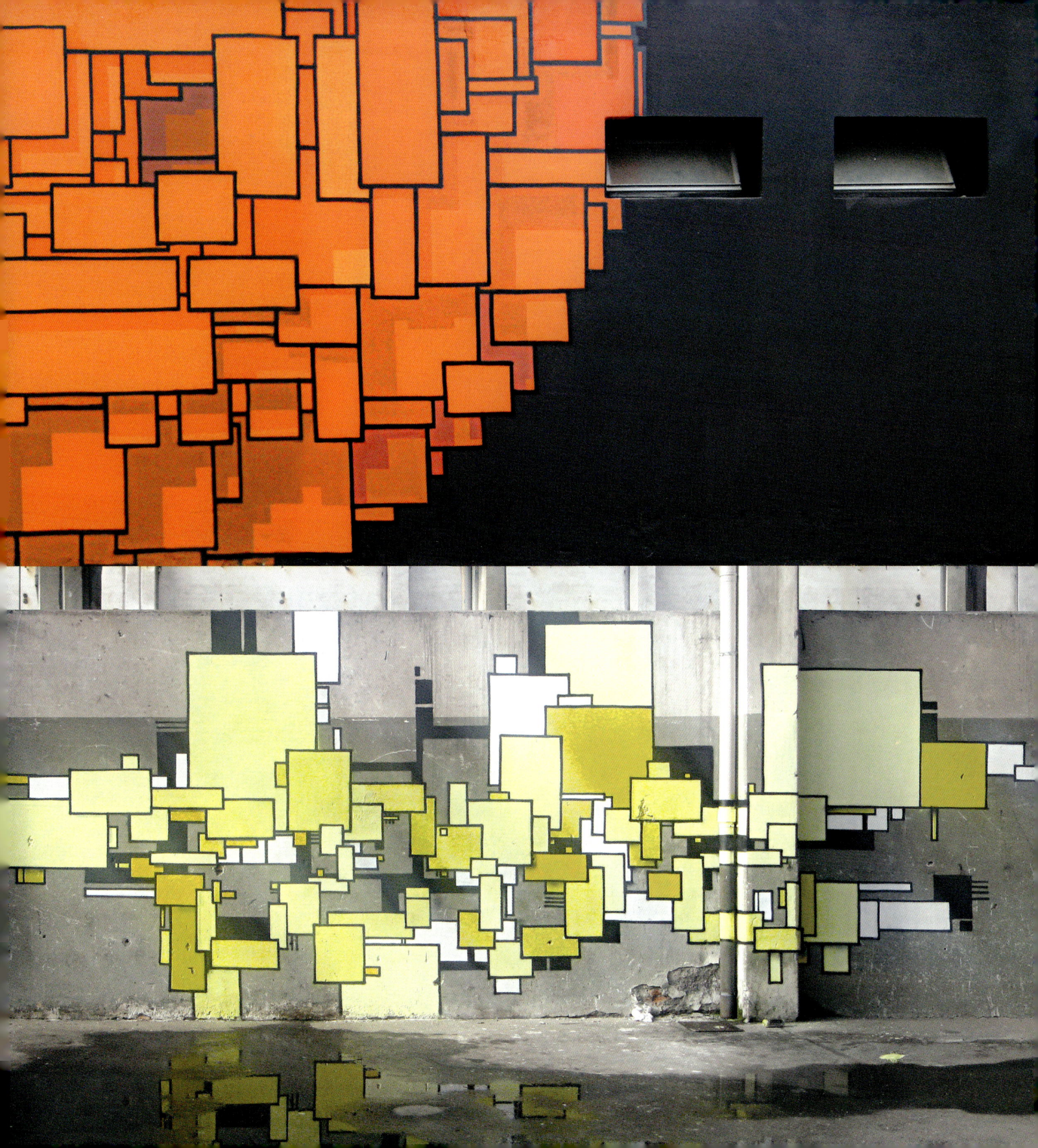

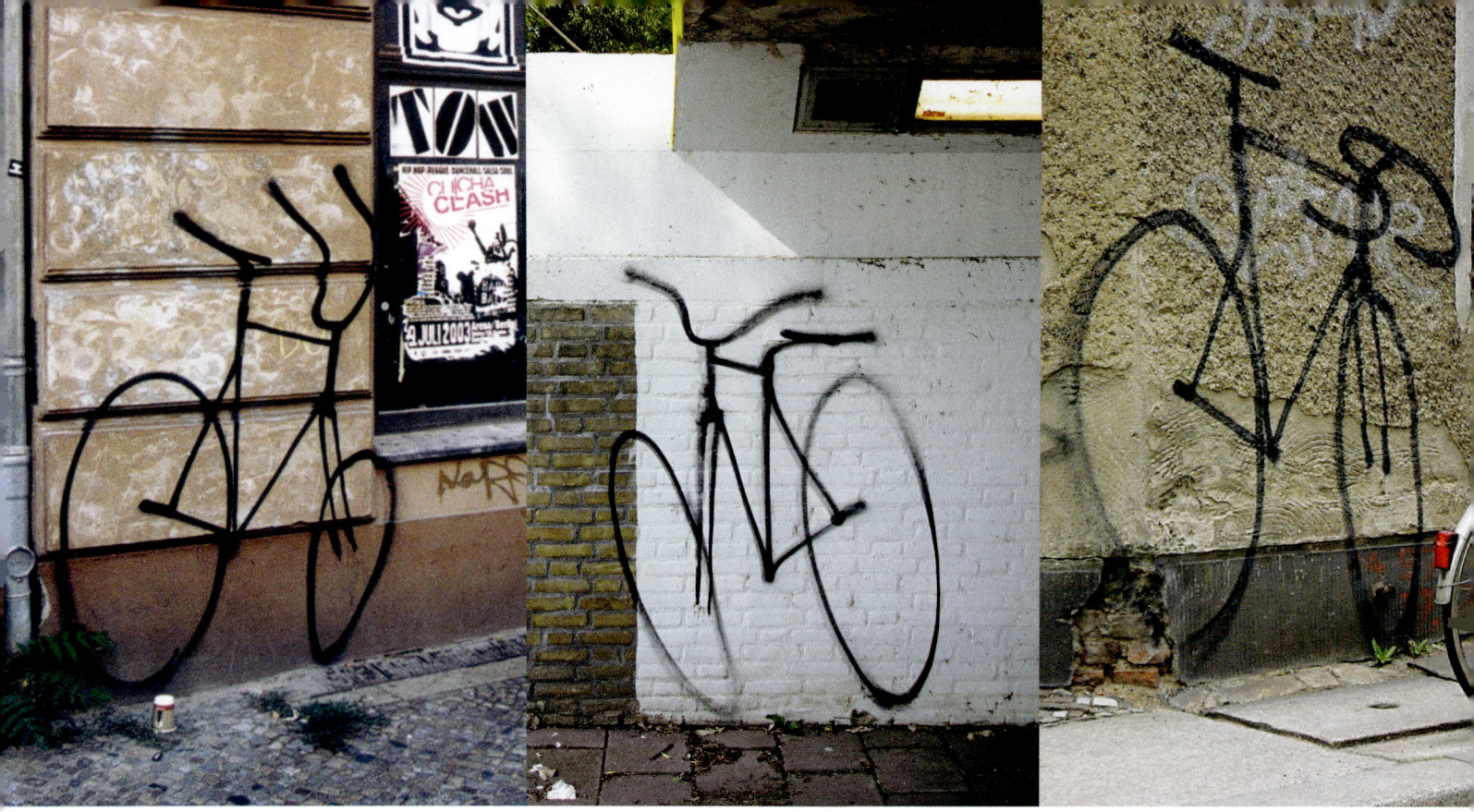

EINDHOVEN

NACIMIENTO 1976, Eindhoven, Países Bajos   TÉCNICAS / MATERIALES Pintura en aerosol,
carteles, pegatinas   ESTILO Grafiti conceptual   TEMAS Bicicletas, símbolo de objetivo,
espontaneidad   INFLUENCIAS Grafiti clásico, cultura ciclista

EROSIE
JEROEN EROSIE

Erosie ha recorrido todo el espectro de las artes visuales: ha ejercido como escritor de grafiti, ilustrador profesional, diseñador gráfico, practicante de *street art*, director artístico y muralista. Hoy en día es un prolífico artista contemporáneo que ha asimilado y adaptado estas variadas experiencias en su práctica. A caballo entre las bellas artes, la publicidad comercial y los densos códigos del grafiti, Erosie explora los paralelismos y matices de estos lenguajes visuales tan diferentes a la vez que pugna por definir el suyo propio. Se considera a sí mismo un «turista en la cultura de la imagen» (aunque, por su experiencia, con una mayor conciencia de las maquinaciones de la industria cultural) y trata de trabajar en contra de los discursos y valores ya prescritos y apartarse de ellos. Al enfocar lo visual no solo como profesional, sino como ciudadano de a pie, Erosie disecciona y luego recompone las imágenes para, así, examinar su poder en la sociedad contemporánea.

Nacido en 1976 en Eindhoven, Países Bajos, Erosie ya escribía grafitis a los diez u once años. Al ver las imágenes de su vecindario, se encontró por completo comprometido con la práctica: «Aquello estaba en el exterior e iba un paso por delante con todos sus personajes enfadados, sus formas coloridas y sus letras. Y la combinación de todo esto con su ilegalidad era realmente poderosa». Al principio empezó a dibujar sobre todo en papel, y sus primeros muros los realizó durante la «edad de oro» neerlandesa del grafiti, en 1993. Como miembro de la célebre SOL Crew, siguió pintando al estilo clásico hasta en torno a 1998. La transición a otras técnicas y materiales (lo que compara con la entrada a la «tienda de golosinas» de las pinturas en aerosol, los rodillos, las pegatinas y el engrudo) se produjo de forma gradual y empezó con su primer logotipo emblemático, el símbolo de un objetivo pintado con aerosol. Esto le abrió a Erosie todo un nuevo mundo de posibilidades y prácticas que le alejaron de lo que percibía como el elemento conservador, fanático y autoritario de la práctica del grafiti de la que había pasado a formar parte. Pese a todo, Erosie nunca abandonó la energía y la alegría de escribir grafiti: lo que hizo fue conjugar sus diferentes inspiraciones en una práctica. Se considera a sí mismo un artista visual (más que un escritor de grafiti o un practicante de *street art*) que intenta revigorizar y amalgamar los códigos establecidos en un discurso nuevo y único.

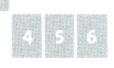

1 *Eroded City Cycles*, Berlín, Alemania, 2003   2 *Eroded City Cycles*, Berlín, Alemania, 2006
3 *Eroded City Cycles*, Eindhoven, Países Bajos, 2004   4-6 *Target Marketing*, Eindhoven, Países Bajos, 2010

Eroded City Cycles (*véanse* imágenes 1-3), proyecto realizado entre 2002 y 2006, es un excelente ejemplo de esta propensión a la fusión fructífera en la obra de Erosie: se trata, en este caso, de una combinación de sus pasiones por el ciclismo, el grafiti y la ilustración. Fue un proyecto que le ayudó a recorrer su fase de transición posterior a la escuela de arte, período en el que no quería hacer grafiti por el mero hecho de cumplir con los estándares esperados de sus contemporáneos ni realizar trabajos de ilustración para clientes que le impusieran plazos de entrega. Este proyecto le proporcionó un espacio en el que pudo liberarse de todas las ataduras y reavivar su amor tanto por el dibujo como por el grafiti. Las «bicicletas fantasma» que creó actuaban como ilustraciones mínimas y austeras (dibujadas con un solo trazo) a la vez que *tags* de aires *freestyle*: «Era una forma muy pura de hacer *tags*; muy rápida, ilegal y de un solo trazo», comentó Erosie.

Eroded City Cycles le permitió a este artista conectar la libertad del ciclismo con la del arte. En este proyecto empleó una plétora de técnicas visuales: funcionó a través de pegatinas que, colocadas en bicicletas abandonadas por la ciudad, actuaban como esculturas urbanas temporales, a través de murales de bicicletas más complejos y a través de una serie de diseños fantásticos de bicicletas imaginarias, algunas de las cuales acabaron siendo construidas (aunque no eran utilizables) gracias al artista Butch.

Sin embargo, en lugar de trabajar mediante una imagen condensada, en los proyectos posteriores, *Target Marketing* (*véanse* imágenes 4-6) y *Wordplae*, recurrió a técnicas de textualidad pura a través de textos de gran intensidad tanto conceptual como figurativa. *Target Marketing* hace referencia a la técnica mercadotécnica homónima que se emplea en las campañas de publicidad comercial. Erosie utilizó las calles como material de trabajo e intentó difuminar la diferencia entre el uso institucional y el independiente del ámbito público. El carácter banal a la par que enigmático de sus carteles le permitió poner de relieve las técnicas del mundo comercial. Con mensajes como «Para cuando leas esto, ya habrás llegado al final de la frase», «Parece una representación de una imagen de lo que ves» y «Esto no es para ti, sino para la siguiente persona que lo lea», las imágenes, intencionadamente infradiseñadas, reducen al mínimo la forma y la función. Incitan a que el espectador se pregunte primero por la presencia de los propios carteles.

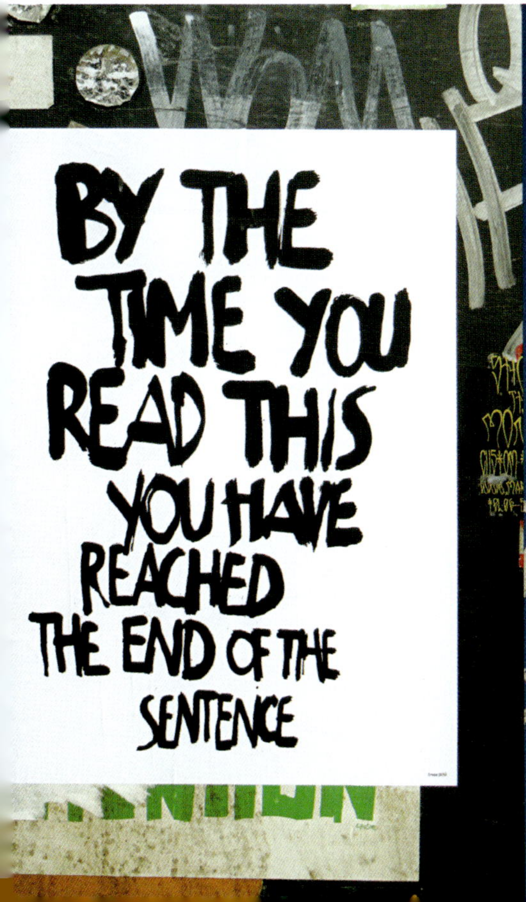

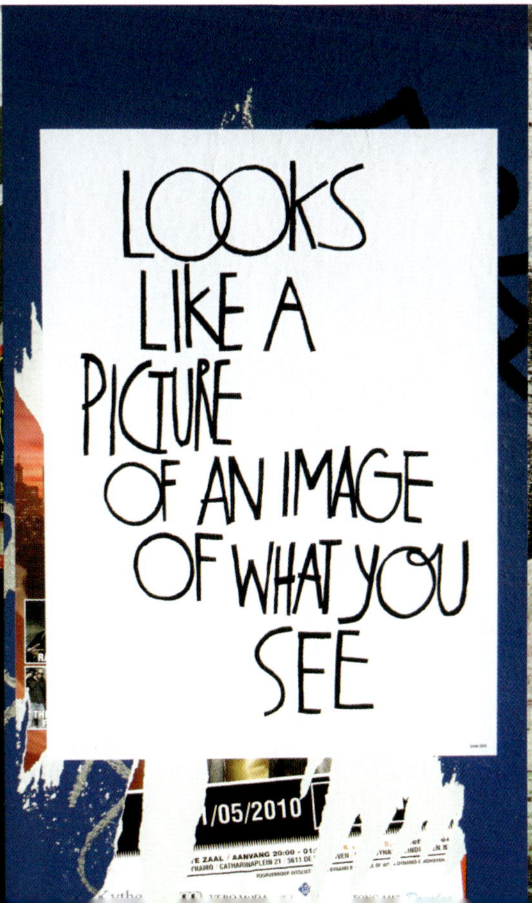

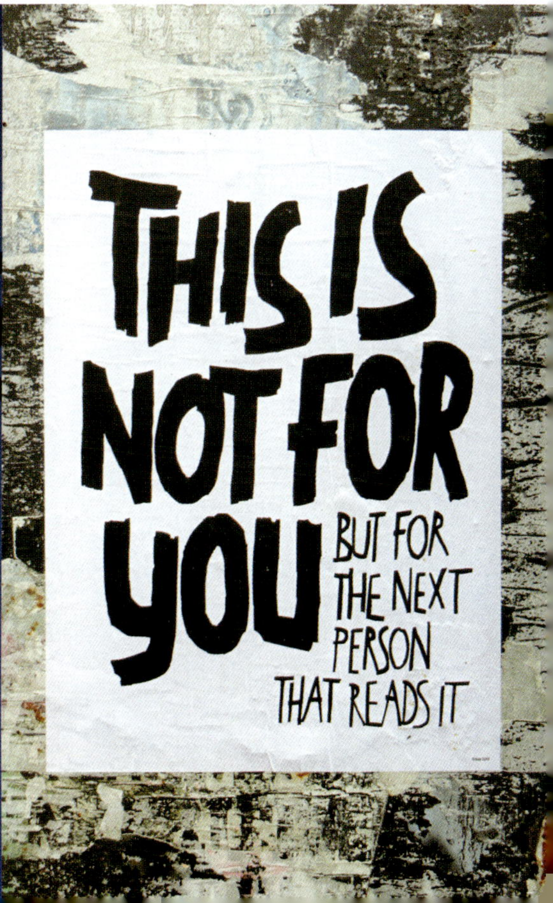

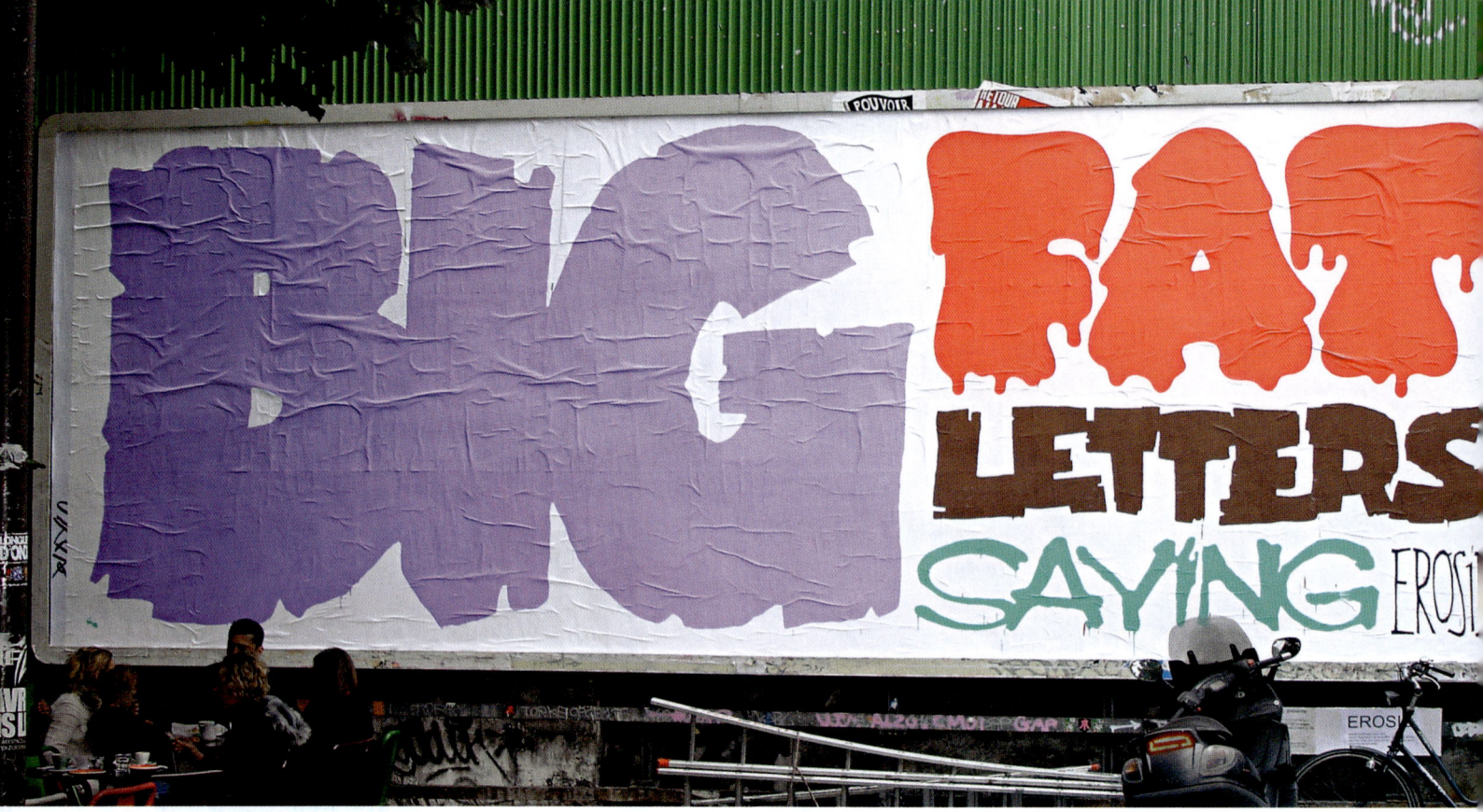

1 *Big Fat Letters*, Le Mur, París, Francia, 2008
2 *Horror Vacui#09*, Poznań, Polonia, 2011

Estos textos juegan con una retórica visual concreta: se genera una interacción textual de gran intensidad performativa entre el espectador y el artista, una comunicación cómica y autorreferencial en la que el primero debe interpretar el significado del mensaje más allá de su mero enunciado textual. El uso que Erosie hace de los carteles para mostrar sus mensajes también pone en tela de juicio el propósito y la función habituales de estos, ya sea como publicidad o como información instructiva. Los mensajes y afirmaciones que expone en estos carteles transforman al espectador de consumidor en individuo, de público objetivo en participante de un diálogo.

En *Wordplae*, por otra parte, Erosie quiso producir un acto del habla que se pudiera validar a través de su propia interpretación. Con imágenes formadas por afirmaciones como «*Five words screaming for attention*», «*I hereby apologize for the damage done*» y «*Big fat letters saying Erosie*» (*véase* imagen 1), el artista produjo enunciados (escrituras performativas) que no solo describían de forma pasiva una realidad dada, sino que alteraban la auténtica realidad que ilustraban. Así, según su concepción, el propio término *palabra* «se describe a sí mismo a la vez que es en realidad él mismo». En estas obras, en las que se vinculan texto, imagen, forma, contenido y decoración, expresan la innata visualidad y naturaleza performativa del propio texto. El producto es la imagen real en cuanto a que interpreta la imagen: el significado y el contenido, la forma y la función, están entrelazados de un modo inextricable.

Con su obra posterior, Erosie volvió a usar imágenes puras en lugar de tipografía. La espléndida serie *Horror Vacui* (término del latín que alude al miedo al espacio vacío y la necesidad, a menudo maniática, de llenarlo de marcas; *véase* imagen 2) abarca temas como la espontaneidad y la intuición. Por otra parte, en las piezas recogidas con el título *Implosion*, sus pinturas y dibujos están deliberadamente aplastados y compactados con la idea, según el artista, de «agitar más que complacer». Erosie sigue buscando las paradojas dentro de su mundo visual y buscando el «por qué» en lugar de centrarse en el «cómo». Así las cosas, la forma, la estética y la tecnología ocupan un papel secundario con relación a la importancia de encontrar la fricción y la tensión creativas dentro de la obra visual. Si bien la obra de Erosie no se ajusta por completo a los «códigos» del grafiti, en su esencia siempre remite a esta forma ilegal, ya sea por la pura belleza instantánea del acto o por el poder visual que tiene para comunicarse con el espectador. La obra de Erosie se propone erosionar nuestra comprensión del mundo visual para, acto seguido, remodelarla y convertirla en algo radicalmente nuevo.

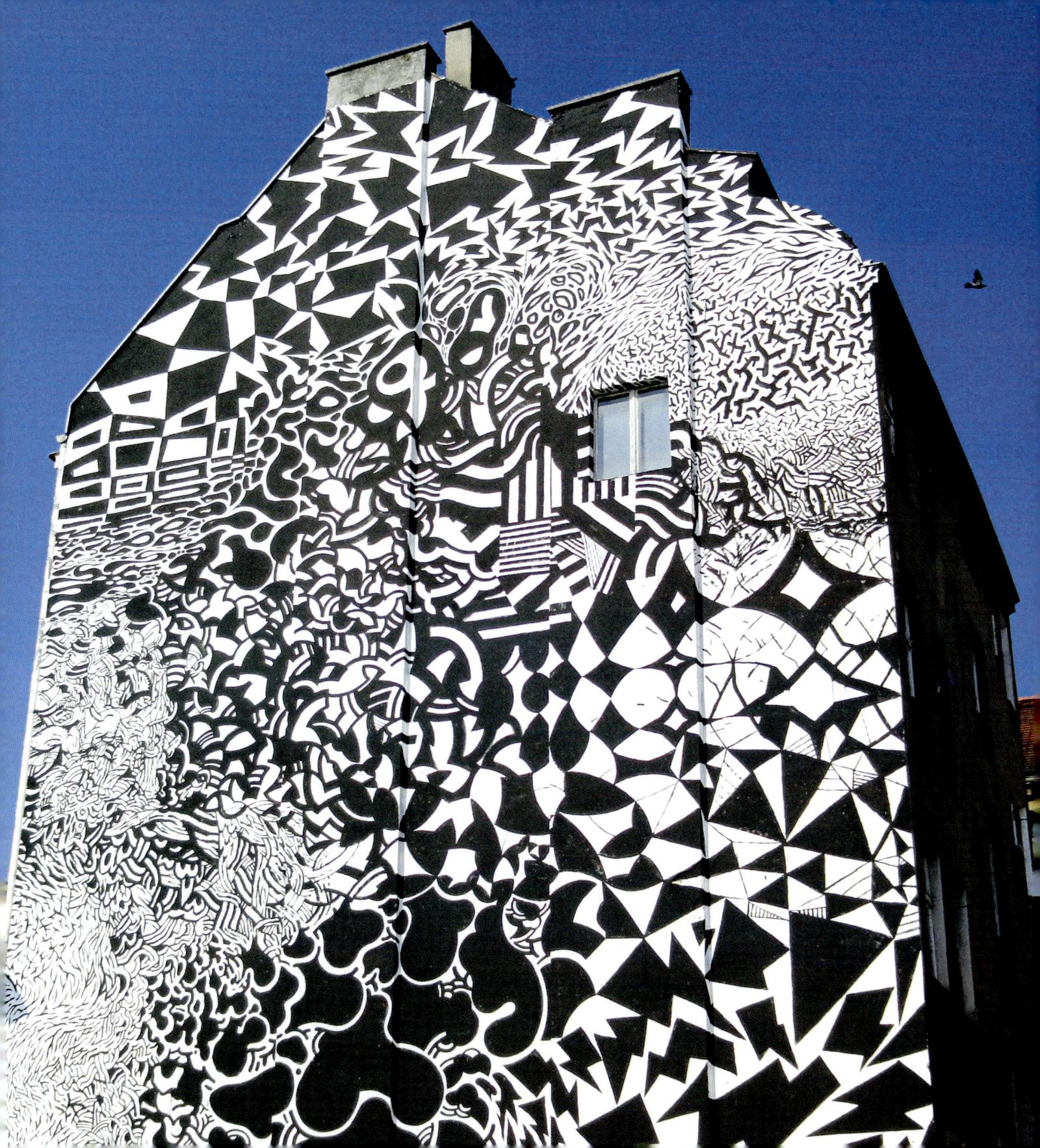

BERLÍN

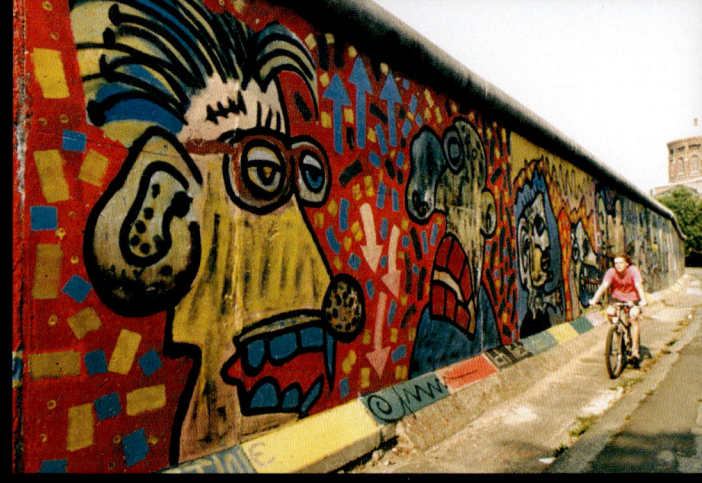

La historia del arte urbano berlinés está enmarañada: solo podrá escribirse de forma definitiva cuando se haya descifrado su presencia material, el palimpsesto de su piel, con todas sus huellas, marcas y signos. A lo largo del último siglo, el aspecto de la ciudad se ha visto influido por cinco fases políticas: el Imperio alemán, durante el cual Berlín se benefició de la industrialización y se convirtió en metrópolis; la República de Weimar, que propició un apogeo cultural; el régimen nazi; la Guerra Fría, que convirtió la ciudad en escenario de una batalla de veintiocho años entre el bloque comunista y el capitalista, y, por último, la libertad de la ciudad unificada tras la caída del Muro de Berlín, en 1989.

Desde mediados de la década de 1980, los documentadores no oficiales (los practicantes del *street art*) empezaron a determinar de forma activa el aspecto de la ciudad. Sus expresiones han sido tan diversas como lo son las superficies de la «Atenas del río Spree», como se ha llamado a Berlín. Como cualquier otra gran urbe, Berlín ofrece un tentador abanico de superficies de escritura (desde las grises fachadas del siglo XIX con agujeros de bala de la Segunda Guerra Mundial hasta las fachadas color pastel de edificios antiguos renovados en los nuevos barrios de moda), pero la durabilidad de todo grafiti está sujeta a los ciclos de creación y eliminación, a los ciclos de principio y fin.

Tras la Segunda Guerra Mundial, los aliados dividieron Berlín en cuatro zonas ocupadas. En 1949 se fundó la República Federal Alemana (RFA) sobre el territorio de la zona occidental, controlada por Estados Unidos, Francia y Gran Bretaña, y la zona oriental, bajo la égida de la URSS, se convirtió en la República Democrática Alemana (RDA). La grave situación económica y la inestabilidad política provocaron una marea ingente de refugiados, y los líderes socialistas decidieron construir una poderosa fortificación.

Unos veinte años después de la construcción del Muro de Berlín, los habitantes de Berlín Occidental descubrieron su potencial como superficie para el *street art*. Así, a mediados de la década de 1980 empezaron a aparecer murales en las partes blancas del tramo urbano del muro (*véase* imagen 1). Hasta entonces, el muro había funcionado como una especie de libro de visitas en el que los visitantes dejaban sus comentarios y como lienzo en el que escribir garabatos, mensajes políticos y declaraciones de amor. Mientras tanto, la parte norte del muro se convirtió en un campo de pruebas para los grafitis estadounidenses. Las impulsivas contribuciones de los aliados estadounidenses, los filmes sobre el grafiti y la literatura especializada sobre la cultura de la escritura examinaron los vívidos experimentos con letras, en su mayoría basados en nombres. Los estilos a emular eran los que se practicaban en París, Londres, Ámsterdam y Nueva York. Sin embargo, se dio la paradoja de que el adorno del muro que cimentaba la separación de un pueblo expresaba la idea de «ventana al mundo libre».

Artistas internacionales como Richard Hambleton, Keith Haring y Gordon Matta-Clark, que en un principio querían hacer un agujero en el muro, dejaron sus huellas en la tan detestada barrera. A finales de 1986, un fatídico acontecimiento volvió a poner de manifiesto la auténtica finalidad del muro: cinco antiguos ciudadanos de la RDA, que habían sido encarcelados y después

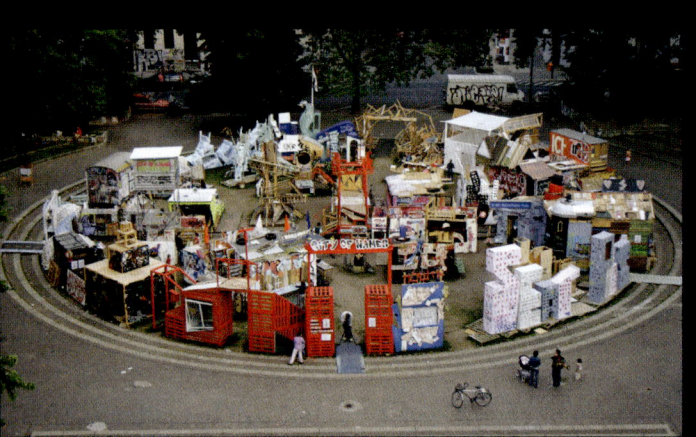

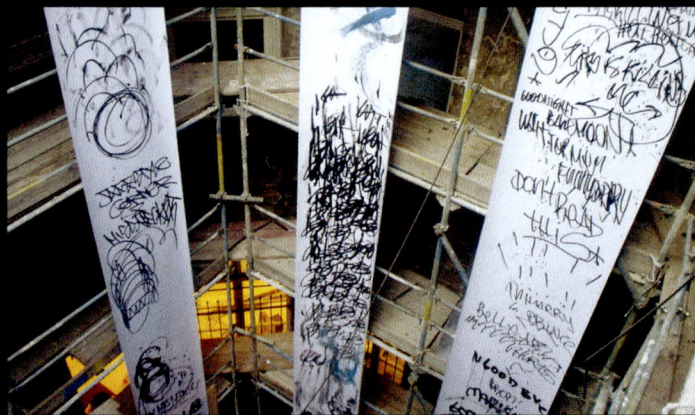

	1
	4
	5
2	3	6

1 Muro de Berlín, 1986   2 City of Names II, 2005   3 Jazzstylecorner con Ritsche y Zast, 2006
4 Clemens Behr, 2011   5 *Highscreen*, Aram Bartholl, 2011   6 Wermke & Leinkauf, 2010

expulsados por haber escrito grafitis, entre otros delitos, decidieron pintar una raya blanca de 6 km de longitud a lo largo del muro, con lo que tacharon parte de los coloridos diseños. Pensaban que la parte occidental del muro se había convertido en una estridente atracción turística que disimulaba el verdadero horror asociado a la construcción. La cuestión del ambivalente simbolismo del muro volvió a plantearse tras su caída: por un lado, hubo quienes intentaron destruir su obra de arte colectiva, de modo que los fragmentos de su rompecabezas imposible acumulan ahora polvo en el museo imaginario de la historia; por otro, los turistas peregrinan con avidez a la pequeña parte que aún se conserva del muro. La popular Open Air Gallery se terminó antes de la reunificación, y de su alegórico despliegue, creado en el lado oriental, se encargaron más de cien artistas seleccionados. El ahora prohibido Hall of Fame, en la parte trasera, constituía un texto vivo en cambio constante, aunque los murales del lado este también empezaron a desaparecer poco a poco entre garabatos de turistas, con lo que la idea de un lugar estático para la memoria, con obras de renovación y pintura antigrafiti, empezó a tomar fuerza. No obstante, los nombres de los documentadores no autorizados siguen siendo una especie de texto móvil que va más allá de los muros de Berlín.

No cabe duda de que las generaciones venideras inscribirán sus nombres en las paredes de Berlín. De hecho, existen ya algunos artistas contemporáneos que se inspiran en las estrategias inherentes del grafiti (la apropiación y el manejo irreverente de los espacios, la exposición de fisuras en el lenguaje y los sistemas de control y la intervención clandestina). En 2005, Zast, junto con Jazzstylecorner (*véase* imagen 3), organizó el proyecto City of Names (*véase* imagen 2), que permitió a los presuntos destructores del paisaje urbano convertirse en arquitectos de una nueva forma de construcción: las estructuras de madera elaboradas por los propios artistas se convirtieron en símbolos físicos accesibles, en edificios metafóricos y en patios de aventuras para sus habitantes temporales. Además, en la experiencia de la cohabitación se abrió la posibilidad de abordar cuestiones fundamentales sobre la propiedad y las habilidades sociales.

Las videoinstalaciones de Matthias Wermke y Mischa Leinkauf (*véase* imagen 6) llaman la atención de los visitantes gracias a su exploración surrealista de las partes más inhóspitas de la ciudad, creadas mediante la manipulación y la subversión de los transportes e infraestructuras de esta. Las composiciones circulantes de bricolaje de colores y materiales creadas por Clemens Behr deconstruyen las superficies uniformes y espaciales y hacen que el entorno se pliegue a la manera suprematista (*véanse* imagen 4 y páginas 188-189). Los experimentos de Aram Bartholl implementan códigos y procesos del mundo digital en la esfera cotidiana (*véanse* imagen 5 y páginas 182-183): algunos ejemplos son los puntos anónimos de intercambio de archivos empotrados en las paredes y los *tags* estilo CAPTCHA, los cuales ponen a prueba la percepción específica del grafiti por parte del espectador. Brad Downey (*véanse* páginas 184-183) disecciona y reorganiza objetos y obstáculos en el espacio público, y celebra el ardid de la intervención a pequeña escala con sus «esculturas espontáneas». **JS**

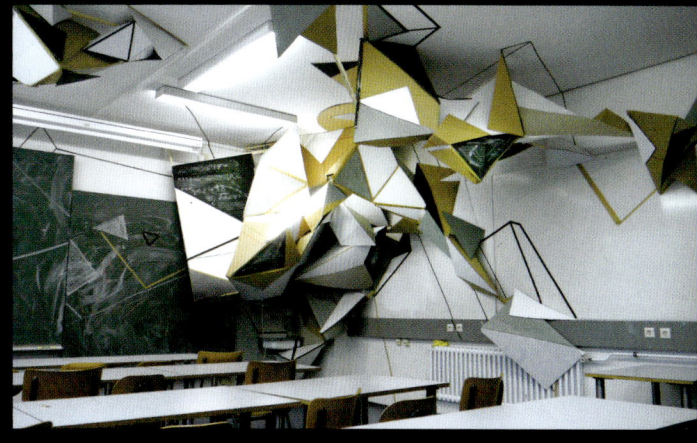

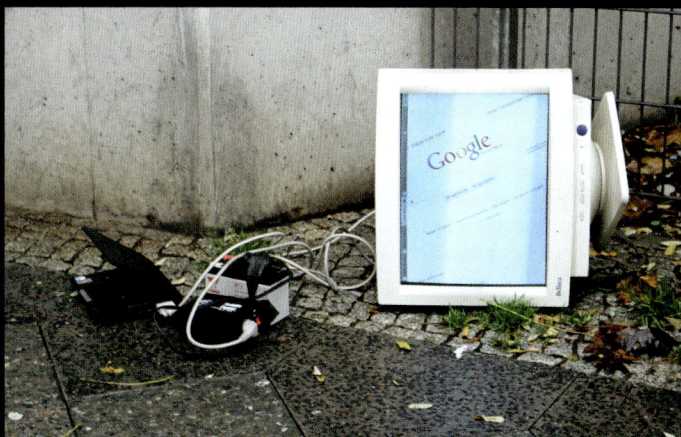

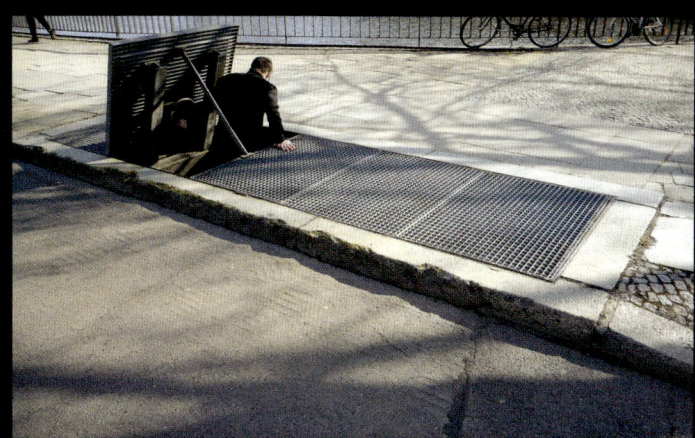

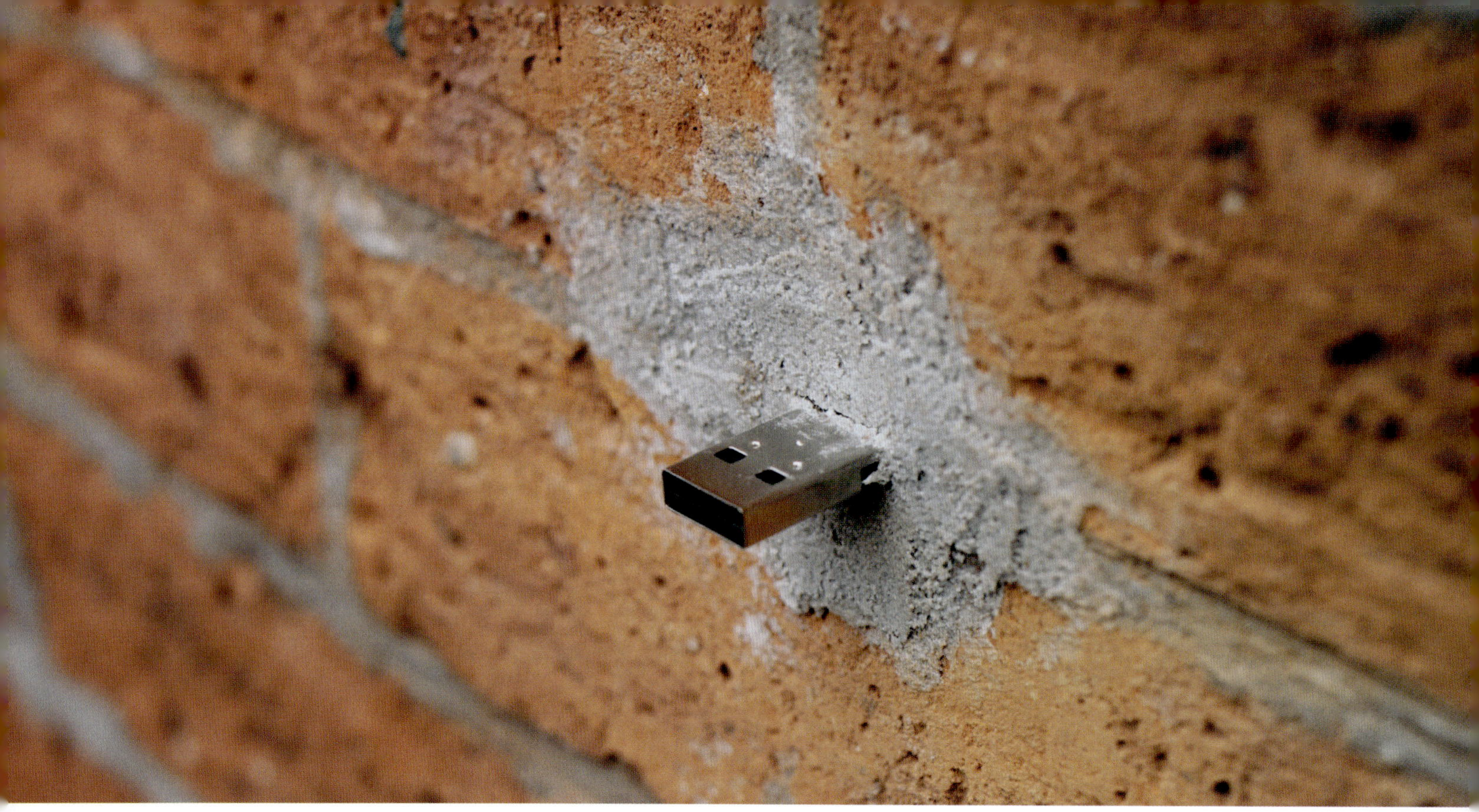

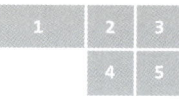

BERLÍN

NACIMIENTO 1972, Bremen, Alemania　**TÉCNICAS / MATERIALES** Varios　**ESTILO** Grafiti
geek, arte digital, arte público　**TEMAS** Hacktivismo, lo público frente a lo privado,
espacio virtual　**COLECTIVO** Free Art and Technology Lab (FAT Lab)

1	2	3
4	5	

1 *Dead Drops*, 2010-2012　2, 5 *Map*, Les Recontres d'Arles,
Arlés, Francia, 2011　3 *Map*, Sculpture Park, Berlín, Alemania,
2007　4 *Map*, Taipéi, China, 2009

ARAM
BARTHOLL

La obra interdisciplinar de Aram Bartholl se mueve en el terreno difuso que
hay entre el arte digital y el público. En su intento de interconectar nuestros
entornos virtuales y concretos, Bartholl ha puesto en escena numerosos
proyectos en los que, mediante el uso de las calles, se ha propuesto derribar
las fronteras entre lo real y lo virtual y transformar la ética hacktivista del
código abierto en el espacio físico de la propia ciudad.

En *Maps* (*véanse* imágenes 2-5), Bartholl quiso trasladar lo virtual a lo
físico y poner de relieve el modo en que el mundo digital arrasa con nuestra
percepción de lo cotidiano. Al observar que la chincheta virtual que usa
Google Maps proyecta una sombra en el mapa digital como si de un objeto
físico se tratase, Bartholl construyó réplicas de madera de 6 m de altura
de estos objetos y los colocó en los puntos exactos designados por Google
como centro de la ciudad. Al mostrar de un modo visual la relación entre la
información digital y el espacio físico, los mapas de Bartholl cuestionan
la influencia que empresas como Google ejercen sobre nuestra imaginación
y nos obligan a reconocer tanto las potencialidades como las trampas.

Con las intervenciones *Dead Drops* (*véase* imagen 1), Bartholl partió de la
idea de una memoria USB introducida en una pared. Intrigado por el concepto
de tener que unir físicamente uno de estos dispositivos a la arquitectura, así
como por el «gesto de conectar un portátil de dos mil dólares a una pared y
no saber siquiera si se va a infectar con un virus», Bartholl pretendía que estos
dispositivos se usaran para compartir archivos de forma anónima mediante
conexión *peer-to-peer*. Al principio, los dispositivos solo contenían un archivo
readme.txt en el que se explicaba el proyecto, pero con el tiempo acabó
llenándose de datos introducidos por la gente. Frente a los recortes de libertad
que suponen los sistemas de almacenamiento en línea basados en la nube,
Dead Drops subrayó la importancia de que la gente tenga el control local de sus
datos. Desde entonces, Bartholl ha explorado diversas cuestiones relacionadas
con la seguridad de los datos: en su proyección pública de 2015 titulada *123456*,
proyectó diez mil contraseñas (procedentes de una filtración de cuentas de
Yahoo en 2012) sobre la fachada de la Grande Bibliothèque de Montreal, Canadá.
Al llevar lo privado a lo público, Bartholl juega con las distintas percepciones
de estos espacios en la frontera que separa el ámbito digital del físico.

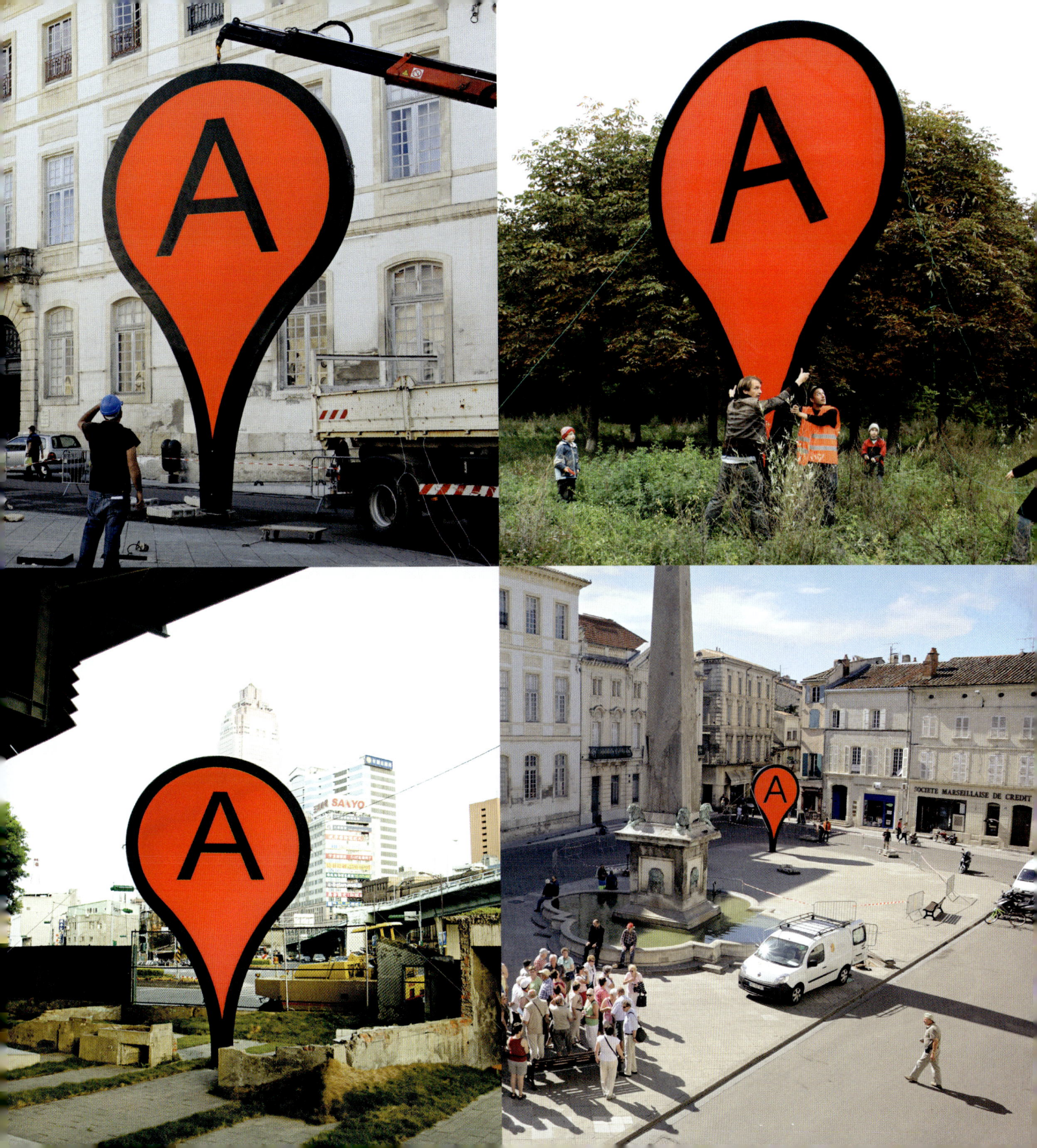

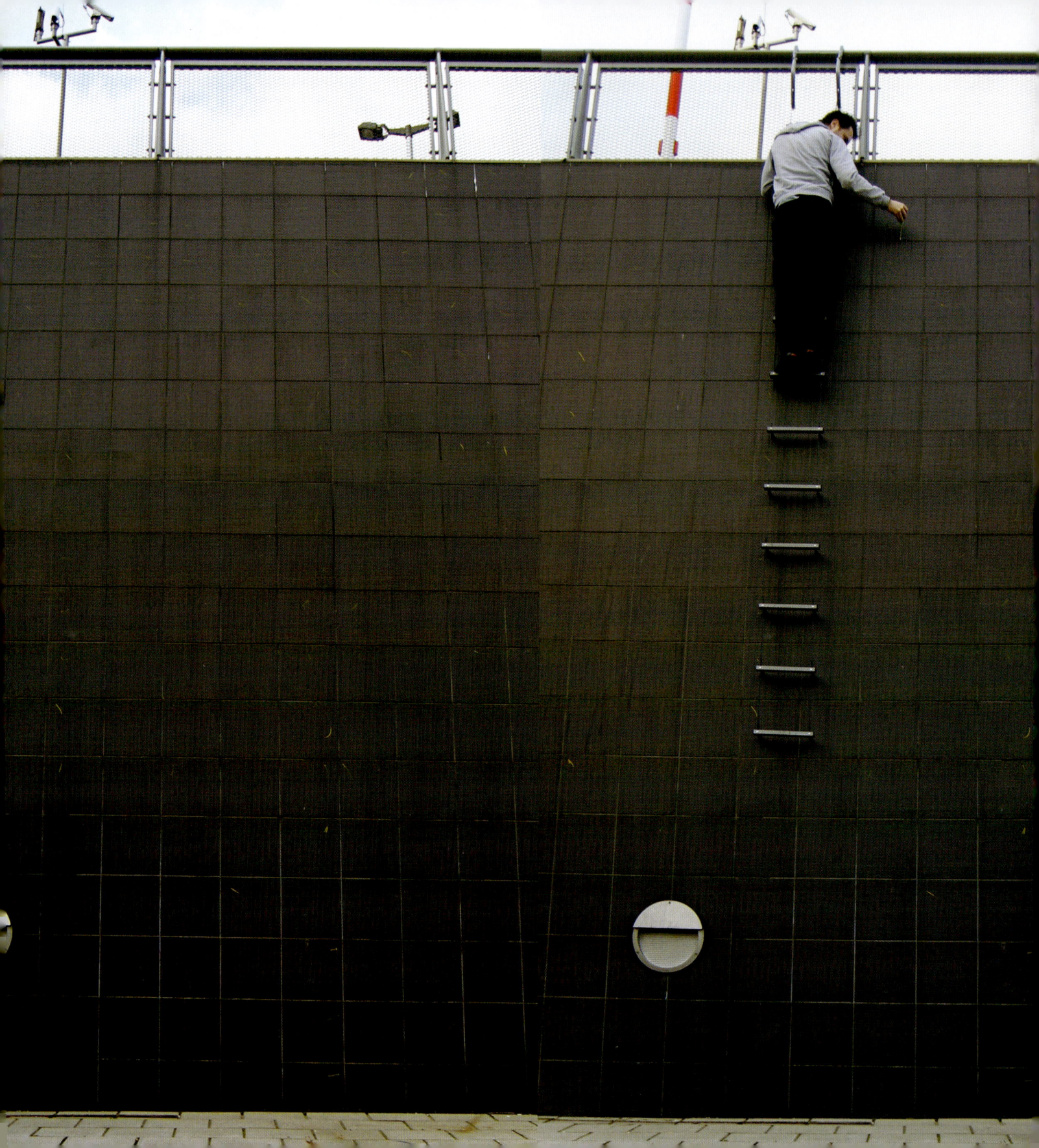

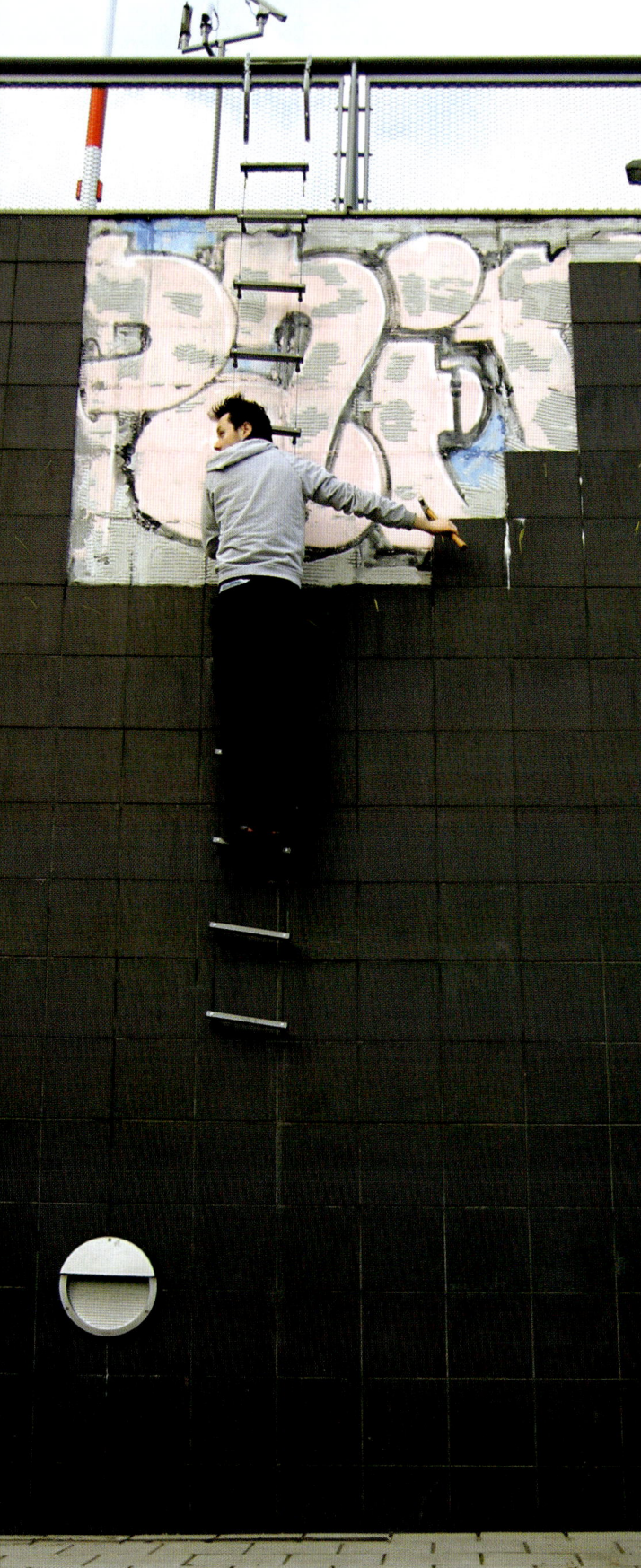

BERLÍN

NACIMIENTO 1980, Kentucky, Estados Unidos   TÉCNICAS / MATERIALES Objetos
encontrados, mobiliario urbano, cine, pintura, escultura   ESTILO Grafiti conceptual,
yuxtaposiciones urbanas   TEMAS Normativa urbana, transformación urbana, arte
vandálico   INFLUENCIAS Revs, Akay, Adams

BRAD DOWNEY

Conocido sobre todo por sus anárquicas transformaciones del mobiliario
urbano, Brad Downey es uno de los más versátiles exponentes del arte público
independiente. Es un artista cuya amplia obra resulta tan cómica como
polémica, tan mordazmente crítica como humorística. Todos sus proyectos
giran en torno a las costumbres y convenciones del entorno urbano, a las
medidas invasivas que se han arraigado tanto que se perciben como la norma.
El punto de partida de Downey es este fracaso generalizado a la hora de
«cuestionar [nuestro] entorno y la realidad», esta «falta de discurso en
torno a las normas en general». Tanto cuando Downey confisca cámaras de
vídeovigilancia como cuando llena cabinas telefónicas de globos, crea esculturas
con neumáticos de automóvil o empala bicicletas (como por arte de magia)
en lo alto de farolas, lo que hace es tomar objetos existentes y, «cambiando su
composición u orientación para darles una función y un propósito diferentes»,
invitar al espectador de sus obras a que también los reevalúen.

Downey, nacido en Louisville, Kentucky, en el seno de una familia de
marines, viajó mucho por su país natal en su juventud y nunca se estableció
en un mismo lugar durante mucho tiempo. Sin embargo, al trasladarse a
Nueva York en 1998 para estudiar en la Pratt University, quedó impresionado
por la vitalidad y el dinamismo de los grafitis que le rodeaban, por el modo en
que su efervescencia «te golpeaba al instante en la cara». Aunque nunca se
había dedicado a la prácticas artísticas ilícitas, Downey se sintió muy atraído
por ellas, y, como empezaba la carrera de cine, decidió fusionar este incipiente
interés con sus estudios más formales, lo que dio lugar a su filme *Public
Discourse* (2003). Pese a tratarse de un proyecto estudiantil, se convirtió en
un pequeño éxito, ya que llegó a proyectarse en más de setenta salas, entre
ellas en el londinense Institute of Contemporary Arts el CPH:DOX Dokumentar
Filmfestival de Copenhague. Si bien el filme incluyó obras de artistas como
Obey (*véanse* páginas 72-75), Swoon (*véanse* páginas 34-37), Revs y Desa
(el llamado «vándalo del millón de dólares»), fue la inclusión de Verbs
lo que cambió el curso de la carrera de Downey y lo que este hizo que pasara
de ser documentador de la práctica artística a convertirse en practicante de
ella. Tras haber ayudado al principio a Verbs (que hoy en día trabaja con su
nombre de nacimiento Leon Reid IV, pero que por aquel entonces utilizaba
el seudónimo de Darius Jones) en sus propios proyectos, Downey no tardó en
empezar a desarrollar conceptos e ideas que el dúo puso en práctica con sus
colaboraciones entre 1999 y 2005. El dúo, conocido como Darius y Downey,
quiso ir más allá de la comunidad grafitera y mantuvo una relación de lo

1-3 *Tile Pry*, Ámsterdam, Países Bajos, 2008

| 1 | 2 | 3 |

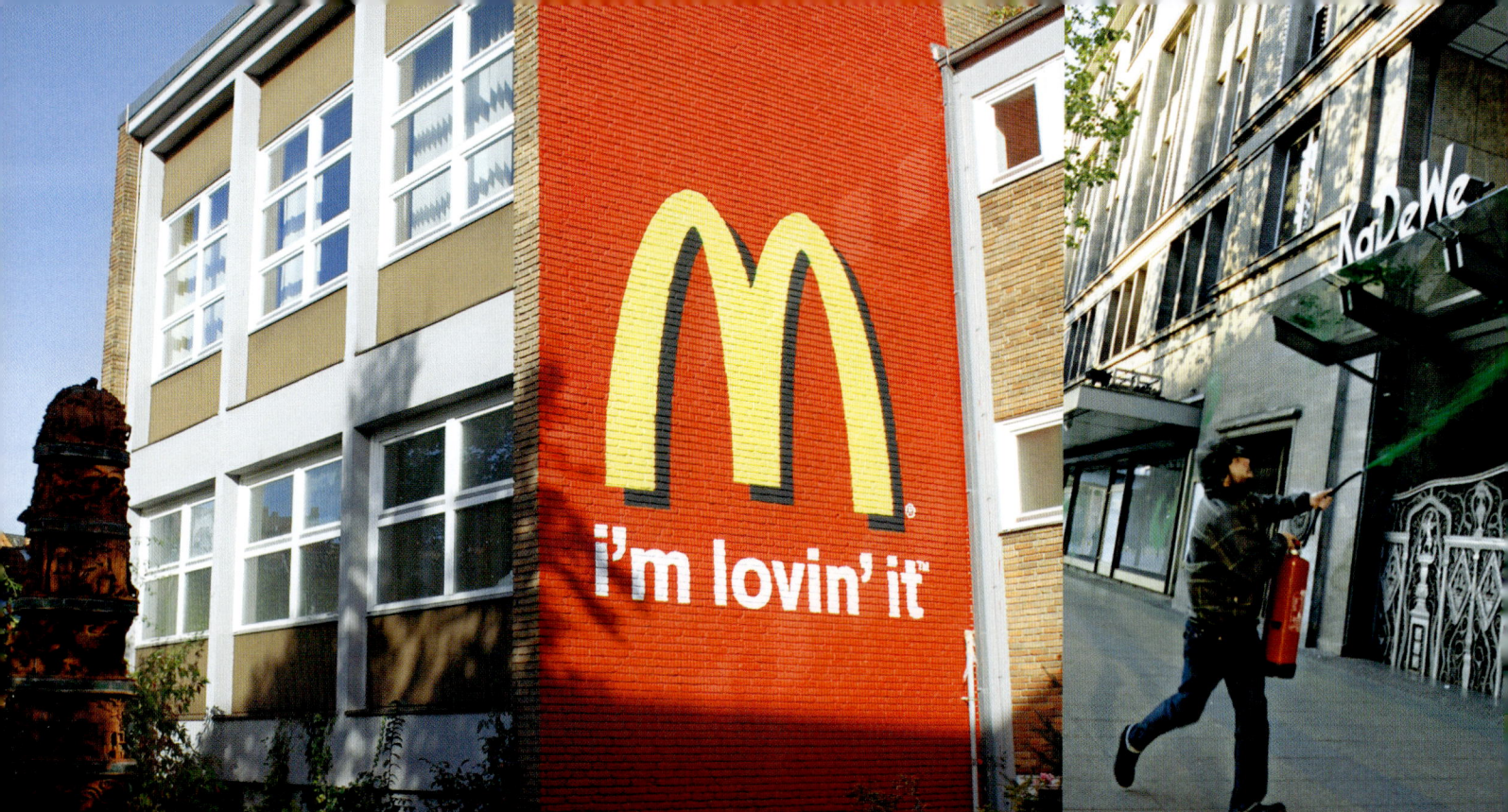

1 *I'm Lovin' It*, Luneburgo, Alemania, 2009
2 *Don't Worry About That Shit, René*, Berlín, Alemania, 2008
3-4 *Buff the Fucks*, Lisboa, Portugal, 2010

más fructífera. Tras desarrollar un nuevo estilo de grafitis con rodillo a gran escala, como el de la célebre pieza *To: You, From: Darius and Downey* (también conocida como *The Gift*), el dúo comenzó a utilizar el omnipresente mobiliario urbano que hay en toda ciudad moderna, para lo cual modificaron obras escultóricas de Leon IV con las que abarcaron artefactos ya situados en las calles.

Tras trasladarse a Londres para continuar sus estudios (Downey en la Slade School of Art, Leon IV en la Central Saint Martins), el dúo se volvió cada vez más atrevido y singular con sus instalaciones, en las cuales usaron las llamadas «balizas Belisha» entrelazadas o divididas (*The Kiss* y *The Break Up*, respectivamente), modificaciones de señales de metro (*Your Arse*) y farolas reconvertidas (*The Tree*). Sin embargo, tras el regreso de Leon IV a Brooklyn en 2005 y la decisión de poner fin a sus instalaciones ilegales, Downey abandonó Londres para trasladarse a Berlín (donde reside en la actualidad), un traslado que tuvo un marcado efecto en su estilo. Downey, que compartió estudio con el artista Akim y se vio influido por artistas como Akay (*véanse* páginas 198-201) y Kripo Adams, se sintió atraído por Berlín como un lugar abierto a la exploración en el que, según él, podía «seguir haciendo cosas raras sin que nadie se diera cuenta». El traslado a Berlín también supuso un alejamiento del mobiliario urbano, ya que Downey empezó a adoptar un punto de vista más inquisitivo sobre las prácticas relacionadas con el arte público independiente.

En su filme de 2009 titulado *Don't Worry About That Shit, René*, Downey documentó el revuelo que se montó en torno al encargo que le hicieron los grandes almacenes de lujo KaDeWe en 2008. Animado a participar por una agencia de eventos, Downey recibió el encargo, junto con otros once practicantes de *street art*, de reinterpretar el emblema del cocodrilo de Lacoste y crear piezas que después habrían de subastarse. Tras presentar una propuesta en la que solo decía: «Algo del exterior se volverá verde», propuesta que, para su sorpresa, aceptaron, Downey utilizó un extintor con el que roció pintura de color verde brillante a lo largo de la fachada de la tienda (*véase* imagen 2). Los propietarios lo denunciaron a la policía por vandalismo, pero la acción de Downey puede verse como una crítica tanto a la mercantilización cómplice del arte público independiente por parte de artistas que parecen radicales como a la forma en que las propias empresas se habían apropiado de esta forma de arte con fines lucrativos. La acción de KaDeWe fue similar al mural de 2009 titulado *I'm Lovin' It* (*véase* imagen 1), una réplica exacta de un anuncio de McDonald's que realizó en la Leuphana Universität Lüneburg como parte del proyecto ARTotale (que en esencia fue un ejercicio de cambio de imagen de la universidad). En ambos casos, Downey estaba reaccionando contra el uso del arte urbano para dotar de un aura mística a las marcas, ya sean empresas o universidades, y contra las actividades centradas en el logotipo de muchos artistas urbanos y la incapacidad de estos para reaccionar y responder a las especificidades locales del lugar.

Con *Fiscal Shifts and Problem Solving as Mural* (2015), Downey exploró el uso de murales como forma de *artwashing*, o blanqueo mediante arte, problemas sociales más amplios. Tras recibir el encargo de realizar un mural en un proyecto de viviendas públicas en Tor Marancia, Roma, Italia, Downey les preguntó a las familias que vivían en el edificio si tenían algún problema en sus apartamentos. Lo que hizo Downey fue usar el presupuesto del mural para realizar las reparaciones necesarias, una estratagema con la que exploró de forma explícita las resonancias entre el arte de la práctica social y los proyectos de neomuralismo.

Por otra parte, con el proyecto *Searching for Something Concrete* (2010), realizado en colaboración con la restauradora de arte profesional Magdalena Recova, Downey se propuso recuperar las capas ocultas de grafiti dentro de una pequeña sección del Graffiti Wall of Fame de Viena. Valiéndose de diversos procesos mecánicos y químicos, a los que más adelante se refirió como un intento de «desbloquear la ilusión del espacio bidimensional», Downey redescubrió una historia grafitera de más de quince años de práctica, un palimpsesto oculto que yace bajo la superficie. Y lo mismo puede decirse de

su proyecto *Tile Pry* (*véanse* imágenes 1-3, página 184). Con esta pieza, Downey quiso poner de relieve que, bajo tantas capas de gris, podemos encontrar no solo historia, sino arte, un abundante depósito de uno de los archivos verdaderamente ocultos de la ciudad. En muchos sentidos, funciona como una imagen especular de su proyecto de 2010 titulado *Buff the Fucks* (*véanse* imágenes 3-4), en el que Downey puso en marcha un proceso de «buffing inverso»: para ello, cubrió una fábrica abandonada del barrio lisboeta de Alcântara, incluidas ventanas, puertas, barreras metálicas y adoquines, con el tipo de pintura gris que suele utilizarse para tapar grafitis. Downey invirtió por completo el *statu quo* tradicional al abordar el grafiti, la más baja de las artes, como si fuera la más alta. Para ello, lo sometió a los procesos de reparación y renovación que suelen emplearse en la restauración museística, con lo que le confirió valor al llamado «vandalismo» al realzarlo en lugar de borrarlo. Como sucede con muchas de las otras obras que ha emprendido, estos proyectos muestran la intensidad lúdica y traviesa con la que el artista se empeña en cambiar la forma en que entendemos el ámbito visual y material que nos rodea. Con su cautivadora mezcla de lo sublime y lo ridículo, Downey se burla de la naturaleza (ridícula) de las restricciones y normativas urbanas al tiempo que nos brinda una visión del potencial (sublime) que hay latente en ellas.

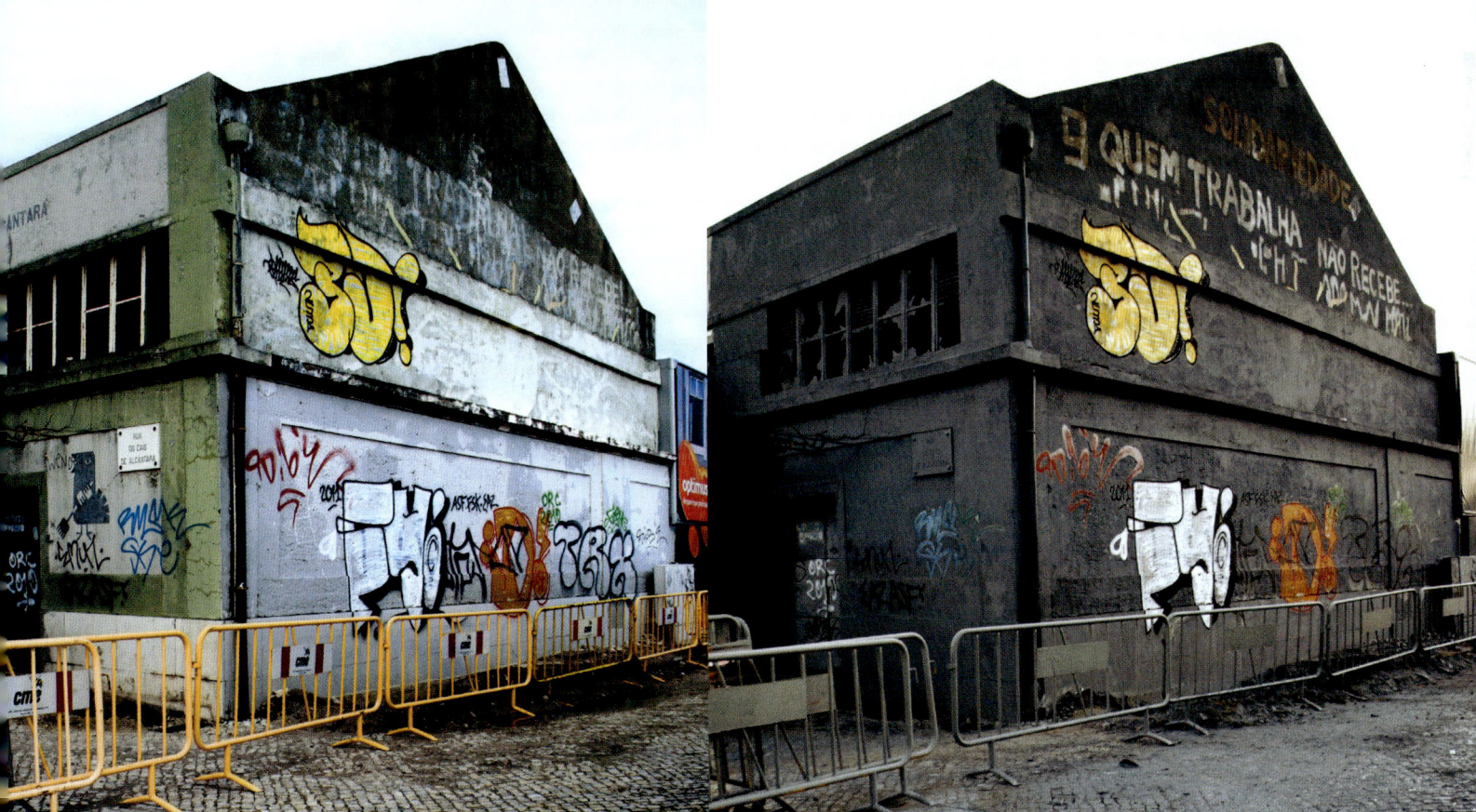

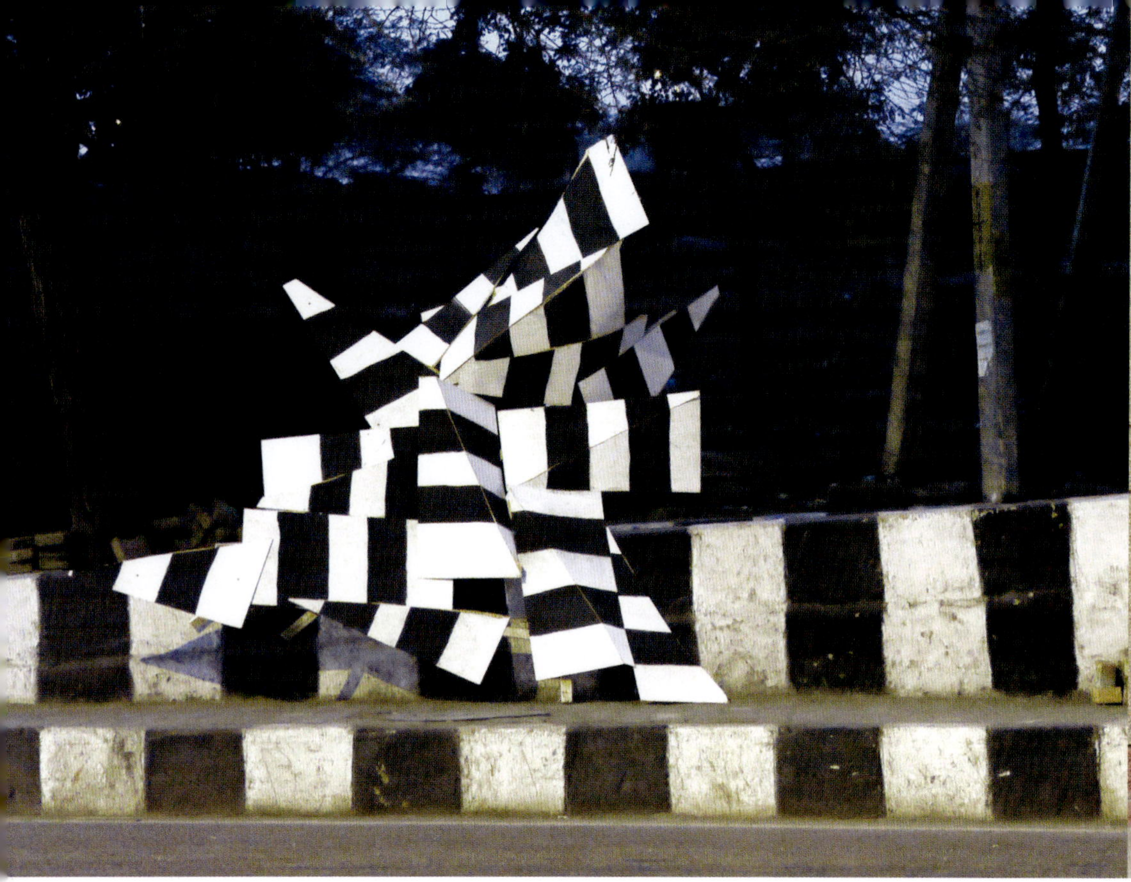

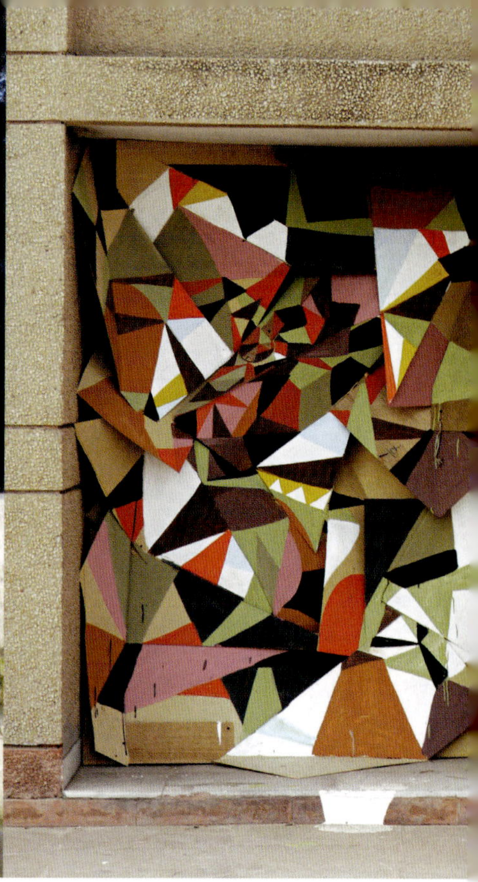

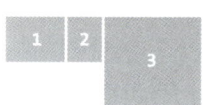

BERLIN

NACIMIENTO 1984, Coblenza, Alemania **TÉCNICAS / MATERIALES** Cartón, cinta adhesiva, plástico, pintura en aerosol **ESTILO** Geométrico, abstracto, esculturas de *collage*, estética basura **TEMAS** Patrones geométricos **INFLUENCIAS** Merz, dadaísmo, cultura *skate*

1 *Delhi Highway*, Nueva Delhi, India, 2012
2 *Delhi Tent*, Nueva Delhi, India, 2012
3 Amiens, Francia, 2011

CLEMENS BEHR

Las grandes instalaciones estilo origami de Clemens Behr surgen de sus entornos de un modo extrañamente orgánico. Al fusionar espacios bi- y tridimensionales en un solo plano, las formas geométricas y abstractas que crea distorsionan con sutileza la perspectiva del espectador. Sus obras, muy efímeras y *site-specific*, integran a la perfección técnicas pictóricas y escultóricas, mientras que su uso de materiales baratos y cotidianos, como cartón, cinta adhesiva y bolsas de la basura, dejan ver la influencia de la «estética basura» inherente tanto al dadaísmo como al Merz (término acuñado por el dadaísta alemán Kurt Schwitters para referirse a los objetos encontrados o materiales de desecho que utilizó en sus *collages*).

El característico estilo de Behr se materializó casi por casualidad. En un principio, el artista solo pretendía hacer marcos de cartón para sus pinturas, pero estos acabaron por dejar de ser meros objetos embellecedores. En lugar de limitarse a pintar formas, Behr empezó a crearlas físicamente a base de doblar láminas de cartón con las que produjo formas geométricas

piramidales. Dado que usaba recursos que se podían conseguir gratis en la calle, como cartón, madera y papel, se aseguraba de que nunca le faltarían materiales: no necesitaba más que un cuchillo y una grapadora para empezar a trabajar. La aleatoriedad de los colores y las formas de los materiales que encontraba determinaban buena parte del resultado final de las obras.

Behr cree que su estética se ha visto influida sobre todo por su experiencia en el ámbito del grafiti y en el de la cultura *skate*. Si bien desarrolló una comprensión tácita del espacio a través de las numerosas horas que pasó buscando lugares para pintar o patinar, las estructuras de sus instalaciones también pueden considerarse un reflejo de la disposición de los grafitis, en los que las letras desaparecen en la abstracción y prevalecen la forma, la escala y el uso del color. Si el *Merzbau* de Kurt Schwitters (el intento sin parangón del artista de formar una obra de arte escultórica viva dentro de su casa de Hanóver) es una de las inspiraciones de Behr, también lo es la querencia dadaísta por los objetos efímeros y los fragmentos encontrados. La tensión visual latente de las obras de arte de Behr no se debe solo a los ángulos y las formas, sino también el hecho de que, como él mismo dice, «al final, no es más que un montón de basura dispuesta de forma estética» y que podría desaparecer en cuestión de horas, días o meses.

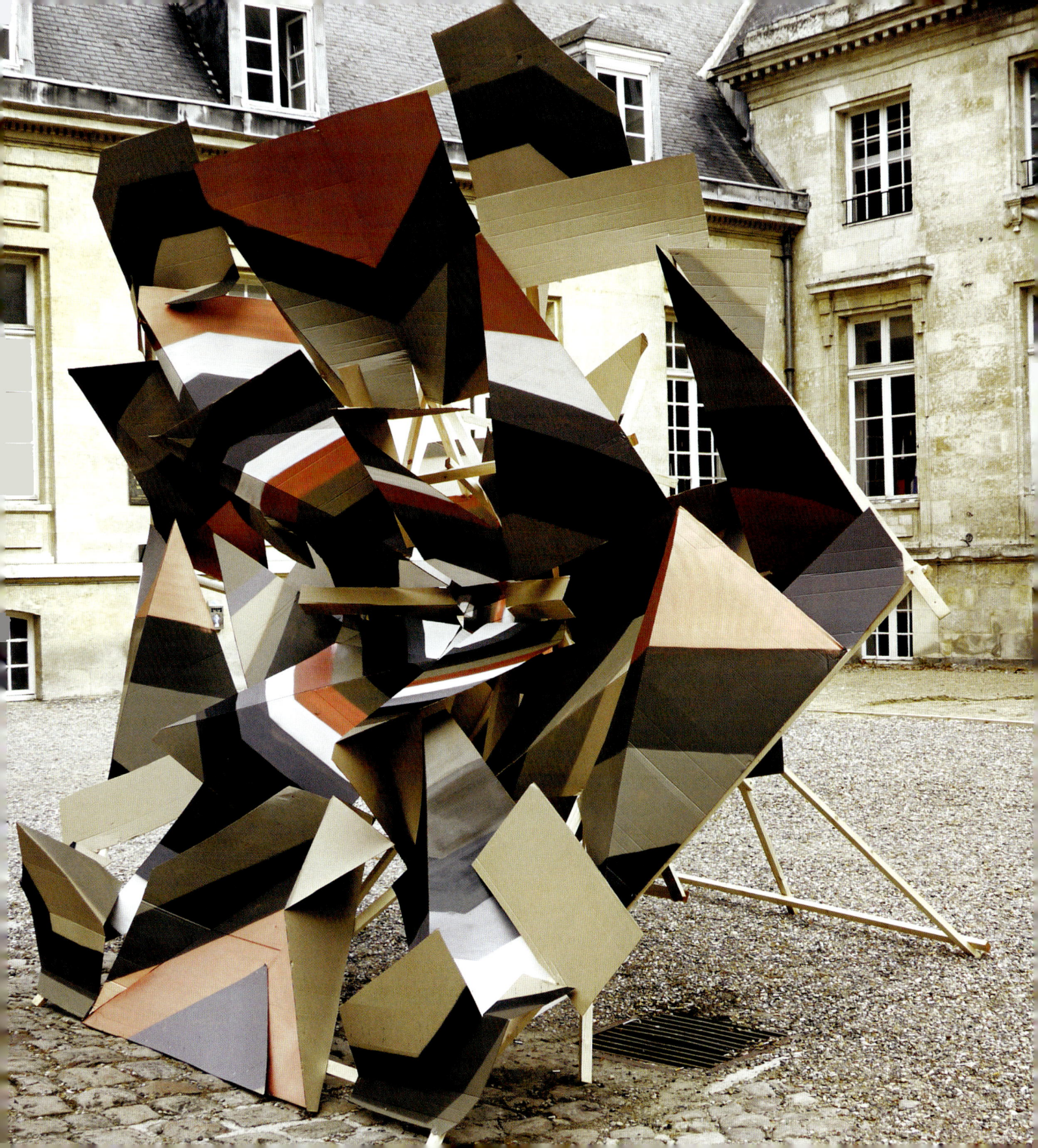

BERLÍN
Y
MARTIN
TIBABUZO (FASE)

Aunque originario de Buenos Aires y residente en Núremberg, Alemania, Martín Tibabuzo (miembro del colectivo FASE; *véanse* páginas 120-121) ha realizado un mapa de Berlín. Ha creado muchas obras cartográficas en su obra, todas las cuales actúan como una forma de recordatorios, de piezas mnemotécnicas imagistas similares a sus diversas esculturas urbanas o a los modelos a escala de antiguas casas que ha vuelto a montar. Tibabuzo comenzó a crear estas obras tras enfermar a principios de la década de 2000. He aquí cómo explica dicha enfermedad y su eventual resolución estética:

«A los veintitantos era adicto al trabajo (aún no me he recuperado del todo). Claro está que nunca pensé que trabajar demasiado pudiera ser algo malo; así que durante el día lo hacía por dinero y por la noche por placer. Pero entonces comenzó a suceder. Primero empecé a olvidar cosas sin importancia, como cumpleaños; luego fueron citas, nombres y conversaciones. Nada realmente grave. Más adelante empecé a quedarme dormido en situaciones extrañas, sobre todo por la noche, pero hubo dos ocasiones concretas (cuando me quedé dormido hablando con alguien, y en otra ocasión, en la que estaba anotando algo en un papel) empecé a preocuparme un poco.

»Visité a un médico y me dio dos consejos. El problema del sueño se resolvió con facilidad con hacer una cosa muy sencilla: dormir. Sin embargo, lo de la memoria era más complicado y requirió algunos deberes: ejercicios de memoria. Como detesto los deberes, nunca los hice.

»Unos años después, sin embargo, empecé a relacionar esos ejercicios con mi arte. Era una idea perfecta. Transformé todos los deberes en obras de arte. Hice una larga y detallada cronología de todos los elementos importantes de mi vida: vacaciones, trabajos, amigos. Transformé los viajes en mapas; y los lugares donde había vivido, en maquetas. Aunque no puedo asegurar que mi memoria haya mejorado, no cabe duda de que duermo más. Además, mi producción artística se basa ahora en un bonito motivo, ya que me ayuda a recordar y revivir todas las cosas interesantes que me han pasado en la vida».

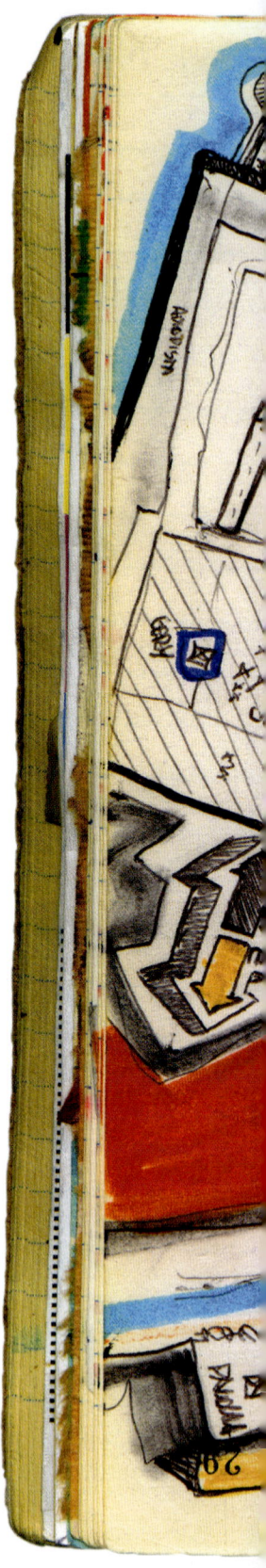

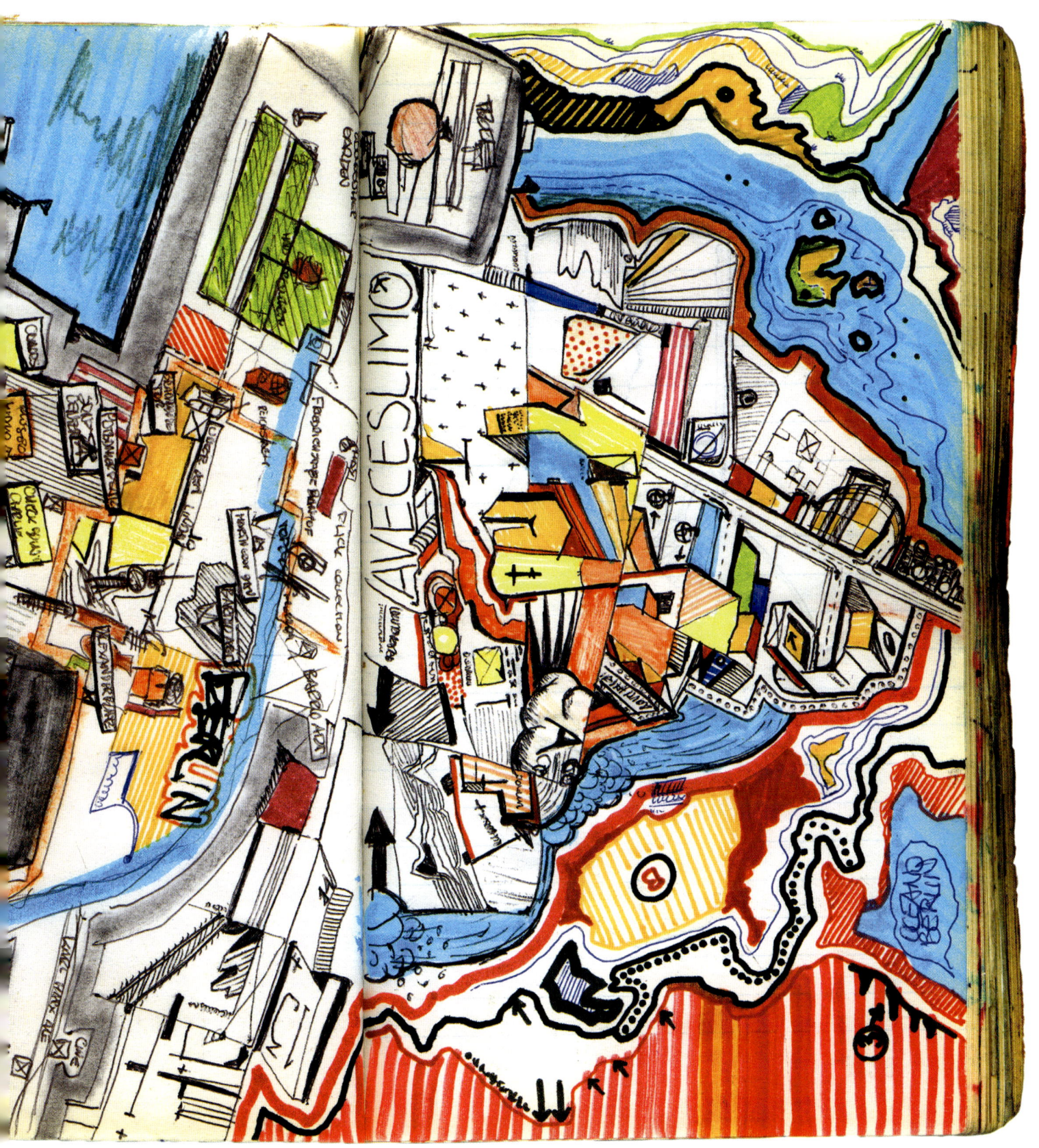

LEIPZIG

NACIMIENTO 1984　TÉCNICAS / MATERIALES Pintura en aerosol, máquinas de pintar, arte digital ESTILO Conceptualismo del grafiti, grafiti contemporáneo TEMAS Espacios y mundos virtuales, pintura cibernética y mecanizada INFLUENCIAS Música, videojuegos, retrofuturismo, *vaporwave*

1 *Bond*, Zeitz, Alemania, 2020
2 *Stairway to Heaven*, Mannheim, Alemania, 2020

BOND TRULUV

La pintura en aerosol no se diseñó con la intención de usarse para pintar grafitis. Desde los inicios del grafiti en Nueva York, los escritores de grafiti han lidiado con las imperfecciones y la imprecisión de la pintura en aerosol, aprendiendo a convencer a los botes para que hicieran lo que nunca debieron hacer. Esto les llevó a aprender los trucos del oficio (compartir consejos sobre cómo intercambiar y personalizar boquillas y cómo revivir botes atascados y rotos). Estas destrezas no se limitaban a la pintura en aerosol: los escritores construyeron sus propios rotuladores, mezclaron su propia tinta y, con el tiempo, como parte de un hackeo más amplio de la ciudad, pusieron pistolas pulverizadoras y extintores al servicio del grafiti. Sin embargo, la era de la pintura en aerosol personalizada que comenzó en la década de 1990 supuso el fin de estos experimentos para muchos escritores, ya que, al margen de las boquillas bloqueadas o los efectos especiales ocasionales, la innovación a gran escala ya no era necesaria.

Bond Truluv es un escritor de grafiti de Leipzig que ha retomado esta temprana tradición experimental. Así, parte de su práctica consiste en buscar nuevas técnicas y construir nuevas dispositivos con los que hacer grafitis. Entre estos, ha creado guantes con boquillas incorporadas y una espada samurái que pinta con solo pulsar un botón, así como sopladores de hojas y automóviles teledirigidos que llevan pulverizadores montados. Bond aborda este proceso con una mentalidad abierta en cuanto al resultado final, ya que los experimentos suelen dar lugar a fracasos o sorpresas: «A menudo empiezo con una cosa y me sale otra que no tiene nada que ver, y lo cierto es que la mayoría de las máquinas no funcionan muy bien. Pero es que tampoco tienen por qué hacerlo. Se trata más bien de explorar y de satisfacer mi propia curiosidad», explica el propio artista.

El arte de Bond se ha visto configurado tanto por su ciudad natal como por las experiencias de sus muchos viajes. En Leipzig, la caída del Muro de Berlín, en 1989, provocó un colapso repentino de la industria manufacturera y pesada local, que no se recuperó hasta que, en la década de 2000, se llevó a cabo una enorme reinversión. Durante este período, hubo en Leipzig muchos edificios abandonados y emplazamientos industriales cerca del centro de la

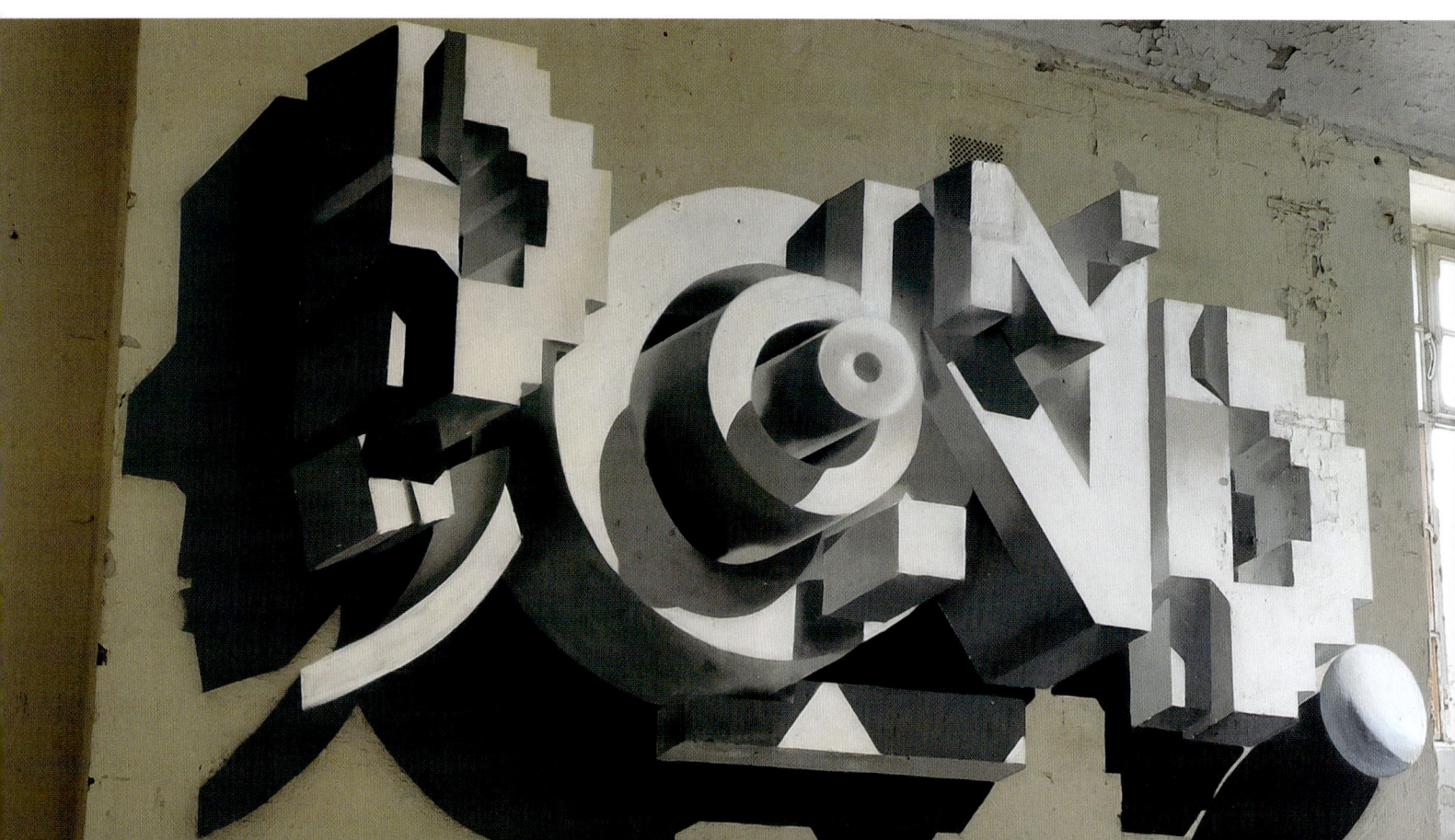

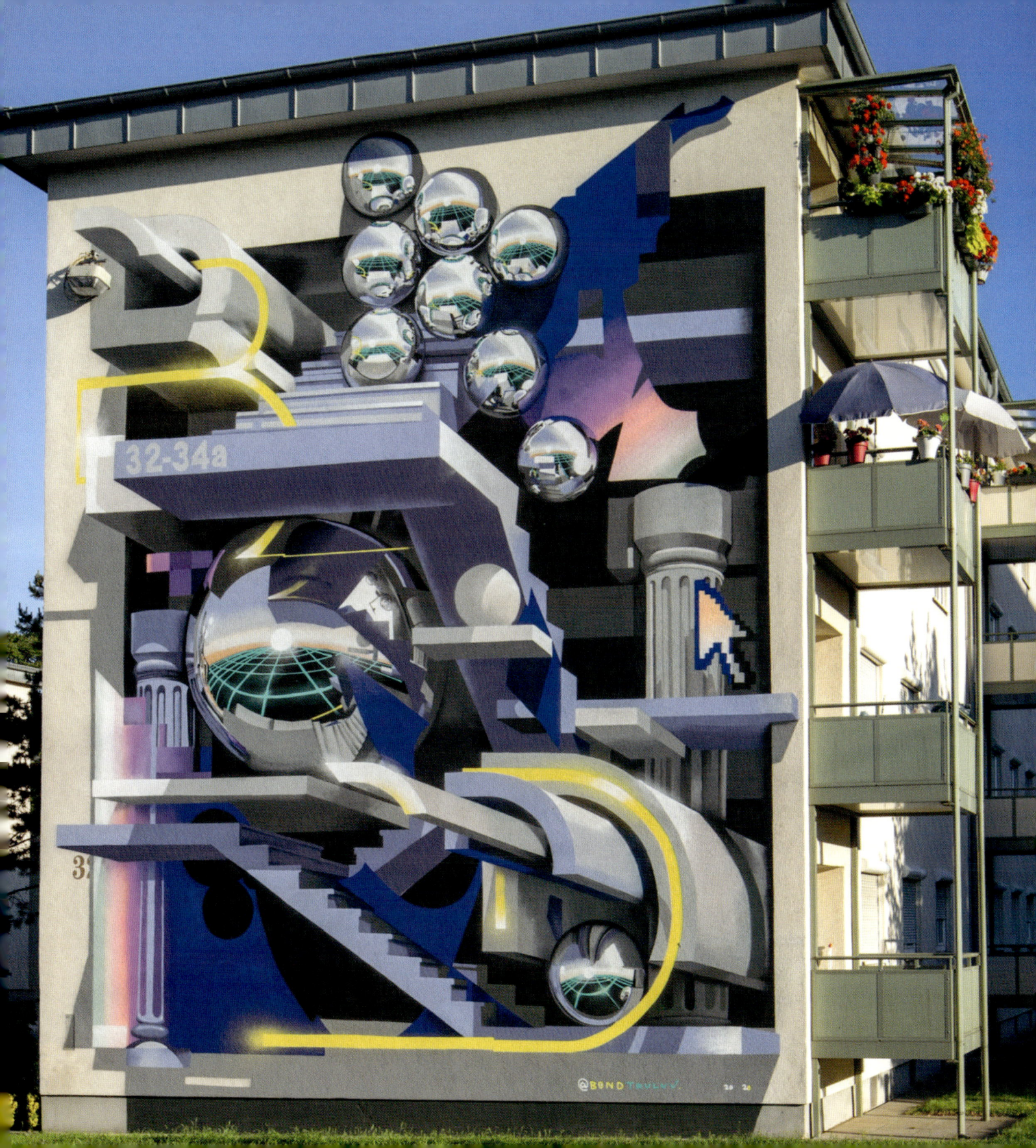

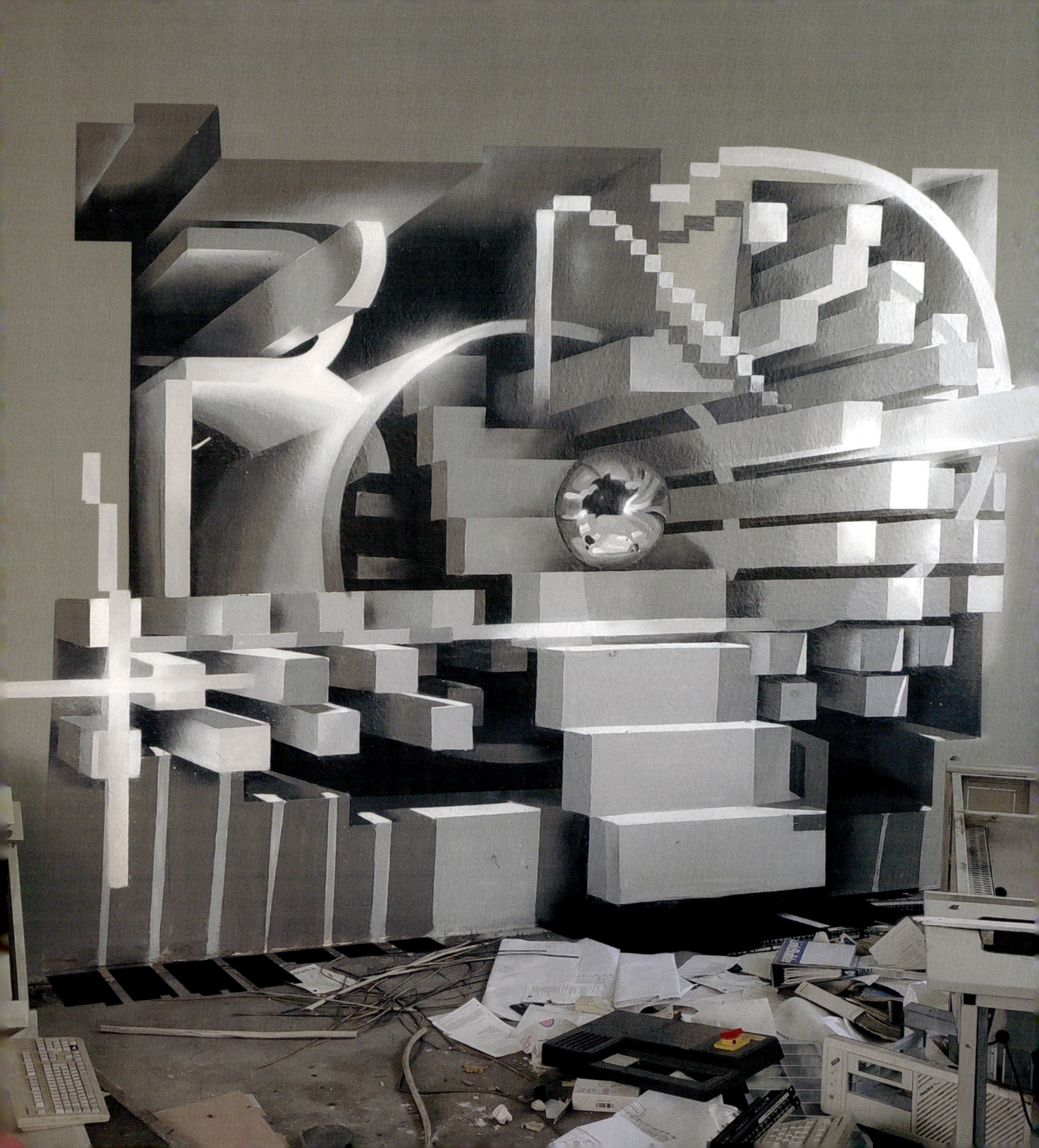

ciudad que ofrecían oportunidades para pintar sin interrupciones, lo que siempre permite que fluya la creatividad. El tiempo pasado en estos estudios y galerías informales y compartidos de la ciudad sigue siendo una fuente de inspiración para Bond. El artista ha tenido además la suerte de hacer muchos viajes por el Sudeste Asiático, entre ellos el que le permitió disfrutar de una larga estancia en Yogyakarta, Indonesia. Los nuevos paisajes urbanos y el contacto con artistas de distintos lugares se combinaron con su propia experimentación caligráfica para dar lugar a una embriagadora mezcla.

El espíritu de experimentación de Bond impregna también el espacio virtual: ha sido pionero en sistemas autodidactas de grafiti de realidad aumentada en los que se combinan el espacio real y el digital. Con todo, es tal la destreza pictórica de Bond que a menudo resulta difícil distinguir entre lo real y lo digital. En su obra, el mundo digital pierde orden a causa de los goteos y el exceso de pulverización, elementos representados en píxeles, mientras que, en la vida real, los elementos digitales limpios se reproducen con precisión mediante pintura en aerosol.

Existe una fuerte conexión entre el trabajo que hace Bond en el estudio y frente al ordenador y lo que pinta en las calles. Logra fusionar la innovación en estas dos esferas en un circuito de ideas mejor que la mayoría de los artistas. Por ejemplo, a los lienzos producidos en estudio les añade animación para generar una capa de realidad aumentada, lo que permite que los elementos del diseño se desplacen. Bond ha aprendido por sí mismo las complejidades de este proceso y enfatiza mucho la experimentación y el autodidactismo. Lo más importante para él es no sucumbir al inmovilismo, sino permitir que su obra y su persona evolucionen con el paso del tiempo.

En la calle, su estética digital, que combina escenas arquitectónicas renderizadas con objetos reflectantes y efectos luminosos, se completa con pintura en aerosol aplicada con una habilidad, precisión y meticulosidad que pueden confundir al espectador. El léxico de las aplicaciones digitales (capas, máscaras, paletas) también constituye la base de las obras pintadas con aerosol, aunque en este caso con equipos analógicos. De este modo, la obra de Bond trasciende toda división sencilla que pueda haber existido entre lo analógico y lo digital, entre la pintura y los píxeles. En línea con esta filosofía, está experimentando con los NFT (*non-fungible tokens*) y con la tecnología *blockchain*. Durante el COVID-19, por ejemplo, Bond pudo completar encargos de realidad aumentada en ciudades que no pudo visitar.

La práctica de Bond se basa en la premisa perenne de que el grafiti tiene que ver con la fama y que esta búsqueda puede trasladarse de las paredes y el metro al paisaje mediático mundial. Tras pintar durante décadas, muchos escritores de grafiti se ven obligados a enfrentarse a una encrucijada que plantea preguntas fundamentales sobre la naturaleza de la práctica: ¿están comprometidos con la forma original y la encarnación del grafiti centradas en el uso de letras, materiales y espacios específicos?, ¿es el grafiti un espíritu más amplio que puede desligarse de estos parámetros y concebirse de otra manera?, ¿se trata de una perversión del grafiti o forma parte de su naturaleza? Bond escogió su camino hace ya años. **LM**

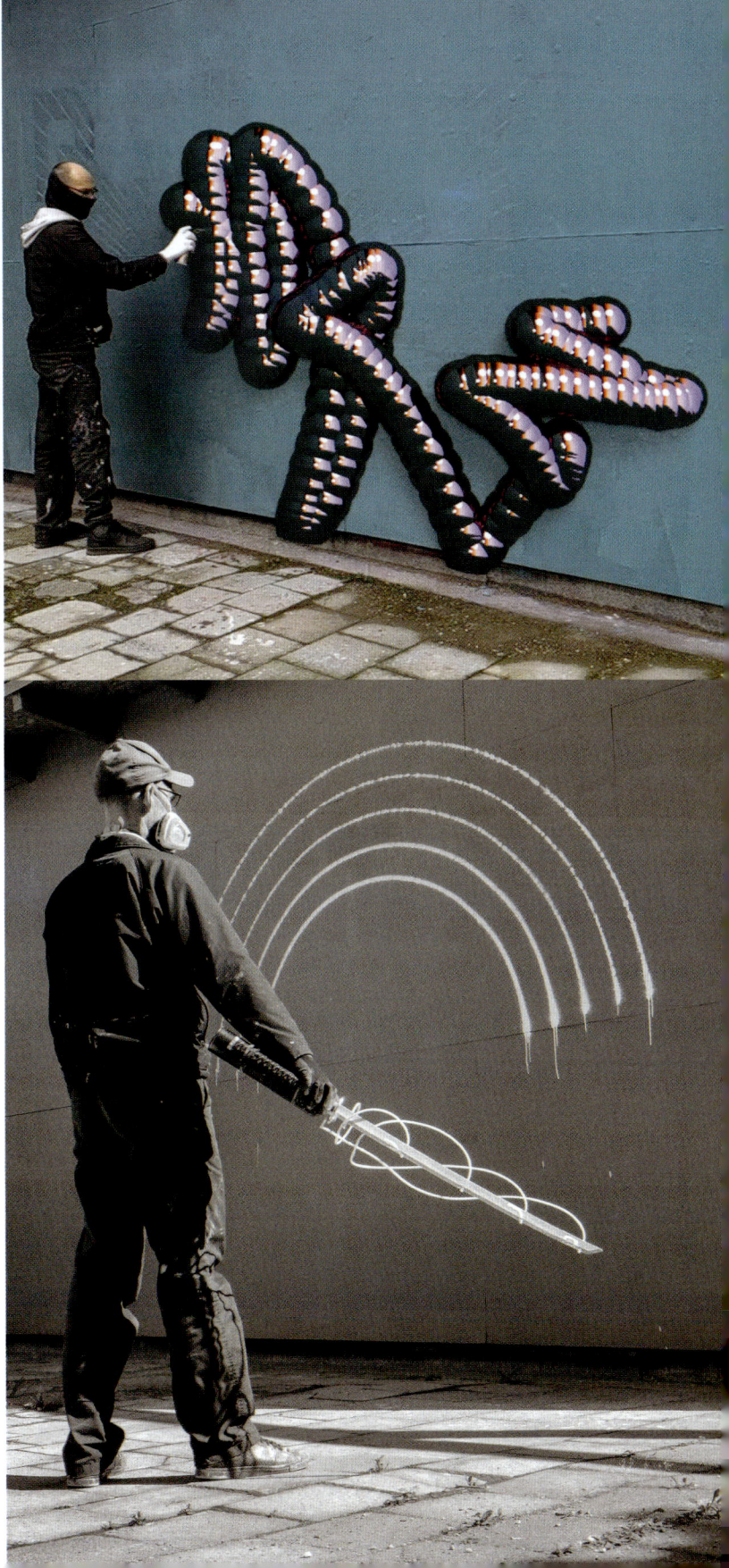

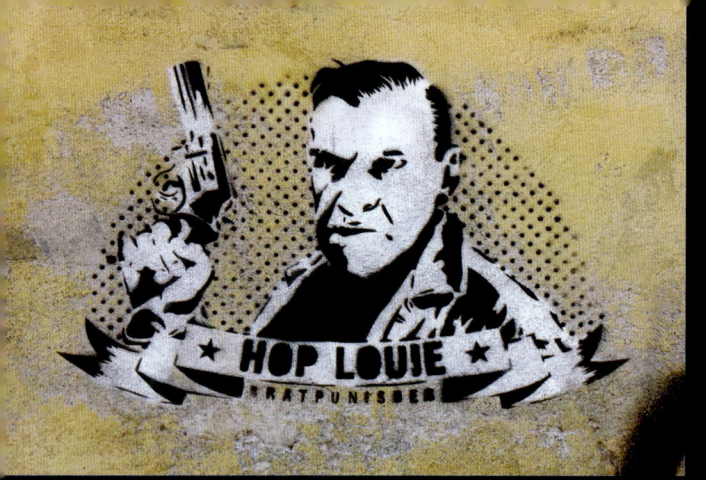

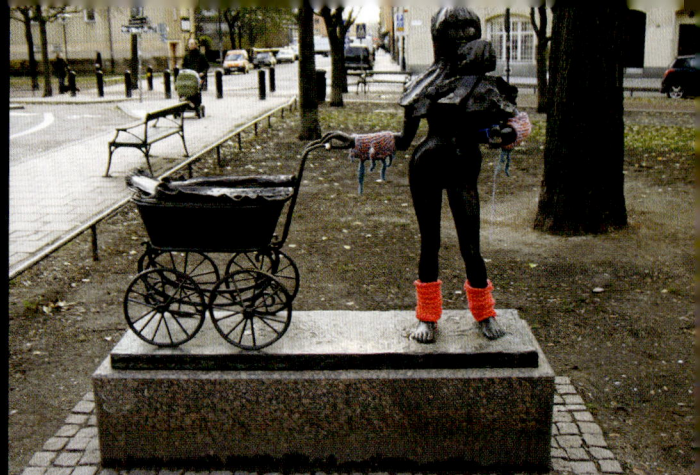

ESTOCOLMO

Los escritores de grafiti y los practicantes de *street art* suecos contemporáneos suelen considerar la llegada de la cultura *hip-hop*, a principios de la década de 1980, el punto de partida de su tradición artística. Sin embargo, hubo un movimiento que podría considerarse precursor del *street art* en Estocolmo: las llamadas «brigadas de pintura» de finales de la década de 1970. Inspirados por las tradiciones muralistas iberoamericanas, jóvenes artistas y estudiantes de arte empezaron a trabajar de forma legal en las calles, y a veces en el metro, a menudo con mensajes políticos. En 1979, un grupo de estos artistas obtuvo incluso reconocimiento institucional en el Moderna Museet de Estocolmo con la exposición «Brigade Paintings: Collective Creativity». Pese a este movimiento, el grafiti y el *street art* en su sentido más contemporáneo no empezaron de veras hasta alrededor de 1984, después de que la televisión sueca emitiera varios documentales sobre la cultura *hip-hop* y el grafiti neoyorquinos, entre ellos *Style Wars* (1984). Como por aquel entonces solo había dos canales de televisión, dichos documentales llegaron a cientos de miles de jóvenes y tuvieron un impacto significativo.

La primera generación de escritores de grafiti estuvo formada sobre todo por chicos de clase trabajadora y clase media baja de los suburbios que pintaban sobre, dentro y a lo largo del sistema de transporte local. Durante la fase experimental y de consolidación (h. 1983-1987), destacaron los artistas Baze, Zip 17, Merley, Zack, Snow, Amen, Wackman y *crews* como RMCA. *Crush the War* (1986; *véase* imagen 4), de Zappo, es un ejemplo temprano de escritor que domina el arte del grafiti, mientras que *2 My Bro' DJ Rock Ski* (*véase* imagen 5), de Slice, creada un año después, fue considera por muchos una pieza preeminente.

El período comprendido entre finales de la década de 1980 y principios de la de 1990 podría considerarse la época del grafiti sueco clásico. En ella abundaron las producciones complejas y detalladas de escritores como Cazter, Buzter, Ceios, Atom, Erse, Code y *crews* como DST y VIM, formada esta al principio por Akay (*véanse* páginas 198-201), News, Dudge, Terror y Spade. La industria del *buffing* aún no se había desarrollado, y en muchos lugares la principal amenaza era la falta de buenos lugares en los que pintar. Por lo tanto, las obras de calidad, conocidas como *burners*, podían durar muchos años. *We Don't Need No Tragic Magic* (*véase* imagen 3), de Circle y Weird, es un ejemplo de la intrincada y compleja producción de este dúo así como de la práctica entonces habitual de trabajar por parejas (Circle con letras, Weird con personajes). Escritores como Reson y Weston representaron otra dirección

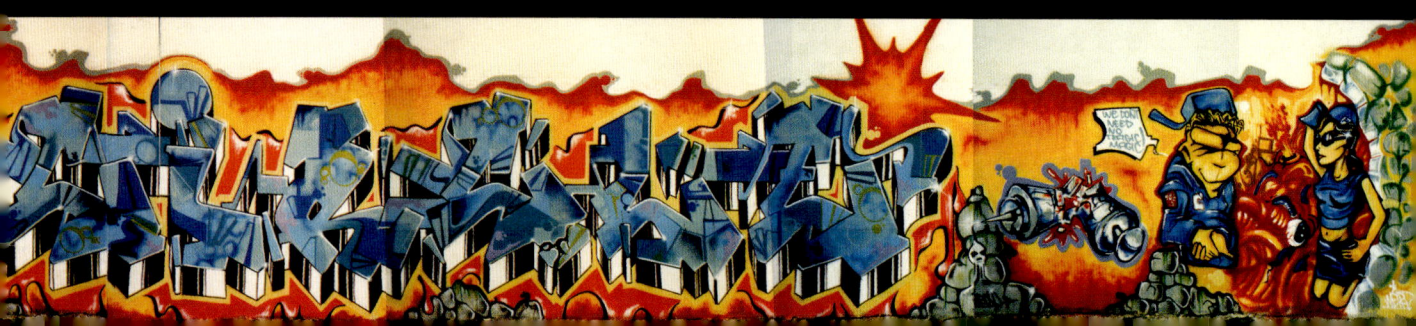

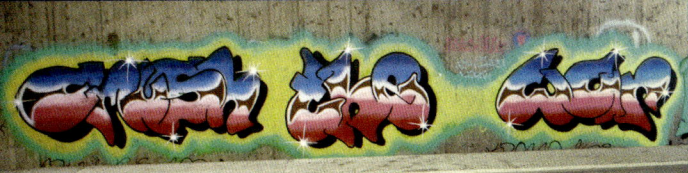

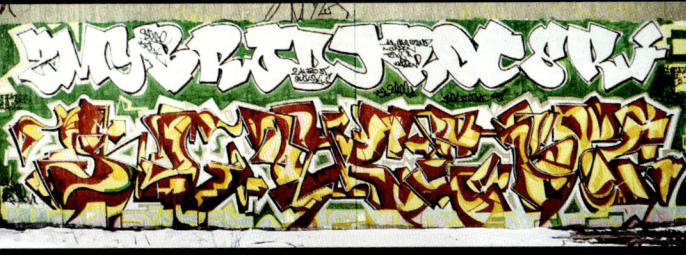

produjeron dibujos que a menudo guardaban una estrecha relación con el grafiti tradicional y que probablemente se hubieran considerado como tal si se hubieran realizado a lo largo del sistema de transportes y con más colores. Los cohetes pintados por Unik, visibles en casi todas las calles a principios del nuevo milenio, parecían *throw-ups*.

Las posturas abiertamente políticas fueron también un componente común del *street art*, quizá más evidente en las instalaciones conceptuales de Prao y en los estarcidos «propagandísticos» de Mogul y Hop Louie, como *Bratpunisher* (*véase* imagen 1). Andy introdujo un enfoque naíf y Folke empezó a trabajar en la frontera del arte visual y la poesía con mensajes absurdistas. Al igual que Caper (*véase* imagen 6), Ontop e IOH, sus soportes predilectos fueron las pegatinas y los carteles. Ya en fechas más recientes, la *crew* Stickkontakt ha introducido el llamado «craftivismo» en el género. Ejemplo de ello es *Super Heroines*, una serie de obras en las que han añadido textiles, como mantos de superhéroe y guantes «llameantes» (todo hecho de punto), a las formas femeninas de esculturas públicas (*véase* imagen 2). **JK**

en el grafiti de Estocolmo (la de la cantidad sobre la complejidad), mientras que Viruz estuvo a caballo entre ambas vertientes. Los artistas Pike y Duane, de Malmö y Gotemburgo respectivamente, también se trasladaron a Estocolmo en esa época y se unieron a la *crew* VIM.

Una tendencia más dominante, aunque también diversa, fue la del llamado «grafiti feo-bello», el cual, caracterizado por una creación de imágenes más rápida y espontánea, rompió de forma consciente con los ideales del grafiti neoyorquino clásico. La *crew* NG (Norrlands Guld), formada por, entre otros, Ribe, Ikaroz, Slak, Deepo y Moer, escritores que se habían trasladado del norte de Suecia a Estocolmo, fue crucial en este tipo de escritura. Sin embargo, el «grafiti feo-bello» también se vio alimentado por la cada vez más rígida política antigrafiti que se adoptó durante los años próximos al comienzo del milenio: Nolltolerans fue una versión sueca y de mayor alcance del polémico planteamiento neoyorquino de tolerancia cero. La política sueca incluyó una intensa campaña contra los grafitis, una legislación y una vigilancia más estrictas y el cierre de exposiciones y paredes legales. El resultado fue quizás la actitud más represiva que se haya dado en toda Europa hacia el arte público ilícito.

Fue en este contexto, y al menos en parte como reacción a las representaciones mediáticas del grafiti como un único problema monolítico, en el que se desarrolló el *street art* en Estocolmo. Muchos de los primeros artistas habían sido escritores de grafiti y, en algunos casos, seguían siéndolo o se tenían a sí mismos como tales. Sin embargo, con sus referencias a la cultura popular en un sentido amplio, artistas como Akay y Adams pudieron crear y, en cierto sentido, romper con una concepción estereotipada del grafiti. Made, conocido *tagger* de finales de la década de 1980, por ejemplo, declaró haber creado su nombre con mosaicos.

A diferencia del grafiti, el *street art* fue desde el principio un fenómeno que se desarrolló sobre todo en la zona burguesa de Estocolmo. Kropp y Unik

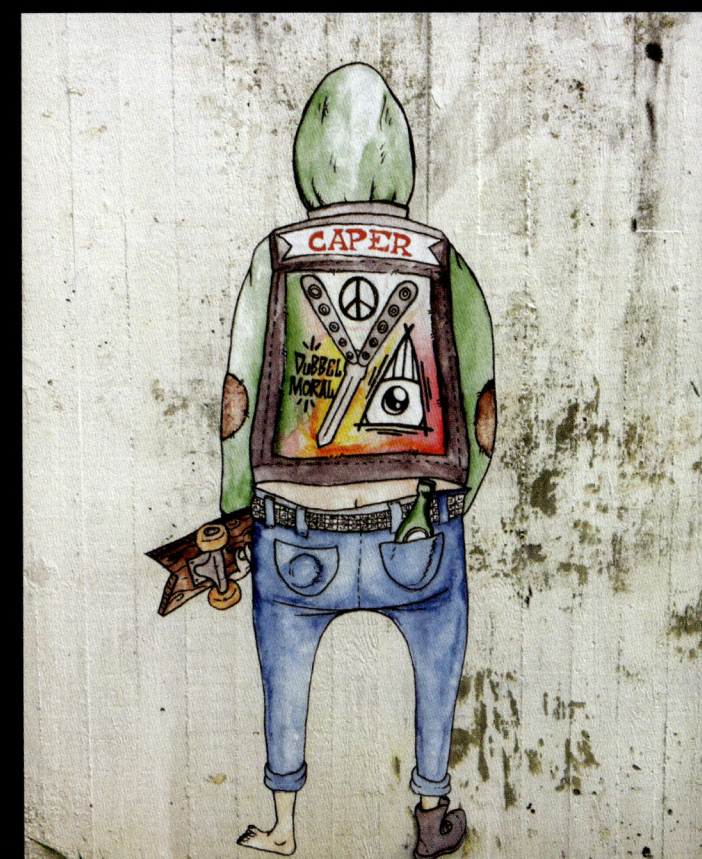

1	2	4
		5
	6	
3		

1 *Bratpunisher*, Hop Louie, 2012 2 *Super Heroines*, Stickkontakt, 2009 3 *We Don't Need No Tragic Magic*, Circle y Weird, 1988 4 *Crush the War*, Zappo, 1986 5 *2 My Bro' DJ Rock Ski*, Slice, 1987 6 Caper, 2012

ESTOCOLMO

NACIMIENTO Desconocido **TÉCNICAS / MATERIALES** Varios **ESTILO** Grafiti clásico,
arquitectura insurgente, intervención urbana **TEMAS** Recreación urbana,
antigentrificación, activismo *CREW* VIM **COLECTIVO** A-APE

AKAY

Akay, que se niega a ceñirse a un género, una técnica o un medio, es uno de
los artistas contemporáneos más destacados del arte público independiente,
en el cual no solo ha contribuido a tres movimientos distintos de su historia
reciente, sino que ha estado a la cabeza de ellos: fue pionero en la escena
escandinava del grafiti a principios de la década de 1980, es uno de los
progenitores del arte del cartel en la década de 1990 y ha estado a la
vanguardia de la intervención urbana desde principios de la década de 2000.
El artista siempre ha acogido con satisfacción las múltiples posibilidades
de la calle y ha investigado diversas reacciones y respuestas a la heterogénea
naturaleza de esta. Con una modestia casi irracional en cuanto a lo que hace,
Akay se niega a considerar que su obra sea arte y rechaza el pedestal que a
menudo se le asigna: «Creo que el papel del artista está sobrevalorado de
una forma ridícula. Y luego resulta extraño cuando las cosas que hacemos de
repente se valoran más que los grafitis, cuando en muchos sentidos en
realidad son lo mismo». Fundador de la célebre *crew* VIM a principios de la
década de 1980 junto con Nug (*véanse* páginas 202-205), Aman, Duane, News
y Pike, Akay participó en el movimiento grafitero escandinavo hasta mediados
de la década de 1990. En ese momento sintió que su desarrollo artístico se
había estancado y que su obra anterior era superior a lo que estaba haciendo.
Decidido a cambiar de dirección, comenzó a interesarse en serio por la
fotografía. Aunque esta experimentación resultó muy productiva, Akay
echaba de menos la implicación y la relación física con la ciudad, lo que le
llevó a buscar una forma de recuperar su apego a las calles. Fue así como
nació el «akayismo», una campaña de *marketing* de guerrilla pseudopolítica
que no promovía nada más que a sí misma, una forma de propaganda visual
cargada de ironía. El «akayismo» se sirvió del agudo sentido del espacio de
Akay (desarrollado, claro está, a través de su formación en el grafiti clásico)
para inundar la ciudad con mensajes imprecisos pero extrañamente
incómodos y expuestos en una serie amorfa de carteles. Estos tenían en
común su estética distópica y orwelliana y que iban acompañados del
emblemático logotipo del globo terráqueo. Movido por la gozosa idea
de que ya no estaba trabajando como individuo, sino más bien como lo que

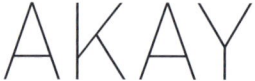

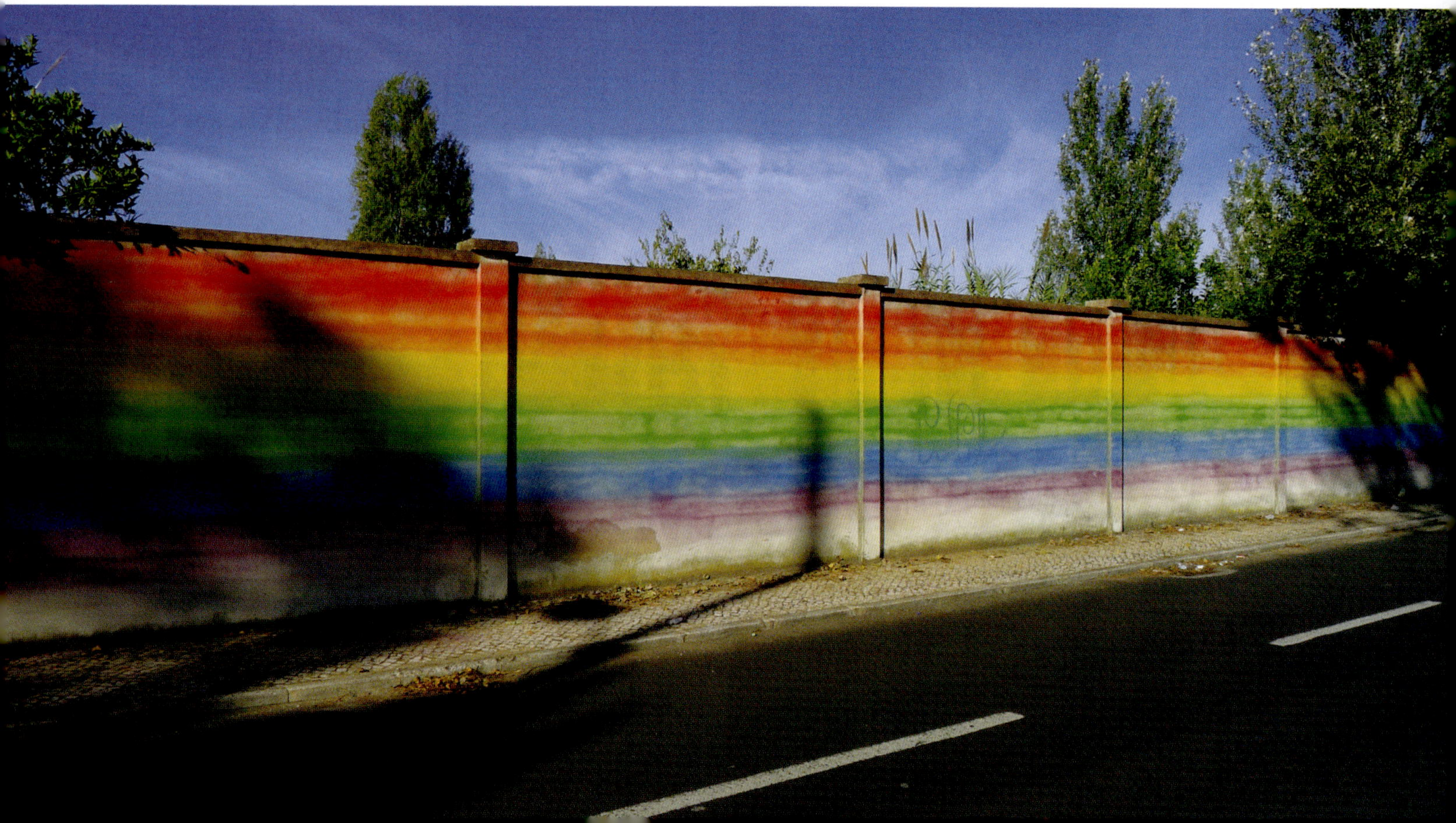

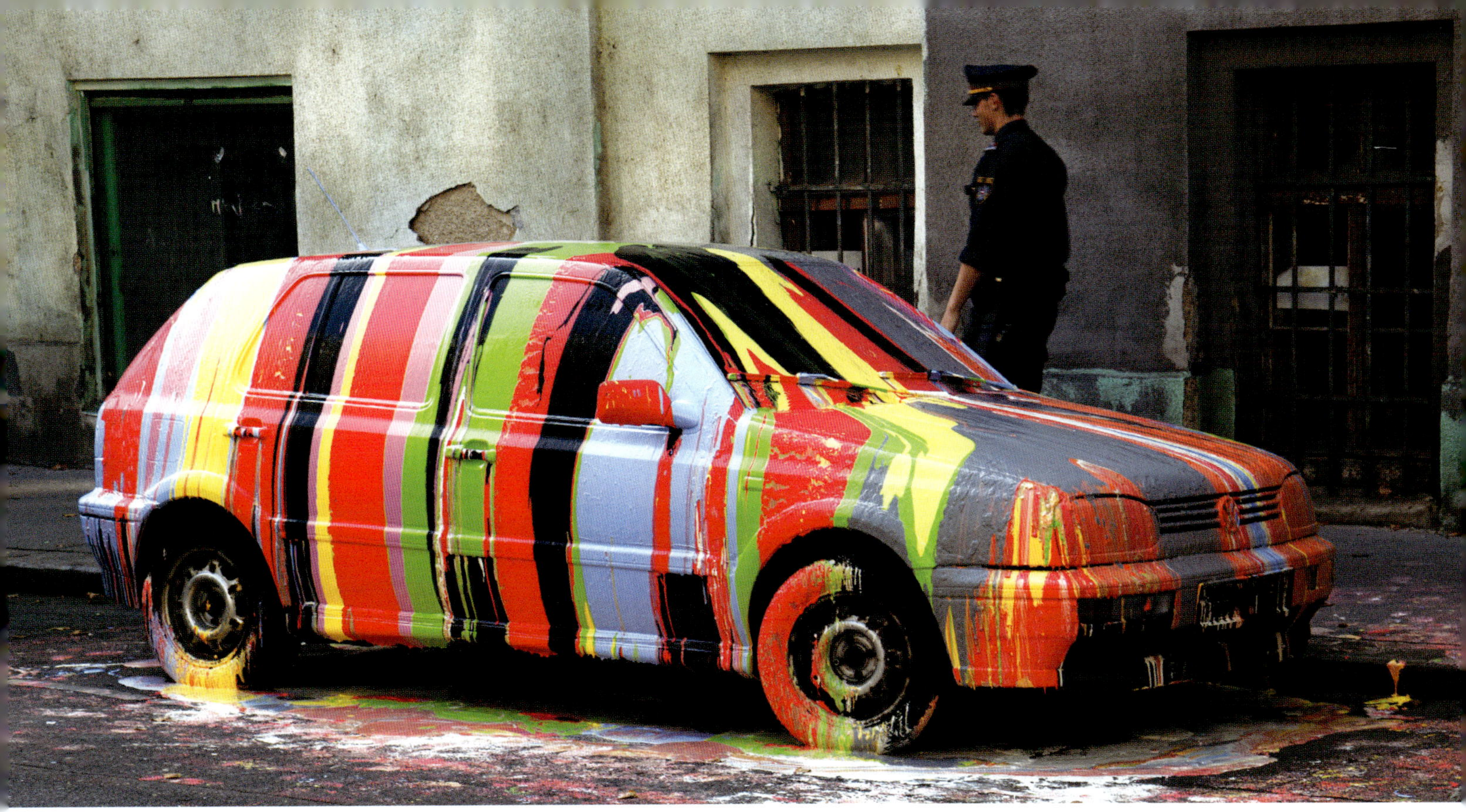

1 *Rainbow Warrior*, Lisboa, Portugal, 2011
2 *The Mess*, Viena, Austria, 2011 (con Brad Downey)

él describe como una «extraña organización», consideró que era esto un elemento que intrigaba aún más a la gente sobre la auténtica naturaleza del «akayismo». Fue su falta de una ideología coherente lo que hizo que la gente se fijara en la campaña, aunque también contribuyó su condición de mensaje que parecía oponerse por completo a la omnipresente cultura visual comercial de la ciudad. Además de ser de un vanguardismo personalísimo, destacó como un antidiscurso y una crítica abierta contra la almibarada naturaleza de la industria publicitaria.

Además de que el trabajo pionero del «akayismo» ejerció una enorme influencia en lo que más adelante se conocería como *street art*, Akay desarrolló una colaboración de gran éxito e influencia con el artista Peter Baranowski (también conocido como Peter a secas o como Klisterpeter). Trabajaron juntos como los Barsky Brothers y, entre 2003 y 2007, produjeron una enorme variedad de proyectos destinados a remodelar el espacio de la ciudad, un conjunto de obras que puede verse en su libro *Urban Recreation* (2007). Varios de los proyectos de los Barsky Brothers estuvieron relacionados entre sí por su intento de construir en la ciudad zonas habitables que expropiaran espacios ocultos y muertos y los transformaran en hogares funcionales, cálidos e íntimos. Con *Traffic Island*, tal vez su intervención más conocida, Akay y Peter transportaron una idílica casa de verano sueca en miniatura a una pequeña colina junto al

Eugeniatunneln (uno de los principales nudos de tráfico de Estocolmo). La añadieron luz eléctrica (procedente de las farolas de la calle), cortinas «estilo abuela», pinturas enmarcadas, un jardín delantero vallado y un tendedero para secar la ropa. Para *Albano House*, construyeron a mano un espacio para vivir y ocultarse en una zona industrial de Estocolmo que estaba a punto de ser demolida. Con la pieza expresaron su escepticismo sobre la inminente comercialización de la zona mediante el pintado de comentarios en las paredes (como «¿Por qué siempre tiene que acabar así?» y «Alabado sea el hormigón») y, también, con su presencia real en el propio lugar. Para *12m³*, construyeron una casa colgada de la ladera de un acantilado, un «no espacio» desde el punto de vista de lo urbanizable y lo legal por estar suspendido en el aire en lugar de estar asentado en el terreno y, por lo tanto, imposible de retirar por las autoridades locales. Todos estos proyectos abordan cuestiones como la propiedad, la legalidad y la burocracia y hablan de la posibilidad de escapar y de la libertad. Al llevar a un nivel completamente nuevo el carácter *do-it-yourself* del grafiti, los Barsky Brothers se convirtieron en arquitectos, constructores y promotores (insurgentes) que improvisaban con su entorno de formas complejas aunque, a menudo, alegres.

Junto con otras acciones como *Urban Swings* (proyecto en el que se colocaron de forma ilícita enormes columpios por todo el mundo), *Highway*

Buffet (en el que se celebró una gran fiesta sentados entre dos autopistas muy transitadas), y la magnífica *Graffiti Is not a Crime* (*véase* imagen 3), en la que el dúo blasonó sobre la nieve escandinava textos de un tamaño colosal basados en conocidos aforismos o proverbios del grafiti, los Barsky Brothers siguieron abordando diversas técnicas y disciplinas. Con todo, siempre se centraron en una apasionada interacción con las calles y en el diálogo con quienes las habitan.

Sin embargo, en su obra en solitario, Akay ha vuelto a la naturaleza sencilla, llamativa y vandálica del grafiti. Durante la creación de dispositivos como *Rainbow Warrior* y *Robo-Warrior*, parte de su proyecto *Instruments of Mass Destruction* (*véanse* páginas 198-199), Akay ha perfeccionado sus habilidades DIY para fabricar intrincados y recargados instrumentos con los que construir la imagen vandálica más incongruente: el arcoíris. Al unir estas máquinas a su fiel bicicleta, *Robo-Warrior* forma un despliegue vertical de treinta colores en forma de niebla que dura lo que dura el ciclista (o los botes de aerosol). *Rainbow Warrior* produce un enérgico motivo perfectamente semicircular de seis colores que se controla de forma electrónica y puede funcionar en muchos tipos de superficies. Ambos proyectos pretendían demostrar que la belleza del vandalismo impregna todo el proceso del acto, no solo el instante en el que se aplica la pintura sobre la superficie, sino también la minuciosa preparación, el detalle y la idea. Al igual que en su cortometraje *Dressed for Success*, en el que se le ve con una cantidad increíble de bolígrafos, botes de aerosol y tinta escondida en su traje negro, Akay se deleita con todo el método y los medios del grafiti. Aunque esta línea de trabajo ha persistido en las colaboraciones con Brad Downey (*véanse* páginas 184-187) como Brakay (en particular *Tipping Point 2* y *Bombing*), su trabajo con Kidpele, Made y Eric Ericson bajo el colectivo A-APE (en especial *Public Secrets*), así como en su obra cinematográfica con Made (*The Machine* y *The Box*), Akay ha conseguido inventar proyectos cada vez más ingeniosos que diversifican y amplían su obra, que está en constante crecimiento. Con todo, el hilo conductor de todos sus proyectos, desde sus primeros grafitis hasta sus innovaciones más recientes, es su condición de proyectos realizados sin financiación, permiso ni licencia. Basta con que Akay tenga una idea para hacerla realidad al margen de los costes financieros o físicos. Lo único que necesita es una oportunidad para hacer algo que aún no se haya hecho a fin de, como él mismo dice, «reorganizar los muebles», «arreglar las cosas», y acoger el ilimitado potencial de la ciudad.

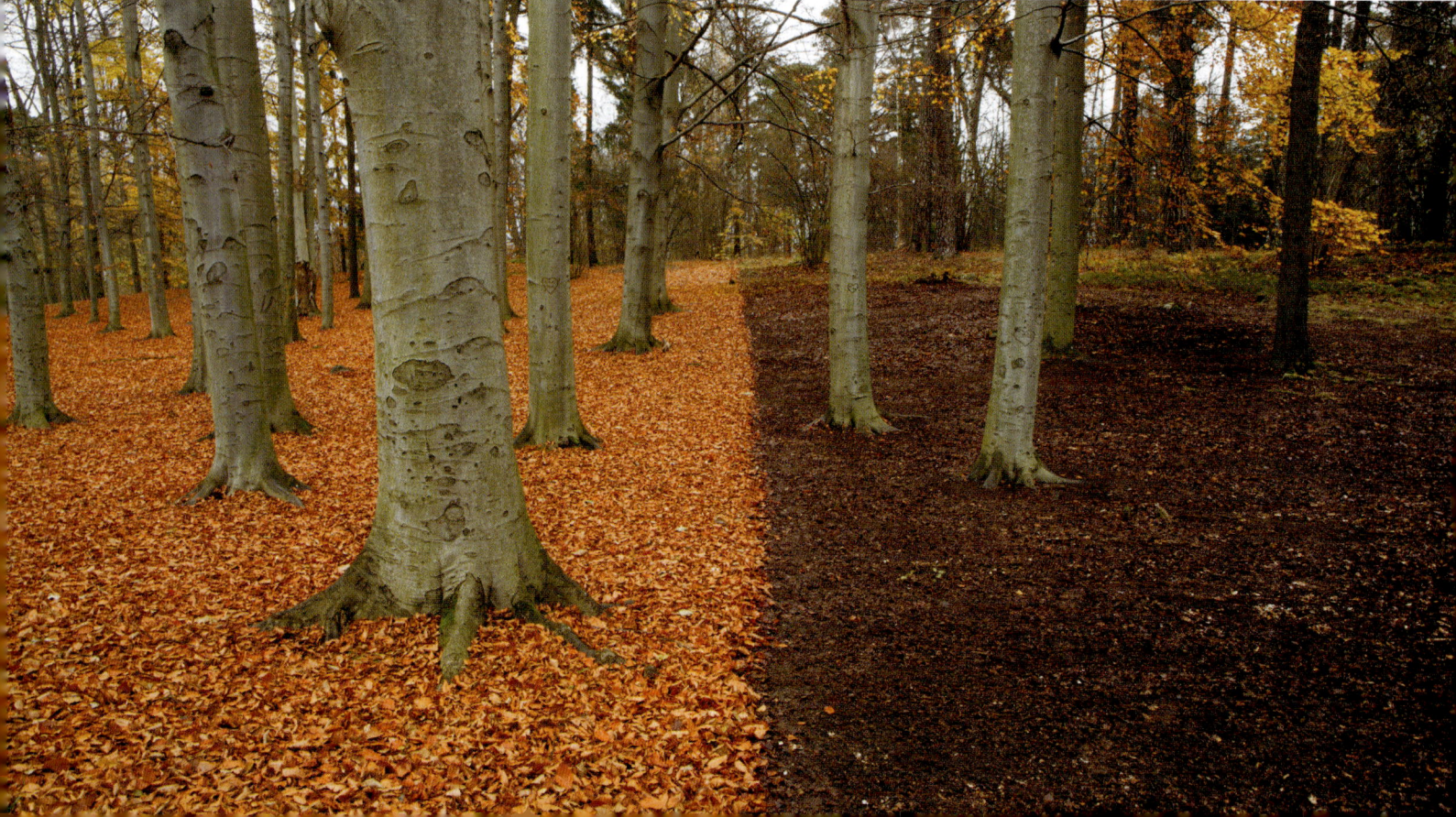

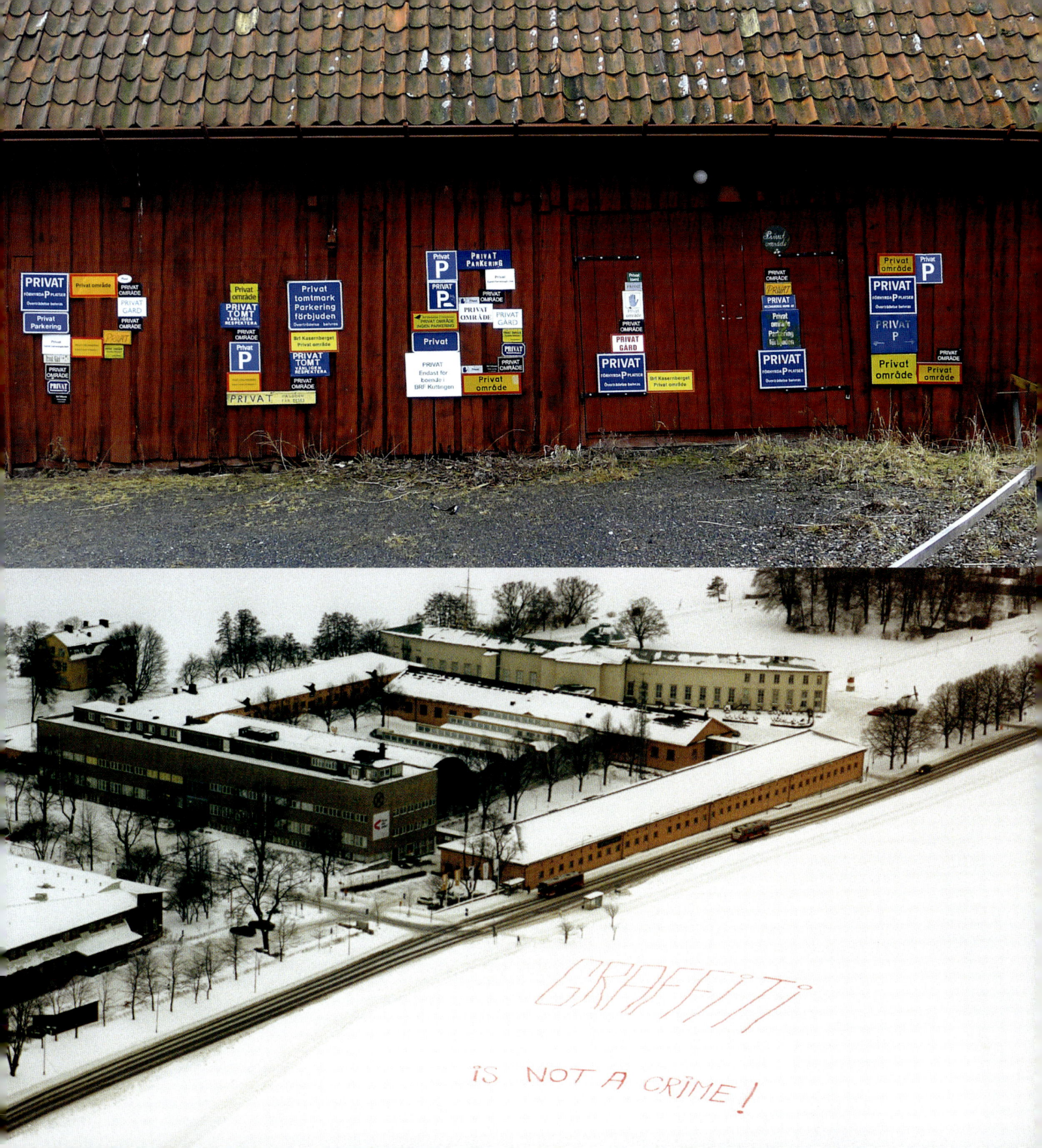

GRAFFITI

IS NOT A CRIME!

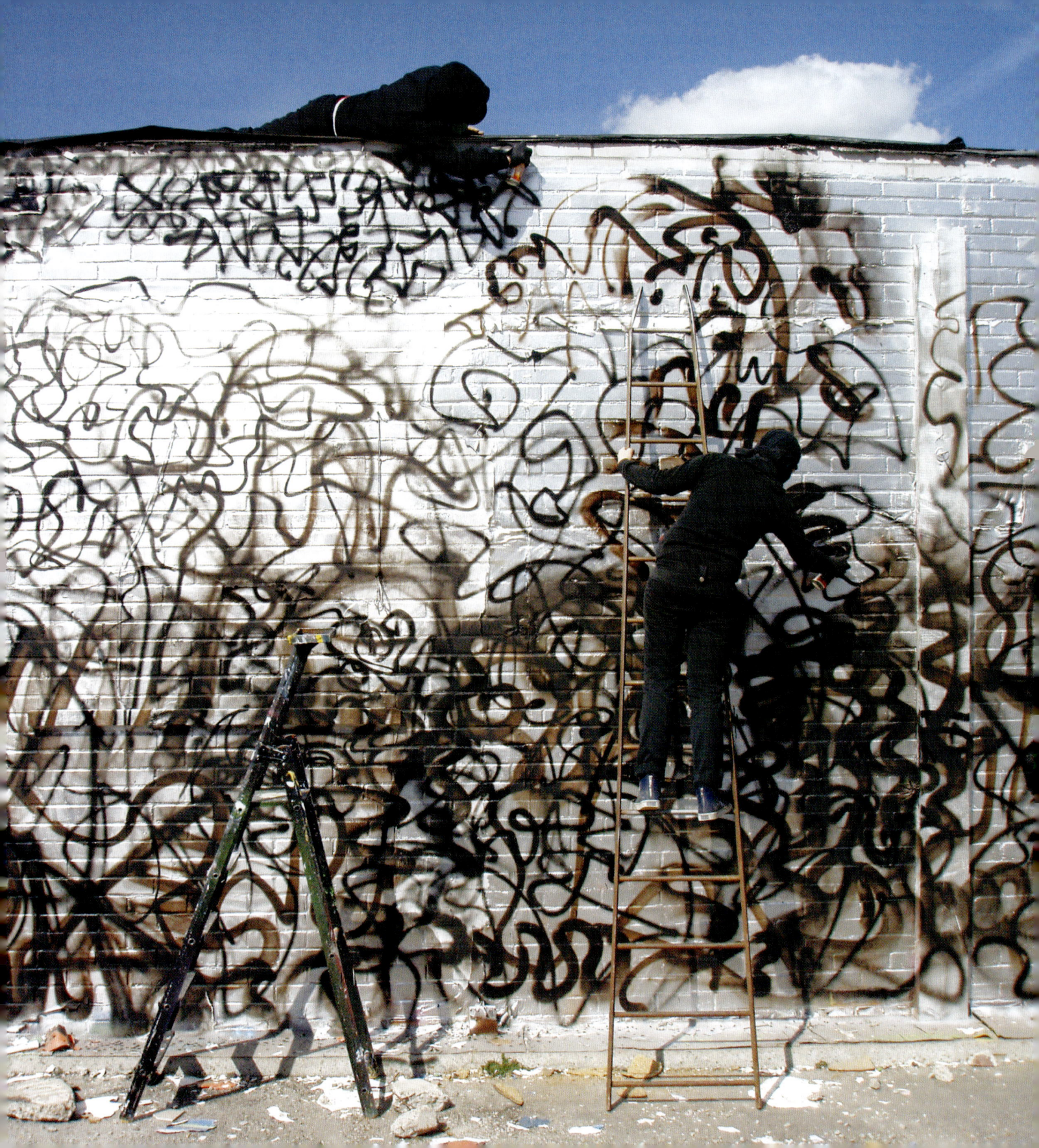

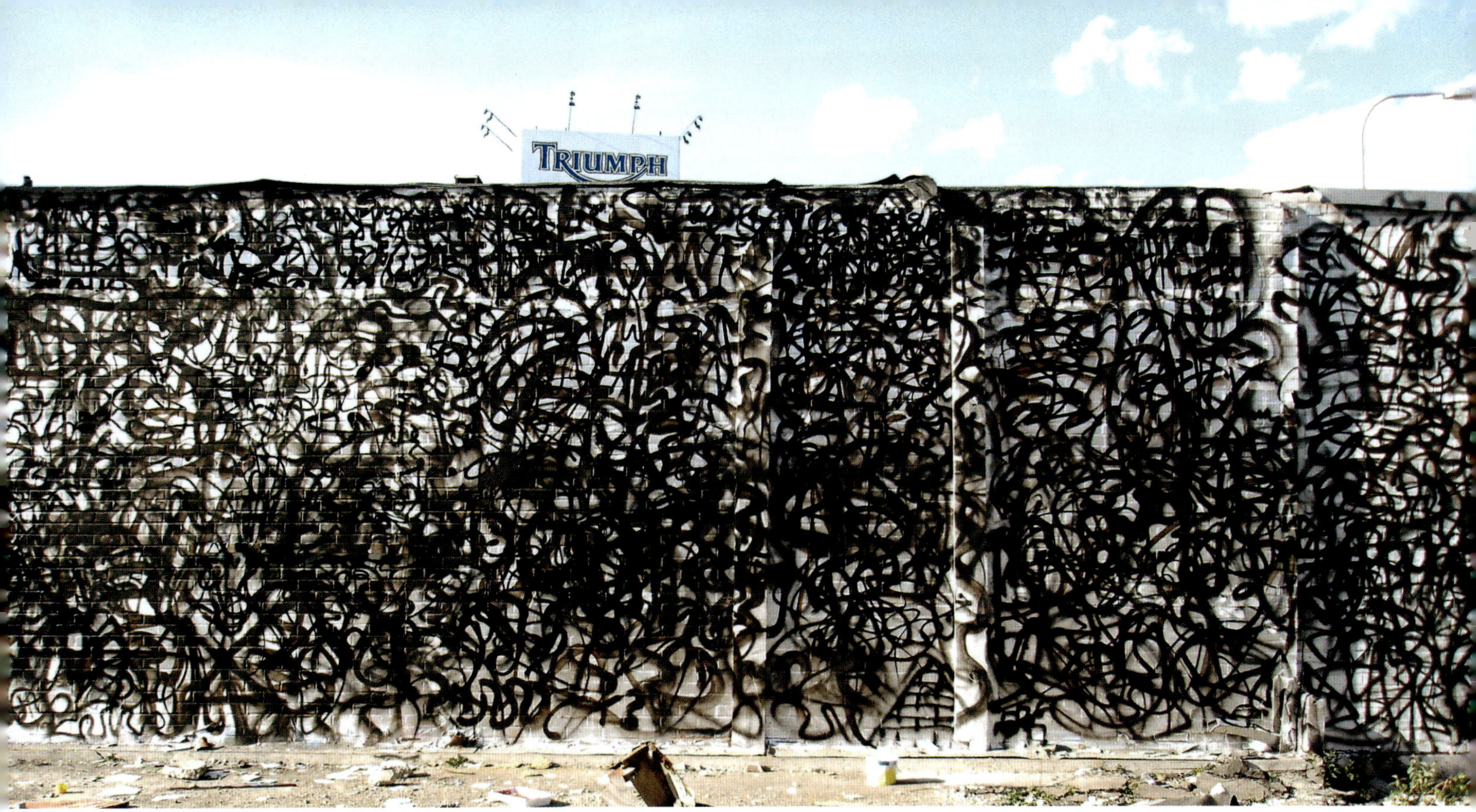

TRIUMPH

1-2 *Flashmob*, Gotemburgo, Suecia, 2011 (con Blue)

ESTOCOLMO

NACIMIENTO 1972, Estocolmo, Suecia   **TÉCNICAS / MATERIALES** Pintura en aerosol, vídeo, instalación   **ESTILO** Grafiti clásico, *performance* anárquica   **TEMAS** Caos, emoción, sensación, anarquía   *CREWS* VIM (Vandals In Motion), MSN, MOAS

NUG
DUDGE

Cuando en el comunicado de prensa de un artista contemporáneo se dice de él que es «historia del grafiti», suele indicar que el artista en cuestión hizo *tags* con su nombre durante menos de una semana hace más de quince años. Sin embargo, Nug, que ha causado honda impresión en el mundo de las bellas artes en general con su obra en vídeo y sus *performances*, está sin lugar a dudas comprometido con la cultura del grafiti y se ha granjeado un estatus legendario tanto en Europa como fuera de ella. Pero incluso con esta atención institucional (y el consiguiente escrutinio indignado de los medios de comunicación, la judicatura y el Ministerio de Cultura sueco), Nug le ha dado la espalda a la celebridad y la exposición pública que conlleva y ha preferido que sea su obra la que hable. Lo más importante para él es llevar al máximo su sentido de la libertad estética y personal.

Nug, activo en la escena grafitera escandinava desde 1985, sigue siendo un miembro clave de la célebre VIM Crew, o Vandals In Motion, de la cual forman parte otros ilustres como Akay (*véanse* páginas 198-201), Aman, Duane,

Iano, News, KAOS y Pike. Durante los primeros años de su producción, Nug trabajó sin descanso y pintó en cuanto se le presentaba la más mínima oportunidad. Se trata de un artista que suele trabajar solo y que fue uno de los primeros escandinavos en popularizar los *backjumps*, proceso por el que se pinta un tren mientras está en servicio y no en el depósito, lo que obliga a recorrer el tren hasta la siguiente estación si no ha podido terminar la obra en la parada anterior. En su recorrido por Interrail y autoestop por Europa, los trenes fueron el soporte predilecto de Nug, lo que significaba que la pureza estilística, la velocidad y la inventiva eran cruciales. Con los trenes, la pintura se volvió puramente «física», un acto corporal: era un canal a través del cual se veía obligado a trabajar deprisa y sin pensar, un método para desvincularse de lo cotidiano y liberarse durante un instante de las ataduras sociales y materiales.

Si bien siguió pintando de forma ilegal, a mediados de la década de 2000 Nug empezó a estudiar arte de manera más formal en la Konstfack de Estocolmo, la mayor escuela universitaria de arte, artesanía y diseño de Suecia. Allí se dedicó a intentar representar la energía pura y la vivacidad explosiva del acto del grafiti, pero no con imágenes, sino a través de *performances*. Para Nug, la esencia del grafiti reside en su ejecución cargada y efímera, en la adrenalina que genera, en la premura del acto.

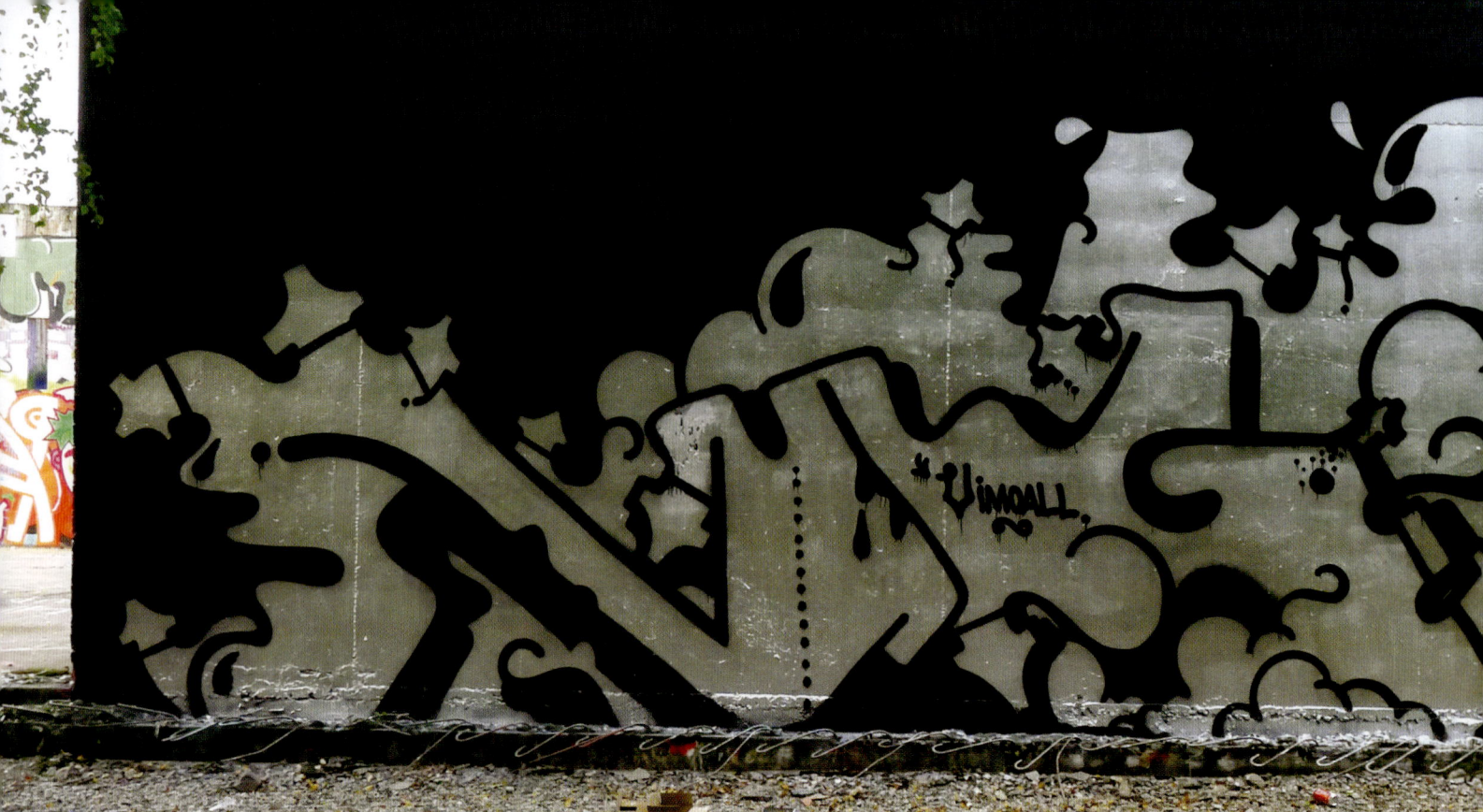

1 Norberg, Suecia, 2012

2 *Dödslack*, Estocolmo, Suecia, 2011

3-7 *Territorial Pissing*, Estocolmo, Suecia, 2008

Creó varias obras cinematográficas junto con Pike, también miembro de VIM. Entre estas se encuentran *Best Things In Life For Free* (en la que el «héroe» roba cerveza de una tienda antes de montarse y acabar volando de la parte trasera de un tren a toda velocidad) e *It's So Fresh I Can't Take It* (en la que un bote de aerosol parece controlar a un artista indefenso al que obliga a la fuerza a pintar sobre las paredes y el suelo de una estación de metro). En 2008, su proyecto de fin de máster, *Territorial Pissing* (*véase* imagen 3), siguió captando esta electricidad y embriaguez del momento, aunque de una manera aún más intensa. La pieza comienza con la imagen de una figura enmascarada y vestida de negro en un tren de cercanías que está haciendo *tags* en la pared y la ventana adyacentes mientras los demás pasajeros miran con actitud pasiva; la figura se vuelve cada vez más animada y frenética y se pone a garabatear de una forma cada vez salvaje hasta ponerse a arrancar anuncios para pintar toda la pared del tren. Cuando el vagón entra en la estación, el personaje rompe la ventanilla con el aerosol y se lanza de cabeza a través de los restos de esta. Tras correr por el exterior del tren, rociándolo al azar (en lo que Nug ha denominado SPAG, o *spaghetti graffiti*), al final se ve al personaje otra vez en el tren, donde destruye las ventanas, las paredes y el suelo del vagón con un extintor de incendios lleno de tinta.

El filme se exhibió como parte de una colección de trabajos de graduación en la prestigiosa galería Brändström & Stene de Estocolmo, donde lo vio y censuró la ministra de Cultura, Lena Adelsohn Roth. La tormenta mediática que se produjo después acarreó una investigación penal y la anulación del título de Nug. Para Nug, sin embargo, esta obra no tenía que ver con el vandalismo ni con la destrucción, sino con el instinto y el sentimiento: exploraba la esencia primigenia y elemental del grafiti en lugar de intentar replicar o someter sus cualidades formales u ornamentales. Al igual que sus obras más recientes, como *The Concept Is Fuck You, Yes You*, que se representó en el Festival Fame de Grottaglie, Italia, y en la que el personaje heroico en solitario se ve sustituido por una banda de insurgentes enloquecidos, o su exposición conjunta con el artista Erland Brand titulada «Dödslack», estas acciones no pueden entenderse solo a través de la óptica del arte como violencia o transgresión (como el accionismo vienés de Otto Mühl), el cual refuerza la violencia aprobada, endémica, aunque oculta, de la sociedad en general. La práctica de Nug se deleita en la emoción y la intensidad, no en la barbarie o la crueldad intencionada. Se trata de liberación, euforia y pasión, no de poder. Es una presentación visual de la anarquía dopaminérgica, endorfínica y serotoninérgica del propio acto del grafiti.

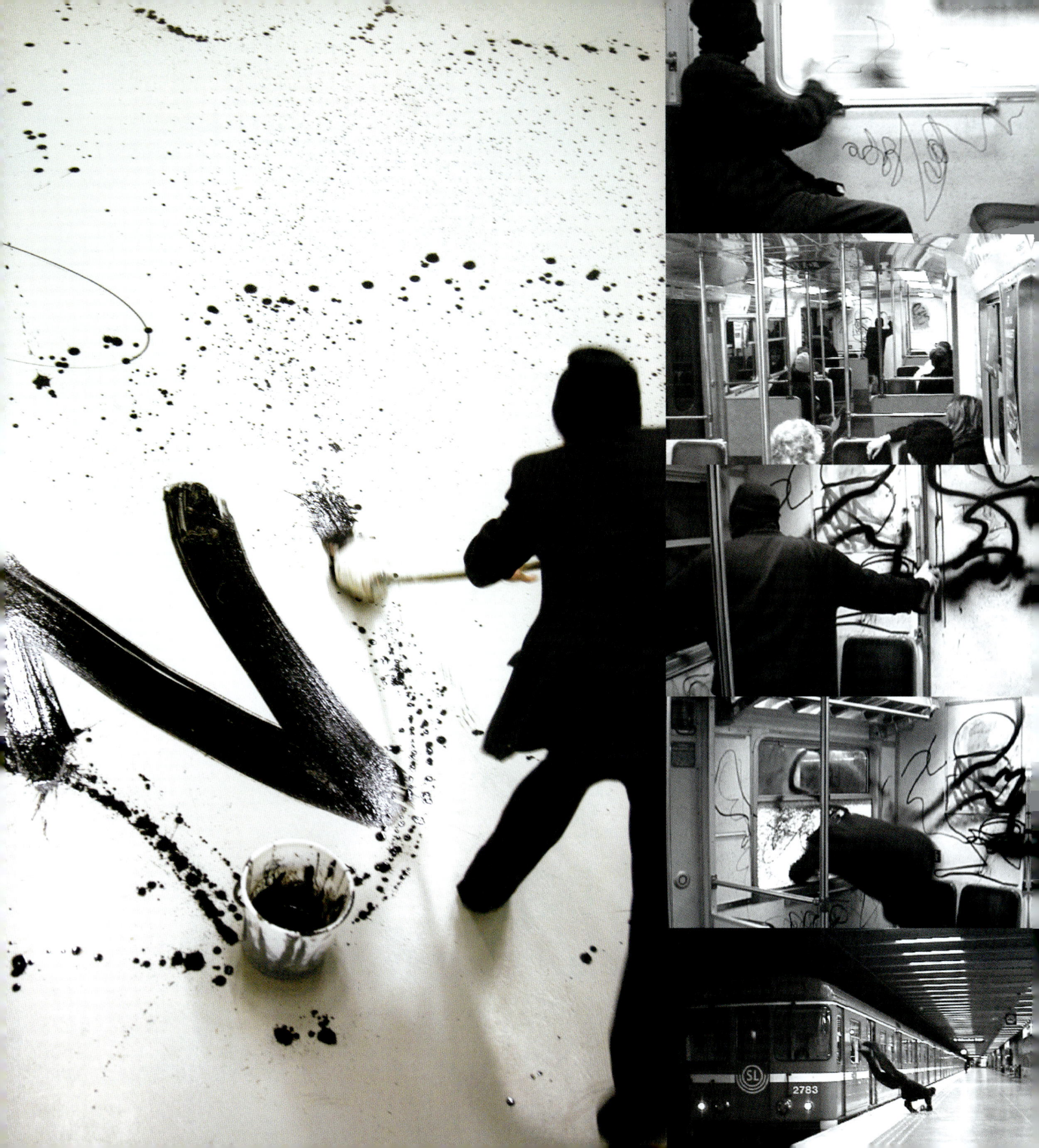

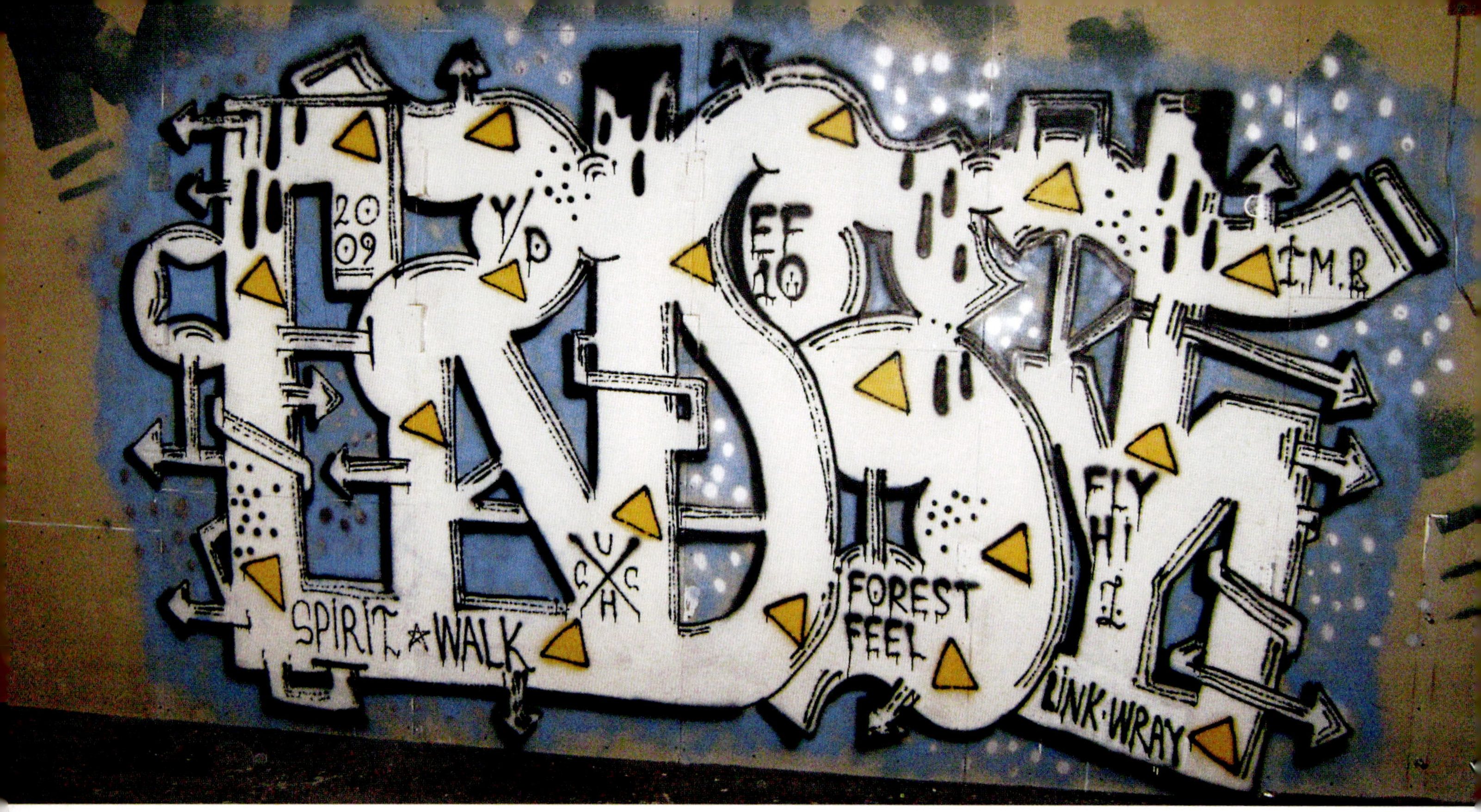

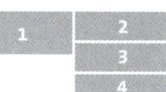

COPENHAGUE

NACIMIENTO 1980, Haderslev, Dinamarca **TÉCNICAS / MATERIALES** Pintura en aerosol
ESTILO Grafiti vanguardista, grafiti *punk* **INFLUENCIAS** Música experimental, *punk*
CREWS United Hands City Circus, EF10, IMB

AFFEX VENTURA

JAN S. HANSEN · KOMET · CRUST · TRAZY

Con un estilo que ha evolucionado a partir de una historia y una actividad continuada en la música experimental, el grafiti oscuro, ingenioso y a menudo retorcido de Affex Ventura tiene influencias de lo más eclécticas. Desde los imaginarios visuales del *hardcore* estadounidense hasta la cultura del tatuaje y los movimientos políticos antisistema, Ventura (quizás más conocido hoy en día en los círculos de bellas artes como Jan S. Hansen) ha abrazado un «estilo barriobajero» en su producción ilícita y una estética inspirada en la cultura *hobo*, el espíritu del DIY y una sociofilosofía independiente.

Nacido en Haderslev en 1980, la primera gran influencia de Hansen fue la cultura *punk* y *skate* de Dinamarca. Así, empezó a pintar símbolos de anarquía y logotipos de bandas por su ciudad natal, y a mediados de la década de 1990 también abordó el grafiti clásico. A partir de 2001 viajó por todo el mundo, y las impresiones y reflexiones que surgieron de sus viajes empezaron a reflejarse en su arte. Tras transformar estas observaciones en un «revoltijo antropológico visual», sus obras empezaron a inspirarse en el arte marginal, las tendencias urbanas y una dosis constante de «actitud *punk*»: muchas de sus obras exteriores y de bellas artes de esta época presentaban fragmentos poéticos de texto combinados con crudas y detalladas imágenes.

En 2002 Hansen creó EF10 (Extended Family10) junto con un grupo de escritores afines que se reunieron por primera vez en Barcelona y más adelante se reagruparían en Copenhague. El grupo cuenta en la actualidad con unos veinticinco miembros que conforman una constelación diversa de artistas visuales, músicos, diseñadores gráficos y tatuadores. Los miembros sacan tiempo para pintar grafitis de una forma u otra (grafitis cuyo estilo se complementan entre sí), así como para realizar otras actividades creativas. Además de a EF10, la obra de Hansen está vinculada a United Hands City Circus y a Curbkids, grupos que adoptan un enfoque de la vida basado en el *freecycling*. Con todo, lo que sigue siendo fundamental en la práctica de Hansen es la extraña mezcla experimental de filosofía *punk*, etnología y sardonismo que sigue impregnando su obra.

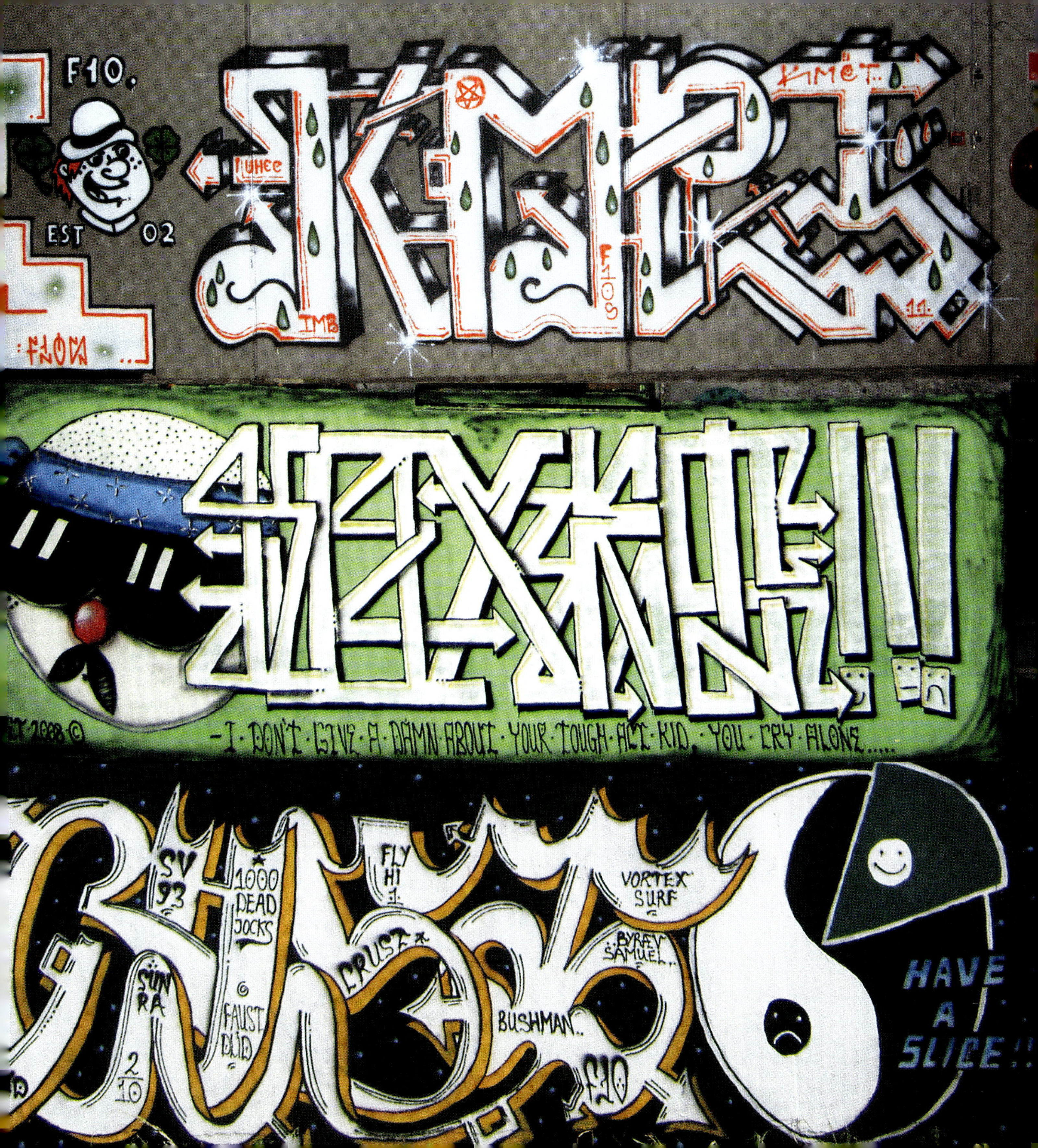

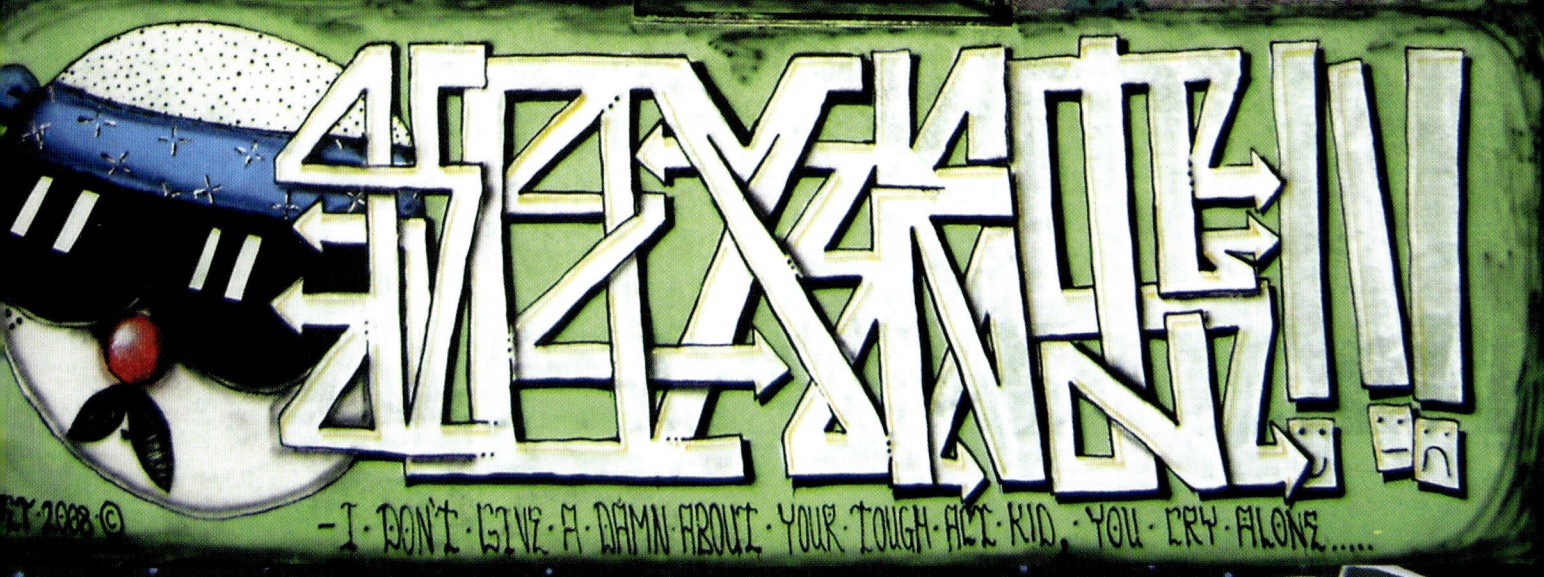

- I DON'T GIVE A DAMN ABOUT YOUR TOUGH ACT KID, YOU CRY ALONE.....

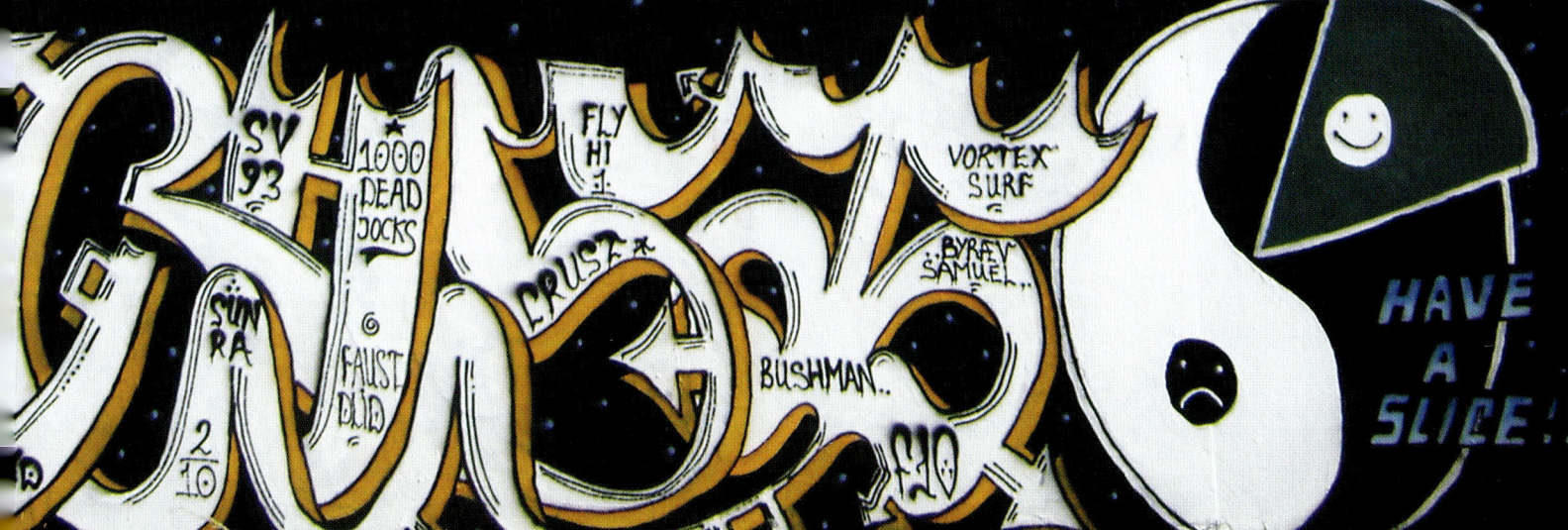

SV
93

1000
DEAD
JOCKS

FLY
HI

VORTEX
SURF

CRUSE

BYRAV
SAMUEL

SUN
RA

FAUST
DUO

BUSHMAN

F10

HAVE
A
SLICE!!

COPENHAGUE Y AFFEX VENTURA

El mapa de Affex Ventura, titulado *Dumpstermap of Nørrebro*, es una guía de localización de lugares clave en los que buscar en contenedores de basura (práctica conocida como *skipping* o *dumpster diving*) en el distrito de Nørrebro, al noroeste de Copenhague. Los objetos, acompañados de un fanzine titulado *In the Trash*, así como de una llave de contenedor de basura colgada de la propia pieza (una herramienta crucial para todo aquel que busque en la basura), ofrecen lo que en 2006, cuando se realizó la propia obra, era un relato concluyente de las diversas opciones que tienen quienes buscan objetos desechados pero valiosos en la ciudad, desde frutas y verduras hasta casas y pinturas al óleo.

La práctica de buscar en la basura tiene muchos vínculos con el mundo del grafiti. Este acto, que a menudo llevan a cabo artistas en busca de materiales y ecologistas que quieren reducir su huella ecológica, se asocia con el llamado *racking* de la cultura del grafiti (la negativa de muchos artistas a pagar jamás por los materiales), así como con la cultura *hobo*, que hace hincapié en un modo de vida al margen de los medios convencionales. La actitud de muchas de las personas que buscan en la basura, al igual que la de la cultura de la okupación en general, sigue por tanto los ideales antisistema y anticapitalistas que asumen muchos artistas del grafiti. Así las cosas, la ubicación de la famosa Ungdomshuset (una «casa de la juventud» ya demolida que fue un centro neurálgico de la música y el arte *underground* de Copenhague) en la zona de Nørrebro en el mapa de Ventura no tiene nada de casual. Guiado por el fanzine y el mapa, el espectador (o el principiante en la búsqueda de basura) puede saber así dónde y cuándo explorar para emprender con éxito una misión. «N.° 1: tras la puerta. Buen sitio para encontrar pintura doméstica y pintura al óleo y, a veces, diversos artículos en el montón de residuos voluminosos». O «N.° 5: Panadería. Hay que acceder por la puerta de Gormsgade. En los contenedores hay pan y pasteles». O tal vez «N.° 7: Supermercado Kvickly. El no va más en cuanto a comida y otras cosas. Aquí se pueden encontrar un montón de cosas diferentes, como herramientas eléctricas, grabadoras de DVD, teléfonos, lámparas, ropa, una bicicleta estática (¡!) y, después de Navidad, puedes aprovisionarte de chocolate para dos meses o conseguir fruta y verdura a diario». Gracias a la riqueza de esta información, el mapa de Ventura nos ofrece una visión privilegiada y *bottom-up* de Copenhague, un ámbito oculto de conocimiento presentado a través del medio cartográfico.

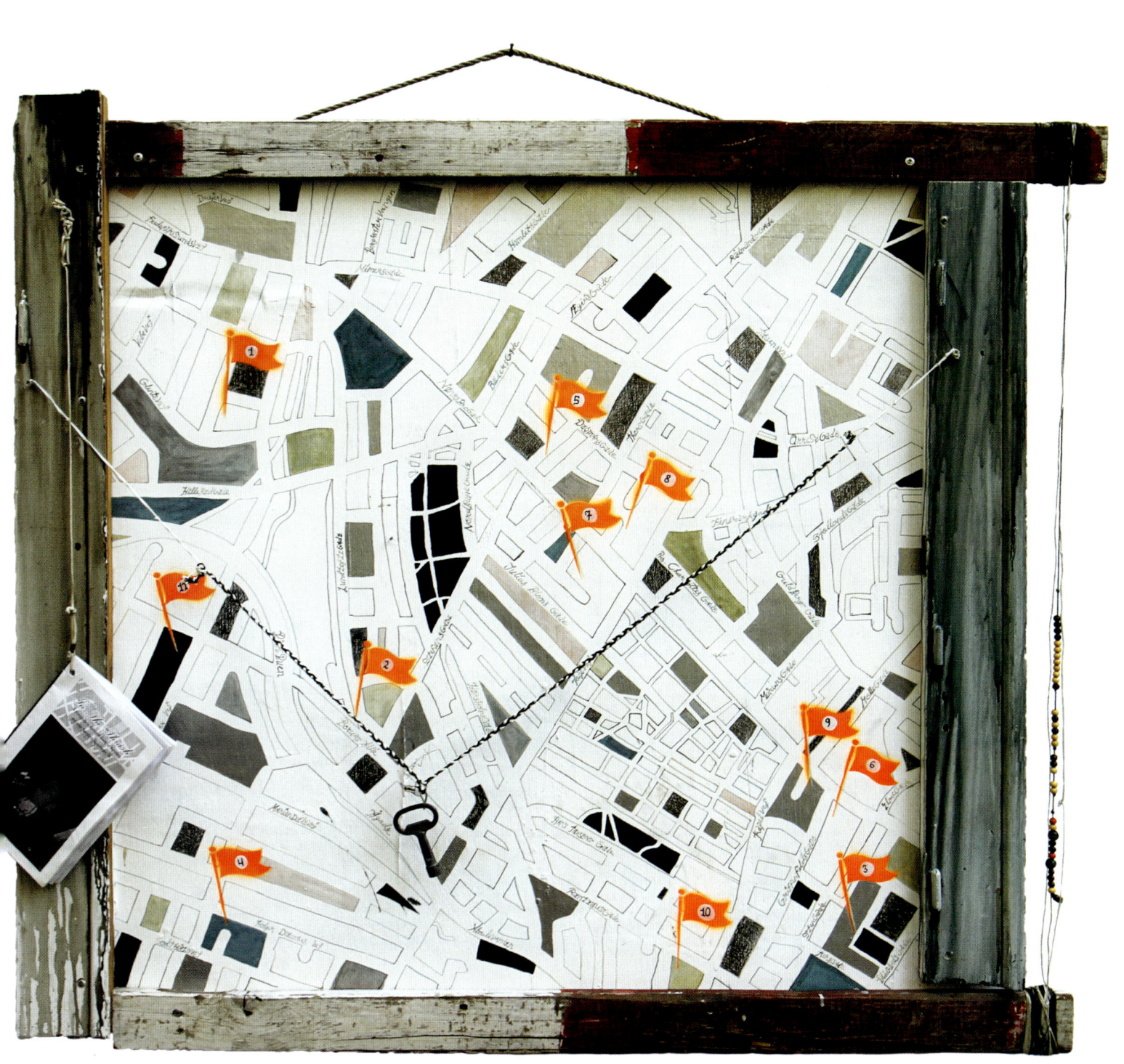

GOTEMBURGO

NACIMIENTO 1978, Falkenberg, Suecia   TÉCNICAS / MATERIALES Pintura en aerosol, pintura acrílica   ESTILO Muralismo abstracto, figuración abstracta   TEMAS Equilibrio, simbolismo de los objetos   INFLUENCIAS Don Martin, Philip Guston, Max Andersson

EKTA

Ekta tal vez sea el más prolífico de los artistas que figuran en este libro, alguien que parece necesitar pintar y dibujar para sobrevivir. Se trata de un creador que lleva al límite cada tema que desarrolla, que juega con el color y la forma hasta probar todas las permutaciones posibles y que, al negarse a sentirse demasiado cómodo con su trabajo, se obliga a progresar y desarrollarse continuamente. Sus primeras obras muestran una pronunciada influencia tanto del neoexpresionista estadounidense Philip Guston como del cineasta y dibujante de cómics sueco *underground* Max Andersson, en particular en cuanto a la inclinación mutua por el humor negro y las formas caricaturescas y figurativas. Desde entonces, Ekta ha empezado a representar objetos, aunque tal vez sea más preciso hablar de personajes encarnados a través de objetos. Con todo, este simbolismo no es más que uno de sus múltiples canales estéticos, una forma más de descargar su ilimitado impulso creador.

Nacido con el nombre de Daniel Götesson en 1978 en Falkenberg, una pequeña ciudad costera del sur de Suecia, Ekta vivió durante la infancia obsesionado con el dibujo y se pasaba horas dibujando y llenando de letras y personajes cualquier trozo de papel que se encontrase. En aquel momento, su principal influencia fue la legendaria revista *MAD*, y en particular «el artista más loco de *MAD*», Don Martin.

Pero fue en su adolescencia como *skater* cuando se confirmó el compromiso de Ekta con el arte. Las pequeñas secciones de arte de revistas de *skate* como *Thrasher* y *Slap*, en las que aparecía el trabajo de artistas y tempranas influencias como Mark Gonzales, Chris Johanson, Ed Templeton y Neil Blender, le dieron a Ekta una idea de las posibilidades de la expresión visual. Les atribuye además a estos artistas el haberle ayudado a «ignorar el hecho de que el arte no suele presentarse como una opción en la vida, como algo que puedes hacer cuando eres adulto».

Tras mudarse a Londres a los dieciocho años junto con uno de sus amigos íntimos para patinar, Ekta acabó quedándose nueve años y se graduó en diseño gráfico e ilustración en el London College of Communication en 2005. Aunque Londres le ayudó a revivir sus primeros coqueteos con el grafiti y le proporcionó una sólida base ilustrativa a través de sus estudios, se marchó sin tener una dirección artística clara. Tras regresar a Gotemburgo, donde sigue residiendo, hubieron de pasar dos años (y algunos trabajos horribles) para desarrollar el estilo que ahora conocemos.

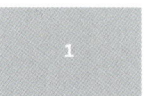

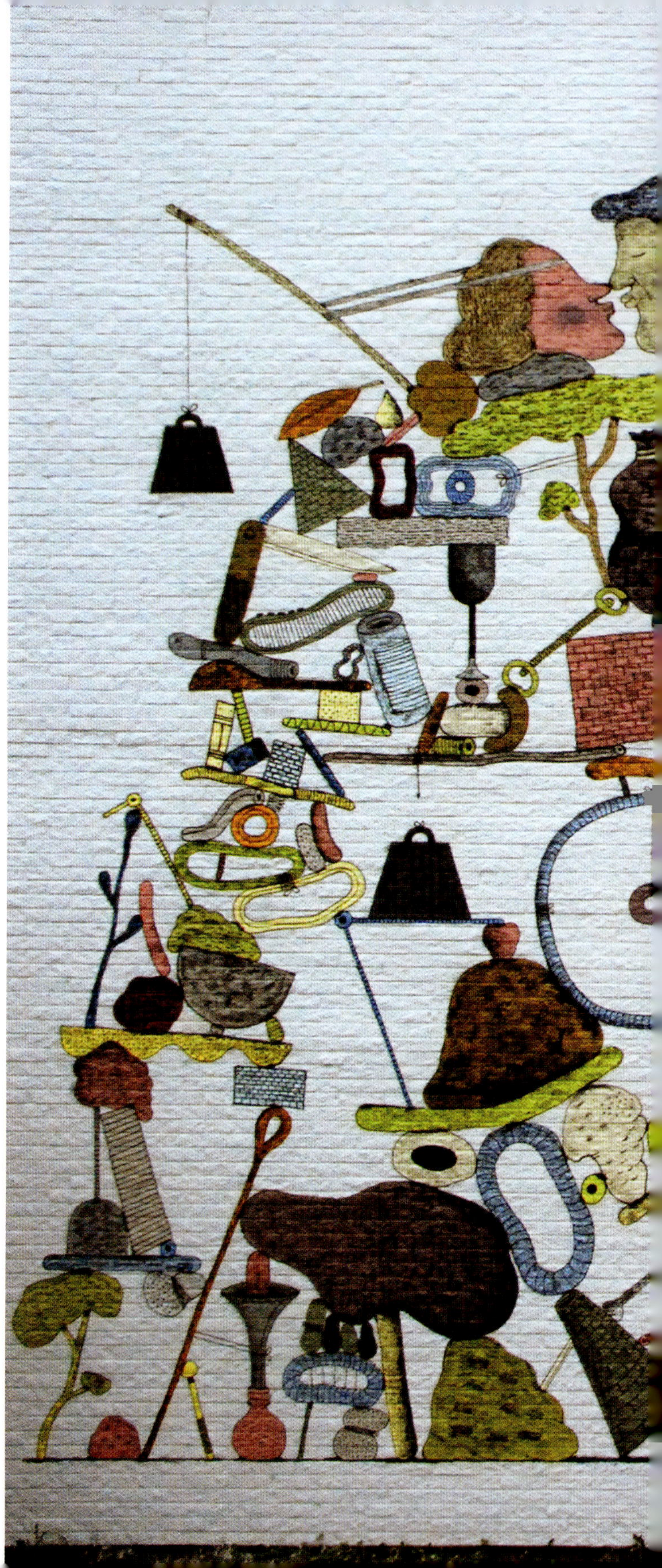

1 *The Whole Is Greater than the Sum of its Parts*, Växjö, Suecia, 2011

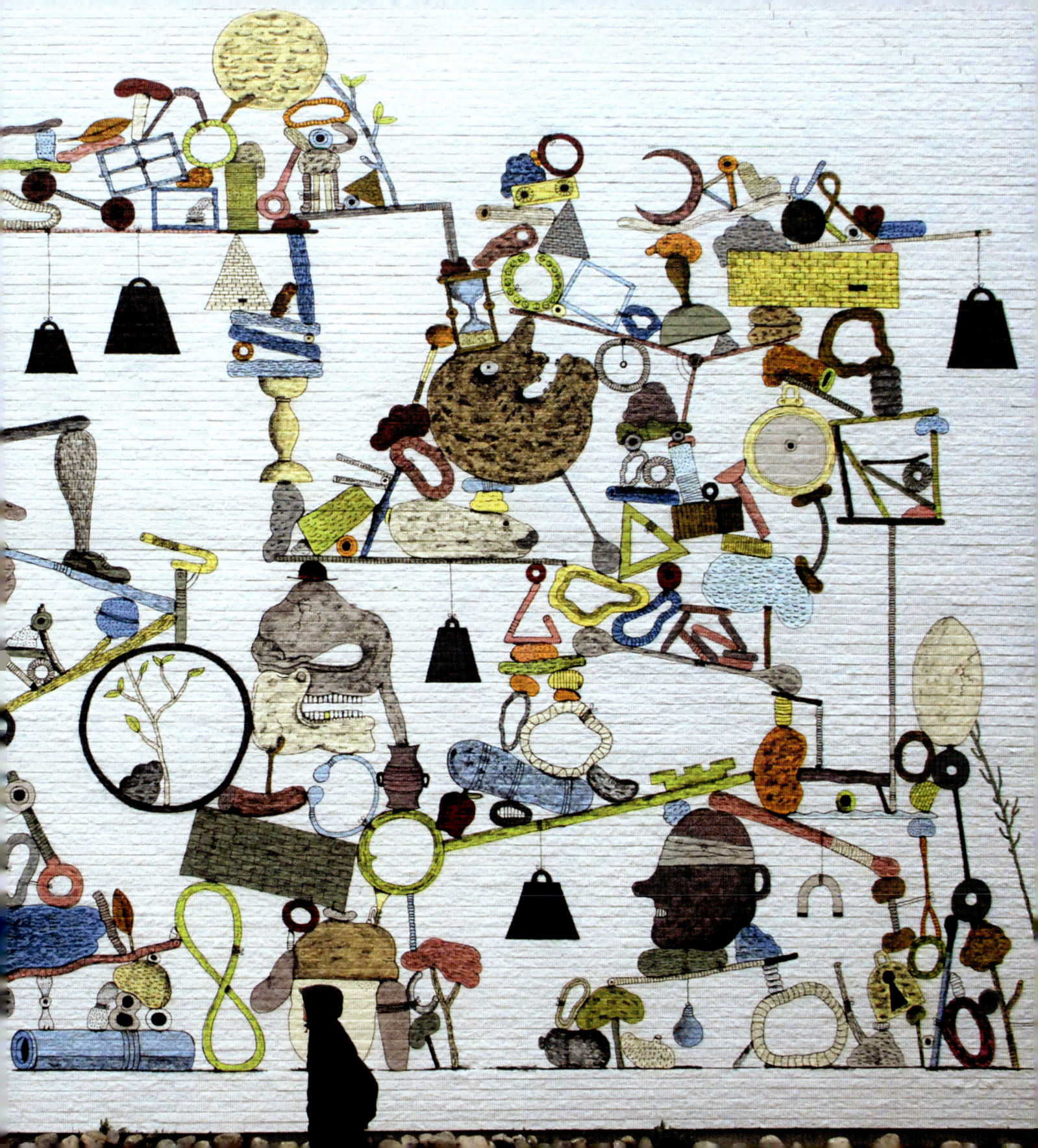

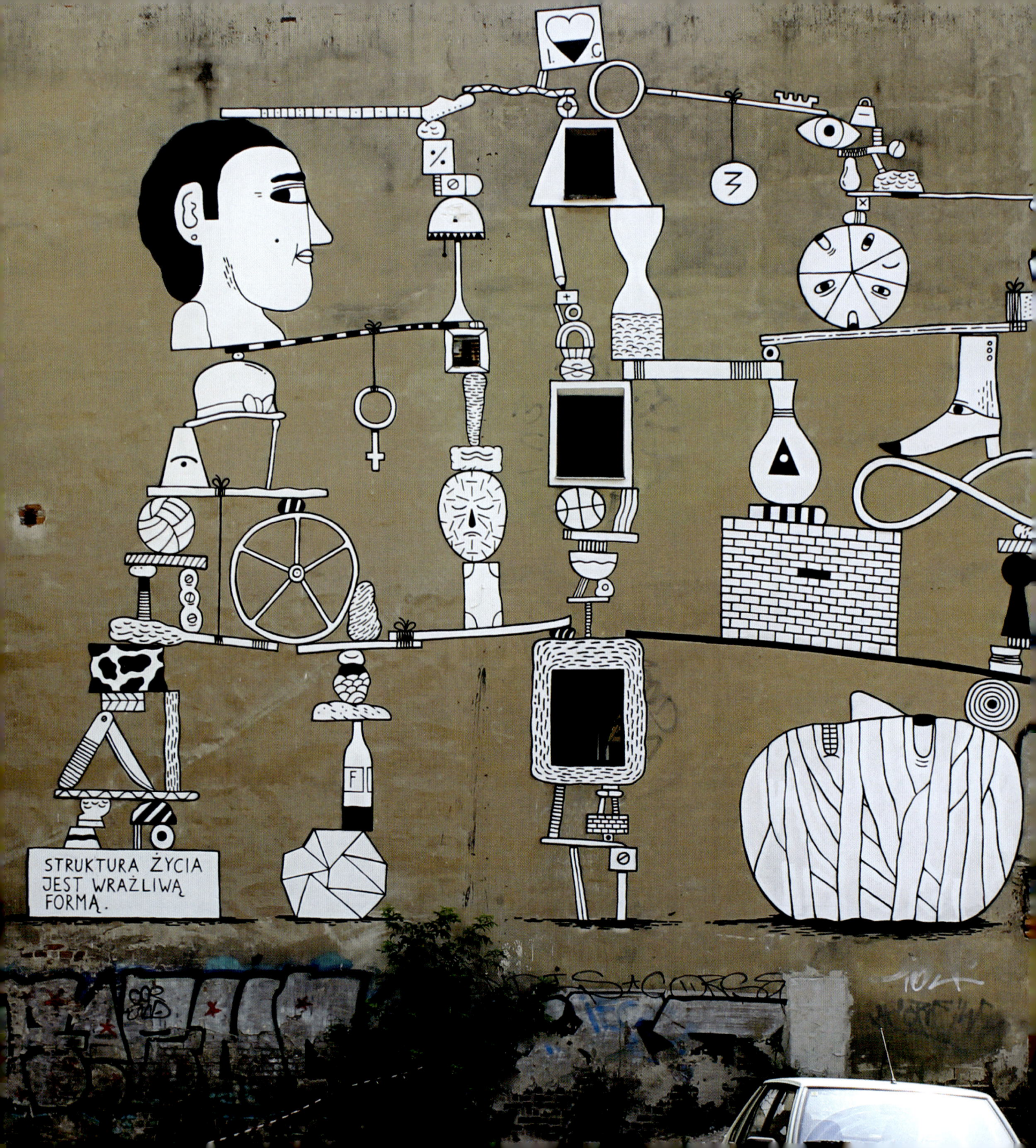

1 *Life Structure*, Breslavia, Polonia, 2012
2 *Vanity*, Gdańsk, Polonia, 2011

Son dos las piezas emblemáticas que ofrecen una visión esclarecedora de uno de los estilos característicos de Ekta: *The Whole Is Greater than the Sum of its Parts* (véanse páginas 210-211), producida en Araby, Växjö, Suecia, en 2011, y *Life Structure* (véase imagen 1), creada en Breslavia, Polonia, en 2012 para el festival Out of Sth, comisariado por Zbiok (véanse páginas 220-223). Tras pedirle a las personas que se encontraba en los lugares que elegía que le dijeran qué era lo más importante en su vida, Ekta reflejaba las respuestas que le daban en los objetos y símbolos que pintaba, lo cuales vinculaba a otros artefactos que tenían importancia personal para él. Las delicadas, complejas y precarias estructuras de las obras resultantes transmiten sensación de vulnerabilidad. Las composiciones de Ekta ponen de relieve no solo la interconexión y la fragilidad de la comunidad, sino también de la vida misma y del intrincado equilibrio al que nos enfrentamos cada día.

Ekta ha revelado la historia de varios de los objetos clave de *The Whole Is Greater than the Sum of its Parts*, como es el caso del Romeo con gorro de zopenco que figura la parte superior izquierda (¿quizá el propio artista?), de la cabeza vendada de un neonazi con nariz de cerdo que se encuentra en la parte inferior derecha («Tiene la oreja grande para agarrarla con fuerza», señala Ekta en una posible alusión a la historia de tendencias de extrema derecha de la ciudad) y de la navaja automática (una imagen recurrente) que está por el borde izquierdo. Además, la cabeza sonriente que está en el centro a la derecha es un homenaje al artista Roger Risberg, ya fallecido, y la figura que hay bajo la luna (en la parte superior central) se inspiró en «un dibujo que una niña de la zona hizo de ella misma leyendo un libro». La pluma dorada que hay en la parte superior representa a un hombre que conoció el artista y al que le encantaban los pavos reales. Las pesas de la izquierda «simbolizan el peso de los problemas de la vida», mientras que las formas que generan una bicicleta aluden a los muchos niños que le dijeron que montar en bici era su pasatiempo favorito. Hacia la parte superior derecha hay un grupo de objetos que forman el nombre del hijo de Ekta, Ilja.

En el corazón medio lleno que está en la cúspide de *Life Structure* ponía «para mi familia, con las iniciales de mi novia y mi hijo», mientras que el lápiz aludía a una mujer que conoció y que era escritora. El mástil de guitarra era «para un tipo que tenía un estudio de grabación cerca»; la botella casi vacía recordaba a un «borracho del lugar que [le] miraba pintar todo el día». La pelota de voleibol aludía a un «tipo que vive cerca y que [le] dijo que había consagrado su vida a este deporte», mientras que el sombrero era un homenaje a la serie croata de dibujos animados *Professor Balthazar*.

En ambas pinturas, los símbolos contienen una plétora de significados que pueden apreciarse tanto por sus diversas implicaciones como por su atractivo estético básico. La vista se ve atraída tanto por el conjunto como por sus partes, los pequeños detalles. Aunque Ekta sigue ampliando su obra con la producción de más obras escultóricas, instalaciones, *collages* e incluso ilustraciones para publicaciones periódicas (entre ellas una que le encargó *The New York Times*), siempre vuelve a la sencillez del dibujo y a la compulsión de dar rienda suelta a su mente sobre una superficie.

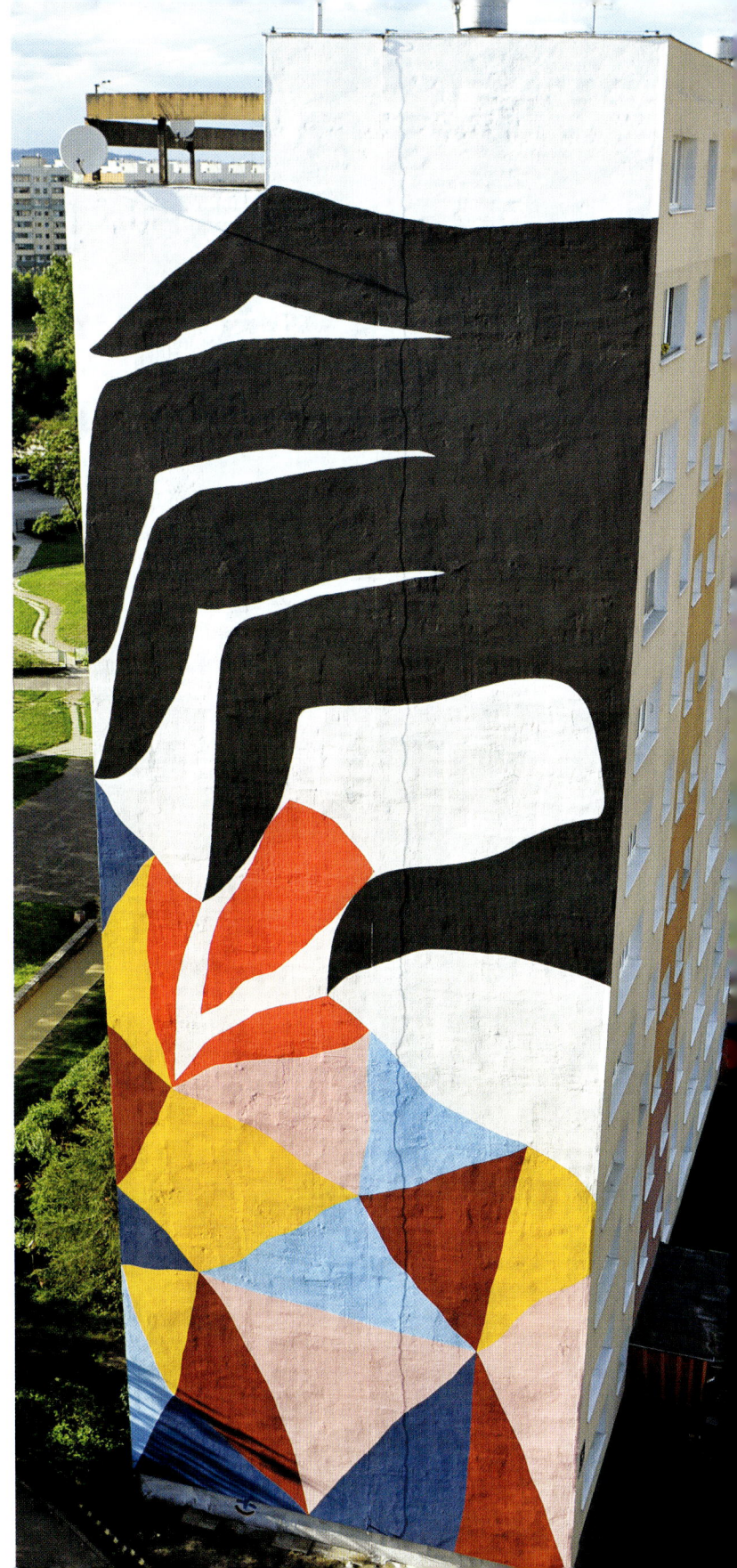

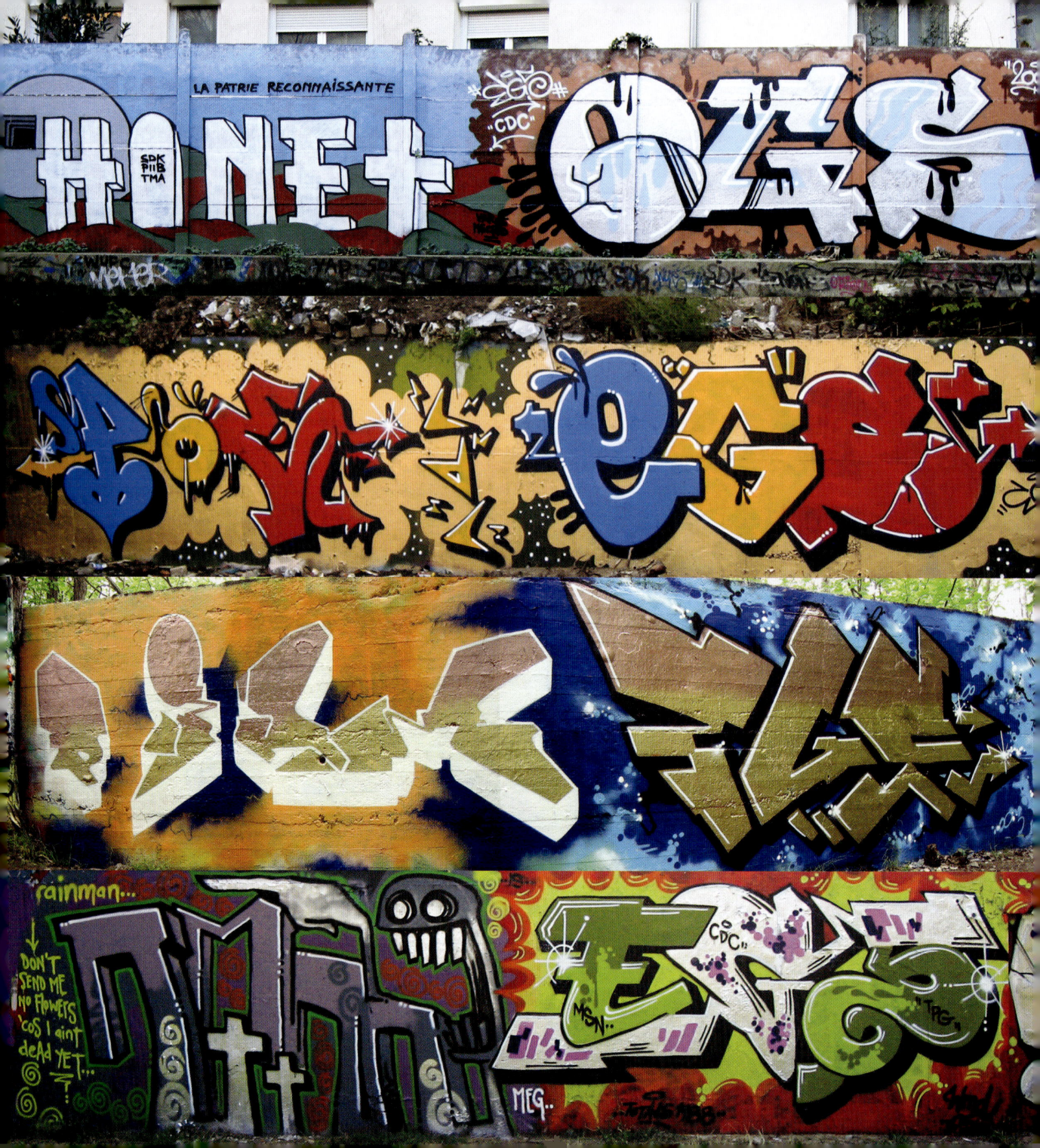

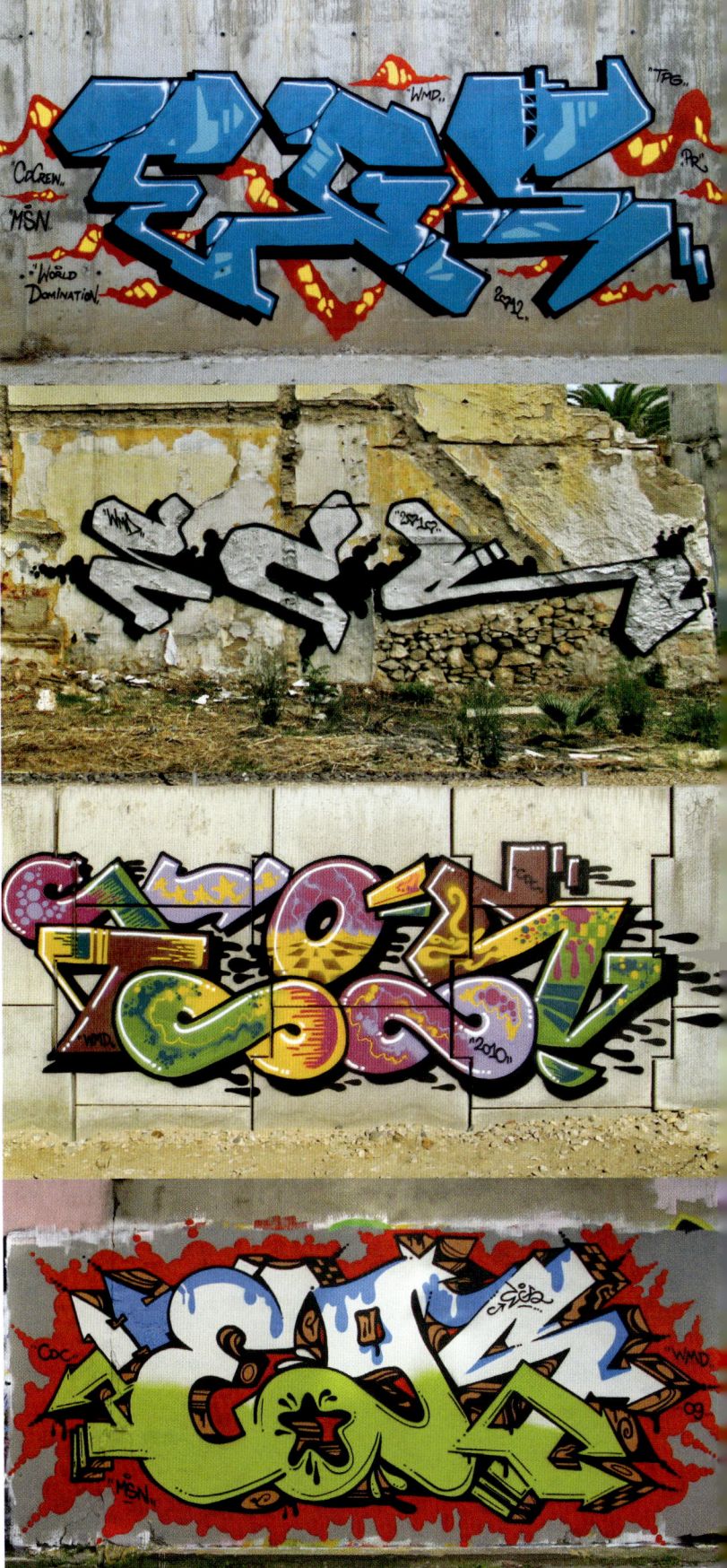

HELSINKI

NACIMIENTO Desconocido **TÉCNICAS / MATERIALES** Pintura en aerosol,
tinta china **ESTILO** Grafiti clásico, dibujo caligráfico monocromo, rotulación abstracta
TEMAS Antropología, folclore **INFLUENCIAS** Tipografía *CREWS* WMD, TPG, MSN

EGS

Egs no solo destaca por haber pintado en todo el mundo (y lo ha hecho
en los cinco continentes y en más de cuarenta países, desde Bucarest
a Buenos Aires, de Londres a Lagos y de Shanghái a Santiago de Chile).
Además, ha pintado con gente de todo el mundo: de Ket a Lodek, de Rainman
a Risk, de Petro a Pike y de Honet a Hes. Egs, autoproclamado antropólogo
del grafiti, además de ser maestro del estilo es también un escritor que
en la década de 1990 produjo obras que aún hoy parecen adelantadas a su
tiempo. A esto hay que sumarle su crucial aportación a la documentación
histórica y la difusión de la práctica: es un artista-archivero al que le mueve
un intenso deseo de explorar las verdades formales y populares del grafiti
y descubrir sus fundamentos sociales y materiales.

Aunque la producción de Egs se ha vuelto cada vez más abstracta
(*véase* mapa, páginas 216-127), la obra ilícita que realiza en la actualidad
es el resultado de un largo e intenso estudio de la forma en el que, mediante
su forma de hacer *collages*, ha yuxtapuesto las distintas épocas que le gustan.
Comenzó a mediados de la década de 1980 como parte de la primera oleada
grafitera en Finlandia y en 1988 ya había viajado a Estocolmo y París para
descubrir y documentar sus florecientes escenas. Pese a vivir en una de las
zonas más remotas de Europa, a Egs le fascinaban las conexiones regionales
que generaba el grafiti, y los viajes se convirtieron en parte integral de su
vida. Su inquisitivo interés por los grafitis regionales le llevó a estrechar
lazos en Francia, Suecia, Dinamarca, Alemania y Reino Unido a principios
de la década de 1990.

Todas estas experiencias confluyeron cuando formó su ya legendaria
crew, WMD, un conglomerado internacional de artistas entre los que se
encontraban Honet y Petro (*véanse* páginas 144-147). Este grupo es testimonio
del arraigado internacionalismo de Egs así como del intenso componente
cosmopolita del propio grafiti. Los vínculos que el artista ha creado a través
de esta colaboración global forman parte de su práctica personal tanto como
los homenajes que hace al folclore del grafiti a través de, según sus propias
palabras, todas las «ondas, estrellas, gotas y bloques» que pinta. Los viajes
que ha hecho por el mundo tanto para pintar como para investigar, entablar
relaciones y compartir conocimientos con otros profesionales le han
permitido adquirir una visión casi sin parangón de la vasta cultura
del grafiti. Su obra demuestra una profunda comprensión tanto de las
infinitas posibilidades de manipulación del alfabeto como de los diversos
movimientos, estilos y tradiciones del grafiti.

1	5	1 Málaga, España, 2012 2 Atenas, Grecia, 2010
2	6	3 Madrid, España, 2010 4 Estambul, Turquía, 2009
3	7	5 París, Francia, 2006 6 Bucarest, Rumanía, 2007
4	8	7 Estocolmo, Suecia, 2004 8 Budapest, Hungría, 2005

HELSINKI
Y
EGS

El mapa de Helsinki hecho por Egs, una representación a pluma y tinta realizada con su clásico estilo de manchas de tinta, tiene una profunda influencia de la esencia caligráfica del grafiti. El plateado y el negro son sus colores preferidos a la hora de escribir grafitis, tanto porque hacen que sus letras destaquen como porque estos colores «no se pueden alterar ni camuflar con otros». El uso que hace de la tinta china y los pinceles en sus obras de bellas artes busca conectar estas dos prácticas así como obligar al espectador a percibir la pureza y complejidad de la propia imagen del grafiti. Retomando el tema tipográfico de sus diseños sobre papel (cada obra contiene las tres letras de su nombre aunque abstraídas hasta casi volverse irreconocibles), el mapa que ha elaborado no es solo una versión abstraída de su Helsinki natal con sus islas, bahías y penínsulas, sino que también ejemplifica el inimitable estilo quirográfico de Egs. El artista ha retorcido y remodelado la topografía hasta hacer que esta proclame su propio nombre y ha creado un mapa en el que se percibe además su amor y admiración por la ciudad de Helsinki, por la que siente un apego emocional y físico que él mismo explica de esta manera:

«Helsinki fue un lugar estupendo en el que crecer. La Guerra Fría seguía gélida y Helsinki era una de las pocas pasarelas que había entre los dos bloques. Era una ciudad perfecta para vivir aventuras: muelles, trenes de mercancías, viejos tranvías, fábricas y almacenes del centro de la ciudad, solares abandonados y vacíos que aún tenían señales de los bombardeos de la Segunda Guerra Mundial y viejos borrachos veteranos de la propia contienda. Aquellos lugares fueron los patios de recreo de mi infancia, y el mar los conectaba a todos. El mar fue también lo que llevó a mi abuelo a Helsinki. Nació en Víborg y trabajó en un ahumadero de pescado. Tras la Segunda Guerra Mundial, cuando la Unión Soviética tomó Víborg, mi abuelo huyó a Helsinki, en cuyo puerto montó un ahumadero. Además, que Helsinki esté en la esquina más apartada de Europa hizo que mis amigos y yo viajáramos mucho. Los escritores de aquí formaron parte de la primera generación Interrail, que viajó para conocer a otros escritores de todo el mundo. Esta lejanía contribuyó a que se creara un estilo singular en Helsinki antes de internet. Me encanta vivir aquí arriba».

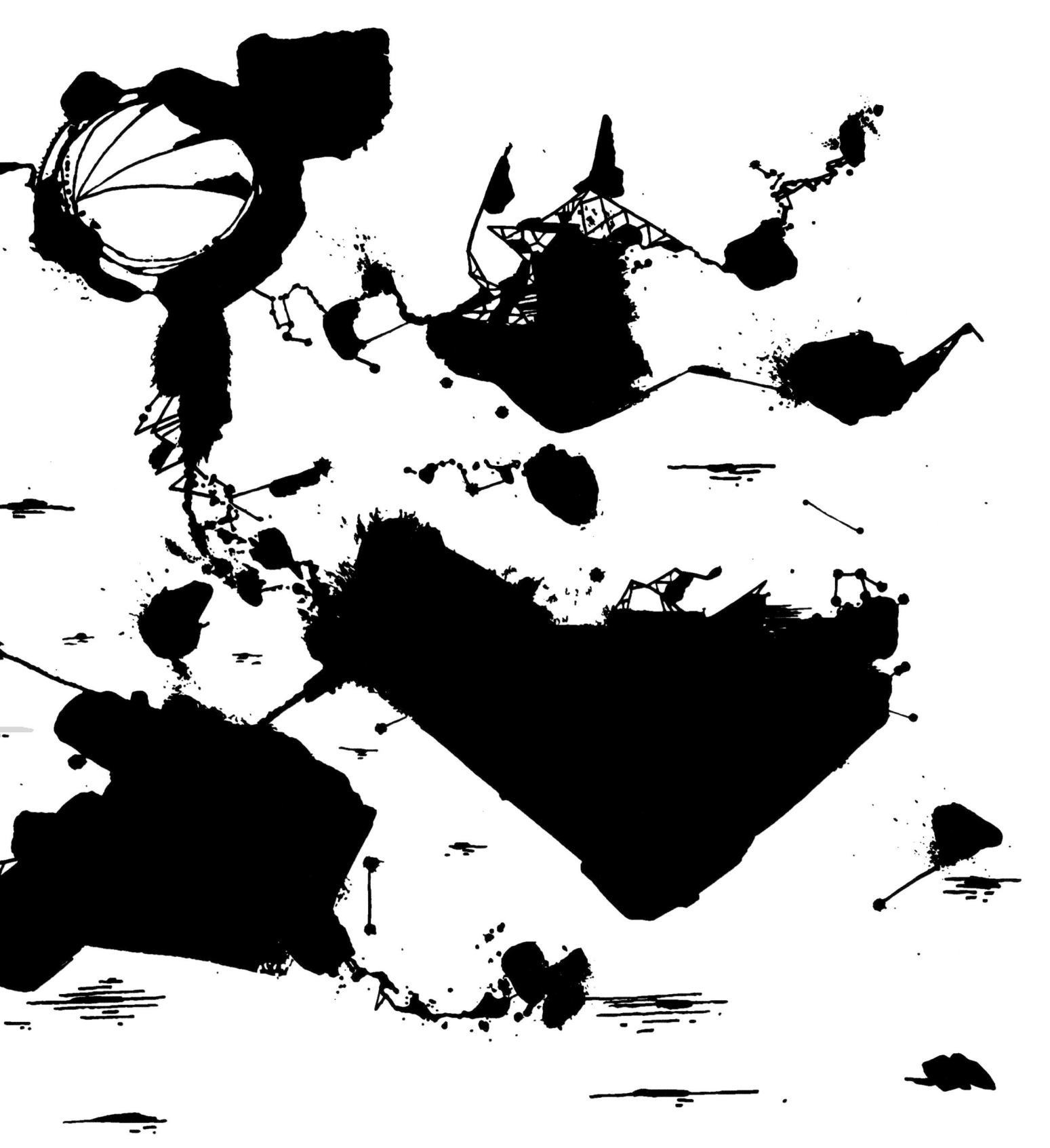

PRAGA
NACIMIENTO Desconocido **TÉCNICAS / MATERIALES** Varios **ESTILO** Intervenciones urbanas, instalaciones urbanas **TEMAS** Apropiación del espacio, acción social
INFLUENCIAS Arte de guerrilla **COLECTIVO** Ztohoven

EPOS 257

EPOS 257, integrante del célebre colectivo artístico checo Ztohoven, ha creado una forma de arte de protesta popular y de confrontación dentro de la ciudad, un arte dedicado a cuestionar el «montón de banalidades» que, según él, pueblan la esfera pública. EPOS se inspira en la vida urbana contemporánea, la cual examina desde diversas ópticas para conformar y construir una relación con ella a través de la participación activa y la transformación.

Si bien muchas de sus obras pueden resultar divertidas, lamenta que el arte se vea tan a menudo «degradado a una mera broma», una actitud que solo sirve para domesticar su violencia e ignorar que los temas que aborda son de calado. En su esfuerzo por dirigirse al público en general, y no solo al que está familiarizado con el *street art* o el mundo del arte, EPOS se centra, según sus propias palabras, en la «experiencia, la sensación de un entorno determinado», lo que le permite llegar a una comunidad más amplia a través de la galvanización del «espacio compartido que nos rodea».

EPOS ha desarrollado su particular estilo de intervenciones urbanas tras años de haber vivido inmerso en la cultura del grafiti, etapa inicial de su vida de la que surge buena parte de su motivación y su inspiración. Explica el artista que la experiencia de pintar su primer metro, en 1999, «desencadenó una avalancha» en su interior: «La adrenalina, el sudor, el estrés, la paranoia, la energía, la satisfacción; fue una experiencia de una enorme intensidad. En ese momento supe que estaba viviendo al máximo. Todo se desvaneció; la escuela, el deporte, los amigos; pero al mismo tiempo encontré allí todos estos aspectos e incluso más». La creación de un mundo de aventuras en los rincones más oscuros de la ciudad le proporcionó ver el paisaje urbano desde un punto de vista muy diferente, el cual le enseñó a no «tener miedo a mostrar» lo que hacía y a «hacer las cosas al máximo». Aunque no dejó de inspirarse en los valores y principios de la cultura del grafiti, su obra empezó a alejarse poco a poco de las formas tradicionales. Empezó a experimentar con diversos materiales y medios e incursionó en los mundos de la *performance*, la escultura y la arquitectura.

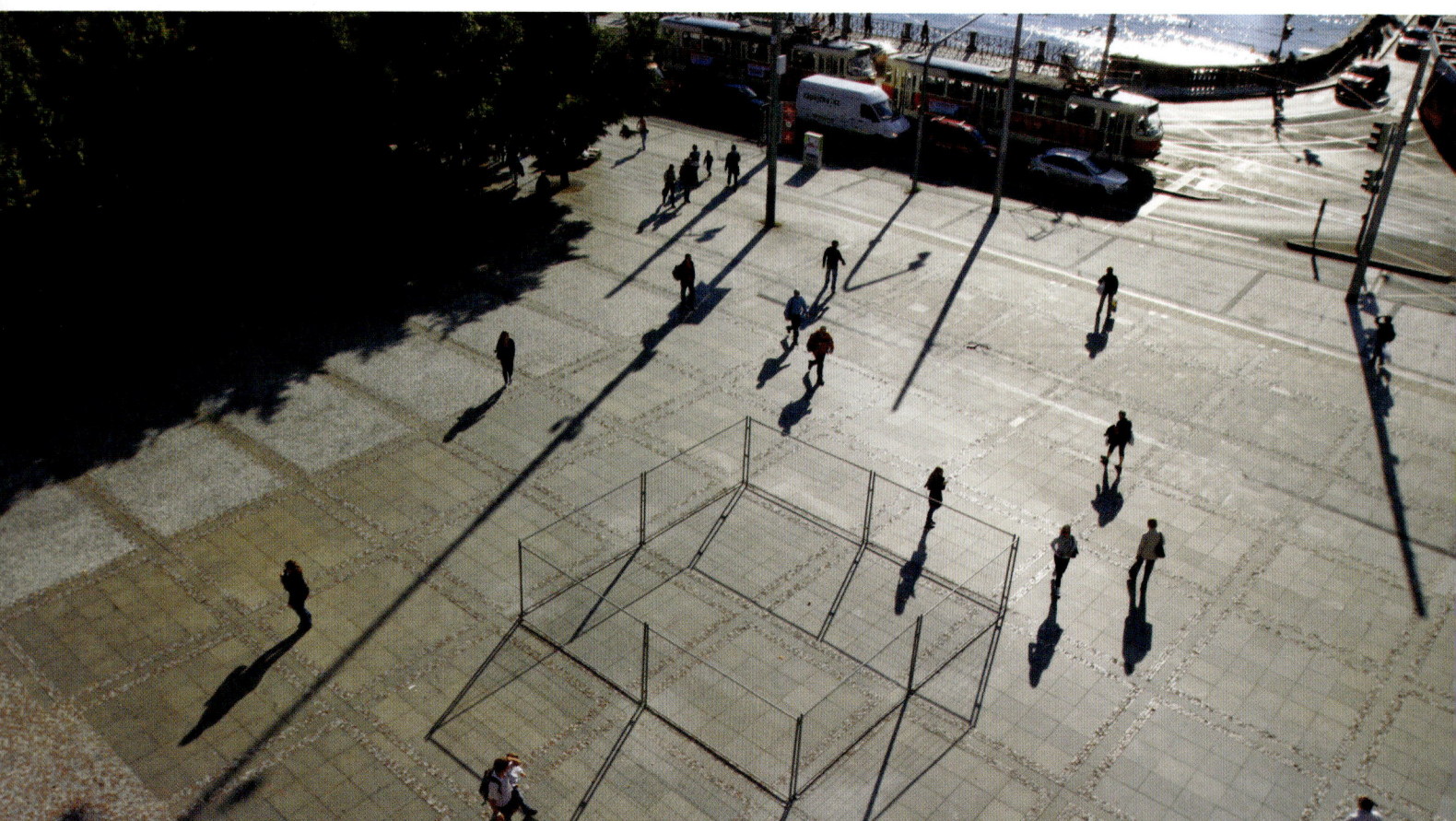

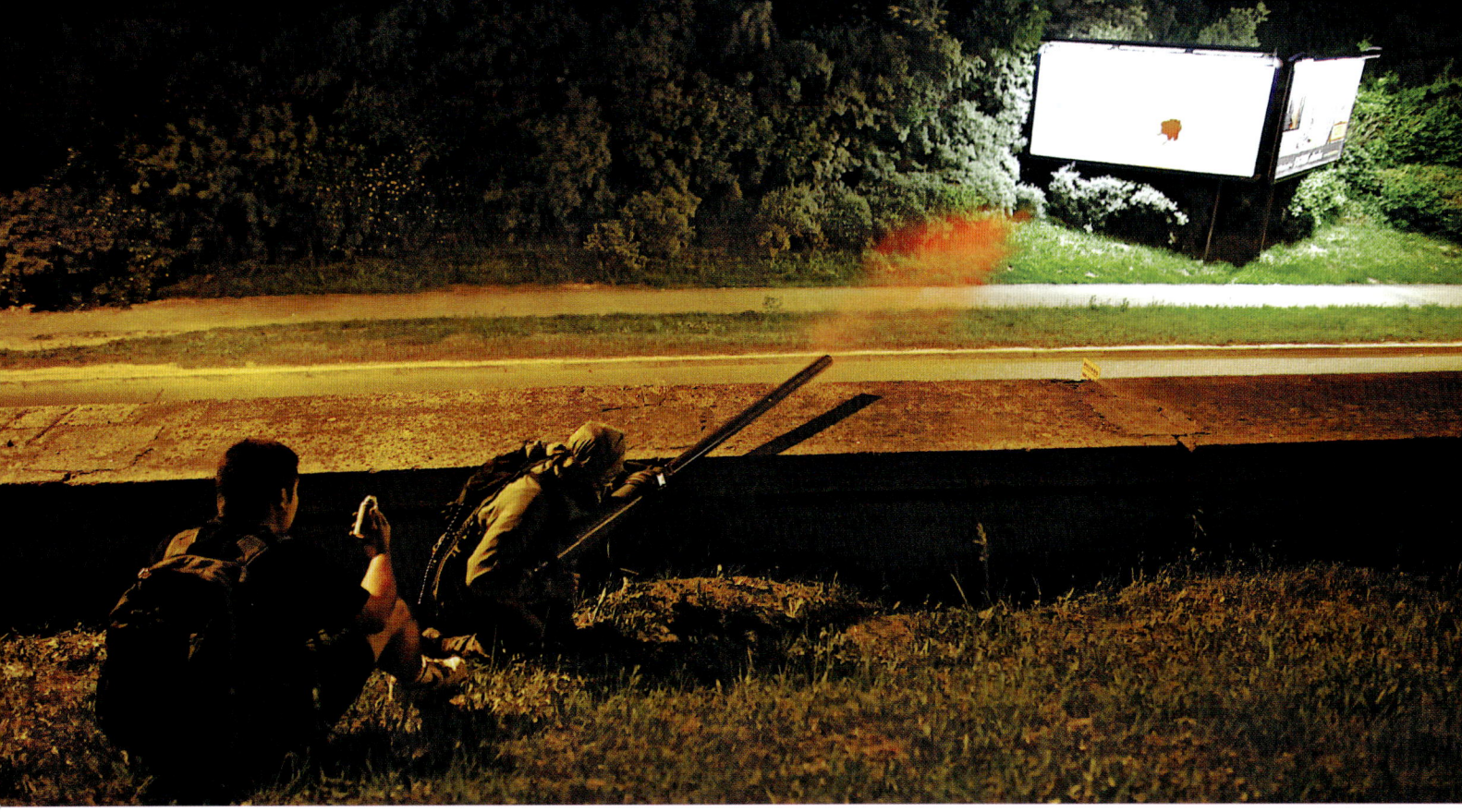

1 *50m² of Public Space*, Praga, República Checa, 2010
2 *Urban Shoot Paintings*, Praga, República Checa, 2011

Son dos los proyectos que encarnan este cambio de perspectiva. Por una parte, *Urban Shoot Paintings* (*véase* imagen 2), que tuvo lugar en el centro de Praga y sus alrededores en 2009 y 2011, se remonta a las propias raíces del arte de guerrilla, ya que representa un ataque (literalmente, un asalto visual) a las vallas publicitarias de la ciudad. Sirviéndose de un arma y munición caseras, EPOS disparó balas llenas de pintura de colores sobre estas superficies de un blanco inmaculado en un acto con el que expresó su opinión con gran espectacularidad a la vez que creó una obra de arte abstracta. EPOS no atacó un anuncio concreto, sino el concepto de valla publicitaria como medio, ya que pretendía reclamar estos espacios urbanos para el arte y hacer que la gente se replanteara su omnipresencia e idoneidad para nuestros entornos urbanos, es más, las razones por las que están ahí.

Si bien *50m² of Public Space* (*véase* imagen 1) tenía una premisa similar a la de *Urban Shoot Paintings*, funcionaba de un modo más sutil, acaso más pérfido. EPOS se apoderó de una sección de 50 m² en el centro de la plaza Palackého de Praga (conocida de forma popular como «el Hyde Park checo» por estar reconocida como un lugar donde la gente puede reunirse con libertad), para lo cual cercó el espacio con una gran valla metálica cuadrada que lo separaba del público. El proyecto (que permaneció en el lugar durante la increíble cifra de cincuenta y cuatro días, del 4 de septiembre al 27 de octubre de 2010) pretendía exponer la idea de espacio público de un mito a base de hacer hincapié en lo acostumbrados que nos hemos vuelto a que se infrinja nuestro espacio vital, a la facilidad con la que nos conformamos y a lo de buen grado que aceptamos las restricciones como norma. Pero, al mismo tiempo, EPOS se burlaba de la incompetencia de las instituciones que nos gobiernan (puesta de manifiesto en las numerosas llamadas telefónicas a ayuntamientos y autoridades, las cuales se ven en el cortometraje que realizó sobre el proyecto) y exponía las grietas y fisuras que pueden aprovecharse en su seno.

Para EPOS, el arte en espacios públicos ofrece un mayor grado de libertad y le hace sentir una mayor responsabilidad hacia el entorno urbano, lo que le vincula de una forma más íntima con la ciudad a través de lo que considera una «interacción clara y específica». En su obra se esfuerza por exponer nuestra creciente indiferencia hacia el medioambiente y la falta de preocupación (o, quizá, de conciencia) sobre la forma en que influimos en él. Así, lo que busca es hacer que vuelva a tenerse presente esta relación entre el ser humano y el entorno.

Al implicarse de forma activa con el entorno urbano y entablar un diálogo con él, EPOS pretende reclamar nuestros derechos sobre la ciudad y recordarnos no solo los escollos que hay en esta, sino también sus posibilidades.

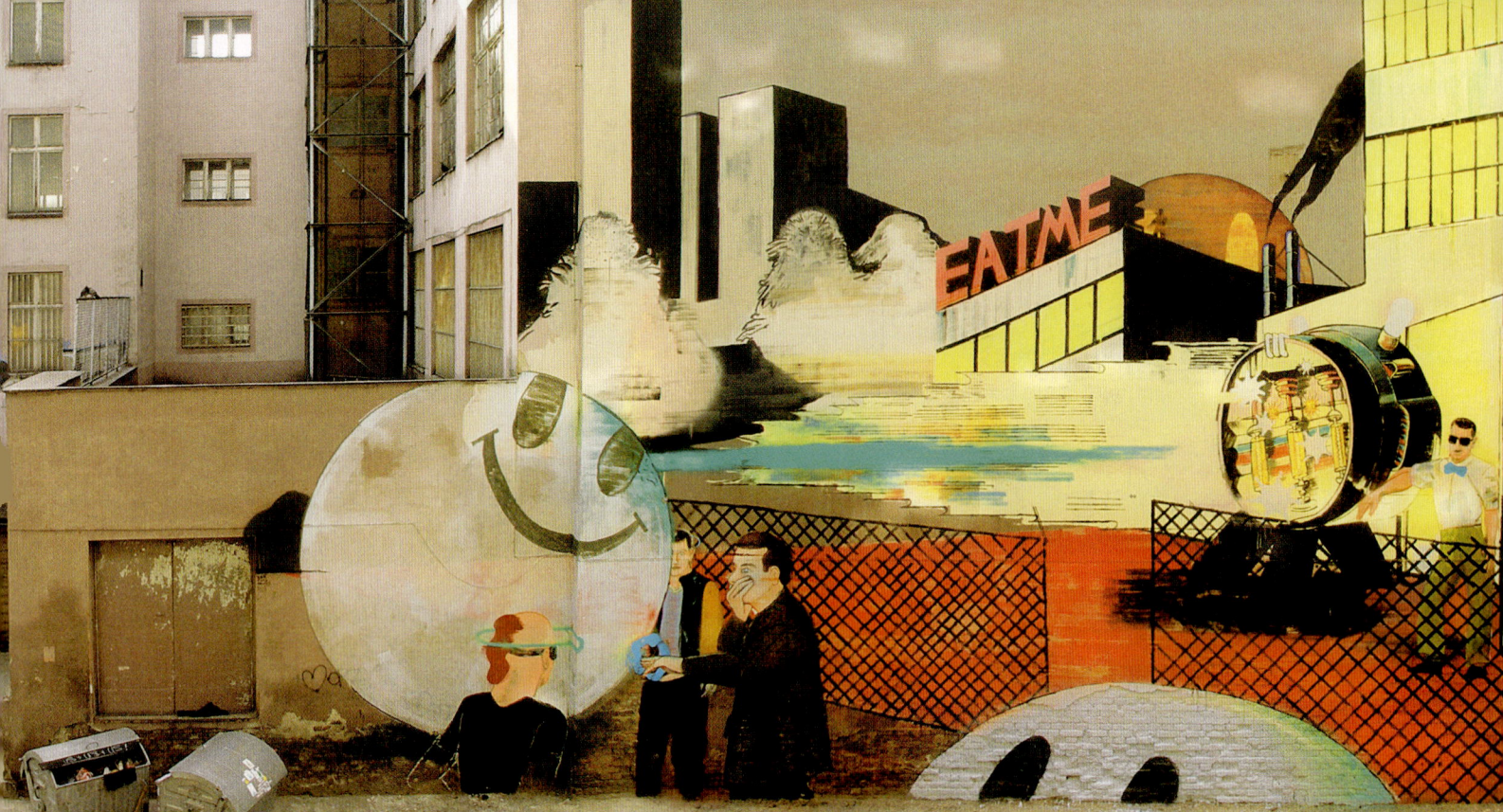

VARSOVIA

NACIMIENTO 1982, Breslavia, Polonia   **TÉCNICAS / MATERIALES** Pintura en aerosol
ESTILO Muralismo contemporáneo   **TEMAS** Anhelo, huida, deseo   **INFLUENCIAS** *Punk*
polaco, dibujos animados, arte de protesta, Pomarańczowa Alternatywa, novelas gráficas

1 *Eatme*, Breslavia, Polonia, 2012
2 *Good to Know*, Breslavia, Polonia, 2012

1 *Eatme*, Breslavia, Polonia, 2012
2 *Good to Know*, Breslavia, Polonia, 2012

ZBIOK
SLAWEK CZAJKOWSKI · ZBK

La curiosa y a menudo provocadora obra del pintor polaco Sławek Czajkowski, más conocido como Zbiok, arroja una mirada segura e inquebrantable sobre la cultura popular contemporánea y conforma un estilo gráfico influido tanto por los dibujos animados de su juventud como por el arte de protesta polaco de principios de la década de 1980. Su obra se compone de escenas extrañas, a menudo oníricas, y de panoramas tensos e inquietantes a causa de sus dimensiones formales y narrativas. En sus pinturas más recientes se percibe un estilo deliciosamente híbrido y cosmopolita que acoge la herencia de Europa del Este y la utiliza en su beneficio como herramienta de experimentación. Su práctica se inspira además en el espíritu y la estética de la escena *punk* polaca, la cual fue muy crítica con el régimen comunista. Con claras muestras de un arraigado vínculo con la ética disidente tan presente en el arte polaco, la obra de Zbiok aborda temas como la añoranza, la huida y el deseo y les imprime una genuina gravedad política.

Nacido en 1982 en Breslavia, la mayor ciudad del oeste de Polonia, Zbiok creció en una época de enormes cambios. Fue un período en el que la caída del Telón de Acero y el fin de la censura estatal facilitaron un cambio radical en el consumo de la sociedad, tanto desde el punto de vista estético como desde el comercial. Como es natural, con la creciente influencia de Occidente, a mediados de la década de 1990 había arraigado en el país una forma de grafiti a todas luces estadounidense, y Zbiok se implicó a fondo pocos años tras el florecimiento de esta. Aunque antes de la caída del comunismo existía en Polonia una sólida historia de acciones callejeras de estética urbana, estos elementos autóctonos quedaron relegados a un segundo plano durante esta época, y el estilo *hip-hop* dominó casi por completo el movimiento grafitero polaco. Sin embargo, mientras estudiaba arte debido a la influencia que había ejercido sobre él el grafiti, Zbiok no tardó en descubrir este trabajo autóctono subestimado y se vio influido por toda una nueva vía de posibilidades. Grupos como Pomarańczowa Alternatywa, o Alternativa Naranja (un movimiento de protesta clandestino de Breslavia que pintó cómics enanos sobre los restos de grafiti contra el régimen que había borrado la policía) y Luxus (que hizo la primera fusión consciente entre los lujos fetichistas de Occidente y la monótona grisura de Polonia bajo la ley marcial) tuvieron un enorme impacto en la actitud de Zbiok hacia el arte en

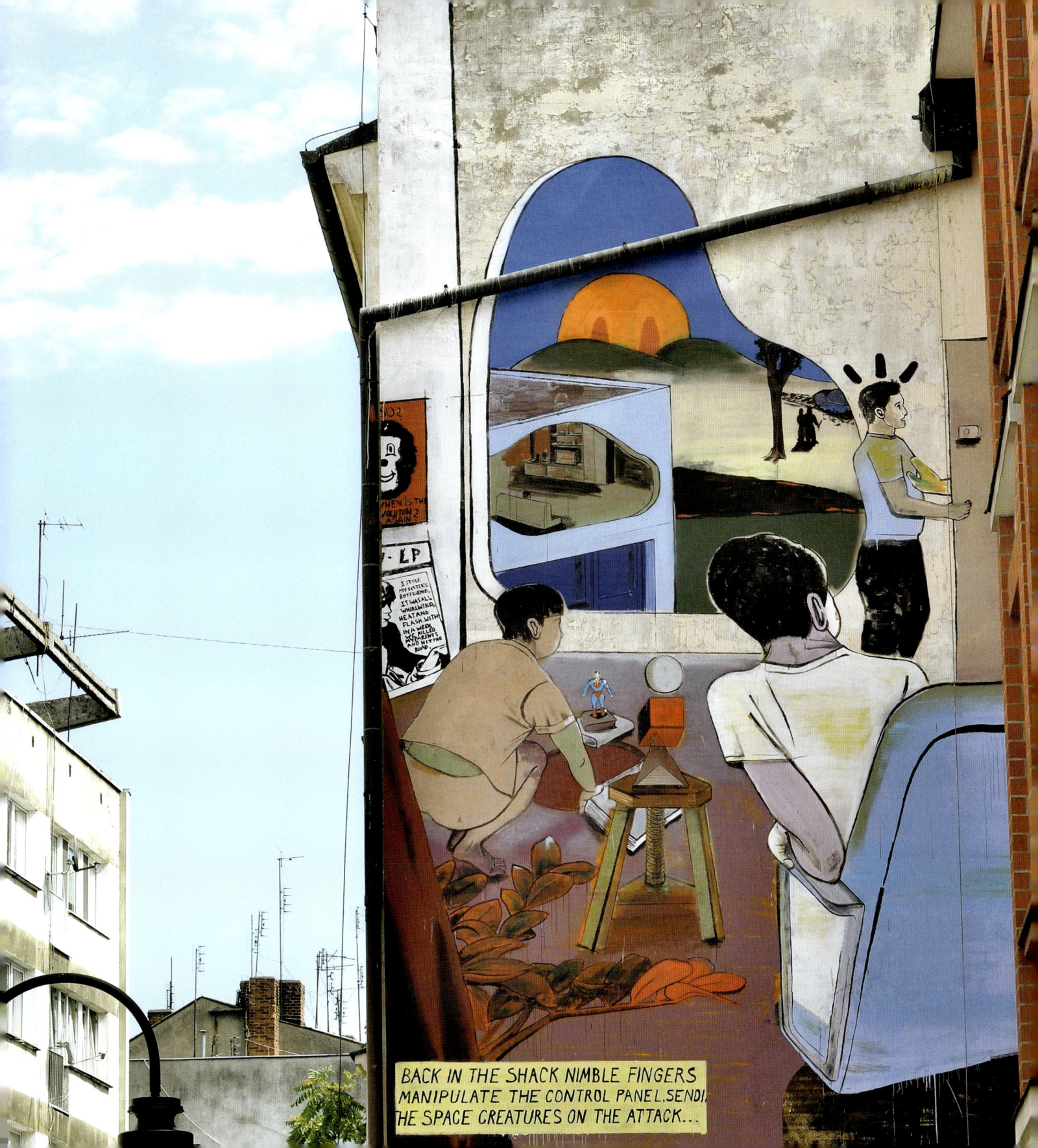

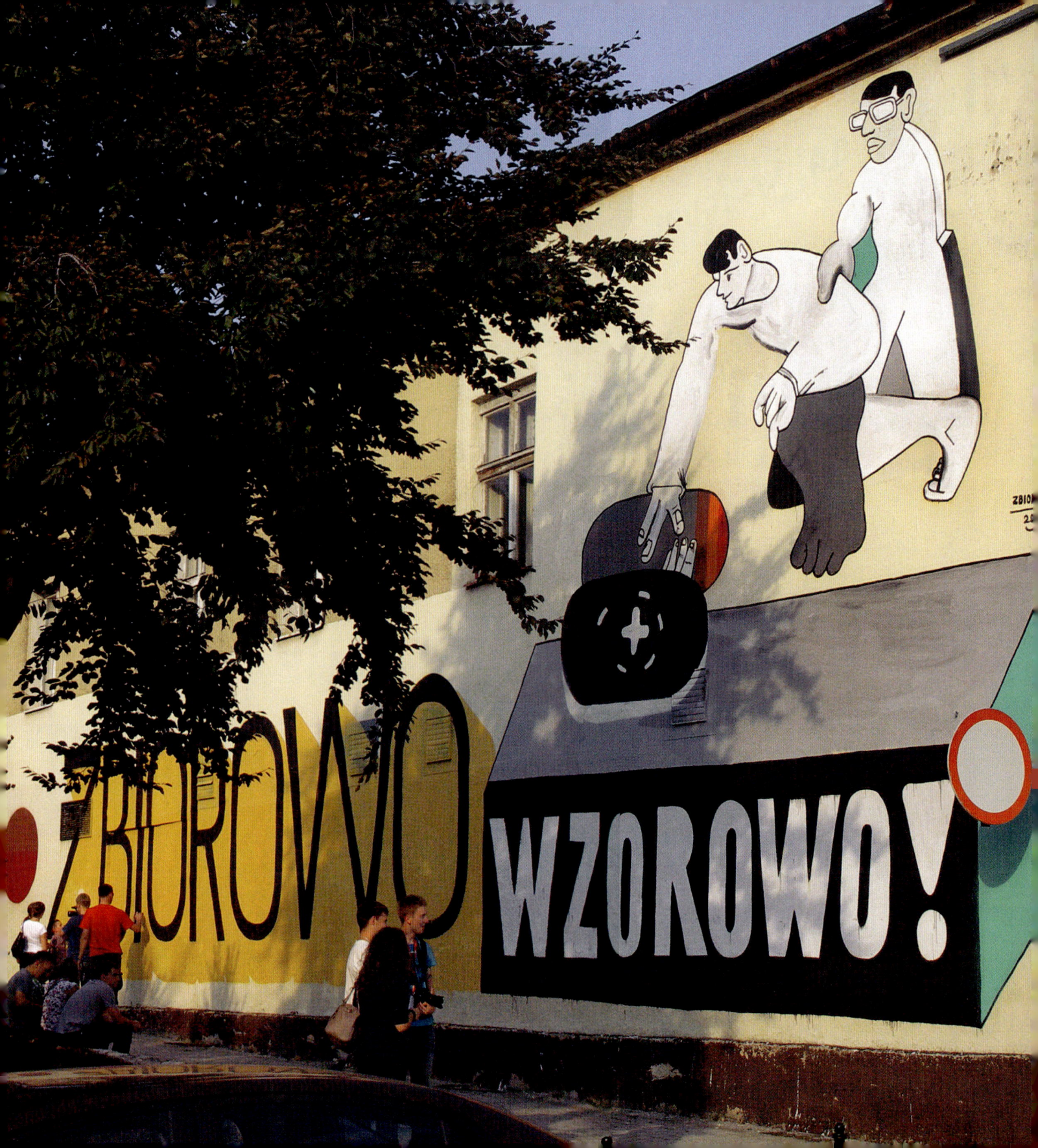

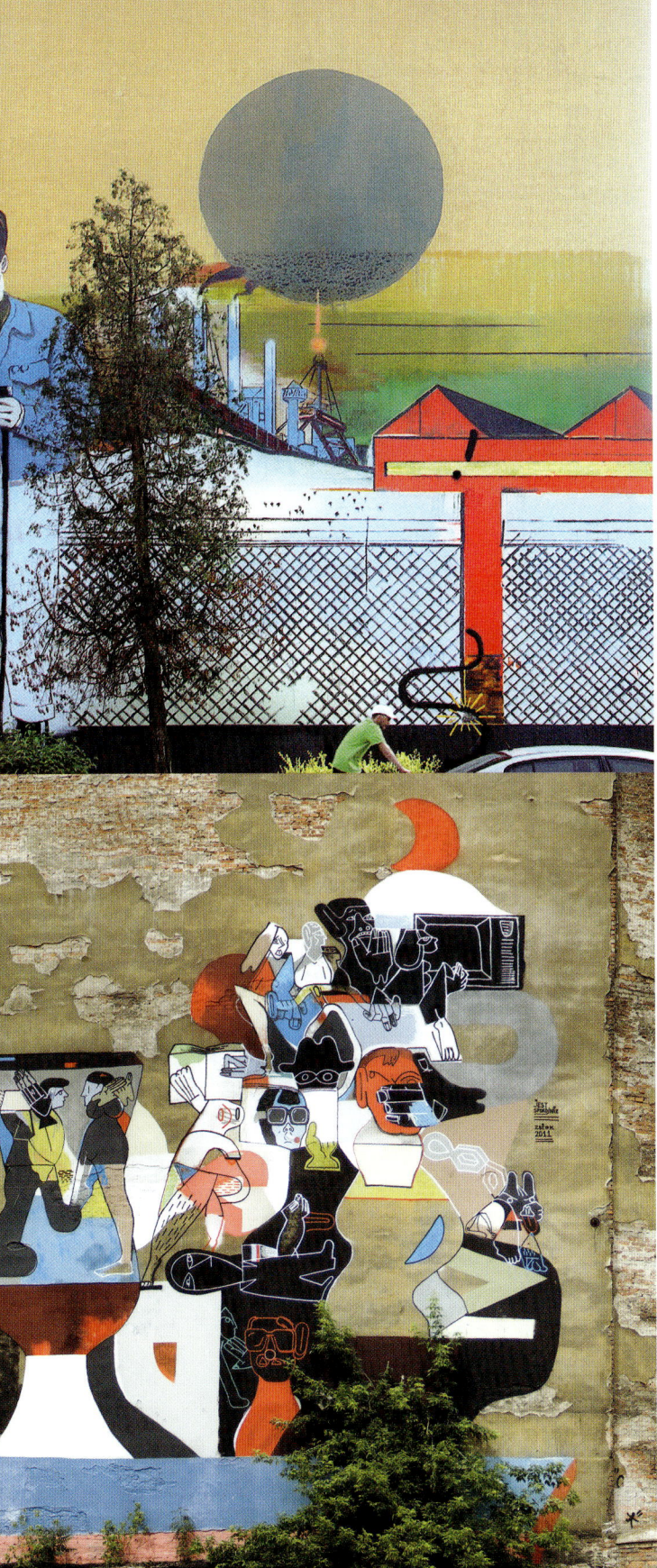

cuanto a su potencial social y estético. Tras graduarse en el Instytut Sztuk Wizualnych de la Uniwersytet Zielonogórski en 2006 (bajo la tutela del célebre artista polaco Ryszard Woźniak), Zbiok se convirtió en lo que denomina «un pintor que trabaja en el espacio urbano», no un escritor de grafiti ni un artista plástico. Aunque su estilo experimentó profundos cambios, Zbiok explica que siguió siendo crucial en él el «diálogo entre la forma, el color y el mensaje potencial», la manera de «acercarse a espacios concretos» e intentar «encajar correctamente en ellos». Su práctica respondió a la idea de la ciudad como «algo más que paredes», un espacio vivo y que respira, con ricos contextos sociales, históricos y políticos.

En la primera obra de Zbiok, con claras influencias del imaginario subcultural del *hip-hop*, el *skate* y el *punk*, había numerosos personajes encapuchados o enmascarados y un trasfondo temático de violencia. Sin embargo, su obra ha evolucionado desde entonces hacia un estilo más propio de los dibujos animados, similar al de la novela gráfica o a los fotogramas de cine. Obras como *Eat Me* (*véase* imagen 1, página 220), con sus enormes sonrisas un tanto inquietantes, sus elevados edificios y sus personajes conmocionados, o *Good to Know* (*véase* imagen 2, página 221), con su figura aturdida y su temerosa pareja frente a un ovni estrellado (bajo los cuales puede leerse un arquetípico texto de ciencia ficción y, para quienes tengan buena vista, también hay en una esquina un cartel de Raymond Pettibon), le brindan al espectador una vislumbre de un mundo más amplio, un escenario inquietante con el que tropezamos sin alcanzar un significado inequívoco. Estas instantáneas, de un único fotograma, con sus temas extraterrestres, sus influencias estadounidenses y su tensión latente, fusionan una estética de cómic de la década de 1960 con una técnica pictórica más refinada y dan lugar a lo que su autor denomina «basura cultural», en la cual hay retazos de todas sus influencias. Estas piezas abren una plétora de posibilidades, no permiten extraer conclusiones fáciles y animan al espectador a dejarse envolver por el momento de la imagen. Inspirándose en la Neue Leipzig Schule y en artistas como Neo Rauch (aunque más por su ciencia ficción que por su realismo social), Zbiok considera crucial que estas obras no funcionen como meras imágenes «bonitas», sino como pinturas con inquietantes y sugerentes alegorías que revelan toda una serie de signos y símbolos ocultos. Junto a las alusiones al arte público independiente en las narraciones de algunas de sus obras (como en, por ejemplo, *City Kids* y *Street Art*), alusiones con un contenido etéreo similar al de sus imágenes posteriores, Zbiok sigue desarrollándose estética y temáticamente y buscando nuevas fuentes de inspiración y nuevas técnicas gráficas. El artista no tiene intención de usar sus imágenes para decirle a la gente lo que tiene que pensar, sino que pretende explorar el mundo social mediante una estética retrofuturista Este-Oeste que trabaje en el límite de lo común y lo ambiguo, lo natural y lo sobrenatural para llegar a un pop surrealista atemporal.

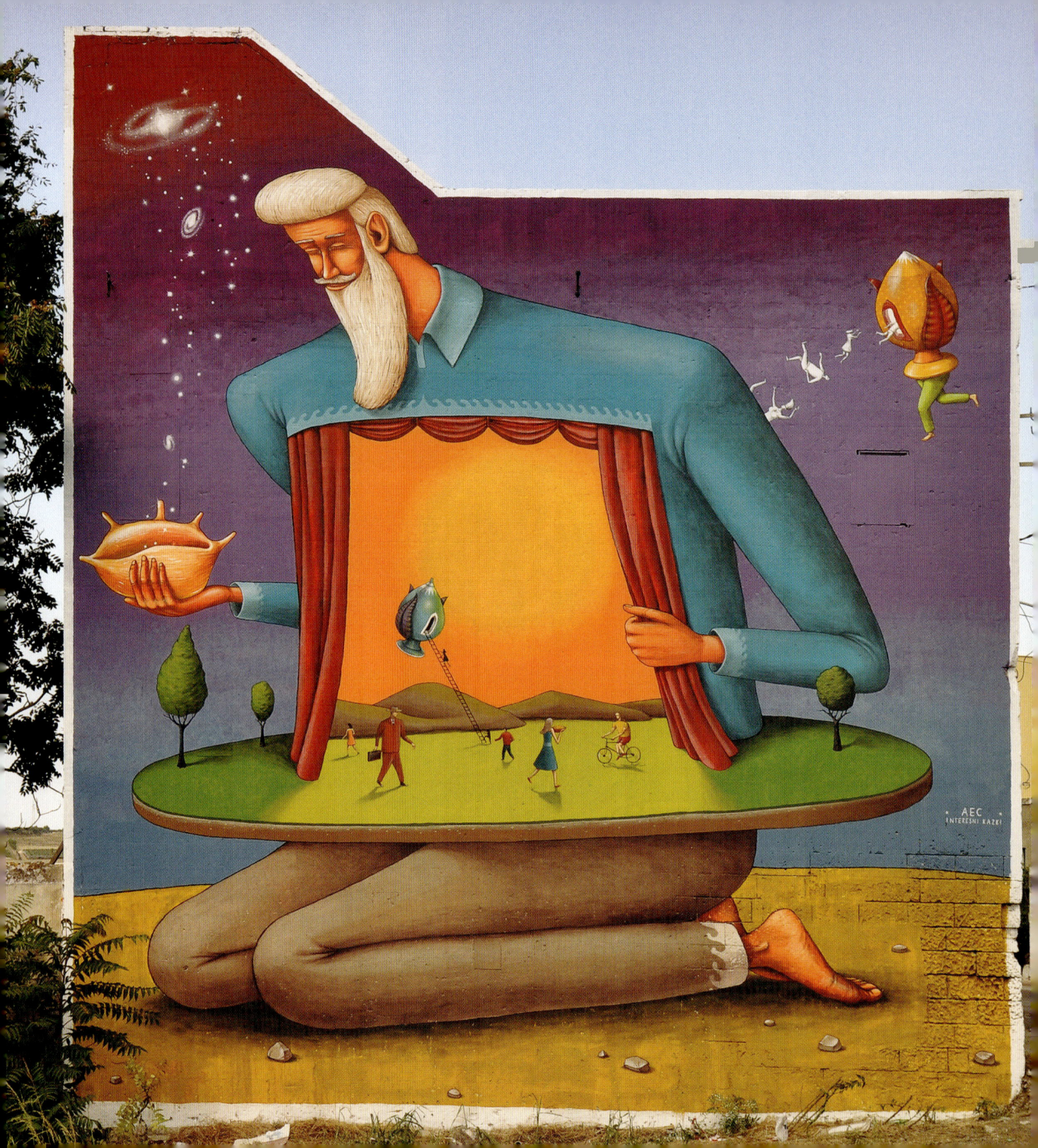

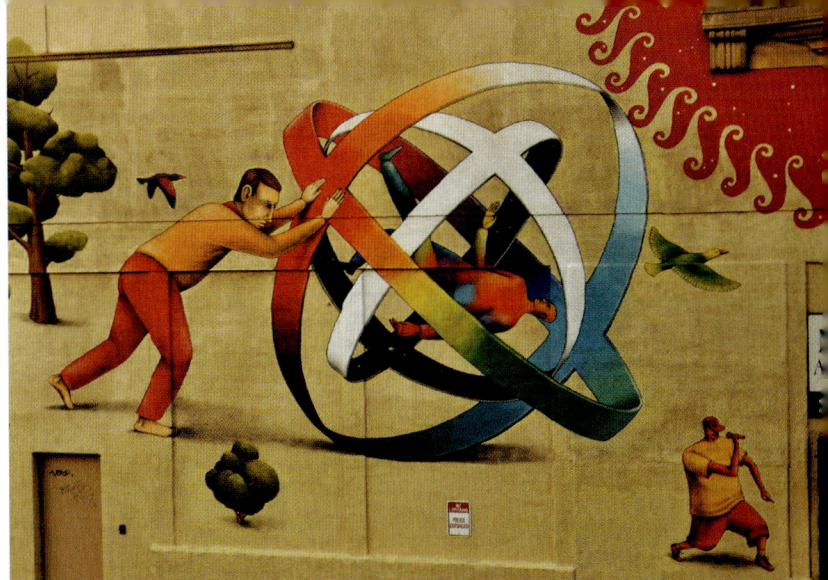

KIEV

NACIMIENTO Kiev, Ucrania   TÉCNICAS / MATERIALES Pintura en aerosol
ESTILO Muralismo contemporáneo   TEMAS Espiritismo, alegoría, misticismo
INFLUENCIAS Dalí, Möebius, tradición muralista ucraniana, cuentos de hadas autóctonos

INTERESNI KAZKI

AEC Y WAONE

Las pinturas celestiales y alegóricas de Interesni Kazki (nombre que significa «cuentos interesantes») tratan de llevar lo espiritual y lo místico a lo cotidiano. Sus imágenes, en las que se entreveran la historia popular y la imaginería religiosa con la ciencia ficción y la fantasía, le presentan al espectador una profusión de relatos misteriosos y fábulas visuales que debe intentar desentrañar. Inspirándose tanto en artistas como Dalí y Möebius como en la tradición muralista ucraniana y los cuentos de hadas autóctonos, Interesni Kazki ha desarrollado un estilo de muralismo contemporáneo con una estética trascendental y emotiva que ha dado lugar a una forma popular y etérea de arte público.

Los dos integrantes de Interesni Kazki, conocidos como AEC y WAONE, llevan pintando juntos desde principios de la década de 2000. Empezaron como escritores de grafiti prototípicos en el sentido de que subieron a la ola de *hip-hop* que azotó Kiev a finales de la década de 1990. Sin embargo, tras unos años concentrados en la escritura estilística, acabaron frustrados por las restricciones de la escena local y sintieron la necesidad de experimentar al margen de los límites de la letra. Exasperados también por otras influencias externas prevalentes en Ucrania (tanto el poderío consumista de Occidente como los continuos recordatorios de la propaganda y el poder soviéticos), en 2004 adoptaron la decisión consciente de volver a su propia cultura eslava en busca de inspiración. Mediante la exploración del «lenguaje de los cuentos de hadas», un lenguaje que consideran un «símbolo de la vida que podría ofrecer un punto de vista más completo que el realismo puro», adoptaron un estilo visual más alegórico, una forma simbólica de comunicación que, según ellos, funciona a un nivel de percepción más elevado que el literal. Sin embargo, al mismo tiempo Interesni Kazki se vieron impelidos a explorar temas espirituales, para lo cual recurrieron a imágenes y mitos del ámbito religioso y del folclórico. Movidos por la idea de que esta técnica podía animar a los espectadores a «reflexionar sobre el sentido de la vida», usaron sus surrealistas historias visuales con afán de reinstaurar la espiritualidad en la vida occidental, rechazando la religión de la riqueza material y tratando, en su lugar, de iluminar una forma más divina de opulencia.

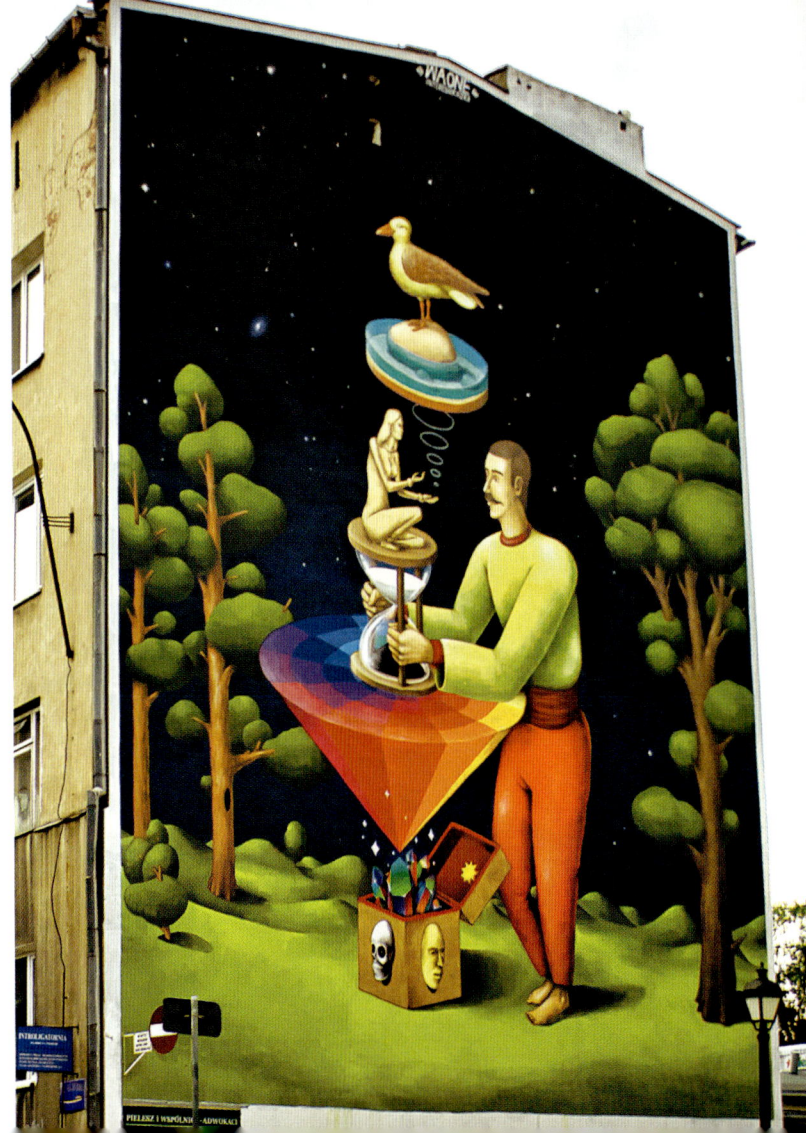

La obra de WAONE en Lublin, Polonia (*véase* imagen 3, página 225), y la de AEC en Grottaglie, Italia (*véase* imagen 1, página 224), son ejemplos perfectos de la fascinante mezcla de arte religioso, folclórico y popular de Interesni Kazki, así como de la profundidad alegórica, espiritual y simbólica de su enfoque. Como ha explicado WAONE, la imagen de Lublin trata del «origen de la vida [...], del momento de la creación a partir de la antigua leyenda aria del nacimiento del Universo». La caja dorada que hay en el centro es una metáfora visual que representa «todo el universo antes del *big bang*», mientras que el personaje principal es el dios hindú «Brahma (la primera persona nacida por la Luz primordial, al margen del tiempo y del espacio)», que está «abriendo la caja a través de la cual surgió nuestra realidad [y haciendo que esta entre] en el tiempo lineal, y [también está] Sakti (la energía, el aspecto maternal de Dios), que nació entonces en nuestro mundo material». Con todo, AEC intentó con este mural inventar su propio «mito cosmológico» en torno al *pumo*, un artefacto cerámico ornamental originario de la región de Grottaglie (*véanse* la parte superior derecha y el centro del mural): «En mi mito —explica el artista—, este anciano es tanto Dios como el universo, y en la escena lleva en su interior una raza humana y toda una civilización; el misterioso *pumo* que hay en lo alto de la escalera es como un portal a otra dimensión y también un símbolo de la muerte y un paso a la eternidad». Estas explicaciones, que ilustran el profundo significado de cada imagen de Interesni Kazki, también revelan la forma en la que el dúo intenta influir de forma positiva en sus espectadores al presentarles «este mundo con algo del de arriba». Sin embargo, AEC y WAONE también insisten en que muchas de sus imágenes, que consideran una forma de meditación o de sueño, escapan a su control e incluso a su propia comprensión. Producen sus obras de forma intuitiva a través de una «herramienta mística» más allá de la «mente y del cuerpo con sus sentidos físicos». Aunque sus obras pueden contener múltiples significados, los murales de Interesni Kazki son siempre ventanas a mundos diferentes, acaso más sagrados.

Como si fuera una lente a través de la cual se pudieran describir verdades universales, la obra de Interesni Kazki intenta canalizar un espíritu divino que ilumine la conciencia humana. Usando su labor para dar sentido al mundo que les rodea, el dúo ha establecido en el mundo del arte público independiente una estética de una singularidad espiritual y repleta de parábolas.

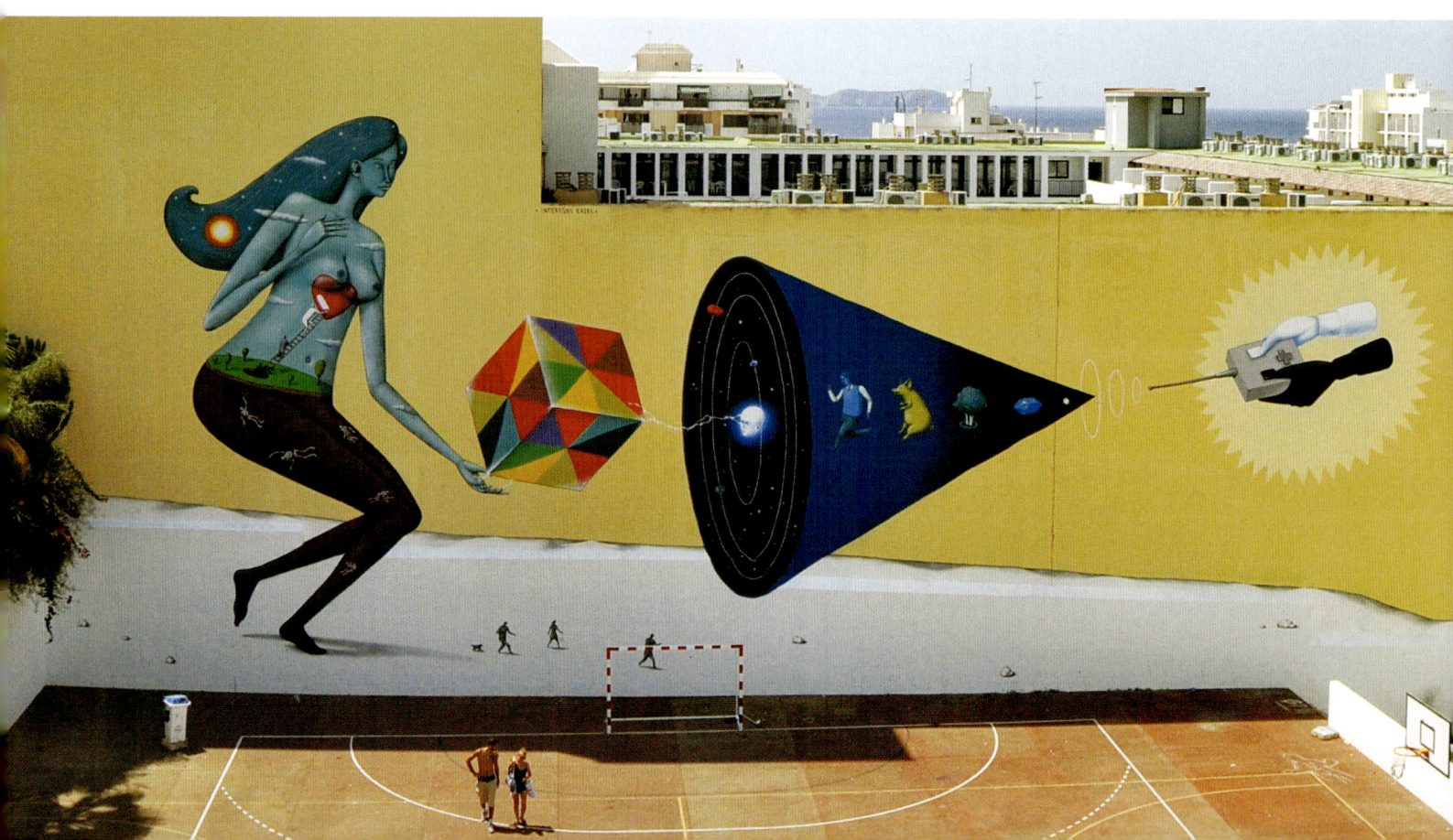

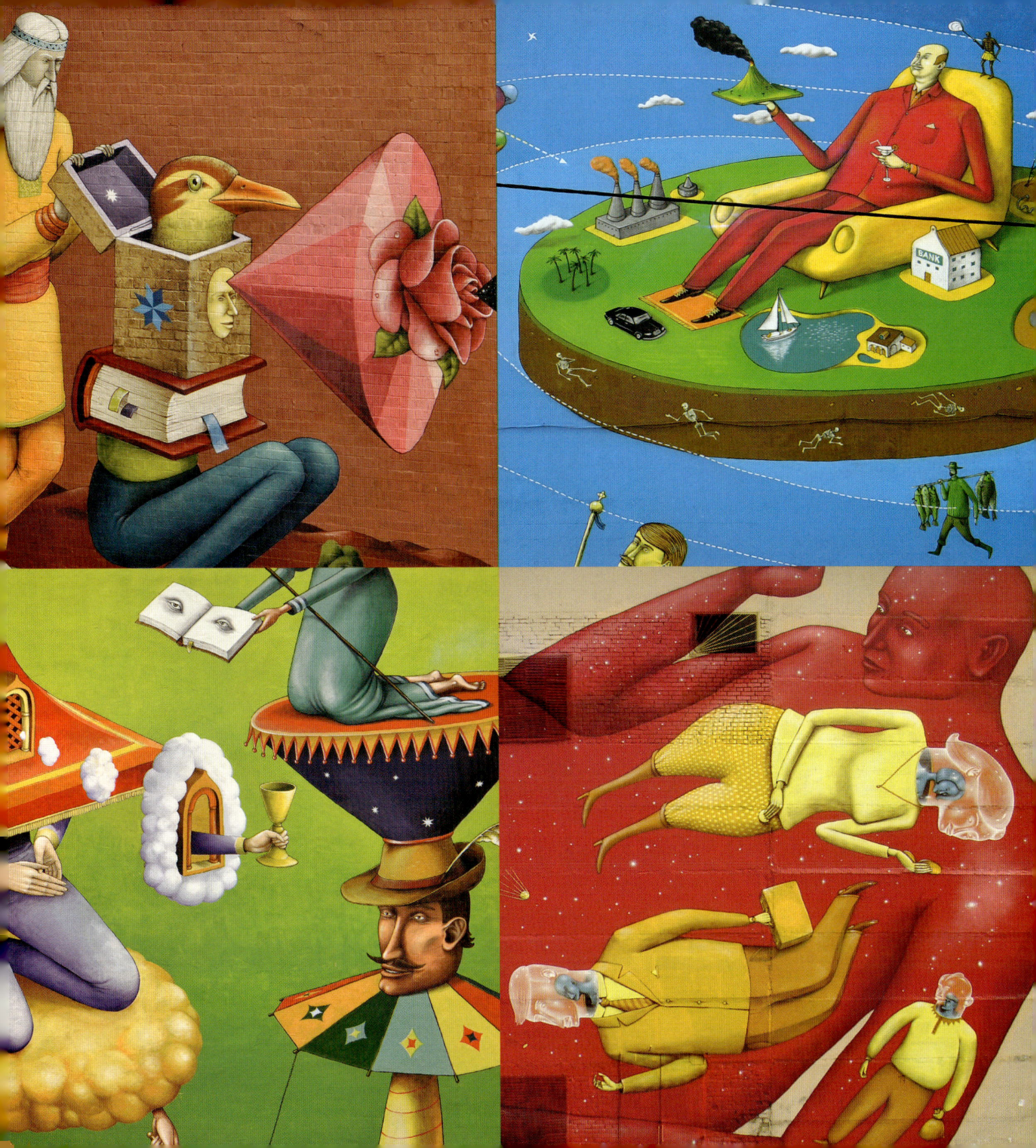

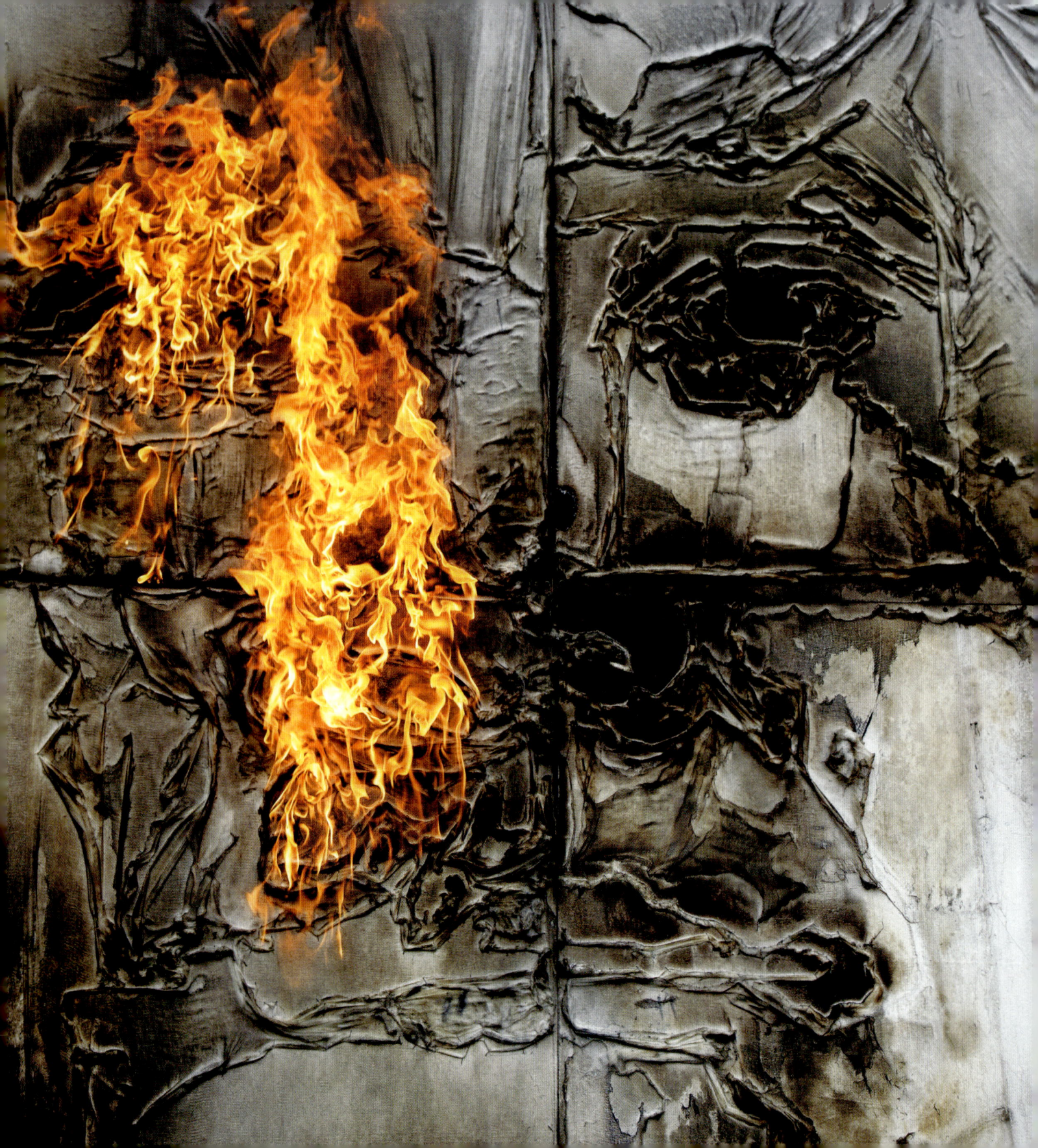

NACIMIENTO 1989, Ekaterimburgo, Rusia **TÉCNICAS / MATERIALES** Varios
ESTILO Instalación urbana, arte político **TEMAS** Nacionalismo, historia, mitos, política
nacional contemporánea, secreto público **INFLUENCIAS** James Nachtwey

1-3 *Eternal Fire*, Ekaterimburgo, Rusia, 2011

1
2
3

RADYA
TIMOFEI RADYA

Las instalaciones urbanas de Timofei Radya, de gran carga política y fascinante inventiva, han tenido una enorme repercusión tanto en Rusia como fuera del país. Al abordar temas como el nacionalismo, la historia, los mitos y la política nacional contemporánea, sus proyectos tratan asuntos que afectan de forma directa a la vida cotidiana de sus espectadores, cuestiones que a menudo se descuidan, se rehúyen en los medios de comunicación o se ocultan sin más.

La obra de Radya asume riesgos reales. El objetivo declarado del artista consiste en liberar un vasto potencial dentro de las ciudades rusas: «En la expresión *street art*, lo importante para mí es el *street*. Estoy convencido de que las paredes y las calles de nuestras ciudades atesoran una enorme energía». Tanto cuando la postura que adopta es política como cuando resulta más poética, todos sus proyectos se mueven por un mismo deseo: inspirar a la ciudad y a sus habitantes, dinamizarlos y galvanizarlos. Aun

cuando un proyecto solo le sirva de ayuda a una persona, ha argumentado Radya, merece la pena todo el esfuerzo que invierta en él. La recuperación social y la conciencia social son elementos nucleares de todas las nuevas obras que emprende.

Radya nació en Ekaterimburgo, la cuarta ciudad más grande de Rusia, y aún vive en ella. Su ciudad natal, conocida internacionalmente por ser el lugar donde ejecutaron al zar Nicolás II y a su familia en 1918, se encuentra en la frontera entre la parte europea y la asiática del país. Radya estudió filosofía, ética, estética e historia y teoría del arte en la Universidad Estatal de los Urales. Aunque al principio trabajó como fotógrafo, su matriculación en la ArtPolitics School (una escuela sin ánimo de lucro situada en la ciudad y en la que fue alumno de Arseniy Sergeyev, uno de los únicos expertos del país en arte público) propició su primer movimiento real hacia la calle. Al principio se dedicó al arte del estarcido, aunque al poco sus proyectos empezaron a crecer de forma espectacular en cuanto a tamaño y alcance y a centrarse en temas como, según sus propias palabras, «la precisión, la versatilidad y la durabilidad», elementos que, en su opinión, faltaban en la vida social y política rusa. Haciendo las veces de etnógrafo de su propia ciudad, quiso

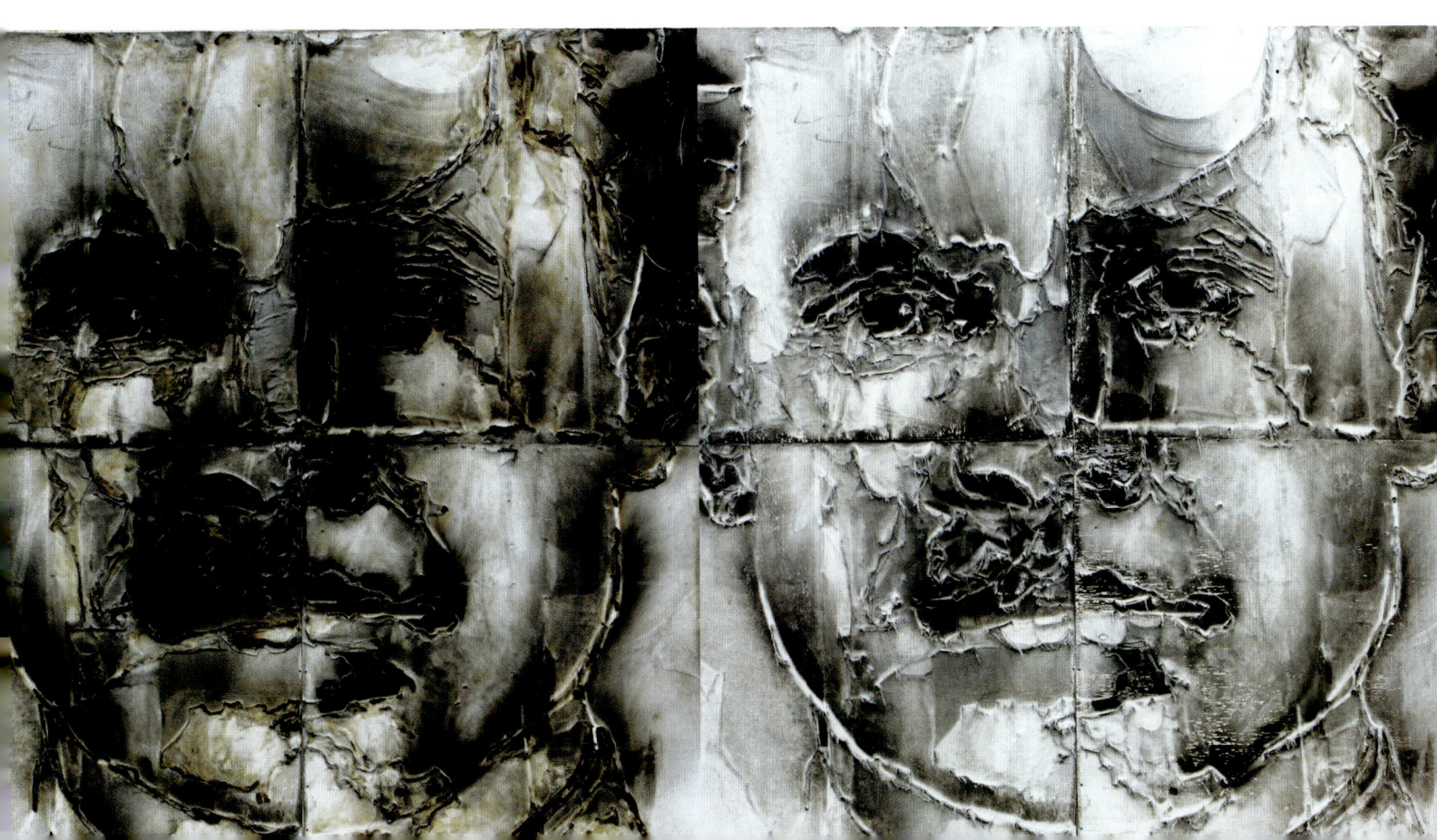

1 *Bac naebali*, Ekaterimburgo, Rusia, 2011
2-4 *Red Square*, Ekaterimburgo, Rusia, 2011

trasladar la sensación de asombro (tan habitual cuando se visita un país extranjero) a un entorno familiar y usar su arte para infundir sensación de sorpresa a las calles del lugar y, de este modo, poner de relieve las realidades históricas, sociales y políticas que suelen quedar ocultas tanto para él como para sus compatriotas. Al sacar a la luz estos «secretos», los cuales el público decide ocultarse a sí mismo, Radya quiso utilizar su *street art* sincero para provocar, epatar y mostrar a las claras las contradicciones y paradojas de la sociedad.

Nothing New (2012), *Bac naebali* (*véase* imagen 1) y *Red Square* (2011) transmiten este candor a través de medios muy directos e inequívocos. Estas piezas, pintadas en vallas publicitarias en lo alto de la ciudad (la primera en una carretera principal, la segunda sobre un rascacielos), *Nothing New* y *Bac naebali* (que, más que «Os han engañado» significa «Os han jodido») se produjeron durante los días posteriores a las muy controvertidas elecciones rusas de 2012, que provocaron las mayores protestas vistas en el país en veinte años. Realizadas al estilo de una papeleta electoral, con una graciosa pero casi dolorosa marca de verificación tras el texto, las obras hicieron cara a la cuestión de la auténtica concesión de derecho al voto al poner en primer plano la realidad de la situación, realidad que la gente ya conocía pero quizá se resistía a declarar en público. Ambas obras, al apoyar la protesta y al mismo tiempo participar en ella, aunque solo fuera durante el único día que existieron, funcionaron como símbolos visuales de la disidencia, de la negativa a consentir.

En *Red Square* (*véanse* imágenes 2-4), Radya hizo su protesta de forma más metafórica, en este caso para transmitir su oposición a la demolición ilegal de un edificio del siglo XVIII, sacrificado para dar paso a la construcción de un nuevo rascacielos. Embadurnó el suelo con pintura roja para indicar el vacío que dejaba la casa, delimitando su desaparición fantasmal al trabajar de forma directa sobre su lugar de sepultura nevado a fin de simbolizar la muerte de un espacio arquitectónico. Al producir esta mancha de color rojo sangre, que describió como «La nueva casa de vidrio sobre la sangre de una vieja», Radya volvió a hablar a las claras sobre algo que los ciudadanos del lugar ya sabían y llevó el secreto a una zona pública donde este no se podía negar.

Sin embargo, con *Eternal Fire* (*véanse* imágenes 1-3, páginas 228-229), obra que dio a conocer a Radya a un público mundial, el mensaje que quiso

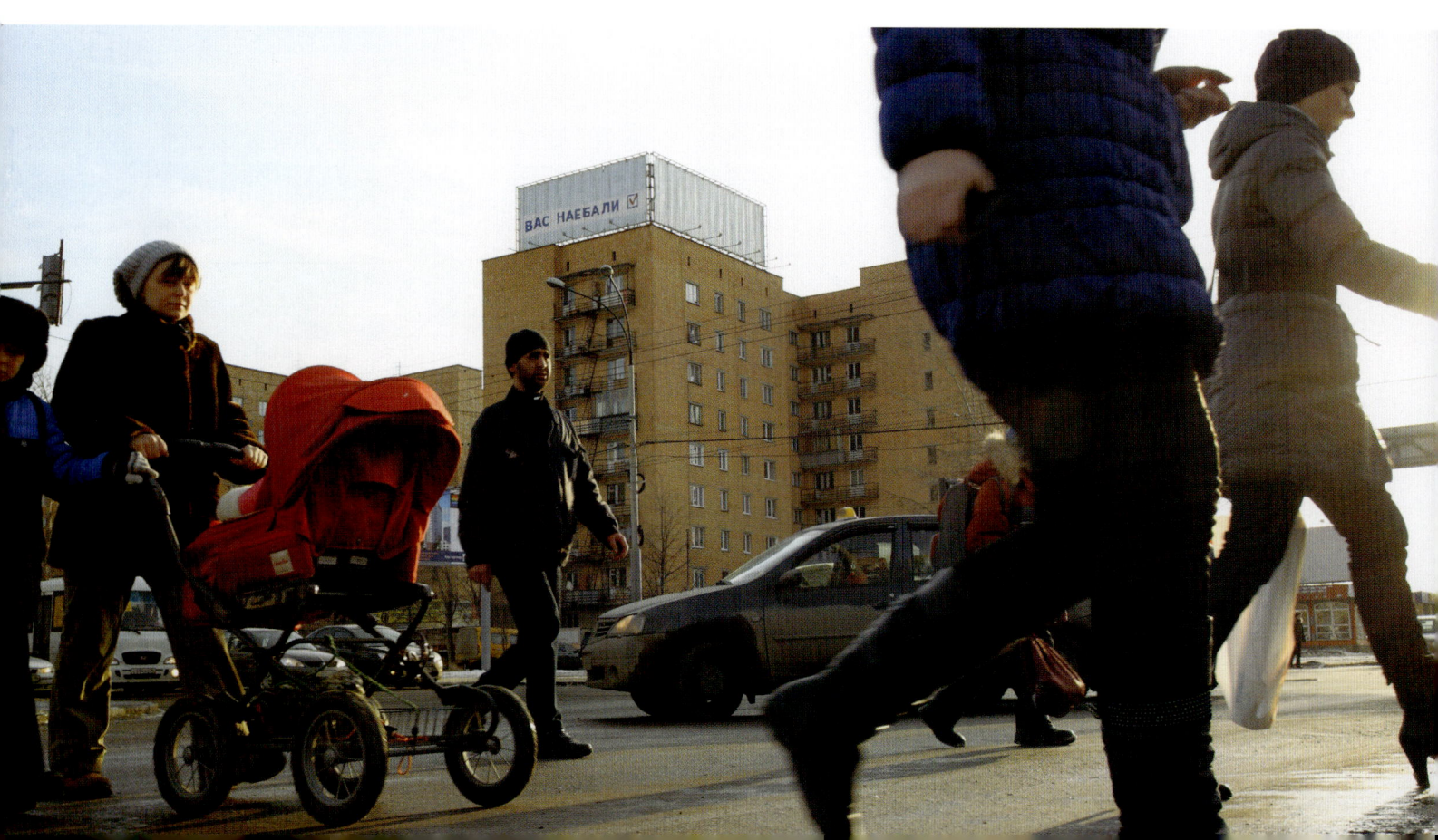

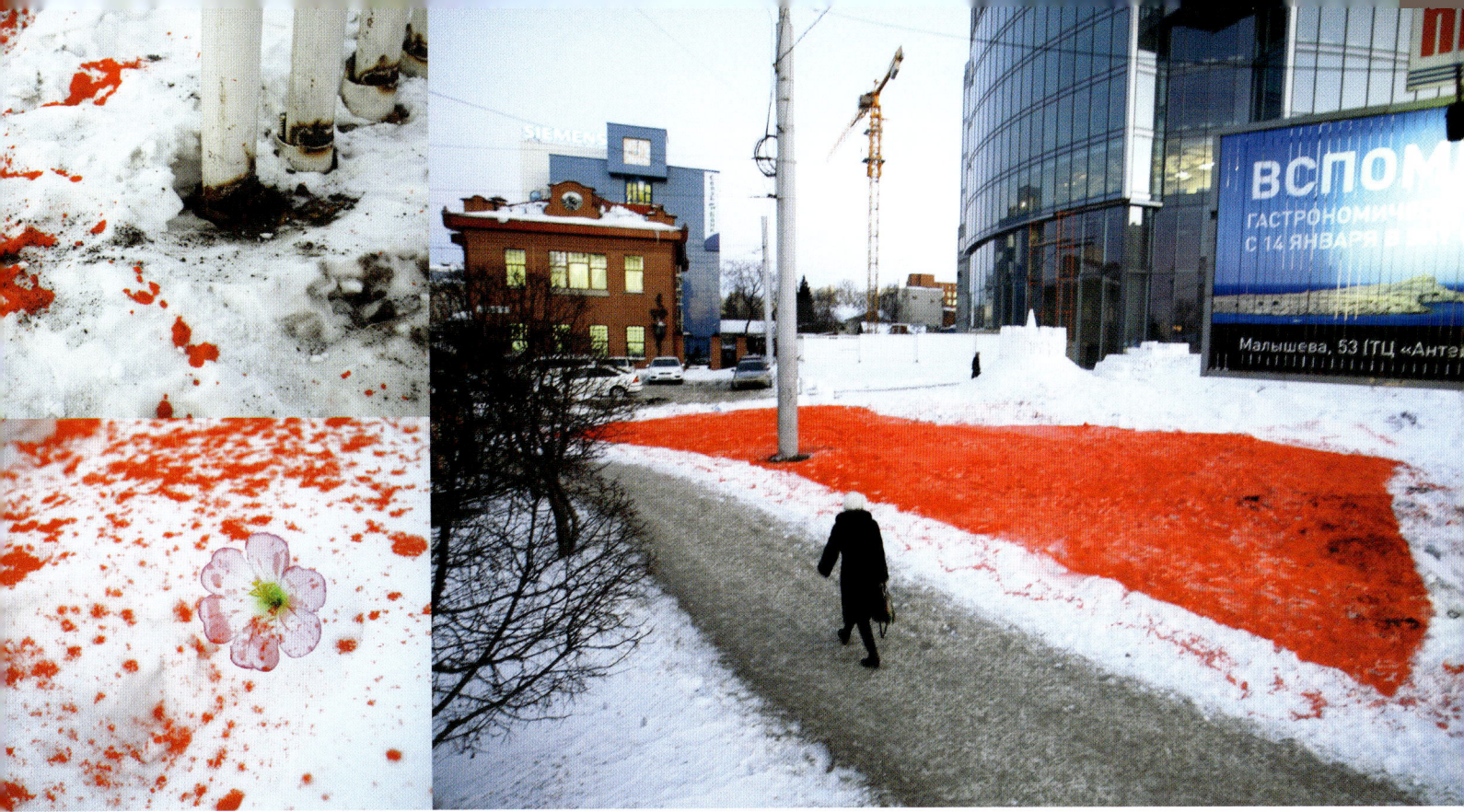

transmitir era más sutil, aunque sus métodos no tuvieran nada de discretos. En primer lugar, él y su equipo de colaboradores crearon a partir de capas de vendas seis retratos gigantescos de combatientes rusos de la Segunda Guerra Mundial, todos ellos originarios de Ekaterimburgo: Fedor Spekhov (mayor de la Guardia), el coronel Formichev, I. D. Serebryakov (sargento de la Guardia), V. A. Markov (teniente de la Guardia) y dos soldados desconocidos. A continuación, les lanzaron cócteles molotov a los retratos, que, debido a los distintos grosores de las vendas, dieron lugar al arder a variaciones tonales: las zonas más gruesas dejaban zonas más claras, mientras que las capas más finas ardieron con más facilidad y quedaron más oscuras. Una vez apagadas las llamas, el fuego le «dio vida» a los rostros y los retratos se colgaron sobre las ventanas de un hospital abandonado que había servido para tratar a los soldados heridos durante la propia guerra. Basándose en buena parte en la obra de James Nachtwey, fotógrafo de guerra y reportero gráfico estadounidense, con *Eternal Fire* se quiso reafirmar el abismo que supuso la Segunda Guerra Mundial para la sociedad rusa y verla como un motivo de dolor, no de celebración. Al producir la obra el 22 de junio (ese mismo día de 1941 las potencias del eje invadieron Rusia y provocaron la guerra en ese país) en lugar del 9 de mayo (fecha de la celebración del Día de la Victoria

en Rusia), Radya subrayó su argumento de que «el recuerdo de la victoria borra de la memoria el terrible comienzo de la guerra». Además, utilizó una herramienta de resistencia (el cóctel molotov) para oponerse a la glorificación de la guerra. «Podemos hablar de la guerra de una forma improvisada, pero no podemos ni imaginarnos una mínima parte de ella y del dolor que puede provocar una única bala», aseguró Radya, que esperaba que su ciudad natal volviera a tomar conciencia de estos soldados, jóvenes voluntarios, y hacer visible su doloroso recuerdo.

Como artista que intenta abrir nuevas vías de reflexión sobre la situación contemporánea e histórica de su país, Radya hace que en su obra el arte desempeñe el papel de práctica con un marcado componente social que se sitúa sin ambages en el corazón de la sociedad. Sus instalaciones ilícitas, que entreveran su obra con el entorno público, siguen evolucionando con cada nuevo proyecto. Sin embargo, emplea su obra en todo momento para intentar articular aquello que no puede articularse. Como tal, el *street art* de Radya se inscribe a todas luces en la tradición de la observación del crítico y filósofo Walter Benjamin de que «la verdad no es una cuestión de exposición que destruye el secreto, sino una revelación que le hace justicia».

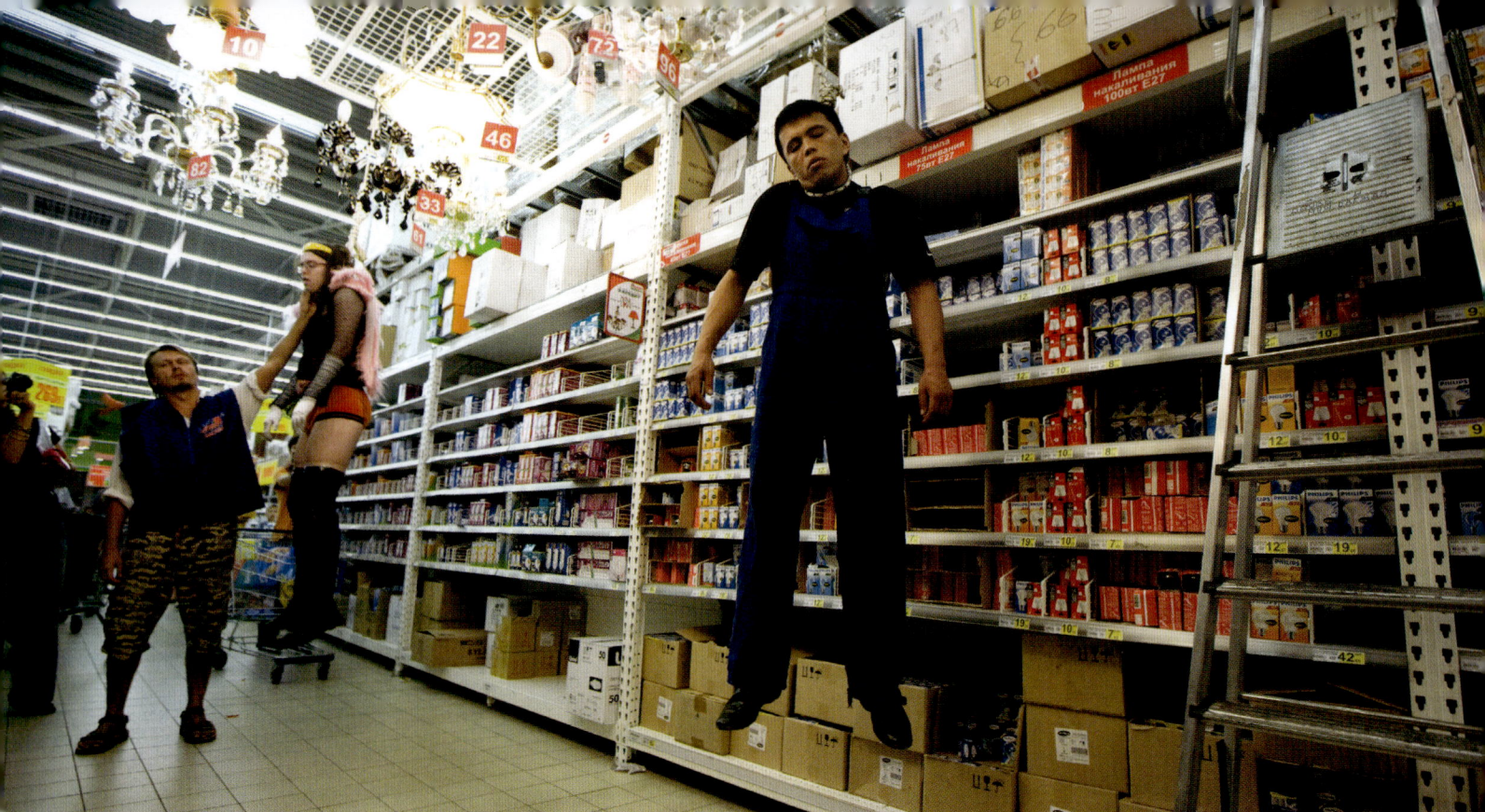

SAN PETERSBURGO

NACIMIENTO Varios   **TÉCNICAS / MATERIALES** Instalación, *performance*, pintura
ESTILO Arte político radical   **TEMAS** Crítica política, crítica social
INFLUENCIAS Arte de protesta

VOINA

Voina (que significa «guerra» en ruso), casi con toda seguridad el colectivo más radical y políticamente enérgico del arte público independiente internacional, trabaja en los límites entre arte y activismo. Fundado por el matrimonio formado por Oleg Vorotnikov y Natalia Sokol (y sus hijos Kasper y Mama) en octubre de 2005, los otros dos miembros clave del colectivo fueron Leonid Nikolayev («presidente de Voina», fallecido en 2015) y Alexei Plutser-Sarno («jefe de prensa»). Voina lleva en el candelero desde 2008, por sus filas han pasado más de doscientos activistas y ha dado lugar a grupos disidentes por toda Rusia y, cada vez más, por todo el mundo. Bajo el paraguas de lo que denominan «arte político de protesta», Voina ha llevado a cabo una amplia gama de prácticas públicas independientes, entre ellas un simulacro de linchamiento en el mayor supermercado de Moscú (para poner de relieve la xenofobia, la homofobia y el antisemitismo imperantes en la sociedad rusa; *véase* imagen 1), el lanzamiento de gatos callejeros vivos al personal de un restaurante McDonald's (para conmemorar el Día Internacional de los Trabajadores y ayudar a «sacar a los trabajadores

de la aburrida rutina servil») y colgar un retrato del presidente Dmitri Medvédev en los barrotes de una comisaría de Bolshevo (junto a carteles con mensajes como «Matad a los inmigrantes» y «Abandonad toda esperanza quienes aquí entráis»). Voina se ha negado a incorporarse al mundo institucional del arte y ha producido una gran cantidad de acciones cada vez más extremas y rebeldes. Aunque estas acciones le han valido al grupo la atención mundial, también han suscitado la ira de las autoridades rusas y han provocado la apertura de casi veinte causas penales contra sus integrantes. Así, Vorotnikov y Nikolayev estuvieron encarcelados en San Petersburgo de noviembre de 2010 a febrero de 2011 por cargos relacionados con su acción *Palace Coup*. Vorotnikov y Sokol viven desde 2011 como fugitivos buscados internacionalmente y llevan una existencia precaria (a menudo ocultos o bajo arresto) con sus hijos.

Hay dos proyectos que destacan de entre los muchos del grupo. Para *Dick Captured by the FSB* (*véase* imagen 2), la acción más célebre de Voina, llevada a cabo el 14 de junio de 2010, el grupo realizó una pintura gigante de un falo (titulada *Giant Galactic Space Penis*) en el puente levadizo de Liteyny, en San Petersburgo, que da directamente a la sede del Servicio Federal de Seguridad (FSB, por sus siglas en ruso), antiguo KGB. Aunque la obra solo duró dos horas antes de que la retiraran, actuó, como explica Plutser-Sarno, como un «"que

1 *In Memory of the Decembrists*, Moscú, Rusia, 2008
2 *Dick Captured by the FSB*, San Petersburgo, Rusia, 2010

os jodan" simbólico a toda la jerarquía del poder mafioso ruso, que ha erradicado por completo la democracia [rusa], se ha burlado de los derechos humanos y se ha centrado exclusivamente en el saqueo de los dólares del petróleo». *Dick Captured by the FSB* fue una protesta contra el Estado ruso que recurrió a la crudeza a fin de reflejar las acciones tanto de este como del propio FSB.

Del mismo modo, en *Palace Coup* (20 de septiembre de 2010), Voina volcó un automóvil policial frente al Palacio Mijáilovski de San Petersburgo, el mayor museo de arte de Rusia, en un intento de reflejar la violencia de las fuerzas de seguridad. Como se ve en el vídeo que documenta la acción (Voina graba minuciosamente sus acciones para exponerlas en internet), el grupo se acerca a un vehículo con el pretexto de recuperar una pelota que se le ha colado a Kasper por debajo. Acto seguido, los integrantes balancean el automóvil hasta volcarlo y dejarlo boca abajo para, después, devolverle la pelota a Kasper y desaparecer en la noche. La declaración que publicaron tras la acción («Ayudé al niño, y ayudaré al país») hace que su significado resulte inequívoco. Aparte del juego de palabras inherente (el verbo en ruso que alude a vuelco del automóvil es intercambiable con el del golpe de Estado

al que alude el título), fue una acción que Voina consideraba que sí había infringido las leyes judiciales pero no las «morales y éticas». Además, al rechazar implícita y explícitamente el sistema artístico institucional a causa del lugar de la acción (Voina considera «enemigos» a los artistas contemporáneos), fue un acto que le declaró la guerra a la mortecina apatía del arte contemporáneo.

Voina, que contempla el arte como un «modo de pensamiento», emprende estos actos estéticos insurgentes en su búsqueda de una réplica ética al Estado ruso contemporáneo. Ya sea protestando contra la policía al trepar a un automóvil policial en marcha con un cubo azul colocado en la cabeza (*Leo the Fucknut Is Our President*) o robando un pollo en una tienda sirviéndose de la vagina de la artista (*How to Snatch a Chicken*), sus actos, a menudo cómicos pero siempre muy subversivos, denuncian el continuo envilecimiento de la sociedad rusa, en la que la corrupción y la anarquía se han vuelto endémicas. Con su singular enfoque del arte público independiente tanto en lo conceptual como en lo estético, Voina abraza lo carnavalesco y lo absurdo y lleva tanto su práctica como el Estado ruso al límite.

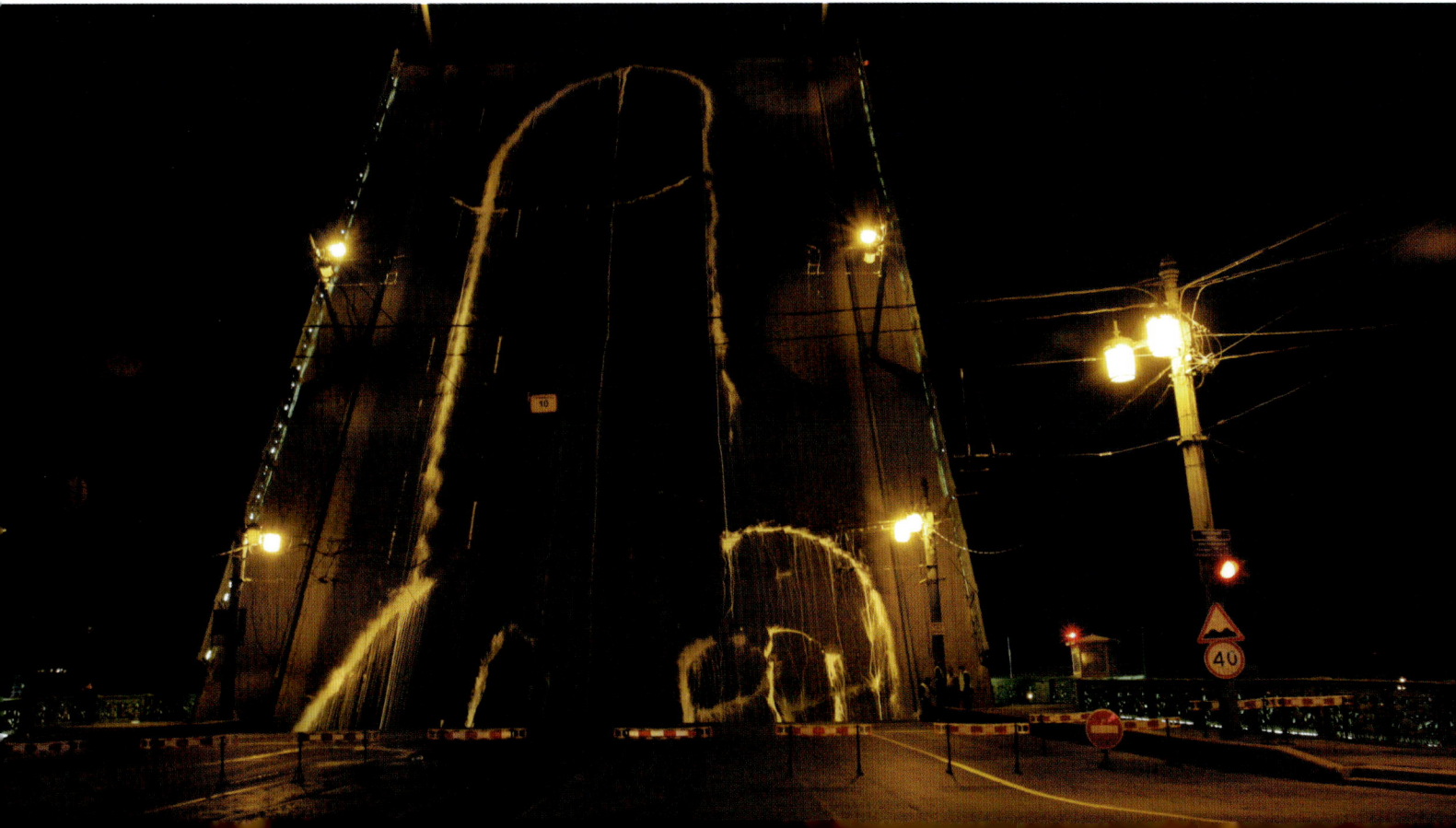

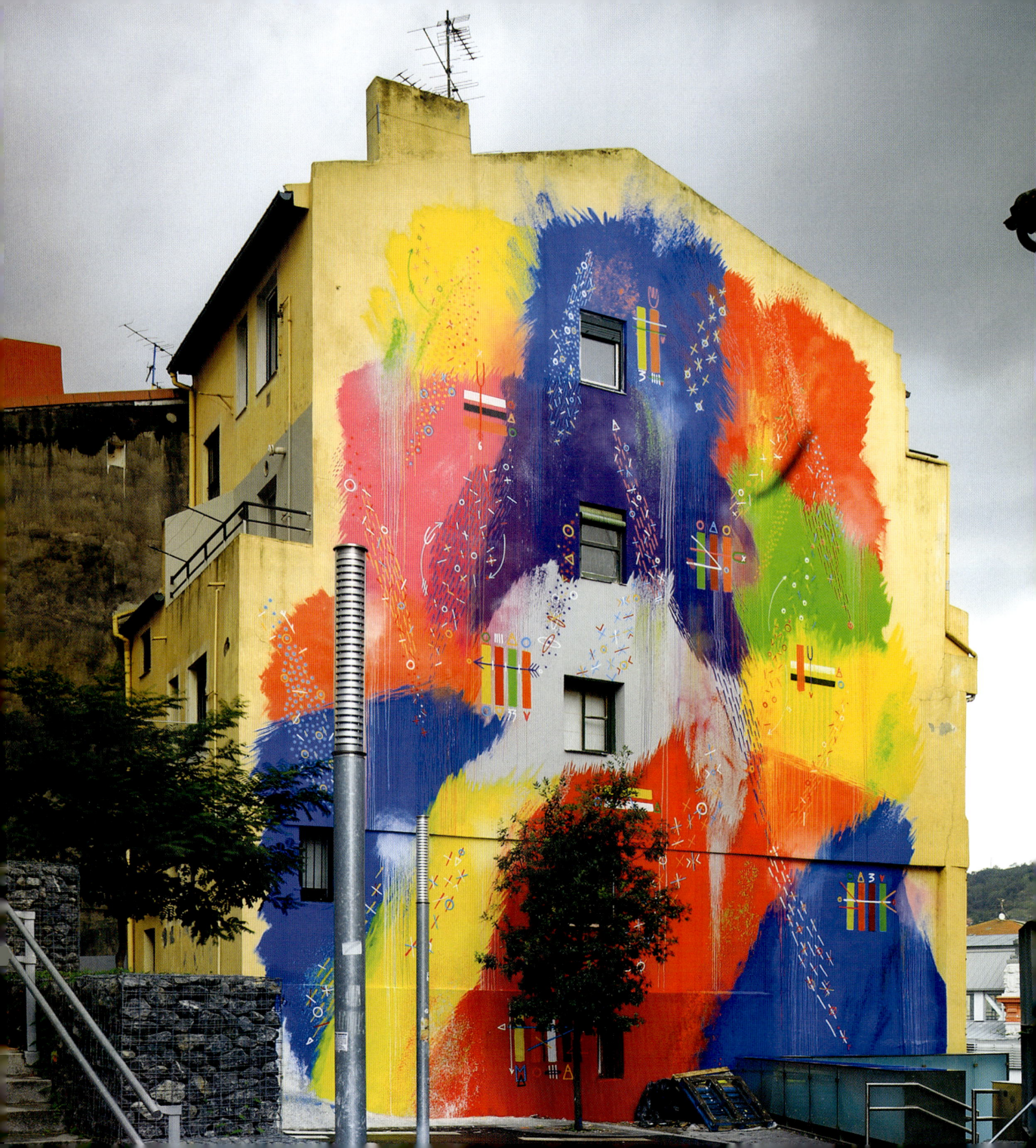

EUROPA MERIDIONAL

MADRID BARCELONA ATENAS

ELTONO BLAQK PELUCAS SIXEART ZURIK ARYZ DEMS333
3TTMAN 108 IMON BOY NURIA MORA ESCIF LIQEN KENOR
VHILS FILIPPO MINELLI ALEXANDROS VASMOULAKIS GPO

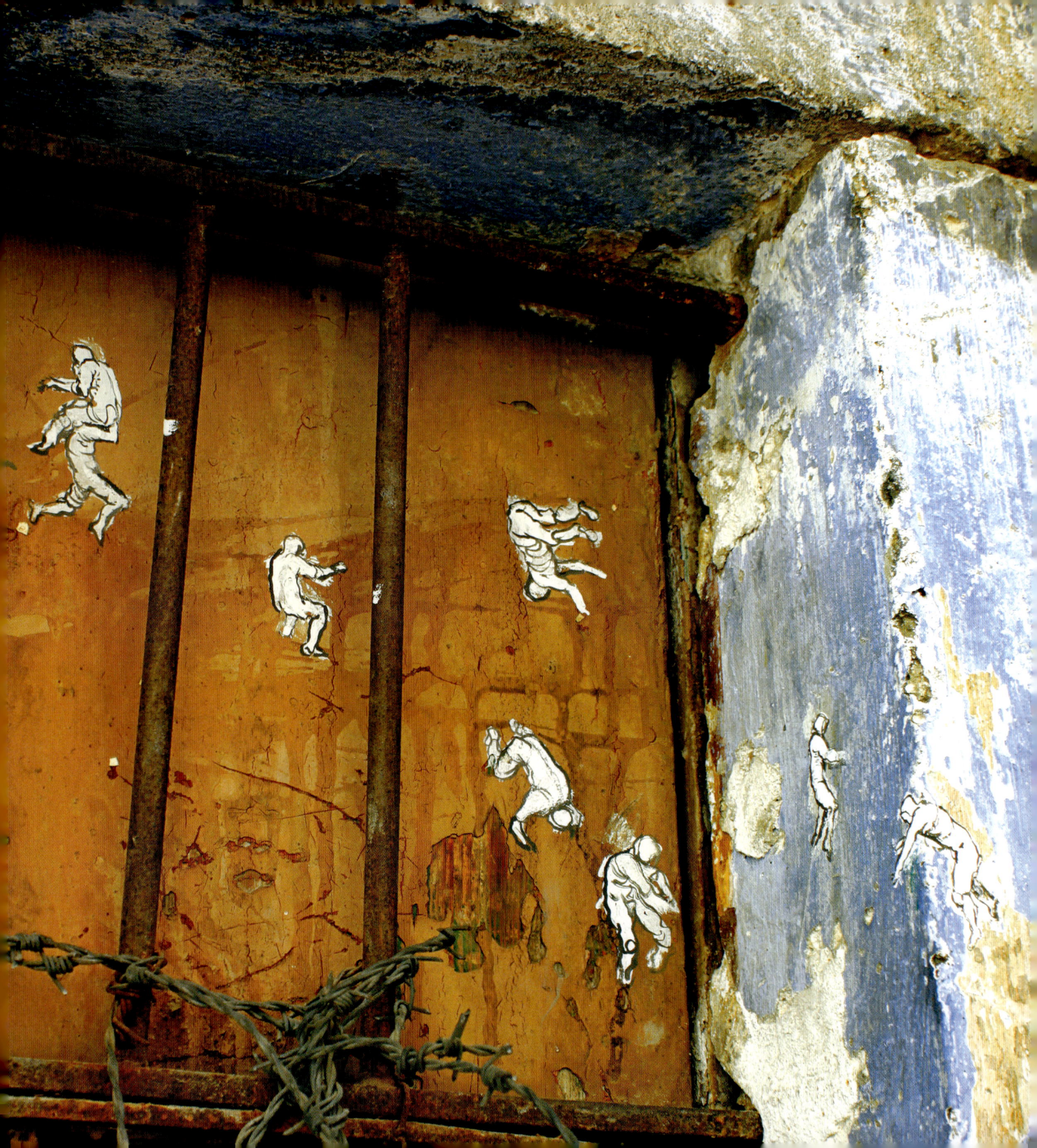

1

Los países del capítulo que aborda el sur de Europa representan una amalgama a menudo clasificada en el ámbito anglosajón como Club Med (o, con tintes peyorativos, las naciones PIGS), que incluye a Portugal, Italia, Grecia y España. Al igual que las demás regiones, la Europa meridional posee un cierto sabor que la distingue de sus vecinas, una estética más viva y gráfica que la diferencia de la producción de sus homólogas septentrionales, más severa y seria. Si bien también está impregnado del espíritu de lo conceptual, se caracteriza por una generosa dosis de vivacidad y efervescencia latinas que culminan en un singular estilo de arte público independiente.

Barcelona (*véanse* páginas 250-251) se convirtió en uno de los centros mundiales del arte público independiente a principios de la década de 2000. Aunque en la ciudad ya hubo grafiti político durante el franquismo, fue el basado en iconos, del que fueron pioneros a finales de la década de 1990 artistas como La Mano, también conocido como Nami (que pintó un célebre puño en alto), y El Pez (cuyo pez sonriente era una imagen habitual), el que marcó los primeros pasos hacia su futuro estatus ilustre. Aunque estos artistas utilizaron imágenes de aspecto más accesible en comparación con los tradicionales *tags*, su trabajo tuvo un cariz más provocador que consensual y ambos utilizaron una mentalidad de *bombing* para inundar por completo la ciudad con su obra. Al mismo tiempo, otros artistas como Debens, Kenor, Sixeart (*véanse* páginas 256-261) y Zosen, que también surgieron del grafiti *underground*, adoptaron un enfoque más experimental El uso del color en todas las obras de estos artistas en particular resulta inconfundible, y sus tonos brillantes reflejan los largos días de sol que bendicen esta ciudad. Sin embargo, la libertad casi total para pintar de la que gozaron estos artistas entre principios y mediados de la década de 2000, la cual permitió la experimentación y provocó la llegada a la ciudad de artistas de todo el mundo, no tardó en verse recortada por las nuevas normativas gubernamentales sobre todas las formas de actuaciones públicas. Si bien esto ha hecho que el número de *tags* y *throw-ups* sencillos haya superado a los murales más coloristas del centro de la ciudad (debido al mero hecho de la velocidad con la que se realizan), nuevos artistas como Aryz (*véanse* páginas 252-253), Grito y Yesk (también conocido como Sagüe) han conformado una nueva escuela de estilo barcelonés que mantiene el enfoque policromático por el que la ciudad es tan conocida. Este rasgo también se refleja en los grafitis de artistas más jóvenes, como Zurik (*véanse* páginas 262-263).

Si bien todos los artistas barceloneses y madrileños están muy unidos, en Madrid (*véanse* páginas 238-239) existe una práctica un tanto diferente, quizá más proclive a la investigación. Empezando por el legendario Muelle, cuyo pionero grafiti con la forma de su seudónimo dejó huella en la ciudad a partir de 1980, los artistas que han salido a la luz en la capital han aportado un extraño toque, una estética reconocible pero arriesgada. 3TTMan (*véanse* páginas 240-243), cuyos murales contemporáneos quizá se acerquen más al estilo barcelonés, también lleva a cabo numerosos proyectos de carácter más experimental, como sus instalaciones de hormigón y carteles publicitarios, que hacen hincapié en temas sociales además de en la estética formal. Aunque Remed, su colaborador común y amigo de toda la vida, ha desarrollado un estilo propio muy espiritual y cósmico, tanto Eltono (*véanse* páginas 244-247) como Nuria Mora (*véanse* páginas 248-249) han desarrollado un estilo lúdico en el que la teoría y la forma suelen entreverarse por completo. Del mismo modo, tanto SpY como Suso33, dos artistas activos en la escena del grafiti madrileño desde finales de la década de 1980, han desarrollado una forma espectacular de utilizar sus entornos. Las intervenciones urbanas de SpY subvierten de una forma radical los espacios urbanos al violentar las normas a las que todos nos adherimos ciegamente, mientras que las *action paintings* performativas de Suso intentan revelar tanto el movimiento como la historia inherentes a dichos espacios. En la ciudad, claro está, también abundan los escritores de grafiti más tradicionales (con su sólida historia de escritura en trenes); de entre ellos, Spok en concreto es uno de los más reputados y experimentales. Lo que puede verse en Madrid es, en general, un estilo un tanto más abstracto y teórico que en Barcelona, un estilo que conserva el sentido del color y la vitalidad del sur de Europa pero que lo empuja hacia una dirección más conceptual.

Los tres artistas que representan Atenas (*véanse* páginas 286-287) muestran enfoques radicalmente distintos del arte público independiente: los enormes murales surrealistas y las instalaciones a base de *collage* de Alexandros Vasmoulakis (*véanse* páginas 288-289) contrastan fuertemente con los diseños urbanos tipográficos, caligráficos y abstractos del dúo Blaqk (*véanse* páginas 290-291), cuyo estilo también difiere del que practica el colectivo GPO (*véanse* páginas 292-295), que tiene una manera por completo espontánea e improvisada en la que reinan la suciedad, el azar y la dejadez. También se pueden detectar variaciones en toda Italia con los grafiti abstractos y monocromos de 108 (*véanse* páginas 278-281), el neo-*arte povera* de Moneyless y la creación de imágenes yuxtapuestas experimentales por parte de Filippo Minelli (*véanse* páginas 282-285). Sin embargo, podría decirse que lo que conecta todos estos estilos tan variados es la introspección, un profundo pensamiento que impregna sus diversas prácticas. La península Ibérica en su conjunto engloba en la actualidad a un grupo diverso y apasionante de jóvenes artistas, como Escif (*véanse* páginas 266-269), autor de caricaturas urbanas de estilo periodístico y aires modernos, San, que desarrolla una estética delicada, intrincada e inquietante, Nano4814, que tiene una relación de amor / odio con el acto creativo, Vhils (*véanse* páginas 276-277), que practica un retrato de estilo arqueológico, Dems333 (*véanse* páginas 270-271), autor de grafitis futuristas, Imon Boy (*véanse* páginas 264-265), que realiza caricaturas autobiográficas, los gemelos Liqen (*véanse* páginas 272-273), entre los que hay una intensa dinámica yin-yang, y Pelucas (*véanse* páginas 274-275). Al igual que sucede con la región meridional de Europa a la que pertenece este territorio, hay en él una nueva raza de artistas que están ampliando no solo las posibilidades formales del arte público independiente, sino la propia naturaleza del discurso.

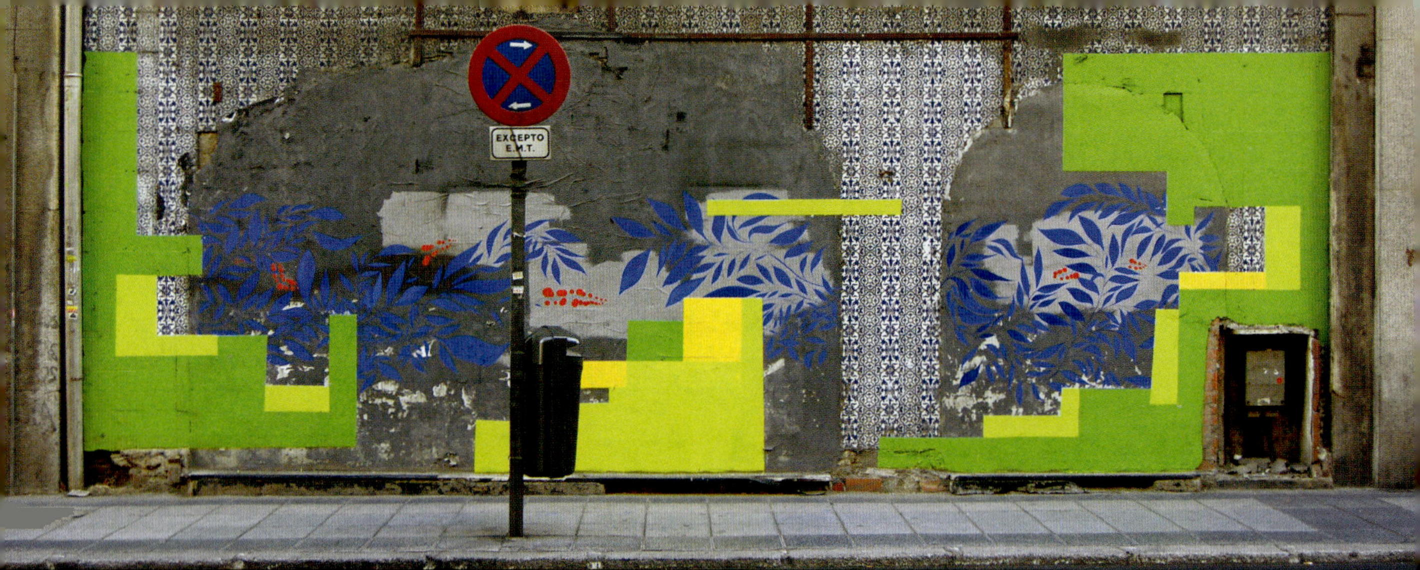

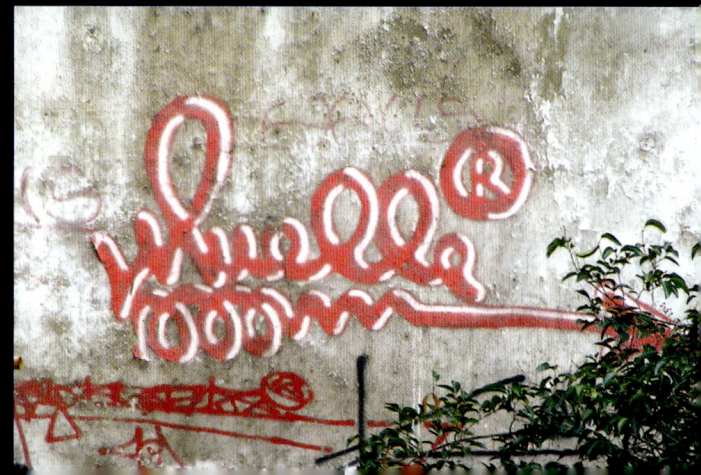

MADRID

Durante la dictadura del general Franco (1939-1975) apenas sí hubo grafitis en Madrid. Sin embargo, con el inicio del movimiento contracultural de la década de 1980 conocido como «la movida madrileña», tanto el arte convencional como el ilícito experimentaron un crecimiento y una transformación. Muelle, seudónimo artístico de Juan Carlos Argüello, fue con diferencia el más famoso de los primeros practicantes del grafiti autóctono madrileño. Su *tag*, que al parecer se debe a que de joven se fabricó una bicicleta con restos de piezas de automóvil, se observó por primera vez en 1982 en el barrio de Campamento de la ciudad. En la imagen aparecía su nombre con el resorte en espiral debajo y el signo de marca registrada encima (*véase* imagen 2). Este signo, muy repetido tanto por Muelle como por sus imitadores, no tardó en dominar el paisaje madrileño.

A medida que fue entrando la década de 1980, surgieron en la escena local otros practicantes (o «flecheros», como se les solía llamar por las flechas que utilizaban). Tifon [*sic*] y Max501 se encontraban entre los más destacados de estos artistas, aunque Glub y Remebe empezaron a retorcer el estilo flechero con un arquetipo de inspiración neoyorquina más clásica. A finales de la década, estos artistas, junto con *crews* como QSC y PTV, habían hecho que el foco de la práctica dejara de ser la calle para convertirse en los patios de maniobras ferroviarios. Uno de los pioneros clave de la escena ferroviaria, Hen (alias Smart, alias Coas y hoy en día conocido como Javier Abarca, teórico del grafiti), fue también el primero de los artistas madrileños que usó el interrail y, por tanto, el responsable de los primeros contactos internacionales

con la Europa continental. Que Madrid se fuera abriendo poco a poco a un estilo más internacional también se le debe a Kami, cuya condición de miembro de la *crew* neoyorquina TFP llevó a la ciudad con regularidad a Sento, de Harlem.

En la década de 1990 surgieron otros estilos y otro grupo de escritores. Mientras se desarrollaba como escritor de grafiti tradicional, Suso33 (*véase* imagen 4) se convirtió, gracias al uso de *tags* pictográficos en lugar de epigráficos, en el pionero del grafiti basado en imágenes en la ciudad. Su primer icono, un ojo dentro de una especie de mancha de pintura, no tardó en verse sustituido por grupos de inquietantes siluetas y, más adelante, por grandes y amenazadores rostros. SpY, compañero suyo de *crew*, también surgió del grafiti más tradicional de la década de 1980, aunque se alejó por

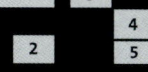
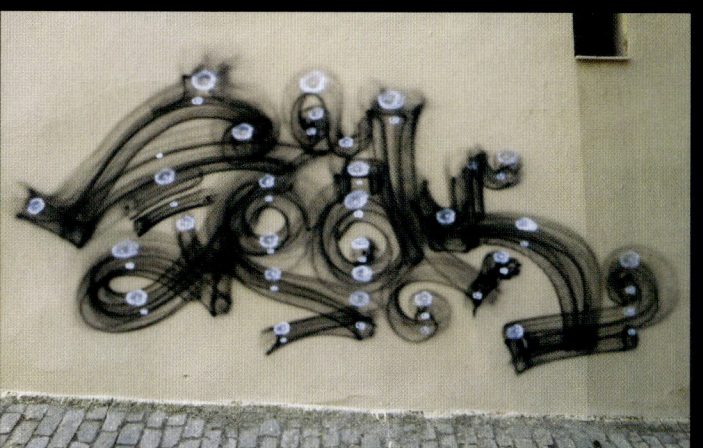

zonas descuidadas de la ciudad valiéndose del profundo conocimiento que tenían del espacio urbano para promover una forma más abierta de cultura visual. Desde entonces, el colectivo Noviciado 9, al que también pertenecen Eltono y Spok, ha pasado a dominar buena parte de la producción cultural contemporánea de la ciudad. Junto con 3TTMan (*véanse* páginas 240-243), Nano4814 y Remed, estos artistas han estado muy activos en la ciudad desde mediados de la década de 2000 y han practicado todos los géneros del arte público independiente, desde el *tagging* y los murales hasta las instalaciones y los carteles. Junto con otros artistas como San, Okuda y Neko, estos artistas, agrupados de una forma poco rígida, desarrollan su actividad tanto en Madrid como a escala mundial. Aunque la ciudad sigue dominada por el grafiti clásico (sobre todo en el barrio de Malasaña), hay también una gran diversidad de imágenes urbanas ilícitas. Desde artistas del grafiti que hacen instalaciones de luz hasta practicantes del *street art* que producen *throw-ups*, el arte urbano madrileño representa una alegre plétora de formas.

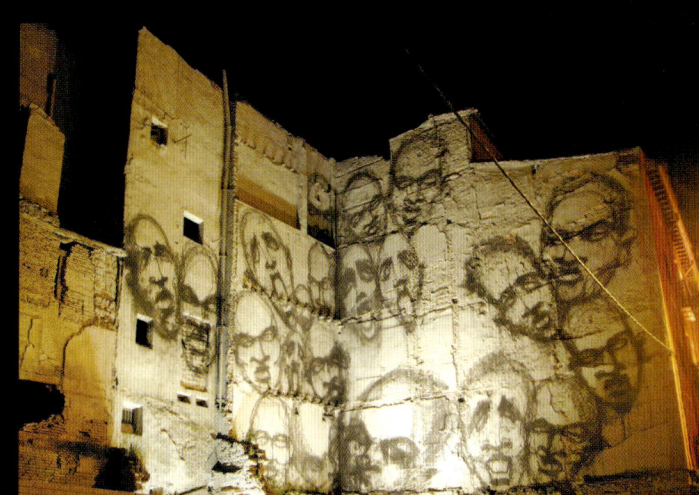

completo de la técnica basada en el aerosol. Apropiándose de elementos urbanos mediante su transformación o réplica, intentó hacer una crítica de la realidad urbana a través de elementos como semáforos, marcas viales y estatuas públicas, elementos con los que buscó subvertir la comprensión normativa de la ciudad.

A finales de la década de 1990, sin embargo, *crews* como TBC (Alone, Colbie, Know, Sha y Spok; *véase* imagen 3), KR2 (Buni, Deno, Fred y Til), TVE (Deon y Waine) y 091 (Odio, Raro y Queso) estaban recuperando una estética grafitera más clásica en la ciudad. Trabajando sobre todo en el centro de Madrid y centrándose en sencillos *tags* y *throw-ups* plateados, en lugar de en las piezas multicolores, que por aquel entonces solo predominaban en las afueras de la ciudad, volvieron a abordar los *handstyles* clásicos, que para muchos seguían siendo la verdadera esencia del grafiti. Esta vuelta a los clásicos tuvo lugar más o menos al mismo tiempo que BNE (*véanse* páginas 52-53) residía en Madrid y fue una importante influencia en el cambio de estilo que se vivió en la ciudad. Sin embargo, a medida que los trenes se volvían más difíciles de pintar (debido a la severidad del personal de seguridad y a la limpieza inmediata de los trenes «pintarrajeados»), aparecieron nuevas tácticas. El llamado «palancazo», técnica iniciada por Spok y mediante la cual los escritores accionan el freno de emergencia de un tren en marcha para, acto seguido, pintarlo mientras aún está en la estación, se convirtió en un método clave de escritura de grafitis en Madrid. Este método no tardó en llegar a la escena internacional.

Por otra parte, al mismo tiempo hubo artistas que, como Eltono (*véanse* imagen 5 y páginas 244-247), estaban modificando la propia naturaleza del arte público independiente. Alejándose de su obra más tradicional (como parte de la famosa *crew* parisina GAP), Eltono empezó a emplear cinta adhesiva y pintura acrílica para pintar diapasones geométricos que jugaban con los colores y el material precisos de los espacios utilizados. El tándem que formó a menudo con Nuria Mora (*véase* imagen 1 y páginas 248-249) intentó revitalizar

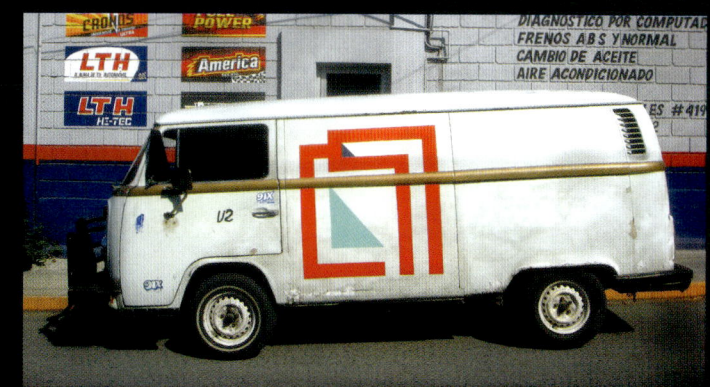

MADRID
NACIMIENTO 1978, Lille, Francia TÉCNICAS / MATERIALES Carteles publicitarios ilegales,
pintura en aerosol, cemento, mosaicos de azulejos ESTILO Modificación urbana,
muralismo contemporáneo TEMAS Arte elevado frente a arte bajo, renovación urbana
INFLUENCIAS Arte vernáculo, arte religioso COLECTIVO Noviciado 9

3TTMAN

3TTMan (nombre derivado del francés *trois têtes* y del inglés *man*, «hombre
de tres cabezas» figura recurrente en su obra) se autodenomina «agitador de
medio ambiente». 3TTMan, presencia significativa en la escena del arte urbano
contemporáneo de Madrid, ha forjado una estética que conjuga la herencia
punk del grafiti (su necesaria actitud *do-it-yourself*) con un estilo con una
gran influencia del arte religioso vernáculo y del popular. Su producción,
que aborda multitud de superficies (desde carteles publicitarios ilegales
hasta hormigón autocompactante) y utiliza un sinfín de técnicas y materiales
(desde cerámica hasta mosaicos), difumina adrede la frontera entre arte y
artesanía y desafía las concepciones predominantes de la práctica «correcta»
tanto en las bellas artes como en el arte público.

Si bien 3TTMan pintó sin tregua durante sus primeros años, no llevó
su obra a las calles hasta que consideró que había desarrollado un enfoque
distintivo. Experimentó con pegatinas y carteles junto con Remed, su amigo
de la infancia, aunque no fue hasta 1999 cuando encontró lo que consideraba
una forma más expansiva de hacer llegar su arte al público. Así, cofundó
102%, una marca de estilo *pop-shop* centrada en prendas de tirada unitaria
y estampadas a mano. Mientras dirigía sus energías artísticas hacia las
prendas, siguió trabajando con cierta vacilación en las calles. Sin embargo,
fue el proyecto *City-Lights*, creado por Nano4814 en 2004, el que al final le
dio la inspiración para trasladar por completo su práctica al entorno urbano.
Al principio, 3TTMan se dedicó en exclusiva al mobiliario urbano: así, alteró
objetos tales como buzones, farolas o contenedores de basura animándolos
con imágenes divertidas y a menudo grotescas. Aunque estas primeras obras
le hicieron sentir el gusto por la acción y el potencial de las calles, aún no
había encontrado un proyecto que pudiera abrazar en su totalidad.

Sin embargo, su obra con los carteles publicitarios ilegales lo cambió
todo. Aunque le tentaba la idea de trabajar de forma directa en las paredes
de la ciudad y estaba descontento con el limitado espacio que había para
experimentar de verdad con el mobiliario urbano, 3TTMan se fijó en el enorme
espacio que ocupaban estos carteles en Madrid: esta forma aparentemente
medio legal de publicidad consumía casi todas las estructuras vacías
o abandonadas de la ciudad. Los carteles publicitarios ilegales no solo le
proporcionaban una superficie ya preparada para trabajar en el centro
de la capital, sino que también le ofrecían una respuesta automática ante
cualquier posible encuentro con la policía: si los propios carteles eran una

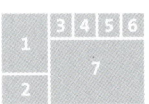

1 *Esto es graffiti*, Madrid, España, 2011
2 *No me gusta escribir en las paredes*, Madrid, España, 2011
3-6 Madrid, España, 2012
7 Tarifa, España, 2012

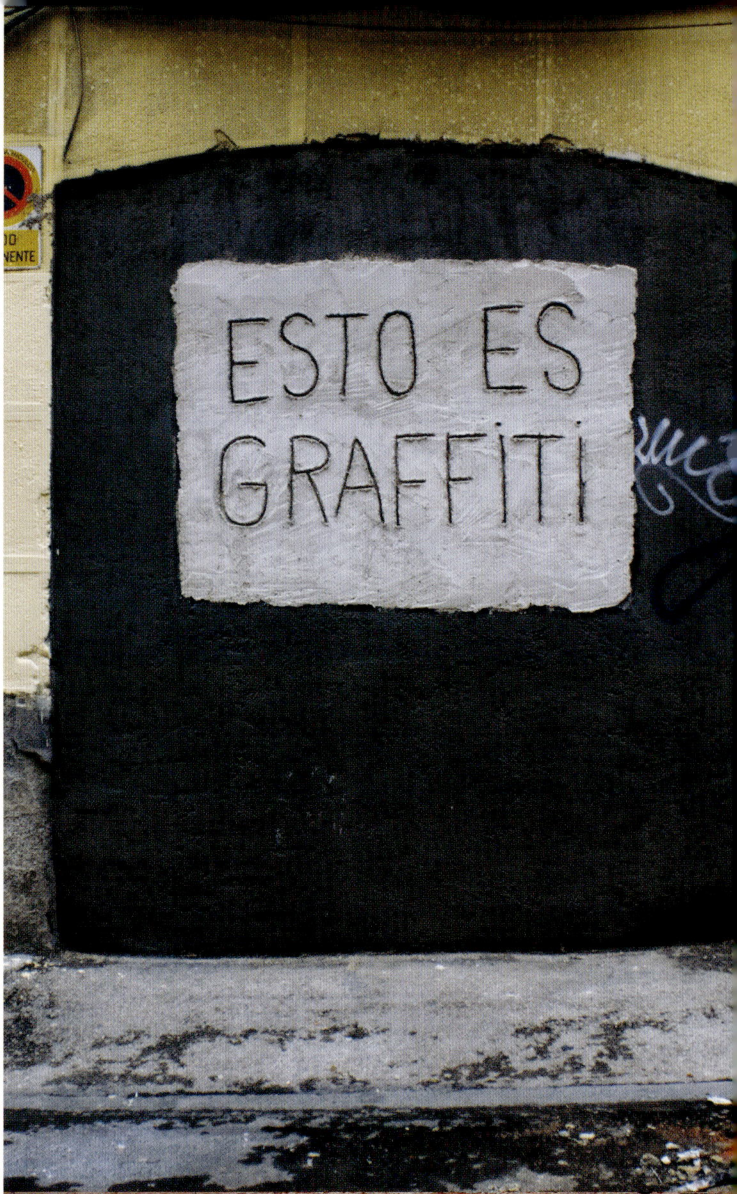

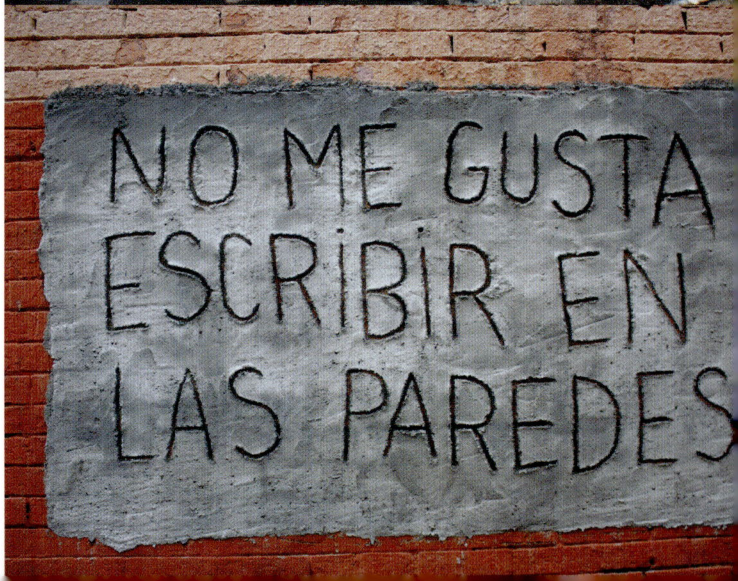

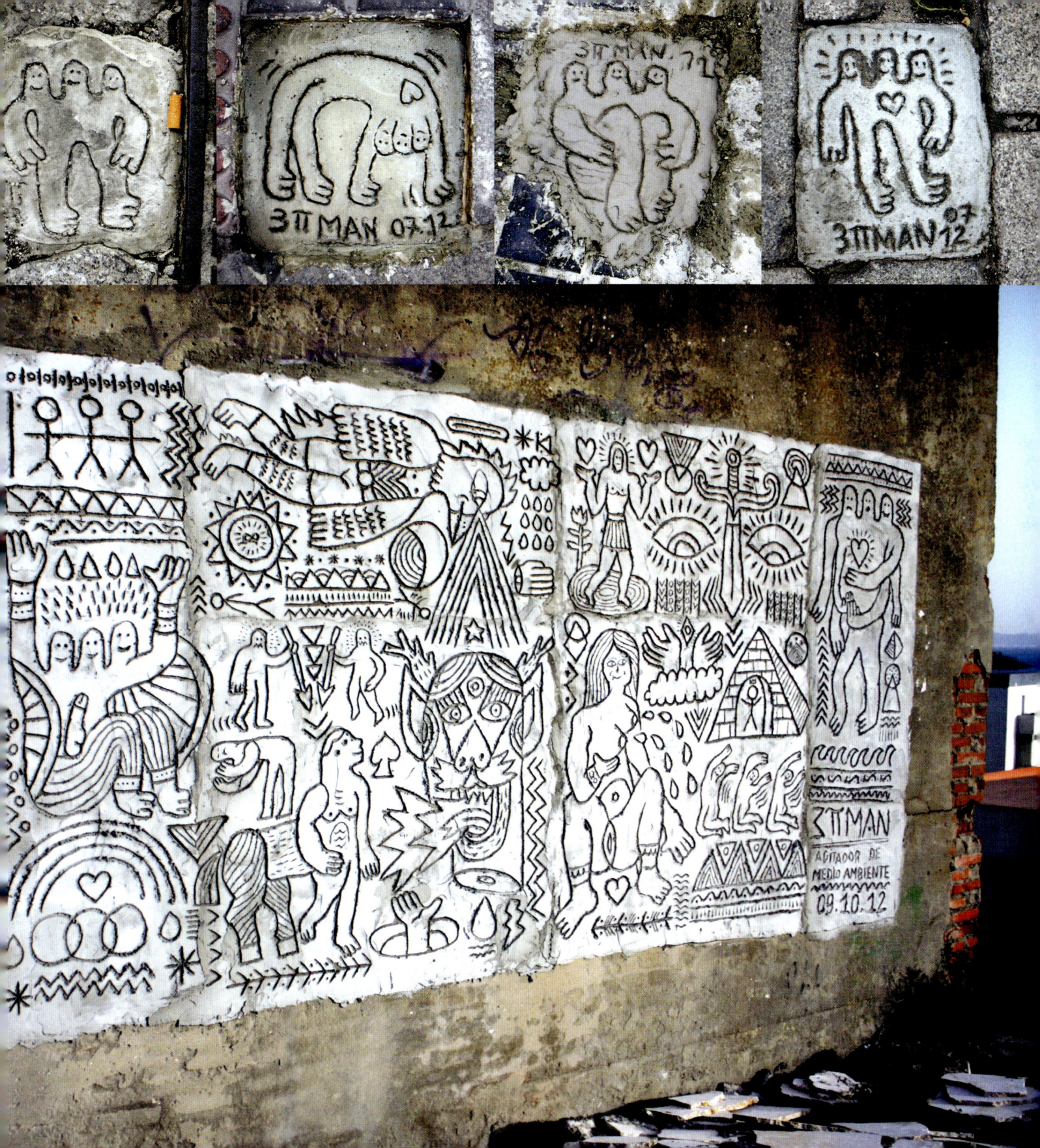

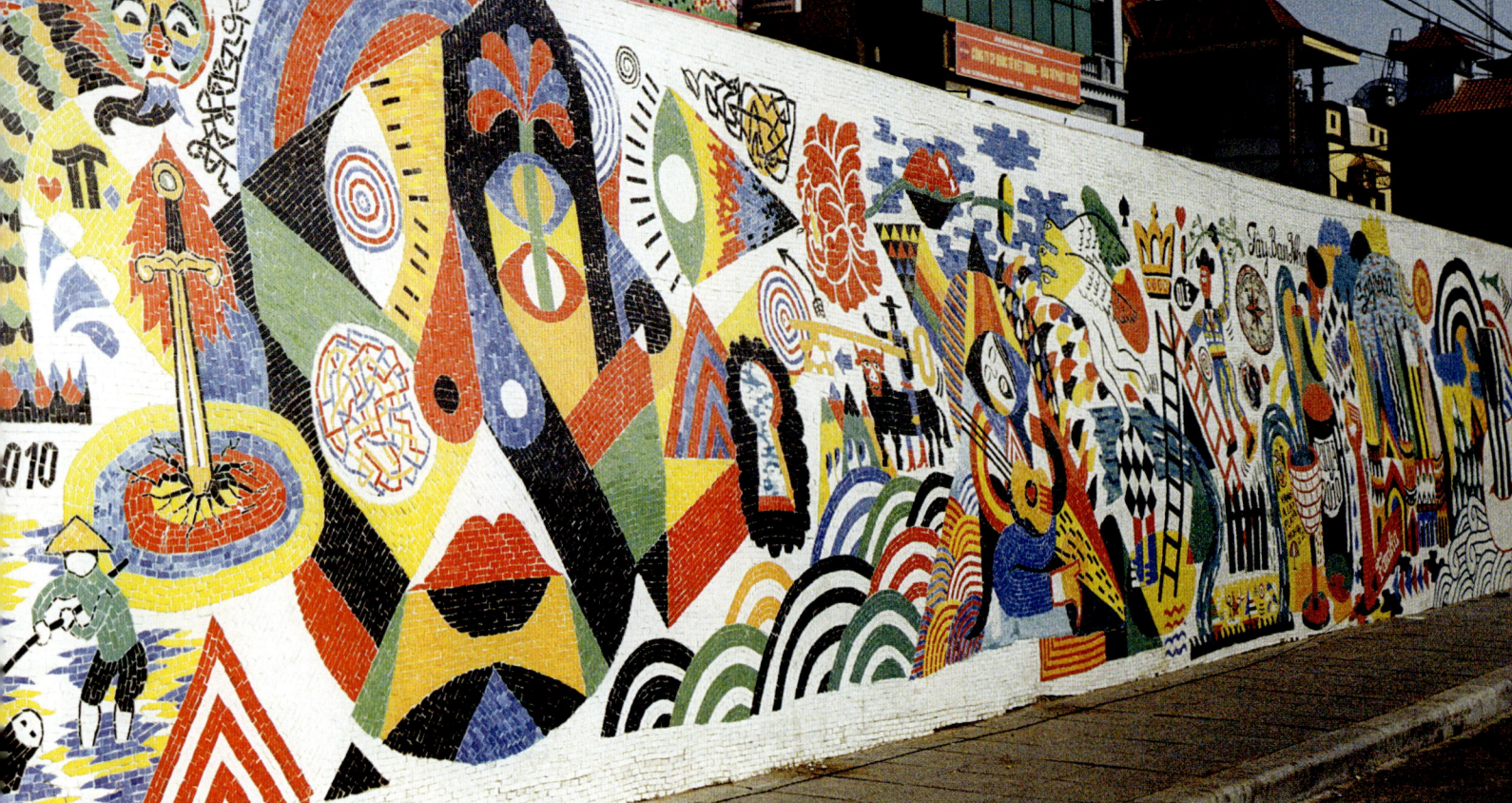

1 Hanói, Vietnam, 2010
2 *Fighting Peacefully*, La Laguna, Tenerife, España, 2012
3 La Laguna, Tenerife, España, 2013

forma ilegal de cultura visual, ¿cómo podía considerarse ilegal también pintar sobre ellos? 3TTMan recurrió a menudo a vestir monos de trabajo, lo que le permitió pasar por un operario en las calles. Pintaba sobre estas superficies sin ocultarse, en pleno día y en algunos de los sitios más visibles de la ciudad. Este enfoque le daba tiempo para producir *collages* complejos en los que nunca se limitaba a pintar sobre los carteles, sino que utilizaba lo que ya estaba allí. Tomaba un soporte puramente comercial, lo desafiaba y jugaba con él hasta convertirlo en un espacio de interacción y goce.

Aunque sigue trabajando sobre carteles publicitarios ilegales (además de con lienzos), 3TTMan ha adoptado desde entonces muchas otras formas de interactuar en las calles: ha creado murales, mosaicos y piñatas a gran escala que amplían las fronteras entre el arte popular y el elevado. De un tiempo a esta parte, sin embargo, ha centrado su atención en uno de los materiales que podrían parecer menos estéticos: el cemento. Fascinado por los escritos espontáneos que suelen aparecer en cuanto hay cemento sin fraguar en las calles, así como por la experiencia de reconstruir su estudio en Madrid, 3TTMan, armado con arena, cemento y agua, comenzó a hacer sus distintivos *tags* de cemento por las calles de la ciudad. Se centra en las aceras llenas de baches que han quedado peligrosamente sin reparar y en las fachadas tapiadas de los edificios abandonados o vacíos que, al igual que los carteles

publicitarios ilegales, proliferan en la ciudad. Tras aplicar cemento en estos lugares, graba textos e ilustraciones en la superficie antes de que el material tenga tiempo de fraguar (*véanse* imágenes 1-4, páginas 240-241). Inscribe declaraciones paradójicas o juegos de palabras, como *Esto es graffiti* o *No me gusta escribir en las paredes*. En una intervención reciente colocó castillos de cemento en miniatura por la ciudad a fin de llamar la atención sobre los problemas de sobreconstrucción en España.

Al igual que con su exploración de los mosaicos de cerámica en Vietnam, la especie *wildstyle* que practicó en la India o la pintura callejera por números, podría sostenerse que los proyectos relacionados con el hormigón aúnan tres temas clave de su práctica: la obsesión por la estética popular, el deseo de criticar la sacralidad del arte y el afán por representar las contradicciones y los múltiples puntos de vista posibles en cualquier situación. Al igual que su propio personaje con tres cabezas, una criatura que sugiere las múltiples posibilidades que concurren en cada situación, se esfuerza por estimular el pensamiento en el espectador en lugar de emitir juicios. Sus obras giran en torno a la revelación más que a la explicación. Al expresar el desequilibrio inherente de los tres temas que hay en su práctica, lleva un espíritu ingenioso a las calles, una técnica desenfadada y popular pero muy refinada que se niega a mantenerse dentro de los confines delimitados por el mundo del arte.

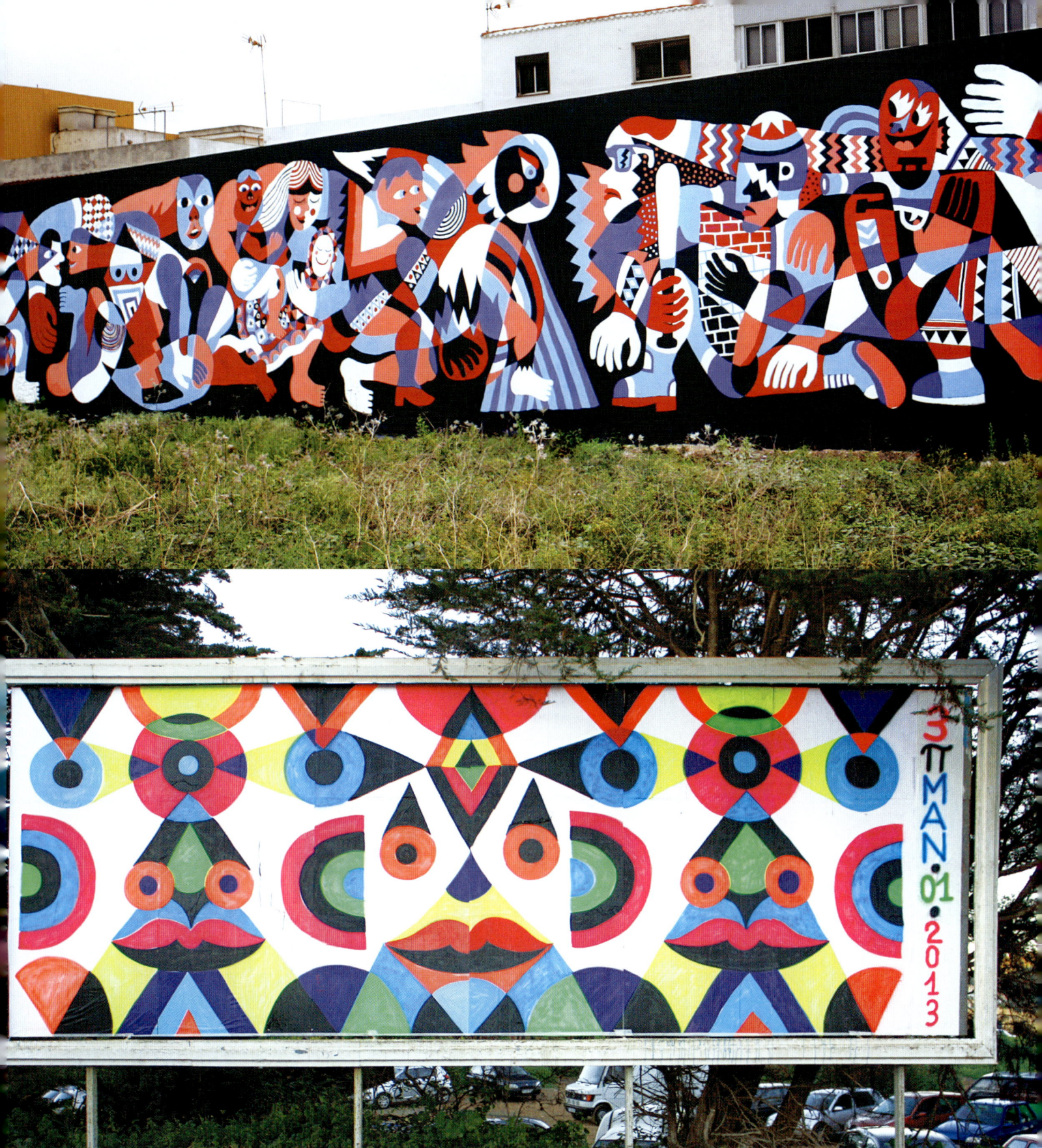

MADRID

NACIMIENTO 1975, París, Francia **TÉCNICAS / MATERIALES** Pintura acrílica, cinta adhesiva, engrudo **ESTILO** Grafiti abstracto, intervenciones urbanas **TEMAS** Diapasón, geometría, juego, azar **INFLUENCIAS** GAP **COLECTIVOS** Noviciado 9, Equipo Plástico

1 Río de Janeiro, Brasil, 2011 (con MOMO)
2 *Sin título*, Chaumont, Francia, 2016

ELTONO

El nombre de este artista describe su obra a la perfección. Si bien su estilo cambia de forma constante dentro de los diversos juegos visuales que constituyen su práctica, es su diseño epónimo con forma de diapasón el que constituye la línea de base que unifica su obra artística, la «nota» fundamental a partir de la cual lleva a cabo sus experimentos espaciales.

Criado en las afueras de París, Eltono se afianzó en la subcultura del grafiti clásico de la ciudad en torno a 1992, año en el que se convirtió en miembro de la célebre *crew* GAP, cuando era conocido como Otone y trabajaba con escritores como Zepha, Wope y Desa. Eltono se centró sobre todo en las líneas ferroviarias del noroeste de la ciudad, donde pintó con el tradicional estilo parisino de letras de molde plateadas y negras. Si bien en 1997 empezó a utilizar carteles y pegatinas, el punto de inflexión en su obra vino con su traslado a Madrid, en 1999. A partir de ese momento, transformó de forma radical su práctica a base de desarrollar un nuevo tipo de mensaje dirigido a un público diferente de la ciudad.

Cuando Eltono llegó a Madrid, se encontró el centro de la ciudad saturado de *tags* y *throw-ups*; se dio cuenta de que necesitaba formar un estilo de producción de imagen urbana que pudiera destacar entre la cacofonía visual que se estaba produciendo. Añadir el artículo *el* a su nombre (que en el argot francés *verlan* ya se había convertido en Tono) le proporcionó su emblemático punto de partida. Empezó a pintar su diseño de diapasón bifurcado al estilo del grafiti clásico y tridimensional en lugar de hacer su nombre basado en letras. Sin embargo, pasados unos meses, Eltono seguía insatisfecho y dejó de utilizar los aerosoles y se puso a experimentar con cinta adhesiva y pintura acrílica tradicional. Este cambio le obligó a integrar su obra con más criterio en el entorno: los límites naturales de sus materiales daban pie a un patrón vertical y horizontal que tenía que funcionar dentro de los límites y restricciones básicos de las calles. Su experiencia previa con el grafiti hizo que su práctica siguiera caracterizándose por la repetición, aunque en su caso fuera orgánica y variable, no una mera duplicación mecánica. Las imágenes aparentemente idénticas que producía, al igual

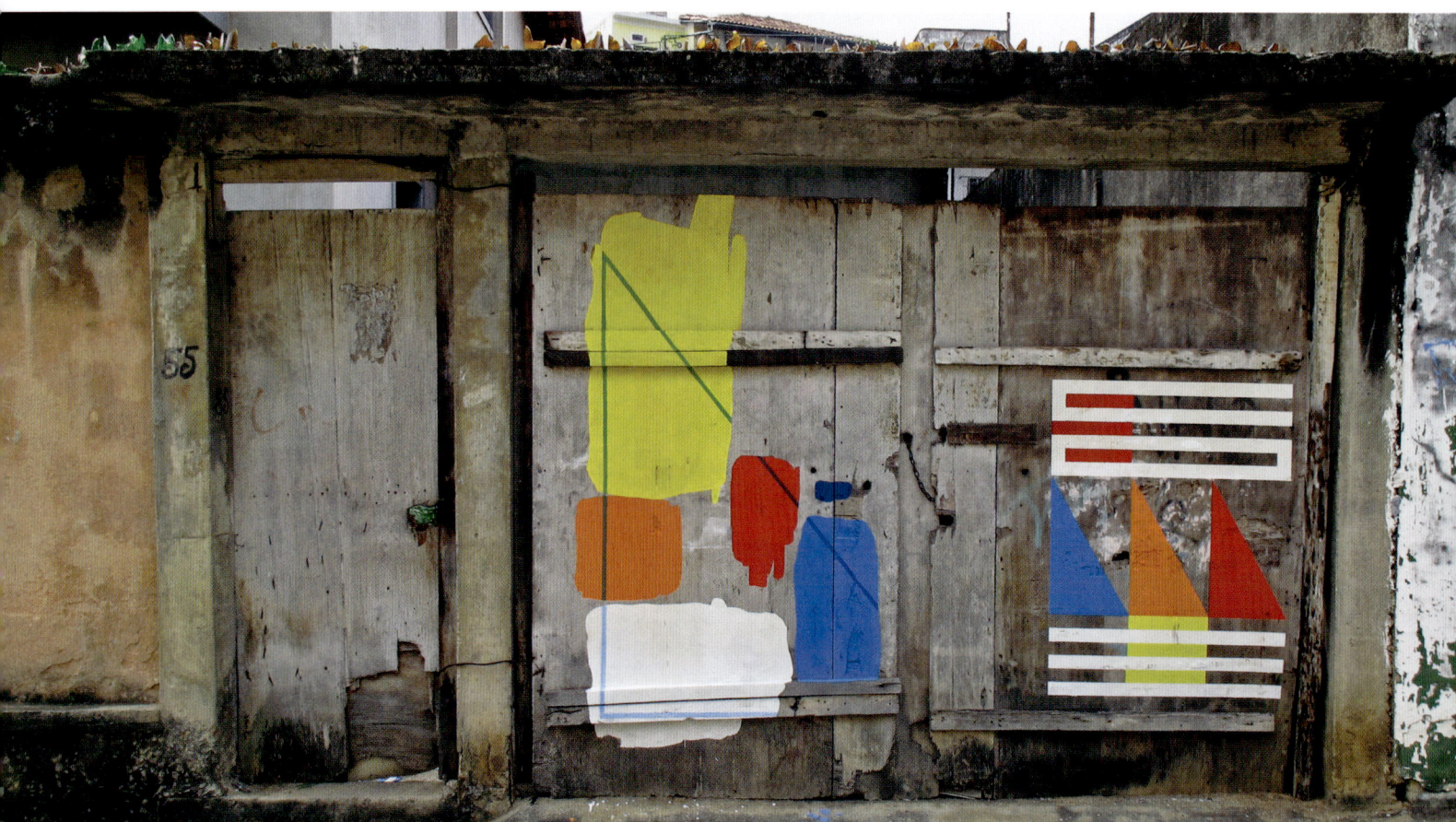

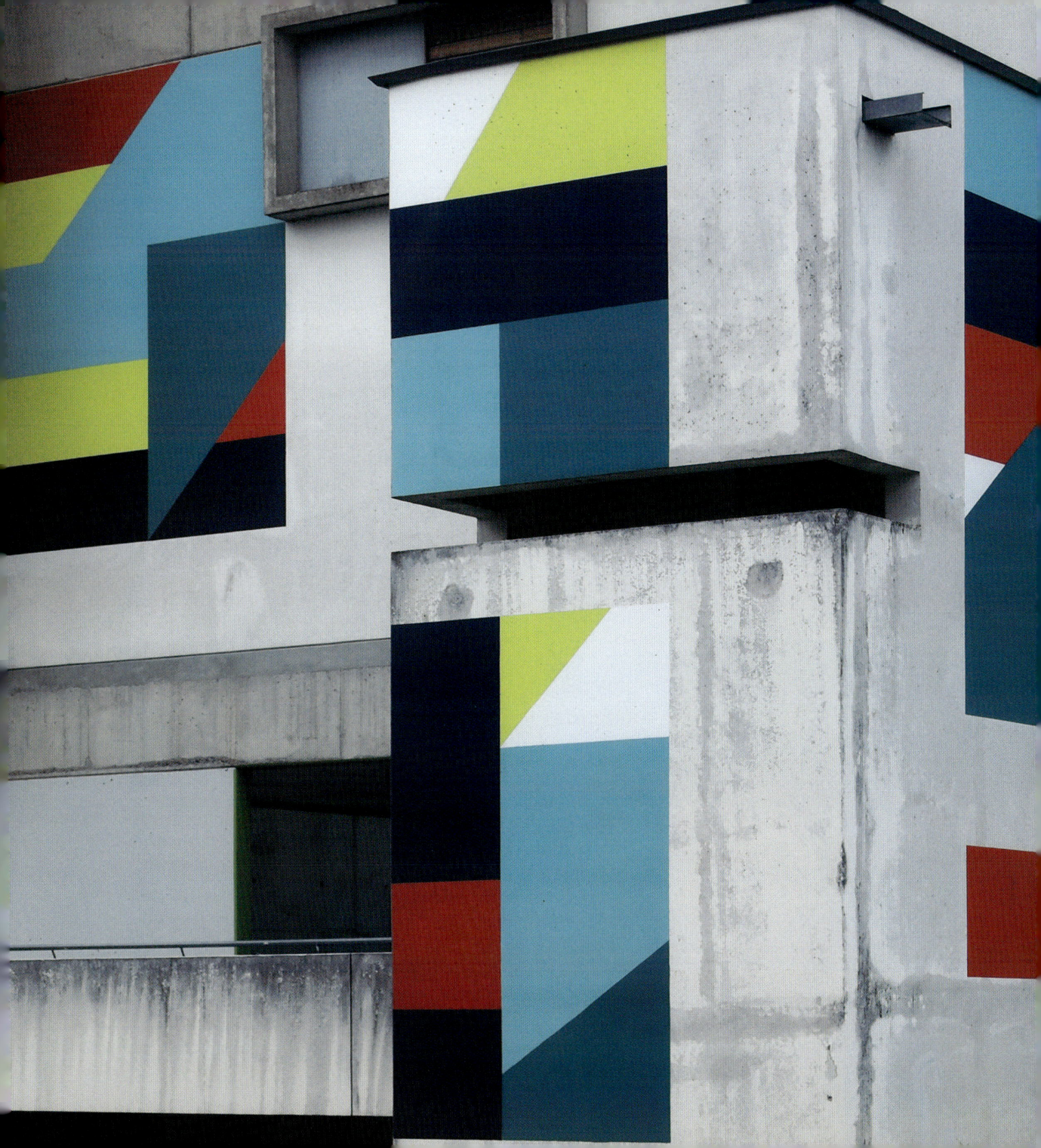

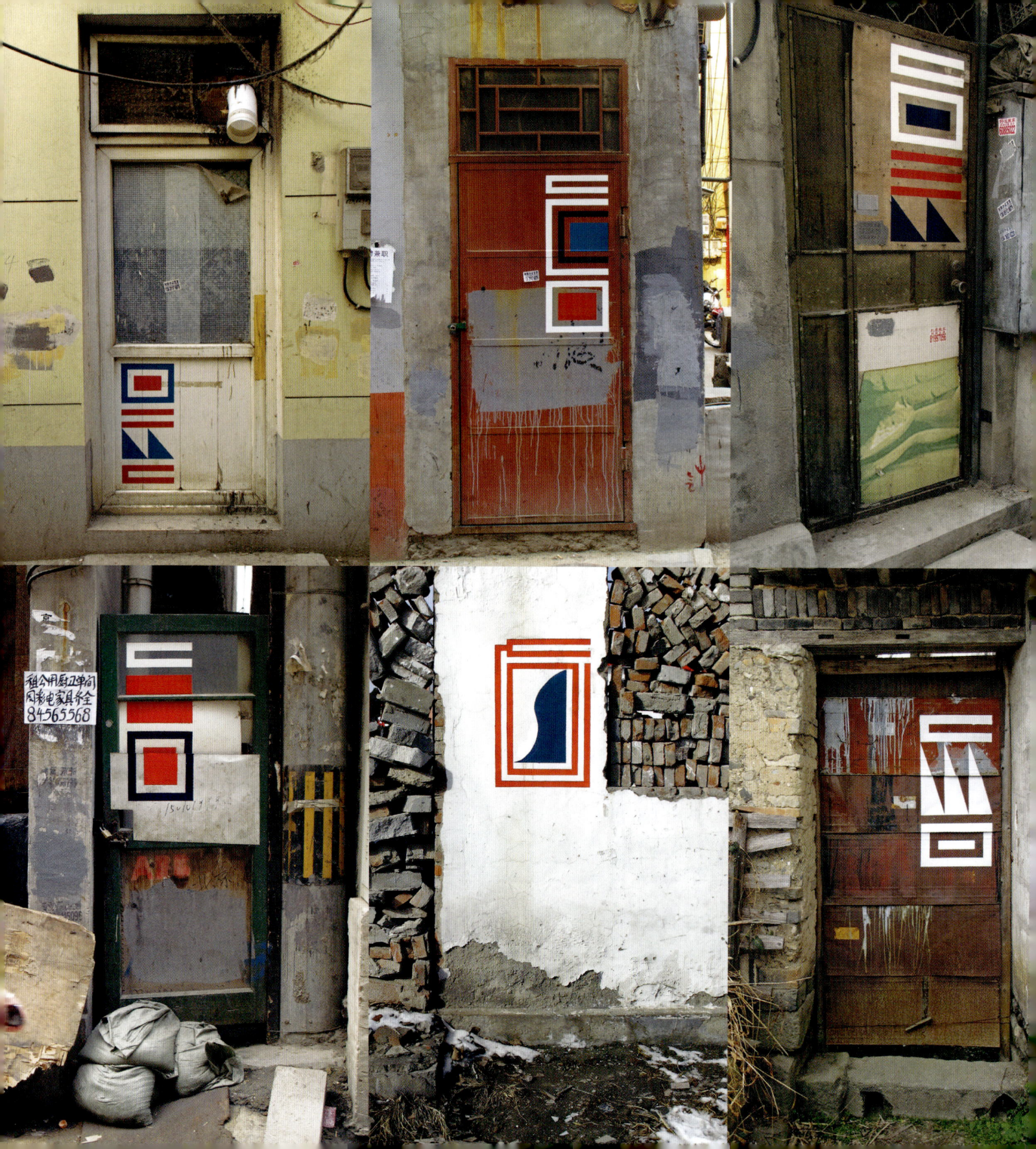

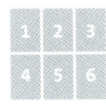

que los *tags* y los *throw-ups*, eran, por tanto, parecidas pero distintas entre sí. Estas formas geométricas abstractas podrían considerarse una destilación o purificación del *tag* de Eltono hasta su forma esencial: el diseño original del diapasón, modificado hasta haberse convertido en una proteica «forma de C». Esto hizo que su práctica se desplazase hacia un lenguaje icónico en lugar de textual y llevó sus imágenes a un público hasta entonces ajeno a su trabajo. Al entrar en contacto con un público social más amplio, Eltono adoptó esta nueva dirección en sus numerosos y variados proyectos realizados en las calles, proyectos que partían de su emblemática forma pero que luego se disolvían en infinidad de juegos inventivos (muchos de los cuales aparecieron en su libro *Line and Surface* en 2012).

Sus proyectos más recientes, como *Plaf* (realizado con el artista MOMO; *véanse* páginas 28-33), *Script 1.2* y *Traces*, han dado muestras de un mayor interés por lo arbitrario. Sin abandonar la sencillez geométrica, estos experimentos dejan cada vez más la obra final al azar, a los caprichos del espectador o del propio entorno más que al artista. Al tiempo que ponen de relieve el interés del artista por trabajar dentro de las limitaciones de la normativa y con riesgo (cuestiones que sin duda surgieron a través de su práctica del grafiti), estas piezas ilustran su deseo de producir obras abiertas, irresueltas y enigmáticas, tal y como él mismo explica: «La comunicación visual en la ciudad es muy fácil de entender; está todo resuelto. Todo son indicaciones, prohibiciones, anuncios… Hay muy poco espacio para la imaginación. Con mis pinturas no quiero enviar un mensaje, sino dejar que el espectador se lo imagine».

En su proyecto de 2013 titulado *The Frieze*, realizado en Rustavi, Georgia (*véanse* imágenes 7-9), puede verse en la práctica el método de Eltono en cuanto a la experimentación con los métodos de comunicación visual tradicional. Eltono realizó por todo el barrio una serie de veinte murales que debían funcionar como un «friso móvil» y pintó cada uno de ellos con la idea de crear «un diseño que se extendiera de puerta a puerta». Al abordar tanto lo individual como lo colectivo y al dejar que las apariciones espontáneas de emplazamientos dirigieran el modo en que el friso crecía por toda la comunidad, el proyecto funcionó tanto en lo micro como en lo macro y actuó en la especificidad de cada emplazamiento y como un todo más amplio. *The Frieze* muestra además el modo en que crece y se transforma el léxico abstracto de Eltono desde su conjunto original de diseños hasta su estado actual.

Lo que desea Eltono es que quienes se encuentren con su obra se cuestionen el porqué de la existencia de esta. Valora la libre interpretación que pueden suscitar sus imágenes más abstractas; el hecho de que no se reconozcan y asimilen al instante hace que las obras sean menos visibles. Con todo, el artista ha hecho esta observación: «Cuando se produce una conexión, el encuentro resulta, claro está, más íntimo y profundo. Así se abre el camino para que el espectador piense por sí mismo en lugar de limitarse a recibir; de que genere información en lugar de verse obligado a tragársela entera».

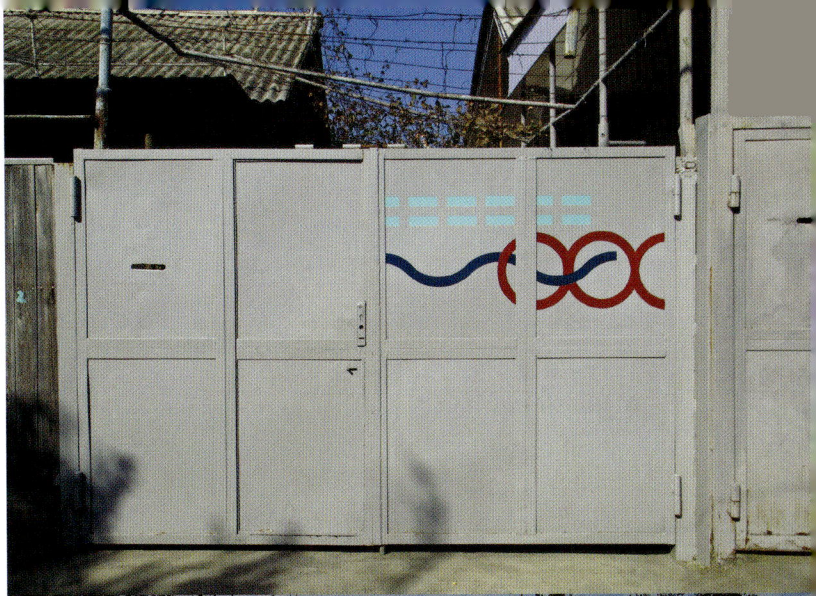

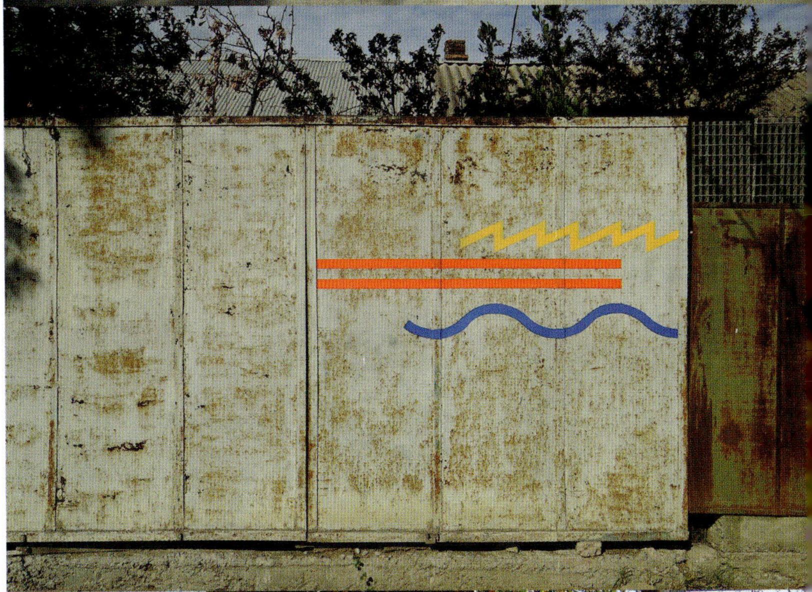

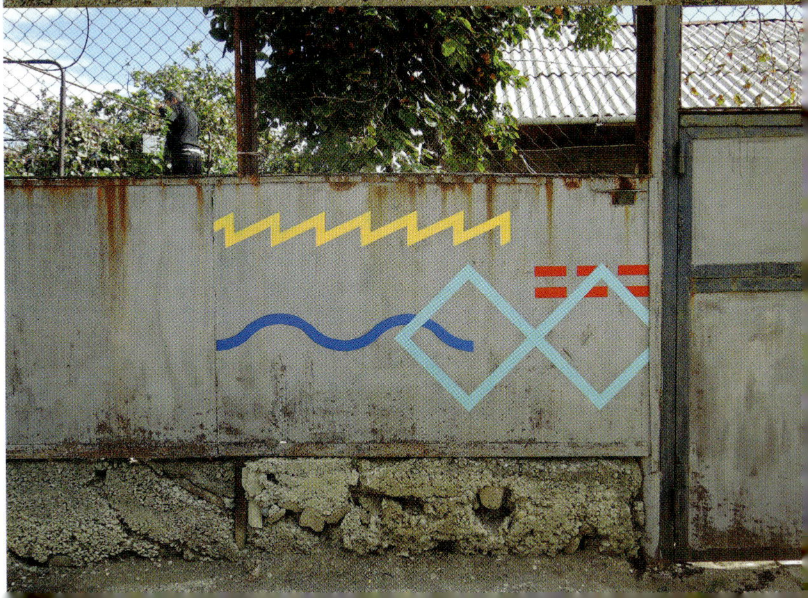

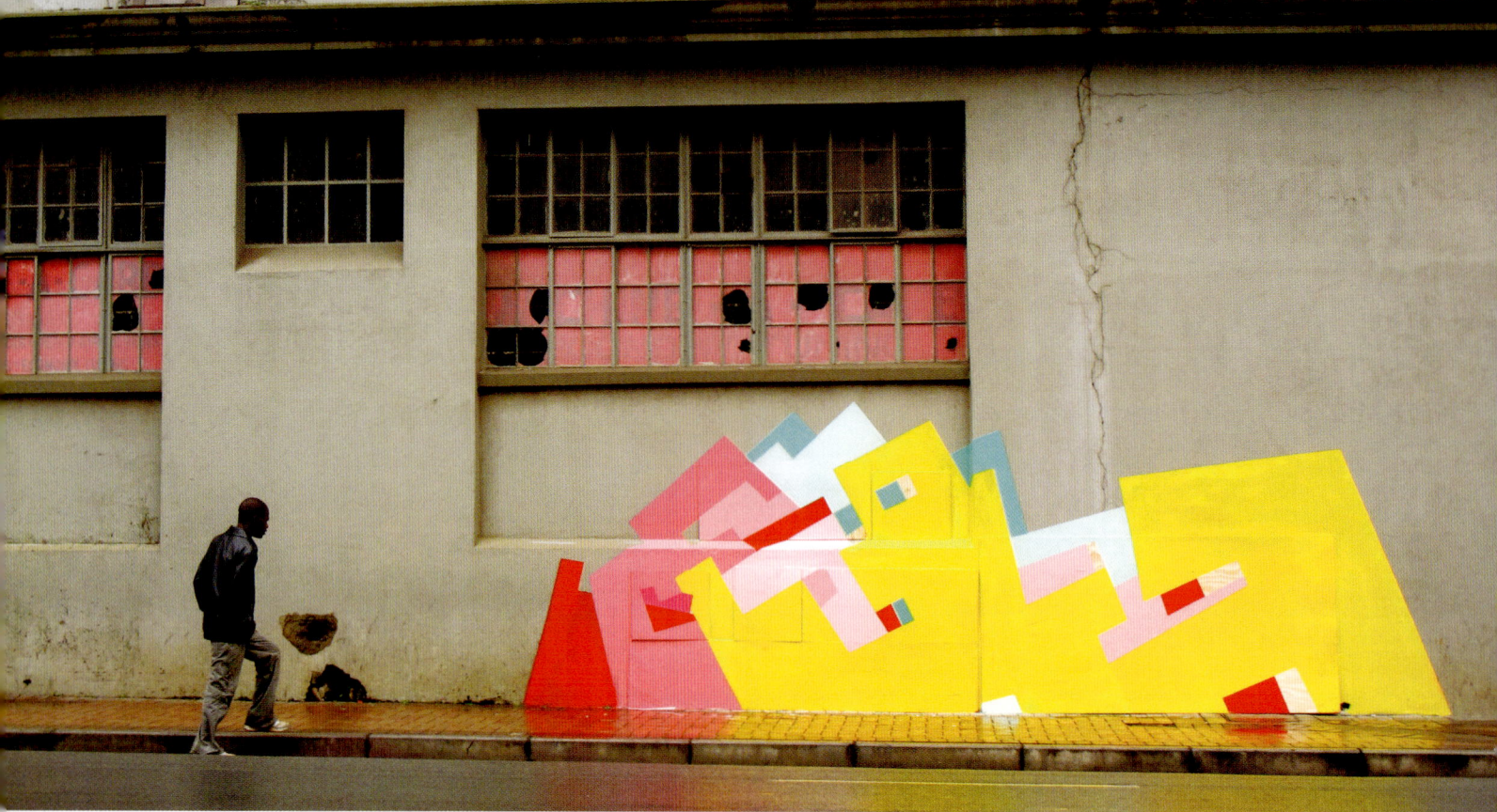

MADRID

NACIMIENTO Madrid, España **TÉCNICAS / MATERIALES** Pintura acrílica, instalación, cuerda, grabado en vidrio **ESTILO** Grafiti abstracto, grafiti geométrico **TEMAS** Espacio público, silencio, armonía, superficie **COLECTIVO** Equipo Plástico

NURIA MORA

La obra de Nuria Mora, en esencia resulta armoniosa y oportuna, es de una naturaleza intrínsecamente sutil. Incluso cuando se le encara al espectador de forma inesperada, el efecto es siempre delicado y tranquilizador. Sin embargo, no se trata de feminidad en el sentido de pintar temas típicamente femeninos, ya que su estética, geométrica y de bordes duros, evita toda suavidad curvilínea. Pese a ello, con su forma de trabajar con la estructura en lugar de contra ella y sin intentar dominar el entorno circundante intenta brindarle al espectador una nueva forma de apreciar el espacio y de ver el entorno urbano.

El motivo omnipresente de Nuria, la llave, que actúa como punto de partida en toda su obra, surgió en 1999 a través de sus primeras obras en colaboración con Eltono (*véanse* páginas 244-247). Aunque la razón original por la que eligió trabajar en las calles fue la capacidad latente de comunicación que tienen y la oportunidad de presentar ideas estéticas a personas sin ningún interés por el arte institucional, a medida que Nuria fue practicando

en este espacio sus motivos empezaron a cambiar. Aunque la integridad de la imagen en sí era crucial para la artista, se convirtió en un elemento más de una historia mucho más amplia, tal como explica: «Para mí, la parte más importante de la obra es el emplazamiento. Necesito que tenga ciertas características, no solo que sea un lugar con buena visibilidad, sino que lo interesante de él sea la propia estructura». Lo que Nuria buscó era un diálogo y una interacción explícitos entre ella y la superficie sobre la que trabajaba, un intercambio entre ella y el soporte. Al trabajar de forma directa con la propia ciudad, con sus ángulos, formas, colores y texturas, los entresijos del espacio circundante, las particularidades del lugar y el entorno asociado se convirtieron en elementos fundamentales de la práctica de la artista.

Aunque Nuria aborda esta inmediatez de una manera muy adaptable y acomodaticia, su obra solo se puede entender bien a través de aquello contra lo que actúa: a través de su esfuerzo por combatir la saturación de señales que sobrecargan la vida cotidiana en la ciudad. De ahí que su práctica opere a través de lo que ella denomina un «lenguaje abierto», una poesía silenciosa y sensible que genera un «lugar de pensamiento libre» y «un espacio de tiempo muerto». Lo que Nuria busca es que el encuentro con su obra dé pie a momentos de confort y tranquilidad en la ciudad.

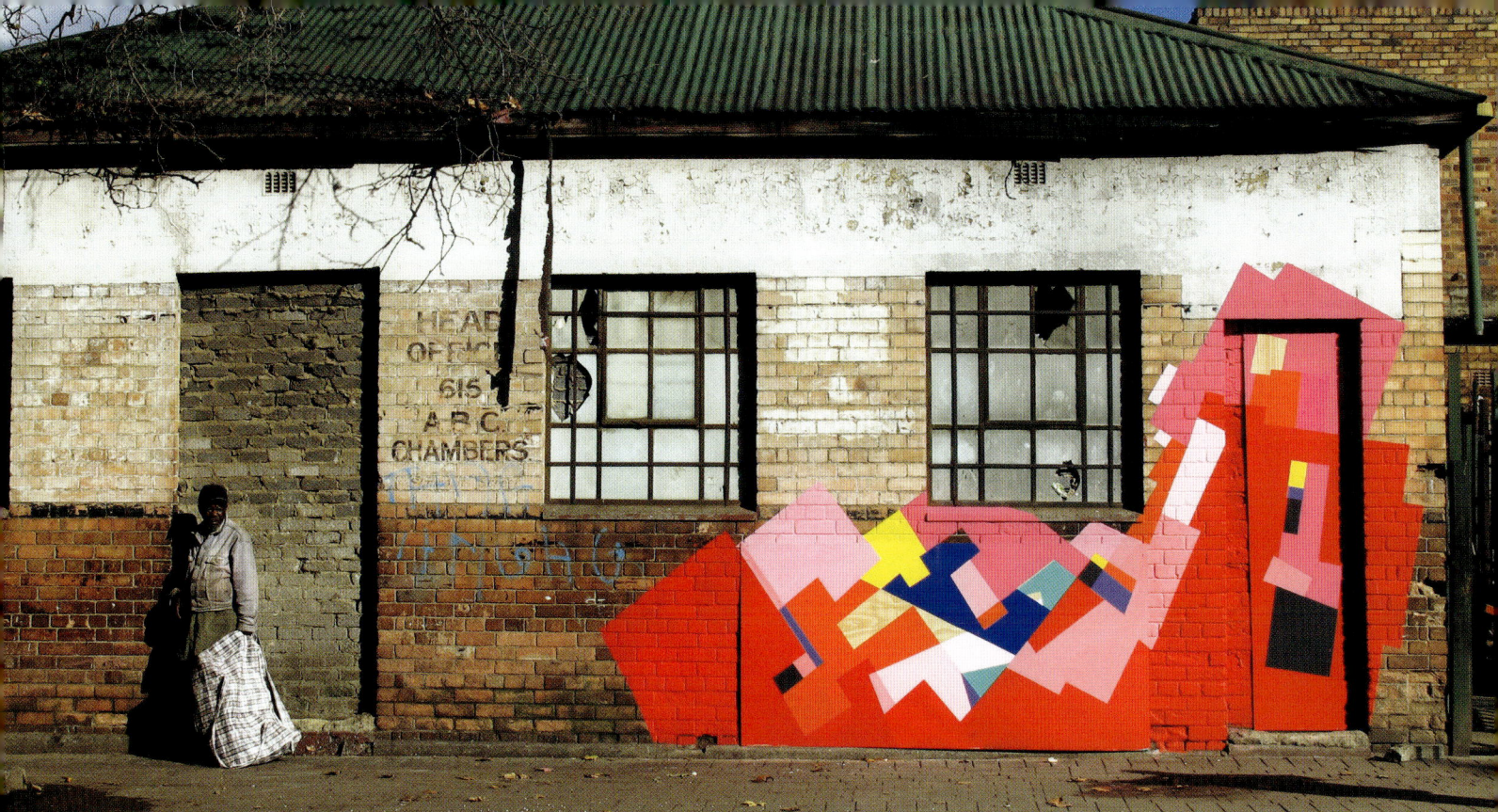

1-2 *Starfish Project*, Johannesburgo, Sudáfrica, 2011

El uso que hace de un lenguaje abstracto y universal proporciona una belleza calmante y misteriosa dentro del tumulto cacofónico de la cultura visual urbana contemporánea.

Sin embargo, la estética de Nuria va más allá de sus producciones en las calles: su trabajo dentro de galerías y otros entornos institucionales nunca se limita a replicar sus proyectos exteriores dentro de este seco contexto. Nuria presenta instalaciones, murales, acuarelas y esculturas para, dentro de estos contextos alternativos, recrear su mundo, el cual conecta siempre con el espacio general de la ciudad y con el mundo exterior más allá del «white cube». La obra que realizó en Johannesburgo, *Starfish Project* (2010), ejemplifica a la perfección este principio. A partir de la construcción de un cubo gigante de madera en el interior de una galería del centro de la ciudad, Nuria procedió a crear una segunda capa sobre la estructura, a la que envolvió con formas de madera desmontables. Después pintó todas estas formas con su estilo clásico durante la primera semana del proyecto. Sin embargo, tras este paso desmontó cada panel y lo retiró de su base, y cada sección se convirtió en el punto de partida de un mural al aire libre, con lo que las obras desbordaron sus tableros de madera originales para acabar ocupando sus alrededores de hormigón

(*véanse* imágenes 1 y 2) y verse repartidos por toda la ciudad. Al igual que la estrella de mar a la que alude el título es capaz de formar una nueva vida a partir de sus partes, la ruptura de la obra original nacida en la galería sirvió para revitalizar la vida en la ciudad: de la figura materna original surgieron nuevas crías. En lugar de seguir el planteamiento tradicional, en el que las piezas creadas en las calles entran en las galerías tras haberse creado en el exterior, Nuria invirtió el proceso: las obras originales escaparon de los confines de la institución y el público se vio obligado a desplazarse del interior de la galería al exterior.

Aunque Nuria sigue descubriendo nuevos métodos de llevar a cabo su práctica (haciendo formas de origami dentro de los paneles publicitarios que hay en las marquesinas de los autobuses o utilizando un cortador de diamante para grabar dibujos en los cristales de estos mismos espacios, por ejemplo), su trabajo sigue fiel a su filosofía central: tratar con cortesía la ciudad, ser sensible con el entorno y reformar con delicadeza las calles. Siempre tratando de «invitar a la reflexión y a la calma» y de «dar valor a la superficie», la artista se entreteje en nuestros espacios públicos de manera civilizada y respetuosa para combinarse con la arquitectura y construir un discurso junto con la calle.

BARCELONA

La escena del grafiti *hip-hop* barcelonés comenzó hacia 1983, aunque al principio se centró en el *break dance*. Los jóvenes que vieron *Style Wars* (1983) y *Beat Street* (1984) se enamoraron de la cultura y empezaron a emularla. Algunos escritores estadounidenses, entre ellos Lee Quiñones y Futura 2000, y el fotógrafo de grafiti Henry Chalfant visitaron la ciudad para realizar exposiciones, lo que ejerció una importante influencia en la escena local. En 1986 empezaron a aparecer los primeros grafitis en los metros y trenes de Barcelona. Entre las *crews* de esta generación estuvieron SN, DFR, M2, RL y GOLDEN. Durante la década de 1980, la escena tuvo un genuino cariz

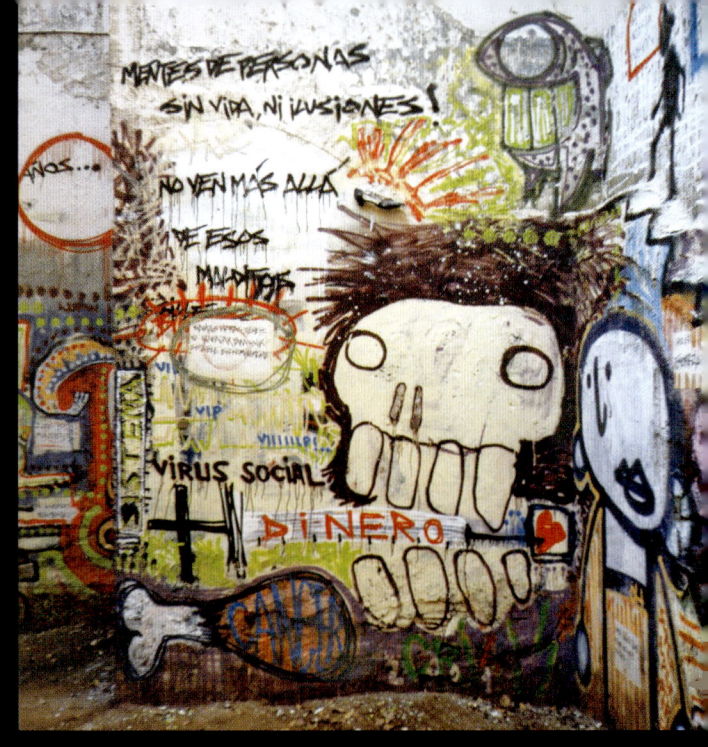

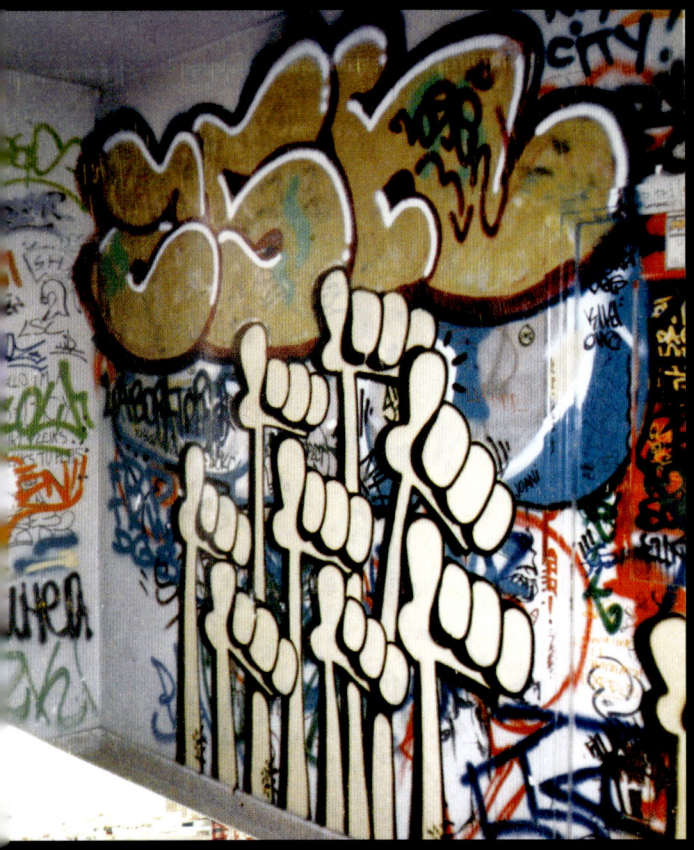

underground y salvaje, con escritores que luchaban por sus puestos y cruzaban piezas de otras *crews* para abrir nuevos espacios en los que pintar.

El segundo período de auge, que se produjo a principios de la década de 1990, estuvo influido por la escena del *skate* y por un más fácil acceso a la información y a colores en aerosol. Los fanzines se imprimieron a color, se abrieron nuevas tiendas, aparecieron las *fat caps* («boquillas gruesas»), se establecieron contactos en todo el mundo y se empezó a viajar a otras ciudades. Los escritores de Barcelona empezaron a reunirse todos los domingos en la estación de metro Universitat, donde intercambiaban fanzines, se preparaban para las *jams* y se relacionaban con escritores de otras zonas. Entre las *crews* de este período estuvieron BZK, SAP, AAA, PH, CFC, 7MS, BTS, STG, entre otras, mientras que los escritores más activos fueron, entre muchos otros, Fase, Inupie, Zeus, Biz, Dam, Krash, Telz, Sutil, Sendys, Save y Heiz. Durante esta época, muchos escritores empezaron a asaltar los trenes de cercanías, donde pintaron cientos de paneles y vagones enteros que circulaban por las líneas. Algunos barrios empezaron a parecer salones de la

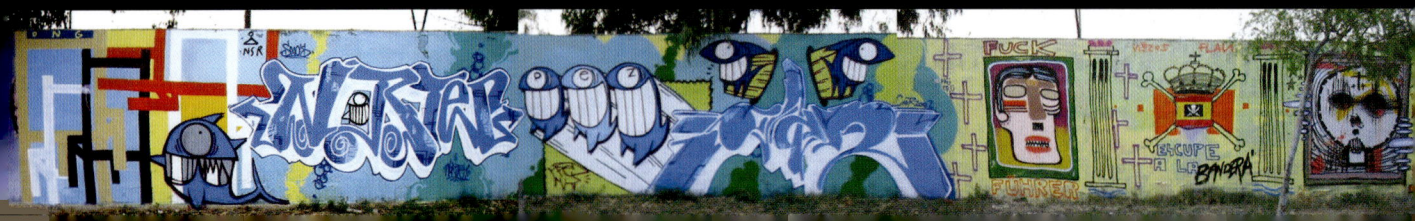

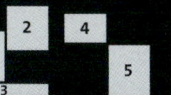

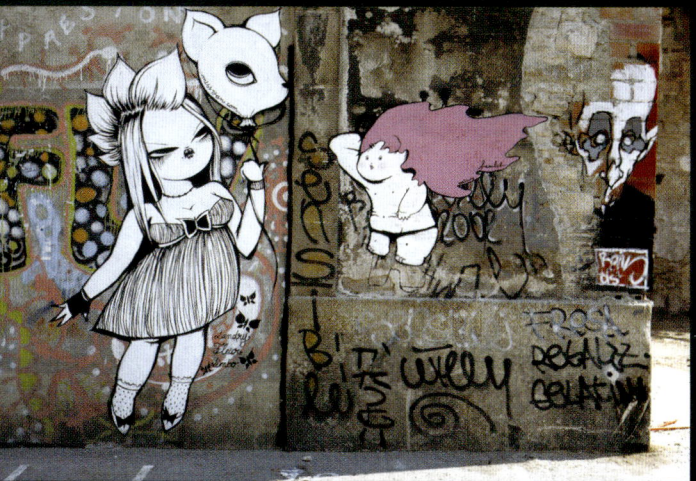

ininterrumpida y la libertad para pintar en las calles. Fue la edad de oro del *street art* barcelonés, la época en la que arrasaron artistas como Kenor (*véanse* páginas 254-255) & Kode, Lolo, Flan, Tofu Pax, Eledu & J. Loca y Mr. Kern. Sin embargo, con el aumento del turismo y dado que muchos practicantes del *bombing* habían saturado zonas históricas con *tags* que cubrían antiguas puertas de madera y monumentos, en 2006 las autoridades de la ciudad adoptaron una política de tolerancia cero con todas las formas de expresión artística en las calles.

Hoy, pese a las manifestaciones de artistas, *skaters* y activistas contra esta estricta política, está prohibido pintar murales, beber alcohol y hacer música en las calles de Barcelona. Esto ha hecho que muchos escritores se hayan centrado en las persianas de las tiendas o se hayan dedicado a pintar en suburbios, ríos o fábricas abandonadas. Sin embargo, hay una nueva generación de escritores, como Aryz (*véanse* páginas 252-253) y Grito, que pinta grandes paredes en otras ciudades cercanas a Barcelona. **ZB**

fama a medida que sus edificios abandonados y sus zonas industriales se vieron cubiertos de murales. Los barrios de Poblenou y las Glòries fueron zonas de especial intensidad.

Montana Colours, firma fundada en Barcelona por Jordi Rubio, creó sus primeros botes de aerosol exclusivamente para escritores de grafiti en 1994, lo cual, junto a la apertura de la tienda de videojuegos Game Over (que se convirtió en el nuevo punto de encuentro de escritores de todas partes), sirvió de apoyo a la escena local. Aunque muchos escritores noveles empezaron a pintar en los suburbios, algunos dejaron de hacerlo para sumergirse en la escena del bakalao. A finales de la década de 1990 hubo una mezcolanza de escritores procedentes de distintos ámbitos, y el estilo del grafiti barcelonés evolucionó hacia algo nuevo y fresco a medida que escritores como Sixeart (*véanse* páginas 256-261) experimentaron con el *collage* y las técnicas mixtas.

A principios del nuevo milenio, con la llegada del llamado «posgrafiti» y la creciente influencia de internet, las calles de Barcelona se llenaron de paredes de colores. Esta época fue testigo de los famosos logotipos-*tags* de La Mano, El Pez, Chanoir (de París) y Xupet Negre, artistan que practicaron el *bombing*. Un nuevo colectivo llamado Ovejas Negras empezó a experimentar en las calles pegando objetos en las paredes, haciendo *performances*, pintando en los barrios del centro de la ciudad y transformando anuncios. Fue este un grupo «antigrafiti», ya que no se centró tanto en el resultado de los murales como en la concienciación política y en animar a la gente a participar. Entre sus miembros estuvieron Zosen, Oldie, Debens, Kafre y Maze. En esta época, Barcelona se convirtió en la meca internacional del grafiti y el *street art*, y muchos artistas de todo el mundo la visitaron para dejar su impronta. También los hubo que se fueron a vivir a ella, como Miss Van (*véase* imagen 4), Boris Hoppek y Jorge Rodríguez-Gerada (*véase* imagen 5).

Crews como Finders Keepers organizaron *happenings* que atrajeron a artistas internacionales a la ciudad seducidos por su buen tiempo, la fiesta

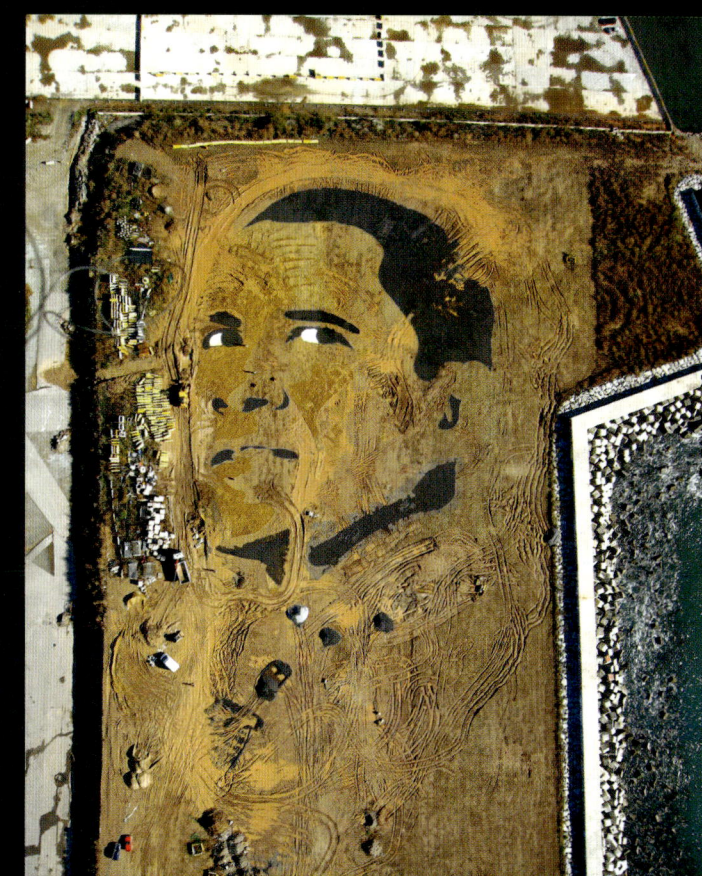

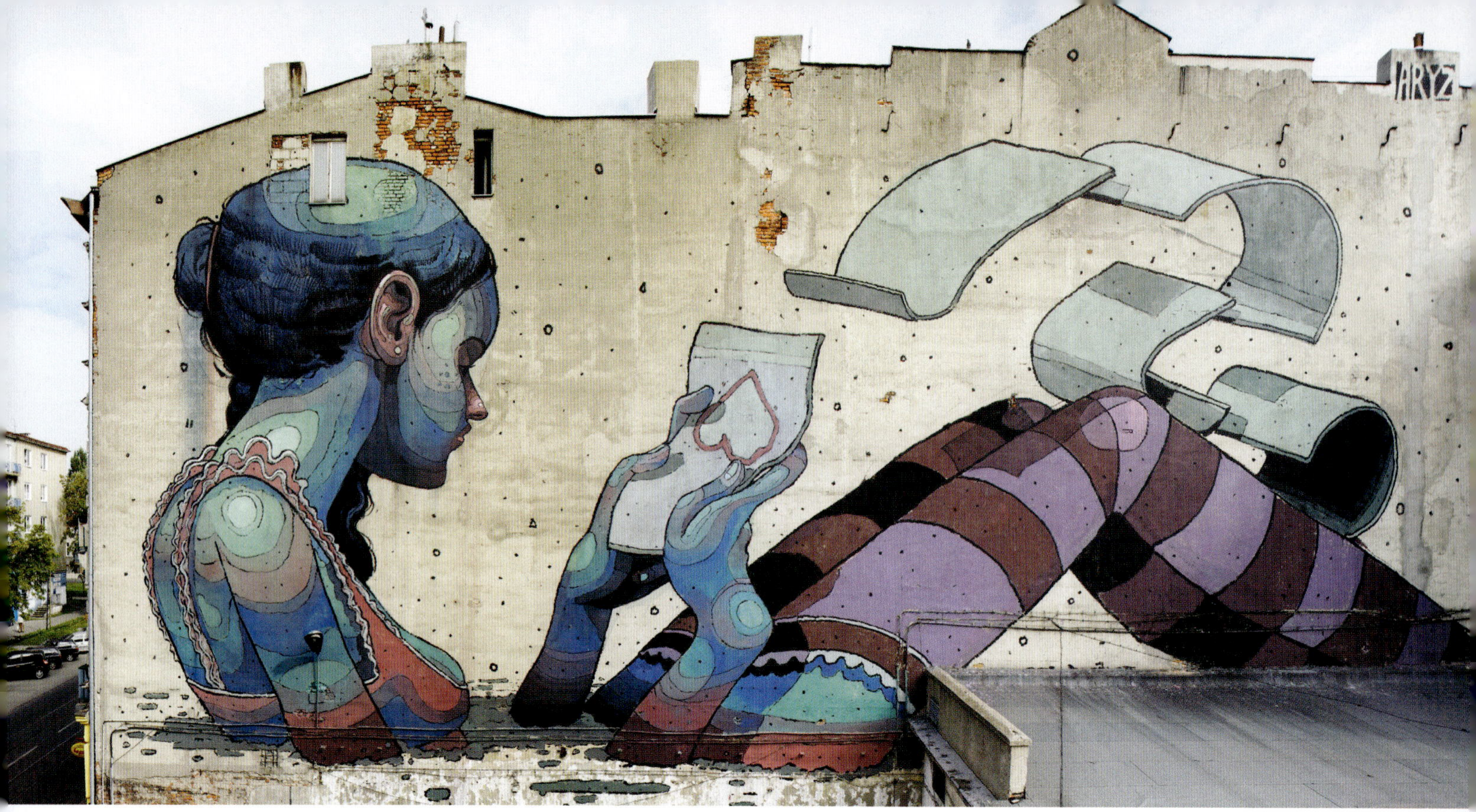

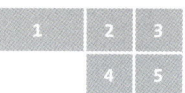

BARCELONA

NACIMIENTO 1989, Palo Alto, California, Estados Unidos   **TÉCNICAS / MATERIALES** Pintura en aerosol   **ESTILO** Muralismo contemporáneo   **TEMAS** Exoesqueletos, cigarrillos, animales antropomórficos   *CREW* Mixed Media Crew

1 Łódź, Polonia, 2011   2 Grottaglie, Italia, 2011
3 Cardedeu o Sant Celoni, España, 2010
4 Saint-Denis, Isla Reunión, 2011
5 Copenhague, Dinamarca, 2012

ARYZ

Aryz, uno de los artistas más jóvenes y probablemente con más talento natural de cuantos figuran en estas páginas, crea murales enormes, elegíacos y románticos que muestran una enorme variedad de ideas y técnicas. Utiliza un conjunto recurrente de motivos iconográficos, incluidos sus omnipresentes cigarrillos, animales antropomórficos y exoesqueletos, así como un enfoque formal que a menudo presenta el tono transparente y luminoso de las acuarelas y las técnicas de tinción y granulación a las que esta pintura es tan susceptible, para crear una espectacular y elegante estética que resulta inconfundible.

La primera incursión de Aryz en el pintado en paredes tuvo importantes repercusiones en su producción futura. Aunque se pasó años estudiando los diversos «gestos, movimientos y colores» de los grafitis que veía a diario de camino a la escuela, su primer intento de poner en práctica este aprendizaje supuso a todas luces una lección de humildad: lo que produjo no podía considerarse otra cosa que un desastre sin paliativos que intentó en vano arreglar al día siguiente. El sentimiento

de inadecuación que le produjo esta toma de contacto le infundió a Aryz un profundo afán de impulsar y desarrollar su práctica. Empezó a pintar más con sus amigos y elaboró los fondos y personajes de las piezas de grafiti más clásicas de sus colaboradores; además, sus asumidas limitaciones para crear letras no tardaron en llevarlo hacia un enfoque más ilustrativo y figurativo. Aunque una lesión en un dedo le obligó a empezar a utilizar pinceles además de aerosoles (lo que le valió el ostracismo de muchas de las personas con las que entonces trabajaba), las intervenciones urbanas de Aryz empezaron a adquirir un estilo más refinado. Estas aumentaron tanto en tamaño como en alcance hasta que acabaron por abarcar muchos de los temas por los que ahora se le conoce. Estos le proporcionaron a la obra de Aryz muchos *leitmotiv* evocadores, aunque el fundamento de su obra no es para él ningún «mensaje» bruto, sino solo su forma y figura básicas y la «excusa para poner colores en un sitio u otro». Sigue experimentando «la misma sensación de fracaso» que tuvo al pintar su primera pared casi cada vez que pinta. Con todo, la melancólica oscuridad y la intensidad de la obra de Aryz puede considerarse una consecuencia de esta sensibilidad y de su insaciable anhelo de perfección. Aryz sigue llevando sus piezas atmosféricas a territorios cada vez más surrealistas y poco ortodoxos y deleitándose con su teatral y elegante estética.

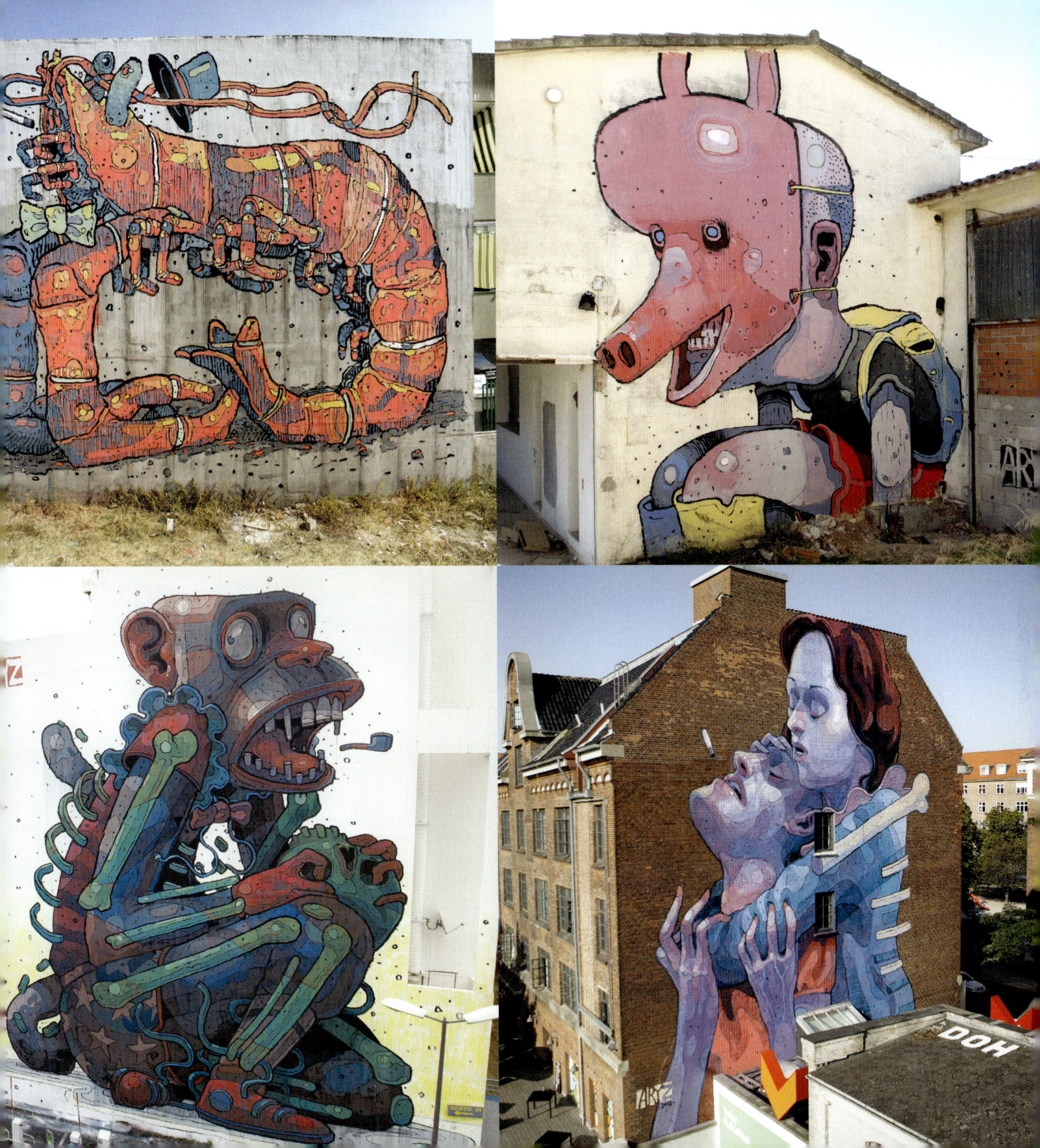

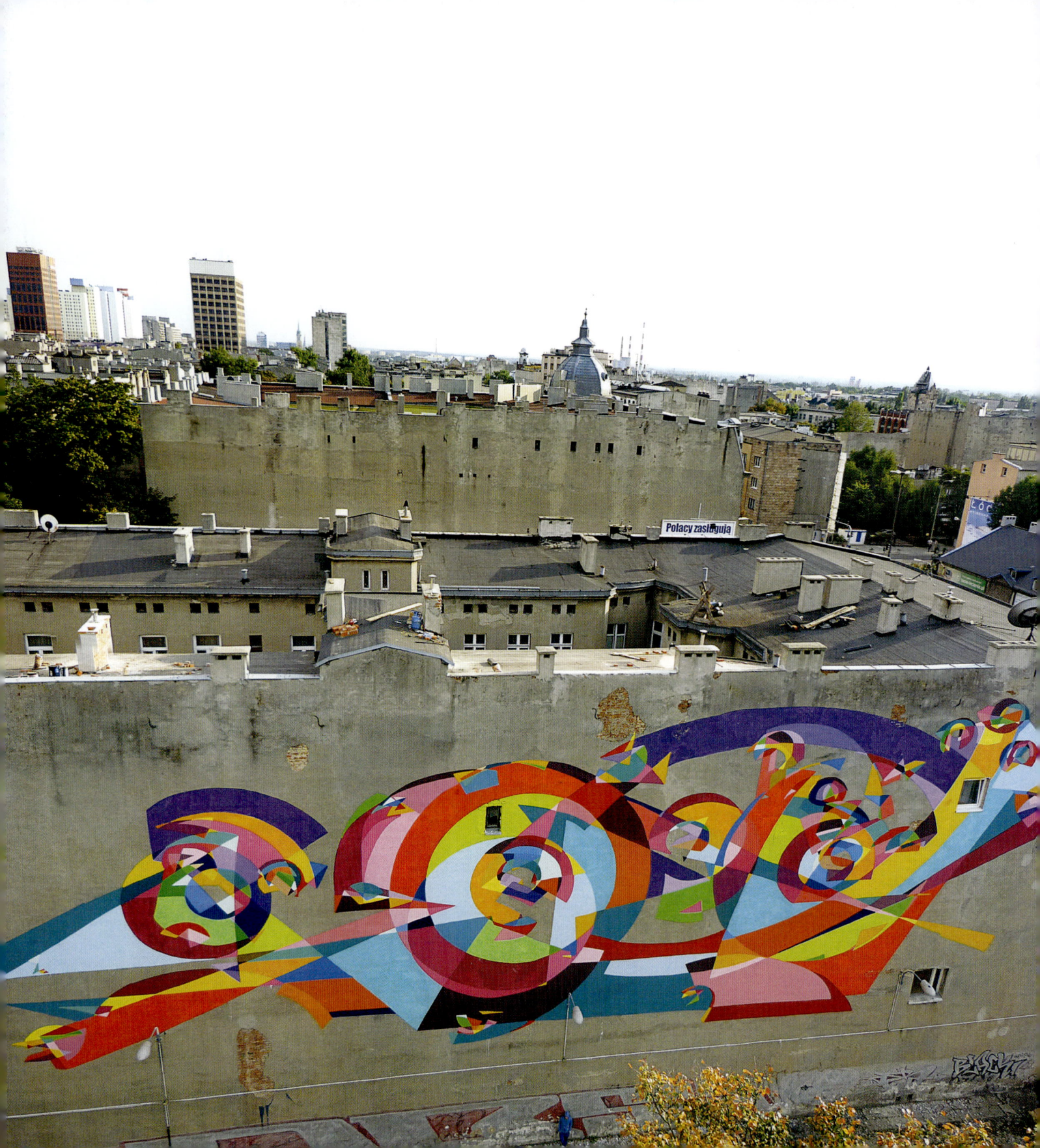

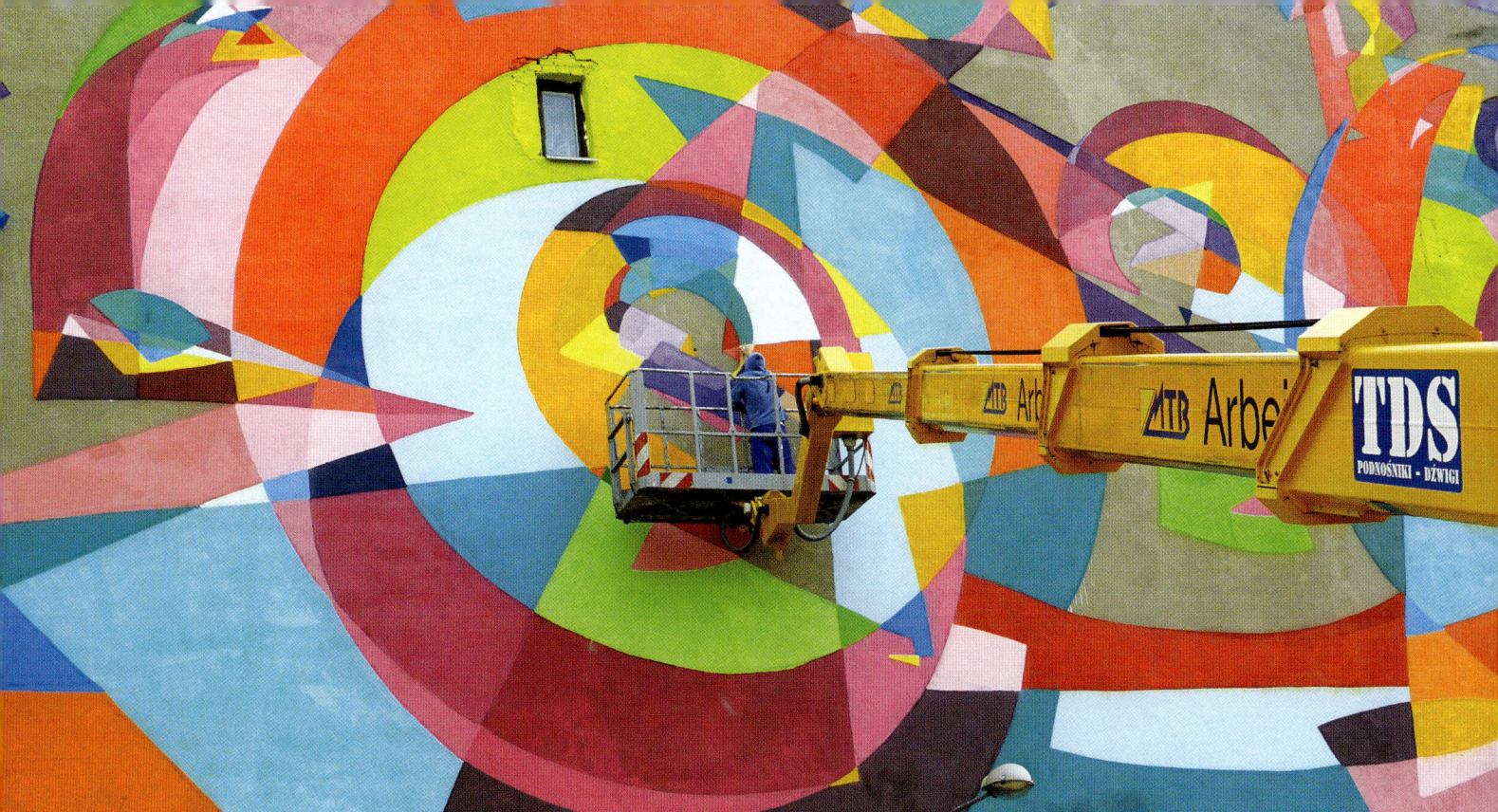

BARCELONA

NACIMIENTO 1976   TÉCNICAS / MATERIALES Pintura en aerosol, *performance*
ESTILO Grafiti abstracto, *performance*   TEMAS Geometría, color, luz, motivos
caleidoscópicos   INFLUENCIAS Gaudí, Miró, jeroglíficos

KENOR

No a muchos artistas del grafiti les gusta pintar las calles desnudos, pero Kenor no es un artista del grafiti cualquiera. Este *performer* nato, autoproclamado extraterrestre, es autor de producciones orgánicas y caleidoscópicas que son representaciones geométricas del sonido y el movimiento, interpretaciones bidimensionales de la música y la danza. Los tonos multicolores y efervescentes y los contornos fluidos y proteicos nos obligan a entrar en sus pinturas, a viajar dentro de lo que él denomina su «arquitectura abstracta».

Hasta el año 2000, Kenor, obsesionado con la tipografía, los logotipos y la experimentación textual, se centró en el arte urbano más tradicional. Sin embargo, a medida que el movimiento barcelonés fue cobrando impulso, Kenor se vio envuelto en los cambios y creó diseños que funcionaban, según sus propias palabras, como «mundos paralelos, sueños, esperanzas, ilusiones, preguntas, opciones y salidas». Kenor se siente impelido a transformar la ciudad, a contrarrestar el gris invasor con riqueza cromática, a, según su memorable expresión, «decorar las ciudades muertas» a abrir la calle como galería pública para todos. Le conmueven la textura de la ciudad, las partes rotas y desgastadas, los límites. Son esos lugares los que le llaman: necesitan reparación, resucitación, reanimación.

Tanto con sus palabras como con sus imágenes, Kenor se ha convertido en una suerte de portavoz contra la creciente mercantilización de la cultura urbana barcelonesa y se ha rebelado contra las nuevas leyes que han empezado a reprimir buena parte de la otrora vibrante vida de la ciudad. Pese a que la ciudad sigue identificándose con el patrimonio cultural liberal, se han restringido diversas prácticas urbanas, desde el *skate* a la *performance*: «Para ganarse la simpatía de los jóvenes apoyan un día a los mismos que castigan al día siguiente», se queja Kenor.

Se esfuerza por mantener su obra en constante evolución a base de estar, como dice con otra de sus vívidas analogías, «recreando espacios de libertad». Kenor trabaja hoy en día a escala monumental y cubre paredes de todo el mundo, pero también se ha adentrado en nuevos terrenos: no solo instalaciones y esculturas, sino una progresión más profunda hacia la videocreación y la *performance*. Filmes como *Dentro de mí* y *Cualquier Lugar, un día cualquiera* muestran en particular la conexión entre danza e inscripción y una coreografía de la imagen. Al metamorfosearse su arte como si fuera un organismo vivo, sus obras crecen hacia dimensiones siempre nuevas dictadas por las infinitas posibilidades del movimiento que nos rodea.

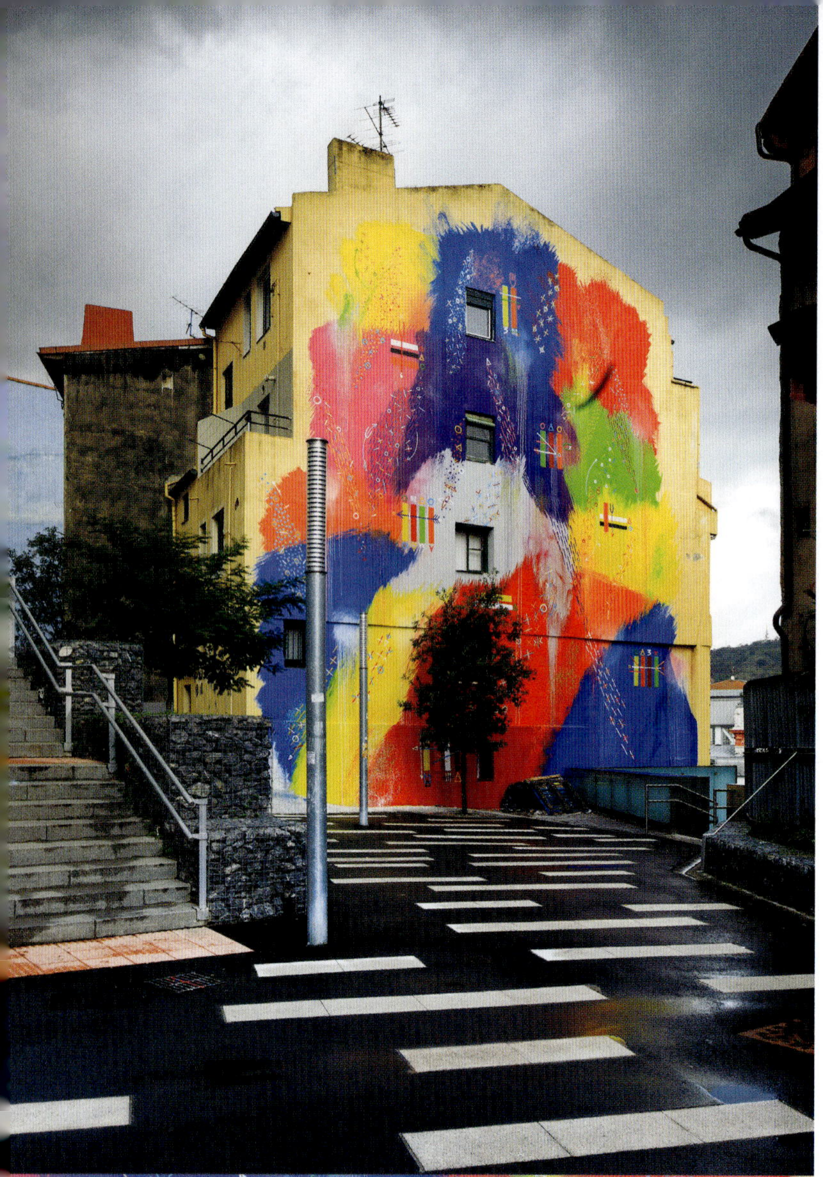

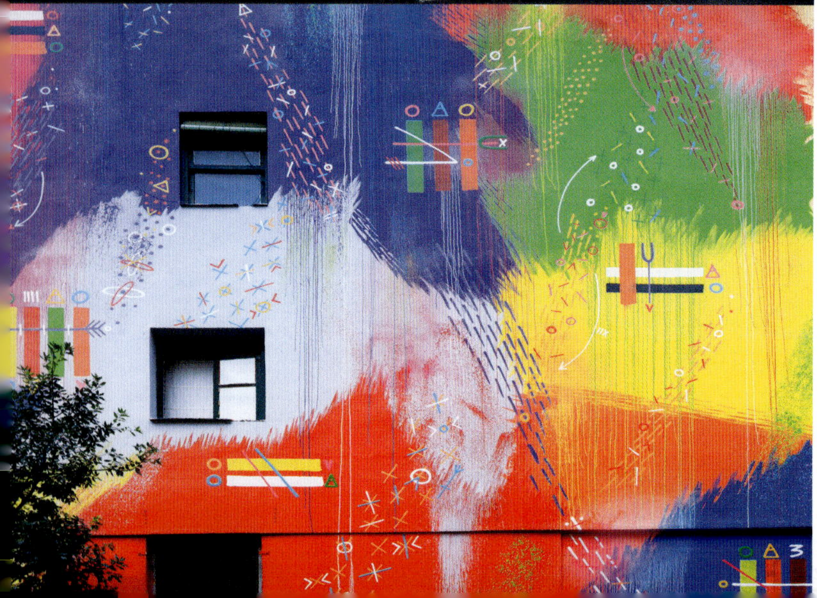

BARCELONA

NACIMIENTO 1975, Barcelona, España   TÉCNICAS / MATERIALES Pintura en aerosol, escultura   ESTILO Futurismo primitivo   TEMAS Mundo primigenio, color, línea   INFLUENCIAS Mundo natural, arquitectura, indigenismo, arte primitivo   COLECTIVO Equipo Plástico

SIXEART
SIXE · SERGIO HIDALGO PAREDES

Hablar de Sixeart, también conocido como Sixe o Sergio Hidalgo Paredes, es hablar de su Barcelona natal. Su obra, a la vanguardia de la escena del arte público independiente de dicha ciudad, ha pasado de las calles a la galería con gran éxito y sin perder sus profundas raíces urbanas. Fascinado por representar lo primordial, ya sea la vida animal, los adolescentes o los antepasados, Sixe ha desarrollado una forma de arte que denomina «futurismo primitivo», forma que cuenta con su propio lenguaje y sus símbolos, sus propios estilos y técnicas: un sistema dualista que abarca la oscuridad y la luz, así como la locura y la sabiduría de la existencia.

Como artista autodidacta, Sixe no aprendió el lenguaje de las bellas artes ni del arte clásico, sino que todo su oficio y su estilo se desarrollaron en las calles. Ha señalado que su mayor influencia fue «el mundo [natural] y la arquitectura de la ciudad donde vivía», aunque también se inspiró en los dibujos animados y en los cómics de su infancia. Estas diversas influencias estéticas son muy palpables en dos de sus primeros y más famosos proyectos, *Animales mutantes* y *Niños malos con flequillo*. Ambas obras, surrealistas, vívidas y con un componente lúdico intrínseco, se presentaron al principio en la calle, pero más adelante disfrutaron de una segunda vida en la galería. Mostraban una estética deformada y desinhibida que llevaba al espectador a una dimensión paralela y un tanto extraordinaria. A modo de «tragicomedia», como dice el propio artista, mostraron tanto «el lado de la felicidad, el infantil» como el «lado oscuro, psicodélico» de la humanidad. Así, *Animales mutantes* puede considerarse un retrato de familia desenfadado, aunque un tanto excéntrico. Si bien los animales a los que alude son bastante quiméricos y surrealistas, suelen adoptar la forma de palomas, identificables por sus peculiares mechones de plumas de cuatro puntas. Al igual que las palomas mensajeras barcelonesas pintadas que tanto le han influido, *Animales mutantes* contiene una vitalidad y un color que parecen darles vida a los seres que representa, una cualidad despreocupada, si bien un tanto desquiciada. *Niños malos con flequillo* (*véase* imagen 3, página 259) adoptó por su parte un tono más melancólico y diabólico que el artista resume como «drama, amor y locura». Estos personajes los inspiró la gente que veía vagar durante las salvajes noches barcelonesas: son un grupo de personajes de ojos rojos, fieros y con una cierta tristeza que sirven de

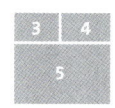

1-2 *Futurismo primitivo*, Bilbao, España, 2012
3-5 Lima, Perú, 2012 (con Valentino)

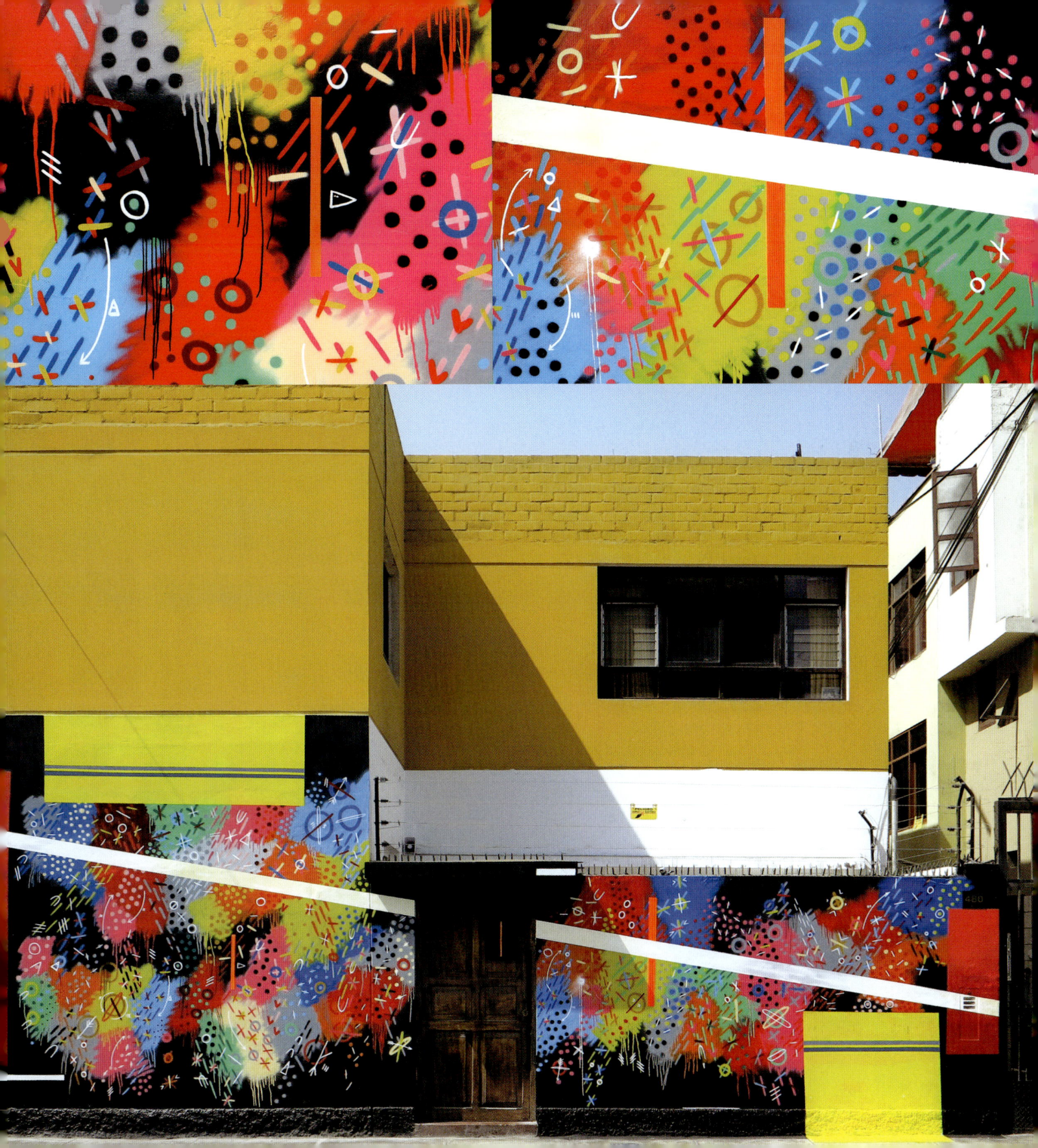

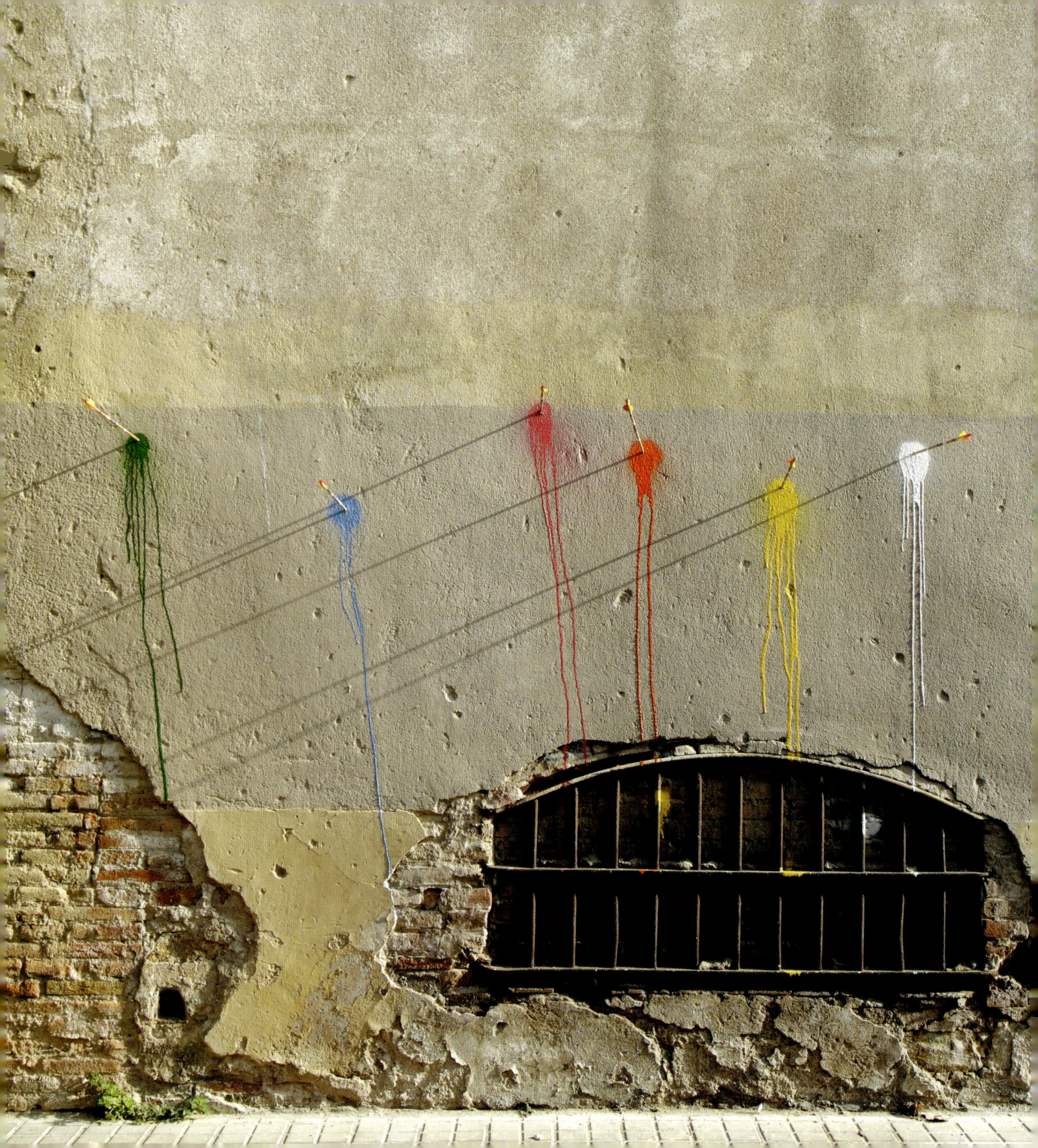

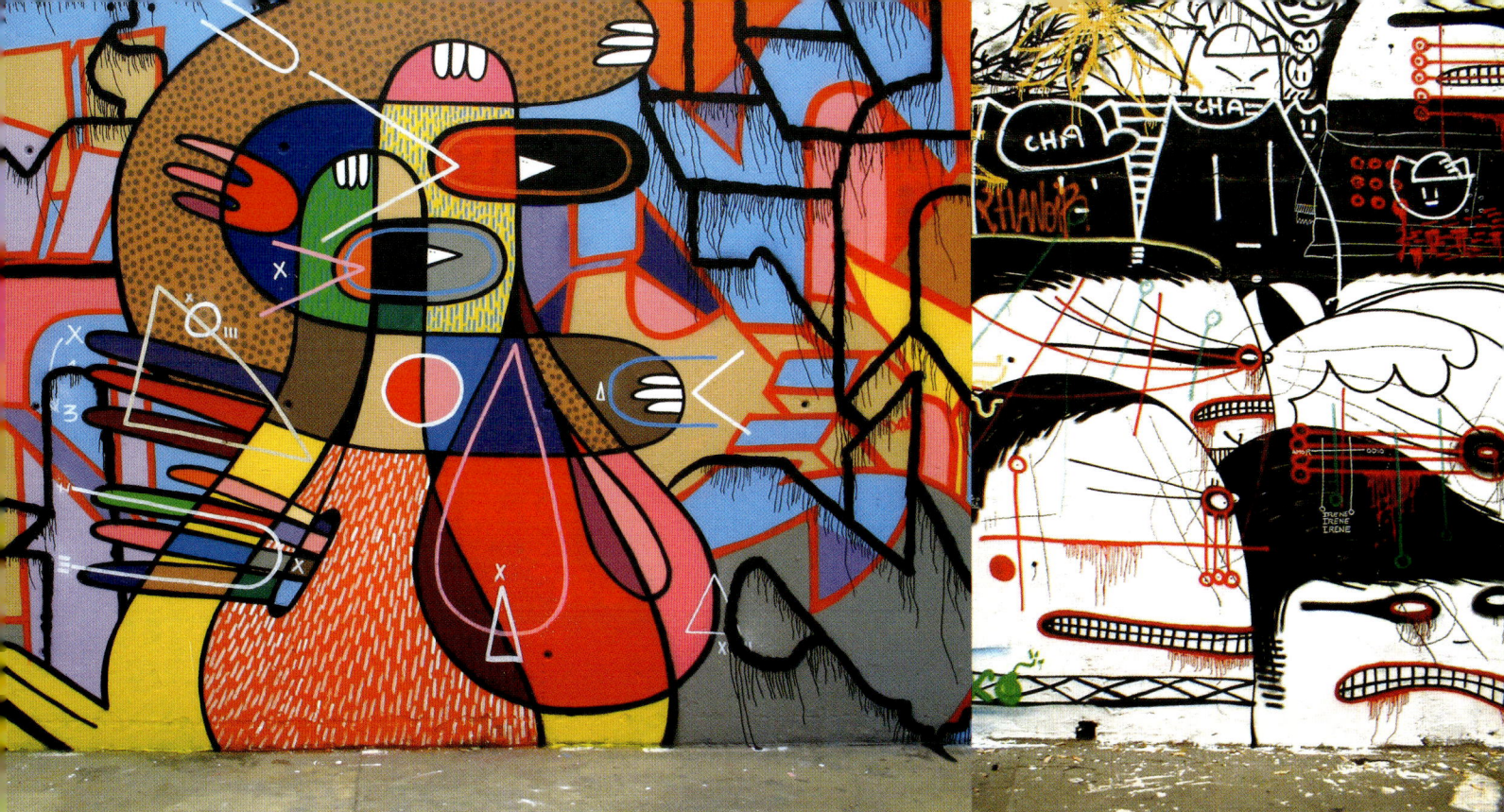

1 *Tolerancia 0*, Barcelona, España, 2011
2 Barcelona, España, 2009 (con Dios)
3 *Niños malos con flequillo*, Barcelona, España, 2005

contrapeso a sus personajes más alegres y despreocupados; además, son un recordatorio constante de la dualidad con la que todos tenemos que lidiar en la vida. Sin embargo, en ambas piezas Sixe recurrió a una capa secundaria que denomina «circuitos», una dimensión criptográfica que acompaña a la capa visual primaria de las pinturas y un estilo que puede apreciarse con mayor claridad en su mapa de Barcelona (*véanse* páginas 260-261). Estos circuitos contienen enlaces a variantes de las mismas imágenes así como con lo que Sixe ha denominado «protoescritura» o «tipografías efímeras». Además, actúan como un «diario de símbolos», una forma de mostrar sus secretos en una forma muy pública de terapia.

Sixe se interesó por las culturas antiguas y el arte primitivo, manifestaciones que vinculan su obsesión por los grafitis con escritos más históricos y parietales. Comenzando con su serie *Warriors*, influida por el arte de la Antigua Grecia, sus obras se han centrado en las culturas andina y mesoamericana y se han inspirado el colorido, el misticismo, los mitos y las leyendas de estas. Como forma de revisitar los valores del pasado y crear una reconexión ancestral mediante el uso de símbolos e iconografía, el impulso precolombino que le da Sixe a su obra intenta transportarnos a las antiguas ciudades mayas e incas,

lugares que estaban pintados de brillantes colores, un mundo alejado de las masas grises en las que vivimos hoy. Como tal, el artista tiene siempre un vínculo con el presente, un vínculo con sus raíces grafiteras y con el trabajo que hizo que entrara en el estudio. Sin embargo, es en el arte popular, más que en el arte elevado, donde la estética de Sixe encuentra su verdadera compañera: en los tejidos de los paracas, la cerámica de los moche y en las visiones y la energía generadas a través de las plantas sagradas ayahuasca y el cactus san Pedro.

En su proyecto *Futurismo primitivo*, junto con su obra en Perú con el artista local Radio, Sixe produjo una serie que abarca una abstracción casi pura, que consiste en enormes franjas de color (como gigantescas bombas de pintura) y que pretende restablecer una conexión espiritual con una esencia visual primigenia. Sigue perfeccionando su obra al tiempo que se niega a renunciar a la raíz infantil de su constitución y a la profunda alegría e inocencia que contiene. Sixe nunca ha perdido su necesidad innata de pintar en las calles ni su compromiso con ellas. Aunque sigue produciendo lienzos, esculturas e instalaciones cada vez más complejos, nunca pierde de vista la hermosa pureza de los *tags*: su obra, sincera y alegre, contiene una fusión de sencillez y complejidad y una armonía entre el color y la línea.

BARCELONA
Y
SIXEART

El mapa de Barcelona de Sixeart no solo es un ejemplo perfecto de su
característico estilo, al que denomina «futurismo primitivo», sino también
del uso de lo que llama «circuitos». Estos elementos puramente geométricos
y textuales, compuestos de líneas en forma de flecha, números y letras en
extrañas formaciones algebraicas, surgieron al principio como una capa
secundaria a la dimensión figurativa más primaria de la obra de Sixeart y le
proporcionaron un código oculto que explicaría los «encuentros cotidianos»
entre el artista y los personajes de sus pinturas. Sin embargo, cuando estos
circuitos empezaron a desarrollarse, no tardaron en ocupar el primer plano
de las obras de Sixeart, desbancar a sus anteriores protagonistas y crear lo
que él denomina «composiciones sin formas», una «historia interminable»
de números, líneas, cruces y círculos. Los circuitos, que recuerdan a la pureza
textural de su anterior trabajo, están conectados de forma directa con el
núcleo de la producción de Sixeart y evocan los orígenes de su trabajo en las
calles, aunque con todos los conocimientos e información adicionales que ha
ido adquiriendo a lo largo de su práctica.

    El mapa que ha realizado Sixeart de su Barcelona natal está formado
por un enorme díptico del que cada imagen mide 100 x 72 cm. Además
de contar con preciosas ilustraciones, ofrece una representación muy
ornamentada de la ciudad en la que se aprecian con claridad muchas
de sus calles y plazas clave, como la famosa avenida Diagonal, que
disecciona casi a la perfección la imagen, o la solitaria línea horizontal que
representa la Gran Vía. También contiene mensajes ocultos y simbolismos
numéricos que son clave en la propia vida de Sixeart («fechas en las que
me ocurrieron cosas, o los números, que creo que son mágicos»), todo un
vocabulario de símbolos, números y formas que para el artista son como
un estilo personal de escritura cuneiforme (el primer sistema de escritura
conocido, que surgió en Mesopotamia, Persia y Ugarit). Esta representación
dualista y espectacular de Barcelona funciona tanto a través de ópticas
íntimas como desapasionadas, ya que presenta una abstracción subjetiva
a la vez que una figuración objetiva. El mapa de Sixeart nos brinda una
visión estratificada de su ciudad y, además, ejemplifica la claridad, la
complejidad y el equilibrio entre color y línea que el artista materializa
en el conjunto de su obra.

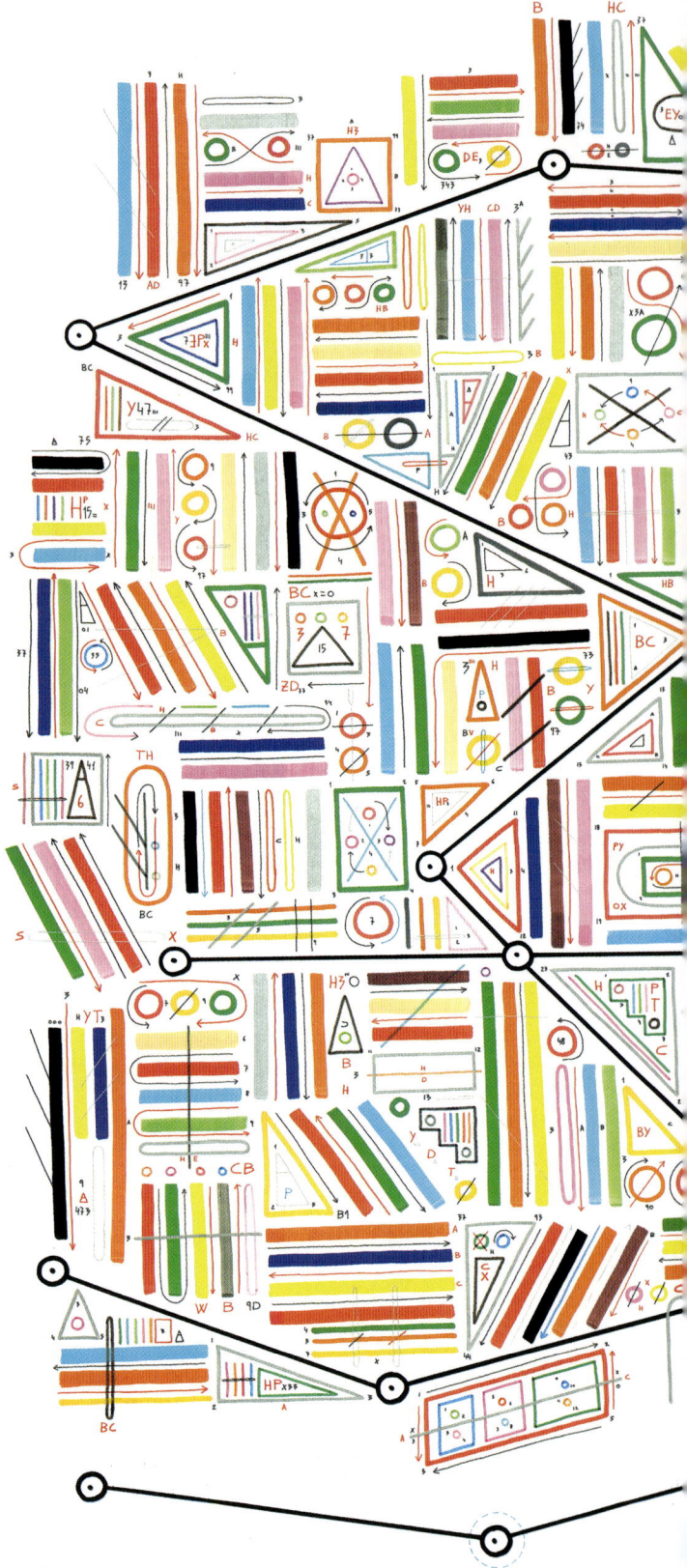

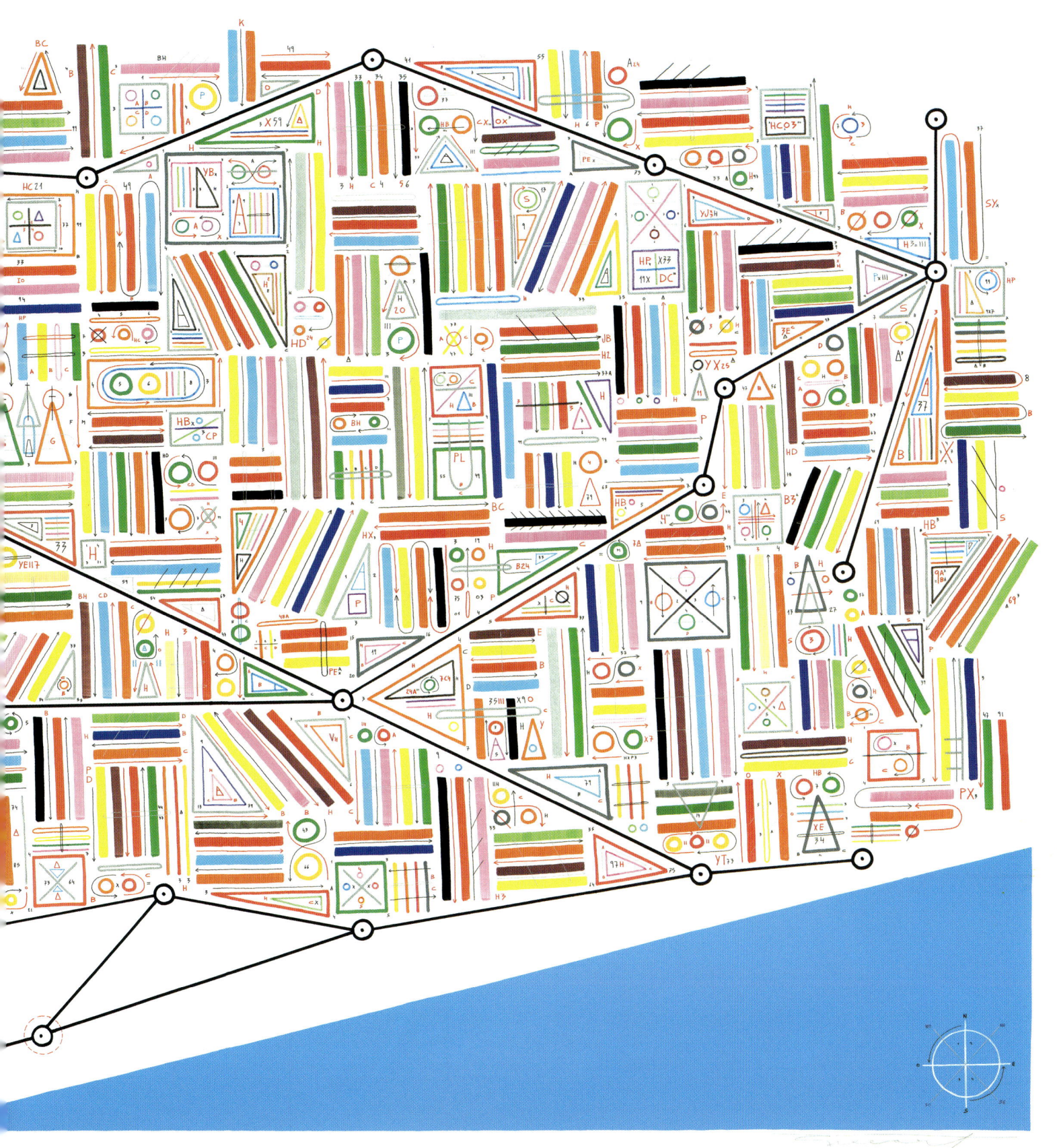

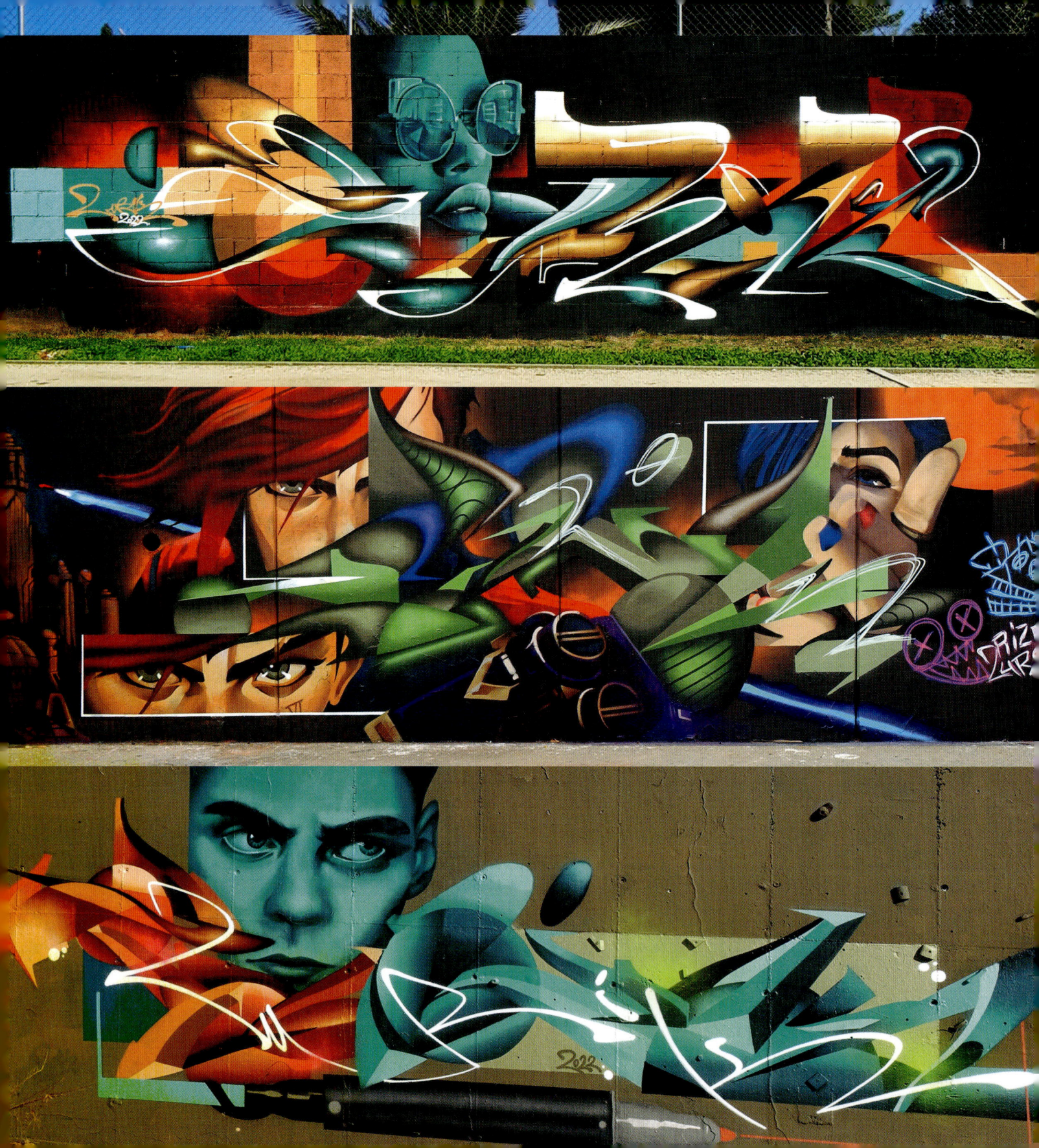

BARCELONA

NACIMIENTO 1990, Colombia   TÉCNICAS / MATERIALES Pintura en aerosol
ESTILO Grafiti contemporáneo, diseño gráfico   TEMAS Estilos de grafiti, *collage*, dibujo
INFLUENCIAS Diseño gráfico, dibujo técnico, cultura colombiana

ZURIK

Zurik es una artista del grafiti de origen colombiano afincada en Barcelona. Cada letra del *tag* de Zurik se basa en el nombre de un miembro de su familia, y a menudo las representa con estilos distintos, en lugar de hacerlo siempre igual. Empezó a dibujar a una edad temprana, y las huellas de su formación técnica y la repetición son visibles en sus obras grafiteras, como en la meticulosa representación de esferas y la atención a los juegos de luces sobre las superficies. La obra de Zurik está muy arraigada en el mundo posdigital. Es decir, aunque trabaja con pintura, su obra adopta no solo el aspecto, sino también la forma imaginativa de espacios digitales como Photoshop, donde el campo visual se convierte en una serie de capas nítidas e intercambiables.

La repetición de dibujos puede dar pie a una especie de delirio. La obra de Zurik incluye los elementos a los que quienes estudian dibujo vuelven con más frecuencia: los objetos que se tienen delante. Entre estos están las formas y los volúmenes ideales de conos y cubos, así como el perenne reto anatómico de representar manos y rostros humanos. Como si de un estudio de dibujo se tratara, en las obras de Zurik se contrasta a veces un rostro de perfil con una sección frontal sobre la que hay adornos digitales. Además, la artista retoma el lenguaje visual del diseño gráfico mediante la inserción de fragmentos de cartas de colores y de marcas de impresión.

El probable que el aspecto más atractivo de la práctica de Zurik sea ver cómo crea sus obras pintadas y darse cuenta de la fluidez de la pintura y de cómo las líneas de su obra anticipan las capacidades del brazo para generar arcos y curvas naturales. Suele pintar sobre paredes lisas y uniformes, revestidas de colores oscuros y profundos, y lo hace con eficacia y seguridad en sí misma.

El arte de Zurik es un *collage* de las influencias de su vida: el dibujo que lleva practicando desde la infancia, la obsesión por las letras de grafiti, por el diseño gráfico y por la representación de superficies en la animación. Sus piezas resumen su historia artística personal, a la que añaden nuevos elementos sin abandonar los antiguos. Cada pieza es también el equivalente de un porfolio clásico con el que muestra la amplitud de sus capacidades.

Aunque sus obras se crean al aire libre y con el maravilloso clima de Barcelona, no dejan de parecerse a los confusos y superpuestos dibujos que pueblan su escritorio y que son producto de horas de bosquejos en casa y en el estudio. Barcelona cuenta con una floreciente escena grafitera y es una ciudad popular para los artistas itinerantes. En una ciudad con una luz preciosa y que es famosa por su colorida arquitectura, los grafitis de Zurik parecen saltar de las paredes. **LM**

1	
2	4
3	

1 *Mirror*, Sabadell, España, 2022
2 *Arcane*, Barcelona, España, 2021
3 *Overline*, Barcelona, España, 2022
4 *Seasons*, Lisboa, Portugal, 2021

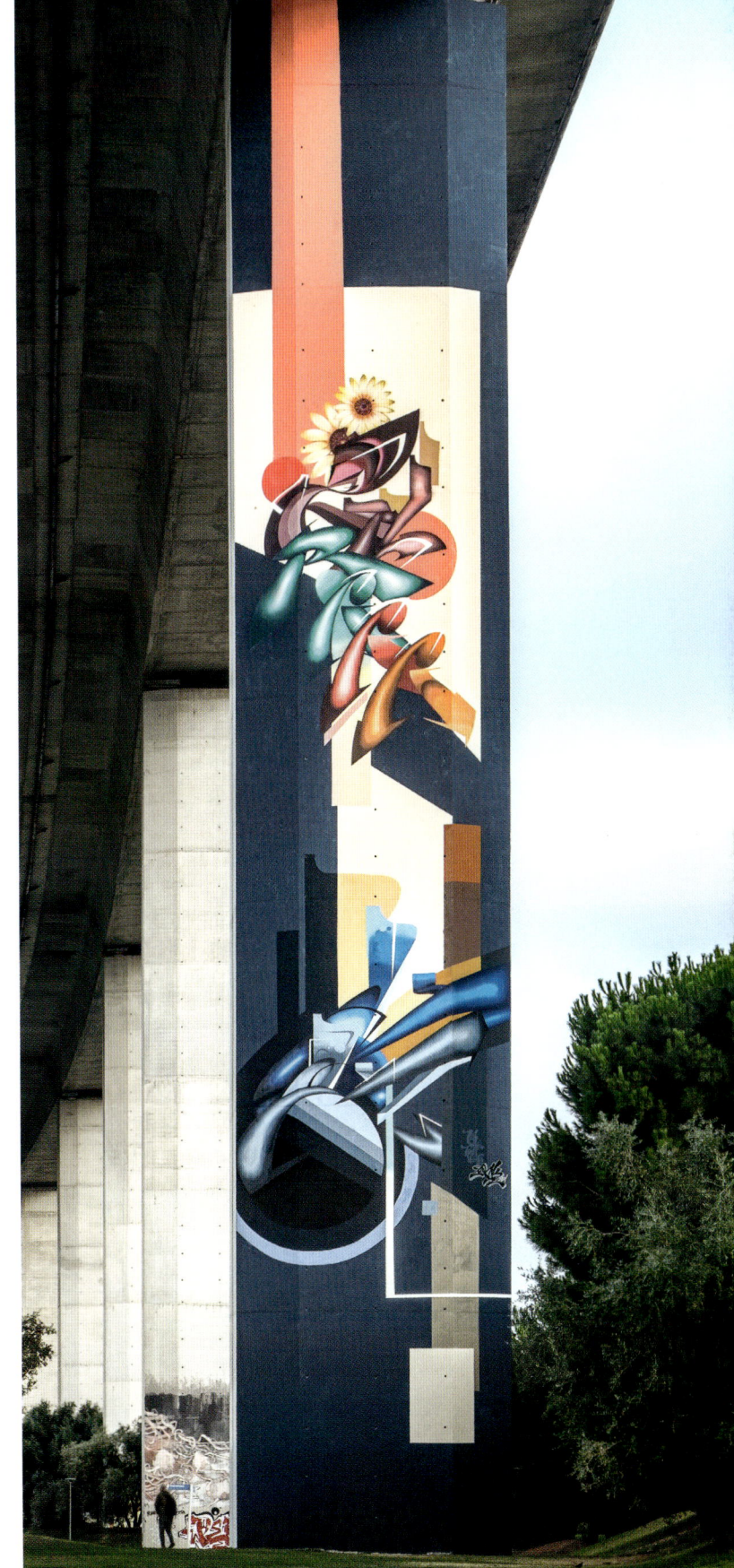

MÁLAGA

NACIMIENTO Desconocido TÉCNICAS / MATERIALES Pintura en aerosol ESTILO Grafiti figurativo, grafiti conceptual TEMAS Cultura del grafiti, adolescencia, masculinidad

1 *Facts*, Londres, Reino Unido, 2022
2 *Joni*, Barcelona, España, 2022
3 *The Cat*, Madrid, España, 2022

IMON BOY

Afincado en la ciudad costera española de Málaga, el artista Imon Boy elabora pequeñas pinturas caricaturescas que reflejan la vida de un escritor de grafiti. Aunque concebidas para las plataformas digitales, las obras de Imon Boy están pintadas de tal manera que se pone de relieve el uso de la pintura en aerosol: las gruesas líneas negras están repletas de exceso de pulverización y, además, no ajusta la escala de sus pinturas para, así, permitir que se aprecien mejor los detalles. En su lugar, los pequeños elementos están representados con tosquedad, con lo que se ve la pintura en aerosol. Esta tosquedad es irrelevante: las pinturas funcionan gracias a un lenguaje común que compartimos; el lenguaje de las pantallas y de una cultura global compartida.

Un tema común en la obra de Imon Boy es el del *kidult* (*kid + adult*), el escritor de grafiti envejecido que se niega a crecer. Este tema suele estar mediado por la gramática de los memes de internet. Así, por ejemplo, la pintura suya en la que una deslumbrante imagen de brillantes grafitis al atardecer y que está enmarcada por un cielo rosa y palmeras está con la «vida real», mientras que el avatar de Imon Boy está preparándose para pintar con un rodillo bajo la lluvia. En esta pieza se entreveran dos ideas: el humor autocrítico sobre los aspectos menos glamurosos del grafiti y el esfuerzo físico necesario para pintar (madrugones, mal tiempo, materiales complicados y cuerpos doloridos; todo por un trabajo que a menudo acaba borrado).

El grafiti conceptual surge cuando los escritores de grafiti envejecen y las convenciones de la propia práctica empiezan a resultarles restrictivas. Esto ha dado lugar a un amplio campo de experimentación, como en la obra de Bond Truluv (*véanse* páginas 192-195), así como a una alternativa al enfoque de la autenticidad y la agresión. En contra de la patente hipermasculinidad de muchas formas de grafiti, Imon Boy hace su *tag* con dulces *bubble letters* (letras de burbuja) de camino a los patios de maniobras ferroviarios sin más compañía que su gato. En su obra, Imon Boy desentraña los mitos del grafiti, aunque por suerte regresa a ellos una y otra vez. Muchos de estos mitos se desarrollaron en Nueva York a partir de un conjunto específico de condiciones sociales y espaciales que no se han replicado en otros lugares. Tal vez solo se pueda comprender el tipo de grafiti conceptual de Imon Boy desde la distancia. **LM**

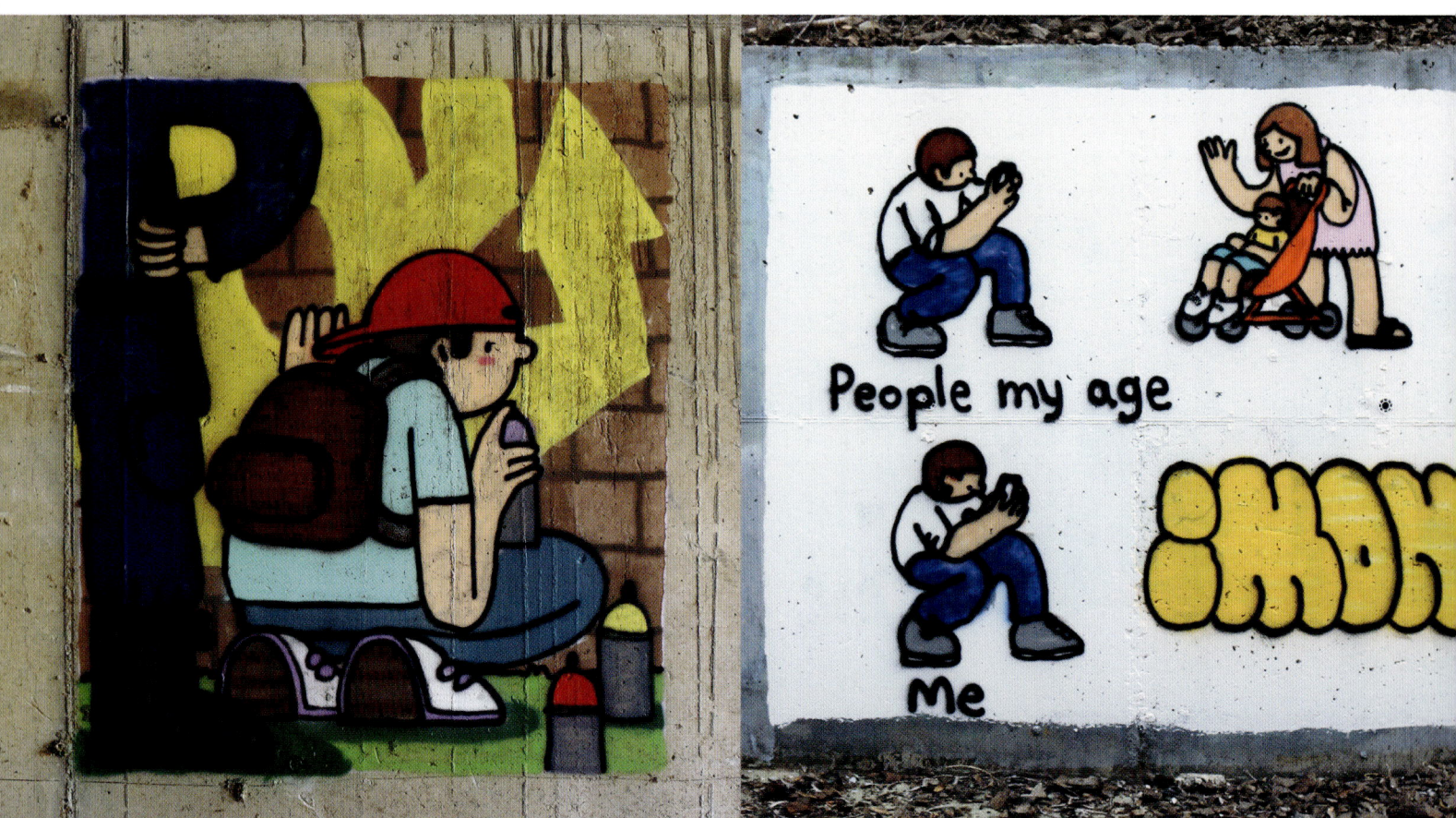

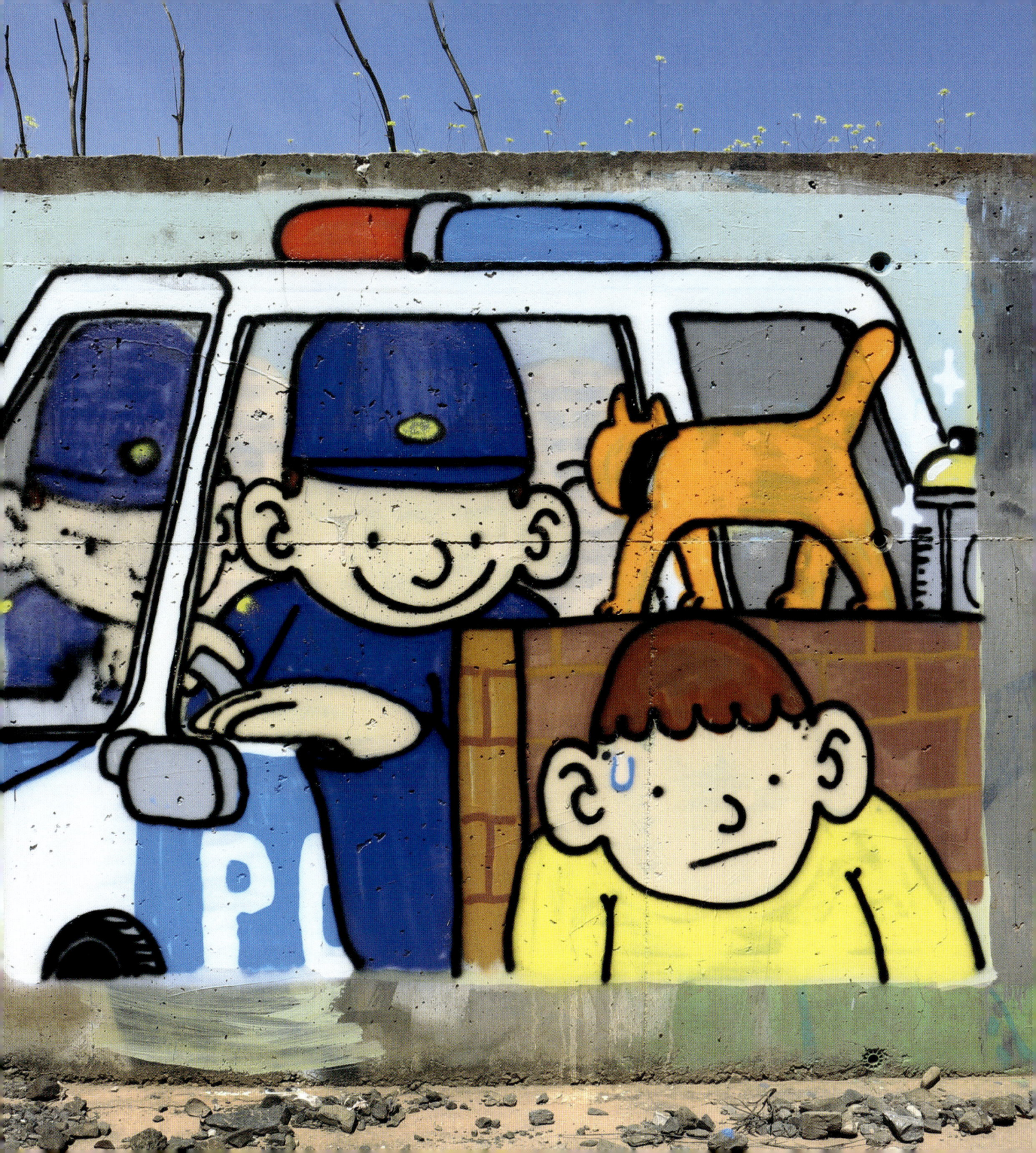

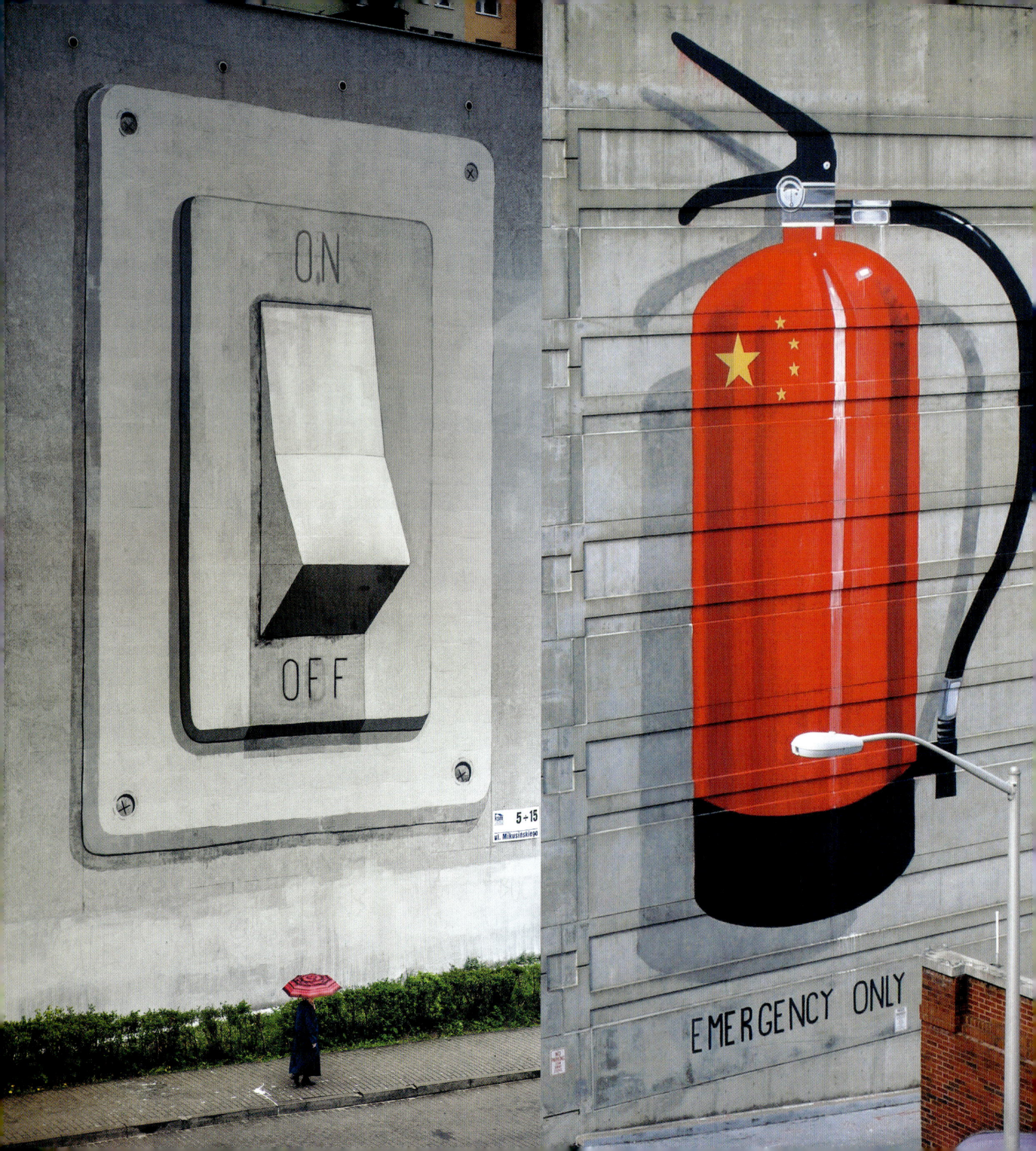

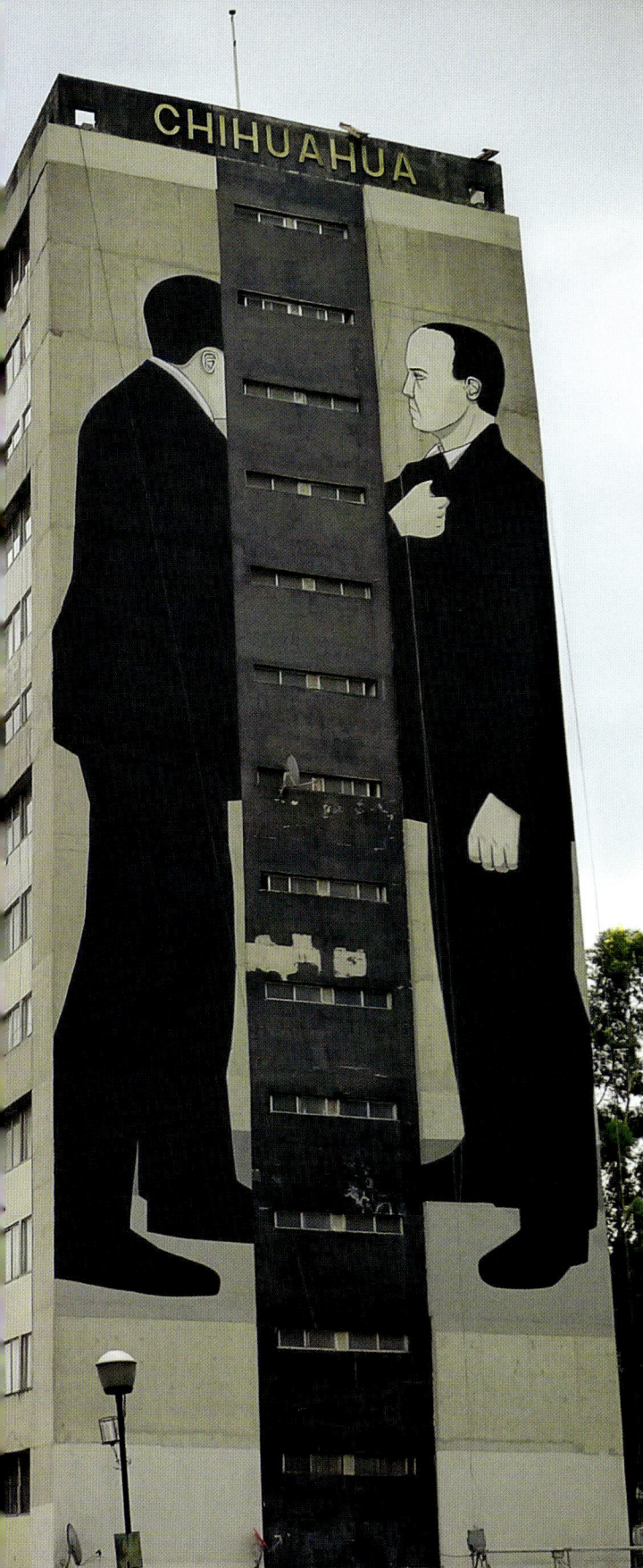

VALENCIA
NACIMIENTO Desconocido   TÉCNICAS / MATERIALES Pintura en aerosol, pintura acrílica
ESTILO Caricaturas satíricas, murales   TEMAS Política, historia, sociedad, la escalera,
la valla   INFLUENCIAS Os Gêmeos, Herber, San, Maurizio Cattelan, Santiago Sierra,
Teresa Margolles

ESCIF

El estilo discreto pero profundo de Escif ha desafiado muchas de las ideas preconcebidas sobre el arte público independiente y representa un enfoque con un característico toque intelectual pero accesible. Concebidas para provocar y suscitar preguntas en el espectador, sus imágenes funcionan en dos modalidades básicas: tanto como una forma de metagrafiti (al interrogarse sobre los diversos significados, motivaciones y cuestiones que emanan del propio acto de hacer grafiti) como una caricatura urbana de estilo periodístico contemporáneo, un *sketch* satírico (que aparece en paredes, no en periódicos) relacionado con una cuestión sociopolítica que Escif desea problematizar. En ambos contextos, sus pinturas funcionan como un «ejercicio de reflexión que puede compartirse con la gente», un proceso continuo mediante el cual el artista busca desarrollar una serie de ideas y poner de relieve preocupaciones concretas. Son una forma de investigación y exploración, un acto del habla trasladado al espacio común de la calle.

El «metagrafiti» de Escif queda patente en el frecuente uso que hace de dos motivos clave: la valla y la escalera. Mientras que el primero suele servir como límite, y el segundo como canal o medio de acceso, ambos pueden interpretarse como símbolos que habilitan y deshabilitan, permiten y resisten, y, como tales, son cruciales en la práctica del arte público independiente. Junto a sus omnipresentes imágenes de paredes («fuerte símbolo dentro del movimiento del *street art*»), Escif trata de evaluar las numerosas dicotomías que introduce la práctica del grafiti y sostiene que dichas paredes «están diseñadas para manejar la vida en las ciudades, pero no para que las maneje la vida de la ciudad», que se perciben como límites más que como «canales abiertos de comunicación a través de los cuales se puede llegar a miles de personas». Si bien las imágenes urbanas suelen denigrarse en favor del simple hormigón, Escif siempre está poniendo a prueba este estado de cosas mediante un examen visual y sociológico: «¿Por qué pintar en la calle? ¿Qué son las paredes y a quién pertenecen? ¿Por qué molestan tanto los grafitis cuando la publicidad es mucho más desagradable? ¿Dónde empieza y acaba la libertad de cada persona?». Algunas de sus obras son explícitas; por ejemplo, *Apología al sedentarismo* (*véase* imagen 1, página 268), donde la pared actúa a modo de barrera, o *Sin trucos ni tracas*, donde la pared es una entrada. Otras son más esotéricas, como *The Black Wall, Rise and Fall* o la magnífica *Sold Out!* (un análisis tanto de la comercialización de la cultura del grafiti como del abrumador peso de

1 *On / Off*, Katowice, Polonia, 2012

2 *Emergency Only*, Atlanta, Estados Unidos, 2011

3 *Chihuahua*, Ciudad de México, México, 2012

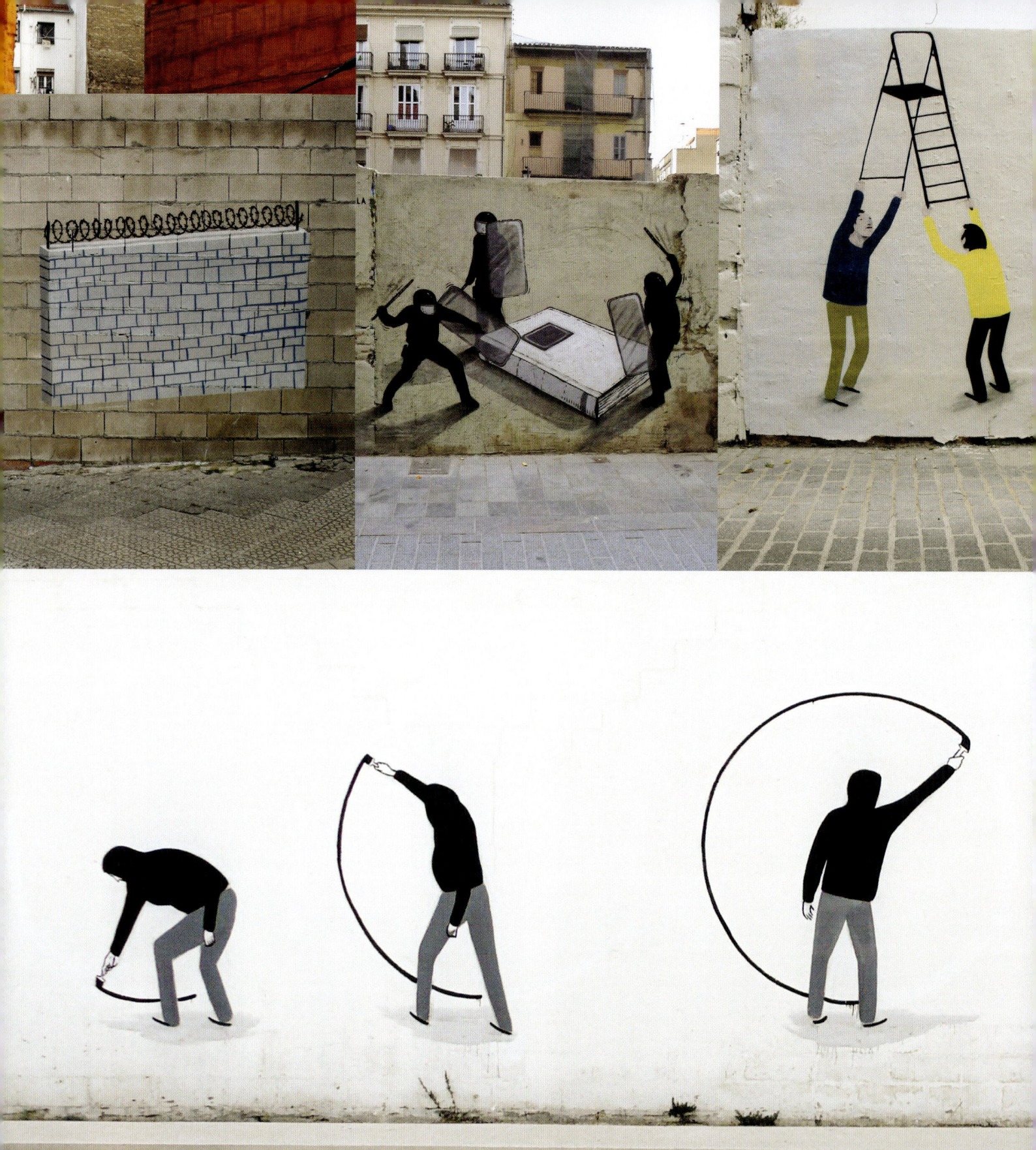

su historia). Ambos enfoques le llevan a experimentar con la cultura del grafiti a la vez que la escrutina. Puede que Escif se haya inspirado en esta cultura, pero en sus análisis más sociopolíticos intenta escapar de los estereotipos del movimiento, así como de las querencias que él mismo ha desarrollado, para estimular al espectador a pensar y provocar una cierta reflexión sobre la ciudad en general. Utiliza las imágenes para difundir ideas, no solo para agradar a la vista; para destacar temas, no su propia destreza.

Al igual que los caricaturistas políticos, Escif emplea la sátira, la yuxtaposición, la hipérbole y la metáfora para cuestionar la norma y poner en tela de juicio las actitudes hegemónicas. Sin embargo, en lugar de recurrir a la tribuna pública de los periódicos, elige las paredes y la calle, que se han convertido en el lugar más visible de la esfera pública moderna (junto con internet) y, por tanto, en el espacio más eficaz para sus mensajes, que suelen ser cáusticos. Lo cierto es que el papel del caricaturista político es muy parecido al del escritor de grafiti. Ambos se exponen a peligros físicos y judiciales (ejemplos tristemente célebres son el encarcelamiento de Honoré Daumier por parte del rey Luis Felipe en 1832 y el asesinato del caricaturista palestino Naji al-Ali en 1987) y, además, optan por instruir mediante la parodia, el drama y la sugerencia. Obras de Escif como *Art vs. Capitalism* (que aborda el colapso del euro; *véase* imagen 4), *Educación para la ciudadanía* (crítica a los recientes recortes educativos en Valencia; *véase* imagen 2) y su reciente mural *Chihuahua* (sobre la masacre de Tlatelolco en 1968; *véase* imagen 3, página 267), realizado en Ciudad de México, apuntan a un tema sin ser explícitas y tienen un trasfondo lúdico e inesperadamente sardónico. Para Escif, funcionan, al igual que sus metagrafitis, no a través de «la revolución, sino en las pequeñas insurrecciones que empiezan por uno mismo», formando intervenciones que fermentan un «diálogo con la ciudad, con las calles, con las paredes y con los transeúntes». La sutil paleta de sus pinturas parece desmentir la verdadera intención de estas, que es criticar con dureza la cultura contemporánea.

La obra de Escif proporciona pequeños momentos de autonomía en la ciudad, momentos que, en su opinión, exponen las «grietas en el corazón de la ciudad», las posibilidades de la alteridad. En lugar de la felicidad sintética de la industria publicitaria, el artista ofrece la «realidad del mundo con sus grises y sus matices».

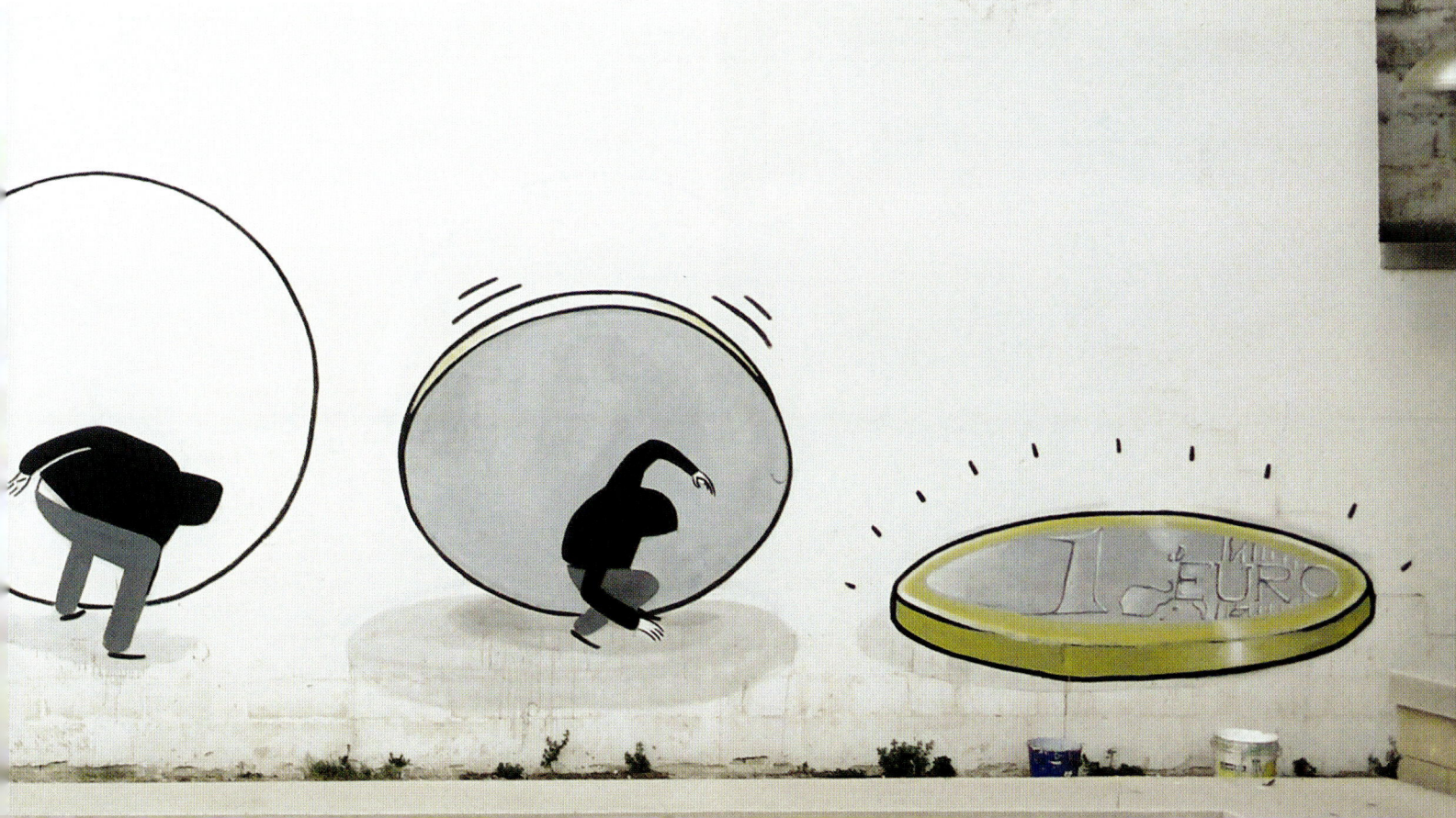

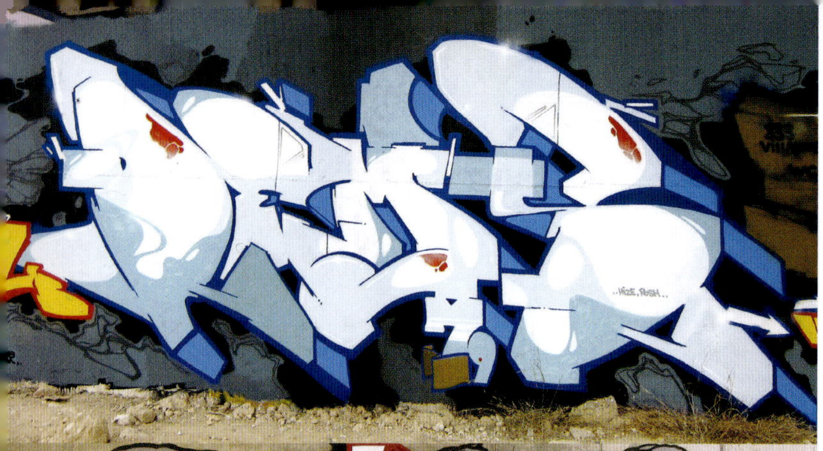

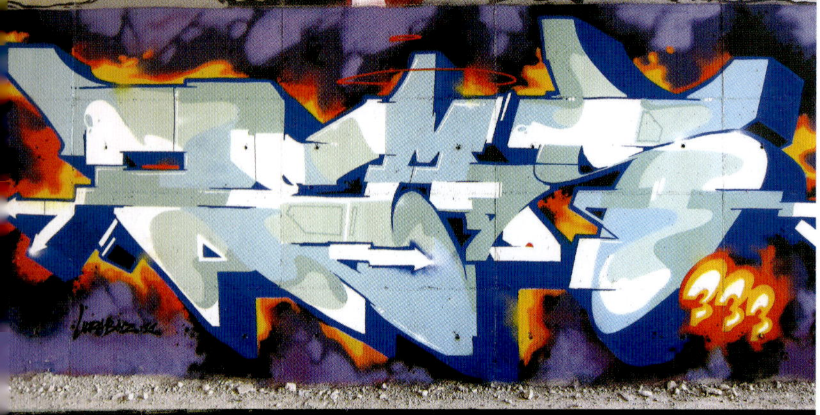

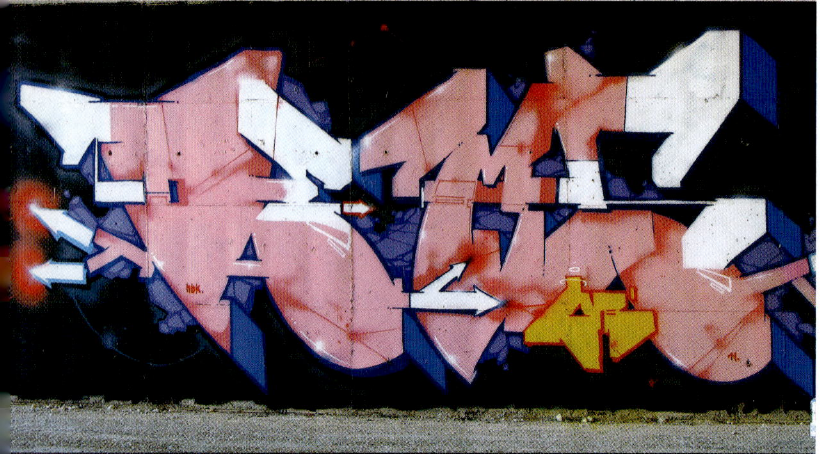

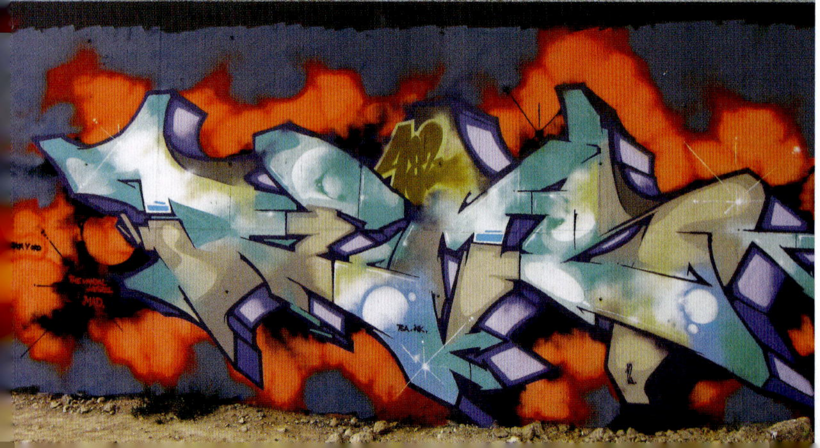

ELCHE

NACIMIENTO 1979, Elche, España **TÉCNICAS / MATERIALES** Pintura en aerosol
ESTILO Grafiti contemporáneo, diseño gráfico **TEMAS** Estética futurista
INFLUENCIAS Jack Kirby, *break dance*, cultura del rap *CREWS* Ultra Boys, Porno Stars

DEMS333

Dems333, creador de una estética de grafiti futurista y fluida que rivaliza con cualquier otra que se produzca en la actualidad, es un artista español que forma parte de una nueva generación de autores cuyo estilo tiene reputación internacional. Ha puesto en el radar internacional del grafiti a su Elche natal, ciudad que, pese a su reducido tamaño, ha producido una gran cantidad de talento. Año tras año, la incesante ética de trabajo de Dems333 se ha traducido en la producción de cientos de obras que han llenado su ciudad natal y han traspasado las fronteras de la propia España. Se trata de un artista en una constante búsqueda de formas innovadoras con las que producir su nombre y emprender la interminable e ilimitada tarea de escribir. El grafiti no es solo algo en lo que trabaja, sino algo por lo que vive, una adicción a la que se entrega con gusto.

La cultura del *break dance* y el rap, que llegó a Elche a principios de la década de 1990, fue una gran inspiración para Dems333. Aunque su abuelo ya le había enseñado las nociones básicas del dibujo, nunca había sabido cómo llevarlas más allá. Aunque el grafiti ilicitano era muy limitado por aquel entonces, la primera vez que Dems333 vio una obra de grafiti experimentó un gran despertar visual que le abrió los ojos a las inmensas posibilidades de la forma. Si bien la cercana Alicante tenía una escena grafitera más desarrollada que Dems333 exploraba a menudo, hasta 1997 no tuvo los medios para desplazarse más, ya que durante aquellos años era «bastante difícil conseguir pintura, por no hablar de viajar». Los viajes a Barcelona, Sevilla y Madrid le pusieron en contacto con una nueva red de artistas y con todo un mundo de técnicas y estilos diferentes. Pese a viajar y trabajar fuera de España, Dems nunca quiso marcharse de Elche, sino que se propuso crear una vibrante comunidad de escritores en su ciudad natal. En lugar de desanimarse por el aparente aislamiento de la ubicación, se propuso esforzarse en todo momento y trabajar para producir todas las combinaciones de colores y formas que pudiera imaginar.

Dems333 se niega a considerar que el grafiti sea arte y establece una clara distinción entre su práctica como diseñador gráfico comercial y su faceta grafitera, ya que sostiene que el grafiti implica una estética inalienable que se materializa solo por la pureza, la alegría y la sinceridad del acto en sí. Esta postura le garantiza que su trabajo ilícito sea sagrado («tiempo, dinero y trabajo que le regalamos a la ciudad a cambio de nada»). Dems333 sigue produciendo su obra de una forma obsesiva y a un ritmo cada vez mayor, consagrando su vida al mundo del grafiti.

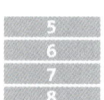

1		5
2		6
3		7
4		8

1 Santa Magnética, España, 2011   2-3 Elche, España, 2011
4 Santa Magnética, España, 2012   5 Santa Pola, España, 2005
6 Santa Magnética, España, 2011   7 Múnich, Alemania, 2010
(con Satone) 8 Valencia, España, 2011

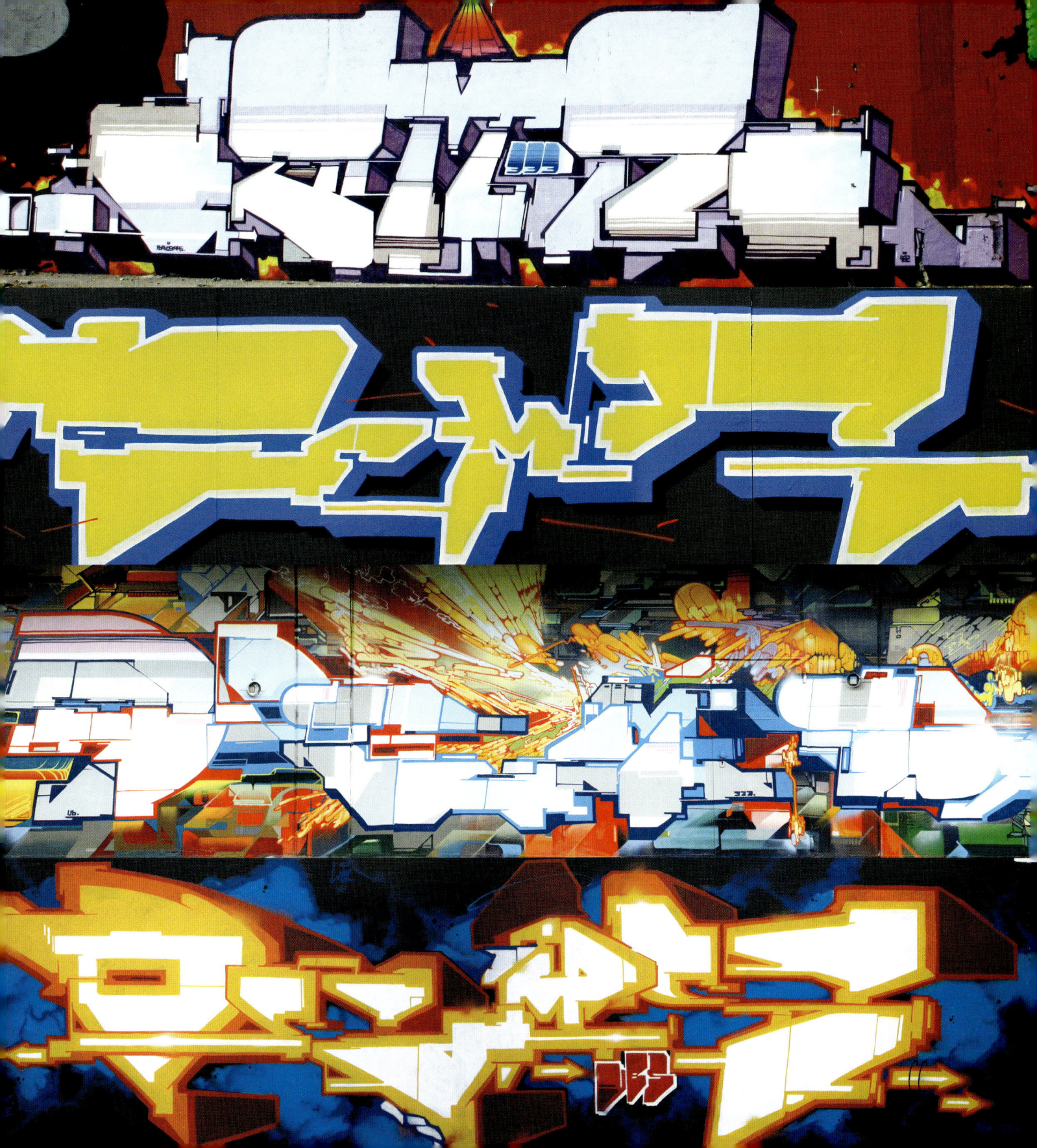

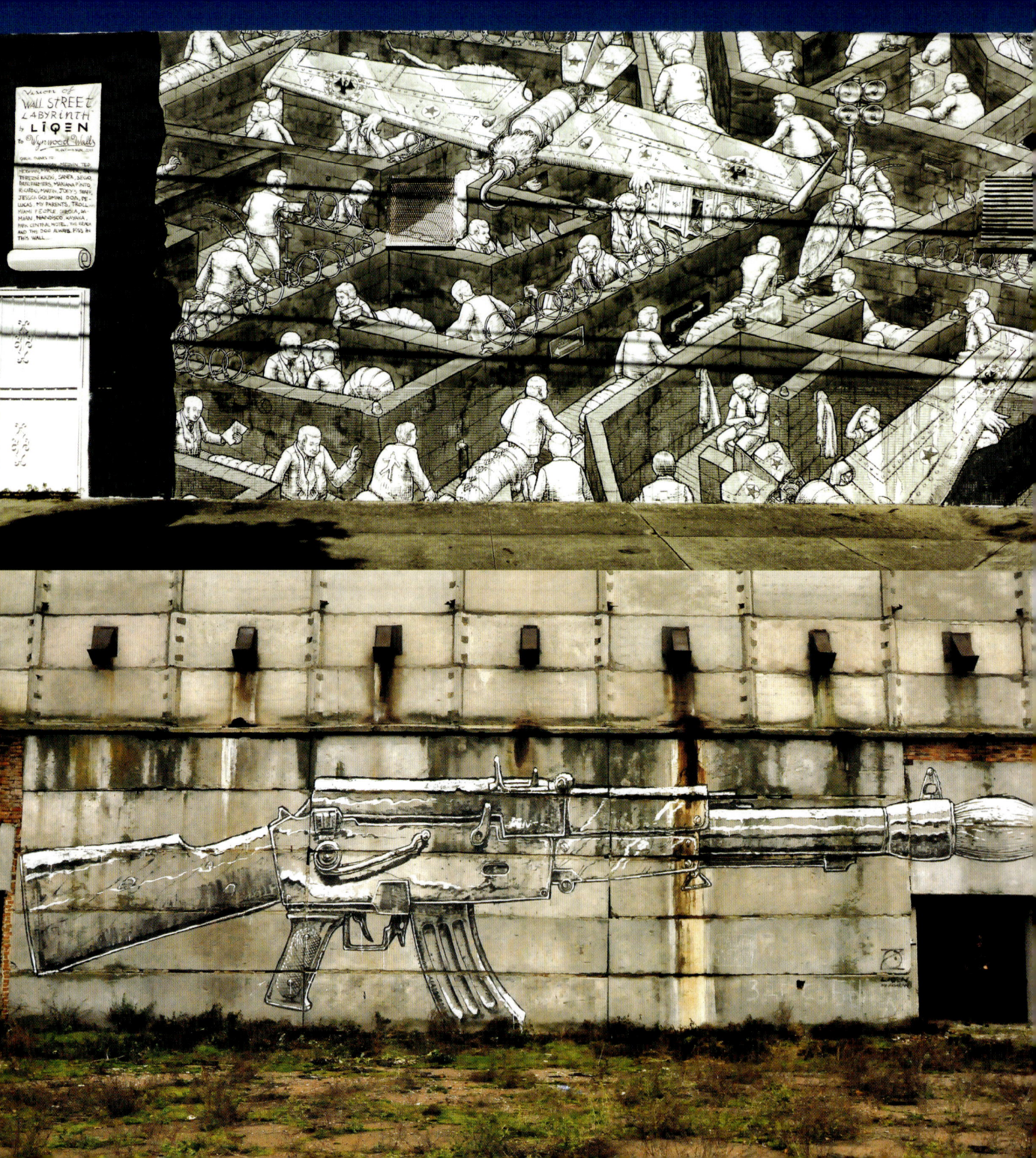

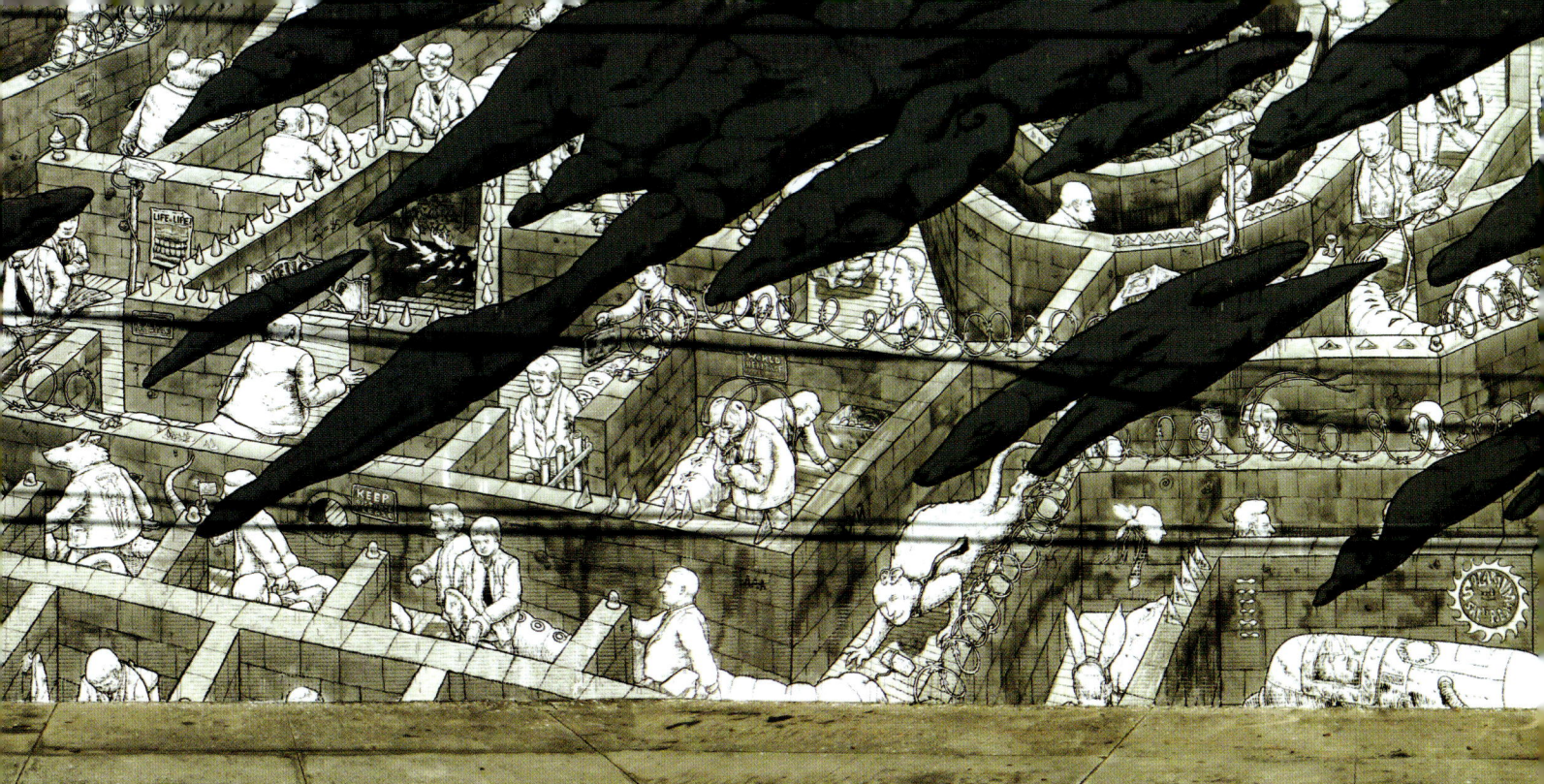

1 *Wall Street Labyrinth*, Miami, Estados Unidos, 2011
2 *Kalashnikov Brush*, Ucrania, 2012

VIGO

NACIMIENTO 1980, Vigo, España **TÉCNICAS / MATERIALES** Pintura en aerosol
ESTILO Muralismo contemporáneo **TEMAS** Crítica política, monocromías, ética, sátira
COLECTIVO Los Niños Especiales

LIQEN

Como si fueran siameses, Liqen y su hermano gemelo Pelucas (*véanse* páginas 274-275) permanecerán siempre unidos por mucho que se propongan seguir siendo independientes. Pese a que sus prácticas difieren entre sí de forma radical, en un ejemplo casi perfecto de dinámica yin-yang, lo que a menudo parece incompatible puede entenderse como la exploración por parte de cada gemelo de la parte del cerebro que el otro no utiliza. Al funcionar como dos hemisferios de un mundo escópico compartido (una escisión policroma frente a otra monocroma), su división puede verse como una simple bisección del todo; representan fuerzas que, aunque parezcan antitéticas, en realidad están entrelazadas en profundidad y son interdependientes.

Mientras que la obra de Pelucas trasluce una obsesión por el carnaval, en el mundo visual de Liqen existe una intención mucho más crítica y una oscuridad manifiesta. Liqen tiene un estilo de producción ilustrativo y muy gráfico con el que aborda temas como la inmoralidad endémica en la política contemporánea y el poder de las multinacionales. Mediante la distorsión satírica y la reinvención mitológica, crea una mundo visual apocalíptico y a menudo violento del que emana una profunda ansiedad ante el estado del mundo. En contraste con el nihilismo de Pelucas, Liqen está más interesado en la espiritualidad y, además, su estética se ve impulsada por una conciencia abierta del estado de cosas contemporáneo. Aunque puede crear imágenes atrevidas y turbulentas cuando así lo desea, Liqen explora un ámbito visual más clásico.

Su obra revelación, *Wall Street Labyrinth* (*véase* imagen 1), es un ejemplo perfecto del intrincado estilo de dibujo de Liqen y de su inquietante representación de la vida moderna. En el mundo de pesadilla que creó con esta obra vemos formas humanas e insectos metamorfoseados, depresión, malestar y la jaula de hierro que, con su racionalidad burocrática, atrapa a la sociedad. Con sus minuciosos detalles y su amplio alcance narrativo, ilustra a la perfección el surrealismo crítico que ha formulado Liqen. Sin embargo, al igual que hacen sus colaboradores Interesni Kazki (*véanse* páginas 224-227), Liqen siempre deja entrever un atisbo de esperanza, la posibilidad de escapar o de redimirse (como tal vez les pase a las ratas enchaquetadas que parecen querer escapar del sistema en *Wall Street Labyrinth*). Al transformar su realidad subconsciente en el mundo visible, busca compartir sus ideas sobre el entorno y crear una estética fantástica que es además una rigurosa crítica de la vida contemporánea.

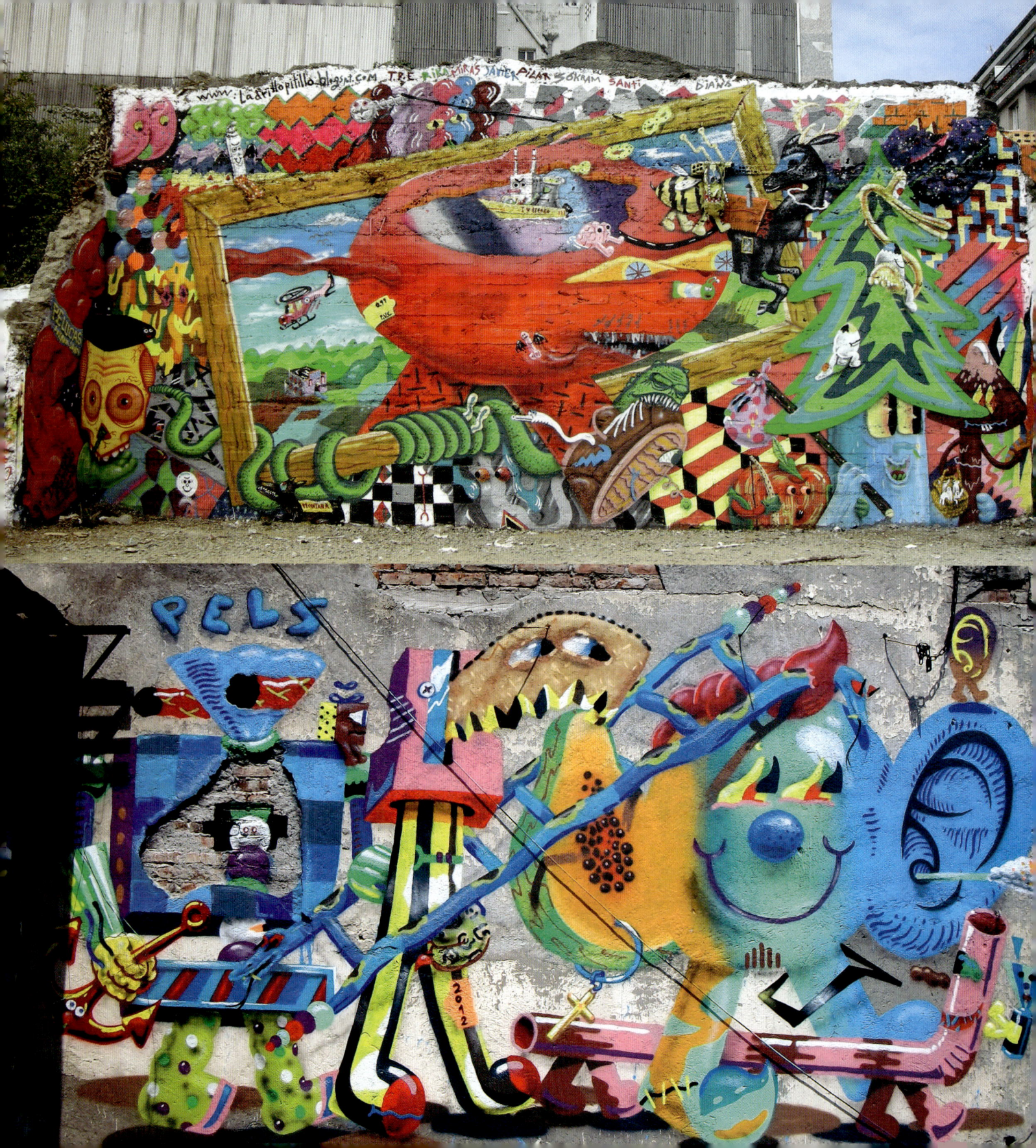

VIGO

NACIMIENTO 1980, Vigo, España **TÉCNICAS / MATERIALES** Pintura en aerosol, instalación **ESTILO** Grafiti absurdista **TEMAS** Color salvaje, humor, exceso, carnaval, antropomorfismo **INFLUENCIAS** Kenny Scharf **COLECTIVO** Los Niños Especiales

PELUCAS
PELS · PILAS

A diferencia de la obra de su hermano gemelo Liqen (*véanse* páginas 272-273), de una estética prudente, estudiada y ponderada, la obra de Pelucas muestra a lo que el artista se refiere como «una locura más personal». Pelucas, en lugar de la monocromía de Liqen, opta por un compendio salvaje de pigmentos y una coloración pródiga, atrevida y frenética para crear un mundo carnavalesco, de juegos licenciosos y con un humor obsceno. Al abrazar la transgresión, el humor, el exceso y el riesgo que suscita este mundo picaresco, Pelucas examina el mismo mundo seco y corrupto que su hermano, aunque lo rechaza de un modo radicalmente distinto: a través de la locura de lo dionisíaco, Pelucas crea una estética absurdista que descubre lo que se esconde tras las grietas del hormigón y hace que su locura tropical entre en lo cotidiano.

Las imágenes de Pelucas describen un mundo de hedonismo chillón y lisérgico. Aunque es capaz de un delicado refinamiento, como demuestra su consumado control de sombreados y matices, Pelucas prefiere desarrollar una estética intrépida y *punk* en la que el *toy* es el *king*. Utiliza un grupo recurrente de personajes que parecen sacados de los libros de *Mr. Men* pero puestos de alucinógenos (como se ve, por ejemplo, en el personaje con orejas de papaya de la imagen 2); sin embargo, sus sencillas figuras reflejan una complejidad muy superior de lo que pareciera a primera vista: su aparente felicidad oculta la sutileza de sus aristas más oscuras. Como si fueran plástico que se derritiera, sus personajes (que adoptan multitud de formas, ya sea un lápiz, un cigarrillo, una jarra de cerveza o diversas frutas y verduras) parecen disolverse y fundirse en su entorno, como si su enloquecida luminiscencia mutante infectase los propios emplazamientos. Inspirándose en artistas como Kenny Scharf, a los que añade un matiz más sucio, psicotrópico y delictivo, Pelucas produce un ensamblaje fantasmagórico de colores y objetos, un reino de DayGlo en el que se trastocan los valores habituales de la vida.

Aunque la obra de Pelucas y la de Liqen parecen diametralmente opuestas, estos enfoques pueden percibirse, como el propio Liqen ha sugerido, tan solo como «caminos diferentes que se unen al final [...] y luego vuelven a diferenciarse». Estas diferencias pueden verse en términos de luz y oscuridad, como fuerzas que parecen opuestas pero que en realidad son complementarias. Lo que vincula a todas luces sus obras es el perenne compromiso de ambos hermanos con su arte, su afán por expresarse a cualquier precio y su genuina necesidad de hacer llegar sus pensamientos al mundo.

1	3
2	4

1 *Puticlub del lago artificial*, Ordes, Galicia, España, 2010
2 *Serpiente escalera*, Ciudad de México, México, 2012
3-4 *Camada encerrada*, Ordes, Galicia, España, 2011 (con Raigal)

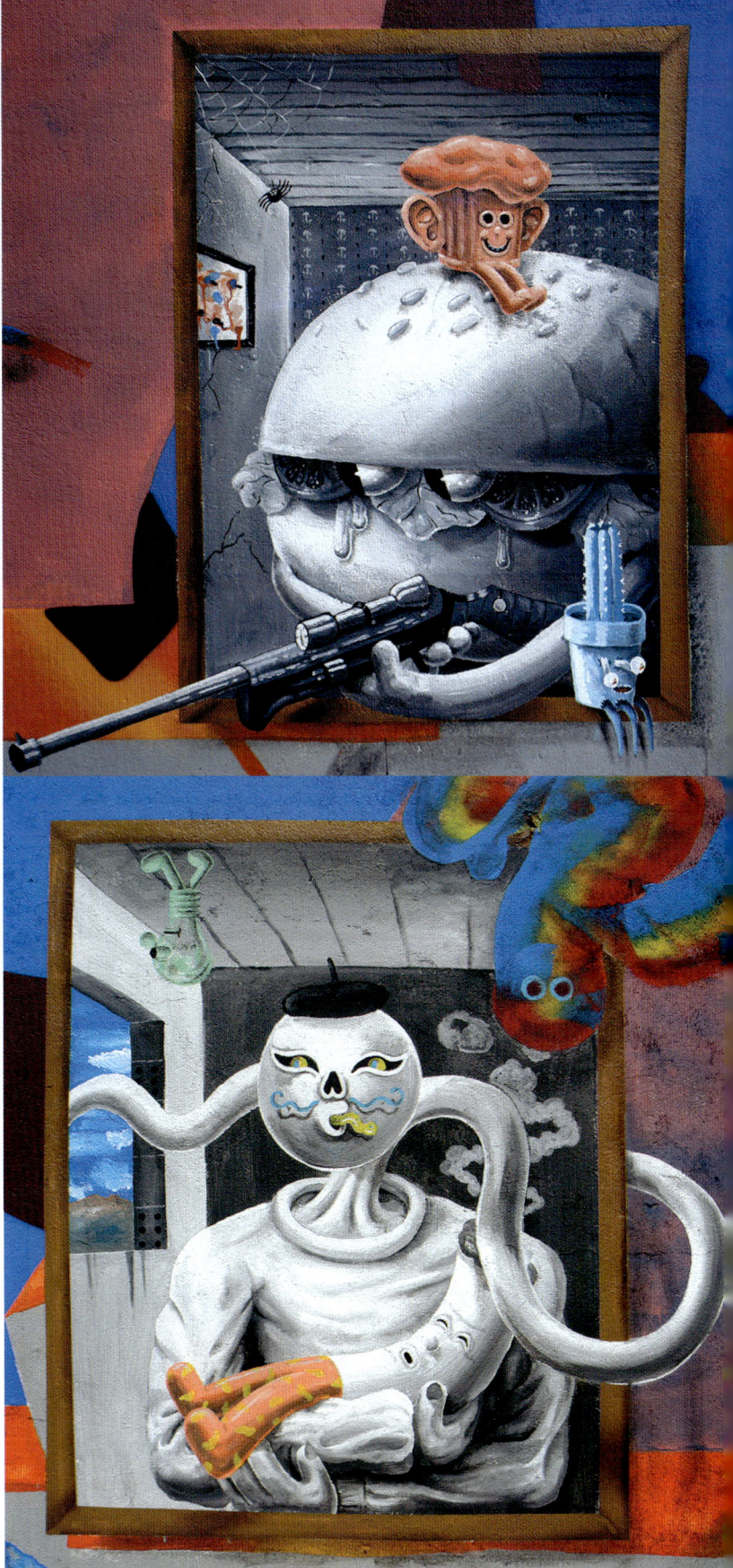

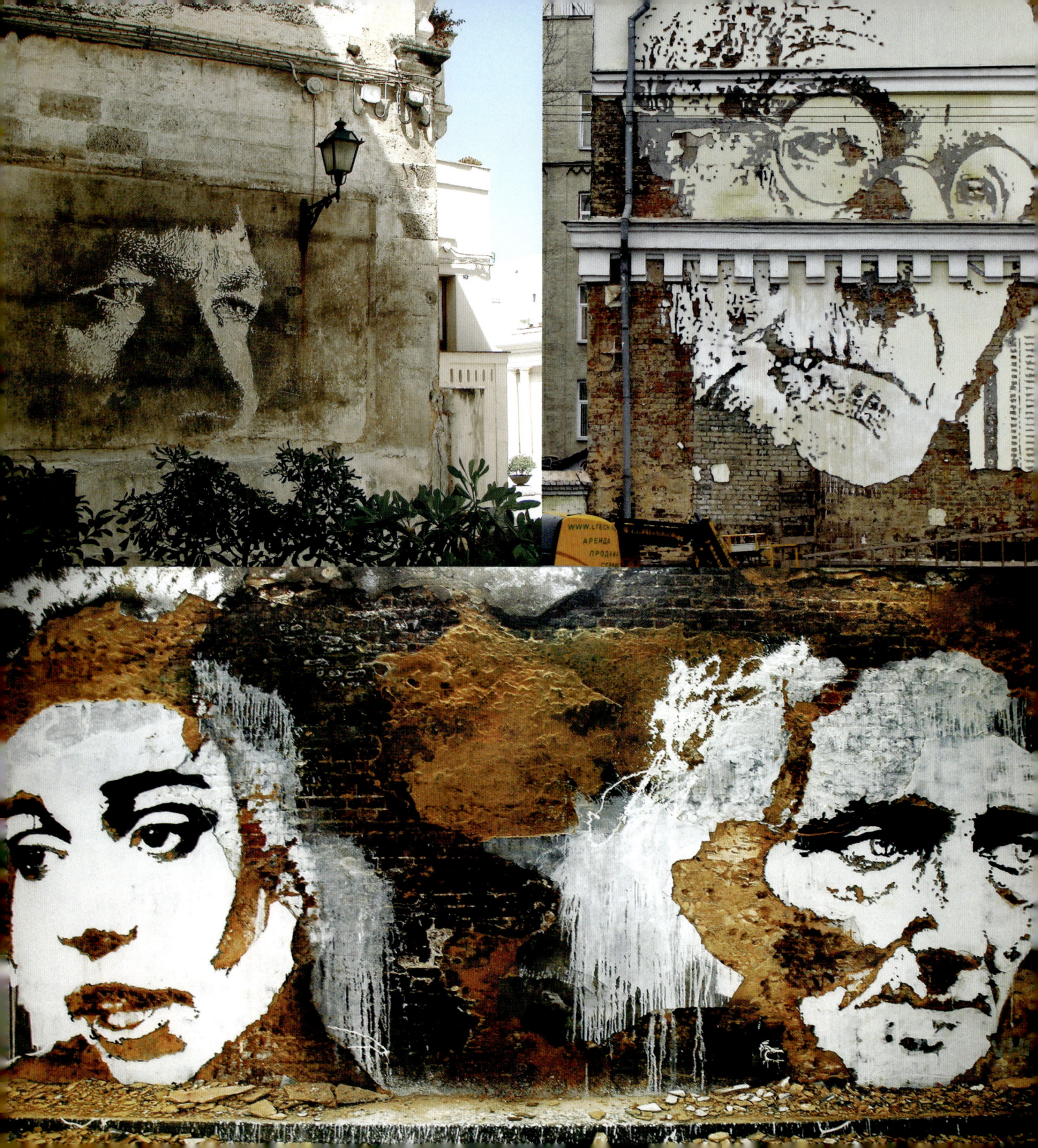

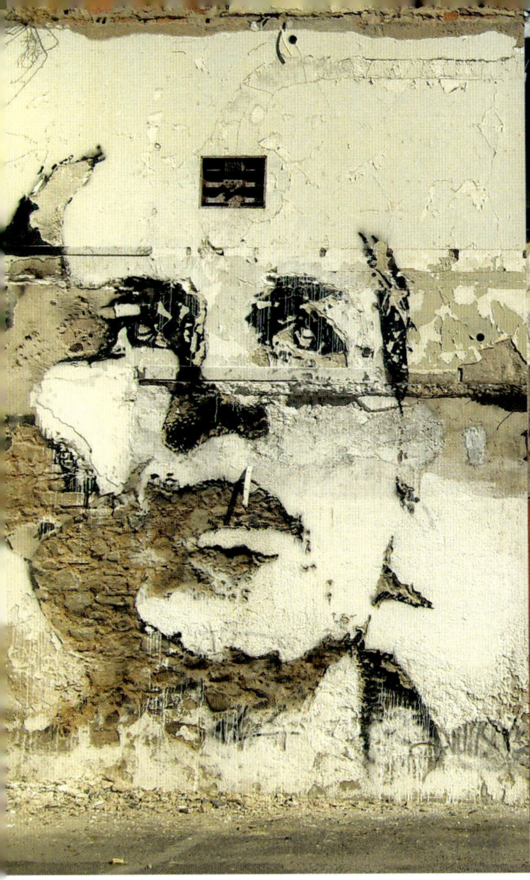

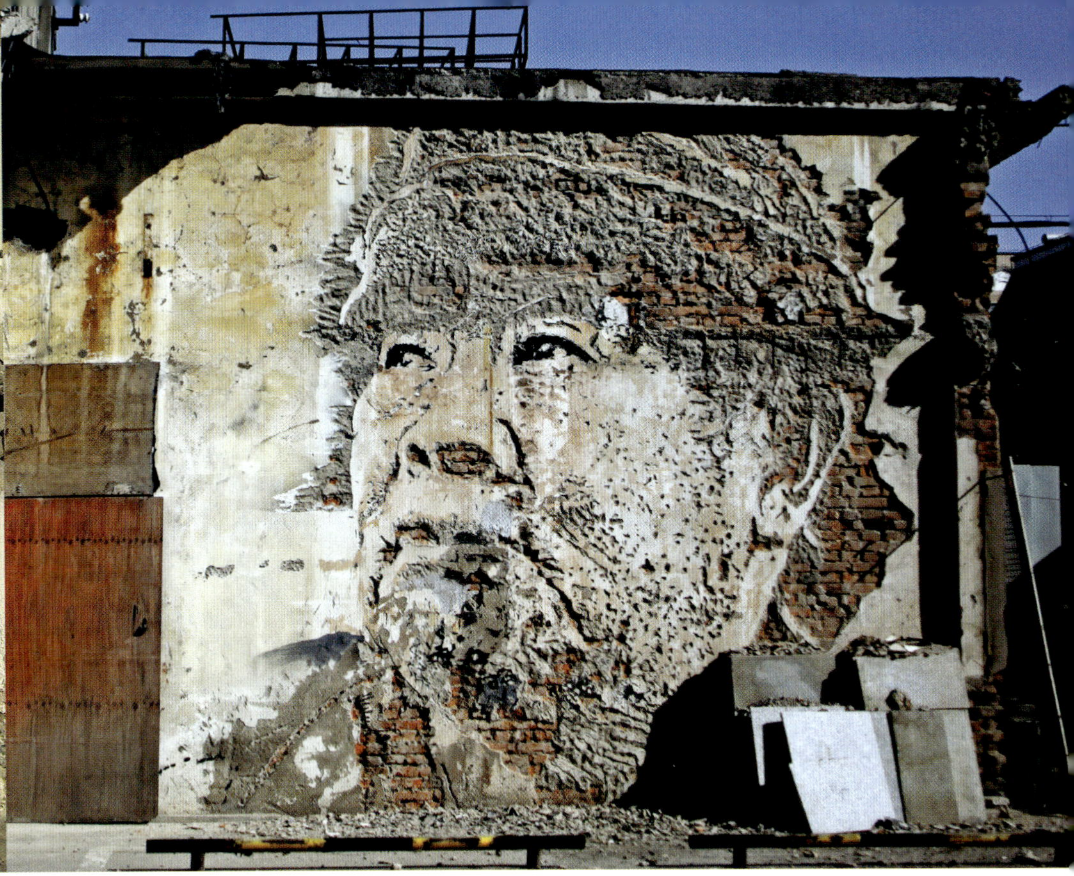

NACIMIENTO 1987, Lisboa, Portugal   TÉCNICAS / MATERIALES Estarcido inverso
ESTILO Grafiti arqueológico   TEMAS Destrucción creativa, retrato, decadencia,
deformación INFLUENCIAS Muralismo popular

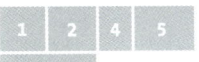

1 Festival Fame, Grottaglie, Italia, 2010   2 *Scratching the
Surface*, Moscú, Rusia, 2010   3 *Scratching the Surface*, Torres
Vedras, Portugal, 2009   4 *Visceral*, Shanghái, China, 2012
5 Cans Festival, Londres, Reino Unido, 2008

VHILS
ALEXANDRE FARTO

Conocido más formalmente como Alexandre Farto, Vhils es un artista
portugués que ha desarrollado un estilo arqueológico de retrato, un estarcido
inverso que utiliza las paredes de la ciudad tanto como soporte como paleta.
Centrándose en el concepto de «destrucción creativa» (el cual vincula
su anterior carrera grafitera con su práctica actual, y cuyo núcleo son las
cuestiones de lo efímero y la transmutación), Vhils presenta una estética
delicada pero áspera, intrincada pero austera.

El grafiti es crucial para apreciar la práctica de Vhils. Nacido en 1987
en Seixal, un barrio industrializado de Lisboa, comenzó a escribir de forma
ilícita a los diez años de edad (algo de lo más inusual), y a mediados de
la adolescencia ya estaba muy implicado en la escena de los *bombings*
ferroviarios de todo Portugal. Aunque el grafiti le llevó a estudiar arte
en la escuela, la propia ciudad de Lisboa también ejerció una influencia
fundamental en su práctica posterior. Tras la Revolución de los Claveles (1974),
Seixal, una zona claramente izquierdista de la ciudad, se convirtió en hogar

de un notable estilo de muralismo popular que guarda más relación con
el discurso estético iberoamericano que con el europeo. Al crecer entre la
presencia deteriorada de estos murales, imágenes que contrastaban con
crudeza con la cultura de consumo cada vez más extendida, Vhils afirma que
le influyó tanto lo que denomina el «valor poético de la decadencia» como
la estética utópica que ofrecían estos murales. En 2007, Vhils se trasladó a
Londres para estudiar en el Central Saint Martins College, donde buscó una
nueva forma de explorar estas influencias e impulsar su trayectoria artística
a base de explorar los conceptos de vandalismo y destrucción, tan vinculados
por lo general al grafiti. Con la serie *Scratching the Surface* (*véanse* imágenes 2
y 3), iniciada aquel mismo año, reunió con ingenio muchas de las cuestiones
clave relacionadas con esta práctica estética proscrita, creando forma
mediante la deformación y figuración icónica a través de la desfiguración
material. Al revelar imágenes que parecen encerradas entre las capas de las
paredes de nuestras ciudades, atrapadas entre los sedimentos del tiempo,
Vhils emprende un «acto de excavación» que pretende exhibir un «estado
permanente de transformación». Al exponer visiones que pueden haber «sido
olvidadas o descartadas» y revelar los «recuerdos perdidos [que] componen
lo que somos hoy», no utiliza nada más que el entorno ya presente para
producir obras de arte expresivas aunque de una brutalidad física.

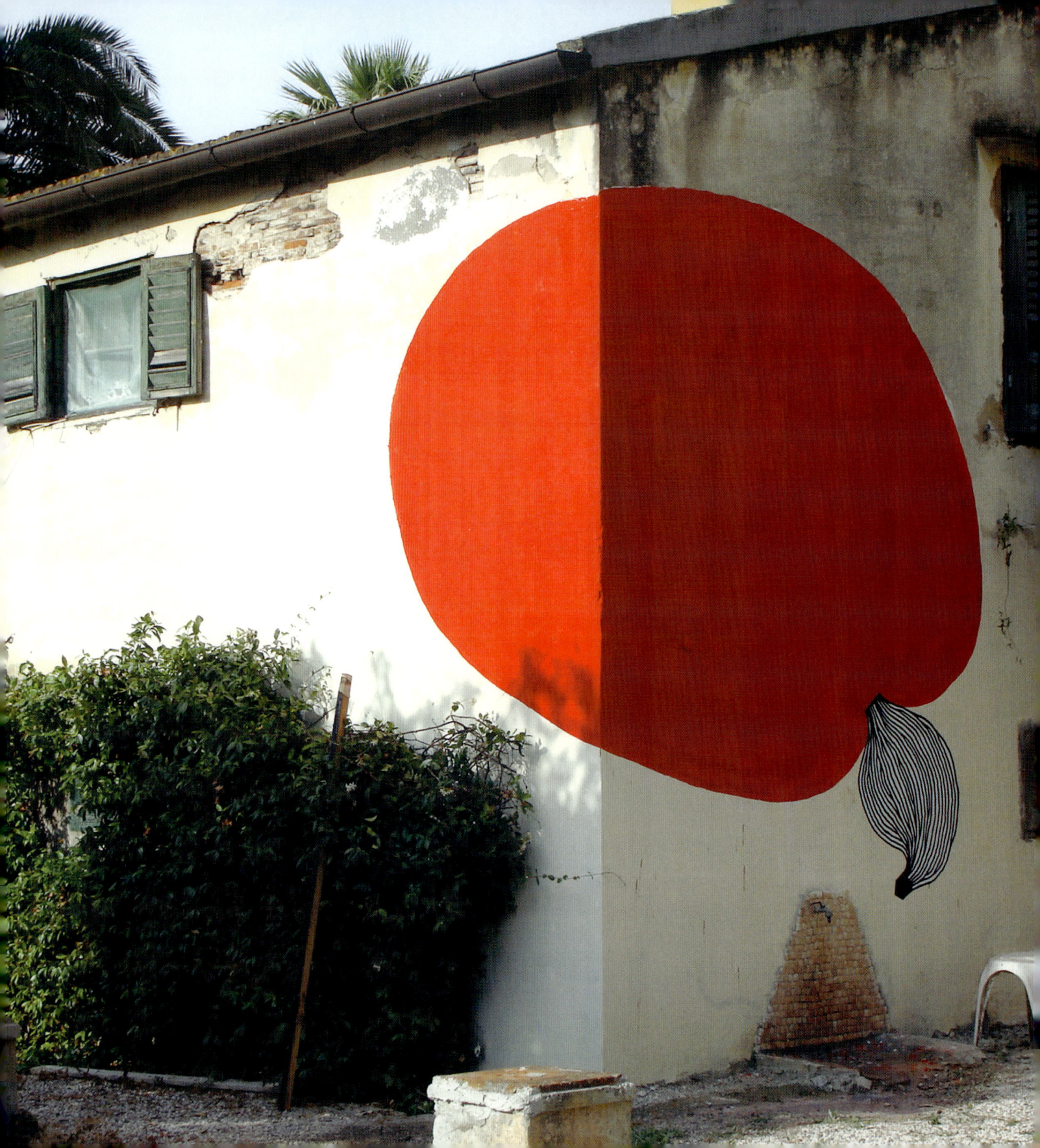

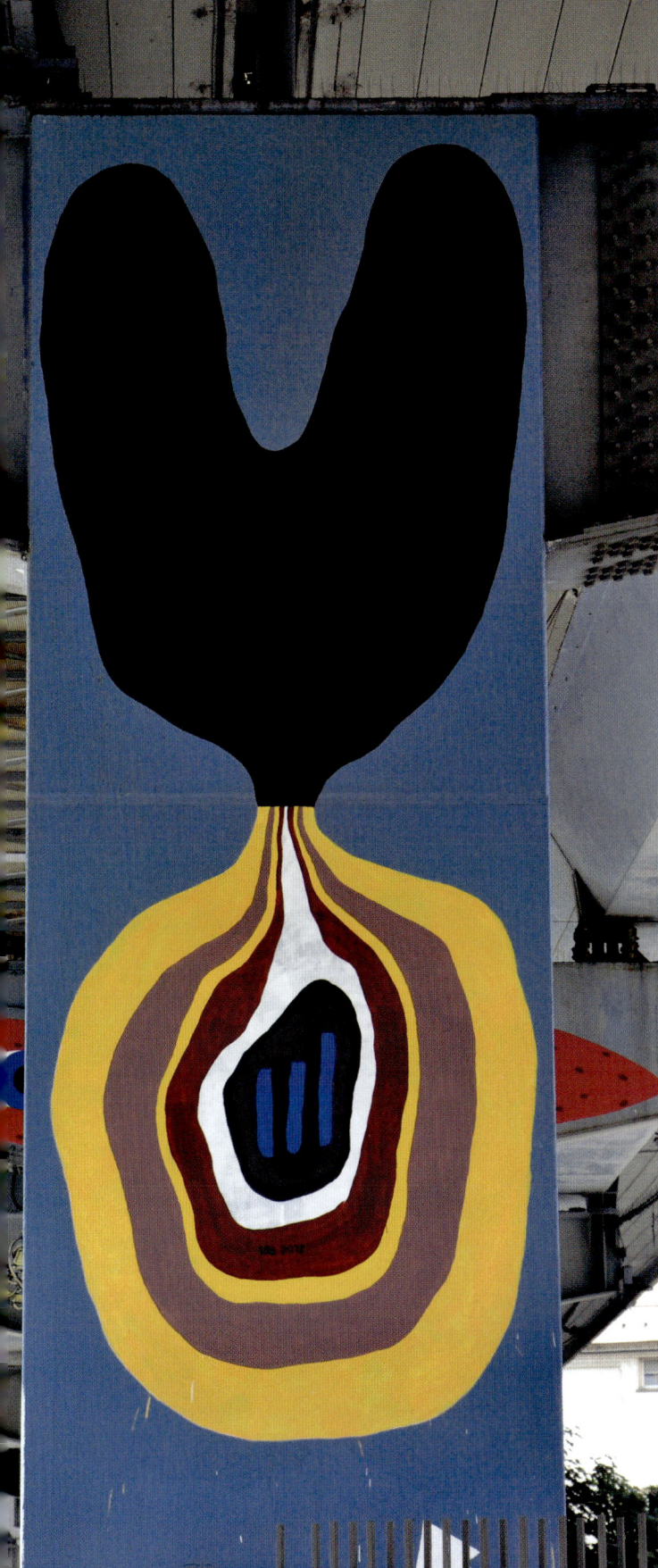

ALESSANDRIA

NACIMIENTO 1978, Alessandria, Italia   TÉCNICAS / MATERIALES Pintura, pegatinas
ESTILO Grafiti abstracto, monocromías   TEMAS Brecha urbano / rural, laberintos,
rituales   INFLUENCIAS Kazimir Malévich, suprematismo, brutalismo, posindustrialismo,
arte sacro no monoteísta

108

Las espectaculares, melancólicas y a menudo monocromas obras de 108
nos presentan un ejemplo singular de lo que puede denominarse «grafiti
abstracto». Muy influida por la estética posindustrial y *post-punk*, la obra
de 108 está profundamente en deuda con el artista ucraniano / ruso Kazimir
Malévich y con la tradición suprematista de composiciones geométricas no
figurativas.

Nacido en 1978 en Alessandria, una pequeña ciudad muy
industrializada del norte de Italia, 108 se vio muy influido por las
dicotomías de su entorno. La intensa dureza y austeridad del entorno
urbano (Alessandria célebre en Italia por su niebla anual), junto
con la belleza intacta de la campiña piamontesa, a la que se escapaba con
frecuencia, le presentaron dos mundos opuestos, a veces contradictorios,
mundos que más adelante confluirían en su obra artística. A finales
de la década de 1980 y en la de 1990 florecieron en la ciudad la escena
post-punk y un sólido movimiento *underground* de arte y música
experimentales. Muy influido por ambos fenómenos y por los grafitis
que había visto por primera vez cuando viajó a Ginebra, en 1990,
para visitar a miembros de su familia, 108 no tardó en embarcarse
en una forma experimental de diseño basada en las letras, una dirección
que mantuvo durante el resto de la década. Sin embargo, su traslado
a Milán en 1997 para estudiar diseño industrial dio lugar a una nueva vía
en su desarrollo artístico. La influencia de la escuela alemana de diseño
industrial, la Bauhaus, junto con la obra de otros artistas vanguardistas
de principios del siglo xx, como Egon Schiele, Lucio Fontana y Richard Long,
comenzó a penetrar en la obra de 108, lo que le llevó a buscar técnicas
estéticas más experimentales.

Si bien todas estas influencias fueron significativas, fue el grafiti
experimental del artista francés Olivier Kosta-Théfaine (también conocido
como Stak) la principal inspiración para la transformación del estilo
(y del seudónimo) de 108, que se sintió impactado ante el absoluto
europeísmo de la obra de Stak, su desvinculación casi total del arquetipo
neoyorquino del grafiti y el urgente movimiento que parecía expresar
hacia algo innovador y extraordinario. El arte de Stak fue algo a lo que
108 sintió que debía responder, y lo hizo mediante una serie de minimalistas
pegatinas de plástico amarillo, pegatinas de las cuales colocó más
de tres mil en diversos lugares de todo el mundo entre 1999 y 2002.

1 Livorno, Italia, 2009
2 Génova, Italia, 2012

| 1 | 2 |

Estos sencillos diseños, realizados de forma explícitamente espontánea e intuitiva (cada uno de ellos surgió como un patrón único), presagiaron la práctica posterior de 108: un arte público que buscaría lograr un efecto elemental y primitivo.

Sin embargo, a medida que el auge del *street art* fue cobrando impulso en los primeros años del siglo XXI, 108 se sentía cada vez más consternado por el camino, a menudo banal, que este parecía tomar. Como reacción, empezó a reexplorar los edificios y fábricas abandonados de Alessandria que había frecuentado durante su juventud. La combinación de los sobrios muros de hormigón y la arquitectura racionalista que encontró allí, junto con la necesidad práctica de producir algo barato y rápido (un factor que también había inspirado su uso de pegatinas), condujo a la siguiente etapa de su viaje artístico, a lo que podríamos llamar «el período negro» de 108.

En su búsqueda de una forma de comunicación más universal que no utilizara ni figuras ni alfabetos (una idea que se repite en la obra de Remed, aunque con resultados muy distintos), 108 empezó a desarrollar un estilo que incorporaba formas geométricas distorsionadas (triángulos, cuadrados, círculos) junto con un conjunto de diseños laberínticos por los que se ha hecho famoso (*véase* imagen 2, página 279).

Cada vez más influido por el arte megalítico y el arte sacro no monoteísta, la obra de 108 se transformó hasta convertirse en algo casi por completo intuitivo y no mecánico. Consideró que el proceso de producción artística era chamánico, un acto espiritual más allá de los procesos habituales de comprensión y lo más alejado posible de toda ley científica. Su elección del color negro pretendía sugerir introspección, no oscuridad, mientras que con sus diseños buscaba perturbar a sus espectadores, alejarlos del mundo cotidiano y llevarlos al reino de «lo otro». Con su combinación del crudo brutalismo urbano y las formas y la geometría del entorno natural, 108 reinstauró un estilo de escritura parietal que se remonta a miles y miles de años, con lo que dio lugar a una forma de pintura mural contemporánea que intenta funcionar en total armonía con su entorno.

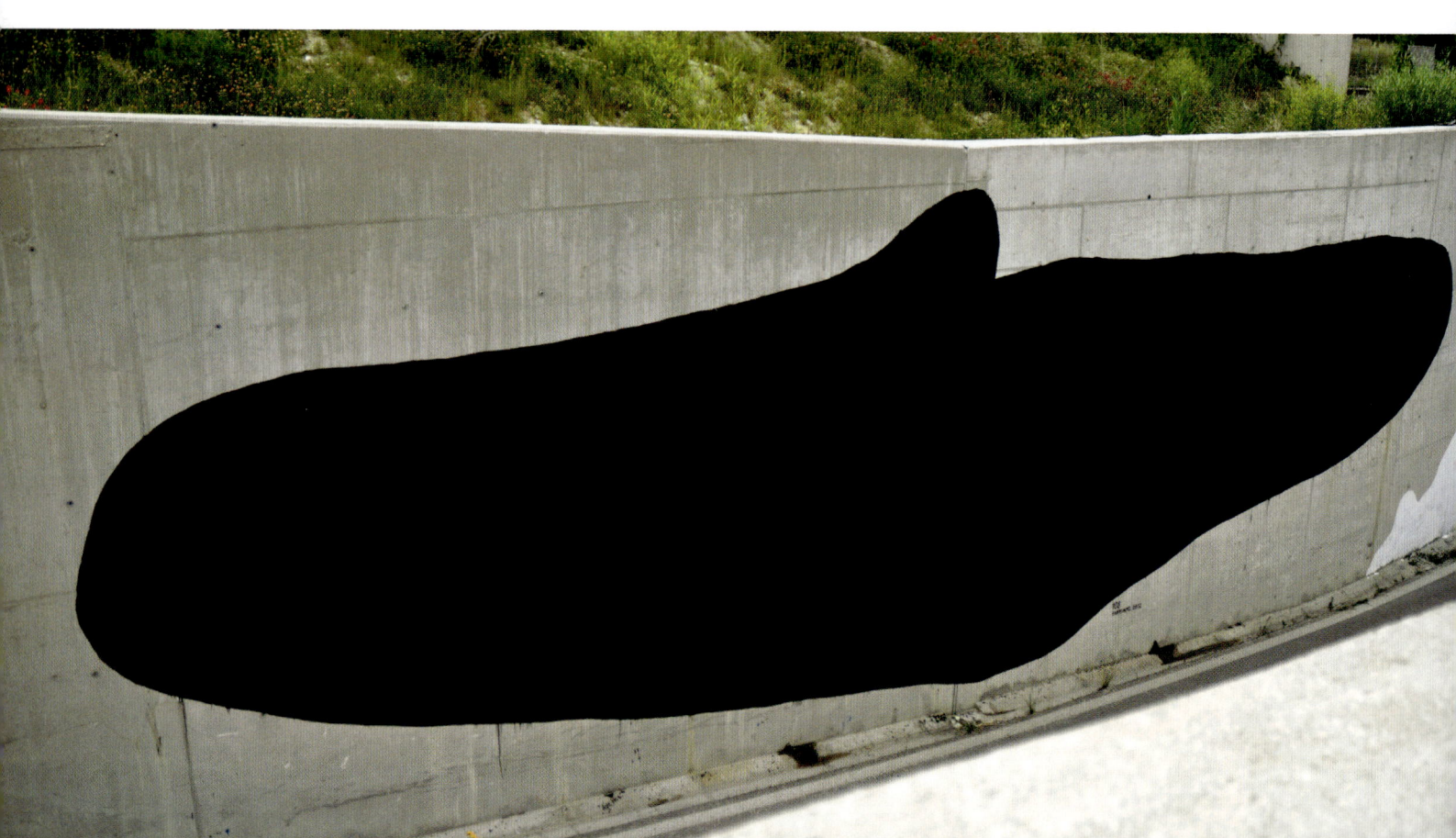

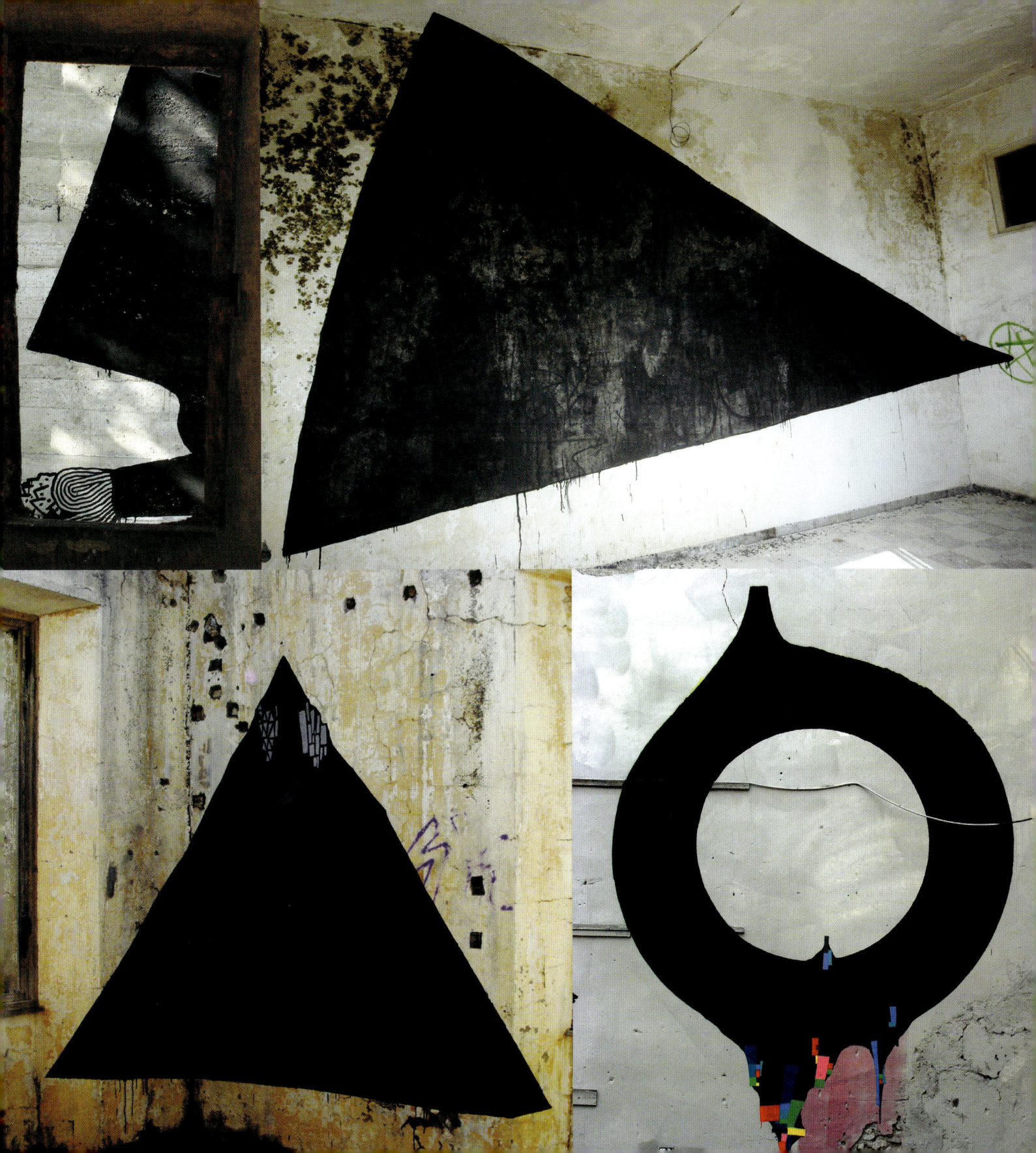

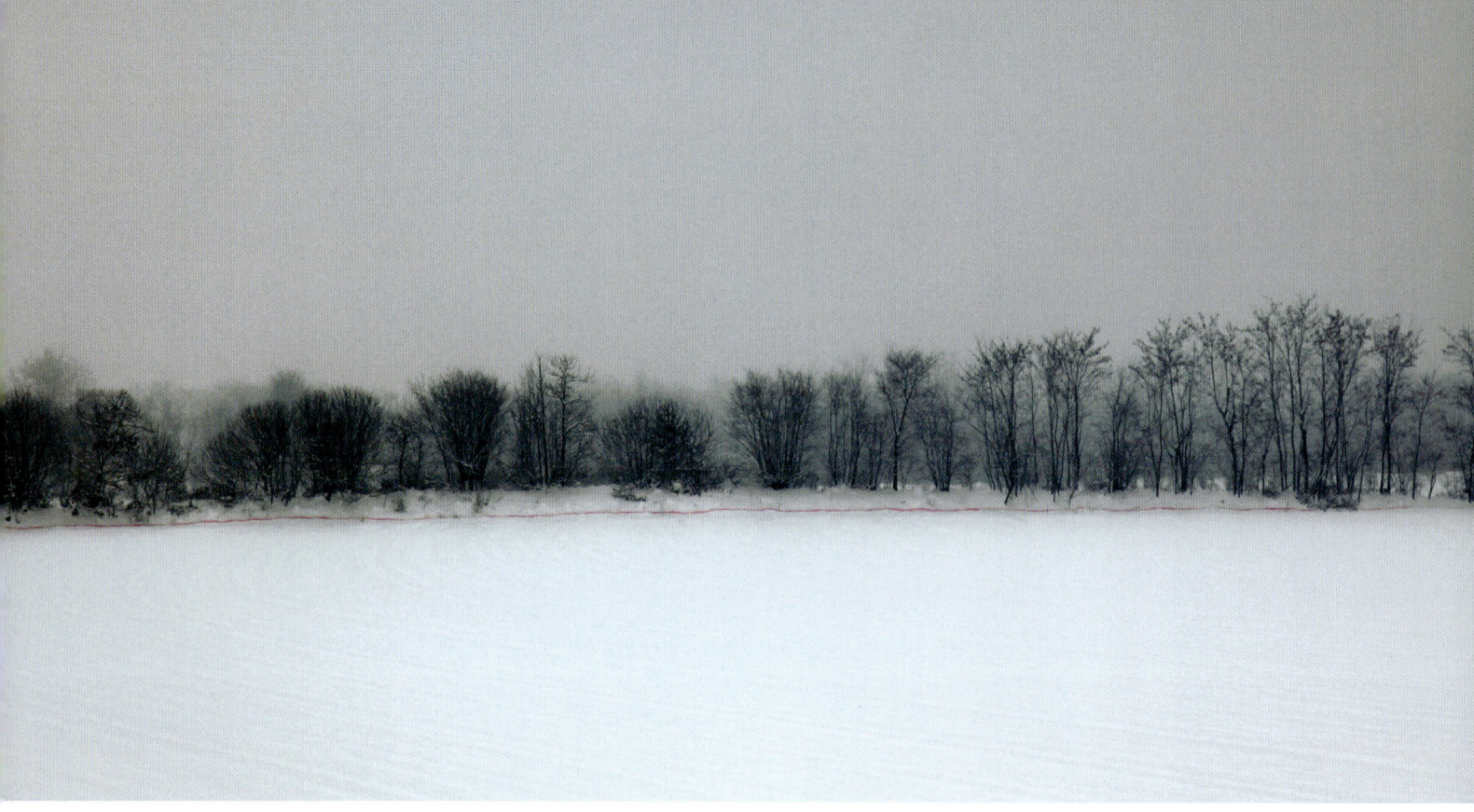

BRESCIA

NACIMIENTO 1983 · TÉCNICAS / MATERIALES Varios · ESTILO Grafiti conceptual, arte medioambiental · TEMAS Geopolítica, fronteras, marcas, no espacios, lenguaje verbal y no verbal, marcas Web 2.0

FILIPPO MINELLI

Filippo Minelli trabaja en el ámbito en el confluyen la *performance* y la fotografía, la palabra y la imagen. Ha manifestado su afecto por el surrealismo y la paradoja, por los signos de belleza o los elementos de controversia en la vida cotidiana, y las posibilidades que brindan tales yuxtaposiciones son fundamentales para su práctica artística. La obra de Minelli, siempre ingeniosa y reveladora, interviene entre el mundo público y el virtual, entre fronteras y naciones, y juega con el fino equilibrio entre lo que considera la superficial «sencillez de la realidad» y la enorme «complejidad de sus matices».

Una constante en la trayectoria artística de Minelli hasta la fecha ha sido su profunda fascinación por los conceptos de «habla» y «silencio», un dualismo clave que emerge una y otra vez en su obra. Además de investigar el efecto que puede tener el lenguaje en el nivel fundamental del vocabulario, también se interesa por las formas de comunicación no verbal que se realizan a través de los gestos físicos (rasgos expresivos), la entonación, el tono, el acento (marcadores prosódicos) o mediante omisiones críticas que requieren un esfuerzo consciente por nuestra parte como oyentes para discernirlas (fenómenos elípticos).

Este artista se sintió atraído al principio por lo que llama el «impacto estético de las palabras en el espacio público»: el poder de los grafitis, la publicidad y cualquier forma de texto intermedio para influir con fuerza en las vidas de sus espectadores. Así, concluyó que estos mensajes en las calles eran claros actos del habla. Sin embargo, Minelli no solo se interesó por el significado superficial de estos comunicados léxicos, sino también por el significado literal de las palabras. Se sintió intrigado por la capacidad que tienen estas para hacer sugerencias, por su habilidad para dar la «primera nota de una canción», para «abrir nuevos espacios imaginarios». Así, en el marco de sus numerosos proyectos basados en textos, Minelli se propuso examinar el potencial, la flexibilidad y la multiplicidad de significados que encerraban estos escritos.

Obras como *Ctrl+Alt+Delete* (producida en 2007 en la eufemísticamente llamada «valla de seguridad» del puesto de control de Kalandia,

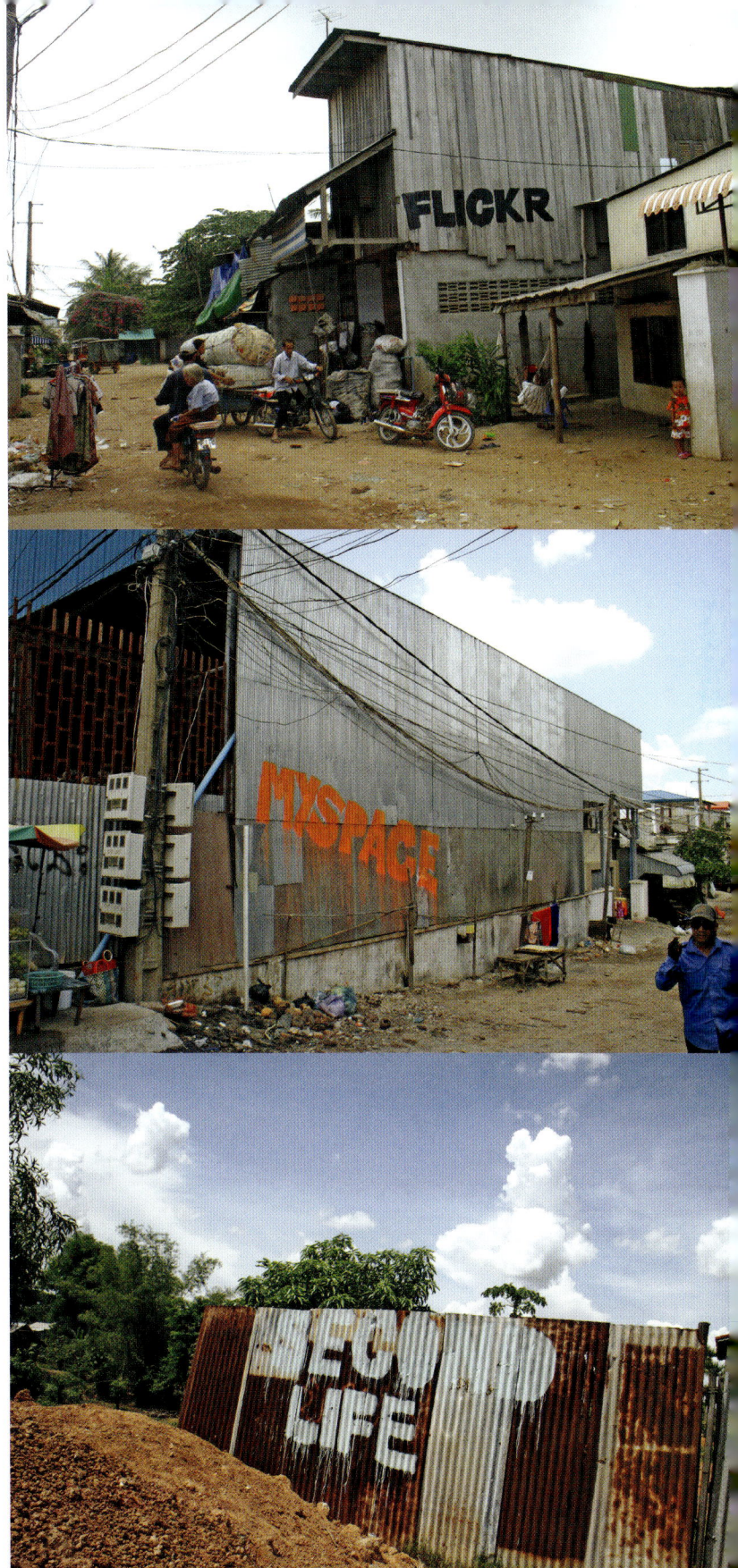

Cisjordania) y *Democracy* (creada en un barco oxidado y abandonado en el cementerio de barcos de Nuadibú, Mauritania, curiosamente el mismo día antes del golpe político de 2008) muestran la consumada habilidad de Minelli para transmitir ideas elaboradas con el mínimo uso de la palabra escrita. Tal vez sea su proyecto *Contradictions* (2007-2014; *véanse* imágenes 2-4) el que mejor demuestra su enfoque de la práctica del «habla» y la forma en que entiende la capacidad latente del lenguaje. Al principio, *Contradictions* no parece más que una incongruente fusión, a menudo humorística, del mundo simulado de la Web 2.0 (término que alude a la revolución interactiva de internet, relacionada sobre todo con la evolución de las llamadas «redes sociales») y la realidad cotidiana de la vida en el mundo en vías de desarrollo. Minelli ha explicado que, mediante la deconstrucción de las corporaciones y el *marketing* que hay detrás de estas nuevas formas mediáticas, con esta obra quiso «señalar la brecha entre la realidad en la que vivimos y el mundo efímero de las tecnologías». Al inscribir los nombres de marcas 2.0 hoy en día famosas (como Facebook, Twitter, Flickr, Myspace, YouTube y Second Life) de forma un tanto tosca en fábricas y edificios en ruinas de Camboya, Vietnam, Mali y China, Minelli quiso criticar la reverencia irracional y semirreligiosa con que las sociedades occidentales suelen tratar a estas nuevas tecnologías y las expectativas poco realistas que se han creado en torno a sus beneficios para la humanidad.

Al conectar estas corporaciones aparentemente deslocalizadas con las regiones en vías de desarrollo del mundo (los espacios donde se fabrican la mayoría de las herramientas físicas y el *hardware* que estas plataformas necesitan para funcionar), Minelli pone al descubierto los nuevos sistemas de colonialismo que se están instaurando hoy en día y los sistemas de relaciones desiguales en los que participan. Como resulta evidente en algunos de sus otros proyectos, como *NonPlace Branding* (2012), *Listen* (2010) y *Nonsense* (2008), estas sencillas palabras no tardan en adquirir implicaciones mucho mayores que la suma de sus partes y se vinculan con cuestiones que van mucho más allá del alcance de sus significados literales.

Sin embargo, como observó Minelli en 2011, «El lenguaje solo está completo cuando las palabras se mezclan con el silencio». Cuando el artista se dio cuenta de que no conseguía abordar la quietud que existe entre los enunciados, con sus proyectos *Lines* (*véase* imagen 1) y *Shapes* (ambos en curso) procuró demostrar que podía provocar impacto sin escribir nada, haciendo incursiones puramente figurativas en el espacio. En *Lines* utilizó botes de aerosol, herramienta por lo general asociada a palabras y letras, para dibujar unas resueltas líneas horizontales que se extienden por muros, cultivos, escombros y nieve, dividiendo lo urbano y lo rural, el cielo y la tierra, hasta provocar, como él mismo dijo, «separación y unión al mismo tiempo». Ya sea atravesando ventanas o puertas, cristal o piedra, las líneas prosiguen su irreprimible recorrido. Estas marcas deliberadas, hechas por el ser humano, parecen interrumpir y romper la paz de su entorno natural; su pura extrañeza en el entorno natural las hace destacar. Su presencia genera incertidumbre y ambigüedad: sabemos que alguien las ha creado, pero no sabemos por qué ni para qué sirven. Al igual que la obra de Robert Rauschenberg titulada *Automobile Tire Print* (1953), la cual es el registro directo de un movimiento concreto instigado por el artista, las fotografías de Minelli registran su actuación, su intervención física en el paisaje, al tiempo que producen una interacción que privilegia la forma y la textura y que celebra el acto ritual de la demarcación tanto como su apariencia material.

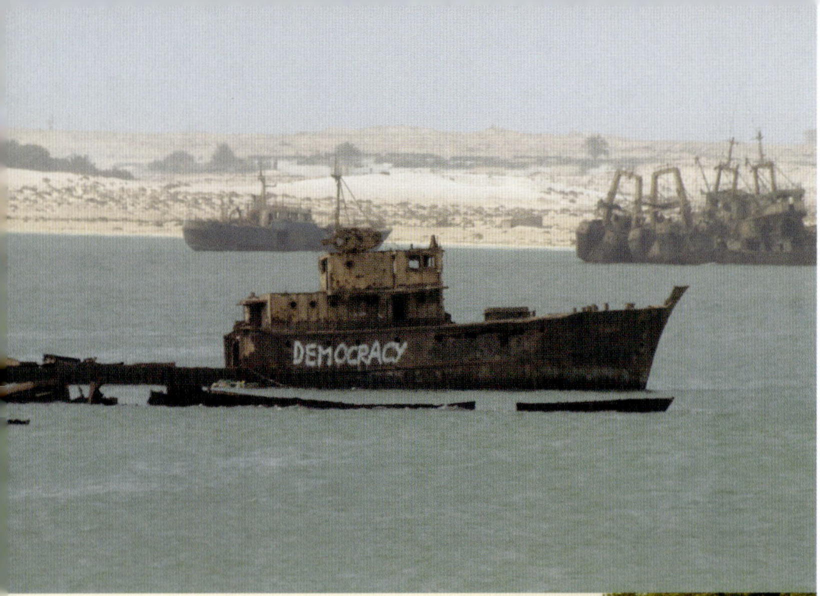

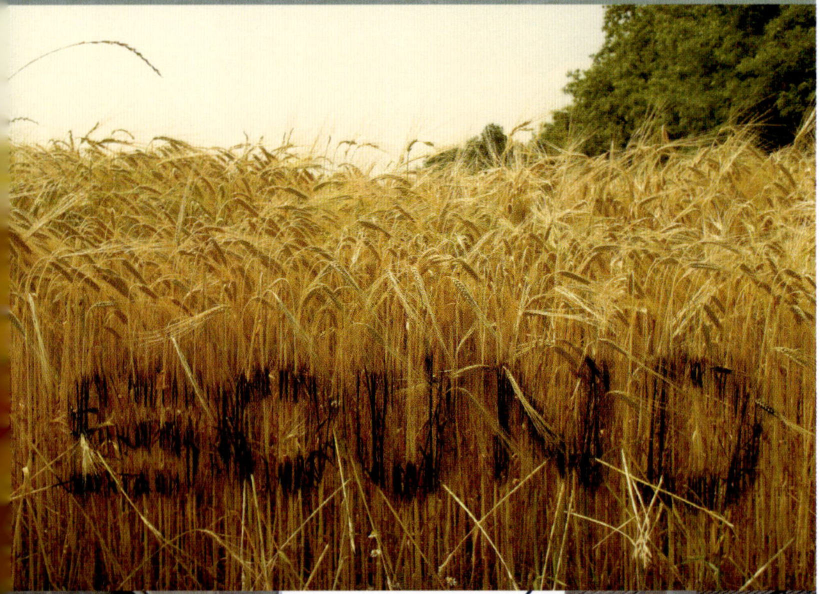

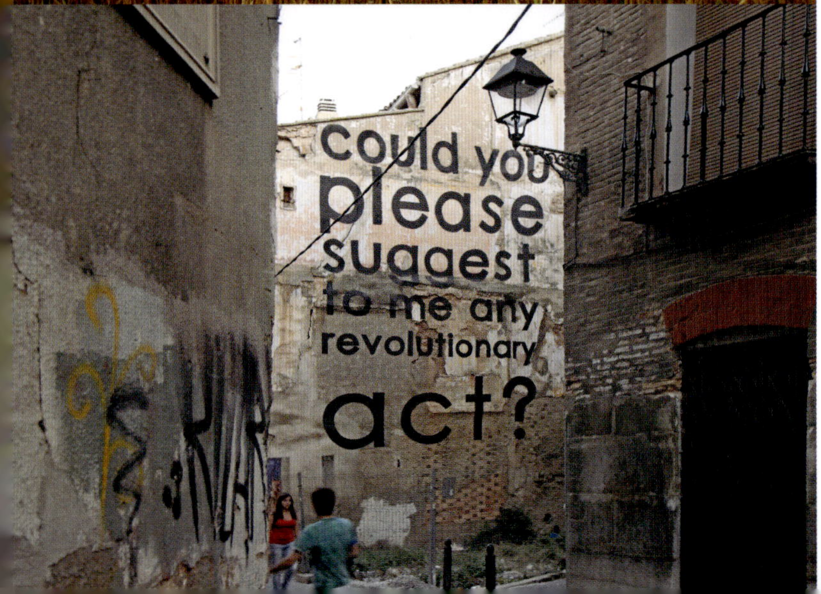

En *Shapes* (*véanse* imágenes 4-7), la declaración artística de Minelli adopta la forma de un inquietante tono gaseoso captado durante una fracción de segundo. Para crear este efecto utilizó bombas de humo, idea que tuvo al ver vídeos de manifestaciones políticas con el sonido silenciado (consideraba que estas bombas de humo eran el factor estético fundamental que vinculaba «a la gente con sus mensajes»). Con la idea de, como dijo en 2011, yuxtaponer un «medio tradicionalmente dedicado a crear el caos con la belleza romántica del paisaje natural», transportó estos vapores explosivos a entornos rurales, pintorescos e inquietantemente despoblados. Para Minelli hay belleza en este encuentro de dos mundos muy diferentes, en lo que denomina «choque de visiones», un choque que pone de relieve la grandeza y el poder de la naturaleza. Aparte de su atractivo estético, todas las obras de *Lines* y *Shapes* expresan la necesidad de distanciarnos de la avalancha cada vez mayor de datos e información a la que tenemos acceso hoy en día (el inmenso ruido diseminado a través de lo que Minelli denomina nuestra «era de la comunicación») para ser conscientes del silencio y buscarlo. Ambos proyectos logran un equilibrio tanto entre la *performance* y la escultura, como entre la violencia inherente a sus herramientas (el bote de aerosol y la bomba de pintura) y la belleza efímera de su estado final. Estas obras no le transmiten un mensaje directo (lingüístico) al espectador, sino una sensación aléxica y corpórea.

Minelli ha realizado otros muchos proyectos sobre el doble tema del silencio y el habla, como *Flags*, el divertidísimo filme *You Might Call it Crisis But it's Silence to Me*, el *land art* autodestructivo de *Future* y lo que, quizás, podría denominarse «arte culinario» de *Future 2*. Todas estas obras se basan en la dicotomía entre texto e imagen y expresan el deseo de Minelli de explorar las convenciones y la idiosincrasia del lenguaje, de investigar sus formas literales y figurativas, su potencial y sus posibilidades. Al, como él mismo dice, «escribir, construir, fotografiar y filmar palabras y silencio», sigue desarrollando nuevas formas de reelaborar con rigurosidad nuestra comprensión de ambos conceptos.

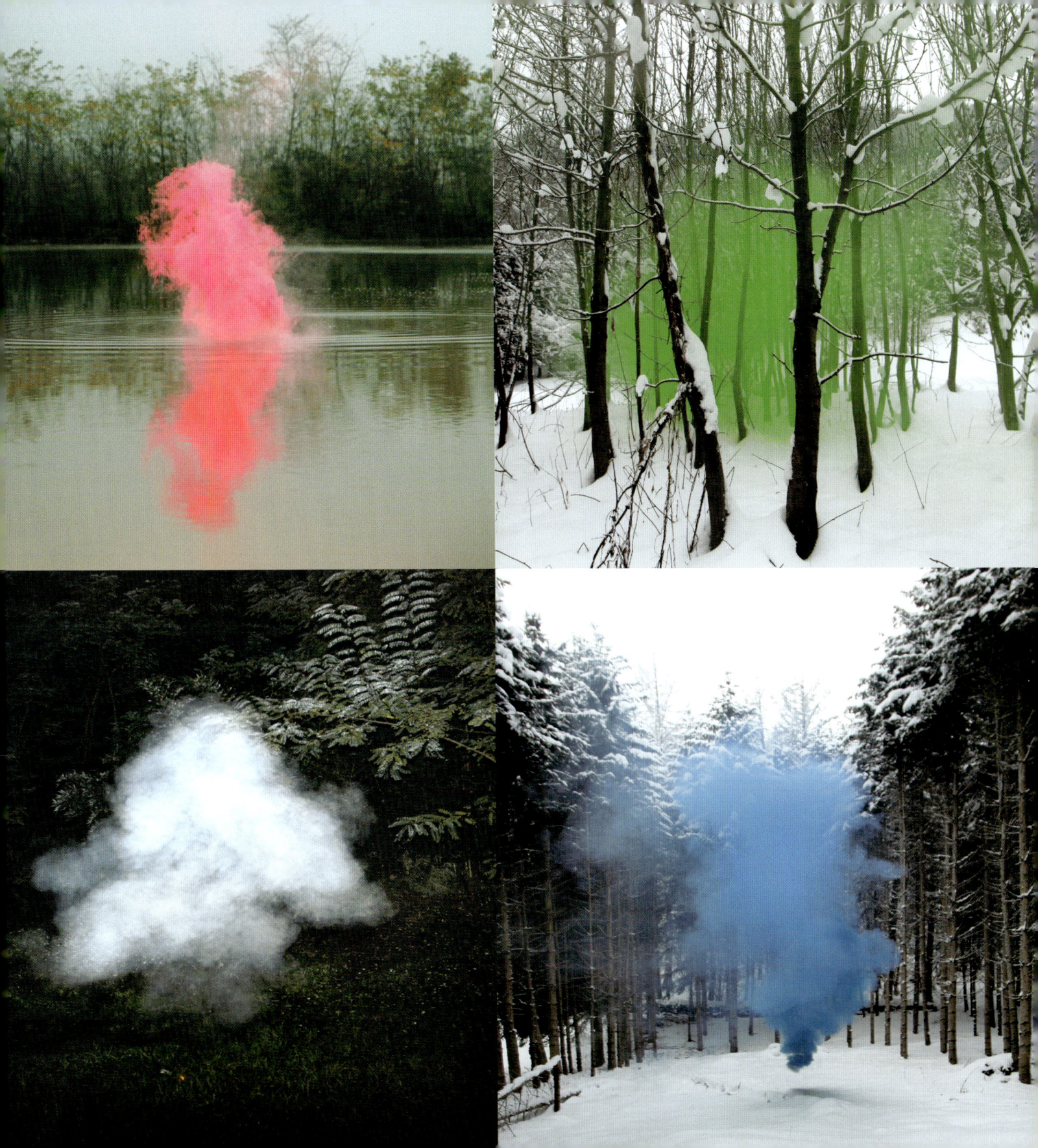

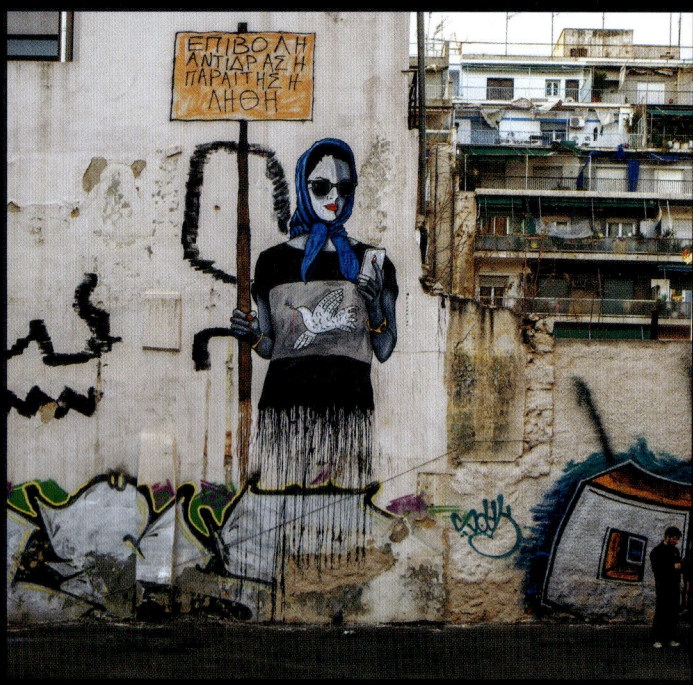

ATENAS

A causa de su pasado sociopolítico, existe en Grecia una larga tradición en cuanto a la escritura de eslóganes y símbolos en las calles. Durante la invasión y ocupación nazi en la Segunda Guerra Mundial, cualquier signo o palabra inscrito en las paredes se asociaba con la resistencia. Con el paso del tiempo, las ciudades griegas más pobladas, Atenas y Salónica, se han llenado de carteles, plantillas e imágenes que pueden exhibir lealtades a partidos políticos, equipos deportivos y pandillas o incluso (con un tono más ligero) representar cartas de amor.

El movimiento grafitero griego comenzó poco a poco a mediados y finales de la década de 1980 y contó con solo unos cuantos escritores que practicaron el *bombing* por las calles de la ciudad y utilizaron colores aleatorios mientras intentaban experimentar con estilos personales. Entre estos estuvieron Dee71, en Kavala, Jasone, en Salónica, y Paladin, en Atenas. A principios de la década de 1990 aparecieron Woozy, Mavros y Art (*véase* imagen 3) en Atenas. Un grupo de escritores greco-franceses, entre ellos Ane, Ante, Tare, Kerts, Mers y Kenzo, también trabajaron en la ciudad, donde sobre todo hicieron *tags* y piezas plateadas en los trenes y por las calles.

Sin embargo, a mediados de la década de 1990 se produjo el verdadero punto de partida de la escena grafitera ateniense y del norte de Grecia. Se inició sobre todo por la rápida exposición de la juventud griega a la cultura

hip-hop estadounidense a través de revistas, filmes, libros, documentales y, más adelante, internet. Los filmes que agitaron las mentes de los jóvenes escritores fueron *Wild Style* (1983), *Beat Street* (1984) y el documental *Style Wars* (1983). Bajo esta influencia, se formó en Atenas la *crew* TXC, la cual englobó los cuatro elementos cruciales del *hip-hop* (MC, DJ, *break dance* y grafiti, en este caso *wildstyle*). Su contraparte en Salónica fue la *crew* SGB.

De mediados y finales de la década de 1990, trenes, tejados, puentes, paredes y casas abandonadas se llenaron de todo tipo de grafitis de diversos escritores, como Nato, Dimer, Spark, Ioye (greco-francés), Suke (alemán), Roots, Sake, Arlo, Senor, Zap y Spike 69, y de *crews* como, entre otras, FIX, SR (greco-francesa), TBD (greco-francesa), NBW (ateniense y tesalonicense), UDK, 114 (ateniense y tesalonicense), DFP y CMK. Las frecuentes persecuciones y la constante presión de la policía se convirtieron en un continuo juego que prolongaba la excitación. En esa época se pusieron las primeras multas a los escritores de grafiti que pintaban trenes.

En 1994, sin patrocinio alguno, varias *crews* y escritores crearon en el hipódromo de Atenas el primer «muro de la fama» de la ciudad. Unos años más tarde, en 1998, la Hellenic-American Union y la compañía ferroviaria organizaron un festival de grafiti en la calle Ermou, en el barrio de Thiseio, en el centro de Atenas (*véase* imagen 2). Se invitó a muchos escritores de fama mundial, como Bez, Seen, Ces, Loomit y Daim, que ejercieron una enorme influencia en la escena grafitera griega. Además, se publicaron libros como *The Colour of the City: Graffiti in Greece Vol. 1* (1997) y revistas como *Tsusu* (1998) y *Carpe Diem* (1999). Durante esta época, el grafiti entró en un contexto más «formal», en el que comenzaron los primeros encargos privados y públicos.

De principios a mediados de la década de 2000 surgió una nueva generación de *crews* (LIFO, HIT, OFK, FROGS, HEROS y SKIDS), mientras que el *street art* y el muralismo estuvieron en auge con B., Alexandros Vasmoulakis (*véanse* páginas 288-289), el equipo Carpe Diem y Stelios Faitakis. En 2002, como preparación para los Juegos Olímpicos de 2004, Carpe Diem y Oxy Publications organizaron el Chromopolis Project, uno de los mayores festivales de arte mural de Europa. En él, artistas griegos y de otras nacionalidades, entre ellos Loomit, Besok, Stormie y Os Gêmeos (*véanse* páginas 106-109), realizaron diez murales en otras tantas ciudades. Comenzaron a celebrarse más festivales, exposiciones y actos públicos por toda Grecia, sobre todo a cargo de los miembros de Carpe Diem. Atenas,

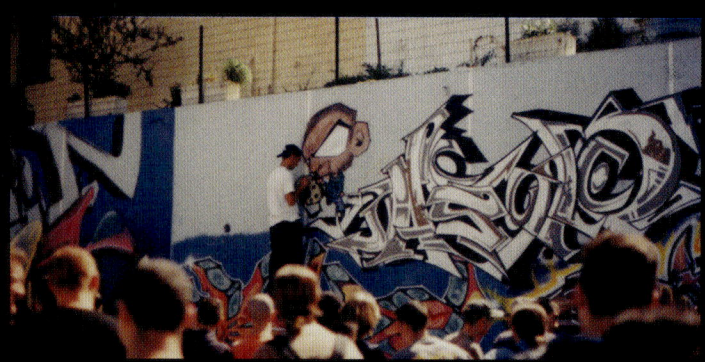

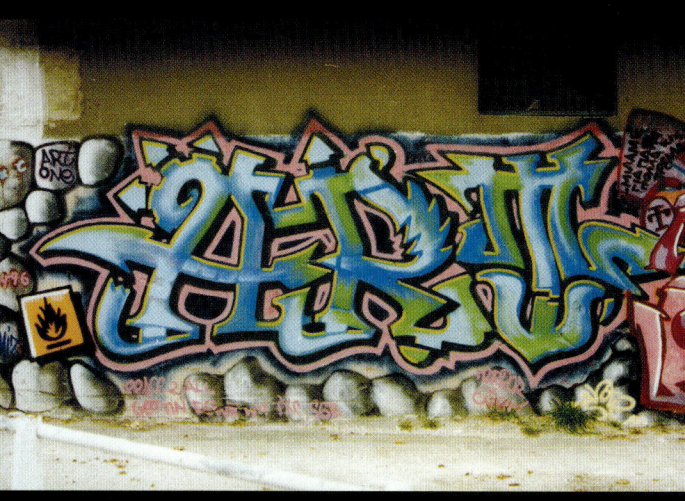

con su *collage* de *tags*, producciones completas, murales, piezas rápidas y demás, se convirtió en un importante centro del arte urbano.

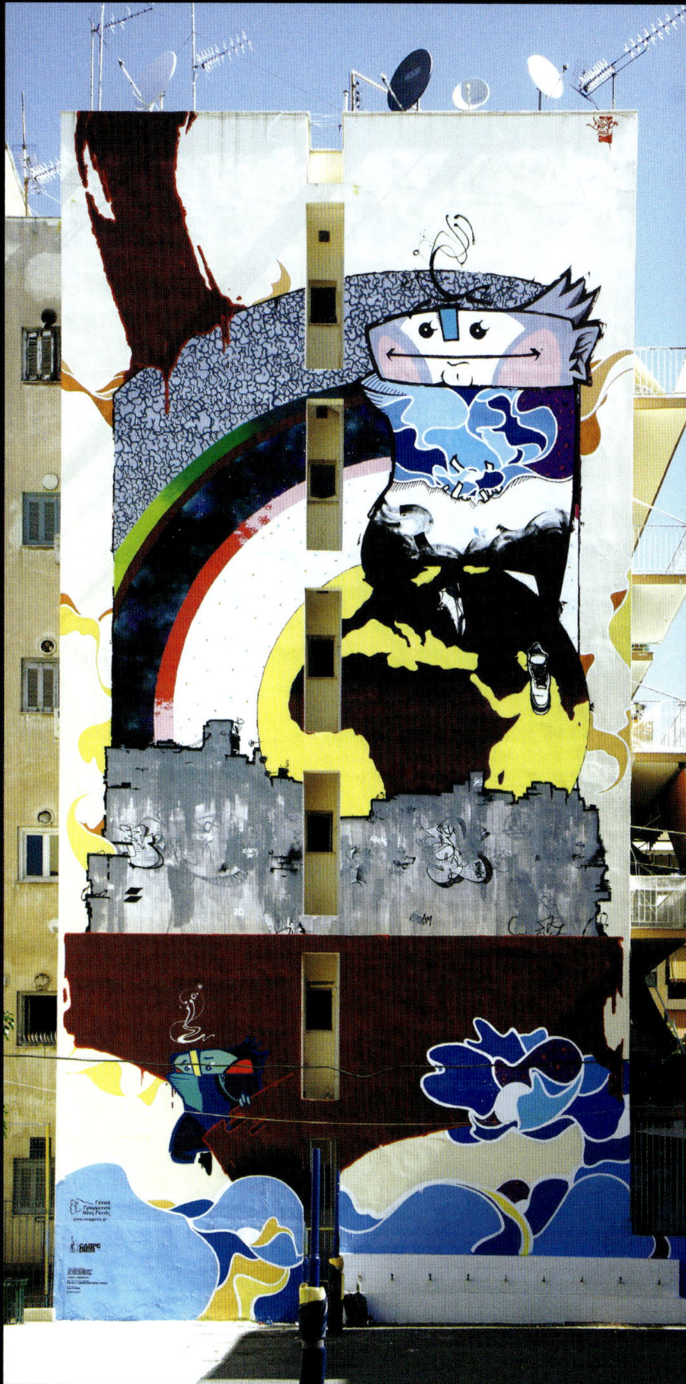

A mediados de la década de 2000 se creó otra *crew* excepcional: GPO (*véanse* páginas 292-295). Sus miembros, cansados del refinamiento estético y técnico de los estilos de grafiti, se centraron en dibujos de aire naíf, espontáneo y estilo descuidado que aparecieron en vallas publicitarias vacías en 2010. Por otra parte, Blaqk (*véanse* páginas 290-291), dúo de diseñadores formado por Greg Papagrigoriou y Simek, comenzó a retomar la antigua tradición de la tipografía y la caligrafía y la combinó con formas geométricas.

En 2011, durante la XV Bienal de Jóvenes Creadores de Europa y del Mediterráneo, Kyriakos Iosifidis (de Carpe Diem) organizó otro gran proyecto de arte mural urbano llamado FaceArt en Salónica, la segunda ciudad más grande de Grecia. El resultado fueron ocho murales de, además de varios artistas griegos, Blu, Faith47 y Dal East (*véanse* páginas 336-337). Carpe Diem participó, además, en el programa ateniense «School Mural Painting» (*véase* imagen 4).

La crisis financiera mundial ha proporcionado un terreno fértil para que un nuevo arte urbano brote en la esfera pública. La gente se ha visto expuesta a un rico lenguaje visual y a unas imágenes sobre las que se siente más proclive a reflexionar. Bleeps (*véase* imagen 1), por ejemplo, crea un espacio de acción común entre las personas al estimular al espectador a plantearse cuestiones relativas a la crisis financiera, la pobreza urbana, la exclusión política, el desempleo y los deficientes servicios sanitarios. Sin embargo, no aporta soluciones a estos problemas y, sobre todo, no aborda el discurso político en términos morales.

Al recorrer hoy las calles de Atenas, es inevitable fijarse en la abundancia de imágenes: los *tags* se entremezclan con carteles anarquistas, mientras que las plantillas cubren un cartel a medio rasgar que anuncia una huelga. Es sobre todo a través del arte urbano cuando se tiene la sensación de que la Atenas contemporánea es una ciudad que sufre, lucha y clama por su redención. **EP**

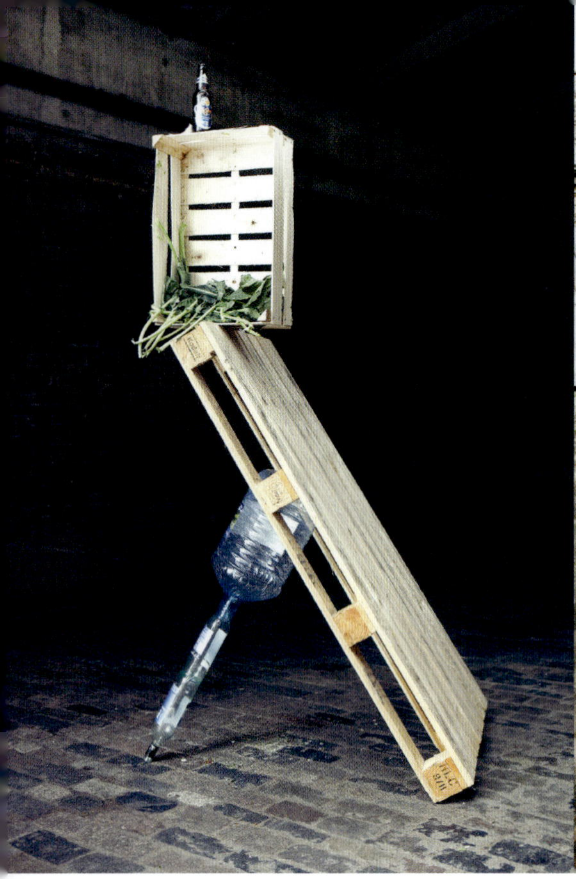

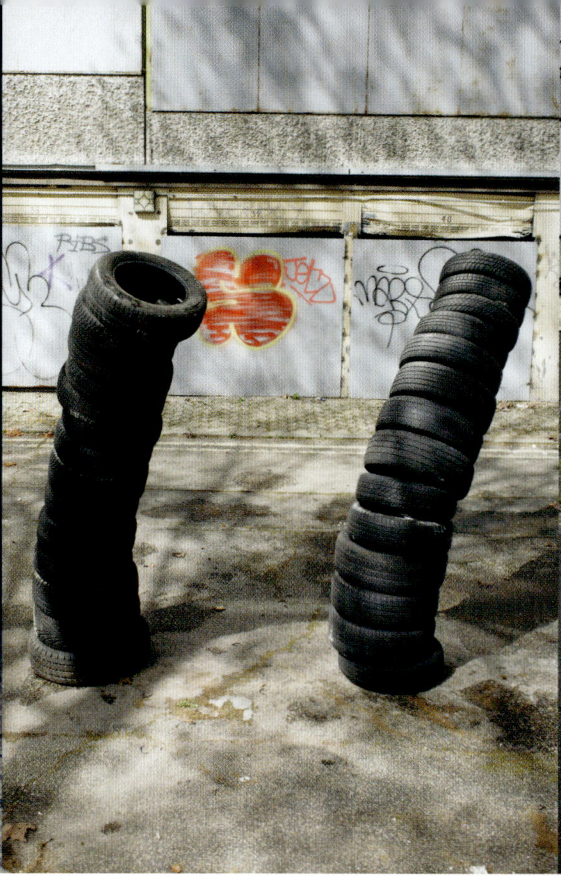

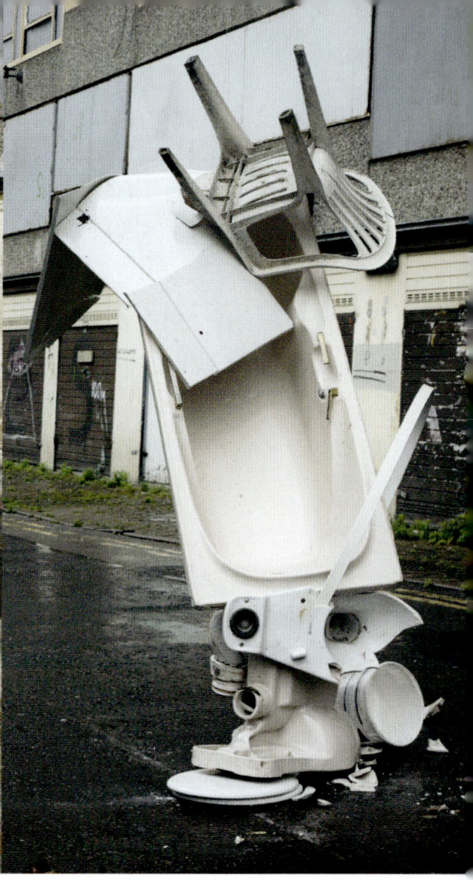

ATENAS

NACIMIENTO 1980, Atenas, Grecia **TÉCNICAS / MATERIALES** Objetos encontrados, pintura en aerosol, papel, lentejuelas, lienzo **ESTILO** *Collage*, muralismo, escultura **TEMAS** Seudoanuncios, incertidumbre, ambigüedad, yuxtaposición

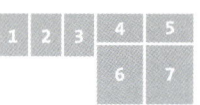

1 *Tiger*, Londres, Reino Unido, 2012 2 *Tires*, Londres, Reino Unido, 2012 3 *White*, Londres, Reino Unido, 2012 4 *Brilliant!*, Tel Aviv, Israel, 2012 5 *Perfect*, Berlín, Alemania, 2010 6 *Maria, todavía te quiero*, Atenas, Grecia, 2009 7 Shenzhen, China, 2011

ALEXANDROS VASMOULAKIS

La inquietante belleza y el escalofriante exotismo de la obra de Alexandros Vasmoulakis la sitúan en la frontera entre la familiaridad y la peculiaridad. Aunque ha trabajado tanto en murales a gran escala (junto a Paris Koutsikos; *véanse* imágenes 4-6) como en desconcertantes esculturas urbanas, a menudo temporales (con Christina Theisen; *véanse* imágenes 2 y 3, y Stacey Hatfield; *véase* imagen 1), así como en pintura figurativa y producciones de estudio, Vasmoulakis puede considerarse un autor de *collages* de corazón. Todas sus obras dejan ver un amor de ensamblador por el contraste y la correlación, un afecto por las metamorfosis que surgen a través de combinaciones excéntricas de colores, objetos y formas.

Vasmoulakis atrajo por primera vez la atención del público con los murales conocidos como *The Pseudo-Advertising Series* (*véanse* imágenes 4-7).

Mezclando técnicas convencionales de pintura con papel pegado, lentejuelas y pedrería, así como las omnipresentes pinturas en aerosol, se sirvió de muchas de las prácticas tradicionales de la ilustración y la publicidad, elementos que había dominado durante años trabajando como ilustrador y muralista para empresas publicitarias atenienses. Sus imágenes suelen tener composiciones inquietantes: los rostros, en particular, son un elemento de lo más perturbador en sus piezas. Con sus expresiones no reprimidas y casi histéricas, revelan una sensación de desquiciamiento que con frecuencia parece acechar tras las imágenes de las campañas de *marketing* contemporáneas. Tras «arrancar páginas de revistas, recopilar fragmentos de otros rostros, la mayoría de anuncios glamurosos», como explicó en 2009, remodeló estos fragmentos y los combinó con sus propios dibujos. Abraza la ambigüedad y la duda en las imágenes resultantes, ya que las acercan, en su opinión, «un paso más a la poesía». Aunque difieren bastante en cuanto la estética, las instalaciones de Vasmoulakis, que forman una parte importante de su obra, guardan una estrecha relación con su práctica mural. Al reunir objetos encontrados, introducir un aire de incertidumbre y yuxtaponer elementos «feos» y «bellos», el artista sigue buscando lo extraño en lo ordinario y cotidiano, convirtiendo lo bajo en alto y creando un espectáculo extraño pero siempre encantador.

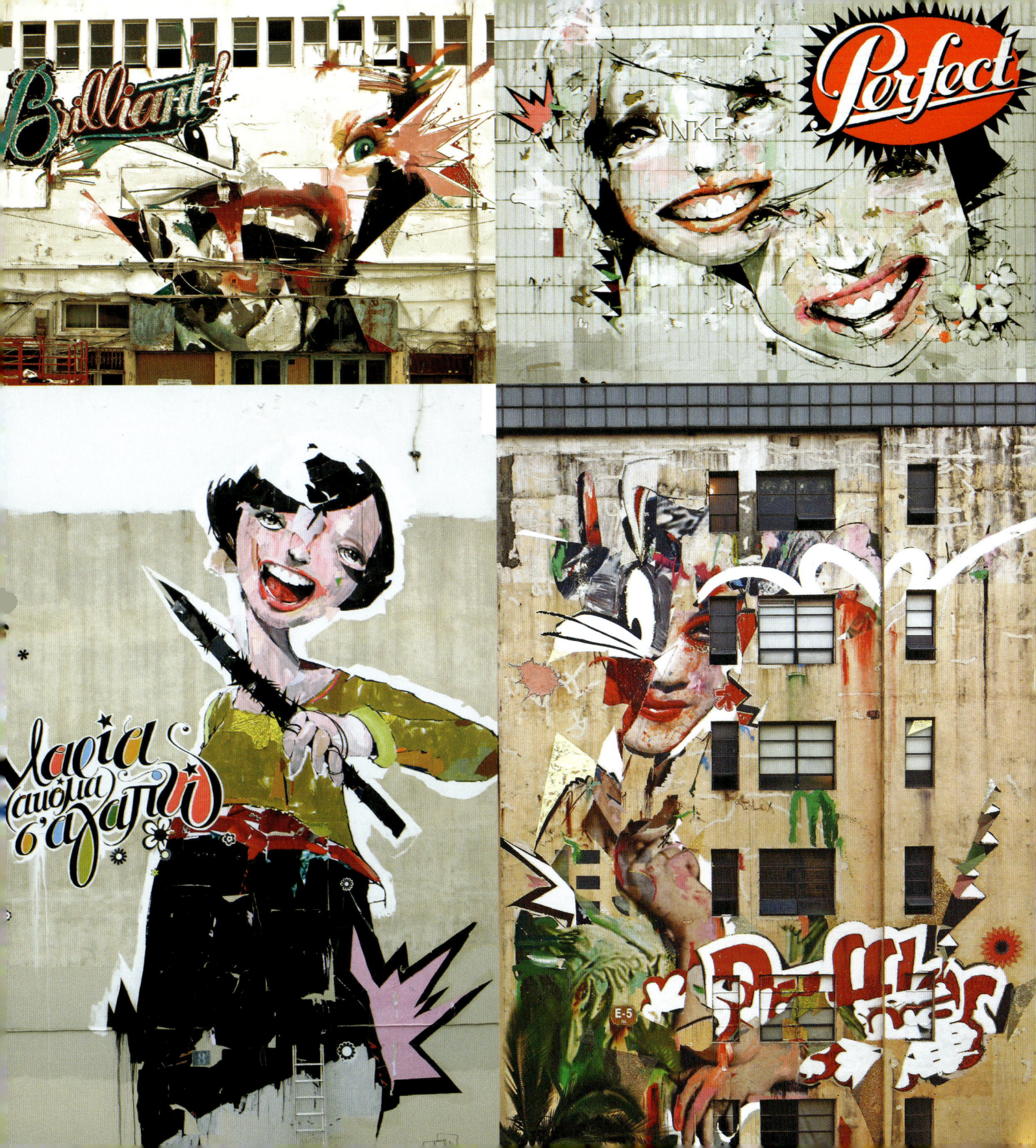

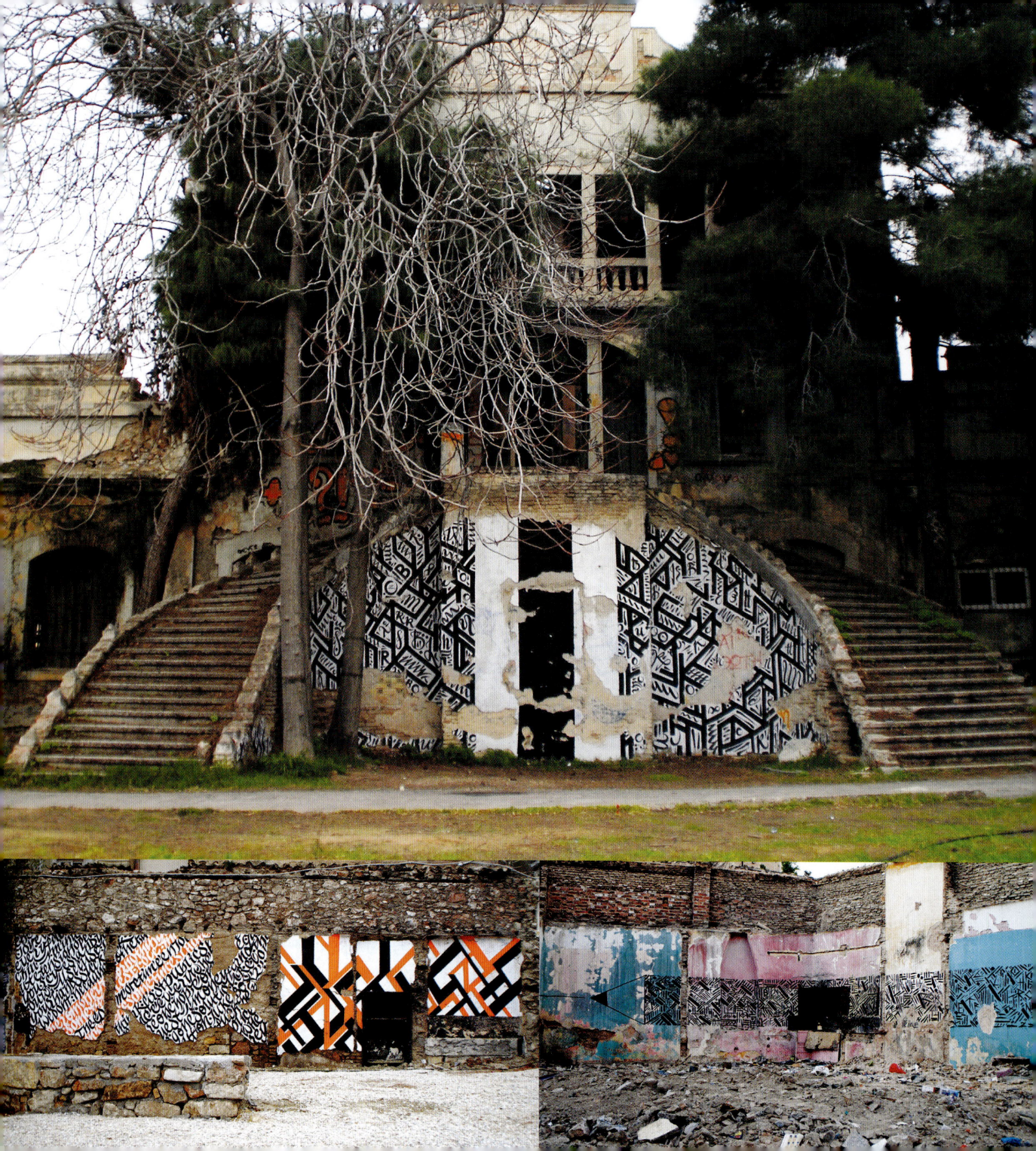

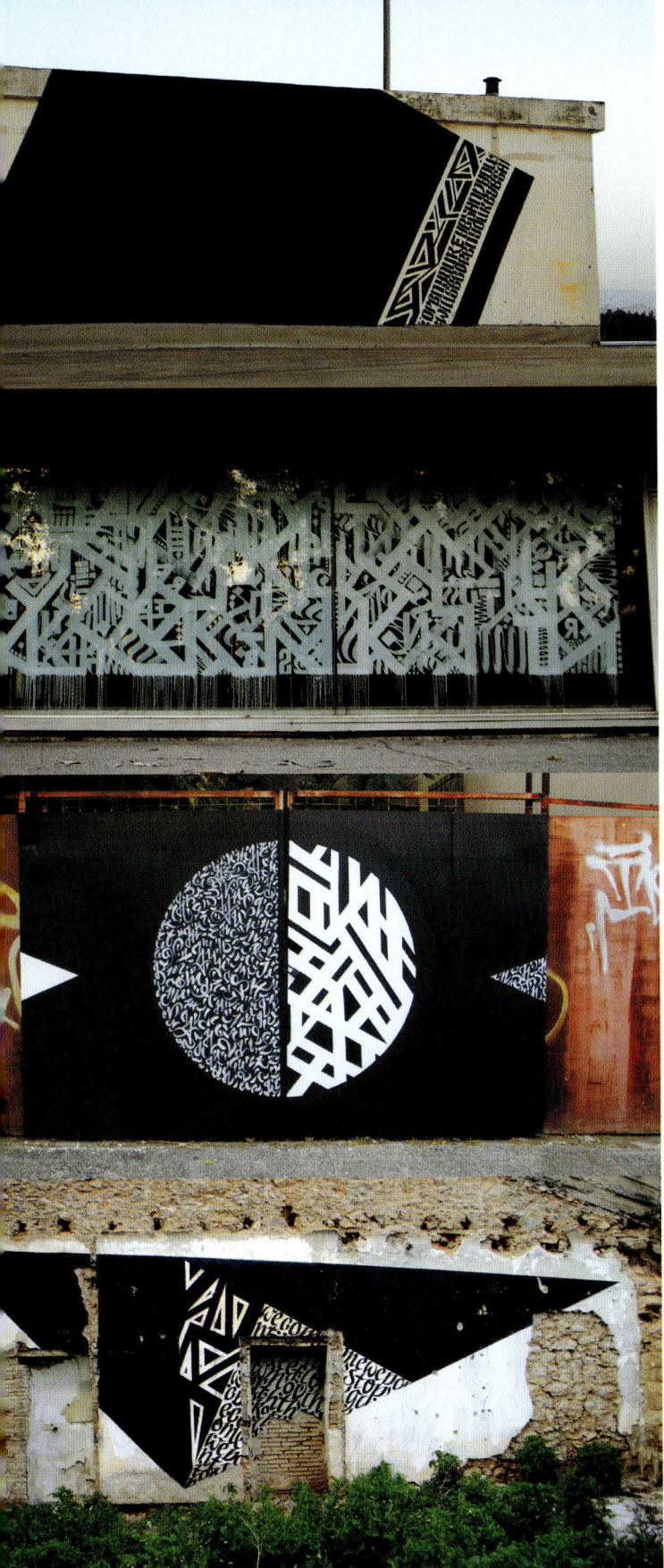

ATENAS

NACIMIENTO 1986, Atenas, Grecia (Papagrigoriou); 1985, Calcídica, Grecia (Tzaferos) TÉCNICAS / MATERIALES Pintura ESTILO Tipografía geométrica abstracta TEMAS Tipografía, geometría INFLUENCIAS Caligrafía clásica

BLAQK

Formado en 2011 y compuesto por los artistas Greg Papagrigoriou y Simek (Chris Tzaferos), Blaqk es un dúo afincado en Atenas que ha amalgamado tipografía, caligrafía, abstracción y muralismo en una estética cohesionada y con un marcado componente urbano. Con un estilo que se antoja moderno a la vez que tradicional y que se integra con éxito en las grietas y fisuras de la ciudad donde se materializa, Blaqk hace del lugar de su práctica (el entorno decadente de Atenas) el constituyente primordial de su obra. El dúo usa la ciudad no como un lienzo en blanco, sino como una superficie estratificada que pueden moldear y remodelar, y cuyas múltiples texturas y sutilezas incorporan para crear una estética que se entrelaza a la perfección con el hábitat en el que se da.

Estudioso de la tipografía y el diseño gráfico, Papagrigoriou empezó a servirse de la ciudad como soporte artístico hace poco, mientras que Simek lleva experimentando en las calles desde principios de la década de 2000. Intrigado tanto por los rincones abandonados de la ciudad que conoció gracias al grafiti como por la «adrenalina que se genera al hacer algo rápido e ilegal», Simek se deleitó con la libertad de movimientos que le permitía esta obra pública ilícita y con el potencial de las grandes superficies sobre las que podía trabajar. Tras mudarse de su Calcídica natal a Atenas (donde Papagrigoriou nació y creció) en 2004, ambos empezaron a pintar juntos en torno a 2010, año en el que se limitaron a colaborar sin intentar vincular sus estilos específicos. Fue al año siguiente, en 2011, cuando entrelazaron sus enfoques por completo. Esta fusión de técnicas llevó el trabajo de Blaqk a un nuevo nivel: la formación caligráfica de Papagrigoriou y la experiencia grafitera de Simek le confirió a la obra un toque auténtico y una fluidez ornamental y tipográfica.

El dúo, que considera su trabajo como una forma pública de psicoterapia (una práctica que mantiene a Blaqk «activo en estos días extraños»), utiliza sus obras, muy contextuales y *site-specific*, para intentar establecer una «auténtica conexión» con la gente que les rodea. Al asimilarse a su entorno en lugar de limitarse a revestirlo, han desarrollado una estética ornamental en el sentido más estricto del término, un estilo ancestral a la vez que vanguardista que se inscribe en una tradición de escritura parietal presente en la cultura visual ateniense desde hace más de dos milenios.

		4
	1	5
		6
2	3	7

1 Atenas, Grecia, 2012
2 Atenas, Grecia, 2011
3 *Momentum*, Atenas, Grecia, 2012
4-7 Atenas, Grecia, 2012

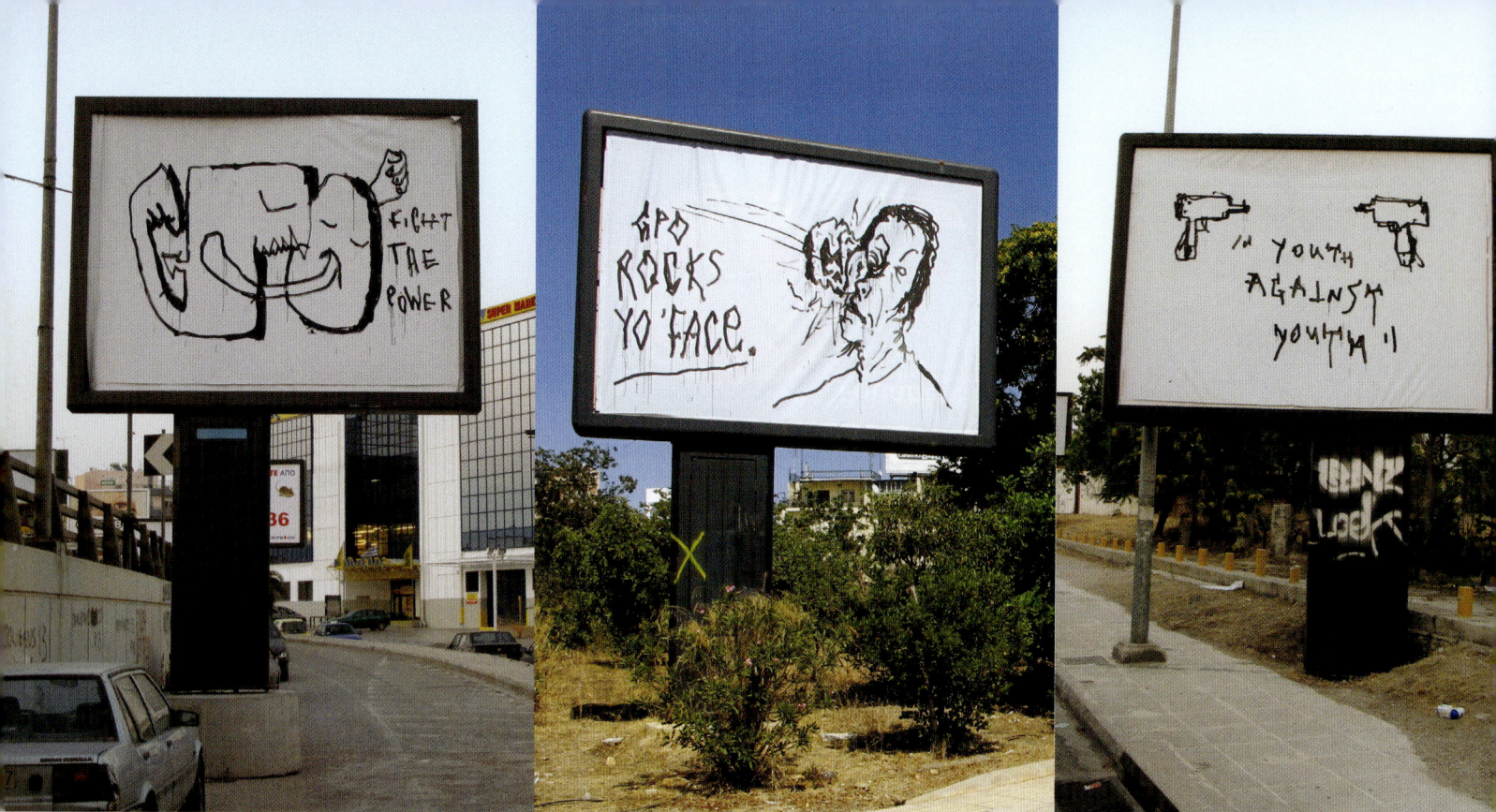

ATENAS

NACIMIENTO Varios **TÉCNICAS / MATERIALES** Varios **ESTILO** Grafiti naíf,
toy graffiti, modificación de vallas publicitarias **TEMAS** Soluciones, improvisación,
espontaneidad **INFLUENCIAS** Grafiti neoyorquino de principios de la década
de 1980 (Blade)

GPO

GPO no es ni un artista ni un colectivo, sino un movimiento abierto a todo
aquel que desee unirse. Resulta refrescante que, en lugar de complacer a la
competitividad tan extendida en la cultura del grafiti (la constante pugna por
ver quién es más listo, quién es más rápido, quién tiene más contactos), GPO
se centre en el grupo, en la cohesión y la solidez. Representa la formación
de un «organismo que vive sin cuestionar, que vive sin personalidades
múltiples», un organismo que intenta comunicarse de nuevas formas tanto
en la ciudad como fuera de ella.

Con unos entre diez y veinte miembros (Hard, Taxis, Tales, New,
Palms, Ironwolf, Stupid Greg, Ners y Ejay son algunos de los principales
colaboradores), GPO se compone de ilustradores, artistas del tatuaje,
diseñadores gráficos y estudiantes: una plétora de individuos de diferentes
edades y contextos. Su rasgo definitorio, sin embargo, es que la obra emana
del grupo en su totalidad, que surge sin límites establecidos por individuos.
De este modo, GPO pretende hacer «un escritor de muchos, un artista de

muchos», con lo que evita lo personal y promueve la colectividad, así como el
apoyo mutuo de sus miembros a través de un estrecho vínculo de amistad.
Como atenienses que viven tiempos socioeconómicos de una extrema
dureza, pretenden dar ejemplo a su entorno en lugar de centrarse en sí
mismos como individuos o en sus propias carreras. Así, no se ocupan
de teorías abstractas, sino de acciones concretas, soluciones, modelos
y resultados.

El factor común que vertebra GPO en cuanto a metodología formal
es la espontaneidad, el deseo de inmediatez y el vínculo directo con
el mundo que les rodea. Además, esta forma impulsiva y desinhibida
de trabajar no solo funciona con relación a su entorno material,
sino también en cuanto a la forma en que operan juntos: «Nos gusta
improvisar y jugar con la ciudad, pero también reaccionar entre nosotros.
Alguien empieza algo, otro lo cambia y el siguiente lo retoma. Todo
gira en torno a la comunicación, el instinto, ese momento solo». Para
su proyecto en vallas publicitarias *GPO IS THE LAW*, cada lugar se pintó
in situ. Hubo ocasiones en las que los emplazamientos guardaban relación
con la zona circundante, pero la mayoría de las veces se utilizaban sin
más como espacio disponible para la libre expresión.

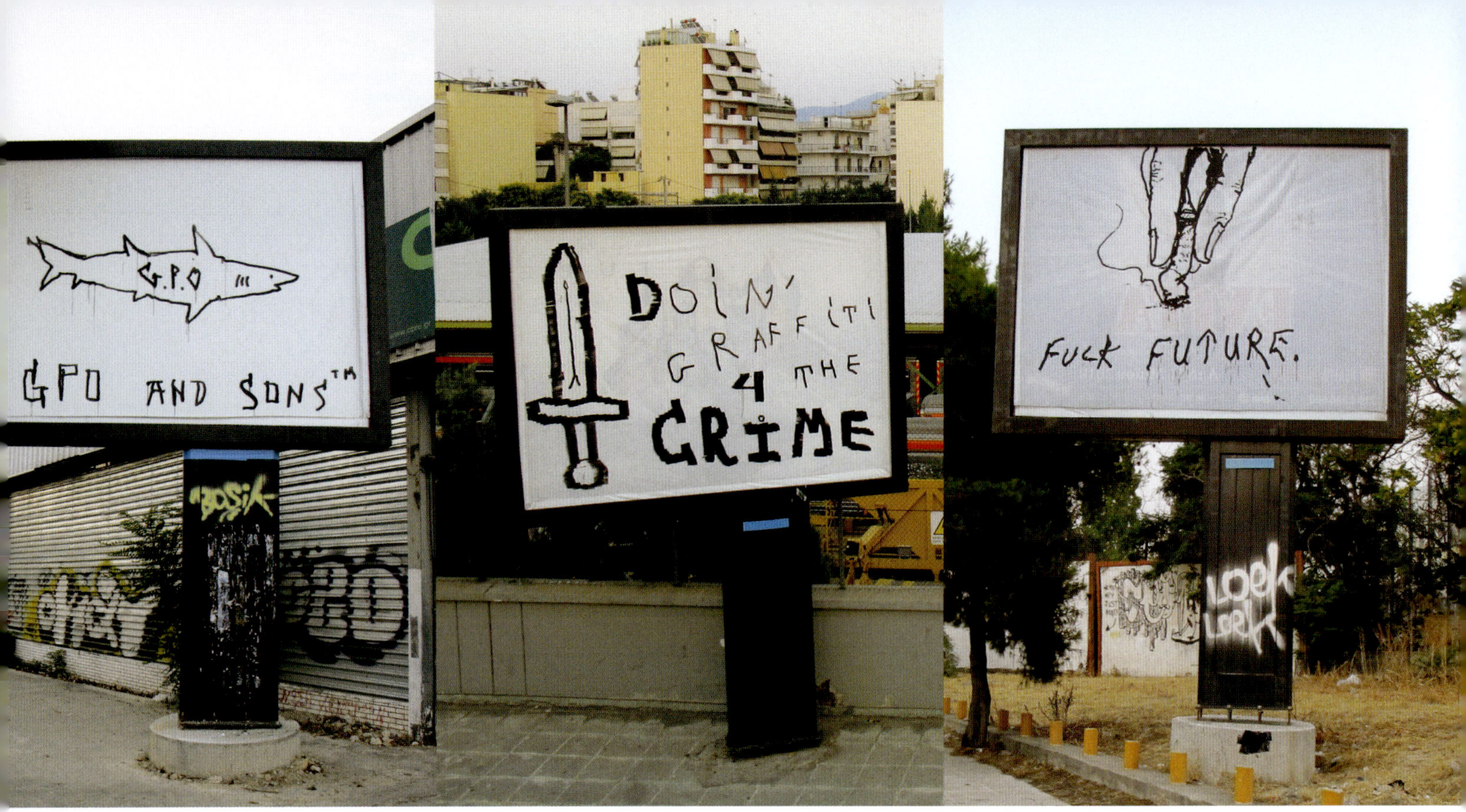

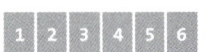

1-6 Atenas, Grecia, 2010

En este sentido, *GPO IS THE LAW* está en las antípodas de la obra producida por OX, devoto de las vallas publicitarias que nunca produce las obras en el propio lugar, aunque siempre trabaja con el entorno que hay alrededor (*véanse* páginas 156-159). Lo cierto es que GPO ha tenido suerte con estos emplazamientos. Curiosamente, las vallas se habían instalado de forma ilegal, y aunque un tribunal dictaminó que debían retirarse los anuncios que contenían, estas permanecieron. GPO se sirvió del entorno al aprovechar estos «lienzos» en blanco por toda Atenas al tiempo que improvisaba sobre las propias vallas, sin planificar nunca, limitándose a trabajar sobre la marcha.

Este proyecto puso de manifiesto el amor común de GPO por lo el llamado *toy graffiti*, un afecto que no se debe a, como suele pensarse, la ingenuidad de esta práctica, sino a su creatividad inherente. La estética *toy* (término peyorativo que, huelga decirlo, los escritores de grafiti aplican al trabajo primitivo y poco sofisticado y que a menudo se garabatea sobre piezas en teoría de calidad inferior) contiene la suciedad, el desorden y la «dejadez» que GPO cree que todo grafiti debería tener. Más que bien compuesta y agradable a la vista, se trata de una estética que consideran que debe ser «rica en dibujo, pero no en color ni en "habilidades"», elementos superfluos que, según ellos, solo sirven para disciplinar la creatividad y extirparle la vitalidad». GPO intenta fusionar el estilo neoyorquino de principios de la década de 1980 (Blade es uno de los practicantes que suelen mencionar sus miembros) con el de un joven adolescente que acaba de empezar a hacer grafiti, un neófito en proceso de aprendizaje y, por tanto, abierto a la improvisación y la experimentación. Operan en un punto de encuentro entre la genialidad y la ingenuidad, entre la brillantez y la inocencia. «Nunca han sido las habilidades lo que determina que alguien sea un *toy* o un *King*: es la creatividad», sostienen.

A GPO también le apasiona la autoedición (fanzines, libros y la impresión independiente en general). Esto, además de encajar con el apetito de espontaneidad (de un impreso que pueda diseñarse, imprimirse y distribuirse en cuestión de días), les permite compartir sus pensamientos en un soporte menos efímero, aunque con la misma estética tosca e irreprimiblemente juguetona de sus grafitis. El aspecto político de la obra de GPO no surge de ningún cliché ni de ninguna postura inequívoca, sino de su defensa del amateurismo: es el espíritu del artista que trabaja por amor, no por lucro, sino por el puro placer del acto. El objetivo de GPO es devolverle al grafiti su condición original de *art brut*, en forma de creatividad más improvisada que innovadora.

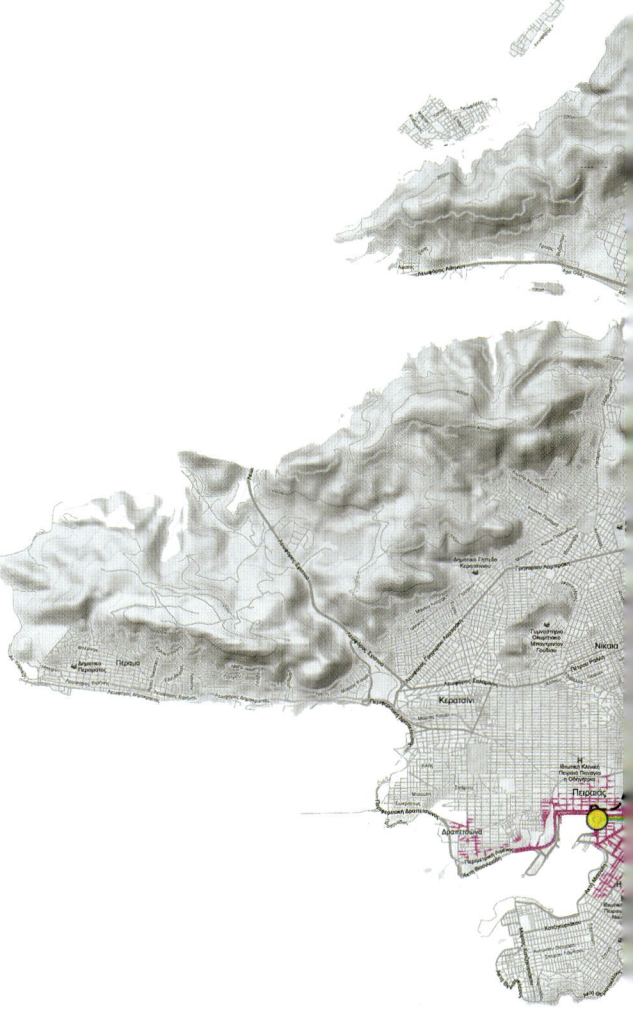

ATENAS Y GPO

El mapa de Atenas de GPO es, tal vez, el más preciso desde el punto de vista mecánico y científico de todos los que figuran en este libro. Forma parte de una serie de mapas que ilustran las acciones de las *crews* grafiteras más importantes de Atenas entre 2000 y 2012 (entre ellas 420, OFK, LIFO, TBD, GELO, SCAR y la propia GPO). Estos mapas se produjeron para investigar las pautas de movimiento y expansión dentro del paisaje urbano de cada grupo. Este, al explorar los gestos físicos a gran escala, describe las diversas tendencias y desarrollos de cada colectivo y transforma las acciones en la ciudad en una topografía técnica.

Los datos de cada mapa se recopilaron mediante diversos métodos, entre ellos una serie de «escaneos» a pie por el centro de Atenas, con las experiencias cotidianas de personas que viven, trabajan y estudian en la ciudad y mediante extensas entrevistas con las *crews* implicadas. Realizados por un miembro de GPO que por aquel entonces estudiaba arquitectura en la Universidad Politécnica Nacional de Atenas, los mapas examinan a fondo la relación que se está estableciendo entre los escritores de grafiti y el espacio urbano. Exploran la forma en la que las acciones materiales de los profesionales influyen en su propia visión de la ciudad y cómo esta influye en la orientación espacial de los creadores. Así pues, los mapas no solo revelan los cambios realizados en el propio espacio público, sino también los cambios que se producen dentro de cada colectivo y en el cuerpo de cada artista.

Los colores del mapa indican lugares o acciones específicos: los círculos azules indican las ubicaciones de grafitis legales y los «salones de la fama», las líneas magenta muestran los recorridos predilectos de los escritores para hacer *bombings* a pie, los círculos malva representan los barrios de los escritores, los puntos amarillos representan las estaciones de tren y las entradas de metro de cada *crew* y las líneas negras señalan tanto las rutas de metro como las de ferrocarril.

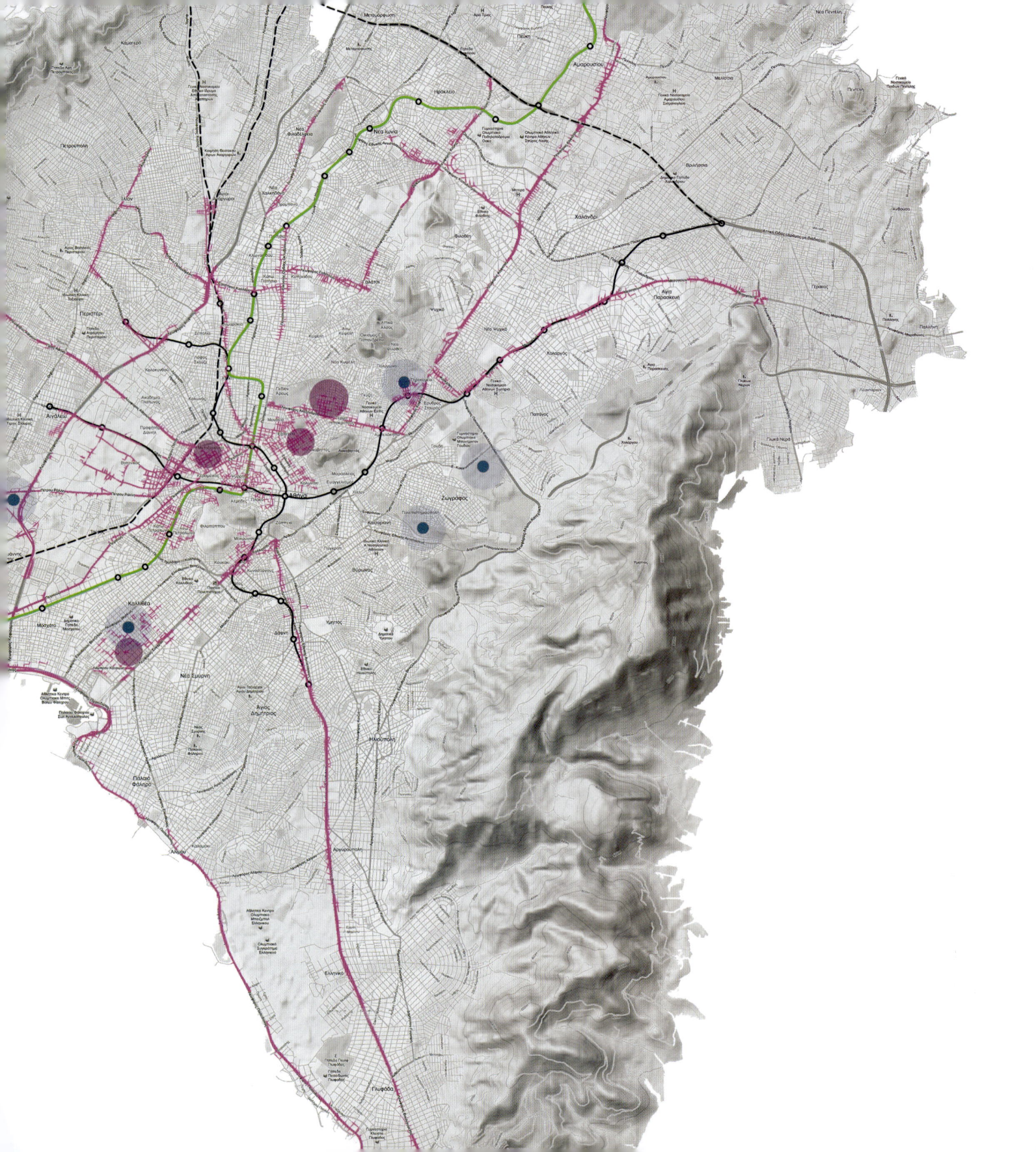

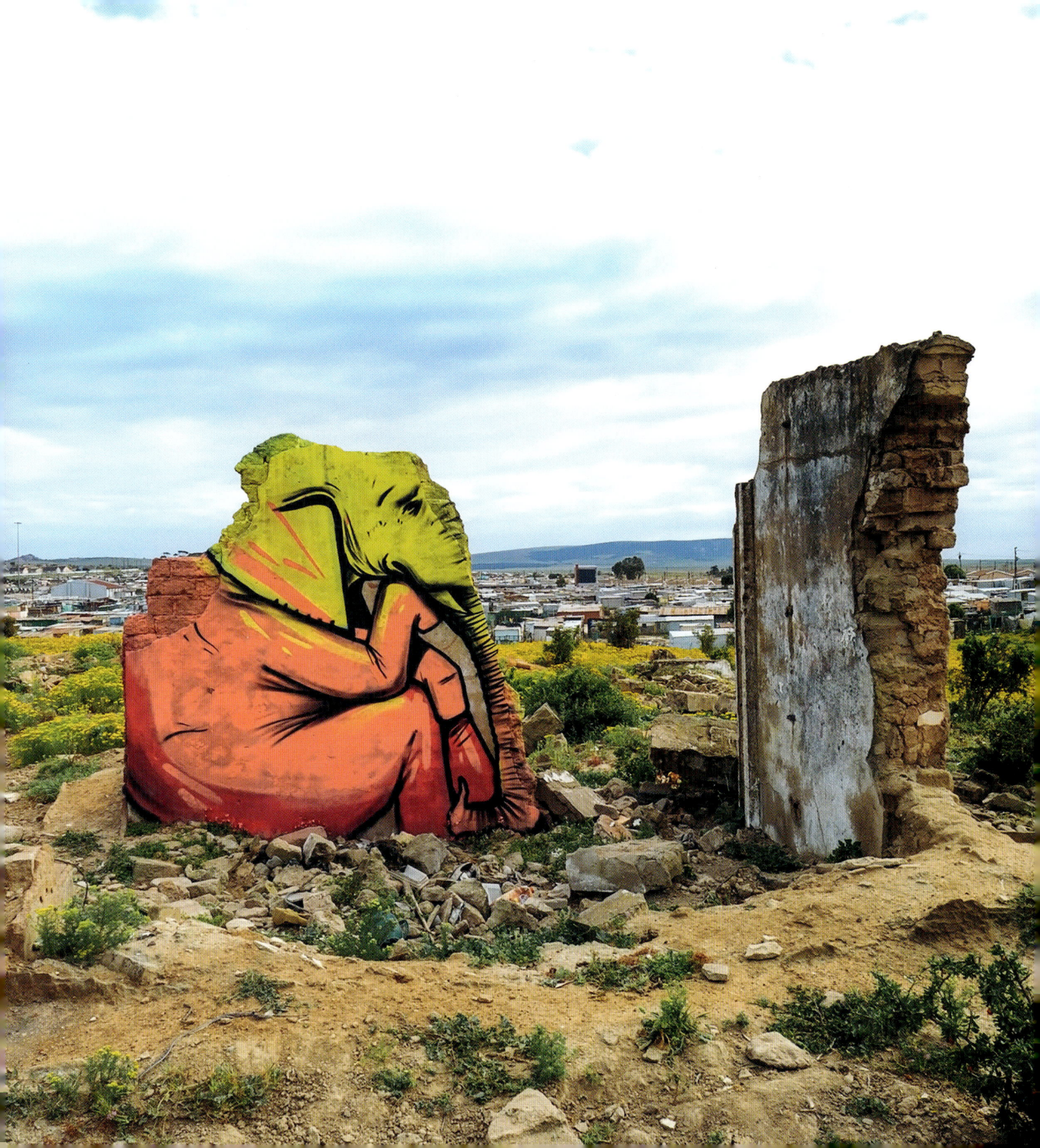

ÁFRICA

TÚNEZ DAKAR CIUDAD DEL CABO

RBS CREW FALKO FANTASTIC EL SEED NARDSTAR BANKSLAVE ST4 FAITH47 DANE STOPS

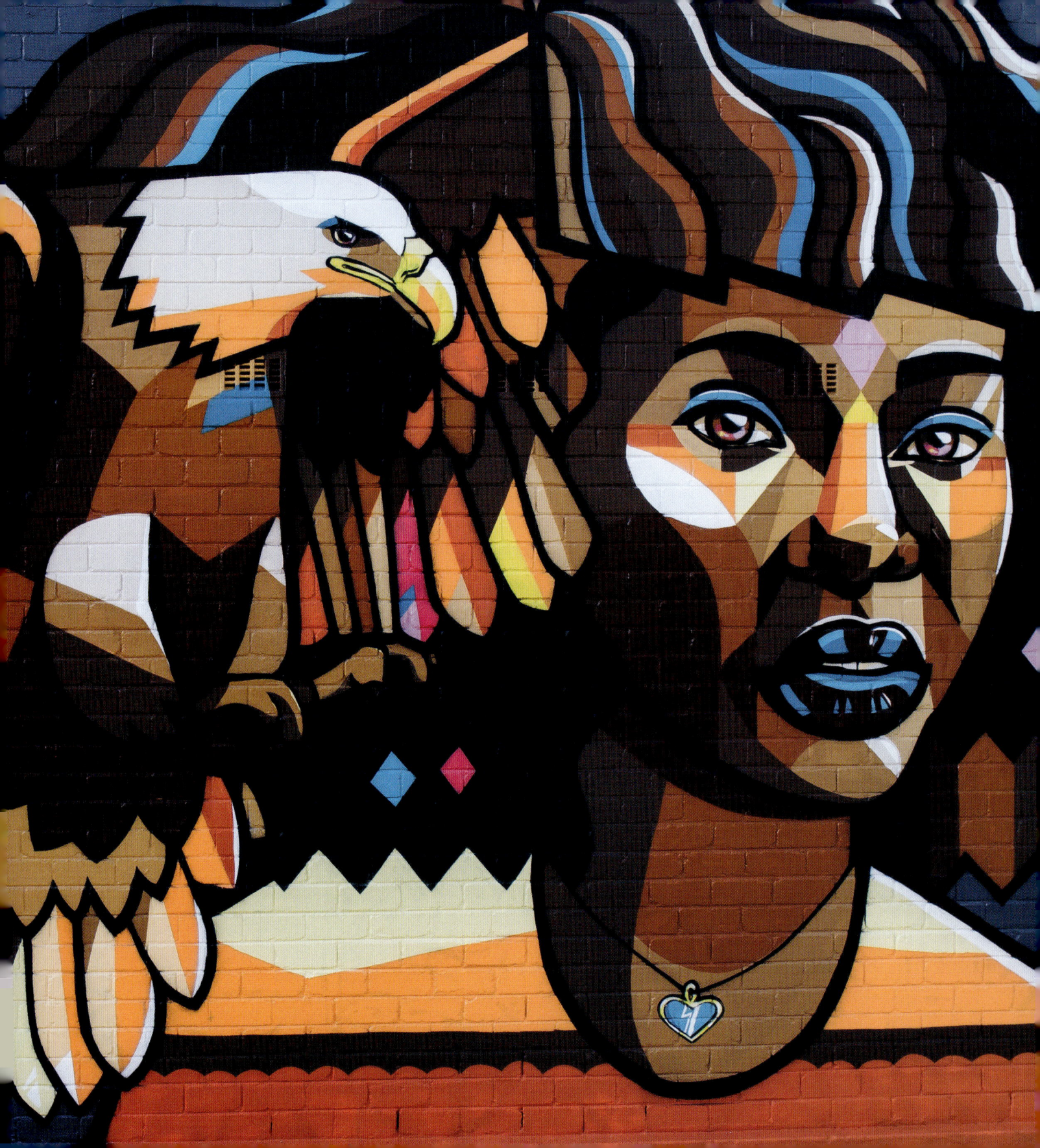

África como continente puede considerarse una agrupación de países con diversas historias, culturas y lenguas, pero también guarda una fuerte interconexión con flujos de personas e ideas. La escritura de grafiti tiene una larga historia en África a causa de su relación con el *hip-hop*, que comenzó en la década de 1980, se amplificó con internet durante la década de 2000 y se mezcló más adelante con la llegada y el auge mundial del *street art*. La pintura mural como modo de comunicación pública se ha convertido en una característica recurrente del *street art* africano, a veces con el apoyo de gobiernos u ONG. Los murales ejercen un considerable impacto visual, sobre todo en ciudades con espacios públicos activos, varias lenguas y, en algunas zonas, bajos índices de alfabetización y educación formal. En estos contextos, los murales pueden desempeñar una importante función cívica en la creación de vínculos comunitarios y en la educación: así, son habituales los retratos que exaltan a líderes políticos, músicos y héroes deportivos negros. El arte público independiente también responde a los distintos entornos urbanos, ya sea en la arquitectura de los bloques de apartamentos de Casablanca, en las polvorientas vías de Dakar o los pasos subterráneos de las autopistas de Sudáfrica, que se convirtieron en lienzos para las obras de Faith47 (*véanse* páginas 314-317).

En África, los festivales y las *paint jams* desempeñan un papel importante en el desarrollo y fortalecimiento de la cultura grafitera, sobre todo en las ciudades donde las escenas son pequeñas. Los festivales dan la oportunidad de intercambiar ideas y técnicas, así como de realizar proyectos de mayor envergadura. Muchos artistas africanos trabajan entre economías formales e informales en las que el grafiti y la pintura mural guardan una estrecha relación con el diseño gráfico y la ilustración, las actuaciones en directo y la promoción de eventos, la danza y la moda. En toda África puede verse el impacto de los flujos entre ciudades, la acogida de artistas internacionales y los vínculos con la diáspora africana de ciudades como Filadelfia y París.

Aunque los grafitis llevan décadas presentes en todo el Norte de África, los grandes murales de *street art* se han popularizado de un tiempo a esta parte en las ciudades de la costa mediterránea, desde Casablanca, Marruecos, hasta El Cairo, Egipto, sobre todo en los años posteriores a las protestas y revueltas de la década de 2010. En Túnez (*véanse* páginas 300-301), por ejemplo, la revolución de 2010 provocó una avalancha de creatividad que incluyó el *street art* y el teatro callejero y que dio lugar a muchas obras nuevas y a un cambio en la forma de utilizar el espacio público.

Algunos de los artistas más conocidos de cuantos trabajan en Túnez utilizan formas de «caligrafiti», que es una fusión de letras árabes y grafiti. El dúo conocido como ST4 (*véanse* páginas 306-307) crea pinturas abstractas de bellos tonos basadas en fragmentos de formas de letras árabes. El artista eL Seed (*véanse* páginas 302-303) ha trabajado por todo el Norte de África: ha pintado en el desierto tunecino y en el centro de El Cairo y ha producido una obra monumental que abarca decenas de edificios y en la que combina la escritura árabe con el estilo grafitero. Bajando la costa de Túnez se encuentra la isla de Yerba, escenario de un ambicioso proyecto de *street art* en el que participan más de 150 artistas (*véanse* páginas 300-301).

En África Occidental, una alianza de escritores de grafiti se ha unido para formar la RBS Crew (*véanse* páginas 310-311), testimonio de la importancia y el poder de los colectivos en el *street art* africano. Basados sobre todo en Senegal, pero con miembros en toda África y más allá, la RBS Crew se dedica a la pintura urbana, pero también diseña ropa y organiza talleres. RBS está formado tanto por artistas experimentados de la primera generación de escritores de grafiti de Dakar (*véanse* páginas 308-309) como por nuevos talentos. Sus obras, además de estar por el compromiso político, también tienen conciencia social. Esta *crew* ha realizado importantes obras por encargo de universidades y centros regionales con las que han ensalzado a figuras intelectuales y anticoloniales africanas.

La vibrante vida callejera es una característica de muchas ciudades africanas. Al este, en Nairobi, Kenia, las calles albergan además una bulliciosa red de monovolúmenes decorados con brillantes colores que recorren las rutas informales de autobús. Las obras de artistas locales adornan los laterales de estos vehículos y sirven de referencia en las complejas redes de transporte de la ciudad. En este contexto, el artista keniano Bankslave (*véanse* páginas 326-327) se ha hecho famoso por sus retratos de figuras africanas y por convertir la pintura en espectáculos en directo en mercados y eventos. Las obras de Bankslave, elaboradas con soltura y pictóricas, están concebidas para dirigirse directamente a la comunidad.

En toda Sudáfrica, desde Ciudad del Cabo (*véanse* páginas 312-313) hasta Durban, el grafiti y el *street art* han florecido en la era posterior al *apartheid*. Para artistas como Nardstar (*véanse* páginas 320-323), Dane Stops (*véanse* páginas 324-325) y Falko Fantastic (*véanse* páginas 318-319), la pintura de grafitis fue una influencia temprana en su infancia, y aunque la cultura grafitera y el reto de plasmar letras originales sigue inspirando, cada uno ha desarrollado un estilo más amplio. Para Nardstar, las formas irregulares que antes se utilizaban para rellenar las letras se han convertido en el material con el que ejecutar pinturas a gran escala en las que las facetas del color se convierten en los contornos de los rostros, tanto humanos como animales. Falko Fantastic, que ha adoptado también el léxico de diseño de animales, pinta cientos de animales autóctonos, sobre todo elefantes estridentes, que parecen responder al entorno inmediato. Si bien Dane Stops sigue pintando grafitis, también ha desarrollado en la calle un lenguaje visual inspirado en el diseño y en el que se combinan elementos gráficos y códigos animales. Faith47 empezó a pintar justo después del fin del *apartheid* y su obra está muy centrada en la paz, la justicia y la actual lucha por los derechos humanos en Sudáfrica.

Hay artistas de algunas ciudades africanas que señalan el precio y el suministro limitado de materiales como una limitación de su producción y una oportunidad para la improvisación. Mientras que algunos artistas han conseguido realizar proyectos a gran escala, como Nardstar y eL Seed, otros, como Bankslave y Falko Fantastic, han aprovechado al máximo lo que tienen a mano para dar forma a una práctica artística que no depende de grandes paredes limpias ni de una paleta estable. Con su fuerte orientación política y el frecuente peso de su papel cívico, el arte público independiente en África se ha convertido en un elemento vibrante y vital del ámbito mundial. **LM**

1	2

3	4

| 5 | |

1 Tinho, Djerbahood, 2014 2 Djerbahood, 2022 3 ST4, 2021 4 Mural de grafiti dibujado sobre los carteles de los partidos y candidatos tunecinos que participan en las elecciones legislativas de 2019 5 *Love Letters*, eL Seed, 2020

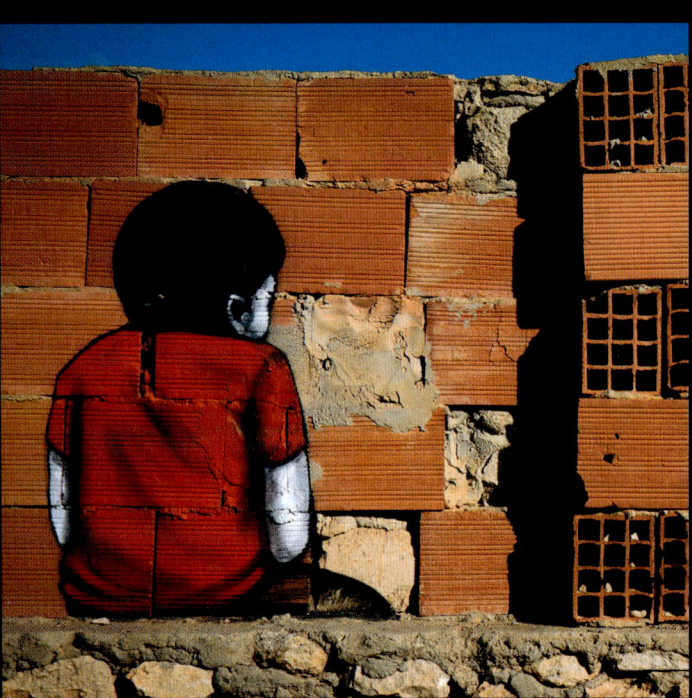

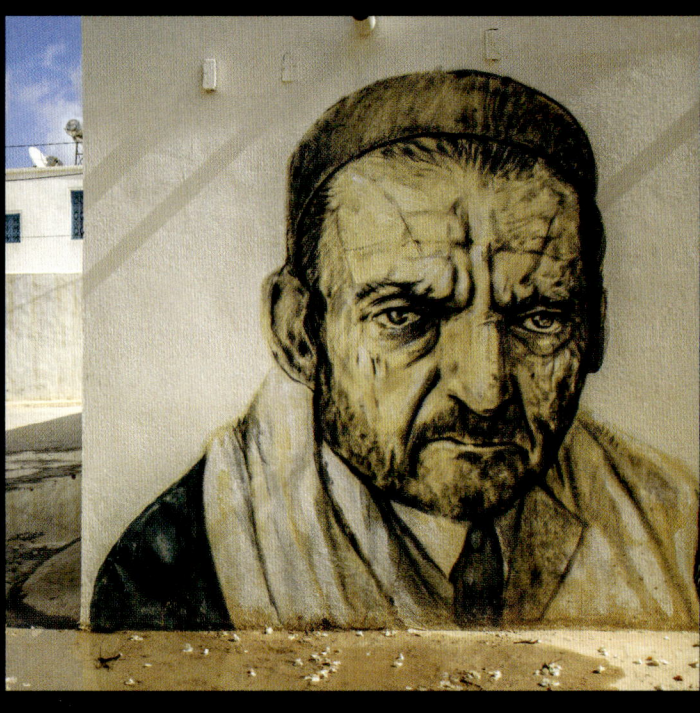

TÚNEZ

Apenas sí hubo grafitis en Túnez durante las tres décadas de gobierno unipartidista del presidente Ben Alí. Los pocos eslóganes que había expresaban sobre todo la afiliación a equipos deportivos, aunque, con el tiempo, los cánticos deportivos se convirtieron también en un vehículo para expresar el descontento político. Los espacios públicos estaban muy controlados por la policía y los servicios secretos. Sin embargo, tras la caída del gobierno durante la revolución tunecina de 2010, se produjo una explosión de actividades creativas en público, incluidos grafitis y *street art* en forma de estarcidos, murales y *tags*, junto con espectáculos de danza, música y teatro.

Tanto en la forma como en el fondo, el *street art* desempeñó un papel clave en la recuperación del espacio público tras décadas de represión. Se utilizaron estarcidos y murales para conmemorar a Mohamed Bouazizi, el vendedor ambulante que se prendió fuego a sí mismo en un acto que

desencadenó protestas generalizadas en Túnez contra la pobreza, el desempleo y la represión política, protestas que se extendieron a Libia, Egipto, Yemen, Siria y Bahréin. Los estarcidos daban voz a las reivindicaciones políticas, a lo que hay que sumar que se pintaban retratos de civiles muertos en las protestas. Tras la revolución, los artistas del grafiti atacaron las villas de la esposa del expresidente Ben Ali. Muchos críticos han señalado las similitudes entre el arte posrevolucionario tunecino y las tradiciones del *street art* iberoamericano (en ambas formas hay motivos globales adaptados al contexto local). Sin embargo, la libertad de expresión sigue estando amenazada en los años posteriores a la revolución por cuestiones religiosas y políticas, y el *street art* sigue formando parte de los debates públicos (*véase* imagen 4).

Aparte de la producción inmediata de estarcidos y murales, en los años posteriores a la revolución surgieron varias formas locales. El fotógrafo local Mourad Ben Cheikh Ahmed documentó la aparición de breves grafitis políticos compuestos en dialecto tunecino dirigidos a los viajeros que circulan rápidamente cerca de las estaciones de tren y que, por su contundencia y brevedad, se han comparado con tuits. El grafiti salió de la clandestinidad, y escritores como Jaye siguieron pintando *throw-ups* callejeras al tiempo que desarrollaban una práctica con letras metálicas esculpidas y plantillas fotográficas pintadas sobre azulejos.

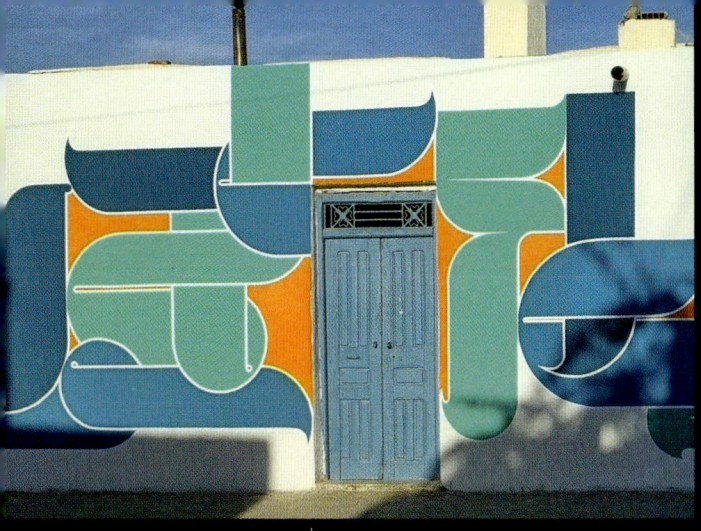

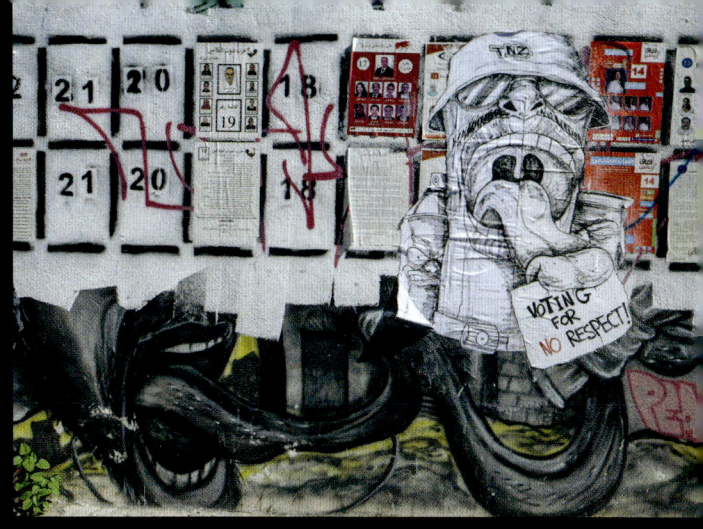

En Túnez se ha desarrollado además el «caligrafiti», un híbrido de grafiti y caligrafía árabe que tiene en el artista franco-tunecino eL Seed (*véanse* páginas 302-303) a uno de los principales exponentes (*véase* imagen 5). Tras la revolución, eL Seed pintó una gran obra caligráfica en el minarete de la mezquita de Jara, en su Gabes natal. Es una obra que reproduce un versículo del Corán para incidir en la unidad y la paz. Túnez tiene una larga tradición caligráfica, en parte debido a la prohibición histórica de reproducir la imagen humana, lo cual llevó a que se marginara el arte pictórico en favor de las letras ornamentadas. ST4 (*véanse* páginas 306-307) también han desarrollado en Túnez (*véase* imagen 3) un característico sistema visual abstracto con conexiones con la caligrafía árabe.

El *street art* tunecino adquirió mayor relevancia internacional con el proyecto Djerbahood, celebrado en 2014 en Yerba, la «isla de los sueños», en el sur del país. Unos 150 artistas urbanos, entre ellos Fintan Magee (*véanse* páginas 384-387), Faith47 (*véanse* páginas 314-317) y Swoon (*véanse* páginas 34-37), participaron en una descomunal acción en la que se pintaron las paredes de un pueblo tradicional tunecino. En el proyecto se usaron 4500 botes de aerosol y se hicieron 250 obras. Comisariado por Mehdi Ben Cheikh, el Djerbahood regresó en 2022 con otro enorme acto pictórico y la instalación de 58 mosaicos de azulejos del artista francés Invader. Yerba, en paralelo a George Town, Penang, espera aumentar las visitas turísticas y aspira a que la Unesco la declare Patrimonio de la Humanidad. **LM**

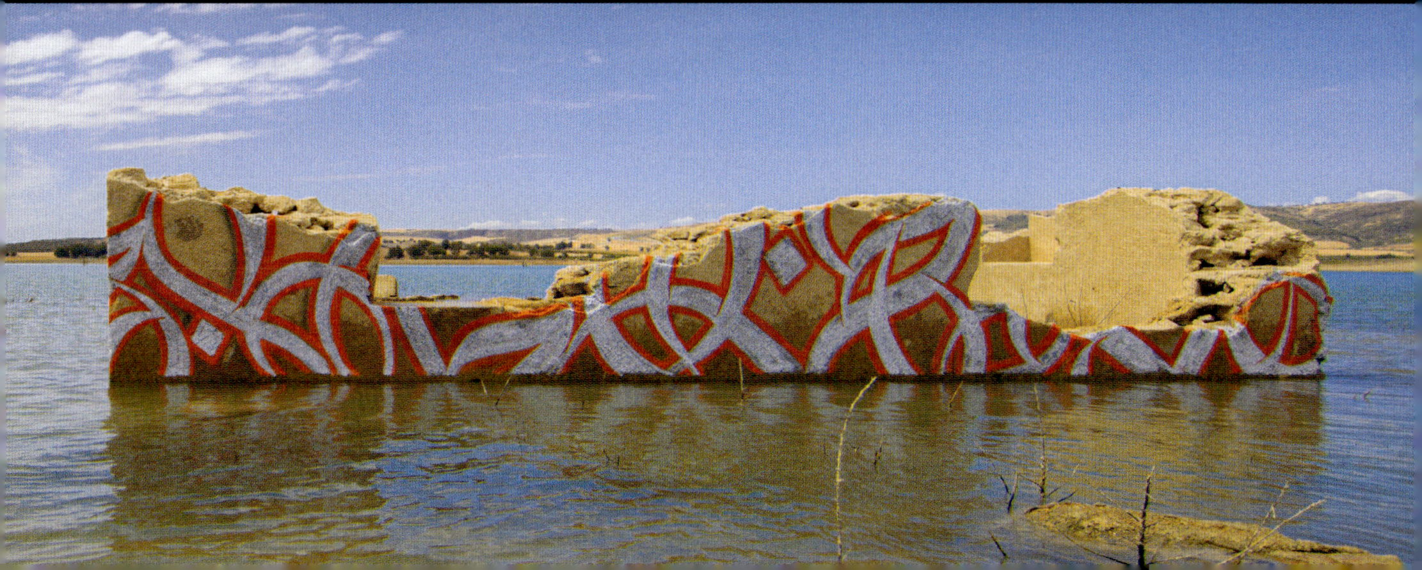

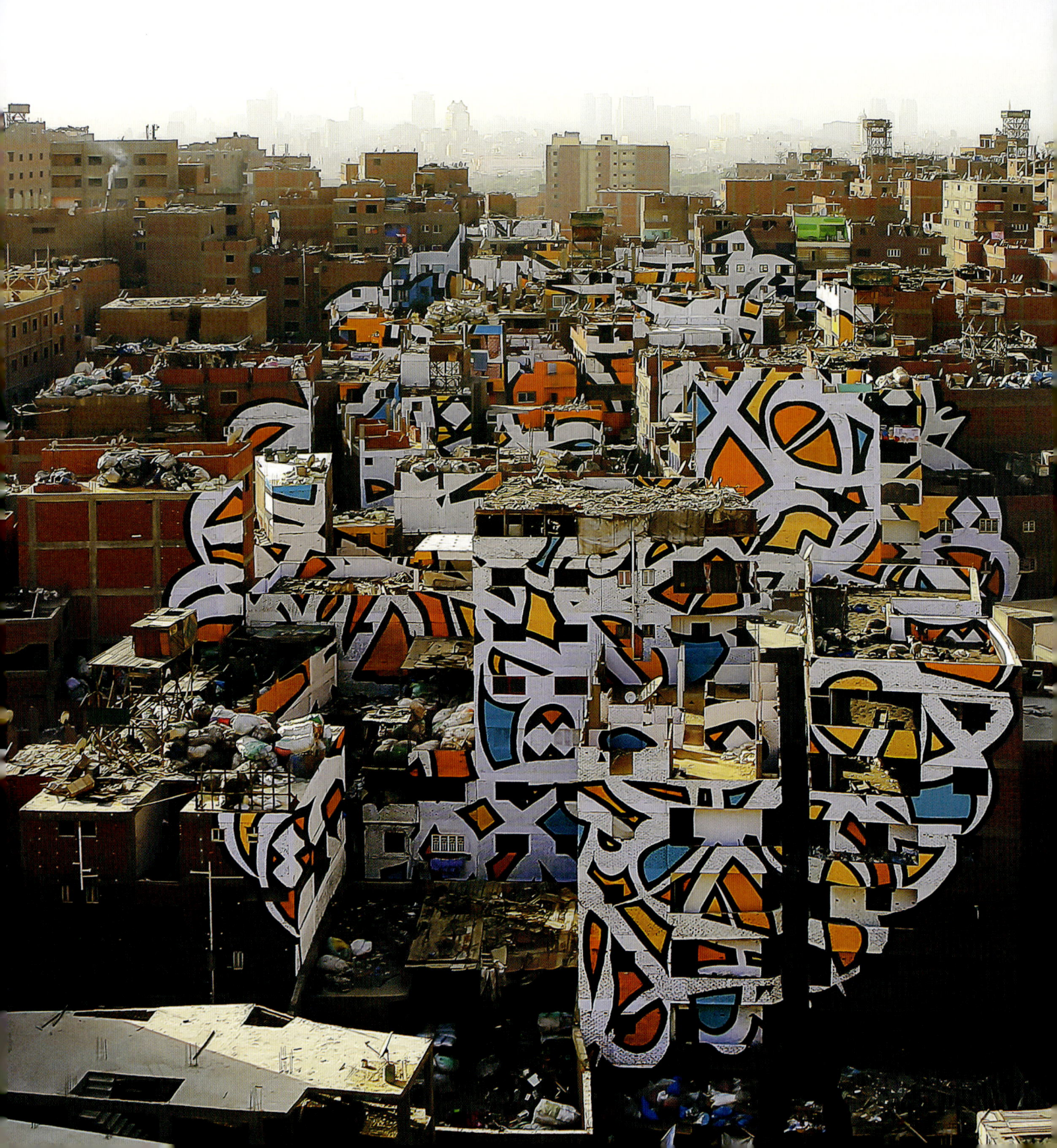

TÚNEZ

NACIMIENTO 1981, Le Chesnay, Francia   TÉCNICAS / MATERIALES Pintura en aerosol, escultura, obras *site-specific*   ESTILO Caligrafiti, caligrafía árabe   TEMAS Humanismo, literatura, comunicación intercultural

EL SEED

El artista franco-tunecino eL Seed trabaja sobre todo con la escritura árabe. Es una figura clave en el desarrollo del llamado «caligrafiti», en el que se fusionan elementos de la letra caligráfica clásica con las formas y técnicas pictóricas de la cultura grafitera. Al pasar la adolescencia en París, eL Seed se vio influido por el grafiti de la ciudad, y, al reencontrarse con sus raíces tunecinas, por el aprendizaje del árabe. La revolución tunecina de 2010 fue un punto de inflexión histórico que liberó energía creativa en todo el país. Tras la revolución, eL Seed realizó en Túnez su primer mural a gran escala, y desde entonces ha creado obras de arte en todo el mundo, incluido el parisino Institut du monde arabe, las favelas de Río de Janeiro y la zona desmilitarizada entre Corea del Norte y Corea del Sur.

Mediante la superposición de frases en árabe, eL Seed crea densos y complejos diseños que evocan al grafiti *wildstyle*. Utiliza además una gran variedad de citas, a menudo de personajes históricos relacionados con el lugar en el que pinta. Su obra busca comprometerse con las comunidades y plasmar los temas universales del respeto y la tolerancia.

Pese a haber evolucionado en el crisol políglota de Nueva York, el grafiti moderno se ha basado casi por completo en el alfabeto romano dominante, que parece codificado en su ADN: el formato horizontal de este alfabeto coincide con el movimiento horizontal de los trenes y de los peatones por las calles. Sin embargo, el grafiti neoyorquino también ha roto con las estrictas normas ortográficas y no ha tardado en generar códigos y abreviaturas. Las letras de los escritores de grafiti también adquieren formas que replican movimientos corporales. En este contexto, pueden apreciarse los numerosos puentes entre la escritura árabe, los movimientos fluidos y repetitivos de la caligrafía y el *tagging*.

La producción de los murales de eL Seed implica el esbozo inicial de las letras, seguido del relleno de los espacios interiores creados por los diseños superpuestos. El estilo de este artista está desprovisto de la ornamentación habitual del grafi, ya que le da protagonismo a las formas de las letras, que por lo general rellena y perfila con un negro intenso, con lo que se

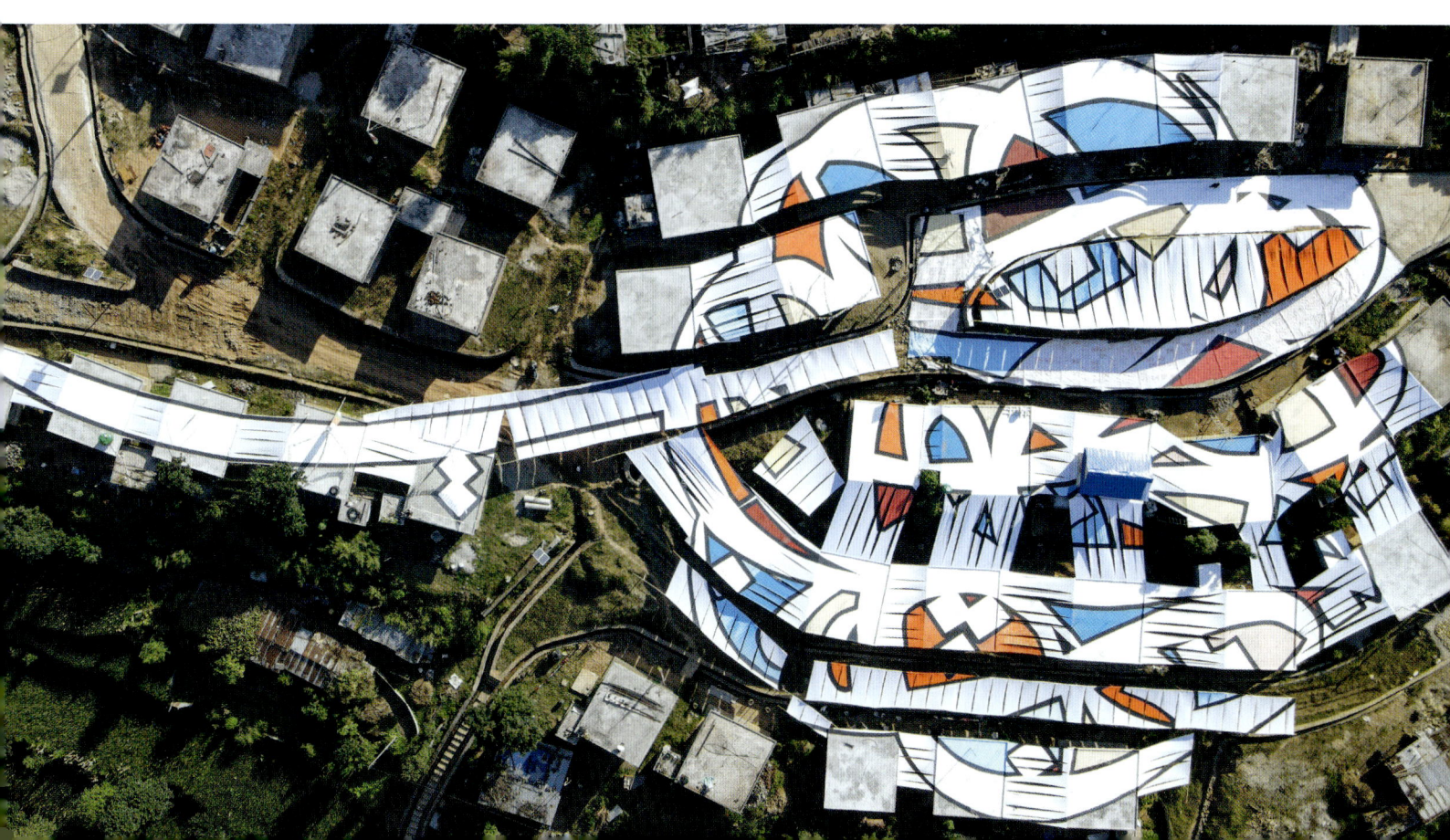

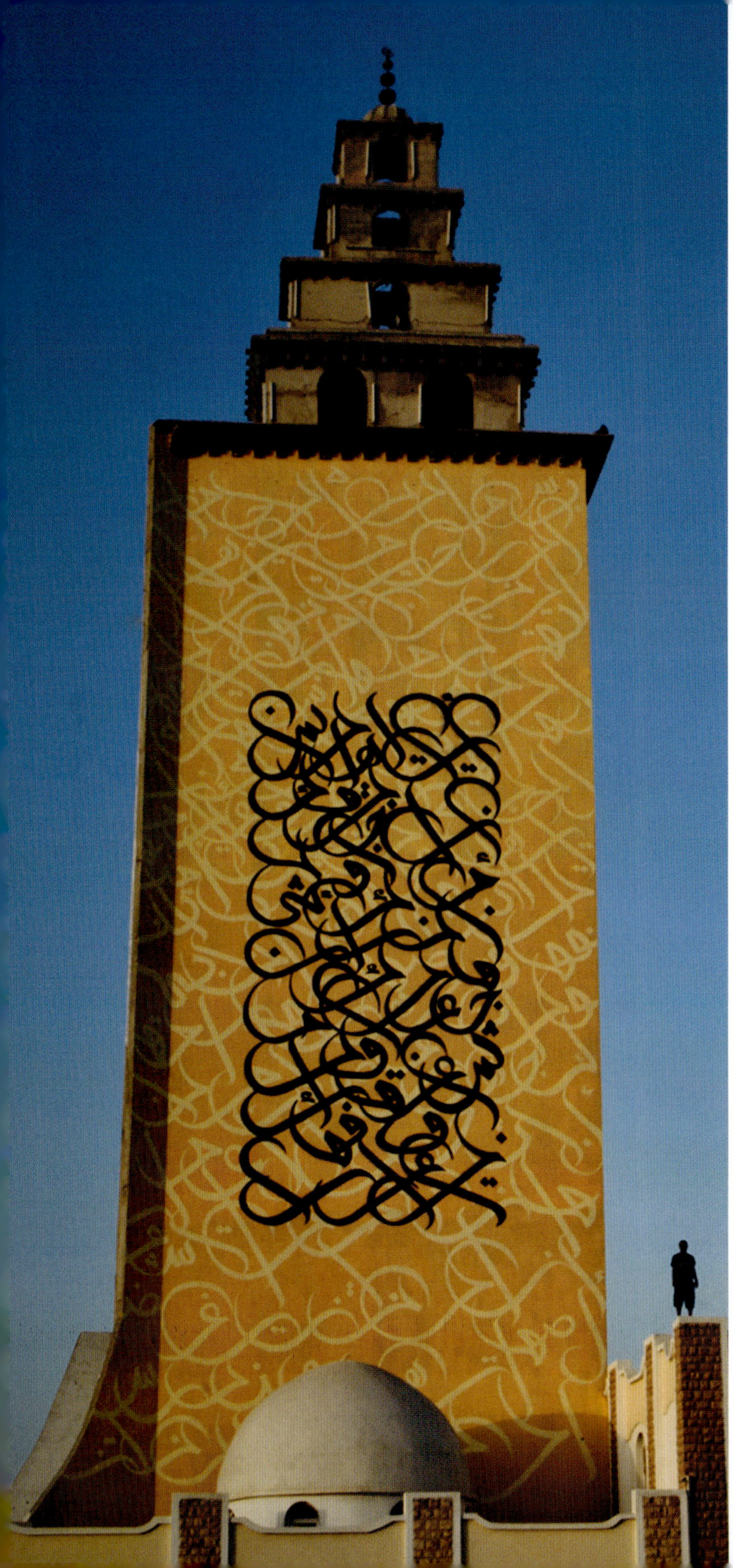

1 *Jara Mosque*, Gabes, Túnez, 2012
2-5 *Lost Walls*, Túnez, 2013

garantiza que las letras sean el elemento principal. Al diseño final se le añade una delicada sombra, apenas visible.

Hace más de una década vi pintar a eL Seed en un callejón de Melbourne. Simpático y relajado, charló con los habitantes de la ciudad a los que habían invitado a colaborar en el gran mural. Incluso quienes carecen de experiencia pueden rellenar las formas interiores con una gama de colores, un sistema flexible que invita a la colaboración. Para la obra, eL Seed había elegido como base una cita del galardonado novelista australiano David Malouf pronunciada en una entrevista que había leído traducida al árabe: «Sabía que el mundo que te rodea solo carece de interés cuando no puedes ver lo que ocurre de veras. El lugar de donde procedes es siempre el más exótico que encontrarás, porque es el único en el que reconoces cuántos secretos y misterios hay en la vida de las personas». Cerca de allí, por casualidad, había otro artista que estaba pintando una pequeña obra de homenaje a su novia japonesa y en caracteres *kanji*. En aquel momento, en las calles de Melbourne, las habituales reglas del mundo del grafiti y sus obsesiones perdieron consistencia.

Este artista ha realizado numerosos encargos importantes en edificios de todo el mundo. El uso de la escritura árabe le ha abierto la puerta a obras en mezquitas (*véase* imagen 1) y centros culturales. También ha realizado importantes exposiciones en museos y encargos, como, por ejemplo, a marcas de moda como Louis Vuitton, para la cual creó pañuelos fucsia y personalizó el emblemático baúl con el logotipo de LV mediante unos remolinos caligráficos dorados. Con todo, eL Seed también ha seguido realizando obras de manera informal, como la que ha hecho en sus viajes a Túnez, donde ha pintado imágenes sobre edificios en ruinas en el desierto (*véanse* imágenes 2-5).

En El Cairo, en 2016, eL Seed completó en el barrio de Manshiyat Naser su mayor obra hasta la fecha al pintar una serie de edificios para conformar una gran obra de arte anamórfica visible desde un punto fijo en el Mokattam, monte que se alza sobre la ciudad (*véase* imagen 1, página 302). Manshiyat Naser, «el barrio cristiano», es un barrio desfavorecido y segregado en el que la comunidad copta de Zaraeeb recoge y clasifica los residuos de El Cairo. El proyecto tuvo una escala y una complejidad inmensas: eL Seed y un equipo de artistas locales y vecinos trabajaron durante muchos meses para pintar casi cincuenta edificios, incluidos los interiores de algunas estructuras ruinosas de varias manzanas. Vista a pie de calle, la obra aparece una serie de fragmentos gigantes, a menudo invisibles. Sin embargo, desde lo alto de la montaña, se une en un círculo perfecto que encierra la caligrafía de eL Seed, legible desde una gran distancia. Además de la complejidad técnica que conllevó la obra, eL Seed describe así el aspecto humano de la colaboración: «La comunidad de Zaraeeb nos acogió a mi equipo y a mí como si fuéramos de la familia. Fue una de las experiencias humanas más increíbles que jamás haya vivido». La obra, titulada *Perception*, es una de las creaciones de *street art* más significativas del milenio. **LM**

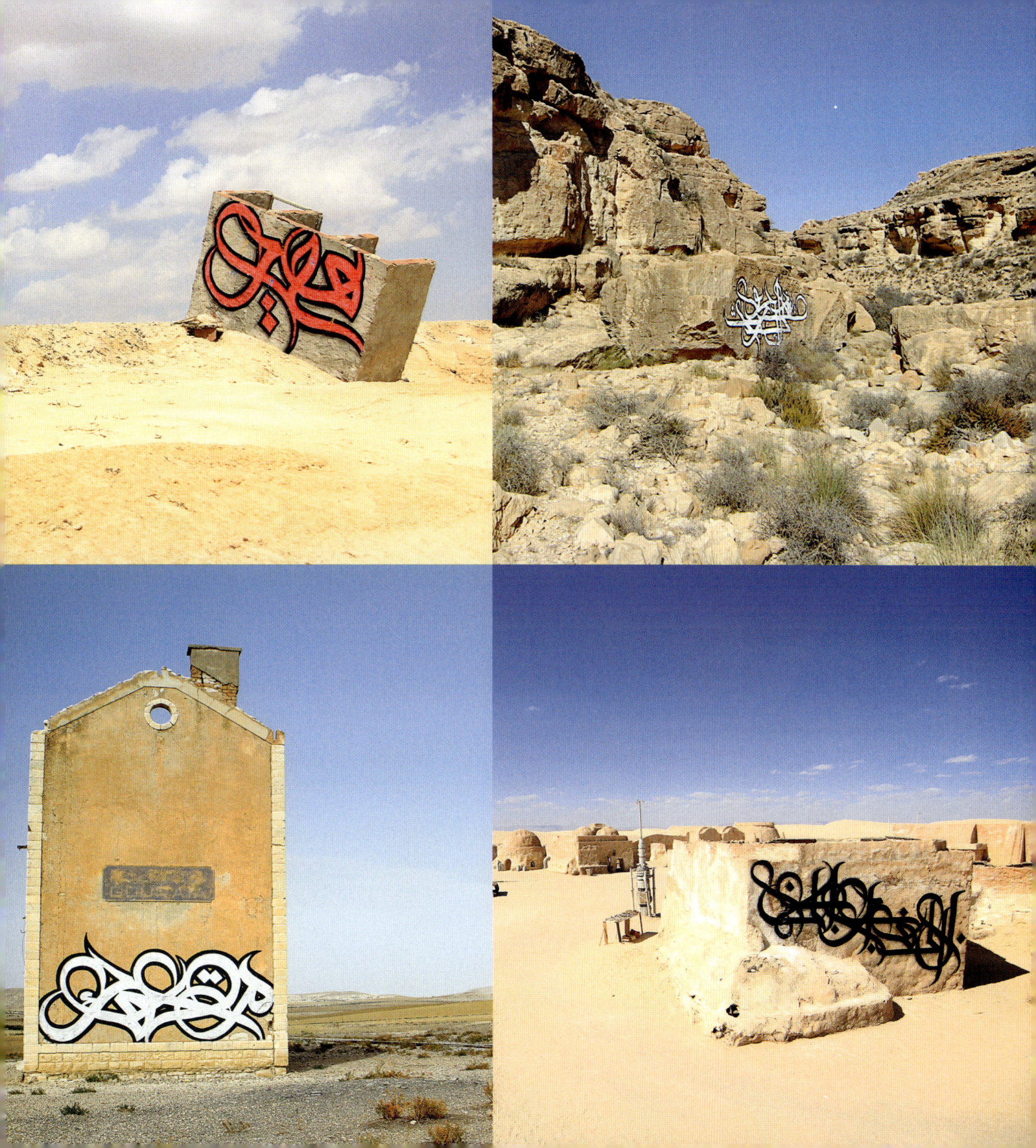

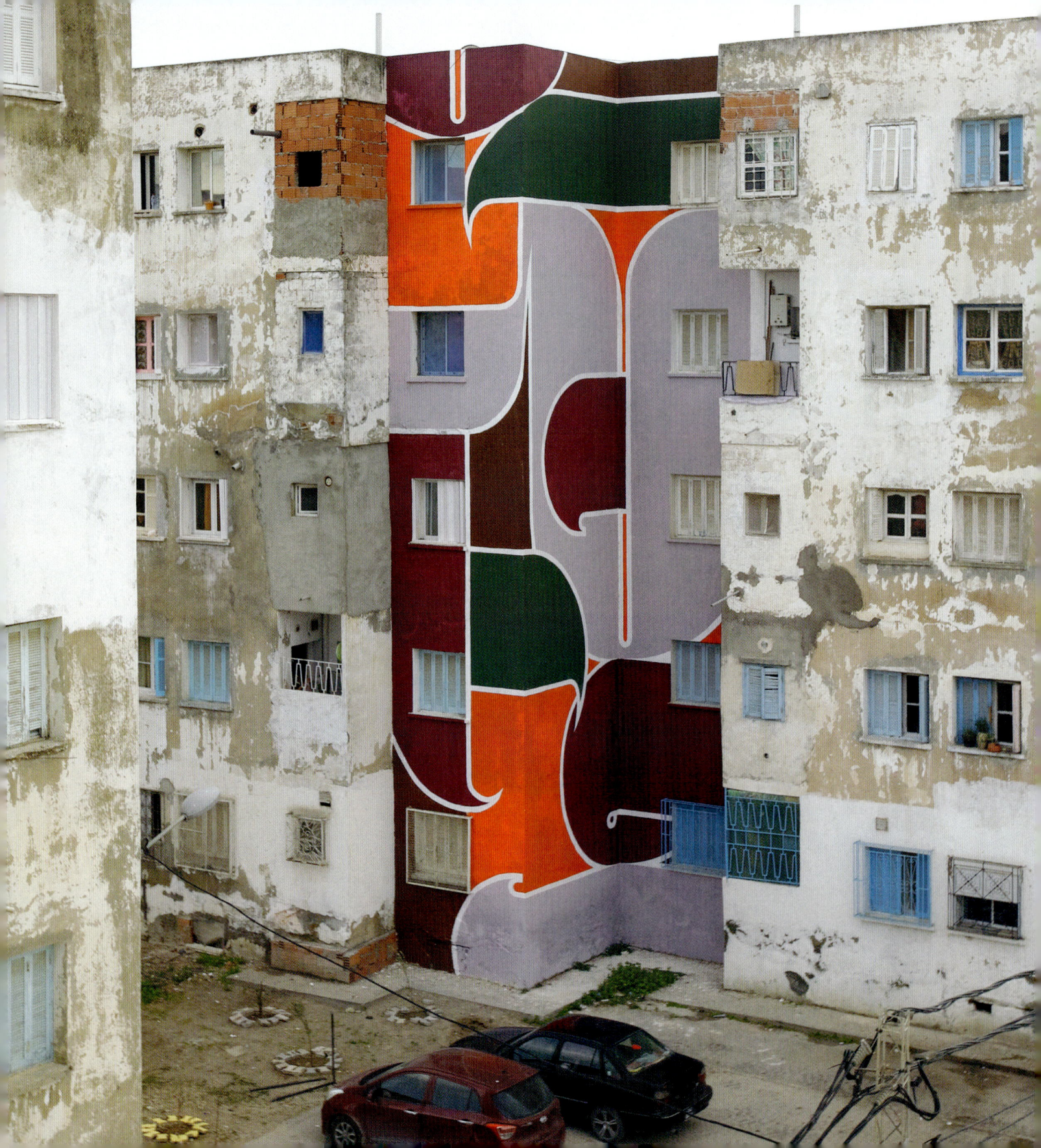

TÚNEZ

NACIMIENTO Desconocido   **TÉCNICAS / MATERIALES** Pintura en aerosol
ESTILO Caligrafía, grafiti abstracto   **TEMAS** Caligrafía árabe, minimalismo

ST4

ST4 es un dúo de artistas urbanos que se conocieron en 2013, cuando Mohamed Sadok Kaffel vio a Yassin Bouzid pintando grafitis en su ciudad natal, Sfax, situada en la costa tunecina. Los dos estudiantes, influidos por la energía liberada por la revolución tunecina de 2010 y la repercusión mundial del *street art* en aquel momento, formaron ST4 y empezaron a desarrollar su fusión de grafiti y *street art*.

Mientras que eL Seed (*véanse* páginas 302-305) utiliza la caligrafía árabe para reproducir versos o citas literarias, ST4 emplea letras individuales como base para crear formas abstractas: no hay ninguna frase oculta que encontrar. «Dibujamos letras, no las escribimos», o, como explica el fotógrafo de grafiti Cale Waddacor, las obras de ST4 «carecen de palabras y están abiertas a la interpretación». Pese a alejarse del grafiti, las obras se asemejan a formas del *wildstyle*, en particular a la obra del pionero neoyorquino Phase 2, cuyos intrincados diseños también se basaron en formas orgánicas y de bordes curvos.

A diferencia de muchos practicantes del grafiti y del *street art*, que parecen adictos a la ornamentación, ST4 no se ha desviado de su sobrio y limpio estilo, que fluye como respuesta a su entorno, ya sea en remotas ciudades desérticas, en los apartamentos tunecinos o en los callejones parisinos. El dúo articula su esfuerzo común en relación con la expansión de las formas de ver: «Según nuestra visión, el artista es un actor social y un pionero del potencial espacial y contextual cuya obra debe reflejar su entorno y surgir de él. Mediante la reinterpretación del espacio público y una fuente constante de ofrecimientos, nuestra percepción visual y espacial renace».

Los murales de ST4, desde 2018 con la pintura del Hotel Carlton, en el centro de Túnez, y luego, en 2019, con dos encargos en Casablanca, Marruecos, comenzaron a estirarse y escalar edificios. Aunque los integrantes de ST4 se formaron como diseñadores, su obra deja ver una gran apreciación del entorno construido. Han descrito Túnez como un «patrimonio visual vivo de paradojas: los elementos son a la vez sobreutilizados / infravalorados, ornamentados / ordinarios, naturales / industriales y modernos / tradicionales. Las puertas funcionales no llevan a ninguna parte, mientras que las luces ornamentales iluminan las calles. Las formas minimalistas generan formas intrincadas y enmarañadas. Los edificios construidos con códigos en apariencia aleatorios se reproducen de forma intuitiva por todo el territorio».

La obra de ST4 es comedida pero espontánea, tranquila pero potente, tipográfica pero arquitectónica, audaz pero sin miedo al espacio negativo. Sus obras no tienen parangón en el *street art* contemporáneo. **LM**

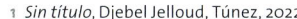

1 *Sin título*, Djebel Jelloud, Túnez, 2022
2 *Sin título*, Bonn, Alemania, 2022
3 *Sin título*, Hara Sghira Er Riadh, Yerba, Túnez, 2021
4 *Sin título*, Douz, Túnez, 2019

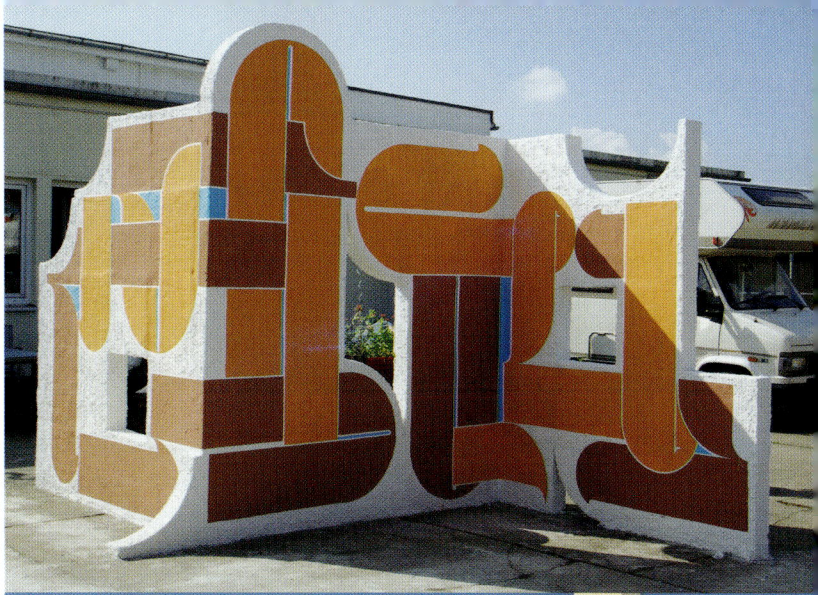

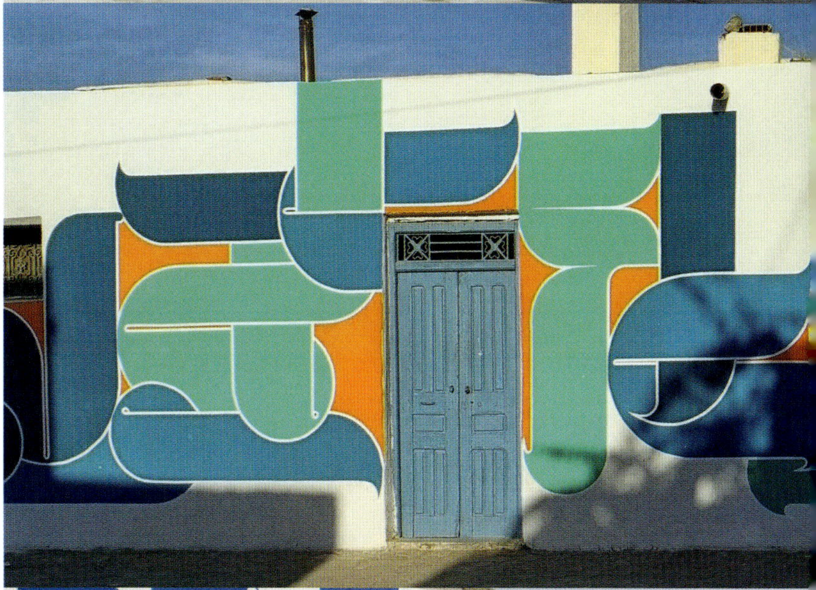

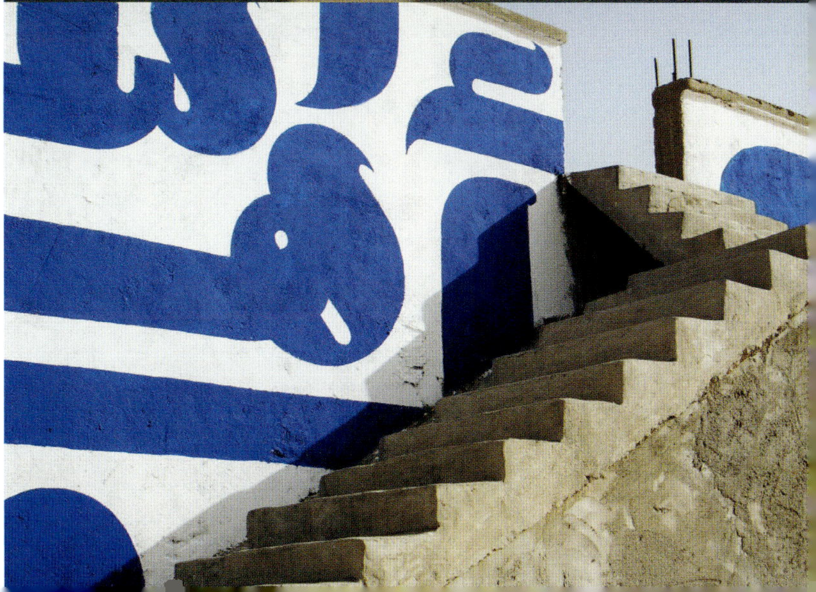

DAKAR

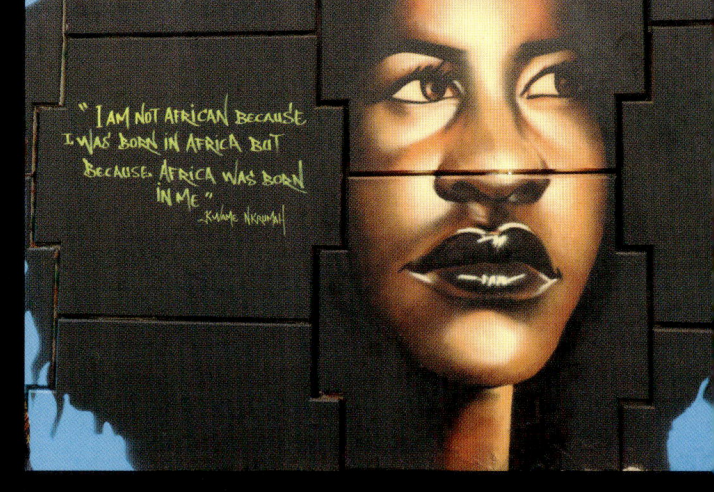

" I AM NOT AFRICAN BECAUSE
I WAS BORN IN AFRICA BUT
BECAUSE AFRICA WAS BORN
IN ME "
—KWAME NKRUMAH

La historia del grafiti y el *street art* de Dakar refleja la de muchas otras ciudades: una escena local grafitera con raíces en la propagación mundial del *hip-hop* durante la década de 1980, seguida de una explosión de *street art* a principios de la década de 2000 impulsada por internet y la visita de diversos artistas. Durante la última década se han desarrollado proyectos de *street art* a gran escala y célebres recintos consagrados a esta práctica en la ciudad.

En Dakar, el *street art* se funde en un vibrante paisaje urbano con pequeñas casas a menudo pintadas de vivos rosas, amarillos y azules y tiendas que decoran sus fachadas con imágenes pintadas a mano de sus productos. Como la actitud hacia la pintura suele ser permisiva, hay tiempo de sobra para crear murales detallados en los muros de hormigón de poca altura; además, la comunidad local suele ser un público proclive (*véase* imagen 1). Las paredes rugosas, los materiales limitados y las escasas oportunidades de estudios formales en Dakar dan a buena parte del *street art* de la ciudad un aspecto poco definido (*véase* imagen 5).

En el barrio obrero de la Medina, el comisario de arte Mamadou Boye Diallo, conocido como Modboye, creó en 2010 un distrito de *street art*. Desde entonces, artistas de toda África y Europa han viajado a Dakar para contribuir, y la pintura se conjuga a menudo con la limpieza de las calles y la reparación de las fachadas de los edificios. Sucesivos años de pintura han dado lugar a una gran colección de obras de arte que han modificado el aprecio de los habitantes del lugar por el oficio. La experiencia de descubrir arte al aire libre en el barrio de la Medina contrasta con la escena formal de las galerías de arte de Dakar, ejemplificada por Dak'Art, una bienal que se celebra en Dakar y que es el evento artístico a gran escala más longevo de África. No es necesario ponerse de gala ni hacer cola para ver las obras de *street art*: están al alcance de todo el mundo.

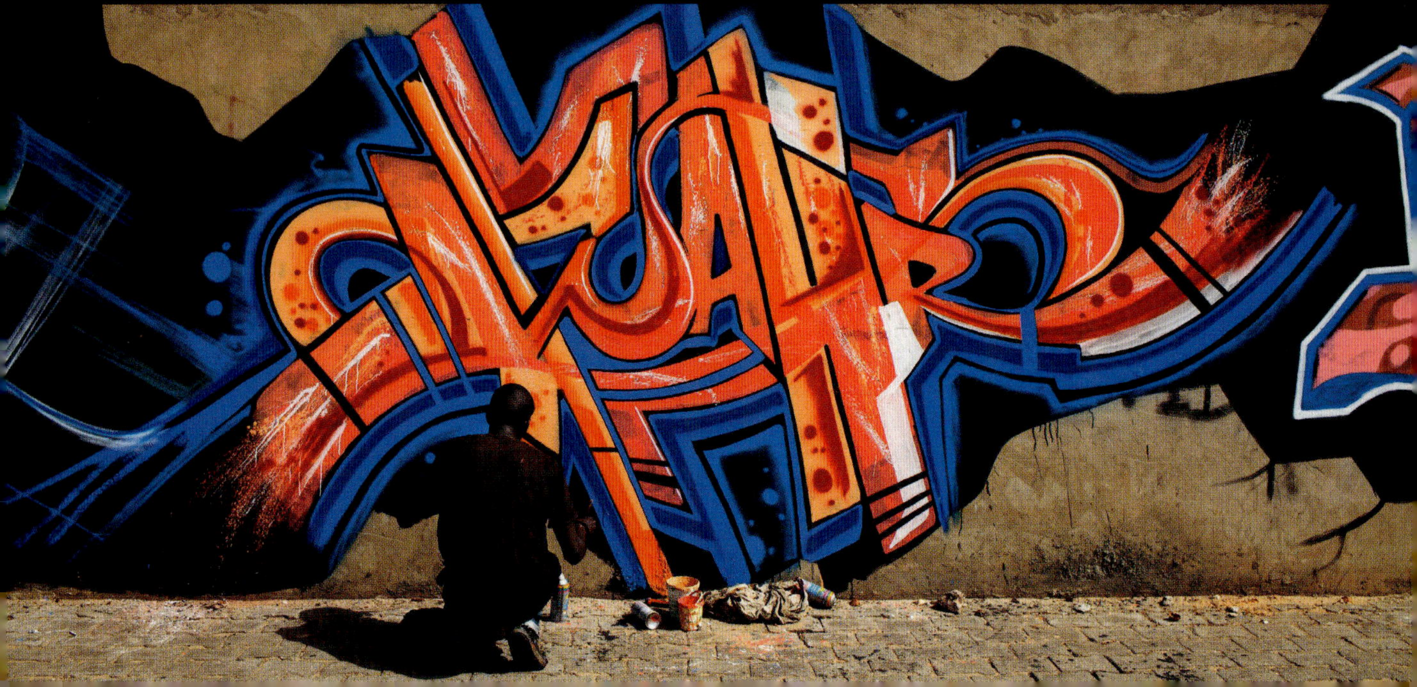

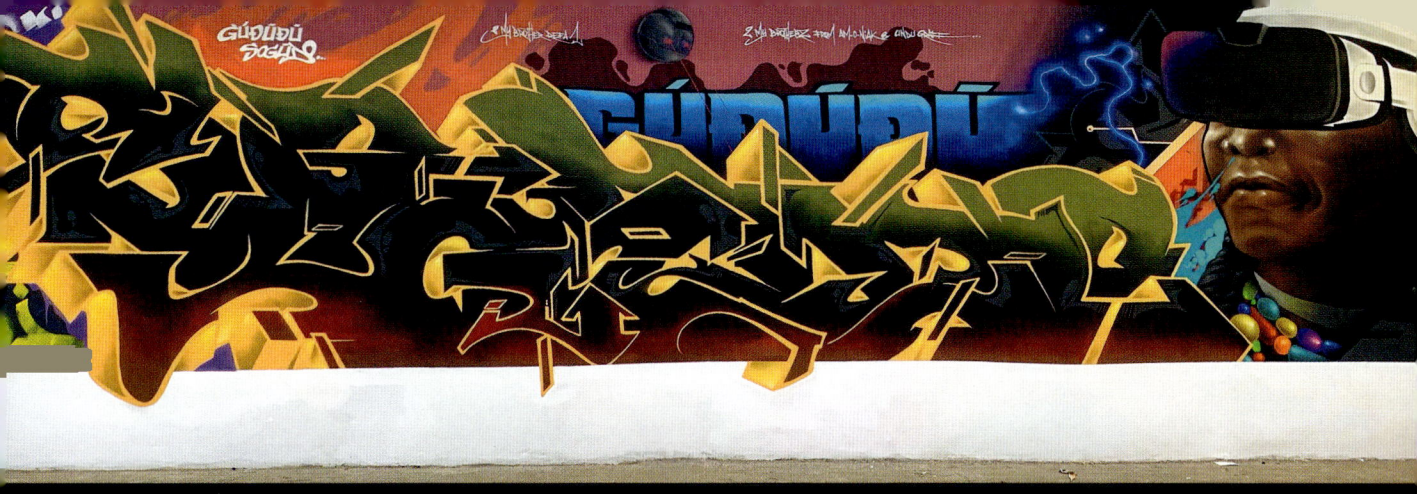

1 Diablos (RBS Crew), 2013   2 RBS Crew, 2020   3 *Gududu Sogudo*,
Madzoo trk, 2022   4 Artistas colaborando en el Festigraff, 2019
5 Anónimo, 2019

Los festivales de grafiti han desempeñado un papel crucial en toda
África. Docta, pionero del grafiti, fundó en Senegal el Festigraff, un evento
internacional anual que va ya por su décima edición. Festivales como
el Festigraff tienen el serio propósito de desarrollar el oficio, e incluso la
profesión, del grafiti, a base de crear redes para compartir información
y técnicas y de poner en contacto a artistas de escenas grafiteras de toda
África. A diferencia de muchos festivales europeos, en el Festigraff la pintura
suele ser colaborativa (*véase* imagen 4).

Los grafitis senegaleses están condicionados por las expectativas legales
y sociales sobre la pintura en las calles. Como en Dakar no es ilegal pintar
edificios públicos, el grafiti tiene menos que ver con una energía antagonista
y disruptiva y más con causas sociales y la comunicación pública. En
particular, el grafiti y el *street art* se consideran una forma de limpiar la ciudad
y mostrar orgullo por la urbe, que, aunque es rica en lo cultural, tiene muchos
edificios en mal estado debido a los problemas económicos. En Senegal, el
street art tiene menos que ver con la expresión individual que con hablarle
directamente a la gente para, por ejemplo, proclamar el fin de la violencia o
fomentar el conocimiento sobre figuras y acontecimientos clave de la historia
senegalesa. Las imágenes de Amadou Bamba, asceta sufí y líder religioso, son
un motivo recurrente, como también sucede con las de Cheikh Anta Diop,
pensador erudito africano cuyo retrato pintó en fechas recientes la RBS
Crew (*véanse* páginas 310-311) en la Université Cheikh Anta Diop de Dakar.

En Senegal es habitual que los escritores de grafiti trabajen como
diseñadores gráficos, como es el caso de Madzoo (*véase* imagen 3). El grafiti se
considera parte de una red laboral, y, como en el *hip-hop*, un elemento de una
forma de creatividad que incluye música y baile. En proyectos recientes se han
pintado murales sobre el COVID-19: la franqueza de los grafitis puede ayudar
a granjear apoyo para los programas de salud, como en la campaña de
concienciación Xibaaru Mbedd («información callejera», en idioma wólof). **LM**

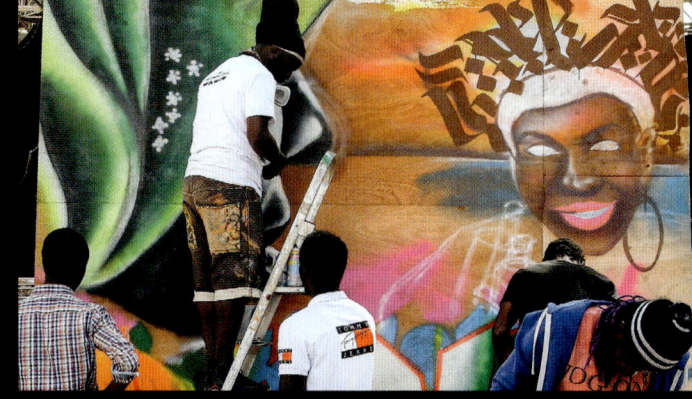

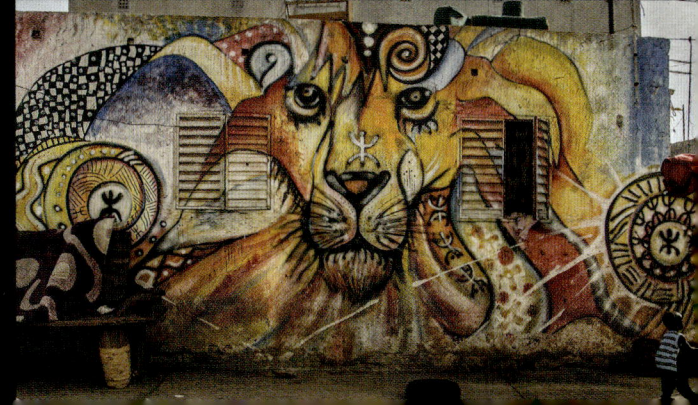

DAKAR

NACIMIENTO Varios **TÉCNICAS / MATERIALES** Pintura en aerosol **ESTILO** Muralismo, grafiti contemporáneo **TEMAS** Activismo, historia africana, *hip-hop*

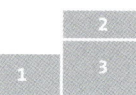

1 *«Maggi demb»*, *Memory of African Nation*, Ziguinchor, Senegal, 2022 (Madzoo trk)

2 *Pujux «Ancestors»*, Dakar, Senegal, 2022 (Madzoo trk)

3 *Littérature africaine*, Dakar, Senegal, 2022 (Akonga RBS)

RBS CREW

La Radikl Bomb Shot Crew es un colectivo grafitero fundado en Dakar en 2012 por King Mow 504, Madzoo y Krafts. Más adelante se amplió para incluir a más de una decena de miembros, muchos de ellos pioneros del grafiti en Senegal (Kowse, Beaugraff, Chimere, Diablos, Triga, Guiso, Elmemf, Man Innov, Kromagnon, Freemind, Songraff, Akonga y Nourou Zaman).

Además de compartir la afición por el grafiti, la RBS Crew se unió en torno a un conjunto más amplio de ideales políticos y teológicos de «justicia, respeto y armonía». El nombre del grupo resume muy bien sus objetivos. El término *radical* tiene un doble significado, pues reconoce las raíces de la *crew* en valores ancestrales, tanto africanos como religiosos, así como una versión del radicalismo basada en la paz y la tolerancia, pero que denuncia la injusticia de forma violenta y agresiva.

Bomb refleja el potencial sin explotar del utensilio del grafiti y el impacto buscado por el grupo, mientras que *shot* alude la trayectoria de un proyectil lanzado hacia un objetivo futuro.

El pensamiento de la RBS Crew se basa en una fusión del *hip-hop* tradicional con ideas de pensadores y líderes africanos y la filosofía panafricana. Entre sus muchas actividades, el grupo ha puesto en marcha un festival descentralizado de grafiti llamado The Last Wall Tour, que lleva el grafiti a poblaciones periféricas senegalesas. La gira más reciente tiene un tema medioambiental que se inspira en el trabajo de la ecologista keniana Wangarĩ Muta Maathai. Para la RBS Crew, las paredes no son solo un medio de expresión personal u ornamental, sino una oportunidad para compartir y adquirir conocimientos.

En cuanto al estilo, sus murales se centran en pensadores, líderes y héroes africanos y cuentan con eslóganes sencillos en inglés, francés, wólof y otras lenguas locales. Al tener miembros repartidos por todos los continentes en viajes para participar en festivales y realizar encargos, el grupo cuenta con un amplio alcance a la hora de desafiar la ignorancia, la violencia y la injusticia. Como suelen decir: ¡no hay que agonizar, sino organizar! **LM**

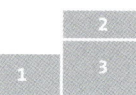

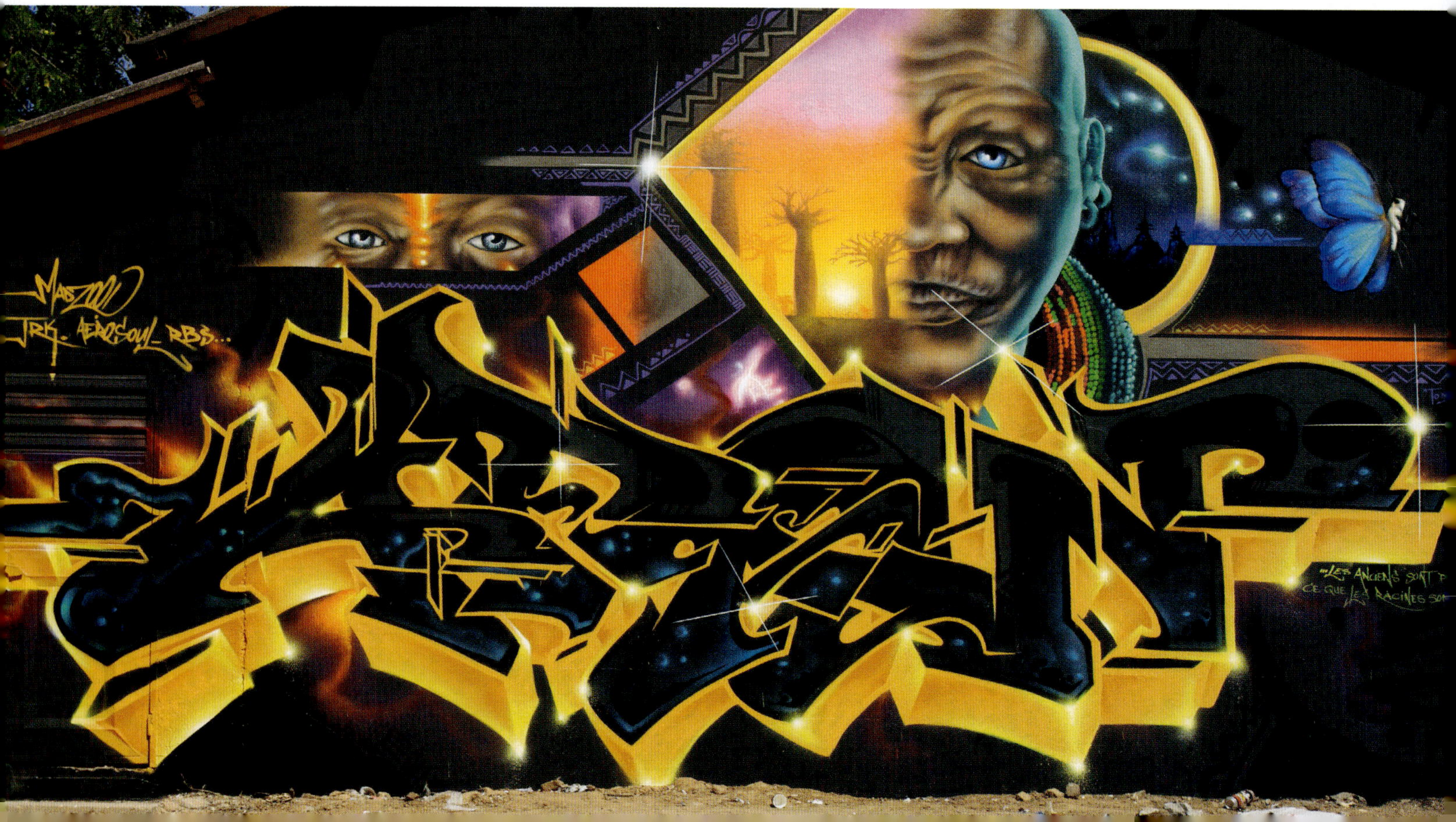

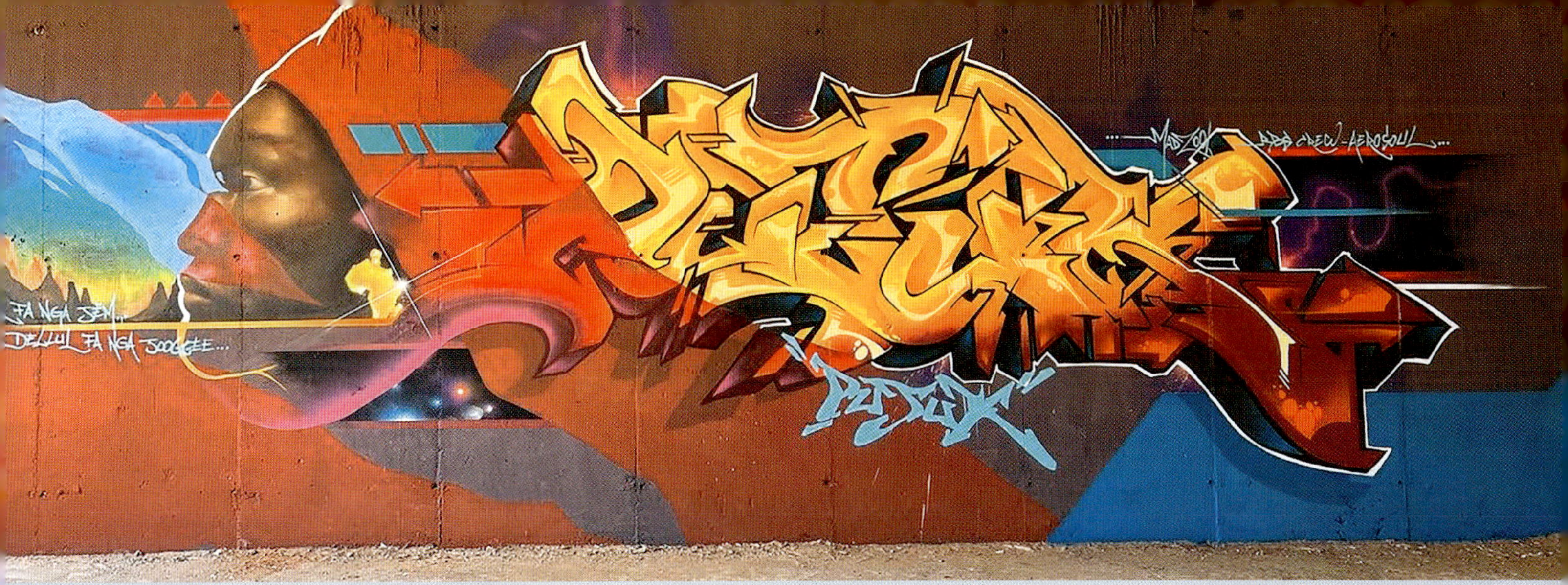

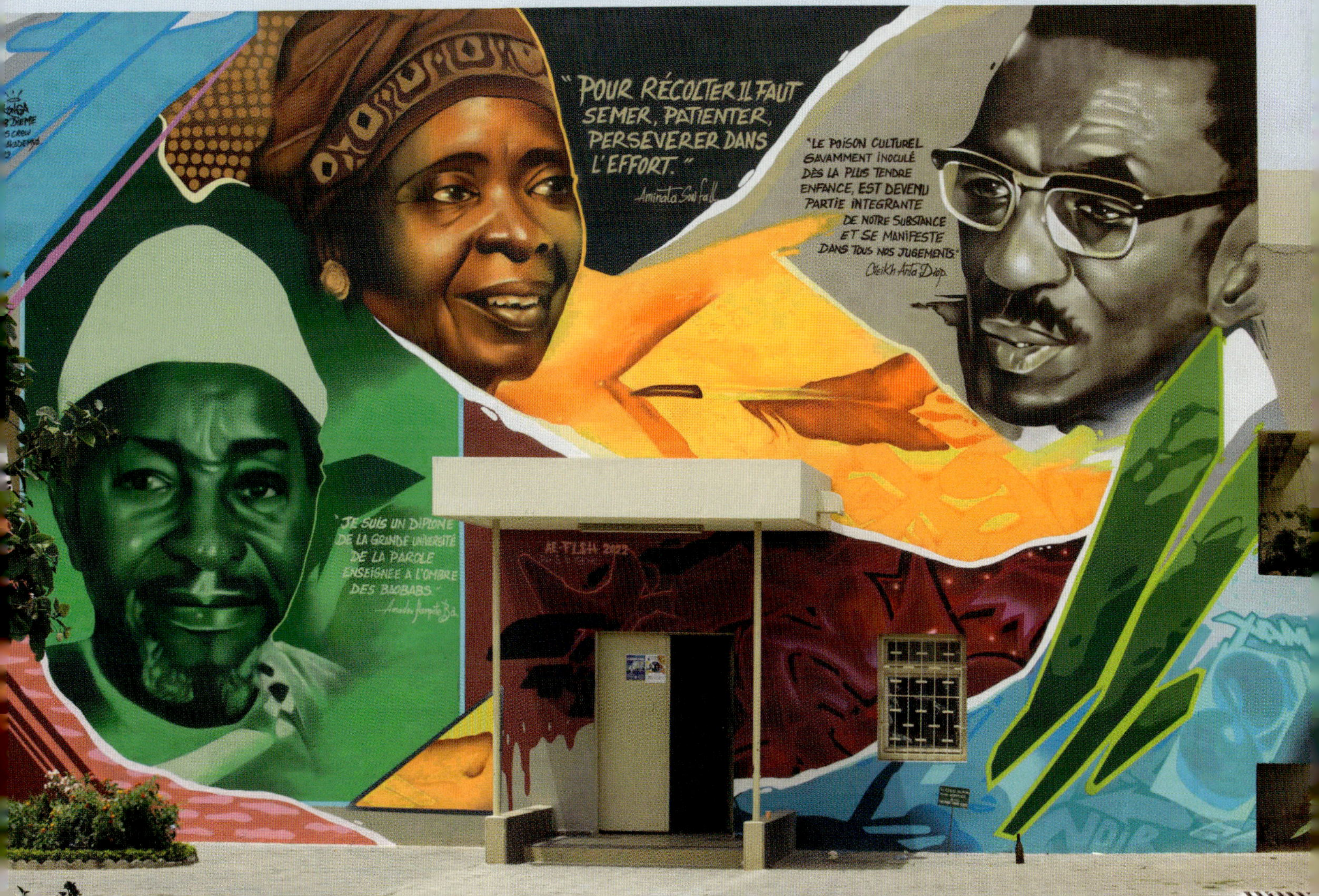

"POUR RÉCOLTER IL FAUT SEMER, PATIENTER, PERSEVERER DANS L'EFFORT."

Aminata Sow Fall

"LE POISON CULTUREL SAVAMMENT INOCULÉ DÈS LA PLUS TENDRE ENFANCE, EST DEVENU PARTIE INTEGRANTE DE NOTRE SUBSTANCE ET SE MANIFESTE DANS TOUS NOS JUGEMENTS"

Cheikh Anta Diop

"JE SUIS UN DIPLOME DE LA GRANDE UNIVERSITÉ DE LA PAROLE ENSEIGNÉE A L'OMBRE DES BAOBABS."

Amadou Hampâté Bâ

CIUDAD
DEL CABO

Ciudad del Cabo es conocida por su espectacular geografía y su turbulenta historia. La zona de City Bowl está rodeada por la montaña de la Mesa, que la separa de las llanuras abiertas de Cape Flats, al sur. La ciudad también ha sido cuna de muchos líderes del movimiento contra el *apartheid*. En 1990, recién liberada la isla Robben, Nelson Mandela pronunció un histórico discurso desde su Ayuntamiento con el que anunció el comienzo de la era democrática.

Es dentro de esta amplia historia donde encuentran las historias de muchos artistas individuales. Falko Fantastic (*véanse* páginas 318-319), pionero del grafiti en Ciudad del Cabo junto con muchos otros como Gogga (Devastator 16), Mak1one y Wealz130, creó algunas de sus primeras obras en las paredes de su escuela en Mitchells Plain, Cape Flats, en la década de 1980. Otros de los primeros escritores de grafiti de Ciudad del Cabo fueron King Jamo, Baby, Peace 26 y el londinense Solo One, un artista clave de Stockwell, Londres, que vivió en Sudáfrica durante aquel período.

En su autoritativo estudio *Street Art Africa* (2020), Cale Waddacor describe así el proceso por el que llegó el grafiti a la ciudad: «[...] los jóvenes empezaron

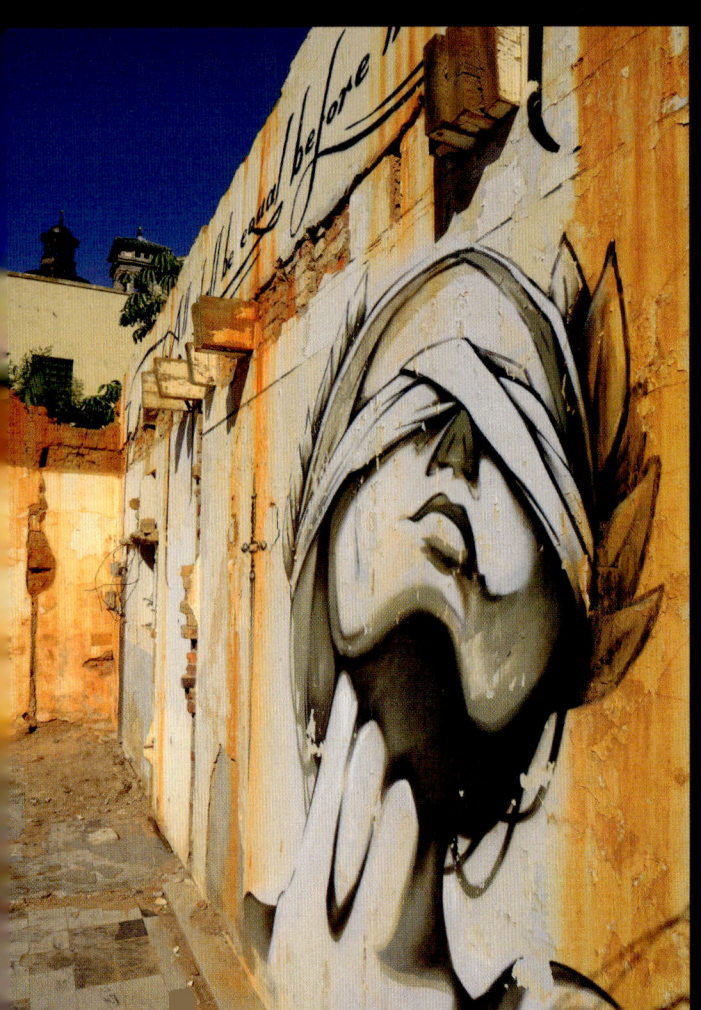

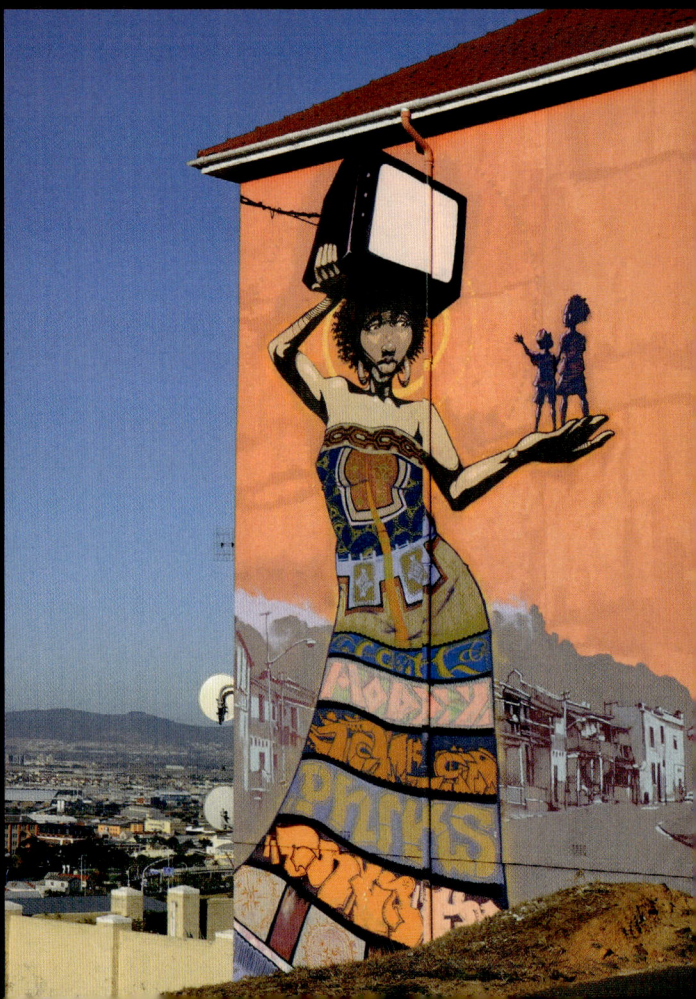

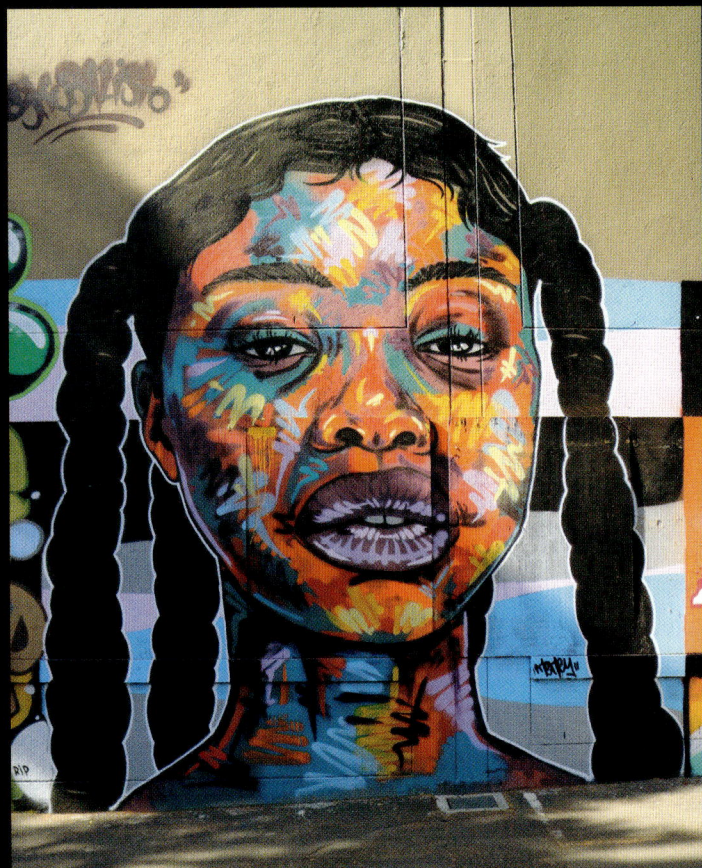

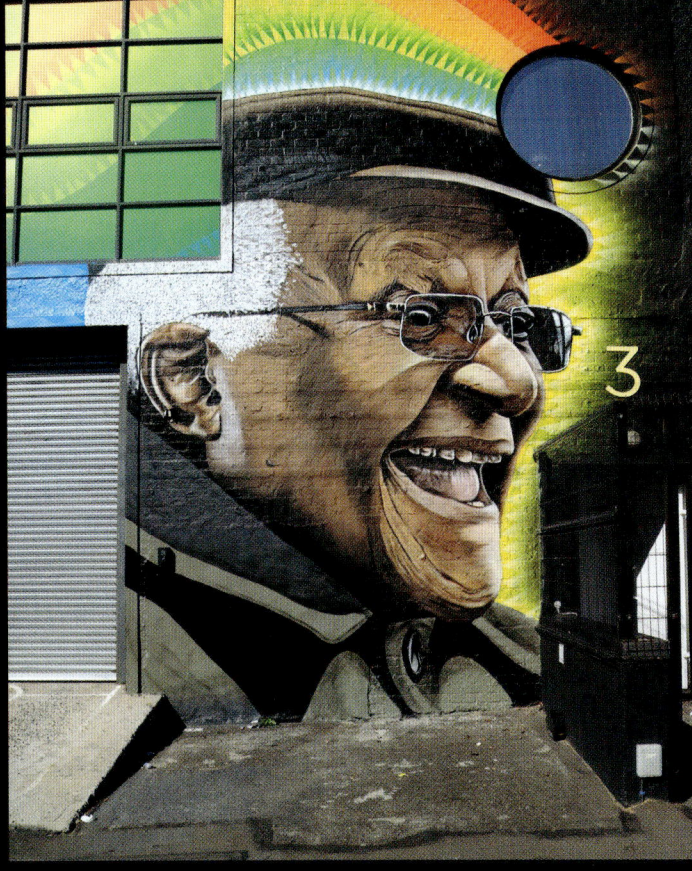

a imitar lo que vieron en la ciudad de Nueva York, y al poco abrieron el camino y difundieron el evangelio del grafiti». Los primeros grafitis se centraron sobre todo en Cape Flats, mientras que la escena posterior se vinculó con los barrios del sur. Según Waddacor, la siguiente fase se produjo cuando la sociedad empezó a adaptarse al fin del *apartheid*, época en la que se liberó una «energía bruta en todos los ámbitos creativos». En la década de 2000, empezó a ser más fácil conseguir material en Ciudad del Cabo para realizar grafitis e internet impulsó las colaboraciones entre países y las visitas internacionales.

Durante este período, las medidas antigrafiti volvieron clandestina la práctica, que se llevó a cabo en, por ejemplo, la red ferroviaria, mientras que el *street art,* más aceptable, prosperó en barrios gentrificados, como Woodstock. Con todo, el grafiti y el *street art* proliferaron también en algunos municipios menos pudientes, como Langa, donde han desempeñado un importante papel en la comunidad al acercar el arte a la gente.

La obra de Faith47 (*véanse* imágenes 1 y 2) tiene una profunda implicación con la historia de Ciudad del Cabo. Esta artista ha desempeñado un papel decisivo en la lucha contra la aplicación y posterior reforma de la legislación antigrafiti, que criminalizaba a los *taggers* y amenazaba con socavar la cultura de *street art* de la ciudad al no distinguir entre grafitis y murales y eliminar el derecho de los propietarios de edificios a autorizar obras de arte pintadas en sus paredes.

En la era posterior al *apartheid*, el *street art* ha desempeñado un importante papel cívico en Ciudad del Cabo, encabezado por artistas como Faith47, Freddy Sam y Nardstar (*véanse* páginas 320-323), así como South, Skubalisto (*véase* imagen 3) y Dbongz (*véase* imagen 4). En *Street Art Africa*, el artista Mook Lion señala lo siguiente: «El *street art* sudafricano podría desempeñar un papel fundamental en el fomento de la cohesión social. Seguimos viviendo en ciudades muy divididas, herencia de nuestra historia colonial y del *apartheid*. Los muros que nos separan podrían ser el espacio perfecto para conocernos entre nosotros y saber nuestras diferencias y similitudes». **LM**

CIUDAD DEL CABO

NACIMIENTO Desconocido   TÉCNICAS / MATERIALES Pintura, técnica mixta
ESTILO Clasicismo, obras textuales   TEMAS Derechos humanos, espiritualidad y
feminidad divina, política

FAITH47

Faith47 es una artista que empezó a pintar grafitis en Ciudad del Cabo a finales de la década de 1990, tras el fin del *apartheid*. Gracias al auge mundial que tuvo el *street art* a partir de mediados de la década de 2000, Faith47 tuvo la oportunidad de pintar a escala internacional y creó obras en más de cuarenta países, lo que hizo de ella uno de los exponentes más célebres de la práctica. Tras esto, se fue a vivir a Los Ángeles en 2018.

Faith47 rememora así su trayectoria: «Mis raíces se remontan a cuando era un muchacha desaliñada de Ciudad del Cabo que se involucraba en culturas alternativas. Exploré mi ciudad, muy segregada, pinté en varios barrios y conocí a artistas de distintos lugares. Aunque me parecía que aquel enfoque solo me ayudaría a conocer mi ciudad, en realidad me abrió todo el país y, luego, el planeta».

El fin del *apartheid* en Sudáfrica, en 1994, dio lugar a un nuevo espíritu de optimismo. Sin embargo, la era posterior al *apartheid* se ha caracterizado por muchos problemas, como el desempleo, los estragos de la economía neoliberal y la constancia de la violencia y la discriminación. La Carta de la Libertad, un documento elaborado en 1955 que comienza con la afirmación «El pueblo gobernará», se incorporó a la nueva Constitución sudafricana. Pese a ello, muchas de las demandas expuestas en este documento aún no se han satisfecho. Una de las primeras obras importantes de Faith47 fue una serie de murales en los que se reflexionaba sobre la Carta de la Libertad. A muchas escalas, estas obras incluyen declaraciones de la carta, como «El pueblo participará en la riqueza del país», la cual está pintada en cursiva a lo largo de una autopista que atraviesa un municipio informal.

Faith47 es conocida sobre todo por las pinturas que suele realizar sobre edificios en ruinas y abandonados. En lugar de desafiar el tono y la pátina de los ladrillos y la madera a base de usar colores brillantes, su obra responde con una paleta parecida de grises y marrones apagados. Y en lugar de cubrir el fondo con una capa de revestimiento, pinta las paredes con marcas abiertas de pintura, con lo que deja que permanezcan las texturas originales y que sus figuras emerjan de ellas.

A diferencia de otros creadores de *street art* africanos que abordan de forma explícita temas cívicos u ofrecen una visión optimista del futuro, la obra de Faith47 es más oblicua y compleja. Los tonos blanco, negro y sepia de su pintura pueden remitir a una época anterior, como es el caso de su serie de 2012 titulada *The Long Wait*, basada en una serie de imágenes de Alexia Webster, fotógrafa de Johannesburgo. Esta obra consistió en retratos

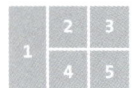

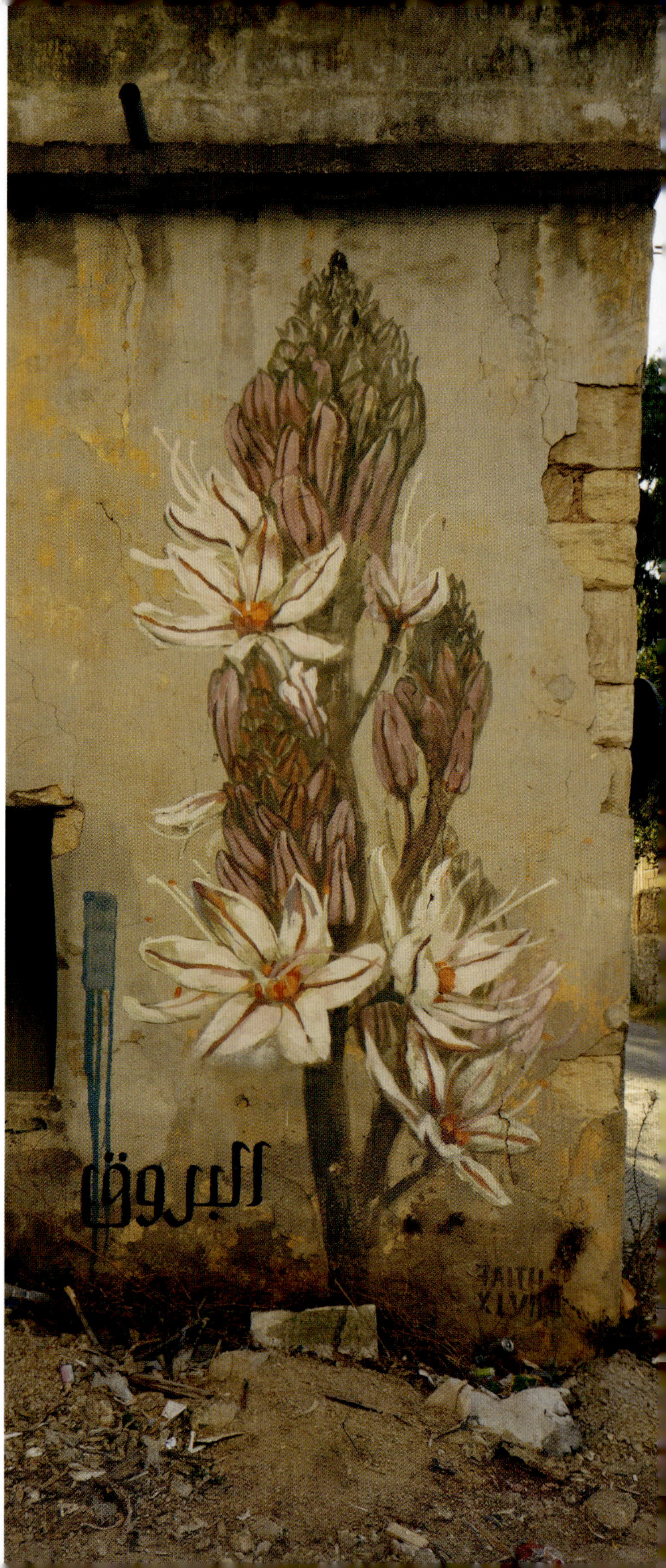

1-5 *Medicinal Flowers of Lebanon*, Beirut, Líbano, 2021

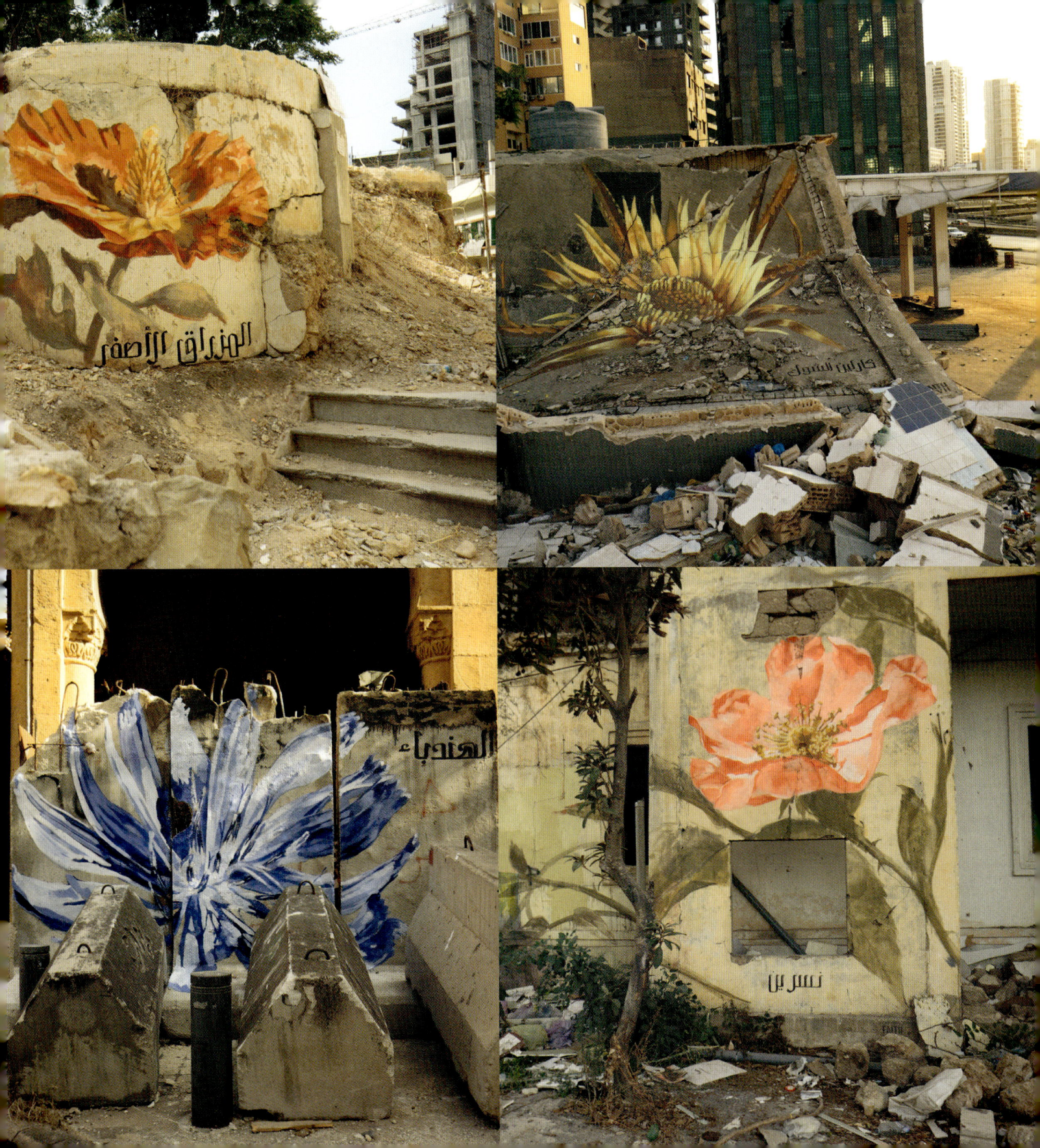

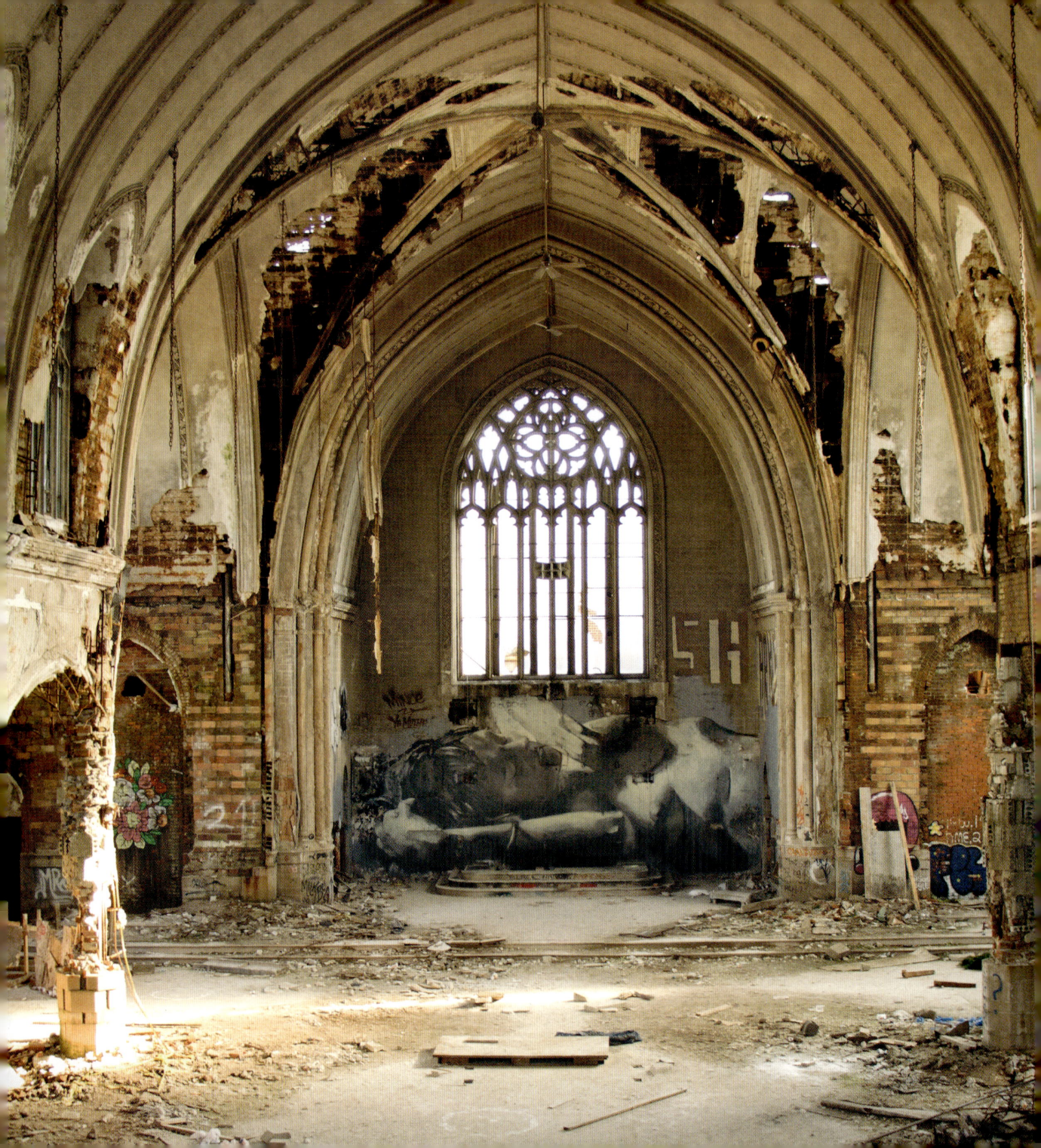

a tamaño natural de obreros esperando trabajo o en paradas de autobús. La experiencia de los trabajadores que esperan refleja la experiencia de una nación que sigue esperando el cambio. Faith47 describe así la clave de esta obra: «Los mineros esperan justicia. Los obreros esperan un salario que les permita vivir. La gente espera una prestación de servicios. Los refugiados esperan ayuda. Los hombres esperan tener trabajo. Todos esperamos tener un político honesto. Mucha gente espera a que sean otros los que hagan las cosas. Que se lleven la culpa otros. Que otros hagan las cosas por ellos. Que caigan otros. Que construyan el país. Que admitan la derrota. En este país se ha estado esperando tanto que es mucho el tiempo que se ha perdido». Aunque su obra gira en torno a las dificultades políticas de Sudáfrica, también contiene mensajes muy personales, y, como indica su nombre artístico (*faith* significa «fe» en inglés), una dimensión espiritual (*véanse* imágenes 1 y 2). Entre los escombros de edificios abandonados, sus pinturas buscan momentos de anhelo y trascendencia. Esta artista no se conforma con el aquí y ahora, sino que apunta hacia un futuro que aún está por nacer.

A medida que su obra fue llegando a galerías internacionales, Faith47 pudo experimentar con instalaciones más controladas y complejas: «He viajado mucho desde 2006 y hoy en día soy nómada. Tengo el objetivo de echar raíces en los próximos años; Sudáfrica es mi alma. Mi corazón. Cuando estoy allí, soy yo en toda mi plenitud. Puedo respirar. Conozco la textura de los paisajes como si fueran mi propia piel y puedo sentir cómo respira la tierra». A medida que su carrera avanza, también le atrae la idea de tomarse tiempo para «la saturación, la incubación y la contemplación»: «Me doy mucha libertad y me permito paciencia y perseverancia», explica. La creación artística se concibe como una investigación sin un resultado fijo que puede dar lugar a «murales, instalaciones específicas, experimentos de grabado, esculturas, quizá una exposición en un museo [...] Todo ello conectado por el hilo conductor de la investigación».

Para Faith47, la creación artística forma parte del proceso de conocerse a sí misma en el contexto de lo que esté investigando. Su obra muestra además «el anhelo de una conexión más profunda con la naturaleza y una resurrección de lo divino femenino», así como «la investigación activa y el cuestionamiento de la condición humana, sus historias desviadas y nuestra propia búsqueda existencial inherente». Es este el espacio donde se solapan lo práctico, lo político y lo metafísico. **LM**

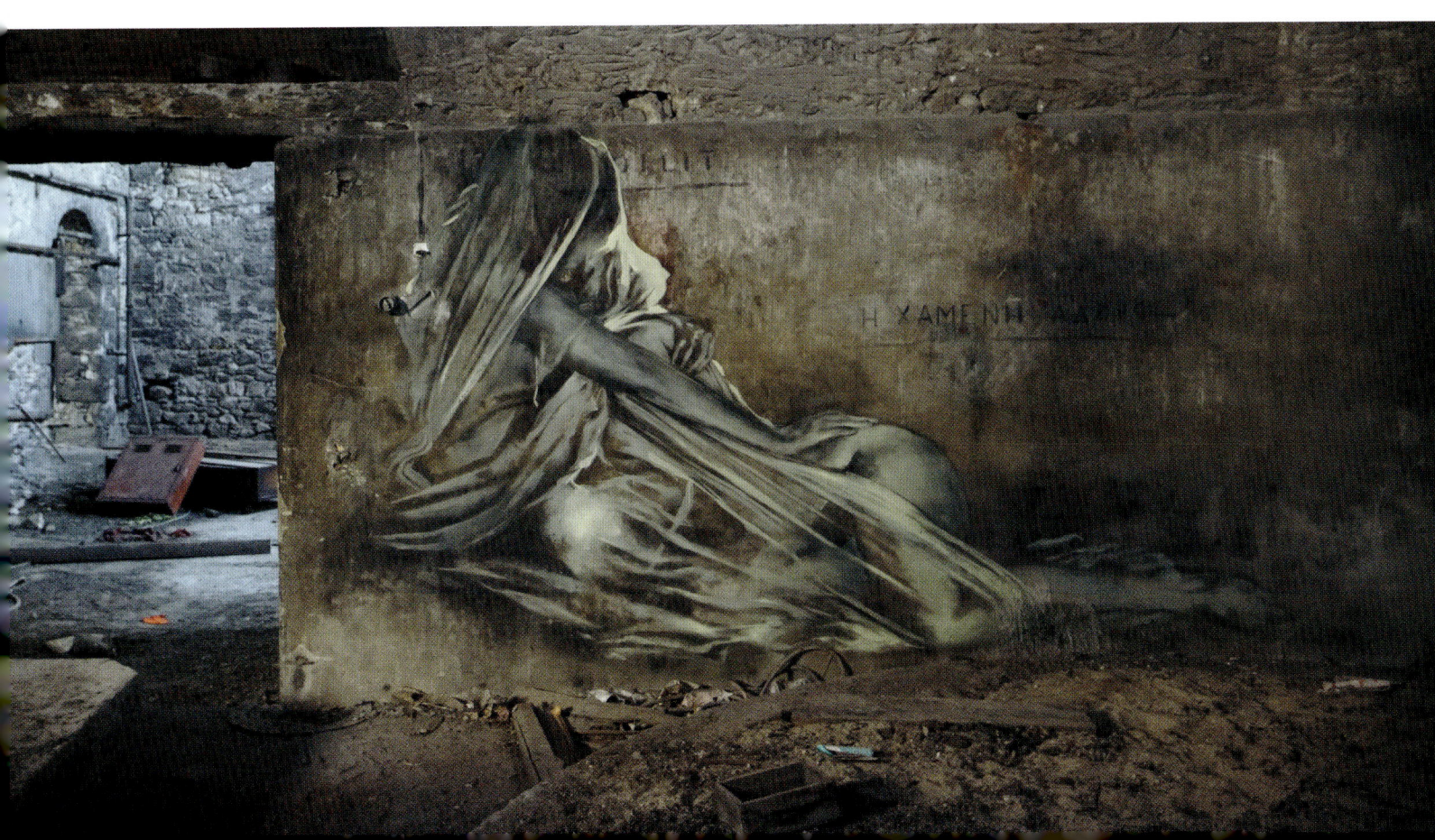

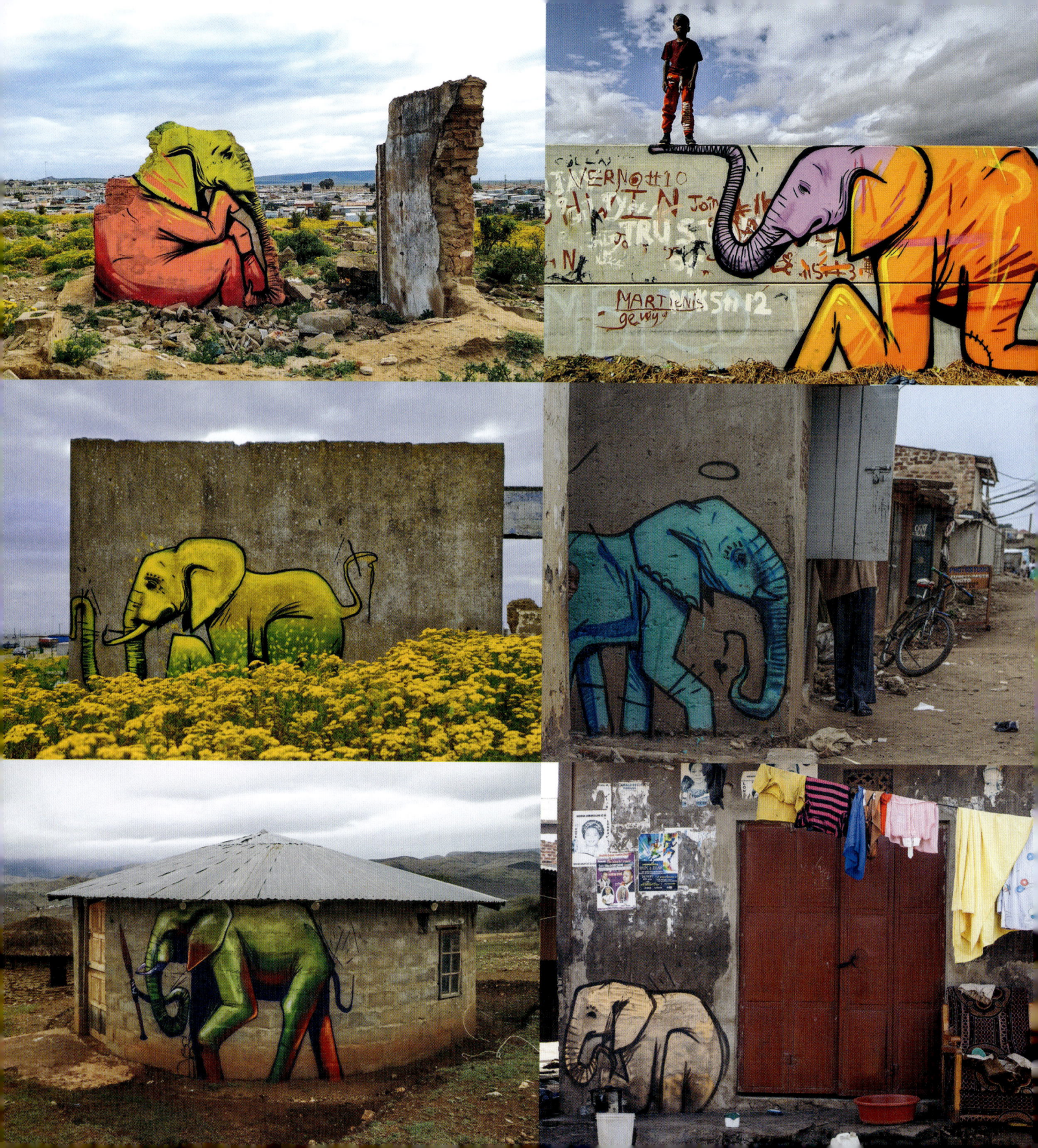

CIUDAD DEL CABO

NACIMIENTO 1972 TÉCNICAS / MATERIALES Pintura en aerosol ESTILO Grafiti
contemporáneo TEMAS Diseño urbano, animales INFLUENCIAS Mode2, Kson, Hype Twins,
Spraycan Art (libro), *Style Wars* (documental), Madonna *CREW* The Villianous Animators (TVA)

FALKO FANTASTIC

FALKO ONE

Falko Fantastic, practicante sudafricano de *street art*, ve el mundo de otra
manera. Empezó a pintar en Ciudad del Cabo durante los últimos años
del *apartheid* y los primeros del *hip-hop*. Falko, hoy en día ya un pintor
veterano cuya obra abarca los barrios más desfavorecidos de Sudáfrica
y muchas ciudades internacionales, presta más atención que la mayoría
al entorno urbano. En las formas superpuestas de la ciudad tridimensional,
ve el potencial de pinturas que han de cobrar vida al interactuar con la
gente.

Falko es experto en encajar sus obras en espacios reducidos y utilizar
ventanas, puertas, escaleras, arbustos, árboles y edificios en el horizonte en
sus composiciones. En el mundo de Falko, los pisos superiores de un lejano
rascacielos, apenas visibles por encima de una pared cercana, se convierten
en el característico pelo del retrato que Falko hace del actor y luchador
estadounidense Mr. T, que adoptó el peinado de los guerreros mandinka de
África Occidental en homenaje a su propia herencia africana. Mientras que
los aparatos de aire acondicionado suelen ser un obstáculo para los artistas
que buscan lienzos lisos, para Falko se convierten en *beatboxes* a hombros
de elefantes o en boquillas sobre botes de aerosol gigantes. Al igual que
escritores de grafiti son más creativos cuando trabajan con restos de pintura
en aerosol, Falko trabaja con los restos del entorno urbano.

Si bien la pintura de Falko ha abarcado muchos estilos, con el tiempo
evolucionó hacia los característicos elefantes psicodélicos y demás criaturas
juguetonas que el artista sitúa con meticulosidad en su entorno. La aparición
de estos seres en el paisaje es el resultado de muchas horas de búsqueda de
lugares, que a menudo implican largos trayectos en automóvil por zonas
rurales. Los elefantes de Falko son un motivo desenfadado que le permiten
eludir las densas discusiones sobre arte y las expectativas desiguales
y poco razonables de que los artistas negros deban hacer obras con una
carga política explícita. La elección de sus motivos prioriza los placeres
de la pintura y la reacción del gran público: además de que es divertido pintar
estos animales, a la gente le suelen encantar. Falko lleva cientos pintados
(toda una manada, por utilizar el sustantivo colectivo formal) y no parece
que vaya a dejar de hacerlo. **LM**

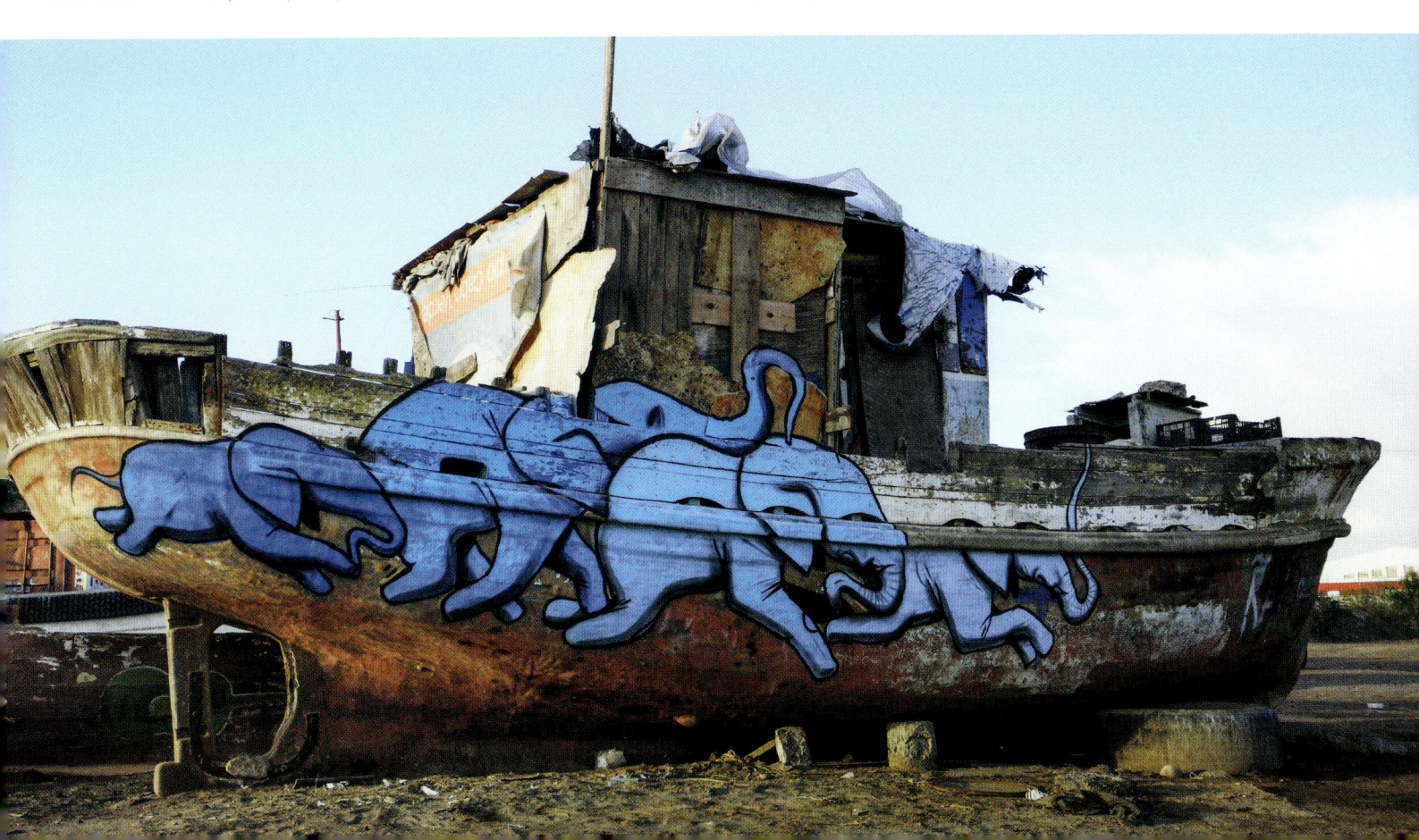

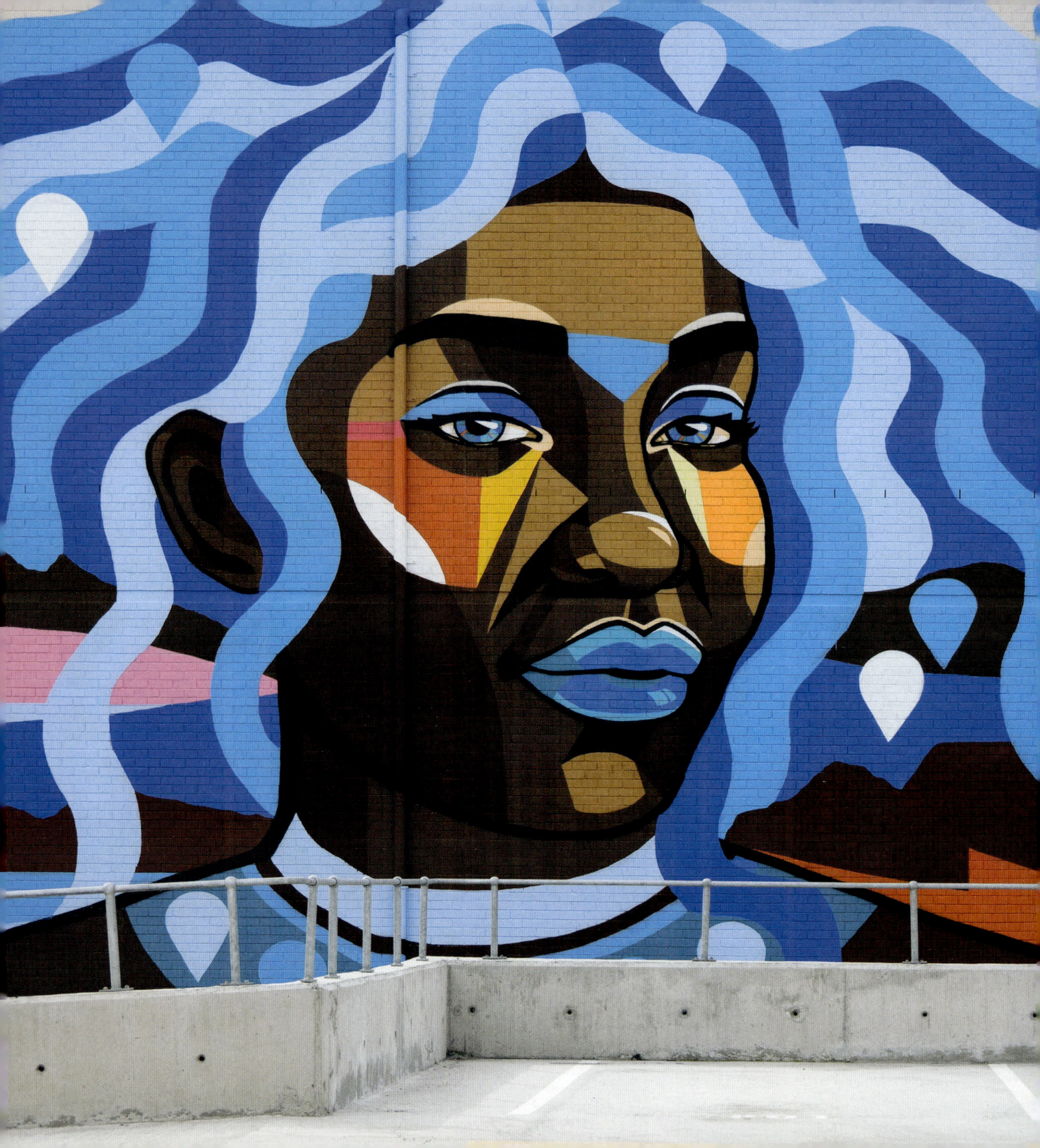

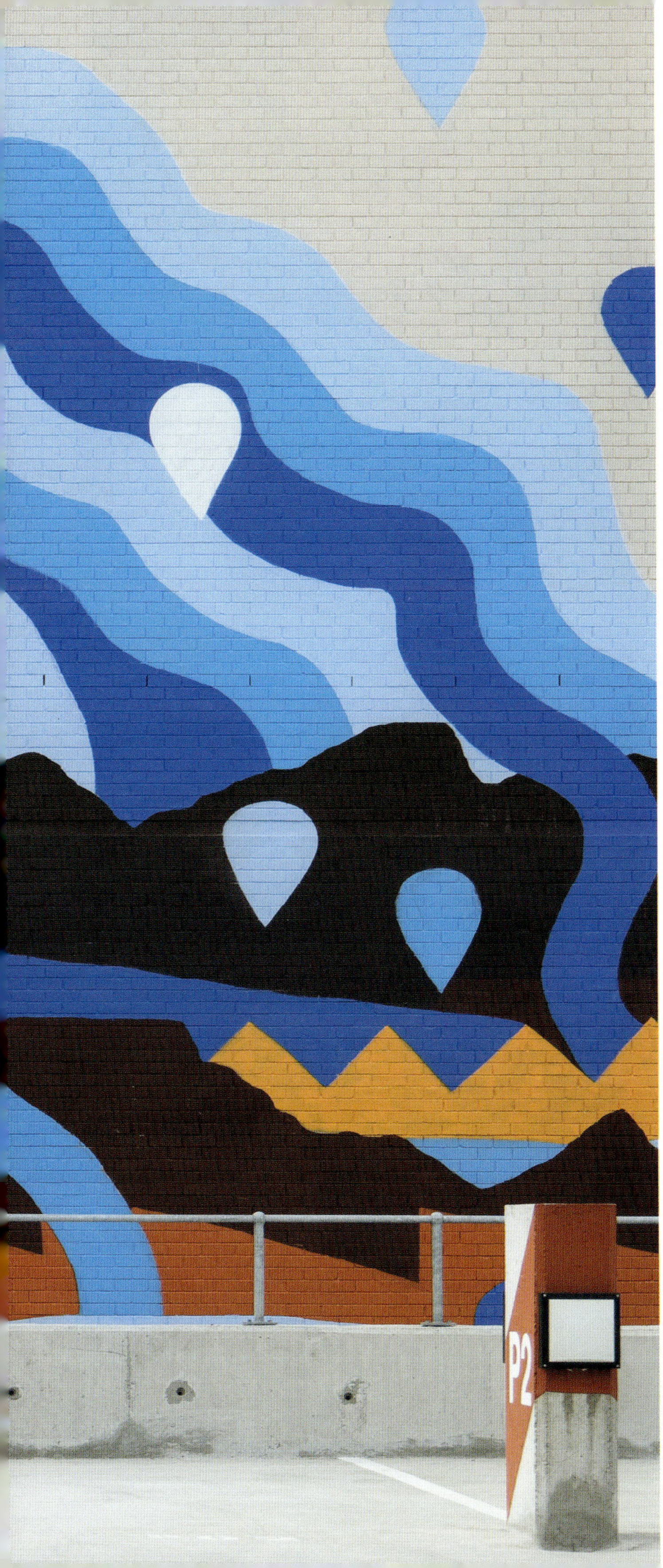

CIUDAD DEL CABO

NACIMIENTO 1985   TÉCNICAS / MATERIALES Pintura en aerosol   ESTILO Grafiti contemporáneo, diseño gráfico   TEMAS Humanos y animales, espacio público, feminismo   INFLUENCIAS Grafiti, diseño, mi ciudad y mi país

NARDSTAR

Nardstar es una artista de Ciudad del Cabo, Sudáfrica, experta en grafiti y pintura mural. En su obra se combinan los frutos de la formación artística formal y una larga temporada pintando grafitis en las calles. En su pintura, su paso por la escuela de diseño y su consiguiente contacto con el dibujo al natural, el grabado y la ilustración quedan patentes en los pronunciados elementos gráficos y las resueltas líneas negras de sus rostros y animales. Con todo, el pasado grafitero de Nardstar también se refleja en el juego de colores que llena sus diseños y en la asertividad visual de sus composiciones, que, con su excepcional estilo geométrico, imponen atención y respeto. Con un poco de imaginación, no es difícil ver las facetas de las letras de grafiti recombinadas en sus composiciones para crear un zorro, un rinoceronte o un león, seres en los que los tonos naturales se complementan con su paleta preferida de rosa, naranja y verde.

Mientras estudiaba bellas artes, Nardstar conoció a un amigo que la introdujo en el grafiti. Sus estudios formales le parecieron demasiado constrictivos y se obsesionó con pintar paredes al aire libre: «Tras pasar la mayor parte del tiempo obsesionada con pintar paredes, abandoné los estudios al cabo de un año y decidí hacer de la pintura de paredes el eje de mi amor por el arte y de mi carrera artística». Desde entonces, ha realizado residencias artísticas en Francia, Brasil y Estados Unidos.

Como muchos artistas africanos, Nardstar equilibra una postura de oposición a la autoridad con el deseo de mejorar la ciudad en la que vive y ayudar a solucionar los problemas sociales. Debido al legado de la época del *apartheid*, la experiencia de pintar en Ciudad del Cabo puede variar «en función de la parte de la ciudad en la que te encuentres». La artista explica así la situación: «Ciudad del Cabo es una ciudad muy desigual en lo económico y sigue estando muy dividida en lo racial en virtud de la Ley de Agrupación por Áreas promulgada durante el *apartheid*. El centro de la ciudad es muy pudiente y está rodeado de pintorescas vistas de las montañas y del mar, y, cuanto más te alejas de la ciudad, más pobres son la gente y las infraestructuras».

Aunque ha pintado en Francia y Nueva York, Nardstar también expresa su frustración por los efectos de la política local de Ciudad del Cabo, que ha frenado las posibilidades del *street art* y dificultado el florecimiento de la escena: «Ciudad del Cabo cuenta en la actualidad con una ordenanza sobre grafiti que exige que todo mural que se coloque en la vía pública cuente con la aprobación de un boceto y un permiso expedido por la ciudad.

1 *Camissa*, Ciudad del Cabo, Sudáfrica, 2022

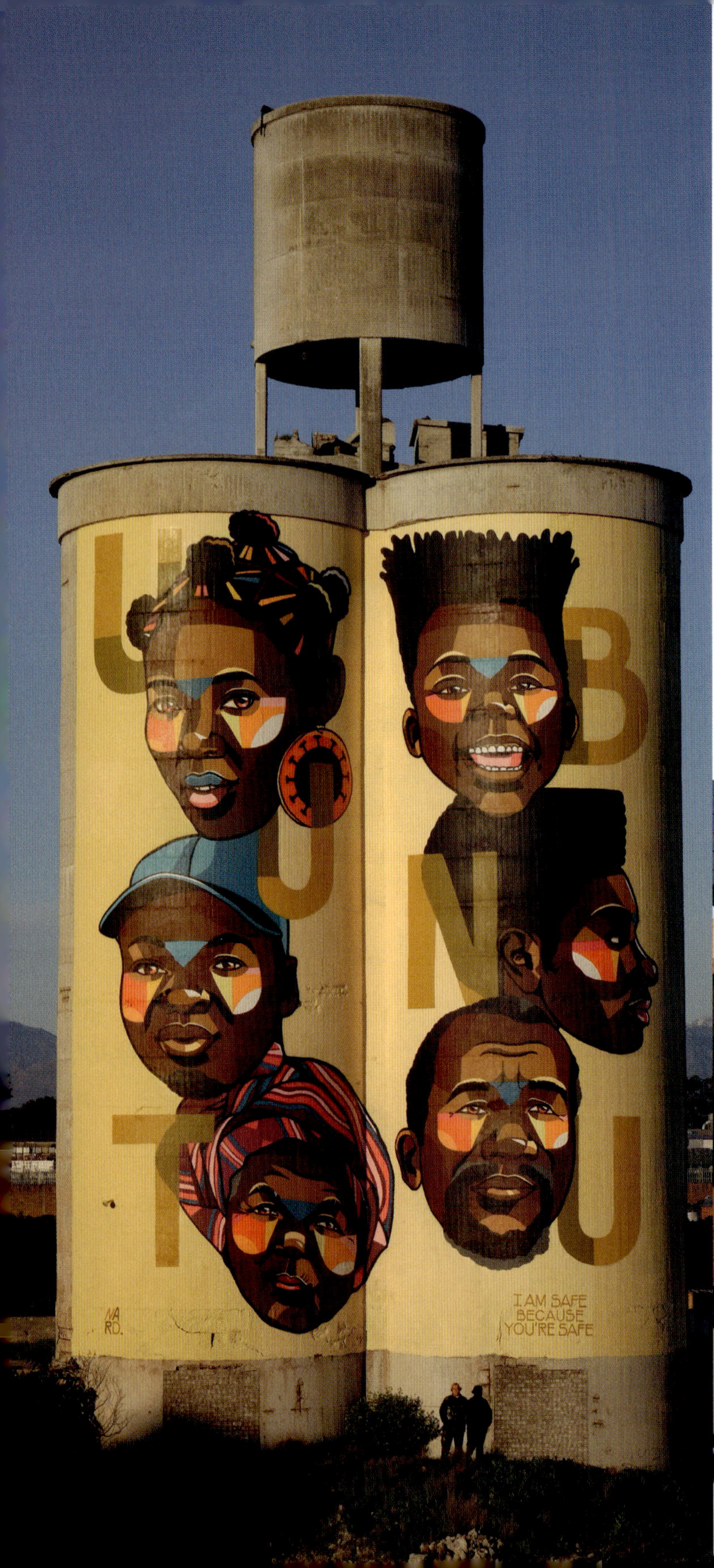

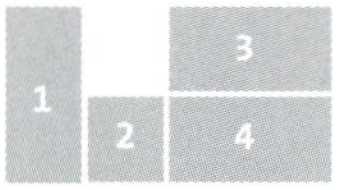

Por ello, es muy difícil pintar en el centro de la ciudad, mientras que en las zonas más desfavorecidas y alejadas es más fácil hacerlo sin permiso».

En uno de sus grandes murales, realizado en una torre de agua doble (*véase* imagen 1), Nardstar ha utilizado el concepto africano de ubuntu, que equivale a la idea de que compartimos una conexión universal. En este sentido, los rostros facetados de los murales de Nardstar le deben menos al cubismo analítico que a la ornamentación geométrica. A decir verdad hablan de un mapa de conexiones transpuesto a su tema, una red cambiante que conforma el rostro humano y vincula a seres humanos y animales. En sus obras, los triángulos, las esquirlas y los fragmentos curvos se unen en un todo para, luego, recombinarse en la siguiente imagen.

Aunque los murales de Nardstar son bien recibidos por los habitantes del lugar, no siempre lo son por las autoridades: «En función de dónde pintes, te multan o la gente de la comunidad te da la bienvenida y se alegra de ver algo de color en sus descuidados barrios». Pese a la percepción negativa que pueda suscitar, su misión es ensalzar las culturas locales y representar a las mujeres negras. **LM**

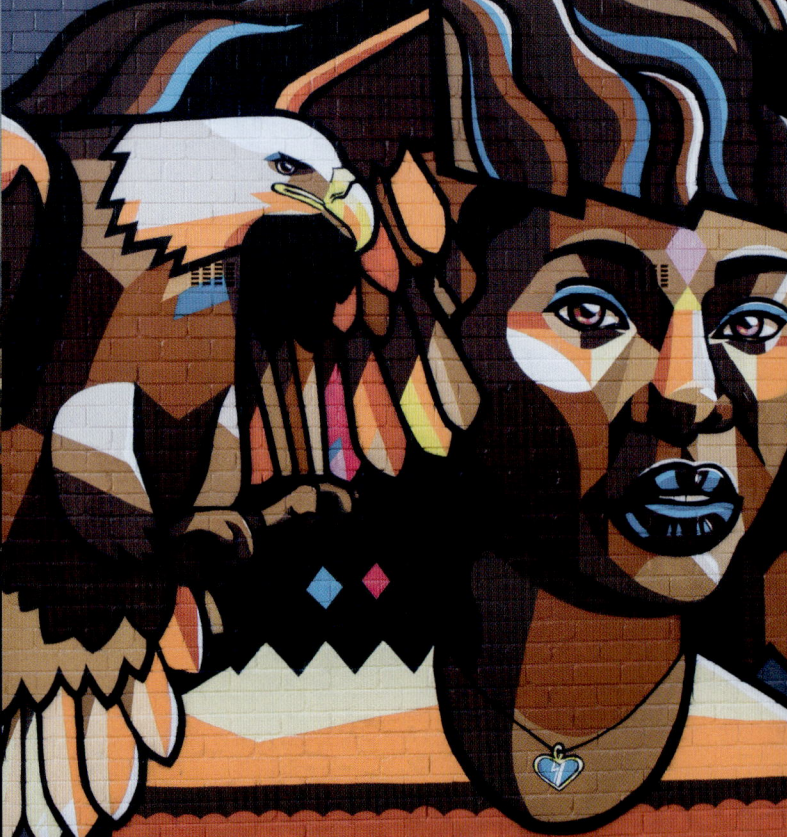

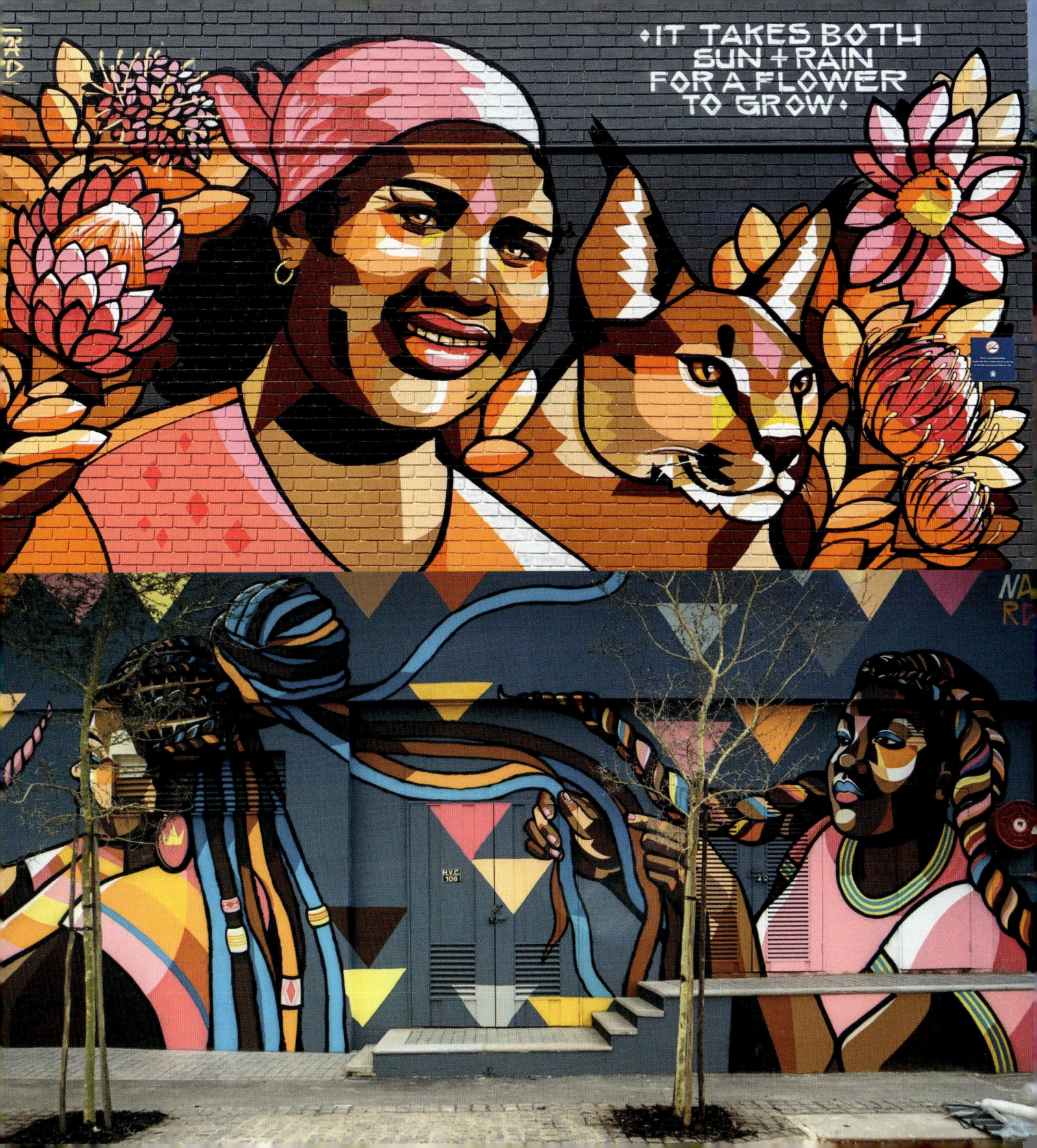

IT TAKES BOTH
SUN + RAIN
FOR A FLOWER
TO GROW

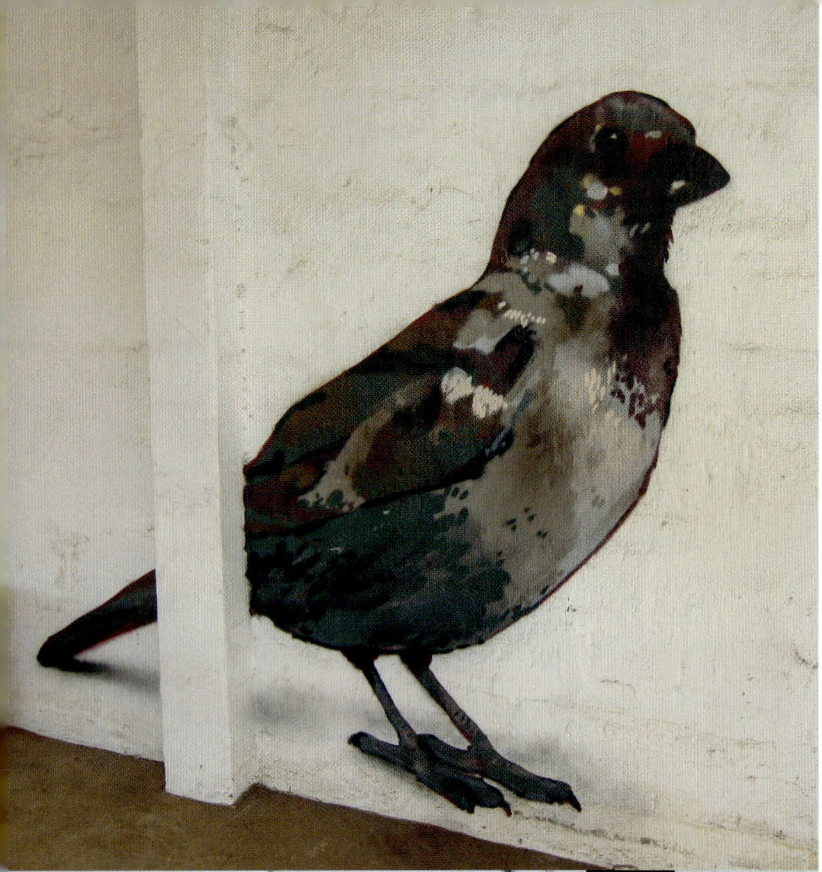

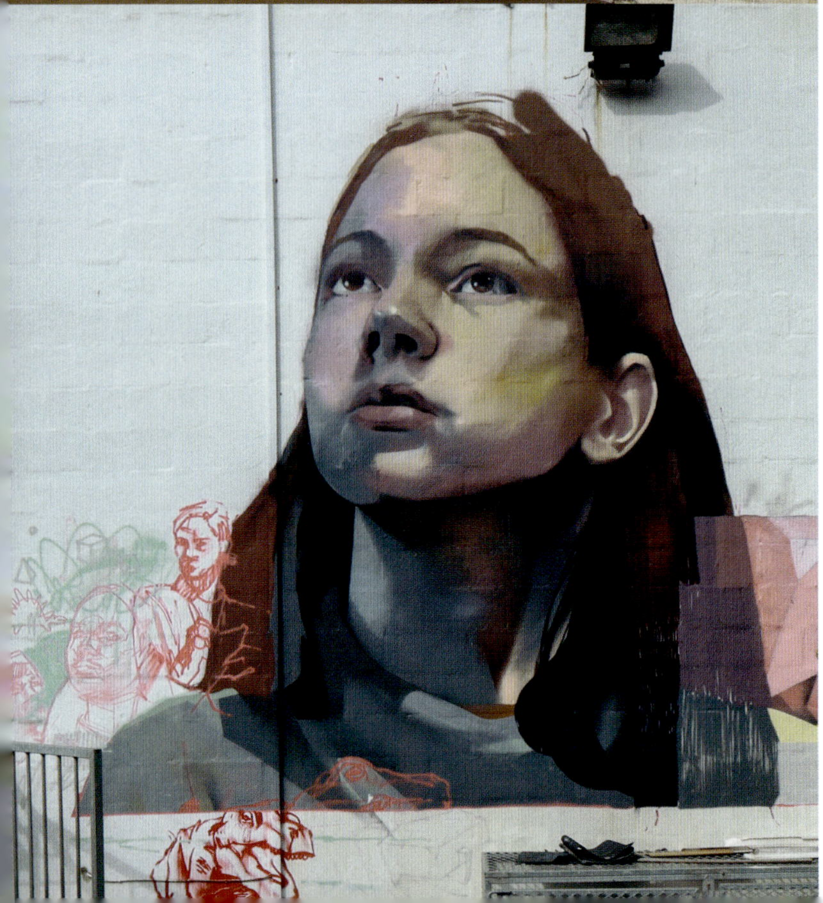

DURBAN

NACIMIENTO Desconocido   TÉCNICAS / MATERIALES Pintura en aerosol   ESTILO Grafiti contemporáneo, diseño gráfico   TEMAS Retrato, animales y dinosaurios, técnicas de dibujo y composición

DANE STOPS

Dane Stops es un artista de Durban, Sudáfrica, que trabaja en interiores como artista plástico y en exteriores como artista del grafiti y muralista. Lleva más de una década trabajando en las calles de Durban, y, a medida que ha ido progresando en sus estudios formales de bellas artes, su estilo ha evolucionado hacia una fusión de grafiti e imágenes pictóricas inspiradas en el diseño.

Los grafitis de Dane Stops hacen gran referencia a los estilos de finales de la década de 1990 y principios de la de 2000, época en la que empezó a poder conseguirse pintura en aerosol en muchos colores, lo que permitía mezclar a conciencia las tonalidades. Aunque por aquel entonces operaban de forma simultánea muchos estilos y tradiciones de grafiti, se hizo más fácil abandonar las letras completadas con un pronunciado contorno de un solo color y, en su lugar, representarlas como objetos tridimensionales en planos intersectados y con un contorno claro. Dane Stops utiliza técnicas de sombreado y recorte para producir fragmentos tridimensionales que parecen flotar en el espacio.

En los murales recurre a diseños abiertos con momentos de densidad. Las imágenes respiran con facilidad gracias a las grandes extensiones de espacio negativo y a la aglomeración y agrupación de motivos, a menudo conformados por seres humanos y animales. El dibujo y la representación de la forma humana ocupa un lugar central en la práctica artística de Dane Stops, que ejecuta las imágenes con trazos precisos y técnicos. Sin embargo, esta precisión se ve equilibrada con una necesidad de caos y perturbación: a menudo se pasa al grafiti para realizar líneas menos controladas y aplicar pintura en ráfagas. Al igual que sucede con la obra de Zurik (*véanse* páginas 262-263), en las creaciones más recientes de Dane Stops se superponen marcas de distintos estilos y sistemas (por ejemplo, *tags* entrelazados con detalles de retratos lineales). Su obra juega además con las convenciones de las redes sociales y de la cultura de las pantallas, con lo que incluye dispositivos de encuadre, etiquetas y botones de aplicaciones telefónicas. Como él mismo dice, sus obras suelen ser «un popurrí», lo que también le convierte en un eficaz colaborador de otros pintores locales, entre ellos Giffy, Mook Lion, WosOne y Ewok.

Dane Stops ha mencionado que la falta de suministros adecuados a menudo ha obstaculizado la escena pero que también ha llevado a los artistas a buscar soluciones creativas y a hacer marcas con lo que pudieran encontrar. Es algo que se percibe en su propia producción, que demuestra una diversidad de materiales y una gran comodidad a la hora de dejar intactas amplias zonas del plano pictórico. Su obra abarca una amplia gama de tamaños, desde diminutos e intrincados dibujos hasta grandes murales públicos. **LM**

1 *House Sparrow*, Durban, Sudáfrica, 2014
2 *Tell Me That Story Again*, Durban, Sudáfrica, 2018
3 *It Might be a Trap...*, Durban, Sudáfrica
4 *A & G*, con Ephameron, Grahamstown, Sudáfrica, 2011

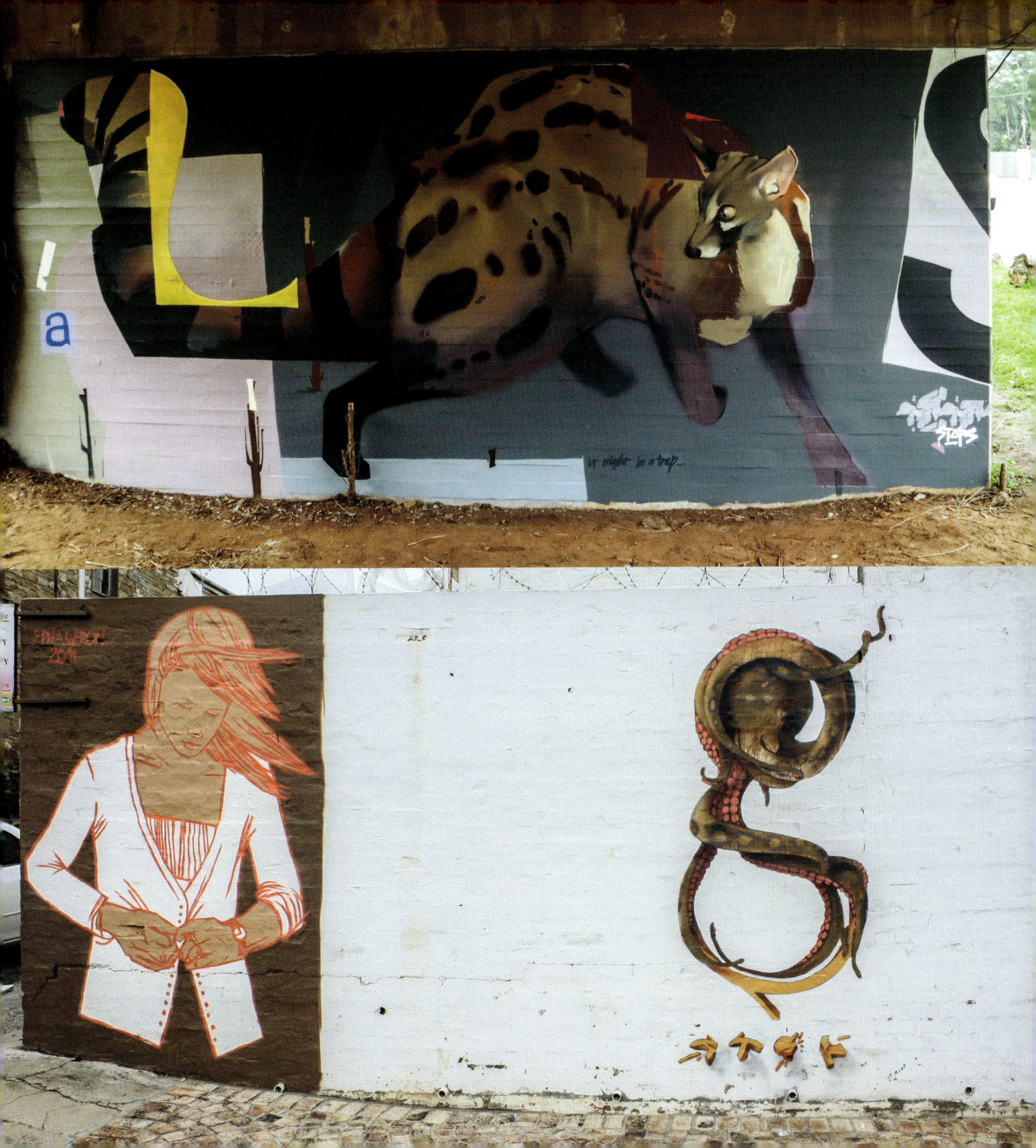

NAIROBI

NACIMIENTO 1983, Nairobi, Kenia   **TÉCNICAS / MATERIALES** Pintura en aerosol
ESTILO Retrato, grafiti clásico   **TEMAS** Historia africana, héroes y heroínas, retrato,
política   *CREWS* Spray Uzi Crew, Ghetto pimps crew, Doxandem squad, GFA

BANKSLAVE
MAELFU

Bankslave creció en Kibera, uno de los barrios marginales más grandes de
Nairobi, y después estudió en el Buruburu Institute of Fine Arts. De niño fue
un garabateador compulsivo y más adelante conoció el grafiti y las vibrantes
obras de arte de los laterales de los matatus (los vehículos que conforman
la red de autobuses de Kenia). Eligió el nombre de Bankslave («esclavo de los
bancos») mientras escribía grafitis de forma anónima, y luego lo reutilizó
para su *street art*, más amplio: «Todos somos esclavos de los bancos... Todo
gira en torno a buscarse la vida». Los murales de este artista, al que se le suele
considerar el padre fundador del grafiti keniano, suelen incluir estrellas del
deporte, políticos y músicos, todos ellos defensores del cambio social. Ha
realizado murales por todo el mundo y ha expuesto en Dinamarca y Australia.

A falta de un sistema de transporte formalizado, los viajes baratos en
matatu son una forma habitual de ir al trabajo o atravesar Nairobi. Sin un
único dueño, colores corporativos estándar ni horarios claros, los matatus
forman parte de una economía informal y no existen límites en cuanto a su
decoración. Como estos minibuses deben competir por la clientela, a menudo
llevan pintados llamativos murales. En los últimos años, los matatus de
Nairobi están cada vez más decorados, a menudo pintados por dentro y por
fuera, y además llevan música a todo volumen, pantallas de televisión, luces
de neón, enchufes e internet de alta velocidad. Los artistas del grafiti locales
suelen trabajar en estos minibuses, sobre los que realizan peculiares diseños
de héroes locales y de la cultura pop, lo que da lugar a una mezcla de grafiti
y cultura del *custom* automovilístico.

En cierto sentido, los grafitis de los matatus le sirven de base a Bankslave
para sus brillantes y atractivas pinturas. Sus murales en las autopistas se
dirigen a los viajeros atrapados en el tráfico, a los que les proporciona puntos
de referencia para sus desplazamientos diarios. Así describe el hecho de
que cada pared desempeñe un papel en el acto creativo: «Hay paredes que
simplemente te dicen lo que quieren que dibujes en ellas o lo que quieren
que se revele... algunas tienen texturas... o grietas que te llevan a alguna
parte».

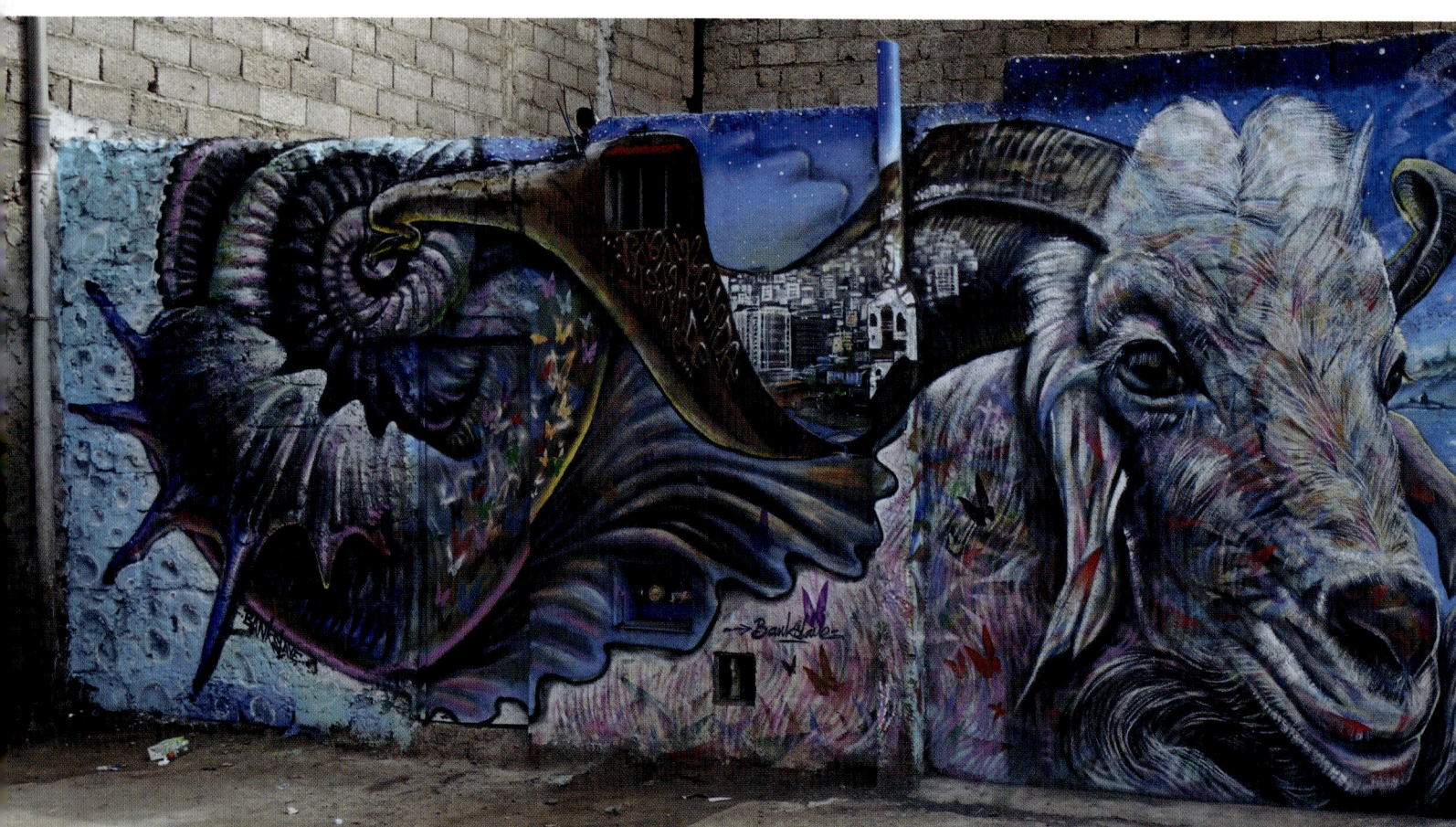

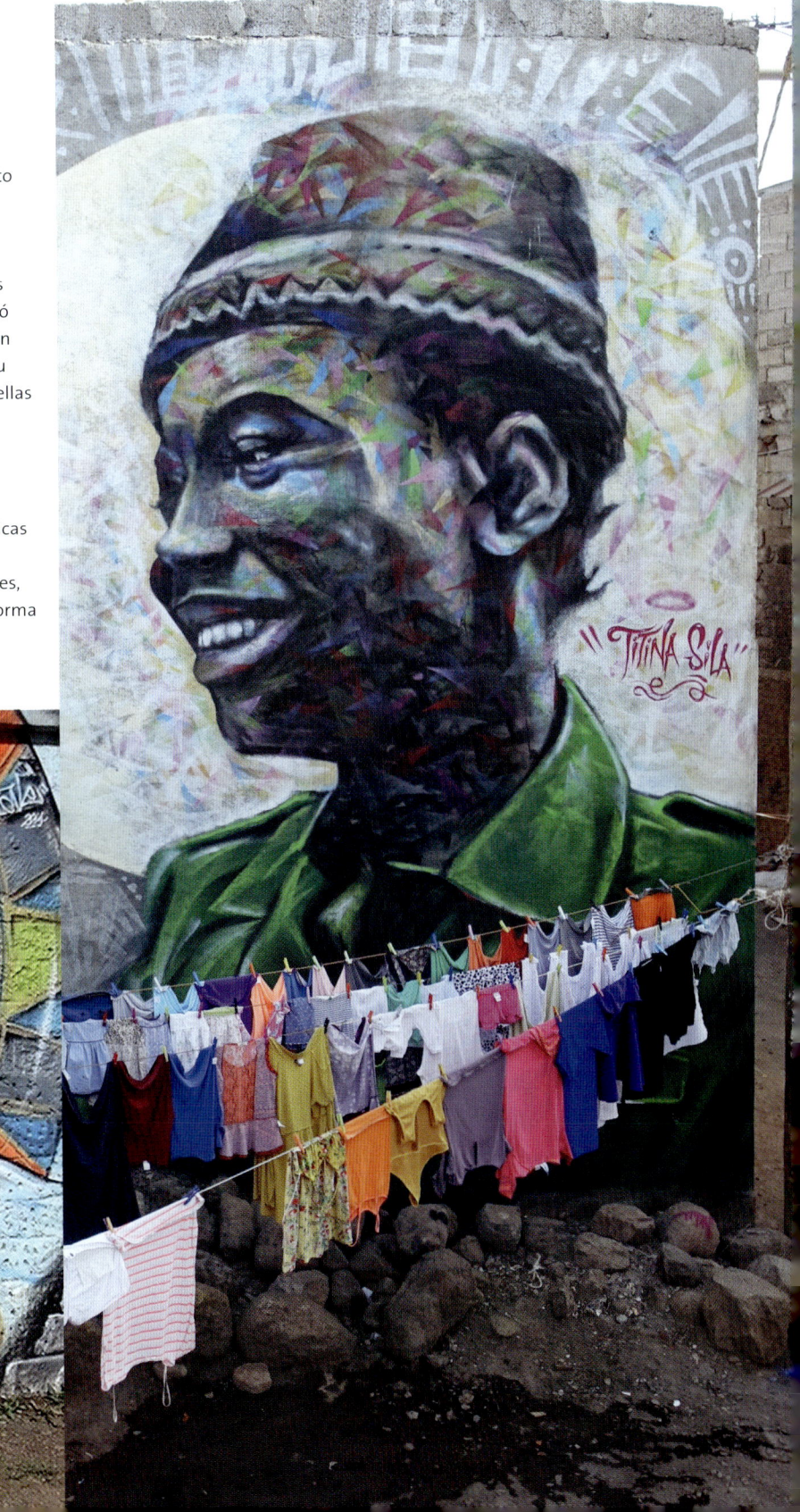

1 *Goat*, Santiago, Cabo Verde, 2019
2 *Lupita*, Nairobi, Kenia, 2014
3 *Titina Silá*, Santiago, Cabo Verde, 2019

Bankslave ha pintado a muchas figuras conocidas, como el gran retrato que hizo de Barack Obama antes de su visita a Kenia en la fachada de un centro de arte. Bankslave también ha retratado a la actriz, escritora y activista keniana-mexicana Lupita Nyong'o (*véase* imagen 2) y al rapero estadounidense Nipsey Hussle. También ha realizado numerosos murales de figuras anticoloniales, como Titina Silá, figura revolucionaria que ayudó a liberar Cabo Verde de la ocupación portuguesa (*véase* imagen 3), y Dedan Kimathi, líder de la independencia de Kenia y del levantamiento Mau Mau contra el dominio colonial británico. Sus retratos también incluyen a estrellas del deporte, como una bella representación de Muhammad Ali, Hassan Mwakinyo y el corredor keniano Eliud Kipchoge (pintado en colaboración con su colega BantuMoja). Bankslave elige héroes cuyos logros resultan edificantes y que tienen virtudes que van más allá de sus ámbitos.

Para hacer *street art* de forma profesional en las condiciones económicas de Kenia, Bankslave debe ejercer de empresario e incluso de intérprete. Su trabajo incluye encargos, pintura en directo, clases de arte, exposiciones, una marca de ropa y la venta de reproducciones de sus obras. Todo esto forma parte de lo que considera «el trabajo más guay del mundo». **LM**

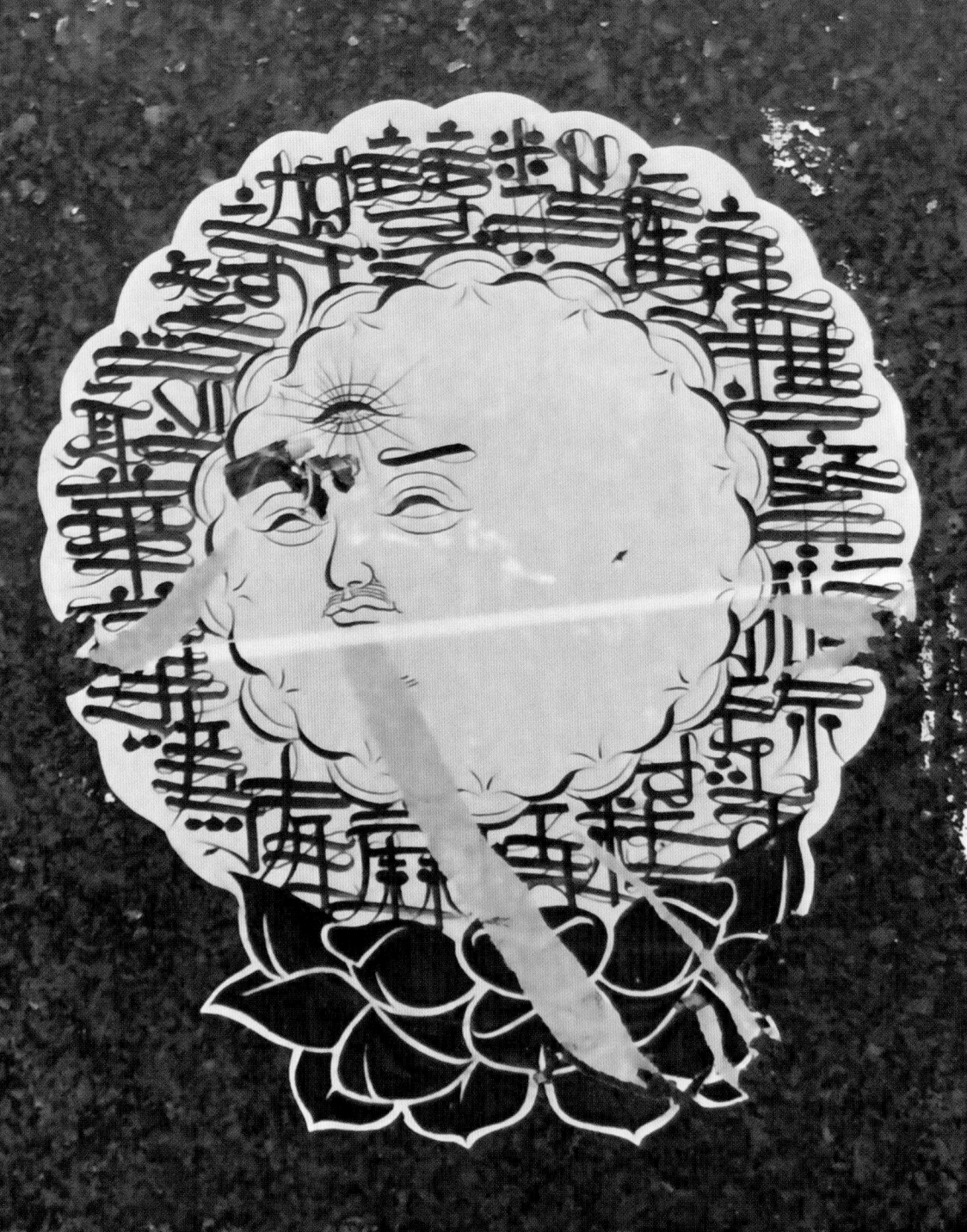

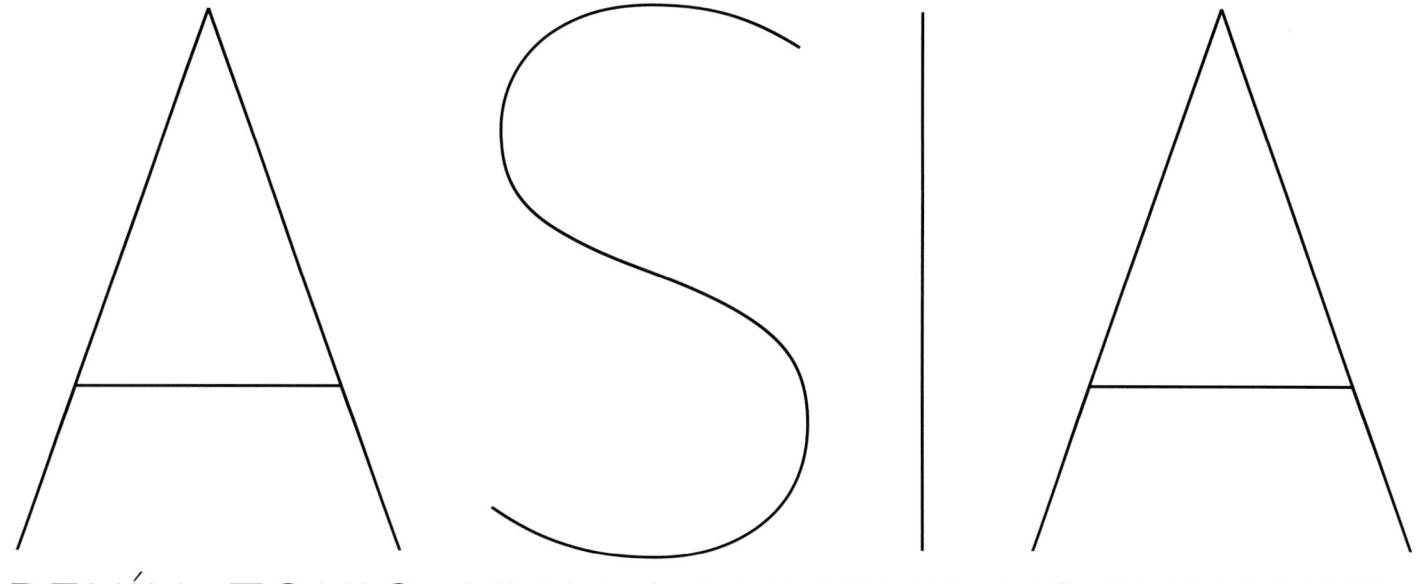

ASIA

PEKÍN   TOKIO   KUALA LUMPUR   YOGYAKARTA

JAZOO YANG   ESSU   WICKED BROZ   SMER   ASMOE   LOVE HATE LOVE   INK AND CLOG   DAL EAST

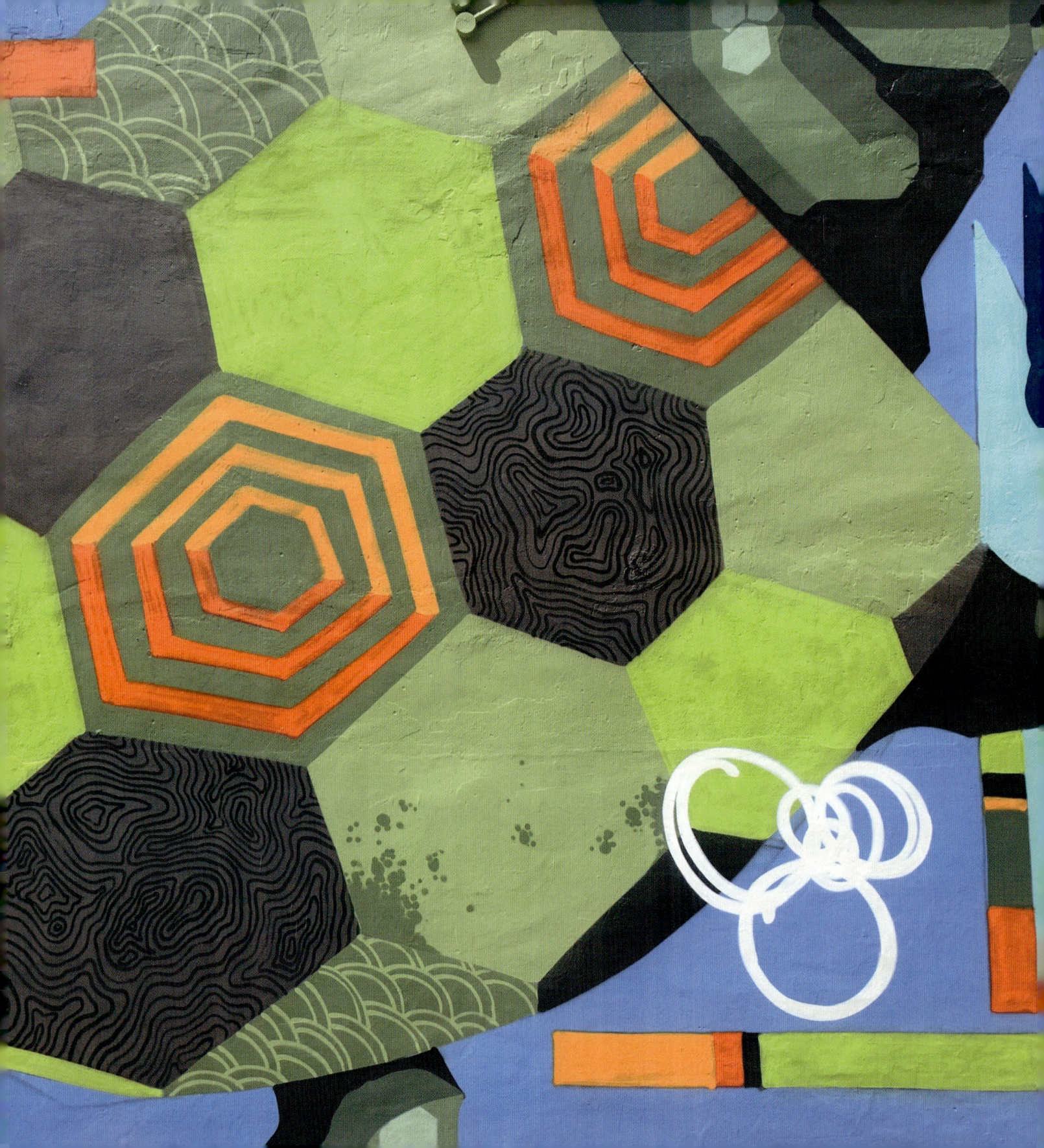

En muchos países asiáticos, la producción de arte público independiente es una actividad marginal y menos visible que en otras regiones. Sin embargo, hay muchos puntos calientes, como las callejuelas de George Town, Penang, las galerías tokiotas de Shibuya, las persianas de las tiendas de Bangkok y las paredes junto a la playa de la tienda de pinturas All Caps en la isla de Bali, Indonesia. Aunque en Asia los grafitis suelen ser objeto de persecución policial, en muchos lugares existe una indiferencia y un nivel de informalidad y diálogo en los espacios públicos que permite que se realicen de forma pacífica. Por suerte, en la era de Instagram, el *street art* suele estar vinculado a la producción de escenarios espectaculares y selfis, lo que fomenta los flujos de turistas y consumidores.

El grafiti y el *street art* asiáticos suelen reflejar las tradiciones locales de lengua y cultura, como las pinceladas y la caligrafía tradicionales en China, o, en el caso de Japón, el *senjafuda* (los adhesivos votivos de los santuarios sintoístas y templos budistas). Buena parte del *street art* asiático está muy influido también por los estilos gráficos del anime y el complejo remolino de la moda y la música contemporáneas. Pese a ser un centro mundial de la moda urbana, en el barrio tokiota de Harajuku casi no hay grafitis, salvo por las masas de pegatinas y *tags* ocasionales. Fueron estas pegatinas del mundo del *skate* las que dieron el impulso original al trabajo artístico de Essu (*véanse* páginas 340-341), artista afincado en Tokio. Otra influencia clave, sobre todo para los escritores de grafiti, es la cultura del *hip-hop*, que proporciona un lenguaje y una filosofía globales que abarcan las artes visuales, la danza y la música. Allí donde el grafiti se encuentra en los márgenes, como en las megalópolis de Pekín y Bombay, el *hip-hop* puede proporcionar redes internacionales.

Además de los propios artistas, el público asiático ha desempeñado un papel crucial en la configuración del *street art* mundial, sobre todo en Japón, que proporcionó una base y un mercado a muchos artistas destacados, desde Futura, BNE (*véanse* páginas 52-53) y Barry Magee hasta, ya en fechas más recientes, KAWS (que cuando vende obras de tirada limitada provoca colas de jóvenes). Los mercados de arte y las economías turísticas impulsan el *street art* en zonas como Jalon Alor en Malasia, la 798 Art Zone de Pekín y los murales de Bandra y la Marol Art Village de Bombay. Pese a las particularidades de muchos lugares, también pueden percibirse los rasgos distintivos del grafiti y del *street art* en cada ciudad: barrios que rezuman *street art*, murales por encargo en fachadas de hoteles, los históricos salones de la fama y quizá edificios derruidos y vacíos convertidos en efímeras galerías informales. En Seúl, ciudad en transición, Jazoo Yang (*véanse* páginas 350-351) se ha visto atraída por la historia de los últimos momentos de vida de estos edificios.

En muchas ciudades, las tiendas de pintura en aerosol son un centro de suministros y conexiones sociales y, además, actúan como mediadoras entre lo *underground* y lo *mainstream*. SMER (*véanse* páginas 334-335), artista y propietario de una tienda de pinturas de Pekín, está en el centro de las redes de la ciudad. Del mismo modo, el colectivo Wicked Broz (*véanse* páginas 356-357) ha trabajado en Bombay para desarrollar su incipiente escena grafitera y ampliar las oportunidades para pintar.

En Malasia y en la cercana Singapur, la combinación de paisajes callejeros tradicionales y de paisajes tecnológicos coloniales y futuristas conforma un fértil e inusual telón de fondo para el grafiti. Incluso si los diseños son congruentes, la inserción de *tags* o de estarcidos en los variados, ricos y bulliciosos paisajes callejeros de Asia puede alterar el aspecto y el significado. En este contexto, los *tags* no pueden yuxtaponerse a la estética sosa y puritana de las periferias urbanas ni a la tosca decadencia de los centros urbanos deprimidos y vacíos de Occidente. En cambio, los grafitis deben competir con la complejidad visual de los vendedores ambulantes, el neón y, en muchas ciudades asiáticas, el clima tropical. En el caso de Asmoe (*véanse* páginas 344-345), en Malasia, y de Ink and Clog (*véanse* páginas 352-353), en Singapur, su trabajo se centra en visiones futuristas de la ciudad al tiempo que intentan mantener una escala y una presencia humanas en las siempre cambiantes tecnoutopías.

Aunque sigue siendo marginal en la vida de la ciudad, Pekín cuenta con una diestra y próspera escena grafitera repartida entre las zonas formales del distrito de galerías, donde SMER suele pintar, y otros espacios urbanos. Dal East (*véanse* páginas 336-337), originario de Wuhan, se trasladó en 2009 a Pekín, donde contribuyó al desarrollo de la joven escena de la ciudad. El *street art* pekinés también se abrió con los Juegos Olímpicos de Verano de 2008, lo que supuso una oportunidad para los artistas gracias a la creación de algunas prominentes paredes legales que luego se pudieron volver a pintar. ¿Cómo sería correr por el metro de Shenzhen con una sudadera con capucha y una mochila llena de aerosoles, esquivando trenes y evadiendo a la policía y sus perros? Gracias a los más de mil millones de usuarios del videojuego *Subway Surfers*, en el que los jugadores adoptan este papel (y que incluye un nivel ambientado en China), el grafiti chino está ya en el imaginario mundial.

Las calles asiáticas abarcan desde los espacios hipercontrolados de los regímenes autoritarios hasta el vibrante bullicio de los vendedores ambulantes y el tráfico de *scooters*, como sucede en Yogyakarta, Indonesia, y su red de callejuelas ocultas, paredes medio derruidas y acogedores estudios. Love Hate Love (*véanse* páginas 348-349) tiene un estilo informal y gráfico que se adapta bien a las paredes derruidas de Yogyakarta. Los visitantes de la ciudad destacan la informalidad y energía de la ciudad, así como la intensidad de sus artistas. Lejos de las grandes ciudades asiáticas, Yogyakarta tiene un mundo oculto de *street art* que ha influido en muchos visitantes.

El grafiti y el *street art* asiáticos suelen estar sujetos a relatos relacionados con el subdesarrollo, como el que cuentan los célebres escritores de grafiti estadounidenses Utah y Ether en su libro *Probation Vacation* (2016): cuando llegaron a un astillero ferroviario de Bombay que estaba en obras para pintar los trenes, descubrieron que estos eran tan nuevos que aún estaban envueltos en plástico. Sin embargo, pese a estas disparidades históricas, no puede decirse que el arte público asiático llegue tarde ni que sea un mero escenario para aventureros occidentales. Las tradiciones y la cultura locales se mezclan con formas e ideas importadas, reflejo de la persistencia y el ingenio de sus practicantes y de las vidas y los espacios de sus ciudades. **LM**

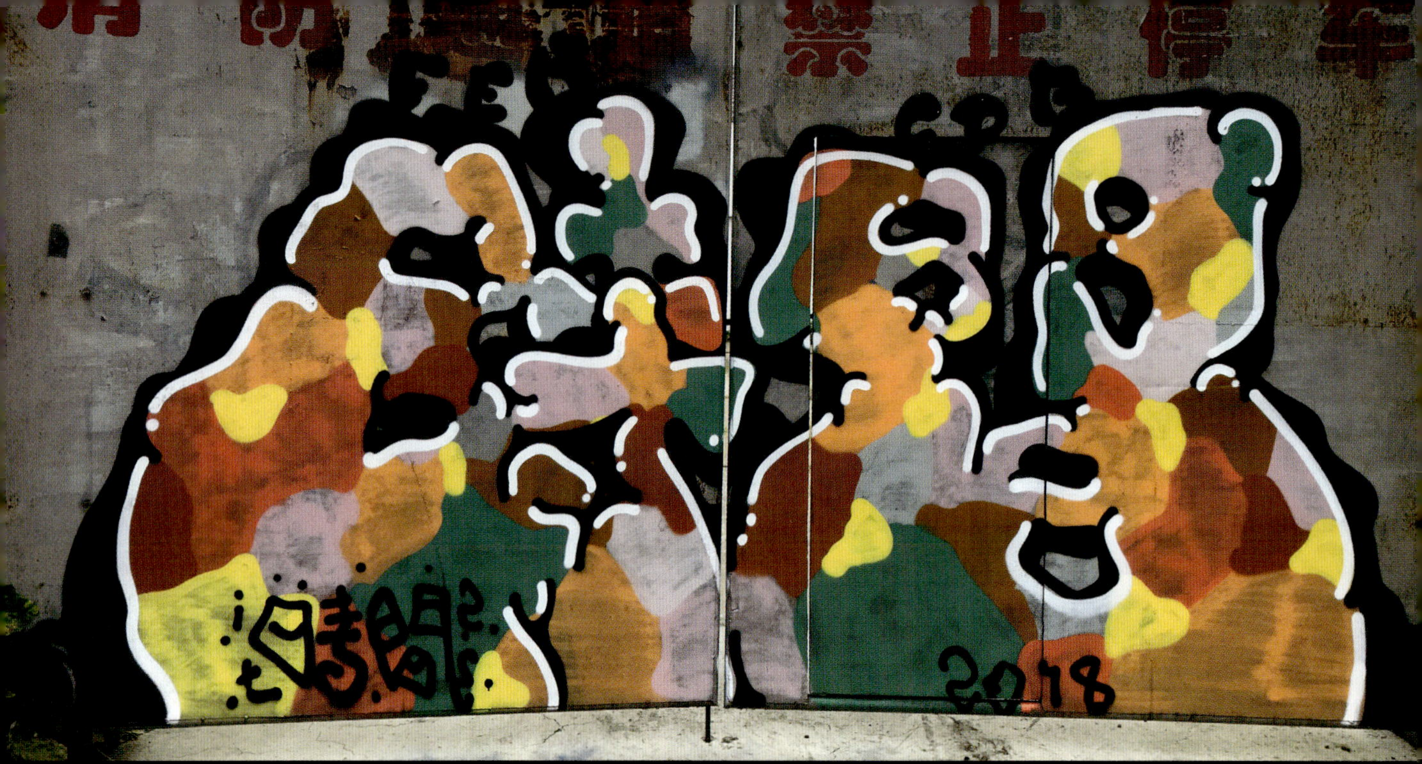

PEKÍN

En la megalópolis de Pekín, capital septentrional de China, conviven emblemáticos edificios imperiales chinos y redes de callejuelas, edificios de austeros aires soviéticos construidos entre las décadas de 1950 y 1970 y asombrosos edificios modernos, como la sede de la CCTV. También hay distritos consagrados al arte y la moda, como la 798 Art Zone, un extenso complejo de antiguas fábricas militares construidas al estilo Bauhaus. El grafiti es habitual en este distrito, que se ha convertido en un centro de arte contemporáneo y una de las principales atracciones turísticas de la ciudad.

En *Beijing Graffiti* (2020), Tom Dartnell rastrea los orígenes del grafiti pekinés hasta los artistas chinos que viajaban al extranjero y, más adelante, los visitantes turísticos y los intercambios informales de datos en la restringida internet. Uno de los primeros escritores fue Zhang Dali, el cual estudió arte en Italia a principios de la década de 1990. De vuelta a Pekín, se dedicó al *tagging* de guerrilla por toda la ciudad, para lo cual dibujó un perfil impreciso del rostro humano (*véase* imagen 4) y utilizó el *tag* «AK-47». El fotógrafo Liu Yuan Sheng, que desempeñó un papel clave en la documentación de los primeros grafitis de la ciudad, dejó constancia de estos

El grafiti chino, colorido y vibrante, suele darse en paredes consagradas para ello (*véase* imagen 2), en las que los artistas pueden pintar con relajación durante todo el día. Los artistas más avanzados, tras mucho tiempo de aprendizaje, pintan hoy en día con niveles muy elevados de complejidad estética y se centran tanto en los fondos y los personajes como en las letras de sus obras. Como sucede en otras escenas, su obra también aborda la escultura, la moda y la música y se dan oportunidades a través de exposiciones y empresas comerciales.

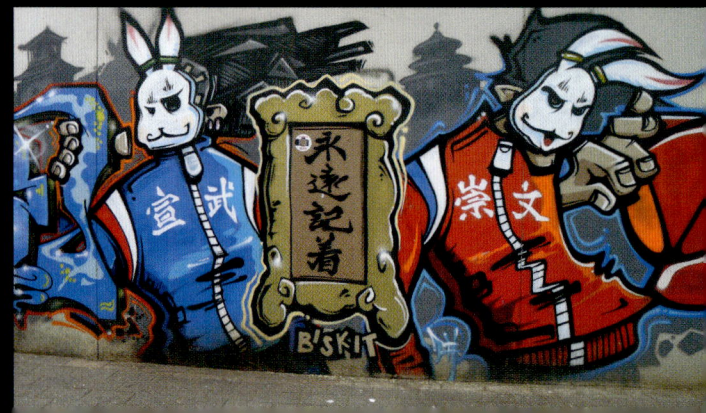

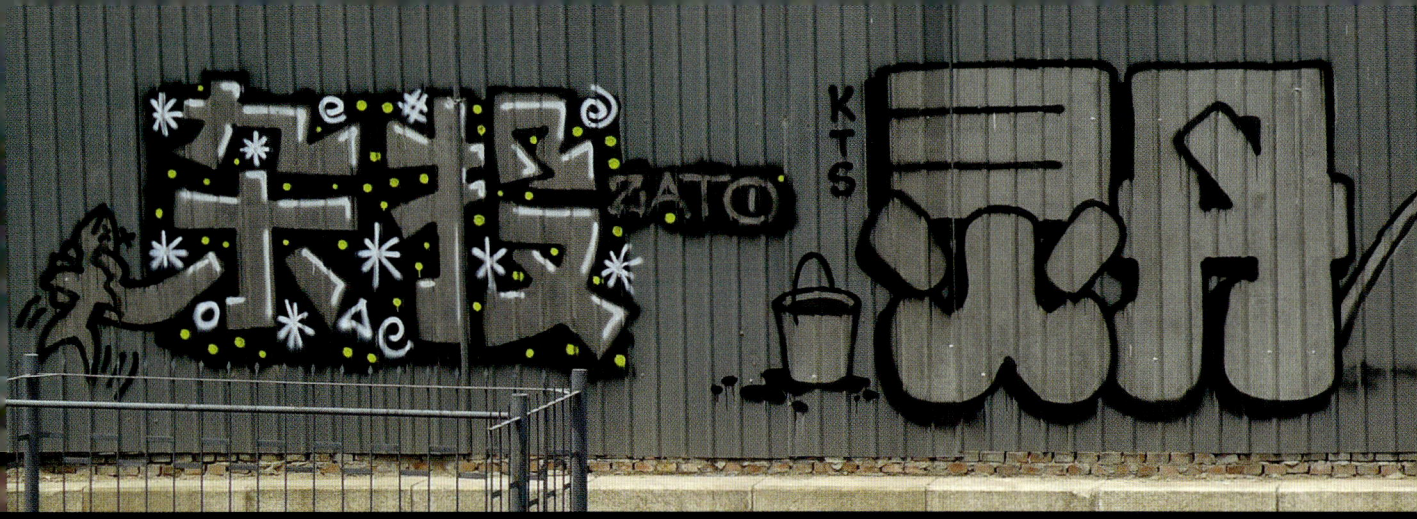

1 Zeit, 2018 2 Biskit, 2010 3 Zato, Eksas, 2014
4 Zhang Dali, 2005

La mayoría de los escritores de grafiti pekineses, alineándose con la tendencia mundial, usan el alfabeto romano. Como señala Dartnell, un pequeño cambio en la forma o el orden de los caracteres chinos pueden alterar de forma drástica su significado, lo que dificulta someterlos a la manipulación de las letras romanas por la que se caracteriza el grafiti. Sin embargo, aunque los *tags* se suelen representar en alfabeto romano, los caracteres chinos, las referencias locales y los animales del zodíaco chino ocupan un lugar destacado (*véanse* imágenes 1 y 3).

A pesar de las estrictas leyes y las restricciones contra la influencia extranjera, la actitud de China ante el grafiti es, según Dartnell, «de una sorprendente laxitud»: «La legalidad del grafiti en Pekín es un tema tan gris como muchas de las paredes de la ciudad, tanto para los infractores como para los funcionarios. Se rumorea que la mayoría de los escritores a los que sorprenden en el acto lo solucionan hablando, tal vez ofreciéndose a pintar sobre su obra o abonando una multa *in situ*. Las penas de cárcel son poco frecuentes, y la deportación es más probable para los infractores extranjeros». Con todo, las reacciones ante el grafiti son desiguales: los escritores siguen siendo objeto a veces de represiones y extorsiones policiales.

Los Juegos Olímpicos de Verano de 2008 dieron lugar a la autorización estatal para pintar en nuevas paredes, en las cuales se siguió pudiendo pintar después. Pekín es una ciudad en perpetua transformación y construcción, en la que los viejos barrios dan paso a nuevos rascacielos. La escena sigue siendo reducida y, en el ajetreo de la metrópolis, los grafitis no están tan extendidos como para suscitar sanciones legales ni la censura social. Sin embargo, a medida que los escritores locales van viajando y colaborando, el grafiti pekinés está atrayendo la atención internacional. LM

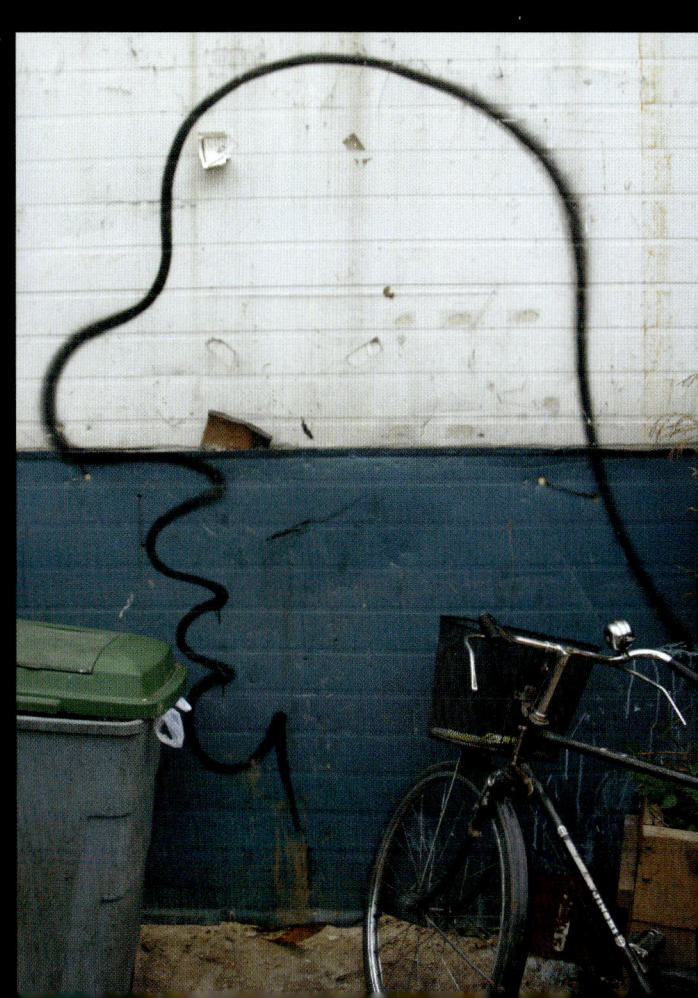

PEKÍN

NACIMIENTO 1988 **TÉCNICAS / MATERIALES** Pintura en aerosol, escultura
ESTILO Grafiti contemporáneo **TEMAS** Caligrafía árabe, minimalismo
CREWS ABS Crew, TPM (The Phunk Masters), OTR (On the Run)

SMER

SMER es un veterano del grafiti chino. Empezó a pintar a principios de la década de 2000, tras conocer el grafiti durante el instituto, y desde entonces se ha sumergido en la escena grafitera, aprovechando la actitud por lo general laxa hacia el grafiti en Pekín y las muchas oportunidades comerciales surgidas en la última década, incluida la gestión de la primera tienda de grafiti de la China continental, en la 798 Art Zone.

En épocas anteriores, el llamado *writer's bench* (los bancos del metro) solía ser el lugar central de reunión de los escritores de grafiti. Las tiendas de pintura en aerosol son ahora el centro de la cultura grafitera en muchas ciudades. Sus empleados no son meros proveedores de materiales, sino custodios de la historia y la información, guardianes, portavoces y nodos clave de las redes grafiteras. SMER, ubicado en el centro del grafiti pekinés, cuenta con abundante pintura de colores ilimitados y una amplia red de colaboradores.

El estilo de SMER es pulido, y, al revisar la evolución de sus piezas, resulta evidente su progresión técnica. Sus obras más recientes tienen un fuerte impacto visual, y en ellas se percibe tanta atención a la paleta y al fondo de las piezas como a las letras. Es experto tanto en técnicas de iluminación que combinan suaves transiciones cromáticas con fragmentos irregulares de luz eléctrica como en inusuales piezas a contraluz que permiten que la luz se incline hacia el espectador desde detrás de las letras mediante una esmerada representación de colores y tonos. La elección que hace de los colores responde al entorno: ciruela para contrastar con la suave luz de la ciudad, o un revoltijo de grises y verdes para evocar su famoso aire contaminado.

En Pekín, los grafitis se dan en los márgenes, aunque también en el corazón de la ciudad. Las piezas de SMER son visibles en toda la ciudad, puesto que ocupan las paredes vacías de los miles de edificios abandonados, están en la 798 Art Zone y hasta en el centro de Pekín, en lugares como el centro comercial The Place. De Pekín a Berlín, SMER ha pintado por todo el mundo, incluso con la diáspora de la ABS Crew, que incluye a un gran contingente de escritores afincados en Alemania, como Tokk, rey de los personajes, así como Phet, Syck, Pork, Sbeck y otros, de una red mundial de escritores. **LM**

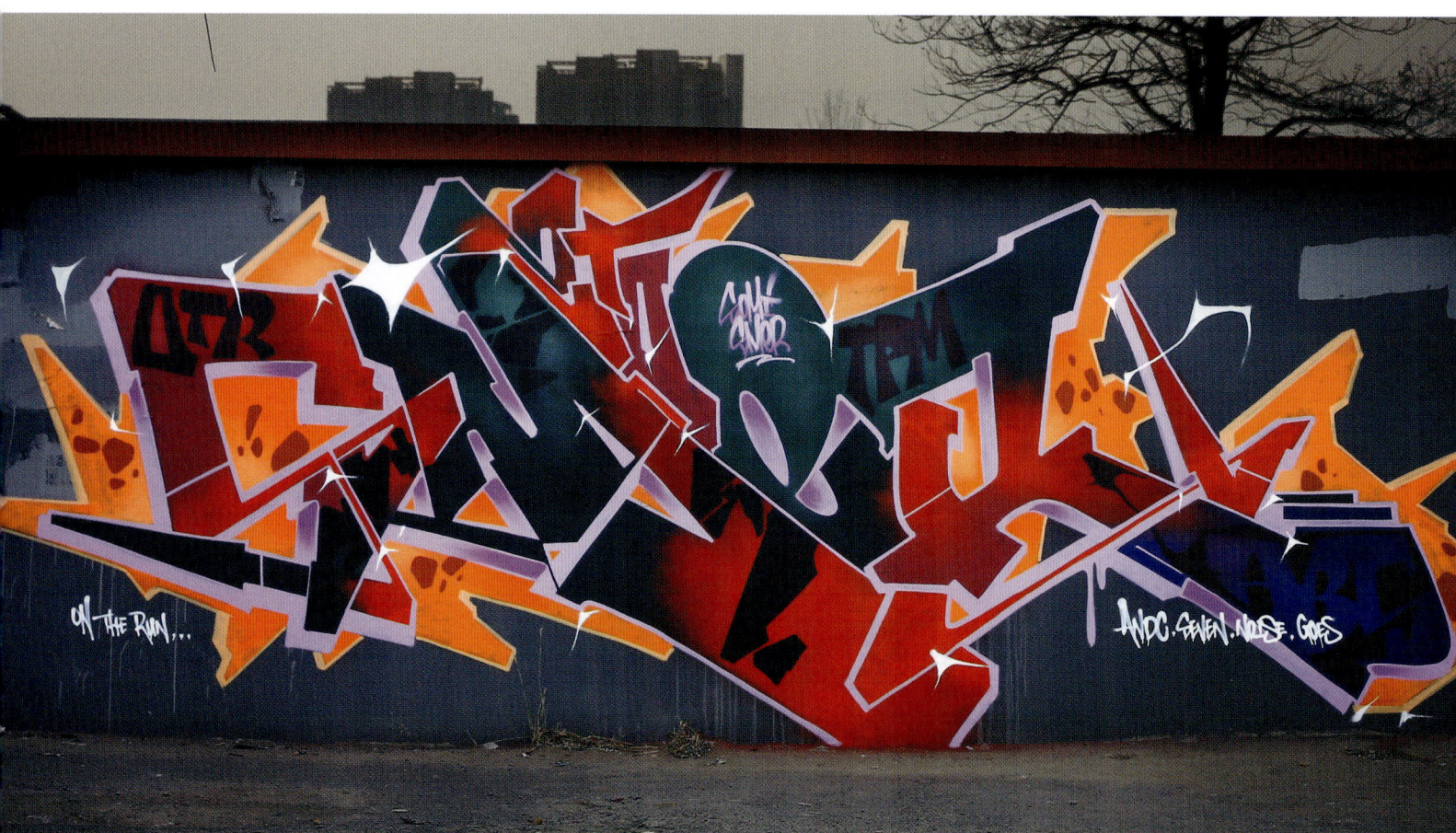

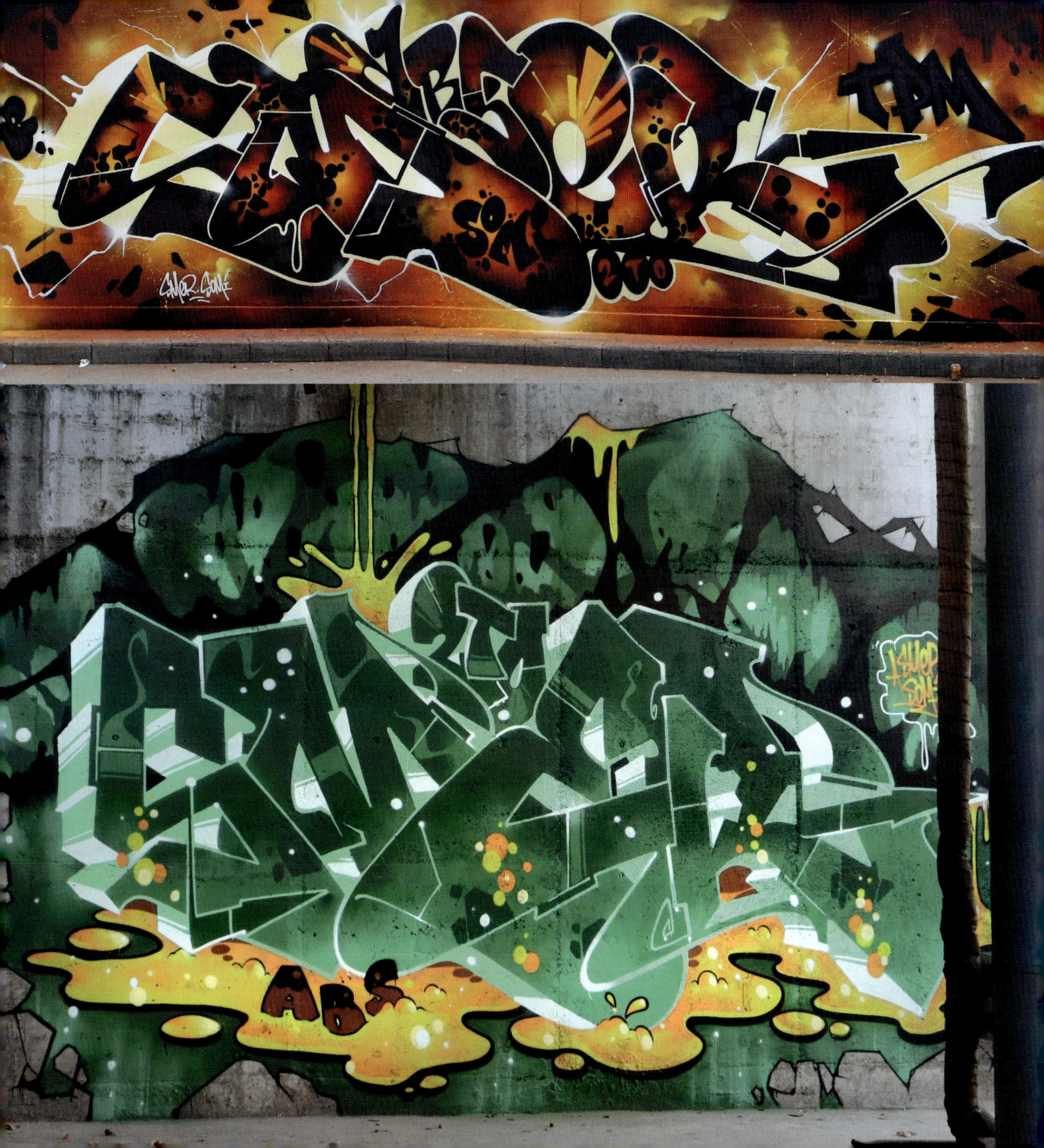

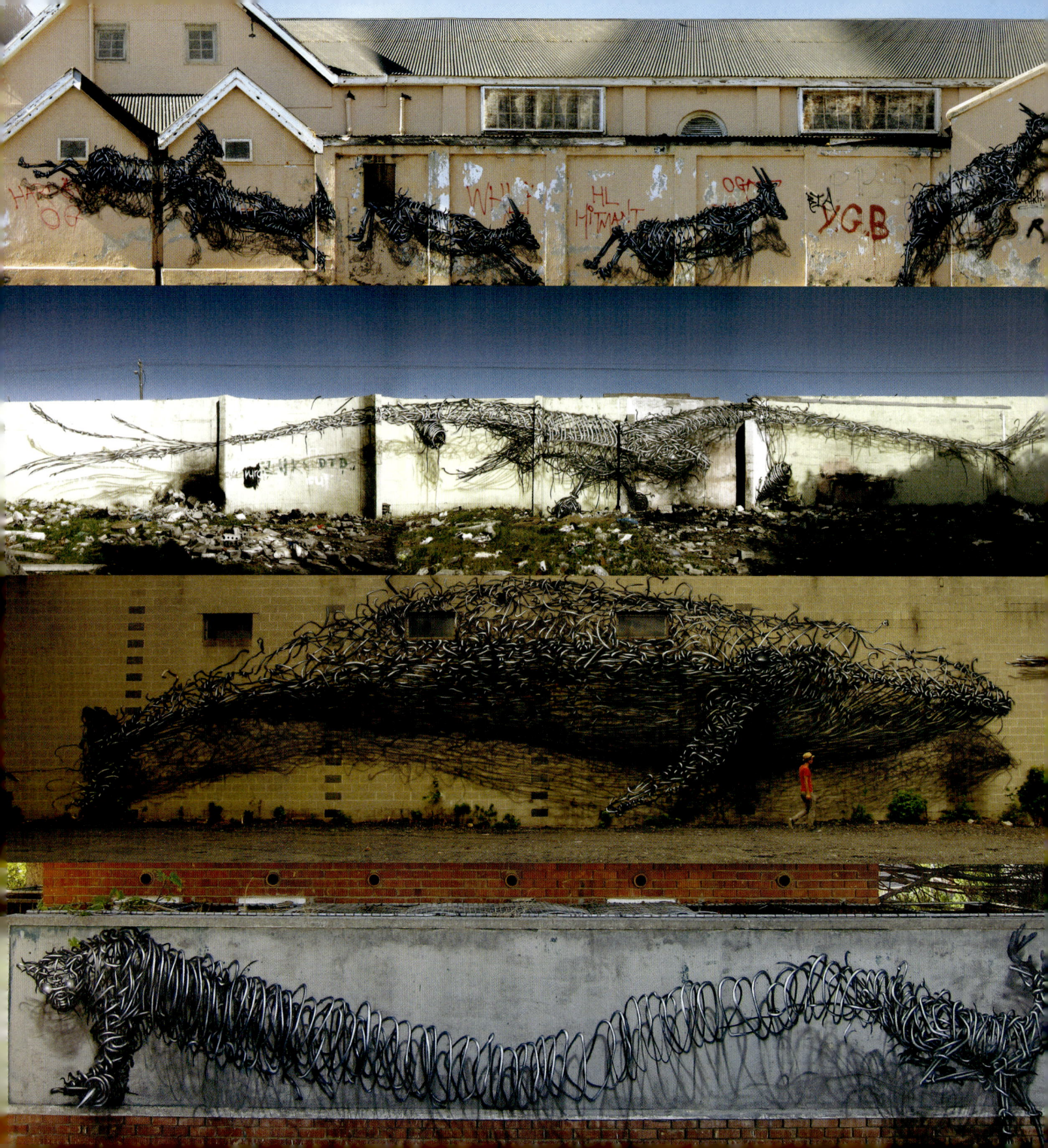

WUHAN
NACIMIENTO 1984, Wuhan, China   TÉCNICAS / MATERIALES Pintura acrílica, pintura en aerosol   ESTILO Murales de gran formato con figuras de alambre metálico   TEMAS Naturaleza / cultura, animales / máquinas   INFLUENCIAS Filosofía oriental   COLECTIVO Chirp

DAL EAST

Dal East, natural de Wuhan, la ciudad más poblada del centro de China, es un artista que encarna la tensa relación entre mundos opuestos: lo natural y lo artificial, lo orgánico y lo sintético. Su estética pugna por fusionar estos binomios en apariencia irreconciliables. Aunque su estilo característico (figuras metálicas, monocromas y escultóricas) se puede ver hoy en día en todo el mundo, su práctica sigue estando muy influida por la filosofía oriental y por el espíritu y la energía que emanan del mundo natural. Inspirándose tanto en la inmaterialidad interna de los sueños y de las emociones como en la corporeidad externa de la materia y de la forma, las imágenes esqueléticas y en espiral de Dal intentan dar vida a las criaturas del artista, en parte animales y en parte máquinas, y dotarlas de una emoción y de un espíritu que superan sus cualidades meramente ilustrativas.

Dal es miembro fundador del colectivo artístico Chirp, con sede en Wuhan, el cual fue uno de los primeros de China en fusionar arte público y grafiti. Además, ha participado de forma activa en la floreciente escena grafitera china desde 2004. Estudió escultura en el Instituto de Bellas Artes de Hubei, pero lo dejó un año antes de terminar la carrera porque no estaba de acuerdo con los métodos de enseñanza de la institución. Dal continuó con su práctica del grafiti tras mudarse a Pekín, en 2009, tras lo que se estableció de forma definitiva en Ciudad del Cabo, Sudáfrica, donde se casó con Faith47, artista muy respetada en el contexto del arte público independiente internacional.

La obra de Dal demuestra con claridad la fusión de la formación ilícita y la institucional, fusión que confluye de forma natural en sus obras tridimensionales de alambre. Mitad robóticas y mitad bióticas, las retorcidas esculturas metálicas a gran escala que produce revelan lo que hay bajo la superficie y ponen de relieve el armazón en torno al que se sustenta el mundo físico. El amor que siente Dal por la vitalidad del mundo animal queda patente en sus creaciones: evoca una fantasía en la que lo natural y lo sintético se funden para dar lugar a criaturas mestizas que ilustran la belleza más que el horror que puede surgir de tal unión. Al ubicar su arte en el espacio público para compartir su «experiencia y emoción con las personas», no para hablarles «de lo que está bien o mal», Dal intenta llevar al espectador a niveles conceptuales (además de espectaculares) mediante una excepcional síntesis pictórica entre un mundo medio mecanizado y medio orgánico.

1 *The Williams Brothers*, Ciudad del Cabo, Sudáfrica, 2012   2 *Milestone*, Ciudad del Cabo, Sudáfrica, 2012   3 *Discount Evolution*, Rochester, Estados Unidos, 2012   4 *Deer Park*, Ciudad del Cabo, Sudáfrica, 2012   5 *C*, Melun, Francia, 2012

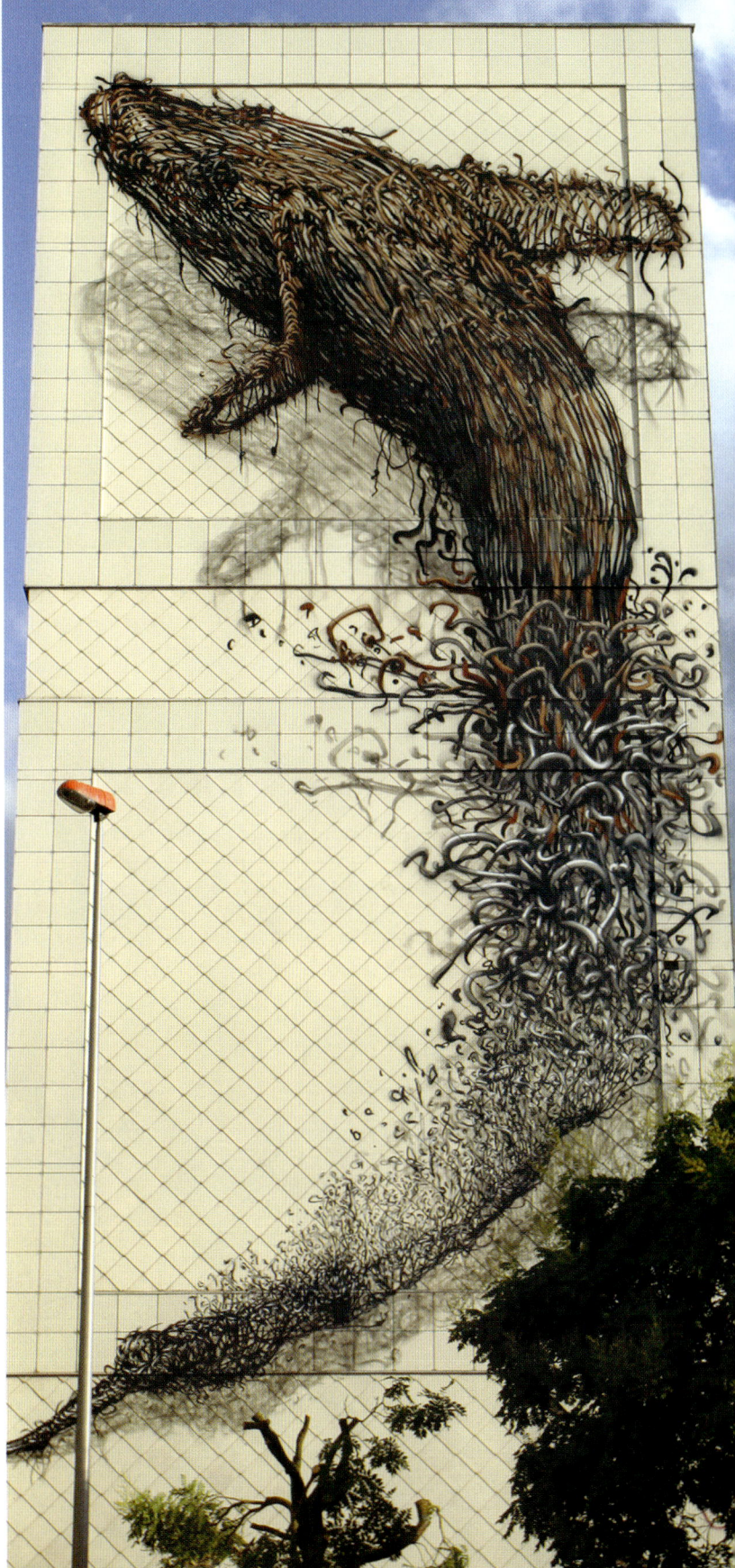

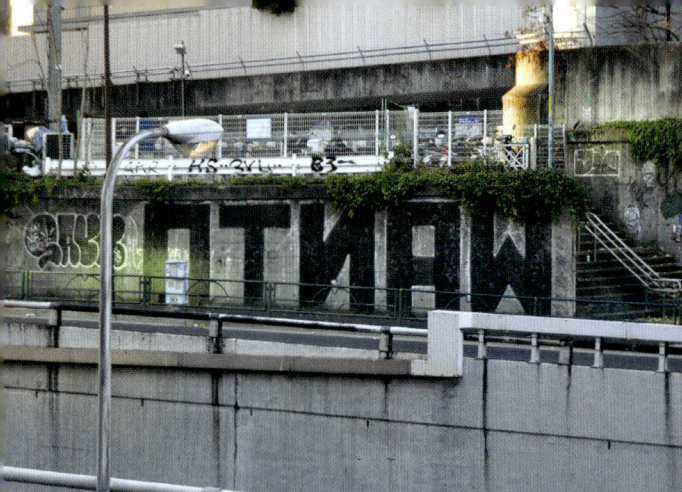

En las calles, los ecos de la obra de la *crew* internacional MSK (Mad Society
Kings) son evidentes en todo Tokio. Los escritores de MSK abrieron nuevos
caminos en el asalto al espacio público en Estados Unidos: cubrieron pasos
elevados de autopistas de varios pisos de altura, escalaron edificios y pintaron
laterales de transatlánticos; además, ampliaron poco a poco el número
de miembros de su ciudad natal de Los Ángeles a otras ciudades de Estados
Unidos antes de cruzar océanos para reclutar artistas a escala internacional.

Los grafitis de la rama tokiota de MSK delimitaron el escenario visual de
la ciudad. Sus miembros se cuentan entre los vándalos más prolíficos: sus
pegatinas, *tags* y pinturas eclipsan a sus compañeros en el mundo del grafiti
tanto en cantidad como en colocación. Los miembros tokiotas de MSK se
toman muy en serio el espíritu de la *crew* y dedican mucho tiempo a,
mediante pintura, rotuladores, pegatinas y otros métodos, asegurarse
de que el nombre de esta esté por toda la ciudad.

El escritor de grafiti Wanto ha pintado piezas a base de gigantescas letras
de imprenta geométricas en casi todos los distritos de Tokio (*véase* imagen 1).
Estas piezas, que han aparecido a lo largo de las principales líneas ferroviarias
y en lo alto de los edificios que se ven desde la autopista al entrar y salir de
Tokio, tienen una escala y una frecuencia asombrosas. Lo mismo puede
decirse del tratamiento dado por el escritor Sect a grandes porciones de
buena parte de la ciudad (*véase* imagen 2). Sus apresurados trazos pintados
con aerosol van de un lado a otro, y el exceso de pintura que se produce al
tener el bote a unos treinta centímetros de la pared se encarga de la mitad
del trabajo, que se remata con unos rápidos trazos de contorno.

El *tag* de Ekys, compuesto de mayúsculas y minúsculas, adorna máquinas
expendedoras y aparatos de aire acondicionado exteriores por toda la ciudad
(*véanse* imágenes 4-6). Ekys, que usa letras romanas de líneas rectas e inclinadas
hacia atrás elaboradas con tinta y pintura en aerosol, es potencialmente el
escritor más visible de Tokio a causa de la frecuencia de su obra.

TOKIO

Los estilos y percepciones japoneses del grafiti y el *street art* se han visto muy
influidos y moldeados por dos de los exponentes más conocidos del arte
contemporáneo estadounidense de expresión visual basada en el grafiti:
Keith Haring y Barry McGee. La exposición individual que celebró Keith
Haring en 1983 en la antigua Galerie Watari de Tokio (y los garabatos que
hizo a la vez en todas las superficies públicas que encontró) inspiró la primera
oleada de aficionados y practicantes del grafiti en la capital japonesa. Estas
actividades autóctonas se consolidaron en proyectos como *Kaze Magazine*,
la revista de grafiti más antigua de Japón.

La proliferación de exposiciones, diseños de ropa y publicaciones
específicas para el mercado japonés dedicadas al grafiti, como Futura 2000
(reforzada por creadores de tendencias culturales de la década de 1990, como
Nigo, antiguo responsable de la línea de ropa Bathing Ape), creó una conciencia
y una apreciación generalizadas y matizadas del *street art* que precedieron
al auge de este arte a mediados de la década de 2000 en Estados Unidos.

La exposición «Street Market», organizada en el año 2000 por Barry McGee,
Todd James y Steve Powers (*véanse* páginas 18-21) en la Parco Gallery de Shibuya,
consolidó aún más la percepción pública del *street art*. La mezcla de pintura de
los carteles vernáculos, apropiación de caricaturas japonesas (en particular, las
improvisaciones de James sobre el artista Yanagihara Ryohei, pilar del Suntory
Whiskey), el uso de imágenes *sexploitative* y estética de ultramarinos, junto
con la iconografía tradicional del grafiti, encendieron la llama que acabó
explotando en el *street art* japonés contemporáneo. La siguiente exposición
individual de McGee, celebrada en el Watari Museum de Gaienmae, cimentó

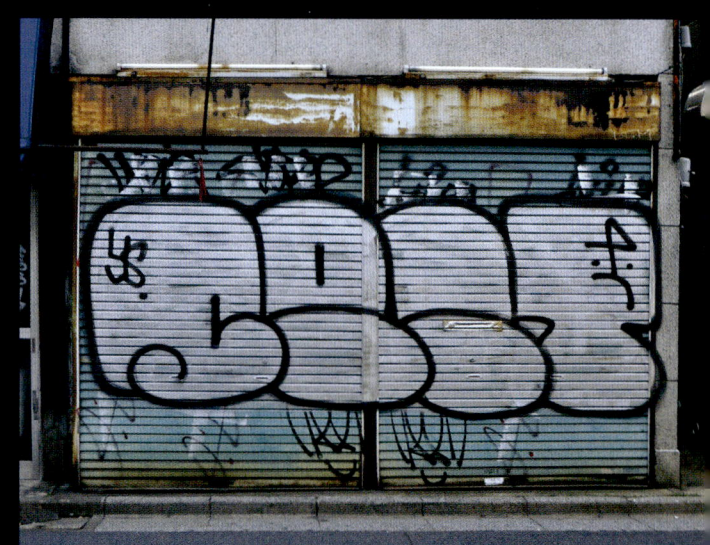

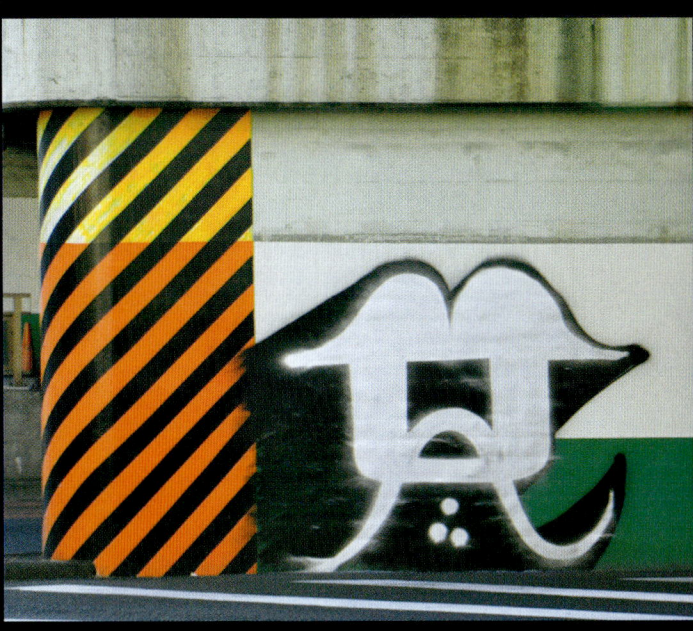

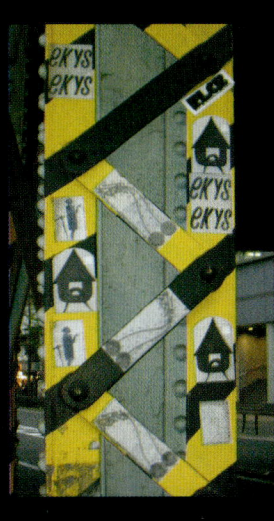

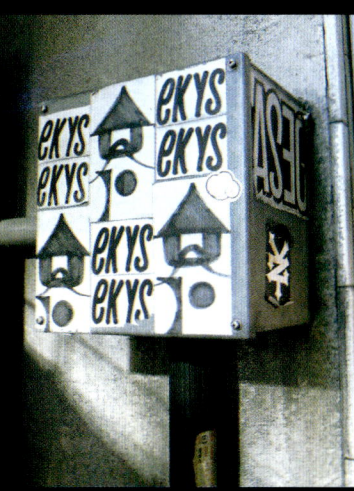

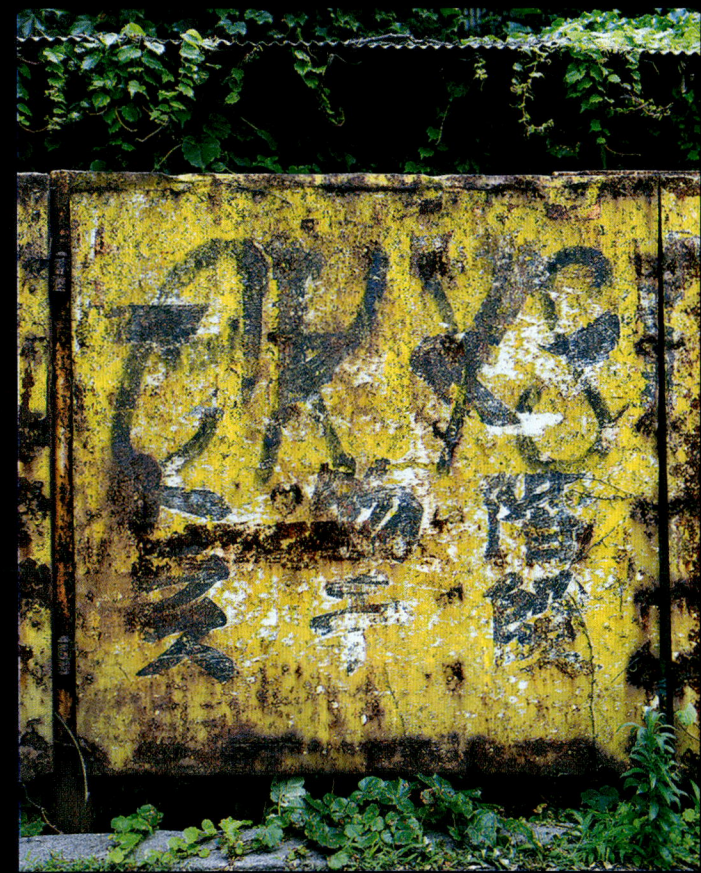

Estos escritores se centran en el *tagging* y los *throw-ups*, los aspectos menos «pictóricos» del grafiti. Se inclinan más hacia el vandalismo que hacia el arte como objeto de belleza *per se*. Su obra ofrece una variante potencialmente diferente del grafiti. Se trata de una forma de comunicación aún por reconocer: la de la sintaxis. A través de la repetición espacial y la ubicación, estos escritores despliegan un lenguaje escrito de lo más minimalista por todo Tokio. El eje es lo que se dice, pero, al igual que sucede con otras formas de lenguaje, tanto oral y escrito, el cómo y el dónde se transmite lo que se dice tienen también su significado. El lugar que eligen los escritores para pintar sus nombres adquiere significado, la repetición lleva al conocimiento y las ubicaciones que entrañen un riesgo especial realzan la relevancia social de las obras.

Quizá el más interesante de estos decoradores errantes sea QP (*véanse* imágenes 3-5). El carácter extraño e híbrido de sus letras y personajes se aleja del estándar de legibilidad de sus compatriotas. Los *tags* de QP se inclinan por una paleta monocroma y dejan ver un enfoque singular a través de una ubicación que no tiene nada de formularia y que desprende personalidad.

El rasgo común de todos estos escritores y sus prácticas es que, en última instancia, quieren hacerse ver. Lo importante es tener el mayor número posible de piezas en las calles, no crear algo subjetivamente «bello».

La obra de estos escritores en las calles es, en potencia, el tercer sexo del arte: no se trata ni de concepto ni de belleza, sino que se basa en la aplicación, el contexto y la frecuencia para comunicar el deseo. **IL**

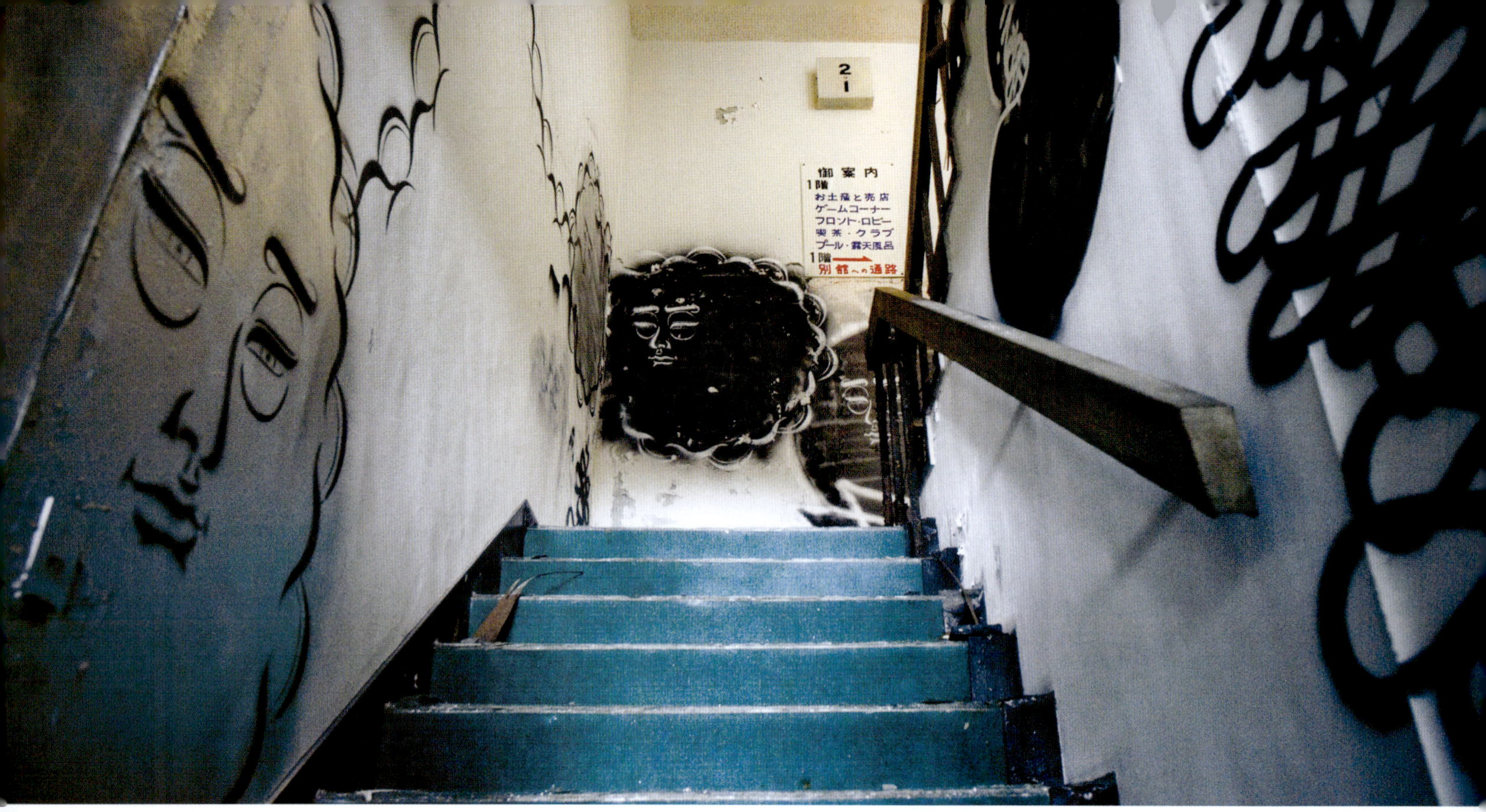

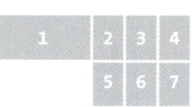

TOKIO

NACIMIENTO Tokio, Japón **TÉCNICAS / MATERIALES** Pegatinas, pintura en aerosol, escultura **ESTILO** Figuración tipográfica monocroma, caligrafía *kanji* **TEMAS** El personaje Uiko **INFLUENCIAS** Zen

1 *Hotel Essu*, Izu, Japón, 2011   2 Yotsuya, Tokio, Japón, 2007
3 Shinjuku, Tokio, Japón, 2009   4 Akihabara, Tokio, Japón, 2006
5 Yoyogi, Tokio, Japón, 2008   6 Shinjuku, Tokio, Japón, 2007
7 Harajuku, Tokio, 2008

ESSU

El detallado y elaborado arte público independiente de Essu, que satura las calles de Tokio con su figuración monocroma y llena de *kanjis* (el sistema de escritura japonés basado en los caracteres chinos), es la quintaesencia de la estética japonesa. Essu aborda la clásica confrontación entre lo humorístico y lo grotesco mediante el uso de motivos como la flor de loto y construcciones escalonadas que recuerdan a las pagodas, en una fusión de caligrafía e imágenes frecuente en el arte japonés. Con la ayuda de su peculiar personaje recurrente, Uiko, también conocido como «el Niño Prometedor», Essu intenta llevar la «sabiduría» de este «ser perfecto» a la esfera pública para «trascender las dimensiones» y que el mundo invisible entre en el reino de lo visible.

La primera obsesión de Essu fueron las pegatinas para monopatines, más que el grafiti o el *street art*, y desde muy joven se aficionó a coleccionarlas. También se inspiró en el influyente pero efímero espacio artístico Ghetto, en Shinjuku, un centro artístico alternativo al estilo de la Costa Oeste en el que solían concurrir *skaters* y escritores de grafiti. Essu empezó a hacer sus propias pegatinas impresas a mano para promocionar su floreciente marca de camisetas y las pegó frenéticamente por las calles de Tokio. A medida que su obra se fue volviendo más compleja, influida por el mundo del arte desenfadado pero dirigido hacia una modalidad japonesa más intrincada, su retrato caligráfico se inclinó de forma natural por el uso del aerosol y de las pegatinas. Mediante una conexión de la ejecución física del grafiti con el *shuuji* (el delicado equilibrio y la fluidez que deben estar presentes en cada trazo del *kanji*), así como con la mentalidad zen y la claridad mental que son cruciales para este equilibrio, Essu empezó a desarrollar su práctica en la «dimensión única» del aerosol contra la pared en lugar de la «dimensión doble» de la pegatina, y se centró más en la «mentalidad y la acción» que en la imagen en sí.

Aunque en fechas más recientes ha llevado sus obras a la tercera dimensión, lo que sigue siendo constante en la práctica de Essu (ya sea en forma escultórica o pintada) es su personaje Uiko, que pretende tanto contagiar como interrogar a todos los que se cruzan con él. Mediante la provocación de una «risa seria», como dice Essu, su obra pretende proporcionar tanto *satori* («despertar») como *mujun* («contradicción») al margen de la disciplina que aborde e iluminar las grises calles de Tokio con una dosis de risa y misterio a partes iguales.

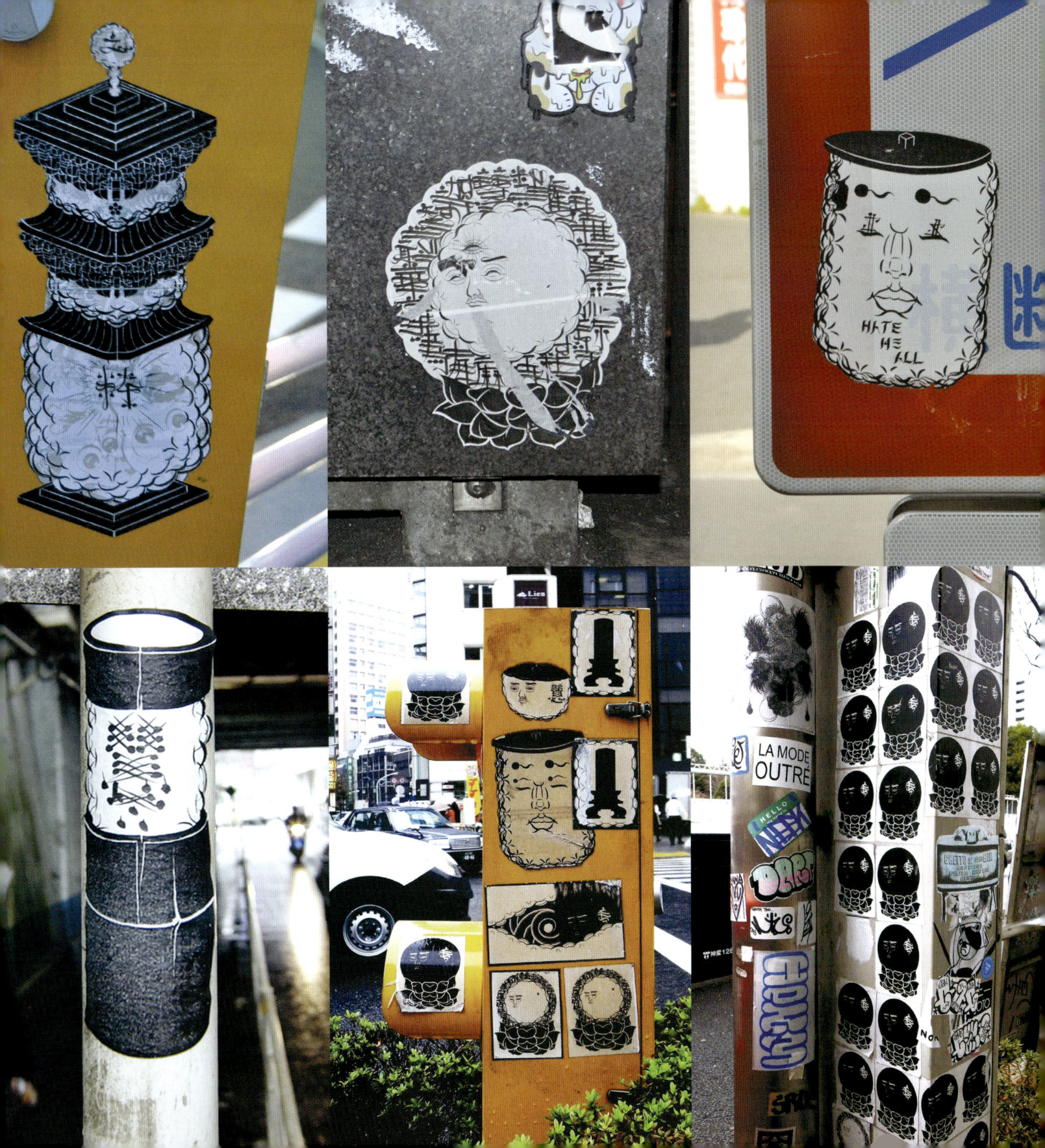

KUALA LUMPUR

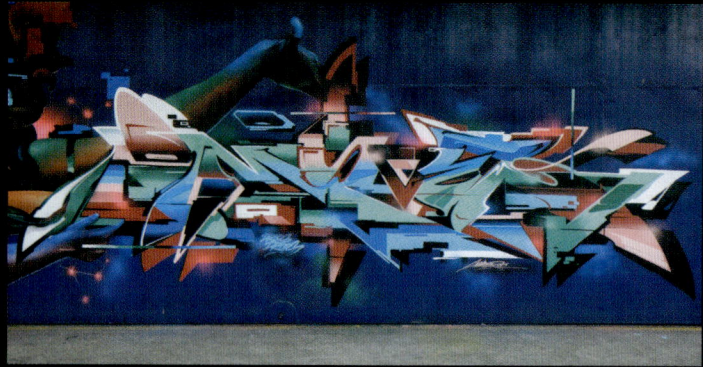

En las calles de Kuala Lumpur bulle una energía amortiguada por el calor tropical. Esta, una de las principales ciudades turísticas del mundo y uno de los principales puntos de tránsito de Asia Central, figura entre las diez urbes más visitadas del mundo y cuenta con tres de los mayores centros comerciales. Si bien dentro de los centros comerciales las mercancías globales están dispuestas con esmero, fuera hay capas más caóticas de arquitectura contemporánea, influencias coloniales e islámicas malayas y muchas *shophouses* (edificaciones compuestas de una tienda que da a la calle y una vivienda en el piso de arriba).

En su mayor parte, el *street art* malasio funciona a la perfección tanto con el patrimonio como con el comercio (*véase* imagen 3). Los animales son un elemento habitual, como los de la obra de Kenji Chai, que realiza pinturas de vivos colores a partir de una abundante dieta de cómics, dibujos animados y la cultura popular mediática que recorre Asia (*véase* imagen 5). Aunque hay muchas obras a pequeña escala, el *street art* también responde cada vez más a la lógica de Instagram con entornos inmersivos de alto contraste y colores brillantes diseñados para servir de telón de fondo para los selfis. Aparte del trabajo que se hace en las callejuelas, los murales nacen por encargo de hoteles y promotores inmobiliarios y cuentan con el apoyo gubernamental y empresarial para que se conviertan en atracciones turísticas.

A diferencia de lo que sucede en las vías con murales, como Jalan Alor (*véase* imagen 4), donde se pintan fachadas y calles enteras, en Kuala Lumpur también hay obras pictóricas de colores apagados realizadas por artistas internacionales, como el lituano Ernest Zacharevic y la pintora siberiana Julia Volchkova, artífice de varios murales en Malasia. En este género, las obras tienden a rememorar la vida urbana de una generación anterior de residentes, como se ve en el conocido retrato que hizo Volchkova de un anciano orfebre cerca del barrio chino de Kuala Lumpur. La paleta casi sepia de estas obras se funde con las ruinosas paredes de hormigón y saca a relucir elementos de la historia de Kuala Lumpur, aunque, como ocurre con muchos proyectos patrimoniales, oculta las fuerzas políticas y económicas

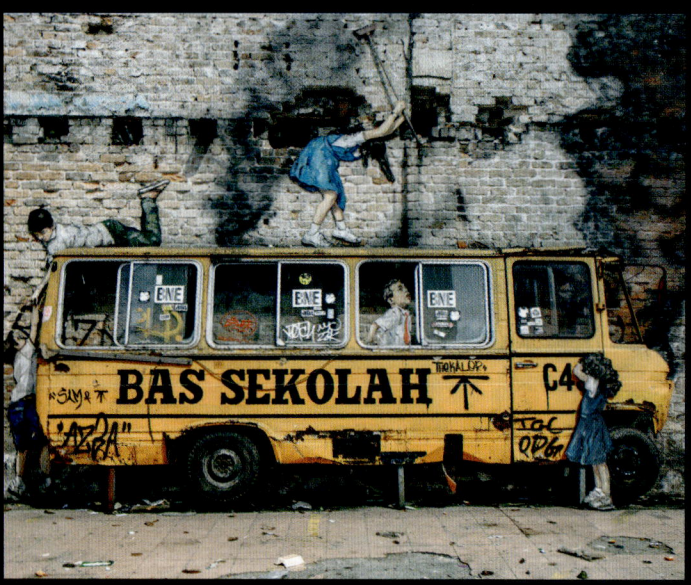

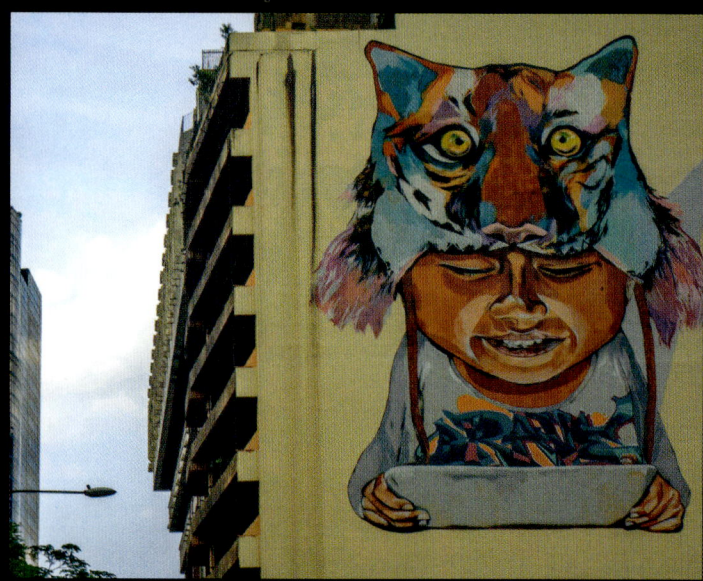

que sustentan la ciudad, además de apoyar la producción de los propios murales.

En términos más generales, el *street art* malasio se ha dado a conocer en el ámbito internacional gracias al desarrollo de murales en el distrito patrimonial de la ciudad de George Town, en la isla de Penang (la UNESCO declaró en 2008 Patrimonio de la Humanidad el centro histórico de esta ciudad). Ernest Zacharevic ha pintado muchas obras en la última década, entre ellas combinaciones de instalaciones y pintura en las que suelen figurar niños jugando en la calle (*véase* imagen 2). Muchas de las obras se han convertido en hitos culturales; sin embargo, la combinación de patrimonio, comercio, propiedad inmobiliaria, turismo y gobernanza ha resultado compleja. El propio Ernest ha expresado su decepción por el impacto a largo plazo de su obra en el estímulo del turismo no regulado: «Las calles ya no son lo que eran cuando me mudé allí. La tranquila calle tradicional, con pocos residentes que ofrecieran antigüedades o cortes de pelo [baratos] en la planta baja de su casa familiar, ha dado paso a tiendas de recuerdos, restaurantes y todo tipo de tiendas de consumo rápido *Insta-friendly* para satisfacer [el] tránsito cada vez mayor de veraneantes que buscan [una] "auténtica experiencia Penang" [*sic*]».

Como ha observado el arquitecto Rem Koolhaas, la paradoja de que la ciudad sea ahora Patrimonio de la Humanidad de la UNESCO es que puede dar lugar a un cambio constante en lugar de a la conservación y que, en lugar de preservar de forma eficaz una zona, se genere una gran afluencia de turismo, lo que supondría su sentencia de muerte. En George Town, el *street art* ha desempeñado sin duda un papel en este proceso. **LM**

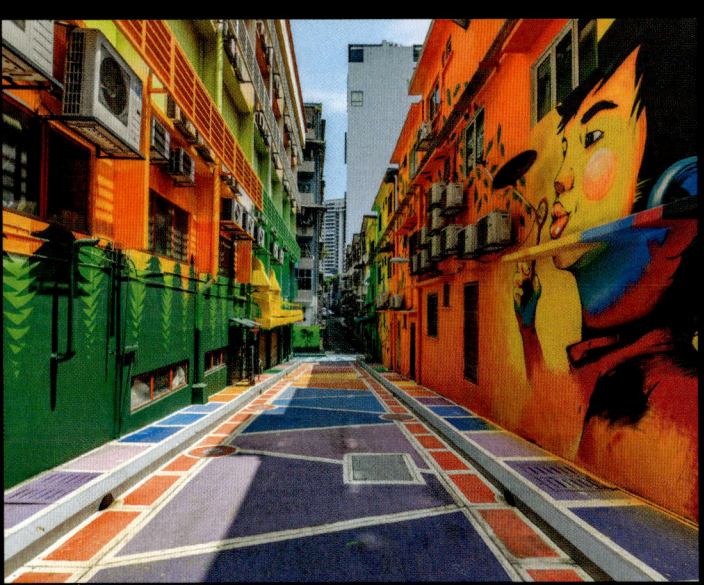

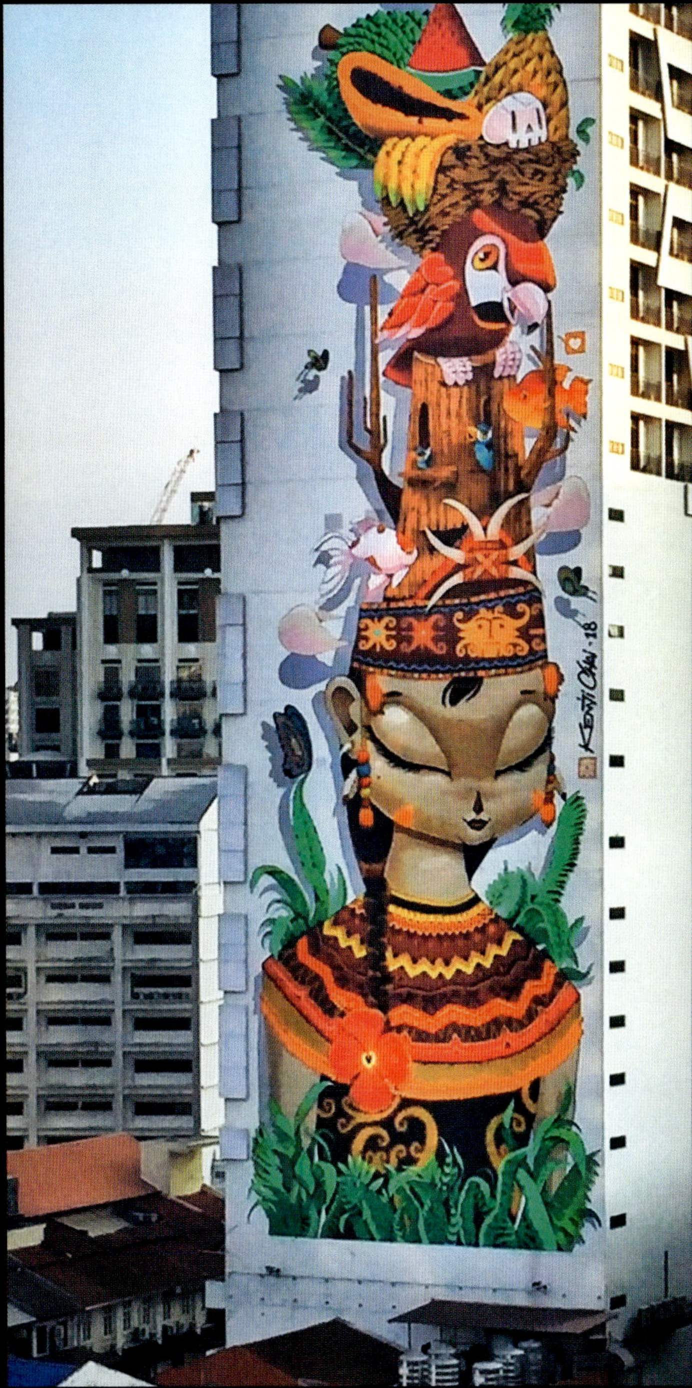

KUALA LUMPUR
NACIMIENTO 1993   TÉCNICAS / MATERIALES Pintura en aerosol   ESTILO Grafiti contemporáneo
TEMAS Formas del grafiti, arquitectura   INFLUENCIAS *Semi-wildstyle*, futurista, brutalismo
CREWS Mediumtouch Crew (ME), Sandal Vandals Crew (SV), Zinc Nite Crew (ZNC)

ASMOE

Asmoe es un joven escritor de grafiti afincado en Kuala Lumpur, Malasia, donde la escena grafitera está cobrando fuerza. Arquitecto de formación y oficio, Asmoe practica un denso y complejo grafiti con una pronunciada influencia del dibujo técnico. Prefiere trabajar con una paleta restringida, líneas fuertes y una ornamentación limitada de sus letras. En una pieza típica de Asmoe, estas tienen ciertas características estructurales que traslucen en fuerte vínculo con la arquitectura. Transmiten una sensación de peso y equilibrio propia de los elementos de una construcción física: en sus diseños hay puntales visibles que sirven de apoyo a otras letras.

Además, las obras de Asmoe se corresponden con su entorno: como explicó en una entrevista, la pintura no es la mera transcripción de un diseño en una pared, sino un punto de partida que puede improvisarse y estirarse o comprimirse en función del espacio disponible. Al igual que el proceso creativo que siguen los arquitectos, Asmoe esboza y dibuja sus grafitis, y al pintar consulta un boceto mientras va ajustando y desarrollando en todo momento sus letras. Sin embargo, estas no están sujetas a las limitaciones habituales de la arquitectura, como las normas de construcción o la gravedad, sino que deben tener energía y movimiento.

Asmoe comenzó a pintar en 2011 y en un lugar y una época muy distintos a los de las primeras épocas del grafiti. La década de 2010 fue la época de Instagram, los iPad y las pinturas en aerosol y boquillas especializadas. Aunque a menudo sus grafitis resultan ilegibles para el público, su obra gusta entre los compañeros de oficio, que aprecian su intrincado estilo (por ejemplo, las interacciones y conexiones entre letras y la resolución con la que las remata con serifas y flechas). Leer grafitis es subirse a una montaña rusa visual en la que la vista se ve conducida por un recorrido de letras que se retuercen y se proyectan. Asmoe dice lo siguiente: «En esencia, mi estilo consiste en hacer que las letras bailen, y en cada pieza intento jugar con la composición, la conexión y la energía de cada alfabeto. Es una especie de *semi-wildstyle*, ya que las letras son todavía visibles y fuertes aun cuando

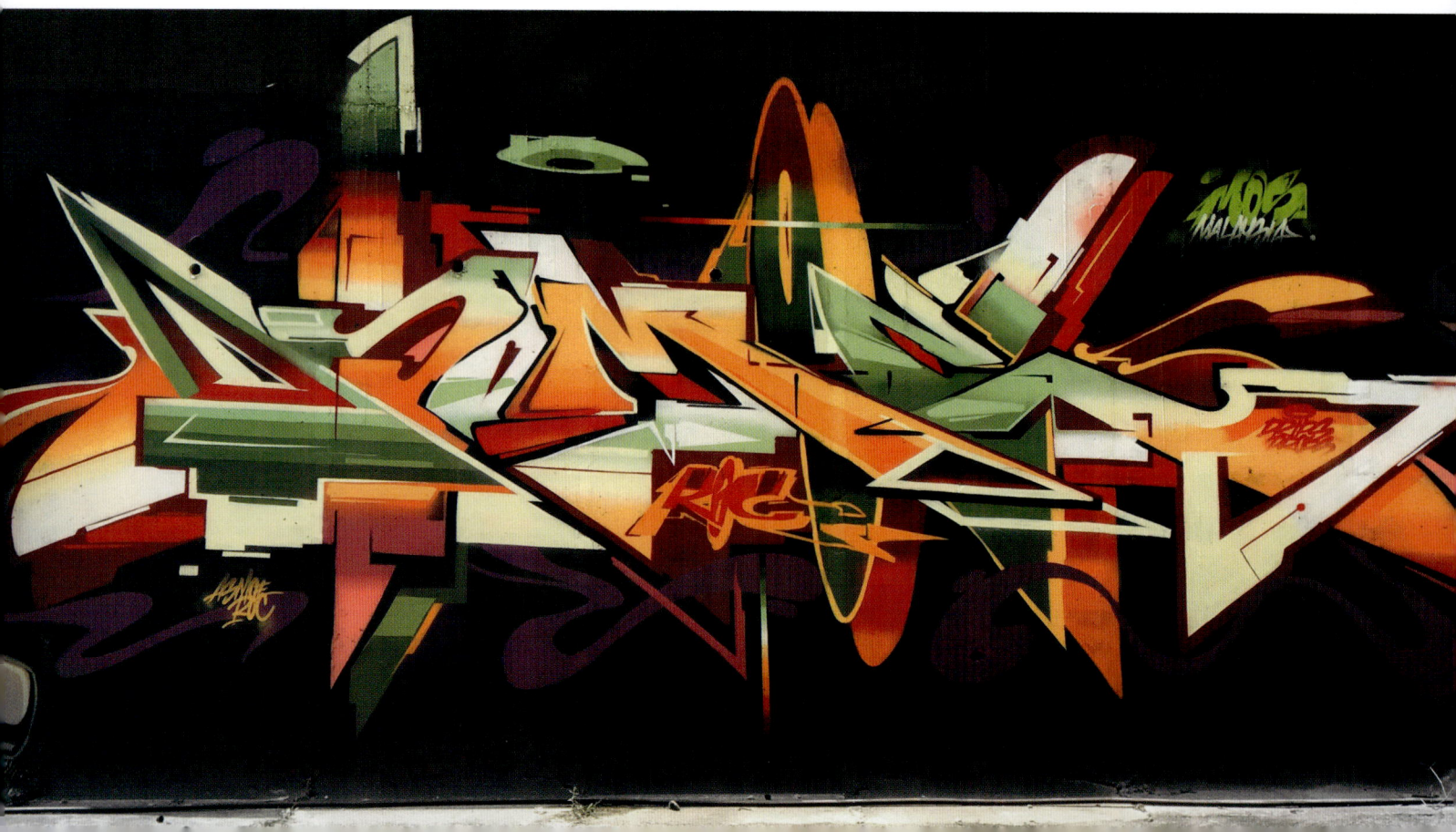

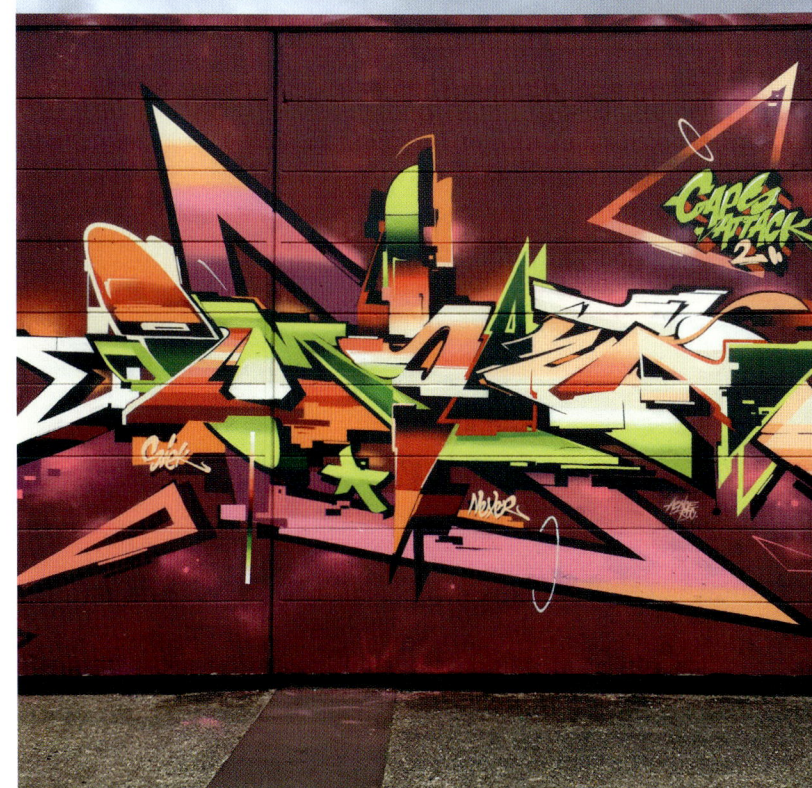

se les quitan todas las extensiones y las flechas», ha explicado el artista. Kuala Lumpur es una ciudad compleja que ha experimentado un rápido desarrollo en las últimas décadas. Alberga numerosos edificios contemporáneos, entre ellos las torres gemelas más altas del mundo, las Petronas Twin Towers. A pie de calle, Kuala Lumpur es una mezcla de edificios de la época colonial, pequeñas *shophouses* e influencias islámicas, incluidos motivos geométricos y arquitectura posmoderna, todo ello envuelto en un húmedo clima tropical que impregna tanto las superficies de las paredes como los sentidos.

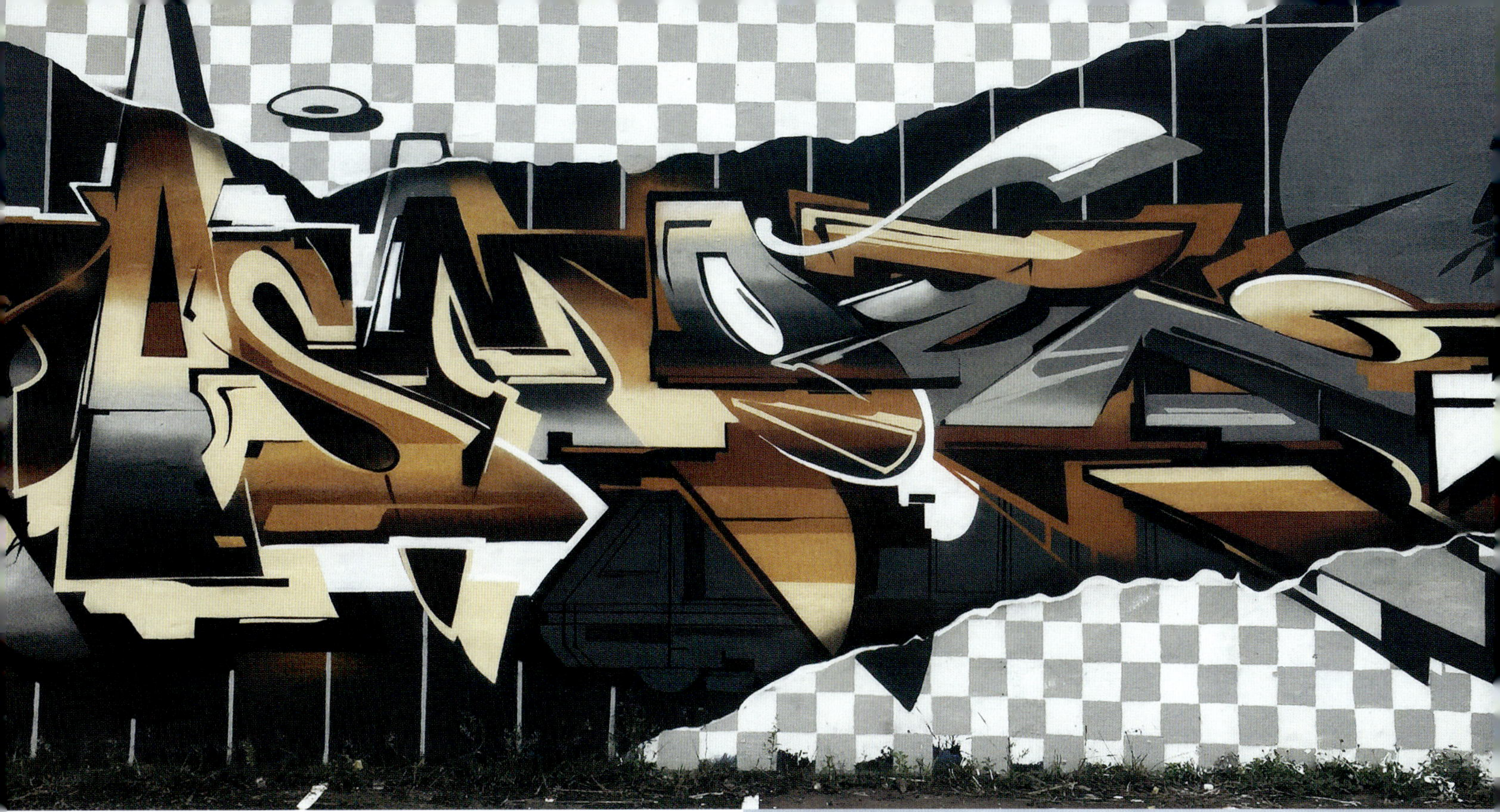

El grafiti de esta ciudad se encuentra en una red de fuerzas contradictorias. Aunque técnicamente los grafitis son delito, se puede pintar en muchos lugares si se hace con rapidez o se negocia con cuidado. En lo local, los murales de grafitis, sobre todo los de colores y contenido figurativo, se consideran un activo para espacios públicos como las zonas comerciales. Desde un punto de vista político más amplio, los grafitis y el *street art* se consideran signos de vitalidad urbana, un impulso para el turismo y la participación internacional, aunque en Malasia el contenido político es una cuestión delicada. Además de pintar en casa, Asmoe ha viajado mucho, sobre todo por Europa, lo que le permitido pintar con otros escritores a los que había idolatrado. **LM**

YOGYAKARTA

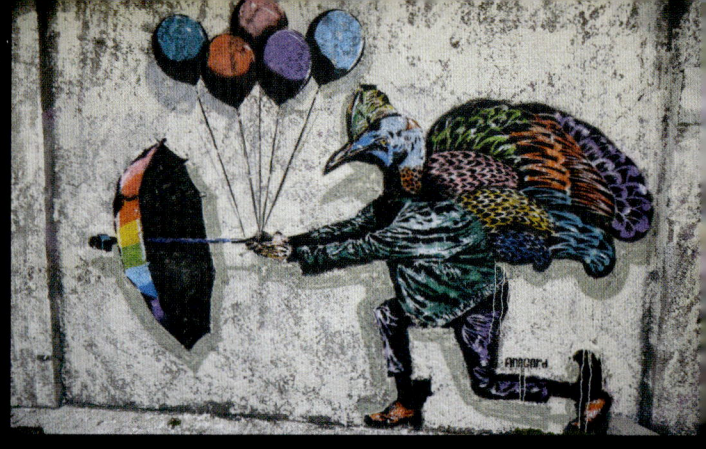

La ciudad indonesa de Yogyakarta, en la isla de Java, es un bullicioso centro de *street art*. Célebre por sus artes tradicionales y su patrimonio cultural, la ciudad tiene una vida callejera que rezuma energía desde el amanecer hasta bien entrada la noche, con vendedores ambulantes, mercados y corrientes de omnipresentes *scooters* motorizados que recorren las polvorientas calles junto a campos consagrados al cultivo de arroz. El clima tropical, el calor, las lluvias estacionales y la exuberante vegetación hacen mella en los edificios, que pueden convertirse rápidamente en ruinas si no se les da mantenimiento. Así las cosas, se da una rápida rotación de la pintura al aire libre en las estrechas callejuelas de la ciudad y existen además oportunidades para la creación de arte en los muchos edificios abandonados despojados de sus marcos de hormigón.

Yogyakarta es una ciudad universitaria que cuenta con una población joven y varias universidades y escuelas de arte importantes. Hay una mezcla de creación artística formal e informal cruzada con prácticas tradicionales, como los tejidos *batik*, las marionetas de sombras *wayang* y la danza, a lo que hay que añadir la pintura, la música y el cine contemporáneos. Yogyakarta tiene sus artistas conocidos, como Love Hate Love (*véanse* páginas 348-349), sus característicos y enigmáticos rostros (*véanse* imágenes 4 y 5) y los estarcidos de tonos fluorescentes de Anagard, los cuales muestran figuras humanas, a menudo adornadas con plumas, con el rostro oculto por máscaras (*véanse* imágenes 1 y 3). Aparte de estos creadores de *street art* de renombre internacional, la ciudad sustenta una cultura más amplia de creación artística informal que se entreteje en la vida cotidiana y que incluye el *tagging*, el dibujo, el estarcido, la pintura de eslóganes y los murales colaborativos (*véanse* imágenes 2 y 6). En este caso, el arte no es una actividad minoritaria, ni a la fuerza especializada.

En cuanto a lo temático, buena parte del *street art* de Yogyakarta aborda cuestiones políticas y medioambientales locales, como la tensa relación entre los aldeanos y el Gobierno. Como sucede en muchas otras ciudades asiáticas, no existe una división clara entre pintura legal e ilegal. Se acepta que la creación artística forma parte de la arraigada cultura de Yogyakarta y que, además, constituye parte de su atractivo para los visitantes. Sin embargo,

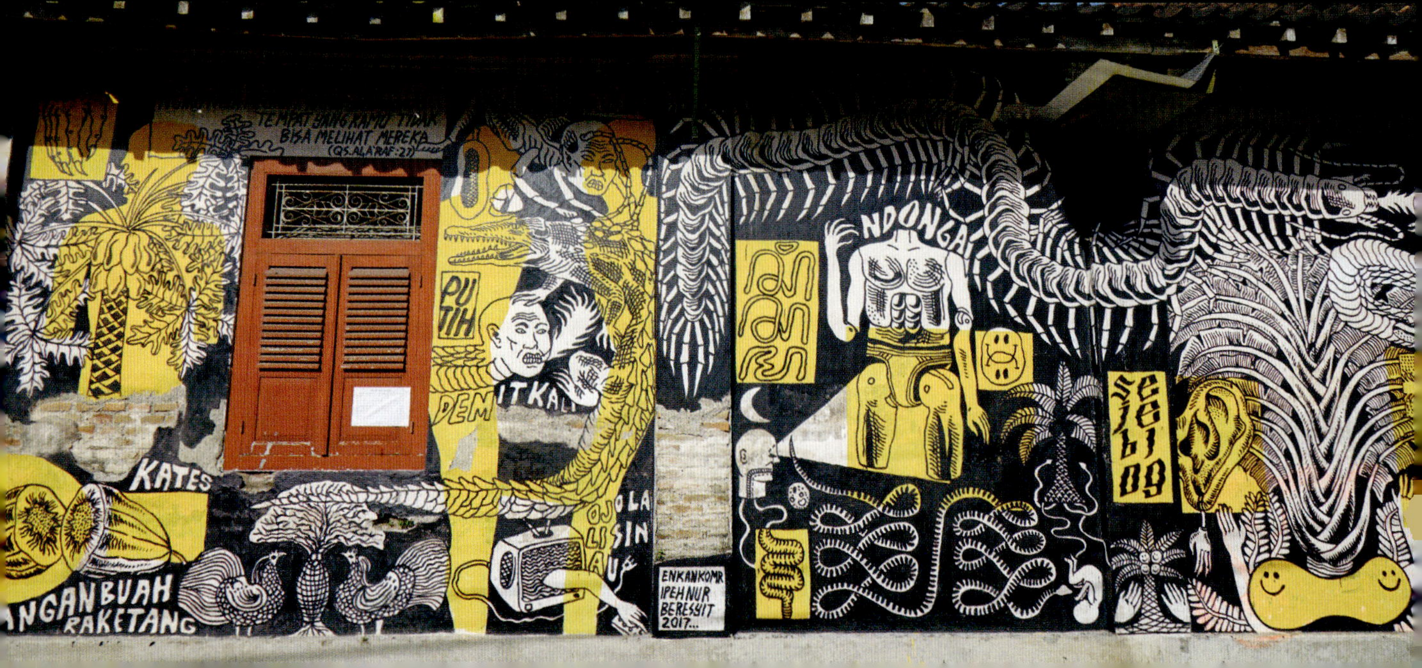

1		4
2	3	5
		6

1 *Hope*, Anagard, 2020   2 Enka, Ipeh y Gheyoung   3 *Spread diversity*, Anagard, 2017   4 Love Hate Love   5 *Art is Deceiving*, Love Hate Love   6 Love Hate Love, Meri Davies, Sadat Laope, Amina, Yunanto y Librehem

la economía turística de la que se nutren muchos artistas locales también experimenta tensiones: «Compra arte de artistas vivos: los muertos no necesitan dinero», reza un mural del artista Love Hate Love.

Yogyakarta cuenta con un excepcional sistema de estudios comunales que vincula las formas artísticas tradicionales con obras más contemporáneas y experimentales. Lo habitual es que estos estudios estén formados además por grupos intergeneracionales de artistas, lo que permite un flujo entre las artes tradicionales indonesias y los nuevos modos de trabajo. Además de apoyar la producción de arte visual de artistas individuales, los estudios tienen un fuerte componente social (cuentan con talleres, actuaciones y comidas en común).

El espíritu de estos estudios se ha comparado con la organización social y la cultura colectivista del sistema *kampung* (o «aldea urbana»). Como suelen estar abiertos al público, son lugares en los que crear, exponer y vender arte.

En Yogyakarta hay pocas oportunidades para los enormes murales de varios pisos que se han convertido en un elemento básico del *street art* mundial. En su lugar, esta práctica se realiza a pie de calle. Al igual que sucede en otras ciudades famosas por su *street art*, el poder de Yogyakarta procede de una combinación de artistas locales y de su capacidad para atraer y acoger a artistas de toda Indonesia y de otros países. Visitar esta ciudad es experimentar una forma directa de descubrir y hacer arte: dormir en una colchoneta sobre el suelo, comer juntos comida barata y dibujar y pintar hasta las tantas. **LM**

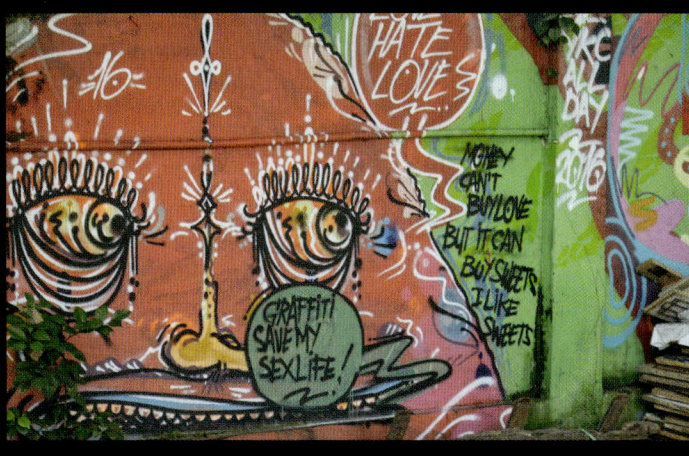

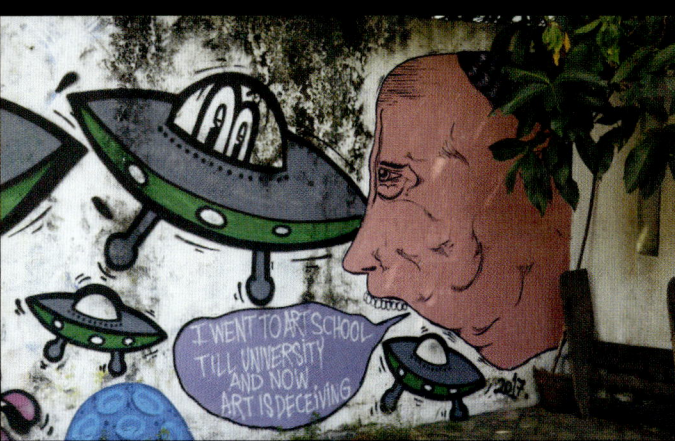

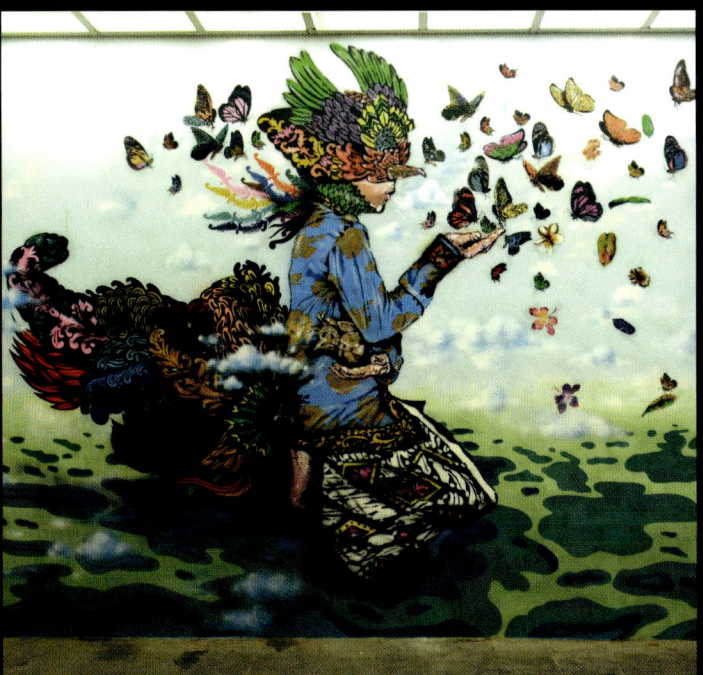

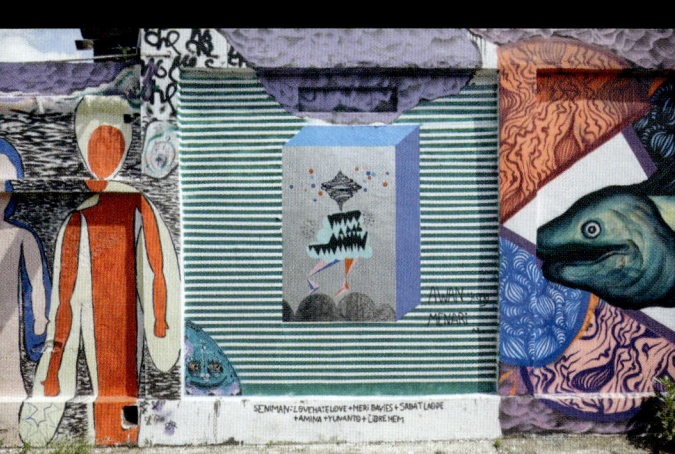

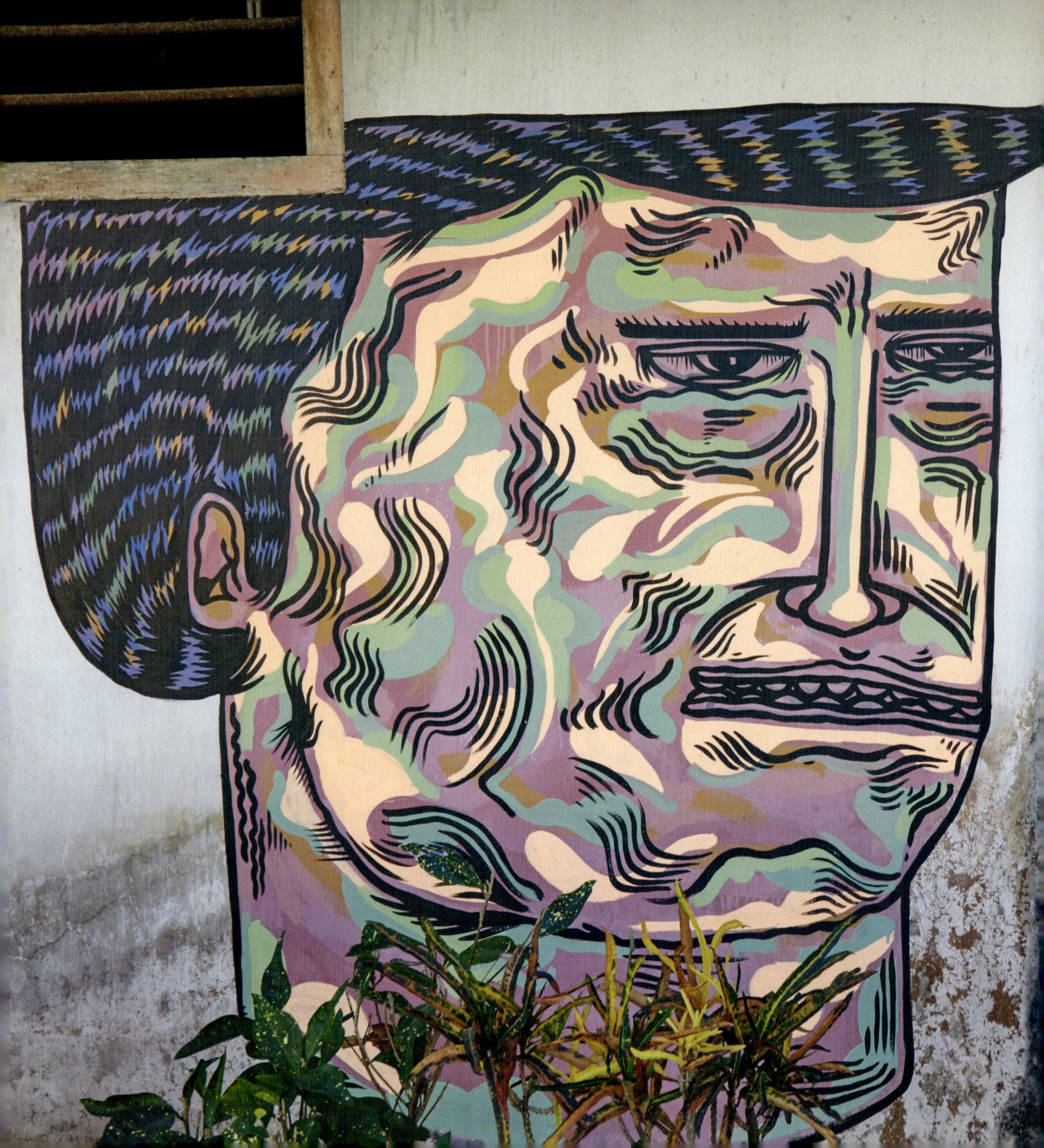

YOGYAKARTA

NACIMIENTO Desconocido   TÉCNICAS / MATERIALES Pintura en aerosol, técnica mixta
ESTILO *Punk*, iconografías personales   TEMAS Rostros y personajes, insectos y bacterias

1 *Sin título*, Yogyakarta, Indonesia, 2017
2 Mural colaborativo en Street Currents 2, Yogyakarta,
Indonesia, 2017

LOVE HATE LOVE

Love Hate Love es un artista de Yogyakarta, pintor prolífico y pionero de la intensa escena del *street art* de la ciudad. Su obra se entrelaza con la historia del *street art* en Yogyakarta a finales de la década de 1990, cuando empezaron los primeros escritores de grafiti, como Muck, y grupos como Apotik Komik, formado por estudiantes del Indonesian Institute of the Arts, así como el célebre colectivo Taring Padi. Al igual que Love Hate Love, estos grupos realizan obras multimedia informales que incluyen murales, grabados, plantillas y ropa modificada.

Love Hate Love es conocido por las pinturas en las que figura una secuencia de personajes arquetípicos pero en evolución: un hombre barbudo cuya cara a veces presenta bocas dobles, aparece cortado en segmentos o se inclina de lado para extenderse a lo largo de una pared (*véase* imagen 2), y un duendecillo basado sobre todo en un conjunto simétrico de ojos caídos, que a veces tiene más bocas y se acompaña de los característicos bocadillos del artista. El artista describe así el diseño de su personaje con barba: «[Es] un personaje emblemático que encarna mi forma de pintar a lo largo de las paredes de [las] calles de Yogyakarta. [Se trata de un] personaje fácilmente reconocible con una larga barba negra que representa la figura de [un] hombre de mediana edad [...]. El objetivo de este concepto de dibujo es que el público sepa que es posible ver algo de [una] manera no convencional a través de la posición de la cabeza del personaje (horizontal). Al inclinar [la] cabeza según el dibujo que pinto, el público crea una interacción directa con ella».

Si bien en estudio Love Hate Love realiza inmaculadas obras estratificadas, las que hace en las calles suelen ser los montajes básicos de rellenos encalados y contornos finales hechos con un solo bote de aerosol o con restos de colores que no combinan. También le encanta pintar ropa, sobre todo personalizar los «trapos polvorientos» que sus amigos le dejan caer por el estudio, los cuales adorna con imágenes en blanco y negro de bichos repugnantes, telarañas y ojos flotantes. Buena parte del tiempo que emplea para pintar es nocturno: lo hace muy de noche y de madrugada, con algo de insomnio de por medio. El artista dice de sí mismo que es «el hombre que ve las calles y los ángulos de la ciudad como un espacio de libertad en el que manifestarse y utilizar la inquietud artística para llamar la atención sobre lo subjetivo». **LM**

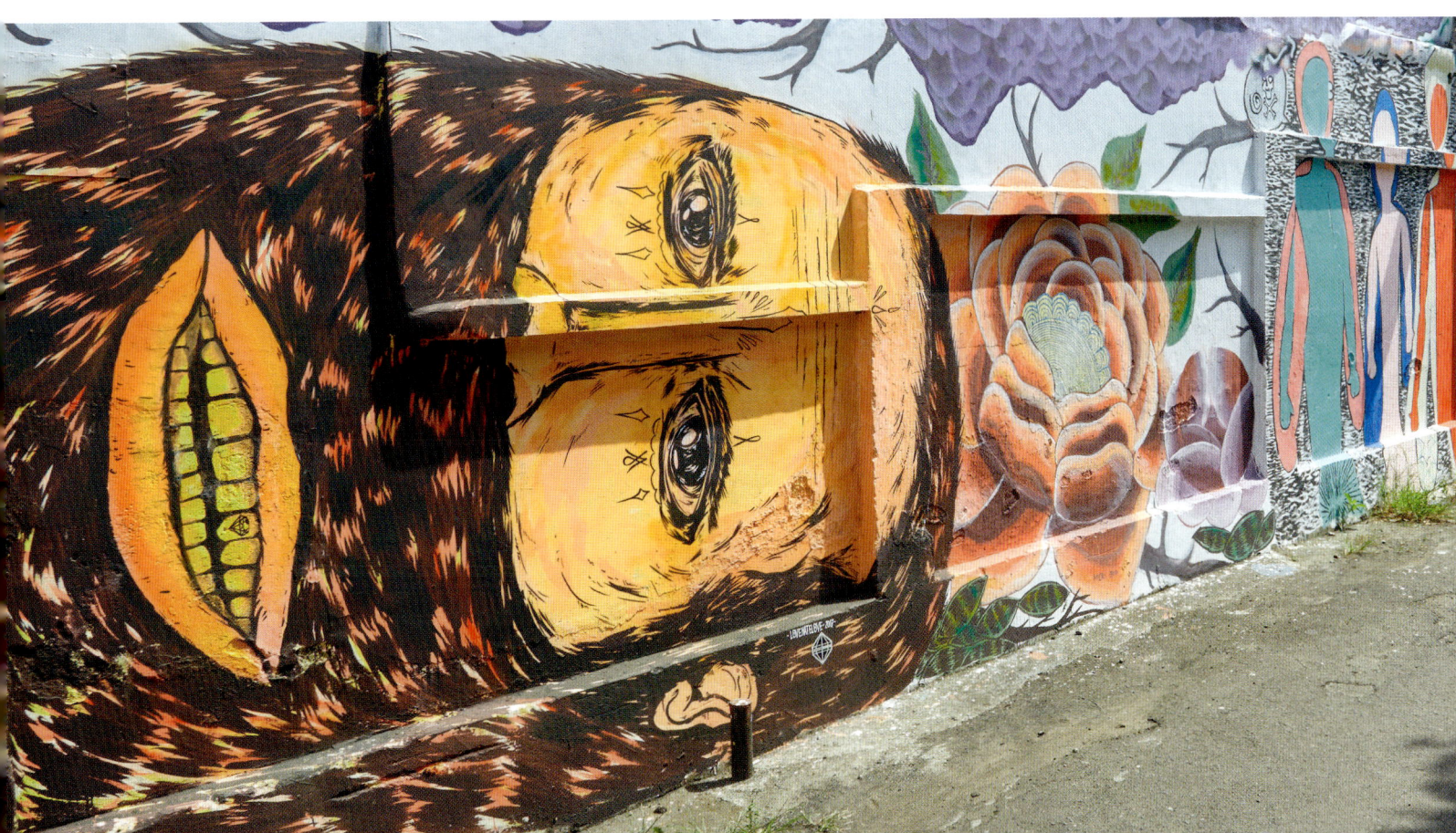

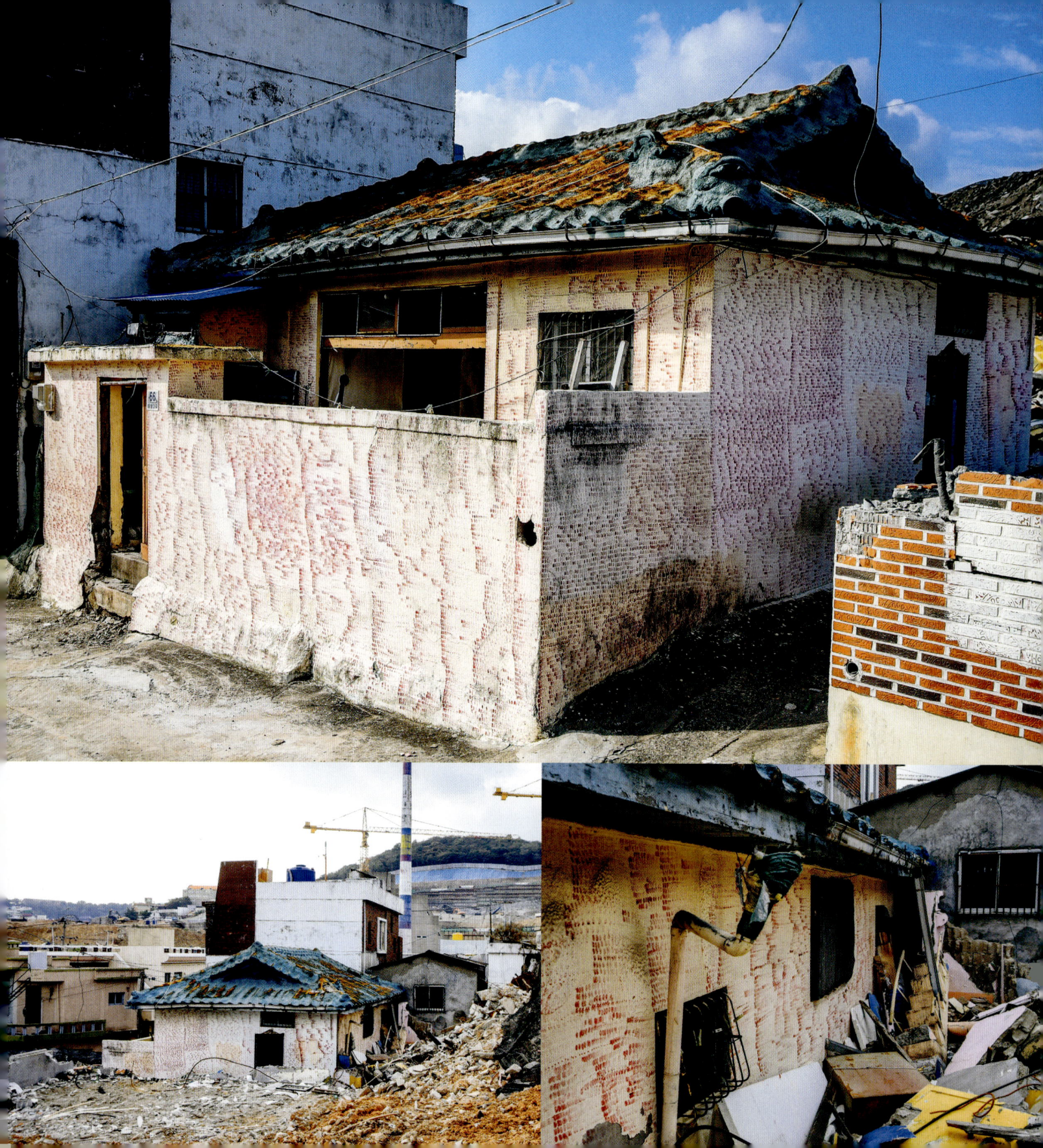

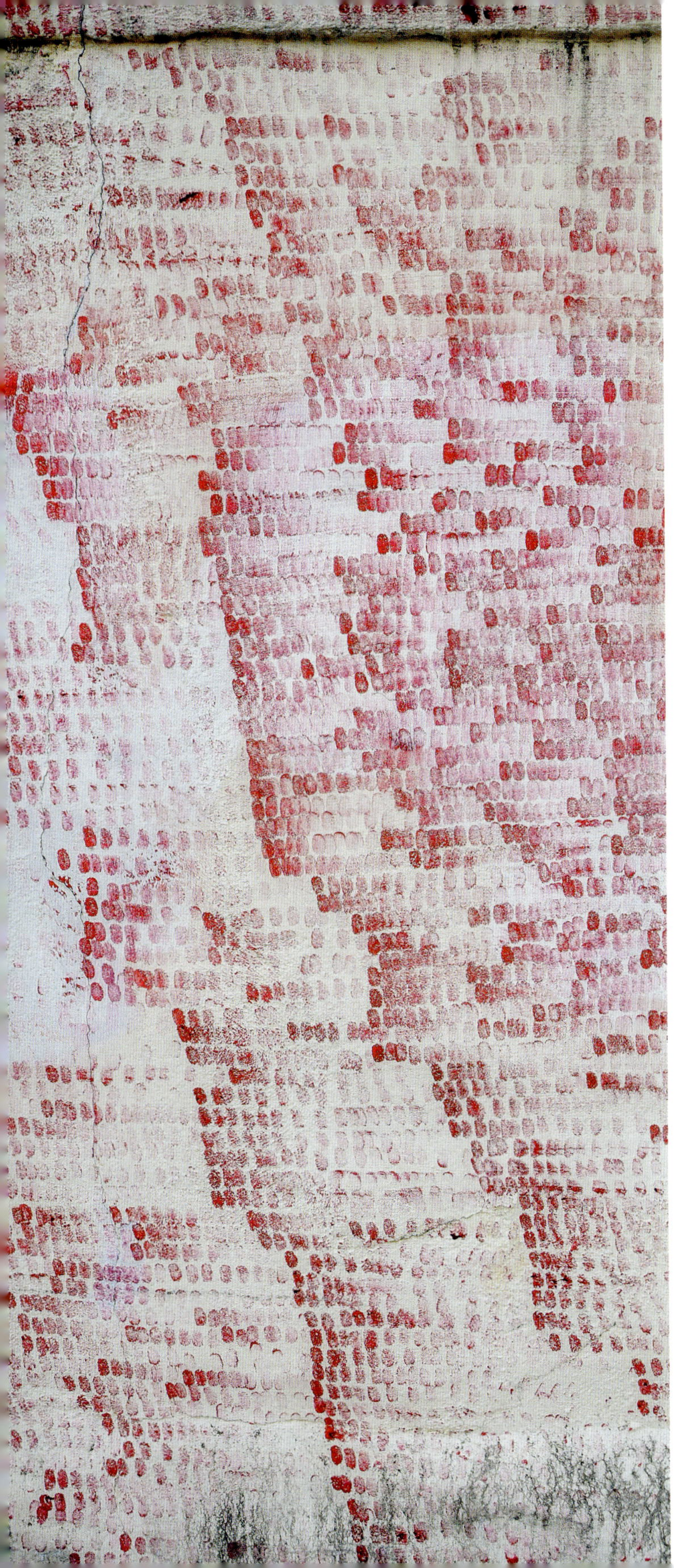

SEÚL
NACIMIENTO 1979, Corea del Sur   TÉCNICAS / MATERIALES Tinta tradicional, objetos
encontrados, instalación   ESTILO Obras *site-specific*   TEMAS Espacio público, memoria
pública, detritus

JAZOO YANG

Jazoo Yang es una artista surcoreana que en la actualidad reside en Berlín.
Su obra utiliza elementos de detritus urbanos y edificios en decadencia
y transición para dar forma a sutiles intervenciones y obras escultóricas
que llaman la atención sobre la cambiante faz de la ciudad.

En su obra más conocida, *Dots* (2016; *véanse* imágenes 1-4), cubrió de
huellas rojas una casa en ruinas del barrio de Motgol, en la ciudad portuaria
meridional de Busan, Corea del Sur. Mitad protesta y mitad conmemoración,
la artista usó las tradicionales almohadillas empapadas en tinta, o *inju*, para
crear gestos con la huella del pulgar como los que se emplean para formalizar
transacciones legales. Dada la complejidad de estas marcas, *Dots* es también
una *performance* de esfuerzo físico y resistencia.

En *Dots*, cada gesto reproduce la idea de la desaparición, ya que las huellas
se van atenuando hasta dejar de existir a medida que la tinta se desgasta. Estos
bellos patrones rayados recuerdan tanto a las marcas que hacen los presos
para medir el paso del tiempo como a una pantalla de ordenador defectuosa,
símbolo de la modernidad económica surcoreana. Además de haber extendido
Dots a otros lugares, Jazoo ha realizado en fechas recientes obras de arte
basadas en otras marcas o códigos sobre edificios en ruinas durante el Nuart
Festival de Stavanger, Noruega. En una exposición comisariada por Brad
Downey y Jan Vormann durante los confinamientos por el COVID-19, *Dots*
se reconstruyó dentro del mundo digital de *Minecraft*, el célebre videojuego
tipo *sandbox*, y lo mismo se hizo con otras obras emblemáticas del *street art*.

Las obras que hace Jazoo con la basura tienen un enfoque forense a la vez
que romántico. Por un lado, son un estudio empírico detallado de los desechos
urbanos presentado sin crítica, como una caja de pruebas revueltas sacada
de un almacén de la policía o la marea alta tras una tormenta. La basura puede
entenderse como la manifestación física de los aspectos psicológicamente
reprimidos de nuestras ciudades: nuestro deseo de expulsar la basura, echarla
por el retrete, enterrarla o tirarla sugiere que también ejerce un poder sobre
nosotros. Contemplar las destartaladas colecciones de residuos callejeros
de Jazoo es buscar significados ocultos en sus materiales y composición.

Por otra parte, la obra de Jazoo tiene además una veta romántica.
Al prestarle tanta atención al detritus, la artista está en sintonía con las
dimensiones sociales y el coste de la vida en la metrópolis, con los ciclos
que operan por encima del individuo. Si se compara con los gestos grandes,
intrépidos y rápidos de buena parte del *street art*, la obra de Jazoo Yang
tiene una temporalidad diferente. **LM**

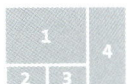

1–4 *Dots: Motgol66*, Busan, Corea del Sur, 2015

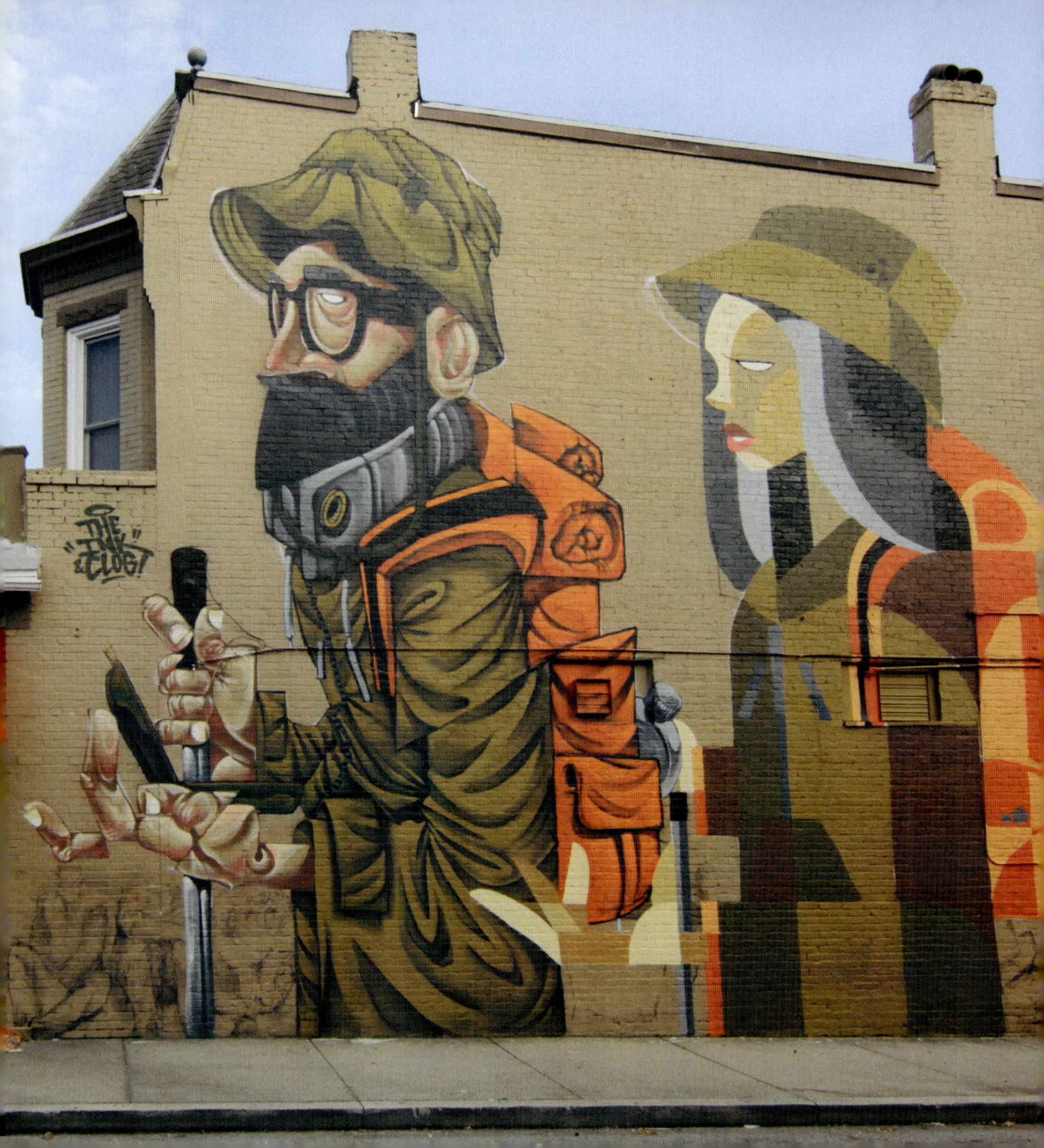

SINGAPUR

NACIMIENTO Varios **TÉCNICAS / MATERIALES** Pintura en aerosol, arte digital **ESTILO** Pintura de personajes **TEMAS** Tecnofuturos **INFLUENCIAS** Futurismo, dinamismo y energía del mundo moderno, cubismo, geometría **CREWS** Ink and Clog Studio, KillTwoSucceed

1 *The Migration*, Richmond, Estados Unidos, 2015
2 *Guardian Samurai*, Richmond, Estados Unidos, 2015

INK AND CLOG

La isla-Estado de Singapur es una maraña de contradicciones. Se dan en ella muchas tensiones entre el control gubernamental centralizado y la necesidad de propiciar una economía creativa. Pese a ser una isla tan pequeña (su superficie es algo menor que la de Nueva York), también hay tensiones entre su éxito como centro comercial y turístico tecnológico y la ausencia de muchas industrias autóctonas. Singapur atrae barcos, aviones y talento, pero dista de ser autosuficiente.

Entre las propuestas más recientes de Singapur hay megaproyectos como hoteles futuristas y gigantescos jardines de aires alienígenas junto a la bahía, con sus omnipresentes torres de viviendas de hormigón, cada vez más cubiertas de vegetación, como si se estuvieran preparando para el futuro y convirtiéndose en una ecociudad. En una calurosa tarde de vacaciones, si nos sentamos al aire libre entre una multitud junto al muelle, tal vez veamos en el

cielo una exhibición del armamento militar de Singapur, un país donde todos los varones están obligados a cumplir el servicio militar. Aviones a reacción, drones y helicópteros sobrevuelan los centros comerciales turísticos. En Singapur, la tecnología forma parte de la vida y de todos los sueños de futuro.

Ink and Clog es un dúo artístico de Singapur formado por Inkten (Nadirah Abdul Razak) y Clogtwo (Eman Raharno Jeman). Juntos fundaron un estudio en 2012 y han desarrollado una práctica compartida que abarca pintura, escultura, diseño, colaboraciones con grandes marcas y proyectos internacionales. Al igual que sucede con la obra de Asmoe (*véanse* páginas 344-345), de Kuala Lumpur, en la vecina Malasia, la de Ink and Clog es muy técnica y se basa en dibujos nítidos e intrincados en una paleta de verdes, grises y naranjas (los colores del apagado camuflaje urbano). Aunque muchas de sus obras se producen de forma digital, consiguen trasladar este lenguaje con gran eficacia a sus murales y obras de *street art*, donde predominan las cascadas de líneas finas y las esquirlas. Para referirse tanto a su estilo como a su filosofía artística, Ink and Clog emplean el término *mechasoul*, que alude al «vínculo psicológico entre organismo y tecnología». En su arte, las figuras

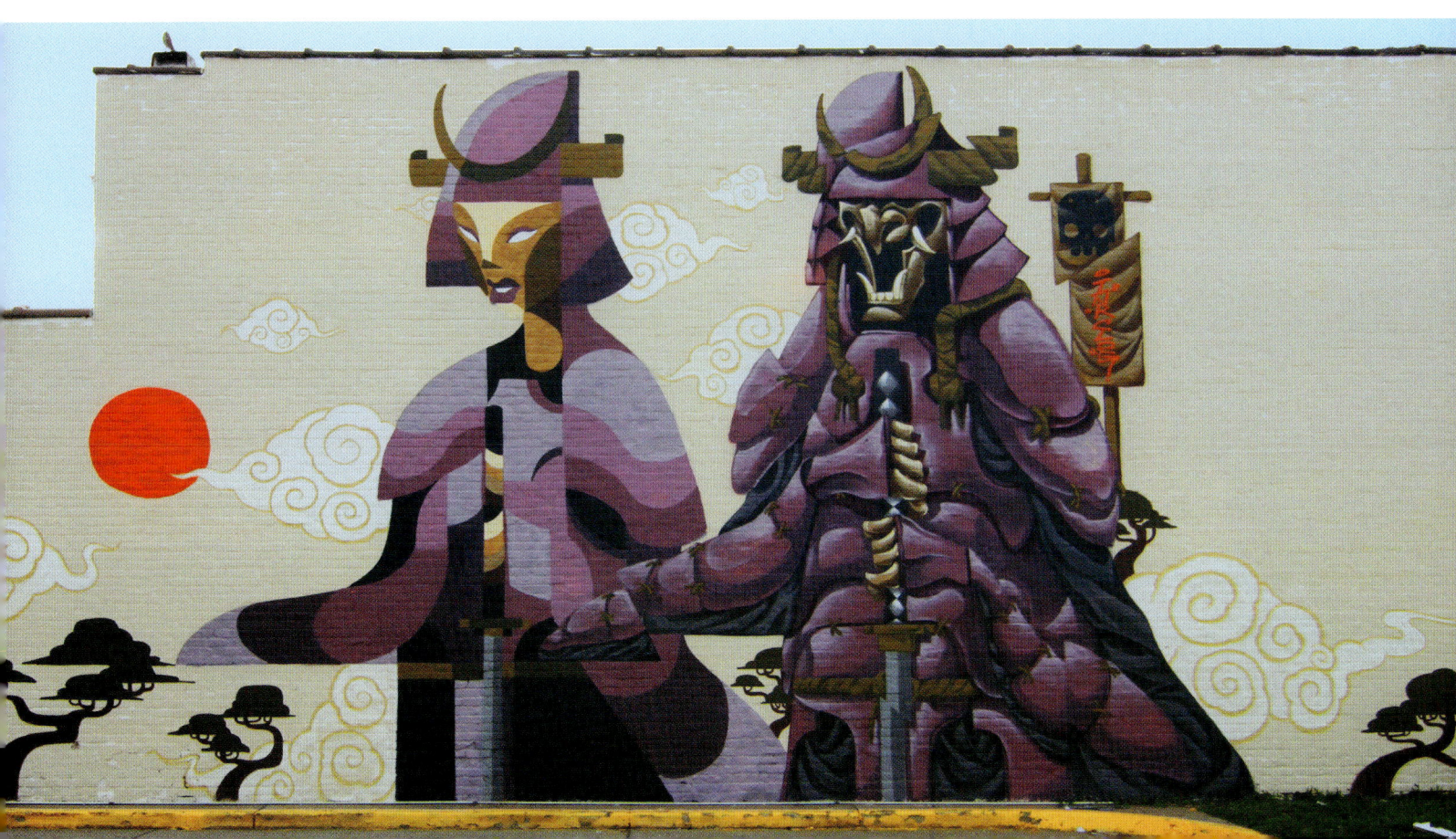

1 *Kitty Blinders*, Singapur, Singapur, 2018
2 *Time + Matter*, Osaka, Japón, 2018

están cubiertas con dinámicos exoesqueletos mecánicos. Se trata de unos caparazones muy estéticos, ya que protegen a la vez que decoran.

Como sucede en las grandes tendencias de la moda y la ropa urbana, en el arte también se puede ver el reflejo de la indumentaria y el estilo militares y la expectación del combate. Las figuras de Ink and Clog aparecen a menudo blindadas y vestidas para los rigores de un entorno urbano extremo. En términos más generales, su estilo se inspira en el grafiti, el anime y la cultura popular mundial encarnada en el calzado, los videojuegos y las figuras de juguete.

Sin embargo, en sus diseños siempre hay lugar para lo humorístico y lo idiosincrásico. Tras haber creado decenas de guerreros mecánicos en poses agresivas, ¿por qué no enfundar a los personajes de *Barrio Sésamo* en una coraza militar o ponerle un caparazón tecnológico a Bob Esponja? Al igual que el entorno urbano de Singapur ha pasado de los tradicionales edificios de madera a los rascacielos de acero, el *mechasoul* de Pinocho ya no es de madera, sino de reluciente metal.

Al igual que han hecho otros dúos creativos, como el australiano Dabs Myla, Ink and Clog han encontrado la manera de definir su asociación en términos de tensiones y síntesis de ideas. Aunque sus murales suelen incluir dos figuras distintas, también desdibujan los límites de sus contribuciones y prefieren que sus estilos e ideas se fusionen. Estas parejas de figuras pueden hacer referencia al dúo de artistas, pero también encarnan la metamorfosis continua entre figuras presente en la idea del *mechasoul*. Todos estamos en transición de la carne y la sangre hacia la máquina, un tema muy presente en la cultura popular, desde Darth Vader hasta Tony Stark. Las obras que giran en torno al *mechasoul* regresan al cuerpo humano. En lugar del poder invisible de los implantes corporales y de la computación en nube, estas obras hacen referencia a tecnología que puede visualizarse. Si bien no equivale por completo al *steampunk*, las obras de arte *mechasoul* incluyen formas tecnológicas más antiguas, como elementos hidráulicos y gruesos cables. Aunque son futuristas, Ink and Clog también presentan una especie de ensoñación tecnológica arraigada en una época anterior.

Aunque el dúo ha trabajado a escala internacional (han aceptado encargos en Japón, Corea del Sur, Reino Unido y Estados Unidos), su obra parece anclada en las circunstancias y contradicciones excepcionales del Singapur contemporáneo. **LM**

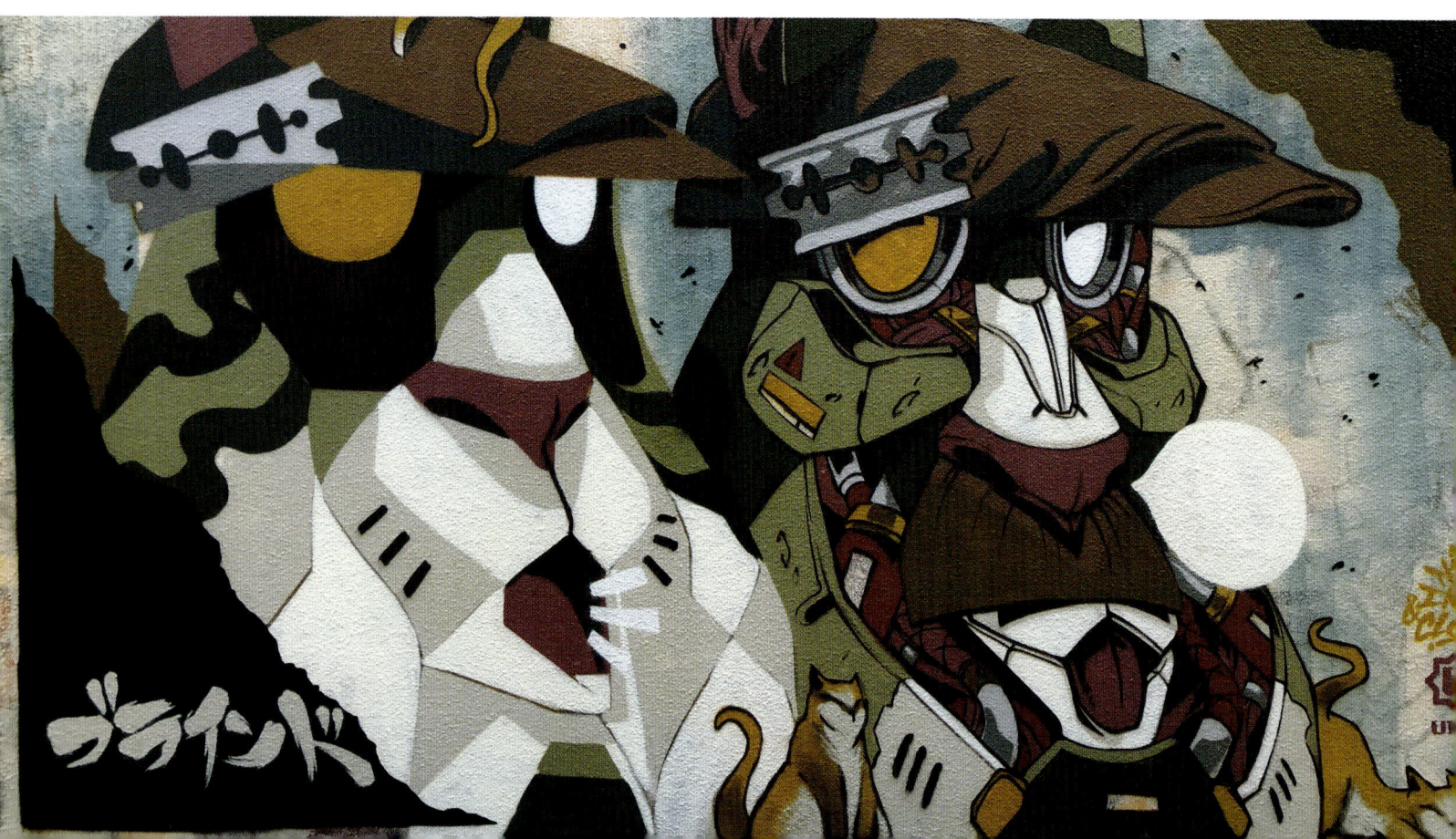

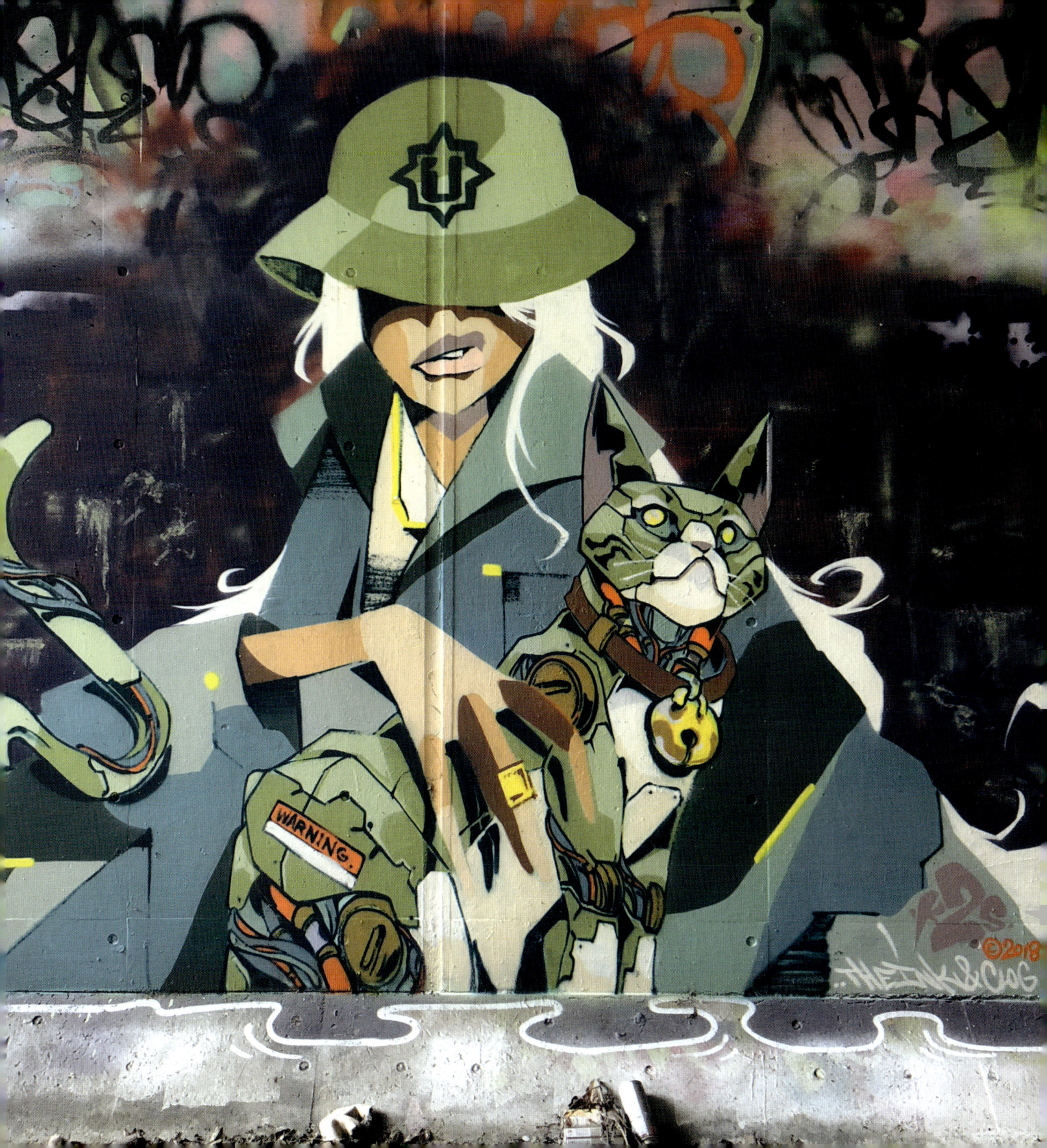

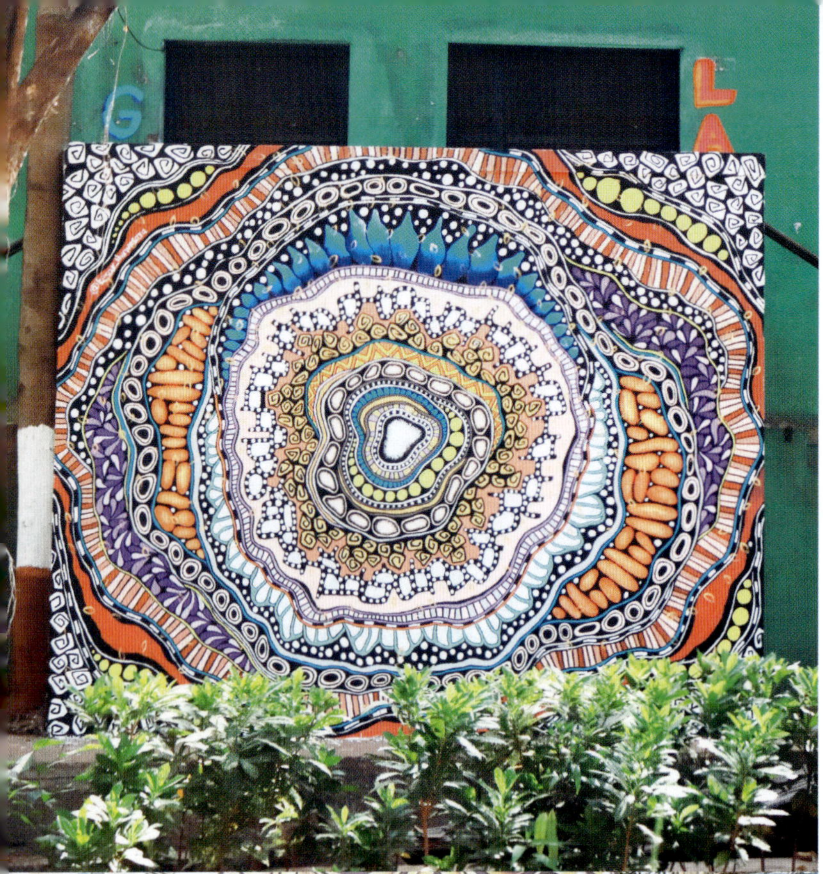

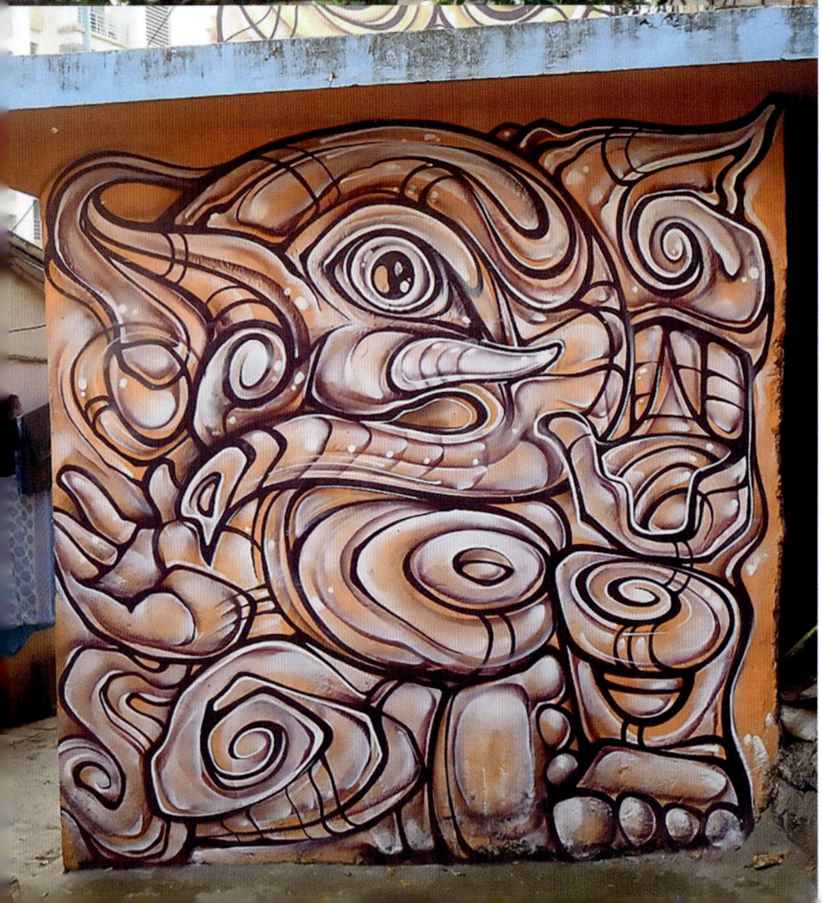

BOMBAY

NACIMIENTO Varios   TÉCNICAS / MATERIALES Pintura en aerosol   ESTILO Muralismo, grafiti contemporáneo   TEMAS Historia y cultura de la India

WICKED BROZ

Wicked Broz es una comunidad de *street art* de Bombay que ofrece una puerta de entrada a la comprensión de la compleja y floreciente cultura del grafiti y el *street art* indios. Fundada por Omkar Dhareshwar y Zain Siddiqui, dos estudiantes de ingeniería insatisfechos con la carrera que habían elegido, la agencia pasó de vender productos a una operación más amplia que les llevó a colaborar con Zake, pionero del grafiti. Junto con este y otros artistas locales (Mooz y NME), Wicked Broz creció hasta incluir una lista de artistas de Bombay, Chennai, Nagpur, Delhi y Dehradun.

Entre los rascacielos y los barrios marginales de Bombay, el *street art* es cada vez más común en algunas zonas periféricas de la ciudad, como el lujoso barrio costero de Bandra. Bombay es la capital del entretenimiento de la India. Muchos de sus murales rinden homenaje a filmes o estrellas de Bollywood, toda una evocación al arte casi extinto de los carteles pintados a mano que caracterizaron al cine indio durante más de medio siglo.

El grafiti no es muy conocido ni aceptado en Bombay, y a menudo se recibe con incomprensión u hostilidad. En este sentido, Wicked Broz están comprometidos con el cambio cultural al tiempo que, para participar en las economías locales formales e informales, trabajan con empresas y venden en mercadillos. «Lo que pretendemos hacer a través del grafiti es difundir un cambio positivo en la actitud de diversos sectores de la sociedad india a base de fomentar la tolerancia hacia diversas artes y aficiones *underground*», explican. Para una comunidad como Wicked Broz, el grafiti se considera un componente de una cultura urbana más amplia, influida por el *hip-hop*, que incluye *beat boxing*, rap, DJ y *break dance*, así como *skate*, BMX, *parkour* y fútbol *freestyle*.

Wicked Broz media entre artistas cualificados de recursos y perfil limitados y las muchas oportunidades que existen en las grandes ciudades, un papel que va desde buscar paredes y acarrear pintura hasta idear proyectos. Además de murales por encargo y talleres, Wicked Broz gestiona un pequeño recinto de grafiti (el Marol Art Village, donde se invita a pintar a artistas locales y visitantes) y el Ladies First Street Art Festival, donde figuras femeninas de primera fila ejercen de mentoras de artistas más jóvenes. Aunque la vida grafitera no es muy común en Bombay, Wicked Broz sostienen esta postura: «Hay que tener presente que nada es una pérdida de tiempo. No pasa nada por ser raro. ¿Quiénes somos nosotros para decir lo contrario». **LM**

1 Kesar Khinvasara, Marol Art Village, Bombay, India, 2019   2 Phibs, Marol Art Village, Bombay, India, 2017   3 Jester, Marol Art Village, Bombay, India, 2017   4 Skio1, estación de metro Noida Sector 51, Noida, India, 2022

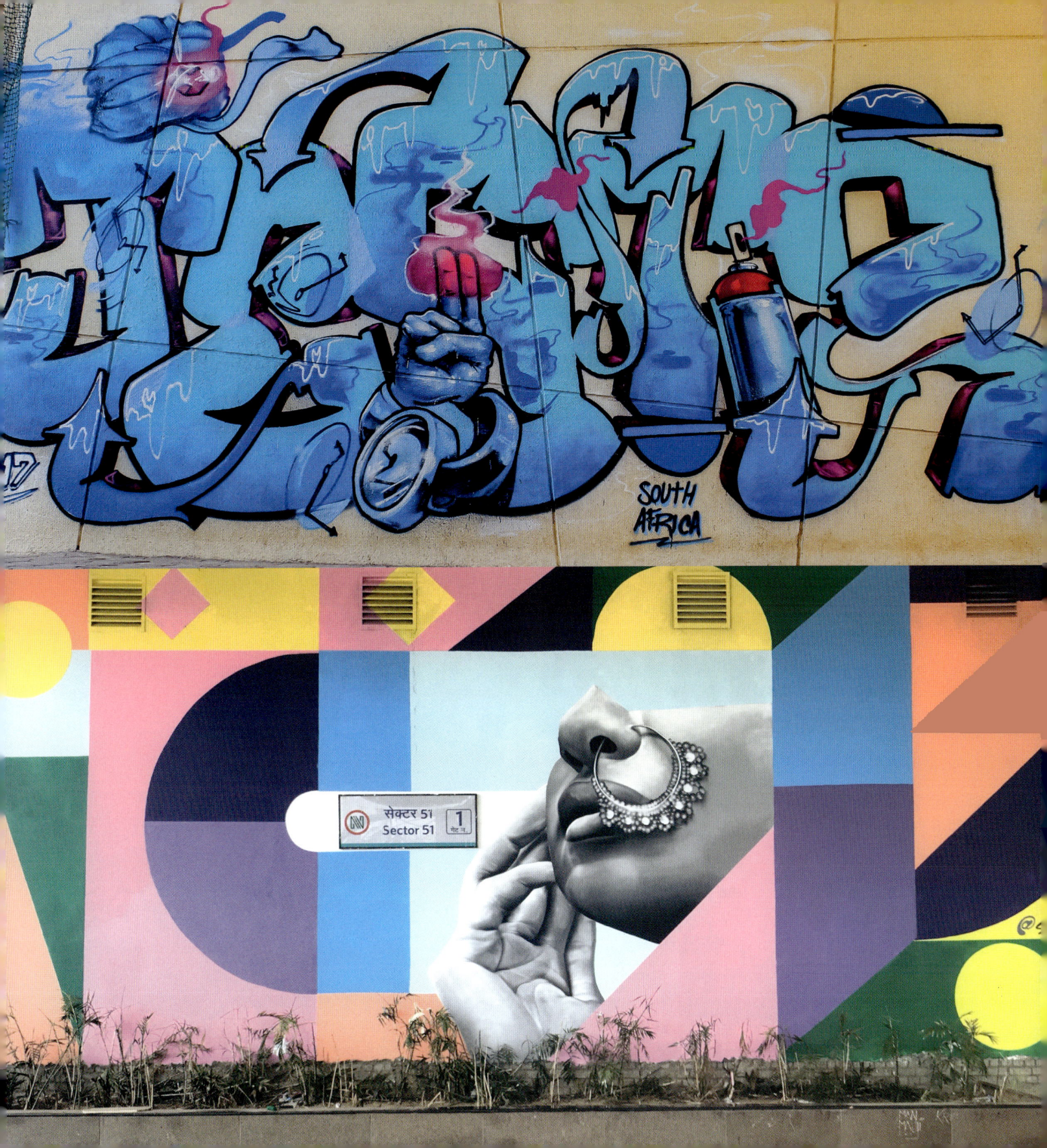

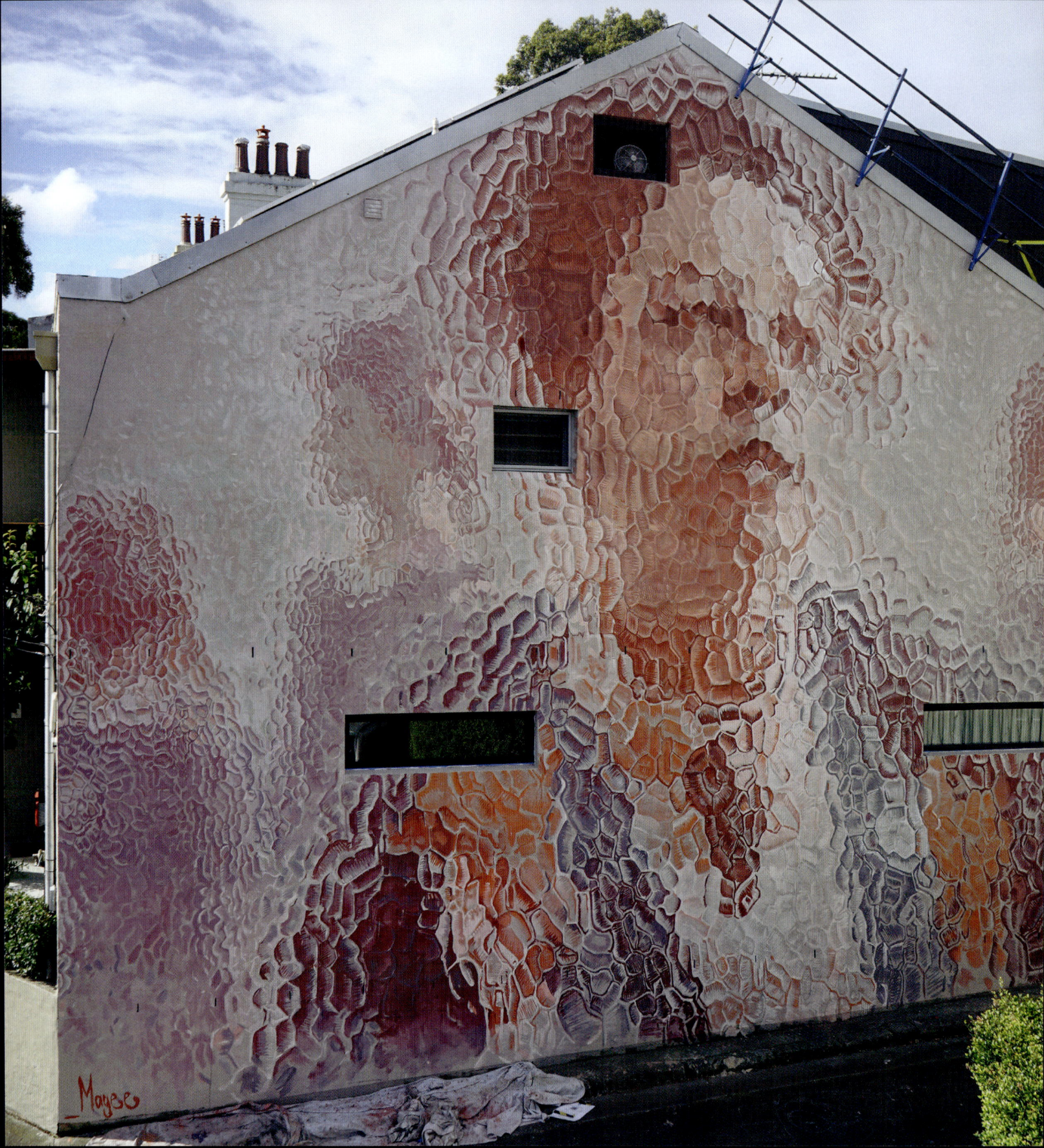

OCEANÍA
MELBOURNE SÍDNEY

DMOTE LING ASKEW ONE RONE LUSH FINTAN MAGEE
KEZAM SUNFIGO MICHAEL PEDERSON IAN STRANGE

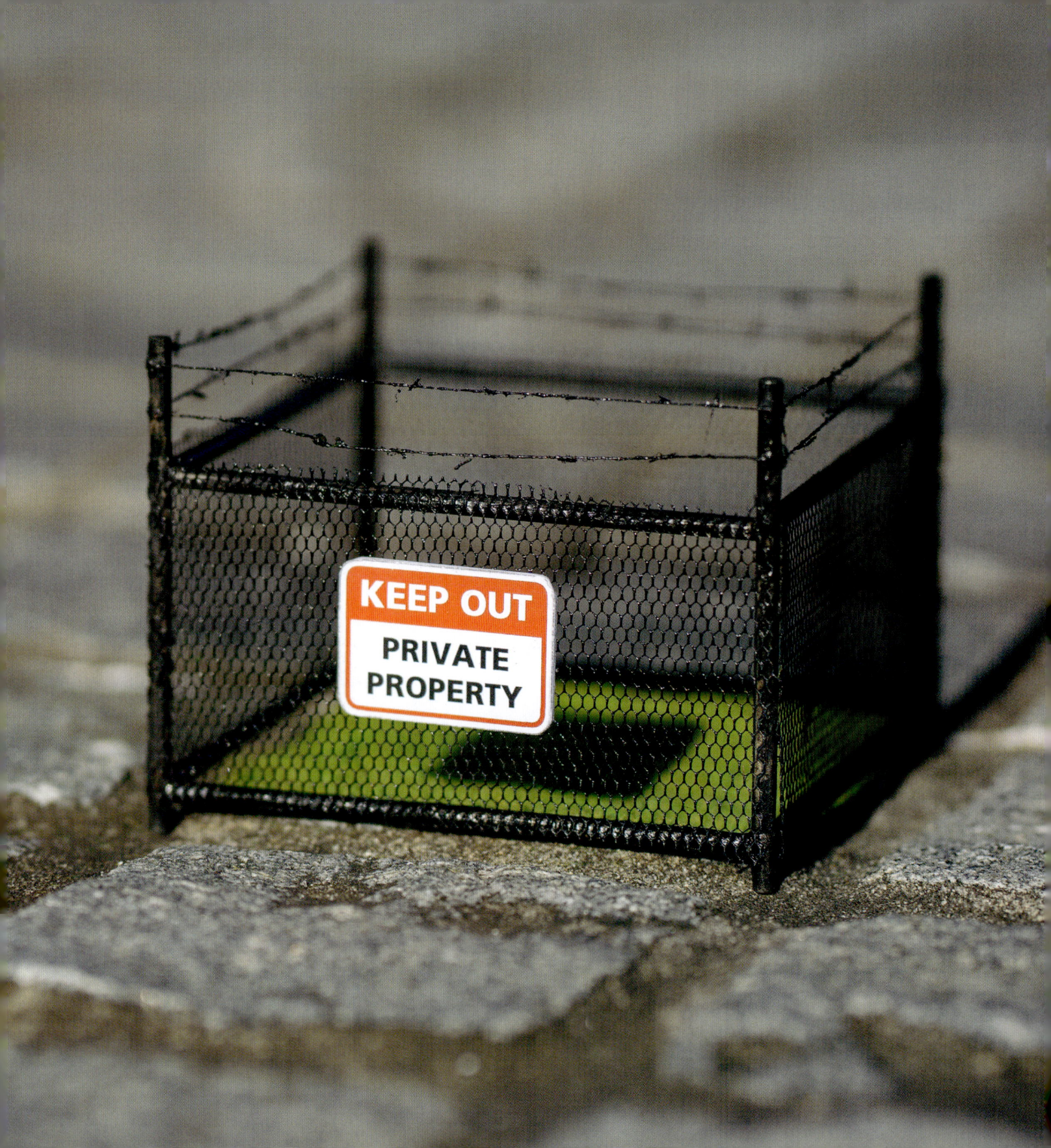

Oceanía es un entramado de islas en un mar inmenso, una amalgama de islas del Pacífico y ciudades agrupadas en las costas, como Sídney, Melbourne y Auckland. Aunque geográficamente alejada de la meca del grafiti de Nueva York y de los centros del mundo artístico de la Costa Oeste y Europa Occidental, la región es un lugar de importancia internacional para el arte público independiente contemporáneo.

Tal vez los rasgos más conocidos de la zona sean su informalidad e irreverencia, así como sus exportaciones culturales (envía artistas a Los Ángeles, Londres y Berlín). A pesar de las guerras ocasionales contra el grafiti, las ciudades de Oceanía han aceptado las formas figurativas del *street art* en las últimas décadas. Prolíficos artistas locales y un público agradecido han contribuido a integrarlo en el tejido urbano de los centros de las ciudades, lo que supone un cambio respecto a la época en que se pensaba que el *tagging* reducía el valor de las propiedades y los murales de *street art* lo aumentaban. El arte público independiente está presente también lejos de las ciudades, ya que los pueblos ofrecen edificaciones inusuales, como silos de grano, a modo de lienzos a gran escala en un intento de atraer visitantes.

Oceanía, habitada por primera vez hace más de 60 000 años, alberga algunas de las formas más antiguas de arte rupestre. Cada vez son más los artistas visuales aborígenes que mezclan el grafiti y el *street art* con las tradiciones de los pueblos originales, como Reko Rennie y Aretha Brown, en Australia, y Charles *Phat1* Williams, en Aotearoa, Nueva Zelanda, cuya obra se inspira en su herencia maorí.

Australia cuenta con una consolidada escena grafitera y *street art* que se remonta a principios de la década de 1980. Melbourne (*véanse* páginas 362-363), al igual que sucedió con Barcelona (*véanse* páginas 250-251) y Londres (*véanse* páginas 134-135), se convirtió en uno de los lugares más venerados del mundo para el *street art* durante los felices días de mediados de la década de 2000. La ciudad se hizo famosa sobre todo gracias a artistas como HA-HA, Sync y Rone (*véanse* páginas 372-373), miembro de la célebre *crew* Everfresh. La obra de Rone se ha convertido en un elemento habitual de la ciudad, ya que sus pegadas anónimas han evolucionado hasta convertirse en elaboradas pinturas e instalaciones en edificios históricos que requieren grandes equipos de colaboradores y muchos meses para realizarse y que atraen a multitudes.

Melbourne tiene una enorme creatividad a pie de calle, desde las callejuelas del centro de la ciudad hasta los pintorescos barrios del centro, como Fitzroy y Collingwood. En unos pocos kilómetros cuadrados, Melbourne cuenta con trenes retirados sobre el tejado de un restaurante, un bloque de apartamentos diseñado en torno a los vectores de un *tag* gigante (ambas obras del arquitecto Zvi Belling), una plétora de *street art* de artistas locales y variados visitantes internacionales, desde Banksy e Invader (*véanse* páginas 152-153) hasta Ben Eine (*véanse* páginas 138-139) y Revok (*véanse* páginas 68-69). El grafiti de Melbourne evolucionó en poco más de un lustro a partir de mediados de la década de 1980 y se pasó de hacer piezas rudimentarias pero *funky* a otras avanzadas y muy técnicas, lo cual inspiró a toda una generación de artistas, entre ellos Lush (*véanse* páginas 368-371) y Ling (*véanse* páginas 364-367).

Son los detalles y las texturas los que hacen de Melbourne una ciudad tan fascinante: cada línea de tren tiene una intrincada historia, y la competencia por el espacio y la atención ha dado lugar a muchas innovaciones, como las piezas tejidas de Sunfigo (*véanse* páginas 374-375) y los objetos dorados de Ling (*véanse* páginas 364-365). Las bellas obras de Sunfigo adornan las vallas metálicas de todo Melbourne, y las obras de arte de Ling (desde pegatinas retro de mal gusto hasta piezas de grafiti en tejados, pasando por retratos épicos y grandes esculturas) también son visibles por toda la ciudad. Lush (*véanse* páginas 368-371) ha desarrollado una cruel pintura de memes que combina bromas, chistes, juegos de palabras y troleos, está a caballo entre sitios de la vida real y plataformas digitales y lidera el impulso entre los creadores de *street art* en cuanto a la venta de NFT.

Si bien Sídney (*véanse* páginas 376-377) no ha brillado tanto como Melbourne, su eterna rival, puede presumir de artistas como el colectivo BUGA UP, de finales de la década de 1970, y del estilo clásico de escritores de grafiti como Dmote (*véanse* páginas 378-379), que sigue dando ejemplo del estilo original de Sídney en la década de 1980. Sídney fue además el lugar de práctica del *outsider* Arthur Stace. En fechas más recientes, la ciudad ha sido escenario de las instalaciones de Michael Pederson, que reflejan escenas minúsculas pero repletas de drama (*véanse* páginas 380-383).

Auckland cuenta desde hace muchos años con una importante escena grafitera, de la que Askew One (*véanse* páginas 390-391) es una de las principales figuras. Desarrolló un estilo de grafiti informal y gráfico y se convirtió en miembro de la prestigiosa MSK Crew (una agrupación mundial de la que también forman parte maestros como Revok; *véanse* páginas 68-69) antes de pasarse a una pintura posgrafiti más conceptual. Desde Melbourne, pasando por Nueva York, otro residente de Auckland, Kezam (*véanse* páginas 392-393), ha perseguido con ahínco su oficio de creador de grafitis tridimensionales durante la última década, sobre todo en trenes de mercancías y muros de la ciudad junto a las vías.

Una característica clave de la región de Oceanía es la movilidad de sus artistas. Para muchos, viajar forma parte de su práctica creativa. Entre los creadores de *street art* que más han viajado se encuentra Fintan Magee (*véanse* páginas 384-387), artista afincado en Brisbane célebre por su estilo pictórico. Magee, cuyas obras suelen requerir muchos días de trabajo en elevadores de tijera, ha realizado decenas de grandes murales en todo el mundo. Por su parte, Ian Strange (*véanse* páginas 388-389), ahora afincado en Nueva York, regresó a Perth durante la pandemia de COVID-19 para completar una nueva obra de arte centrada en la última casa que quedaba en una urbanización en proceso de demolición. Artistas como Askew y Rone han pintado por todo el Pacífico.

Aunque de un tamaño inmenso, la población relativamente pequeña de Oceanía puede generar un cierto completismo: en Australia, por ejemplo, los escritores compiten por un «sombrero de copa» pintando trenes en cada una de las cinco grandes redes de trenes suburbanos del país. Hay en esta región pequeñas escenas que han crecido hasta formar parte del *mainstream* y convertirse en parte de un movimiento artístico mundial. **LM**

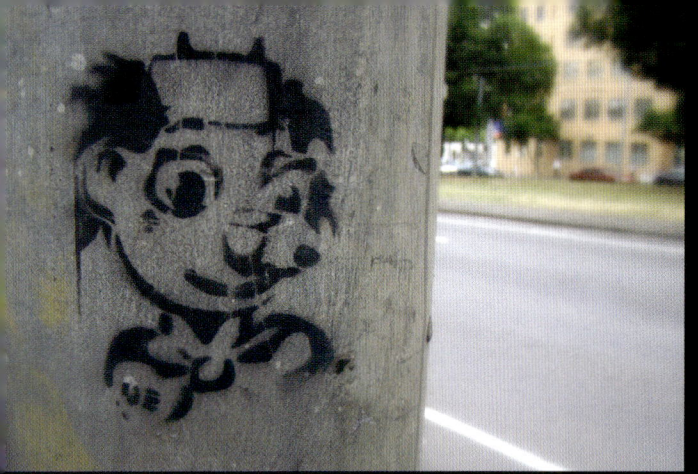

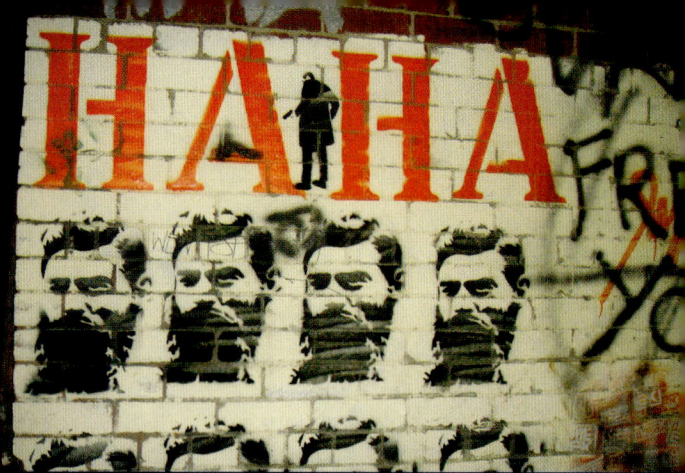

MELBOURNE

Melbourne tiene una rica historia de grafiti y *street art*. Sus raíces se extienden en muchas direcciones, desde los eslóganes de posguerra por los derechos de los aborígenes sobre la tierra y del feminismo hasta las marcas públicas de subculturas locales, como *punks*, anarquistas y las bandas suburbanas de «sharperos» que surgieron en la década de 1960. Sin embargo, desde mediados de la década de 1980, las calles y el sistema ferroviario de Melbourne están dominados por una forma local de grafiti *hip-hop* al estilo neoyorquino. Con el tiempo, la ciudad desarrolló un conjunto distintivo de estilos locales basados en el *bombing* competitivo por saturación de las líneas de tren, pero también una serie futurista y elegante de *wildstyles* que reanimaba las formas de las letras, aprovechando la base antropomórfica de la que derivó el alfabeto, para así convertirlas en criaturas vivas. Entre los pioneros del grafiti de Melbourne figuran GS38, DSKYZ, Merda, Duel, Paris, Peril, Tame, NEW2, Puzle y, en fechas más recientes, Nasty, Reach, Denim y Didle.

En 2010, un trío de escritores de graffiti colaboraron en el influyente libro *Kings Way: The Beginnings of Australian Graffiti — Melbourne 1983-1993*, que documentó la edad de oro de este arte. Desde entonces, el grafiti de Melbourne se ha reanimado gracias al auge de la pintura en aerosol personalizada, el archivado de imágenes en internet y la afluencia de visitantes nacionales e internacionales. Junto a los que practican un estilo neoyorquino maduro y refinan elaborados *wildstyles* o colaboran en murales temáticos a gran escala, Melbourne también ha tenido estallidos de antiestilo. Renks, Bonez y otros crearon letras y combinaciones cromáticas deliberadamente poco refinadas que respondían tanto al toque naíf y enmarañado de los pioneros neoyorquinos como a la creciente aceptación de los murales de grafiti por parte del *mainstream* de Melbourne.

Distinta de la escena grafitera de Melbourne ha sido el desarrollo de un activo movimiento de *street art* que coincidió con grandes protestas políticas en la ciudad, como las que se produjeron contra el Foro Económico Mundial

en 2000, y contra la guerra de Irak, en 2003. Para los activistas de la época con cultura global, el grafiti tenía poco que ver con el arte: era una forma de enviar mensajes codificados al público y entre ellos. De este período surgió una red informal de artistas que, durante los cinco años siguientes, perfeccionaron su trabajo experimental hasta convertirlo en formas icónicas y a menudo en el contexto de *crews*, estudios y galerías. Entre los practicantes más visibles estuvieron HA-HA (*véase* imagen 2), Sync, Dlux, Civil, Vexta y miembros de la *crew* Everfresh —Phibs, Meggs y Rone (*véanse* páginas 372-373)—, artistas que aprovecharon los solares industriales abandonados de Melbourne y las zonas de pequeñas callejuelas de servicios que aún estaban por convertirse en bares y tiendas.

Los creadores de *street art* de esta época recurrieron a los iconos nacionales de Australia, como la satírica remodelación que hizo Civil de escenas coloniales y deportivas; otros revisaron las formas de ser artista que habían existido en Australia, con lo que hicieron referencia al animador inmigrante Rolf Harris, al personaje principal de *Mr. Squiggle* (*véase* imagen 1), una

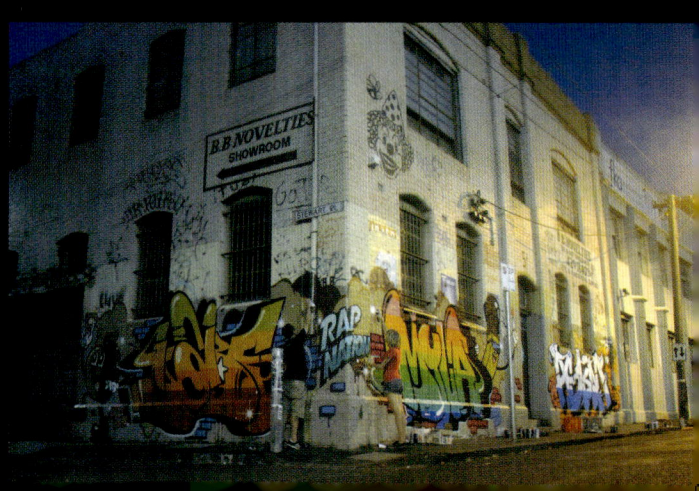

marioneta que improvisaba dibujos en un programa infantil de televisión que se emitió durante mucho tiempo, o a la idea el artista como forajido, como lo representó por HA-HA en una serie de estarcidos del bosquimano del siglo xix Ned Kelly con su característica armadura hecha a mano. Entre los ejemplos más populares de *street art* se encuentran los Crate Men, unas imponentes figuras creadas con cajas de leche de plástico de colores e instaladas por toda la ciudad por el misterioso colectivo Cornelius Brown. Muchos artistas experimentaron con nuevos materiales, como es el caso de Junky, que creó figuras con basura (*véase* imagen 4), de Mal Function (*véase* imagen 5), que hizo cabezas moldeadas, y de Buff Diss, autor de obras con cinta adhesiva.

En 2010, el *street art* se había vuelto muy autoconsciente, y los artistas más enérgicos fusionaban las trayectorias enfrentadas de esta práctica y del grafiti, como es el caso de los eslóganes caricaturescos y a todas luces obscenos de Lush. La escena ha generado su propio sistema de galerías y estudios y un amplio atractivo más allá de una pequeña subcultura. El epicentro del *street art* se ha trasladado del Central Business District a los barrio circundantes,

repletos de piruletas retro de Dabs y Myla. Hoy en día es tan probable ver *street art* en las paredes de una galería especializada como en una casa de subastas, un hotel de lujo o en la calle.

El *street art* de Melbourne cautivó la imaginación del público y se ha convertido en parte integrante de la identidad de la ciudad gracias a lugares emblemáticos como Hosier Lane y la galería Until Never de Andy Mac, así como a un estudio según el cual los turistas ponen el *street art* por delante de la National Gallery y del Kakadu National Park como motivos para visitar la ciudad. Cuando se pintaron grandes zonas de la ciudad para preparar los Juegos de la Commonwealth de 2008, el propio Banksy publicó un elogioso artículo en *The Guardian*: «Melbourne es la orgullosa capital de la pintura urbana con plantillas. De sus grandes paredes de la época colonial y de su laberinto de callejuelas gotean los grafitis más diversos y originales que haya en ninguna otra ciudad del mundo [...]. La escena grafitera de Melbourne es un factor clave de su estatus como semillero de creatividad e individualismo determinado del continente». **LM**

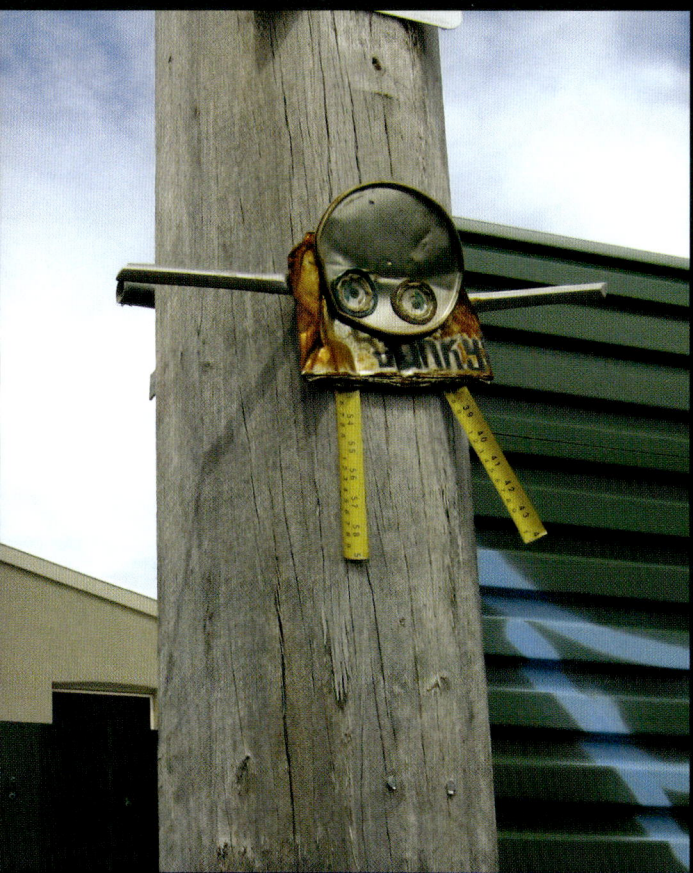
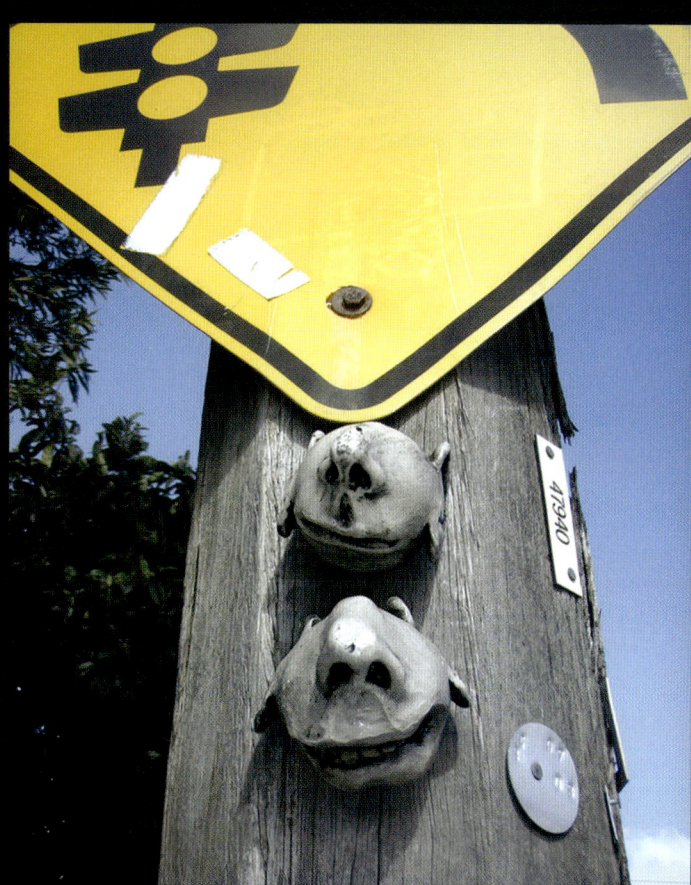

MELBOURNE

NACIMIENTO Desconocido **TÉCNICAS / MATERIALES** Pintura en aerosol, escultura
ESTILO Grafiti contemporáneo, grafiti conceptual, retrato **TEMAS** Mal gusto y vulgaridad,
cultura *lowbrow* **INFLUENCIAS** Grafiti clásico, Australia, arte *lowbrow*, dibujos animados

1 *Gold Car*, Melbourne, Australia, 2016
2-4 *Gold House*, Melbourne, Australia, 2017

LING

Un automóvil robado que huía de la policía se estrella contra un árbol en un tranquilo y céntrico barrio de la ciudad. El ladrón huye a pie y deja los restos de un Toyota Camry destrozado en la mediana. Aprovechando el momento, Ling utiliza una docena de botes de pintura en aerosol de baja calidad para transformar el vehículo abandonado en una escultura representativa de nuestro tiempo.

La obra resultante, *Gold Car* (*véase* imagen 1), tiene el sello del mejor *street art*: materiales sencillos y destrezas elementales combinados con una gran idea y sentido de la oportunidad. La pintura en aerosol, que suele emplearse para retocar pequeños arañazos en los automóviles, se ha utilizado sin límites en la carrocería: el parabrisas, los retrovisores, los neumáticos y las placas de matrícula presentan un color dorado uniforme. De la noche a la mañana, *Gold Car* se convirtió en un icono y recibió la visita de cientos de melbournianos. Aunque la obra se retiró a las pocas semanas, se convirtió en un símbolo instantáneo, aunque ambiguo, de la arrogancia y la opulencia de nuestra época.

Gold Car habla de nuestras obsesiones contemporáneas: riqueza, movilidad, violencia y los últimos y caóticos días del motor de combustión interna. El hecho de que el automóvil se encontrara en el barrio de North Fitzroy, en Melbourne, que en los últimos años ha sido un bastión de riqueza y discreto privilegio, hizo que la obra fuera aún más perfecta. En lugar de fetichizar la decadencia urbana de un automóvil quemado en un barrio pobre, como pueden hacer muchas obras de grafiti y *street art*, *Gold Car* era un vulgar intruso del otro lado de la ciudad. Como el propio Ling, el vehículo era un estridente intruso en el prístino mundo de una cuidada calle de clase media.

Gold Car dio pie a que Ling emprendiera su serie de proyectos basados en la pintura dorada: tras pintar de oro una habitación y todo su contenido, consiguió hacer lo mismo, sin permiso, con una casa (*véanse* imágenes 2-4), acción que se convirtió en otra sensación mediática. La serie prosiguió con una vuelta al terreno más tradicional del grafiti: todo un vagón de tren de mercancías pintado de arriba a abajo de dorado. El arte de Ling tiene sus raíces en el mundo del grafiti de Melbourne de la década de 1990, una escena muy

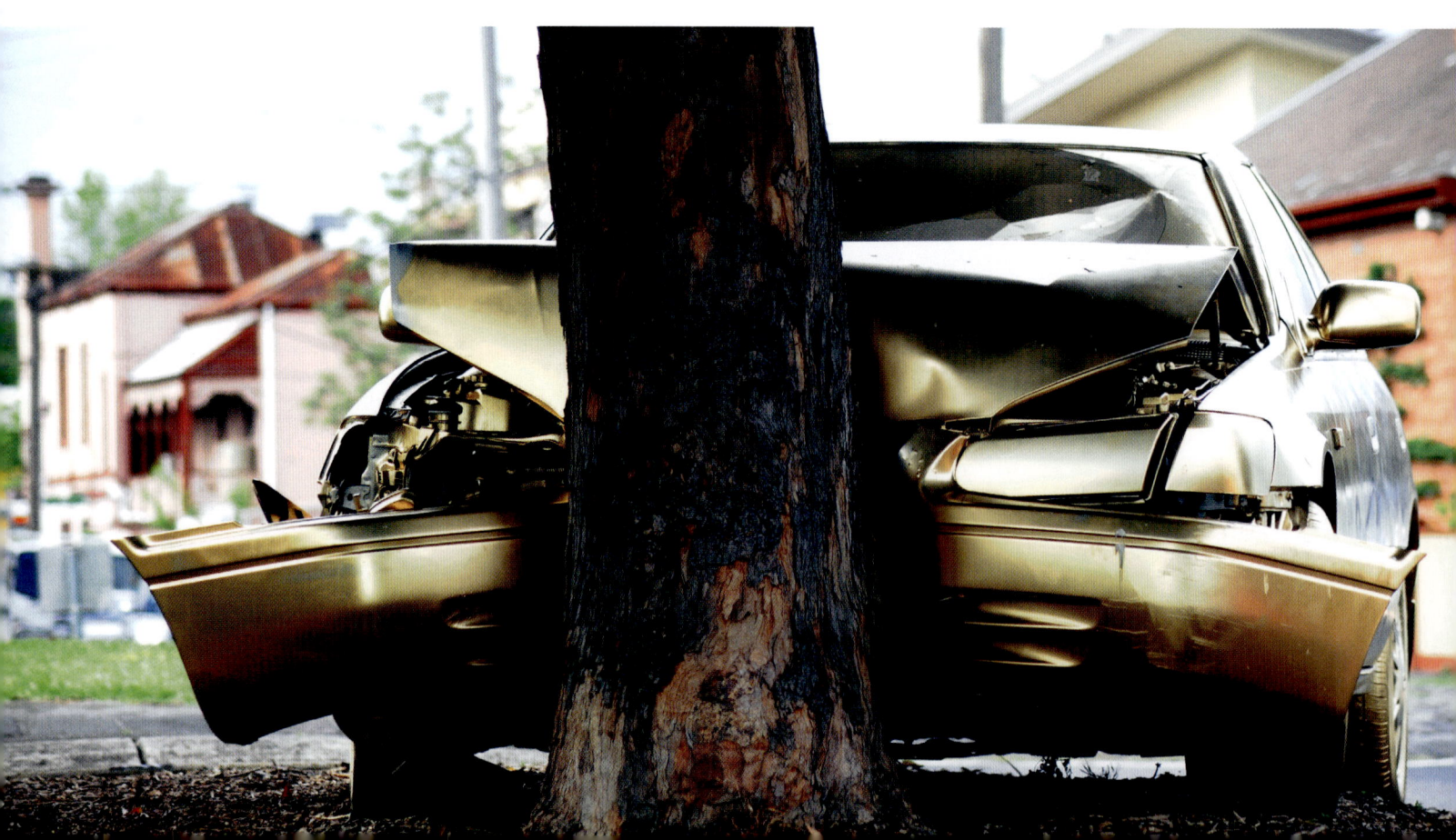

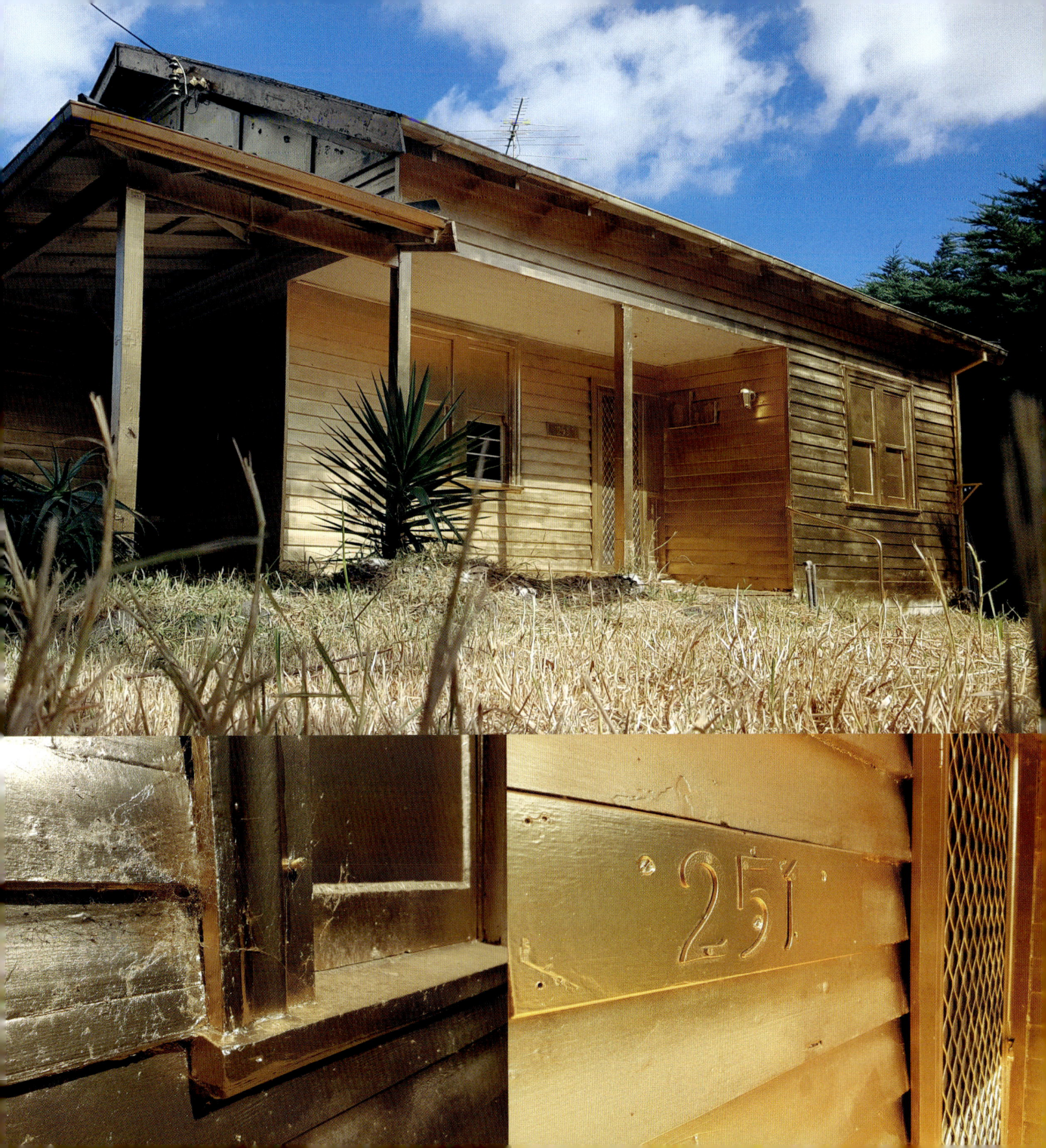

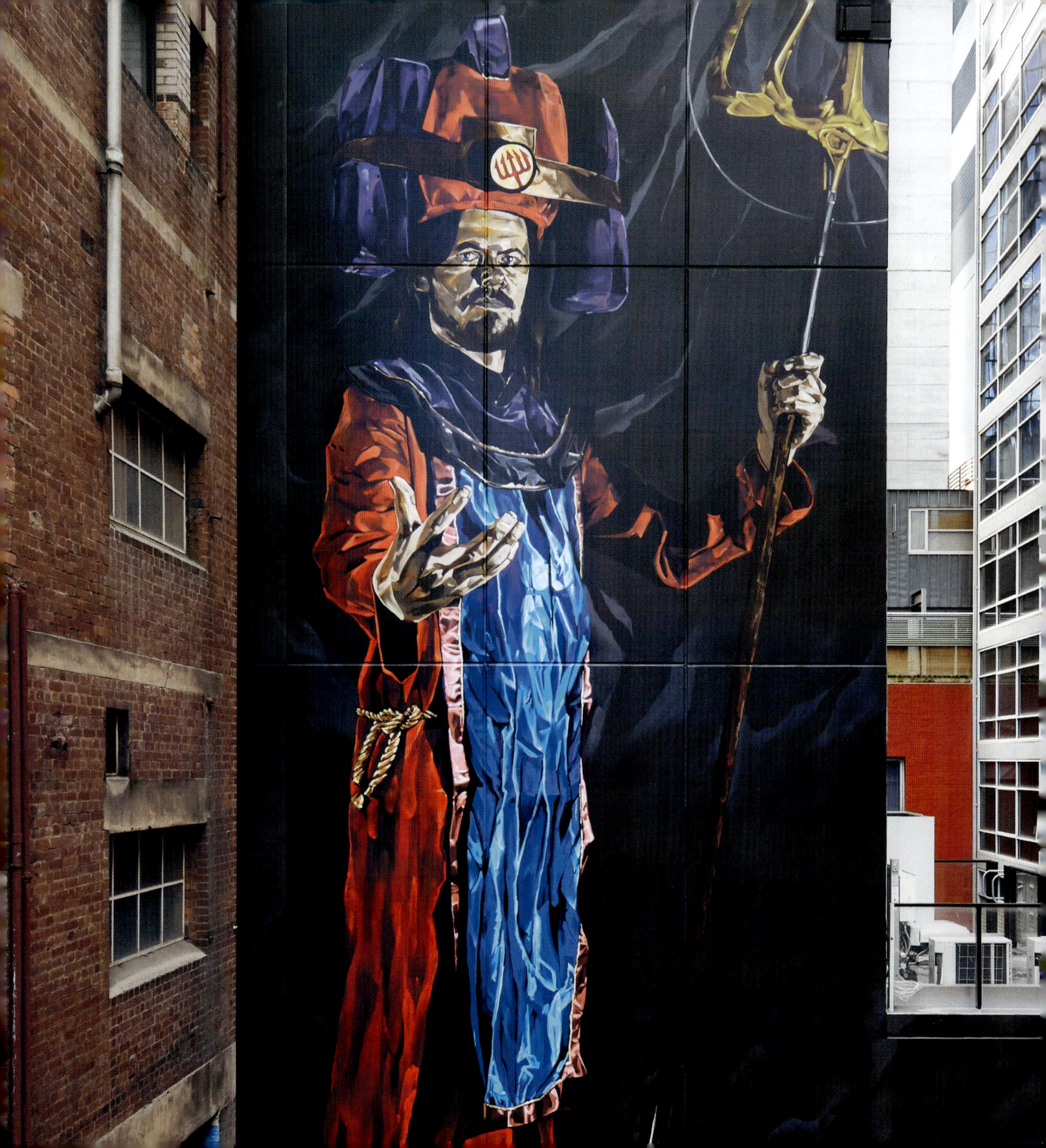

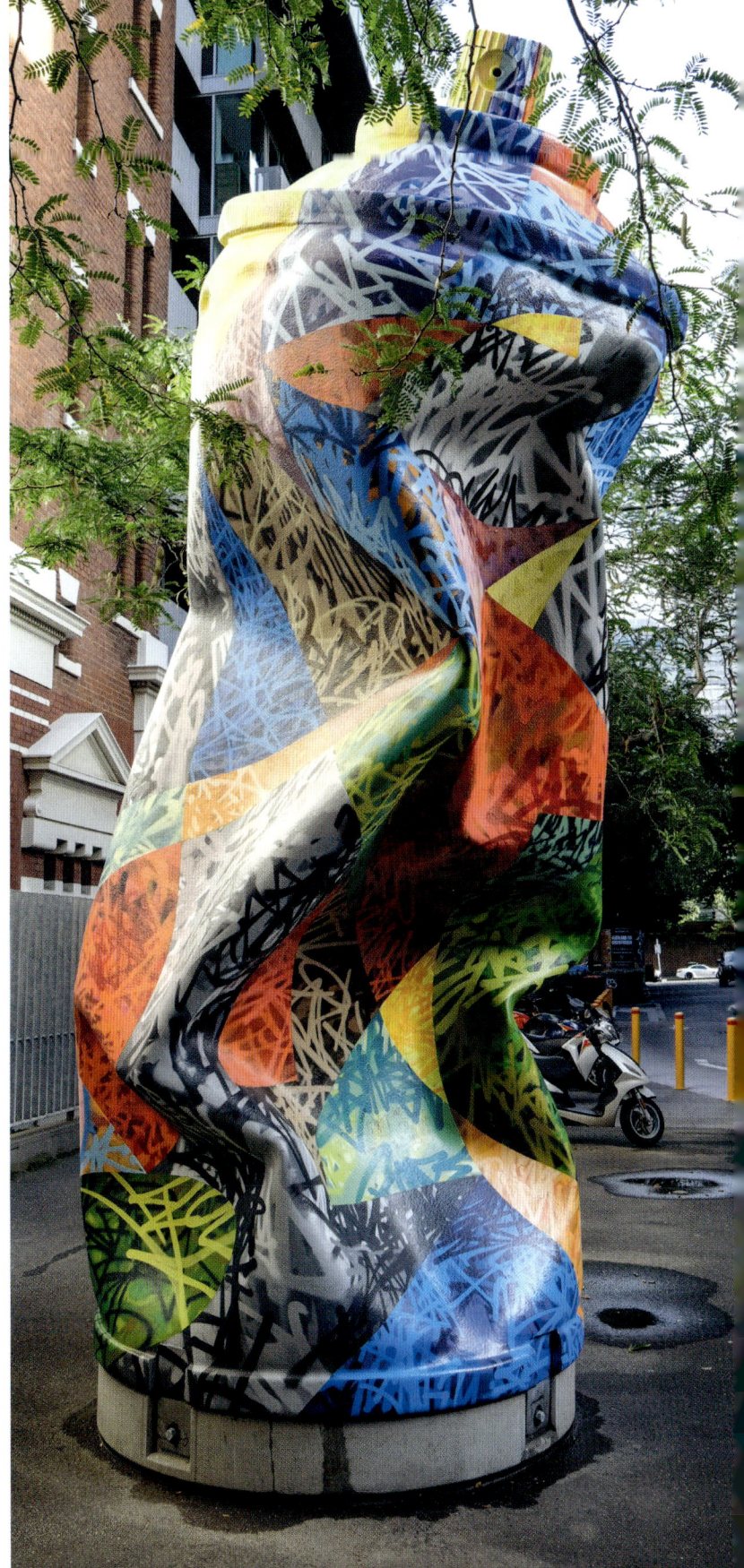

competitiva en la que se fomentó la experimentación pero solo dentro de unos límites. Tras pintar con diferentes *tags*, los estilos grafiteros de Ling evolucionaron y dieron forma a sus habilidades técnicas con el aerosol.

En la actualidad, su obra es una práctica artística híbrida en la que la frecuente pintura de grafiti se complementa con encargos de retratos de alto nivel y proyectos personales de escala cada vez mayor. A lo largo de los años, Ling ha desarrollado además su capacidad para representar la figura humana, para lo cual ha empleado una técnica pictórica de facetas y fragmentos coloreados que ha usado para representar los contornos del rostro en decenas de murales por todo Melbourne.

Si bien los murales de Ling son refinados y de estilo clásico, la solemnidad que emanan suele verse socavada por la elección que hace de sus temas: héroes de acción engreídos, luchadores ridículos y estrellas de la televisión diurna venidas a menos. Esta tendencia alcanzó su cénit en un encargo para el proyecto Flash Forward de Melbourne, en el que Ling pintó al vocalista de la banda local Dr. Colossus (*véase* imagen 1), un grupo de *doom metal* con temática de *The Simpsons* (*Los Simpson*) que empezó como una broma pero que se convirtió en una banda popular y longeva. Broma tras broma, el humor del mural de Dr. Colossus se ve reforzado por la escala y la seriedad de la obra, que ocupa más de cuatro pisos y para cuya realización se necesitaron elevadores de tijera y un equipo de trabajadores de apoyo. Aunque la representación de los ropajes y atavíos del cantante del Dr. Colossus, Jono Colliver, es tan meticulosa como la de un retrato oficial de un mandatario, Ling recuerda que este se reía durante las intensas jornadas de pintura. El resultado es una obra maestra de la incongruencia. En términos conceptuales, el mural del Dr. Colossus es el reverso de la serie *Gold*: una gran destreza para representar un concepto bajo.

La reciente obra escultórica de Ling también eleva una imagen emblemática pero cotidiana, en este caso un bote de aerosol aplastado (*véase* imagen 2). Gracias a la tecnología de escaneado e impresión en 3D, su escultura, de 5 m de altura, se hace en espuma y luego se rocía con hormigón, que después se pule con meticulosidad y, por último, se pinta. La escultura está situada en el centro de Melbourne, en un barrio donde el entorno cívico aparece cuidado y controlado. Al igual que muchos otros municipios, Melbourne ha demonizado el grafiti a la vez que acoge el *street art*, una hipocresía de la que se burla esta obra. Mientras que muchas esculturas públicas acaban cubiertas de *tags*, el monumento de Ling llegó «prevandalizado», ya cubierto de grafitis. La escultura, en lugar de expulsar pintura, parece una aspiradora gigante de grafitis que absorbiera todos los *tags* de las calles.

Gracias a sus conocimientos técnicos, Ling suele estar muy solicitado y acepta de buen grado encargos serios para grupos comunitarios e instituciones culturales. Con todo, su práctica se ve impulsada por el afán por superar los límites técnicos de la creación artística y, al mismo tiempo, los del decoro. Estatuas doradas, esculturas descomunales y solemnes monumentos a héroes de dibujos animados. Exuberante mal gusto, hábil ejecución e incesante experimentación. Las irreverentes burlas de Ling están creciendo tanto en escala y complejidad que se están yendo de las manos. **LM**

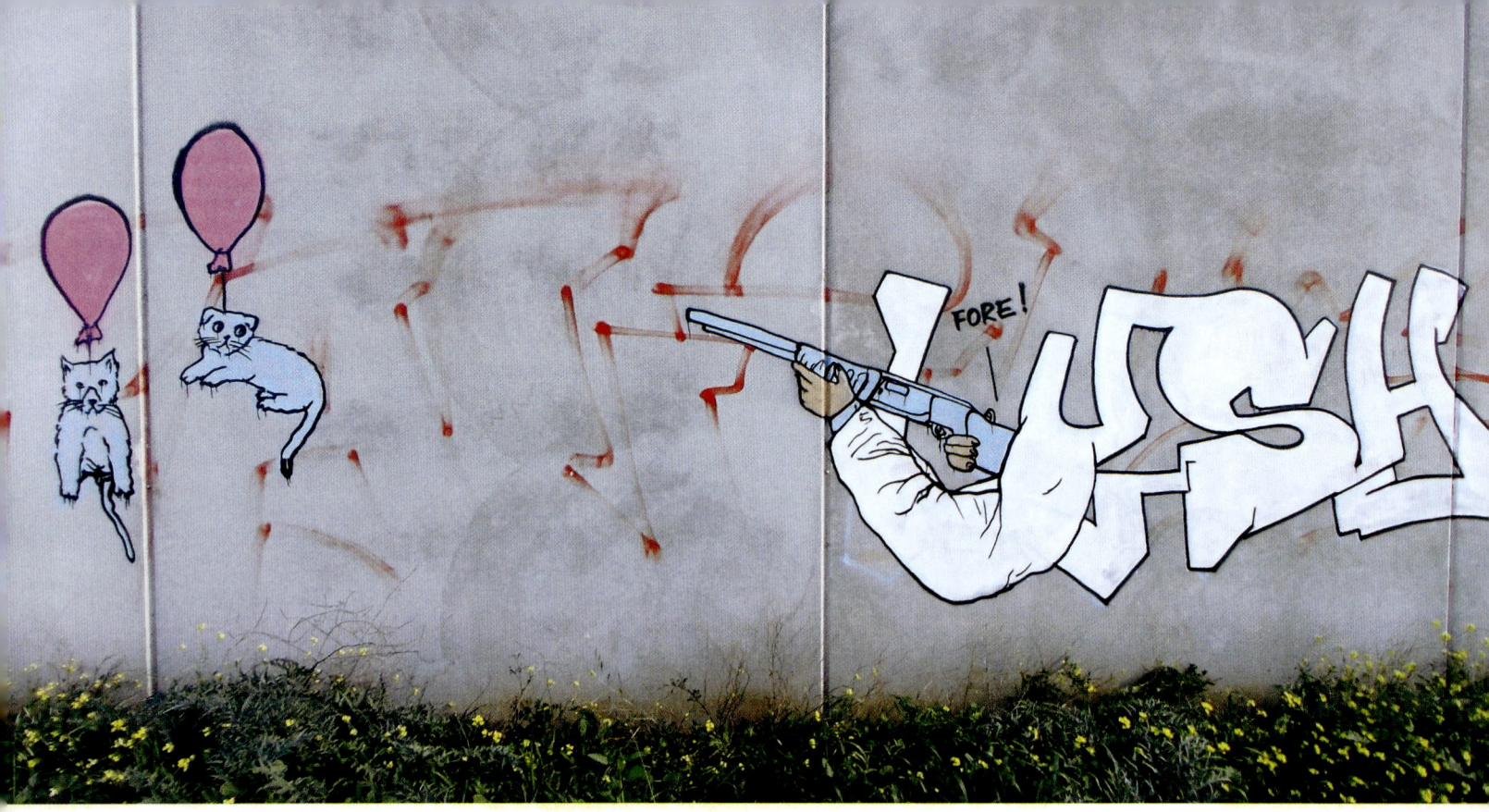

MELBOURNE

NACIMIENTO Melbourne, Australia   TÉCNICAS / MATERIALES Pintura en aerosol, vídeo,
fanzines   ESTILO Grafiti grotesco, metagrafiti   TEMAS Pornografía, misoginia,
etnografía   INFLUENCIAS Robert Crumb, Raymond Pettibon

LUSH

Calificada de pornográfica, misógina, de mal gusto, irrespetuosa y ofensiva,
la obra de Lush actúa como una brutal etnografía visual del mundo del grafiti
que disecciona los códigos y la historia de la forma, así como a sus propios
practicantes, a base de trazar tanto la idiotez como el conocimiento profundo.
Al burlarse de los códigos convencionales de la decencia, así como de la
naturaleza a menudo hosca y carente de humor del grafiti contemporáneo,
el ácido y sardónico estilo de Lush traspasa los límites de lo aceptable tanto
en el *mainstream* como en la cultura del grafiti y pone de relieve la naturaleza
a menudo conservadora de este discurso, en teoría liberal y rebelde. Paria
tanto en el mundo del arte institucional como en el ilícito, Lush se aferra
con entusiasmo a este estatus, prescinde de ídolos y rechaza toda forma
de fundamentalismo, ya sea religioso, político o estético. Aunque el artista
se opone a cualquier posible insinuación sobre la seriedad de su obra (se abre
paso entre bromas en todas las entrevistas formales que concede: «Soy todo
lo serio que puede ser un gran maestro del grafiti legítimo y serio»), esta debe
entenderse como surgida de un punto de vista profundamente rabelaisiano

—caracterizado por lo grotesco, lo subido de tono y lo licencioso— que abraza
el mundo del grafiti al tiempo que lo ataca con vehemencia.

Lush, nacido y criado en Melbourne, Australia, ciudad que, pese a su
fuerte veta conservadora se convirtió en un lugar famoso por la producción
de *street art* a principios de la década de 2000, es artífice de una obra que es
un producto de su entorno, una reacción tanto al debilitamiento percibido
de la estética del grafiti en comparación con su posición anterior como a
las provocaciones lanzadas contra ella por las autoridades locales en la
posterior. Sin embargo, aunque su obra está arraigada en el grafiti clásico
(sus imágenes, por ejemplo, casi siempre llevan su nombre, ya sea en
forma del dibujo manchado de sangre de una víctima de suicidio, de pene
peligrosamente alargado o de pechos femeninos de gran tamaño), puede
considerarse a su vez una impugnación de la idea del grafiti como parte
de un marco orientado de forma evidente al *hip-hop*. Lush considera que la
obsesión por la cultura *b-boy* entre la fraternidad grafitera «que viste Kangol»
no es más que otro «fetiche» que hay que cuestionar y erradicar para mostrar
la naturaleza innatamente heterogénea del grafiti. Al igual que Escif (aunque
con un planteamiento estético en las antípodas), la obra de Lush funciona
como una forma de metagrafiti que se enmarca dentro del género y, a la vez,
analiza el discurso desde una perspectiva crítica. Es en sus fanzines, en

particular, donde se percibe este elemento de su obra: *A Quick Lil' Course in Etiquette*, *What Do Writers and Serial Killers Have in Common* y *Should You Do Street Art?* son piezas muy cómicas y penetrantemente astutas que revelan los muchos aspectos ocultos de la cultura grafitera (los diversos rasgos de los propios artistas, así como lo que se debe y no se debe hacer en el oficio, qué excusas se le pueden dar a los padres o lo que no se le debe decir a la policía). Ilustran las verdades comunes del grafiti, ajenas para quienes no lo practican, y las realidades etnográficas que convierten la «desviación» dominante en un código subcultural. Aunque buena parte de la obra de Lush parece limitarse a estirar los límites estéticos de la perversidad y la sexualidad (obra que no puede imprimirse en este libro pero que puede encontrarse en internet), incluso este rasgo puede verse como una actividad que pone a prueba los límites, una estética del *shock* comparable a la de los dibujantes Robert Crumb y Raymond Pettibon y que se propone desestabilizar el *statu quo*.

Sin dejar cultivar un grafiti dramáticamente libertino y ardientemente autorreferencial, Lush también ha explorado las posibilidades del cine en una serie de *sketches* cómicos en los que parodia diversos estilos populares de vídeos de internet, así como, por supuesto, el aspecto más deprimente de la propia cultura grafitera. En obras como *Lush's Lethal Beef-Defence System*, *Toy Vision Graffiti Sponsorship Appeal*, *How to do a Graffiti Masterpiece* y *Pimp My Piece*, Lush se burla a la vez que loa estos géneros ya trillados (el vídeo de defensa personal, el llamamiento benéfico, el programa de cambio de imagen), lo que genera razas mutantes y combinaciones farsescas de estilos. Al igual que hace con el resto de su obra, estos *sketches* cinematográficos eliminan parte del ego del legado, las tradiciones y los valores del grafiti al poner el absurdo y la farsa frente a quienes dictan las normas. Sin embargo, su ridiculización de las convenciones y costumbres del grafiti puede entenderse también como un enriquecimiento y una apología de aquello mismo de lo que se burla. Como sucede con muchas formas de sátira, desde la de los bufones medievales hasta la de los caricaturistas políticos contemporáneos, la suya es una sátira que defiende la pureza de aquello que ataca: no pretende desplazar aquello de lo que se burla, sino recordarle el lugar que le corresponde y protegerlo mediante una subversión y perversión de la norma.

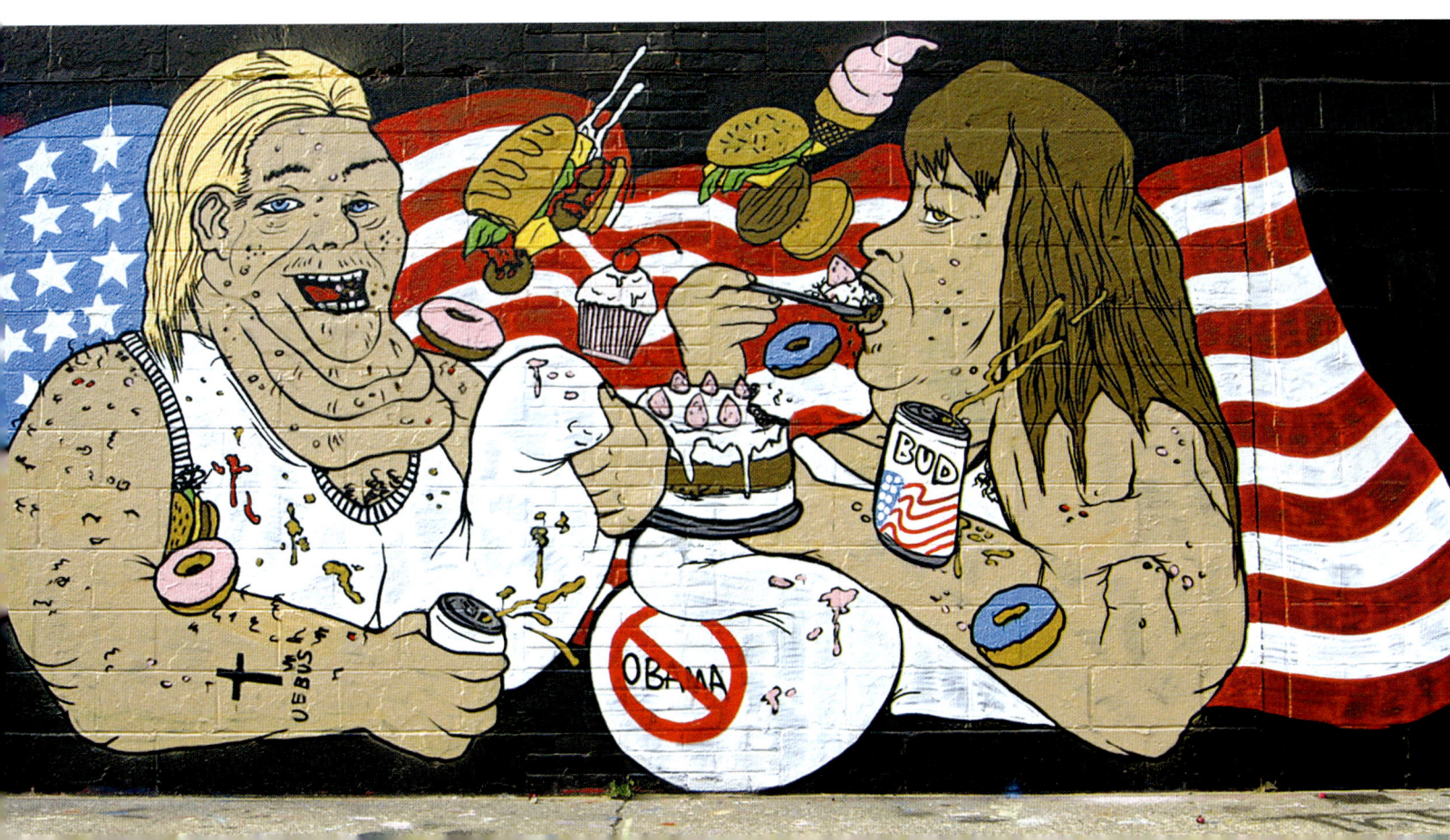

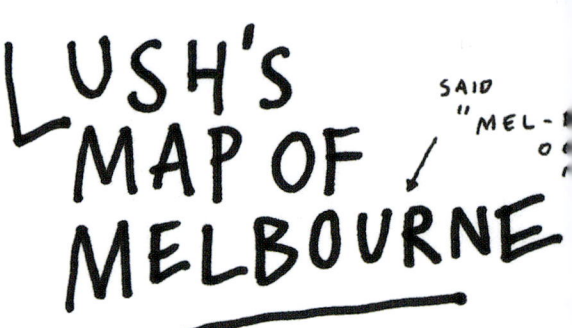

MELBOURNE
Y
LUSH

El mapa de Melbourne realizado por Lush reproduce el estilo diagramático que adopta en muchos de sus dibujos. Estas ilustraciones satíricas, a menudo cáusticas, actúan casi siempre a modo de examen etnográfico de la cultura grafitera (un examen posmoderno y paródico de los diversos personajes, normas y convenciones que contiene) y revelan el amor y el odio simultáneos que siente Lush por el discurso en el que está comprometido: con este mapa de Melbourne, Lush parece elogiar y vilipendiar su ciudad natal en el mismo acto, glorificando su ignomia y demostrando una comprensión de la ciudad que (como su comprensión del grafiti) surge de la intimidad de toda una vida de un genuino conocedor.

En el mapa de Lush se señalan lugares de interés (como «Mi casa», «Buena pesca», «Agujero de mierda» y «Hijos de puta con antibalas»), pero también se presenta una guía pedagógica de los distintos distritos y barrios de Melbourne: por lo tanto, los «Lugares para morir» son «Footscray, Melton, Dandenong, Broadmeadows, Frankston y el CBD [Central Business District]», los «Lugares para conseguir drogas» son «Footscray [una vez más], Springvale, Collingwood, Melton [ahora empieza a ganar reputación], Sunshine y Frankston», mientras que los «Hábitats de las putas» se encuentran en «St. Kilda, Rockbank, Melton [que aparece por tercera vez], Werribee, Fabkston, Dandy y Sunbury». Armado con esta información, así como con la guía de Lush sobre los mejores lugares para pintar en la ciudad («prácticamente en cualquier sitio»), quien lea este mapa puede adquirir un cierto conocimiento de los barrios, ya que, pese a su evidente comicidad, no deja de funcionar como guía para quienes no conozcan la ciudad y como cuaderno de viaje turístico clandestino. Como ocurre con el conjunto de la obra de Lush, el mapa hace gala de su infame crudeza, dureza y tono paródico, pero también nos presenta las verdades establecidas que resultan tan exóticas para los foráneos: la comedia de observación del mundo del arte público independiente.

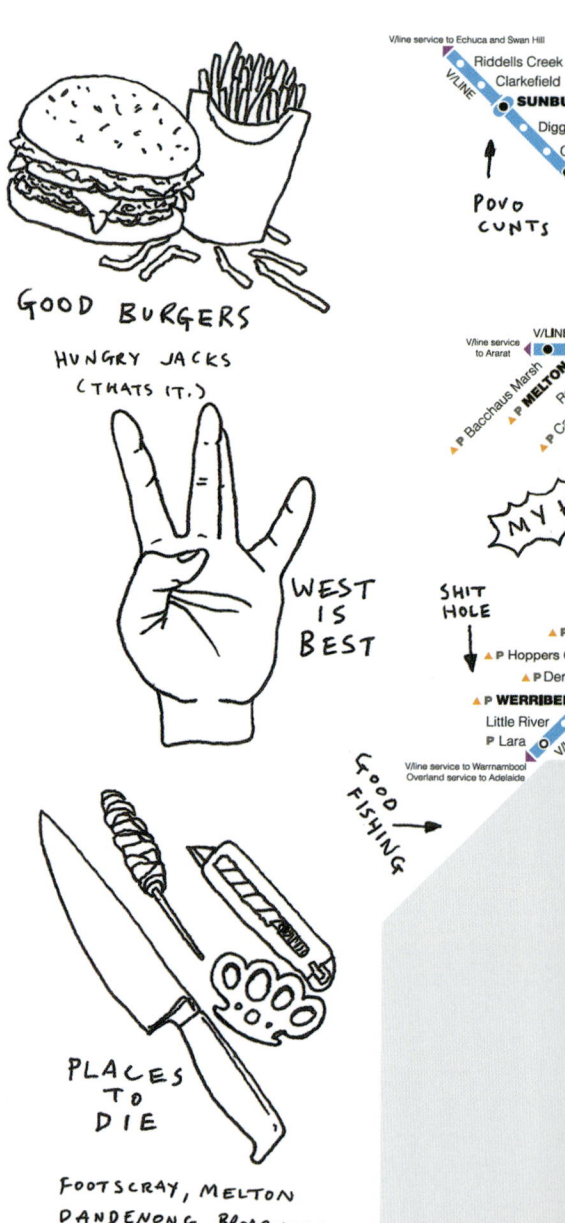

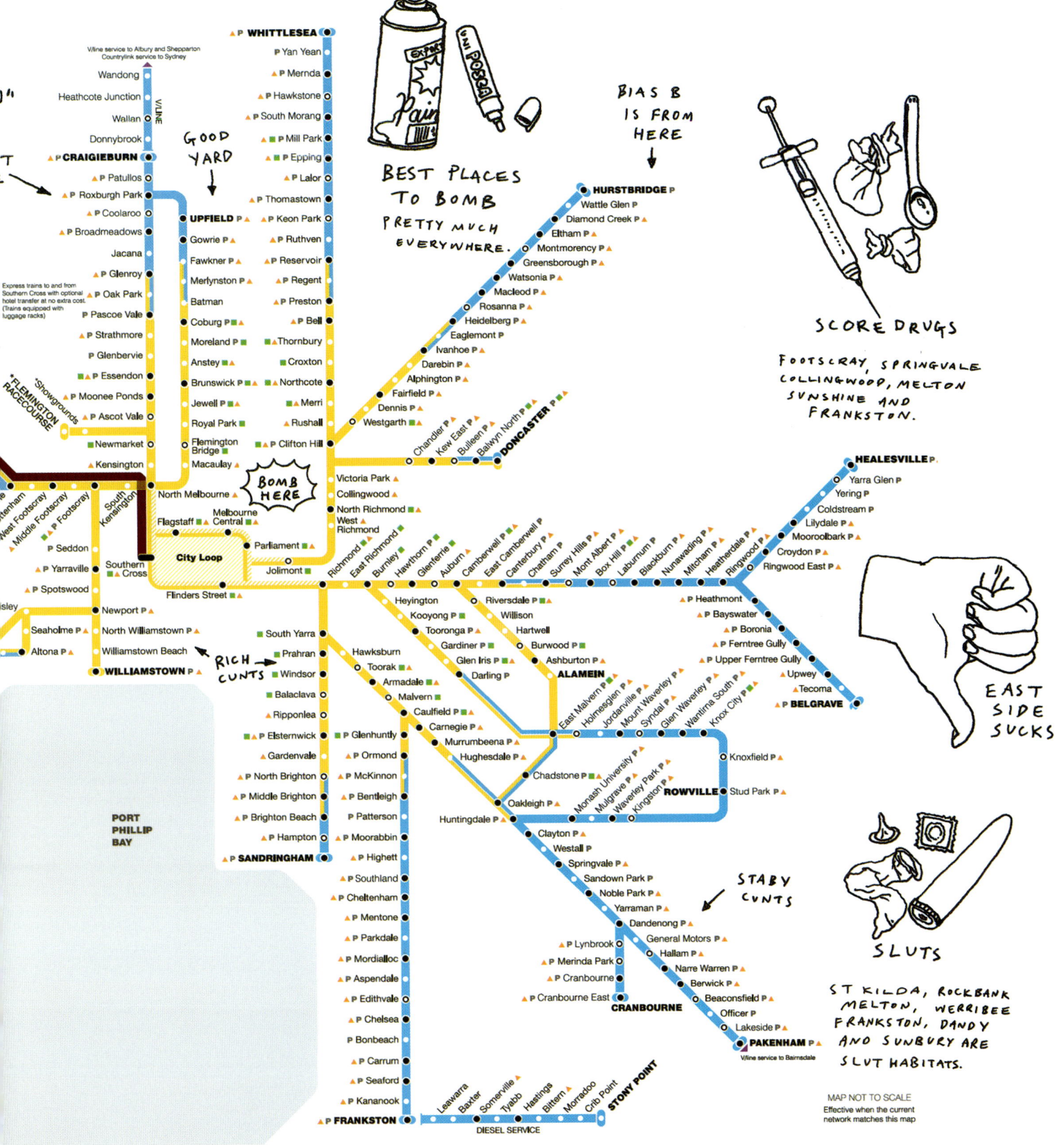

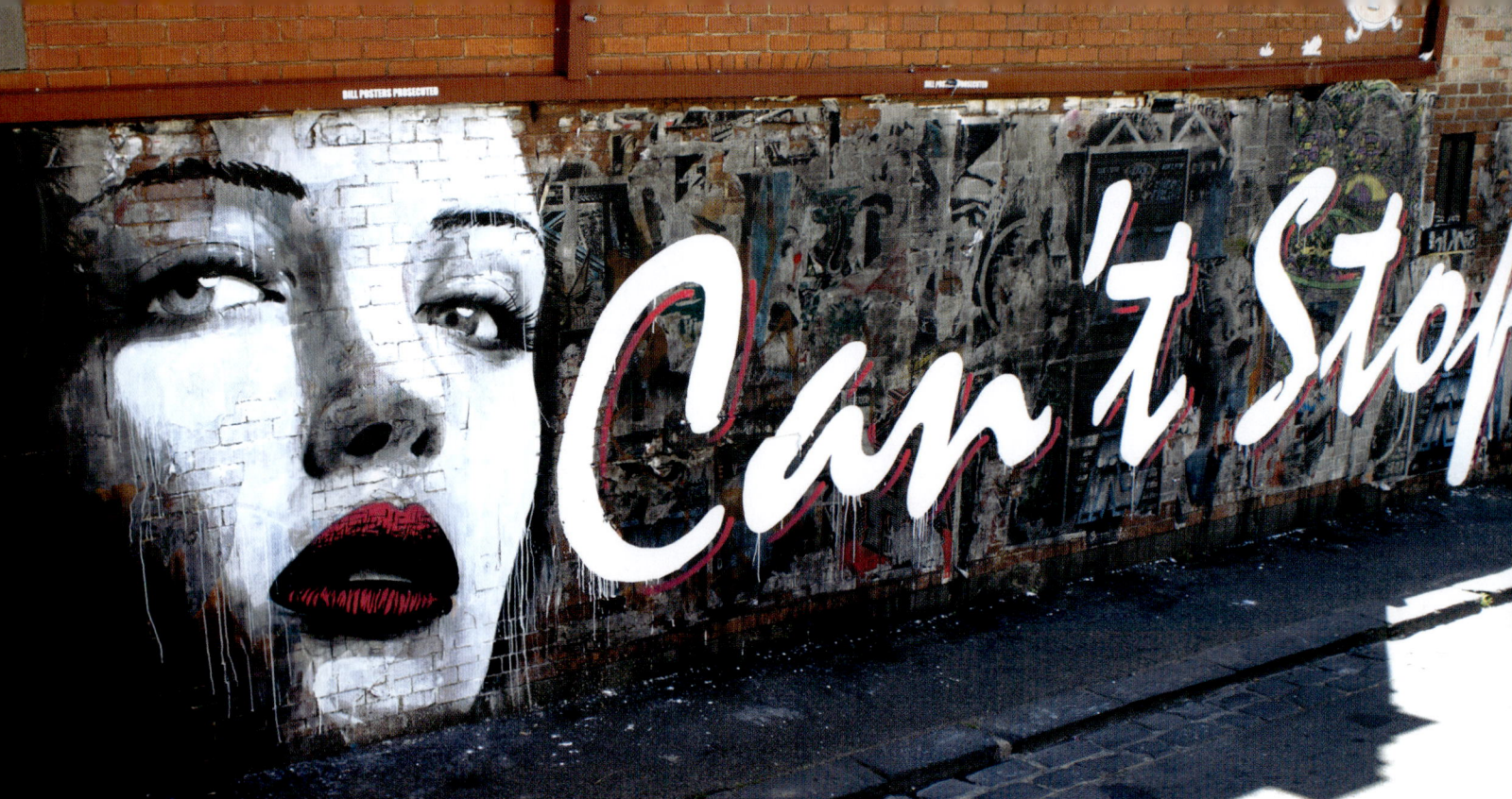

MELBOURNE

NACIMIENTO 1980, Geelong, Australia   **TÉCNICAS / MATERIALES** Plantilla, pintura en aerosol   **ESTILO** Estarcido   **TEMAS** Iconos cinematográficos, Jane Doe, belleza frente a decadencia   **INFLUENCIAS** HA-HA, Sync, Psalm   **COLECTIVO** Everfresh

1 *Can't Stop*, Melbourne, Australia, 2010
(con Wonderlust)
2 *The Blight of Carmen*, San Francisco, Estados Unidos, 2012
3 *Unstoppable*, Melbourne, Australia, 2012

RONE

Rone, figura clave de la escena del *street art* de Melbourne, es famoso por sus suntuosas pinturas de mujeres glamurosas, en particular por la imagen recurrente de la que llama Jane Doe. En la búsqueda del punto de fricción entre la belleza y la decadencia, este artista crea una forma emblemática de arte urbano con una fuerte inclinación emocional. Tras haber realizado, al igual que Meggs, también miembro de Everfresh, muchas de sus primeras obras mediante estarcidos y serigrafías, la evolución de Rone hacia un estilo más a mano alzada hizo que se diera una cierta apertura en sus imágenes, lo que se tradujo en una crudeza que realzaba la naturaleza afectiva de estas. Sus imágenes no solo han aparecido por toda su ciudad de adopción, sino que han empezado a verse cada vez más por todo el mundo. Sus características figuras (sus heroicos iconos, seductores y cinematográficos) se manifiestan en formas cada vez más grandes, elaboradas y emotivas.

Tras mudarse a Melbourne en 2000 para estudiar diseño gráfico, Rone quedó fascinado por la recién surgida escena del arte del estarcido, que dominaba las paredes y zonas limítrofes de la metrópolis. El trabajo de los primeros practicantes, como HA-HA, Sync y Psalm en particular, ejerció una enorme influencia en su decisión de adoptar esta técnica. Aunque al principio se limitó a pintar en los lugares donde patinaba con sus amigos, su amistad con Reka, miembro de Everfresh, le llevó a experimentar. La pintura de Rone no tardó en pasar de ser un pasatiempo a convertirse en una actividad de grupo y en un modo de vida virtual. Aunque es evidente que su obra ha madurado en cuanto a complejidad visual, sus primeras hazañas, basadas en el poder icónico de su Jane Doe, se centraron en la cantidad y la enorme distribución y tuvieron como principal razón de ser su capacidad para dominar el entorno. Rone afirma que prefiere dedicar «cinco minutos a crear el mayor número de imágenes» antes que pasarse «días pintando algo a la perfección». Este enfoque le confiere un peculiar prestigio a sus imágenes, una notoriedad visual que hace que se reconozcan como suyas al instante. Adoptando la mentalidad clásica del grafiti, un afán por hacerse ver a cualquier precio, la obra de Rone no tardó en convertirse en una parte inconfundible del paisaje urbano de Melbourne. La «tranquilizadora belleza» que emanan estas imágenes contrasta de forma innata con las paredes que adornan: fusionan su suciedad con lo ornamental para conformar una elegancia efímera y una belleza pasajera en medio del caos de las calles.

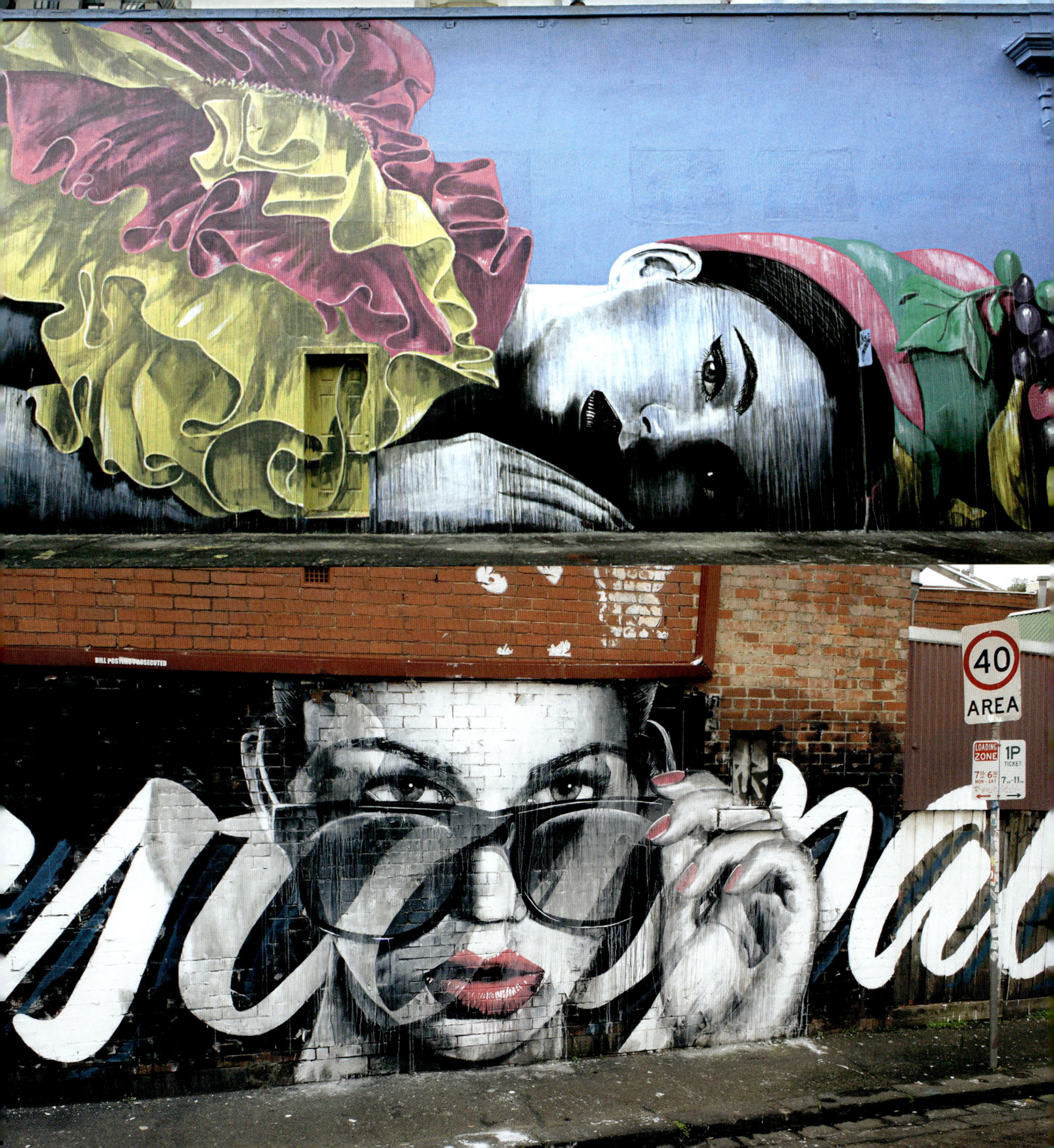

MELBOURNE

NACIMIENTO Desconocido **TÉCNICAS / MATERIALES** Cintas de plástico, plantillas, pegatinas **ESTILO** Tejido de vallas, obras *site-specific* **TEMAS** Protesta urbana, crítica a las redes sociales, animales, ciudades

SUNFIGO

Sunfigo es un practicante anónimo de *street art* de Melbourne que trabaja con pegatinas, plantillas, microesculturas y tejidos en vallas. El contenido de su obra incluye reflexiones sobre la guerra, la política, la cultura empresarial y los medios de comunicación digitales. Sunfigo ha ampliado el aspecto vernáculo del *street art* desarrollado a principios de la década de 2000 y se ha mantenido fiel a las sencillas formas cotidianas de esta práctica. En consecuencia, Sunfigo siente aversión por los aspectos formales y comercializados del *street art* y se decanta por el anonimato, los regalos y el intercambio. Así, ha diseñado un festival informal y autoguiado y un recorrido por las callejuelas de Melbourne con indicaciones en carteles.

La aportación más original de Sunfigo al *street art* es la producción de las cientos de obras tejidas en las vallas metálicas que se extienden por toda la ciudad (*véanse* imágenes 1-3). Estas obras están realizadas con cinta o hilo de plástico, material que se teje a través de las vallas aprovechando la retícula diagonal de estas para transponer diseños predeterminados. Además de muchos animales, la iconografía de Sunfigo posee también un contenido explícitamente político. Los animales, a menudo representados de forma simétrica, a gran escala y con cinta naranja brillante, resultan incongruentes en las cuadriculadas calles del centro de Melbourne.

¿Son los animales de Sunfigo una declaración medioambiental o una iconografía personal? Resulta tentador sacar a relucir el maniqueísmo de «naturaleza contra cultura» y establecer una oposición simplista entre esta fauna y las críticas de Sunfigo a la forma en la que nos entregamos a los medios de comunicación digitales. Sin embargo, cuando los vemos incrustados en las alambradas, los propios animales dependen de la retícula visual y parecen más JPEG con bordes de sierra que criaturas orgánicas.

Estos intrincados tejidos se apartan de otras formas de *street art*, como los estarcidos y las pegatinas, que están diseñadas para prepararse con facilidad fuera del lugar e instalarse en un instante. Tejer estos complejos diseños en la calle lleva tiempo y requiere destreza. Debido al singular formato de estas obras, sobreviven largos períodos y pasan desapercibidas para los habituales equipos de limpieza de grafitis de la ciudad. **LM**

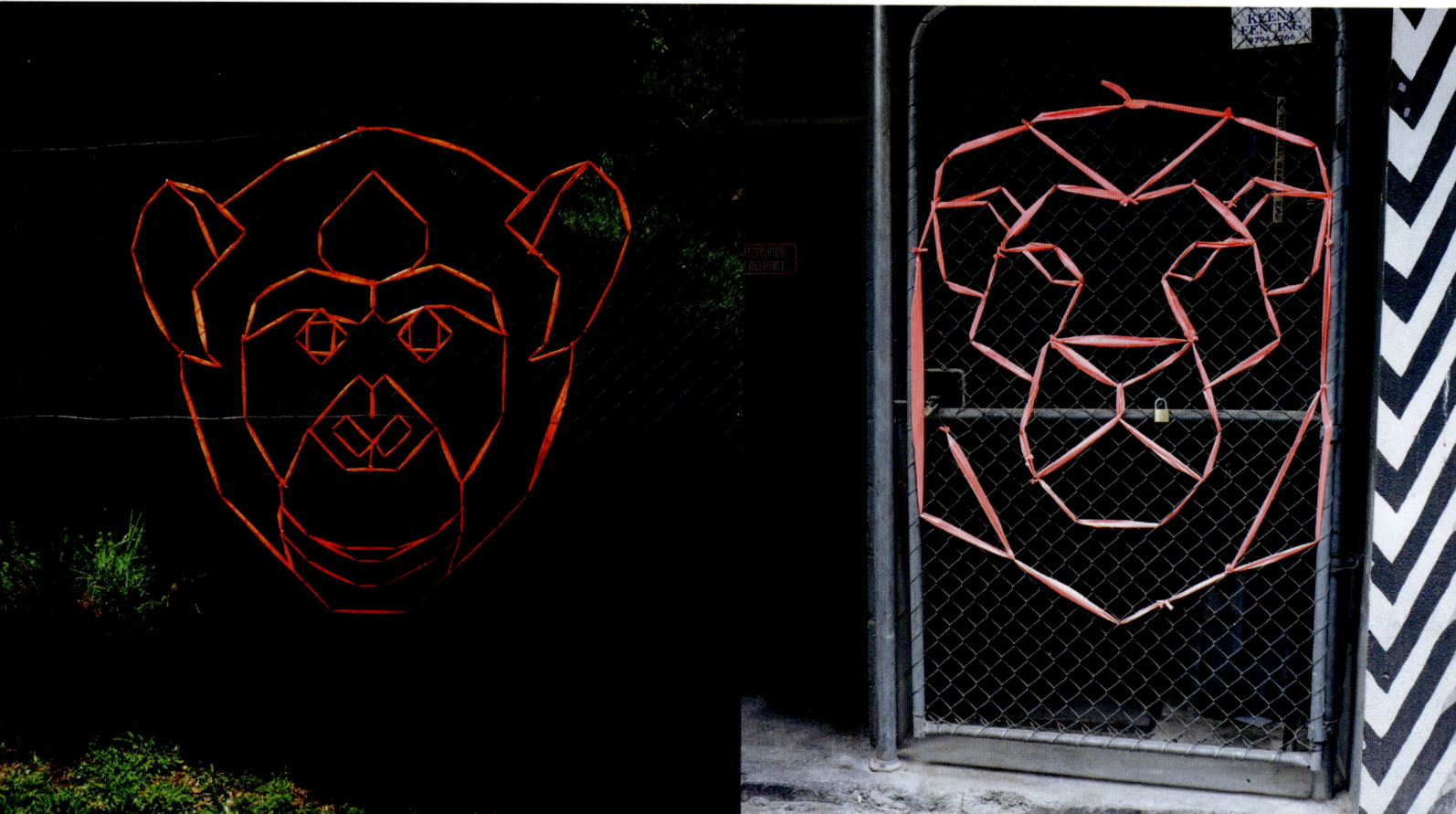

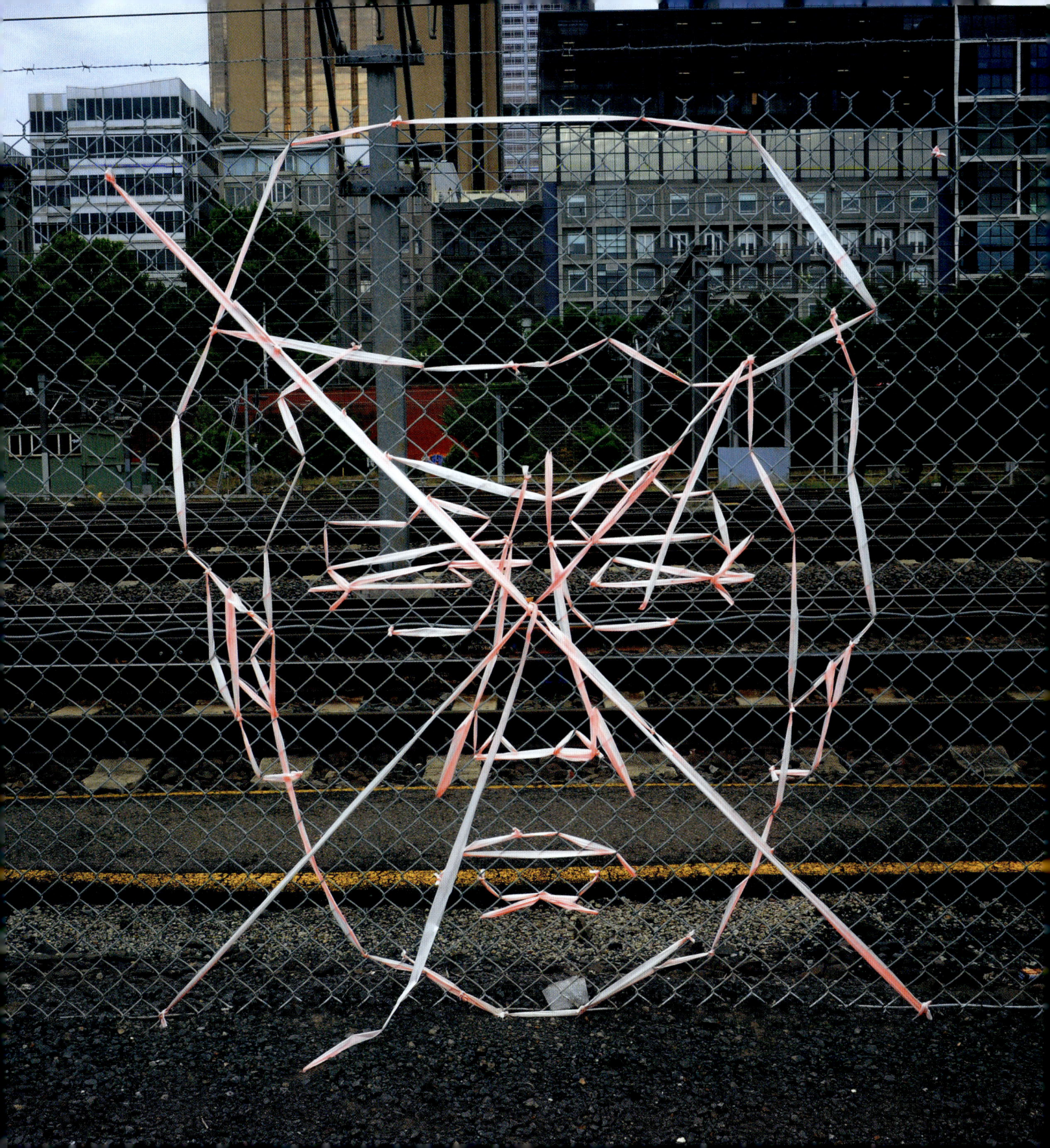

SÍDNEY

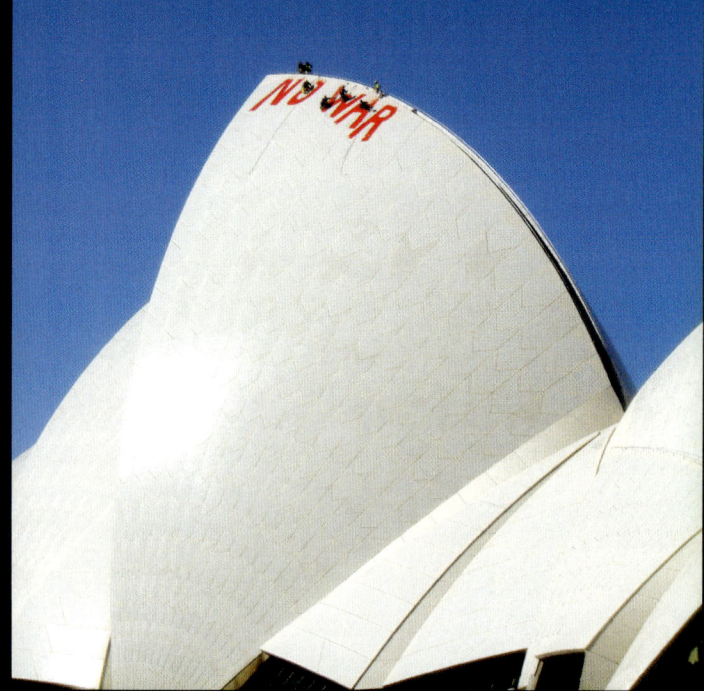

La vida cultural de Sídney, ciudad con fama de descarada, ruda y fiestera, suele compararse (para mal) con la de Melbourne, sobre todo en lo que se refiere a grafiti y *street art*. Existen muchas teorías sobre este supuesto malestar y sus causas: la extensa geografía de Sídney (que da lugar a barrios desconectados), la constante limpieza de grafitis, las rígidas leyes de concesión de licencias (que impiden el crecimiento de los bares de barrio y el *street art* asociado) y los codiciosos creativos que hacen poco por cambiar el páramo del centro de la ciudad, del que en su día se dijo que era un «Chernóbil cultural». Sin embargo, gracias a la perseverancia de sus artistas y activistas, Sídney cuenta con unos cuantos pioneros del grafiti, a lo que hay que sumar que los iconos de la ciudad (la Ópera, el puente de la bahía y Bondi Beach) han sido el lienzo de sorprendentes formas de *street art*.

A finales de la década de 1970, Sídney dio origen a un movimiento con un genuino espíritu australiano: el colectivo BUGA UP (Billboard Utilizing Graffitists Against Unhealthy Promotions; *véase* imagen 1). Ya antes de que se inventara el término *culture jamming*, los miembros de este colectivo realizaban acciones directas con pintura en aerosol que aplicaban para alterar el significado de las vallas publicitarias, sobre todo las que anunciaban tabaco. Con unas cuantas ráfagas de aerosol, la marca de cigarrillos John Player Special se convirtió en Lung Slayer Special («destrozapulmones especial»), mientras que las vallas publicitarias fuera de su alcance las atacaron con bombas de pintura. BUGA UP se extendió por toda Australia y acabó inspirando a otros activistas, como Greenpeace y el colectivo The

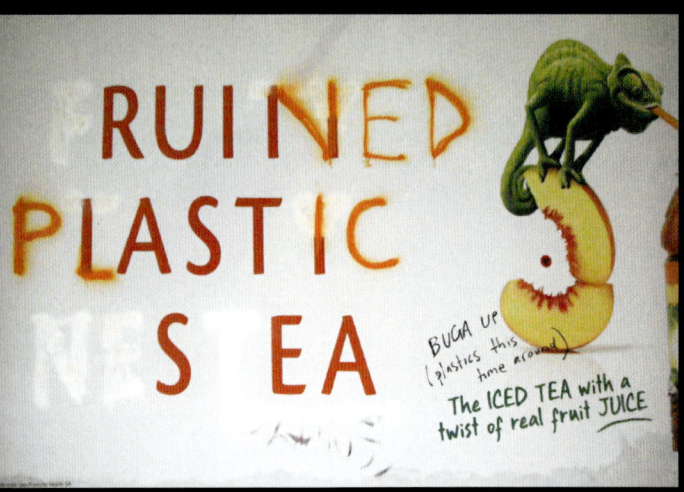

Lonely Station, de Sídney, que perpetraron audaces acciones a gran escala con equipos de escalada para subirse a torres y desplegar pancartas de protesta.

Desde mediados de la década de 1980, Sídney se vio envuelta en la expansión mundial del grafiti *hip-hop*. Pese a los esfuerzos concertados para eliminar los grafitis de paredes y trenes, se desarrolló una próspera escena que produjo una generación de pintores de talento, entre ellos Unique, Kidm, Mistery, Atome, Kade, Taven, Spice, Prins, Sach, Gane2, Phibs (*véase* imagen 5) y Dmote (*véanse* páginas 378-379). Las piezas de graffti se extendieron por toda la ciudad, a menudo en edificios abandonados, tejados y, con el apoyo del activista y mecenas Tony Spanos, en el aparcamiento de la carnicería de su familia. El enorme muro de la Bondi Beach, testigo del desarrollo de piezas temáticas y murales conmemorativos, inspiró a la siguiente generación de escritores de Sídney. Desde finales de la década de 1980, Mistery (*véase* imagen 3), Andrew Aitken y otros, a menudo con el apoyo de Spanos, pintaron grandes murales en el céntrico barrio de Newtown. Muchos de estos murales conmemoran la lucha por los derechos civiles y la herencia aborígen de Sídney. Murales como *I Have A Dream*, en el que figura Martin Luther King, y *Three Proud People*, que conmemora el saludo del Black Power en los Juegos Olímpicos de 1968, permanecen intactos y han pasado a formar parte del tejido urbano.

En marzo de 2003, los activistas Will Saunders y David Burgess pintaron el lema «No a la guerra» en la vela más alta de la Ópera de Sydney (*véase*

imagen 2) para protestar contra la inminente invasión de Irak a manos de las fuerzas de la coalición: «Nuestro primer ministro está a punto de entrar y dañar con malicia a toda una nación», dijo uno de los manifestantes cuando se le preguntó por su propia detención. Estas protestas contra la guerra también estimularon la emergente escena de *street art*, en la que las consignas se mezclaron con estarcidos, pegatinas y la escultura callejera de Will Coles, cuyas características refundiciones de objetos cotidianos en hormigón o bronce pueblan toda la ciudad (*véase* imagen 6). Además, artistas como Ben Frost fueron pioneros en la colocación de carteles a gran escala utilizando engrudo a modo de adhesivo. El *street art* se ensalzó y formalizó a través de exposiciones, como las muestras «Paste-Modernism» iniciadas por Frost y el proyecto «Mays Lane», un espacio galerístico al aire libre comisariado por Tugi Balong y cuyas vallas publicitarias giratorias recorrieron exposiciones de todo el país. Sídney acogió en 2011 una gran muestra internacional de *street art* en la isla Cockatoo. En el proyecto «The Outpost» participaron artistas locales como Beastman y Andy Uprock junto con las superestrellas del *street art* Banksy y ROA.

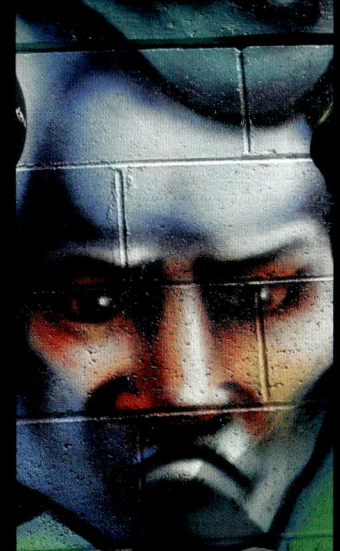

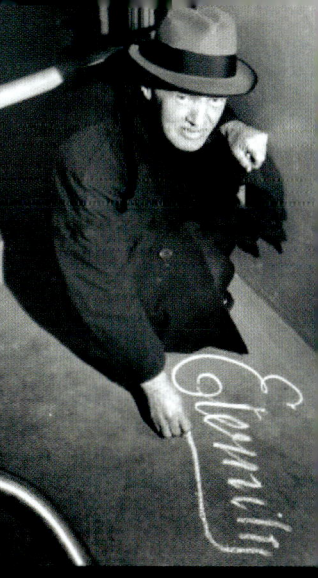

El ejemplo más famoso de arte urbano de Sídney sigue siendo la obra de Arthur Stace, un alcohólico reformado que, en respuesta a su propio despertar religioso, escribió la palabra *eternity* por todo Sídney a partir de la década de 1930 (*véase* imagen 4). Casi analfabeto, Stace escribió la palabra con una pulcra caligrafía casi medio millón de veces a lo largo de los treinta y cinco años siguientes. Sus hazañas han sido conmemoradas en una ópera y un filme; además, el gigantesco espectáculo de fuegos artificiales «Eternity» adornó el puente de la bahía para celebrar el Año Nuevo de 2000 y la inauguración de los Juegos Olímpicos de Sídney. Si bien los logros de muchos de los escritores de *street art* pasan desapercibidos, los grafitis de Stace se han convertido en inesperada referencia para la ciudad. Según Ignatius Jones, director de las celebraciones olímpicas, la eternidad a la que alude Stace representa a Sídney y simboliza «la locura, el misterio y la magia de la ciudad». **LM**

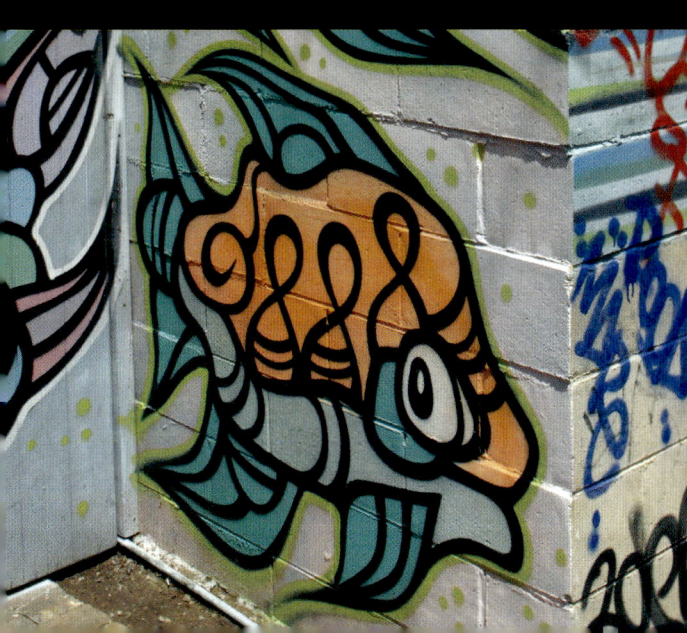

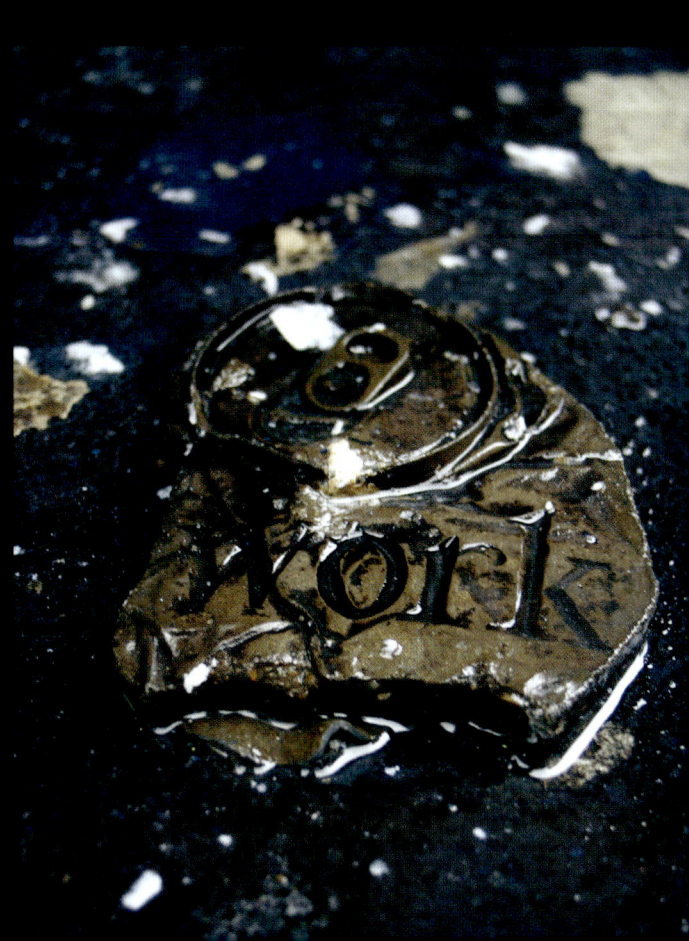

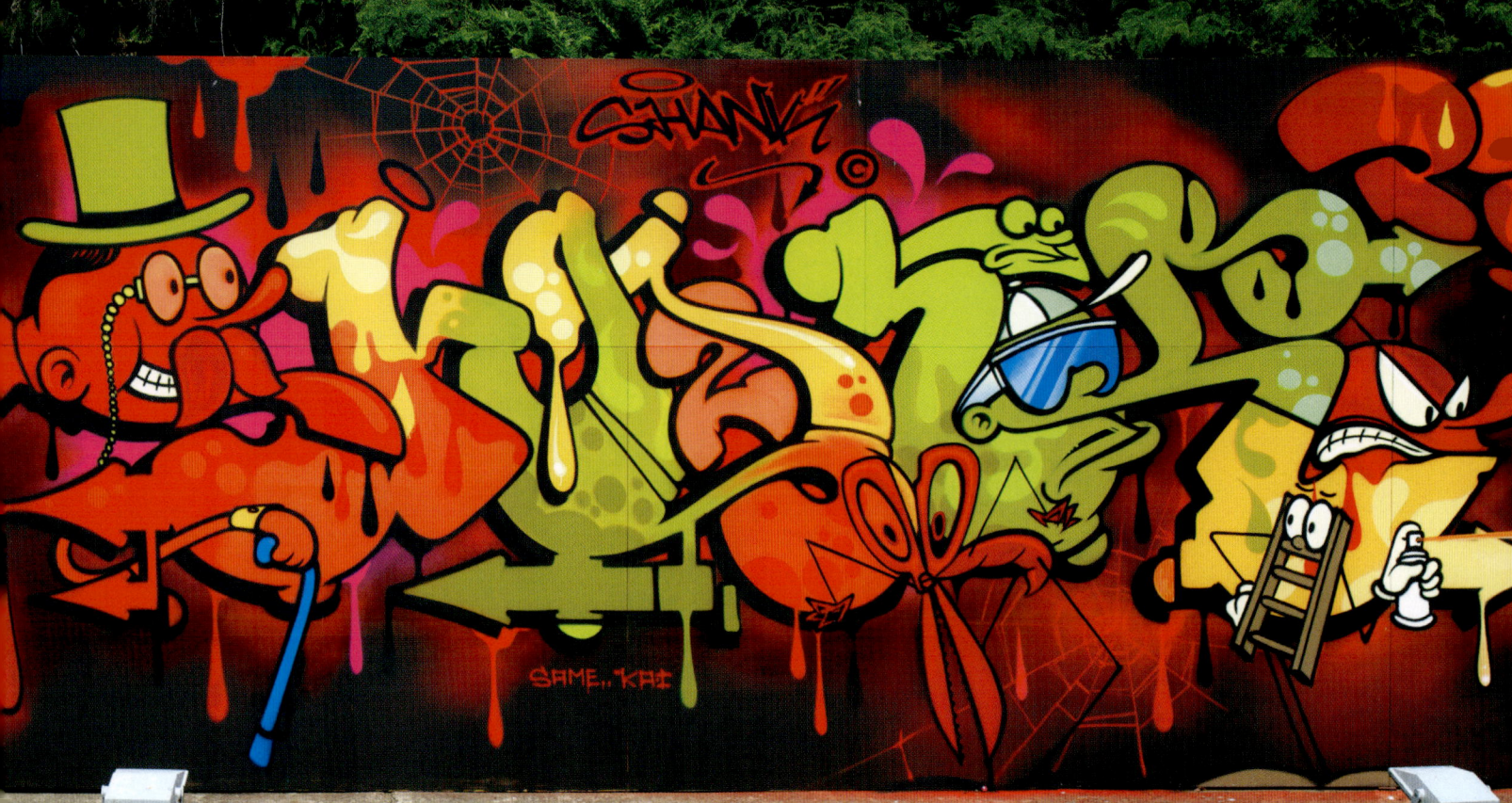

1 Sídney, Australia, 2011
2 Bridgeport, Connecticut, Estados Unidos, 2012

SÍDNEY

NACIMIENTO 1970, Sídney, Australia   **TÉCNICAS / MATERIALES** Pintura en aerosol
ESTILO Grafiti clásico contemporáneo, tipos de letras clásicas, escritura dibujada a mano
TEMAS Tipografía   **INFLUENCIAS** Phase 2, Dondi, Reas, Shame Lee   *CREW* Prime Suspects

DMOTE
SHANK

Natural de Sídney (aunque en la actualidad reside en Estados Unidos), Dmote es uno de los mejores escritores de grafiti clásico de Australia. Muy influido por la escuela neoyorquina, en especial por la época que va de mediados a finales de la década de 1980, ha forjado un estilo que pretende interpretar y enriquecer estas raíces sin alejarse demasiado de sus técnicas fundamentales. Aunque se ha convertido en una figura consolidada en el mundo de la moda (donde trabaja en la dirección creativa de varias firmas de renombre) y triunfa con sus obras de arte, Dmote sigue siendo muy activo en las calles y mantiene ambas facetas de su producción muy separadas.

Muy vinculado al movimiento *b-boy* en su juventud, Dmote se sintió atraído por el *break dance* gracias a videoclips musicales, como «Buffalo Gals», de Malcolm McLaren, y a un reportaje de *60 Minutes TV* sobre los Floor Lords. El primer escritor serio con el que se encontró fue PRINS, su compañero de grafiti de toda la vida, al que conoció durante el instituto. Dmote, basándose en su conocimiento del trasfondo gráfico *del hip-hop*, no tardó en ponerse

a escribir también. Aunque siguió pintando en Sídney durante toda su juventud, fue su fuerte deseo de viajar lo que le hizo avanzar en cuanto al estilo. Dmote viajó por toda Europa, sobre todo por Alemania, y entabló una estrecha amistad con artistas como Daim, Loomit y Can2, lazos que le convirtieron en un punto de referencia clave cuando estos artistas visitaron Australia.

El grafiti le proporcionó a Dmote una puerta de entrada al mundo y una formación de la que, en su opinión, carecen la mayoría de los diseñadores y artistas visuales convencionales, unas credenciales que se consiguen a base de trabajar duro y de forma gratuita durante muchos años. Aunque no tenía formación formal en moda, la educación callejera de Dmote le animó a empezar a diseñar ropa para varias firmas australianas, trabajo que le llevó a trasladarse al final a Estados Unidos. Con todo, ha sido un traslado más reciente, de California a Nueva York, lo que ha hecho que vuelva a las calles. Desde 2011 ha producido una enorme selección de nuevos trabajos de los que destacan los realizados con TATS CRU, muralistas del Bronx y que se mantienen fieles a sus orígenes grafiteros. Obsesionado por la tipografía y por las letras dibujadas a mano (en lugar de las generadas por ordenador), sigue buscando el *flow* perfecto y la disposición perfecta de las letras en una estética contemporánea pero siempre clásica.

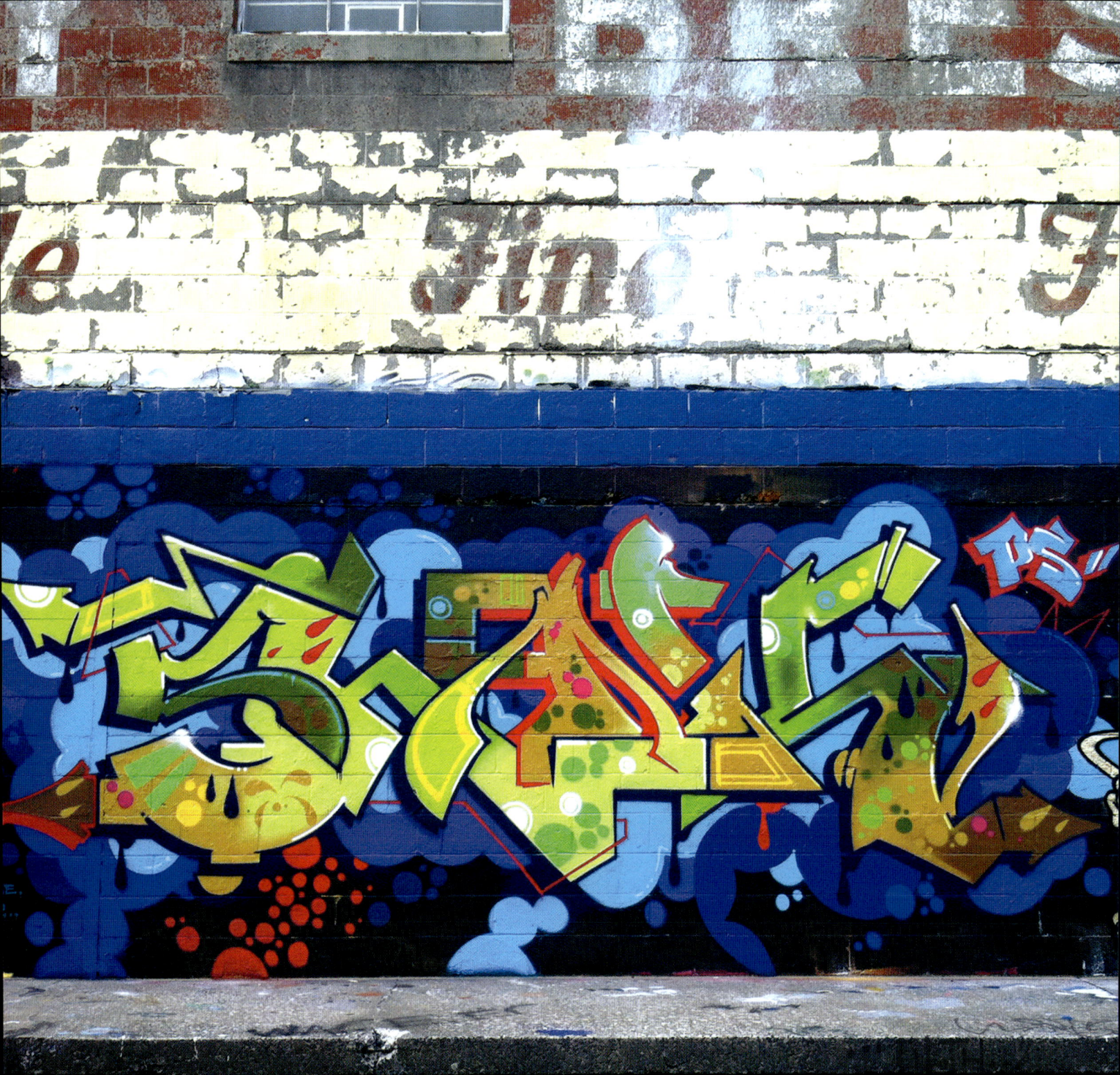

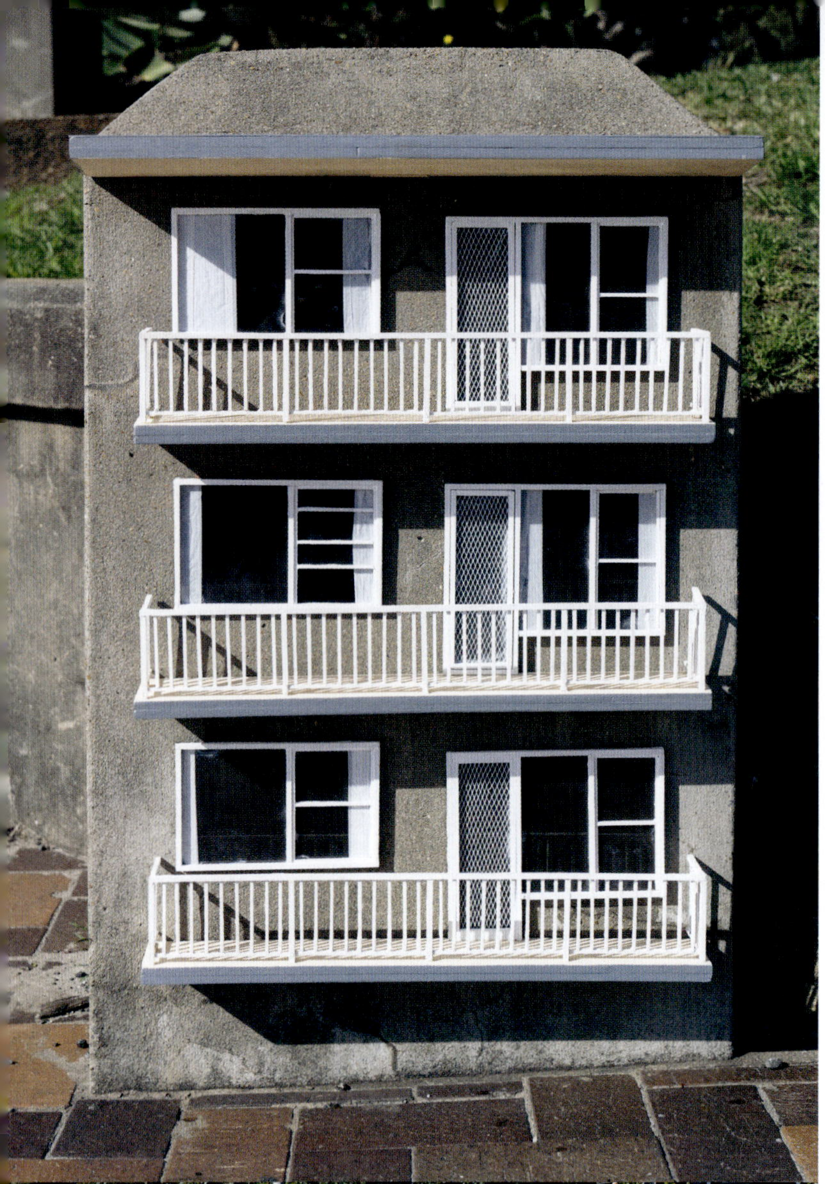

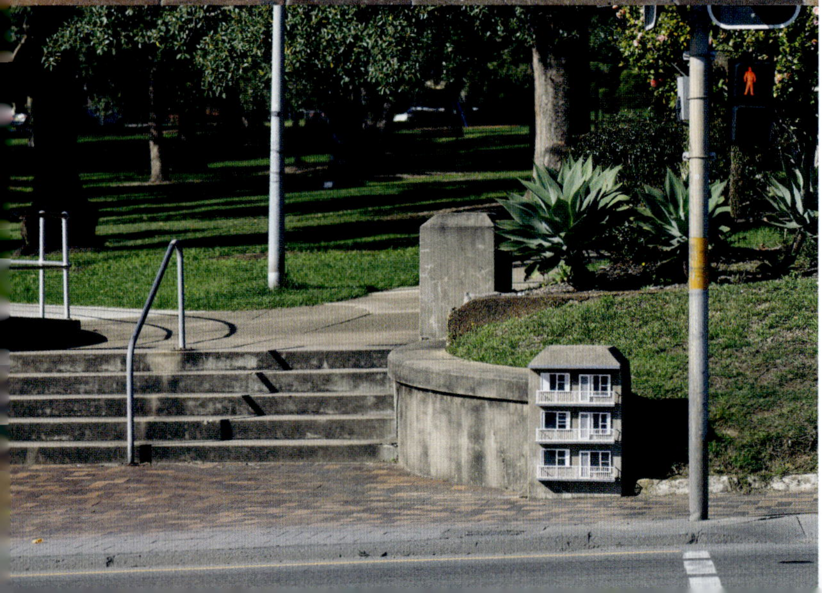

SÍDNEY

NACIMIENTO 1975 TÉCNICAS / MATERIALES Instalación, fotografía ESTILO Dioramas en miniatura, obras basadas en textos TEMAS Vida urbana, organización del espacio público, humor INFLUENCIAS Intervención urbana (por ejemplo, Slinkachu, SpY, Jan Vormann)

MICHAEL PEDERSON

Michael Pederson es un artista afincado en Sídney que realiza diminutas y extravagantes instalaciones en espacios públicos. Al igual que otros creadores de *street art* (como el londinense Slinkachu, que trabaja con mini- y microformas de este arte), sus obras juegan con los cambios de escala y perspectiva. Además, aborda los logros y comportamientos de animales y plantas y se apodera de unos y otras para que entren en el mundo humano. Residente en Sídney desde hace muchos años, a Michael le llama la atención la expansión de la ciudad y el aumento del coste de la vivienda, aspectos que condicionan la geografía y la vida de la ciudad. Según los parámetros estándar, Sídney tiene el segundo mercado inmobiliario más caro del mundo, solo superado por Hong Kong.

Este sobredimensionamiento de Sídney (más grande, más alta, más audaz) forma parte de una lógica cultural más general que valora el tamaño, la riqueza, la visibilidad y la permanencia. En cambio, las obras de Michael proponen para la ciudad una escala y una experiencia diferentes: «Las piezas que hago suelen ser pequeñas y pueden camuflarse un poco en el entorno, ya que me gusta la idea de crear cosas que puedan descubrirse, no verse con facilidad. En parte lo hago para poner pequeños puntos en la dispersión y llamar la atención sobre aspectos del paisaje que pasan desapercibidos. Supongo que es un intento de interrumpir el aspecto unidireccional de los viajes».

Las obras de Pederson se mofan de la preocupación actual por delimitar los espacios de ocio y asegurar las zonas públicas, ya sea con una minúscula maqueta del parque más pequeño del mundo o con un minitorniquete situado frente a un desagüe (*véase* página 382). Su obra presenta además socarronas indicaciones para los usuarios del parque con las que orquesta expresiones de desesperación o instrucciones sobre cómo encontrarnos con nuestro yo futuro. También hay obras que intentan organizar elementos del mundo natural dentro de la ciudad: logros de ciertas malas hierbas (*véase* página 382), carteles que nos prohíben tocar las plantas (*véase* imagen 3) o, en una de sus obras más elaboradas, la señalización de aeropuertos para las palomas locales, que muestra sus próximas salidas, con destinos y números de vuelo. En otra modalidad de engaño visual, suspende pequeños mensajes de texto en hilos invisibles, de modo que los fragmentos de conversaciones digitales parecen flotar delante de escenas urbanas.

1-2 *Dwelling*, Sídney, Australia, 2018
3 *Please Do Not Touch*, Sídney, Australia, 2016

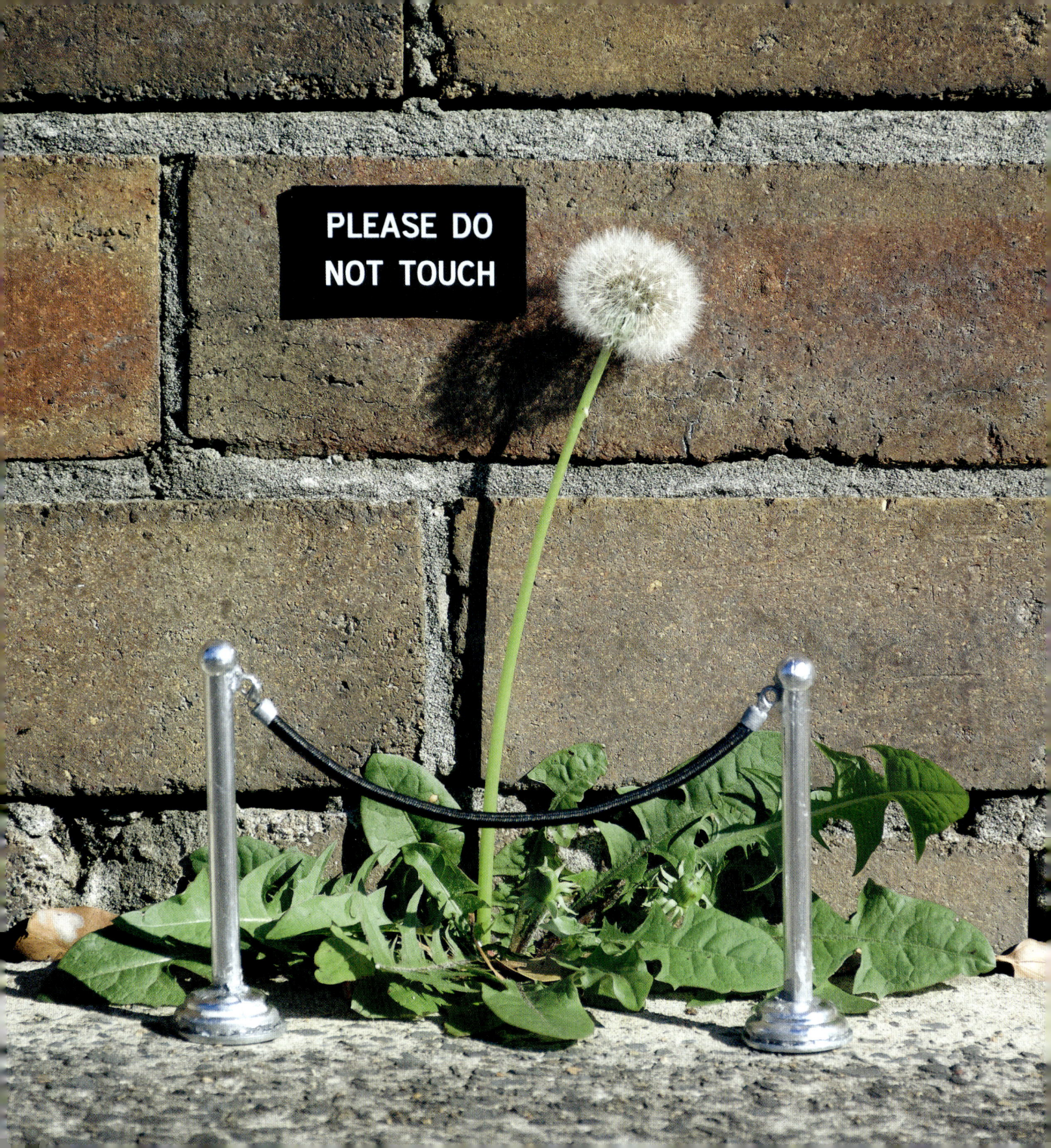

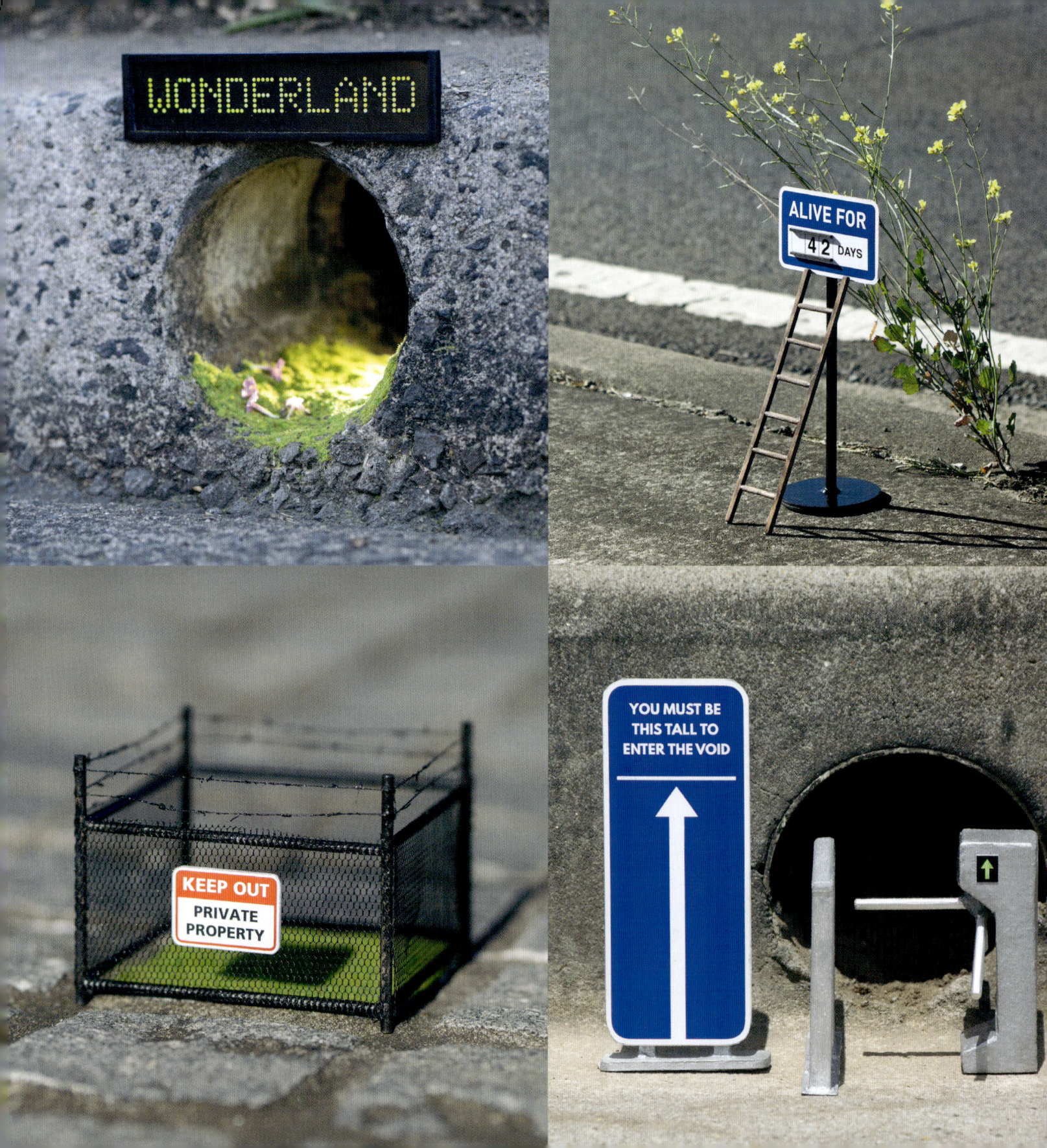

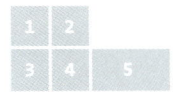
Michael suele ubicar sus obras en la zona oeste y los aledaños de Sídney, en polígonos, parques o solares. Si bien suele ir a buscar sitios, a menudo son sus propios encuentros fortuitos los que le llevan a un proyecto: «A veces se me ocurre una idea y me pongo a buscar un sitio, pero a menudo veo algo en el entorno (un hueco en una valla, un agujero en el pavimento [...] que me atrae por alguna razón, y poco a poco se va desarrollando una idea». Michael instala sus obras a la luz del día, realiza una documentación básica y, luego, espera a captar la reacción del público, que «oscila entre expresiones un tanto perplejas y gente que sonríe o se ríe y hace fotografías con el teléfono».

¿Dónde encaja la obra de Michael en el mundo del *street art*? «[Mi obra] encaja más o menos en la categoría de intervención urbana, ya que muchas de las piezas son específicas del contexto. Me encantan los variados enfoques que muchos creadores de *street art* / artistas públicos tienen cuando trabajan en el espacio público, pero a mí lo que me atrae es jugar con una escala más pequeña por su potencial para crear sorpresa», nos responde el propio artista. Además de la de Slinkachu, Pederson cuenta con otras influencias, como SpY, veterano practicante de *street art* español, así como la de Miss Printed, artista noruega de los *microcollages*. También admira la obra de Jan Vormann, más conocido por su serie *Dispatchwork*, en la que él y sus seguidores reparan paredes rotas con piezas de Lego.

Más que monumentos para la eternidad, Pederson presenta gestos para el presente, para lo cual crea un mundo de pequeños carteles y extraña burocracia a escala de niños y animales: «Tiendo a considerar las instalaciones como elementos de utilería temporales y lúdicos [...]. Buena parte del espacio urbano está dominado por la publicidad y los carteles oficiales, y me gusta interferir en ello (aunque sea mínimamente). Me sentiría halagado si mis obras inspiraran a otras personas a hacer también proyectos públicos. Me gusta que mis piezas suelan ser impermanentes y que esa impermanencia sea a veces el tema de la propia pieza».

Hay creadores de *street art* que, para evitar el caos de las calles, sobredimensionan sus obras con murales que planean sobre la ciudad y que, gracias a su tamaño, se ven protegidos. En el subgénero del *street art* en el que se inscribe la obra de Michael Pederson, el arte está ahí mismo, en la calle, escondido a plena vista, justo bajo nuestros pies, por lo general invisible pero dispuesto para que lo descubramos. **LM**

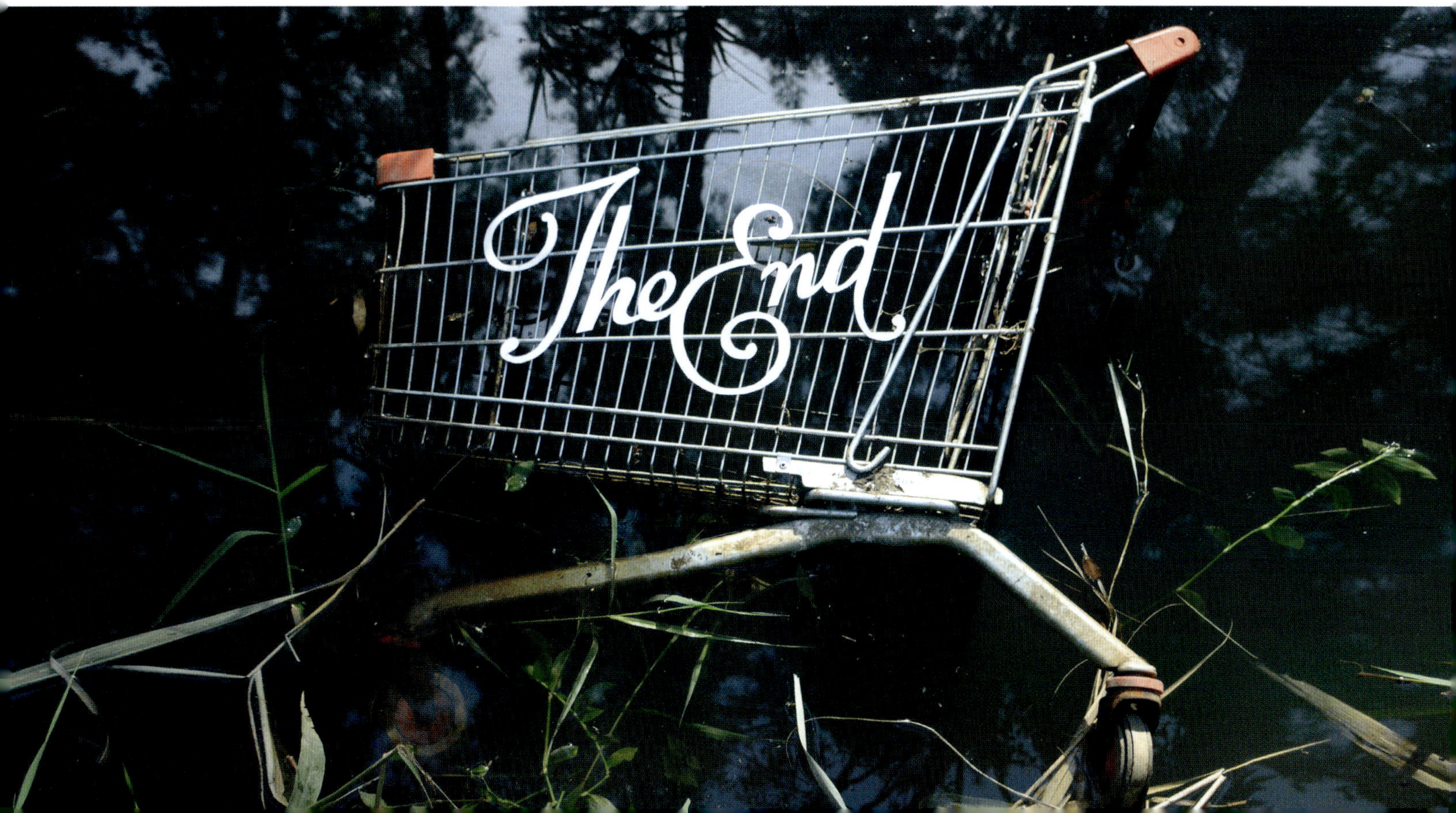

BRISBANE

NACIMIENTO 1985 **TÉCNICAS / MATERIALES** Pintura **ESTILO** Realismo social, neoexpresionismo
TEMAS Murales políticos, arte socialista, vida urbana **INFLUENCIAS** George Tooker, Mark Tansey,
Diego Rivera, Jeffrey Smart, Jenny Saville, todos los amigos y familiares con los que he pintado

FINTAN MAGEE

Fintan Magee creció en la escena grafitera de Brisbane, una ciudad conocida
por su clima subtropical y su ambiente relajado, pero también por una de las
respuestas más represivas al grafiti en Australia, herencia del enfoque legal
que, en la década de 1980 adoptó el gobierno autoritario del primer ministro
conservador de Queensland, Joh Bjelke-Petersen, que prohibió las protestas
y restringió la expresión política.

En paralelo a su producción grafitera, los primeros murales de Magee, en
consonancia con la influencia que tienen las ilustraciones de libros infantiles
en su obra, eran más pequeños e informales y tendían a ser más surrealistas y
sentimentales. Su padre es de Derry, Irlanda del Norte, y su madre es arquitecta,
al igual que su abuelo materno, lo que contextualiza su capacidad para realizar
un trabajo directo con el entorno construido. Magee entiende su obra dentro
de la tradición de la pintura realista social, inspirada en parte en los murales de
Irlanda del Norte, que desempeñan un papel clave en la narración de la tradición,
la conmemoración y la, a menudo cuestionada, identidad comunitaria.

Brisbane es una ciudad de vida al aire libre, bendecida con un clima cálido
y una exuberante vegetación: es el patio de recreo perfecto para pintar en
el exterior. Como sucede en muchas ciudades, el clima político represivo dio
lugar a una potente escena local, en la que el *punk* y, más adelante, el *hip-hop*
consolidaron un espíritu DIY dominante. En Brisbane, el *bombing* de trenes
y la pintura fueron el centro de atención de muchos artistas jóvenes a
principios de la década de 2000, una escena en la que Magee participó con
entusiasmo. Tras estudiar en una escuela de arte, Magee se mudó a Sídney,
donde creó numerosos murales. En fechas recientes regresó a Brisbane. A
menudo se dice que quienes se dedican al *street art* son prolíficos o que han
viajado mucho, pero Magee supera la producción y los kilómetros de la mayoría,
ya que ha pintado en lugares que van desde Londres, Viena, Copenhague y
Stavanger hasta Miami, Los Ángeles y Atlanta, pasando por Buenos Aires,
Jordania y Túnez.

Los sujetos de las pinturas de Fintan Magee suelen ser individuos
en momentos de tranquila reflexión; a veces trepan a los árboles o están
sumergidos hasta los muslos en el agua. Además, se ven atrapados en
los flujos del clima y la migración y trabajan para llegar a fin de mes en un
mundo que cambia a gran velocidad. Vemos a tres mujeres que se inclinan
tocándose la cabeza; una pareja cuyos miembros se apoyan el uno en otro
o se abrazan. Valiéndose de las grandes paredes verticales de edificios de
apartamentos nuevos y a, menudo, de las superficies lisas del hormigón

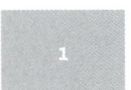

1 *The Afternoon*, Vancouver, Canadá, 2019

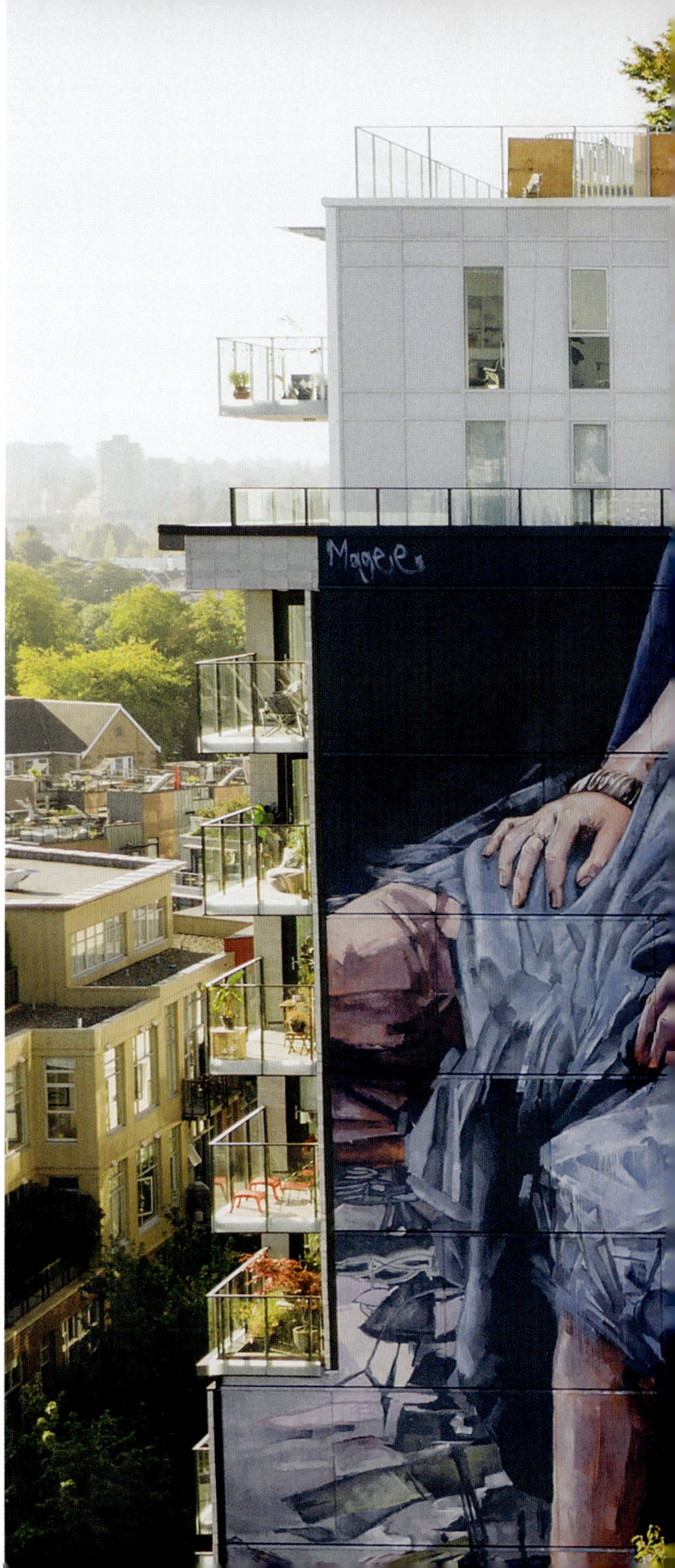

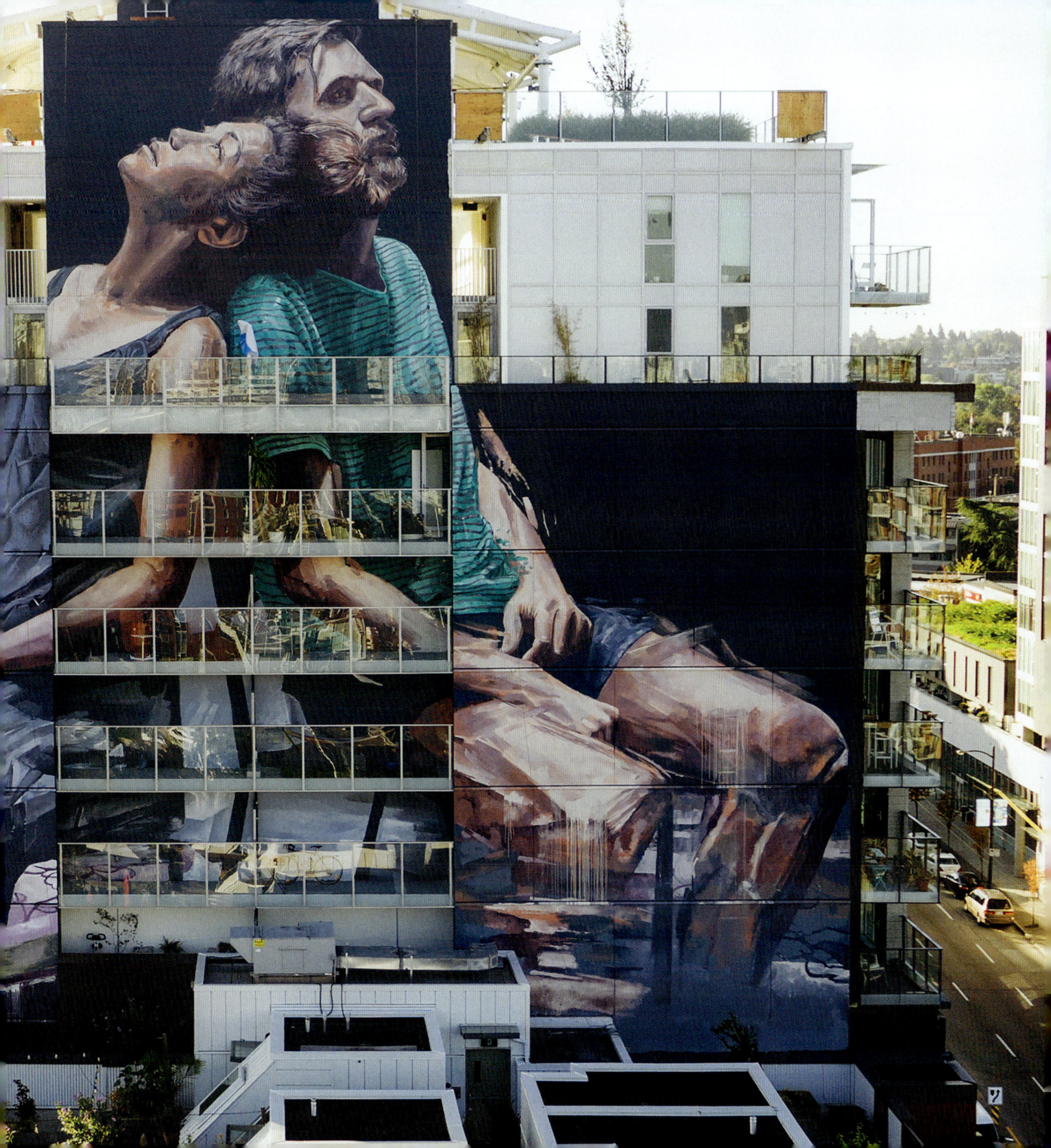

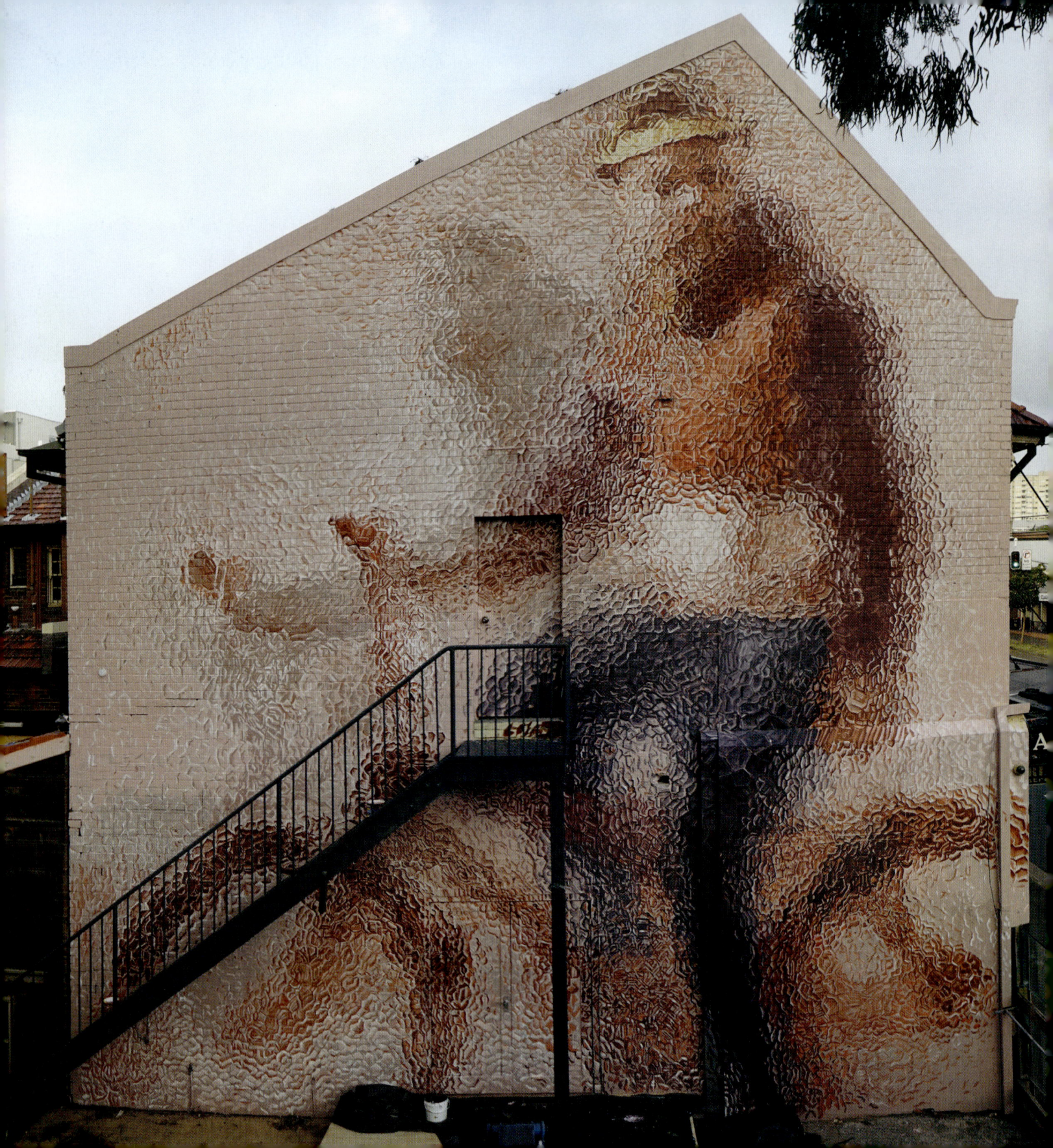

prefabricado, Magee representa a los distantes y silenciosos habitantes de estos bloques, personas que viven muy cerca de otras pero con las que les suele resultar difícil conectar. Aunque la obra de Magee a menudo representa y da voz a personas que no suelen ser objeto de monumentos conmemorativos a gran escala, también encierra esmeradas alegorías que tienen resonancias más amplias.

La obra de Magee se distingue además de la de muchos otros muralistas por la naturaleza de su pintura, que incluye marcas sueltas y fondos que chorrean. Los murales de estilo realista social suelen estar pintados con paletas apagadas, como en la obra de Aryz. Sin embargo, la obra de Magee es más pictórica y recuerda a neoexpresionistas como el pintor estadounidense Eric Fischl y sus escenas suburbanas de pronunciados contrastes.

En fechas más recientes, Magee ha experimentado con técnicas visuales más complejas al representar a sus personajes tras láminas de vidrio esmerilado. Vistos desde una plataforma elevadora frente a un gran muro, los diseños se convierten en formas abstractas. Este tipo de pintura, y a esta escala, requiere mucho trabajo físico y una gran destreza. Las pinturas parecen parte del paisaje, por lo que es fácil olvidar la enorme dosis de fuerza y resistencia que hace falta para ejecutarlas. **LM**

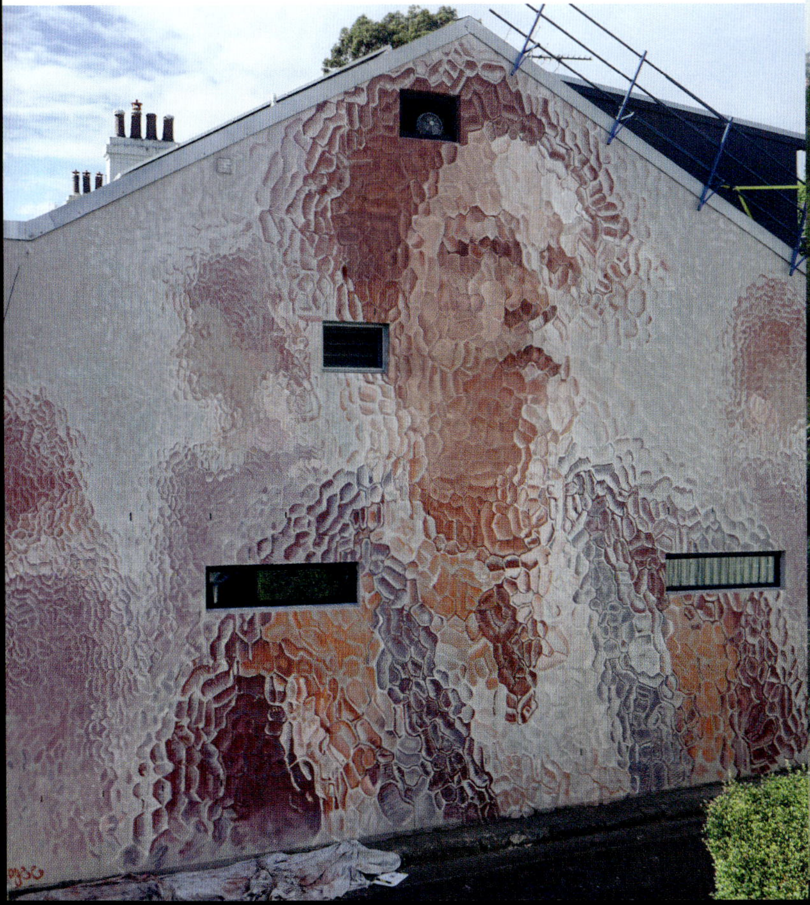

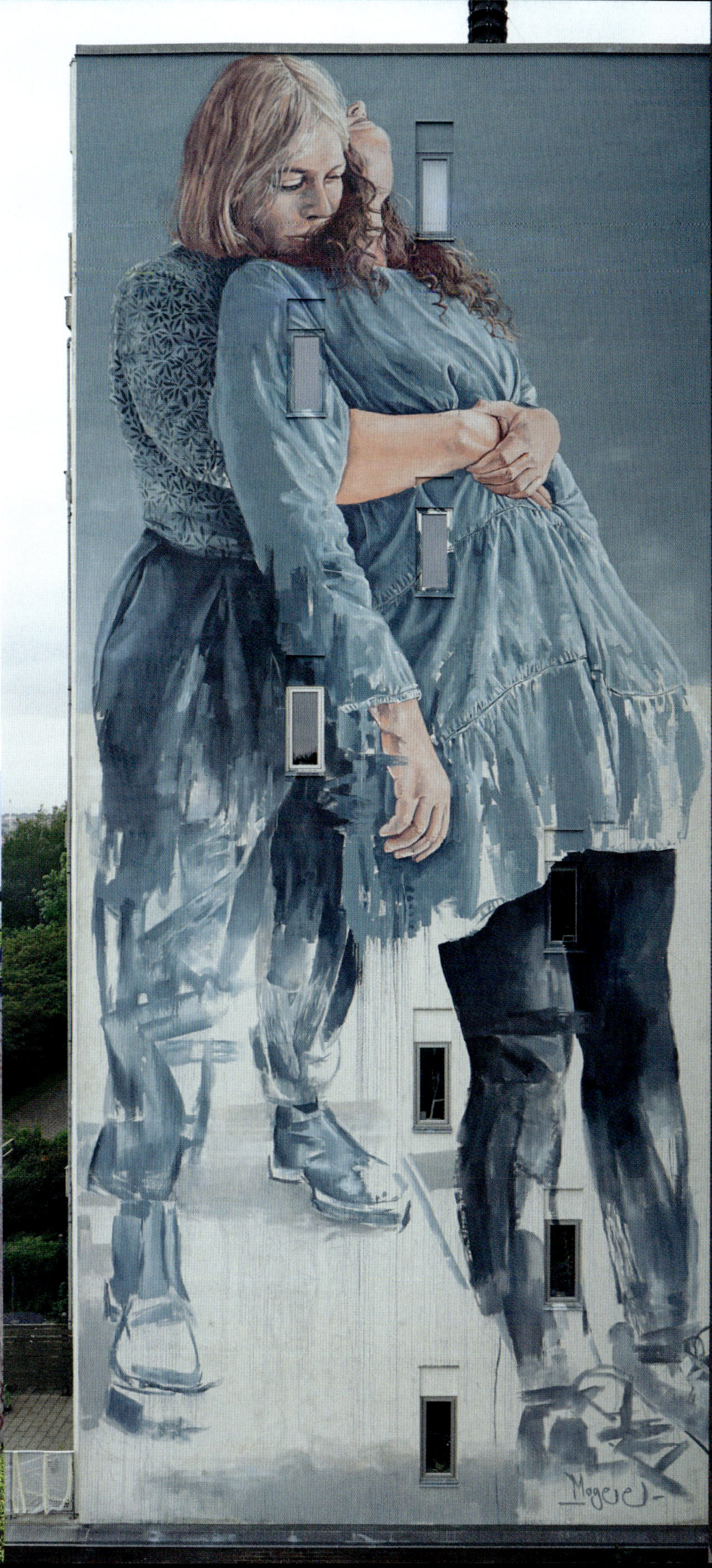

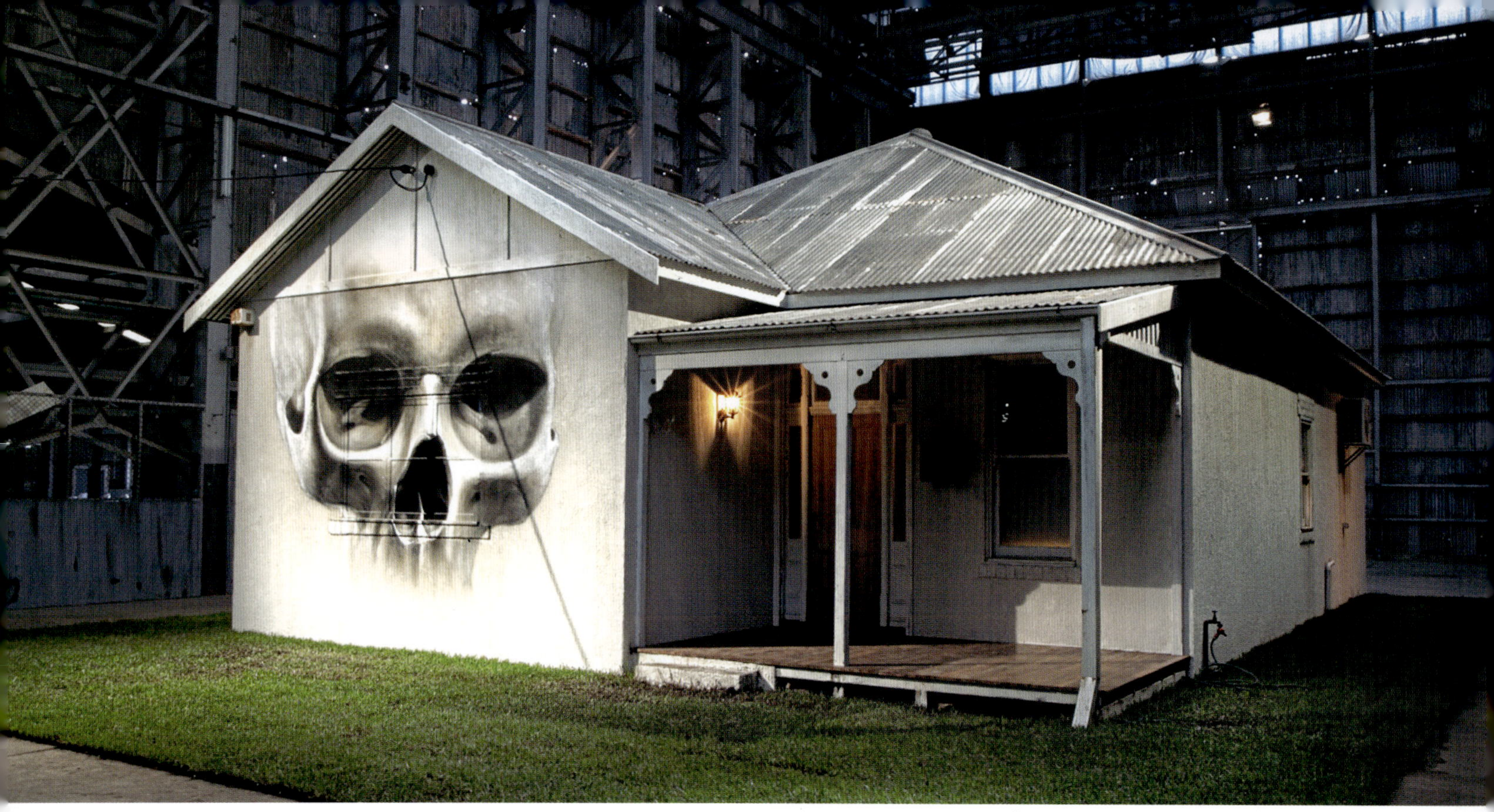

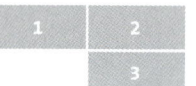

PERTH

NACIMIENTO Perth, Australia **TÉCNICAS / MATERIALES** Pintura en aerosol
ESTILO Grafiti fotorrealista, caricaturas demoníacas **TEMAS** Calaveras, claustrofobia
INFLUENCIAS Stormie, Shime

IAN STRANGE
KID ZOOM

Nacido y criado en Perth, aunque ahora residente en Brooklyn, Nueva York, Ian Strange es hoy célebre por una práctica artística basada en la arquitectura, un enfoque con el que pretende introducir lo inusual en el más habitual de los lugares: la casa a las afueras. Descrito en su día por Ron English como «Rembrandt con un bote de aerosol», Strange (antes conocido como Kid Zoom) ha pasado de la técnica pictórica hiperrealista y retorcida por la que fue famoso a adoptar un enfoque más intervencionista que aborda la memoria y el desapego, la permanencia y lo impermanente.

Strange empezó a pintar grafitis a finales de la década de 1990 con un estilo muy en deuda con artistas locales como Stormie y Shime, tanto por la propia obra de estos como por la de los artistas internacionales que habían atraído a Perth. Sin embargo, tras trasladarse a Sídney, los primeros trabajos de Strange se centraron en las marquesinas de autobús, a las que les retiraba los paneles publicitarios y los sustituía por sus propios diseños (una técnica

1 *Home*, isla Cockatoo, Sídney, Australia, 2011
2 «Corrine Terrace», de *Suburban*, Nueva Jersey, Estados Unidos, 2011 3 «Harvard Street», de *Suburban*, Detroit, Estados Unidos, 2012

del grafiti clásico desarrollada por el artista neoyorquino Kaws). Así, en sus esfuerzos por burlar a los anunciantes que utilizaban estos sitios, la obra de Strange se fue volviendo cada vez más combativa, ya que se vio obligado a «asegurarse de que [esta] no pudiera confundirse con una especie de cínica campaña de *marketing*». Si bien la oscuridad que predomina en su obra se debe en parte a la necesidad, también emana de su pasado como hijo de la periferia. La angustia y la rabia que puede provocar esta existencia urbana, a menudo claustrofóbica, fue lo que según él lo llevó al arte. Así, y como puede verse en obras como *Home* (*véase* imagen 1) y la serie *Suburban* (*véanse* imágenes 2 y 3), en su práctica más reciente emplea el mismo «catalizador emocional» y la misma perspectiva que encontró en el grafiti, solo que canalizados «hacia un lugar diferente». En ambos casos usa el mismo estilo retorcido y desasosegante para sacar a la superficie conflictos y contradicciones; sin embargo, hoy las superficies han pasado de ser paredes y marquesinas de autobús para ser las propias viviendas. De este modo, Strange ha cerrado el círculo de su práctica, ya que, tras desarrollar su estilo a lo largo de los años, ha vuelto (en su sentido bastante literal) a casa. Sin embargo, como en toda su obra, logra invertir las ideas y las perspectivas al ubicar el «interior psicológico de estas casas en sus exteriores» e introducir lo extraño en lo cotidiano.

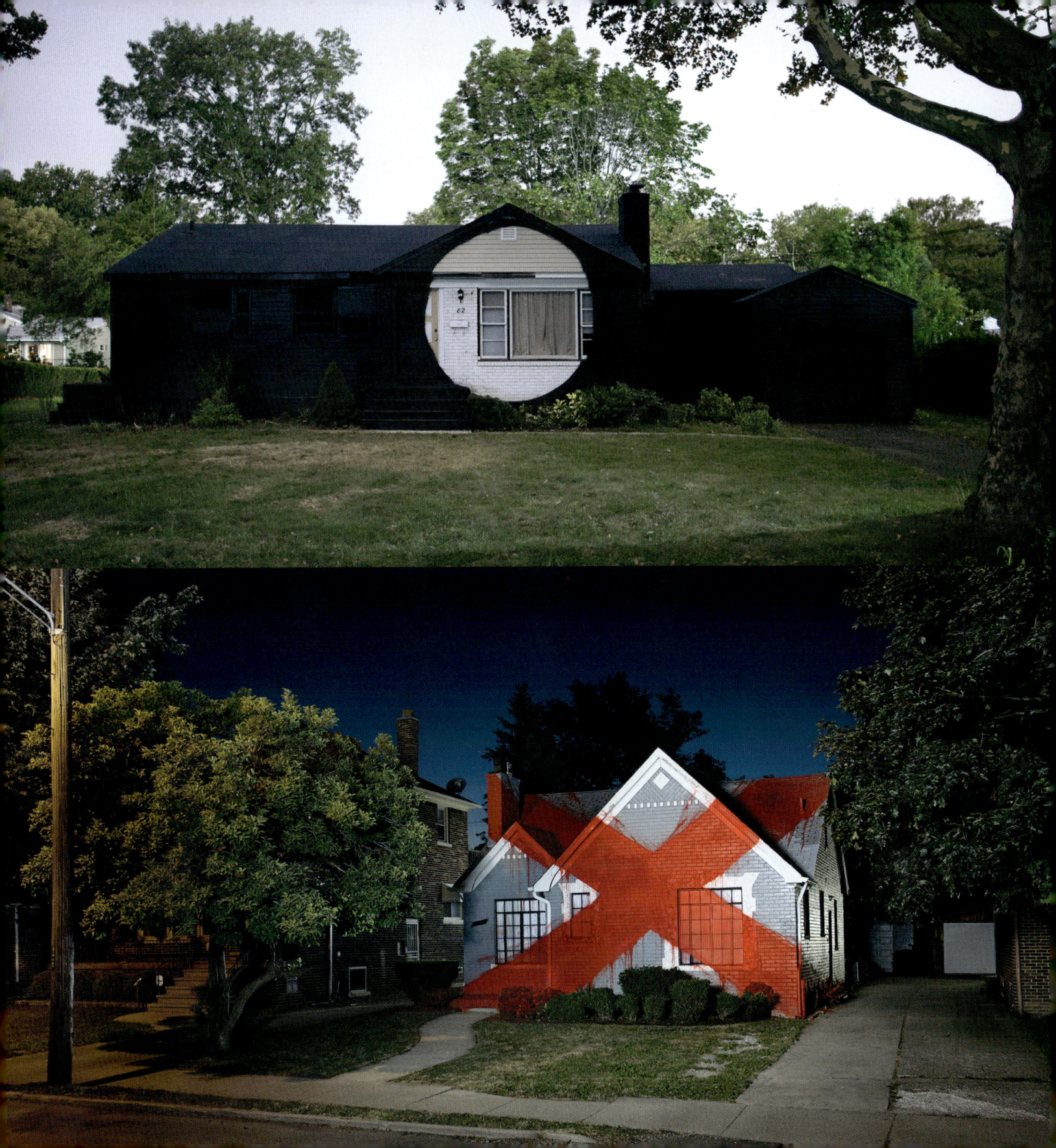

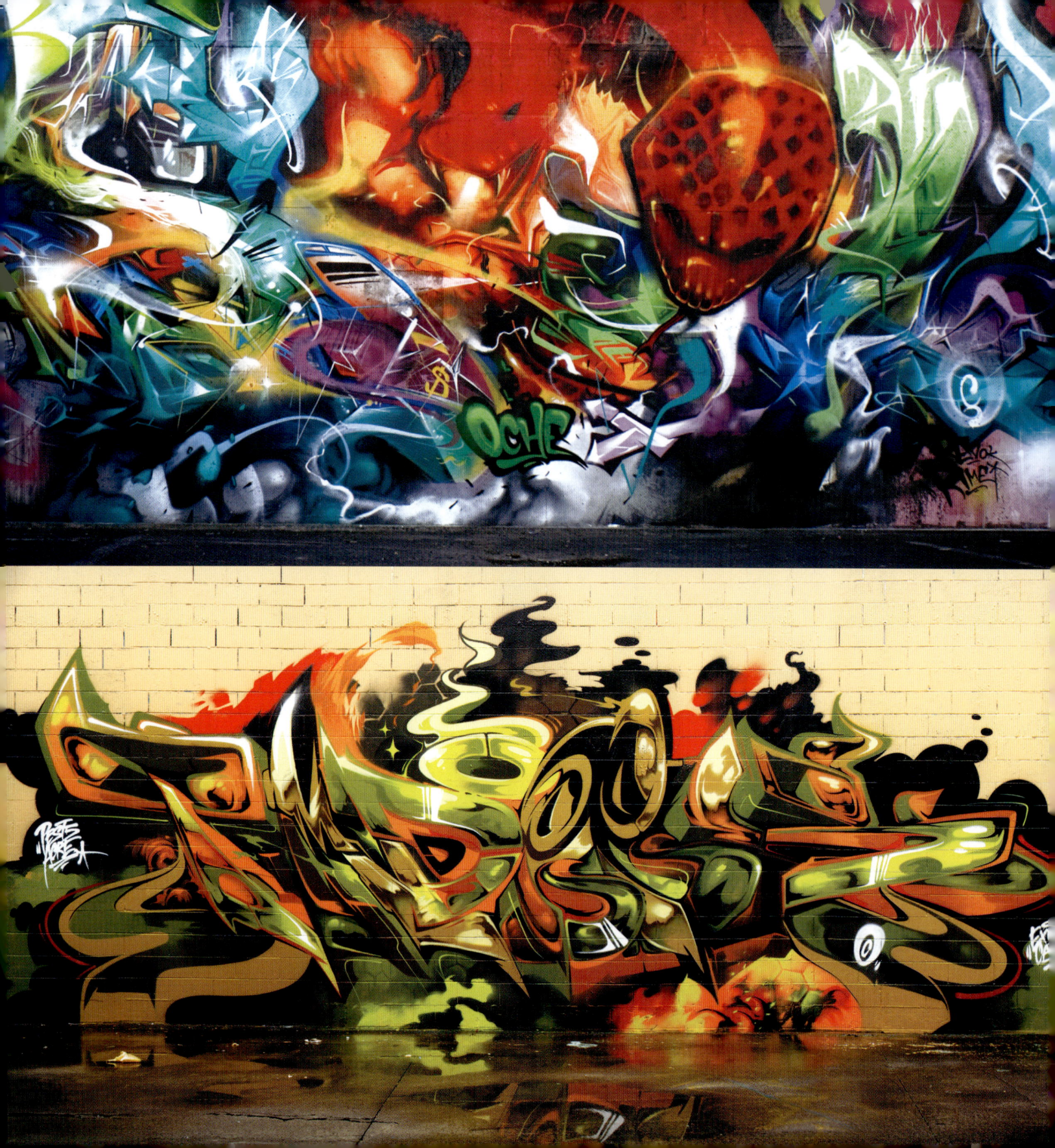

ASKEW ONE

Tan autorreflexivo y complejo en sus palabras como en sus imágenes, Askew One es el artista de grafiti neozelandés más consolidado y exitoso. Además de reputado director y diseñador, así como historiador conceptualmente sagaz de la cultura del grafiti, su trabajo en las calles ha trascendido una y otra vez las restricciones de lo que suele considerarse grafiti «real». Su producción, diversa y de gran riqueza técnica, ha roto su aislamiento geográfico para inspirar a otros artistas a escala mundial.

Nacido en una pequeña ciudad de la Isla Norte de Nueva Zelanda, la familia de Askew se trasladó a Auckland cuando él tenía solo cinco años, un acontecimiento que resultó crucial para determinar su posterior trayectoria artística: atraído por el dibujo desde una temprana edad, y sin dotes para el deporte ni un carácter especialmente duro, el grafiti se convirtió en la salida perfecta para él. Además, la presencia de muchos de los artistas y *crews* locales en sus alrededores le empujó aún más hacia la cultura. Cuando entró en el instituto, ya había empezado a tomarse el oficio más en serio, y en 1995 se decidió por el nombre de Askew, en parte por su significado literal de «torcido», pero sobre todo por la simetría y el equilibrio estructural de las letras que conforman esta palabra.

Askew ha pasado por diferentes estilos y enfoques a un ritmo endiablado, aunque admite que esa multidimensionalidad puede ser un obstáculo. Su estilo de construcción geométrico más reciente, el «diamantinismo» (*véase* imagen 3), le ha llevado a nuevas cotas. Inspirado por el examen de las formaciones rocosas de cristal a nivel macro, y observando cómo estos elementos naturales «proyectan la más errática gama de colores juntos en una armonía sin fisuras», como señaló en 2011, Askew se dio cuenta de que las reglas que había aprendido en las calles se veían empequeñecidas por las infinitas posibilidades del mundo natural.

Ni siquiera el potencial debilitamiento del síndrome de Call-Fleming que se le diagnosticó en 2011 logró frenar la pasión de Askew por la evolución. De hecho, los frustrantes meses que se pasó intentando recuperar su capacidad pictórica le llevaron a otro cambio de rumbo y a crear el grupo de eslóganes *Smoke Signals* (*véase* imagen 4), de los que dice que son tanto «cínicos» como «patrióticos». Al dejar de centrarse en el estilo y la forma para abordar mensajes más explícitos sobre el significado y la comunicación, Askew ha vuelto a llevar su obra al límite, lo que ha situado a Nueva Zelanda en el mapa mundial del grafiti. Su obra sigue removiendo los cimientos de la comunidad grafitera, y sus vívidos y elaborados mensajes humeantes se dispersan por todo el planeta.

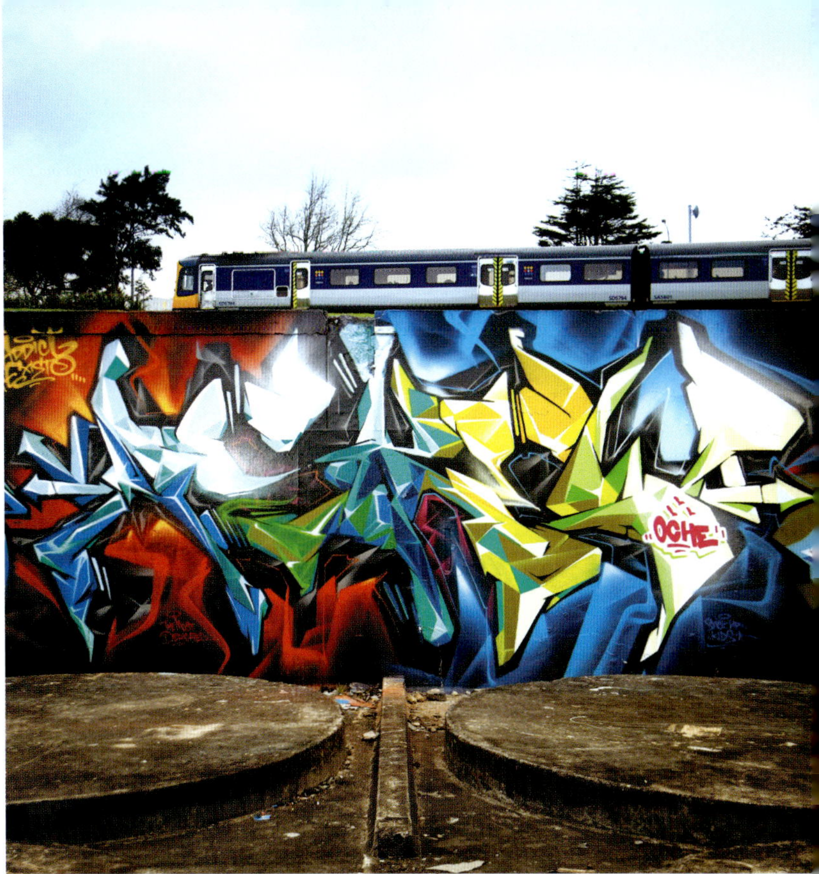

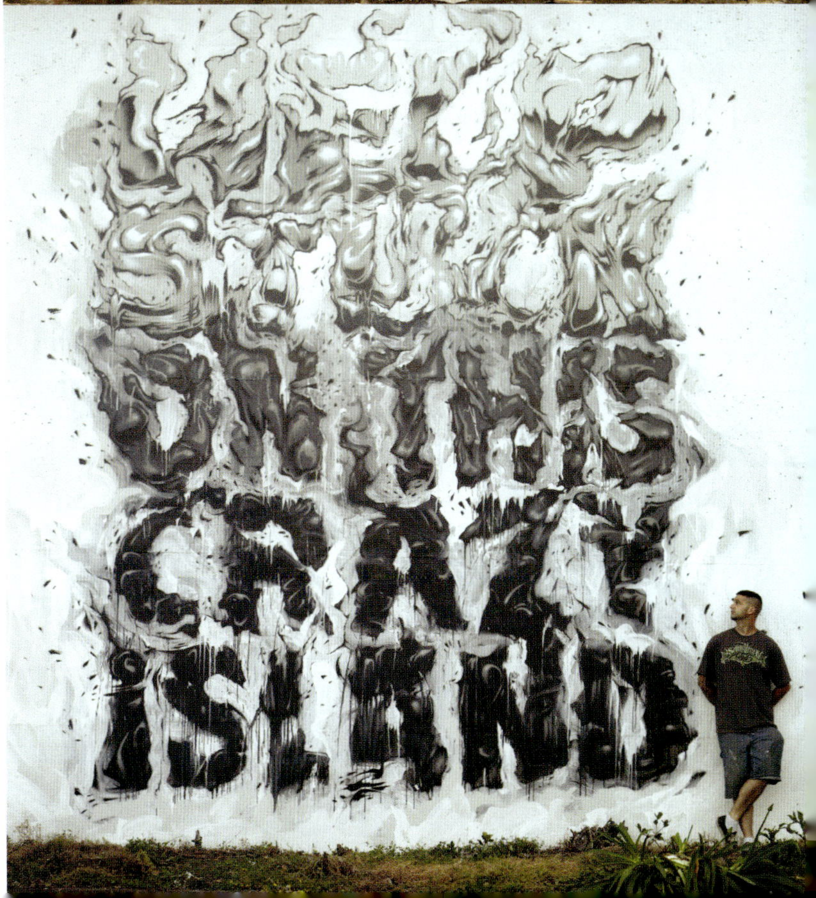

1, 3 Auckland, Nueva Zelanda, 2010   2 *TMDEES*, Auckland, Nueva Zelanda, 2011   4 *Help Stuck On This Crazy Island*, Auckland, Nueva Zelanda, 2011

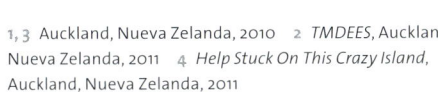

KEZAM

AUCKLAND
NACIMIENTO Desconocido   TÉCNICAS / MATERIALES Pintura en aerosol
ESTILO Grafiti tridimensional   TEMAS Trampantojo, efectos lumínicos y superficiales
CREW Bronx Team (BT)

Kezam es un escritor de grafiti y trotamundos afincado en Auckland que está especializado en complejas piezas tridimensionales. Llegó al grafiti durante su etapa formativa en Melbourne, Australia, tras lo que se mudó a Nueva York, donde empezó a trabajar con su característico estilo.

Su educación en la escena grafitera de Melbourne le enseñó el espíritu de la competición estilística y a tratar siempre de progresar en el desarrollo de las letras. Esta ética (aún intacta en algunas escenas grafiteras pero comprometida en otras) incluye reglas sobre la jerarquía de las piezas y el derecho al espacio: dicho en pocas palabras, un escritor solo puede pintar sobre la obra de otro si la sustituye por una mejor diseñada o más compleja o colorida. En el mejor de los casos, este afán por pintar mejor y eclipsar a los demás conforma tanto el desarrollo del estilo individual como la creatividad colectiva de una ciudad.

Para alguien que creció en este entorno competitivo, Auckland puede ser, según Kezam, una ciudad «extrañamente democrática»: «[Por un lado], todo el mundo tiene su espacio, se respeta a todo el mundo y todo el mundo es bienvenido. Por otro lado, sin embargo, puede convertirse en una receta para la mediocridad, ya que se pintan piezas "básicas" sobre obras de mejor calidad, y al final se tiene la idea de que son obras que merecen el espacio que están ocupando. Así es una lógica de doble filo», explica el artista.

¿Cómo entender las piezas de Kezam? En primer lugar, suponen una ruptura deliberada con relación a la fórmula ilustrativa tradicional del grafiti, consiste en esbozar, rellenar y añadir un contorno final para definir. En cambio, en Nueva York, Kezam se sintió atraído por alternativas al grafiti clásico y empezó a explorar los efectos tridimensionales, un enfoque diferente de la pintura «en el que, en esencia, se invierte el orden habitual de las cosas, pasando de colores oscuros a claros y consiguiendo definición mediante sombreados en lugar de con líneas».

La ilusión de tridimensionalidad ha sido un componente del grafiti clásico desde sus inicios, en los que muchas piezas incluyen elementos superpuestos

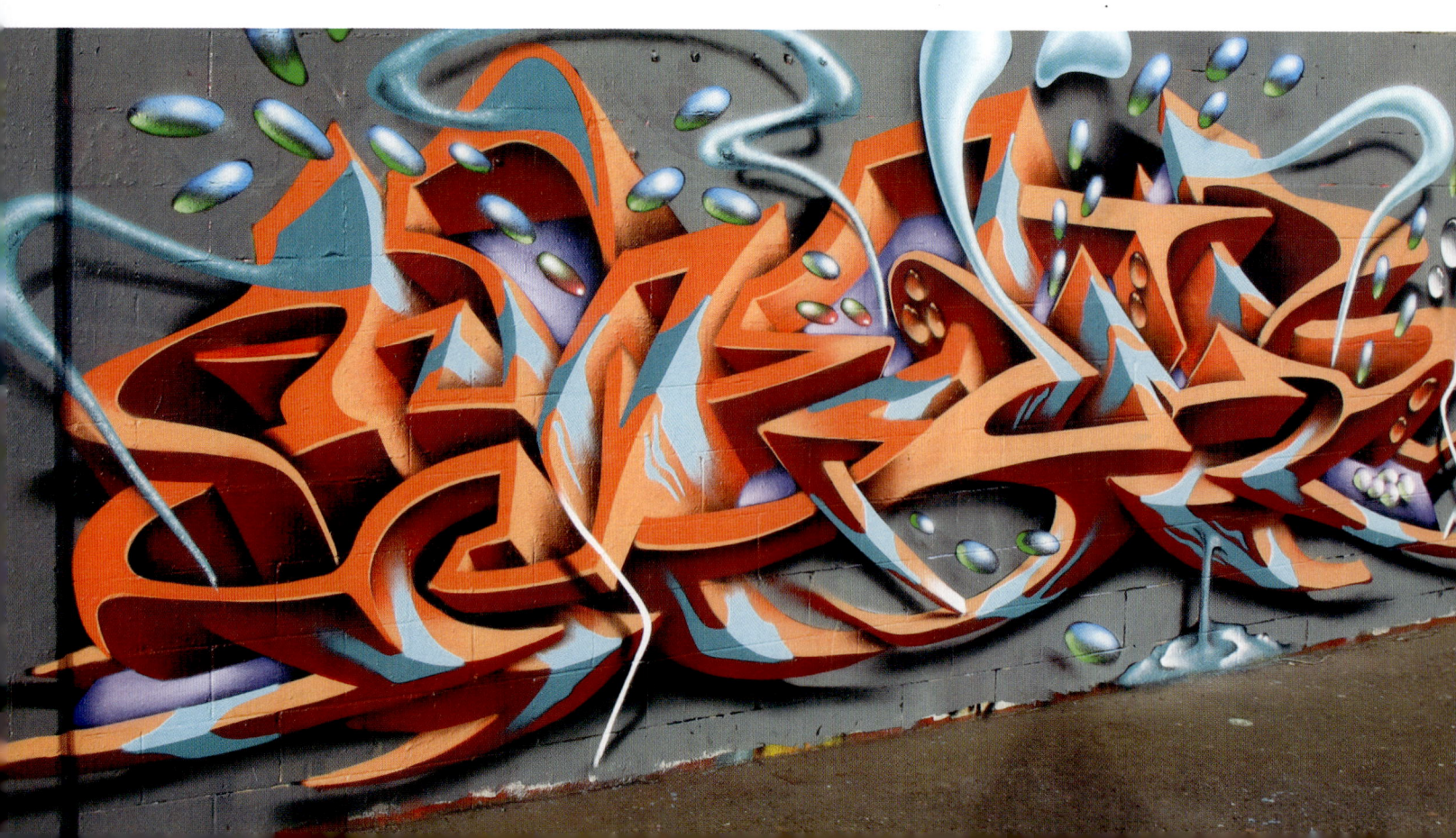

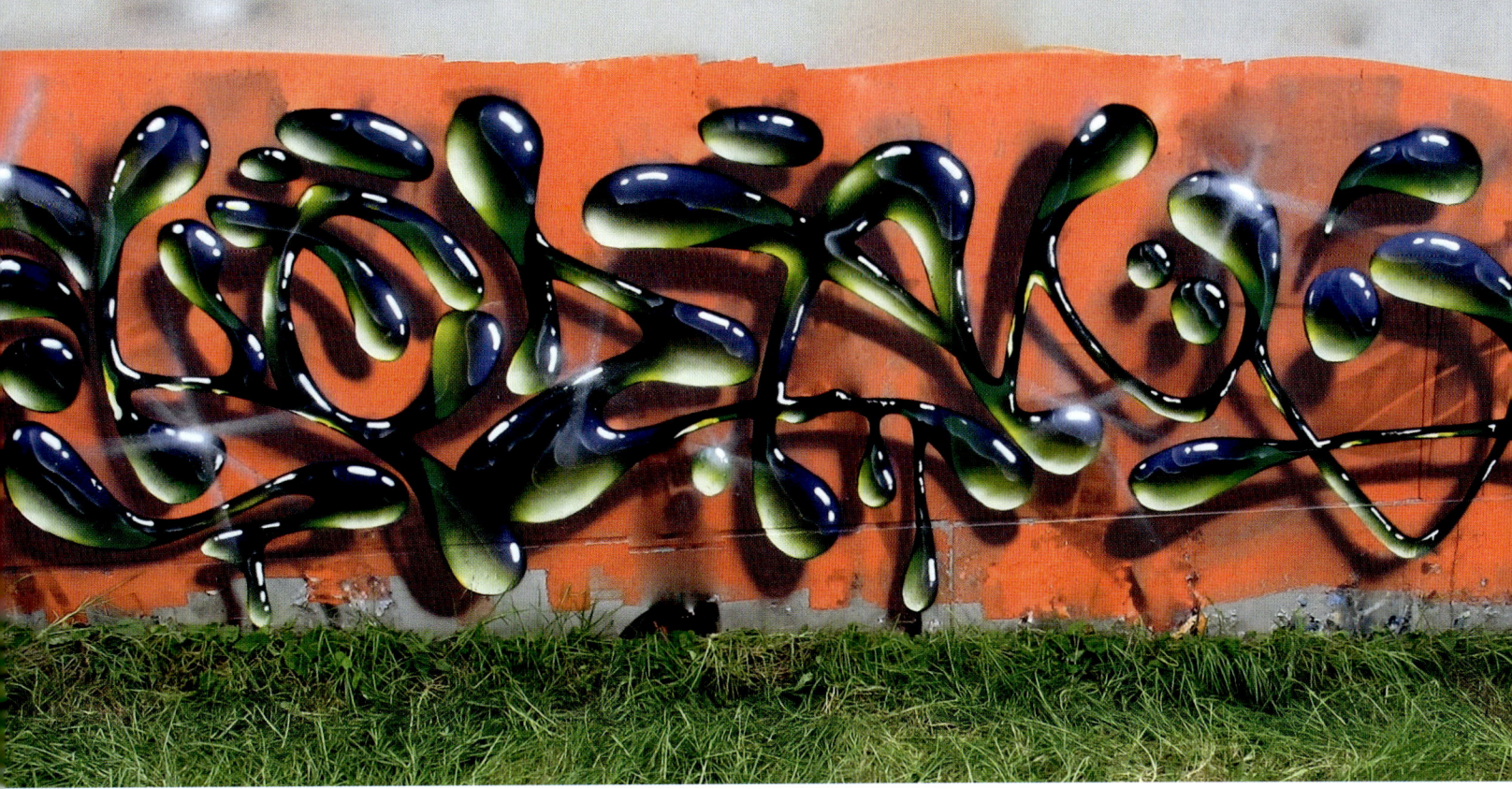

o sombras detrás de las letras para resaltarlas. Estas sencillas técnicas, muchas de ellas tomadas de los carteles publicitarios, se convirtieron en parte de la gramática básica del grafiti en Nueva York y más allá.

A medida que se fue desarrollando el estilo del grafiti, hubo escritores que llevaron la complejidad tridimensional a nuevos niveles. Pioneros muy técnicos, como el neoyorquino Phase II en la década de 1970, y autores posteriores, como el australiano Merda y el neerlandés Delta en la de 1980, innovaron en este campo, a menudo influidos por el dibujo arquitectónico y el uso de técnicas de perspectiva. En la actualidad, escritores como Asmoe (*véanse* páginas 344-345) retoman esta tradición.

Kezam pertenece a una tradición posterior y divergente que explora la dimensionalidad de un modo diferente, más teatral, que explora el juego de la luz sobre las superficies curvas y no duda en usar elementos ornamentales. Es de destacar que la obra de Kezam sea además posdigital, en el sentido de que es muy consciente de la aparición de grafitis en dispositivos digitales para espectadores remotos. Aunque su obra se sirve de la topografía abierta de Auckland, una ciudad de baja densidad con muchas oportunidades para pintar en infraestructuras industriales, como ocurre con buena parte del grafiti contemporáneo, está pensada para un público más amplio y digital. Kezam considera que «la fotografía es la pieza acabada»: «Es un hecho que

habrá más gente que vea la fotografía en la pared o en la superficie pintada [...]. Pienso en otros factores que son importantes para el aspecto fotográfico o de documentación: dónde estará el sol con relación a la pared a lo largo del día (o en el momento de fotografiarla), si las sombras o una luz incoherente debilitarán la imagen, lo plana que sea la pared, los ángulos o puntos de vista desde los que puedo fotografiar la pared».

Kezam ha perfeccionado sus técnicas mediante la experimentación y la repetición, y sus producciones requieren mucho tiempo y trabajo. Y, sin embargo, sigue pintando en ambientes informales o ilegales, donde el tiempo apremia. ¿Cómo influye la presión del tiempo en sus métodos pictóricos y en sus elecciones estéticas? Lo que hace es simplificar los diseños y los colores: «[Trabajar con] menos botes y sombrear en la oscuridad me ha abierto a nuevas ideas y formas de pensar sobre el trabajo en 3D. Creo que, como resultado, el trabajo se ha vuelto más conceptual, o más alejado de lo que yo consideraría "grafiti tradicional"», explica el artista.

Kezam se toma con filosofía la naturaleza cambiante del grafiti. Diseñar piezas para un público digital no siempre parece estar acorde con el espíritu del grafiti; sin embargo, los estilos anteriores también eran producto de sus épocas y lugares. La nostalgia está sobrevalorada. Los estilos y procesos del grafiti han de seguir evolucionando. **LM**

GLOSARIO

AGONÍSTICO
Dícese del enfoque en el que se busca el conflicto y la disputa en lugar de la armonía.

ALL-CITY
Estatus que se obtiene por escribir grafitis en toda una ciudad. En origen, el término se refería a ser conocido en los cinco distritos de Nueva York por haber escrito en los vagones de metro.

ARTE PÚBLICO INDEPENDIENTE
Término que alude a un arte no oficial y no encargado que tiene lugar en el ámbito público, fuera de espacios expositivos.

BACKJUMP
Pieza producida en un tren o autobús mientras el vehículo está en servicio.

BOMBING
Práctica que consiste en pintar de forma prolífica sobre numerosas superficies de una zona. Quienes la emplean suelen utilizar *tags* o *throw-ups* en lugar de piezas más complejas, ya que las primeras se pueden ejecutar más deprisa.

BOXCAR GRAFFITI
Grafiti que proliferó por primera vez en los vagones del ferrocarril estadounidense durante la Gran Depresión. Los llamados *hobos* (trabajadores migratorios que viajaban en ferrocarril) desarrollaron un sistema de marcas para transmitir mensajes específicos.

BUFFING
Eliminación de grafitis mediante productos químicos o pintando sobre ellos con un color liso.

CONSENSUAL
Dícese del enfoque en el que se busca el acuerdo y la concordia, más que el disenso.

CREW (también *KREW* o *CRU*)
Grupo de escritores o artistas asociados que suelen trabajar en colaboración y escriben las iniciales del grupo junto con su propio nombre. Los nombres de las *crews* suelen estar compuestos de tres letras y tienen numerosos referentes, a menudo jocosos.

DUMPSTER DIVING (o *SKIPPING*)
Práctica consistente en rebuscar entre los residuos comerciales para encontrar objetos desechados pero que pueden resultar útiles. Estos artículos van desde alimentos y ropa hasta pintura y materiales.

ENGRUDO
Adhesivo líquido elaborado con trigo y que se usa para pegar carteles e imágenes en las paredes de las calles.

ESCRITOR
Practicante del arte del grafiti.

FANZINE
Obra autoeditada de pequeña tirada, temática especializada, a veces poco convencional, y que por lo general se produce con fotocopiadora.

FAT CAP
Boquilla concebida exprofeso para el grafiti y que, unida a un bote de pintura en aerosol, proporciona una cobertura más amplia. Suele usarse para hacer *bombings* y rellenar piezas. También se conoce como *tip*.

GET UP
Poner la propia obra en cualquier superficie. En origen, el término hacía referencia a lograr ponerla en un tren.

GOING OVER
Pintar una obra de grafiti sobre otra. Esta práctica también se conoce como *crossing out*. La mayoría de los escritores respetan el trabajo de los demás, y pintar de forma intencionada sobre la obra de otro se considera un acto de violencia.

HANDSTYLE
Firma o *tag* que representa a cada escritor.

HIP-HOP
Cultura juvenil urbana que comenzó a finales de la década de 1970 asociada al rap, el *break dance* y la moda afroamericana.

INTERVENCIÓN
Acción artística en la que se añaden elementos al paisaje físico y social existente o lo modifica.

KING
Es el estatus de los mejores y más respetados escritores. Los autoproclamados reyes suelen incluir una corona en sus piezas.

METAGRAFITI
Forma de grafiti que examina el discurso de la práctica en sí. Como en la pintura que versa sobre la pintura, el metagrafiti es un arte conceptual.

MURAL
Obra o pintura a gran escala ejecutada directamente sobre una pared.

OLD SCHOOL
Término que suele aludir a los primeros tiempos de la escritura de grafiti, de mediados de la década de 1970 a principios de la de 1980. Los escritores *old-school*, o de la vieja escuela, son respetados por su contribución a los inicios del grafiti.

ONE-LINER
Tag escrito con un solo movimiento. Para ello, la punta del utensilio de escritura no se levanta de la superficie hasta haber completado el *tag*.

PEGATINAS (o *STICKERS*)
Material de *tagging* que puede ir desde el uso de simples pegatinas en blanco generadas por ordenador con el nombre del escritor hasta etiquetas más elaboradas que incorporan caracteres. Las pegatinas son la forma de grafiti que se puede aplicar más rápido.

PERSONAJE
Figura procedente del mundo de los cómics, de la televisión o de otros ámbitos de la cultura popular. Los personajes pueden sustituir a las letras en las palabras.

PICHAÇÃO
Singular estilo de grafiti originario de Brasil y caracterizado por un distintivo *tagging* críptico. Muchos de los que practican este estilo lo hacen en lugares elevados e inaccesibles. También se usa la forma *pixação*, aunque erróneamente.

PIECE
Pintura de grafiti; abreviatura de *masterpiece* («obra maestra»).

SCRIBING
Rayar un *tag* difícil de quitar en una superficie utilizando a menudo una llave, un cuchillo o una broca.

SUBWAY ART (1984)
Influyente estudio de la subcultura del grafiti en Nueva York durante las décadas de 1970 y 1980 realizado por los fotógrafos Martha Cooper y Henry Chalfant.

TAG
Logotipo o firma personal de un escritor realizado con rotulador o pintura. Es la forma más elemental de grafiti. Aunque a menudo es menospreciado por los ajenos al discurso del grafiti, entre los propios practicantes del *tagging* se examina del mismo modo que la caligrafía clásica.

THROW-UP
Literalmente «vómito». Piezas fáciles y rápidas de pintar, por lo general en uno o dos colores. Las letras suelen tener forma de burbuja. En español, los *throw-ups* se conocen a veces como «flopeos».

TOY
Término que se usa para describir un trabajo mal ejecutado o a un escritor incompetente o inexperto.

WHITE CUBE
En referencia al espacio de una galería de arte moderna convencional.

WHOLE TRAIN
Proeza de cubrir todo un tren con grafitis.

WILDSTYLE
Texto de grafiti tan estilizado y complejo que resulta difícil de leer. Suele contar con letras entrelazadas.

¡A LEER!

JOE AUSTIN *Taking the Train: How Graffiti Art Became an Urban Crisis in New York City* (Columbia University Press, 2001)

KONSTANTINOS AVRAMIDIS y MYRTO TSILIMPOUNIDI *Graffiti and Street Art: Reading, Writing and Representing the City* (Londres: Routledge, 2017)

JEAN BAUDRILLARD «Kool Killer, or The Insurrection of Signs», en *Symbolic Change and Death* (Londres: Sage, 1993)

PETER BENGTSEN *The Street Art World* (Almendros de Granada Press, 2014)

STEFANO BLOCH *Going All City: Struggle and Survival in LA's Graffiti Subculture* (Chicago University Press, 2019)

BRASSAÏ (GYULA HALÁSZ) *Graffiti* (Madrid: Editorial Círculo de Bellas Artes, 2008)

DUMAR BROWN *Nov York: Written by a Slave* (Nueva York: Xlibris, 2002)

CRAIG CASTLEMAN *Getting Up: Subway Graffiti in New York* (Cambridge, Massachusetts: MIT Press, 1982)

MICHEL DE CERTEAU *The Practice of Everyday Life* (Berkeley: University of California Press, 1984)

HENRY CHALFANT y MARTHA COOPER *Subway Art* (Nueva York: Henry Holt & Co., 1984; ed. rev. 1995)

HENRY CHALFANT y JAMES PRIGOFF *Spraycan Art* (Londres: Thames & Hudson, 1987)

GUY DEBORD *La sociedad del espectáculo* (Valencia: Editorial Pre-Textos, 2005)

JEFF FERRELL *Crimes of Style: Urban Graffiti and the Politics of Criminality* (Nueva York: Garland, 1993)

DAVID FREEDBERG *El poder de las imágenes: estudios sobre la historia y la teoría de la respuesta* (Madrid: Ediciones Cátedra, 1992)

ROGER GASTMAN y CALEB NEELON *The History of American Graffiti* (Nueva York: Harper Design / HarperCollins, 2010)

ROGER GASTMAN y DARIN ROWLAND *Freight Train Graffiti* (Londres: Thames & Hudson, 2006)

KEITH HARING *Art in Transit: Subway Drawings* (Nueva York: Crown, 1984)

TAKA KAWACHI *Street Market: Barry McGee, Stephen Powers, Todd James* (Tokio: Little More, 2000)

MERVYN KURLANSKY, JON NAAR y NORMAN MAILER *Watching My Name Go By* (Londres: Mathews, Miller, Dunbar, 1974)

CEDAR LEWISOHN *Street Art* (Londres: Tate Publishing, 2009)

NANCY MACDONALD *The Graffiti Subculture: Youth, Masculinity, and Identity in London and New York* (Nueva York: Palgrave, 2001)

LACHLAN MACDOWALL *Instafame: Graffiti and Street Art in the Instagram Era* (Bristol: Intellect Books, 2019)

NORMAN MAILER y JON NAAR *La fe del grafiti* (Madrid: 451 editores, 2010)

W. J. T. MITCHELL *What Do Pictures Want? The Lives and Loves of Images* (Chicago: University of Chicago Press, 2005)
Nuart Journal, nuartjournal.com

CHRISTOPHER PINNEY y NICHOLAS THOMAS *Beyond Aesthetics: Art and the Technologies of Enchantment* (Oxford: Berg, 2001)

STEPHEN POWERS *El arte de quedar encima* (Málaga: UMA Editorial, Universidad de Málaga, 2022)

RAFAEL SCHACTER *Ornament and Order: An Ethnography of Street Art and Graffiti* (Farnham: Ashgate, 2013)

WILLIAM UPSKI WIMSATT *Bomb the Suburbs: Graffiti, Freight-hopping, Race and the Search for Hip-Hop's Moral Center* (Berkeley: Soft Skull Press, 2001)

SITIOS WEB DE LOS ARTISTAS

ABS CREW @absceew.official AKAY akayism.org ALEXANDROS VASMOULAKIS vasmou.com ARAM BARTHOLL datenform.de ARYZ aryz.es ASKEW ONE askew1.com ASMOE asmoeroc.bigcartel.com AUGUSTINE KOFIE keepdrafting.com BANKSLAVE @bankslave100 BASCO VAZKO @bascovazko BEN WILSON benwilsonchewinggumman.com BLAQK blaqk2.tumblr.com BNE bnewater.org BOND TRULUV truluv.de CALEB NEELON calebneelon.com CHU studiochu.tv CLEMENS BEHR clemensbehr.com CRIPTA DJAN flickr.com/photos/criptadjan DAL EAST daleast.com DANE STOPS danestops.com DEMS333 javi333.blogspot.co.uk DHEAR dhear.tumblr.com DMOTE @dmoterola DOMA doma.tv EGS egshelsinki.com EINE einesigns.co.uk EKTA ekta.nu EROSIE erosie.net ESPO firstandfifteenth.net EL MAC elmac.net EL SEED elseed-art.com ELTONO eltono.com EPOS 257 epos257.cz ESCIF streetagainst.com EVAN ROTH evan-roth.com FAITH 47 faith47.com FALKO @falko1graffiti FASE defigagliardo.com FAUST faustnewyork.com FILIPPO MINELLI filippominelli.com FINTAN MAGEE fintanmagee.com HERBERT BAGLIONE herbertbaglione.blogspot.co.uk HOW & NOSM howandnosm.com IAN STRANGE ianstrange.com IMON BOY @imon_boy INFLUENZA fluo1.com INK AND CLOG inkandclog.com INTERESNI KAZKI aecinteresnikazki.com INTI CASTRO @inti.artist INVADER space-invaders.com JAZOO YANG jazooyang.com KATSU @katsubot KENOR elkenor.com KEZAM flickr.com/photos/kezam/ KR krink.com LADY K ladyk.xyz LES FRÈRES RIPOULAIN lesfreresripoulain.eu LING linger.id LIQEN liqen.org LOVE HATE LOVE @ykcityking LUSH @lushsux MARK JENKINS xmarkjenkinsx.com MERLOT @merlotism MICHAEL PEDERSON @miguelmarquezoutside MILU CORRECH milucorrech.com MOMO momoshowpalace.com NARDSTAR nardstar.com NUNCA @nunca.art NURIA MORA nuriamora.com OS GÊMEOS osgemeos.com.br OX ox.com.fr PELUCAS ladrillopitillo.blogspot.co.uk PETRO @intheallotment PRIEST priestcorp.net RADYA t-radya.com RBS CREW rbscrew.com REMIO @rrremio REVOK jasonrevok.com REYES victorreyesstudio.com RONE r-o-n-e.com SANER @saner_edgar SEGO Y OVBAL segoyovbal.blogspot.co.uk SEVER toprotectandsever.com SHEPARD FAIREY obeygiant.com SIXEART sixeparedes.com ST4 st4theproject.com SUNFIGO sunfigo.weebly.com VHILS vhils.com VLOK 120zprophet.com VOINA @free_voina_en WICKED BROZ wickedbroz.com ZBIOK @zbiok ZEDZ @instazedz ZEVS @z__e__v__s ZURIK zurik.es 108 108nero.com 3TTMAN 3ttman.com

ÍNDICE

COLABORADORES

(ZB) Zosen Bandido es miembro activo de la escena grafitera barcelonesa desde principios de la década de 1990. Respetado historiador popular de la escena local del grafiti, su repertorio se ha ampliado al lienzo, las artes escénicas, el grabado, la ilustración y el diseño de moda.

(JK) Jacob Kimvall es un crítico de arte y conferenciante sueco. Fue artista de grafiti en la década de 1980 y en 1992 cofundó la revista de grafiti mundial *Underground Productions* (*UP*) en Suecia. En la actualidad realiza un doctorado sobre la historiografía del grafiti y el *street art* en la Stockholms Universitet.

(IL) Ian Lynam es un diseñador gráfico y escritor que reside en Tokio. Además de ostentar un Asia Pacific Design Award, es cofundador del sitio web Néojaponisme y redactor de *Idea Magazine*. Su libro más reciente es *Design of Manga, Anime and Light Novels*.

(LM) Lachlan MacDowall es doctor académico y ha publicado numerosos trabajos sobre la historia y la estética del grafiti y el *street art*, entre ellos *Instafame: Graffiti and Street Art in the Instagram Era* (2019). Es miembro investigador sénior honorífico de la School of Historical and Philosophical Studies en la University of Melbourne.

(CN) Caleb Neelon es autor de luminosas y sencillas obras que pueden verse en galerías, museos y paredes de todo el mundo. Su trabajo abarca desde proyectos de diplomacia cultural y comisariado museístico hasta proyectos de arte público en más de treinta países de todo el mundo. Es redactor colaborador en *Juxtapoz* y autor de varios libros, entre ellos *The History of American Graffiti* (2011), del que es coautor junto con Roger Gastman.

(RP) Rod Palmer es autor de *Street Art Chile* (8 Books, Londres, 2008) y de su edición chilena ampliada (Ocho Libros, 2011), editorial para la que en la actualidad está completando *Murals in the Southern Cone of the Americas*. Junto con Thomas Frangenberg, Rod ha editado *The Rise of the Image* (Ashgate, Londres, 2003) y *The Lives of Leonardo* (Warburg Institute, Londres, 2013).

(EP) Elli Paxinou nació en Atenas, Grecia. Estudió Bellas Artes en la University for the Creative Arts de Canterbury, Reino Unido, y cursó un máster en Goldsmiths, University of London. Fue comisaria de la segunda Bienal de Atenas, «Heaven», celebrada en 2009. Desde 2010 trabaja en la galería Qbox de Atenas, pero sigue ejerciendo de comisaria, escritora y crítica independiente.

(JS) Je Spurloser nació y creció en Berlín Este. Es miembro del colectivo de artistas Graffitimuseum Berlin (www.graffitimuseum.de), que examina el grafiti como fenómeno internacional y como expresión local y específica de la sociedad. Entre otros proyectos, realizan *performances*, conferencias e instalaciones. En la actualidad investiga sobre los aspectos efímeros y las huellas persistentes en la ciudad contemporánea.

(LS) Luciano Spinelli es un académico cuya labor se centra en el *street art*, la comunicación urbana, la vida en zonas intersticiales y la sociedad posmoderna. Es doctor en Sociología por la Université Paris-Descartes Sorbonne. En la actualidad ejerce como investigador en el Centre d'etude sur l'actuel et le quotidien (CEAQ) de la Sorbona. Su obra fotográfica se ha publicado en varias revistas internacionales y ha realizado exposiciones individuales.

(MS / DB) Robada de una chatarrería en torno a 2008 y criada a base de alitas de pollo y arroz blanco en Hackney Wick, al este de Londres, **Margarita Skeeta** tiene muchos logros en su haber, entre ellos estar a punto de conseguir un cisne y convertirse en murciélago. Vive en Stoke-on-Trent, Reino Unido, mientras que **Donal Blarney** lo hace en México.

AGRADECIMIENTOS

Gracias a Rafael Schacter por haber concebido y elaborado una fértil y reflexiva primera edición de este libro, que se ha convertido en un clásico; gracias también a nuestro colega Javier Abarca, capaz de articular en su escritura y práctica las ideas centrales de este campo. Me gustaría dar las gracias a los numerosos artistas de todo el mundo por su generosidad a la hora de participar en el libro y compartir imágenes y reflexiones sobre su obra y las ciudades y los tiempos en que vivimos. Conocí a muchos de los artistas que figuran en este libro gracias a la magia del Nuart Festival, comisariado por Martyn Reed. Quisiera mostrarle mi cariño y mi respeto a Martyn Reed por sus muchas décadas trabajando con caóticos y cascarrabias practicantes de *street art*. Por último, este libro está dedicado a mi querida *crew* mundial, MAGMA (Middle-Aged Graffiti-Minded Academics, o «Académicos de mediana edad con mentalidad grafitera»), en especial a Susan Hanson, Erik Hannerz, Sabina Andron, Pedro Neves Suarez, Jacob Kimvall, Christian Omodeo, Peter Bengtsen y Ron Kramer.

Gracias a Emma Harverson, Kate Kirby, Gemma Wilson y Sarah Bell por todo su trabajo en esta segunda edición. LACHLAN MACDOWALL

CRÉDITOS DE LAS IMÁGENES

Salvo que se indique lo contrario, todas las imágenes que figuran en este libro lo hacen por cortesía de los artistas. Aunque se ha hecho todo lo posible por acreditar a los titulares de los derechos de autor de las imágenes, pedimos disculpas de antemano por cualquier omisión o error involuntario e incorporaremos el reconocimiento apropiado a cualquier empresa o persona en ediciones posteriores de esta obra.

pág. 6: fotografía © Jeewon Shin pág. 12: fotografía de Monica Muller / How & Nosm pág. 16-17, imagen 1: fotografía de Henry Chalfant; imagen 2: *Crack Is Wack* © Keith Haring Foundation. Utilizada con permiso. Imagen 3: © Stacy Walsh Rosenstock / Alamy; imagen 4: fotografía de Kate Friedman; imagen 5: fotografía de Erik Booze págs. 19-20: fotografías de Adam Wallacavage págs. 24-25: fotografías de Monica Muller págs. 50-51, imágenes 1-4: fotografías de Steve Rotman; imagen 5: © Urban Texture / Alamy pág. 54, imágenes 1 y 2: cortesía de Krink pág. 55, imagen 3: fotografía de Bradon Shigeta pág. 59, imagen 3: © Fred Prouser / Reuters / Corbis pág. 60: fotografía de Jeremiah Garcia pág. 61, imagen 3: fotografía de Ian Cox pág. 68, imagen 1: fotografía de Ruedione pág. 72, imagen 2: fotografía de Roo Reynolds pág. 73, imagen 3: fotografía de Timothy Norris / Getty Images págs. 74-75 obra de Shepard Fairey / Obeygiant.com y fotografía de Jon Furlong / jonfurlong.com pág. 85, imagen 4: fotografía de Rod Palmer págs. 86-87: fotografías de Younes Fiazi págs. 104-105: fotografías de Ian Cox pág. 113, imagen 4: fotografía de Rod Palmer pág. 134, imagen 1: © ArtAngel / Alamy; imagen 2: © Simon Balson / Alamy; imagen 3: © Patricia Spinelli / Alamy pág. 135: fotografía de Brighton Rocks; imagen 4: fotografía de Jonathan Hordle / Rex Features págs. 136-137, imagen 1: Mike Goldwater / Alamy Stock Photo; imagen 2: Fotofritz / Alamy Stock Photo; imagen 3: fotografía de Lachlan MacDowall; imagen 4: Mike Goldwater / Alamy Stock; imagen 5: fotografía de Lachlan MacDowall pág. 150, imagen 1: © UrbanImages / Alamy; imagen 2: © Claude Thibault / Alamy; image 3: CHAUVEAU NICOLAS / SIPA / Rex Features pág. 151, imagen 5: fotografía de Joel Saget / AFP / Getty Images; imagen 6: Sipa Press / Rex Features págs. 164-166: fotografías de Mathieu Tremblin pág. 167, imágenes 3 y 5: fotografías de Arzhel Prioul y Mathieu Tremblin; imagen 4: fotografía de Thomas Jeames pág. 180, imagen 1: © Reuters / CORBIS; imagen 2: fotografía de Thomas Bratzke, VG Bild-Kunst págs. 182-183: DAM Berlin pág. 186, imagen 2: fotografía de Richard Schwarz págs. 196-197, imágenes 1, 2 y 6: Jacob Kimvall; imagen 3: Circle; imágenes 4 y 5: Malcolm Jacobsson pág. 238, imagen 2: fotografía de strip TM págs. 248-249: fotografías de Guillermo de la Madrid pág. 251, imagen 4: © BCM Photography / Alamy; imagen 5: © ALBERT GEA / Reuters / Corbis pág. 263, Arquivo Municipal de Lisboa, PT-AMLSB-CMLSBAH-PCSP-004-GAU-336-002557 págs. 272-273: fotografías de AEC pág. 286, imagen 1: fotografía de George Nikalokopoulos (Bleeps: www.bleeps.gr) pág. 287, imágenes 3 y 5: fotografía © Kiriakos losifidis págs. 300-301, imagen 1: JOEL SAGET / Staff / Getty Images; imagen 2: NurPhoto / Contributor / Getty Images; imagen 4: FETHI BELAID / Contributor / Getty Images págs. 308-309, imagen 1: REUTERS / Alamy Stock Photo; imagen 2: Anadolu Agency / Contributor / Getty Images; imagen 4: SEYLLOU / Contributor / Getty Images; imagen 5: Yagazie Emezi / *New York Times* / Redux / eyevine págs. 312-313, imagen 1: Frédéric Soltan / Getty Images; imagen 2: Frédéric Soltan / Getty Images; imágenes 3-4: Cale Waddacor págs. 332-333, Liu Yuan Sheng pág. 339 imágenes 1-5: fotografías de Steve Wierzbowski; imagen 6: TokyoFashion pág. 342-343, imagen 2: Yago Magan Montoto / Alamy Stock Photo; imagen 3: domonabikeMalaysia / Alamy Stock Photo; imagen 4: Stockinasia / Alamy Stock Photo; imagen 5: Nick Gleitzman / Stockimo / Alamy Stock Photo págs. 346-347, imágenes 1, 2, 4, 5 y 6: Sailingstone Travel págs. 348-349, Sailingstone Travel pág. 362, imagen 1: fotografía de Brad Scholz págs. 364-367, fotografías de Lachlan MacDowall págs. 374-375, fotografías de Lachlan MacDowall pág. 376, imagen 1: fotografía de Andy Jones; imagen 2: fotografía de Colin pág. 377, imagen 3: Newspix / Rex Features; imagen 4: fotografía de Trevor Dallen, Fairfax Photos; imagen 5: Newspix / Rex Features; imagen 6: fotografía de Martin Stær Andersen

Imagen de portada: *Camissa*, Nardstar, Ciudad del Cabo, Sudáfrica, 2022.
Imagen de solapa delantera: *The Afternoon*, Fintan Magee, Vancouver,
Canadá, 2019. **Imágenes de contraportada (sobrecubierta)** (en sentido
horario, desde superior izquierda)**:** Merlot, Estados Unidos, 2020-2021;
Stairway to Heaven, Bond Truluv, Mannheim, Alemania, 2020;
Time + Matter, Ink and Clog, Osaka, Japón, 2018; *Sin título*, Sunfigo,
Melbourne, Australia, 2015; *Portrait of Caroline Chisholm*, Fintan Magee,
Sídney, Australia, 2021; Zurik, España, 2021-2022; *Perception*, eL Seed,
El Cairo, Egipto, 2016; *Alive*, Michael Pederson, Sídney, Australia, 2018.
Imagen de solapa trasera: *Rage Against the Machine*, Ernest Zacharevic,
Kuala Lumpur, 2016. **Imágenes de contraportada (forro)** (de superior
a inferior)**:** *Trouble Backstage*, Priest, Glasgow, Reino Unido, 2021;
Pujux «Ancestors», Madzoo trk, Dakar, Senegal, 2022.

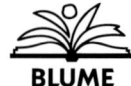

BLUME

Título original *World Atlas of Street Art and Graffiti*

Edición Emma Harverson, Ella Whiting, Eszter Karpati, Lorraine Dickey
Diseño Tom Howey
Documentación iconográfica Sarah Bell, Lachlan MacDowall
Dirección de arte Gemma Wilson
Edición de arte Rachel Cross
Traducción Antonio Díaz Pérez
Revisión de la edición en lengua española
Llorenç Esteve de Udaeta
Historiador de Arte
Coordinación de la edición en lengua española
Cristina Rodríguez Fischer

Primera edición en lengua española 2024

© 2024 Naturart, S.A. Editado por BLUME
Carrer de les Alberes, 52, 2.0, Vallvidrera
08017 Barcelona
Tel. 93 205 40 00 e-mail: info@blume.net
© 2013, 2017, 2023 Quarto Publishing Plc, Londres

ISBN: 978-84-19785-09-1
Depósito legal: B. 17108-2023
Impreso en Malasia

WWW.BLUME.NET

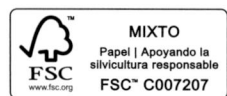

MIXTO
Papel | Apoyando la
silvicultura responsable
FSC™ C007207